भारतीय काव्यशास्त्र

डॉ. विश्वम्भरनाथ उपाध्याय

वाणी प्रकाशन

वाणी प्रकाशन
4695, 21-ए, दरियागंज, नयी दिल्ली 110 002
फ़ोन : +91 11 23273167 फ़ैक्स : +91 11 23275710
शाखाएँ
अशोक राजपथ, पटना 800 004, बिहार
कॉफ़ी हाउस कैम्पस, महात्मा गांधी मार्ग, इलाहाबाद 211 001, उत्तर प्रदेश
महात्मा गांधी अन्तरराष्ट्रीय हिन्दी विश्वविद्यालय, वर्धा 442 001, महाराष्ट्र
www.vaniprakashan.in
marketing@vaniprakashan.in
sales@vaniprakashan.in

BHARTIYA KAVYASHASTRA
by Dr. Vishwambharnath Upadhyaya

ISBN : 978-81-8143-494-4
Indian Poetics

संस्करण 2006, 2012
आवृत्ति 2019

मूल्य : ₹ 795

एम.एस. प्रिंटर्स, दिल्ली-110 095 में मुद्रित

वाणी प्रकाशन का लोगो मक़बूल फ़िदा हुसेन की कूची से

दिवंगत
आचार्य डॉ. सत्येन्द्र
को सादर

ऊर्ध्वोर्ध्वमारुह्य यदर्थतत्वं धीः पश्यति श्रान्तिमदेयन्ती।
अलं तदाद्यैः परिकल्पतानां, विवेकसोपानपरम्पराणाम्।।
चित्रं निरालम्बनमेव मन्ये, प्रमेयसिद्धौ प्रथमावतारम्।
तन्मार्ग लाभे सति सेतुबन्ध-पुरप्रतिष्ठिापि न विस्मयाय।।
तस्मात् सतामत्र न दूषितानि, मतानि तान्येव तु शोभितानि।
पूर्वप्रतिष्ठिापितयोजनासु, मूलप्रतिष्ठाफलमामनन्ति।।

—आचार्य अभिनव गुप्त

श्रान्ति का अनुभव न करने वाली विवेचकों की बुद्धि ऊपर-ऊपर चढ़ते हुए (अन्त में) जिस अर्थ तत्व को देखती है (वही मुख्य उद्‌देश्य अर्थतत्व होता है।) उस तक पहुंचाने वाली परिकल्पित विवेक की प्रारम्भिक परम्परा का विशेष महत्व नहीं है।

यह आश्चर्य का विषय है कि पदार्थों की रचना का प्रथम आधार निरावलम्बन-सा ही प्रतीत होता है किन्तु उसके द्वारा नींव पड़ जाने पर, उसके ऊपर नगरों का निर्माण भी आश्चर्यजनक नहीं होता है।

अतएव हमने प्राचीन सज्जन आचार्यों के मतों को दूषित नहीं किया है, उनका विशेष परीक्षण द्वारा संशोधन किया है, पूर्वाचार्यों द्वारा स्थापित सिद्धान्तों की भली-प्रकार संगति स्थापित कर देने से, मौलिक सिद्धान्तों की स्थापना का फल मिलता है।

—अभिनव भारती

किन्तु बीजं विकल्पानां पूर्वाचार्ये प्रदर्शितम्।
तदेव परिसंस्कर्तु मस्मत्परिश्रमः।।

—आचार्य दण्डी

प्राचीन आचार्यों द्वारा विशिष्ट परिकल्पनाओं के मूल तत्वों का ही उद्‌घाटन हुआ है। उसी मूल बीज का परिष्कार करने के लिए हमारा यह ग्रन्थ रूप में प्रयास है—

—काव्यादर्श

द्वन्द्वात्मक भौतिकवाद

मार्क्सवाद का सत्य तभी लाभप्रद
हो सकता है जब उसे एक निश्चित
राष्ट्रीय रूप दिया जाए एवम्
राष्ट्रीय विशिष्टताओं के साथ
संग्रथित कर दिया जाय।

माओ त्से तुंग

(ऑन आर्ट एण्ड लिटरेचर)

प्राक्कथन

प्रस्तुत शोधग्रन्थ का शीर्षक है—**भारतीय काव्यशास्त्र**। भारतीय काव्यशास्त्र का अर्थ है, संस्कृत भाषा में लिखित काव्यशास्त्र। हिन्दी काव्यशास्त्र, वस्तुतः संस्कृत काव्यशास्त्र की धरोहर का ही प्रयोग करता आ रहा है। रीतिकालीन काव्यशास्त्र में कोई विशेष मौलिकता नहीं है। रीतिकालीन काव्यशास्त्र में संस्कृत काव्यशास्त्र के सिद्धान्त ही यथावत् अथवा यत्किंचित परिवर्तनों के साथ स्वीकृत हुए थे, अतएव संस्कृत काव्यशास्त्र की पुनर्व्याख्या, प्रकारान्तर से, रीतिकालीन हिन्दी काव्यशास्त्र की भी पुनर्व्याख्या है।

वैज्ञानिक भौतिकवाद के प्रवर्त्तक मार्क्स तथा उनके अनुयायियों का यह विचार है कि इस दृष्टि से प्रत्येक देश की परम्परा और प्रगति का परीक्षण और पुनर्व्याख्या होनी चाहिए अन्यथा अपनी धरोहर से ग्रहणीय तत्वों, धारणाओं अथवा विवेचन-अस्त्रों को प्राप्त नहीं किया जा सकता और न त्याज्य अंशों को ही रेखांकित किया जा सकता है। प्रत्येक देश में द्वन्द्वात्मक भौतिकवादी जीवनबोध, तत्व (कंटेंट) के ही रूप में रह सकता है, उसका रूप राष्ट्रीय ही होगा। अतएव काव्यशास्त्र के राष्ट्रीय रूप के लिए, परम्परा का मार्क्सवादी दृष्टि से अनुसंधान एक ऐतिहासिक आवश्यकता है। प्रस्तुत ग्रन्थ इसी आवश्यकता की पूर्ति का एक प्रयत्न है।

अपने पूर्व अनुसंधान, "सन्त-वैष्णव काव्य पर तांत्रिक प्रभाव" के लिए मुझे भारतीय आगम ग्रन्थों, विशेष कर कश्मीर शैवदर्शन से सम्बन्धित तंत्रों के अध्ययन का अवसर मिला था। वस्तुतः कश्मीर शैवाचार्यों की काव्यशास्त्रीय व्याख्याओं के सम्यक् अनुशीलन के लिए तंत्रों का अध्ययन अनिवार्य है। भारतीय परम्परा के इस परिचय तथा "सन्त-वैष्णव काव्य पर तांत्रिक प्रभाव" तथा "हिन्दी की तांत्रिक पृष्ठभूमि" में आगम परम्परा की द्वन्द्वात्मक भौतिकवादी व्याख्या कर लेने के पश्चात् स्वभावतः भारतीय काव्यशास्त्र की पुनर्व्याख्या की ओर मैं प्रवृत्त हुआ। डा. सत्येन्द्र ने इस कार्य के लिए मुझे प्रोत्साहित और प्रेरित किया। डा. रामविलास शर्मा, श्री शिवदानसिंह चौहान और स्वर्गीय डा. रांगेय राघव को भी भारतीय काव्यशास्त्र के भौतिकवादी अध्ययन की आवश्यकता का अनुभव हुआ था। इन वैज्ञानिक भौतिकवादी विचारकों की इच्छा थी कि यह कार्य मैं करूं। तंत्रों पर अनुसन्धान करते समय महापंडित राहुल भी जीवित थे, उनसे मुझे बौद्ध तंत्रों के विषय में पथप्रदर्शन भी मिला था। उनका भी कथन था कि भारतीय काव्यशास्त्र का शास्त्रीय पुनर्परीक्षण आवश्यक

है, तभी प्रगतिशील आलोचनात्मक चिन्तन भारतीय रूप प्राप्त कर सकता है।

भारतीय दर्शन और साधना के आचार्य स्वर्गीय श्री कैलाशचन्द्र मिश्र (भूतपूर्व अध्यक्ष, संस्कृत विभाग, आगरा कालेज) यद्यपि भौतिकवाद के विरोधी थे किन्तु उनका भारतीय परम्परा की शक्ति और उसकी सर्वकालीन सामर्थ्य में अखण्ड विश्वास था। उनका मत है कि द्वन्द्वात्मक भौतिकवादी दृष्टि से परम्परागत काव्यशास्त्र के वे पक्ष उजगार होंगे, जिनकी ओर अन्य दृष्टियों से किए गए अध्ययनों में ध्यान नहीं जाता। अतएव परम्परा और प्रगति—दोनों क्षेत्रों के आचार्यों की सहमति और प्रेरणा से मेरा संकल्प इस अनुसन्धान के विषय में दृढ़ हुआ।

द्वन्द्वात्मक भौतिकवाद शब्द का इसलिए प्रयोग किया गया है कि केवल ऐतिहासिक भौतिकवाद से, भारतीय काव्यशास्त्र के विकास और इस सन्दर्भ में, समाज के साथ काव्यशास्त्र का आधार-आधेय सम्बन्ध ही स्पष्ट हो सकता थां। स्तालिन युग में कई विवेचकों ने द्वन्द्वात्मक भौतिकवाद और ऐतिहासिक भौतिकवाद का पृथक-पृथक प्रयोग किया है किन्तु उससे एकांगी अध्ययन ही प्रस्तुत हो सके। द्वन्द्वात्मक भौतिकवाद के बिना, विकासात्मक विश्लेषण अपूर्ण रहता है। अतः प्रस्तुत ग्रन्थ में, भारतीय काव्यशास्त्र के विकास में ऐतिहासिक भौतिकवाद का प्रयोग किया गया है किन्तु रस, अलंकार, रीति, ध्वनि आदि धारणाओं के विवेचन में द्वन्द्वात्मक दृष्टि ही प्रधान रही है, यों इस सैद्धान्तिक ऊहापोह में भी आवश्यकतानुसार ऐतिहासिक प्रविधि प्रयुक्त हुई है।

प्रथम अध्याय में द्वन्द्वात्मक भौतिकवाद तथा ऐतिहासिक भौतिकवाद का विस्तृत विवेचन किया गया है। वैज्ञानिक भौतिकवादी विश्वबोध के सम्बन्ध में सभी आपत्तियों-आक्षेपों का निराकरण किया गया है और यह सिद्ध किया गया है कि वैज्ञानिक भौतिकवाद अथवा मार्क्सवाद "मूलतः" अब भी सत्य के निकटतम बिन्दु को स्पर्श करने के लिए समर्थ दर्शन है। "मूलतः" इसलिए कि मार्क्सवाद को एक धर्म या अन्धविश्वास (डॉगमा) के रूप में स्वीकार नहीं किया जा सकता। विज्ञान के नवीनतम शोधों के आलोक में द्वन्द्वात्मक भौतिकवादी व्याख्याओं का संशोधन और उसकी पुनः पुनः व्याख्या सर्वथा वांछनीय है। **प्रथम अध्याय** में मात्र परिचय नहीं है, अपितु द्वन्द्वात्मक भौतिकवाद को पढ़ते समय, उत्पन्न आशंकाओं और प्रतिपक्षी विचारकों की आपत्तियों के निराकरण का भी प्रयत्न किया गया है। यह स्वीकार किया गया है कि सापेक्षतावाद और अनिश्चिततावाद के कारण उत्पन्न सभी शंकाओं के समाधान के लिए मार्क्सवादियों को सतत प्रयत्न करना होगा क्योंकि विज्ञान की प्रत्येक महत्वपूर्ण नवीन खोज के बाद, पूर्व विश्वबोध को पुनर्व्यवस्थित न करने से उसकी समकालीन सम्बद्धता समाप्त हो जाएगी।

प्रथम अध्याय के उत्तरार्ध में मार्क्सवादी साहित्य-सिद्धान्तों को प्रस्तुत किया गया है और अन्त में सिद्ध किया गया है कि भारतीय काव्यशास्त्र का वैज्ञानिक

भौतिकवादी दृष्टि से अध्ययन अत्यन्त आवश्यक है।

द्वितीय अध्याय में भारतीय काव्यशास्त्र के विकास को ऐतिहासिक भौतिकवादी पद्धति के आलोक में प्रस्तुत किया गया है। यह सर्वथा नवीन प्रयत्न है। इससे भारतीय काव्यशास्त्र में प्रतिबिम्बित चेतना की सामन्ती पृष्ठभूमि स्पष्ट होती है और यह भी कि भारतीय समीक्षा-सिद्धान्त मूलतः तत्कालीन साहित्य से सम्बन्धित होने पर भी, अपने भीतर सामान्य (जनरल) और सर्वकालीन (सापेक्षतः) महत्व की धारणाओं तथा अन्तर्दृष्टियों को छिपाए हुए भौतिकवादी सामाजिक काव्यशास्त्र (सोशल पोयटिक्स) या समाजवादी काव्यशास्त्र के लिए इस परम्परागत चिन्तन-धरोहर के सृजनात्मक उपयोग की अनेक सम्भावनाएं हैं।

तृतीय अध्याय में भरत के नाट्यशास्त्र का मार्क्सवादी दृष्टि से विशेष अध्ययन किया गया है। आन्तरिक विश्लेषण द्वारा, कई नूतन पक्ष आलोकित किए गए हैं। भरत द्वारा कला-गौरव वृद्धि, सार्ववणिक हितवाद तथा यथार्थवाद के अतिरिक्त रस सूत्र में निहित रचना-प्रक्रिया की द्वन्द्वात्मकता के उद्घाटन द्वारा यह प्रमाणित किया गया है कि आज भी भरत की अन्तर्दृष्टियों और मान्यताओं का उपयोग है। भौतिकवादी दृष्टि से नाट्यशास्त्र के अग्रहणीय अंशों की ओर भी ध्यान आकर्षित किया गया है।

चतुर्थ अध्याय में अलंकार-सिद्धान्त का विवेचन है। एक अध्याय में एक सम्प्रदाय पर विचार करने के कारण भामह से आचार्य विश्वेश्वर तक, प्रमुख ग्रन्थों से अलंकारों की धारणाओं का आकलनः विवेचन किया गया है। कालक्रमानुसार अलग-अलग ग्रन्थों पर विचार, इस ग्रन्थ की योजना के अनुसार, अनावश्यक प्रतीत हुआ।

अलंकारों के आकर्षण का कारण लोकजीवन तथा जीवन यथार्थ है, इस प्रकार की चर्चा तो पहले हुई है लेकिन अलंकारों में प्रतिबिम्बित यथार्थ का परीक्षण यहाँ पहली बार हुआ है। भारतीय सौन्दर्य शास्त्र और भारतीय बिम्ब-विधान के लिए अलंकारों में उपयोगी संकेत हैं, यह भी स्पष्ट किया गया है।

पंचम अध्याय में रीति सिद्धान्त और गुण-दोष से सम्बन्धित धारणाओं का अध्ययन है। रीति सिद्धान्त में तत्व और रूप की संगति का मार्क्सवादी सिद्धान्त संकेतित है और शैली विज्ञान की दृष्टि से वामन का चिन्तन महत्वपूर्ण है। गुण-दोषों के विषय में सापेक्षतावादी भारतीय दृष्टि, मार्क्सवादी साहित्य-चिन्तन के लिएं बहुत लाभप्रद है। व्यावहारिक समीक्षा तथा आधुनिक कृति के "निकटतम अध्ययन" के लिए गुण, रीति और दोषों के विश्लेषण का प्रयोग, प्रस्थान बिन्दुओं के रूप में आज भी हो सकता है।

षष्ठ अध्याय में ध्वनिवाद का विवेचन है। ध्वनिवाद में, पूर्व धारणाओं की ध्वनि के साथ संगति स्थापित करके, एक पूर्ण काव्य-सिद्धान्त की स्थापना का प्रयत्न

मिलता है। हिन्दी में, सर्वप्रथम यहीं यह सिद्ध किया गया है कि ध्वनि सिद्धान्त ही भारतवर्ष का प्रतिनिधि काव्य-सिद्धान्त है और ध्वनि कला और साहित्य में व्याप्त सृजन की अनिवार्य रचना-प्रक्रिया है। इस अनुसंधान से प्रमाणित होता है कि आनन्दवर्धन "विशृंखल गिरा" या 'स्वछन्द सृजन' तथा रस-प्रधान रचनाओं में भेद करते थे और रसेतर स्वच्छन्द रचनाओं में रस के अभाव के कारण, उन्होंने उनका अवमूल्यन नहीं किया था। व्यापक रूप में काव्य मात्र में रस या आस्वाद रहता है। रस या राग के अत्यन्ताभाव से साहित्य-रचना सम्भव नहीं है किन्तु मानव संवेदना या सूक्ष्म राग के रूप में रह कर भी, अपने परिपाक या प्रधानता से वह कुछ काव्यों को रसप्रधान बना देता है। रस की यह विशिष्ट सत्ता, सभी काव्यों कलाओं में नहीं मिलती अतः प्रधान या विशिष्ट रूप में रस का आग्रह, प्रत्येक काव्य से नहीं किया जा सकता।

इस अध्याय में यह भी स्थापना की गई है कि द्वन्द्वात्मक भौतिकवाद को अपना कर, काव्य-कला के प्रति गत्यात्मक दृष्टि से, ध्वनिवाद में विकसित भारतीय काव्य सिद्धान्त का सृजनात्मक प्रयोग सम्भव है।

सप्तम अध्याय में रस सूत्र की व्याख्याओं पर विचार किया गया है। इस सन्दर्भ में भट्ट लोल्लट और शंकुक की वस्तुगत व्याख्याओं का महत्व-स्थापन इस अनुसंधान की विशिष्टता है। रस को आत्मगत मानने से रस सिद्धान्त द्वारा कृतिपरक तथा सौन्दर्यपरक समीक्षा नहीं हो सकती किन्तु रस की वस्तुनिष्ठ व्याख्या से रस की धारणा को व्यापक बनाया जा सकता है। इसी अध्याय में साधारणीकरण और काव्यास्वाद के सम्बन्ध में प्रचलित सरलीकृत धारणाओं का निराकरण किया गया है और सीमित तथा देश-काल-वर्ग आदि शक्तियों की सापेक्षता में ही साधारणीकरण को स्वीकार किया जा सकता है, यह नूतन व्याख्या प्रस्तुत की गई हैं।

रस की निष्पत्ति अनेक अपेक्षाओं से जुड़ी हुई है। रस एक विशिष्ट काव्य रूप से सम्बन्धित है। वैज्ञानिक भौतिकवाद के प्रकाश में इन नवीन पक्षों को उद्घाटित किया जा सका है।

वक्रोक्तिवाद, अनुमितिवाद, औचित्यवाद, भक्ति रस विषयक वैष्णव काव्यशास्त्र तथा अन्य सम्प्रदायों पर यथास्थान विचार किया गया है। किन्तु इन्हें स्वतन्त्र रूप से अनुसंधान का विषय बनाने पर और अधिक विस्तार होता। दूसरे, मुझे यह भी प्रतीत हुआ कि भारतीय काव्य सिद्धान्त की स्थापना में इनकी मूल धारणाओं पर विचार पर्याप्त है।

मार्क्सवाद औपचारिक पांडित्य का विरोधी है—कारण यह है कि उससे विश्लेषण आधारभूत नहीं हो पाता, उदाहरणतः अधिकारी, प्रयोजन, हेतु और लक्षण के क्रम से चर्चा औपचारिक ही हो सकती थी। मार्क्सवाद के अनुसार परिभाषाओं

का महत्व केवल कार्यपरक (फंक्शनल) होता है। लक्षण मुख्य विशिष्टता का निर्देश करते हैं। भारतीय काव्यशास्त्री विशिष्टता का तो निर्देश करते हैं परन्तु भारतीय काव्यशास्त्री विशिष्टता-निर्देश के पश्चात् मुख्य और अमुख्य विशेषताओं, उनकी विभिन्न मात्राओं का उनके देश-कालानुरूप विभिन्न रूपों का विश्लेषण नहीं करते। वे काव्य या किसी अंग की परिभाषा देकर, विभाजन वर्गीकरण और उनके लिए उदाहरण एकत्र करने और उनकी व्याख्या में तल्लीन हो जाते हैं। अतः इस अनुसंधान में नाट्यशास्त्र के पश्चात् प्रमुख सिद्धान्तों के आधार पर अध्ययन प्रस्तुत किया गया है और लक्षणों का सैद्धान्तिक चर्चा में यथास्थान उपयोग किया गया है।

इस प्रकार द्वन्द्वात्मक भौतिकवादी दृष्टि से भारतीय काव्यशास्त्र के मूल रूप की व्याख्या ही इस ग्रन्थ का विषय है।

आठवें अध्याय में, भारतीय काव्य सिद्धान्तों के सम्बन्ध में प्रमुख आलोचकों-विवेचकों के मत प्रस्तुत किए गए हैं किन्तु एक सर्वमान्य काव्य निकष की खोज तथा इस अध्याय की विशिष्टता है। अतः एक नवीन काव्य सिद्धान्त और कला विवेचन प्रविधि की स्थापना की गई है। द्वन्द्वात्मक भौतिकवादी धारणाओं (कंसैप्चुअल फ्रेमवर्क के आधार पर) भारतीय काव्यशास्त्रीय सिद्धान्तों तथा अन्य ज्ञानानुशासनों के यथास्थान प्रयोग द्वारा एक संग्रथित विवेचनात्मक पद्धति (इंटीग्रेटिड क्रिटीकल मैथड) का एक लघु प्रारूप (मॉडल) भी प्रस्तुत किया गया है।

भारतीय काव्यशास्त्र का सैद्धान्तिक दृष्टि से भी महत्व है, इसके लिए शब्द शक्तियों, गुण-दोष, रीति, अलंकारों आदि को स्वतन्त्र धारणाओं के रूप में ग्रहण करना होगा। उनके स्वतन्त्र विकास के लिए, समकालीन ज्ञान-विज्ञान का प्रयोग अनिवार्य है। शास्त्र की केवल पुनः प्रस्तुति से, उस की उर्वरता और समसामयिक सार्थकता प्रमाणित नहीं हो सकती। इस प्रकार इस शोध ग्रन्थ से काव्यशास्त्र का एक नवीन अनुसंधान क्षेत्र खुलता है।

द्वन्द्वात्मक भौतिकवादी विश्वबोध और द्वन्द्वात्मक विवेचन-पद्धति के आविष्कार का श्रेय मार्क्स-एंगिल्स को है किन्तु भारतीय समाज और काव्यशास्त्र के क्षेत्र में, इस विश्वबोध और पद्धति का इतना विशद और मौलिक प्रयोग पहली बार हुआ है। इस सम्बन्ध में मुझे देशी-विदेशी विद्वानों से सहायता नहीं मिल सकी। श्री वेडेकर को छोड़कर अन्य मार्क्सवादी विद्वान, भारतीय काव्यशास्त्र के निकटतम अध्येता नहीं हैं, अतएव वे विवरण में नहीं गए। किसी भी पुस्तक में भारतीय काव्यशास्त्र की द्वन्द्वात्मक भौतिकवादी व्याख्या का कोई प्रारूप मेरे सम्मुख नहीं था। इस शोध-प्रबन्ध की मौलिक व्याख्याओं का उत्तरदायित्व मेरे ऊपर ही है।

इस सम्बन्ध में अन्तिम निर्णय तो विद्वज्जन ही कर सकते हैं, 'जेहि प्रबन्ध बुध नहिं आदरहीं, सो स्राम बाद बालकवि करहीं।'

मैं काव्यशास्त्र के गुरुजन और पथप्रदर्शक आचार्य पंडित जगन्नाथ तिवारी,

आचार्य कैलाशचन्द्र मिश्र तथा स्वर्गीय डाक्टर नरेन्द्रदेव शास्त्री के प्रति अपनी कृतज्ञता प्रकट करता हूँ। उन सब काव्यशास्त्र के सभी विद्वान ग्रन्थकारों का भी मैं आभारी हूँ, जिनके ग्रन्थों के बिना यह अनुसंधान पूर्ण नहीं हो सकता था। आचार्य विश्वेश्वर, डॉ. भगीरथ मिश्र, डॉ. राघवन एवम् आचार्य बलदेव उपाध्याय तथा अन्य मनीषियों की विद्वता के प्रति मैं अपना आदर व्यक्त करता हूँ।

स्व. डॉ. सत्येन्द्र और स्व. डॉ. रामविलास शर्मा इस शोध कार्य के विषय में चिन्तित रहे थे। उन्होंने मेरे कार्य में व्यक्तिगत रुचि प्रदर्शित की है और अनेक बिन्दुओं पर अपनी अन्तर्दृष्टियों से मेरा पथ आलोकित किया है, अतएव अनुगृहीत हूँ।

परम्परा और प्रगति के शिविरों के अतिरिक्त, नई पीढ़ी के कई लेखकों ने भारतीय काव्यशास्त्र की व्यर्थता घोषित करके, मुझे उसकी सार्थकता खोजने के लिए अप्रत्यक्षतः प्रेरित किया है, अतएव उन्हें धन्यवाद देना मेरा कर्त्तव्य है।

विश्वम्भरनाथ उपाध्याय
गया-प्रयाग, 7-डी-25
जवाहर नगर, जयपुर
राजस्थान

विषय-सूची

प्रथम अध्याय : खण्ड-'अ' : द्वन्द्वात्मक भौतिकवाद

खण्ड-'ब'

द्वितीय अध्याय : भारतीय काव्यशास्त्र का विकास

तृतीय अध्याय : भरत के काव्य सिद्धान्त

चतुर्थ अध्याय : अलंकार सिद्धान्त

पंचम अध्याय : रीतिवाद

षष्ठ अध्याय : ध्वनि सिद्धान्त

सप्तम अध्याय : रसवाद

अष्टम अध्याय : भारतीय काव्यशास्त्र और आधुनिक साहित्य

प्रथम अध्याय–खण्ड 'अ'

द्वन्द्वात्मक भौतिकवाद

चिन्तन और आत्म चेतना,[1] सर्वाधिक मात्रा में, मनुष्य की विशिष्टता है। मानवेतर प्राणियों में भी आत्मचेतना पाई जाती है, कारण-कार्य का बोध अनेक जीवों में मिलता है किन्तु मनुष्य ने चिन्तन शक्ति का अद्‌भुत विकास किया है। पशुपक्षियों को इस विचित्र सृष्टि के कारण, प्रक्रिया और प्रयोजन के अनुसंधान की चिन्ता नहीं है किन्तु मनुष्य इन दार्शनिक प्रश्नों के समाधान के लिए उत्सुक और व्याकुल रहता है। पदार्थ और चेतना इस दार्शनिक चिन्तन के केन्द्र-बिन्दु रहे हैं किन्तु इनके विषय में किया गया मनन विचारकों को कभी पूर्णतः सन्तुष्ट नहीं कर पाता। मनुष्य ने अनेक दृष्टिकोणों से आधारभूत प्रश्नों और सामाजिक समस्याओं पर सोचा है और उसे कभी भी शंका-तृष्णा से मुक्ति प्राप्त नहीं हो पाती है। उसने सूक्ष्म और कल्पनाशील दर्शन-ग्रन्थों, धर्मशास्त्रों आदि की रचना की है, जिन्हें पढ़ कर मानव की बौद्धिकक्षमता और अनुभव-गाम्भीर्य पर आश्चर्य होता है। ये वेद, उपनिषद, कुरान और टेस्टामेन्ट और इनके आधार पर समर्थन और विरोध की प्रक्रिया में विकसित ज्ञानाकोश सचमुच मनुष्य की बौद्धिक उपब्धियों के प्रति एक आदर का भाव उत्पन्न करते हैं। सृष्टि में मनुष्य की श्रेष्ठता का कारण ज्ञान के प्रति उसकी एकनिष्ठता और सृजनाकुलता ही है। मनुष्य सत्य के सम्बन्ध में पूर्ण निर्भ्रान्त नहीं हो सका किन्तु उसका गौरव, अज्ञान और अस्पष्टता के विरुद्ध अनवरत संघर्ष में निहित हैं।

इस दृष्टि से मानव का प्रत्येक ज्ञानात्मक प्रयत्न निराशा और असफलता के विरुद्ध संग्राम का ही एक रूप होता है। मानव चेतना का यह चमत्कार यदि कुछ सहृदयों को दिव्य प्रतीत होने लगे तो उसे आलंकारिक भाषा में मानव-शक्तियों की स्तुति समझना चाहिए।

बाह्य प्रकृति मानवीय परिवेश और स्वचेतना के सम्बन्ध में मनुष्य का दार्शनिक चिन्तन मुख्यतः दो प्रधान दृष्टिकाणों का आधार पर पल्लवित हुआ है। इन्हें अधिदर्शनात्मक[2]

तथा भौतिकवादी विश्वबोध कह सकते हैं। अधिदर्शनात्मक के साथ आदर्शवादी[3] या विचारवादी[4] प्रत्ययवादी संज्ञाओं का प्रयोग भी आवश्यक है। आदर्शवाद यह मान कर चलता है कि अभौतिक[5] या आत्मिक[6] प्राथमिक है, भौतिक सत्ता या अनात्म, अभौतिक या आत्मिक सत्ता का ही द्वितीय रूप है। इस बुनियादी विश्वास के कारण आदर्शवाद धर्म[7] का रूप धारण कर लेता है, जिसमें सृष्टि के किसी बाह्य कर्ता या ईश्वर की कल्पना की जाती है और उसकी उपासना-पूजा अथवा साधना के अनेक विधि-विधान किए जाते हैं।

ज्ञान के क्षेत्र में आदर्शवाद, अधिदर्शनात्मक रूप प्राप्त करता है। इस अधिदर्शनात्मक चिन्तन विधि में, चेतना को पदार्थ और परिवेश से सर्वधा स्वतन्त्र और असम्पृक्त मान कर प्रामाण्य-विज्ञान प्रस्तुत किया जाता है और तर्क और विश्लेषण का उद्देश्य अतीन्द्रिय अनुभवों और अलौकिक सत्ताओं को प्रमाणित करना हो जाता है।

प्रकृति[8] से चेतना का सम्बन्ध विच्छेद करते ही दार्शनिक चिन्तन आदर्शवाद सन्देहवाद या अज्ञेयवाद[9] की ओर उन्मुख हो जाता है अथवा इस दृष्टि की परिणति यांत्रिक भौतिकवाद में होती है। इसके विपरीत द्वन्द्वात्मक भौतिकवाद चेतना और पदार्थ या भौतिक तत्व को परस्पर विरोधी, एक दूसरे से असम्पृक्त अथवा निरपेक्ष नहीं मानता। वह सृष्टि, समाज, चेतना और इन सबके विकास के बोध के लिए किसी पूर्व कल्पित, बाह्य शक्ति में विश्वास को वांछनीय नहीं मानता क्योंकि उससे सत्य के उद्घाटन में बाधा पड़ती है, और अनेक अप्रमाणित कल्पनाओं के कारण मानव जाति के भ्रम में भटकने की आशंका उपस्थित हो जाती है। इसीलिए द्वन्द्वात्मक भौतिकवाद सत्य के लिए तथ्यों की अवहेलना नहीं करता। दूसरे शब्दों में इस वाद में धारणा और तथ्य की सापेक्षता स्वीकार की जाती है।

आदर्शवाद, अधिदर्शन, धर्म, पुराण (मिथ) और अन्धविश्वासों की ओर उन्मुख होता है जब कि भौतिकवाद विज्ञान की विधि अपनाता है। अतएव द्वन्द्वात्मक भौतिकवाद को वैज्ञानिक भौतिकवाद भी कहा जाता है।

आदर्शवाद प्रारम्भिक समाजों में निर्मित शास्त्रों को प्रामाणिक मानकर सत्य को पहचानना चाहता है। वैज्ञानिक भौतिकवाद तथ्यों का विश्लेषण करके सत्य का साक्षात्कार करना चाहता है। आदर्शवाद चेतना से प्रकृति या भूत तत्त्व का विकास सिद्ध करता है, वैज्ञानिक भौतिकवाद चेतना को भूत तत्वों का ही गुणात्मक परिवर्तन सिद्ध करता है। इस प्रकार प्रत्येक विषय की व्याख्या के लिए उक्त दोनों वादों के निष्कर्ष भिन्न हैं। काव्यशास्त्र की व्याख्या में वैज्ञानिक भौतिकवादी दृष्टि और विधि का महत्व और भी अधिक है क्योंकि वैज्ञानिक युग के पूर्व आदर्शवाद के आलोक में ही कला और कला विज्ञान का अध्ययन तथा मनन होता है।

भौतिकवादी विश्वबोध—द्वन्द्वात्मक भौतिकवाद पदार्थ तथा उसकी गति एवम् उसके विकास के विषय में सामान्यतम[10] नियमों का अनुसंधान करता है। वह विश्व और मानव समाज को स्थिर सत्ता नहीं मानता उन्हें वह एक प्रक्रिया के रूप में देखता है जो

अपने आंतरिक द्वन्द्वों के कारण सृजन-विकास और विनाश के अनवरत प्रवाह की प्रक्रिया है।[11] द्वन्द्वात्मक भौतिकवाद पदार्थ को सत्ता मानता है जो विज्ञान से भी प्रमाणित होता है। चेतना विकास के क्रम में उदित होती है अतएव भौतिकवादी विश्वबोध का आधार चेतनाद्वयवाद नहीं, पदार्थद्वयवाद है। इसे जड़वाद भी नहीं कह सकते क्योंकि पदार्थ जड़ नहीं, गतिशील होता है और उसमें वह संरचना-शक्ति निहित है, जिससे किन्हीं विशेष प्राणियों में आत्मचेतना उत्पन्न हो जाती है।

अतएव विश्व के मूल में स्थित पदार्थ का स्वरूप द्वन्द्वात्मक भौतिकवादी दर्शन की प्रथम कोटि (कैटागरी) है। पदार्थ या भौतिक तत्व के विषय में द्वन्द्वात्मक भौतिकवाद के प्रवर्तक मार्क्स और एंगिल्स, विज्ञानसम्मत विकासवादी मत को ही अपनाते हैं किन्तु अनेक वैज्ञानिक, पदार्थ की जटिल संरचना और स्वरूप को देख कर, अधिदर्शनात्मक निष्कर्षों को मानने लगते हैं। इनके विपरीत भौतिकवादी विचारक पदार्थ को अनिर्वचनीय, अज्ञेय या रहस्यपरक नहीं मानते। आर्थर एडिंगटन तथा जेम्स जींस जैसे आदर्शवादी वैज्ञानिक, पदार्थ को मानसिक, शुद्ध चैतन्य या आत्मिक सिद्ध करने लगते हैं। जोड़ का कथन है कि पदार्थ अनन्त रूपेण अपरिभाषेय है। वह विद्युत प्रवाह या लहर सा है जो दिक्-काल में होकर भी शून्योन्मुख है। कभी-कभी यह पदार्थ भी प्रतीत हो सकता है किन्तु इस ज्ञान में द्रष्टा की चेतना मिश्रित रहने से उसे वस्तु सत्ता या पदार्थ कहना कठिन है।[12] जेम्स जींस तो पदार्थ की वस्तुगत सत्ता को स्पष्टतः, अस्वीकार कर देते हैं। उनके अनुसार पदार्थ एक अन्तर्मुख प्रत्यय मात्र है, उसकी वस्तुगत सत्ता सिद्ध नहीं की जा सकती।[13]

यह तो सत्य है कि अठाहरवीं; उन्नीसवीं शताब्दी का पदार्थ-प्रत्यय अवैज्ञानिक सिद्ध हो गया है, जिसके अनुसार पदार्थ को एक ठोस वस्तु के रूप में माना जाता था। अब पदार्थ विद्यतु प्रवाह के रूप में प्रमाणित हो गया है जो कभी अणु रूप में और कभी लहर के रूप में प्रतीत होता है।[14] साधारण चिन्तन स्तर पर तो पदार्थ अब भी ठोस प्रतीत होता है लेकिन पदार्थ भेदन की प्रक्रिया में ठोस प्रतीत न होने पर भी वह द्रष्टा से स्वतन्त्र, "कुछ" के रूप में अवश्य प्रमाणित होता है। ज्ञाता से भिन्न इस बाह्य सत्ता को ही पदार्थ या मैटर कहते हैं। यह पदार्थ, मनुष्य के अस्तित्व से पूर्व अस्तित्व पा चुका था। अतः पदार्थ प्राथमिक सत्ता है, चेतना उसी का पश्चात् वर्ती विकास है। लेनिन के शब्दों में पदार्थ वस्तुगत सत्ता या वास्तविकता है। यह वास्तविकता हमारे ज्ञान का विषय है। जो आदर्शवादी विचारक पदार्थ की स्वतन्त्र सत्ता नहीं मानते, उनसे लेनिन प्रश्न करते हैं—'क्या इलेक्ट्रॉन न्युट्रॉन आदि तत्व मनुष्य के मस्तिष्क के बाहर अपनी सत्ता रखते हैं या नहीं?[15]

सूक्ष्मातिसूक्ष्म होने पर भी यदि पदार्थ की सत्ता स्वतन्त्र है, तो सत्य को मात्र ज्ञानरूप नहीं माना जा सकता। यदि यह कहा जाए कि पदार्थ के ज्ञान-क्षण में ज्ञाता की चेतना मिल जाने से पदार्थ की स्वतन्त्र सत्ता नहीं मानी जा सकती तो यह व्याघात है। पदार्थ हमारे ज्ञान के बिना भी अपना अस्तित्व रखता है, यह उसकी स्वतन्त्र स्थिति का प्रमाण है। दूसरे

पदार्थ-ज्ञान में ज्ञाता का योग अनिवार्य होने से यह प्रमाणित नहीं होता कि पदार्थ मात्र ज्ञान रूप है। अतः पदार्थ की स्वतन्त्र सत्ता को अस्वीकार करना आदर्शवाद है। उसका वास्तविक रूप क्या है, इसे हम अभी तक अंशतः ही जान पाए हैं किन्तु पदार्थ के विषय में आज जो हमारा ज्ञान है, सत्य है, अन्यथा उसके आधार पर हम कार्य नहीं कर सकते थे। मानव मस्तिष्क ज्ञाता है और पदार्थ ज्ञेय है। ज्ञेय पदार्थ की अन्तर्निहित शक्तियों से ही जीवों का जन्म और विकास होता है अतएव ज्ञाता, विकास के एक विशिष्ट सोपान में ही द्रष्टा बन पाता है। प्रारम्भ में केवल पदार्थ की ही सत्ता रहती है। इस प्रकार भौतिकवाद को पदार्थद्वयवाद कहा जाता है। सत्ता एक है और उसका नाम पदार्थ है, शेष सब उसी का द्वन्द्वात्मक उन्मीलन है।

पदार्थ के प्रत्यक्षीकरण में वह है, वह कुछ है, वह ऐसा है—इस प्रकार का ज्ञान होता है। हम किसी वस्तु का इसलिए अनुमान नहीं करते क्योंकि हम उसका प्रत्यक्षीकरण करते हैं, अपितु हम प्रत्यक्षीकरण द्वारा किसी वस्तु का इसलिए अनुमान करते हैं क्योंकि वह पदार्थ स्वतन्त्र रूप में या वस्तुगत स्थित रहता है। प्रत्यक्षीकरण में बाह्य सत्ता पर हम अपना निर्णय दिया करते हैं। हम किसी अमूर्त्त विचार या अमूर्त्तता का प्रत्यक्षीकरण नहीं करते, हम किसी "वस्तु" का अथवा "कुछ का" प्रत्यक्षीकरण करते हैं। अतः द्वन्द्वात्मक भौतिकवाद, मानसिक प्रत्ययवाद,[16] यांत्रिक भौतिकवाद, अज्ञेयवाद और विवर्त्तवाद आदि आदर्शवादी या प्रत्ययवादी व्याख्याओं को असत्य मानता है। इसी प्रकार मार्क्स एंगिल्स द्वैतवाद को भी नहीं मानते क्योंकि उसमें सत्ता एक नहीं, दो मानी जाती हैं। द्वैतवाद चेतना और पदार्थ (प्रकृति) की दो स्वतन्त्र सत्ताएँ मानता है। पदार्थद्वयवाद, इस द्वैतवाद का विरोधी है क्योंकि उससे शरीर और चेतना (आत्मा) को निरपेक्ष मानना पड़ता है जो अप्रमाणित है। पदार्थ के अभाव में चेतना की स्वतन्त्र सत्ता की धारणा कपोल कल्पित धारणा है।

इस प्रकार पदार्थ, द्वन्द्वात्मक भौतिकवाद की प्रथम दार्शनिक धारणा है जो वस्तुगत सत्ता की निर्देशक है। यह पदार्थ ज्ञाता से स्वतन्त्र अस्तित्व रखता है और ज्ञाता की चेतना में इस बाह्य वास्तविकता का ही प्रतिबिम्बन होता है। पदार्थ अनन्त वैविध्य का आदिकोष होता है, इसी से क्रमशः साधारण से संकुल संरचनाओं (महाभूत, शरीर आदि) का जन्म होता है, इसलिए पदार्थ को उसकी गति से अलग नहीं किया जा सकता। पदार्थ और गति सर्वदा परस्पर अविच्छिन्न स्थिति में रहते हैं। गतियुक्त पदार्थ से विकसित सभी प्राणी और वस्तु समूह एक दूसरे को प्रभावित करते हैं। वे परस्पर सम्बन्धित होते हैं। यह गतियुक्त पदार्थ अक्षय और अनन्त है।

ज्ञान-मीमांसा—ज्ञान का साधन मस्तिष्क है, जो शरीर का अंश है। मानसिक क्रियाएँ शुद्ध चैतन्य की क्रियाएँ न होकर मस्तिष्क की भौतिक क्रियाएँ हैं। आदर्शवादी आत्मा या चेतना को शरीर के बन्धन से ग्रस्त एक दिव्य और स्वच्छन्द सत्ता मानते हैं।

इसके विपरीत भौतिकवाद चेतना की भौतिक व्याख्या करता है। आदर्शवाद के अनुसार आत्मा कतिपय कार्यों में शरीर का उपयोग करती है यथा संवेदनात्मक ज्ञान[17] में आत्मा, इन्द्रियों का उपयोग करती हैं किन्तु वैचारिक या आध्यात्मिक ज्ञान में आत्मा, शरीर का उपयोग किए बिना ही परम सत्य की झलक पा जाती है अथवा वह भौतिक जगत् की सीमाओं का अतिक्रमण कर जाती है।

वस्तुतः यह आदिम धारणा है। कल्पनाशील आदिम समाजों में आत्मा को वाष्प, पक्षी आदि के रूप में माना गया है। यह आत्मा, सुषुप्ति में मुख से निकल कर मुक्त भ्रमण कर सकती है और कभी कभी भूल से किसी दूसरे के शरीर में भी प्रवेश कर जाती है। परकाया-प्रवेश जैसी धारणाएँ आत्मा के इसी विश्वास पर आधारित हैं। इसी प्रकार आदर्शवादी मतानुसार विचारों और भावों का सम्बन्ध आत्मा के साथ होने से उनकी व्याख्या आत्मा के सन्दर्भ में ही होनी चाहिए, बाह्य वास्तविकता के सन्दर्भ में नहीं। उदाहरण के लिए भारतीय आदर्शवादी अभिनवगुप्त ने आत्मा के आधार पर ही काव्यानुभव की व्याख्या की है। यदि शरीर और चेतना की समानान्तरता सिद्ध नहीं होती तो आत्मा या मात्र वैयक्तिक दृष्टि से की गई व्याख्याएँ अप्रमाणित हो जाती हैं।

वैज्ञानिक दृष्टि से शरीर और चेतना की समानान्तरता सिद्ध नहीं होती क्योंकि शरीर के बिना चेतना की कल्पना ही असंगत है।

वैज्ञानिक भौतिकवाद के अनुसार जीवों का क्रमशः विकास हुआ है। अमीबा में स्नायु मण्डल[18] नहीं होता, पशुओं तथा मनुष्यों में वह बहुत विकसित रूप में पाया जाता है। स्नायु व्यवस्था के विकास की एक श्रृंखला के रूप में मस्तिष्क का विकास हुआ है। मानव मस्तिष्क में अनेक ज्ञान केन्द्रों की स्थिति एक तथ्य है। लघु मस्तिष्क तथा मस्तिष्क के अग्र बृहत् भाग[19] तथा उनके ज्ञान केन्द्रों का सूक्ष्म विकास मनुष्य में पाया जाता है। अतः मनुष्य संकुल-सूक्ष्म चिन्तन, विश्लेषण और संश्लेषण में समर्थ है। मस्तिष्क विचार का अस्त्र है। इसलिए ज्ञान प्रक्रिया के अध्ययन के लिए आदर्शवादियों की तरह कल्पनाएँ न कर हमें स्नायु-व्यवस्था का गम्भीर वैज्ञानिक अध्ययन करना चाहिए।

पावलोव के पूर्व स्नायु-व्यवस्था को मात्र भिन्न-भिन्न शारीरिक क्रियाओं तथा प्रतिक्रियाओं के संयोजन और संगति के लिए उत्तरदायी माना जाता था किन्तु पावलोव ने शरीर और परिवेश के परस्पर प्रभावों का अध्ययन किया है। स्नायु-व्यवस्था द्वारा जीव परिवेश से सम्बन्ध स्थापित करता है। वह इस क्रिया द्वारा आत्म रक्षा करता है, अपनी आवश्यकताओं की पूर्ति करता है और विशेष स्थितियों में विशेष विधि से कार्य करता है अतएव जीवधारी का परिवेश से गत्यात्मक सम्बन्ध होता है।

जीवों और परिवेश के मध्य वंशानुगत सम्बन्धों से कुछ स्थिर प्रवृत्तियाँ उदित होती हैं। उन्हें पावलोव सहज प्रतिवर्तन[20] कहता है। यथा, भोजन के सम्मुख आते ही श्वान के मुख से लार टपकने लगती हैं। किन्तु वातावरण के साथ संघर्ष और अपने को अनुकूल करने की प्रतिक्रियाओं में जीवधारी अनुकूलित प्रतिवर्तन[21] का विकास करते हैं।

उदाहरणतः किसी विशेष क्षण में घंटी बजा कर श्वान को भोजन देते रहने से श्वान पुनः वह क्षण आने पर लार टपकाने लगता है। उसका मस्तिष्क घंटी और भोजन से जोड़ लेता है। अतः सहज प्रतिवर्तन वंशानुगत होता है और अनुकूलित प्रतिवर्तन शिक्षा और संस्कार का फल है। प्रथम जैवी विकास की अवधि में विकसित होता है तो द्वितीय, व्यक्ति के जीवन में उपलब्ध किया जाता है। प्रतिवर्तन का यन्त्र मस्तिष्क है। मस्तिष्क में ऐन्द्रिय और प्रेरक चालक (मोटर) केन्द्रों के मध्य स्थित सम्बन्धों के कारण हम अस्थायी और स्थायी प्रतिक्रियाएँ प्रकट करते हैं। मस्तिष्क के ऐन्द्रिय केन्द्र सूचना प्राप्त करते हैं और प्रेरक चालक केन्द्र मस्तिष्क से माँसपेशियों को आदेश देते हैं। इस प्रकार प्रवृत्तिगत तथा स्वतन्त्र रूप में उपलब्ध अभ्यासों, निर्णयों, भावनाओं कल्पनाओं तथा विचारों की प्रक्रिया जानने के लिए स्नायु-व्यवस्था का अध्ययन ही ज्ञान प्रक्रिया की कुंजी है, शरीर और आत्मा को अलग मान कर ज्ञान चर्चा व्यर्थ है।[22]

आत्मा, चेतना का आरम्भ तब होता है जब जीवधारी वस्तुओं को अर्थ देने लगता है यथा पशु के लिए कुछ वस्तुएँ, भोजन अर्थ से युक्त हो जाती हैं और कुछ वस्तुओं को वह शत्रु समझने लगता है। परिवेश में सक्रिय होने से ही यह आत्म चेतना विकसित होती है, यह ईश्वर प्रदत्त नहीं है। सक्रियता की स्थिति में अनुकूलित प्रतिवर्तन की प्रक्रिया में जीवधारी स्व और पर का बोध प्राप्त करता है। अतः द्रष्टा और दृश्य, स्वगत और वस्तुगत के भेद अंधिदार्शनिक नहीं है, वास्तविक है। अधिदर्शन इन्हें स्वतन्त्र मान लेता है जब कि ये सम्बद्ध स्थितियाँ हैं। वस्तुओं के ज्ञान के बिना अन्तःमुखता और वस्तुगतता के प्रत्यय विकसित ही नहीं हो सकते। अतएव चेतना जीव और प्रकृति के संघर्ष से विकसित एक नवीन शक्ति या गुण है।

आदिम जीवों में चेतना का प्रारम्भिक रूप ही विकसित हो पाता है। इसके विपरीत संकुल शरीर रचना प्रधान प्राणियों में अनुकूलित प्रतिवर्तन से स्वचेतना का सूक्ष्म रूप विकसित होता है। मनुष्य में संकुल मस्तिष्क पाया जाता है लेकिन आरण्यक मनुष्यों के मानसिक जीवन और सभ्य मानवों के मानसिक जीवन में अत्यधिक अन्तर हो जाता है। परिवेश और समाज की बढ़ती हुई चुनौतियों का सामना करने में मानव चेतना युगानुरूप नवीन गुणों को प्राप्त करती चली जाती है।

आदर्शवादी, वस्तुज्ञान की प्रक्रिया को यान्त्रिक विधि पर समझाते हैं यथा वे संवेदन या ऐन्द्रिय अनुभव में जीवधारी के शरीर में होने वाली क्रियाओं पर विचार नहीं करते। संवेदन में वस्ततुः जीव का मस्तिष्क सक्रिय रहता है। वह मोम की तरह मात्र बाह्य प्रभाव ग्रहण नहीं करता, संवेदन के समय उसकी सक्रियता एक तथ्य है। इस सक्रियता से ही संवेदन, प्रत्यक्षीकरण में बदल जाता है।

प्रत्यक्षीकरण की प्रक्रिया में जीवधारी वस्तुओं को संवेदना करता है। अर्थात् संवेदन में वस्तुओं के संकेत और उनके साथ साथ जीवधारी विशेष के सम्बन्ध छिपे रहते हैं। संवेदन शक्ति से ही जीव अनुभव करता है, उससे सीखता है और क्रमशः वस्तुओं का

प्रत्यक्षीकरण करने लगता है।

मनुष्य में इस संकेत व्यवस्था के अतिरिक्त वाक् शक्ति या भाषा का भी विकास होता है। इसे पावलोव "द्वितीय संकेत व्यवस्था" कहते हैं। मनुष्य के उच्चतर मानसिक विकास का प्रमुख कारण यह वाक् शक्ति ही है और वाणी का अर्थ वस्तुओं या प्रक्रियाओं के साथ जुड़े हुए शब्द संकेतों पर निर्भर करता है। अतएव अर्थ के लिए वस्तुओं, कार्यों तथा अनुभवों के साथ सम्बद्ध संकेतों का समझना ही पर्याप्त नहीं है अपितु वक्ता का अभिप्राय समझना भी अनिवार्य हो जाता है।

शब्दों का सम्बन्ध पावलोव के अनुसार केवल वस्तुओं और उनसे उत्पन्न संवेदनों से नहीं होता बल्कि वस्तुओं का सामान्य बोध भी उदित होता है अर्थात् पदार्थ, विशिष्ट और जाति (गोत्व, मानवता, श्वेतिमा आदि) दोनों रूपों में, शब्दों द्वारा, हमारी चेतना के विषय बनते हैं। शब्द वस्तुओं और उनके सम्बन्धों को भी प्रकट करते हैं। अतः शब्द से मूर्त वस्तुओं और अर्मूत धारणाओं (पाप, पुण्य, वीरता, राष्ट्रीयता, जाति, धर्म आदि) का भी ज्ञान होने लगता है। इस प्रकार ज्ञान-प्रक्रिया में शब्द या भाषा का महत्व निर्णायक होता है।

शब्दों के अर्थ में वक्ता का प्रयोजन जान लेना अनिवार्य है। काव्यादि में तो इस प्रयोजन को जाने बिना वह अनर्गल प्रलाप ही लगता है। भारतीय साहित्य शास्त्रियों ने अर्थ मीमांसा में संकेतग्रह और लक्षणा एवम् व्यंजना शक्तियों की कल्पना में अभिप्राय पर जो बल दिया है, वह उनकी अन्तदृष्टि का प्रमाण है। ध्वनिवादियों ने तो काव्य में पद, पदांश, निपात, वाक्य, परिच्छेद आदि से ध्वनित होने वाली अनुभूतियों और अभिप्रायों की विस्तार से चर्चा की है। काव्य या साहित्य में प्रयुक्त शब्द, वस्तुओं और व्यक्तियों के साथ जुड़े संवेदनों तथा संस्कारों और प्रभावों को संकुल रूप में ध्वनित करते हैं। शब्द अपने में मानव के सम्पूर्ण विकास को छिपाए रहते हैं और वे अर्थ चक्र के भीतर गूढ़ सम्बन्धों, संवेदनों आदि को भी ध्वनित करते हैं, यह निष्कर्ष वैज्ञानिक है किन्तु इसकी पुष्टि पावलोव के शरीर शास्त्र द्वारा ही हुई है।

आदर्शवादी और अधिदर्शनात्मक दृष्टिकोणों से शब्द, भाषा, भाव, विचार अथवा अन्य किसी भी प्रकार के ज्ञान में शारीरिक और आत्मिक दो प्रक्रियाओं की समानान्तरता की धारणा के कारण रहस्यवाद का प्रवेश हो जाता है। द्वन्द्वात्मक भौतिकवाद ज्ञान मात्र में एक ही प्रक्रिया को स्वीकार करता है, इसे वह मस्तिष्क की भौतिक प्रक्रिया कहता है। वाणी, विचार या भावादि की उत्पत्ति समझने के लिए प्रायः आदर्शवादी वाङ्गदेवी या ईश्वर या अन्य किसी अतीन्द्रिय सत्ता की शरण लेते हैं जबकि भौतिकवादी मतानुसार मस्तिष्क की प्रक्रिया के माध्यम से भौतिक विश्व का प्रतिबिम्बन भी चेतना का कार्य है। आत्मरक्षा और विकास के लिए किसी परिवेश में स्थिति जीवधारी, बाह्य के प्रति जटिल सम्बन्धों की स्थापना करता है। इस जीव संघर्ष की प्रक्रिया में ही चेतना का विकास होता है। अतः भाषा, विचार, भावादि को मात्र शुद्ध चैतन्य के आधार पर अवतरित या ईश्वर प्रदत्त नहीं

माना जा सकता।

इस प्रकार द्वन्द्वात्मक भौतिकवाद में भौतिक वास्तविकता की प्राथमिकता स्वीकार की गयी है क्योंकि वह तथ्यों पर आधारित है। चेतना पश्चातवर्ती अथवा भौतिक वास्तविकता का ही एक उच्चतर विकास है। अतः चैतन्य स्वयंभू नहीं, पदार्थ पर अवलम्बित है।

भौतिक वास्तविकता ही चेतना में प्रतिबिम्बत होती है। चेतना में कोई ऐसा तत्व नहीं मिलता जो सूक्ष्म या स्थूल, प्रत्यक्ष या अप्रत्यक्ष रूप में किसी भौतिक वास्तविकता का प्रतिबिम्ब न हो। वस्तुतः योगज प्रत्यक्ष में भी योगी भौतिक वास्तविकता के ही विशिष्ट संयोजनों को देखता है।

कभी कल्पना के क्षण भी वास्तविकता के मानसिक रूप प्रस्तुत होते हैं। द्वन्द्वातीत, सीमातीत, दिक्काल का अतिक्रमण आदि अधिदर्शनात्मक साधनापरक धारणाओं का वास्तविक अर्थ यह है कि दार्शनिक और साधक, दिक् कालादि के बन्धनों के अतिक्रमण करने की मानसिक चेष्टा करते हैं किन्तु इस मनोवैज्ञानिक मुक्ति के उपाय में भी जो रहस्यमय दृश्य दिखाई पड़ते हैं, वे भौतिक अनुभव के ही प्रक्षेपण (प्रोजेक्शन) होते हैं। यद्यपि कष्टकर द्वन्द्वों से कुछ समय के लिए विराम पाने के क्षणों में प्रतीत यह होता है कि वह मानसी साक्षात्कार या आत्मदर्शन अलौकिक और दिव्य सत्य का दर्शन है। अतः मार्क्स के अनुसार आदर्श (आइडियल) मानव, मस्तिष्क द्वारा प्रतिबिम्बित भौतिक विश्व का ही दूसरा नाम है, जो विचारों के रूप में व्यक्त होता है, आदर्श (आइडियल) भाव, विचार, रहस्य, देवता, साधना, कविता, कला और इस प्रकार प्रत्येक मानव प्रयत्न का अध्ययन उक्त प्रतिबिम्बवादी सिद्धान्त के आधार पर ही प्रमाणित रूप में हो सकता है।

यथार्थ की उक्त प्रतिबिम्बन क्रिया में वास्तविकता का रूपान्तरण हो जाता है। उदाहरणतः अप्सरा, स्वर्ग, ईश्वर, देवता, नरक, ब्रह्म आदि के वर्णनों में भौतिक अनुभव के ही विभिन्न संयोजनों से इन धारणाओं की रचना हुई है। अप्सरा की धारणा में स्त्री और मछली के रूपों का संयोजन है। शुद्ध सत्, चित्, आनन्द मय ब्रह्म की कल्पना में, द्वन्द्वमय जगत् के असत्, अचित् और निरानन्द रूप के विरुद्ध संघर्ष विद्यमान है, देवता में आदर्श मनुष्य[23] या आदर्श शासक की कल्पनाएँ हैं और नरक की कल्पना तो संसार की कुत्सा, भयंकरता और विनाश शक्ति को देखकर ही की गई है। कविता और कला में भी वास्तविक जगत् का ही प्रतिबिम्बन होता है। अतः भौतिकवाद सृजन के इस स्वभाव को रेखांकित करता है कि मानव सृजन निरपेक्ष आत्मा की क्रीड़ा नहीं है, द्वन्द्वात्मक वास्तविकता का प्रतिबिम्बन है, जिसमें स्रष्टा वास्तविक द्वन्द्वानुभव को कहीं व्यक्त करता है, कहीं उसकी संगति खोजता है और कहीं उसके विपरीत आक्रोश प्रकट करके विकल्प गढ़ता है। ये विकल्प और समाधान भी तात्कालिक वास्तविक से सम्बद्ध होते हैं। इस प्रकार इसे निष्क्रिय नहीं, सक्रिय प्रतिबिम्बन क्रिया कह सकते हैं।

दर्पण और वस्तु के सादृश्य पर इस प्रतिबिम्बन क्रिया को समझते समय प्रायः

जीवधारी के शरीर और मस्तिष्क की सक्रियता तथा प्रतिबिम्बित सत्ता के अन्तर्मुख तथा वस्तुगत रूप के द्वन्द्व को भुला दिया जाता है।[24] फलतः ज्ञान के आधार पर भौतिकवादी प्रतिबिम्बवाद का खण्डन कर दिया जाता है। उदाहरणतः पुष्पों के रंगों का ज्ञान भ्रमात्मक होता है। रज्जु में सर्प का ज्ञान भ्रमात्मक है। इसी प्रकार विवर्त्तवाद के अनुसार जागतिक ज्ञान भ्रमात्मक है, प्रतिबिम्बात्मक नहीं। कहा जाता है कि जगत् की सत्ता मात्र प्रतीतिक है, वास्तविक नहीं।

इस विवर्त्तवादी दृष्टि को अवैज्ञानिक दृष्टि के कारण स्वीकार नहीं किया जा सकता क्योंकि यह दृष्टिभ्रम ज्ञान-क्षणों में तथा भ्रम विनाश के क्षणों में, द्रष्टा के मस्तिष्क की सक्रियता तथा वस्तु के सम्बन्ध पर विचार नहीं करती। रंग ज्ञान के नेत्रपटल कनीनिका और पुष्प पर पड़ने वाली किरणों पर विचार करते ही रंग सम्बन्धी भ्रम का नाश हो जाता है। रज्जु में सर्प का ज्ञान भी अन्धकार तथा दृष्टा की स्थिति पर निर्भर नहीं करता है। मसलन् द्रष्टा को अंधकार के विषय में कोई भ्रम नहीं होता कि अन्धकार नहीं है और अन्धकार के कारण भ्रम ज्ञान भी सदैव निश्चयात्मक नहीं होता है। कभी सन्देह होता है और कभी भ्रम भी हो जाता है।

इसी तरह विभिन्न कोणों से एक ही वस्तु को देखने पर उस वस्तु के अनेक रूप दिखाई पड़ सकते हैं। यहाँ ज्ञान की सक्रिय प्रतिबिम्बन क्रिया स्पष्ट हो जाती है। पानी में लकड़ी वक्र दिखाई पड़ती है। दूर से देखने पर वही लकड़ी लघु और निकट से दीर्घ प्रतीत होगी। एक ही कविता विभिन्न मानव समूहों में विभिन्न अवसरों पर परस्पर विरोधी प्रभाव उत्पन्न कर सकती है। अपने-अपने स्नायु-मण्डलों, रुचियों शिक्षा संस्कारों तथा अनुभवों की विविधता के कारण एक ही कलाकृति विविध प्रतिक्रियाएँ, विविधमालाओं में जाग्रत करती है। अतएव प्रतिबिम्बन एक वास्तविक प्रक्रिया है जो जीवधारी तथा परिवेश में वास्तविक सम्बन्धों से प्रभावित होती है। स्वप्नों, भ्रमों आदि के मूल में भी वास्तविकता ही रहती है। विवर्त्तवादी भी कहते हैं कि भ्रम का आधार ब्रह्म है। पदार्थ द्वयवाद इस कल्पित ब्रह्म के स्थान पर भौतिक वास्तविकता को ही भ्रान्तियों और निर्भ्रान्त ज्ञान प्रकारों का मूलाधार मानता है।

चेतना के संवेदनात्मक, वैचारिक तथा भावात्मक सभी रूप परिवेश के साथ जीवधारी की सम्बद्धता को तो प्रकट करते ही हैं, वे परस्पर भी संग्रथित या मिश्रित रूप में ही व्यक्त होते हैं। आदर्शवादी, भाव, विचार कल्पना आदि कोटियों को निरपेक्ष मान लेते हैं परन्तु भौतिकवाद के अनुसार भाव भी चेतना का ही एक रूप होता है, जिसमें भौतिक वास्तविकता के साथ अपने सम्बन्ध का अनुभव करता है। अतः भावात्मक चेतना की स्थिति में मनुष्य स्व और परिवेश के मध्य अपने सक्रिय सम्बन्ध को व्यक्त करता है। भाव में मनुष्य पर स्थितियों और वस्तुओं का प्रभाव पड़ता है। इस स्थिति में वह वस्तुओं या जीवन दशाओं के प्रति एक निश्चित मनोवृत्ति का प्रदर्शन करता है और सुख या दुःख का अनुभव करता है। अतएव भाव मनुष्य जीवन का एक आवश्यक पक्ष होता

है। मनुष्य प्रत्यक्षीकरण द्वारा वस्तुओं के साथ सम्बन्धित होता है। वह उनके विषय में विचार करता है और उन वस्तुओं से सुख और दुःख का अनुभव करता है। संवेदन, विचार और भाव परस्पर सम्बन्धित होते हैं। अतः जिस प्रकार संवेदन ज्ञान के आधार बन जाते हैं और भाव के मूल में कोई विचार हो सकता है। विचार, भावों अनुभवों का पथ प्रदर्शन कर सकते हैं और भाव, विचार को कार्य रूप में परिणत करने में प्रेरक हो सकते हैं।

भावात्मक चेतना में अनुकूलित प्रतिवर्तन (कंडीर्शड रिफ्लैक्स) की प्रक्रिया स्पष्टतः कार्यरत रहती है। कारण यह है कि भावों में मानव सम्बन्धों की अभिव्यक्ति होती है, जो विकास के परिणाम होते हैं। रति भाव, मात्र अतः प्रवृत्ति नहीं है, उसमें स्त्री के प्रति पुरुष के विचार, मनोवृत्ति सामाजिक परम्परा और संस्कार कार्यरत रहते हैं। अतएव भाव के सभी रूपों-स्थायी और संचारी-भावों को, विशिष्ट प्रतिबिम्ब[25] कहा गया है।

यह विशिष्ट प्रतिबिम्ब समाज से प्रभावित और रूपान्तरित होता रहता है और यह मानव के ज्ञान और व्यवहार को गहराई से प्रभावित करता है। भाव के बिना सत्य का मानवीय अनुसन्धान असम्भव हो जाता है।[26] भाव मानव की सफलता, असफलता सुख और दुःख के निर्देशक होते हैं। भारतीय काव्यशास्त्र में भाव को केन्द्रीय महत्व दिया गया है किन्तु भरतमुनि ने विभाव के रूप में परिवेश और उसके प्रति भावक की बोधवृत्ति के योग्य को स्वीकार किया है और ध्वनि सिद्धान्त में तो ध्वनित तत्वों में भाव के अतिरिक्त वस्तु ध्वनि तथा अलंकार ध्वनि की स्थापना से, काव्य कला में, मनुष्य के सम्पूर्ण मानसिक बौद्धिक क्षेत्र की भूमिका स्वीकार की गयी है। जो साहित्य शास्त्री मात्र भाव को ही सर्वाधिक महत्व देते हैं, वे भाव की उक्त सापेक्ष और भौतिक वास्तविकता के साथ उसके परिवर्तनशील, सक्रिय सम्बन्ध की ही उपेक्षा नहीं करते, अपितु संवेदन, भाव, कल्पना और बुद्धि के द्वन्द्वात्मक सम्बन्ध की भी उपेक्षा कर जाते हैं। प्लाखानोव ने भावुकतावादियों को उत्तर देते हुए लिखा था कि कला कृति से उत्पन्न आनन्द का कारण बिम्ब[27] माना जाता है जबकि बिम्बों के मूल में स्थित विचार ही कलात्मक आनन्द का कारण होता है।[28] वास्तविकता यह है कि प्लाखानोव का बल भाव, विचार और बिम्ब की द्वन्द्वात्मक संगीत प्रमाणित करने पर है, जिसका अभाव पारम्परिक काव्यशास्त्रों में दिखाई पड़ता है।

अतएव मात्र भाव के आधार पर कला और काव्य की व्याख्या की एकांगिता को दूर करने के लिए भौतिकवादी विश्वबोध और ज्ञान प्रक्रिया का अध्ययन अनिवार्य है। वस्तुतः शरीर और आत्मा, शब्द और अर्थ भाव और बुद्धि के द्वैतवाद की धारणा की स्वीकृति के कारण ही किसी एक तत्व को काव्य की आत्मा सिद्ध करने का प्रयास होते हैं। वैज्ञानिक भौतिकवाद सभी प्रकार के द्वैतवादों का विरोधी दर्शन है।

सृष्टि की द्वन्द्वात्मकता—द्वन्द्वात्मक भौतिकवादी दर्शन किसी वस्तु को अन्तिम, निरपेक्ष और शाश्वत नहीं मानता, वह सत्य को सापेक्ष कहता है। यह वाद प्रत्येक वस्तु और सत्य की नश्वरता को प्रमाणित करता है। प्रत्येक वस्तु जन्म लेती है, जीवित रहती

है और नष्ट हो जाती हैं। केवल जन्म, विकास और विनाश की अनवरत द्वन्द्वात्मक प्रक्रिया[29] ही स्थायी है। वस्तुओं और जीवों का यह अनन्त विकास सरल से जटिल और निम्न से उच्चतर की दिशा में होता रहता है। स्वयं द्वन्द्वात्मक भौतिकवादी दर्शन उक्त वास्तविकता का ही मानव मस्तिष्क में प्रतिबिम्बन है।[30]

भौतिक पदार्थ और उससे विकसित सभी वस्तुओं और जीवों का स्वरूप स्थिर, अटल और अन्तिम रूपेणा निश्चित न होकर द्वन्द्वात्मक होता है। प्रत्येक वस्तु और जीव में परस्पर विरोधी तत्व प्रत्येक क्षण, सक्रिय रहते हैं। पदार्थ में अन्तर्निहित असंगतियों से ही नवीन वस्तुएँ बनती हैं जो पूर्व परस्पर विरोधी तत्वों की नवीन संगति को प्रमाणित करती हैं किन्तु इस संगति के भीतर परस्पर विरोधी तत्वों के पुनः सक्रिय होने से पुनः नवीन वस्तुएँ बनती हैं।

मार्क्स और एंगिल्स ने विकास की इस अन्तः विरोधात्मक धारणा को हीगेल के अधिदर्शन से ग्रहण किया था। किन्तु हीगेल विश्व प्रक्रिया में विचार या परम सत्ता का विकास देखते थे। मार्क्स ने विकास की यह आदर्शवादी व्याख्या नहीं अपनाई। उन्होंने यह वैज्ञानिक तथ्य स्वीकार कर लिया कि विकास सम और संगतिपूर्ण नहीं, असंगति युक्त होता है। अतः किसी वस्तु या कृति के स्वरूप को समझने के लिए उसकी आन्तरिक असंगतियों का विश्लेषण करना चाहिए। एंगिल्स ने 19 वी. शताब्दी के भौतिक विज्ञान रसायन विज्ञान आदि से अनेक प्रमाण देकर पदार्थ और मानव विकास की द्वन्द्वात्मकता को प्रमाणित किया है।

प्राकृतिक विज्ञानों के अभ्युदय से अधिदर्शनात्मक व्याख्याएँ असंगत प्रतीत होती हैं। प्राकृतिक विज्ञानों में प्रमाणों के आधार पर केवल द्वन्द्वात्मक भौतिकवाद ही दर्शन का गौरव पा सकता है क्योंकि यह वाद वैज्ञानिक अन्वेषणों के अनुकूल ही विचार व्यवस्था प्रस्तुत करता है। विज्ञान के विरुद्ध जाकर अथवा अन्तर्मुखी विधि पर, अमूर्त रूप में, दर्शनशास्त्रों का निर्माण रोचक किन्तु व्यर्थ श्रम है। इस प्रकार के विज्ञान विरोधी दर्शनों से मानव-विवेक नष्ट होता है और असत्यों और अन्धविश्वासों से मानव की प्रगति का मार्ग अवरुद्ध होता है। इसके विरुद्ध भौतिकवाद प्राकृतिक विज्ञानों तथा समाज विज्ञानों से द्वन्द्व सिद्धान्त का दोहन करता है, मनमानी कल्पनाएँ नहीं करता है। एंगल्सि ने इन्हें तीन कोटियों में विभाजित किया है। मात्रा का गुण में और गुण का मात्रा में रूपान्तरण,[31] विरोधी तत्वों का परस्पर भेदन,[32] तथा निषेध के निषेध का नियम।[33]

हीगेल ने आदर्शवादी पद्धति पर, इन नियमों को विचार (थॉट) के नियमों के रूप में प्रस्तुत किया था। उन्होंने अपने नियमों और तर्कों को प्रकृति और इतिहास पर आरोपित किया था जब कि नियमों को प्रकृति और मानव इतिहास से उपलब्ध करना चाहिए था।[34]

एंगिल्स के अनुसार किसी वस्तु के गुण को, उस वस्तु में किसी मात्रा के मिश्रण के बिना बदला नहीं जा सकता। उदाहरणतः हाइड्रोजन में आक्सीजन की विशिष्ट मात्रा मिश्रित करने से ही जल बन सकता है। इसी प्रकार जल को तप्त करके वाष्प में बदला

जाता है। जल और ताप परस्पर विरोधी तत्व हैं, उनसे नवीन तत्व वाष्प का जन्म होता है।

सम्पूर्ण प्राकृतिक पदार्थ अपने में एक व्यवस्था (ऑर्डर) के परिचायक होते हैं। पिण्ड या पदार्थ परस्पर सम्बन्धित होते हैं और एक दूसरे को प्रभावित करते हैं। गति का जन्म इसी से होता है वस्तुएँ और उनके भीतर परस्पर विरोधी तत्व आकर्षण-विकर्षण (द्वन्द्व) की स्थिति में रहते है। ये तत्व एक दूसरे को अपनी ओर आकर्षित करते हैं अथवा विकर्षित होते हैं। अतः अस्तित्ववान् सभी पदार्थों में निकटता, दूरी, संकोच, विस्तार अथवा आकर्षण-विकर्षण की प्रक्रिया अनवरत रूप में सक्रिय रहती हैं। अतः मात्रा वृद्धि या मात्रा विश्रण से पदार्थों का गुणत्मक परिवर्तन होता रहता है। ये आकर्षक-विकर्षक तत्व गति के ही रूप होते हैं। यथा अणु में इलेक्ट्रोन, प्रोटोन आदि गति या पदार्थ के ही रूप हैं, वे अमूर्त शक्तियाँ नहीं हैं।

विश्व में आकर्षक-विकर्षक तत्वों का सन्तुलन रहता है।[35] एक तत्त्व की अधिकता से ब्रह्माण्ड की संगति छिन्न-भिन्न हो सकती है और महाप्रलय की आशंका उपस्थित हो सकती है। भूत तत्व या पदार्थ की अमरता का धर्म यह है कि विश्व में परस्पर विरोधी तत्वों का सन्तुलन है। यह नियम सूक्ष्मातिसूक्ष्म पिण्ड से लेकर विराट नक्षत्र मण्डल तक चरितार्थ होता है।

विद्युत प्रवाह में धनात्मक और ऋणात्मक प्रवृत्तियाँ, जीवों के शरीरों में शीत, तापादि की स्थितियाँ, कोषों के निर्माण और विनाश का द्वन्द्व उक्त कथन के अन्य प्रमाण हैं।

यान्त्रिकी में—क्रियाः प्रतिक्रिया।

भौतिकी—धनात्मकः ऋणात्मक विद्युत।

रसायन शास्त्र में—परमाणुओं को विघटन और सगठन।

गणित में—धन तथा ऋण।

समाज शास्त्र में—वर्ग संघर्षः वर्ग सहयोग।

वस्तुओं, व्यक्तियों और समाजों के विकास या गुणात्मक परिवर्तनों का कारण ये असंगतियाँ होती हैं। माओ त्से तुंग के अनुसार किसी वस्तु में निहित अन्तर्विरोध ही विकास के मुख्य कारण हैं। इन वस्तुओं का अन्य वस्तुओं के साथ सम्बन्ध और परस्पर प्रभाव सहायक कारण होते हैं। मात्र बाहरी कारणों से वस्तुओं में यान्त्रिक गति ही उत्पन्न होती हैं। अनुपात और मात्रा में ही परिवर्तन होते हैं लेकिन इससे यह स्पष्ट नहीं होता कि वस्तुओं में अनेक प्रकार के गुणात्मक भेद क्यों होते हैं? और क्यों वे एक दूसरे में बदल जाते हैं? वस्तुतः किसी बाह्य शक्ति से उत्प्रेरित वस्तुओं की यान्त्रिक गति भी उनकी आन्तरिक असंगतियों के कारण ही उत्पन्न होती हैं। यथा, पौधों और पशुओं में मात्र वृद्धि और उनका परिमाणत्मक विकास भी आन्तरिक अन्तर्विरोधों के कारण ही होता है। इसी प्रकार सामाजिक विकास भी मुख्यतः बाह्य कारणों से नहीं, वरन् आन्तरिक कारणों से होता है। उदाहरणतः एक ही जलवायु के अनेक देशों में, कुछ देश आन्तरिक कारणों से

उन्नतिशील होते हैं तो कुछ अवनतिशील होते हैं।[36]

मात्रा से गुणात्मक परिवर्तन और उसके लिए आंतरिक असंगतियों की भूमिका का तात्पर्य यह नहीं है कि वस्तु में निहित तत्वों की कोई भूमिका नहीं होती। अंडे से जीव बनता है (गुणात्मक परिवर्तन) और पत्थर, रेत या ऐसे ही किसी अन्य पदार्थ में परिवर्तित हो जाता है। अतएव मात्रा से गुण के विकास में असंगति या द्वन्द्व का नियम सार्वभौम नियम है।

मार्क्स-एंगिल्स-लेनिन-माओ आदि चिन्तकों ने प्रकृति विज्ञान के क्षेत्र में द्वन्द्व-सिद्धान्त की व्यापकता देख कर उसका परीक्षण मानव और उसके समाज पर किया है। भौतिक विज्ञान के सदृश्य मानव समाज और मानव कृत सृष्टियों में भी द्वन्द्व सिद्धान्त की व्यापकता प्रमाणित होती है।

लेनिन ने विपरीत तत्वों की एकता के नियम की व्याख्या इस प्रकार की थी कि वह प्रकृति की सभी प्रक्रियाओं घटनाओं में, जिनमें मस्तिष्क और समाज भी शामिल है, असंगतिपूर्ण, एक दूसरे से विलग, विपरीत प्रवृत्तियों का अनुसंधान है।[37]

आदर्शवाद स्थिर और शाश्वत सत्यों में विश्वास करता है। उसके अनुसार 'अ' यदि किसी क्षण में 'अ' है तो वह दूसरे क्षण में भी 'अ' ही रहेगा, 'व' नहीं हो सकता किन्तु सार्वभौम द्वन्द्व सिद्धान्त के अनुसार वस्तु प्रत्येक क्षण स्वयं आप रहती है, फिर भी कुछ और हो जाती है। इसलिए जीवन भी एक असंगति है जो स्वयं वस्तुओं और प्रक्रियाओं में मौजूद रहती है और ज्यों ही असंगति समाप्त हो जाती है, विचार के क्षेत्र में भी हम असंगतियों से बच नहीं सकते। उदाहरण के लिए मानव की मूलभूत ज्ञान अर्जन की असीम क्षमता और मनुष्य द्वारा (जो अपनी बाह्य परिस्थितियों से सीमित होता है और उसकी बौद्धिक क्षमता भी सीमित होती है) उसके (ज्ञान) वास्तविक अर्जन के बीच की असंगति का समाधान, निरन्तर प्रगति करती हुई, एक के बाद, दूसरी पीढ़ी के वस्तुतः अन्तहीन आर्वतन के रूप में होता है।[38]

इस प्रकार मानव मस्तिष्क में, ज्ञान में अनुभव की स्थिति में संदेह, निश्चय और अन्तर्विरोध, नवीन ज्ञान (गुणात्मक परिवर्तन) की प्राप्ति में मुख्य कारण होते हैं। मानव समाज में आदिम समाजों से लेकर अब तक सम्पूर्ण परिवर्तन वर्ग द्वन्द्व के कारण हुआ है जो सहयोग और विरोध, क्रांति-प्रतिक्रांति तथा साम्य-वैषम्य के रूपों में सदैव सक्रिय रहता है।

सृष्टि के द्वन्द्वात्मक होने से किसी एक क्षण में वस्तु का स्वरूप परस्पर विरोध तत्वों से युक्त होता है। जन्म के क्षण में ही मृत्यु निहित रहती है और मृत्यु के क्षण में वस्तु अन्य तत्वों में परिवर्तन होकर पुनः नया विकास करती है। इस प्रकार विश्व, विरोधी तरंगों का निरन्तर प्रवाह (रिफ्लैक्स) है। जड़ या स्थिर कुछ भी नहीं होता है।

द्वन्द्व की इस सार्वभौमिकता और परस्पर वेधन के नियम से, मात्रा के गुणात्मक परिवर्तन के पश्चात् असंगतियों की विशिष्टता का नियम विचारणीय है।

विशिष्ट द्वन्द्वात्मकता—सामान्य और विशिष्ट का द्वन्द्व एक वास्तविकता है। सामान्य नियम, विशिष्ट की सत्ता पर निर्भर करता है और विशिष्ट में सामान्य छिपा रहता है। विश्व में विशिष्ट वस्तुएँ पाई जाती हैं। प्रत्येक व्यक्ति में भी विशिष्टताएँ दिखाई पड़ती हैं, इसका कारण वे तत्व हैं जिनसे उन वस्तुओं और व्यक्तियों का निर्माण होता है। इन तत्वों के कारण असंगति के विशिष्ट रूपों का उदय होता है और इन विशिष्ट असंगतियों से विशिष्ट गुणों का जन्म होता है। उदाहरणतः किसी खास घटना क्षेत्र की विशेषता, विज्ञान की किसी शाखा की विषय वस्तु बनती हैं। गणित धनात्मक और ऋणात्मक होता है। समाज शास्त्र में उत्पादन शाक्तियों, उत्पादन सम्बन्धों, युद्ध कार्य में आक्रमण और रक्षा, दर्शन के क्षेत्र में आदर्शवाद और भौतिकवाद आदि विशिष्ट असंगति के सबूत हैं।

कला और साहित्य के क्षेत्र में रचनाकार और परिवेश के द्वन्द्वात्मक सम्बन्धों का अध्ययन होता है। रचनाकार के आन्तरिक तत्वों या अनुकूलित प्रतिवर्तन के अध्ययन में जन्म, शिक्षा संस्कार, स्वभाव आदि का अध्ययन होता है और किसी रचना काल में रचनाकार के मस्तिष्क की क्रिया का भी अनुमान लगाया जाता है अर्थात् उसके अन्तर्द्वन्द्वों और उसकी संगति के स्वरूपों की खोज रचना में की जाती है। उसके विचारों, संवेदनों, भावों और मूल्यों का अनुसन्धान किया जाता है। इस प्रकार भौतिकी और कलात्मक सृजन के क्षेत्र भिन्न हो जाते हैं और दोनों में द्वन्द्व सिद्धान्त की व्यापकता के साथ साथ उसकी विशिष्टताओं का अनुसन्धान होता है। किसी भी कलाकृति में कथ्य और रूप के मध्य द्वन्द्वात्मक संगति की खोज भी असंगति की विशिष्टता का प्रमाण हैं।

अतएव विभिन्न मानवीय क्षेत्रों में असंगतियों को दूर करने के उपाय भी भिन्न-भिन्न होते हैं। उदाहरण के लिए पूँजीवादी वर्ग और सर्वहारा वर्ग के बीच की असंगति, समाजवादी क्रान्ति से दूर हो सकती है। समाजवादी देशों के मध्य की असंगतियाँ आत्मालोचन अथवा जनवादी तरीकों से दूर हो सकती हैं। समाजवादी देशों में पूँजीवादी समाज व्यवस्था के ध्वंसावशेषों (सम्पत्ति, लोभ, जनता से घृणा आदि) की असंगति को शिक्षा, प्रचार और स्वयं आचरण के आदर्श से दूर किया जा सकता है। समाजवादी देशों में साहित्य और कला की भूमिका भिन्न होती है। इसके विपरीत पूँजीवादी देशों में साहित्य असंगतियों का उद्घाटक तथा विद्रोही होता है। यह उसे होना भी चाहिए। पूँजीपति और परम्परा के अन्धभक्त साहित्य की विद्रोही भूमिका का विरोध करते हैं। इस असंगति के विरुद्ध द्वन्द्व बोध से सम्पन्न अथवा अपनी सहज मानवीय संवेदना के बल पर, लेखक और आलोचक संघर्ष करते हैं।

इस प्रकार मानव सृजन क्षेत्रों में विशिष्ट असंगतियों की पहचान आवश्यक है। व्यापक दृष्टि से यह एक अन्तहीन प्रक्रिया है। मनुष्य उच्चतर विकास के लिए प्रकृति और अपनी असंगतियों से लड़ता हुआ निरन्तर संघर्षशील रहता है। इस प्रकार जहाँ मानव जीवन और समाज व्यवस्था के विकास की अनन्त सम्भावनाएँ हैं, वहीं यह भी सत्य है कि नवीन वैज्ञानिक विकास, नवीन असंगतियों की सृष्टि करेगा और इस प्रकार उच्चतम

विकास की स्थितियों में मनुष्य को नवीन असंगतियों, निरन्तर चिन्तनशील, सृजनशील और संघर्षशील बनाए रखेंगी क्योंकि असंगतियों का अत्यन्ताभाव ह्रास और मृत्यु का सूचक है। इस प्रकार मनुष्य और उसका समाज क्रमशः उच्चतर स्तर प्राप्त करता हुआ भी पूर्णतः निर्द्वन्द्व कभी नहीं हो सकता।

असंगतियों का तृतीय नियम यह है कि किसी प्रक्रिया में अनेक असंगतियाँ होती है और उनमें एक मुख्य और शेष अमुख्य होती हैं। उदाहरणतः भारतवर्ष के समाज में श्रमिकों और भूपतियों-पूँजीपतियों के मध्य द्वन्द्व मुख्य असंगति है। इसके विपरीत श्रमिकों और लघु भूमिपतियों के मध्य असंगतियाँ अमुख्य हैं, उन्हें सहज ही दूर किया जा सकता है। इसी प्रकार अन्तर्राष्ट्रीय स्तर पर समाजवाद और पूँजीवाद के मध्य असंगति है लेकिन इन दोनों शिविरों के देशों में आपसी वैमनस्य और मनोमालिन्य अमुख्य हैं।

इस तृतीय नियम का मर्म यह है कि मार्क्सवाद ठोस परिस्थितियों के ठोस विश्लेषण को मान्यता देता है। असंगतियों की सही पहचान के लिए सभी तथ्यों का आकलन और उनमें मुख्य असंगति और अमुख्य असंगति की अभिज्ञा ही सही निष्कर्षों पर पहुँचा सकती हैं। तथ्यों को जाने बिना मात्र सिद्धान्तों का आरोपण मार्क्सवाद नहीं है।

अध्ययन-विश्लेषण की वस्तुगत प्रविधि—द्वन्द्वात्मक दृष्टि से किसी वस्तु के अध्ययन-विश्लेषण में भौतिकवाद आत्मगत (सब्जैक्टिव) प्रविधि का विरोधी है क्योंकि उसमें एकांगिता होती हैं। आत्मगत प्रविधि से वस्तुओं और क्रियाओं को उनकी सम्पूर्णता में नहीं देखा जाता है और न सभी तथ्यों के साथ न्याय हो पाता है।

उदाहरणतः साहित्यालोचन में रूप और कथ्य पर अलग विचार करना अथवा दोनों की द्वन्द्वात्मक संगति पर विचार न करना अन्तर्मुखी या एकांगी विधि है। इसी प्रकार साहित्य के विकास पर विचार करते समय, सामाजिक विकास के इतिहास की उपेक्षा करना अथवा किसी देश के साहित्य और कला के इतिहास चिन्तन में आर्थिक उत्पादन के साधनों के स्वरूप की उपेक्षा अथवा वर्गों की भूमिका की उपेक्षा करना अथवा साहित्य की चर्चा में केवल अपने ऊपर पड़े प्रभावों का वर्णन कर देना साहित्य या कृति विशेष की संघटना, विचार, भाव, कल्पना, शब्द आदि के संयोजन और उनके भौतिक जीवन के सम्बन्धों का उद्घाटन न करना आत्मगत चिन्तन विधि है। इसके विपरीत वस्तुगत प्रविधि में वैज्ञानिक तटस्थता के साथ, रचना में व्यक्त सभी मानसिक, सांस्कृतिक तत्वों और उपकरण की युक्तता पर विचार होगा और परिवेश के साथ उसके सम्बन्ध का उद्घाटन होगा। विवेचक अपने ऊपर पड़े हुए कृति विशेष के प्रभावों के आत्मविश्लेषण या अंतरावलोकन के क्षण में भी, अन्य निर्णय और निष्कर्ष सत्य के निकटतम होंगे।

माओ ने, राजनीति के क्षेत्र में इस आत्मगत ढंग से विचार करने के रोचक उदाहरण दिये हैं। उदाहरण के लिए चीन को समझना, किन्तु जापान को नहीं, केवल सर्वहारा को समझना किन्तु पूँजीपति वर्ग को नहीं, केवल अनुकूल परिस्थितियों को समझना, प्रतिकूल

परिस्थितियों को नहीं, केवल अतीत को समझना, भविष्य को नहीं, केवल इकाई को समझना, सम्पूर्ण को नहीं, केवल कमजोरियों को समझना, किन्तु उपलब्धियों को नहीं आदि आदि।[39]

यद्यपि बहुत सी वस्तुओं और घटनाओं के विषय में पूर्ण तथ्यों का आकलन कभी कभी असम्भव हो जाता है और इस अर्थ में पूर्ण ज्ञान एक आदर्श ही हो सकता है लेकिन सर्वतोमुखी होने की मांग हमें गलतियों और अनमनीयता से बचा सकती है। लेनिन कहा करते थे कि किसी वस्तु को सही मायने में जानने के लिए हमें उसके सभी पक्षों, सम्बन्धों और माध्यमों का अध्ययन करना होगा।[40] इस प्रकार न तो द्वन्द्वात्मक भौतिकवादी धारणओं का यान्त्रिक विधि से प्रयोग करना चाहिए और न अनुभववादियों के सदृश अन्तर्मुखी पद्धति अपनानी चाहिए।

द्वन्द्वात्मक विकास में उत्प्लवन की भूमिका—वस्तुगत दृष्टि से किसी घटना या वस्तु के विकास में अन्तरस्थित असंगतियाँ एक उत्फाल या उछाल के साथ नवीन घटना या वस्तु में परिवर्तित होती हैं। उदाहरतः परमाणु वेधन की प्रक्रिया में, नाभि केन्द्रीय तत्व एक विस्फोट द्वारा ऊर्जा प्रकट करता है और नवीन तत्वों में परिणत हो जाता है। किसी अणु के नाभि केन्द्र प्रोटॉन के प्रवेश से वह अणु अन्य रूप में परिवर्तित हो जाता है जो शनैः शनैः नहीं होता, सहसा, उछाल द्वारा होता है। जल को तप्त करने पर एक निश्चित बिन्दु पर जल सहसा वाष्प में बदल जाता है।

यदि किसी अणु में एक प्रोटॉन और इलैक्ट्रान हो तो वह हाइड्रोजन अणु कहलाता है। किन्तु यदि उसमें एक अन्य प्रोटोन और इलैक्ट्रोन का प्रवेश करा दिया आए तो वह तुरन्त हीलियम अणु में परिवर्तित हो जाएगा।[41] इस प्रकार गुणात्मक परिवर्तन वस्तुओं और स्थितियों के भीतर एक उछाल द्वारा होता है।

उत्प्लवन द्वारा ही नवीन का जन्म होता है। समाज क्षेत्र में भी विज्ञान के सदृश्य उत्पलवन का नियम सक्रिय रहता है। यथा, वास्तविक और विराट सामाजिक क्रान्तियाँ, सहसा उछाल द्वारा ही होती हैं। शनैः शनैः शासक और शासितों या धनी दरिद्रों के मध्य अन्तर्विरोध तीव्र होता जाता है और एक क्षण ऐसा आता है जब जनता का एक बड़ा भाग अपने प्रभु वर्ग के विरुद्ध खड़ा हो जाता है। बिना क्रान्ति के तीव्र सामाजिक परिवर्तन असम्भव है क्योंकि एक ही आघात में ह्रासशील, विगत और असम्बद्ध तत्वों और प्रवृत्तियों का नाश हो जाता है। और नवीन सामाजिक शक्तियाँ अधिक मानवीय स्तर पर समाज रचना करती हैं।

पदार्थ के क्षेत्र में तो गुणात्मक परिवर्तन उत्प्लवन द्वारा ही होता है किन्तु सामाजिक क्षेत्र में विराट क्रान्ति के रूप में उछाल प्रमाणित होने पर भी यह उत्प्लवन अन्य अनेक पर कारणों पर निर्भर करता है। उदाहरणतः विश्व के अधिक भाग में समाजवादी क्रान्ति हो जाने पर किसी एक देश में शान्ति के साथ भी शोषक वर्ग को शासन से वंचित किया

जा सकता है। अतः उत्प्लवन भी क्रमिक और सहसा, दो प्रकार का हो सकता है। सहसा उत्प्लवन का उदाहरण रूस की अक्टूबर क्रान्ति है, इसमें जर्जर और जड़ स्थिति से एकदम मुक्ति मिल जाती है। क्रमिक उछाल में किसी वस्तु या स्थिति में अंशतः परिवर्तन हो जाता है यथा भारतीय बूर्ज्वा जनतन्त्र में, परतन्त्र की स्थिति में अंशतः नवीन गुणात्मक परिवर्तन हो रहा है और यह भी बहुत मन्द गति से हो रहा है। क्रमिक उछाल द्वारा अंशतः परिवर्तन में सहसा उछाल कारण भी बन सकती हैं यथा, भारतवर्ष की युवा पीढ़ी क्रमशः उछाल द्वारा प्राप्त होने वाले गुणात्मक परिवर्तन से सन्तुष्ट नहीं है, अतएव वह सहसा उत्प्लवन की ओर उन्मुख है। दूसरा विकल्प यह भी हो सकता है कि शनैः शनैः बुनियादी परिवर्तन हो जाएँ। जिन समाजों में वर्गों का विरोध तीव्रतम हो जाता है, उनमें सहसा उछाल से परिवर्तन हो जाता है, रूस और चीन इसके उदाहरण हैं। किन्तु कोई भी जन समूह, मिल जुल कर, शनैः शनैः विकास कर सकता है। वर्गहीन समाजों में सहसा उछाल द्वारा परिवर्तनों की आवश्यकता ही नहीं रहती, जनतान्त्रिक उनमें या शान्तिमय उपायों से ही परिवर्तन और सुधार होते रहते हैं। साम्यवादी देशों में क्रमिक उछाल का सिद्धान्त ही कार्यरत है जब कि श्रेणी-संघर्ष प्रधान समाजों में स्थितियाँ सहसा उछाल की ओर उन्मुख हो जाती हैं।

उछाल द्वारा गुणात्मक परिवर्तन मानसिक क्षेत्र में भी देखा जा सकता है। क्रोध के क्षण में सहसा उछाल की झलक मिल सकती है। उस क्षण के पूर्व क्रोध के कारण एकत्र होते रहते हैं और अचानक व्यक्ति में क्रोध का विस्फोट होता है। फलतः उसके पूर्ण व्यवहार, सम्बन्धों आदि पर प्रभाव पड़ता है। प्रेम की स्थिति किसी एक क्षण में ही उत्पन्न होती हैं, यों उस क्षण के आगमन में प्रेमियों के रूप, परस्पर त्याग के भाव आदि का योगदान होता है। विचार के क्षण में अचानक कोई नया समाधान सूझ जाता है, यह भी आन्तरिक द्वन्द्व का फल है और सहसा उछाल का उदाहरण है। कविता लिखते समय नया विचार, नयी पंक्ति, नया शब्द या बिम्ब सहसा ही स्फुरित होता है परन्तु उसके पूर्व दीर्घ मानसिक मंथन होता रहता है। आदर्शवादी विचारक प्रायः स्वयंप्रकाश्य ज्ञान या प्रातिभ ज्ञान को दिव्य चमत्कार, अलौकिक तथा रहस्यमय मानते हैं किन्तु किसी भी सहसा उद्‌भूत ज्ञान की पृष्ठभूमि में दीर्घ मानसिक द्वन्द्वों की अनिवार्यता होती है। उदाहरणतः अपने अपने विशिष्ट ज्ञान क्षेत्रों में ही व्यक्तियों को नवीन विचार या समाधान प्राप्त होते हैं। एक साहित्यकार को परमाणु विज्ञान से सम्बन्धित कोई नवीन प्रतिभ ज्ञान नहीं होता। फिर प्रत्येक नया विचार या प्रातिभ ज्ञान सत्य नहीं हुआ करता। उदाहरणतः ऋषियों-मुनियों की अनेक अन्तर्दृष्टियाँ और दिव्य ज्ञान, विज्ञान युग में मिथ्या प्रमाणित हो गए हैं। जो आज अन्धविश्वास माने जाते हैं, वे विचार किसी विगत युग में किन्हीं महापुरुषों के सहसा उत्प्लवन द्वारा प्राप्त नए विचार थे। अतः मानसिक जगत में भी सहसा उछाल की प्रक्रिया सक्रिय रहती है और आगामी युगों में पुनः सहसा उछालों द्वारा पुराने विचारों में संशोधन परिवर्तन होते हैं। यह एक अनवरत प्रक्रिया है।

भरत के रस सूत्र में इस सहसा उछाल का सत्य निहित है। अनेक परस्पर विरोधी

भावों-विभावादि के मिश्रण से एक नया आस्वाद सहसा उछाल द्वारा ही उत्पन्न होता है। इसी प्रकार अर्थ मीमांसा में भी यह प्रवृति देखी जा सकती है। ध्वनिवादियों ने अभिधेयार्थ की व्यंग्यार्थ में परिणति के विवेचन में गम्भीर अन्तर्दृष्टि का परिचय दिया है। एक अर्थ से सूक्ष्मतर अर्थ का बोध सहसा ही होता है। स्मरण या पूर्वानुभव के कारण अचानक सूक्ष्म अर्थ हमारे मन में प्रकाशित हो उठता है। कहीं तो अर्थ संक्रमण में क्रम दिखाई पड़ता है और कहीं यह क्रम, नहीं भी प्रतीत होता है। किसी रचना का पाठ करते समय अथवा किसी रूपक को देखते समय अचानक हम एक नवीन विश्व में प्रविष्ट कर जाते हैं और हम वहीं देखने, समझने और अनुभव करने लगते हैं जो रचनाकार का उद्देश्य होता है अथवा अपने अनुभव के आधार पर हम रचना से सर्वथा नवीन अर्थ प्राप्त कर लेते हैं।

अतएव कला और साहित्य की सृष्टियाँ भी अन्य पदार्थो की संरचना के सदृश अन्तर्विरोधों और उनसे सहसा प्राप्त होने वाली संगति पर निर्भर होती है। कोई कलाकृति कलाकार के मानसिक अन्तर्विरोधों या द्वन्द्वों के बिना अस्तित्व प्राप्त नहीं कर सकती। सृजन द्वन्द्वात्मक है। निर्द्वन्द्व ज्ञानी या विचारक रचना नहीं कर सकते, सहृदय स्रष्टा ही रचना कर सकते हैं। सहृदय का अर्थ है कि उसमें भावों, संवेदनों तथा विचारों के तीव्र घात-प्रतिघात होते हैं। रचना में इनको एक संगति मिल जाया करती है, उसी प्रकार, पानक रस में परस्पर विरोधी द्रव्यों की संगति के कारण ही स्वाद विशेष उत्पन्न हो जाता है। अतएव सृष्टि मात्र में द्वन्द्वात्मक रचना प्रक्रिया कार्यरत है। पदार्थ प्राकृतिक द्रव्य होता है और कलाकृति मानसिक वस्तु होती है, दोनों में एक ही अटल नियम कार्य कर रहा है। असंगति की यही सार्वभौमिकता है।

द्वन्द्वात्मक भौतिकवाद का तृतीय नियम निषेध कहलाता है। यह कहा जा चुका है कि विकास एक अनवरत प्रक्रिया है। विकास में पुराचीन का निषेध होता है। नवीन अथवा पुराचीन के निषेध द्वारा असंगतियों को दूर करने का प्रयत्न किया जाता है। अधिदर्शनात्मक निषेध की धारणा, निषेध के प्रत्यय से भिन्न हैं। उदाहरणतः आदर्शवाद के अनुसार भौतिकवादी निषेध का अर्थ है, पुराचीन का सर्वथा विनाश। अन्य आदर्शवादी व्याख्याएँ विकास की दिशा निम्न से ऊर्ध्व न मार कर, चक्राकार मानती हैं—वक्राकार गति की धारणा स्वीकार कर लेने पर यह मानना पड़ता है कि विकास जिस बिन्दु से प्रारम्भ होता है, वहीं वापस आ जाता है। इस मत के अनुसार विकास एक वृत में घूमता रहता है किन्तु निषेध की भौतिकवादी व्याख्या में निषेध एक स्थिति है, विकास का एक बिन्दु है, जिसमें प्राचीन के त्याज्य पक्षों या तत्वों का त्याग किया जाता है और प्राचीन से विकास में सहायक तत्वों को ग्रहण कर लिया जाता है। इसके बिना विकास में निरन्तरता नहीं आ सकती। अतः विकास में निरन्तरता टूटती भी और नहीं भी टूटती। यही विकास की द्वन्द्वात्मकता या प्राचीन और नवीन की द्वन्द्वात्मक संगति है।

निम्न से ऊर्ध्व दिशा की ओर विकास में, विकास सीधी रेखा के सदृश नहीं होता वरन् विकास की रेखा ऊर्ध्व दिशा की ओर गतिमान् होने पर भी, वह रेखा वक्र गतियाँ

अपनाती हैं। विकास की इस सर्पिल या पेचदार ऊर्ध्वगति में प्राचीन का निषेध होता है और नवीन का जन्म होता है, जिसका आगामी विकास में निषेध अवश्यम्भावी होता है। निम्नतर स्थिति से उच्चतर स्थितियों का विकास द्वन्द्वात्मक होता है, सरल और सम गति मात्र कल्पना है। ऊर्ध्व दिशा की ओर होने वाले इस विकास की प्रक्रिया में कभी-कभी स्थितियाँ ह्रासोन्मुख भी हो सकती हैं और फिर उस ह्रास बिन्दु से ऊर्ध्व दिशा की ओर विकास होने लगता है। लेनिन ने कहा है कि विश्व इतिहास के विकास को सचिक्कण और सदैव ऊर्ध्वगामी समझना अवैज्ञानिक, द्वन्द्व-विरोधी तथा सिद्धान्तहीन आदर्शवाद है क्योंकि विश्व विकास की प्रक्रिया में कभी विकास ह्रासोन्मुख भी होता है और फिर उस ह्रास से ऊर्ध्व गति की ओर संचरण होता है। समग्रतः विकास निश्चय ही ऊर्ध्वगामी होता है।[42]

निषेध के निषेध का स्पष्ट उदाहरण सामाजिक विकास में देखा जाता है। आदिम समाजों का निषेध, सामन्तवादी व्यवस्था द्वारा होता है और सामन्तवाद की भस्म पर पूँजीवाद का अभ्युदय होता है। पूँजीवाद का निषेध समाजवाद द्वारा होता है । इस प्रकार आदिम समाजों से समाजवाद के विकास को समग्रतः ऊर्ध्व विकास कह सकते हैं किन्तु जो स्मरणीय तथ्य है, वह यह है कि आदिम समाज का सामन्तवाद में पूर्ण त्याग नहीं होता। आदिम समाज में विकसित सामाजिक और मानसिक विकास को ग्रहण कर लिया जाता है। इसी प्रकार सामन्ती व्यवस्था के उत्पादन साधन तथा मानवीय सम्बन्ध त्याज्य होने पर भी विधि, संस्कृति, कला और कतिपय मानवीय सम्बन्ध (माता,पिता, गुरु, शिष्य आदि) भी पूँजीवादी व्यवस्था में प्रचलित रहते हैं। इसी प्रकार पूँजीवादी व्यवस्था में विकसित उत्पादन के साधन, यन्त्र, विज्ञान, कला, साहित्य, संस्थाओं आदि को समाजवादी व्यवस्था अपना लेती है किन्तु क्रमशः इन अपनाए जाने वाले प्राचीन तत्वों को उच्चतर स्तर पर ग्रहण किया जाता है।[43] इस सम्पूर्ण विकास में आदिम समाजों की प्राचीन मानवीय एकता और सहयोग का समाजवाद में उच्चतर स्तर पर ग्रहण होता है। इस प्रकार प्राचीन के निषेध का; उच्चतर विकास-सोपानों पर निषेध हो जाता है अर्थात् विकास प्राचीन का ही नवीनतर विकास होता है।

अतएव मात्र प्राचीन का नकार 'निषेध के निषेध' सिद्धान्त के विरुद्ध है। द्वन्द्वात्मक भौतिकवाद निषेधवादी (निहिलिस्टिक) सिद्धान्त नहीं है, वह प्राचीन के प्रति त्याग और ग्रहण की दृष्टि अपनाता है और उसे चयनवादी (एकलेक्टिक) भी नहीं कह सकते क्योंकि प्राचीन का ग्रहण सर्वथा नवीन मूलाधार पर होता है। नवीन बुनियाद पर ही प्राचीन का ग्रहण होता है-बुनियादी तब्दीली के कारण मार्क्सवाद को चयनवादी नहीं माना जा सकता।

प्राचीन के प्रति इस क्रान्तिकारी विकासमूलक धारणा के अनुसार प्राचीन के गर्भ से ही नवीन का विकास होता है और इस नवीन विकास में प्राचीन व्यवस्था के अन्तर्गत जो विकास हो चुकता है, उसे समेट लिया जाता है। उदारतावादी तथा आदर्शवादी चिन्तन या तो निषेध का यह अर्थ सम्पूर्णतः नकार देते हैं अथवा निषेध के निषेध से यह तात्पर्य ग्रहण करते हैं कि बिना किसी आधारभूत परिवर्तन के, प्राचीन की पुनर्प्रतिष्ठा का नाम

ही 'निषेध का निषेध' है।[44]

यदि किसी चोर ने मेरी सम्पति चुराली है और यदि मैं उसे पुनः चोर से छीन लेता हूँ तो यह आदर्शवादियों के अनुसार उक्त नियम का उदाहरण मान लिया जाएगा। इसी तरह आज का दिन अच्छा होगा, यह कहने पर कोई अन्य व्यक्ति कहेगा, नहीं, आज का दिन अच्छा होगा (निषेध) इसके प्रत्युत्तर में मैं पुनः कह सकता हूँ कि नहीं, आज का दिन अच्छा होगा (निषेध का निषेध)।[45]

किन्तु यह 'निषेध का निषेध' औपचारिक पांडित्य मात्र है। औपचारिक तर्क शास्त्रों में निषेध के निषेध को इस प्रकार कहा जाता है जैसे :–

अ-अ के निषेध का निषेध।

अ के निषेध का निषेध-अ।

इस प्रकार की तर्क विद्या में भाव (होना) को अभाव कहा जाता है लेकिन इस प्रकार की तार्किक व्याख्याओं में परिवर्तन की भूमिका स्वीकृत नहीं होती और द्वन्द्वात्मक भौतिकवाद परिवर्तन और विकास का दर्शन है, जो तथ्यों पर आधारित है, औपचारिक तर्क शास्त्र पर नहीं।[46] औपचारिक पांडित्य प्रायः तथ्यों के विरुद्ध जाता है। यथा, तर्कशास्त्र में "है" और "नहीं", ये दोनों स्थितियाँ एक ही क्षण में, एक साथ नहीं रह सकतीं किन्तु पदार्थ के विश्लेषण से यह प्रमाणित होता है कि जन्म के क्षण में विनाश के बीज भी रहते हैं। प्रत्येक वस्तु परस्पर विरोधी शक्तियों का नश्वर संघात है क्योंकि उसके गर्भ में निरन्तर सृजन और संहार की प्रक्रिया संचालित होती रहती है।

अतः निषेध के निषेध सिद्धान्त द्वारा वस्तुओं और समाज के विकास में प्राचीन का निषेध भी होता है और विकास के उच्चतर स्तर पर, प्राचीन की पुनर्प्रतिष्ठा भी होती है। मसलन् साम्यवाद में प्राचीनतम् सहयोग मूलक, वर्ग-वर्णहीन आदिम समाज व्यवस्था का ही उच्चतर रूप प्रतिष्ठित हो जाता है। आदिम साम्यवादी व्यवस्था में व्यक्ति और समाज के द्वन्द्व नहीं होते। सारा समूह एक परिवार के सदृश रहता है। संघर्ष, शत्रुओं तथा प्रकृति के साथ होता है, आपस में नहीं। इसी प्रकार साम्यवादी व्यवस्था में सहयोगमूलक समाज होगा, वर्ग-वर्ण-जाति के भेद नहीं होंगे किन्तु उसके उत्पादन-साधन और मानसिक शक्तियाँ उच्चतर कोटि के होंगे। इस अर्थ में, आगामी साम्यवाद, प्राचीन आदिम साम्यवाद की ही पुनर्प्रतिष्ठा करेगा लेकिन यह कार्य वह प्राचीन उत्पादन के साधनों के निषेध द्वारा ही कर सकेगा अतएव प्राचीन का निषेध विकास की धुरी है और साथ ही विकास की अगली मंजिलों में प्राचीनतम व्यवस्था की, नव्यतर रूप में प्रतिष्ठा भी होगी, जिसे विगत के निषेध का निषेध कहा जा सकता है।

इस प्रकार विकास की अवधि में दुहरे निषेध के द्वारा पूर्ववर्ती स्थिति की ही नवीन स्थिति में पुनरावृत्ति होती है।[47] यह प्राचीन की पुनरावृत्ति उच्चतर स्तर पर नवीन गुणात्मक परिवर्तन की परिचायक होती है।

'निषेध के निषेध' का यह सिद्धान्त प्राकृतिक पदार्थों के विकास में भी दिखाई पड़ता है। यथा, अच्छे बीजों के उत्पादन के लिए वनस्पति शास्त्री निश्चित दशाओं में बीज बोता है, पौधा, बीज का निषेध करता है अर्थात् बीज बिना नष्ट हुए पौधे के रूप में विकसित नहीं हो सकता किन्तु उन पौधों से जो नव्यतर बीज प्राप्त होते हैं, वे पौधों का नाश करके ही उत्पन्न होते हैं और इस प्रकार नए बीजों में, पुराने बीजों की ही पुनरावृत्ति होती है। भूगोल और भूगर्भ विद्या से भी उक्त सिद्धान्त प्रमाणित होता है। पदार्थ से मिट्टी, चट्टान, पानी, बर्फ आदि के बिकास में भी निषेध का निषेध सिद्धान्त निहित है। रसों और धातुओं में भी पूर्ववर्ती पदार्थ के विखण्डन और विनाश से नवीन रसों, धातुओं और वस्तुओं की रचना होती रहती है और प्राचीनतम भूत तत्व या पदार्थ की यह विराट पुनरावृत्ति ही विश्व के अन्तहीन विकास की कारण हैं।

मानव जीवन में भी यही सिद्धान्त कार्यरत है। पुत्र पिता का निषेध (नाश) करके ही जन्म लेता है किन्तु पुत्र में पिता की ही पुनरावृत्ति होती है।

'निषेध के निषेध' के सिद्धान्त का प्रमाण मानसिक क्षेत्र में भी मिलता है। प्राचीन, अवैज्ञानिक दर्शन-शास्त्रों के निषेध द्वारा ही नव्यतर दर्शन का विकास होता है किन्तु नवीनतम दर्शन में भी प्राचीन मानव की सत्य को जानने की जिज्ञासा ही फलवती होती है। नवीन कला प्राचीन कला का निषेध करती है किन्तु उसमें प्राचीन कला-मंतव्यों की ही पुनरावृत्ति होती है। नवीन साहित्य में प्राचीन शैलियों, शब्दावली तथा अप्रस्तुत विधान का निषेध होता है। नवीन साहित्य में भी प्राचीन साहित्य की मानवता की ही पुनरावृत्ति होती है, तभी सम्पूर्ण साहित्यिक और सांस्कृतिक विकास शृंखलाबद्ध या प्राचीन का ही नव्यतर विकास प्रतीत होता है। नैरन्तर्य का कारण प्राचीन के निषेध का ही निषेध है। समकालीन संक्रमण काल में अर्थात् सामन्ती व्यवस्था से औद्योगिक–तकनीकी पूँजीवादी जनतन्त्र के विकास की अवधि में अनेक रचनाकार और विचारक प्राचीन के सर्वधा निषेध पर बल दे रहे हैं परन्तु संस्कारों अथवा अनुकूलित प्रतिवर्त्तन (कंडीशंड रिफ्लैक्स) के कारण प्राचीन घटनाएँ, पात्र, विश्वास और भावादि, उच्चतर, सूक्ष्मतर तथा जटिलतर स्तरों पर हमें प्रभावित करते हैं और हमें प्राचीन साहित्य तथा कलाकृतियों में नवीन अर्थ प्रतीत होने लगते हैं। अतएव प्राचीन के निषेध तथा सृजनात्मक उपयोग के द्वारा हम सृजन के नए आयाम उद्घाटित करते हैं। परम्परा और आधुनिकता के इसी द्वन्द्व की संगति नव्यतर कृतियों में दिखाई पड़ती है और जिस कृति में यह संगति अधिकाधिक मात्रा में सफल होती हैं, वही कृति अधिक युगान्तरकारी होती हैं।

इसी प्रकार प्राचीन विचारों और धारणाओं का भी त्याग और ग्रहण होता है। समसामयिकता से सर्वथा असम्बद्ध और अवैज्ञानिक धारणओं का त्याग हो जाता है। किन्तु प्राचीन धारणओं में अनेक धारणाएं स्वीकार्य भी होती हैं। मानव सम्बन्धी प्राचीन धारणओं का सर्वाधिक मात्रा में ग्रहण किया जाता है। मसलन् इतिहास में प्राचीन वीरों और शहीदों की परम्परा का कभी निरादर नहीं होता। समाज चिन्तन के क्षेत्र में समता, बन्धुत्व,

स्वतन्त्रता, अहिंसा, शान्ति, सत्य, परोपकार, इन्द्रियनिग्रह आदि मूल्यों और मान्यताओं को नवीन सन्दर्भों में भी स्वीकार किया जाता है। समाजवादी देशों में मूल्यों की सापेक्षता स्वीकृत है, शाश्वतता और अमूर्त्तता नहीं किन्तु वहाँ भी अन्तिम लक्ष्य के रूप में सत्य, समता और विश्वबंधुत्व को मान्यता दी गई है। इसके अतिरिक्त ऋषियों, पैगम्बरों, मुनियों और सिद्ध-सन्तों के उदात्त मानवतावादी स्वप्नों को विकास के अन्तिम लक्ष्य के रूप में अथवा मानव की सद्भावना, सदिच्छा के रूप में आदर दिया जाता है।

इस सन्दर्भ में काव्य शास्त्र की परम्परा का उल्लेख अनुचित न होगा। काव्य शास्त्र, पूर्ववर्त्ती साहित्य और कलाओं के आधार पर निर्मित होते हैं लेकिन उनमें कला और साहित्य से सम्बन्धित सामान्य (जनरल) सिद्धान्तों के अन्वेषण का भी प्रयत्न होता है। प्राचीन कला और साहित्य में उन उन युगों की सामाजिक व्यवस्था का प्रतिबिम्ब मिलता है। उस समय के मानव सम्बन्धों और मान्यताओं का उनमें चित्रण मिलता है, जो नवीन युग में असम्बद्ध या मात्र ऐतिहासिक रुचि का विषय हो जाती है किन्तु किसी भी युग के साहित्य में मात्र वर्ग संघर्ष की ही छवि नहीं होती, उसमें सार्वभौमिक मानव का भी चित्रण होता है अर्थात् विशिष्ट में सामान्य भी छिपा रहता है। इस सामान्य या सार्वभौमिक मानवता के अंश के कारण प्राचीन साहित्य और कलाएँ तथा कला चिन्तन आदि नवीन युगों में भी उपयोगी बने रहते हैं। मसलन् भारतीय काव्य-शास्त्र में प्रायः वे सभी प्रश्न उठाय गए हैं, जिन पर हम आज विचार कर रहे हैं। इसी प्रकार उसमें साहित्य और कला की व्याख्या के लिए अर्थ मीमांसा, अलंकार, रीति, वक्रोक्ति औचित्य, रस और ध्वनि आदि धारणाओं पर विचार किया गया है अतएव प्राचीन 'निषेध के निषेध' सिद्धान्त का यह सबूत है कि आज भी अरस्तू, भरत और अभिवनगुप्त आदि विचारक रचना-विज्ञान सम्बन्धी प्रश्नों पर महत्वपूर्ण प्रकाश देते हैं किन्तु नवीन सृजन और नवीन मनोवृत्तियों के विकास के कारण प्राचीन धारणओं के पुराने, सीमित अर्थ का निषेध करके, उनमें नया अर्थ भरा जाता है और नवीन-विज्ञानों की धारणओं के प्रकाश में प्राचीन का परीक्षण-संशोधन चल पड़ता है। अतएव जो लेखक प्राचीन काव्य-शास्त्र के प्रति सम्पूर्ण निषेध का रुख अपनाते हैं, उनकी दृष्टि अवैज्ञानिक है। निषेधवाद एक अनुर्वर व्राद होता है, वह विकास की जटिलता से घबरा कर प्राचीन का सम्पूर्ण त्याग करना चाहता है, दूसरी और रूढ़िवादी आचार्य, प्राचीन धारणाओं को आप्त वाक्य मान कर उन्हें शाश्वत सत्य मानते हैं। द्वन्द्वात्मक भौतिकवाद इन दोनों दृष्टियों का विरोधी है। वह उच्चतर और समृद्धतर स्तर पर प्राचीन के ग्रहणीय तत्त्वों की प्रतिष्ठा को विकास का अपरिहार्य नियम मानता है।

द्वन्द्वात्मक भौतिकवाद की वैज्ञानिकता को, सापेक्षतावाद, अनियतितावाद, संशोधनवाद और अज्ञेयवाद ने चुनौती दी है। आईंस्टीन के दिक् काल से सम्बन्धित नवीन नियम ने न्यूटन की दिक् काल सम्बन्धी निरपेक्षतावादी धारणाओं का खण्डन कर दिया है और इससे भौतिकवाद का समर्थन ही हुआ है किन्तु आईंस्टीन के सापेक्षतावाद की आदर्शवादी व्याख्या करके, एडिंगटन जैसे विचारकों ने भौतिकवाद को असंगत सिद्ध करना चाहा है। मार्क्सवाद

वस्तुओं को सापेक्ष ही मानता है निरपेक्ष नहीं, आईंस्टीन के सापेक्षतावाद से इस मत की पुष्टि ही हुई है कि एडिंगटन के अनुसार काल से द्रष्टासापेक्ष होने से अवधि (डयूरेशन) तथा दीर्घता (लैंथ) बाह्य जगत् की वस्तुएँ नहीं हैं।[48]

न्यूटन का मत था कि दिक् (स्पेस) और काल निरपेक्ष (एब्सोल्यूट) स्थितियाँ हैं। दिक् और काल, पदार्थ और उसकी गति से स्वतन्त्र और निरपेक्ष हैं।[49] आईंस्टीन के अनुसार दिक् और काल, पदार्थ और गति परस्पर सापेक्ष और सम्बन्धित स्थितियाँ हैं। दीर्घता और अवधि, एडिंगटन की अन्तुर्मुखी व्याख्या के विपरीत पदार्थ और गति पर निर्भर है और इन चारों की सत्ता वस्तुगत है। दिक् और काल के विषय में बदलते हुए मतों से इनकी द्रष्टागत सत्ता सिद्ध नहीं होती।

मनुष्य और प्रकृति दिक् और काल में रहते हैं—यह अखण्ड सत्य है। द्वन्द्वात्मक भौतिकवाद के अनुसार दिक् और काल तथा पदार्थ और गति अविच्छिन्न रूप से सम्बन्धित हैं। पदार्थ सर्वथा दिक् और काल में ही रहता है। आदर्शवादियों का कहना है कि विश्व, सृष्टि के प्रारम्भ में विश्रान्ति की दशा में था, अतः वह काल से बाहर था। ऐसा मानने से विश्व को सक्रिय करने के लिए किसी दिव्य प्रेरणा या ईश्वर की कल्पना करनी होगी जो अनावश्यक है। वस्तुतः विश्व अनन्त है और दिक् काल के बिना जिस प्रकार पदार्थ और गति की कल्पना असम्भव है, उसी प्रकार गतियुक्त पदार्थ के बिना दिक् के अस्तित्व की धारणा नहीं हो सकती। इसी प्रकार भौतिक प्रक्रियाओं के बिना काल की सत्ता अचिंतनीय है।

भौतिकी तथा सापेक्षतावादी सिद्धान्त और विशेष रूप से प्रमात्रा (क्वांटम्) क्षेत्र सिद्धान्त से यह प्रमाणित होता है कि तथाकथित रिक्त स्थान (वैकुअम) को प्राचीन ग्रन्थों में रिक्त दिक् नहीं कहा जा सकता। कारण यह है कि इलैक्ट्रोन, प्रोट्रोन, फोटोन आदि को दिक् से पृथक कर देने पर पर भी "कुछ" शेष रहता है, जो भौतिक तत्त्व का ही एक रूप होता है। यह "कुछ" या रिक्तता (वैकुअम) अणुओं को प्रभावित करती है और स्वयं अणुओं-परमाणुओं से प्रभावित होती है। अतः रिक्तता (शून्यता) भौतिक क्षेत्र की विशिष्ट स्थिति है...आदर्शवादी मतों के विपरीत भौतिक प्रक्रियाओं से निरपेक्ष, शून्यता या रिक्तता का कोई अस्तित्त्व नहीं है।[50]

सापेक्षतावाद के अनुसार प्रक्रियाओं की दीर्घता या काल की सत्ता भौतिक वस्तुओं (बॉडीज) की गति (वैलौसिटी) पर निर्भर करती है। इसी प्रकार गुरुत्त्वाकर्षण का क्षेत्र दिक् काल की प्रमात्रा का नियमन करता है।[51] इस नियमन की प्रवृति को आईंस्टीन निश्चित गणितीय सूत्रों में निबन्धित कर सके हैं। किन्तु इससे तो पदार्थ, गति, दिक्, काल की द्वन्द्वात्मक एकता ही प्रमाणित होती है। आदर्शवादी व्याख्याएँ आत्मगत और अवैज्ञानिक सिद्ध होती हैं।

द्वन्द्वात्मक भौतिकवादी विश्व को नियमित मानता है। भौतिकवाद के अनुसार प्रकृति, समाज और चेतना परस्पर एक दूसरे से सम्बन्धित हैं। यह सम्बन्ध कार्य-कारण

परक है। अतः वे एक दूसरे का स्वरूप नियमन (डिटरमिन) करते हैं। विश्व के अस्तित्व और विकास के मूल में कोई निरपेक्ष, अन्तिम और प्रारम्भिक कारण (ब्रह्म या ईश्वर) नहीं है। प्रारम्भिक कारण की कल्पना करते ही, कारण कार्य परक नियतिवाद की सार्वभौमिकता का खण्डन हो जाता है। यही कारण है कि आदर्शवादी और कारणों के कारण की स्थापना के लिए इतना ऊहापोह करते हैं। द्वन्द्वात्मक भौतिकवाद अनेक प्रकार के कारणों की खोज करता है जो विभिन्न क्षेत्रों में सक्रिय परस्पर प्रभाव में विश्वास करता है।[52] वह आकस्मिकता के वस्तुगत स्वरूप की उपेक्षा करता है। यान्त्रिक भौतिकवाद के अनुसार यदि किसी मस्तिष्क को किसी क्षण में प्रकृति की सारी शक्तियों का परिचय दे दिया जाए तो कुछ भी अप्रामाणिक नहीं रहेगा जब कि द्वन्द्वात्मक भौतिकवाद क्रमशः ज्ञान के विकास में विश्वास करता है। मनुष्य शनैः शैनेः सत्य के निकट पहुँच रहा है, प्रकृति विजय और समाज रचना के संघर्ष के क्रम में मानव नित्य नवीन सूचनाओं, नियमों की खोज करता हुआ प्रगति करता जा रहा है। यान्त्रिक भौतिकवाद वस्तुशिल्प (इंजीनियरिंग, कम्प्यूटर्स आदि) के क्षेत्र में सफलता से प्रयुक्त हो सकता है किन्तु वह परमाणु विज्ञान, जीव विज्ञान तथा समाज विज्ञान के क्षेत्रों की जटिलताओं की व्याख्या नहीं कर सकता।

संशोधनवादी मत् परमाणुओं की प्रक्रिया के विषय में अनिश्चितता देख कर द्वन्द्वात्मक भौतिकवाद को एक सर्वत्र व्यापक विश्व बोध के रूप में स्वीकार नहीं करना चाहते। उदाहरणतः इलेक्ट्रॉन अणु, अप्रत्याशित स्थानों में प्रकट हो जाते हैं। इन अणुओं की गति के प्रक्षेप-पथ (ट्रेजेक्टरी) की भविष्यवाणी करना असम्भव हो गया है।[53] आदर्शवादी और संशोधनवादी, इन अणुओं में स्वतन्त्र इच्छा (फ्री विल) की कल्पना करते हैं लेकिन सूक्ष्म अणुओं की गतियों में कारण परक सम्बन्धों का पता चलता है। इन सम्बन्धों के पूर्ण ज्ञान के लिए वैज्ञानिक कार्य कर रहे हैं। नील बोहर को भी इन सम्बन्धों की सत्ता स्वीकार करनी पड़ी हैं।[54]

इस प्रकार तत्त्व और प्रतीति, कारण और प्रभाव, नियम और आकस्मिकता, तत्त्व और रूप, गति और पदार्थ, तथा दिक् और काल की सापेक्षता के विषय में द्वन्द्वात्मक भौतिकवाद की व्याख्याएँ, वस्तुगत विधि की स्वीकृति के कारण, अधिक बुद्धिसंगत प्रतीत होती हैं। इसके आधार पर किसी भी ज्ञान क्षेत्र और विषय के स्वरूप का युक्तिसंगत विवेचन हो सकता है। जो नियम बाह्य सृष्टि में कार्यरत हैं, वे ही मानवकृत सृष्टियों में सक्रिय हैं। अतएव किसी भी रचना की, द्वन्द्वात्मक भौतिकवादी दृष्टि से, वैज्ञानिक व्याख्या हो सकती है। कला सचेतन व्यक्ति की सृष्टि होती है। अतः उसकी आन्तरिक और बाह्य सत्ता के उपकरणों की द्वन्द्वात्मक संगति का अनुसन्धान वास्तविक अनुसन्धान है क्योंकि रचना और रचनाकार किसी दिक्काल के भीतर जन्म लेते और विकसित होते हैं। अतएव ऐतिहासिक भौतिकवाद सामाजिक विकास की इस द्वन्द्वात्मकता पर भी चिन्तन प्रस्तुत करता है।

ऐतिहासिक भौतिकवाद—द्वन्द्वात्मक भौतिकवाद का एक पक्ष ऐतिहासिक भौतिकवाद द्वारा आलोकित होता है। जिस प्रकार द्वन्द्वात्मक भौतिकवाद द्वारा प्रकृति और मनुष्य के विकास में एक ही अटल नियम या द्वन्द्वात्मक विकास का अनुसन्धान होता है और सृजन मात्र के द्वन्द्वात्मक स्वरूप पर प्रकाश डाला जाता है, उसी प्रकार ऐतिहासिक भौतिकवाद द्वारा मानव समाज के विकास के इतिहास में द्वन्द्वात्मकता का विस्तृत रूप में विश्लेषण होता है।

जर्मनी के आदर्शवाद या विचारवाद (आइडियालॉजी) पर चिंतन करते हुए मार्क्स का ध्यान इस नियम की ओर गया था कि विधि, धर्म, दर्शन, कला, साहित्य, संक्षेप में उपरि-आधार[55], समाज के मूलाधार अर्थात् भौतिक जीवन या आर्थिक आधार पर निर्भर करता है।[56] मार्क्स के शब्दों में यह नियम इस प्रकार है—"सामाजिक उत्पादन की प्रक्रिया में, मनुष्य विभिन्न प्रकार के सम्बन्धों का विकास करते हैं जो अपरिहार्य और मनुष्यों की इच्छा से स्वतन्त्र होते हैं। ये उत्पादन के साधन, एक विशिष्ट विकास के सोपान को प्रमाणित करते हैं। उत्पादन के साधन और सम्बन्धों से, समाज के आर्थिक आधार का निर्माण होता है, जो मूल आधार होता है, जिसके ऊपर या जिसके अनुरूप राजनैतिक और विधि व्यवस्था बनती है, सामाजिक (दर्शन, धर्म, कला साहित्य आदि) चेतना का विकास होता है। आर्थिक उत्पादन के साधन और सम्बन्ध, सामान्यतः, मनुष्यों के सामाजिक, राजनैतिक तथा बौद्धिक जीवन की प्रक्रियाओं को प्रतिवर्तित (कंडीशंड) करते हैं। मानवों की चेतना से उसकी जीवन विधि या अस्तित्त्व विधि नियमित नहीं होती वरन् सामाजिक या भौतिक जीवन विधि से मनुष्यों की चेतना का स्वरूप नियमित होता है।"[57]

विकास की एक विशिष्ट स्थिति में, उत्पादन के साधनों में परिवर्तन होने से, उत्पादन सम्बन्धों में भी परिवर्तन हो जाता है। यथा, नवीन तकनीक के विकास के पश्चात् सामन्ती युगीन पिछड़ी तकनीक का निषेध होते ही, नवीन प्रकार के उत्पादन सम्बन्ध बनते हैं। सामन्तवाद में भूस्वामी और भूदासों तथा स्वतन्त्र शिल्पियों के स्थान पर, सर्वहारा श्रमिकों और कारखनेदारों का उदय होता है। परिणामतः सामन्ती युग में सामाजिक सम्बन्ध भी बदलने लगते हैं, तदनुरूप समाज की ऊपरी मंजिल या दर्शन, धर्म, विधि, साहित्य आदि भी बदलते हैं।

परिवर्तन के इस लौह नियम के अनुसार, समाज के ऊपरी आधार का कोई स्वतन्त्र इतिहास नहीं होता। सांस्कृतिक और बौद्धिक सृजन के अध्ययन की वस्तुगत विधि यही हो सकती है कि उसे सामान्य सामाजिक विकास की प्रक्रिया के अन्तर्गत रख कर देखा जाए और उसे आर्थिक उत्पादन के साधन तथा आर्थिक सम्बन्धों की सापेक्षता में परखा जाए।

स्वभावतः इस दृष्टि से यह मानना होगा कि प्राकृतिक विज्ञान को छोड़ कर, मानव के अन्य ज्ञान प्रकारों का अध्ययन ऐतिहासिक विधि पर ही प्रामाणिक रूप में हो सकता है।[58] इसके सिवा इस ऐतिहासिक भौतिकवादी विधि से अध्ययन की एक ठोस वस्तुगत

विधि प्राप्त होती है। यह प्रमाणित होते ही कि चेतना नियामक नहीं है, भौतिक और आर्थिक उत्पादन के साधन और सम्बन्ध ही चेतना के नियामक हैं, प्रत्येक प्रकार के आदर्शवाद, उदारतावाद आदि से मुक्ति मिल जाती है।[59] समाज के प्रभाव को स्वीकार करके भी ये वाद यह नहीं मानते कि अपने अन्तिम विश्लेषण में भौतिक तथा आर्थिक आधार ही, मानव की चेतना का स्वरूप निश्चित करता है। यही आदर्शवाद और भौतिकवाद का मूल अन्तर है।

उक्त ऐतिहासिक भौतिकवादी प्रविधि के प्रयोग के लिए मार्क्स ने उक्त सूत्र को यान्त्रिक ढंग से आरोपित करने का घोर विरोध किया है। विचारों, मानवीय सम्बन्धों आदि के अध्ययन के लिए, सावधानीपूर्वक तथ्यों का आकलन इस प्रविधि की मुख्य आवश्यकता है। फिर इन तथ्यों के आधार पर ही उक्त नियम की शुद्धता या अशुद्धता का ज्ञान हो सकता है।

इस सम्बन्ध में द्वितीय तथ्य यह है कि किसी समाज की ऊपरी मंजिल, भौतिक जीवन का यथावत् प्रतिबिम्ब नहीं होती। विधि, दर्शन, धर्म, कला और साहित्य अन्तिम व्याख्या में ही, आथिक आधार से नियमित माने जाते हैं। स्वभावतः ऊपरी आधार का अंशतः स्वतन्त्र विकास भी होता है।[60] आर्थिक आधार और ऊपरी मंजिल के इस अन्तर पर मार्क्स ने बल दिया है, जिसे यान्त्रिक ढंग के सूत्रों के प्रयोक्ता भुला देते हैं।

आर्थिक आधार के परिवर्तनों को तो वैज्ञानिक युक्तता के साथ समझा जा सकता है किन्तु दर्शन-विधि-सौन्दर्य शास्त्र आदि की अंशतः स्वतन्त्रता तथा उनमें आर्थिक आधार के यथावत् तथा सरल प्रतिबिम्ब न होने से यान्त्रिक नियतिवाद से बचना चाहिए। यह कहना यान्त्रिक भौतिकवाद होगा कि ग्रीक समाज-व्यवस्था दास प्रथा पर आधारित थी। अतः उसके पिछड़ेपन के कारण, तत्कालीन साहित्य भी पिछड़ा हुआ है। ग्रीक साहित्य में निश्चित रूप से तत्कालीन भौतिक और आर्थिक जीवन का प्रतिबिम्ब है और इस दृष्टि से वह दास प्रथा प्रधान समाज से नियमित भी हैं। ग्रीक लेखकों का विश्वबोध और सामाजिक सम्बन्धों की समझ निश्चय ही तात्कालिक परिवेश से नियमित है किन्तु ग्रीक साहित्य में सार्वभौमिक, सार्वकालिक मानव संवेदनाएँ और सौन्दर्य सृष्टि भी है। ग्रीक साहित्य अपने युग के मूलाधार से अंशतः स्वच्छन्द है। इसी प्रकार ग्रीक दर्शन में सार्वकालिक महत्त्व के प्रश्न उठाय गए हैं। वे तात्कालिक दर्शन की व्यवस्था से आंशिक स्वतन्त्र है।

अतएव ऐतिहासिक भौतिकवाद को यान्त्रिक नियतिवाद या नियमनवाद नहीं कहा जा सकता।[61] भौतिक जीवन विधि, मानव चेतना को अनुकूलित करती है किन्तु वह पूर्णतः नियमित नहीं करती। एक बार विकसित हो जाने पर मानव अपनी आत्मचेतना द्वारा परिवेश को अपने अनुकूल करने के लिए, बौद्धिक और सामाजिक संघर्ष करता है और यह संघर्ष चेतना के स्तर पर ही होता है अतः मनुष्य परिस्थितियों से अनुकूलित होकर भी, उनके विरुद्ध संघर्ष करने के लिए स्वतन्त्र होता है। यही संघर्ष वर्ग संघर्ष के रूप में

दिखाई पड़ता है। उत्पादनों के साधनों के स्वामी, सेवकों और श्रमिकों का शोषण करते हैं और श्रमिक विद्रोह करते हैं। यह विद्रोह दार्शनिक, साहित्यिक आदि क्षेत्रों में प्रारम्भ होता है और अन्ततोगत्वा उसके प्रभाव से आर्थिक आधार बदल जाते हैं। इस प्रकार ऐतिहासिक भौतिकवाद में आर्थिक आधार और ऊपरी आधार का सम्बन्ध सिर्फ अपनी अन्तिम व्याख्या में ही नियतिवादी है। इन दोनों स्तरों में द्वन्द्वात्मक सम्बन्ध बना रहता है, तभी वे एक दूसरे का परिवर्तन और नियमन करते हैं।

मार्क्स के मत से, ऐतिहासिक विकास, एशियाई प्राचीन, सामन्तवादी तथा पूँजीवादी सोपानों द्वारा हुआ है। एशियाई और प्राचीन को पृथक पृथक निर्देशित करने का अर्थ यह है कि एशिया के किन्हीं देशों में दास प्रथा का वह रूप नहीं मिलता जो प्राचीन ग्रीक व्यवस्था में था। उदाहरणतः भारतवर्ष में दास प्रथा की भूमिका गौण थी। छोटे किसानों और स्वतन्त्र शिल्पियों की यहाँ प्रमुखता रही है। दासों का भी अंशतः प्रयोग कृषि कार्यों तथा घरेलू कार्यों में होता था। लिच्छिवी, मल्ल, यौधेय आदि गणतन्त्रं में दास प्रथा का अधिक प्रयोग होता था। मानव चेतना के किसी रूप के अध्ययन के लिए आखेट, पशुचारण, दास प्रथा, सामन्तवाद, पूँजीवाद तथा समाजवाद जैसी व्यवस्थाओं के आर्थिक आधार और आर्थिक सम्बन्धों तथा उनसे अनुकूलित तात्कालिक मानव चेतना को ध्यानगत रखना आवश्यक है, अन्यथा अध्ययन आत्मगत होगा।

काव्य-शास्त्र साम्राज्य युग या सामन्त युग की उपज है। भारतीय कला और साहित्य तथा उसमें व्यक्त सम्बन्ध, सभी सामन्ती परिवेश से अनुकूलित प्रतीत होते हैं। भरत मुनि साम्राज्य युग के विचारक थे। उस युग में कबीलाई समाजों का अलगाव समाप्त हो रहा था। यही कारण है, भरत सार्ववाणिक आधार पर इस विद्या की रचना करते हैं। भौतिक जीवन के पिछड़ेपन के कारण, तात्कालिक विश्व बोध में, आत्मा और शरीर के समानान्तरवाद की मान्यता व्यापक थी। अतएव वामन और अभिनवगुप्त आदि काव्य की आत्मा का अनुसंधान करते हैं। इसके अतिरिक्त सामन्तवाद की सीमाओं तथा संस्कृत के अधिकांशः पंडितों का सम्बन्ध, उच्च वर्ग से होने के कारण, उच्चवर्गीय विश्वास और मूल्यों के प्रतिबिम्ब संस्कृत साहित्य में मिलते हैं। उसमें वह जनचेतना नहीं मिलती, जो साहित्य को उच्च वर्गों के विरुद्ध संघर्षशील बनाती है। तात्कालिक समाज के मूलाधार के इस प्रभाव के बावजूद, भारतीय काव्यशास्त्र अपने समय के दर्शन, धर्म आदि के प्रकाश में कला और साहित्य के सम्बन्ध में मौलिक प्रश्न उठाता है और सृजन के उन नियमों का अन्वेषण करता है जो मुख्यतः साहित्य और कलाओं के क्षेत्रों में कार्यरत रहते हैं और जो प्रत्यक्षतः आर्थिक आधार के प्रतिबिम्ब नहीं होते।

इस प्रकार ऐतिहासिक भौतिकवाद के बिना न तो मानव-चेतना की युगानुरूपता का वैज्ञानिक अध्ययन सम्भव है और न उसकी सर्वयुगीनता के स्वरूप का ही उद्‌घाटन सम्भव हो सकता है। ऐतिहासिक भौतिकवाद का, पूँजीवादी देशों तथा रूढ़िवादी शिविरों में घोर विरोध हुआ है। लेकिन वह विरोध बहुत कुछ यान्त्रिक भौतिकवाद और द्वन्द्वात्मक

भौतिकवाद में अन्तर न कर सकने के कारण हुआ है। इन विरोधियों में सशक्ततम स्वर श्री पॉपर का है।

मार्क्स ने ऐतिहासिक भौतिकवाद के आधार पर, भविष्य के वर्ग-वर्ण-विहीन साम्यवादी समाज की स्थापना की अपरिहार्यता सिद्ध की है। पॉपर के अनुसार, इतिहास के आधार पर भविष्यवाणी करना अवैज्ञानिक कार्य है।[62] मार्क्स द्वन्द्व या वर्ग संघर्ष को ऐतिहसिक विकास का प्रेरक तत्व मानते हैं। पॉपर ऐतिहासिक विज्ञान अथवा सैद्धांन्तिक इतिहास की धारणा को अन्धविश्वास कहते हैं।

कार्ल पॉपर के विचार से, मानव चेतना के अध्ययन के लिए प्राकृतिक विज्ञानों की वस्तुगत विधि अपर्याप्त ही नहीं, हानिकर भी होती है। भौतिक विज्ञान की वस्तुगत विधि को अपना कर, मार्क्सवाद, भूतकालीन घटनाओं में नियम, लय, वा प्रतिरूप (पैटर्न) खोजता है और फिर उनके आधार पर भविष्य कथन करता है। पॉपर इसे भाग्यवाद या नियतिवाद कहते हैं। यदि ऐतिहासिक विकास की दिशा निश्चित है तब मार्क्स के इस कथन का, पॉपर के मतानुसार, कोई अर्थ नहीं है कि दार्शनिकों ने जग्त की व्याख्या की है। मूल प्रश्न तो उसे परिवर्तित करने का है।

वस्तुतः पॉपर और उनके अनुयायी यह भूल जाते हैं कि भविष्यवाणियाँ, मार्क्सवाद का अनिवार्य अंग नहीं हैं, दिशा निर्देशन मार्क्सवाद का अनिवार्य अंग है। मसलन् मार्क्स की कई भविष्यवणियाँ गलत साबित हुई हैं। सामाजिक क्रान्ति सर्वप्रथम रूस जैसे पिछड़े देश में हुई जब कि पश्चिमी योरोप में उसके लिए जमीन तैयार कर ली गई थी। इसी प्रकार चीन जैसे खेतिहर देश में क्रान्ति हुई जब कि मार्क्स का विचार था कि पूँजीवाद के विकास और उसके अन्तविर्रोध उभरने पर ही, सर्वहारा वर्ग क्रान्ति करेगा। कृषकों को मार्क्सवाद, भूमिप्रेम के कारण, प्रतिक्रियावादी लगता है लेकिन कृषकों की सेनाओं ने चीन में उच्च वर्गों का स्वामित्व समाप्त कर दिया। इसके अतिरिक्त मार्क्स बीसवीं शताब्दी की तकनीकी उन्नति से उत्पन्न समस्याओं का अनुमान नहीं लगा सके। न वह यह कल्पना कर सके कि राष्ट्रवाद के आधार पर अन्तर्राष्ट्रीयतावादी सर्वहारा वर्ग की सरकारें, एक दूसरे का दमन कर सकती हैं या पूँजीवादी सरकारों से मिल कर किसी समाजवादी देश के साथ युद्ध छेड़ सकती हैं।

लेकिन पॉपर भविष्यवाणी और दिशा निर्देश में भेद नहीं करते। यदि श्रमिकों का वर्ग पूँजीपतियों के स्वामित्व को स्वीकार नहीं करता तब वह सत्ता और सम्पत्ति को अपने हाथ में अवश्य लेगा। यह समाजवाद की दिशा का निर्देश है, जो मार्क्सवाद की उपलब्धि है। मूल प्रश्न यह है कि सामाजिक सम्पत्ति पर कतिपय व्यक्तियों के स्वामित्व से अमरीका तथा पश्चिमी योरोप में, जो सामाजिक-सांस्कृतिक संक्रान्ति उत्पन्न हुई है, उसे उत्पादन वर्ग कब तक सहन करेगा? इस संक्रान्ति से मुक्ति का उपाय, मार्क्स ने, समाजवादी उत्पादन वर्ग पद्धति द्वारा सुझाया था। अब यदि रूस और चीन, समाजवाद के निर्माण में, अपनी असंगतियों में उलझ कर रह गए हैं तो उसका समाधान इतिहास के विकास को लौटा कर

पूँजीवादी पद्धति के पुनःग्रहण में नहीं है क्योंकि मुनाफे पर आधारित समाज व्यवस्था, मानव मूल्यों और सामाजिक सम्बन्धों को ही नहीं, कला, साहित्य आदि को भी क्रय-विक्रय की प्रक्रिया में पटक कर, उन्हें विकृत कर देती है। समाजवादी व्यवस्था की रचना के लिए दृढ़ प्रतिज्ञ होकर रूस और चीन की भूलों का न दुहराना ही वास्तविक विकल्प है। इसका अर्थ यह नहीं है कि भूलें नहीं होंगीं और न इसका यह अर्थ है कि रूस और चीन आदि समाजवादी देश अपनी असंगतियों पर विजय प्राप्त नहीं कर सकेंगे। रूस और चीन जैसे साम्यवादी देशों ने, मुख्य असंगतियों पर विजय प्राप्त कर ली है, आर्थिक शोषण कों मिटा दिया है।

पॉपर का द्वितीय आरोप यह है कि वर्ग संघर्ष से विकास नहीं होता, मानव ज्ञान के दृष्टि से समाज का विकास होता है परन्तु ऐतिहासिक भौतिकवाद में मानव ज्ञान के योगदान का निषेध नहीं हैं। नवीनतम तकनीक और विज्ञान से समृद्ध अमरीकी पूँजीवाद अपने देश की विषमता, रंगभेद, उत्पीड़न, हिंसा एवम् इनसे उत्पन्न मानसिक विकृतियों को दूर नहीं कर सका। समाजवाद की स्थापना से ही अर्थ, लाभ अथवा कंठावरोधक प्रतियोगिता से मुक्ति मिल सकती है। मार्क्स के दिशा निर्देश से, समाजवादी समाजों में आर्थिक शोषण समाप्त कर दिया गया है और वहाँ विश्व बोध वैज्ञानिक मनोवृत्ति के आधार पर उचित होने के कारण, मध्यकालीन अन्धविश्वासों पर विजय प्राप्त कर ली गई है। इसके विरुद्ध, एकाधिकारी पूँजीवाद ने अमरीकी जनता में अलगाव (एलियनेशन) की अपूर्व वृद्धि की है, जिसे सीमित रखने के लिए अन्धविश्वासों की शरण ली जा रही है। केवल अमरीका में ही तीस हजार से अधिक ज्योतिषी कार्यरत हैं।[63] एकाधिकारी पूँजीवाद के आगे, साधारण व्यक्ति निराश, आश्रयहीन और असम्पृक्त अनुभव करता है। सामूहिक मानसिक रोगों का कारण भी समाज व्यवस्था ही है। अतएव मात्र मानव ज्ञान वृद्धि ऐतिहासिक विकास में नियामक नहीं है, ज्ञान प्राप्ति की सुविधाओं तथा आर्थिक उत्पादन और वितरण के साधनों पर किस वर्ग का अधिकार है—यह तथ्य निर्णायक है। समाजवादी देशों की असंगतियों को क्रांति के बिना दूर करना असम्भव प्रतीत हो रहा है।

पॉपर इतिहास को मात्र घटनाओं का संग्रह मानते हैं। उनमें जो नियम या लय या प्रतिरूप प्रतीत होता है, उसे वह मार्क्स की कल्पना कहते हैं किन्तु ऐतिहासिक भौतिकवाद, घटनाओं पर सिद्धान्तों का आरोपण नहीं है वरन् विश्व इतिहास की वास्तविक घटनाओं के परीक्षण की प्रक्रिया से प्राप्त नियमों का विवरण है। ये नियम भौतिकी के नियमों की तरह, प्राकृतिक नियम नहीं होते क्योंकि मानव प्रयत्नों से सम्बन्धित नियमों में, सर्वथा सम्भावना का एक अंश मिला रहता है। भूतकालीन घटनाएँ तो घटित होती हैं, इसलिए मानव प्रयत्नों में, यदि आर्थिक हितों का संघर्ष प्रधान दिखाई पड़ता है तो यह कल्पना नहीं, एक तथ्य है। विश्व का सम्पूर्ण इतिहास परस्पर विरोधी वर्गों और समूहों का ही इतिहास है, यह किसी भी इतिहास की पुस्तक से प्रमाणित हो जाता है लेकिन भविष्य निर्माण के प्रयत्नों में सम्भावना का अंश महत्वपूर्ण होता है। फिर भी विगत इतिहास के आधार पर

भविष्य का दिशा–निर्देश सम्भव है।

कार्ल पॉपर का यह कथन कि मानव विज्ञानों में वस्तुगत विधि हानिकारक है, सर्वथा, आपत्तिजनक है क्योंकि आत्मगत विधि से किसी भी विषय के विश्लेषण में, विश्लेषक के पक्षपात बाधक बनते हैं। इसके अतिरिक्त एंगिल्स ने यह स्पष्ट किया है कि इतिहास चिन्तन में आर्थिक आधार की उपेक्षा की गई थी। एंगिल्स, ऐतिहासिक विकास में मानव चेतना के प्रयत्नों को पर्याप्त महत्व देते हैं किन्तु अपनी अंतिम व्याख्या में आर्थिक आधार को ही नियामक मानते हैं।[64]

कार्ल पॉपर मार्क्सवाद पर भाग्यवाद का आरोप लगाते हैं। क्रान्ति का उपदेष्टा भाग्यवादी नहीं होता। इतिहास की भाग्यवादी व्याख्या वस्तुतः टायन्वी और स्पैंगुलर के इतिहास चिन्तन में मिलती है। टायन्वी के अनुसार किसी अज्ञात नियतिवश, प्रत्येक संस्कृति और सभ्यता का, किसी प्राणी के सदृश्य, जन्म, विकास और अन्त होता है।[65] स्पैंगुलर भी इसी जैवी दृष्टि से पश्चिमी पूँजीवादी देशों के इतिहास पर विचार करके, इस निष्कर्ष पर पहुँचे थे कि पश्चिमी सभ्यता विनाशोन्मुख है।[66] इस निराशावाद का कारण यह है कि ये इतिहासकार जनशक्ति में अविश्वास करते हैं। पश्चिमी पूँजीवादी व्यवस्था ही अवश्य विनाशोन्मुख है किन्तु वहाँ की सामान्य जनता, नवीन सामाजिक संरचना द्वारा समाजवादी सभ्यता का निर्माण कर सकती है, करेगी।

मार्क्स मानव को इतिहास का निर्माता कहते हैं।[67] मनुष्य अपनी इच्छानुसार इतिहास रचना नहीं कर सकता, उसे इतिहास की रचना किन्हीं परिस्थितियों में करनी पड़ती है। मनुष्य न तो स्वतन्त्र होकर, विश्वामित्र के सदृश्य नूतन लोक गढ़ सकता है और न वह परिस्थितियों का दास होता है। वह संगठित होकर विरोधी तत्वों से लड़ता है और यह जय–पराजय का द्वन्द्व, तब तक चलेगा, जब तक वह परिस्थितियों को पूर्ण अनुकूल नहीं बना लेगा। यह सत्य है कि असंगतियाँ सर्वथा रहेंगी किन्तु बर्बर युग से समाजवाद तक की विजय यात्रा में मनुष्य ने अनेक अवरोधों को दूर कर लिया है और यह प्रयत्न निरन्तर होता रहेगा।

ऐतिहासिक भौतिकवाद और मानव प्रकृति–ऐतिहासिक भौतिकवाद के अनुसार, समाज की परिवर्तनशीलता के क्रम में, मानव स्वभाव भी परिवर्तित होता रहता है। आदर्शवादी मानव स्वभाव को शाश्वत, स्थिर तथा अपरिवर्तित मानते हैं और काव्य-कलादि में इस शाश्वत मानव स्वभाव[68] अथवा मानव भाव[69] का ही अनुसंधान किया जाता है। इसमें संदेह नहीं कि अनेक प्रभावों और परिवर्तनों के पश्चात् भी मनुष्य, मनुष्य ही बना रहता है किन्तु आदिम साम्यवाद के मानव स्वभाव की, आधुनिक मानव स्वभाव से तुलना करने पर गम्भीर अन्तर प्रतीत होता है। वस्तुतः मानव का जैवी आधार (अन्तः प्रवृत्तियाँ या इंस्टिंग्ट्स) भी परिवर्तनशील है किन्तु वह अत्यधिक मंदगति से बदलता है। यही कारण है कि शताब्दियों के पश्चात् भी, मानव का जैवी आधार स्थायी सा प्रतीत होता है। इस

अर्थ में, केवल इसी अर्थ में, मानव स्वभाव स्थायी भी कहा जा सकता है। वैज्ञानिक भाषा की दृष्टि से तो मानव स्वभाव के जैवी आधार को, अपेक्षाकृत स्थायी ही कहना युक्तियुक्त है।

मार्क्स ने मनुष्यों के विषय में अधिक विचार किया है, मनुष्य के विषय में कम। गनुष्यों के आर्थिक तथा गानसिक जीवन का अध्ययन बस्तुगत विधि सरल है किन्तु मनुष्य के विषय में विचार करते ही जटिलताएँ उपस्थित होती हैं। मनुष्य के विषय में अब भी पर्याप्त सूचनाओं का अभाव है। मनुष्य विषयक अनेक सिद्धान्त, तथ्य और सम्प्रदाय प्रचलित हैं परन्तु कोई सर्व स्वीकृत विज्ञान अब तक नहीं बन सका है। इसीलिए हम मनुष्य को युद्ध, हिंसा, उन्माद से बचा नहीं पाते।[70]

मानव के विषय में मनोविज्ञान, मनोविश्लेषण, समाज शास्त्र, इतिहास आदि द्वारा हमारी ज्ञान वृद्धि हुई है। मार्क्स के समाज विज्ञान द्वारा कोटि-कोटि मनुष्यों में अभूतपूर्व सक्रियता उत्पन्न हुई है। अतएव प्रकारान्तर से, उसे ऐतिहासिक भौतिकवादी दृष्टि, मानव स्वभाव को भी परिवर्तित करने का साधन है, उसे पूर्ण मानव बनाने का प्रयत्न है। ऐतिहासिक भौतिकवाद, सामूहिक संगठन द्वारा, समाज की नवीन संरचना पर बल देता है। सामूहिक प्रयत्नों द्वारा, मानव स्वभाव में जो परिवर्तन होते हैं उनसे मानव स्वभाव की सामूहिकता तो प्रमाणित होती ही है, यह भी साबित होता है कि सर्वहारा क्रांति मानव-स्वभाव में गम्भीर परिवर्तन कर सकती है।[71]

अतएव मार्क्सवाद के अनुसार मानव स्वभाव परिवर्तनशील है। मानव स्वभाव का निर्माण, मूर्त्त, व्यक्तियों के व्यवहार और सम्बन्धों से होता है। व्यवहार और सम्बन्ध, ऐतिहासिक परिवेश में होते हैं। ऐतिहासिक भौतिकवाद के बिना, बदलते हुए मानव स्वभाव का अध्ययन सम्भव नहीं है। मैगडूगल, जेम्स, वारेन, थार्नडायक आदि मनोवेत्ता अतः प्रवृत्तियों (इंस्टिग्ट्स) में विश्वास करते हैं। फ्रायड भी स्वभाव को स्थिर मानता है। दूसरी ओर व्यवहारवादी (बिहेवियरिस्ट) मनुष्य को यांत्रिक दृष्टि से देखते हैं। इन सबके विरुद्ध मार्क्सवाद अतः प्रवृत्तियों को भी स्थिर या शाश्वत नहीं मानता, इनका भी इतिहास होता है और ऐतिहासिक संघर्ष में, अतः प्रवृत्तियों का गुणात्मक परिवर्तन होता रहता है।

मानव स्वभाव का कोई आत्यन्तिक रूप नहीं होता। मानव स्वभाव को व्यक्तियों के स्वभावों का योग भी नहीं कहा जा सकता अर्थात् व्यक्तियों की कल्पना, स्वतन्त्र परमाणुओं के रूप में करना अवैज्ञानिक है।[72] मनुष्य आत्म पर्याप्त और परम स्वतंत्र जीव नहीं होता, वह अपने अस्तित्व और विकास से लिए, एक सामूहिक वृत्त के अन्तर्गत कार्य करता है। वह परस्पर निर्भर प्राणी है। इसलिए मानव को उसके परिवेश से अलग करके देखा ही नहीं जा सकता। यदि मानव का इतिहास गतिशील है तो स्वयं मानव को भी गतिशील मानना ही होगा।

मानव प्रकृति के परिवर्तन का प्रमाण यह है कि मनुष्य का अस्तित्व, प्रकृति के विकास के पश्चात् हुआ है।[73] मनुष्य सूक्ष्म और स्थूल परिवर्तनों के निरन्तर प्रवाह में

क्रमशः परिवर्तित हो रहा है।[74] अतएव मनुष्य क्या है, इसके लिए यह देखना होगा कि किसी देश और काल में मनुष्य क्या करते हैं? मनुष्य के कार्य का अध्ययन, उसके प्रकृति विजय तथा सामाजिक सम्बन्धों का अध्ययन है, अमूर्त मनुष्यता या मानव स्वभाव जैसी धारणाएँ अवैज्ञानिक हैं।

मनुष्य का जैवी आधार, (जिजीविषा या आत्मरक्षा, रति, क्रोध आदि) अपेक्षाकृत स्थायी होने से, स्थायी भावों को शाश्वत कह दिया जाता है किन्तु आदिम मानव की जिजीविषा और रति, क्रोधादि का गुणात्मक परिवर्तन होने से ही, आज ये भाव भिन्न व्यक्तित्व प्राप्त कर चुके हैं। अतएव जैवी आधार के अनुकूलित प्रतिवर्तन की प्रक्रिया के रूप में ही भावों को समझना चाहिए। निरन्तरता और विकास, दोनों का द्वन्द्व ही, मनुष्य में सक्रिय है, जो सामाजिकता के कारण पाप, पुण्य, शुभ, अशुभ, आदि द्वन्द्वों के रूप में सम्मुख आता है। मानव का सम्पूर्ण इतिहास मूल जैवी आधार और सामाजिकता के द्वन्द्व और संगति का इतिहास है। अन्तः प्रवृत्तियों और भावादि के विश्लेषण के लिए, आदर्शवादी विवेचक, निरन्तरता या मानव स्वभाव की सार्वभौमिकता को ही लक्षित करते हैं। वे परिवेश के अनुरूप विकसित होने वाले मनुष्य स्वभाव की अपेक्षा करते हैं।

भारतीय काव्य शास्त्र में मानव स्वभाव और भावादि को आदर्शवादी दृष्टि से देखा गया है। उसमें सामान्य मानव स्वभाव की खोज है और इस स्तर पर उसे पर्याप्त सफलता भी मिली है किन्तु उसका विश्लेषण परिवर्तन बोध से रहित है।

ऐतिहासिक भौतिकवादी और समाजशास्त्रीय अध्ययन विधि, सौन्दर्यवादी विवेचकों की दृष्टि से असाहित्यिक विधि है क्योंकि उसमें वस्तु, समाज तथा कलाकृति के प्रादुर्भाव, विकास और परिवेश के साथ सम्बन्ध पर ही प्रकाश पड़ता है। किन्तु यह आक्षेप निराधार है। साहित्य और कला सृजन मोती सदृश होता है। समाज की सीपी (शुक्ति) में ही साहित्य और कला का स्वरूप निर्धारित होता है। साहित्य और कला को स्वतन्त्र या निरपेक्ष मानकर की गई समीक्षाओं में, मात्र तन्त्र या तकनीक पर ही विचार हो पाता है, रचनाकार तथा परिवेश को कृति-चिन्तन में सम्मिलित न करने से, रूप और कथ्य का द्वैत प्रस्तुत हो जाता है। नयी समीक्षा की यह दुर्बलता है कि वह वस्तुगत होने के प्रयत्न में, कृति से अनिवार्यतः सम्बन्धित विषयों पर विचार को अनावश्यक मान बैठती हैं। कॉडवेल के अनुसार नयी समीक्षा की पृष्ठभूमि में यांत्रिक भौतिकवादी दृष्टि है।[75]

इसके विपरीत, सौन्दर्यवादी और आदर्शवादी विचारक साहित्य की व्याख्या अन्तर्मुखी विधि पर करते हैं। उनके अनुसार किसी कृति के मनन से श्रोता या प्रेक्षक के मन में भाव या अनुभूति उत्पन्न होती है। वे इसी आधार पर कला सिद्धान्त प्रस्तुत करते हैं। उनका विश्वास है कि सौन्दर्यपरक भाव (इस्थैटिक इमोशन या रस) अन्तिम और प्रश्नातीत होता है। यह कला-भोक्ता की सर्वथा आंतरिक दशा होती है अतएव कला समीक्षा व्यक्तिगत और अन्तर्मुखी ही हो सकती है।[76] यह भावुक दृष्टि, आदर्शवादी चिन्तन विधि का ही प्रतिफल है जो दृश्य की सत्ता को द्रष्टा पर निर्भर मानती है। इस मत में भी दृश्य और

द्रष्टा का द्वैत बना रहता है।

इन दोनों पद्धतियों से साहित्य और कला की प्रकृति पूर्णतः स्पष्ट नहीं होती। रचनाकार तथा रचना के प्रशंसक तक ही उक्त दोनों विधियाँ सीमित हो जाती हैं, वस्तु स्थिति के विवेचक को तो सभी कारणों, स्रोतों और आंतरिक सम्बन्धों को उद्घाटित करना होगा और इसके लिए ऐतिहासिक भौतिकवादी विधि अनिवार्यतः उपयोगी है।

मार्क्सवादी समीक्षकों की पुस्तकों में स्रोतों और सामाजिक जीवन का अध्ययन ही प्रमुख हो जाता है किन्तु यह दोष मार्क्सवादी लेखकों का है। ऐतिहासिक भौतिकवादी, साहित्य के इतिहास के अध्ययन का ही वस्तुगत आधार प्रस्तुत नहीं करता अपितु कृति विशेष की संघटना (स्ट्रक्चर) की अध्ययन पद्धति भी प्रस्तुत करता है। अर्थात् वह मात्र ऐतिहासिक सामाजिक पृष्ठभूमि तक ही सीमित नहीं है वरन् वह कृति विशेष के एक एक अणु परमाणु के स्वरूप और उनके सम्बन्ध की विशिष्टताओं को भी आलोकित कर सकता है अथवा उसे यह कार्य करना चाहिए।

स्वभावतः इस विधि में कथ्य और रूप—ऐतिहासिक भौतिकवादी समीक्षाओं में जो कथ्य का विश्लेषण प्रधान हो जाता है, उसका कारण रूपवादियों की अतियों का विरोध है। वस्तुतः कृति के सम्पूर्ण विश्लेषण में मनोवैज्ञानिक, समाजशास्त्रीय, सौन्दर्यपरक, प्रायोगिक, तुलनात्मक आदि अनेक विधियों का प्रयोग होगा और कृति तथा बाह्य वास्तविकता के सूक्ष्म सम्बन्धों के लिए प्रत्येक क्षण सतर्क रहना होगा। विश्लेषण के मूल में, पुष्प माला में, सूत्र के सदृश्य, भौतिकवादी दृष्टि ही सक्रिय रहेगी। दूसरे शब्दों में कला-मूल्यों को एक मूलभूत परिप्रेक्ष्य के आधार पर संग्रथित करना होगा। यह संग्रथक विश्वबोध ही द्वन्द्वात्मक भौतिकवाद होगा, जिसके लिए कलाकृति से बाहर जाना होगा। साहित्य और कलाओं में रचनाकार और परिवेश का द्वन्द्व ही व्यक्त होता है। कलाकृति द्वारा, रचनाकार संगति की खोज करता है। ये द्वन्द्व, गूढ़ और जटिल विधि पर परिवेश को प्रतिबिम्बित करते हैं। अतएव इनकी खोज, सौन्दर्यवादियों के सदृश मात्र, कृति के भीतर रह कर नहीं हो सकती और न अन्य ज्ञानानुशासनों की सहायता के बिना, समीक्षाशास्त्र पूर्ण हो सकता है।

यह सम्पूर्ण विश्लेषण विधि, चयनवदी (एक्लेक्टिक) इसलिए नहीं कहला सकती क्योंकि द्वन्द्वात्मक भौतिकवाद के धरातल पर ही, अन्य प्रविधियों और ज्ञानानुशासनों का उपयोग किया जाएगा।[77] इसे सौन्दर्यवादी विधि भी नहीं कह सकते क्योंकि कृति विशेष का चमत्कार भौतिक वास्तविकता के कलात्मक प्रतिबिम्बन में निहित होता है। कृति सौन्दर्य, मात्र द्रष्टागत नहीं होता, वह द्रष्टा और दृश्य के द्वन्द्वात्मक सम्बन्ध पर आधारित होता है क्योंकि मार्क्सवाद सृजन और उसके आस्वादन में, द्रष्टा की भावना, रुचि, अहं और संस्कारादि को स्वीकार करता है अतएव इस विधि को यांत्रिक भौतिकवादी विधि भी नहीं कहा जा सकता। आदर्शवाद का आक्षेप इस विधि पर इसलिए नहीं लग सकता क्योंकि कृति की वस्तुगत स्थिति को मार्क्सवाद स्वीकार करता है। कृति एक विशिष्ट वस्तु है क़िन्तु

यह रचनाकार, सहृदय और बाह्य वास्तविकता—इस त्रिकोण के सन्दर्भ में ही विचारित हो सकती है। उसकी सत्ता सन्दर्भगत है, जिसमें द्रष्टा भी सम्मिलित है। कृति को मात्र द्रष्टागत या आत्मगत मानना आदर्शवाद है।

इस प्रकार वैज्ञानिक भौतिकवाद, एक ओर तो कृति विशेष के परीक्षण में अधिकाधिक वैज्ञानिक तटस्थता का समर्थक है, जिसके आधार पर विवेचक कृति के तत्वों पर किसी वैज्ञानिक के सदृश विचार करने की योग्यता प्राप्त कर सकता है। दूसरी ओर वह अनेक प्रकार के साहित्यों तथा कलाओं के दीर्घकालीन आस्वादन से समानुभूति या सहानुभूति को भी अनिवार्य मानता है। तादात्म्य, ताटस्थ्य तथा साहित्य-कलादि से अनुकूलित-प्रतिवर्त्तित समीक्षक ही उक्त "महाधारणा" और 'महाविधि' का प्रयोग कर सकता है।

सन्दर्भ

1. सेल्फ अवेयरनेस।
2. मैटाफिजीकल।
3. आइडियलिस्टिक।
4. आइडियलिस्टिक।
5. नान मैटीरियल।
6. स्प्रिचुअल।
7. रिलीजन।
8. नेचर।
9. एग्नोस्टीसिज्म।
10. मोस्ट जनरल।
11. अतः मार्क्स के लिए कल्पना नहीं, प्रकृति ही द्वन्द्व ज्ञान का आधार है। वह प्रकृति को एक प्रक्रिया मानते हैं, स्थिर सत्ता नहीं...प्रकृति के इतिहास और मानव समाज के विकास को देखकर ही द्वन्द्व सिद्धान्त का जन्म हुआ है...इसके अनुसार जीवन, तत्व (एसेन्स) नहीं, तथ्य है।
—ह्यूमन नेचर-द मार्क्सियन व्यू, वैरनन बेनूबिल, लंदन, 1946 पृ. 7-15
12. अ. द नेचर ऑफ द फिजीकल वर्ल्ड-एडिंगटन।
    ब. गॉड एण्ड ईविल—ई. जिमर।
    स. द रिवॉल्यूशन इन फिजिक्स—जोड।
    द. फिजिक्स एण्ड फिलॉसफी—जींस।
13. मार्किसज्म एण्ड इररैशनलिस्ट्स, पृ. 41।
14. पदार्थ, ठोस तत्व, द्रव्य गैस, प्लाज्मा, विद्युत-चुम्बक, गुरुत्वाकर्षण तथा नाभिकेन्द्रीय क्षेत्र (न्यूक्लियर फील्ड) आदि अनेक रूपों में विद्यमान है।
—मैटर एण्ड मैन-स्टैनवुकोबिच, मास्को, पृ. 24
15. मैटरियलिज्म एण्ड इमप्रायो-क्रिटिसिज्म-लेनिन, मास्को, 1952, भूमिका।
16. सब्जैक्टिव आइडियलिज्म-बिशप बर्कले।
17. सैसुअल नॉलिज।

18. नर्वस सिस्टिम।
19. सैरेब्रल कारटैक्स।
20. अनकंडीशंड रिफ्लैक्स।
21. कंडीशंड रिफ्लैक्स।
22. द ड्यूजिल्म व्हिच रिगार्ड्स द सोल एण्ड बॉडी एज क्वाइट सैपरेट थिंग्स इज स्टिल टू फर्मली इनग्रेन्ड इन अस। फार द साइंटिस्ट, सच डिफरेनशियेशन इज इम्पॉसीबिल डायलेक्टीकल मैटीरियलिजम-मारिस कार्नफोर्थ, जिल्द 3 कलकता, 1955, पृ. 20।
23. शुड ग्रयू आऊट ऑफ रादर प्रिमिटिव एण्ड एनीकानिक कल्टस्टोन्स, एलोंग सैवरल पैरलल ट्रैक्स इन टू सबलीमेटिड हाईएस्ट गौड फारसम पीपुल-मिथ एंड रियल्टी, डी. डी. कोशाम्बी, पाप्युलर प्रकाशन, बम्बई, 1962, पृ. 2।
24. वास्तविक जगत में स्थित वस्तु, मानव चेतना में यथावत् प्रतिबिम्बित नहीं होती, उसका प्रतिबिम्बित रूप कुछ भिन्न होता है। मानव मस्तिष्क में प्रतिबिम्बित वस्तु आमूर्त्त प्रतिकृति का रूप धारण करती है। अतः किसी वस्तु के प्रतिबिम्बत में वस्तु का कुछ सादृश्य रहता है और कुछ असादृश्य रहता है। प्रतिबिम्ब, ठोस भौतिक वस्तु नहीं होता, परन्तु वह बाह्य विश्व की वस्तुओं के बिना अस्तित्व प्राप्त नहीं कर सकता-बाह्य जगत् की वस्तुएँ ही इन्द्रियों के माध्यम में चेतना में प्रतिबिम्बित होती है। वास्तविक वस्तुएँ प्रतिबिम्बित होती हैं इसलिए प्रतिबिम्बित सत्ता का आधार सामान्य और समरूप (आईडैन्टीकल) होता है...इस अर्थ में चेतना, प्रतिबिम्बित रूप की दृष्टि से अन्तर्मुखी होती है किन्तु तत्व की दृष्टि से (प्रतिबिम्ब वस्तु की दृष्टि) वस्तुगत या बहिर्मुख होती है। मानसिक प्रतिबिम्ब के इस द्वन्द्वात्मक स्वरूप के कारण ही लेनिन ने चेतना की परिभाषा इस प्रकार की है—वास्तविक जगत् की आंतरिक प्रतिमा या प्रतिबिम्ब को चेतना कहते हैं।
—फन्डामेन्टल्स ऑफ डायलैक्टीकल मैटरियलिज्म-सम्पादित ग्रन्थ, मास्को 1967 पृ. 91।
25. मैंस फीलिंग्स, एक्सप्रैसिंग, हिज एटीट्यूड टुवर्ड्स द सराउडिंग वर्ल्ड, टुवर्डस पीपुल, देयर एक्सशंस, फिनोमैना एण्ड टूवर्डस हिमसैल्फ। ब्रीफ फीलिंग्स, ज्वॉय, सौरो एट्सट्रा आर एट टायम्स कॉल्ड इमोशंस इन द नैरो सैंस डिस्टिंक्ट फ्रॉम स्टेबिल एण्ड लास्टिंग फीलिंग्स-ऑफ लव, हेट्रिड एट्सट्रा, ऑर ए स्पेसीफिक फार्म ऑफ रिफ्लेक्शन ऑफ रियलिटी—ए डिक्शनरी ऑफ फिलौसफी-पृ. 137।
26. लेनिन, वही पृ. 137।
27. बिम्ब की पृष्ठभूमि में भाव विद्यमान रहते हैं और बिम्ब-दर्शन से भी भाव उत्पन्न होते हैं।
28. वी बाई ए साइक्लौजीकल एब्रेशन, विलीव दैट अवर एन्जौयमेण्ट इज कॉल्ड बाई द इमेज, हैयर एज एक्चुअली, इट इज कॉल्ड बाई द थॉट्स, इट इवोक्स-अन एड्रैस्ड लैटर्स—जी. प्लाखानोव, मास्को, 1947, पृ. 111।
29. बिकमिंग।
30. सैलेक्टिड वर्क्स-मार्क्स तथा एंगिल्स, द्वितीय पुस्तक, मास्को, 1962, पृ. 363।
31. द लॉ ऑफ द ट्रान्सफारमेशन आफ क्वालिटी इन टू क्वालिटी एण्ड बाइस बरसा।
32. द लॉ ऑफ द इंटरपैनीट्रेशन ऑफ अपोजिट्स।
33. द ला आफ निगेशन आफ द निगेशन, द डालैक्ट्स आफ नेचर-फैड्रिक एंगिल्स,

मास्को, 1954, पृ. 83।
34. वही, पृ. 83।
35. द सम टोटल ऑफ आल अटरैक्शन्स इन द यूनीवर्स इज ईक्वल टू द सम ऑफ रिपल्शन्स-द डायलैक्ट्स ऑफ नेचर-फैड्रिक एंगिल्स, मास्को, 1954, पृ. 96।
36. माओ त्से तुंग ग्रंथावली, द्वितीय भाग, दिल्ली, 1958, पृ. 10।
37. माओ त्से तुंग ग्रंथावली, द्वितीय भाग, दिल्ली, 1958, पृ. 13।
38. एंगिल्स, माओ ग्रंथावली में उद्धृत भाग, पृ. 13।
39. माओ ग्रंथावली, पृ. 20-21।
40. वही, पृ. 21।
41. डायलैक्टीकल मैटीरियलज्म—कार्नफोर्थ, द्वितीय खण्ड, पृ. 113।
42. ए डिक्शनरी ऑफ फिलौसफी-रोजेनथाल तथा पी. यूदिन पृ. 312।
43. निगेशन इज द कंडीशन फॉर पाजिटिव एडवान्स, इन व्हिच द ओल्ड इज एबोलिश्ड ऑनली आफटर इट हैज आलरेडी प्रौड्यूस्ड द कंडीशंस फार द ट्रान्जीशन टू द न्यू एण्ड इन व्हिच आल द पॉजिटिव बिलौंगिग टू द ओल्ड स्टेज इज कैरिड फारवर्ड इन टू द न्यू-एंगिल्स उद्धृत, कार्नफोर्थ, पुस्तक प्रथम, पृ. 131।
44. एकार्डिंग टू द लिबरल आइडिया दैट निगेशन सिम्पली सेज नो, इफ़ द निगेशन इज निगेटिव दैन द आरीजिनल पोजीशन इज रैस्टोर्ड वंस मोर विदाउट चेंज-कार्नफोर्थ, पुस्तक प्रथम, पृ. 133।
45. वही, पृ. 133।
46. फॉरमल लौजिक।
47. कार्नफोर्थ, पुस्तक प्रथम, पृ. 134।
48. फन्डामैन्टल्स ऑफ डायलैक्टीकल मैटीरियलिज्म—सम्पादित ग्रन्थ, मास्को, 1967, पृ. 72।
49. वही, पृ. 72।
50. फन्डामैंटल्स आफ डायलैक्टीकल मैटीरियलज्म-सम्पादित ग्रन्थ, मास्को, 1967, पृ. 73।
51. द मीनिंग ऑफ रिलेटीविटी, पृ. 74।
52. मिकैनीकल इन्टर एक्शन।
53. फंडामैंटल्स ऑफ डायलैक्टीकल मैटरियलिज्म, पृ. 215।
54. वही, पृ. 216।
55. सुपर स्ट्रकचर
56. प्रीफेस टु द क्रिटीक ऑफ पॉलिटीकल इकनौमी-मार्क्स-एंगिल्स, सिलैक्टिड वर्क्स, पुस्तक प्रथम, मास्को, 1955 पृ. 367।
57. वही, पृ. 368।
58. क्रिटीक ऑफ पॉलिटिकल इकनौमी-मार्क्स-एंगिल्स सिलैक्टिड वर्क्स, पुस्तक, प्रथम, मास्को, 1955 पृ. 369।
59. चेतना नियामक नहीं, भौतिक जीवन नियामक है।
60. क्रिटीक ऑफ पॉलिटीकल इकनौमी-मार्क्स-एंगिल्स, सिलैक्टिड वर्क्स, पुस्तक प्रथम, मास्को, 1955 पृ. 368।
61. डिटरमिनिज्म।

62. द पावर्टी आफ हिस्टोरीसिज्म, कार्ल आर. पॉपर, लंदन, 1957, पृ. 1।

63. कार्ल मार्क्स एण्ड माडर्न फिलौसफी-सम्पादित लेखों का संग्रह-मास्को, 1968, पृ. 147।

64. 'मार्क्स और मैं अंशतः इस बात के लिए दोषी हैं कि तरुण लेखक आर्थिक आधार पर आवश्यकता से अधिक बल देते हैं। वस्तुतः आर्थिक आधार की उपेक्षा करने वाले, अपने विरोधियों के खण्डन में, हमने आर्थिक-आधार पर अधिक बल दिया था। समय, स्थान और अवसर के अभाव में हम अर्थेतर अन्य तत्वों के परस्पर प्रभाव का विश्लेषण नहीं कर सके'— एंगिल्स का पत्र, अगस्त, 5, 1890 ई., उद्धृत कार्नफोर्थ, द्वितीय पुस्तक पृ. 126।

65. स्टडीज इन हिस्ट्र-टायन्बी।

66. डिक्लाइन ऑफ द वैस्ट-स्पेंगुलर

67. मैन मेक देअर ओन हिस्ट्री बट दे डू नॉट मेक इट जस्ट एज दे प्लीज। दे डू नॉट मेक इट अंडर सरकम्सटेंसिस, चोजिन बाई दैम सैल्वज, बट अंडर सरकम्सटेंसिस, डायरेक्टली एनकाडन्टर्ड गिविन एण्ड ट्रान्समीटिड फ्रॉम द पास्ट। मार्क्स एंगिल्स सिलैक्टिड वर्क्स, पुस्तक प्रथम, पृ. 247।

68. इटरनल ह्यूमन नेचर।

69. ह्यूमन इमोशंस।

70. ह्यूमन नेचर, वी. वैनूबिल, पृ. 7।

71. ह्यूमन नेचर, वी. बेनूबिल, पृ. 8।

72. वही, पृ. 5।

73. कुछ लाख वर्षों के पूर्व मानक का अस्तित्व नहीं था।

74. द होल ऑफ नेचर शोज एज मूविंग इन इटरनल फ्लक्स-ह्यूमन नेचर, वी. बेनूबिल, पृ. 20।

75. इल्यूजन एण्ड रियलिटी-कॉडवेल, पृ. 7।

76. वही, पृ. 8।

77. ए साउंड सोशियौलाजी वुड इनेबिल द आर्ट क्रिटिक टू एम्प्लौय क्रायटेरिया ड्रॉन फ्रॉम दोज फील्ड्स, विदाउट फालिंग इन टू एक्लैक्टीसिज्म और कन्फ्यूजिंग आर्ट विद साइक्लौजी और पॉलिटिक्स। देअर इज आनली वन साउंड सोशियौलाजी व्हिच लेज व्हेयर द जनरल एक्टिव रिलेशन, ऑफ द आइडियलॉजीकल प्रोडक्ट्स ऑफ सोसाइटी विद ईच अदर एण्ड विद कान्क्रीट लिविंग-हिस्टोरीकल मैटरियलिज्म; —वही, कॉडवेल पृ. 10।

प्रथम अध्याय—खण्ड 'ब'

द्वन्द्वात्मक भौतिकवाद और साहित्य-सिद्धान्त

मार्क्सवादी काव्य-शास्त्र या सौन्दर्य-शास्त्र के विषय में विद्वानों में पर्याप्त मतभेद हैं।[1] लुकाच के अनुसार मार्क्सवादी सौन्दर्य-शास्त्र की सत्ता है भी और नहीं भी है।[2] इस परस्पर विरोधी उक्ति का आशय यह है कि मार्क्स-एंगिल्स के लेखन में साहित्य के स्वरूप और अध्ययन पद्धति के सम्बन्ध में, जो विचार मिलते हैं, वे पूर्ण विकसित और व्यवस्थित नहीं हैं, क्योंकि द्वन्द्वात्मक भौतिकवाद के प्रवर्तक, एक सम्पूर्ण विश्व बोध के सन्दर्भ में, साहित्य और कला का विशद विवेचन नहीं कर सके। बालजॉक पर मार्क्स एक ग्रन्थ लिखना चाहते थे लेकिन उन्हें अवकाश नहीं मिला। द्वन्द्वात्मक भौतिकवाद के आधार पर, एक व्यापक सौन्दर्य-शास्त्र या साहित्य-शास्त्र की रचना सम्भव है। एम. लिफशिट्ज ने, मार्क्स-एंगिल्स के साहित्य-कला-चिन्तन को एक स्थान पर प्रस्तुत कर दिया है, उसे अधिकाधिक पूर्ण और सुसंगत रूप देने का कार्य विभिन्न लेखक कर रहे हैं।

तत्त्व और रूप की संगति—प्राकृतिक और सामाजिक संरचनाओं में तत्त्व और रूप के द्वन्द्व और संगति का सिद्धान्त निहित है। साहित्य और कला कृतियों में भी यही आधराभूत नियम कार्यरत हैं। लेनिन के अनुसार सामान्य या किसी विशेष क्षेत्र में किन्हीं सामान्य या सर्वनिष्ठ प्रक्रियाओं का निरीक्षण करके, उसे सामान्यीकृत अथवा सूत्र रूप में प्रस्तुत कर देना ही नियम कहलाता है। ये नियम सामान्य और विशिष्ट, दो प्रकार के होते हैं। तत्त्व और रूप की संगति का नियम सृष्टि मात्र में देखा जाता है और इसी नियम में ही किसी रचना की उत्कृष्टताः निकृष्टता की परख का प्रतिमान भी छिपा हुआ है। जिस वस्तु में तत्त्व और रूप की संगति जितनी अधिक होगी, वह वस्तु उतनी ही कलात्मक होगी। पदार्थ-जगत् में स्फटिकों (हीरक, मोती आदि) में इस प्रकार की संगति सर्वाधिक मात्रा में दिखाई पड़ती है। इसी प्रकार महान कलाकृतियों में भी तत्त्व और रूप की संगति के विभिन्न रूप पाये जाते हैं।

पदार्थो के सदृश्य, प्रत्येक साहित्यिक रचना में रूप होता है। रूप आंतरिक उपकरणों

की व्यवस्था में उत्पन्न होता है। तत्त्व या कथन, विचार, भाव, मनोवृत्ति तथा संवेदन पृथक अस्तिव नहीं रखते। कथ्य इन सब वस्तुओं की एकता का नाम है अर्थात, किसी वस्तु के आंतरिक तत्वों के परस्पर सम्बन्धों, प्रक्रियाओं, अन्तर्विरोधों तथा प्रवृत्तियों की एकता को ही "कनटेन्ट" नाम दिया गया है।[3] किन्ही वस्तुओं और कृतियों में उपकरण समान हो सकते हैं किन्तु उनके विशिष्ट संयोजनों और सम्बन्धों के कारण रूप भिन्न हो जाते हैं और परिणामतः उनके गुणों या प्रभावों में भी भिन्नता आ जाती है।

किसी कृति के आंतरिक अणुओं (विचार, भावादि) में हम मुख्य तत्वों को, अन्य सहायक तत्वों से अलग कर सकते हैं। इन मुख्य अणुओं को आधारभूत तत्व कह सकते हैं। उदाहरणतः मीरा के गीतों में भाव मुख्य अणु या उपकरण है और कबीर के आलोचनात्मक काव्य का मुख्य अणु विचार है। जब भारतीय काव्य-शास्त्री *रामायण* में करुणा और *महाभारत* में शम को केन्द्रीय भाव कहते हैं तो प्रकारान्तर से वे, आधारभूत तत्व को पहचानने की शक्ति का परिचय देते हैं। आधारभूत तत्व के साथ अन्य तत्वों के विनियोग से ही वस्तु विशेष का रूप विशिष्ट बनता है। अतएव, किसी कृति की आंतरिक संरचना को समझने के लिए, मुख्य और अमुख्य तत्वों को पृथक करना होगा।

रूप आंतरिक तत्वों की व्यवस्था का फल होता है। रूप के विश्लेषण के लिये आंतरिक संरचना (स्ट्रक्चर), उपकरणों के परस्पर प्रभाव और सम्बन्धों को देखना होगा और उस मुख्य उद्देश्य को भी, जिसके लिए तत्वों का संयोजन किया जाता है। जिस प्रकार आर्थिक क्षेत्र में, उत्पादन के साधन, तत्व और आर्थिक सम्बन्ध, रूप कहलाते हैं, उसी प्रकार *कामायनी* में शैव दृष्टि, समस्याओं के प्रति कवि की जागरूकता, मनोवेग, चित्तवृत्तियाँ आदि तत्व हैं और *कामायनी* पढ़ने के पश्चात्, उचित सम्बन्धों की ही एक विशिष्ट संगति का नाम होता है।

तत्व और रूप शब्द कई अर्थों में प्रयुक्त होते हैं। उदाहरणतः किसी कृति से ध्वनित, समग्र सौन्दर्य को भी "कन्टेन्ट" कह दिया जाता है।[4] और अन्य सन्दर्भ में, कन्टेन्ट से, आंतरिक द्रव्यों या उपकरणों तथा उनके संयोजन का अर्थ ग्रहण किया जाता है। कभी परिप्रेक्ष्य विशेष को कन्टेन्ट कहा जाता है—यथा रामकथा कन्टेन्ट का अर्थ, विशेष अर्थ या परिप्रेक्ष्य होता है।

रूप भी आन्तरिक और बाह्य, दो प्रकार का हो सकता है। उपन्यास में कथा वस्तु, बिम्बों के परस्पर सम्बन्ध आदि को आंतिरिक रूप कह सकते हैं। किसी कृति की बाह्य प्रतीति को बाह्य रूप कह सकते हैं।[5] बाहर से देखने पर दीर्घता, विराटता, सुकुमारता, भव्यता, कर्कशता सचिक्कणता या गम्भीरता की प्रतीति हो सकती है किन्तु आंतरिक रूप के लिए तत्वों को देखना ही होगा।

तत्वों और रूप की संगति की धारणा द्वारा, मार्क्सवाद अंश-अंशी सम्बन्ध को स्वीकार करता है। सौन्दर्य अंशी होता है और विचार, भाव, शब्द अर्थ, अलंकारादि अंशी होते हैं-आन्दवर्धन इसी सौन्दर्य या रूप को कामिनी के लावण्य की उपमा देते हैं। लावण्य,

पृथक अवयवों के विशिष्ट आयोजन और आन्तरिक तत्व का ही परिणाम होता है। अरस्तू के त्रासदी-विवेचन में भी यही सावयवता का सिद्धान्त मिलता है। मार्क्सवाद इस सौन्दर्य सिद्धान्त को सृष्टि मात्र में व्याप्त, सामान्य नियम के रूप में प्रस्तुत कर सका है और सौन्दर्य को वह भौतिक ही मानता है। सौन्दर्य वस्तु के आन्तरिक अवयवों पर निर्भर करता है। वह मात्र द्रष्टागत नहीं है। यह अवश्य है कि द्रष्टा की मानसिक स्थिति के अनुरूप, वस्तुगत सौन्दर्य भिन्न रूप से प्रतीत विशेष भी कह सकते हैं।

तत्व और रूप की द्वन्द्वात्मकता—तत्व और रूप की एकता, अन्तर्विरोधात्मक होती है। इस द्वन्द्वात्मकता में, तत्व का नेतृत्व मार्क्सवादी चिन्तन इसलिए स्वीकार करता है क्योंकि रूप मूलतः आन्तरिक उपकरणों पर ही निर्भर करता है। जल का रूप, जलीय तत्वों (हाइड्रोजन, ऑक्सीजन) पर निर्भर है। मानवीय रूप, चेतना, रक्त, मांसादि अवयवों पर आश्रित है। स्फटिकों में, आदर्शवादी विचारक रूप को उच्चतर और आत्मिक तत्व कहते हैं और तत्व को सम्पूर्ण सिद्ध करते हैं किन्तु इस रूपवाद (फॉर्मलिज्म) को मार्क्सवाद स्वीकार नहीं करता क्योंकि स्फटिकों में भी, आन्तरिक तत्व ही नियामक होते हैं। हीरे का रूप, अन्तर स्थित कार्बन अणुओं और ताप (टैम्परेचर) पर आधारित होता है। रूप अणुओं की सृष्टि नहीं करता किन्तु अणु ही रूप की रचना करते हैं।[6]

सामान्यतः रूप, तत्व का स्वतः अनुसरण करता है। उदाहरण के लिए जो लेखक समाज का वस्तुगत विश्लेषण करना चाहते हैं, उन्हें महाकाव्यात्मक या वर्णनात्मक शैली अपनानी पड़ती है। यथार्थ को आत्मगत रूप में ग्रहण करने पर, प्रभाववादी या अमूर्त्त शैली अधिक अनुकूल प्रतीत होती है। अतएव लेखक का प्रयोजन (इन्टेन्शन) ही कृति के रूप को, सामान्यतः नियमित करता है।[7] साहित्य के ऐतिहासिक विकास से यह प्रमाणित होता है कि तत्व में परिवर्तन आने पर रूप स्वयं परिवर्तित हो जाता है। प्राचीन साहित्य में, तत्व में अधिक जटिलता नहीं थी, इसलिए रूपों में अधिक वैविध्य और विचित्रता नहीं मिलती। आधुनिक युग में, तत्व की जटिलता के कारण, अमूर्त्ततावाद, अतियथार्थवाद, प्रभाववाद आदि रूपों और शैलियों का अवतरण हुआ है। वास्तविकता के प्रति रचनाकार की दृष्टि और मनोवृत्ति में अन्तर आते ही, कलागत नवीन सम्प्रदाय बनते हैं, इसलिए मात्र रूप के आधार पर साहित्यिक परिवर्तनों की व्याख्या अपूर्ण रहती है।

तत्व के अनुकूल रूप के विकसित होने पर, तत्व के विकास में सहायता मिलती है, इसी प्रकार तत्व के मार्मिक होने पर, रूप में पूर्णता आती है। कभी रूप भी तत्व का नेतृत्त्व कर सकता है। मसलन् यदि कोई व्यक्ति अमूर्त कलाकृति के रूप तत्व से प्रभावित होकर, अमूर्त्त पद्धति का अनुसरण करता है तो उसको अमूर्त्त कला के अनुरूप परिप्रेक्ष्य (तत्व) अपनाना होगा। कभी मात्र रूप की नवीनता के लिए ही रचनाएँ प्रस्तुत की जाती हैं किन्तु इस स्थिति में तत्व की दुर्बलता से, कलाकृति भी दुर्बल हो जाती है। रीतिकाल में रूपवाद की प्रवृत्ति ने, काव्य कला को अधिक मर्मस्पर्शी नहीं होने दिया, इसके विपरीत

भक्ति काल में, युग बोध की सच्चाई और भावना की गम्भीरता के कारण, कला पक्ष कमजोर होने पर भी, कविता का स्तर उच्चतर कोटि का प्रतीत होता है।

साहित्य में परिवर्तन, तत्व के परिवर्तन से ही प्रारम्भ होता है। तत्व के परिवर्तन से पूर्व रूप और नवीन तत्व में द्वन्द्व उपस्थित हो जाता है और इस द्वन्द्व से, नवीन रूपों की सृष्टि होती है। उदाहरण के लिए उपन्यास औद्योगिक सभ्यता का साहित्य रूप है, क्योंकि उसमें सामाजिक सम्बन्धों का तलस्पर्शी और विशद विश्लेषण हो सकता है। काव्य में यथार्थ, प्रतीकात्मक, वायवी, सूक्ष्म और संक्षिप्त रूप ग्रहण करता है। महाकाव्यों में भी, उपन्यास जैसी विश्लेषण सुविधा नहीं मिलती लेकिन नवीन रूप पा जाने पर भी, साहित्य में प्राचीन रूप भी प्रचलित रहते हैं क्योंकि एक तो उन्हें उनकी भंगिमाएँ बदल कर, नवीन तत्व के अनुरूप बनाया जा सकता है, दूसरे वास्तविकता के कुछ मानवीय अंश अपेक्षाकृत स्थायी होते हैं। अतएव पुराने साहित्य रूपों में भी वे व्यक्त हो सकते हैं यथा, गीत समकालीन विधा भी है, और परम्परागत विधा भी। नवीन कथ्य के लिए भी नवगीत का रूप देकर प्राचीन गीत को अपना लिया गया है। रूपकों या नाटकों में भी यही प्रवृत्ति दिखाई पड़ती है।

इस प्रकार तत्व और रूप के द्वन्द्व, परस्पर निर्भरता और अपेक्षाकृत दूसरे से स्वतन्त्रता—इन तीनों नियमों पर ध्यान न देने से मार्क्सवादी सौन्दर्य शास्त्र यांत्रिक भौतिकवादी व्याख्या में परिणत होने लगता है।

सैद्धान्तिक दृष्टि से तत्व और रूप की एकता के विश्वासी, साम्यवादी देशों में, रूप की उपेक्षा नहीं होनी चाहिए थी किन्तु व्यवहार में, साम्यवादी लेखकों ने, तत्व और रूप में, तत्व के नेतृत्व की धारणा पर अधिक ध्यान दिया है और रूप गत स्वतन्त्रता[8] की उपेक्षा की है। सोवियत रूस के अधिकतर समकालीन उपन्यासों में वर्णनात्मक रूप ही अधिक मिलता है। साहित्य द्वारा सामाजिक चेतना में शीघ्र परिवर्तन की प्रबल कामना तथा प्रबुद्ध वर्ग और जनता के मध्य अन्तर को दूर करने के लिए, साहित्यिक मूल्यों की अधिक चिन्ता नहीं की गई। फलतः साहित्य की अति राजनैतिकता के कारण सृजन, प्रचार के स्तर तक उतर आया और वह साहित्यिक पत्रकारिता का पर्याय बनता गया। भारतवर्ष में भी, इसी कारण मार्क्सवाद का अश्लीलीकरण (वल्गराइजेशन) हुआ है। अब नवीन अनुसंधानों से यह ज्ञात हुआ है कि लेनिन का 1905 ई. का प्रसिद्ध लेख उच्च कोटि के ललित साहित्य के विषय में नहीं लिखा गया था अपितु उसका उद्देश्य तात्कालिक विद्रोह चेतना को शीघ्र जाग्रत करना था। प्रचारात्मक साहित्य राजनैतिक ही था। क्रुप्सकाया के स्पष्टीकरण के पश्चात् मार्क्सवाद पर प्रचारवाद का आरोप नहीं लग सकता।[9] प्रचारवाद के दोषी, मार्क्सवादी राजनीतिज्ञ और व्याख्यांकार हैं।

स्वयं मार्क्स के विचार साहित्य, सौन्दर्य और शैली आदि के सम्बन्ध में, द्वन्द्वात्मक भौतिकवादी होने पर भी, संकीर्णता से रहित हैं। मार्क्स जानते थे कि साहित्य और कला, बहुत सामान्य अर्थों में ही, आर्थिक जीवन के प्रतिबिम्ब होते हैं। साहित्य अनेक मानवीय

स्तरों का स्पर्श करता है, अनेक प्रतिक्रियाएँ जाग्रत करता हैं अतः किसी भी प्रतिमान को यान्त्रिक ढंग से प्रयुक्त कर, मूल्यांकन करना अवांछनीय है। क्रांतिकारी जीवन दर्शन में विश्वास के कारण, मार्क्स-एंगिल्स, साहित्य को अधिकाधिक यथार्थपरक बनाना चाहते थे ताकि साहित्य में समाज की असंगतियों, वर्ग-स्थितियों, शोषण, अन्याय आदि के चित्रण से, पाठकों, में सामाजिक चेतना उत्पन्न हो किन्तु साहित्य को मार्क्स-एंगिल उच्चतर कोटि की ललित सृष्टि ही समझने थे।

मार्क्स की दार्शनिक रुक्षता की पृष्ठभूमि में कवि हृदय था, जिसके कारण वह मानव दुःख का गम्भीरता से अनुभव कर सके थे। मानव करुणा के कारण ही वह दुःख के निदान और उपाय की ओर उन्मुख हुए थे। इसके अतिरिक्त मार्क्स सौन्दर्य और प्रेम से अत्यधिक प्रभावित थे। उन्होंने तारुण्य अवस्था में अपनी प्रियतमा और पत्नी जैनी फान वेस्टफॉन को सम्बोधित करके प्रेम कविताएँ लिखी थीं। इन कविताओं की आलोचना मार्क्स ने स्वयं प्रस्तुत की है, जिसमें स्वाभाविकता के अभाव, उड्डयनशीलता अस्ति (है) और भवति (जो होगा) में विरोध तथा चौरस और आकृतिहीन कल्पना—इतने दोषों की गणना की गई है।[10]

सौन्दर्य-बोध के विकास के विषय में मार्क्स सैद्धान्तिक स्वर अपनाते हैं। उनके अनुसार कला-सृजन द्वारा मानव के (किसी वर्ग विशेष के नहीं) इन्द्रिय-बोध का विकास होता है। विकसित मानव के श्रवण, संगीत का तथा नेत्र रूप-सौन्दर्य का आनन्द ले सकते हैं। ये ऐन्द्रिय शक्तियाँ मूलतः मानवीय शक्तियाँ हैं। मार्क्स के अनुसार पंचतन्मात्राएँ (शब्द, स्पर्श, रूप, रस, गन्ध) ऐतिहासिक प्राकृतिक विकास के फलस्वरूप प्राप्त हुई हैं। इन मानवीय शक्तियाँ की समृद्धि में सबसे बड़ी बाधा व्यावहारिक आवश्यताएँ हैं, जिन्हें पूरा करने के लिए मनुष्य को सौन्दर्य-बोध के विकास का अवसर नहीं मिलता। भूखे व्यक्ति के लिए भोजन, केवल खाद्य-पदार्थ होता है, वह उसमें सौन्दर्य नहीं खोज सकता। एक चिन्तित दरिद्र व्यक्ति श्रेष्ठ नाटक में रुचि नहीं ले सकता। इसी प्रकार एक व्यापारी धातुओं में केवल बाजारू कीमत देखता है, वह धातुओं की मौलिकता और सौन्दर्य की ओर ध्यान नहीं दे पाता।[11]

इस प्रकार सौन्दर्य-बोध वृद्धि द्वारा, मानव मात्र के जीवन को अधिक मानवीय बनाने के लिए भी, सामाजिक क्रान्ति की आवश्यकता पर मार्क्स ज़ोर देते हैं। आर्थिक शोषण की समाप्ति तथा इच्छानुसार साधनों के वितरण से, एक ऐसी सामाजिक संरचना करनी होगी, जिसमें प्रत्येक मनुष्य अपने सौन्दर्य-बोध को बढ़ा सकेगा और इस प्रकार मानव-जीवन को सार्थक बना सकेगा।

इसी प्रकार सौन्दर्य-बोध को मार्क्स, मानव जीवन और पशु जीवन का भेदक आधार मानते हैं। मनुष्य की यह विशेषता है कि वह अपनी जाति का एक सदस्य होता है। वह दूसरों के साथ भी वही व्यवहार करता है जो वह अपने प्रति चाहता है। पशु भी सृष्टि करते हैं पर उनका उद्देश्य अपने और अपने परिवार तक ही सीमित होता है जब कि मनुष्य सार्वभौमिक स्तर पर सृष्टि करता है। पशु-पक्षी तुरन्त आवश्यकताओं की पूर्ति के

लिए उत्पादन करते हैं किन्तु मनुष्य सृजन, वस्तुतः तभी होता है जब वह आवश्यकताओं और अभावों को दूर कर लेता है। मनुष्य सम्पूर्ण प्रकृति की पुनर्सृष्टि करता है और पशु-पक्षिओं के विपरीत मानव, सौन्दर्य के नियमों के अनुकूल सृष्टि करता है।[12]

इन वक्तव्यों से तो प्रतीत होता है कि क्रान्ति का प्रयोजन मानव की रचनात्मक शक्तियों उन्मीलन ही हैं। मार्क्स इस दृष्टि से सौन्दर्य-बोध के मनोराज्य के प्रवक्ता भी कहे जा सकते हैं।[13] यहाँ द्रष्टव्य यह है कि मार्क्स रूप या सौन्दर्य के नियमों के पक्षधर हैं। शेक्सपियर के प्रति मार्क्स की अद्भुत अनुरक्ति के कारणों में शेक्सपियर द्वारा सौन्दर्य चित्रण भी एक कारण था। यों शेक्सपियर तात्कालिक भौतिक जीवन का भी कलात्मक प्रतिबिम्ब प्रस्तुत करता है किन्तु उसका सजीव चरित्र-चित्रण और सार्वजनिक मर्मस्पर्शिता भी मार्क्स को प्रिय थी।

मार्क्स रूप को लेखक की सम्पत्ति कहते हैं, उसे आंतरिक व्यक्तित्व बतलाते हैं और शैली को मनुष्य कह कर, कला पक्ष का अभिनन्दन करते हैं।[14] इसी सन्दर्भ में मार्क्स पूँजीवादी शासन के प्रतिबन्धों की निन्दा करते हैं, जिनके कारण प्रत्येक व्यक्ति अपने व्यक्तित्व के अनुरूप नहीं लिख पाता। मार्क्स यदि आज जीवित होते तो समाजवादी देशों, में लेखकों, कलाकारों पर लगाए गए बंधनों का विरोध करते। यह इतिहास का व्यंग्य है कि मार्क्सवादी राजनीति, सृजन के क्षेत्र में भी, शासकीय नीतियों का कठोर प्रयोग करते हैं। साम्यवादी सरकारों का यह दोष कार्य नीतिगत है।

"कानून मुक्त लिखने की आज्ञा देता है लेकिन इस शर्त्त पर कि मैं अपनी शैली में न लिखूँ...शासन द्वारा स्वीकृत शैली में लिखूँ...शासन द्वारा स्वीकृत अभिव्यक्ति का अर्थ है दुर्दशा होने पर भी, मुँह पर शिकन न आए...आप आनन्ददायक वैविध्य को प्यार करते हैं। प्रकृति में अक्षय वैविध्य होता हैं। आप नहीं चाहते कि गुलाब में नीलपुष्प (बनफ्शा) की सुगंधि हो किन्तु मानव चेतना प्रकृति से भी अधिक समृद्ध होती है अतएव मानवात्मा को किसी एक ही रूप या शैली में व्यक्त होने को क्यों विवश किया जाए?"[15]

मार्क्स मानव व्यक्तित्व को सूर्य की उपमा देते हैं, जिसमें विकास की अनन्त सम्भावनाए हैं। सूर्य हिम बिन्दुओं में प्रतिबिम्बित होकर अपरिमित रंग उत्पन्न करता है।[16] सूर्य के समान मानवात्मा को शासकीय शैली में ही अभिव्यक्त होने के लिए लाचार करना अन्याय है।

लेखकीय स्वतन्त्रता, विविधता-प्रियता एवम् तत्व के साथ रूप का महत्व स्वीकृति के ये प्रमाण हैं।

मार्क्स के अनुसार, सृजन क्षमताओं के पूर्ण विकास में सबसे बड़ी बाधा, व्यक्तिगत सम्पत्ति है। व्यक्तिगत सम्पत्ति ने मनुष्य को एकांगी बना दिया है। मनुष्य उसी वस्तु को अपनी वस्तु मानता है, जिस पर उसका स्वामित्व हो। परिणामतः, मनुष्य की ऐन्द्रिय सत्ता में अलगाव उत्पन्न हो जाता है। मानव के ऐन्द्रिय विकास के स्थान पर स्वामित्व का भाव प्रबल हो गया है। अतएव, व्यक्तिगत सम्पत्ति के विनाश से ही, मानवीय ऐन्द्रिय जगत् को

स्वतन्त्र किया जा सकता है।[17]

सामाजिक दर्शन और सौन्दर्य सिद्धान्त की एकता यहाँ पुनः स्थापित की गई है। मार्क्स अल्प सम्पत्तिशाली, लेखकों की संकीर्णता का विरोध करते हुए कहते हैं कि यह वर्ग, व्यक्तिगत सम्पत्ति के विनाश से घबराता है क्योंकि उसे अपनी अल्प सम्पत्ति का भय रहता है।[18] परिणामतः उसकी चेतना, मानव के सम्पूर्ण स्वातंत्र्य और पूर्ण विकास की पक्षधर नहीं हो पाती। इस प्रकार तत्व की दृष्टि से, क्रान्तिकारी चेतना ही, इस प्रकार की रचनाओं को जन्म दे सकती है जो समाज को क्रान्ति की ओर उन्मुख करके, व्यक्तिगत सम्पत्ति के समाजीकरण के लिए उसे प्रेरित करेगी और इस प्रकार, सृजन-स्वातंत्र्य की उपलब्धि हो सकेगी।

मार्क्स, साहित्य और कला को, समाज की ऊपरी मंजिल ही मानते हैं किन्तु साहित्य और समाज के विकास को यांत्रिक ढंग से नहीं देखते। पिछड़े समाज में कभी उच्च कोटि का साहित्य उत्पन्न हो सकता है और उन्नत उत्पादन व्यवस्था में निम्न कोटि का सृजन सम्भव हो सकता है। उदाहरणतः ग्रीक समाज तकनीक की दृष्टि से आदिम समाज था किन्तु उसमें एस्काइलस, अरिस्टोफीन्स, सोफ़ोक्लीज जैसे नाटककार और होमर जैसे महाकवि उत्पन्न हुए जो आज तक अन्यतम लेखक माने जाते हैं। मार्क्स ने ग्रीक साहित्य के शाश्वत सौन्दर्य की बार-बार प्रशंसा की है।

लेकिन मार्क्स ग्रीक समाज को, सभ्यता का शैशव काल मान कर, उसके साहित्य की शिशुता को आकर्षक बताते हैं किन्तु यह स्पष्टतः आंशिक सत्य है।[19] ग्रीक साहित्य शिशुता के कारण नहीं, मानवीय सार्थकता के कारण प्रिय लगता है। फिर भी मार्क्स की दृष्टि का महत्व इस तथ्य में निहित है कि वह सामाजिक व्यवस्था और साहित्य में यांत्रिक समरूपता नहीं मानते।

शेक्सपियर के साहित्य में मार्क्स शिशुता न खोजकर, समग्र जीवन के यथार्थ-प्रतिबिम्बन-शक्ति की प्रशंसा करते हैं। फर्डीनेन्ड लाजेल के एक नाटक के विषय में मत व्यक्त करते हुए मार्क्स ने लिखा है कि पात्रों को सामयिक चेतना का प्रचारक न बना कर, उन्हें शेक्सपियर की तरह जीवंत और वास्तविक मनुष्यों के रूप में चित्रित करना चाहिए। इस सम्बन्ध में मार्क्स, शिलर की आलोचना करते हैं क्योंकि वह पात्रों को स्वगत कथनों में निमग्न कर देता है।[20]

इस प्रकार, मार्क्स के अनुसार साहित्य की श्रेष्ठता जीवंत यथार्थ के चित्रण पर निर्भर करती है। इस जीवंत यथार्थ में, किसी देश, काल की सामाजिक स्थितियों, वर्ग-संघर्ष आदि का ही सत्य चित्रित नहीं होता वरन् मानव भावनाओं और अपेक्षाकृत अधिक स्थायी प्रश्नों और समस्याओं की भी वर्णना होती है। इस तरह केवल भाव व्यंजना को ही साहित्य का सर्वस्व मानने वाले सिद्धान्त मार्क्स के मत की तुलना में, एकांगी सिद्धान्त ही प्रमाणित होते हैं। इससे यह भी स्पष्ट हो जाता है कि मार्क्सवाद किसी एक लेखक या एक रचना की श्रेष्ठता के निर्धारण में भी समर्थ है।

यह सत्य है कि मार्क्स बाल्जाक के यथार्थवाद को बहुत महत्व देते थे लेकिन सामाजिक असंगतियों के सच्चे वर्णनों के अतिरिक्त वह अन्य मानवीय स्तरों के चित्रण के भी प्रशंसक थे। एक पत्र में वह साधारण कवियों को भी बराबर प्रोत्साहित करने पर बल देते हैं। वे लिखते हैं—"कवि को जरा श्लाधा भी देनी चाहिए। सभी कवियों को इसकी ज़रूरत पड़ती है, तभी वह अपनी कृतियों को बढ़िया बना सकते है।"[21]

मार्क्स ने हेन, गेटे और शेक्सपियर की प्रायः सभी रचनाओं को कंठस्थ कर लिया था। इंग्लैंड के अठ्ठारहवीं शताब्दी के उपन्यासकारों, विशेष कर फील्डिंग (*टॉम जोन्स*) के वह सजग पाठक थे। साहसिक और हास्यपूर्ण कथाओं को भी मार्क्स रुचि से पढ़ते थे। इस प्रकार के साहित्य में उन्हें मानवीय साहस और रोचक प्रसंग पसन्द थे। यदि डॉन क्विगजो के उपन्यास, उनके लिए सामन्ती समाज के ह्रास का दर्पण था तो बाल्जाक का *ला कामेडी ह्यूमेन*, प्रतिनिधि चरित्रों के कारण, उन्हें आकर्षक लगता था। उन्हें लोकगीतों की भावुकता भी मानवीय सहृदयता के कारण पसन्द थी। साहित्य का उपयोग, मार्क्स के लिए, मनोरंजन भी था और उच्चतर कोटि की मानसिक तृप्ति भी।[22] साहित्य में चित्रित मानवीय सत्य के विविध रूपों के कारण मार्क्स सृजन-वैविध्य के समर्थक थे। शास्त्रकारों को करुण साहित्य से उत्पन्न आनन्द के स्वरूप के विषय में बहुत ऊहापोह करना पड़ा है किन्तु मार्क्स अपने मानव प्रेम के कारण इस गुत्थी को सहज ही सुलझा सके थे। उनका मत था कि मानवीय दुःख के चित्रण को, मानवीय दृष्टि से देखने पर, वह आनन्ददायक हो जाता है। वे लिखते हैं—"द एडोप्शन आफ ह्यूमन रियलिटी एण्ड इट्स एट्टीट्यूड टुवर्ड्स द आब्जैक्ट इन द मैनीफैस्टेशन आफ ह्यूमन रियलिटी, ह्यूमन एक्टीविटी, एण्ड ह्यूमन सफ़रिंग, फ़ार, सफ़रिग व्यूड ह्यूमनली, इज मैनस सेल्फ एन्ज्यौयमैण्ट।"[23]

फ्रान्ज मेहरिंग के अनुसार, मार्क्स साहित्यिक मूल्यांकनों में राजनैतिक और सामाजिक पूर्वाग्रहों से कभी ग्रस्त नहीं होते थे। वॉल्टर स्कॉट और शेक्सपियर के विषय में मार्क्स के मत, इस तथ्य के प्रमाण हैं किन्तु मार्क्स शुद्ध सौन्दर्यवाद के घोर विरोधी थे।[24] वह साहित्य में भौतिक जीवन के सच्चे चित्रण को विशेष महत्व देते थे, कला कला के लिए जैसे सिद्धान्तों को मार्क्स इसलिए पसन्द नहीं करते थे क्योंकि इनसे राजनैतिक गैरदिलचस्पी तथा दासता के भाव उत्पन्न होते हैं।[25]

इस प्रकार, द्वन्द्वात्मक भौतिकवाद के आधार पर, साहित्य को समाज के मूलाधार के समरूप सिद्ध करने तथा उसकी वर्गीय प्रकृति और भूमिका स्वीकार करके भी साहित्य में जीवंत यथार्थ के अन्य अनेक रूपों और भाव, संवेदनादि के चित्रण को, मार्क्स महत्व देते हैं। अतएव साहित्य का निकष, मार्क्स के अनुसार वास्तविक जीवन का यथार्थ बोध, मानवीय भावनाएँ, ऐन्द्रिय जगत् की समृद्धि तथा इन सबकी कलात्मक अभिव्यक्ति है। मार्क्स का आग्रह जीवन की सच्ची अभिव्यक्ति पर था, जिसमें सामाजिक यथार्थ भी सम्मिलित है। जीवनाग्रह के कारण वह, कला कला के लिए, जैसे एकांगी मतों के विरोधी थे। व्यक्तियों, घटनाओं, सामाजिक शक्तियों, प्राकृतिक दृश्यों आदि के वास्तविक अंकन को

मार्क्स, उच्च साहित्य की कसौटी मानते थे।[26]

एंगिल्स ने, मार्क्स की अपेक्षा, साहित्य पर अधिक व्यवस्थित रूप में विचार किया है। मार्क्स की तरह एंगिल्स भी साहित्य और कलाओं को वास्तविक जीवन का प्रतिबिम्बक मानते हैं। साहित्य के विकास में, सामाजिक विकास के अध्ययन को भी वह अनिवार्य सिद्ध करते हैं। कला की उत्पत्ति में, श्रम की भूमिका को एंगिल्स ने विस्तार से दिखाया है।[27] पूँजीवादी उत्पादन विधि को मार्क्स—एगिल्स कला और साहित्य के लिए घातक मानते हैं क्योंकि कल्पनात्मक सृजन भी, बिक्री की वस्तु बन जाता है।[28] साथ ही पूँजी के व्यापक विनियोग और उसके द्वारा तैयार की गई वस्तुओं की विश्व स्तर पर बिक्री के कारण, विश्व साहित्य की सभावना की और भी वे ध्यान आकर्षित करते हैं। एंगिल्स, मार्क्स के ही समान, साहित्य के सामाजिक और ऐतिहासिक मूल (रूट्स) और स्रोतों के अनुसंधान पर बल देते हैं।[29]

लेकिन साहित्यिक निकष के रूप में एंगिल्स भी मार्क्स के समान, जीवन के ईमानदार चित्रण को ही आधार बनाते हैं। जीवन की वास्तविक छवियों का अंकन, सृजनात्मक कल्पना के बिना सम्भव नहीं को सकता क्योंकि कला जीवन की यथावत् प्रतिलिपि नहीं होती, फिर भी कल्पना के कोरे चमत्कार साहित्य को इन्द्रजाल बना देते हैं। जीवन की पहचान, मानव प्रेम और सृजनात्मक कल्पना शक्ति आदि सभी आवश्यक शक्तियों से युक्त स्रष्टा ही जीवन के किसी एक पक्ष अथवा उसके समग्र रूप की पुनर्प्रस्तुति कर सकता है।

यही कारण है कि एंगिल्स ने तत्व के प्रति वास्तविक दृष्टिकोण और अभिव्यक्ति में अप्रत्यक्ष विधि अपनाने का समर्थन किया है—मागरेट हार्कनेस के *सिटी गर्ल* नामक उपन्यास के विषय में अपना मत प्रकट करते हुए एंगिल्स, लेखिका के सत्य के प्रति साहसिक दृष्टिकोण की प्रशंसा करते हैं। इसी सन्दर्भ में, वह प्रतिनिधि परिस्थितियों में प्रतिनिधि पात्रों के सिद्धान्त को प्रस्तुत करते हैं।[30] सोवियत रूस में, समाजवादी यथार्थवाद की धारणा को इसी उक्त सिद्धान्त से प्रेरणा मिली है। यह स्मरणीय है कि एंगिल्स उपन्यासों के यथार्थवाद की चर्चा यहाँ कर रहे हैं, जिनमें लेखक प्रतिनिधि परिस्थितियों का चयन कर सकता है और प्रतिनिधि पात्रों की रचना भी कर सकता है। किन्तु उपन्यासों में भी सामाजिक यथार्थ को व्यक्त करने के लिए कोई एक विधि पर्याप्त नहीं होती। लेखक चाहे तो जीवनीपरक, अनश्चेतनापरक या अन्य कोई विधि अपना सकता है लेकिन एंगिल्स, *सिटी गर्ल* जैसे एक वर्णनात्मक उपन्यास पर विचार कर रहे थे। इस प्रकार के उपन्यासों के लिए एंगिल्स का सुझाव उत्तम है किन्तु एंगिल्स ने यथार्थ को व्यक्त करने के अन्य अनेक उपायों पर विचार नहीं किया है।

यह तथ्य न समझ पाने के कारण समाजवादी यथार्थवाद के रूसी विकास में, साम्यवादी दल और शासन द्वारा प्रतिनिधि परिस्थिति और प्रतिनिधि पात्रों के नियम को अक्षरशः लागू किया गया। यथार्थ को व्यक्त करने की अन्य कलात्मक विधियों (अमूर्त

कला) अतियथार्थवाद आदि का बहिष्कार प्रारम्भ हो गया फलतः अनन्त वैविध्य की हानि हुई।

कथ्य और रूप के विषय में एंगिल्स का यह विचार बहुत सारगर्भित है कि कलाकृति में स्रष्टा के विचार आरोपित नहीं होने चाहिए। जीवन की वास्तविकता स्वतः कृति से झलकनी चाहिए। यहीं एंगिल्स कला और साहित्य में प्रयुक्त गोपनीयता की धारणा प्रस्तुत करते हैं— 'द मोर द आथरर्स व्यूज आर कन्सील्ड, द बैटर फॉर द वर्क ऑफ आर्ट। द रियलिज्म, आई एल्यूड टू, मे कीप आउट इविन इन स्पाइट ऑफ द आथर्स व्यूज।"[31]

आनन्दवर्धन इसी बात को यों कहते कि कला और साहित्य सत्य, रूप और भाव को ध्वनित करते हैं, घोषित नहीं करते। इसका मर्म यह है कि सृजन में सौन्दर्य, सूक्ष्मता, गोपनीयता, अप्रत्यक्षता अथवा ध्वनि से उत्पन्न होता है। जो छिपाना नहीं जानता, वह व्यक्त नहीं कर सकता, यह परस्पर विरोधी सा प्रतीत होने वाला सत्य कला को समझने का मूल मन्त्र है। यह कथन बहुत प्रसिद्ध हैं कि सौन्दर्य गुप्त और अर्ध-उद्घाटित होने पर ही उत्पन्न होता है।[32]

प्रतिनिधि परिस्थितियों के चयन का अर्थ भी यही है कि प्रतिनिधि के अंकन द्वारा सामान्य यथार्थ भी ध्वनित हो जाता है। इसी प्रकार प्रतिनिधि पात्रों द्वारा अप्रतिनिधि पात्रों का सत्य व्यंजित हो जाता है। पाठक की कल्पना रिक्त या अवशेष यथार्थ को मन ही मन अवतरित कर लेती है।

लेकिन एंगिल्स, इसी मर्म वाक्य से एक अन्य कला सत्य का भी प्रतिपादन करते हैं। साहित्य और कला में, एंगिल्स के अनुसार जीवन के चित्रण का महत्त्व कृतिकार के विचारों से अधिक है। उदाहरणतः बाल्ज़ाक राजनैतिक दृष्टि से शासक वर्ग का समर्थक था किन्तु अपने प्रिय वर्ग के चित्रण में उसने इतनी ईमानदारी और प्रगल्भता का परिचय दिया है कि बाल्ज़ाक, जोला से भी बड़ा लेखक प्रमाणित होता है।[33] *सिटी गर्ल* की लेखिका का दृष्टिकोण प्रगतिशील है लेकिन यथार्थ की जो पकड़ बाल्ज़ाक में है, वह मागरिट हार्कनेस में नहीं मिलती।

इसी तर्क विधि को अग्रसारित करने पर यह भी कहा जा सकता है कि प्राचीन लेखकों के विचार, सामाजिक सन्दर्भ से च्युत प्रतीत होने पर भी, तात्कालिक जीवन के गम्भीर प्रतिबिम्बन के कारण ही, प्राचीन साहित्य अमरता को प्राप्त कर सका है। इस प्रकार गोपनीयता या ध्वन्यात्मकता के अतिरिक्त जीवन और प्रकृति के कलात्मक प्रतिबिम्बन को साहित्य का निकष माना जा सकता है।

इस सन्दर्भ में यह स्मरणीय है कि एंगिल्स लेखक के विचारों का महत्व भी प्रकारान्तर से स्वीकार कर लेते हैं। बाल्जाक या तोलस्तोय के विचार भी यदि प्रगतिशील होते तो उनकी कला का प्रभाव और अधिक बढ़ जाता, यह तथ्य भी वस्तुतः उक्त सिद्धान्त में निहित है। इसके अतिरिक्त कहीं-कहीं, विचारों की सच्चाई और उनकी ऊष्मा से, कला पक्ष कुछ दुर्बल होने पर भी रचना सशक्त हो जाती है। सरहपा और कबीर में यही प्रवृत्ति दिखाई पड़ती है। *ब्रेव न्यू वर्ल्ड* में आल्डुअस हक्सले की चिंतन शक्ति ही आधुनिक तकनीकी

सभ्यता की संक्रान्ति को प्रभावशाली विधि पर प्रस्तुत कर सकी है। गोर्की के *माँ* शीर्षक उपन्यास में दिशा निर्देशक तत्व गोर्की के विचार हैं, जिनके आधार पर चरित्रों का चयन किया गया है। इसके विपरीत सोवियत रूस के पंचवर्षीय योजनाकालीन साहित्य में विचार सही हैं, कला कमजोर है। उधर मायकोवस्की की रचनाओं में विचार और प्रयोगात्मकता दोनों का आकर्षक समन्वय है।

अतएव एंगिल्स के सूत्र को भी, यान्त्रिकता के साथ नहीं अपनाया जा सकता। कथ्य और रूप का द्वन्द्व और संगति एक जटिल प्रक्रिया होती है, उसके विश्लेषण में, सभी तथ्यों और उनके आन्तरिक सम्बन्धों को ध्यान में रख कर उक्त सूत्र का प्रयोग किया जा सकता है।

एंगिल्स का तृतीय सिद्धान्त पक्षघर साहित्य के विषय में प्रतिपादित हुआ है। वह किसी विशेष धर्म, मत, दर्शन या सम्प्रदाय के प्रति निष्ठा को कला सृजन का विरोधी तत्व नहीं मानते।[34] उनके अनुसार त्रासदी के जनक एस्काईलस तथा हास्य प्रधान रूपकों के प्रवर्त्तक अस्टिकोफींस पक्षघर लेखक थे। दांते, सर्वेन्टीज, शिलर (क्राफ्ट एण्ड लव्ज) में भी पर्याप्त पक्षधरता प्राप्त होती है। चर्निशेविस्की, तुर्गनेव, गोगोल आदि तत्कालीन लेखकों में भी एंगिल्स ने पक्षधरता के प्रमाण पाए थे किन्तु उनका मत है कि पक्षधरता चित्रित परिस्थितियों, घटनाओं आदि से स्वतः उदित होनी चाहिए, उसे आरोपित नहीं करना चाहिए।

एंगिल्स सर्वहारा-समर्थक लेखकों को पक्षधर साहित्य लिखने के लिए प्रेरित करते हैं।[35] बूर्ज्वा-समाज में, क्रांति-चेतना से युक्त साहित्य से जड़ता टूटती है लेकिन लेखक के पक्षपात कलात्मक रूप में व्यक्त होने चाहिए अन्यथा कथ्य और रूप की असंगति के कारण ऐसा साहित्य मात्र प्रचारात्मक होकर रह जाता है।

संक्षेप में जीवन-वास्तव के कलात्मक प्रतिबिम्बन का नाम ही कला और साहित्य है और कथ्य और रूप की एकता ही उसकी श्रेष्ठता का प्रतिमान है। एंगिल्स इसे तत्व और रूप का सघट्ट कहते हैं।[36]

श्री एस. सी. सेन गुप्त एंगिल्स के उक्त साहित्य प्रतिमान में अन्तर्विरोध देखते हैं। उनके अनुसार एंगिल्स, मीना कौत्स्की के उपन्यासों के विषय में लिखते समय तो प्रतिनिधि परिस्थितियों में प्रतिनिधि चरित्रों की धारणा प्रस्तुत करते हैं तो लैजेल को लिखे गए पत्र में वह पात्रों के चरित्र चित्रण में, वैयक्तिकता को उभारने का समर्थन करते है।[37] श्री सेन गुप्त के अनुसार यहाँ एंगिल्स में द्वन्द्वात्मक भौतिकवाद और साहित्य-सिद्धान्त 'वदतोव्याघात' दोष है क्योंकि एक ओर तो मार्क्स-एंगिल्स साहित्य को सामाजिक चेतना का प्रतिबिम्ब कहते हैं, जिसे प्रतिनिधि पात्रों द्वारा प्रस्तुत किया जाता है तो दूसरी ओर वे सृजनात्मक कल्पना द्वारा, पात्रों की वैयक्तिकता के उद्घाटन का भी समर्थन करते हैं। वे शेक्सपियर की सजीवता की भी प्रशंसा करते हैं किन्तु सृजनात्मक कल्पना को मात्र सामाजिक-आर्थिक शक्तियों का प्रतिबिम्ब नहीं माना जा सकता।[38]

एंगिल्स पात्रों और परिस्थितियों की प्रतिनिधि और व्यक्तिगत विशेषताओं के

समन्वय पर बल देते हैं जो सृजनात्मक कल्पना द्वारा ही सम्भव है। किसी प्रतिनिधि पात्र (टिपीकल करेक्टर) में वर्गीय विशेषताएँ ही नहीं होतीं, श्रेष्ठ लेखक उसमें व्यक्तिगत विलक्षणताओं का भी समावेश करते हैं, तभी वे वास्तविक जीवन के वास्तविक मनुष्यों का प्रतिबिम्ब प्रस्तुत कर सकते हैं। अतएव प्रतिनिधि और व्यक्तिगत तत्वों की द्वन्द्वात्मक एकता की धारणा में 'वदतोव्याघात' दोष नहीं है।

सृजनात्मक कल्पना में, सामाजिक-आर्थिक शक्तियों का यान्त्रिक प्रतिबिम्ब प्रस्तुत नहीं होता। लेखक की कल्पना किसी देश-काल की स्थितियों को यथावत् ही प्रस्तुत नहीं कर सकती, उन्हें नवीन रूपों में भी प्रस्तुत कर सकती है किन्तु श्री सेन गुप्त यह भूल जाते हैं कि शेक्सपियर जैसे महान कवि की सृजनात्मक कल्पना भी, अपने देश-काल के वृत्त में ही घूमती है। वह अपने युग से रंजित दिखाई पड़ती हैं। इसका प्रमाण यह है कि शेक्सपियर की रचनाएँ पुनर्जागरण काल में ही जन्म ले सकती थीं। बीसवी शताब्दी में शेक्सपियर की सृजनात्मक कल्पना निश्चय ही भिन्न, पात्रों, परिस्थितियों और समस्याओं का चित्रण करती है। अतएव मौलिकता या स्वच्छन्दता तथा युगीन प्रभावः दोनों तत्व एक साथ ही किसी रचना में मिलते हैं। सर्जनात्मक कल्पना देश-काल-निरपेक्ष नहीं होती। सृजनात्मक कल्पना की युग सापेक्षता एक वास्तविक स्थिति है– श्री सेन गुप्त ने इस तथ्य की उपेक्षा की है।

युग विशेष से प्रभावित होने पर भी, सृजनात्मक कल्पना के प्रयोग के लिए पर्याप्त अवकाश मिल सकता है। महान प्रतिभाशाली लेखकों की कल्पना, बुद्धि का अन्य-अनुसरण नहीं करती, वह तो साहसिक उछाल के रूप में व्यक्त होती है।[39] कल्पना के इस साहसिक उत्प्लवन से यह सिद्ध नहीं होता कि कल्पना देशकालातीत हो सकती है। युग विशेष के ज्ञान, मूल्य, विगत स्मृतियों, समस्याओं आदि के वृत्त की भीतर ही, सृजनात्मक कल्पना, साहसिक उछालें भरती है। इसीलिए व्यास, बाल्मीकि, होमर, बर्जिल और शेक्सपियर में कल्पनात्मक उछालें, अपने युगों से अनुरंजित दिखाई पड़ती है।

श्री सेन गुप्त का यह कथन सत्य है कि एंगिल्स तत्व पर अधिक बल देते हैं। यह भी सत्य है कि सृजनात्मक कल्पना की यत्र-तत्र चर्चा करके और उसके योगदान को स्वीकार करके भी, मार्क्स-एंगिल्स उस पर विस्तार से विचार नहीं करते।

सोवियत रूस के साहित्य-सिद्धान्त–द्वन्द्वात्मक भौतिकवादी आलोचनात्मक चिन्तन में जी. प्लेखानोव का नाम उल्लेखनीय है। प्लेखानोव ने अधिकांशतः साहित्य और कला के विवेचन में, समांजशास्त्रीय विधि का ही प्रयोग किया है। मार्क्सवादी समाजशास्त्री विधि में, साहित्य और कला के सामाजिक आधार का विश्लेषण अधिक होता है और उस इस क्षेत्र से प्लेखानोव का कार्य सर्वाधिक महत्व का है।

प्लेखानोव कला, साहित्य के सामाजिक के मूल स्रोतों के अनुसन्धान के साथ इनकी प्रकृति के विषय में भी चिन्तन प्रस्तुत करते हैं। उनके अनुसार सौन्दर्यशास्त्रीय सिद्धान्तों

की रचना और अध्ययन, ऐतिहासिक भौतिकवाद के आधार पर ही होना चाहिए क्योंकि इस विधि से विवेचन अन्तर्मुखी न होकर, वस्तुगत हो सकता हैं।[40]

प्लेखानोव के मत से, साहित्य में केवल भावाभिव्यक्ति नहीं होती वरन् उसमें विचारों को भी व्यक्त किया जाता है। तोलस्तोय साहित्य को मात्र भावनाओं का विषय मानते हैं, वह एकांगी विचारक कहते हैं। यह अवश्य है कि साहित्य में भाव और विचार अमूर्त्त रूप में नहीं, मूर्त्त रूप में व्यक्त होते हैं और साहित्य में भाव, विचार आदि की बिम्बात्मक अभिव्यक्ति ही उसे असाहित्य से पृथक करती है।[41]

उक्त मतानुसार कलाकार में भाव और विचार, परिवेशगत वास्तविकता के कारण उत्पन्न होते हैं, इसलिए साहित्य तथा कलाओं के अध्ययन में, परिवेश को पृथक नहीं किया जा सकता। मानवीय चेतना, भौतिक जीवन को प्रतिबिम्बन करती है अतएव साहित्यिक अनुशीलन में भौतिक जीवन और साहित्यिक चेतना के द्वन्द्व और संगति पर बराबर ध्यान रखना होगा। इस सन्दर्भ में, प्लेखानोव ने सौन्दर्य-बोध की ऐतिहासिक विवेचना की है। डार्विन का उदाहरण देकर वह इस तथ्य को प्रमाणित करते हैं कि पशु-पक्षियों में भी सौन्दर्य बोध होता है[42] किन्तु यह पशु-पक्षिओं की सौंदर्य भावना प्रकृति प्रदत्त अथवा जैवी स्तर की ही होती है जो स्वयं विकास की ही परिगति है किन्तु मानवीय सौन्दर्यबोध के प्रेरक कारण जटिल विचार होते हैं।[43]

इसका तात्पर्य यह है कि मानव-सौन्दर्य-भावना का आधार मात्र शैवी (बॉयलोजीकल) नहीं हैं, वरन् सामाजिक भी हैं क्योंकि जटिल विचार सामाजिक विकास की अवधि में ही उत्पन्न हो सकते हैं। इसीलिए सौन्दर्यबोध के स्वरूप को समझने के लिए ऐतिहासिक-सामाजिक विधि ही युक्तिसंगत प्रतीत होती हैं।

प्लेखानोव ने आदिम कबीलों के जीवन से अनेक प्रमाण देकर, सौन्दर्यबोध के प्रसिद्ध नियम, विरोध या भिन्नता (कन्ट्रास्ट) की व्याख्या में, सामाजिक आर्थिक कारणों की खोज की है। उदाहरणतः नीग्रो स्त्रियाँ बोझिल गहने पहनती हैं जो दास प्रथा का स्मरण दिलाते हैं। भारी आभूषण, अधिक समृद्धि के प्रतीक होते हैं। अतः वे धारणकर्ता को सुन्दर लगने लगते हैं और सम्पत्ति-बोध के कारण ही, अन्य व्यक्तियों को सुन्दर प्रतीत होने लगते हैं। दूसरों से भिन्नता दिखाने के लिए ही भारी आभूषण पहने जाते हैं। अतएव भिन्नता के इस सौन्दर्य नियम की पृष्ठ-भूमि में सम्पत्ति का भाव छिपा रहता है। उधर, साम्यवादी समाजों में निजी सम्पत्ति के प्रति प्रशंसा का भाव न रहने से, भारी आभूषण कुरूपण का भाव उत्पत्र कर सकते हैं।

इसी तरह नैतिकता (शिवत्व) के भाव भी, सामाजिक सम्बन्धों के कारण उत्पन्न होते हैं। इंग्लैड में भूस्वामी, पूँजीपतियों की नैतिकता, (श्रमशीलता, धैर्य, गम्भीरता, एकपत्नीव्रत आदि) के विरुद्ध विलासिता, अपव्यय, प्रदर्शन, गर्व, वीरता, हिंसा आदि को अधिक नैतिक मानते थे क्योंकि वर्ग के स्तर पर भूस्वामी अपने को बूर्ज्वा वर्ग से भिन्न दिखाना चाहते थे।

प्रकृति के विषय में बदलते हुए सौन्दर्यबोध का कारण सामाजिक वास्तविकता है। सत्तरहवीं शताब्दी में कुछ बर्बरता, भूख, दीर्घयात्रा आदि के कारण लोग पर्वतों को कुरुष समझते थे जब कि रोमांटिक काव्य में प्रकृति के सौन्दर्य की स्तुति की गई हैं।

चर्निशेविस्की ने अपने एक प्रसिद्ध निबन्ध में सौन्दर्य-बोध के कारणों में जीवनप्रियता को मुख्य बताया हैं। पौधों में हम ताजगी और रंगों-रूपों को पसन्द करते हैं। एक सूखा पेड़ अप्रिय लगता है क्योंकि वह जीवन रहित होता है।[44] इस प्रकार सुन्दर वस्तुओं में हम जीवन की झलक देखकर प्रसन्न होते हैं।

आदिम समाजों में उत्पादन के साधनों और सौन्दर्य-बोध में प्रत्यक्ष सम्बन्ध रहता है किन्तु विकसित समाजों में, सौन्दर्य-बोध का उत्पादन के साधनों से सम्बन्ध अप्रत्यक्ष होता जाता है। इसीलिए सभ्य समाजों में कुछ व्यक्तियों को यह प्रतीत होता है कि सौन्दर्य-बोध, समाज निरपेक्ष अथवा परम स्वतन्त्र बोध है जो मानव स्वभाव की विशिष्टता है।

सौन्दर्य-बोध के द्वितीय नियम समानुरूपता या सावयवता का कारण भी भौतिक जीवन है। मनुष्य शरीर सावयवता का एक सुन्दर उदाहरण है। जिस शरीर में अवयवों का अनुपात उपयुक्त होता है वह शरीर अपने कार्य को उतनी ही अधिक कुशलता से कर सकता है। विकलांग शरीर को तुलना और उपयोगिता दोनों दृष्टियों से असुन्दर माना जाने लगता है। कृतियों में भी कथावस्तु, संवाद, चरित्र-चित्रण, वर्णन आदि तत्वों की समानुरूपता की मांग भी इन्हीं भौतिक कारणों से होती है। इस प्रकार सौन्दर्य-बोध और समाज के मूल आधार तथा सामाजिक सम्बन्धों में वास्तविक सम्बन्ध होता है।

किसी जन-समूह की मानसिकता से उनकी कला का स्वरूप निश्चित होता है। यह मानसिकता, उस जन-समूह की वास्तविक स्थितियों से उत्पन्न होती है और ये स्थितियाँ अपनी अन्तिम व्याख्या में, उत्पादन के साधनों और सम्बन्धों से नियमित होती हैं।[45]

प्लेखानोव के उक्त सिद्धान्त के अनुसार साहित्य और कला कृतियों के अध्ययन में कृति और परिवेश के सम्बन्ध को आधार बना कर ही वस्तुगत विवेचना हो सकती है। आदर्शवादी और मात्र मनोवैज्ञानिक सिद्धान्त उक्त ऐतिहासिक-सामाजिक विधि की उपेक्षा करके अवैज्ञानिक सौन्दर्य शास्त्रों की सृष्टि करते हैं।

कलात्मक आनन्द या सौन्दर्यजन्य अनुभव के विषय में अधिदार्शनिक व्याख्याओं को प्लेखानोव अयुक्ति संगत सिद्ध करते हैं। मसलन् कांट के अनुसार सुन्दर उसे कहते हैं जो किसी उपयोगिता या लाभ के भाव के बिना ही हमें प्रसन्न करता है। भारतीय शास्त्रकारों ने, विशेष कर, अभिनव गुप्त ने कलात्मक आनन्द को शुद्ध आत्मिक आनन्द के समकक्ष माना है। वह लाभ-हानि के प्रयोजन से भिन्न होता है लेकिन प्लेखानोव ने कलात्मक तृप्ति की पृष्ठिभूमि मे भी उपयोगिता के भाव की सत्ता स्वीकार की है।

व्यक्ति पूर्ण तटस्थता के साथ उस (सुन्दर) वस्तु (या कृति) का आनन्द ले सकता है जो समाज के लिए हितकर हो। मनुष्य नैतिक कार्य, बिना लाभ हानि का विचार किए करता है किन्तु उसका यह अर्थ नहीं होता कि नैतिकता से समाज का हित नहीं होता।

वस्तुतः व्यक्ति का आत्म त्याग, सामाजिक हित की मात्रा के अनुसार ही सार्थकता प्राप्त करता है, इसीलिए कांट की सौन्दर्य-परिभाषा अशुद्ध है।

प्लेखानोव के अनुसार कला कृति, बिम्ब, स्वर, रंग आदि के माध्यमों से हमारे अन्तर्मन्थनात्मक आयाम को प्रभावित करती है, तार्किक पक्ष को नहीं, इसीलिए उस कलाकृति से हमें आनन्द नहीं मिलता जो सामाजिक या व्यक्तिगत लाभ हानि के भाव के अतिरिक्त अन्य कोई संवेदन जाग्रत नहीं करती। श्रेष्ठ कलाकृति बिम्बों के द्वारा हमें कलात्मक तृप्ति देती हैं। अतः हम समझते हैं कि आनन्द का कारण बिम्ब है, जब कि वास्तकिता यह है कि आनन्द का कारण वे विचार हैं जो कलाकृति के कुशल प्रयोगों से जाग्रत होते हैं।[47]

इस प्रकार प्लेखानोव कला सृजन और तज्जन्य तृप्ति का मूल कारण सामूहिक हित चिन्तन से सम्बन्धित विचारों या दृष्टियों को मानते हैं किन्तु कला कृति के भोग के समय भोक्ता इन की तार्किक मीमांसा नहीं करता।

प्लेखानोव कलाकृति को उसकी विकास श्रृंखला में रखकर ही देखने के पक्षपाती हैं। वह ऐतिहासिक-समाजशास्त्रीय विधि का प्रयोग, सिद्धान्तों के अध्ययन के क्षेत्र में भी करते हैं। उदाहरणतः कला कला के लिए सिद्धान्त का परीक्षण उक्त विधि पर करके वह यह सामान्य परिणाम निकालते हैं। किसी देश और काल विशेष के कलाकार आन्दोलन और संघर्ष से पलायन करते हैं और कभी वे युयुत्सु हो उठते हैं, तो इसका यह अर्थ है कि विशिष्ट सामाजिक स्थितियों में विशिष्ट मनोवृत्तियों का जन्म होता है। अतएव सिद्धान्तों और मनोवृत्तियों के प्रेरक तत्वों के लिए, तात्कालिक मूर्त्त भौतिक स्थितियों का अध्ययन करना चाहिए।[48]

प्लेखानोव की समाजशास्त्रीय विधि का ही प्रयोग लेनिन, स्तालिन आदि लेखकों ने किया है। लेनिन के सम्मुख जन-क्रांति के लिए जन-चेतना को उत्तेजित करने का प्रश्न था अतएव लेनिन ने साहित्य का सम्बन्ध बोल्शेविक दल के साथ स्थापित किया। वे लिखते हैं—"साहित्य को व्यक्तियों ओर लघु समूहों की चेतना को समृद्ध करने तक ही सीमित नहीं किया जा सकता। वस्तुतः साहित्य ऐसा वैयक्तिक कार्य नहीं है, जिसमें सर्वहारा के लक्ष्यों की उपेक्षा हो। अपक्षधर लेखक मुर्दाबाद! साहित्यिक अतिमानव मुर्दाबाद! साहित्य को सर्वहारा के सामान्य लक्ष्यों की पूर्ति का साधन बनना चहिए..... साहित्य रचना, विराट सामाजिक-जनतान्त्रिक दल के व्यवस्थित, सुनियोजित और सुसंगठित कार्यों का ही एक भाग होती है।[49]

साहित्य के सन्दर्भ में एक साधारण कार्यवादी (सिम्पिल फंक्शनिजिज्म) दृष्टि लेनिन इस लेख में अपनाते हैं। वह साहित्यिक विशेषताओं और इसके लिए लेखकों को स्वतन्त्रता देने के पक्ष में भी हैं लेनिन वह बूर्ज्वा व्यक्तिवाद का उग्र विरोध करते हैं' जो उस समय रूसी साहित्य में सशक्त था।[50] वह साम्यवादी दल द्वारा साहित्य पर अंकुश की धारणा भी प्रचारित करते हैं। उनके अनुसार, रूस में प्रत्येक लेखक को कुछ भी लिखने की स्वतन्त्रता

होगी।[51] लेनिन के अनुसार स्वेच्छया संगठित दलों को भी यह स्वतन्त्रता होगी कि वे उन लेखकों को बहिष्कृत कर दें जो दल के नाम पर, उसके विरोधी विचार व्यक्त करते हों।[52]

भविष्य में इस लेख के विचारों का, दल के प्रमुख नेता दुरुपयोग भी कर सकते हैं अथवा साहित्य और दल के विग्रह में क्या करना चाहिए, ऐसी अनेक उलझनों पर लेनिन ने विचार नहीं किया। परिणामतः लेनिन के पश्चात् साहित्य, दलीय अंकुश के कारण, उस वैविध्य की सृष्टि नहीं कर सका, जिसे मार्क्स, मानव विकास का उच्च ध्येय मानते थे।

साहित्यालोचकों के लिए लेनिन का लियो तोलस्तोय पर लिखा हुआ लेख महत्वपूर्ण है। इस लेख में, द्वन्द्वात्मक भौतिकवादी विश्लेषण पद्धति का एक प्रारूप (मॉडल) देखने को मिलता है। तोलस्तोय के विचार प्रतिक्रियावादी थे किन्तु रूसी जीवन के कलात्मक प्रतिबिम्बन की शक्ति तोलस्तोय में सर्वधिक मात्रा में दिखाई पड़ती है। अतः उनके साहित्य को लेनिन क्रान्ति का दर्पण कहते हैं। लेनिन इस तथ्य से परिचित थे कि बालजाक के सदृश्य कोई महान लेखक वैचारिक दृष्टि से पिछड़ा हो सकता है। अतएव किसी रचना की श्रेष्ठता का निर्णय, लेनिन के अनुसार, वास्तविकता का कलात्मक प्रतिबिम्बन ही है।

साहित्य के क्षेत्र में लेनिन के लेखों से यह तथ्य पुष्ट होता है कि विवेचक को, किसी कृति में, परस्पर विरोधी तत्वों और उनकी संगति खोजना चाहिए और यह कार्य एक तार्किक की तरह न होकर, भौतिक जीवन तथा कृति में उसके प्रतिबिम्बित रूपों के सन्दर्भ को आधार बनाकर होना चाहिए। इस विधि के प्रयोग का एक उदाहरण है—तोल्सतोय के विचारों में अन्तर्विरोध, व्यक्तिगत नहीं है अपितु वह परस्पर विरोधों से युक्त, जटिल, सामाजिक और ऐतिहासिक परम्पराओं, प्रभावों और परिस्थितियों के कारण है जिन्होंने रूस के अनेक वर्गों की मानसिकता को प्रभावित किया है... यही कारण है कि तोलस्तोय की समीक्षा के लिए वर्ग दृष्टि से विचार करना होगा।[53]

सोवियत गणतंत्र के प्रथम शिक्षा-अधिकारी लूनाचार्श्की ने, लेनिन के उक्त दृष्टिकोण को अधिक व्यवस्थित रूप में प्रस्तुत किया है। यह सत्य है कि कला और साहित्य, भौतिक जीवन का ही प्रतिबिम्बन है किन्तु कलाकृतियों के विवेचन में, प्रतिमानों की आवश्यकता पड़ती है अन्यथा सभी कलाकृतियों में वास्तविकता के प्रतिबिम्बन होने से, श्रेष्ठता के निर्णय का कोई आधार नहीं रह जाता।

लूनाचार्श्की, मार्क्सवादी आलोचना की, समाजशास्त्रीयता को उसकी अद्वितीय विशेषता मानते हैं।[54] लेकिन स्वयं एक साहित्यिक आलोचक होने के कारण वह आलोचना को औपचारिक समाजशास्त्र न बनाकर उसकी "मर्मतः शास्त्रीय" प्रकृति को ही स्वीकार करते हैं।[55] यह भेद बहुत महत्वपूर्ण है। अक्षरशः समाजशास्त्रीय आलोचना में मात्र मार्क्सवादी समाजशास्त्र के विवेचन-अस्त्रों का प्रयोग होगा। मर्मतः समाजशास्त्रीय विवेचना में, आलोचक समाज शास्त्रीय विधि के स्थान पर, विवेचनात्मक ही नहीं, आत्मगत् विधि भी अपना सकता है। फिर भी आलोचक रचनात्मक भ्रम के अन्तस् को बेध कर, भौतिक सत्यों की खोज करेगा। इसके लिए वह शास्त्रीय शब्दावली से बच सकता है।

साहित्य के इतिहास लेखन और कृति विशेष की आलोचना में भी उक्त भेद की स्थापना से सहायता मिल सकती है। साहित्य का इतिहास लेखक औपचारिक समाज शास्त्रीय विधि का अधिक मात्रा में प्रयोग कर सकता है, जबकि कृति विशेष की आलोचना में, मर्मतः समाज शास्त्रीय; संक्षिप्त में भी, रचना के व्यक्तित्व का विश्लेषण कर सकती है।

समाज शास्त्रीय विधि में, समाज के मूलाधार और उपरि आधार के द्वन्द्वात्मक सम्बन्ध को, निरन्तर दृष्टिगत रखना पड़ता है किन्तु लूनाचार्स्की इस बिन्दु पर भी यान्त्रिक चिन्तन का विरोध करते हैं। उनके अनुसार, कलात्मक कृतियों में उत्पादन के साधन और विवरण का स्वरूप प्रत्यक्षतः व्यक्त नहीं होता, वह वर्ग मनोवृत्ति के रूप में व्यक्त होता है किन्तु यहाँ भी मात्र एक वर्ग के प्रभाव तक ही सीमित न रह कर, अन्य वर्गों, समूहों, देशों, संस्थाओं आदि के प्रभावों का अनुसन्धान अनिवार्य है, अन्यथा यान्त्रिक आलोचना का जन्म होगा, जिसे कभी-कभी कुत्सित समाज शास्त्र भी कहा जाता हैं।

प्रभावों और आन्तरिक सूत्रों के उद्‌घाटन के पश्चात् कृति की कलात्मक उत्कृष्टता के निर्णय के लिए, कथ्य और रूप के सामंजस्य को देखना होगा। इसमें लूनाचार्स्की कथ्य या तत्व को ही अधिक महत्व देते हैं क्योंकि तत्व रूप विशेष में व्यक्त होने के लिए स्वतः प्रयत्न करता है।[56] प्रत्येक कथ्य का एक ही रूप होता है और यदि किसी कृति में उसका तत्व, उस विशिष्ट रूप को प्राप्त कर सका है, तो वह कृति उत्कृष्ट होगी।[57]

रूप की पहचान के लिए आलोचक में संवेदना, दीर्घ अध्ययन, अन्य कृतियों के रूपों के अनुशीलन आदि से उत्पन्न अर्न्तदृष्टि होनी चाहिए।[58] किसी भी वस्तुगत विधि से यह सिद्ध नहीं किया जा सकता कि रामचरित मानस में कथ्य को उसका मनचाहा रूप मिल गया है। इस कठिनाई को ध्यान में रख कर वह प्रतिमानों से अधिक प्रतिभा, अनुभव तथा अभ्यास को महत्व देते हैं–"किसी महान रचना में, अनेक पक्षों को तोलना पड़ता है और इस कार्य में किसी भी प्रतिमान या तापमापक यंत्र का प्रयोग जटिल प्रयत्न है। वहाँ सामाजिक संवेदना की आवश्यकता है, अन्यथा अशुद्धियाँ होगीं।"[59]

यद्यपि प्रतिमानों की सफलता प्रयोक्ता के सामर्थ्य पर निर्भर करती है लेकिन शुद्ध प्रतिमान से मूल्यांकन का मार्ग मिल जाता है। शुद्ध प्रतिमान से सत्य के निकटतम बिन्दु तक पहुँचने में भी सहायता मिल सकती है। लूनाचार्स्की शुद्ध प्रतिमान और प्रयोग-सामर्थ्य जैसे तत्वों को महत्व देते हैं। तत्व और रूप की संगति, उक्त दोनों उपकरणों के बिना साक्षात्कारित नहीं हो सकती।

सिद्धान्ततः तत्व और रूप को अविभाज्य मान कर भी व्यवहारतः विभाजन और अन्त में पुनः संयोजन की धारणा, लूनाचार्स्की के लेखों में विद्यमान है। तत्व को वह सामाजिक सत्व या मर्म कहते हैं, जिसका ज्ञान लेखक के विचारों, भावनाओं, मूल्यों, विश्वासों और भौतिक जीवन के अध्ययन से हो सकता है।[60]

लूनाचार्स्की के मतानुसार रूप केवल तत्व से ही नियमित-निर्धारित नहीं होता, वरन् अन्य तत्वों का भी रूप रचना में योग होता है। लेखक की मनः स्थितियों, विचार प्रक्रियाएँ,

किसी वर्ग-विशेष की वार्तालाप विधि, जीवन-शैली, सामान्य सांस्कृतिक विकास का स्तर, मित्रों का प्रभाव, विगत काल की जड़ता, नवीनता की इच्छा, इत्यदि तत्व रूप रचना में सहायक हो सकते हैं। प्रायः रूप प्रेरणा किसी कला सम्प्रदाय से भी मिल सकती है। कभी कभी किसी कृति में रूप, तत्व से मुक्त होकर एक वायवी सत्ता प्राप्त कर लेता हैं, ह्रास शील वर्गों के साहित्य में प्रायः यह प्रवृत्ति देखी जाती है। वास्तविकता के भय से क्षयिष्णु कलाकार कभी रूप को तत्व से अधिक महत्व देने लगते हैं। इस प्रकार तत्व और रूप की संगति के साधारण सूत्र में प्रयोग के समय अनेक अन्तर्विरोध उत्पन्न होते हैं।

तत्व और रूप की संगति के अनुसंधान के क्षणों में प्लेखानोव के सदृश्य लूनाचार्स्की, सामाजिक विकास के सत्य को निरन्तर ध्यान में रखने का आग्रह करते हैं। मसलन् क्रान्ति के पक्षधर साहित्य का महत्व अधिक होता है। जनता के निर्णायक युद्ध काल में, रूप रचना पर्याप्त नहीं है, उसका तत्व प्रगति समर्थक होना ही चाहिए।[61] मानव जीवन की स्थायी समस्याओं से सम्बन्धित साहित्य को भी उसका उचित गौरव देना होगा। सैद्धान्तिक चिन्तन, व्यावहारिक आलोचना की तुलना में, स्थूल दृष्टि से देखने पर, अल्प उपयोगी प्रतीत होता है किन्तु किसी नवीन सिद्धान्त (यथा, रूप और तत्व की संगति का नियम) की स्थापना हो जाने पर वह व्यवहार को भी बदल देता है और अन्त में सर्वाधिक उपयोगी प्रमाणित होता है। इसी प्रकार स्थायी समस्याओं से सम्बन्धित साहित्य, सामाजिक साहित्य से भी अधिक उपयोगी हो सकता है। यह दुःख का विषय है कि लूनाचार्स्की के इस विचार को, सामाजिकतावादियों के कोलाहल में उपेक्षित होना पड़ा।

लूनाचार्स्की कथ्य की सशक्तता, सामयिकता और स्थायित्व का समन्वय, बिम्बात्मकता, रूप और तत्व की संगति, रूप की नवीनता तथा प्रभाव की व्यापकता या सावर्जनिकता—इन आधारों और प्रतिमानों का प्रतिपादन करते हैं और इनके प्रयोग के समय संग्रथित दृष्टि को सर्वाधिक महत्व देते हैं। प्रतिभाशाली मार्क्सवादी आलोचक की चेतना सर्वदा संग्रथनशील होती है, इससे विवेचन में वह विश्रृंखलता से बचता है।[62]

जर्मन आलोचक फ्रान्ज मेहरेंग, प्लेखानोव की तरह ही ऐतिहासिक सापेक्षतावाद के समर्थक थे। उन्होंने राजनीति के प्रतिबिम्ब रूप में, साहित्य का अध्ययन किया है। अतएव मार्क्सवादी विधि अपना कर भी, वे साहित्य का पूर्ण विश्लेषण नहीं कर सके। उनका महत्वपूर्ण सिद्धान्त रुचि की वस्तुगत प्रकृति के विषय में है। इस मत के अनुसार रुचि का वस्तुगत आधार होता है और वह आधार ऐतिहासिक भौतिकवादी विवेचन से ही स्पष्ट हो सकता है।[63]

त्रात्स्की, क्रान्ति काल में भी, साहित्यिक मूल्यों पर अधिक बल देते हैं लेकिन वह भौतिक वास्तविकता को चेतना का नियामक सिद्ध करके द्वन्द्वात्मक भौतिकवाद के आधार पर ही, साहित्यिक मूल्यों का समर्थन करते है।[64] वह कवि और पैगम्बरों को दिव्य द्रष्टा इसी अर्थ में स्वीकार करते हैं कि वे साधारण व्यक्तियों की तुलना में आगामी वास्तविकता का अनुमान शीघ्र कर लेते हैं।[65] अतएव कवि और मसीहा भी भौतिक जीवन से ही

नियमित होते हैं, वे स्वयं नियमित नहीं होते।

त्रात्स्की की ऐतिहासिक भौतिकवादी आलोचना में, फ्रायड के मनोविश्लेषण के प्रति उन्मुखता भी मिलती है।[66] लेकिन इस संकेत से मार्क्सवाद के चौखटे में अन्य चिन्तन-पद्धतियों से लाभ उठाने की प्रेरणा भी है।

त्रातसकी रचनाकार के व्यक्तित्व पर भी जोर देते हैं। व्यक्तित्व को यह वर्ग, राष्ट्र, कबीलाई तथा अस्थायी-स्थायी तत्वों का समन्वय मानते हैं। व्यक्तित्व की अनुपमता के विश्लेषण को त्रात्स्की आलोचना का एक महत्वपूर्ण कार्य सिद्ध करते हैं।[67] त्रात्स्की कवि की अनुपम आत्मा के सदृश्य, पाठक की चेतना को भी अनुपम कहते हैं। पाठक की अनुपमता अव्यक्त रहती है और पाठक और कवि के मध्य यही सामान्य तत्व होता है। त्रात्स्की के कथन का तात्पर्य यह है कि कवि और पाठक में सामान्य तत्व होते है और अनुपमता इसी सामान्यता के माध्यम से व्यक्त होती है।[68]

सामान्य के नियामक तत्वों में वर्ग की भूमिका सर्वाधिक महत्वपूर्ण होती है। अतः कला के अध्ययन में वर्ग चेतना का अनुसन्धान आवश्यक है। कला और साहित्य में वर्ग चेतना सूक्ष्मतम और गम्भीरतम रूप में प्रकट होती है। इसी प्रकार, रूप की रचना में भी सामाजिक तत्व सूक्ष्म और वक्र रूप में व्यक्त होता है।[69] क्योंकि साहित्य में वर्ग-चेतना छद्म रूप धारण करके व्यंजित होती है, इसलिए कलाकार, शोषक वर्गों से सम्बन्धित होने में संकोच नहीं करते। उन्हें ऐसा प्रतीत होता है कि साहित्य और कला का स्वभाव वर्गातीत होता है। आलोचना का कार्य है कि वह रचनात्मक भ्रम के भीतर छिपे सामाजिक सत्यों का उद्घाटन करे।

त्रात्स्की सृजन में सावयवता के समर्थक हैं। वह काव्य में किसी एक तत्व की प्रधानता को हानिकर बताते हैं। मसलन्, बिम्बवादी केवल बिम्बों को ही महत्व देते हैं किन्तु बिम्बवाद, त्रात्स्की के मतानुसार, गत्यात्मकता का विरोधी सिद्धान्त है। उसमें अंशी की चिन्ता नहीं की जाती, एक अंश (बिम्ब) को ही प्रतिभा का प्रमाण मान लिया जाता है।[70] बिम्बों की अधिकता से रचना की गति में बाधा पड़ती है।[71] रूस के रूपवादियों की तीखी आलोचना करते हुए, त्रात्स्की उनके एकांगी काव्य-सिद्धान्तों का विरोध करते हैं। रूपवादी कला का मर्म, रूप में मानते हैं जब कि त्रात्स्की के मत से कला का रहस्य तत्व में छिपा रहता है। रूप तो प्रतीति है और तत्व वास्तविकता है, जिसके अनुरूप ही प्रतीतियों का जन्म होता है। रूपवादी साहित्य सिद्धान्त को सिर्फ शब्द, व्युत्पत्ति, वाक्य विन्यास, स्वर व्यंजनों की पुनरावृत्तियों, विशेषणों आदि के विश्लेषण तक ही सीमित कर देते हैं।

त्रात्स्की के अनुसार, प्रतीतियों या रूप की व्याख्या आवश्यक और उपयोगी है परन्तु केवल रूप की व्याख्या एकांगी, गौण, विश्रृंखलित और औपचारिकताओं से ग्रस्त हो जाती है।[72] रूपवादी केवल शब्द तक ही अपने को सीमित कर लेते हैं। वे सामाजिक और मनोवैज्ञानिक विश्लेषण को अप्रासंगिक मान लेते हैं।[73] लेकिन शब्द की प्रकृति भी सामाजिक-मनोवैज्ञानिक व्याख्या के बिना स्पष्ट नहीं होती क्योंकि शब्द वास्तविकता का

ही एक रूप होता है।

समकालीन अमरीकी नव समीक्षा की अतियों के सम्बन्ध में त्रात्स्की की आलोचना, आज भी, उपयोगी है। रूसी रूपवाद जिस प्रकार क्रान्ति विरोधी था, उसी प्रकार योरोपीय-अमरीकी रूपवाद भी, क्रान्ति विरोध की भूमिका पूरी कर रहा है। बूर्ज्वा-व्यवस्था, रूपवादी काव्य शास्त्र और साहित्य को, क्रान्ति के विरोध में, अस्त्र के रूप में इस्तेमाल कर रही है, जब कि समझा यह जाता है कि रूपवादी चिन्तन और सृजन तटस्थ और वैज्ञानिक हैं। त्रात्स्की इसी सत्य को एक वाक्य में इस प्रकार व्यक्त करते हैं। उनकी दृष्टि में प्रत्येक वर्ग की कला और साहित्य के विषय में एक नीति होती है।[74]

आलोचना का कार्य कला की वर्ग-प्रकृति को पहचानना और प्रतिक्रियावाद के विरुद्ध संघर्ष करना भी है। साहित्य को अलौकिक या यथार्थ-निरपेक्ष मानने वालों को त्रात्स्की चुनौती देते हैं। उनके अनुसार पागल के मुक्त चिन्तन में भी ऐसा कुछ व्यक्त नहीं होता, जिसको उसने पहले अनुभव न किया हो। उन्मादग्रस्त कल्पनाओं में भी, पूर्व स्मृति के आधार पर ही, रूप बनते-बिगड़ते हैं। आन्तरिक चित्रपट पर यथार्थ जीवन के प्रतिबिम्ब ही क्रीड़ाशील होते हैं।[75]

त्रात्स्की, अपने समकालीन मार्क्सवादियों की यान्त्रिक चिन्तन पद्धति से क्षुब्ध थे। अतः एक ओर तो वे रूपवादियों का विरोध करते हैं तो दूसरी ओर वे आर्थिक नियतिवाद का भी खण्डन करते हैं। उनके मत से, भोजन की आवश्यकता, अर्थशास्त्र से उत्पन्न नहीं होती, अर्थशास्त्र ही भोजन की आवश्यकता से उत्पन्न होता है। अतएव अर्थशास्त्र के आधार पर ही कलाकृति का परीक्षण होना चाहिए।[76] आर्थिक नियतिवाद के विरोध के आवेश में त्रात्स्की तो यहाँ तक कह जाते हैं कि मार्क्सवाद के सिद्धान्तों के आधार पर, सर्वदा, कलाकृति का निर्णय नहीं हो सकता। मार्क्सवाद यह बता सकता है कि साहित्य में अमुक प्रवृत्ति क्यों और कैसे उत्पन्न होती है?[77] यह स्थिति असंगत है क्योंकि स्वयं त्रात्स्की अन्यत्र कहते हैं कि किसी भी नियम या प्रतिमान को सामाजिक वास्तविकताओं से निरपेक्ष नहीं माना जा सकता। वे प्रत्येक वे प्रत्येक नियम के प्रेरक बिन्दु को अर्थ क्षेत्र और वर्ग द्वन्द्व में अवस्थित मानते हैं।[78] वे यह भी कहते हैं कि समाजवादी समाज में, मार्क्सवाद एकांगी राजनैतिक संघर्ष का अस्त्र नहीं रहेगा, वरन् वह आत्मिक सृष्टि का साधन बन जाएगा।[79]

सैद्धान्तिक अनिश्चितता होने पर भी, त्रात्स्की सोवियत रूस के राजनैतिक दल द्वारा, कला और साहित्य में, हस्तक्षेप की निन्दा करते हैं, यह संकीर्णता विरोधी मनोवृत्ति प्रशंसनीय है।[80]

समाजवादी यथार्थवाद—रूस की राज्य क्रान्ति के पूर्व अलैक्जैंडर ब्लॉक और बेले के प्रतीकवाद[81] और 19 वीं शताब्दी की समााजिक-आलोचना[82] की प्रतिक्रिया में विकसित रूपवाद के पश्चात भविष्यवाद और समाजवादी यथार्थवाद के कला-सिद्धान्तों की प्रमुखता

उल्लेखनीय है। रूपवाद रूप को तत्व से अधिक महत्व दे कर चला था। शक्लोवस्की, अर्थातीत-भाषा की चर्चा करते हैं। वे सौन्दर्यवादियों के सदृश्य, कृति के मूल्य को अन्य मूल्यों से निरपेक्ष मानते हैं और उसको स्वयं मूल्य (सैल्फ वैल्यू) सिद्ध करते हैं। रूपवादी कृति को, सरल इकाई न मानकर, अभिव्यक्ति के साधनों की जटिल एकता कहते हैं।[83] रोमन याकोब्सन के अनुसार कविता वर्ण्य विषयों के प्रति तटस्थ दृष्टि अपनाकर, शब्द रचना की अधिक चिन्ता करती है।[84] शक्लोवस्की, काव्य कृति को शैलीगत उपायों का योग सिद्ध करते हैं।[85] इसीलिए यह सम्प्रदाय, बिम्बों में चिन्तन को काव्य-कला का लक्षण नहीं मानता जैसा प्लेखानोव ने प्रतिपादित किया है। रूपवाद के लिए काव्य के उपकरण शब्द होते हैं, भाव और बिम्ब नहीं।[86] शब्द के अध्ययन के लिए रूपवादी, सामान्य व्यावहारिक भाषा से काव्य भाषा की तुलना करते हैं। सामान्य भाषा में संक्षिप्तता, प्रवाह और अर्थ स्पष्टता रहती है, इसके विपरीत काव्य भाषा जटिल, वक्र और बाधित होती है। इसका कारण यह है कि कवि का प्रत्यक्षीकरण सरल और स्वयं चालित नहीं होता ।[87] वह जागरूक और सचेष्ट होता है। अतएव कवि शब्द को विचित्रता देता है, जो वर्ण्य विषय के प्रति असामान्य परिप्रेक्ष्य से उत्पन्न होती है।

अति उग्र रूपवाद तत्व का पूर्ण बहिष्कार करता है और साहित्यिक कृति और समाज में किसी प्रकार के नियतिवादी सम्बन्ध को अस्वीकार करता है। इसी प्रकार, वह कृति को कवि व्यक्तित्व से स्वतन्त्र मानता है–"कवि की आत्मा जो भावों या अनुभूतियों का अनुभव करती है, कृति से स्वतन्त्र होती है। एक कलाकृति, सदैव, एक अविष्कृत, निर्मित, कृत्रिम और रूपायित वस्तु होती है। वह अतःकरण में नहीं, उसके बाहर रहती है।"[88]

स्पष्टतः आधुनिक शैली विज्ञान और नयी समीक्षा के कई तत्व रूपवाद में मिलते है और रूप में शैली विज्ञान अब भौतिकवादी काव्य शास्त्र का ही एक अंग माना जाता है। रूपवाद और भौतिकवादी शैली विज्ञान में अन्तर यह है कि रूपों के अध्ययन करते समय विवेचक शब्द की सत्ता को, जीवन वास्तविक से स्वतन्त्र और निरपेक्ष नहीं मानता। वह, शब्द का मूल खोजते हुए, समाजिक वास्तविकता तक पहुंचता है और वहाँ से फिर शब्द पर आता है।

रूपवाद में अतियों और चिन्तनगत अमूर्त्तताओं की प्रवृत्ति होने पर भी, उसने साहित्य और कला में रूप की महत्ता की ओर ध्यान आकर्षित किया। तत्व को कृति में निर्णायिक मानने वाले लेखकों ने भी रूप के प्रति अधिक ध्यान देना प्रारम्भ किया। इस प्रकार समाजवादी यथार्थवाद के विकास की पृष्ठभूमि में, रूपवाद का ऐतिहासिक महत्व है।

रूपवाद की एक शाखा, भविष्यवाद के रूप में विकसित हुई जो क्रान्ति समर्थक थी। रूपवादियों के विपरीत, साहित्य और समकालीन जीवन का अभिन्न सम्बन्ध स्वीकार करती थी। मायकोवस्की इस प्रकार के वामपन्थी भविष्यवाद के प्रवर्त्तक थे, प्रतीकवादी कवि ब्लॉक, जहाँ क्रान्ति में संगीतात्मा के दर्शन करते थे, वहाँ मायकोवस्की, प्राचीन कला और कला शास्त्रों का सम्पूर्ण निषेध करते हैं। वह कला के पूर्ण रूपान्तरण के समर्थक थे ताकि

उसे क्रान्ति और उसके पश्चात् नवनिर्माण का साधन बनाया जा सके। इसके लिए मायकोवस्की, काव्य-भाषा के स्थान पर, व्यावहारिक (औद्योगिक : तकनीकी) भाषा के कलात्मक प्रयोग द्वारा, क्रान्ति युग को साहित्यिक रूप में प्रस्तुत करते हैं। इसी को कला का जनतन्त्रीकरण भी कहा जाता है। यह कला, अभिजात-शिविरों या सुसज्जित कक्षों की कला से भिन्न थी। उनके अनुसार—

1. अब कला और साहित्य राजमहलों, चित्र वीथिकाओं, पुस्तकालयों और नाटक गृहों तक ही सीमित नहीं रहेगी।

2. अब गली के नुक्कड़ों, दीवालों, छतों, गाँवों, गाड़ियों, कारों, रेलगाड़ियों, वस्त्रों आदि में सर्वत्र कला का प्रयोग होगा।

3. प्रत्येक घर में चित्र सजेंगे। अब कला गली-कूचों में प्रत्येक व्यक्ति का मनोरंजन करेगी।

4. कलाकारों को चाहिए कि देश का प्रत्येक भवन सजाएँ। महान कलाकारों की कृतियाँ प्रत्येक व्यक्ति के सम्मुख प्रस्तुत की जाए। लेट द स्ट्रीट बी एन आर्टिस्टक फीस्ट फार आल।[89]

मायकोवस्की की रचनाओं में सामूहिकता और क्रान्ति के प्रति उत्साह, अद्भुत कल्पना शक्ति और प्रयोगात्मकता के साथ व्यक्त हुआ है। व्यक्तिवाद के स्वरों का वामपन्थी भविष्यवाद में सर्वथा अभाव है और फिर भी उनकी कविता सजीव और कलात्मक है—

ड्रैग द पियानोज टू द स्ट्रीट
मे द ड्रम फ्रॉम द विंडो बीट
ड्रम एण्ड पियानो
रम्बिल आउट
एण्ड क्रैश लाइफ थन्डर!

भविष्यवाद कलात्मक सृजन को संघर्ष का एक रूप मानंता था। नाटक के विषय में लूनाचार्श्की का मत था कि उसमें राजनैतिक प्रचार नहीं होना चाहिए। नाट्य मंच पर जादुई वातावरण प्रस्तुत करना चाहिए ताकि प्रेक्षक, स्फूर्ति प्राप्त कर सकें। मायकोवस्की इस जादू और स्वप्नवाद के प्रचण्ड विरोधी थे। वे रूपक को स्वप्न, जादू और भाव विभोरता का पर्याय न मान कर, उसे संघर्षशील चेतना का वाहक बनाना चाहते थे—'द थियेटर इज ए स्ट्रगल एण्ड नॉट ए ड्रीम।'[90]

इस प्रकार मायकोवस्की का कला सिद्धान्त, भावुकतावाद, स्वप्नशील पलायनवाद तथा रोमांचकतावाद का विरोधी सिद्धान्त है जो दृढ़ता से कला की सक्रिय भूमिका का प्रतिपादन करता है और उसे अपनी कृतियों द्वारा प्रमाणित भी करता है।

व्यापक अर्थों में वामपन्थी भविष्यवाद, समाजवादी यथार्थवाद का पूरक सिद्धान्त

है। यह रूपवाद के विरुद्ध, वास्तविकता और कला का घनिष्ठतम सम्बन्ध स्वीकार करता है और शाश्वतता का उग्र विरोध करता है। वह सौन्दर्यवाद और रसवाद या भावुकतावाद का भी बहिष्कार करता है किन्तु यह मत काव्य तथा नाटक के क्षेत्रों में ही अधिक सफल हुआ है। इसमें स्थितियों के तलस्पर्शी, विश्लेषण करने की क्षमता नहीं है।

समाजवादी यथार्थवाद, सोवियत शासन द्वारा स्वीकृत कला सिद्धान्त है। 1918 से 1928 तक प्रचलित सर्वहारा-साहित्य-सम्प्रदाय की प्रचारात्मकता के विरुद्ध 1925 में साम्यवादी दल ने उदारतावादी नीति घोषित की थी लेकिन 1929-32 की अवधि में, पंचवर्षीय योजनाओं के प्रचार के लिए साहित्य का पुनः साधन के रूप में प्रयोग किया गया। इस काल में, साहित्य और कला को पूर्ण अनुशासित किया गया—इसकी प्रतिक्रिया 1932 में हुई और समाजवादी यथार्थवाद को राजकीय साहित्य नीति के रूप में स्वीकार कर लिया गया। फलतः परस्पर संघर्षशील साहित्यिक सम्प्रदायों के स्थान पर अखिल सोवियत रूसी लेखक संघ की स्थापना की गई।

विश्व के किसी देश में कभी ऐसा नहीं हुआ कि किसी एक साहित्यिक पद्धति को, सम्पूर्ण साहित्य के लिए अनिवार्य कर दिया गया हो। स्तालिन ने समाजवादी यथार्थवाद शब्द का सर्वप्रथम प्रयोग किया था। स्तालिन लेखकों को मानवीय आत्मा का शिल्पी कहते हैं किन्तु समाजवादी यथार्थवाद और आत्म निर्माण का सम्बन्ध पूरी तरह स्पष्ट नहीं किया गया। गोर्की के अनुसार सामाजिक यथार्थवाद जीवन को कर्म मानता है। सृजन रूप कर्म मानव की व्यक्तिगत योग्यताओं का विकास करता है, उसके स्वास्थ्य दीर्घायु और आनन्द के लिए प्रयत्न करता है ताकि विश्व एक परिवार के रूप में विकसित हो सके।[91]

गोर्की के विवेचन से यह प्रतीत होता है कि समाजवादी चिन्तन और मूल्य की स्वीकृति उक्त मत की प्रथम शर्त है किन्तु रचना पद्धति की दृष्टि से गोर्की स्वयं यथार्थवाद में, अथवा प्रतिनिधि परिस्थितियों में प्रतिनिधि चरित्रों के सृजन-सिद्धान्त के अतिरिक्त स्वच्छन्दतावादी सिद्धान्तों को भी सम्मिलित कर लेते हैं। गोर्की के अनुसार साहित्य में दो ही पद्धतियाँ प्रसिद्ध हैं—स्वच्छन्दतावाद और यथार्थवाद। यथार्थवाद में जनजीवन का वस्तुगत, अमिश्रित और अकृत्रिम चित्रण होता है। स्पष्टतः इस विधि में प्रतीकवादी, अतियथार्थवादी, प्रभाववादी, अन्तरावलोकन और मनोविश्लेषण की विधियों को पसन्द नहीं किया जाता किन्तु गोर्की यथार्थवाद में रोमांटिक प्रवृतियों के मिश्रण को अवश्य वांछनीय मानते हैं। उनके अनुसार बाल्जाक, तुर्गनेव, तोलस्तोय, गोगोल, लेस्कोव और चेखव में उक्त दोनों प्रवृतियों का मिश्रण मिलता है।[92] फॉस्ट (गेटे) हेमलिट (शेक्सपियर) जैसे चरित्र संसार में नहीं मिलते; फिर भी इनमें वर्ग चरित्र का यथार्थ निहित है। अतएव गोर्की के मत से स्वच्छन्दतापरक या रोमांटिक यथार्थ ही लेखकों का लक्ष्य होना चाहिए और उसका उद्देश्य जीवन की वास्तविकताओं का चित्रण होना चाहिए।[93]

प्रश्न यह है कि गोगोल के "तारस बलवा" के कज़्ज़ाक, कल्पित होने पर भी, मूलतः कज़्ज़ाक जीवन के यथार्थ को प्रस्तुत करते हैं तो अमूर्त कला विधि (एब्सट्रैक्ट आर्ट) द्वारा

भी यथार्थ व्यंजित हो सकता है किन्तु समाजवादी यथार्थवाद, कला में स्पष्टता, वर्णनात्मकता और विश्लेषण का ही समर्थक है। लूनाचाश्र्की जैसे उदारपंथियों को छोड़ कर, जडानोव और अन्य संकीर्ण मार्क्सवादियों के प्रभाव के कारण, रूपगत सूक्ष्म और नवीन प्रयोगों को, कृतियों में अधिक महत्त्व नहीं मिल सका। फलतः रूसी साहित्य में मनोवैज्ञानिक आंतरिकता की उपेक्षा की गई है। पास्तरनाक के डा. ज़िवागो के पात्रों की निजता समाजवादी यथार्थवाद के विरुद्ध मानी गई है। वस्तुतः डा. जिवागो में लेखक की क्रान्ति के प्रति दृष्टि भ्रान्ति पर आधारित है। इस कृति में आंतरिकता और गीतात्मकता प्रभावित ही नहीं करती अपितु क्रान्ति काल की वास्तविकता एक पक्ष उभर कर सामने आता है।

समाजवादी यथार्थवाद एक ओर तो निष्क्रिय स्वच्छन्दतावाद का विरोधी है और दूसरी ओर वह रूपवाद को अस्वीकार करता है। सिद्धान्ततः यह संगत दृष्टिकोण है किन्तु व्यवहार में यह मत परम्परागत रूप में ही प्रस्तुत होता है। वह नव प्रयोगों के स्थान पर, महाकाव्य शैली को ही अधिक अपनाता है। वोरीन्स्की ने इसीलिए साहित्य में अफसरशाह, दमन, और नारेबाज़ी के स्थान पर, वैयक्तिक (व्यक्तिवादी नहीं) व्याख्याओं और चित्रणों पर बल दिया है।[94] इलिया एहरेनबुर्ग (थॉ) दुदित्सेव (नॉट बाई ब्रैड एलोन) तथा युब्तिशेकों के प्रयत्नों तथा स्तालिन युग के पश्चात्, ख्रुश्चेव द्वारा अपेक्षाकृत अधिक उदारतावादी नीति अपनाए जाने के कारण समाजवादी यथार्थवाद में वैयक्तिक तत्वों का चित्रण बढ़ रहा है।

वस्तुतः समाजवादी यथार्थवाद, सामाजिक मनोविज्ञान पर अधिक ध्यान केन्द्रित करता है। उसमें समाजवादी सत्यों और समाजवादी मानसिकता का वर्णनात्मक शैली में अधिक अंकन होता है। व्यक्ति में समाजवादी चेतना जगाने के लिए, उसके अन्तर्द्वन्द्वों का वर्णन अनिवार्य होना चाहिए किन्तु लेखक के विचार पात्रों पर आरोपित हो जाते हैं। उसके अतिरिक्त, सोवियत समाज के अपराधियों, विरोधियों, सनकियों और स्वेच्छाचारियों आदि का चित्रण, पूँजीवादी शत्रुओं के भय से नहीं किया जाता किन्तु वास्तविकता को छिपाने से, समाजवाद के असंगतियाँ सम्मुख नहीं आतीं। अतः व्यवस्था भीतर ही भीतर विकृत होने लगती है। मार्क्स जिस वैविध्य पर बल देते थे, उस सिद्धान्त की स्वंय सोवियत रूस में उपेक्षा हुई है।

इधर नुसीनोव जैसे विचारक समाजवाद में मनोवैज्ञानिक विधियों के प्रयोग को इस रूप में स्वीकृति देना चाहते हैं कि यथार्थवादी लेखक तोलस्तोय या दास्तावस्की की तरह पात्रों को पाप और पुण्य के शाश्वत संघर्ष का प्रतीक न बना कर, उन्हें सामाजिक और ऐतिहासिक दृष्टि से प्रस्तुत करें। समाजवाद का मूल उद्देश्य सम्पत्तिवादी व्यवस्थाओं का विनाश और समाज निष्ठ, सहयोगी मनोवृत्तिप्रधान नवीन मानव की सृष्टि है।[95] इस तत्व को कलात्मक रूप में प्रस्तुत करने के लिए फ़ादेव,[96] शोलोखोव[97] जैसे परम्परागत यथार्थवादियों के विपरीत, ओलेशा, कैबरिन तथा काटेव, प्रूस्ट, जेम्स ज्वॉयस जैसे प्रयोगशील लेखकों से प्रेरणा ग्रहण करने पर बल दिया जा रहा है। लूनाचाश्र्की प्रूस्ट को बूर्ज्वा लेखक कह कर उसकी महत्ता का निषेध नहीं करते थे, यही प्रवृत्ति अब पुनः बढ़

रही है।[98]

तत्त्वतः, समाजवादी यथार्थवाद का मूल आधार समाजवादी मानववाद है। परिवर्तन के समर्थक लेखक इस मानववाद को रूपायित करने की स्वतन्त्रता चाहते हैं और समाजवादी देशों की, साहित्य और कला के प्रति बदलती नीतियों से यह आशा करनी चाहिए कि सत्य और रूप की संगति के मूल मार्क्सवादी सिद्धान्त के अनुसार, रूप की उपेक्षा का रुख क्रमशः लुप्त होता जाएगा। क्रान्ति की सफलता और उसकी उपलब्धियों की रक्षा के समय, तत्त्व पर अधिक बल देना स्वाभाविक है, जैसा कि चीन में हो रहा है। माओ त्से तुंग, क्रान्ति की सफलता के लिए उसी साहित्य को प्रोत्साहन देना चाहते हैं जो जनता के निर्णायक युद्ध में, उसके मनोबल को दृढ़ करे।

माओ के अनुसार, वर्ग रहित विश्वव्यवस्था में ही, मानवता या मानव प्रेम जैसी धारणाओं को अपनाया जा सकता है। लेखक, शत्रुओं और सामाजिक असंगतियों से प्यार नहीं कर सकता, न उसे करना चाहिए।[99] माओ का विचार है कि किसी कलाकृति में तत्त्व प्रतिगामी और रूप आकर्षक हो सकता है किन्तु इस प्रकार की कृतियों का बहिष्कार किया जाना चाहिए। ह्रासोन्मुख वर्गों के साहित्य में प्रायः तत्त्व प्रतिगामी और रूप होता है। हम राजनैतिक वस्तु और आकर्षक रूप की मांग करते हैं।[100] प्रगतिशील तत्त्व होने के साथ-साथ रूप पूर्णता आवश्यक है अन्यथा उस कृति का जनता पर प्रभाव नहीं होगा।[101]

माओ ने, रूसी क्रान्तिकालीन साहित्य के इतिहास का सिंहावलोकन करके साहित्य में, राजनैतिक तत्त्व को अधिक महत्वपूर्ण बताया है। रूप की धारणा स्वीकृत है। माओ चीन की पुराण कथाओं को नवीन अर्थ देकर प्रस्तुत करने के समर्थक हैं। वे चीनी किसानों की शैली के स्वाद की ओर लेखकों का ध्यान आकर्षित करते हैं और जन जीवन को सौन्दर्य और सत्य का अक्षय स्त्रोत मानते हैं।[102]

समाजवादी यथार्थवाद के सन्दर्भ में, कुत्सित समाज शास्त्र और वैज्ञानिक भौतिकवाद के संघर्ष भी मिलता है। काल रादक, जेम्स ज्वॉयस की रचनाओं को गोबर का ढेर कहते हैं।[103] *लिटरेरटी क्रिटिक* का सम्पादक रोजेनथाल इस प्रकार की तर्क विधि अपनाता है– "क्योंकि महान लेखक पूँजीवाद का विरोधी होता है और शेक्सपियर पैसे का निन्दक था, इसलिए वह महान लेखक था।"[104] कुत्सित समाज शास्त्री, लेखक के केवल वर्ग-सम्बन्धों के आधार पर कृति की समीक्षा करते हैं। रैड प्रोफेसरों में यह मत प्रचलित था कि ह्रासशील व्यवस्था में, लेखक भी ह्रासशील ही होंगे और इसलिए मार्शल प्रूस्ट और जेम्स ज्वॉयस ह्रासशील लेखक थे। इस यान्त्रिक विचार परम्परा में डी. एस. मिंस्की, स्मिरनोव, क्रेवचेंको, जडानोव[105] जैसे लेखक उल्लेखनीय हैं, यों यान्त्रिकता के तत्व लिफ्शिट्ज,[106] वी. ग्रिब, प्लेखानोव, मेहरंग आदि में भी मिलते हैं। ये समाज और कला सृजन के सम्बन्ध-स्थापन में सूक्ष्मतर सम्बन्धों का विश्लेषण नहीं करते। हिन्दी में सुमित्रानन्दन पन्त पर लिखी हुई मार्क्सवादी आलोचनाओं पर कुत्सित समाज शास्त्र का आरोप लगाया गया है। प्रायः राज़नैतिक प्रतिमान की प्राथमिकता के अधिक आग्रह से इस प्रकार की भूलें होती हैं लेकिन

उनका उद्‌देश्य सामन्ती-बूर्ज्वा चेतना का तिरस्कार ही होता है।

सोवियत रूस के बाहर के मार्क्सवादी सिद्धान्त-चिन्तन में क्रिस्टोफ़र कॉडवेल का कार्य सर्वाधिक महत्त्वपूर्ण है। कॉडवेल कला-साहित्य एवम् आधिक-उत्पादन की शक्तियों की एकता और भेद को अपने विवेचन का आधार बनाते हैं। समाज के प्रारम्भिक सोपान में, उत्पादन के साधनों के अभिन्न अंग के रूप में ही, कविता, नृत्य, संगीत और अभिनय का उद्‌भव और विकास होता है। सामूहिक श्रम की भूमिका इस कलात्मक सृजन में निर्णायक होती है। आदिम युग में कला एक ललित कल्पना (फेन्टेसी) के सदृश थी, जिसमें उत्पादन की प्रक्रियाओं के अनुकरण द्वारा जन समूह का मनोबल बढ़ाया जाता था। इस प्रकार कला, एक विशेष प्रकार का भ्रम है जिसमें यथार्थ का अनुकरण या पुनर्प्रस्तुति अथवा अभिव्यंजना होती है। कला और उत्पादन सम्बन्धों की एकता, पूँजीवादी समाजों में छिन्न भिन्न हो जाती है और कलाकार, वर्ग भुक्त समाज में, अजनबी बना दिया जाता है। सामन्तवाद में कलाकार उच्च वर्गों से सम्बन्धित रहते हैं और सामन्ती सम्बन्धों में अपेक्षाकृत अधिक अपनाव रहने के कारण, कवि कलाकार भी उस मात्रा में बेगानगी या उदासीनता अनुभव नहीं करते, जिस मात्रा में वे पूँजीवादी समाज में अनुभव करते है। समाजवादी समाज में, वर्ग वर्णहीन वातावरण में, कलाकार और उत्पादन सम्बन्धों की एकता पुनः स्थापित हो जाती है और वह वर्ग विशेष की चेतना का व्यंजक न रहकर, सम्पूर्ण समाज की मानसिकता का प्रतिनिधि बन जाता है। इसलिए वर्गमुक्त समाज व्यवस्था में कलाकार का लक्ष्य, व्यवस्था के विरुद्ध संघर्ष होना चाहिए।[107]

ऐतिहासिक भौतिकवादी दृष्टि से मानव-मनोविज्ञान, समाज, कला, कविता, नृत्य, संगीत आदि के विकास और परस्पर सम्बन्ध सूत्रों के प्रतिपादन में कॉडवेल को सफलता मिली है लेकिन वह अतियोजनापरक हो जाते हैं।[108] कॉडवेल का योगदान यह है कि वह मार्क्सवाद को एक चतुष्कोटि के रूप में स्वीकार करने पर बल देते हैं, जिसके भीतर वे नवीनतम साहित्य के राजनैतिक और कलात्मक, दो निकष स्वीकार करते हैं।[109] कलात्मक दृष्टि से तो सभी सफल कृतियाँ उत्कृष्ट होती हैं। वे परस्पर तुलना की दृष्टि से ही उत्कृष्ट होती हैं। कला की दृष्टि से लेखकों में प्रतिस्पर्धा होनी चाहिए ताकि जनता का स्तर क्रमशः उच्चतर हो, लेकिन राजनैतिक प्रतिमान का प्राथमिक महत्व होता है।[110] बूर्ज्वा देशों में भी सर्वहारा के पक्ष में लिखित साहित्य की निन्दा होती है, इस प्रकार हमें, ऐतिहासिक आलोक में साहित्य की प्रतिगामी प्रवृत्तियों की निन्दा करनी चाहिए अन्यथा जनता में समाजवादी चेतना जाग्रत नहीं होगी।

माओ त्से तुंग किसी देश-काल-निरपेक्ष-प्रतिमान में विश्वास नहीं करते। तत्व और रूप की संगति का सिद्धान्त भी, ऐतिहासिक दृष्टि से ही प्रयुक्त हो सकता है। ऐतिहासिक परिस्थितियों के कारण ही कभी तत्व और कभी रूप की असंगतियाँ उत्पन्न होती है। इन दोनों के सामंजस्य का स्वरूप भी, परिस्थिति सापेक्ष होता है।

इस प्रकार समाजवादी यथार्थवाद के तत्व में क्रमशः विकासशील के कारण, परिवर्तन

होता जाएगा और तदनुकूल रूप में भी परिवर्तन होंगे। यदि आज माओ के देश में, बूर्ज्वा और सामन्ती दृष्टि से लिखित कलात्मक साहित्य का निषेध होता है तो कल परिस्थिति बदल जाने पर, उनका कला की दृष्टि से महान सम्मान भी हो सकता है। सत्य तो यही है कि यदि जनता पर कुछ अधिक विश्वास किया जाए और यदि निरन्तर उसके सम्मुख प्रतिगामी तत्व और आकर्षक रूप की असंगति से युक्त कृतियों का स्वरूप उद्घाटित किया जाता रहे तो क्रान्ति काल में भी सभी प्रकार के उत्कृष्ट साहित्य से लाभ उठाया जा सकता है, उसी प्रकार, जिस प्रकार तोलस्तोय के प्रतिगामी विचारों को न अपना कर भी, रूसी लेखक उनके चरित्र चित्रण की प्रेरणा ग्रहण कर रहे हैं।

माओ के सामाजवादी यथार्थवाद में मार्क्सवादी तत्व तथा राष्ट्रीय ज्ञान-विज्ञानों के निष्कर्षों का इस प्रकार उपयोग हो सकता है कि एक ओर तो साहित्य चिंतन चयनवाद से बच सकेगा और दूसरी ओर उसे मात्र मनोविज्ञान, राजनीति या समाज शास्त्र होने से भी बचाया जा सकता है।[111]

इस चुनौती को अधिकांशतः, मार्क्सवादी स्वीकार नहीं कर सके। यही कारण है कि नवीनतम ज्ञानानुशासनों का उपयोग करते हुए कोई संग्रथित मार्क्सवादी कला-विज्ञान प्रस्तुत नहीं किया जा सका।

कॉडवेल ने कृति विशेष में भ्रम और यथार्थ का विश्लेषण तो नहीं किया है किन्तु अंग्रेजी कविता की प्रवृतियों के अध्ययन में उन्होंने अन्तर्दृष्टि का परिचय दिया है। उनके अनुसार कविता का प्रथम लक्षण, उसकी लयात्मकता है, जिसके द्वारा मनुष्य की अन्तः प्रवृत्तियों, भावनाओं एवम् सामाजिक सम्बन्धों में संगति उत्पन्न होती है।[112] कविता द्वारा मनुष्य आत्मलीन होता है और इस प्रकार उसकी चेतना के सामान्य स्तर जाग्रत हो जाते हैं। मनुष्य इस प्रक्रिया द्वारा, अन्य व्यक्तियों के साथ भावात्मक एकता का अनुभव करता है।[113] यहाँ कॉडवेल, वस्तुतः साधरणीकरण के भारतीय स्वरूप के निकट आ जाते हैं।

कविता का द्वितीय लक्षण यह है कि उसका अनुवाद दुःसाध्य होता है। तृतीय लक्षण यह है कि कविता अबौद्धिक होती है। उसमें तार्किक संगति नहीं होती पर वह निरर्थक नहीं होती। कविता में भावात्मक या अन्तर्मुखी तर्कमयता रहती है।[114] वस्तुतः कविता में कवि और परिवेश का द्वन्द्व विशिष्ट रूप समाया रहता है। कविता का चतुर्थ लक्षण यह है कि वह शब्दात्मक होती है। इस प्रसंग में, कॉडवेल, प्रतीकवादी मलार्मे काव्य की परिभाषा की आलोचना करते हैं। मलार्मे का कथन था कि कविता शब्दों द्वारा लिखी जाती है, विचारों द्वारा नहीं।[115] कॉडवेल के अनुसार कविता में विचारों या स्मृत बिम्बों की व्यंजना होती है लेकिन उसके माध्यम शब्द ही होते हैं।

कविता का पंचम लक्षण यह है कि उसके शब्द प्रतीकात्मक नहीं होते, व्यंजक होते हैं। अर्थात् शब्द अपने आप में कुछ नहीं होते। वे जिन पदार्थों, अभिप्रायों या भावों को संकेतित करते हैं, उनका ही महत्व होता है। यहाँ कॉडवेल ऑग्डेन औन रिचर्ड्स की अर्थ मीमांसा को स्वीकार कर लेते हैं जो भारतीय शब्द शक्ति विवेचन से समानता रखती

है। शब्दों के संकेतक होने के कारण कविता में आंतरिक प्रतीकात्मकता उत्पन्न हो जाती है।[116]

कविता का षष्ठ लक्षण उसकी मूर्त्तता है। संगीत में अमूर्त्तता अधिक होती है। उसमें परिवेश डूब जाता है और कलाकार के अहं का स्फलन अधिक होता है।[117] कविता में भावादि, बाह्य पदार्थों के साथ सम्बन्धित कर दिए जाते हैं। इससे कविता में मूर्त्तता आ जाती है यथा, मेरी प्रियतमा एक रक्तपुष्प के सदृश है—इसमें भाव का सम्बन्ध बाह्य पदार्थ के साथ होने से मूर्त्तता आ गई है।

कविता का सप्तम लक्षण यह है कि उसकी अभिव्यक्ति घनीभूत और सम्पुटित होती है। उसमें निबन्ध जैसा विशदीकरण नहीं होता। कम से कम शब्दों द्वारा, अधिक से अधिक प्रभाव उत्पन्न किया जाता है। शब्दों के संक्षिप्त प्रयोगों में संकेतित और जाग्रत मानसिक साहचर्य (असोसियेशन) का प्रवाह सक्रिय हो जाता है। इसलिए कविता में अर्थ की गम्भीरता उत्पन्न हो जाती है। विभिन्न मानसिक स्थितियों में एक ही कविता से विभिन्न अर्थ-परम्पराओं के जागरण का कारण भी कविता की अभिव्यक्ति की सम्पुटता ही है।

कॉडवेल ने मनोविज्ञान से सहायता लेकर कविता में व्यक्त मानव मन, ललित कल्पना, स्वप्न और भावादि का गम्भीरं विश्लेषण किया है। इससे यह आक्षेप निराधार प्रमाणित हो जाता है कि मार्क्सवादी आलोचना समाजशास्त्र बन जाती है। मार्क्सवादी दृष्टि से मनोविज्ञान के प्रयोग की विशेषता यह होती है कि उसमें बाह्य वास्तविकता और मानव के मन के द्वन्द्व ओर संगति पर प्रत्येक क्षण ध्यान केन्द्रित रहता है जब कि बूर्ज्वा विचारक व्यक्ति मन को, वास्तविकता से निरपेक्ष मान लेते हैं।

कॉडवेल का परामर्श यह है कि साहित्य समाज का ही एक अवयव होता है और उसके अध्ययन में, समाज की गतिशीलता का विस्मरण सम्भव नहीं है।[118] प्रत्येक सत्ता का जन्म और विनाश होता है। जग़त् गतिमान् है। इस गतिशीलता वास्तविकता का प्रतिबिम्बन और उसके प्रति मानव की संवेदना तथा भावना की प्रतिक्रिया, उसकी कलाओं में व्यक्त होती है अतएव कला मानव का आत्म साक्षात्कार भी है और बाह्य प्रकृति के विरुद्ध संघर्ष भी।

इस प्रकार कॉडवेल पिंडगत और ब्रह्मांडगत अथवा व्यक्ति और परिवेश, सूक्ष्म और स्थूल, आणविक और व्यापक दृष्टियों के द्वन्द्वों में व्यवस्था उत्पन्न करते हैं। इसका आधार निश्चय ही द्वन्द्वात्मक और ऐतिहासिक भौतिकवाद है, जिसके कारण धारणा और तथ्य अपने में विवेचन के विषय नहीं होते अपितु अन्य सम्बन्धित सत्ताओं के सन्दर्भ में विश्लेषित होते हैं। यही कारण है कि कॉडवेल प्रेम जैसे शाश्वत समझे जाने वाले भावों के सामजिक अध्ययन पर बल देते हैं। उनके अनुसार प्रेम सामाजिक सम्बन्धों में भावात्मक तत्व का नाम है।[119] भाव मात्र अन्तः प्रवृत्ति नहीं, अन्तः प्रवृत्ति का सामाजिक प्रतिवर्तित रूप है और अन्तः प्रवृत्तियाँ स्वयं दीर्घ विकास से उत्पन्न होती हैं। वे प्रदत्त नहीं, क्रमशः विकसित होती हैं। इसी प्रकार फ्रायडवाद के विषय में कॉड्वेल का कथन था कि फ्रायडवाद एक बूर्ज्वा मनोविज्ञान है। फ्रायडवाद से पुराने ईसाई अन्धविश्वासों का अवश्य खण्डन होता

है, और इस दृष्टि से उसका कार्य प्रशंसनीय है किन्तु वह मानव मन को देश, काल और व्यवस्था से निरपेक्ष मानता है। अतएव उसका अंतः प्रवृत्तियों का सिद्धान्त पूर्णतः अवैज्ञानिक है क्योंकि वह शरीर शास्त्र की दृष्टि से विचार ही नहीं करता।

कॉडवेल के अनुसार जीव और शरीर कभी एकाकी आचरण नहीं करता, परिवेश सर्वदा जीव-शरीर के साथ संयुक्त रहता है और फ्रायडवाद इस परिवेश की उपेक्षा करता है। इसीलिए फ्रायडवाद का भौतिकवाद एकांगी भौतिकवाद है। वह अन्तः प्रवृत्ति को परम स्थायी तत्व मान कर, असामाजिक स्वतंत्रता की धारणा का प्रचारक बन जाता है।[120]

कॉडवेल अपने सौन्दर्य चिन्तन में भी, द्वन्द्वात्मक-ऐतिहासिक भौतिकवादी दृष्टि का प्रयोग करते हैं। प्रथम द्वन्द्व सुन्दर और असुन्दर का होता है किन्तु व्यक्ति और परिवेश के द्वन्द्व का कारण सुन्दर असुन्दर में और असुन्दर सुन्दर में बदल जाता है। असुन्दर स्वयं एक सौन्दर्यात्मक मूल्य होता है। खलनायक, भयंकर, सर्प, दानव, राक्षस आदि असुन्दर के उदाहरण हैं।

सुन्दर के प्रति सभी दर्शकों की प्रतिक्रिया एक सी नहीं होती क्योंकि प्रत्येक व्यक्ति में, सामान्य और विशिष्ट की संगति होती है। युगानुरूप सौन्दर्य धारणाएँ बदलती रहती हैं। अतीत को व्यक्ति एक वायवीय दृष्टि से देखने लगते हैं। कुछ लोग तो अतीत की पुनरावृत्ति ही करने लगते हैं।

बूर्ज्वा विचारक या तो सौन्दर्य को द्रष्टागत मानते हैं अथवा मात्र वस्तुगत। आई. ए. रिचर्ड्स के अनुसार सौन्दर्य वस्तु में आरोपित यह गुण है जो एक सामान्य शारीरिक संवेदन उत्पन्न करता है।[121] किसी सुन्दर वस्तु को देखकर व्यक्ति कहते हैं कि यह वस्तु सुन्दर है। इस प्रकार यह सामान्य अनुभव या को-सिनथीसिस ही सौन्दर्य-बोध है। रिचर्ड्स के इस शब्द में बहुत व्यापकता है, जिसमें प्रत्यक्षीकरण की समग्रता तथा प्रभाव सभी सम्मिलित है। स्नायु विद्या (न्यूरोलॉजी) के अनुसार, सुन्दर पदार्थ से हमारी चेतना रंजित हो जाती है, इस दशा को अनूभूति (फीलिंग) कहते हैं। किन्तु कॉडवेल के अनुसार सभी को-सिनथीसिस अनुभव सुन्दर नहीं कहे जा सकते। उदाहरणतः शूकर का मांस, सामान्य शारीरिक संवेदन जगाता है पर उसे सुन्दर नहीं कह सकते। वस्तुतः रिचर्ड्स यांत्रिक भौतिकवाद से प्रभावित थे क्योंकि वह केवल स्नायु विद्या और मनोविज्ञान का प्रयोग करते हैं, समाज विज्ञान की उपेक्षा कर जाते हैं। इससे रिचर्ड्स के लिए सौन्दर्य मात्र शारीरिक रह जाता है। रिचर्ड्स के विपरीत आदर्शवादी सौन्दर्य को मात्र द्रष्टागत मानते हैं। अनेक सुन्दर पदार्थ मनुष्य की उत्पत्ति के पूर्व भी विद्यमान थे। अतः सौन्दर्य, अंशतः वस्तुगत भी होता है। अतएव सौन्दर्य इस सत्य में सर्वथा मिश्रित रहता है। इस प्रकार सौन्दर्य और सत्य दोनों में मानव प्रयत्न की भूमिका रहती है। इसी के बल पर मानव नवीन सौन्दर्य-सृष्टि भी करता है। सभ्यता के प्रारम्भ में सत्य, शिव और सुन्दर मिश्रित ही रहते हैं, यथा आदिवासी के लिए आखेट कार्य भी है, नृत्य भी किन्तु वर्ग विभाजन के कारण सत्य, शिव और सौन्दर्य परस्पर विरोधी प्रतीत होने लगते हैं। शिव सत्य से और सौन्दर्य इन दोनों से,

स्वतंत्र माना जाने लगता है। वर्गहीन, शोषण रहित समाज में इन तीनों की एकता पुनः स्थापित हो सकती है।

कला मानव की अंतः प्रवृत्तियों को वातावरण के अनूकूल बनाती है और इस प्रक्रिया में अन्तः प्रवृत्तियाँ परिवर्तित हो जाती हैं। सौन्दर्य वास्तविक संसार में, अन्य व्यक्तियों और पदार्थों के साथ अंगीभूत होने का ज्ञान है और यह सौन्दर्य बोध, सामाजिक सम्बन्धों में समृद्धि और जटिलता के विकास का बोध है।[122] कॉडवेल के अनुसार शोषणरहित समाज में सौन्दर्य का पुनः आगमन होगा।[123]

इंग्लैड के अन्य मार्क्सवादी साहित्य-चिंतकों में राल्फ़ फॉक्स,[124] जॉन स्ट्रैची,[125] टी. ए. जैक्सन,[126] एलिक वैस्ट,[127] जॉर्ज टाम्सन,[128] फिलिप हैंडरसन,[129] जैक लिन्डसे,[130] सी.एम.बावरा[131] के अतिरिक्त स्क्रूटिनी तथा न्यू सिगनेचर[132] समूह के लेखक मार्क्सवाद से प्रभावित हैं।

इसी तरह अमेरिका में पैरंगटन,[133] जॉन मैसी,[134] वी. एफ. कालवर्टन,[135] ग्रेनविली हिक्स,[136] मिकायल गोल्ड,[137] डैचिस,[138] फिलिप रहव, विलियम फिलिस, जी. टी. फेरेल, [139] एफ. ओ. मैथीसिन,[140] हॉवर्ड फॉस्ट तथा पार्टीजन रिव्यू[141] के लेखकों ने मार्क्सवादी साहित्य चिन्तन प्रस्तुत किया है। हंगेरी के लेखकों में जार्ज लुकाच,[142] और अ. फिशर[143] ने मौलिकता का परिचय दिया है।[144]

इस विवरण से यह प्रमाणित करना इष्ट है कि मार्क्स और एंगिल्स ने, द्वन्द्वात्मक भौतिकवाद के आधार पर सामाजिक जीवन और साहित्य के मध्य, जो आधार-आधेय सम्बन्ध के नियम की स्थापना की थी और तत्त्व और रूप की संगति का जो प्रतिमान प्रस्तुत किया था, उपर्युक्त लेखकों ने उसी प्रकाश में, अपने सिद्धान्त और विश्लेषण प्रस्तुत किए हैं। सैद्धान्तिक दृष्टि से यह आन्तरिक सूत्र ही सर्वाधिक महत्त्व का है। प्रयोग तथा विवरण में तीव्र मतभेद होने पर भी मार्क्सवादी आलोचना में सैद्धान्तिक एकता प्राप्त होती है। इसलिए भौतिक जीवन और साहित्य के आधार-आधेय सम्बन्ध के विषय में कोई मतभेद नहीं मिलता। इनकी परस्पर क्रिया-प्रतिक्रिया की मात्रा और दिशा आदि के विषय में लेखक अपनी अन्तर्दृष्टि से कार्य करते हैं। वे आदर्शवादी सौन्दर्यशास्त्र की धारणाओं और कोटियों (बिम्ब, अलंकार, शैली, अनुकरण, सौन्दर्य, शिव, सत्य आदि) का भी अपने दृष्टिकोण के अनुसार प्रयोग करते हैं।

समग्रतः भौतिकवादी आलोचना में समाज और साहित्य के आधार-आधेय सम्बन्ध-प्रदर्शन पर बहुत अधिक लिखा गया है। उसके पश्चात् साहित्य और कला में तत्व (कन्टेन्ट) का विवेचन अधिक हुआ है और तत्व का विवेचन प्रायः मार्क्सवादी लेखकों को साहित्येतर ज्ञान-विज्ञान की ओर ले जाता है, जिसमें समाजशास्त्र और मनोविज्ञान का उपयोग सर्वाधिक मात्रा में होता है। अब रूस में, रूपगत स्वतन्त्र व्याख्या भी हो रही है, जिसमें साहित्य का भाषा वैज्ञानिक तथा शैली विज्ञानात्मक अध्ययन हो रहा है।[145]

द्वन्द्वात्मक भौतिकवादी दृष्टि से, हिन्दी में राहुल सांकृत्यायन, भगवतशरण उपाध्याय,

डॉ. शिवदान सिंह चौहान, डॉ. रामविलास शर्मा, डॉ. रांगेय राघव प्रभृति विद्वानों ने साहित्य-चिन्तन किया है। इसका विवरण, इस प्रबन्ध के अन्तिम अध्याय में प्रस्तुत किया जा रहा है। इनमें प्रायः सभी विचारकों ने भारत की काव्यशास्त्रीय धरोहर की पुनर्व्याख्या का भी यत्र-तत्र प्रयत्न किया है।

भारतीय काव्यशास्त्र की द्वन्द्वात्मक भौतिकवादी व्याख्या का महत्व—उपर्युक्त द्वन्द्वात्मक भौतिकवादी साहित्य तथा कला चिंतन से यह स्पष्ट है कि इसके पूर्ण विकास के लिए सभी देशों की काव्य शास्त्रीय परम्पराओं के अध्ययन की आवश्यकता है क्योंकि उनमें उन पक्षों पर अन्तर्दृष्टि और धारणाएँ प्राप्त हो सकती है, जिन पक्षों पर मार्क्सवादी साहित्य-विवेचन में यत्किंचित ही विचार हुआ है। उदाहरण के लिए कला सृजन की द्वन्द्वात्मक प्रकृति का संकेत भरत मुनि के रस सूत्र में मिलता है। कला और साहित्य के पाठक या श्रोता पर पड़ने वाले प्रभाव और कलात्मक सम्प्रेषण के पक्ष पर, साधारणीकरण के सिद्धान्त से रोचक तथ्य मिलते हैं। अलकंकार, रीति, ध्वनि, वक्रोक्ति, औचित्य आदि सम्प्रदायों में कृति के अवयवों और उनके योगदान के अध्ययन के लिए भारतीय काव्य शास्त्र, अनेक नवीन धारणाएं आविष्कृत कर सका है। उनमें साहित्य विश्लेषण के लिए, विवेचन विधियाँ और विवेचन-अस्त्र विद्यमान हैं। साहित्य विश्लेषण की सृजन-प्रक्रिया के विषय में ध्वनि, अनुमान, वक्रोक्ति जैसी सामान्यीकृत धारणाओं से, निश्चय ही, भौतिकवादी काव्य शास्त्र लाभ उठा सकता है। इसके लिए, एक ओर तो, भारतीय काव्य शास्त्र के प्रकृत स्वरूप को समझना होगा और दूसरी ओर, सामान्यीकृत धारणाओं को, समकालीन साहित्य और समाज के सन्दर्भ में, संशोधित संवर्धित करना होगा। कारण यह है कि भारतीय काव्य शास्त्र के नियम, तत्कालीन साहित्य और कलाओं के आधार पर साधारणीकृत है। नवीन कला रूपों और नवीन ज्ञान-विज्ञानों के सन्दर्भ में, भारतीय काव्य शास्त्रीय मतों का पुनर्परीक्षण ही, उनकी सीमाओं और सम्भावनाओं को स्पष्ट कर सकता है। तथ्यों के आधार पर ही सामान्य सिद्धान्त प्राप्त किए जाते हैं। नवीन कलात्मक तथ्य (आर्टी-फैक्ट्स) आने पर, पूर्व सामान्यीकृत सिद्धान्तों का स्वरूप परिवर्तित होता है अतएव द्वन्द्वात्मक भौतिकवादी दृष्टि से, भारतीय काव्य शास्त्र का अध्ययन, वस्तुतः उसकी सीमाओं और सम्भावनाओं का अनुसंधान है।

इसके अतिरिक्त द्वन्द्वात्मक भौतिकवाद का, किसी देश में धारणात्मक सन्दर्भ (कंस्पैचुअल फ्रेमवर्क) के रूप में प्रयोग तभी सफल हो सकता है, जब उसके ऊपरी आधार (विधि, कला, शास्त्र आदि) में तत्व तो द्वन्द्वात्मक भौतिकवादी हो किन्तु रूप राष्ट्रीय हो।[146] अर्थात भारतवर्ष के ऊपरी-आधार (सुपर स्ट्रक्चर) में जो सिद्धान्त और धारणाएँ हैं, उनकी सामन्ती धूल झाड़ कर, उनका इस प्रकार प्रयोग किया जाए ताकि वे वैज्ञानिक विश्लेषण में साधक हो। इस कार्य के बिना द्वन्द्वात्मक भौतिकवाद का, भारतवर्ष में पूर्ण समीकरण या अन्तर्भुक्ति सम्भव नहीं है। इससे अतीत की, उच्चतर स्तर पर स्वीकृति का

प्रयोजन पूर्ण हो सकता है और साथ ही अतीत पूजा अथवा मिथ्या परम्पराभिमान से भी मुक्ति मिल सकती है। जिस प्रकार सोवियत रूस ने 19 वीं शताब्दी के जनतान्त्रिक लेखकों-चर्निशेविस्की, बैलिस्की आदि के साहित्य सिद्धान्तों का, पुनर्परीक्षण करके, मार्क्सवादी विश्लेषण के लिए अस्त्रों के रूप में प्रयोग किया है, उसी प्रकार हमें भारतीय काव्यशास्त्रीय परम्परा का सृजनात्मक प्रयोग करना होगा।

भारतीय काव्यशास्त्र की परम्परा एक अत्यन्त समृद्ध और दीर्घजीवी परम्परा है। किसी भी साम्यवादी देश को, इतनी बहुमूल्य धरोहर प्राप्त नहीं है। द्वन्द्वात्मक भौतिकवादी दृष्टि से इसके अनुसंधान से, यह परम्परा, संशोधित रूप में अन्य देशों के लिए भी प्रेरक हो सकती है। अतएव भारतीय परपरा के हित की दृष्टि से भी, द्वन्द्वात्मक भौतिकवाद के आलोक में, अतीत की जाँच-पड़ताल महत्वपूर्ण है।

सैद्धान्तिक अध्ययन में, अनावश्यक विवरणों को छोड़ना पड़ता है। अतएव भारतीय काव्यशास्त्र के मूल सिद्धान्तों और धारणाओं पर ही ध्यान केन्द्रित करने के लिए एक तो भेदों-उपभेदों की उपेक्षा वांछनीय है तो दूसरी ओर मूल सम्प्रदायों का विवेचन ही आवश्यक है। उनकी शाखा-प्रशाखाओं का इतना अधिक विस्तार, भारतवर्ष में हुआ है कि इस विवरण में भटक जाने का भय उपस्थित हो जाता है। इसी प्रकार संस्कृत काव्यशास्त्र के पश्चात हिन्दी और अन्य भारतीय भाषाओं के काव्यशास्त्र में सैद्धान्तिक नवीनता प्राप्त नहीं होती। संस्कृत काव्यशास्त्र की धारणाओं की पुनरावृति ही, मध्यकाल (रीतिकाल) में मिलती है।[147] एतएव सैद्धान्तिक विवेचन के लिए रीतिकाल काव्यशास्त्र को समेटने की कोई आवश्यकता नहीं है।

प्रस्तुत प्रबन्ध में, इसीलिए, संस्कृत काव्यशास्त्र के मूल मूल सिद्धान्तों का, द्वन्द्वात्मक भौतिकवाद के आलोक में, अनुसंधान प्रस्तुत किया गया है। ऐतिहासिक भौतिकवादी दृष्टि से, भारतीय काव्यशास्त्र के विकास अथवा भारतीय इतिहास और समाज रचना के परिवर्तित होते हुए रूप के साथ काव्यशास्त्र के अभ्युदय और उन्मीलन का आधार-आधेय सम्बन्ध भी स्पष्ट किया गया है और सैद्धान्तिक विवेचन के लिए सभी महत्वपूर्ण तथ्यों और विवरणों का भी आकलन किया गया है किन्तु अनुसंधान का मुख्य विषय मूल भारतीय काव्य सिद्धान्तों का परीक्षण, सीमा निर्देशन और सम्भावनाओं का संकलन है।

अब तक, परम्परागत दृष्टि से भारतीय काव्यशास्त्र की पुनर्प्रस्तुति ही अधिक हुई है और आदर्शवादी दृष्टि से भारतीय काव्यशास्त्र की वायवीय व्याख्याएँ ही हो सकी है किन्तु वैज्ञानिक भौतिकवाद के आलोक में किए गए अनुसंधान से भारतीय काव्यशास्त्र के अध्ययन का न केवल एक नवीन शोध-क्षेत्र खुलता है वरन परम्परागत धारणाओं के नए आयाम भी प्रस्तुत होते हैं, जिनके आधार पर प्राचीन और नवीन साहित्य के मूल्यांकन की समस्या का समाधान हो सकता है।

सन्दर्भ

1. मार्क्सवादी लेखक सौन्दर्य-शास्त्र शब्द का प्रयोग व्यापक अर्थ में करते हैं। काव्यशास्त्र भी सौन्दर्य-शास्त्र शीर्षक के अन्तर्गत विवेचित किया जा सकता है।

2. इंट्रोडक्शन टू ए मॉनोग्राफ ऑन ईस्थेटिक्स, जार्ज लुकाच, अकादगी पब्लिशिंग हाउस, बुडापेस्ट, 1965 ई., पृष्ठ 61।

3. फन्डामैण्टल्स ऑफ डायलैक्टीकल मैटरियलिज्म, पृष्ठ 200।

4. द नैसैसिटी ऑफ आर्ट, फिशर पृष्ठ 131।

5. फन्डामैण्टल्स ऑफ डायलैक्टीकल मैटरियलिज्म, पृष्ठ 201।

6. द नैसेसिटी ऑफ आर्ट, पृष्ठ 116।

7. द मीनिंग ऑफ कन्टेम्पोरेरी आर्ट, जार्ज लुकाच, लंदन, 1962, पृष्ठ 17।

8. फार्म इन जनरल कैन प्ले वैरी बिग रोल इन द आरगनाइजेशन एण्ड डैवलैपमेंट ऑफ कन्टेन्ट। इट इज असैन्शियल टू बेयर दिस इन माइण्ड, नॉट ऑन ली इन थ्यिौरी, बट ऑल सो इन प्रैक्टिस—फण्डामैंटल्स ऑफ डायलैक्टीकल मैटरियलिज्म, पृष्ठ 103।

9. टू इयर्स एगो, द सोवियत मेगजीन-द्रु श्बानारदेव (1960, इश्यू नम्बर 4) पब्लिश्ड ए हिदर टू अननोन लैटर ऑफ क्रुप्सकाया इन व्हिच शी डिक्लेयर्स दैट लेनिन्स फेमस 1905 ऐसे "पार्टी ऑरगनाइजेशन एण्ड पार्टी लिटरेचर" वाज नॉट कन्सर्न्ड विद लिटरेचर एज फायन आर्ट, ए व्यू आई हैव लौंग हैल्ड—द मीनिंग ऑफ कन्टैम्पोरेरी रियलिज्म—जार्ज लुकाच, लन्दन, 1962 ई. पृष्ठ 7।

10. कार्ल मार्क्स—राहुल, पृष्ठ 14।

11. लिटरेचर एण्ड आर्ट, कार्लॉ मार्क्स एण्ड फ्रेडरिक एंगिल्स, बम्बई, 1956, पृष्ठ 15।

12. वही, पृष्ठ 13।

13. ईस्थैटिक यूटोपिया।

14. माई प्रापर्टी इज फार्म, इट इज माई स्प्रिचुअल इंडीवीजुअलिटी। द स्टाइल इज द मैन—लिटरेचर एण्ड आर्ट, पृष्ठ 52।

15. वही, पृष्ठ 52।

16. वही, पृष्ठ 52।

17. वही, पृष्ठ 54।

18. वही, पृष्ठ 55।

19. ए कंट्रीब्यूशन टू द क्रिटीक ऑफ पॉलिटिकल इकनौमी, लिटरेचर एण्ड आर्ट, पृष्ठ 17।

20. वही, पृष्ठ 42-43।

21. बेडमेयर को लिखा गया पत्र, कार्ल मार्क्स, (जीवनी) राहुल, पृष्ठ 128।

22. लिटरेचर एण्ड आर्ट, पृष्ठ 122-126।

23. सोशलिस्ट ह्यूमैनिज्म, वही, पृष्ठ 53।

24. प्योर ईस्थीटीसिज्म।

25. लिटरेचर एण्ड आर्ट, पृष्ठ 126-127।

26. ए टू एण्ड ऑनैस्ट प्रजैन्टेशन ऑफ पर्सन्स एण्ड ईवैन्ट्स, वही, पृष्ठ 35।

27. डायलैक्टस ऑफ नेचर।
28. लिटरेचर एण्ड आर्ट्स, पृष्ठ 23-25।
29. वही, पृष्ठ 49-52 तथा पृष्ठ 58-61।
30. टिपीकल कैरेक्टर्स अंडर टिपीकल सरकम्सटैंसिस-वही, पृष्ठ 36।
31. लिटरेचर एण्ड आर्ट्स, पृष्ठ 37।
32. अरध ढँके नीके लगै, कवि अच्छर, कुच, केश।
33. बाल्जाक हूम आई कंसीडर ए फार ग्रेटर मास्टर ऑफ रियलिज्म दैन आल द जोलाज, पास्ट, प्रजैन्ट, ऑर फ्यूचर, गिव्ज अज इन हिज कामेडी ह्यूमैन, ए मोस्ट वंडरफुली रियलिस्टिक हिस्ट्री ऑफ फ्रैन्च सोसाइटी-लिटरेचर एण्ड आर्ट्स, पृष्ठ 37।
34. टैन्डैन्शियस लिटरेचर।
35. लिटरेचर एण्ड आर्ट, पृष्ठ 39।
36. द परफैक्ट ब्लेडिंग ऑफ ग्रेट इन्टैलैकचुअल डैप्थ, एण्ड कांशस हिस्टोरीकल कन्टैन्ट...विद शेक्सपियर विवेसिटी एण्ड वैल्थ ऑफ एक्शन विल, प्रोबैबली बी एचीव्ड ऑनली इन फ्यूचर...इट इज ट्रूली इन दिस ब्लैडिंग, दैट आई सी द फ्यूचर ऑफ द ड्रामा लैजेल को लिखित पत्र, लिटरेचर एण्ड आर्ट, पृष्ठ 45।
37. आई बिलीव द इटैलैक्चुअल कन्टैन्ट ऑफ यौर ड्रामा वुड नॉट हैव बीन हार्म्ड, इफ द इंडीवीजुअल कैरेक्टर्स हैड़ बीन मोर शार्पली डिफरैन्शियेटिड एण्ड कन्ट्रास्टिड-लिटरेचर एण्ड आर्ट, पृष्ठ 46।
38. डज इट सजैस्ट दैट देयर इज समथिंग इन द फौरमेटिव इमैजीनेशन व्हिच इज एलेयिन टू द इन्टैलैक्चुअल कन्टैन्ट एण्ड व्हिच कैन नाट बी ट्रेस्ड टू मियर सोशियो-इकनौमिक फोर्सिज—(टूवर्ड्स द थियौरी आफ इमैजीनेशन, पृष्ठ 106)।
39. प्लेटन्स इमैजीनेशन फौलोड टिमिडली इन द बोल्ड फुटस्टप्स ऑफ हिज इन्टैलैक्ट एण्ड केम टू ए वर्क ऑफ जीनियस डिमांडिंग ए डेयरिग लीप...एंगिल्स, लिटरेचर एण्ड आर्टस, पृष्ठ 74।
40. अन एड्ड्रैस्ड लैटर्स, पृष्ठ 44।
41. नॉर इज इट टू दैट आर्ट एक्सप्रैसिस ऑनली मैनस इमोशन्स। नो, इट एक्सप्रैसिस बोथ दियेर इमोशन्स एण्ड देयर थॉट्स-एक्सप्रैसिस दैम, नॉट एब्सट्रैक्टली बट इन लिव इमेजिज-अन एट्ड्रैस्ड लैटर्स, पृष्ठ 8।
42. सौन्दर्य बोध-यह बोध, सिर्फ मानवीय माना जाता है लेकिन जब हम नर पक्षी को अपनी मादा के सम्मुख सुन्दर पंखों और रंगों का प्रदर्शन करते हुए देखते हैं, तब इस बात में कोई सन्देह नहीं रह जाता कि मादा अपने साथी के सौन्दर्य की प्रशंसा करती है...कुछ पक्षी अपने नीड़ों को रंगीन वस्तुओं से रुचिपूर्वक सजाते हैं...नर पक्षी प्रेम ऋतु काल में मधुर ध्वनि करते हैं, जिसे मादा पक्षी पसंद करते हैं—द डीसैण्ट आफ मैन—डार्विन, उद्धृत-अनएड्ड्रैस्ड लैटर्स, पृष्ठ 12-13।
43. अनएडड्रेस्ड लैटर्स, पृष्ठ 14।
44. देवर टायर्ड ऑफ बारबैरिज्म, एज वी आर टायर्ड ऑफ सिविलीजेशन दोज माउन्टेन गिव अज ए रैस्पायट, फ्रॉम अवर साइड बाक्स, अवर ऑफिसिस एण्ड अवर शॉप्स। वाइल्ड सीनरी प्लीजिज अज ऑनली फार दिस रीजन—अनएड्ड्रेस्ड लैटर्स, पृष्ठ 30।
45. ईस्थैटिक रिलेशन बिटवीन आर्ट एण्ड रियलिटी—चर्निशेवस्की।

46. अनएड्ड्रेस्ड लैटर्स, पृष्ठ 51।
47. अनएड्ड्रैस्ट लैटर्स, पृष्ठ 111।
48. वही, पृष्ठ 152।
49. पार्टी ऑरगनाईजेशन एण्ड पार्टी लिटरेचर लेनिन ऑन लिटरेचर एण्ड आर्ट मास्को, 1967, पृष्ठ 23।
50. वही, पृष्ठ 25।
51. एवरी वन इज फ्री टू राइट एण्ड से, व्हाटएवर हि लाइक्स विदाउट एनी रिस्ट्रिक्शन—वही, पृष्ठ 25।
52. वही, पृष्ठ 28-33।
53. लेनिन ऑन लिटरेचर एण्ड आर्ट, पृष्ठ 50।
54. लूनाचार्श्की, ऑन लिटरेचर एण्ड आर्ट, मास्को, 1965 पृष्ठ 12।
55. दैट इट कान्ट बट बी ऑफ ए सोशियौलाजीकल नेचर, इन द स्प्रिट...लूनाचार्श्की, ऑन लिटरेचर एण्ड आर्ट, पृष्ठ 12।
56. इ कन्टेन्ट स्ट्राइव्ज ऑफ इटसैल्फ टूवर्ड्स ए डैफनिट फार्म—वही, पृष्ठ 14।
57. लूनाचार्श्की, ऑन लिटरेचर एण्ड आर्ट, मास्को, 1965, पृष्ठ 14।
58. द मार्क्सिस्ट क्रिटिक नीड्स टु बी वैरी स्क्लिफुल एण्ड एक्सट्रीमली सैंसिटिव—वही, पृष्ठ 17।
59. वही, पृष्ठ 17।
60. वही, पृष्ठ 14।
61. हि इज फाइटर एण्ड बिल्डर, लूनाचार्श्की, ऑन लिटरेचर एण्ड आर्ट, मास्को, 1965, पृष्ठ 16।
62. ए जीनियस मार्किस्ट क्रिटिक, एन इन्टीग्रल टायप...लूनाचार्श्की ऑन लिटरेचर एण्ड आर्ट, मास्को, 1965, पृष्ठ 29।
63. ए आर्म्ड विजन-स्टैनले एडगर हेमन, न्यूयार्क, 1948 पृष्ठ 189।
64. वही, पृष्ठ 20।
65. एज ए मैटर ऑफ फैक्ट, आल थ्रो हिस्ट्री, माइंड आफटर रियलिटी-लिटरेचर एण्ड रिवौल्यूशन, न्यूयार्क, 1957, पृष्ठ 19।
66. वही, पृष्ठ 43।
67. लिटरेचर एण्ड रिवौल्यूशन, न्यूयार्क, 1957, पृष्ठ 60।
68. वही, पृष्ठ 60।
69. वही, पृष्ठ 60।
70. इमेजिज्म इज द रिवर्स ऑफ डायनामिक्स...द पार्ट्स बिकम सैपरेटिड एण्ड कोल्ड-वही, पृष्ठ 67।
71. वही, पृष्ठ 68।
72. लिटरेचर एण्ड रिवौल्यूशन, न्यूयार्क, 1957, पृष्ठ 163-164।
73. (अ) आर्ट वॉज आलवेज फ्री आफ लाइफ एण्ड इट्स कलर नैवर रिफ्लैक्टिड द कलर ऑफ द फ्लेग व्हिच वेव्ड ओवर द फोर्टरेस ऑफ द सिआई शकलोवस्की, त्रात्स्की द्वारा उद्धृत, पृष्ठ 164।
(ब) विद ए न्यू फॉर्म कम्स ए न्यू कन्टेन्ट-फॉर्म दज डिटरमिन्स कन्टेन्ट कुचनिक, वही, पृष्ठ 164।

(स) पोयट्री मीन्स द गिविंग ऑफ फॉर्म टू द वर्ड, व्हिच इज वैल्युएबिल इन इट सैल्फ-जैकोब्सन, वही, पृष्ठ 164।

74. वही, पृष्ठ 169।
75. लिटरेचर एण्ड रिवौल्यूशन, न्यूयार्क, 1957, पृष्ठ 175।
76. वही, पृष्ठ 178।
77. इट इज वैरी टू, दैट वन कांट ऑल वेज गो बाई द प्रिंसपिल्स ऑफ मार्क्सिज्म इन डिसाइडिंग व्हैदर टू रिजैक्ट ऑर टू एक्सैप्ट ए वर्क आफ आर्ट। ए वर्क ऑफ आर्ट शुड इन द फर्स्ट प्लेस-बी जज्ड बाई इट्स ओन ली-वही पृष्ठ 178।
78. वही, पृष्ठ 180।
79. लिटरेचर एण्ड रिवौल्यूशन, न्यूयार्क 1935, पृष्ठ 197।
80. वही, पृष्ठ 218।
81. द अक्टोबर रिवौल्यूशन, यूरी डाव्यडोव, मास्को 1967, पृ. 152-200।
82. चर्निशेविस्की, डोब्रोलोव, पिसारोव, बैर्लिस्की आदि जनतांत्रिक लेखक।
83. ट्वण्टी फाइव इयर्स ऑफ सोवियत लिटरेचर 1918-1943 ग्लेव स्ट्रव, लंदन, 1946, पृष्ठ 206।
84. पोइट्री इज इन्डिफरेण्ट टू आब्जैक्ट ऑफ एक्सप्रैशन, वही, पृष्ठ 206।
84. द सम टोटल ऑफ इट्स स्टायलिस्टिक डिवाइसिस- वही, पृष्ठ 206।
85. फार दैम, वर्ड्स एण्ड नॉट इमेजिज ऑर इमोशन्स, कास्टीट्यूट द मैटीरियल आफ पोइट्री-ट्वन्टी फाइव इयर्स ऑफ सोवियत लिटरेचर, पृष्ठ 206।
86. द पोयटीकल स्पीच डैलीबरेटली, आव्सट्रक्टिड, कॉम्पलीकेटिड एण्ड डयुस्टिड एमिंग एट ओवरकर्मिंग द ओटोमेटिज्मि ऑफ परसैप्शन-वही, पृष्ठ 206।
87. वही, पृष्ठ 207।
88. अक्टोबर रिवौल्यूशन-भविष्यवादियों का घोषणा-पत्र, वही पृष्ठ 206।
89. (अ) द अक्टोबर रिवौल्यूशन, पृष्ठ 285।

(ब) मायकोवस्की ने मेयर होल्ड के 'आर्मी कमाण्डर' नाटक के विषय में लिखा है कि इसके प्रदर्शन में तार, मानचित्रों, चित्रपट के दृश्यों आदि का प्रयोग होता है। यह एक सामूहिक कार्य जैसा प्रतीत होता है, नाटक जैसा नहीं, अतएव नाटक शरीर व्यायाम है, भावों का उद्‌गार नहीं-वही पृष्ठ 289।

90. ऑन लिटरेचर, गोर्की, मास्को, पृष्ठ 264।
91. वही, पृष्ठ 33।
92. ऑन लिटरेचर, गोर्की, मास्को, पृष्ठ 33।
93. आई थिंक दैट देयर रियलिज्म विल बी टिंज्ड विद द सरटेन रोमांटीसिज्म, वही, पृष्ठ 35।
94. लिटरेरी टायप्स-उद्धृत-ग्लेब स्ट्रव, पृष्ठ 240।
95. ग्लेब स्ट्रव, पृष्ठ 245।
96. द राउट।
97. अपटर्न्ड सौइल।
98. लूनाचार्श्की-ऑन एण्ड लिटरेचर, पृष्ठ 355।
99. माओ त्से तुंग ऑन आर्ट एण्ड लिटरेचर, पृष्ठ 112।
100. वही, पृष्ठ 111।

101. वही, पृष्ठ 112।
102. माओ त्से तुंग, ऑन आर्ट एण्ड लिटरेचर, पृष्ठ 33।
103. द आर्म्ड विजन, पृष्ठ 197।
104. वही, पृष्ठ 197।
105. जडानोव ने मधुर गीत लेखिका अखमातोवा की व्यर्थ निन्दा की है।
106. द फ़िलौस्फ़ी ऑफ़ आर्ट ऑफ़ कार्ल मार्क्स।
107. इल्यूजन एण्ड रियलिटी, दिल्ली, 1956, पृष्ठ 11-53।
108. ओवर सिटैमैटिक।
109. चौखटे-फ्रेम वर्क।
110. एवरी क्लास इन ए क्लास सोसाइटी हैज इट्स पॉलिटीकल आर्टिस्टिक क्रायटेरिया। बट ऑल क्लासिस इन ऑल क्लास सोसायटीज प्लेस द पॉलिटीकल क्रायटेरिया बिफोर द आर्टिटिस्टक क्रायटेरिया-माओ त्से तुंग, ऑन आर्ट एण्ड लिटरेचर, पृष्ठ 109।
111. इल्यूजन एण्ड रियलिटी, पृष्ठ 10।
112. वही, पृष्ठ 124।
113. वही, पृष्ठ 126।
114. वही, पृष्ठ 126।
115. वही, पृष्ठ 126।
116. वही, पृष्ठ 131।
117. वही, पृष्ठ 133।
118. स्टडीइंग पोयट्री एज एन ऑरगैनिक आर्ट ऑफ सोसाइटी, हिस्टोरीकली दैट इज इन मूवमैण्ट-इल्यूजन एण्ड रियलिटी, पृष्ठ 271।
119. स्टडीज इन डायिंग कल्चर-कॉडवेल।
120. फ्रायड-स्टडीज इन डायिंग कल्चर।
121. ब्यूटी इज एट्रीब्यूटिड टू आब्जैक्ट्स व्हिच प्रोड्यूस को-सिनथैसिस-मीनिंग ऑफ मीनिंग-रिचर्ड्स।
122. फर्दर स्टडीज इन डायिंग कल्चर-कॉडवेल।
123. वही।
124. नावेल एण्ड द पीपुल (1937 ई.)।
125. द कमिंग स्ट्रगल (1933) तथा लिटरेचर एण्ड डायलैक्टीकल मैटीरियलिज्म (1934)।
126. द प्रोग्रैस ऑफ रैडीकल।
127. क्राइसिस एण्ड सिविलीजेशन (1937)।
128. एस्काइलस एण्ड एथेंस तथा मार्किस्ज्म एण्ड पोयट्री।
129. पोयट्री एण्ड सोसाइटी तथा द नॉवेल टु डे।
130. जान बनयान-मेकर ऑफ मिथ्स।
131. ट्रैडीशन एण्ड डिजायन इन होमर।
132. डबल्यू, एच. ऑडेन : स्टीफेन स्पैंडर, सी. डी. लीविस, लुईस मैकनीस तथा लेहमन आदि।
133. मेन करैन्टस इन अमेरिकन थॉट।

134. द स्प्रिट ऑफ अमेरिकन लिटरेचर।
135. द लिबरेशन ऑफ अमेरिकन लिटरेचर।
136. द ग्रेट ट्रेडीशन।
137. द होलो मैन।
138. लिटरेचर एण्ड सोसाइटी तथा न्यू वैल्यूज।
139. ए नोट ऑन लिटरेरी क्रिटीसिज्म।
140. अमरीकन रिनैसां।
141. पार्टीजन रिव्यू-स्तालिन विरोधी वामपंथी पत्र।
142. योरोपियन रियलिज्म तथा द मीनिंग ऑफ रियलिज्म। लुकाच ने दो जिल्दों में सौन्दर्यशास्त्र प्रस्तुत किया है।
143. द नैसेसिटी आफ आर्ट।
144. विशद विवरण के लिए द्रष्टव्य समकालीन मार्क्सवाद, पंचशील प्रकाशन, जयपुर।
145. (अ) भाषा वैज्ञानिक-मनोवैज्ञानिक काव्यशास्त्र-ग्लेब स्ट्रव, पृष्ठ 202।
(ब) आलोचना-रवीन्द्रनाथ श्रीवास्तव के लेख, सम्पादक नामवर सिंह, अंक 1-2।
146. द ट्रुथ ऑफ मार्क्सिज्म मस्ट बी इन्टीग्रेटिड विद द नेशनल करैक्टसिटिक्स एण्ड गिविन ए डैफिनिट नेशनल फॉर्म, बिफोर इट कैन बी यूजफुल-ऑन आर्ट एण्ड लिटरेचर-माओ, पृष्ठ 33।
147. संस्कृत साहित्य की परम्परागत, शास्त्रीय एवं काव्यात्मक सम्पत्ति के उत्तराधिकारी होने वाले कवियों ने, न तो देववाणी में लिखित विचारों, सिद्धान्तों एवं नियमों का विरोध ही उचित समझा और न हिन्दी काव्य के आधार पर, काव्यशास्त्र के नये नियमों और सिद्धान्तों के खोजने का ही प्रयत्न किया—हिन्दी काव्यशास्त्र का इतिहास, डॉ. भगीरथ मिश्र, लखनऊ, संवत् 2015, पृष्ठ 33।

भारतीय काव्यशास्त्र का विकास

एक नया वर्ग संस्कृति की रचना का प्रारम्भ से ही विकास नहीं करता अपितु वह भूतकाल (की धरोहर) में प्रविष्ट होता है, उस पर अधिकार करता है, उसे सँवारता-सुधारता है, उसकी पुनर्व्यवस्था करता है और उस भूतकालीन सम्पति का नवनिर्माण करता है। यदि विगत युगों के, पुराचीन कोष का उपयोग नहीं किया जाता, तो ऐतिहासिक प्रक्रिया की प्रगति असम्भव हो जाएगी।

त्रात्स्की
लिटरेचर एण्ड रिवौल्यूशन

द्वितीय अध्याय

भारतीय काव्यशास्त्र का विकास

भारतीय काव्यशास्त्र में प्राप्त द्वन्द्वों का स्वरूप और भौतिकवादी व्याख्या– द्वन्द्वात्मक भौतिकवादी दृष्टि से काव्यशास्त्र समाज के उपरि-आधार का अंग है। समाज का उपरि-आधार, सामान्यतः समाज के आर्थिक आधार पर निर्भर करता है किन्तु आर्थिक आधार के परिवर्तित होते ही, उपरि-आधार सहसा परिवर्तित नहीं हो जाता, कभी उपरि-आधार के कुछ अंग परिवर्तित नहीं भी होते। भाषा, संस्कृति और इतिहास किन्हीं परिस्थितियों में आर्थिक उपकरणों से प्रबलतर सिद्ध होते हैं।[1] उपरि-आधार में परिवर्तन होने पर उसके कुछ तत्त्व तेजी से बदलते हैं, जैसे लोगों का राजनैतिक दृष्टिकोण, कुछ तत्त्व बहुत धीरे या कम बदलते हैं जैसे मनुष्य का सौन्दर्य बोध।[2]

अतएव भारतीय काव्यशास्त्र, तात्कालिक भारतीय समाज के आर्थिक आधार के मूलतः अनुरूप होने पर भी, आर्थिक आधार का यथावत् प्रतिबिम्ब नहीं है। गुरु-शिष्य परम्परा द्वारा दर्शन, काव्यशास्त्र, धर्म, आदि में एक नवोदित प्रवृत्ति, आगे परम्परा का रूप धारण करती है और परिवर्तित आर्थिक और राजनैतिक परिस्थितियों में भी वह प्रचलित रहती है।

भरत के नाट्यशास्त्र का विकास–काव्यशास्त्र या अलंकारशास्त्र[3] का प्रथम प्रामाणिक रूप नाट्यशास्त्र में प्राप्त होता है। राजशेखर के अनुसार भगवान श्रीकंठ महादेव ने परमेष्ठी, बैकुंठ आदि 64 शिष्यों को इस शास्त्र का उपदेश दिया। ब्रह्मा ने अपने मानस पुत्रों को यह शास्त्र प्रदान किया। काव्य पुरुष नामक सरस्वती के पुत्र को, ब्रह्मा ने काव्य विद्या का उपदेश दिया। काव्य पुरुष ने अठारह दिव्य स्नातकों को इस शास्त्र में दीक्षित किया। तब इन्द्र ने 'कवि रहस्य', उक्तिगर्भ ने 'उक्ति', सुवर्णनाभ ने 'रीति' विषयक ग्रन्थ लिखे।[4]

राजशेखर द्वारा प्रस्तुत यह परम्परा पौराणिक कल्पना होने से विश्वसनीय नहीं है। यदि भरत के पूर्व रीति, अलंकारादि का विवेचन ब्रह्मा के मानस पुत्रों द्वारा हो चुका था तो नाट्यशास्त्र में उनका उल्लेख अवश्य होता।

वैदिक साहित्य में उपमा, रूपक, अतिशयोक्ति आदि के उदाहरण तो मिलते हैं किन्तु अलंकार शास्त्र अलभ्य है। निघंटु में उपमा के वाचक पदों का उल्लेख है।[5] निरुक्त में यास्क ने गार्ग्य का उपमा-लक्षण प्रस्तुत किया है–

उपमा यत् अतत् तत्सदृशमिति (निरुक्त 3-13)

उपमा वहाँ होती है, जहां एक वस्तु दूसरी वस्तु से भिन्न होते हुए भी उसी के सदृश हो।

गार्ग्य के अनुसार उपमान को उपमेय की अपेक्षा गुणों में श्रेष्ठ होना चाहिए किन्तु ऋग्वेद से ऐसे उदाहरण दिए गए हैं, जिनमें उपमान हीन गुण वाले हैं। बलदेव उपाध्याय के अनुसार उपमा की शास्त्रीय कल्पना निरुक्तकार से (600 ई. पूर्व) पूर्व ही हो चुकी थी।[6] कर्मोपमा, भूतोपमा, सिद्धोपमा लुप्तोपमा का विवेचन यास्क के समय तक हो चुका था।[7]

पाणिनि ने उपमा के विषय में कुछ सूत्र दिए हैं।[8] महाभाष्य में उपमान शब्द की व्याख्या की गई है।[9] यह एक सत्य है कि व्याकरण से, अलंकार शास्त्र ने सहायता ली है। संकेत ग्रह का विचार नैयायिकों और मीमांसकों द्वारा प्रस्तुत हुआ है। स्फोट सिद्धान्त से ध्वनि सिद्धान्त पुष्ट किया गया है। बलदेव उपाध्याय ने वाल्मीकि को कालिदास (रघुवंश 14-70) की साक्षी पर प्रथम आलोचक माना है।[10]

150 ई. के रुद्रदामन के गिरनार शिलालेख में काव्य शास्त्र की शब्दावली का प्रयोग मिलता है : स्फुटलघुमधुर चित्रकान्तशब्दसमयोदारलंकृत गद्यपद्य...।[11] कौटिल्य के ग्रन्थ *अर्थशास्त्र* में काव्यशास्त्रीय माधुर्य, औदायूर्य, स्पष्टत्व आदि तत्त्वों का प्रयोग किया गया है।[12] चंपा देश के द्वितीय या तृतीय शताब्दी के एक लेख में वसन्त तिलका छन्द का प्रयोग मिलता है। आचार्य काणो के अनुसार ईसा की प्रथम, द्वितीय, तृतीय और चतुर्थ शताब्दी में लिखे लेखों से यह प्रमाणित होता है कि इन शताब्दियों में काव्यशास्त्र का पर्याप्त विकास हो चुका था।[13]

काव्य रचना के इतिहास से भी यह प्रमाणित होता है कि ईसा पूर्व की शताब्दियों में, यत्किंचित् काव्य विवेचन होता आ रहा था। वाल्मीकि रामायण के अतिरिक्त पाणिनि के जाम्बन्तीविजय, वररुचि के काव्य तथा पंतजलि द्वारा उल्लिखित वासवदत्ता, सुमनोत्तरा, भैमरथी आदि आख्यायिकाओं का अस्तित्व था।[14]

इससे यह सिद्ध होता है कि नाट्यशास्त्र में प्राप्त काव्यशास्त्र के लिए एक साहित्यिक आधार प्रस्तुत हो चुका था और वैय्याकरणों द्वारा काव्यशास्त्र का यत्किंचित् विवेचन भी होता आ रहा था किन्तु व्यवस्थित और विस्तृत रूप में काव्यशास्त्र की दृष्टि से प्रथम ग्रन्थ नाट्य शास्त्र ही है। यह सम्भव है कि अलंकार शास्त्र प्रथम नाट्य शास्त्र के अंग के रूप

में प्रस्तुत होता आ रहा हो क्योंकि नाटक पर पाणिनि के समय ही शिललि और कृशाश्व के नट सूत्र प्रसिद्ध थे।[15] पतंजलि ने भी कंसवध और बलिबंधन नाटकों का उल्लेख किया है।

नाट्यशास्त्र के काल निर्धारण के बिना काव्यशास्त्र की भौतिकवादी व्याख्या असम्भव है। आचार्य काणे ने नाट्य शास्त्र की तिथि पर विभिन्न मत प्रस्तुत किए हैं।[16] श्री मनमोहन घोष ने नाट्य शास्त्र के अंग्रेजी अनुवाद ग्रन्थ में भाषा, समाज, पौराणिकता, नृतत्व शास्त्र तथा अंतर्साक्ष्य पर विचार कर, इसका समय द्वितीय शताब्दी निर्धारित किया है।[17] श्री एम. ए. मेहन डैले के अनुसार नाट्य शास्त्र का काल तृतीय शताब्दी है।[18]

वस्तुतः नाट्यशास्त्र का क्रमिक विकास हुआ है। इसकी पूर्व सीमा निर्धारित करना कठिन है किन्तु अंतिम सीमा द्वितीय-तृतीय शताब्दी तक निर्धारित की जा सकती है। डा. के. सी. पांडेय के अनुसार नाय्य शास्त्र गुरु-शिष्य परम्परा से मौखिक रूप में, प्रचलित रहा होगा, यह परम्परा ब्रह्मा भरत नाम से प्रसिद्ध थी।[19] द्वितीय परम्परा सदाशिवभरत और तृतीय परम्परा आदिभरत नाम से प्रचलित थी। इन परम्पराओं के आधार पर प्रचलित नाट्य शास्त्र ईसवी सन् की तृतीय शताब्दी तक लिपिबद्ध हुआ होगा।

विकास का अन्य प्रमाण यह है कि नाट्यशास्त्र में पूर्वाचार्यों और पूर्व आचार्यों का उल्लेख मिलता है। अभिनवगुप्त के अनुसार नाट्य शास्त्र के श्लोक प्राचीन हैं, प्रमाण के लिए भरत ने इन्हें उद्धृत किया है। नाट्य-शास्त्र में सूत्र, श्लोक या कारिका तथा भाष्य तीन स्तर हैं। यह सम्भव है कि मूल ग्रंथ सूत्रात्मक हो। बलदेव उपाध्याय के अनुसार षष्ठ तथा सप्तम अध्याय सूत्रात्मक ही हैं। सूत्रों के बाद भाष्य रचे गए होंगे। कारिकाओं में विस्तार से विवरण प्रस्तुत किया गया।[20]

अध्यायों में भी एकरूपता नहीं है। काव्य माला संस्करण में 37 अध्याय हैं। दक्षिणी संस्करण में नाट्यशास्त्र के 36 अध्याय हैं। अभिनवगुप्त के अनुसार 36 अध्याय हैं। अभिनवगुप्त के अनुसार अध्याय ही प्रामाणिक हैं क्योंकि शैव दर्शन में तत्वों की संख्या 36 है। यह भी सम्भव है कि द्वितीय-तृतीय शताब्दी के बाद इसमें मिश्रण हुआ हो क्योंकि छन्द प्रकरण में अलंकार युग (षष्ठशती,) के छन्द भर दिए गए हैं। श्री मनमोहन घोष प्रवृत्तियों का विवरण भी परवर्ती मानते हैं। उनके अनुसार 15-16 वें अध्यायों में प्रक्षिप्त पद्य हैं।

सामाजिक व्यवस्था के सन्दर्भ में नाट्य शास्त्र की तिथि और स्वरूप—उक्त विवेचन के अनुसार नाट्य शास्त्र के परवर्ती स्थलों को छोड़ कर, नाट्य शास्त्र की अंतिम सीमा द्वितीय-तृतीय शताब्दी है।

नाट्य शास्त्र ब्राह्मणवादी परम्परा में निर्मित हुआ है, यह स्वतः प्रमाणित तथ्य है। भरत वेद, वैदिक देवता, ब्राह्मण-स्मृतियों में प्रतिपादित राज्य व्यवस्था, विधि और वर्ण सम्बन्धों को स्वीकार करते हैं किन्तु भरत कलाओं के प्रति “स्मृति-दृष्टि” नहीं रखते। वह

सर्वशास्त्र का उल्लेख करने के पश्चात् इतिहास अथवा पुराणों की चर्चा करते हैं।[21] पुराणों में केवल मत्स्यपुराण में भरत पुत्रों का उल्लेख मिलता है।[22] पुराण स्पष्टतः ब्राह्मण परम्परा के प्रचारक हैं और ब्राह्मणवादी समाज व्यवस्था के समर्थक हैं किन्तु पुराणों की दृष्टि-स्मृतियों की तुलना में उदार हैं। वहाँ इस देश की सभी जातियों की संस्कृतियों की अन्तर्मुक्ति का प्रयत्न है। यही दृष्टि नाट्य शास्त्र में मिलती है। यहाँ भी सार्ववार्णिक हित को ध्यान में रखा गया है परन्तु भरत ने रसों के गोत्र, कुल, देवतादि ब्राह्मण परम्परा के अनुसार ही वर्णित किए हैं। इस प्रकार धर्म शास्त्रों की भी स्वीकृति है। राजा को देवांशज कहा गया है।[23] शूद्रों के प्रति उदार होने पर भी उन्हें उपदेश है कि वे किसी का स्पर्श न करते हुए, अंग संकोच के साथ चलें।[24] भरत की प्रतिज्ञा थी कि रूपकों में समाज का यथावत् अनुकरण हो। अतः ब्राह्मणवाद द्वारा स्वीकृत मानव सम्बन्धों को उन्होंने कहीं अस्वीकार नहीं किया। अपने उदार ब्राह्मणवाद के कारण वह पुलिन्द, शवर आदि को मलेच्छ कहते हुए भी उनके प्रति आदर प्रदर्शित करते हैं। विभिन्न भाषाओं के विवरण के समय वे एक ब्राह्मणवादी हैं। अतिभाषा देवताओं के लिए, आर्य भाषा राजाओं के लिए, प्राकृत भाषा सामान्य जनों के लिए तथा निकृष्ट प्राकृतों का प्रयोग सेवकों और श्रमिकों के लिए निश्चित किया गया है। सम्बोधन-सिद्धान्त में ब्राह्मण गौरव स्पष्ट है। ब्राह्मण राजा का नाम लेकर भी पुकार सकता है, वह इसके लिए क्षम्य है क्योंकि वह पूज्य है।[25] इस प्रकार वर्ण और वर्ग की दृष्टि से ही भिन्न-भिन्न सम्बोधनों का प्रयोग निश्चित किया गया है।

नायकों की दृष्टि से भी नाट्य शास्त्र में वर्ण-पक्षपात मिलता है। नाटक में राजा और प्रकरण में विप्र या वैश्य ही नायक हो सकता है, निम्न वर्ग के व्यक्ति को नायकत्व का गौरव नहीं दिया जा सका।

नवब्राह्मणवाद—बौद्ध युग में, ब्राह्मणवाद का प्रभाव क्षीण हुआ, परन्तु शुंग-कण्व काल में, वह नव्योत्कर्ष प्राप्त करता है। नवब्राह्मणवाद में गौतम बुद्ध और महावीर के प्रति आदर प्रदर्शित किया गया है किन्तु इनकी अतिवादी विचारधारा और साधनाओं का विरोध भी कम नहीं है। नाट्य शास्त्र का रस, नाटक और संगीत आदि श्रमणों की कठोर नैतिक दृष्टि के विपरीत पड़ते हैं। दर्शन के क्षेत्र में गीता का कर्मयोग और षट्दर्शन, आचार संहिता की दृष्टि से, ब्राह्मणवादी धर्म शास्त्र, और वैदिक परम्परा के प्रचारक पुराण, श्रमण-सम्प्रदायों का खण्डन करते हैं।

नवब्रह्मणवादी युग में, श्रमण-सम्प्रदायों के समर्थक गणतंत्रों का उन्मूलन हुआ।[26] शक, कुशाण आदि विदेशियों के विरुद्ध युद्ध किए गए। गुप्त सम्राटों ने शकों को परास्त कर, ब्राह्मणवादी संस्कृति के प्रसार के लिए स्वर्ण अवसर दिया। ब्राह्मणवाद गणतन्त्रों का विरोध करता रहा है, और उसने केन्द्रीय राज्य (चक्रवर्ती राजा की धारणा) का निरन्तर समर्थन किया है। वे एक राष्ट्र, एक राज्य के विचार के समर्थक और प्रसारक हैं।[27] केन्द्रीय

राज्य के विस्तार और विकास के इस महान युग में निर्मित होने के कारण नाट्यशास्त्र में भी भारतवर्ष के विभिन्न अंचलों की नाट्य परम्पराओं को स्वीकार किया गया है।

नाट्यशास्त्र की प्रगतिशीलता—भारतीय इतिहास का, द्वन्द्वात्मक भौतिकवादी दृष्टि से पूर्ण वैज्ञानिक अध्ययन सम्भव नहीं हो सका है फिर भी डांगे की पुस्तक में, वैदिक युग को, आदिम साम्यवादी युग कहा गया है।[28] डांगे के अनुसार, महाभारत युग में, दास प्रथा पर आधारित राज्य निर्मित हुए थे। उसके पश्चात्, देश में सामन्तवाद का उदय माना जाता है। डा. रांगेय राघव भी दास प्रथा पर आधारित महाभारत युग के पश्चात् मौर्ययुग में सामन्तवाद का उदय मानते हैं। वह चन्द्रगुप्त मौर्य से हर्षवर्धन तक सामन्तवाद को पूर्व मध्यकाल और हर्ष के पश्चात् सामन्तवाद को उत्तरमध्य काल कहना चाहते हैं।[29] भरत का नाट्यशास्त्र सामंतवाद के पूर्वमध्यकाल में विकसित और निर्मित हुआ। सामंत काल के उदय और उन्नति काल में शूद्रों की अधिकार वृद्धि होती है, दास प्रथा में यह सम्भव नहीं था। तभी सामन्त युग के अभ्युदय काल की रचना होने के कारण नाटय शास्त्र में उदारता मिलती है।[30] यह उदारता वस्तुतः दास युग के विपरीत सामन्तवाद की उदारता है।

डॉ. रामविलास शर्मा के अनुसार समाजशास्त्रीय दृष्टिकोण से महाभारत, सामन्ती युग के अभ्युदय और प्राचीन जनों के छिन्न होने की गाथा है।[31] अन्यत्र वह कहते हैं कि उत्तर भारत के प्रमुख जनों और उनके संघों का विघटन चन्द्रगुप्त मौर्य से लेकर समुद्रगुप्त तक साम्राज्यों के स्थापना—काल में लगभग पूरा हो गया था।[32] डॉ. शर्मा ने के.पी. जायसवाल के इस मत को स्वीकारा है कि पाँचवीं शताब्दी के अन्त तक हिन्दू भारत से गणराज्यों का लोप हो जाता है।[33] डॉ. शर्मा के अनुसार सामंतवाद, महाभारत युग के बाद देश के विभिन्न भागों में जन्म लेता है। चन्द्रगुप्त मौर्य युग में विकास की तीव्रता प्राप्त करता है और पांचवी शताब्दी तक पूर्णता को प्राप्त होता है। इस दृष्टि से भी भरत का नाट्य शास्त्र सामंतवाद के प्रगतिशील सोपान की रचना है।

श्री देवीप्रसाद चट्टोपाध्याय ने *लोकायत* नामक ग्रन्थ में भारतीय इतिहास की मार्क्सवादी व्याख्या की है। इस पुस्तक से बौद्ध युग तक सामन्तवाद का उदय प्रमाणित होता है। गौतम बुद्ध के दुःखवाद को गणतंत्रों और आदिम साम्यवाद के विनाश को देख कर उत्पन्न दुःख का परिणाम माना गया है।[34] डॉ. डी. डी. कोशाम्बी ने भी भारतीय इतिहास पर मार्क्सवादी दृष्टि से विचार किया है। श्री कोशाम्बी के अनुसार मौर्य युग के पूर्व महाभारत युग तक छोटे बड़े कबीलों के राजाओं का शासन था। महाभारत, साम्राज्य युग की रचना होने से इसमें कबीलाई शासकों के परस्पर युद्धों का वर्णन परवर्ती सामन्ती युद्ध के रूप में मिलता है। महाभारत के बाद ही केन्द्रीय प्रबल शासन की नींव पड़ी। सर्वप्रथम नन्दों ने साम्राज्य स्थापित किया। नन्द शूद्र थे। अतः इसे महाभारत के बाद कलियुग कहा गया। कलियुग की कल्पना सम्भवतः इसलिए भी की गई कि आदिम

साम्यवाद या सतयुग अब सम्भव नहीं था। साम्राज्य युग मुख्यतः कृषि और व्यापार युग था। वैदिककालीन पशुचारण युग के इन्द्र आदि देवताओं के स्थान पर अब नए देवताओं का जन्म हुआ। सामन्ती व्यवस्था में कबीलाई समता के स्थान पर पूँजी के विषम वितरण को स्मृतियों द्वारा धर्म का रूप दिया गया। वर्णों, वर्गों के परस्पर विषम सम्बन्धों को व्यवस्थित किया गया। अन्तर्देशीय और विदेशी व्यापार के लिए अब गणराज्यों के स्थान पर प्रबल केन्द्रीय राज्यों की स्थापना एक सामाजिक अनिवार्यता थी, अतः निरंकुश साम्राज्यों का जन्म हुआ। इसीलिए महाभारत, स्मृतियाँ, पुराण, षट्दर्शन, आगम आदि ग्रन्थों का रूप वैदिक साहित्य से भिन्न रूप में उपस्थित हुआ। यह बौद्धिक सृजन सामंती व्यवस्था के सैद्धान्तिक समर्थन के रूप में विकसित हुआ। वर्णों की भस्म पर नवीन जातियों (नेशनलटीज) का उद्भव भी इसी युग की विशेषता है। वाणिज्य और शिल्प के विकास के कारण नागरिक और ग्राम्य कलाओं का विकास हुआ। सामन्ती व्यवस्था में विकसित इस नागरिकता की झलक काम-शास्त्र में मिलती है किन्तु नाट्य शास्त्र में ग्राम्य, जनपदीय और नागरिक सभी कला-परम्पराओं को स्वीकार किया गया।

सामन्त युग में पिछड़ी हुई तकनीक द्वारा आवश्यकता पूर्ति हेतु उत्पादन होता है, मुख्य आर्थिक आधार कृषि पर निर्भर करता है। फिर भी सामन्ती भारतवर्ष में अन्तर्प्रान्तीय और विदेशी व्यापार पर्याप्त मात्रा में होता था। वस्त्र, बहुमूल्य पत्थर, गरम मसाला, पशु, पक्षी आदि का निर्यात होता था। सामन्तवादी व्यवस्था में, नन्दों, मौर्यों और गुप्तों के प्रबल केन्द्रीय राज्य थे। साम्राज्य के अन्तर्गत अनेक राजा होते थे जो आन्तरिक शासन में, स्वतन्त्र थे, किन्तु एक बड़े भू भाग पर केन्द्रीय शासन द्वारा प्रत्यक्ष प्रबन्ध होता था। सुरक्षा और प्रबन्ध का उत्तरदायित्व राजा पर होने के कारण और कृषि और व्यापार के लिए सुविधा मिलने के कारण, राजा को ईश्वर का अंश स्वीकार किया जाता था।[35] नाट्यशास्त्र में ही यही परम्परा स्वीकृत है। राज्य संस्था के विषय में डॉ. बेनीप्रसाद का कथन है कि राजा के अपरिमित अधिकार होते थे। उसका वैभव और प्रभाव असीमित था। जनता की व्यक्तिगत सम्पति पर कर वसूल करके राजा सेना, दुर्ग, कोष, सेवक, कर्मचारी आदि का प्रबन्ध करते थे और सारे जनसमूह के भाग्य विधाता थे।[36] माण्डलिक और करद राजाओं के राज कार्यों में सम्राट हस्तक्षेप नहीं करते थे अतः सामन्तवाद का अस्तित्व स्वतः प्रमाणित है।

अधिकारों के प्रति सजग इस शासन की विधि व्यवस्था ब्राह्मणों द्वारा निर्मित स्मृति ग्रन्थों पर आधारित थी, जिसमें वर्ण व्यवस्था को आधार बना कर समाज के संचालन का प्रयत्न मिलता है। ब्राह्मण वर्णों में श्रेष्ठ था, शिक्षा पर इस वर्ग का विशेष अधिकार था। क्षत्रियगणों में ब्राह्मणों का महत्व कम था परन्तु सामंत-साम्राज्य काल में गण ध्वंसोन्मुख थे। ब्राह्मण, गण विरोधी और राज्य सत्ता के समर्थक थे।

"ये गणराज्य मुख्यतः किन्हीं बाह्य कारणों से लुप्त नहीं हुए थे, उन्हें विघटित करने वाली शक्ति मुख्यतः उन्हीं के अन्दर थीं। यह शक्ति थी उत्पादन और वितरण का विकास।

कृषि के प्रसार से भूमि का सम्पत्ति रूप में महत्व, श्रम का नया विभाजन और उसके अनुरूप वर्ण-व्यवस्था का अभ्युदय और प्रसार हुआ। प्राचीन गणराज्यों में उनके ह्रास काल में सामाजिक समानता न थी। सम्पति कुछ कुलों में केन्द्रित थी। राज्य सत्ता भी इन्हीं के हाथों में थी। शासक चुनने का सारा काम जन नहीं करता था...दासों और परदेसियों को राज्य सत्ता मे अधिकार न था। वर्ण व्यवस्था ने इस दादापंथी रक्त सम्बन्ध के बदले नये सम्बन्ध स्थापित किए, जिनका मुख्य आधार था सम्पत्ति। नयी बिरादरियाँ बनीं, जिनका आधार कोई पेशा था।"[37]

"गणों की तुलना में प्रगतिशील" सामन्ती-साम्राज्य व्यवस्था के निर्माण में उत्पादन और वितरण में विकास, सम्पत्ति का अर्जन और केन्द्रीकरण की आवश्यकता होती है। प्राचीन जनों का बिखराव, परस्पर विनिमय, व्यापार आदि के विकास में बाधक होता है। भूस्वामियों के हाथ में सम्पत्ति का मुख्य स्रोत केन्द्रित होने पर नए श्रम विभाजन के आधार पर समाज चार वर्णों में विभाजित हो जाता है। सामन्ती समाज की विशेषता है, छोटे पैमाने का उत्पादन। इस उत्पादन से लाभ उठाते हैं, पुरोहित, भूस्वामी और व्यापारी, जनता का अधिकांश भाग जो शारीरिक श्रम करके खाने-पहनने से लेकर भोग-विलास की सामग्री जुटाता है, अधिकार च्युत होकर सेवक मात्र रह जाता है। सम्पतिशाली वर्गों के समर्थक शास्त्रकार इस व्यवस्था को सनातन और ईश्वरकृत बताते हैं।"[38]

ब्राह्मणवादी परम्परा के सभी शास्त्र इस सामन्ती साम्राज्यवादी व्यवस्था के समर्थक हैं और मौर्ययुग से हर्षवर्धन तक यह सामन्ती व्यवस्था प्राचीन गणों और कबीला राज्यों की तुलना में, ऐतिहासिक विकास की दृष्टि से, प्रगतिशील थी। अतएव नाटय शास्त्र में व्यापक दृष्टिकोण मिलता है। नव ब्राह्मणवाद ब्राह्मण-क्षत्रियों को मूर्धन्य स्थान देकर भी प्राचीन जनों के अलगाव के स्थान पर, सम्मिलन और अन्तर्भुक्ति पर बल देता है।

राहुल सांकृत्यायन ब्राह्मणवाद की इस सामन्तवादी भूमिका के योगदान को नहीं समझ पाए। वह गणों को, राज्यों से अधिक महत्व देते हैं जब कि इतिहास के विकास की दृष्टि से सार्वभौमिक केन्द्रीय राज्य सुरक्षा, कृषि, व्यापार और कलाओं की दृष्टि से अधिक उपयोगी था। राष्ट्रीय एकता का कार्य, अनजाने ही, सामन्त-साम्राज्यवाद पूरा कर रहा था और ब्राह्मणवाद इस राष्ट्रवाद का समर्थक था।

नाट्य शास्त्र उस काल में प्रगतिशील सामन्ती व्यवस्था और उसके उपरि-आधार ब्राह्मणवादी विचाराधारा की एक विशिष्ट कृति है। नाटय शास्त्र एक ओर सामंती सामाजिक व्यवस्था को यथावत् अपनाता है तो दूसरी ओर वह निम्न-वर्गों को भावना के क्षेत्र में समता भी देता है। यह लचीलापन शुंग-कण्व-गुप्त कालीन नवब्रह्मणवाद की विशेषता थी। भरत सभी जातियों और जनपदों की प्रवृत्तियों को नाट्य शास्त्र में स्थान देते हैं, वह देश के विभिन्न भागों में प्रचलित रीतियों को स्वीकार करते हैं।

अतः सामाजिक व्यवस्था के सन्दर्भ में नाट्य शास्त्र पर विचार करने पर यही प्रमाणित होता है कि नाट्य शास्त्र शुंग-कण्व-काल तक स्वरूप प्राप्त कर चुका था। परवर्ती

युग में, क्षेपक अवश्य जोड़े गए किन्तु उसका मूल रूप गुप्त काल से पूर्व ही निर्मित हो चुका था।

नाटय शास्त्र का जनवाद—सर्व-वर्ण-हितवाद—साम्राज्य युग, के सम्पूर्ण आर्थिक भार का वहन करे वाली जनता के प्रति स्मृतियों का दृष्टिकोण कठोर था। विधि व्यवस्था, उत्तराधिकारों के नियम, जातिवाद पर आधारित थे।[39] ब्राह्मण अवध्य था और उसकी सम्पत्ति सुरक्षित थी।[40] शूद्र जाति द्वारा सवर्णों के अपमान होने पर अंग भंग का विधान था।[41] माल विभाग के नियम भी जातिवाद पर आधारित थे।[42] ब्याज की दरें शूद्रों के लिए अधिक और ब्राह्मणों के लिए सबसे कम थीं।[43] शिक्षा का शूद्र के लिए निषेध था। मनु स्मृति शूद्र को वस्तृतः दास के स्तर पर ही स्वीकार करती है।[44]

कलाओं के विषय में स्मृतियों का दृष्टिकोण संकीर्ण था। आपस्तम्ब धर्मसूत्र तथा मनुस्मृति ही नहीं, महाभारत में भी स्मार्त्तों ने कला निन्दा का समावेश कर दिया है।[45] मनु ने नर्तन, गीतवादनादि को पतनकारक माना है। इस स्थिति में सर्वप्रथम भरत ने कला की गौरव वृद्धि की और शूद्रों को कला का अधिकारी सिद्ध किया।[46] मनुस्मृति के अनुसार कला (नाट्य) कामज है।[47] नाट्य शास्त्र नाट्य कर्ताओं को वही पद देता है जो, वेदज्ञों, याज्ञिकों और दानशीलों को प्राप्त होता है।

या गतिर्वेदविदुषां या गतिर्यज्ञ वेदिनार्म्
या गतिर्दानशीलानां, तां गति प्राप्नुयातु सः ॥[48]

अभिनव गुप्त ने नाट्य शास्त्र के प्रथम अध्याय के प्रथम श्लोक की व्याख्या में मनुस्मृति के 'कामजो दशको गणः' मत का खण्डन किया है। भरत के इस उदार दृष्टिकोण से परवर्ती स्मृतिकारों ने अपना मत संशोधित किया । याज्ञवल्क्य स्मृति के अनुसार सामवेद-मन्त्रों के गायकों के सदृश गीतगायक भी सद्गति प्राप्त करते हैं। वादकों को भी सद्गति देने का विधान कर दिया गया।[49] याज्ञवल्वय ने अपरान्तक, मद्रक, प्रकरी उल्लोप्यक आदि सात गीतों को नाट्य शास्त्र से ही उद्धृत किया है।[50] मिताक्षरा और अपरार्क भरत का इस सम्बन्ध में स्पष्ट उल्लेख करते हैं।[51]

वेद में शूद्रादि को अधिकार न होने के कारण सर्व वर्णों के लिए पंचमवेद नाट्य शास्त्र की रचना की गई थी—

न वेदव्यवहारोडयं संश्राव्यः शूद्रजातिषु
तस्मात्सृजापरं वेद पच्चमं सर्ववर्णिकम् ॥[52]

स्पष्ट है कि भरत, धर्मशास्त्र और स्मृतियों (मनु) की तुलना में, अधिक उदार थे।

उदात्तप्रयोजनवादः—भरत कला को मात्र मनोरंजन न मान कर, उसे देशकाल सापेक्ष मानते हुए, उसका शिक्षात्मक मूल्य स्वीकार करते हैं। उनका कलागत प्रयोजन

तात्कालिक सामाजिक व्यवस्था के ही अनुरूप है, किन्तु कला द्वारा प्रत्येक व्यक्ति के उदात्तीकरण की उनकी चाह स्पष्ट है। उनके अनुसार धार्मिकों को धर्म में प्रवृत्त करना, प्रेमियों को आनन्दित करना, उद्धतों को नम्र बनाना, कायरों को शूर बनाना, उत्साहियों को उत्साहित करना, मूर्खों को ज्ञान देना, शासकों का मनोरंजन करना, दुःखियों को शांति देना, अर्थ कामियों को अर्थ लाभ के लिए उत्साहित करना और व्याकुलों को धैर्य देना ही कला का प्रयोजन है।[53] इस प्रकार कला कला के लिए सिद्धान्त भरत के पश्चात् इस देश में स्वीकृत नहीं हुआ है।

यथार्थप्रियता—भरत नाट्य निर्माण में लोकवृत्त अनुकरण पर बल देते हैं।[54] दूसरे शब्दों में यह यथार्थप्रियता है।[55] भरत सुख-दुःख समन्वित लोक के स्वभाव अध्ययन पर बल देते हैं, और दूसरी ओर सहृदय या प्रेक्षक की दृष्टि से रस की निष्पत्ति की व्याख्या भी करते हैं। नाट्यशास्त्र के अतिरिक्त वाल्मीकि रामायण और महाभारत में भी यही यथार्थ प्रेम मिलता है। वाल्मीकि और व्यास ने केवल आत्म अभिव्यक्ति को काव्य नहीं स्वीकार किया। वह कला को जीवन और समाज की अभिव्यक्ति मानते थे।

कला और भरत का नैतिकतावाद—भरत कला की नैतिक निष्ठा में विश्वास करते हैं। रामायण में राम-रावण युद्ध, महाभारत में दुर्योधन-युधिष्ठिर युद्ध तथा भरत के नाट्य शास्त्र में वर्णित देवासुर संघर्ष वस्तुतः प्रतीकात्मक रूप में काव्य और कला का नैतिकता के प्रति गम्भीर उत्तरदायित्व का आख्यान है। देवताओं और दैत्यों की नीति (एथिक्स) में परस्पर विरोध है किन्तु भरत ने देवनीति के प्रचार को कला मात्र का उद्देश्य घोषित किया है। कला पक्षधर होती है, यह सत्य नाटय शास्त्र के प्रथम अध्याय में स्पष्टतः व्यंजित हुआ है। दैत्यों द्वारा ब्रह्मा पर देवनीति के प्रति पक्षपात की शिकायत पर ब्रह्मा ध्यान नहीं देते। इस आख्यान में यह सत्य ध्वनित है कि कलाकार को सामाजिक मंगलकारिणी नीति को ही अभिव्यक्ति देनी चाहिए समाज विरोधी दैत्य उसे भले ही प्रचार कहते रहें। अभिनव गुप्त ने देव और दैत्य के प्रतीकात्मक अर्थ भी स्वीकार किए हैं।[56] अतः उक्त व्याख्या कल्पना मात्र नहीं है।

भरत इस तथ्य से भी अवगत थे कि काव्य और कला में सर्वत्र नीति का प्रश्न नहीं आता क्योंकि कलाओं में कहीं धर्म, कहीं क्रीड़ा, कहीं अर्थ, कहीं शान्ति, कहीं हास्य, कहीं युद्ध और कामक्रीड़ादि का वर्णन होता है।[57] इनका संग्रथन नैतिक दृष्टिकोण से होना चाहिए। कला में देव दानवत्व का यही अर्थ है।

कला और जनपदीयता—कला द्वारा वैविध्य अथवा पूर्ण मनुष्य, पूर्ण प्रकृति और सम्पूर्ण समाज के चित्रण पर भरत ने अत्यधिक बल दिया है। भारतवर्ष के विभिन्न जनपदों में प्रचलित भिन्न-भिन्न प्रकृतियों या वृत्तियों के वर्णन को आवश्यक बताया गया है।

आलंकारिकों ने भी इसे स्वीकार किया है। वस्तुतः ये भाषा सम्बन्धी प्रान्तीय विचित्रताएँ थीं।[58]

कला और रस-अध्यात्मवाद का अभाव—नाट्य शास्त्र का प्रमुख विषय रस है क्योंकि उसी की निष्पत्ति नाट्यादि से होती है। उनके अनुसार रस के अतिरिक्त कलाओं का अन्य कोई प्रयोजन नहीं है।[59] भरत की रस व्याख्या में पश्चातवर्ती अध्यात्मवाद (आइडियलिज्म) का सर्वथा अभाव है। वह मानव प्रकृति के गम्भीर निरीक्षण पर ही आधारित है। माना कि द्रव्यों से निर्मित भोजन में जिस प्रकार सम्मिलित द्रव्यों के स्वाद से भिन्न एक विशिष्ट स्वाद उत्पन्न होता है, उसी प्रकार विभिन्न भावों से रस की अभिव्यक्ति होती है।[60] वस्तुतः भावों के द्वन्द्वात्मक समन्वय का नाम ही रस है, यह सत्य भरत की रस व्याख्या से अवश्य व्यंजित होता हैं।

भरत ने शृंगार, रौद्र, वीर और वीभत्स को प्रमुख रस माना है। ध्वंसशील उत्तरकालीन भारतीय सामन्तवादी काव्य शास्त्र में केवल शृंगार का ही गौरव गायन है। इसके अतिरिक्त भरत ने शान्त रस को रस स्वीकार नहीं किया। फिर भी, भरत वाल्मीकि के करुणा-प्रेम को उतना महत्व नहीं दे सके। उन्होंने शृंगार से हास्य, रौद्र से करुण, वीर से अद्‌भुत और वीभत्स से भयानक की उत्पति मानी है। भरत के शृंगार विवेचन पर स्पष्टतः कामशास्त्र का प्रभाव है। नागरिक सभ्यता की यह उच्चवर्गीय विलासी प्रवृत्ति, लोकनुकृति के लिए कृत संकल्प भरत को शृंगार वर्णन में स्वीकार करनी पड़ी है। इस प्रकार भरत का रस वर्णन भी तात्कालिक सभ्यता से निरपेक्ष नहीं है। भरत की शृंगार सम्बन्धी धारणा में उत्तम युवक प्रकृत्ति अर्थात उच्च समाज का शृंगार ही स्वीकृत है, जन साधारण के प्रेम का महत्व नहीं था।[61] इसी प्रकार भरत का हास्य रस निकृष्ट प्रतीत होता है क्योंकि उसे स्त्रियों, नीच समझे जाने वाले व्यक्तियों आदि से जोड़ दिया गया है।

नाट्य शास्त्र में शृंगार रस के प्रसंग में विस्तृत नायिका भेद मिलता है। राजाओं के अनुचित प्रेम का समर्थन है और परकीया प्रेम की प्रशंसा है।[62] वेश्याओं के साथ व्यवहार पर वहाँ विस्तृत व्याख्या मिलती है। स्पष्टतः ऐसे स्थल काम सूत्र से प्रभावित हैं। परकीया प्रेम के समर्थन में अभिनवगुप्त ने लिखा है कि सुलभ के प्रति रति से काम देव रूठ जाता है। यही कारण है कि प्रेम सुलभ की अवमानता करता है; सुलभावमानी हि मदना। यह मनोविज्ञान, सामंती उच्च समाज का मनोविज्ञान है। रामायण और उत्तररामचरित् में वर्णित गम्भीर प्रेम की इस सामंती मनोविज्ञान से व्याख्या नहीं हो सकती।

उक्ति वक्रतावाद की उपेक्षा—भरत ने केवल चार अलंकारों का उल्लेख किया है— उपमा, रूपक, दीपक और यमक। यह सम्भव है कि अन्य अलंकारों का विवरण अप्राप्य ग्रन्थों में रहा हो, पर भरत में इनका महत्व नहीं है। उनका ध्यान कला के रागात्मक स्वरूप पर ही केन्द्रित रहा है। इससे यह भी सिद्ध होता है कि भरत कामसूत्र में वर्णित नागरिक

सभ्यता से प्रभावित होने पर भी, राज्य सभावादी उक्ति वैचित्र्य को महत्व नहीं देते हैं। कुछ विद्वान कहते हैं कि भरत ने नाटक पर विचार किया है अतः उन्होंने अलंकारों पर विचार ही नहीं किया।[63]

किन्तु भरत ने गणों के दस भेदों और लक्षणों छत्तीस के भदों का विवरण दिया है।[64] छन्दों पर भी विस्तार से विचार किया गया है। काव्य को नाट्य के एक महत्वपूर्ण अंग के रूप में स्वीकार करने के कारण काव्यांगों में केवल अलंकार की ही भरत ने क्यों उपेक्षा की? बुद्धिसंगत अनुमान यही है कि भरत राज्य सभाओं की चमत्कारवादी सूक्ति-परम्परा को महत्व नहीं देते हैं। भामह, दण्डी, उद्भट आदि ने इसी वक्रताप्रधान सूक्ति काव्य को ही सर्वाधिक महत्व दिया है, राज्याश्रयी पंडित, मुनि भरत की व्यापक दृष्टि नहीं पा सके क्योंकि भरत और भामह, दण्डी आदि का वर्गाधार भिन्न था। भरत ने रसहीन कोरे वाग्वैदग्ध्य की उपेक्षा की। वह अलंकार गुण आदि को, रस के अधीन रख कर ही काव्य सृष्टि का उपदेश देते हैं।[64] भरत द्वारा प्रतिपादित काव्य लक्षण साम्राज्य युग से प्रभावित है। महापुरुष असाधारण लक्षणों-ध्वज, पादरेखा, पाश, चक्रादि से युक्त होते थे। अतः जिस प्रकार लक्षण शरीर से अलग नहीं किए जा सकते, उसी प्रकार महाकाव्य या कला भी, शुभ लक्षणयुक्त होती है। इस प्रकार कला और काव्य के गठन का सादृश्य, तात्कालिक सामाजिक व्यवस्था के महापुरुष के शरीर गठन, लक्षण, आभूषणदि पर आधारित है। भरत के लक्षणों में अलंकारों के नाम मिलते हैं-अक्षरसंहिति, संशय, दृष्टान्त, निदर्शन, सांख्य, लेख, प्रियोक्ति आदि। इससे एक यह भी संकेत मिलता है कि ये अलंकार, लक्षणों की तरह, शब्दार्थ से सर्वथा अलग नहीं किए जा सकते।

भरत ने 10 गुणों के अतिरिक्त 10 दोषों का भी उल्लेख किया है। आगे गुण, दोषों के अनेक भेद प्रस्तुत किए गए। भरत द्वारा प्रतिपादित छन्दों के नामों पर कामशास्त्र का स्पप्ट प्रभाव है—जघनचपला, कामदत्ता, पद्मिनी, मत्तचेष्टा, चन्द्रलेखा, चित्तविलासिता तनुमध्या आदि।

आलोचना—भरत ने कला के विकास और निर्माण में आलोचक का महत्व स्वीकार किया है। केवल सामान्य जनता के मन्त्रमुग्ध हो जाने अर्थात, दैवीसिद्धि[65] प्राप्त हो जाने पर भी विशेषज्ञों का निर्णय हो कला प्रदर्शन की श्रेष्ठता का निर्णायक होता है, यह भरत का मत है। भरत ने विशेषज्ञों के अनेक गुणों का उल्लेख किया है।[66] भरत विभिन्न प्रतिभाओं वाले विशेषज्ञों के बहुमत को ही स्वीकार्य समझते थे क्योंकि कोई एक आलोचक सभी गुणों का अधिष्ठान नहीं हो सकता।[67]

भरत प्रेक्षकों की विविधताप्रिय मानवीय प्रकृत्ति से भी भलीभाँति परिचित थे। तरुण प्रेक्षक शृंगार को, विद्ग्ध विद्वान सिद्धान्तवाद को, धनार्थी अर्थ को और वैरागी मोक्ष को पसन्द करते हैं।[68]

सारांश-नाट्यशास्त्र में सामाजिक व्यवस्था तथा उसमें लेखक का स्वतन्त्र योगदान—उपर्युक्त विवेचन से स्पष्ट है कि भरत का नाट्य शास्त्र परवर्ती काव्यशास्त्र की आधार शिला है। वह, एक विशिष्ट सामाजिक व्यवस्था को प्रतिबिम्बित करता है, यह भी उपर्युक्त मीमांसा से प्रमाणित होता है। वह शाश्वत और स्वयं प्रकाश्य ज्ञान का फल नहीं है, न नाट्य शास्त्र दैवी उत्पत्ति है। नाट्य शास्त्र का प्रयोजन, अधिकारी, कला-प्रक्रिया, रस, विभावादि, प्रवृत्तियाँ लक्षण आदि सभी तत्वों पर तत्कालीन सामाजिक व्यवस्था की स्पष्ट छाप दिखाई पड़ती हैं किन्तु भरत अपनी उदारता के कारण स्मृतियों के अमानवीय दृष्टिकोण के विरुद्ध संघर्ष करते हैं। वह शूद्र वर्ग को सुविधाएँ देते हैं। वह एक ओर कला द्वारा, भोगवाद से, समाज की मनोवृत्तियों का उदात्तीकरण करके उसे बचाना चाहते हैं, तो दूसरी ओर वे दैत्यमार्ग अर्थात् अमानवीय प्रवृत्तियों के विरुद्ध कला को उपयोग करना चाहते हैं। वह स्मृतियों के कला विषयक निर्मम दृष्टिकोण का विरोध करके, ललित कलाओं को दर्शन और धर्मशास्त्र का पद देते हैं।

नाट्यशास्त्र में नवब्राह्मणवाद और विकासशील सामन्तवाद की व्यापकता ही नहीं है अपितु एक महान चिन्तक का, अपनी युग सीमाओं से ऊपर उठने का भी प्रयत्न है। भरत, 'मुनि' इसलिए हैं कि वह किसी राज्य सभा के वेतनभोगी आचार्य नहीं थे। भरत के पश्चात् राज्य सभा के आचार्यों द्वारा विकसित काव्यशास्त्र में भरत जैसी व्यापकता और यथार्थ प्रेम नहीं मिलता, क्योंकि उनका सम्बन्ध सामान्य जनता से विच्छिन्न हो चुका था।

भरत के यथार्थवाद और भामह-दण्ड़ी के अलंकारवाद में द्वन्द्व—नाट्य शास्त्र में प्रतिबिम्बित मानसिक स्थिति से भामह के 'काव्यालंकार' और दण्डी के 'काव्यादर्श' में प्रतिबिम्बित मानसिक स्थिति में स्पष्ट अन्तर दिखाई पड़ता है। नाट्य शास्त्र में उपर्युक्त यथार्थ प्रेम तथा अन्य जनवादी प्रवृतियाँ अलंकार सम्प्रदाय में लुप्त हो जाती हैं। एक नवीन रुचि, एक नवीन प्रवृत्ति दण्डी और भामह के ग्रन्थों में दिखाई पड़ती है। इस अन्तर को परम्परावादी आलोचक भी स्वीकार करते हैं। वाल्मीकि, भास, अश्वघोष और कालिदास की गौरवपूर्ण सरलता दण्डी के समय में भावुकतावादी विचारों और कलापूर्ण अभिव्यक्तियों में परिणत हो जाती है।[69]

लोकानुकृति, लोकस्वभाव चित्रण और रस के स्थान पर परवर्ती आचार्य अलंकारों को ही विशेष महत्व देते हैं। यह परिवर्तन साधारण नहीं है। काव्य के शिक्षात्मक, उदात्त, जनप्रिय रूप और चमत्कारवादी परवर्ती प्रवृत्ति में स्पष्टतः द्वन्द्व दिखाई पड़ता है।

भामह और दण्डी के समय के सम्बन्ध में विवाद है। पी. व्री. काणे के अनुसार भामह दण्डी के परवर्ती आचार्य थे।[70] विद्वानों का बहुमत भामह को दण्डी का पूर्ववर्ती आचार्य मानता है। कई विद्वान भामह और दण्डी का समय षष्ठ शताब्दी मानते हैं किन्तु पी. वी. काणे दण्डी का समय सप्तम शताब्दी मानते हैं (660-689 ई.)। इस प्रकार भामह का समय आठवीं शतब्दी का प्रारम्भ माना जाएगा। बटुकनाथ शर्मा तथा बलदेव उपाध्याय के

अनुसार भामह दण्डी के पूर्ववर्ती आचार्य थे और उनका समय दिग्नाग (400 ई0) तथा बाण (सप्तम शताब्दी) के मध्य था।[71] किन्तु अन्तिम रूप में उक्त लेखक द्वय भामह की तिथि 400 ई. निश्चित करते हैं। सामान्यतः सभी विद्वान, भामह और दण्डी को षष्ठ और सप्तम शताब्दी का मानते हैं और यही मत उपयुक्त प्रतीत होता है।

सामाजिक सन्दर्भ को ध्यान में रखकर हम दण्डी-भामह विवाद का समाधान कर सकते हैं। ये आलंकारिक काव्यों के एक विशिष्ट रूप को ध्यान में रख कर सिद्धान्त-निरूपण करते हैं। वाल्मीकि रामायण-भास-कालिदास-अश्वघोष और शूद्रक के पश्चात् भट्टि काव्य की रचना हुई थी। इस काव्य में संस्कृत-व्याकरण के उदाहरणों को भी प्रस्तुत करने का प्रयत्न किया गया है।[72] इसी काव्य के दशम सर्ग में 38 अलंकारों के उदाहरण दिए गए हैं। पी. वी. काणे के अनुसार भट्टि काव्य में भामह और दण्डी का अनुसरण नहीं है अपितु किसी पूर्ववर्ती अलंकार ग्रन्थ से भट्टि ने प्रेरणा ली है।[73] श्री काणे का यह भी कथन है कि नाट्य शास्त्र में चार अलंकारों का ही विवरण होने के कारण नाट्य शास्त्र और भट्टि काव्य में समय की पर्याप्त दूरी होनी चाहिए। यह सम्भव है कि नाट्य शास्त्र और भट्टि काव्य के मध्य किसी अलंकार ग्रन्थ की रचना हुई हो और भट्टि ने उसका अनुसरण किया हो किन्तु काणे के अनुसार भामह और दण्डी दोनों भट्टि के परवर्ती लेखक हैं। भट्टि का समय 600 ई. के आसपास माना जा सकता है।[74] भट्टि काव्य में विद्वता और चमत्कारवाद अधिक है। संस्कृत के प्रारम्भिक साहित्य की अंतःप्रेरणापरकता यहाँ अनुपस्थित है। यही प्रवृत्ति भट्टि काव्य के परवर्ती भारवि के किरातार्जुनीय में दिखाई पड़ती हैं।[75] माघ का समय कीथ ने 900 ई. स्वीकार किया है। भारवि और भट्टि, माघ के आदर्श थे। कीथ के अनुसार आचार्य वामन, कुमारदास के 'जानकीहरण' से परिचित थे। अतः जानकीहरण भी भामह-दण्डी के समय की कृति थी। भवभूति भी इसी युग के कवि थे।[76] भवभूति को अपने करुण रस अथवा रसवाद के कारण भट्टि-भारवि-माघ के युग में यदि समानधर्मा न मिलने की वेदना रही हो, तो कोई आश्चर्य की बात नहीं थी। कथा साहित्य में भी भामह-दण्डी के समय यही चमत्कारवाद दिखाई पड़ता है। सुबंधु की वासवदत्ता, दण्डी के पूर्व लिखी जा चुकी थी, यह कई विद्वान मानते हैं। बाण की कादम्बरी से भी दण्डी परिचित थे। अवतिसुन्दरी कथा का लेखक दण्डी को माना जाता है, इसमें कादम्बरी की कथा का सारांश दिया गया है। यदि अवंतिसुन्दरी कथा का लेखक कोई अन्य लेखक भी हो, तो भी दण्डी के दशकुमार चरित से वासवदत्ता और कादम्बरी का वर्णन-चमत्कार सादृश्य रखता है।

अलंकार सम्प्रदाय में अलंकारवाद का कारण उक्त रचनात्मक साहित्य का चमत्कारवाद था। संस्कृत भाषा उच्चवर्गीय सांस्कृतिक भाषा थी। शासकों की भाषा में विद्याभिमानी ब्राह्मणों तथा जैन-बौद्ध आचार्यों द्वारा काव्य रचना में वह सहजता और मिट्टी की सुगंधि सम्भव नहीं थी, जो जनभाषा में वास्तविक जनकवियों द्वारा सम्भव हो सकती थी।[77] भारतीय सामन्त-साम्राज्य युग के प्रथम काल के राजा और जनता में, परवर्ती सामन्त काल

को तुलना में दूरी कम रहती थी। ग्रामीण लोगों के विषय में सोचता हुआ 'रघुवंश' का राजा दिलीप, रानी के साथ अकेला, वशिष्ठ मुनि के आश्रम में जाता है। दुष्यन्त भी जनता से उतना दूर नहीं है किन्तु कालिदास के बाद जनता और राजा की दूरी बढ़ी है।

कालिदास में राजविलास का चित्रण कम नहीं है किन्तु वहाँ काव्य अलंकृत होने पर भी विद्वता और चमत्कार से ग्रस्त नहीं है। उसमें एक सहजता और सरलता विद्यमान है किन्तु भामह-दण्डी युग का काव्य विद्वता से पीड़ित है। कवि को आचार्य और आचार्य को कवि होना आवश्यक था, तभी दरबारों में उसका विशेष सम्मान सम्भव था। तर्क, साहित्य लक्षण, दर्शन आदि में विशेषज्ञता, कवियों और आचार्यों के लिए राज सभा में प्रवेश प्राप्ति पत्र के समान उपयोगी थी।[78]

राजाओं को कवि प्रसिद्धि प्राप्त होती थी और कवि को राजा द्वारा धन और यश मिलता था।[79] अतः राजाओं के सिवा कवियों का उपकार करने वाला दूसरा नहीं था और कवियों के सिवा राजाओं का भी दूसरा सहायक न था।[80] स्वयं दण्डी ने भी काव्य की उपयोगिता राजाओं के लिए इस प्रकार सिद्ध की है जैसे वे काव्य का विज्ञापन कर रहे हों।[81]

राजशेखर ने काव्यमीमांसा में कविचर्या और राजचर्या का जो वर्णन किया है, उससे इस अभिजातवर्गीय काव्य और उनके विशिष्ट रचयिताओं पर पर्याप्त प्रकाश पड़ता है। शास्त्रों द्वारा मन की पवित्रता के साथ-साथ भव्य वस्त्र, पुष्प और सुगंधि धारण करना भी आवश्यक था।[82] कवि भवन स्वच्छ हो, उसमें प्रत्येक ऋतु में बैठने के अलग-अलग स्थान हों, गृह वाटिकाएँ, लता-गृह कृत्रिम क्रीड़ा-पर्वत, वापी, पुष्किरणी, कृत्रिम सरिता-समुद्र, नहरें हों। मयूर, हरिण, हारिल, सारस, चकवा, हंस, चकोर, कुरर, शुक, पिकादि पक्षी हों, गुफाओं, धारा यंत्र, झूलों आदि से गृह सज्जित हों। ऐसे गृह में संस्कृत, अपभ्रंश, प्राकृत आदि भाषा भाषी सेवक और लिपिक हों।[83]

जनता से अपने को भिन्न दिखाने का एक उपाय यह था कि नृपतिगण राजभवन में कभी किसी मनचाही भाषा को अनिवार्य कर देते थे। राजशेखर के अनुसार शिशुनाग ने अन्तः पुर में मूर्धन्य ध्वनियों (ट ठ ड ढ ण) तथा श, ह और क्ष को वर्जित कर दिया था। राजा सातवाहन प्राकृत प्रिय था। उसके अंतःपुर में संस्कृत नहीं बोली जाती थी।[84]

'मेरा स्वामी किस प्रकार की गोष्ठी में अधिक रुचि रखता है, उसका मन किस ओर अधिक आकृष्ट होता है-कवियों के लिए शास्त्र के साथ यह चिन्तन भी उपयोगी था।

राजशेखर द्वारा प्रस्तुत कविचर्या का अन्त रमणीरमण में और कभी-कभी रचना का प्रारम्भ रमण के पश्चात् होता है। रमण के पश्चात् काव्य रचना के पक्ष में तर्क यह दिया गया है कि सम्भोग से मन की वासना तथा इन्द्रियों और मन की चंचलता दूर हो जाती है।[85] अपने राजसुख के विषय में राजशेखर ने लिखा है कि कर्णाटक-कामिनियों के दन्तक्षत से चिन्हित् महाराष्ट्र-महिलाओं के तीक्ष्ण-कटाक्षों से आहत्, आंध्र-रमणियों के स्तनों से पीड़ित, भ्रूभंग से त्रस्त, लाट ललनाओं की भुजाओं से आलिंगित और मलय देश की अंगनाओं की तर्जनियों से तर्जित राजशेखर कवि अब वृद्धावस्था में वाराणसी जाना चाहता

है।[86]

यह सौभाग्य राजसभा के सभी कवियों को प्राप्त नहीं था किन्तु इससे तात्कालिक रुचि पर पर्याप्त प्रकाश पड़ता है। जब नाट्यशास्त्र स्वयं कामशास्त्र के प्रभाव से न बच सका, तब सामान्य कवियों के लिए लोभ-संवरण करना कठिन था। दरबारों में हेमचन्द्र जैसे धार्मिक कवि और अभिनव गुप्त जैसे सिद्धाचार्य भी थे। इन्हें सम्मान और प्रभात प्रिग था, धन और विलास नहीं।

भट्टि, भारवि, माघ आदि सभी महाकवि राजसभा कवि थे। भामह के आश्रयदाता का पता नहीं चलता परन्तु कश्मीर में पंडितों की परम्परा में वह कश्मीर के ही आचार्य माने जाते हैं। अधिक सम्भावना यही है कि कश्मीर के अन्य पंडितों की तरह वह भी राज्याश्रित आचार्य थे। दण्डी दक्षिण में काच्ची नरेश के दरबारी कवि थे। महाकवि भारवि, दण्डी के प्रपितामह दामोदर के मित्र थे। उद्भट कश्मीर के महाराज जयापीड़ के सभापंडित थे(779 ई.-813 ई.)। वामन भी जयापीड़ के सभारत्न थे।

बाण ने कादम्बरी में सामन्तों की रुचियों का बड़े विस्तार से वर्णन किया है।[87] काव्य में जो विदग्धता या कथन चमत्कार का महत्व बढ़ा, उसमें राज सभाओं का विशेष योगदान था। नाट्यशास्त्र की लोकानुकृति परम्परा को यदि अपनाया गया होता तो साधारण जन-जीवन के चित्रण की प्रवृत्ति किसी न किसी रूप में अवश्य प्रचलित रहती किन्तु राजसभाओं में वाक्चातुर्य--अतिशयोक्ति और वक्रोक्ति के लिए अधिक स्थान था अतः यह कहा गया है कि रस नाट्यशास्त्र का विषय है, काव्य का मर्म अलंकार है। इसके सिवा काव्य पर शास्त्र के अपरिमित प्रभाव के कारण अलंकार शास्त्र का अनुगमन कवियों के लिए अनुकूल पड़ा। भामह और दण्डी दोनों के अनुसार काव्य भणितिभंगिमा मात्र है। फलतः कथन की आकर्षक विधियों का अनुसंधान और उनके विभाजनों का सोदाहरण विवेचन ही काव्य शास्त्र के प्रवर्तकों का विषय रह गया। भरत ने रस प्रक्रिया के वर्णन में जिस संश्लिष्ट प्रक्रिया की ओर संकेत किया था, उधर भामह और दण्डी का ध्यान इसलिए नहीं गया क्योंकि उनके आदर्श भारवि, माघ, कुमारदास और भट्टि जैसे कवि थे। वे काव्य के प्रयोजन और हेतुओं के अति संक्षिप्त विवेचन के पश्चात् आलंकारिक कथन विधियों के सोदाहरण लक्षण और विभाजन में तल्लीन हो जाते हैं। काव्य मीमांसा के इस क्षेत्र संकोचन का उत्तरदायित्व जितना राजपंडितों और राजकवियों को है, उससे कहीं अधिक तात्कालिक सामाजिक व्यवस्था दोषी है, जिसमें कलाकारों और आलोचकों का राज्य आश्रय ढूँढना ही पड़ता था और इसलिए वे जनप्रवाह से कट कर, एक सीमित वर्ग की रुचियों के कारण चमत्कारवादी कला के प्रशंसक या स्रष्टा बन जाते थे।

अतएव यह आश्चर्य का विषय नहीं हैं कि संस्कृत साहित्य में एक भी लेखक या कवि समाज और साहित्य के गतिमय सम्बन्ध पर विचार नहीं करता। वह काव्य के प्रयोजन रूप में धर्म शास्त्रों के दृष्टिकोण को अपना कर चलता है। उसके लिए काव्य का प्रयोजन ऐसे समाज के निर्माण में नहीं है, जिसमें सौन्दर्य और साम्य हो अपितु राजाओं, पुरोहितों,

सामन्तों और शूद्रों के उस समाज में, पूर्व जन्म के कर्म अनुसार जो विभिन्न वर्गों के लिए निश्चित धर्म हैं, उसकी स्थापना तथा संरक्षण ही साहित्य का प्रयोजन है। अलंकार शास्त्र के प्रवर्तक आचार्य, नाट्य शास्त्र के सदृश, काव्य से सम्बद्ध नीति, अनीति, आदि प्रश्नों पर भी अधिक विचार नहीं करते, वे प्रत्यक्षतः ब्राह्मण धर्मशास्त्रों के आदेश स्वीकार करते हैं–

धर्मार्थकामामोक्षेषु वैलक्षण्यं कलासु च।
प्रीतिं करोति कीर्तिं च साधुकाव्य निवन्धनम्।[88]

यह धर्म, अर्थ, काम और मोक्ष वर्ण व्यवस्था की दृष्टि से पूर्व निश्चित है। इसमें किंचित् परिवर्तन की माँग अविचारणीय है। यह अलंकार शास्त्र की युग सीमा थी। इस युग सीमा के कारण ही, अलंकार शास्त्र के प्रवर्तक अनजाने में ही उस सामन्ती व्यवस्था के रक्षक बन जाते हैं। वाल्मीकि के सम्मुख राज्य व्यवस्था के आदर्श प्रस्तुत करने तथा लोक कल्याण का जो उदात्त विचार था, वह आलंकारिकों में कहीं भी नहीं मिलता। दरबारी काव्य की यह सीमा वस्तुतः उस पिछड़े उत्पादन पर आधारित व्यवस्था की सीमा है, जिसमें परिवर्तन की मांग प्रायः सम्भव नहीं होती और यदि होती भी है तो वह सर्वदा जन साधारण के कवियों के काव्यों में मिल सकती है अथवा धार्मिक आवरणों के माध्यम से परिवर्तन की मांग, ब्राह्मणवाद के विरोधियों बौद्धों, जैनियों और तांत्रिकों आदि के जाति-वर्ण-विरोधी स्वरों में मिलती है। यह खेद का विषय है कि षष्ठ शताब्दी के पश्चात् इस विप्लवी परम्परा में काव्य शास्त्र का निर्माण नहीं हो सका। आलंकारिकों के विरुद्ध, भरत को शैव परम्परा में रख कर देखने वाले कतिपय आगम परम्परा के आचार्यो-आनन्दवर्धन, अभिनवगुप्त आदि ने ही, भारतीय काव्यशास्त्र का पुनः क्षेत्र विस्तार किया।

भामह को विदग्धता की ही अधिक चिन्ता थी।[89] वह कैसे प्राप्त हो, काव्य अलंकार इसलिए लिखा गया है। वाणी का शृंगार अलंकार है, सुन्दर रमणी भी निर्भूषित होकर शोभा नहीं प्राप्त कर पाती, यह दृष्टिकोण भामह की अपनी विशेषता है।[90] वह काव्य को शब्द अर्थमय कह कर पुनः काव्य रूपों और अलंकारों का विभाजन करने लगते हैं। दण्डी भरत-परम्परा का अपेक्षाकृत अधिक अनुसरण करते हैं। वह पूर्व शास्त्र और तात्कालिक प्रयोग दोनों पर ध्यान देते हैं।[91] उनके काव्यादर्श का प्रयोजन है कि काव्य के गुणों और दोषों की व्याख्या की जाए।[92] दण्डी गुण-दोष विवेचन के लिए भारतवर्ष में प्रचलित विभिन्न काव्य रीतियों की भी परीक्षा करते हैं। अभीप्सित अर्थ से युक्त पद समूह को काव्य शरीर मान कर वह काव्य रूपों का विवेचन करते हैं।[93]

भामह और दण्डी के सामाजिक दृष्टिकोण में सादृश्य होने के कारण उनके विवेचन में अत्यधिक सादृश्य मिलता है। दोनों ने उस युग तक लिखे गए महाकाव्यों की विशेषताओं के आधार पर महाकाव्य का लक्षण निर्धारित किया है। महाकाव्यों में भरत परम्परा के प्रभाव के कारण रस की सत्ता अनिवार्य मानी गई है।[94] भामह ने रीतियों को अधिक महत्व नहीं दिया किन्तु दण्डी ने उनका विस्तार से वर्णन किया है।

भामह और दण्डी काव्यांगों में, अलंकार को विशेष महत्व देते हैं और उसे वह, अलंकारवाद के रूप में भी प्रस्तुत करते हैं। उनकी अधिक शक्ति अलंकार-विभाजन, लक्षण और उदाहरणों के संग्रह में व्यय हुई है। विभाजन के पश्चात् काव्यांगों के संग्रथन और उसके स्वरूप पर वे विचार नहीं करते किन्तु अपनी सीमाओं में भी उनमें महत्वपूर्ण संकेत और सूत्र मिलते हैं।

अलंकारवाद और रीतिवाद में द्वन्द्व और उसका भौतिक आधार—रीतिवाद के प्रवर्तक आचार्य वामन थे। भामह की परम्परा में अलंकार को ही काव्य सर्वस्व मानने वाले आचार्य उद्भट भी वामन के समकालीन थे। दोनों ही कश्मीर के राजा जयापीड़ की राज्य सभा के राज पंडित थे। भवभूति के उत्तर रामचरित नाटक के एक पद्य को उद्धृत करने के कारण वामन भवभूति के परवर्ती माने जाते हैं और अभिनव गुप्त की समीक्षा से यह प्रमाणित होता है कि वामन आनन्दवर्धन के पूववर्ती थे। अतः उनका समय लगभग 800 ई. माना जाता हैं।[95] कल्हण की राजतरंगिणी के अनुसार जयापीड़ के एक मन्त्री का नाम वामन था।[96] अतः आचार्य वामन सभा संस्कृति के वातावरण में ही अपने काव्य शास्त्र की रचना कर सकते थे।

भरत के पश्चात् अलंकार-सम्प्रदाय द्वारा काव्यशास्त्र का क्षेत्र सीमित हो जाने के कारण, काव्य सौन्दर्य के अनुसंधान के लिए उसी सीमित क्षेत्र में किसी एक काव्यांग को सर्वस्व मान कर, अन्य काव्यांगों को उसी का अंग सिद्ध करने का प्रयत्न चल पड़ा। भामह और दण्डी के पश्चात् आचार्य उद्भट ने तो भामह परम्परा का ही अनुगमन किया किन्तु वामन ने भरत और दण्डी द्वारा वर्णित रीति को अपने विशिष्ट अर्थ में प्रयुक्त करके, रीतिवाद का प्रवर्तन किया। वामन अलंकारवाद के विरोधी नहीं हैं, वे अलंकार से अधिक रीति पर बल देते हैं। वह 'काव्यं ग्राह्यम् अलंकारात्' इस प्रथम सूत्र में अलंकार की महत्ता स्वीकार करते हैं। द्वितीय सूत्र 'सौन्दर्यमलंकारः' में अलंकार और सौन्दर्य की एकता सिद्ध की गई है। आचार्य विश्वेश्वर के अनुसार अलंकार का अर्थ यहाँ उपमा रूपकादि नहीं है, अपितु अलंकृति ही अलंकार का अर्थ है। अर्थात् काव्य, सौन्दर्य के कारण गृहीत होता है, यही अर्थ उपयुक्त है उपमादि अलंकार इस अलंकृति या सौन्दर्य के कारण या साधन होते हैं।[97] इस व्याख्या के अनुसार आचार्य वामन को यह श्रेय प्राप्त है कि उनका ध्यान सौन्दर्य पर गया किन्तु सभा-संस्कृति में भामह-दण्डी परम्परा से बहुत स्वतन्त्र होकर, उक्त सौन्दर्य की प्रकृति, क्षेत्र और परिणाम आदि तत्वों पर वामन विचार नहीं कर सके। अतएव 'स दोषगुणालंकारहानादानाभ्याम्'—वह सौन्दर्य दोषों की हानि तथा गुण-अलंकारों के उपादान से उत्पन्न होता है, यह कह कर वह सौन्दर्य चर्चा की पुनः परम्परागत विभाजन के मार्ग की ओर उन्मुख कर देते हैं।

अलंकारवाद में अलंकार को काव्य का सर्वस्व माना गया था। अलंकार शब्द का प्रयोग अति व्याप्तिपरक था। अतः वामन काव्यांगों में व्यवस्था लाने के लिए सर्वप्रथम

प्रयत्न करते दिखाई पड़ते हैं। अलंकारवाद का मर्म यह था कि कथन के आकर्षण से ही काव्य अन्य शास्त्रों से भिन्न दिखाई पड़ता है। अतः अलंकार ही काव्य आत्मा रीति है, रीति का अर्थ है—विशिष्ट पदरचना। विशिष्ट का अर्थ है—गुणों से युक्त।[98] तात्पर्य यह कि उपमा, रूपक आदि अलंकार आवश्यक उपादान हैं परन्तु गुणयुक्त पदरचना या सगुण शैली ही काव्य को काव्य बनाती है, अलंकार इसके शोभावर्धक तत्व हैं।

इस दृष्टि से अलंकारवाद और रीतिवाद का द्वन्द्व स्थूल प्रतीत होता है। वामन ने भरत द्वारा प्रस्तुत रीतियों के नाम स्वीकार किए हैं किन्तु रीतियों के साथ अनेक जनपदों का जो सम्बन्ध था, उसका महत्व स्वीकार नहीं किया है। वामन के अनुसार काव्यों के द्रव्य गुण की उत्पत्ति देश विशेष में नहीं होती है। वैदर्भी, गौड़ी, पांचाली रीतियों का विवेचन वह काव्य गुणों की उत्कृष्टता के आधार पर करते हैं। इस प्रकार वामन के यहाँ आकर भरत द्वारा लक्षित और स्वीकृत जनपदीय शैलियों या रीतियों का विवेचन, वामन के ग्रन्थ में शैली के रूप में मिलता है। इससे लाभ यह हुआ कि शैलियों के सम्बन्ध में एक सामान्य प्रतिमान के निर्माण में हमें सहायता मिलती है।

ओज, प्रसाद, माधुर्य, सौकुमार्य, उदारता, श्लेष, कान्ति, समता, समाधि और अर्थव्यक्ति नामक शब्द और अर्थ गुणों से युक्त शैली उत्कृष्टतम होती है, यह एक सार्वभौमिक सत्य वामन प्रस्तुत करते हैं। इसका उदाहरण वैदर्भी रीतिपरक काव्य है। वामन ने कहा है कि जिस प्रकार रेखाओं में चित्र समा जाता है, उसी प्रकार इन रीतियों में काव्य समाविष्ट हो जाता है।[99]

अलंकारवाद में कवि की चित्तवृत्ति के योगदान पर विचार नहीं हुआ था, वामन ने गुणों को अधिक महत्व देकर, एक सीमा तक, कवि की चित्तवृत्ति के योग को स्वीकार किया है। अर्थगुणों में कवि की नूतन कल्पना को समाधि नाम से, रसों की उद्भावना कान्ति नाम से तथा अर्थ की प्रौढ़ता ओज नाम से स्वीकार की गई है। यही नहीं, पद रचनाओं में काव्य प्रक्रिया पर भी वामन ने विचार किया है। जब तक मन स्थिर होता तब तक पद का रखना और हटाना ही होता रहता है।[100] यह तो शब्द विन्यास के समय की मानसिक स्थिति है किन्तु यह तो ऊपरी कौशल है, इसके अतिरिक्त कवि के चित्त में एकाग्रता के समय अर्थों का दर्शन भी होता है, जो अधिक महत्वपूर्ण है। वामन शैली के विवेचन में इस आंतरिकता से भी परिचित थे।[101]

अलंकारवाद से वामन के रीतिवाद में काव्य के विषय में अधिक गम्भीर अन्तर्दृष्टि पाई जाती है। यह आंतरिक अन्तर्दृष्टि गुण, अलंकार, भेद के समय दिखाई पड़ती है। वस्तुतः यहीं अलंकारवाद और रीतिवाद का द्वन्द्व तीव्रतम हो जाता है।

अलंकारों के विवेचन में भी वामन की दृष्टि में नवीनता मिलती है। वामन के अनुसार, यमक के पश्चात् सभी शब्दालंकारों को उपमा का ही प्रपंच स्वीकार किया है।[102] उन्होंने प्रतिवस्तूपमा, समासोक्ति, अप्रस्तुत, प्रशंसा, अपह्नुति, रूपक, श्लेष, वक्रोक्ति, उत्प्रेक्षा, अतिशयोक्ति, विभावना, अनन्वय, परिवृतिः, दीपक, निदर्शना, अर्थान्तरन्यास,

व्यतिरेक, विशेषोक्ति, ब्याजस्तुति, ब्याजोक्ति, तुल्ययोगिता, सहोक्ति आदि साम्यमूलक और विरोधमूलक सभी को उपमा का प्रपंच सिद्ध किया है, जबकि भामह वक्रोक्ति को ही सर्वाधिक महत्व देते हैं। अतएव वामन वाक्चातुर्य, तथा अतिशयोक्ति के विरुद्ध उपमेय-उपमान के साम्य के प्रथम प्रवर्तक हैं।

वामन द्वारा अलंकारवाद के विरुद्ध गुण और उपमा पर बल देने के कारण जहाँ एक ओर उन्हें प्रथम शैली-विशेषज्ञ माना जाना चाहिए, वहीं दूसरी ओर वे काव्य सौन्दर्य के आन्तरिक पक्ष के अधिक सफल उद्घाटनकर्ता हैं। सभा-संस्कृति के कारण स्पष्टतः उनकी दृष्टि सीमित थी किन्तु उस सीमित क्षेत्र में अलंकारवाद की तुलना में वह काव्य के वाक्चातुर्य से आगे ले जाकर गुणों की ओर हमारा ध्यान आकर्षित करते हैं। काव्य में अंगी-अंग न्याय की स्थापना भी वामन ने ही की थी किन्तु इस मौलिकता का कोई भौतिक आधार नहीं था। भामह और दण्डी जिस दरबारी संस्कृति में पोषित हुए थे, उसी संस्कृति की परम्परा में वामन ने भी कार्य किया था अतः वामन के सिद्धान्तों में किसी भौतिक आधार की शोध यांत्रिक भौतिकवाद ही होगा, द्वन्द्वात्मक भौतिकवाद नहीं।

ध्वनिवाद-अनुमितिवाद-वक्रोक्तिवाद का द्वन्द्व और भौतिक आधार—भारतीय काव्यशास्त्र का सर्वाधिक महत्वपूर्ण ग्रन्थ 'ध्वन्यालोक' है। इसके लेखक आनंदवर्धन और ध्वन्यलोक की लोचन नामक टीका तथा नाट्यशास्त्र की टीका अभिनव भारती के लेखक अभिनव गुप्त, भारतीय काव्य शास्त्र को उसके गौरव की चरम सीमा प्रदान करते हैं। व्याकरण शास्त्र के इतिहास में जो स्थान पाणिनि को प्राप्त है तथा अद्वैत वेदान्त में जो स्थान शंकराचार्य को मिला है, अलंकार शास्त्र में वही स्थान आनन्दवर्धन का है।[103] इसी प्रकार अलंकार शास्त्र के इतिहास में अभिनवगुप्त को वही श्लाघनीय स्थान प्राप्त है जो व्याकरण शास्त्र के इतिहास में पतंजलि को और अद्वैत वैदान्त के इतिहास में भामतीकार को प्राप्त है।[104] उक्त दोनों लेखक काव्यशास्त्र में जो व्यवस्था स्थापति करते हैं, परवर्ती लेखक यत्र-तत्र संशोधन के साथ उसी की स्वीकार करते हैं। अतः उक्त लेखक द्वय सबसे अधिक मौलिक और स्वीकृत लेखक हैं।

आनन्दवर्धन भी राज्य सभा के आचार्य थे। कश्मीर नरेश राजा अवन्ति वर्मा (855 ई.-884 ई.) के सभा पण्डितों में वह अन्यतम थे। मंगलाचरण से यह प्रतीत होता है कि आनन्दवर्धन वैष्णव थे।[105] उनके अन्य ग्रन्थों में देवी शतक, विषम बाणलीला तथा अर्जुन चरित प्रसिद्ध हैं। देवीशतक से यह प्रमाणित होता है कि वह शैव-शाक्त परम्परा से परिचित थे। आनंदवर्धन के समय वसुगुप्त द्वारा 850 ई. में शिव सूत्रों को प्राप्त किया गया था किन्तु यह शैव धर्म का विशिष्ट रूप था। सामान्य शैवमत तथा शाक्तमत कश्मीर में पूर्व शताब्दियों से ही प्रचलित था।[106] शैव और वैष्णव दोनों शक्ति या देवी के महात्म्य का गायन करते हैं। अभिनवगुप्त शैव होने पर भी त्रिपुरा-उपासक थे क्योंकि परम्परा के अनुसार नाटक के देवता शिव और शक्ति हैं। अतः आनन्दवर्धन ने भरत के नाट्य शास्त्र

की उपेक्षा नहीं की है, काव्य में रस को सर्वाधिक महत्व इसी कारण दिया गया है। इस प्रकार आनन्दवर्धन चाहे वैष्णव हों या शैव, वह नाट्य परम्परा को केन्द्र बना कर चले हैं।

'ध्वन्यालोक' के टीकाकार अभिनवगुप्त तो प्रसिद्ध तान्त्रिक शैव थे। आनन्दवर्धन के जीवन के विषय में अधिक सामग्री नहीं मिलती किन्तु अभिनवगुप्त ने अपने विषय में 'तंत्रालोक' में कुछ अवश्य लिखा है। अभिनवगुप्त के किसी पूर्वज को मध्यदेश या कान्यकुब्ज से सम्राट ललितादित्य कश्मीर लाए थे।[107] कश्मीर के राजाओं ने इस परिवार को अत्यधिक सम्मान और धन दिया था। इसी विद्वान परिवार में वराहगुप्त के गुप्त चुखलक हुए जो अभिनवगुप्त के पिता थे। अभिनव के अनुसार उनके पूर्वज प्रसिद्ध विद्वान थे।[108] अभिनवगुप्त ने विभिन्न शास्त्रों का अध्ययन विभिन्न गुरुओं से किया था। अलंकार शास्त्री भट्टेन्दुराज तथा भट्टनोत ने अभिनव को अलंकार शास्त्र तथा नाट्य शास्त्र की शिक्षा दी थी। अभिनवगुप्त शैव दार्शनिक और साधक थे। अभिनव के द्वारा ही काव्यशास्त्र की दार्शनिक व्याख्या हुई है। अभिनव के पश्चात् भोज, रूप गोस्वामी, जीव गोस्वामी तथा पंडित राज आदि ने इसी परम्परा का अनुकरण किया है।

अभिनवगुप्त ने सुरा और सुन्दरी के लिए कश्मीर का भव्य वर्णन किया है।[109] तांत्रिक शैव और शाक्तमत आनन्दवादी थे। वह जागतिक आनन्द के द्वारा परमानन्द प्राप्त करने में विश्वास करते थे। अतः लौकिक आनन्द और कलात्मक आनन्द तथा आध्यात्मिक आनन्द का सम्बन्ध सर्वप्रथम अभिनवगुप्त ने ही स्थापित किया। भट्टनायक ने अभिनव के पूर्व, इस आनन्द पर विचार किया था। तांत्रिक साधना, दार्शनिक होने के साथ साथ, मनौवैज्ञानिक भी थी। अतएव काव्यशास्त्र में सहृदय या दर्शक की मानसिक स्थितियों और कलागत अनुभूतियों के स्वरूप पर विचार सम्भव हुआ।

राज्य सभा संस्कृति तथा ब्राह्मणवाद के प्रभाव के कारण आनन्दवर्धन और अभिनवगुप्त साहित्य और समाज के द्वन्द्वात्मक सम्बन्ध को स्पष्ट नहीं कर सके। अतः साहित्य की जनवादी व्याख्या इनके ग्रन्थों में नहीं मिल सकती किन्तु साहित्य की सार्वभौमिक (यूनीवर्सल) आनन्दवादी व्याख्या यहाँ अवश्य मिलती है। इसके सिवा आलंकारिकों द्वारा उक्ति और पद संघटना में चमत्कार-अनुसंधान के स्थान पर, साधकों की आत्मानुसंधान की प्रवृत्ति के कारण, अभिनवगुप्त कला और काव्यगत मानसिक स्थितियों के द्वन्द्वात्मक समन्वय की पहचान करने में अभूतपूर्व सफलता प्राप्त कर सके हैं। सिवा सभासंस्कृति के काव्य के अतिरिक्त, वह वालमीकि-व्यास परम्परा के काव्य के मूल्यांकन में अधिक सफल हुए हैं। इस उपलब्धि का आधार उनकी प्रतिभा थी किन्तु इस प्रतिभा का स्वरूप और कार्य-दिशा निश्चित रूप से तत्कालीन सामाजिक और सांस्कृतिक व्यवस्था से प्रभावित थी। अभिनवगुप्त का व्यक्तित्व सिद्ध सम्प्रदाय से ओत-प्रोत दिखाई पड़ता है। उनकी व्याख्याएँ और सिद्धान्त शैवमत के प्रकाश में ही निर्मित हुए थे। जहाँ आनन्दवर्धन और अभिनव गुप्त की सुदृढ़ आर्थिक स्थिति और राज्याश्रय ने उन्हें सामान्य जनता के लोक सम्वेदनों की ओर ध्यान देने से रोका, वहीं ब्राह्मण संस्कृति के प्रभाव के कारण वह,

कलात्मक अनुभव की व्याख्या भी अधिदर्शनात्मक दृष्टि से ही करते हैं।

आनन्दवर्धन और अभिनवगुप्त ने सिद्धान्तों के भौतिक आधार की दृष्टि से प्रश्न यह उठता है, कि जब भामह, दण्डी, वामन, आनन्दवर्धन और अभिनव प्रायः एक ही राज्य सभा परम्परा के व्यक्ति थे, तब आनन्दवर्धन और अभिनवगुप्त के विशिष्ट सिद्धान्तों का भौतिक आधार क्या था? इसका उत्तर यह है कि आनन्दवर्धन और अभिनवगुप्त के सिद्धान्त और व्याख्याएँ अपने सामन्ती युग की सामान्य परिधि के अन्तर्गत ही विकसित हुई हैं। वे स्पष्टतः अपने युग से प्रभावित हैं किन्तु भरत के समान इन महान् चिंतकों ने अपनी युग सीमाओं से ऊपर उठने का प्रयत्न किया है और यह प्रवृत्ति उनके द्वारा ऐसे सिद्धान्तों को रचना में दिखाई पड़ती है, जो प्रत्येक युग में सर्व स्वीकृत हो सकें। इसीलिए इन्होंने काव्य और नाट्य की ऐसी व्याख्या की हैं कि वह कलामात्र को प्रकाशित कर सके। यही कारण है कि आनन्दवर्धन और अभिववगुप्त के सिद्धान्तों की उपेक्षा कर, हम नवीन काव्यशास्त्र की रचना नहीं कर सकते और इसका श्रेय उक्त लेखकों की प्रतिभा को है। सामन्तकालीन साहित्य और कलाओं के सन्दर्भ में उनका मापदण्ड यथावत् स्वीकृत हुआ है किन्तु पूँजीवादी और समाजवादी युगों के साहित्य की व्याख्या के लिए, उक्त लेखकों के मापदण्डों में आवश्यक संशोधन आवश्यक है। इस संशोधन की आवश्यकता ही इस तथ्य का प्रमाण है कि समाज की सामान्य परिस्थितियाँ, प्रतिभाशाली व्यक्तियों से अधिक शक्तिमती प्रमाणित होती है—जनरल हिस्टोरीकल सरकम्सटैंसिस आर स्ट्रौंगर देन द स्ट्रौंगैस्ट इंडीवीजुअल्स[110] अतः आनन्दवर्धन और अभिनवगुप्त की विशिष्टता युग सापेक्ष है। वे उस सामन्ती सामाजिक व्यवस्था, अपने परिवेश के सांस्कृतिक प्रभावों के कारण चेतना की निरपेक्षता, नियतिवाद, ब्रह्मवाद, और रहस्यवाद को स्वीकार करते हैं। इसी प्रकार उच्चवर्गीय वर्ग-सामरस्य के प्रयत्न की परम्परा में पोषित होने के कारण, वह उन सामाजिक सम्बन्धों के विरुद्ध नहीं जा सकते थे, जो तत्कालीन उत्पादन के साधनों से निर्मित हुए थे। अतः आनन्दवर्धन और अभिनवगुप्त की विशिष्टता की मात्रा और परिमाण में युगसापेक्ष हैं। अभिनव और आनन्दवर्धन को स्वीकृति इसलिए मिली कि उनके विशिष्ट सिद्धान्त, पूँजीवाद-समाजवाद के पूर्व, सामन्ती सामाजिक आवश्यकताओं के लिए उपयोगी थे। प्लेखानोव का मत है कि कोई महान प्रतिभा तभी अपने समय को प्रभावित कर सकती है जब वह प्रतिभा सामाजिक आवश्यकताओं के अनुकूल कार्य करे, और तात्कालिक सामाजिक व्यवस्था, उस प्रतिभा के विकास में बाधक न बने।[111] राज्य सभाओं ने तत्कालीन सामन्ती सामाजिक स्थिति और मानवीय सम्बन्धों की यथास्थिति की रक्षा के लिए प्रतिभाओं को अर्थ और गौरव देकर उनके विकास में अवश्य सहायता पहुँचाई थी और प्रत्युपकार स्वरूप इन प्रतिभाओं ने ऐसे किसी सिद्धान्त का प्रतिपादन नहीं किया जो तात्कालिक वर्ग-सम्बन्धों के विपरीत जनता को जाग्रत करता। आनन्दवर्धन और अभिनवगुप्त से साहित्य की आत्मा के अनुसंधान और अंगों के रूप में अलंकार, रीति, गुण आदि की, अंगी के साथ व्यवस्था पर जितना ध्यान दिया है, उतना साहित्य के युगानुरूप परिवर्तन

और दायित्व पर नहीं दिया है और इस प्रवृत्ति का कारण तात्कालिक भौतिक आधार है जो इन चिन्तकों के चिन्तन को अप्रत्यक्षतः प्रभावित कर रहा था।

आनन्दवर्धन के सम्मुख दो शास्त्र परम्पराएँ थीं। भरत का रसवाद और भामह, उद्भट का अलंकारवाद। वामन का रीतिवाद या गुणवाद भी अलंकार-सम्प्रदाय के क्रोड़ में ही विकसित हुआ था। अलंकारवादियों ने उक्ति की वक्रता या अतिशयोक्ति को काव्य और अन्य शास्त्रों का भेदक तत्व माना था किन्तु भाव या रसाक्षिप्त नाटकों और काव्यों (वाल्मीकि, व्यास के काव्य) क़ी व्याख्या कोरे वाग्वैदग्ध्य पर युक्ति युक्त प्रतीत नहीं होती थी। दूसरी ओर आनन्दवर्धन के सम्मुख प्राकृत और संस्कृत में मुक्तकों की राशि-राशि रचनाएँ थीं। रसाक्षिप्त मुक्तकों के अतिरिक्त इनमें अलंकृति और स्वाभावोक्ति प्रधान मुक्तक भी अनेक थे अतएव यदि काव्य का सर्वस्य रस को ही घोषित किया जाता तो मुक्तकों की उपेक्षा होती थी और प्रबन्ध काव्यों को ही सम्पूर्ण गौरव प्राप्त होता था। अतएव आनन्दवर्धन ने कला और काव्य के मूल स्वरूप का चिन्तन करके यह निर्धारित किया कि ध्वनि ही वस्तुतः कलामात्र का सर्वस्व है।

कला किसी वस्तु (फैक्ट या ट्रुथ) अलंकार या भाव को ध्वनित करती है, यह ध्वनि मत का मर्म है। अलंकारवादी भामह ने भी कहा था कि कला और काव्य भणिति-भंगिमा मात्र है। काव्य का मर्म है, कथ्य की कलापूर्ण अभिव्यक्ति किन्तु किसी आकर्षक कथन में उस आकर्षण का कारण क्या है, यह आलंकारिक नहीं बता सके थे। आनन्दवर्धन के अनुसार इस आकर्षण का कारण ध्वनि है। भणिति भंगिमा की दृष्टि से सारे अलंकार एक समान ही आकर्षक होने चाहिए किन्तु सादृश्य जब व्यंग्य रूप में प्राप्त होता है, तब शोभातिशय का जन्म होता है। समासोक्ति, आक्षेप, पर्यायोक्त, निदर्शना, तुल्योगिता आदि गुणीभूत व्यंग्य से युक्त होने के कारण अधिक आकर्षक है, अथवा अलंकार द्वारा अलंकार की, या वस्तु द्वारा अलंकार क़ी व्यंजना होने पर अलंकार ध्वनि की सृष्टि होती है और ऐसे स्थानों पर उत्तम काव्य प्राप्त होता है। अतः उक्ति की वक्रता या अतिशयोक्ति काव्य का मर्म नहीं हो सकती यों सामान्यतः काव्योंक्तियों में अतिशयोक्ति रहती ही है।[112]

अलंकारवादी आचार्य भामह स्वभावोक्ति को काव्य नहीं मानना चाहते किन्तु आनंदवर्धन के अनुसार अलंकार और भाव के समान वस्तु भी ध्वनित हो सकती है और यहाँ भी काव्य की सृष्टि होगी। इसी प्रकार अलंकारवदियों ने रस को रसवत् अलंकार बना डाला था। आनन्दवर्धन ने भरत के रसवाद को स्वीकार कर, रामायण और महाभारत के रसाक्षिप्त स्थलों की मार्मिकता को श्रेष्ठ काव्य घोषित किया। उनके अनुसार रस भी ध्वनित ही हो सकता है और भाव और रस ध्वनित होकर वस्तु व्यंजना से अधिक मार्मिक होता है। इस प्रकार आनन्दवर्धन ने प्रत्येक प्रकार के काव्य को यथास्थान प्रतिष्ठित कर दिया। काव्य और कला की श्रेष्ठता के लिए द्रंष्टव्य यह है कि उसमें वस्तु या अलंकार या रस कथित हुआ है या ध्वनित हुआ है। सामान्य और निकृष्ट कोटि की कला में ध्वनि का अभाव और उत्कृष्ट कोटि की कला में ध्वनि का प्राधन्य पाया जाता है, यह आनन्दवर्धन

का सार्वकालिक मापदण्ड है।

ध्वनिवाद ने सभी कला रूपों (अलंकार,वस्तु और रसपरक) का एक ही मापदण्ड से मूल्यांकन किया है। अपने मत की सर्व-स्वीकृति के लिए उन्होंने भरत और भामह अथवा काव्य में रसवादी काव्य और चमत्कारी काव्य दोनों परम्पराओं के काव्य को गौरव दिया है, किन्तु रसवादी काव्य को श्रेष्ठ माना है।

आनन्दवर्धन ने काव्य और कला में जिस प्रक्रिया के कारण सौन्दर्य उत्पन्न होता है, उसका अनुसंधान कर उसे ध्वनि नाम दिया है, इस प्रक्रिया द्वारा, वस्तु अलंकार और भाव सबको अभिव्यक्ति मिल सकती है अतः काव्य की आत्मा ध्वनि है,[113] यदि काव्य की आत्मा रस को मानते हैं[114] तो अलंकृत और वस्तुदिग्दर्शनात्मक काव्यों की बहिष्कृति हो जाती है और सार्वभौमिक मापदण्ड वही है, जिससे काव्य के सभी प्रकारों का मूल्यांकन हो सके अतएव ध्वन्यालोक में ध्वनि को प्रमाणित करने में ही सबसे अधिक प्रयत्न किया गया है।

वैयाकरणों के स्फोटवाद से ध्वनि की प्रेरणा लेकर आनन्दवर्धन ने अभिधा और लक्षणा के अतिरिक्त व्यंजना नामक एक नवीन शब्द शक्ति की कल्पना की है। ध्वनि का सिद्धान्त व्यंजना शब्द-शक्ति पर आधारित है अतः इस नवकल्पित शब्द का घोर विरोध हुआ है। आनन्दवर्धन, मम्मट आदि ने व्यंजना शक्ति के पक्ष में इतने युक्ति युक्त तर्क दिए कि परवर्ती विचारकों ने व्यंजना को स्वीकार कर लिया। मीमांसकों, नैयायिकों, वेदान्तियों, भट्ट लोल्लट आदि के व्यंजनाविरोधी तर्कों का इतने पाण्डित्य के साथ खण्डन किया गया है कि ध्वनिवादियों के बाद व्यंजना विरोधियों को स्वीकृति नहीं मिल सकी और इस प्रकार ध्वनिवाद को सर्वाधिक सम्मान प्राप्त हो गया। काव्य और कला की यह ध्वनिपरक व्याख्या काव्य-प्रक्रिया की दृष्टि से द्वन्द्वात्मक भौतिकवादी काव्यशास्त्र के लिए अत्यधिक उपयोगी है।

अभिनवगुप्त ने 'अभिनव भारती' में साहित्य के प्रयोजन और प्रक्रिया दोनों पर विचार किया है। वह कला का उद्देश्य सकल हितकरण मानते हैं।[115] वस्तुतः अभिनवगुप्त की व्याख्या में भरत की लोककल्याणवादी परम्परा को यथावत् स्वीकार किया गया है। यही नहीं, उन्होंने कलाओं के प्रति स्मार्त दृष्टिकोण का घोर विरोध करके कला को गौरव दिया है।[116] उनके द्वारा कला द्वारा लोकमंगल या उदात्तीकरण की व्यवस्था की गई है।

प्रक्रिया की दृष्टि से व्यंजना वृत्ति और रस के स्वरूप की दृष्टि से अभिव्यक्तिवाद का निरूपण अभिनव ने पूर्ण गम्भीरता के साथ किया है। वस्तुतः नाट्य शास्त्र के षष्ठ अध्याय की यह व्याख्या ही हिन्दी आलोचना के लिए सबसे महत्वपूर्ण हो गई है। 'न हि रसाद्दते कश्चिदर्थः प्रवर्तते'—इस भरत सूत्र की व्याख्या में अभिनव ने यह सिद्ध किया है कि रस के बिना आनन्दपूर्वक सत्कृत्यों में प्रवृत्ति ही नहीं होती और न कुकृत्यों से निवृत्ति होती है। अतः रस ही कला का सर्वस्व है। इस प्रकार अभिनव अपने आनन्दवाद को भोगवाद से ऊपर उठा कर उसे लोकमंगल का साधन बना देते हैं। रससूत्र को व्याख्या में रस के स्थान, उसके प्रभाव और प्रक्रिया का मनोवैज्ञानिक वर्णन किया गया है जो

भारतीय काव्यशास्त्र की उपलब्धि है, किन्तु सबसे महत्वपूर्ण स्थल वह है, जहां भाव की रस में परिणति वर्णित है। यहाँ अनजाने में ही यह द्वन्द्वात्मक भौतिकवादी ज्ञान-सिद्धान्त स्वीकृत हो गया है कि रस परस्पर विरोधी अनुभूतियों के द्वन्द्व का समन्वय है। वस्तुतः जिसे हम आनन्द कहते हैं, उस क्षण में हमारी चेतना में द्वन्द्व ग्रस्त विचार और अनुभूतियों का समन्वय हो जाता है। यह स्थिति सर्वदा इसलिए नहीं रहती, क्योंकि जागतिक प्रतिक्रियाएँ पुनः हमारी चेतना में द्वन्द्व उत्पन्न कर देती हैं। अपनी अद्भुत अन्तर्दृष्टि से इस वैज्ञानिक तथ्य का अस्फुट रूप में भरत और अभिनव को ज्ञात था। तभी अभिनव ने लिखा है कि नाना तिक्त मधुर पदार्थों के उचित मिश्रण से जैसे षाडवरस बनता है, उसी प्रकार विभाव, अनुभाव और संचारी आदि के संयोग से काव्य रस की सृष्टि हो जाती है।[117]

यह कथन मार्क्सवाद के विरुद्ध होगा कि अध्यात्मवादी दृष्टिकोण के कारण अभिनवगुप्त ने काव्यशास्त्र को प्रतिक्रियावादी बना दिया। जिस प्रकार योरोप में आदर्शवादी दर्शन के बिना द्वन्द्वात्मक भौतिकवाद का प्रवर्त्तन सम्भव नहीं था, उसी प्रकार भारतीय काव्यशास्त्र में अभिनव गुप्त की दार्शनिक व्याख्याएँ विचार के इतिहास में महत्वपूर्ण सोपान हैं और जिस प्रकार सिर के बल खड़े हीगल को मार्क्स ने पुनः पैरों पर खड़ा कर दिया, उसी प्रकार आनन्दवर्धन और अभिनवगुप्त के अध्यात्मवादी अथवा यथार्थ विरोधी तत्वों को निकाल कर, उनके ग्रहणीय तत्वों को प्रकाश में लाने की आवश्यकता है, इन आचार्यों में भौतिकवादी काव्यशास्त्र के लिए अनेक उपयोगी विचार बिन्दु उपलब्ध हैं।

ध्वनिवाद, अनुमितिवाद, वक्रोक्तिवाद, अलंकारवाद का द्वन्द्व—ध्वनि सिद्धान्त के विरुद्ध तीव्र प्रतिक्रिया हुई। आनन्दवर्धन के समकालीन भट्ट लोल्लट के पुत्र मुकुल भट्ट ने अभिधावृत्तिमातृका में शब्द शक्तियों का ही विवेचन किया और मम्मट ने इस विवेचन से पर्याप्त सहायता ली है किन्तु मुकुल भट्ट के शिष्य प्रतिहारेन्दुराज ने उद्भट के 'काव्यालंकार सारसंग्रह' की टीका में ध्वनि को अलंकारों में ही समाविष्ट करने का असफल प्रयत्न किया है। प्रतिहारेन्दुराज का समय दशम शताब्दी का प्रथमार्द्ध है। 'काव्यालंकार सारसंग्रह' के लेखक उद्भट जयापीड़ की पंडित सभा के सभापति थे और उनका वेतन एक लाख दीनार प्रति दिवस था।[118] ब्रूलर ने उद्भट को अधिक महत्व नहीं दिया किन्तु आनन्दवर्धन, अभिनव, मम्मट तथा पंडितराज जगन्नाथ ने उद्भट का सम्मान के साथ उल्लेख किया है। उद्भट के भामह विवरण और कुमार सम्भव नामक ग्रन्थ अप्राप्य हैं। उद्भट ने अतिशयोक्ति, यथासंख्य, सहोक्ति, संदेह, अनन्वय, भामह से यथावत् ले लिए हैं किन्तु अलंकारों की परिभाषाएँ उद्भट में अधिक शुद्ध और स्पष्ट हैं। इसके सिवा भामह द्वारा वर्णित यमक, असम्भव, उपमारूपक और उत्प्रेक्षावयव को उद्भट ने महत्व नहीं दिया और पुनरुक्तवदाभास, काव्य हेतु तथा काव्य दृष्टान्त जैसे नवीन अलंकारों की वृद्धि की है। इस प्रकार भामह परम्परा में उद्भट की मौलिकता असंदिग्ध है। भामह के अलंकारवाद

को वामन और आनन्दवर्धन ने चुनौती दी थी। किसी सामाजिक परिस्थिति के प्रत्यक्ष प्रभाववश उद्भट अलंकारवाद का समर्थन नहीं कर रहे थे अपितु सभा-संस्कृति के कारण उत्पन्न भामह के अलंकारवाद पर, पंडितों द्वारा आक्रमण होने पर, वह राज्य सभाओं की विदग्ध संस्कृति की रक्षा करना चाहते थे। अतएव उद्भट ने गुणों और अलंकारों का भेद स्वीकार नहीं किया। इसी प्रकार प्रतिहारेन्दुराज के अनुसार उद्भट ध्वनिवाद के विरोधी हैं। अलंकार चाहे अभिधा द्वारा अभिव्यक्त हो, अथवा व्यंजना द्वारा ध्वनित हो, दोनों स्थानों में वे अलंकार ही रहते हैं। उद्भट यह नहीं स्वीकार करते कि अलंकार केवल वाच्य से सम्बन्धित हैं। इसके अतिरिक्त ध्वनिवाद के विरुद्ध उद्भट का कथन है कि ध्वनि को अलंकार में ही समाविष्ट करना चाहिए क्योंकि ध्वनि वाच्यार्थ का ही सौन्दर्यवर्धक तत्त्व है। व्यंजना वाच्य की अलंकृति है अतः पर्यायोक्त, अप्रस्तुतप्रशंसा आदि में ध्वनि या व्यंजना का अन्तर्भाव हो जाता है।

प्रतिहारेन्दुराज, आनन्दवर्धन का उल्लेख किए बिना ही, उनके द्वारा उद्धृत वस्तु ध्वनि के उदाहरणों का पर्यायोक्त अलंकार में अंतर्भाव प्रमाणित करते हैं क्योंकि पर्यायोक्त की परिभाषा ही यह है कि जहाँ वर्ण्य वस्तु पर्याय या अप्रत्यक्ष रूपेण वर्णित हो।[119] इसी प्रकार रूपक ध्वनि का रूपक अलंकार में अंतर्भाव सिद्ध कर दिया गया है।[120]

यह ज्ञात नहीं है कि ध्वनि के सम्बन्ध में निश्चित रूप से उद्भट के क्या विचार थे। आनन्दवर्धन से पूर्ववर्ती होने के कारण सम्भव है, उद्भट इस सिद्धान्त से परिचित ही न हों अथवा काव्यालंकार सारसंग्रह अलंकार ग्रन्थ होने के कारण ध्वनि का उल्लेख उनके लिए अनावश्यक रहा हो। प्रतिहारेन्दुराज की टीका के अनुसार उद्भट ध्वनि का अंतर्भाव अलंकारों में ही करते थे और इस प्रकार ध्वनिवाद और अलंकारवाद का द्वन्द्व स्पष्ट है।

भरत परम्परा से प्रेरित धनञ्जय और धनक ने भी व्यंजना शब्द शक्ति को स्वीकार नहीं किया। धनञ्जय के दशरूपक की टीका में धनक ने तात्पर्य वृत्ति के आधार पर व्यंजना का घोर खण्डन किया है। यही नहीं, अभिनव गुप्त की तरह दशरूपक शांत रस की मान्यता का भी विरोध करता है। दशरूपक से परवर्ती लेखकों ने पर्याप्त सहायता लेकर भी तात्पर्यवृत्ति को स्वीकार नहीं किया, इस प्रकार दशरूपक भी अलंकारवाद की तरह ध्वनिवाद के द्वन्द्व में पराजित हुआ। दशरूपककार धनञ्जय मालवा के राजा मुन्ज (वाक्पतिराज द्वितीय 974-995 ई.) के राजकवि थे। ध्वनिवाद और तात्पर्यवाद का विरोध वस्तुतः शब्द शक्ति तक ही सीमित है। रस की दृष्टि से ध्वनिवादी और धनञ्जय दोनों भरत के अनुगामी हैं। अतः यह द्वन्द्व केवल प्रक्रिया सम्बन्धी द्वन्द्व है। इसका कोई भौतिक आधार नहीं है। अपने मत को अधिकाधिक बुद्धिसंगत बनाने का प्रयत्न ही इसका आधार है।

भरत परम्परा के अन्य अनुयायियों में भी भट्टलोल्लट, शंकुक और भट्टनायक[121] ने भरत के रस सूत्र की व्याख्या अपनी-अपनी पद्धति पर की है। इनमें भट्टनायक ने व्यंजना का उपयोग न कर भावकत्व और भोजकत्व, दो नवीन शब्द-शक्तियों की कल्पना की है

किन्तु ध्वनिवादियों की व्यंजना शक्ति के आगे इसे भी स्वीकृति नहीं मिल सकी, इस विवाद का आधार भी प्रक्रिया है, प्रयोजन नहीं। विभिन्न दर्शनों के प्रकाश में रस की व्याख्या का प्रयत्न ही विविध व्याख्याओं का कारण बना है।

ध्वनिवाद और अनुमितिवाद—शंकुक वस्तुतः अनुमितिवादी थे और अनुमान-प्रक्रिया के आधार पर उन्होंने न केवल रस का अपितु कलामात्र का विवेचन किया है। ध्वनिवाद का उग्रतम विरोध महिमभट्ट ने 'व्यक्ति विवेक' में किया है। उन्होंने ध्वनि के सभी उदाहरणों का अनुमान के अंतर्गत प्रतिष्ठित करने का प्रयत्न किया है। यहाँ बुद्धिवैभव के प्रदर्शन का प्रयत्न है जो पंडितों की एक विशेषता थी। अतः इस द्वन्द्व का कोई भौतिक आधार नहीं प्रतीत होता। महिमभट्ट भी कश्मीरी पंडित थे। आचार्य रुय्यक ने अपने अलंकार सर्वस्व में महिम भट्ट का उल्लेख किया है अतः महिम का समय 1100 ई. के कुछ पूर्व माना जाता है। महिम भट्ट ने राजशेखर की बालरामायण तथा कुंतक के वक्रोक्ति जीवित का उल्लेख किया है इसलिए उनका समय 11वीं शताब्दी का मध्यकाल माना जा सकता है।[122] सम्भावना यह है कि महिम भट्ट को भी राज्याश्रय प्राप्त था।

महिम भट्ट के अनुसार केवल अभिधा ही एक मात्र शब्द शक्ति है। प्रतीयमान अर्थ वस्तुतः अभिधेयार्थ के पश्चात् अनुमान प्रक्रिया के द्वारा प्राप्त होता है। ध्यातव्य यह है कि प्रयोजन की दृष्टि से महिम भट्ट ध्वनिवादियों के साथ इस तथ्य से सहमत हैं कि काव्य की आत्मा रस है।[123] वस्तुतः व्यक्ति विवेककार शक्तियों लक्षणावादियों के तर्कों का ही विस्तार करता है, और भक्ति या गुणवृत्तिया लक्षणावादियों की परम्परा बहुत प्राचीन है। शंकुक भी अनुमितिवादी आचार्य थे।

जिस प्रकार अनुमितिवादी होने पर भी शंकुक की रस सूत्र की व्याख्या में कला मात्र पर महत्वपूर्ण प्रकाश पड़ता है, उसी प्रकार अनुमितिवादी महिम भट्ट औचित्य अथवा काव्य दोषों के सम्बन्ध में उपयोगी विचार प्रकट करते हैं। महिम भट्ट ने अंतरंग अथवा अर्थ विषयक अनौचित्य के सन्दर्भ में, विभाव, अनुभाव और व्यभिचारी भाव के उपयोग पर प्रकाश डाला है और बहिरंग अनौचित्य में विधेय विमर्श, प्रक्रम भेद, क्रम भेद, पौनरुक्त्य तथा वाच्यावचन पर विचार किया है।[124]

ध्वनिवाद और वक्रोक्तिवाद का द्वन्द्व—वक्रोक्तिवाद के प्रवर्तक कुंतक का समय आनंदवर्धन और राजशेखर के बाद माना जाता है क्योंकि दोनों का उल्लेख वक्रोक्ति जीवित में मिलता है। महिमभट्ट ने कुंतक के सिद्धान्तों का खण्डन किया है। अतः कुंतक का समय दशम शतक का अन्त और 11वीं शताब्दी का प्रारम्भ माना जा सकता है। कुंतक अभिनवगुप्त के समसामयिक थे यद्यपि वे एक दूसरे का उल्लेख नहीं करते। कुंतक कश्मीरी थे किन्तु उनके जीवन के विषय में सब अज्ञात ही है। वक्रोक्ति जीवित में कुंतक ने वक्रोक्ति को काव्य की आत्मा मान कर ध्वनि को काव्यात्मक मानने वाले मत का विरोध किया है।

स्वाभावोक्ति के उग्र विरोध के कारण यह प्रतीत होता है कि भामह की वक्रोक्ति को ही कुंतक ने सामान्य अलंकार से ऊपर उठा कर, उसे काव्य और कला के एक सर्वव्यापी सिद्धान्त के रूप में प्रस्तुत कर दिया है और ध्वनि को वक्रोक्ति में अंतर्भूत करने का प्रयत्न किया है।[125]

अतएव कुंतक अलंकारवादियों के वक्रोक्ति अलंकार को सर्वव्यापक मापदण्ड के रूप में प्रस्तुत करना चाहते थे। ध्वनि के विरोध में यह अलंकारवादियों का प्रबल प्रयत्न था किन्तु कुंतक का विवेचन वस्तुतः ध्वन्यालोक के प्रारूप पर आधारित है। ध्वनिवादी जिस प्रकार सम्पूर्ण काव्य की श्रेष्ठता का निर्णय ध्वनि की प्रधानता के आधार पर करते हैं, उसी प्रकार कुंतक वक्रोक्ति को आधार बनाते हैं। वस्तु, अलंकार और रस ध्वनियों के विवेचन के समान कुंतक ने वर्ण, पद, प्रत्यय, प्रकरण, प्रबन्ध, वाक्य आदि वक्रोक्तियों का वर्णन किया है। कुंतक ने अलंकारवाद को अपना कर भी स्वभावोक्ति, रसवत्, प्रेयस्, उर्जस्वी, उदात्त आदि अलंकारों को अलंकार्य मान कर इनके अलंकारत्व का खण्डन किया है। क्रोचे की तरह, कुंतक तत्वतः अलंकार्य और अलंकार का भेद स्वीकार नहीं करते।[126] ध्वनिवादियों के सदृश वह रस और रसप्रधान प्रबन्ध काव्यों की प्रशंसा करते हैं।[127] वे रसवत् अलंकार को अलंकार चूड़ामणि मानते हैं। कुंतक ने प्रतिभा या कल्पना शक्ति के सम्बन्ध में मौलिक विचार प्रकट किए हैं।[128] 'वक्रोक्तिजीवितम्' में औचित्यवाद को भी अपनाया गया है। इस प्रकार ध्वन्यालोक के विरुद्ध कुंतक का प्रयोजन केवल यह सिद्ध करना है कि ध्वनि की धारणा अनावश्यक है। वक्रोक्ति से ही जब ध्वनि का कार्य हो जाता है तब ध्वनि के विषय के ऊहापोह की क्या आवश्यकता है?

किन्तु ध्वनिवाद में रस, रीति, अलंकार, शब्द शक्ति काव्य के सभी रूपों आदि की जो सुव्यवस्था है, वह वक्रोक्ति जीवित में नहीं प्रतिष्ठित हो सकी। यों तो रसादि को वक्रता के अन्तर्गत ही प्रतिष्ठित किया गया है और वक्रता की व्यापक परिभाषा की गई है। परवर्ती लेखकों ने शब्द-अर्थगत वक्रता को तो स्वीकार किया किन्तु भावगत आनन्द को वक्रताजन्य आनन्द कहने में उन्हें संकोच हुआ। वस्तुतः कुंतक को ध्वनि के विरोध में, सार्वभौमिक मानदण्ड का निर्माण करने के लिए वक्रता के स्थान पर कोई अन्य शब्द चुनना चाहिए था।

कुंतक न तो अलंकारवाद का चमत्कार छोड़ सके और न भरत परम्परा का अनुसरण कर सके। कुंतक के अन्तर्द्वद्ध में वस्तुतः दो प्रकार की सामाजिक स्थितियों का प्रतिबिम्ब है। आनन्दवर्धन के प्रयत्न से कुंतक एक ओर तो वाल्मीकि, कालिदास, भरत की रसवादी परम्परा को स्वीकार करना चाहते हैं किन्तु साथ ही दरबारी चमत्कारवाद का साथ भी नहीं छोड़ना चाहते। आनन्दवर्धन ने दृढ़ता से अलंकारों को काव्य और शरीर के बाह्य आभूषणों के रूप में स्वीकार किया था। कुंतक सालंकारता को काव्यसर्वस्व मानते प्रतीत होते हैं।[129] वह उपचार से अलंकार शब्द में भामह आदि के समान, सभी काव्य तत्वों को सम्मिलित कर लेते हैं।[130]

इस अन्तर्द्वन्द्व का कारण कुंतक का वर्ग सम्बन्ध और वर्गीय दृष्टिकोण था। कुंतक के अनुसार काव्य बन्ध, उच्च कुल में समुत्पन्न परिश्रमहीन और मूर्ख राजकुमारों आदि के हृदयों को आनन्द देने वाला तथा कोमल शैली में व्यक्त धर्म, काम, मोक्षादि की सिद्धि का मार्ग है।[131] काव्य के इस प्रयोजन में द्वितीय भाग अर्थात् धर्मादि-सिद्धि से तात्पर्य परम्परागत काव्य द्वारा नैतिकतावाद का समर्थन है जो सभी को मान्य है किन्तु प्रथम अंश स्पष्टतः अभिजात वर्ग की शिक्षा से सम्बन्धित है। डा. नगेन्द्र का कथन है कि—'कुंतक यह कहना चाहते हैं कि राजकुमार आदि एक वृहत् भूभाग के भाग्यविधायक होते हैं, अतएव वे व्यक्ति न होकर समष्टि के प्रतीक होते हैं। उनका प्रभाव उनकी सत्ता के अनुकूल अत्यन्त व्यापक होता है... भारतीय काव्य में राजा, राजवंश, राजकुमार आदि का प्रयोग इसी प्रतीकार्थ में किया गया है। अभिजात शब्द से एक ध्वनि और निकलती है, और वह है संस्कारिता की। आभिजात्य में धन की व्यंजना उतनी नहीं है, जितनी संस्कारिता की। उत्तम वंश में उत्पन्न, भद्र वातावरण में पोषित राजकुमार स्वभावतः ही संस्कारवान् होते हैं, अतएव आभिजात्य संस्कारिता का प्रतीक है और अभिजात राजकुमार आदि संस्कारी सहृदय समाज के। अतएव उन्हें उपलक्षण मात्र मानना चाहिए।"[132]

भरतीय काव्य और काव्य शास्त्र का जो वर्गगत आधार है, प्रतीकवादी व्याख्या द्वारा, उसे यहाँ अस्वीकार किया गया है। डा. नगेन्द्र ने यह भी कहा है कि कुन्तक ने यह बात स्पष्ट रूप से नहीं कही परन्तु उनकी वृत्ति से यह ध्वनित होती है।[133]

डा. नगेन्द्र ने जिस वृत्ति की चर्चा की है, उसमें कहा गया है कि उच्चकुल में उत्पन्न होने वाले राजपुत्र आदि धर्मादि रूप प्राप्त पुरुषार्थ चतुष्टय के इच्छुक, विजय की इच्छा करने वाले किन्तु क्लेश भीरु होते हैं। सुकुमार स्वभाव के कारण वे परिश्रम से डरते हैं इस प्रकार उन राजपुत्रादि के हृदय को प्रसन्न करने वाला होने पर काव्य बन्ध को खिलौने (क्रीड़क) की समानता प्राप्त होती है।[134]

यहाँ स्पष्टतः शासक वर्ग की शिक्षा ही काव्य का प्रयोजन है। कुंतक पूर्व पक्ष द्वारा इस प्रश्न की सम्भावना करते हैं कि सामान्य पाठक का ध्यान क्यों नहीं रखा गया और इस सम्भावित प्रश्न के उत्तर में वे कहते हैं कि राजपुत्र आदि वैभव को प्राप्त करके समस्त राज्य के व्यवस्थापक बन कर; उत्तम उपदेश से शून्य होने पर स्वतन्त्र होकर; समस्त उचित लोक व्यवहार का नाश करने में समर्थ हो सकते हैं। अतः उनके परिज्ञान के लिए कवि अतीत के सचरित्र राजाओं के चरित्र को काव्य रूप में लिखते हैं। अतः शास्त्र के अतिरिक्त काव्य का महत्वपूर्ण प्रयोजन है।[135]

व्यंजना से भी उक्त स्थल से साधारण जनता का अर्थ नहीं लिया जा सकता। यही नहीं; सामन्ती शासन व्यवस्था में और कुन्तक के शब्दों में लोक यात्रा के संचालन के लिए, सेवक, मित्र, स्वामी के सामाजिक सम्बन्धों का ज्ञान उस व्यवस्था की रक्षा के लिए आवश्यक माना गया हैं।[136]

संस्कृत का काव्यशास्त्र यथास्थिति का रक्षक है, अतएव वह सामन्ती समाज में

स्थित मानवीय सम्बन्धों में परिवर्तन की कल्पना न कर, उनके औचित्य पर ध्यान देता है। कुन्तक के अनुसार लोकाचार के अनुष्ठान का सौन्दर्य, बोध और अनुभव साधारण जन को, काव्य परिज्ञान से ही हो सकता है... यह व्यवहार सौन्दर्य औचित्य में रहता है (नूतनौचित्यम्)। तात्पर्य यह कि राजा आदि के व्यवहार का वर्णन करने पर उनके अंगभूत प्रधानमंत्री आदि सब के अपने-अपने उचित कर्त्तव्य और व्यवहार में निपुण रूप में ही वर्णन होने से, उनके पाठ से अन्य समस्त जनों को उचित व्यवहार की शिक्षा देने वाले होते हैं।[137]

स्पष्ट है कि तात्कालिक काव्य और काव्यशास्त्र के अन्य प्रयोजनों में, एक प्रयोजन सामन्ती व्यवस्था का सुसंचालन और रक्षारूप कार्य भी था। आज हम अवश्य उक्त अंश का प्रतीकात्मक अर्थ करके काव्य का प्रयोजन क्षेत्र विस्तृत कर सकते हैं किन्तु कुन्तक के लिए काव्य का प्रयोजन तात्कालिक समाज व्यवस्था की यथास्थिति का रक्षण था और ऐतिहासिक भौतिकवाद की दृष्टि से यह स्वाभाविक था। प्रतिभाशाली होने पर भी लेखक की प्रतिभा बाह्य परिस्थिति से प्रभावित रहती है। इस सामाजिक प्रभाव से ध्वनिवादी भी नहीं बच सके। वे काव्य के क्रान्तिकारी योगदान को स्वीकार नहीं कर सके।

उक्त आचार्यों के पश्चात् भारतीय काव्यशास्त्र में सारसंग्रह, व्याख्या और यत्र-तत्र मौलिकता का युग आता है। आनन्दवर्धन और अभिनवगुप्त के पश्चात् मौलिक सिद्धान्त का आविष्कार समाप्त प्रायः हो जाता है।

राजशेखर की काव्य मीमांसा की चर्चा हो चुकी है। वह विदर्भ के निवासी थे किन्तु कान्यकुब्ज (कन्नौज) के राजा महेन्द्रपाल और महीपाल के आश्रित राज-पंडित थे। अतः उनका समय दशम शतक का पूर्वार्द्ध माना जाता है। बाल रामायण, बाल भारत, विद्धशालभंजिका तथा कर्पूरमंजरी आदि काव्यों के अतिरिक्त काव्यशास्त्र विषयक इनका 'काव्य मीमांसा' नामक ग्रन्थ ही प्राप्त होता है जो सिद्धान्त की दृष्टि से नहीं, कवि चर्चा की दृष्टि से उल्लेखनीय है।

रुद्रभट्ट और रुद्रट को कुछ विद्वान एक ही व्यक्ति मानते हैं।[138] कुछ विद्वान उन्हें भिन्न मानते हैं। रुद्रभट्ट की रचना 'शृंगारतिलक' है। इसमें शृंगार रस का ही विस्तृत वर्णन है, यद्यपि नवरसों का वर्णन भी उन्हें इष्ट था। रुद्रभट्ट का समय दशम शताब्दी है।

क्षेमेन्द्र 11वीं शताब्दी के लेखक हैं। वह कश्मीर के राजा अनंत (1028-1065 ई.) के समय के विद्वान थे। सम्भवतः यह आचार्य अभिनव गुप्त के शिष्य थे। क्षेमेन्द्र एक अति समृद्ध परिवार के पुत्र थे।[139] इन्होंने औचित्य विचार चर्चा में आनन्द वर्धन तथा अभिनव के औचित्यवाद का विस्तार किया है। 'सुवृत्ततिलक' में छन्दों पर भी विचार किया गया है। 'कवि कण्ठाभरण' में कवि शिक्षा के विषय में लिखा गया है।

राजा भोज (11वीं शताब्दी) के दो ग्रन्थ 'सरस्वती कंठाभरण' और 'शृंगार प्रकाश' प्रसिद्ध हैं। 'सरस्वती कंठाभरण' एक संग्रह गंन्थ है। अनेक इसमें काव्यादर्श (दण्डी) का आधे से अधिक भाग उद्धृत कर दिया गया है। यहाँ काव्य के सभी अंगों पर विचार किया गया है।

श्रृंगार प्रकाश, अलंकार शास्त्र का विश्व कोष माना जाता है। इसमें भी अलंकारवादी और रसवादी परम्पराएँ स्वीकृत हैं। अनेक स्थलों पर भोज ने मौलिकता का प्रदर्शन किया है किन्तु उनका विशिष्ट मत यह है कि श्रृंगार रस ही समस्त रसों में एकमात्र रस है। अतः रुद्रभट्ट के श्रृंगार तिलक की परम्परा का ही यह ग्रन्थ है। भोज ने उच्च दार्शनिक स्तर पर श्रृंगार को एकमात्र रस माना है। आत्मास्थित गुण अहंकार है और श्रृंगार अहमात्मक होने से आत्मा का सर्वस्व हैं, अतएव श्रृंगार ही रसमय होता है।[140] शरीर में लावण्य की तरह हृदय में श्रृंगार का स्थान है।[141] अन्य रस श्रृंगार के ही विभिन्न रूप हैं।[142] वीर अद्भुतादि रसों की प्रसिद्धि गतानुगतिकता मात्र अथवा वटयक्षवत् है।[143] परवर्ती श्रृंगार-रसवादियों में भोज के श्रृंगार प्रकाश की परम्परा का ही समर्थन मिलता है।

मम्मट ध्वनिवाद के प्रस्थापक आचार्य माने जाते हैं। उनका समय भोज और रुय्यक (1150 ई.) के मध्य माना जाता है। मम्मट का काल 11 वीं शताब्दी का उत्तरार्ध है। उनके जीवन के विषय में अधिक पता नहीं चलता। 'काव्यप्रकाश' के टीकाकार भीमसेन ने मम्मट को कश्मीरी जैय्यट का पुत्र लिखा है। महाभाष्य के टीकाकार कैयट तथा वेदभाष्यकार उव्वट, मम्मट के भाई बताए गए हैं, परन्तु विद्वान इसे स्वीकार नहीं करते।[144]

मम्मट ने 'काव्यप्रकाश' में लगभग एक सहस्र वर्ष की अवधि में विकसित भारतीय काव्यशास्त्र का सार संचयन किया है। ध्वनिवाद ही उन्हें सबसे अधिक युक्ति-संगत प्रतीत हुआ। अतः उन्होंने उद्भट, महिम भट्ट, मुकुल भट्ट, वैयाकरणों, तथा वेदान्तियों की परम्पराओं के सभी विचारकों के ध्वनि विरोधी मतों का खण्डन किया। इस प्रकार 'काव्यप्रकाश' भारतीय काव्यशास्त्र की सर्वाधिक महत्वपूर्ण पाठ्य पुस्तक बन गई है। इसलिए इस पर टीकाएँ भी अधिक लिखी गईं।[145] मम्मट ने किसी नए सिद्धान्त की स्थापना नहीं की है किन्तु प्राचीनों की दृष्टि से 'काव्यप्रकाश' श्रेष्ठ ग्रन्थ है। मम्मट का 'शब्द व्यापार विचार' नामक एक अन्य ग्रन्थ भी प्रकाशित हुआ है।

भरत की परम्परा में नाटक विषय पर भी कई ग्रन्थकार मिलते हैं, इनसे काव्यशास्त्र पर भी प्रकाश पड़ता है। सागरनन्दी नाटक लक्षण रत्नकोष[146] (11वीं शताब्दी), अग्निपुराण,[147] रामचन्द्र-गुणचन्द्र का नाट्यदर्पण[148] (12वीं शताब्दी), शारदातनय का भाव प्रकाशन,[149] शिंगभूपाल का संगीत रत्नाकार (14वीं शताब्दी) तथा रसार्णवसुधाकर[150] आदि ऐसे ही ग्रन्थ हैं। इसमें रामचन्द्र गुणचन्द्र जैन मत के आचार्य तथा शिंगभूपाल दक्षिण देश के एक राजा थे। काव्यशास्त्र के समान नाटक और संगीत ग्रन्थों के लेखकों में भी, राजाश्रय प्राप्त पंडितों, राजाओं या उच्च अधिकारियों की संख्या ही अधिक है। नाटक और संगीत को काव्यशास्त्र के समान, अधिकाधिक सारस्वत बनाने की प्रवृत्ति अधिक मिलती है। फिर भी भारतीय सौन्दर्भ शास्त्र के पुनर्निमाण में इन ग्रन्थों से सहायता मिल सकती है। रस व्याख्या में 'नाट्य दर्पण' का योगदान बहुत महत्वपूर्ण है।

मम्मट के परवर्ती काव्य शास्त्रियों में रुय्यक का अलंकार सर्वस्व[151] उल्लेखनीय है (12वीं शताब्दी)। रुय्यक काव्यप्रकाश संकेत, अलंकार मंजरी, अलंकारानुरागिणी, साहित्य

मीमांसा, नाटक मीमांसा, अलंकार वार्त्तिक, सहृदयलीला, व्यक्तिवेवक टीका,[152] आदि ग्रन्थों के लेखक थे। मम्मट के 'काव्यप्रकाश' पर इनकी टीका 'काव्यप्रकाश-संकेत' है। रुय्यक में मौलिकता का अभाव है। यह मम्मट की तरह ध्वनिवादी थे। रुय्यक के टीकाकारों में जयरथ,[153] समुद्रबंध[154] तथा विद्याचक्रवर्ती प्रसिद्ध है।[155]

जैनाचार्य हेमचन्द्र (11-12वीं शताब्दी) का 'काव्यानुशासन' एक संग्रह ग्रन्थ है।[156] काव्य परिभाषा की दृष्टि से हेमचन्द्र मम्मटानुयायी हैं। अभिनवगुप्त की तरह यह भी काव्य का प्रयोजन परमानन्द मानते हैं और धार्मिक व्यक्ति होने के कारण, काव्य के अर्थ प्राप्ति उद्देश्यों को स्वीकार नहीं करते। काव्यानुशासन में काव्य और कला के लिए, नैतिकता पर अत्यधिक बल दिया गया हैं। जैनाचार्यों ने यत्र-तत्र मौलिकता के साथ, ब्राह्मण परम्परावादी, काव्यशास्त्र को ही स्वीकार कर लिया है। रामचन्द्र-गुणचन्द्र आचार्य हेमचन्द्र के ही शिष्य थे। वाग्भट आलंकारिक ग्रन्थ के लेखक वाग्भट भी, हेमचन्द्र के समसामयिक जैनाचार्य थे और महाराज जयसिंह के आश्रित थे। 'वाग्भटालंकार' एक संक्षिप्त अलंकारवादी परम्परा का ग्रंथ है। वाग्भट द्वितीय भी जैनाचार्य थे, इनका ग्रन्थ काव्यानुशासन[157] अधिक विस्तृत ग्रन्थ है। अरसिंह और अमरचन्द्र जिनदत्त सूरि के शिष्य थे (13वीं शताब्दी)। इनके ग्रंथ काव्य-कल्पलता वृत्ति[158] में छन्द, शब्द, श्लेष और अर्थ के सम्बन्ध में कवियों के लिए शिक्षा प्रस्तुत की गई है।

मालवा के राजा के महामात्य वाग्भट के पुत्र देवेश्वर का ग्रंथ 'कविकल्पलता' भी कवि शिक्षा विषयक ग्रन्थ है। यह 14 वीं शताब्दी का ग्रंथ है। प्रसिद्ध जयदेव कवि का अलंकार सम्बंधी ग्रंथ 'चन्द्रालोक' अत्यधिक जनप्रिय हुआ है। यह जयदेव गीत-गोविन्द के कवि से भिन्न व्यक्ति थे। राजा जसवन्तसिंह ने 'भाषा भूषण', इसी 'चन्द्रालोक' के आधार पर लिखा था। जयदेव 14वीं शताब्दी के लेखक हैं। यह 'प्रसन्नराघव नाटक' के भी लेखक माने जाते है। जयदेव अलंकारों को बाह्य आभूषण मात्र नहीं मानते। वह भामह-उद्भट-परम्परा के समर्थक थे। उनका कथन था, यदि अनलंकृत शब्दार्थ को ही काव्य माना जाता है तो अग्नि को उष्णतारहित क्यों नहीं स्वीकार किया जाता।[159] अलंकारवाद और ध्वनिवाद का यह द्वन्द्व आगे भी दिखाई पड़ता है किन्तु अलंकारवादियों में, जयदेव का महत्व केवल सुबोधता के कारण है।

प्रसिद्ध ग्रन्थ 'एकावली' के रचयिता विद्याधर ने अलंकार शास्त्र की रचना में सामन्तवादी चेतना और काव्यशास्त्र को प्रत्यक्ष कर दिया है। उन्होंने उत्कल नरेश नरसिंह की स्तुति में लिखे गए पद्यों को ही, अलंकारों के उदाहरण रूप में प्रस्तुत किया है। अभिनव गुप्त इस प्रवृत्ति के घोर विरोधी थे। सागर नन्दी के नाटक 'लक्षण रत्न कोश' में भी अपने राजा के चरित्र को नाटक का विषय बनाने का पक्ष समर्थन किया है। प्रसिद्ध है कि राजा भोज ने स्वयं अपने राजकवि धनपति से स्वयं को चरितनायक बनाने की प्रार्थना की थी परन्तु किंवदंती के अनुसार कवि ने राजा की इस धृष्टता की भर्त्सना की थी और राजकवि पद छोड़ दिया था। अभिनवगुप्त तात्कालिक साधारण राजाओं को चरितनायक बनाने का

विरोध करते हैं।[160] विद्याधर (14वीं शताब्दी) का ग्रन्थ 'काव्यप्रकाश' और 'अलंकार सर्वस्व' पर आधारित है। इसमें अलंकारों के अतिरिक्त ध्वनि, गुण रीति आदि का भी विवेचन है। विद्यानाथ का ग्रन्थ 'प्रतापरुद्रयशोभूषण' भी इसी परम्परा का ग्रंथ है। विद्यानाथ (14वीं शताब्दी) ने काकतीय वंश के राजा प्रतापरुद्र की स्तुति में, 'प्रतापकल्याण' नामक नाटक रच कर, राजा के स्तुतिपरक उदाहरणों को, अलंकार विवेचन में प्रयुक्त किया है। इस ग्रन्थ में काव्य, नाटक, रस, दोष, गुण, अलंकारादि सभी का विवेचन मिलता है। 18वीं शताब्दी के नरसिंह कवि ने मैसूर के महामात्य ने 'नञ्जराजयशोभूषण' ग्रन्थ इसी परम्परा में लिखा। इसके उदाहरण आश्रयदाता से ही सम्बन्धित हैं।

इन तथ्यों से यह स्पष्ट है कि संस्कृत काव्यशास्त्र तात्कालिक भौतिक आधार पर ही विकसित हुआ था। सैद्धान्तिक दृष्टि से हिन्दी का रीतिकाल, संस्कृत के रीतिकाल का अनुकरण है। विश्वनाथ कविराज, 13वीं-14वीं शताब्दी के महत्वपूर्ण लेखक हैं। वह उत्कल के समृद्ध और प्रसिद्ध पंडित कुल के विद्वान थे। इनके पिता चन्द्रशेखर, कवि और राज्यमन्त्री थे। विश्वनाथ 16 भाषाओं के ज्ञाता थे। उन्होंने राघवविलास, कुवलयाश्वचरित (प्राकृत भाषा काव्य), चन्द्रकला नाटिका तथा प्रशस्तिरत्नावली नामक काव्य लिखे हैं। काव्यप्रकाश पर उनकी टीका भी है। विश्वनाथ का साहित्य-दर्पण एक संग्रह ग्रन्थ है। सरल शैली के कारण तथा 'काव्यप्रकाश' की परम्परा का ग्रन्थ होने के कारण, इसका पठन पाठन अधिक होता है किन्तु इसमें मौलिकता अधिक नहीं है। हिन्दी काव्यशास्त्र की दृष्टि से इसका महत्व अधिक है क्योंकि इन्होंने मम्मट, कुंतक, भोज, ध्वनिकार तथा वामन के काव्य लक्षणों का खण्डन करके, काव्य का रसवादी लक्षण प्रस्तुत किया है। उन्होंने ध्वनि के अन्तर्गत, रस की व्याख्या नहीं की है। उन्होंने सर्वप्रथम स्वतंत्र रूप में, रस का विवेचन किया है। हिन्दी काव्यशास्त्र में इस पद्धति का अधिक अनुकरण हुआ है। विश्वनाथ के अनुसार ध्वनिवाद में उक्ति चमत्कार को अनावश्यक महत्व दिया गया है। विश्वनाथ अलंकारवादी काव्य को इतना गौरव देने के भी पक्षपाती नहीं थे। इन्होंने इस महत्वपूर्ण तथ्य की ओर संकेत किया है कि वस्तु और अलंकार ध्वनियों में भी रस, राग के रूप में विद्यमान रहता है।[161] इस आधार पर रसरहित काव्य को काव्य नहीं माना जा सकता। इस प्रकार विश्वनाथ में रसवादी परम्परा अपने चरम उत्कर्ष के रूप में विद्यमान हैं। साहित्यदर्पण, ध्वन्यालोक, लोचन और अभिनवभारती का अधिक पठन-पाठन होने के कारण रसवादियों का अधिक प्रभाव बढ़ा। आचार्य रामचन्द्र शुक्ल भी विश्वनाथ के अनुयायी समीक्षक थे।

रसवाद की विकास-प्रक्रिया में 'रस तरंगिणी' के लेखक भानुदत्त का विशेष महत्व है। भानुदत्त मैथिल थे (13-14वीं शताब्दी) और सम्भवतः राज मंत्री थे।[162] 'रस मंजरी' में, नायिका भेद का विवरण है। यह ग्रंथ वस्तुतः 'शृंगार तिलक' की परम्परा में लिखा गया है। इस पर 11 टीकाएँ मिलती हैं, जिनमें नागेशभट्ट की भी एक टीका है।[163] 'रस तरंगिणी' में रसों का विस्तृत वर्णन है। केवल रसों और नायिका भेद पर, परवर्ती लेखकों

ने अनेक ग्रन्थ लिखे हैं। हिन्दी काव्यशास्त्र के नायिका भेद पर भानुदत्त का विशेष प्रभाव है। विशेष रूप से महाकवि देव, भानुदत्त से अधिक प्रभावित हैं।

इस प्रकार ध्वनिवाद, अनुमितिवाद, वक्रोक्तिवाद, अलंकारवाद और रसवाद में चौदहवीं शताब्दी तक, ध्वनिकार द्वारा प्रस्तुत और अभिनव गुप्त द्वारा विवेचित, रसवाद को सर्वाधिक स्वीकृति प्राप्त हुई। विश्वनाथ के प्रयत्नों से रस का स्वतन्त्र विवेचन होने लगा तथा नायिका भेद भी रस का अंग बन गया। भामह-दण्डी की परम्परा 'चन्द्रालोक' तथा 'एकावली' में और और भरत की रस और नायक-नायिका भेद की परम्परा 'रस मंजरी' में विकसित हुई है। वक्रोक्तिवाद और अनुमितिवाद की परम्परा समाप्त हो गई।

अलंकार शास्त्र का अधिकतर निर्माण कश्मीर में हुआ। मध्यदेश जब यवन आक्रमणों से क्षुब्ध था, तब उत्कल में विश्वनाथ ने और मिथिला में भानुदत्त ने रसवाद का प्रचार किया था। मुगल युग में राजनैतिक स्थिरता प्राप्त हुई तथा मुगल दरबार द्वारा, भारतीय विद्याओं और कलाओं को पुनः संरक्षण दिया गया। पंडितराज जगन्नाथ ने शाहजहाँ के युग में 'रसगंगाधर' लिखा और उसी काल में अप्पय दीक्षित ने 'चित्र मीमांसा' और 'कुवलयानन्द' की रचना की। किन्तु देश के एक बड़े भाग में हिन्दू सामन्तवाद की समाप्ति तथा विशिष्ट धार्मिक आन्दोलनों के कारण भक्त आचार्यों में रूप गोस्वामी एवम् जीव गोस्वामी ने रहस्यवादी काव्यशास्त्र का प्रवर्तन किया।

वैष्णव काव्यशास्त्र और अलंकारवाद में द्वन्द्व—महाप्रभु चैतन्य के शिष्य, रूप गोस्वामी (16 वीं शताब्दी) ने अलंकार शास्त्र पर 'नाटक चन्द्रिका', 'भक्ति रसामृतसिंधु' तथा 'उज्ज्वल नीलमणि' ग्रन्थों की रचना की है। भोज के विपरीत, रूप गोस्वामी ने भक्ति रस को एकमात्र रस माना है। वह भक्ति रस के अंतर्गत ही नायिका भेद का विवेचन करते हैं। उक्त ग्रन्थों पर जीव गोस्वामी और विश्वनाथ चक्रवर्ती की टीकाएँ मिलती हैं।

14वीं शताब्दी के पश्चात् देश के उन भागों में ही काव्यशास्त्र पर ग्रन्थ लिखे गए जो मुसलमानी आक्रमण से आक्रान्त नहीं थे। इसके पूर्व गुजरात (हेमचन्द्र, गुणचन्द्र) आदि, कन्नौज (राजशेखर) और मालवा (भोज राज) प्रमुख कला-केन्द्र थे। 14वीं शताब्दी के दो महत्वपूर्ण लेखक विश्वनाथ और भानुदत्त उत्कल और मिथिला के थे। इससे यह कथन युक्ति संगत है कि मुसलमानी आक्रमण के कारण गुजरात, मालवा और कन्नौज जैसे कला केन्द्र बिखर गए। चौदहवीं शताब्दी के बाद भक्ति विद्युत सदृश देश में चमक उठी। लोक भाषाओं का अभ्युदय हुआ और सांस्कृतिक सुरक्षा के लिए देवल, मेधा तिथि, विज्ञानेश्वर, कुलूक भट्ट और चन्द्रेश्वर आदि ने स्मृतियों की व्याख्याओं द्वारा हिन्दू समाज को जाति और प्रायश्चित के नियमों में कसना प्रारम्भ किया। भक्ति ने इसमार्त्त जड़ता का विरोध किया, निर्गुणी सन्तों ने तो वैदिक-स्मार्त परम्परा के जातिवादी दृष्टिकोण के विरुद्ध विद्रोह ही कर दिया। कबीर, दादू, नानक इसी युग में हुए जो हिन्दू मुस्लिम एकता के प्रचारक हैं। वैष्णवों ने भी भक्ति या प्रेम का गायन किया। रूप गोस्वामी ने इसी भक्ति प्रवाह में भक्ति को काव्य

शास्त्रीय मर्यादा देने के लिए उसे एकमात्र रस घोषित कर दिया। ज्ञान और योग से प्राप्त ब्रह्मानन्द की, हिन्दू राज्य काल में जो महिमा थी, उसे भक्ति के आगे तुच्छ सिद्ध कर दिया गया।[164] विदेशी शासकों की धार्मिक अनुदारता, हिन्दू जातिवाद, दारिद्र्य आदि से उत्पन्न दुःखों के कारण मानव समाज में जिस सन्तुलन का अभाव था, जैसे उसके लिए ही प्रेम को अमोघ औषधि खोज ली गई। प्रश्न यह है कि इस दिव्य प्रेम को ही एकमात्र रस मानने का वस्तुगत आधार क्या था?

मार्क्सवादी हिन्दू मुस्लिम वैमनस्य नहीं चाहते हैं। अतः इस सदिच्छा के कारण वे यह नहीं कहते कि हिन्दू, एक जाति के रूप में पराजित होने के कारण आक्रान्ताओं के विरुद्ध थे। वस्तुतः स्मृतियों पर जो इस युग में निबन्ध लिखे गए, उन्हें देख कर यह ज्ञात होता है कि हिन्दू समाज के बौद्धिक अपनी सांस्कृतिक विशिष्टता के लिए चिन्तित थे। वैष्णवों ने भी स्मृति के क्षेत्र में कभी जाति उन्मूलन स्वीकार नहीं किया। रामानुज, रामानन्द, वल्लभ, मध्व आदि आचार्य केवल भक्ति के क्षेत्र में ही, जाति पाँति का विरोध करते हैं। तुलसीदास समाज के क्षेत्र में जातिवाद के प्रबल समर्थक थे, अन्य वैष्णव भक्तों की भी यही स्थिति है। सूफ़ियों और सन्तों ने जाति-निरपेक्ष समाज के लिए आन्दोलन किए पर भारतीय समाज में, प्रौद्योगीकरण के अभाव के कारण, वह सफल हो नहीं सकते थे। अतः भिन्न-भिन्न सम्प्रदायों में सन्त आन्दोलन बिखर गया।

सबसे बड़ा दुःख जनता का उत्पीड़न सम्बन्धी दुःख था। यह हिन्दू सामन्तवाद में भी था किन्तु शूद्रक के 'मृच्छकटिक' नाटक को छोड़ कर सम्पूर्ण संस्कृत साहित्य केवल शिक्षितों और शासकों तक ही सीमित रहा। इस साहित्य में जन संवेदनाओं का चित्रण ही नहीं हुआ। रस, अलंकार, रीति आदि के विवेचन में भावों को शाश्वत मान कर और उनके विभावों के रूप में, केवल उच्चवर्ग के पात्रों को ही स्वीकर करने के कारण, काव्यशास्त्र ने व्यापक जन नियति की ओर दृष्टिपात नहीं किया। काव्यशास्त्र को साहित्य का पथ प्रदर्शक होना चाहिए था और संस्कृत कवियों ने उसे पथ प्रदर्शक माना भी किन्तु वह संस्कृत-साहित्य के पूर्व रूपों से स्वतन्त्र मार्गों के आविष्कार के लिए, कवियों को प्रोत्साहित न कर सका। मुस्लिम काल में भक्ति आन्दोलन ने यह स्थिति बदल दी। मार्क्स के अनुसार धर्म अफ़ीम ही नहीं, वह जनता के दुःख की अभिव्यक्ति और उस दुःख के विरुद्ध विद्रोह भी है। भक्ति ने वस्तुतः यही कार्य किया था। भक्ति में भक्तों का आर्त्तनाद जनता के उत्पीड़न, शोषण, जाति बन्धनजन्य अपमान आदि से उत्पन्न दुःख के विनाश के लिए भगवान से पुकार है। सन्तों की भक्ति में तो विद्रोह भी है परन्तु वैष्णवों की भक्ति में समाज की यथास्थिति स्वीकार कर उच्च वर्गों और आक्रान्ताओं के हृदय परिवर्तन का प्रयत्न है। भक्ति के काव्यशास्त्र में इसीलिए एक ऐसी दिव्य स्थिति की कल्पना है, जहाँ आनन्द की सत्ता है। अतएव जिस प्रकार अभिनवगुप्त द्वारा रस के निर्वहन में, जन-जीवन में आनन्द के अभाव के कारण काव्यानन्द में भाव स्वातन्त्र्य को प्राप्त करने का सन्देश है, उसी प्रकार भक्ति 'रसामृतसिंधु' और 'उज्जवल नीलमणि' में सखी भाव से भगवान की मधुर लीला

में प्रवेश कर जागतिक दुःखों से मुक्ति प्राप्ति की प्रेरणा है। एक दीर्घ सांस्कृतिक प्रतिवर्तन (कंडीशनिंग) के कारण, भारतीय साधना के मूल में यह विचार निहित है कि बाह्य परिवेश को बदलने के स्थान पर व्यक्ति को, अन्तमुर्खता का मार्ग अपनाना चाहिए और दिक् काल का अतिक्रमण कर आभ्यंतरिक शक्तियों का अनुसंधान करना चाहिए। वैष्णव भक्ति रस को पलायनवाद भी कहा जा सकता है और मुस्लिम शासन से पीड़ित हिन्दू जनता के लिए सुख-स्वप्न रचना द्वारा उसमें आशा और अनुराग बनाए रखने का प्रयत्न भी। अन्य दृष्टि से इसे मध्यकालीन उच्चवर्ग के लिए परम अनुकूल प्रयत्न भी कहा जा सकता है। क्योंकि मुस्लिम शासक भक्ति के प्रति, उसकी उदारता और उसके मनोरंजक स्वभाव के कारण अधिक आकर्षित होते थे। मुस्लिम दरबार, राधा कृष्ण के गीतों-कविताओं और संगीत से गूँज उठे थे। दार्शनिक दृष्टि से राधा-कृष्ण और सखी सम्प्रदाय के सीताराम का अखण्ड विलास-दर्शन और गायन, सृष्टिमूलस्थित अनादि सत्ता का शाश्वत विलास था।[165]

मुस्लिम काल में भक्तिवाद केवल जातिवाद के विरुद्ध विद्रोह ही नहीं था, अपितु वैष्णवों द्वारा साधना और साध्य को मोहक, सरल, सर्वगम्य और सुलभ बना कर, जातीय अस्तित्व की रक्षा का उद्देश्य भी स्पष्ट था। भक्ति आन्दोलन में संकुल मनोवृत्तियों की अभिव्यक्ति हुई थी। 'भक्तिरसामृतसिंधु' और 'उज्ज्वल नीलमणि' के रहस्यमय नायिका भेद से क्षुब्ध होने वाले विचारक यह भूल जाते हैं कि वैष्णव भक्ति के सम्मुख, तांत्रिकों के वामाचार को समाप्त करने का भी एक उद्देश्य था। चैतन्य ने सहजिया सन्तों की मधुरिमा ग्रहण कर उनके वामाचार को समाप्त कर दिया। मध्यदेश में यही कार्य आचार्य वल्लभ ने किया।[166]

अतः 'भक्ति रसामृतासिंधु' और 'उज्ज्वल नीलमणि' आदि भक्तिवादी काव्यशास्त्रों का भौतिक कारण इन लेखकों का पांडित्य प्रदर्शन मात्र नहीं था। वे पीड़ित जनमानस को अलौकिक गोलोक में कल्पित स्वतंत्रता प्रदान करना चाहते थे। अतः रहस्यवादी काव्य शास्त्र भी समाज निरपेक्ष नहीं होता। वह दुःख की अभिव्यक्ति और दुःख के विरुद्ध असन्तोष की अभिव्यक्ति है।

प्रो. हबीब ने भारत में इस्लाम के आक्रमण को ऐतिहासिक दृष्टि से प्रगतिशील बताया है।[167] समता और बंधुत्व पर आधारित इस्लाम के प्रभाव के द्वारा जातिवाद, वर्णवाद कमजोर हो सकता था, इस दृष्टि से यह मत सही लगता है किन्तु सामाजिक व्यवस्था की दृष्टि से हिन्दू सामन्तवाद या हिन्दू साम्राज्यवाद, मध्य एशिया के आक्रान्ताओं की कबीलाई सामाजिक व्यवस्था की तुलना में अधिक प्रगतिशील था। 13वीं, 14वीं, 15वीं शताब्दियों में सम्पूर्ण देश अनावश्यक अशांति, अनाचार, अनुदारता, शासकीय भेदभाव से बुरी तरह पीड़ित रहा। यह सिद्ध करना कठिन है कि मुस्लिम शासन ने, मुगलों के पूर्व सामंतवाद को आघात पहुँचाया अथवा व्यापार संतुलन बढ़ाया। डा. डी. डी. कौशाम्बी के अनुसार तुर्क काल में हिन्दू सामंतवाद से कहीं अधिक कर लगाए गए थे।[168] हिन्दुओं ने, सबसे अधिक जातीय और सांस्कृतिक अपमान के विरुद्ध अपना असंतोष व्यक्त

किया। भक्ति द्वारा हिन्दुओं की यही विवशता और वेदना व्यक्त हुई है।[169] भक्ति काव्यशास्त्र अकबर के समय की रचना है, किन्तु दोनों जातियों की भावात्मक एकता के लिए समय की अपेक्षा थी। निश्चित रूप से मुगल शासन में एक राष्ट्र का जन्म हुआ किन्तु काव्य और कला के क्षेत्र में यह एकता शनैः-शनैः ही प्रकट हो सकी।

जीव गोस्वामी, रूप गोस्वामी के अतिरिक्त कवि कर्णपूर ने 1572 ई. में 'चैतन्य चन्द्रोदय' नाटक के अतिरिक्त 'अलंकार कौस्तुभ' ग्रन्थ भी लिखा था। इसमें उदाहरण भगवान कृष्ण से सम्बन्धित हैं और 'भक्ति रसामृतसिंधु' की तरह यह पूर्णतः साम्प्रदायिक काव्यशास्त्र नहीं है, इसमें सभी काव्यांगों का वर्णन है। इस पर विश्वनाथ चक्रवर्ती की टीका है। सम्भवतः कवि कर्णपूर के पुत्र कविचन्द्र थे, जिनके अलंकारग्रन्थ का नाम काव्यचन्द्रिका है।

17-18वीं शताब्दी के आचार्य अप्पय दीक्षित कृत कुवलयानन्द, चित्रमीमांसा तथा वृत्ति वार्तिक प्रसिद्ध ग्रन्थ हैं। कुवलयानन्द जयदेव के चन्द्रालोक पर आधारित है। अप्पय दीक्षित, वामन की तरह उपमा को ही सर्वाधिक महत्व देते हैं। अप्पय में कोई विशेष मौलिकता नहीं मिलती।

शाहजहाँ की सभा के रत्न, पंडित राज जगन्नाथ भारतीय काव्यशास्त्र के अन्तिम प्रतिभाशाली आचार्य थे। रसगंगाधर के अतिरिक्त इनके चित्रमीमांसा खण्डन, उदाहरण दीपिका (काव्यप्रकाश पर टीका), प्रकाश (भानुदत्त की रसमंजरी की टीका) आदि कई ग्रन्थ प्रसिद्ध हैं। पंडितराज ने रसगंगाधर में स्वनिर्मित उदाहरण प्रस्तुत किए हैं और नवीन काव्य-परिभाषा प्रस्तुत की है, जिसमें उनकी काव्य और कला सम्बन्धी अनुपम अन्तर्दृष्टि व्यक्त हुई है। रस-निष्पत्ति और साधारणीकरण के सम्बन्ध में पंडितराज ने वेदान्त के प्रकाश में अपना स्वतंत्र मत प्रस्तुत किया है, जो चिदावरण-भंगवाद कहलाता है। पंडितराज ने प्रतिभा पर सर्वाधिक बल दिया है। अपनी मौलिकता और विकट पांडित्य के बावजूद पंडितराज आनन्दवर्धन-अभिनव द्वारा निर्मित काव्यशास्त्रीय परिधि के अन्तर्गत ही कार्य करते दिखाई पड़ते हैं। अतः उन्हें मौलिक व्याख्याकार माना जाता है, सिद्धान्त निर्माता नहीं।

पंडितराज 'साहित्यदर्पण' की रसवादी काव्य व्याख्या से असन्तुष्ट थे। विश्वनाथ के रसवाद में स्पष्टतः अलंकृत काव्य की गौरव हानि थी। अतः दरबारी पंडितों को परम्परा में, उन्होंने रमणीयता को काव्य सर्वस्व माना जो वस्तुतः सौन्दर्य का पर्याय है। इसमें भाव गत और कलागत रमणीयता की व्याप्ति के कारण विश्वनाथ की रुचि की एकांगिता को समाप्त करने में पंडितराज सफल हुए। पंडितराज सभा पंडितों के सम्पूर्ण गुणों और स्वभावों के प्रतिनिधि पंडित थे। उनकी सरसता उनके काव्यों (भामिनी विलास, गंगालहरी आदि), उनकी तर्कशक्ति 'रसगंगाधर' और 'चित्रमीमांसा खण्डन' तथा व्याकरण ग्रन्थों (मनोरमाकुचमर्दन), उनका विद्याभिमान, उनकी आत्मश्लाघासूचक सूक्तियों और मौलिक विचार-शक्ति उनके तत्वाद में दिखाई पड़ती है। किंवदंती के अनुसार एक यवनी से विवाह कर आपने

सामाजिक सम्बन्धों में भी मौलिकता का प्रदर्शन किया है।[170] दरबारी संस्कृति और पांडित्य से पृथक करके रस-गंगाधर पर विचार नहीं किया जा सकता।

पंडितराज के अतिरिक्त केशव मिश्र (16वीं शताब्दी) का ग्रन्थ 'अलंकारशेखर' अलंकारों के सुबोध परिचय के लिए लोकप्रिय हुआ। आशाधर भट्ट[171] (17वीं शताब्दी), विश्वेश्वर पंडित,[172] नरसिंह कवि[173] जैसे आचार्य हुए। इनमें विश्वेश्वर पंडित ने अलंकारकौस्तुभ में अप्पय दीक्षित और पंडितराज के मत का युक्तियुक्त खण्डन किया है। अतः विश्वेश्वर अन्तिम महत्वपूर्ण आलंकारिक माने जाने हैं। इन सभी लेखकों में मौलिकता का अभाव है।

भरत, साम्राज्ययुग के एक स्वतन्त्र शास्त्रकार थे, किन्तु ब्राह्मणवादी समाज व्यवस्था के ही बुद्धिजीवी थे। भरत के पश्चात् भारतीय सामन्तवाद के उस सोपान में काव्यशास्त्र का विकास हुआ, तब तक संस्कृत अत्यधिक सीमित शिक्षित वर्ग की भाषा रह गई थी।[174] भरत के पश्चात् नाटकों, काव्यों, आख्यायिकाओं, कथाओं का अलंकृत और चमत्कारवादी रूप ही प्रस्तुत हो सका है। पांडित्य प्रदर्शन उत्तरकालीन काव्यों की विशेषता है। अतः राज्य सभाश्रयी पंडितों ने सर्वप्रथम उक्तिवक्रता को ही काव्य सर्वस्व घोषित किया। भरत के सम्मुख नाटक और वाल्मीकि और व्यास के काव्य थे। कश्मीर के पंडितों ने विशेषकर आनदवर्धन ने दोनों परम्पराओं और सभी कला रूपों को ध्यान में रख कर, एक व्यापक मापदण्ड का निर्माण किया। रस की आध्यात्मिक व्याख्याएँ हुई और शब्द शक्तियों की सिद्धि में तार्किक शक्ति का चमत्कार प्रकट किया गया। मम्मट के पश्चात् ध्वनिवादी और रसवादी मापदण्ड की स्वीकृति के बाद, व्याख्याएँ ही अधिक हुईं, केवल रूप गोस्वामी ने नूतन काव्यशास्त्र के निर्माण करने का प्रयत्न अवश्य किया।

भारतीय सामंतवाद—भारतीय काव्यशास्त्र भारतीय सामंतवाद का प्रतिबिम्ब है। भारतीय सामंतवाद के प्रथम सोपान में, भरत का नाट्य शास्त्र लिया गया। इस युग को डॉ. डी. डी. कोशाम्बी निम्नगामी (ऊपर से नीचे को ओर गतिमान्) सामन्तवाद कहते हैं। इसमें केन्द्रीय प्रबल सत्ता थी और केन्द्रीय राज्य, देश के बड़े भूभाग में जनता से प्रत्यक्ष कर वसूल करते थे।[175] अतः पुराणों, धर्मशास्त्रों और नाट्य शास्त्र में व्यापक दृष्टि मिलती है। हर्षवर्धन के पश्चात् ऊर्ध्वगामी सामन्तवाद का विकास हुआ। इस युग में सामन्तों की शक्ति अधिक बढ़ी और केन्द्रीय राज्य के स्थान पर वे स्वयं जनता से कर प्राप्त करने लगे।[176] कुछ विचारक भारत में सामन्तवाद की सत्ता ही स्वीकार नहीं करते किन्तु जिस प्रकार योरोप के सामन्तवाद में पिछड़ी तकनीक, अर्धदास कृषकों द्वारा स्वामियों के लिए अन्न उत्पादन, राजनैतिक विकेन्द्रीकरण, बेगार तथा चर्च-जैसी विशेषताएँ मिलती हैं। उसी प्रकार भारतीय सामन्तवाद में भी ये ही प्रवृतियाँ मिलती हैं। यहाँ अन्तर केवल यह है कि कृषक अपेक्षाकृत अधिक स्वतन्त्र थे और चर्च के स्थान पर यहाँ जातिवाद था। यह सामन्त वाद हर्ष के पश्चात् अलाउद्दीन के युग तक माना गया है।[177] यह काल मुगलों के पूर्व तक कायम रहा, और

इसी युग में अधिकांशतः काव्यशास्त्र रचा गया। अतः सामन्तवादी प्रवृत्तियों का प्रत्यक्ष प्रतिबिम्ब काव्यशास्त्र में देखा जा सकता है।

1. **श्रमविभाजन**— सामंती व्यवस्था में जनता का अधिकांश भाग शिक्षा से वंचित था। अतः उच्च जातियों, विशेष कर ब्राह्मणों ने ही काव्य और शास्त्र की रचना की है।[178] क्षत्रिय और ब्राह्मण जातियाँ जनश्रम पर जीवित थीं और उन्हें, उन्हीं के द्वारा निर्मित विशिष्ट अधिकार प्राप्त थे। अतएव इस व्यवस्था की रक्षा में ही उनका हित था। इसलिए उनकी दर्शन सम्बन्धी व्याख्याएँ समाज की यथास्थिति शीलता की रक्षक हैं। काव्यानन्द को, देश-काल निरपेक्ष, सर्वातीत आनन्द (रसो वैसः) सिद्ध करने से, अनजाने ही, यथास्थिति की रक्षा होती है।[179] आदिम कबीलों की राष्ट्ररूप में परिणति होते समय जो अध्यात्मवाद प्रगतिशील था, वही ऊर्ध्वगामी सामन्तवाद में बन्धनकर्त्ता हो गया था। परम्परा का अनुगमन बढ़ा। आविष्कारों को बढ़ावा नहीं मिला क्योंकि वे स्थिरता -वादियों के हितों के विरुद्ध पड़ते थे।[180] काव्यशास्त्र में परम्परावाद का यही सामाजिक आधार है।

2. **पिछड़ी तकनीक**—सामन्तवाद में उत्पादन के साधनों के क्षेत्र में तकनीकी, उन्नति नहीं होती। मुख्यतः कृषि और आवश्यकता पूर्त्ति हेतु वस्तुओं का उत्पादन ही सम्भव होता है। भारत में नमक, बहुमूल्य वस्त्र, शस्त्र, हीरा-मोती, गरम मसाले, हाथी दांत की वस्तुओं आदि का अन्तर्प्रान्तीय व्यापार होता था। प्रबल केन्द्रीय राज्यों के समय विदेशी व्यापार अधिक था, पर ऊर्ध्वगामी सामन्तवाद में यह क्रमशः कम होता गया। अन्तर्प्रान्तीय व्यापार वस्तुतः उच्च वर्ग की आवश्यकता पूर्त्ति ही कर पाता था। ग्राम, वस्त्र, अन्न आदि की दृष्टि से स्वावलम्बी थे। अध्यात्म विद्या या पराविद्या पर अधिक बल होने के कारण भारत में योरोप की तरह नवीन तकनीक का विकास नहीं हो सका। मार्को पोलो के अनुसार मालाबार राज्य के दरबार में दार्शनिक बाल की खाल निकालने में अधिक प्रवीण थे। किन्तु राजा 2000 अश्व, अरबों से प्रति वर्ष क्रय करता था और प्रतिवर्ष वे मर जाते थे क्योंकि चतुर अश्वपालकों का अभाव था।[181] योरोपीय सामन्तवाद नवीन उत्पादन-प्रविधि का विकास कर सका, भारत में यह सम्भव नहीं हुआ। अतः यहाँ गतानुगतिकता, दर्शन और काव्यशास्त्र, नीति तथा कला के क्षेत्रों में भी मिलती है, उसमें परिवर्तन बोध का अभाव मिलता है। आनन्दवर्धन और अभिनवगुप्त के पश्चात् पिष्ट पेषण ही अधिक मिलता है। समाज में पिछड़ी उत्पादन तकनीक, काव्यशास्त्र, काव्य, कला, दर्शन आदि में स्थिरतावाद की जननी थी। काव्य के क्षेत्र में अलंकृत और भावात्मक तकनीक के अतिरिक्त अन्य शैलियों और पद्धतियों का आविष्कार नहीं हुआ।

3. **शासकवर्गोन्मुखता**—सामन्तवाद में उक्त श्रम विभाजन के कारण कला, परश्रमोपजीवी वर्ग (पौरोहित्य वर्ग) द्वारा निर्मित होती है। अतः यह कला जन कला या

जनकाव्य नहीं हो पाती। सान्मतवादी व्यवस्था का केन्द्र शासक वर्ग में होता है। समृद्धि, प्रतिष्ठा, दर्प और परिष्कृति का भी वही स्रोत होता है। अतः भारतीय काव्यशास्त्र में नाटकों, काव्यों आदि के मुख्य पात्र इसी वर्ग से लिए गए हैं। भरत भी इस प्रवृति से नहीं बच सके। वाल्मीकि में एक आदर्श राजा का चित्रण है। 'कालिदास' और उनके परवर्ती सभी लेखकों में राजाओं रानियों-प्रेमिकाओं आदि के प्रेम और विलास के चित्रणों पर आनन्दवर्धन और अभिनवगुप्त भी आपत्ति नहीं करते। 'ध्वन्यालोक' और 'काव्यप्रकाश' में अधिकतर उदाहरण शृंगार रस के हैं। कामशास्त्र ही काव्य और काव्यशास्त्र के (नायक-नायिका) भेदों में प्रतिबिम्बित्त, हुआ है। रस में शृंगार की श्रेष्ठता का कारण मानव मनोविज्ञान के अतिरित्त, उक्त वर्ग सम्बन्ध भी है। काव्यों और काव्यशास्त्र में दरबारी शिष्टाचार यथावत् प्रतिबिम्बित है। काव्य-नाटक में देश-काल व्यक्ति निरपेक्ष भाव को रस रूप में अभिव्यक्त करने का श्रेणी निरपेक्ष आदर्श स्वीकृत होने के बाबजूद इन भावों को उच्च वर्ग के पात्र-पात्रियों द्वारा ही अभिव्यक्त किया गया है। साधारण मनुष्यों की कोई भी महिमा और मर्यादा नहीं दिखाई गई हैं।[182]

काव्यशास्त्र और काव्य का प्रयोजन वस्तुतः धर्मशास्त्रों से यथावत् ले लिया गया है जिसे 'पुरूषार्थ चतुष्टय' कहते हैं किन्तु व्यवहार में इनका प्रयोग उसी रूप में हुआ है जो तात्कालिक व्यवस्था के हित में था। धर्मशास्त्रों की अनुकूलता के कारण, कवि और काव्यशास्त्री समझता था कि वह धर्मानुकूल नैतिक दृष्टि का ही अनुगमन कर रहा है।

4. जातिवाद—योरोप में संगठित चर्च ने जनता को अपने अधिकरों के प्रति जागरूक नहीं होने दिया हमारे यहाँ यह कार्य जातिवाद ने किया। क़बीलों को जातियों में बदल कर, प्रारम्भिक जातिवाद निश्चित रूप में प्रगतिशील था क्योंकि इससे व्यवस्थित श्रम विभाजन को स्वीकृति मिली हुई थी किन्तु जन्म से जातिवाद की स्वीकृति होते ही, इसने शताब्दियों तक वृति वरण की स्वतन्त्रता छीन ली। ऊर्ध्वगामी सामन्तवाद में तो, राजा का कर्त्तव्य ही इस जातिवाद को कायम रखना था। फलतः निम्न जातियाँ स्वकर्म को अपने पूर्वजन्म का कर्मफल समझ कर, अपमान और उत्पीड़न सहतीं रहीं। ब्राह्मणों द्वारा रचित साहित्य और काव्यशास्त्र में, कर्मवाद, पुनर्जन्मवाद जैसी धारणाओं को कभी चुनौती नहीं मिली और परिणामतः साहित्य और शास्त्र, सामन्ती मानसिकता का रक्षक बना। कीथ ने भारतीय साहित्य में जीवन की संकुल समस्याओं, दुराग्रही प्रश्नों के चित्रण के अभाव की सही शिकायत की है। वस्तुतः कालिदास और सोफ़ोक्लीज में अन्तर दो सामाजिक व्यवस्थाओं और संस्कृतियों का अन्तर है। कालिदास और परवर्ती कवियों के सम्मुख जैसे सब कुछ स्पष्ट और सुलझा हुआ है। वस्तुतः यह शंका-समाधान धर्मशास्त्र और दर्शन कर चुके थे। अतः उनके सम्मुख केवल शाश्वत भावनाओं के चित्रण का ही कार्य शेष था। यह देख कर आश्चर्य होता है कि कवि, ग्राम जीवन की दारुण स्थिति से परिचित होने पर भी, ग्रामीणों की ओर नहीं देखते, वह जन्म गाँव में लेकर भी राज दरबारी में आदर

चाहते हैं या फिर अतीन्द्रिय अनुभवों की ओर उन्मुख होते हैं।

5. सामन्तवाद—मुस्लिम सामन्तवाद, भारतीय विश्वास-व्यवस्था के लिए चुनौती बन कर आया। राजाश्रयी संस्कृत साहित्य को आघात पहुँचा किन्तु उस युग में भी अपनी परम्परा प्रियता, तथा मुस्लिम दरबारों में पांडित्य प्रदर्शन ही पर्याप्त होने के कारण, इस युग में भी भारतीय काव्यशास्त्र में परिवर्तन नहीं हुआ। एक अन्य कारण यह भी था कि भारतीय सांमतवादी रस-नायिकाभेद से सम्बन्धित साहित्य और और शास्त्र, मुस्लिम सामन्तों की रुचि के भी अनुकूल पड़ने लगा। पंडितराज की परम्पराप्रियता का कारण यही था। लोक भाषाओं के साहित्य में, जनसाधारण से आने वाले भक्त और कवि जनमानस की ओर उन्मुख हुए। शास्त्र, मुस्लिम सामन्तों की रुचि के भी अनुकूल पड़ने लगा। पंडितराज की परम्परा-प्रियता का कारण यही है। लोक भाषाओं के साहित्य में, जनसाधारण से आने वाले भक्त और कवि जनमानस की ओर उन्मुख हुए।

इस प्रकार भारतीय काव्यशास्त्र, भारतीय सामाजिक व्यवस्था से निरपेक्ष रूप में नहीं देखा जा सकता।

आधुनिक युग में प्राचीन काव्यशास्त्र को यथावत् स्वीकार नहीं किया जा सकता किन्तु डेढ़ हजार वर्षों के साहित्य में सब कुछ वर्ग चेतनापरक और काल-सीमित ही नहीं है। भारतीय काव्यशास्त्र में सामान्य मानवता और काव्य-कला के सामान्य स्वरूप को भी ध्यान में रख कर विचार किया गया है। शब्द शक्ति, भाषा, कथनविधि, छन्द, काव्य-प्रक्रिया आदि के विषय में काव्यशास्त्र की धारणाएँ अनुर्वर नहीं हैं, उनका विकास सम्भव है। संस्कृत के आचार्य और कवि, मानव प्रकृति के अद्भुत पारखी थे, अतः उनका साहित्य और शास्त्र, व्यवस्थारंजित होने पर भी, सामान्य मनोविज्ञान की दृष्टि से रोचक और उपयोगी है। जिस प्रकार पूँजीवाद के समाप्त हो जाने पर पूँजीवाद की तकनीक का,समाजवाद में निषेध नहीं होता, उसी प्रकार सामंत काल के काव्य रूपों, काव्य सिद्धान्तों आदि की बुद्धिसंगत धारणाओं का सृजनात्मक प्रयोग वांछनीय हैं। इसके सिवा, सामाजिक-व्यवस्था बदल जाने पर, काव्य विषय, मानव सम्बन्ध, उत्पादन के साधन अवश्य बदल जाते हैं परन्तु अपेक्षाकृत अधिक स्थायी मनोवृत्तियों और भावों—रति, करुणा, उत्साह, क्रोध आदि में परिवर्तन इतना शनैः शनैः होता है कि समाजवादी व्यवस्था का व्यक्ति भी रागात्मक दृष्टि से पूर्णतः परिवर्तित नहीं हो पाता। यही कारण है कि संस्कृत काव्य का बहुपत्नीवाद हमें अश्लील लगता है, किन्तु 'मेघदूत' अभी भी प्रिय है क्योंकि उसमें मनुष्य मात्र की आसक्ति व्यंजित हुई है। अतः व्यवस्था बदलने पर करुणा का विषय बदलता है, क्रोध का पात्र बदलता है किन्तु गुणात्मक दृष्टि से अन्तर आ जाने पर भी, अपेक्षाकृत स्थायी प्रवृत्तियों में परिवर्त्तन के लिए सहस्त्रों शताब्दियों की आवश्यकता होती है। भारतीय काव्यशास्त्र में इन सामान्य भावनाओं का सिद्धान्त अत्यधिक आकर्षक है।

इसके अतिरिक्त देशप्रेम, प्रकृतिप्रेम, परोपकार प्रेम आदि उदात्त भावनाओं के

विश्लेषण का भी भारतीय काव्यशास्त्र में अभाव नहीं है। आचार्यों ने अपनी दृष्टि से मानव प्रेम का विश्लेषण किया है, हम उस विश्लेषण में उनकी परिसीमाओं को न स्वीकार करके, उस विश्लेषण से लाभ उठा सकते हैं। महान प्रतिभाएँ किसी भी सामाजिक व्यवस्था में रह कर कुछ स्थायी महत्व के विचार अवश्य प्रकट करती हैं। अतः प्राचीन आचार्यों ने अपनी अन्तर्दृष्टि के बल पर, मनुष्य की अनुभूतियों और रस निष्पत्ति के सम्बन्ध में ऐसे वाक्य कहे हैं, जो द्वन्द्वात्मक भौतिकवादी परिप्रेक्ष्य से भी उपयोगी हैं।

"वस्तुतः किसी भी साहित्य के अन्दर हम लोग अपने रागात्मक जीवन को, ही साधारणीकृत भावों के रूप में आस्वादन करते हैं। हमारे आलंकारिकों के इस सिद्धान्त को बिल्कुल झूठ कह कर मिटा देने का कोई कारण नहीं है।"[183] इसी तरह "क्योंकि श्रेणी चेतना से प्रभावित होते हुए भी, मनुष्य मनुष्य होने के नाते, कुछ सामान्य भावना कल्पनाएँ भी होती हैं जो सभी मनुष्यों पर प्रभाव डालती हैं।"[184]

प्रसिद्ध मार्क्सवादी लेखक मॉरिस कार्नफोर्थ ने इन पंक्तियों के लेखक को लिखे गए एक पत्र में साहित्य और कलाओं की यह सार्वजनीनता स्वीकार की है। अतः इस सीमा तक, भारतीय काव्यशास्त्र अवश्य उपयोगी है।

सन्दर्भ

1. भाषा और समाज, डॉ. रामविलास शर्मा, पीपुल्स पब्लिशिंग हाउस, नई दिल्ली, 1961 ई., पृष्ठ 261।
2. वही, पृष्ठ 470।
3. भरत के पश्चात् रसवादियों के पूर्व तक यह अलंकार शास्त्र और तत्पश्चात् साहित्य शास्त्र कहलाया। पंचमी साहित्य-विद्या इति यायावरीयः (काव्य मीमांसा, राजशेखर, अध्याय 2) तत्पश्चात् यह साहित्य विद्या, साहित्य मीमांसा (रुय्यक) और साहित्य शास्त्र नामों से अभिहित किया गया। कामशास्त्र में इसे क्रियाकल्प कहा गया है। द्रष्टव्य—भारतीय साहित्य शास्त्र, बलदेव उपाध्याय, पटना, संवत् 2007 वि. पृष्ठ 10।
4. काव्य मीमांसा—प्रथम अध्याय।
5. इदमिव, इदं यथा, तद्वत्—निघंटु—3-13।
6. भारतीय साहित्य शास्त्र, प्रथम खण्ड, पृष्ठ 15।
7. निरुक्त।
8. अष्टाध्यायी—2-3-62। 2-1-55। 2-1-56।
9. महाभाष्य—2-1-55।
10. भारतीय साहित्य शास्त्र, पृष्ठ 20।
11. पी. वी. काणे, हिस्ट्री आफ संस्कृत पोयटिक्स, बम्बई, 1951 पृष्ठ 323।
12. अर्थशास्त्र—शासनाधिकार प्रकरण, 2-10-71।
13. पी. वी. काणे, पृष्ठ 325।
14. बलदेव उपाध्याय, पृष्ठ 21।

15. पाराशर्यशिलालिभ्यां भिक्षुनटसूत्रयोः कर्मन्द–कृशाश्वादिनि।
16. अ. डा. एस. के. डे.–ई. पूर्व द्वितीय शताब्दी से द्वितीय शताब्दी तक (काणे पृष्ठ 39-40)।
ब. मैगडोनल–षष्ठ शताब्दी।
स. हरप्रसाद शास्त्री–ई. पूर्व द्वितीय शताब्दी।
द. भंडारकर–चतुर्थ शताब्दी।
प. डॉ. सुरेन्द्रनाथ गुप्ता–ई. पूर्व चतुर्थ–तृतीय शताब्दी।
फ. प्रो. कीथ–तृतीय शताब्दी।
म. डॉ. डी. सी. सरकार–द्वितीय शताब्दी के पश्चात्।
य. पी. वी. काणे ईसा की प्रथम शताब्दी (पृष्ठ 41)।
17. द नाट्य शास्त्र, मनमोहन घोष, कलकत्ता 1951–भूमिका।
18. हिस्ट्री एण्ड कल्चर ऑफ द इंडियन पीपुल, जिल्द 2, भारती विद्या भवन, बम्बई। श्री घोष के अनुसार कालिदास और भास के पूर्व नाट्य शास्त्र का अस्तित्व था। भास का समय द्वितीय अथवा तृतीय शताब्दी माना गया है। अश्वघोष के सारिपुत्र प्रकरण में नाट्य शास्त्र का अनुसरण किया गया है। अश्वघोष का समय प्रथम शताब्दी है, इस समय तक नाट्य शास्त्र प्रसिद्ध हो गया होगा।
सिल्वां लेवी शक क्षत्रपों के शिलालेखों और नाट्य शास्त्र में सम्बन्ध खोजते हैं। स्वामिन् और भद्रमुख शब्दों पर विचार कर लेवी ने संस्कृत रंगमंच और क्षत्रपों की राजसभाओं में सम्बन्ध प्रदर्शित किया है किन्तु पी.वी. काणे इस मत के विरोधी हैं। काणे के अनुसार भद्रमुख शब्द नाट्य शास्त्र में नहीं मिलता, वह साहित्य दर्पण में मिलता है। नाट्यशास्त्र शिलालेखों के पूर्व ही विद्यमान था।
19. इंडियन ईस्थैटिक–वाराणसी, द्वितीय संस्करण, 1959 ई. पृ. 5-6।
20. भारतीय साहित्य शास्त्र, पृ. 27।
21. इतिहासो मया सृष्टः स सुरेषु नियुज्यताम् 1-19।
22. मत्स्य पुराण 24-28-30।
23. नाट्य शास्त्र 12-28 गायक सी. बड़ौदा।
24. असंस्पर्शाच्च लोकस्य स्वाङ्गनि विविगुहाय च–12-150 बड़ौदा संस्करण
25. नाट्य शास्त्र 17-60।
26. द शुंग पीरियड सा द रिवायवल ऑफ द ब्राह्मनीकल इन्फ़्लुएंस–द एज आफ़ इम्पीरियल कन्नौज, भारतीय विद्या भवन, पृष्ठ 98।
27. द डिटिरमिनिंग पीरियड ऑफ़ इंडियन हिस्ट्री, के. एम. पणिक्कर, विद्या भवन, बम्बई 1962, अध्याय प्रथम, पृष्ठ 1-2।
28. इंडिया फ्रॉम द प्रिमिटिव कम्युनिज़्म टू स्लेवरी–पी. पी. एच. दिल्ली, तृतीय संस्करण।
29. प्राचीन भारतीय परम्परा और इतिहास, दिल्ली, 1953 ई.।
30. काव्य, कला और शास्त्र–डॉ. रांगेय राघव, पृष्ठ 51।
31. भाषा और समाज, पृष्ठ 233।
32. वही।
33. वही।
34. लोकायत, (अंगरेजी में) पीपुल्स पब्लिशिंग हाउस, दिल्ली।

35. मनुस्मृति-अध्याय 7-4, 5, 6, 7, 8।
36. पॉलिटीकल थ्यौरी एण्ड एडमिनिस्ट्रेटिव सिस्टिम, द–एज ऑफ इम्पीरियल यूनिटी, पृष्ठ 312।
37. भाषा और समाज, पृष्ठ 234।
38. वही, पृष्ठ 237।
39. लॉ एण्ड लीगल इंस्टीट्यूशंस–द एज ऑफ़ इम्पीरियल यूनिटी, विद्या भवन बम्बई, पृष्ठ 337।
40. लॉ एण्ड लीगल इंस्टीट्यूशंस–द एज ऑफ़ इम्पीरियल यूनिटी, विद्या भवन, बम्बई, पृष्ठ 337।
41. मनुस्मृति 8-279।
42. वही, 8-145-149।
43. वही।
44. वही 8-65।
45. (क) आपस्तम्ब 1-1-3।
(ख) मनु 8-65।
(ग) मनु 2-178।
(घ) हिस्ट्री ऑफ़ धर्मशास्त्र, पी. वी. काणे, जिल्द 2, पृष्ठ 70 तथा 84।
46. द नाट्य शास्त्र मेक्स ए बालिएण्ट अटैम्प्ट टू रेज द स्टेटस ऑफ़ द ड्रामाटिक आर्ट, प्लेसिस इट ऑन ए वैरी हाई पैडिस्टिल एण्ड इन्फ्यूजिज ए स्प्रिचुअल एण्ड रिलीजस एलीमेण्ट इन इट–हिस्ट्री ऑफ संस्कृत पोयटिक्स, काणे पृष्ठ 22।
47. मनु 7-47।
48. नाट्य शास्त्र 36-74, 75।
49. याज्ञ. 3-113, 115।
50. नाट्य शास्त्र, 31-184 काव्य माला सीरीज।
51. हिस्ट्री ऑफ संस्कृत पोयटिक्स, पृष्ठ 44।
52. नाट्य शास्त्र 1-12 गायकवाड़ सीरिज।
53. नाट्य शास्त्र 1-109-114।
54. लोकवृत्तानुकरणं नाट्यमेतन्मया कृतम् 1-112।
55. महेशचन्द राय ने लिखा है कि पाठान्तर में भरत का यथार्थवाद पुष्ट नहीं होता–

देवानामृषीणां च राज्ञामथ कुटुम्बिनाम्।
कृतानुकरणं लोके नाट्यमित्यभिधीयते।। (बड़ौदा संस्करण)

किन्तु स्वयं राय जी ने लोकस्य सुख दुःख समन्वितः श्लोक को उद्धृत किया है अतः श्लोकों के बल पर भरत का यथार्थवाद पुष्ट होता है–मार्क्सवाद और साहित्य–काशी, 1957 ई. पृष्ठ 192।
56. देव–शुभकर्मकारक, दैत्य–अशुभकर्मकारक–अभिनव भारती में नाट्य शास्त्र 1-106 की व्याख्या।
57. नाट्य शास्त्र 1-108।
58. काव्यालंकार संग्रह–उद्भट–भूमिका, वनहट्टी 1925 ई.।
59. न रसादृते कश्चिदर्थः प्रवर्तते–नाट्य शास्त्र 6-32।

60. वही, 6-32।

61. वात्स्यायन के कामसूत्र की तिथि के सम्बन्ध में मतभेद है, डॉ. डे कामसूत्र का समय तृतीय शताब्दी और नाट्य शास्त्र का समय आठवीं शताब्दी मानते हैं। वस्तुतः कामसूत्र और कौटिल्य के अर्थशास्त्र का समय एक ही है। दोनों में युद्ध और प्रेम में किसी नीति को स्वीकार नहीं किया गया। भरत इस दृष्टिकोण के विरुद्ध आलोचनात्मक दृष्टि नहीं अपना सके।

62. बहुमानेन देव नांबल्लाभां भयेन च, प्रचूछन्नकामितं राज्ञा, कार्य परिजनं प्रति-नाट्यशास्त्र 22-205 यद्रूपप्यस्त नरेण्दाण कामष्मकेघ, प्रच्छन्नकामितयतु तद्वै रतिकरं भवेत् वही, 22-206।

63. काव्यालंकार–भूमिका, बटुकनाथ शर्मा : बलदेव उपाध्याय, काशी, पृष्ठ 65।

64. एवमेते ह्यलङ्कारा गुणा दोषाश्च कीर्त्तितः
प्रयोगमेषां च पुनर्वक्ष्यामि रससंश्रयम्-नाट्य शास्त्र 16-113।

65. न शब्दो यत्र न क्षोभो न चोत्पातनिदर्शनम्
संपूर्णता च रंगस्य दैवी सिद्धिस्तु सा स्मृता-वही (नाट्यशास्त्र) 26-27।

66. वही, 27-71।

67. न चैवेते गुणाः सम्यक् सर्वस्मिन् प्रेक्षके स्मृता : 27-58।

68. नाट्य शास्त्र-27-58-59 बड़ौदा-संस्करण।

69. काव्यालंकार भूमिका, सम्पादक, बटुकनाथ शर्मा तथा बलदेव उपाध्याय, काशी संवत् 1985 वि. पृष्ठ 40।

70. हिस्ट्री ऑफ़ संस्कृत पोयटिक्स, पृष्ठ 75

71. काव्यालंकार, पृष्ठ 54।

72. *दीपतुल्यः प्रबन्धो व शब्दलक्षणचक्षुणाम्,*
हस्ताऽमर्ष इवान्धानां भवेद्व्याकरणद्दते।

यह प्रबन्ध वैयाकरणों के लिए दीप के तुल्य है, व्याकरण के बिना यह अन्धों के हस्तपरामर्शतुल्य होगा। भट्टिकाव्य, सर्ग, 22-23।

73. हिस्ट्री ऑफ़ संस्कृत पोयटिक्स, पृष्ठ 71।

74. वही, पृष्ठ 74-75।

75. वही, पृ. 75।

76. कन्नौज के राजा यशोवर्मा का राजकवि, 725 ई.।

77. स्थापित व्यवस्था के समर्थक, संस्कृत के रचनाकारों से, जनभाषा के कवि सरहपा का स्वर भिन्न है।

78. काव्यानुशासन-हेमचन्द्र की भूमिका-रसिकलाल सी. पारीख, बम्बई, 1938 ई.।

79. (अ) पीयूषवर्ष जयदेव ने चन्द्रालोक में साहित्य शास्त्र का एक उद्‌देश्य सेव्यः समाश्रीयताम्–अर्थात् राजा महाराजाओं की स्तुति करके धनोपार्जन भी बताया है–चन्द्रालोक 1-3, चौखम्बा, वाराणसी, चतुर्थ संस्करण संवत् 2016 वि. टीकाकार–नन्दकिशोर शर्मा।

(ब) विद्वता और कवित्व दोनों का सामर्थ्य-प्रदर्शन भी जयदेव द्वारा प्रमाणित होता है–जिन कवियों की प्रतिभा कोमल कान्त पदावली युक्त काव्य की रचना कर सकती है, उनको तर्कशास्त्र के वाक्य विन्यास में कौनसी त्रुटि पड़ सकती है? जो हाथ सुन्दरी के स्तन मण्डल पर सानन्द नखक्षत कर सकते है, वे ही क्या मत्त गजों के गण्डस्थल

को अपने बाणों से विदीर्ण नहीं कर सकते? प्रसन्न राघव 1-18

(स) भट्ट ने स्पष्ट लिखा है कि उन्होंने राजा की यशवृद्धि के लिए ही काव्य लिखा। कीर्त्तिरती भवतान्नृपस्य तस्य प्रेमकर : क्षितिपो यतः प्रजानाम् भट्टिकाव्य 22-34।

80. ख्याता नराधिपतयः कविसश्रेयण, राजाश्रेयण च गताः कवया प्रसिद्धः। राज्ञा समोऽस्ति न कवेः परमोपकारी, राज्ञो न चाऽस्ति कविना सद्दशः सहायः। राजशेखर, काव्यमीमांसा, अध्याय षष्ठ।

81. आदिराजयशो बिम्बमादर्श प्राप्य वाङ्मयम्। तेषामसन्निधनेऽपि न स्वयं पश्य कश्यति। काव्यादर्श, 5।

82. वही, अध्याय 10।

83. काव्य मीमांसा, अध्याय षष्ठ।

84. वही।

85. यावदात्ति स्त्रियमभिमन्येत...वही, दशम अध्याय।

86. औचित्यविचार चर्चा-क्षेमेन्द्र द्वारा उद्धृत।

87. उन सामन्तों के मध्य कोई द्यूतक्रीड़ा कर रहे थे, कोई शतरंज खेल रहे थे, कोई वीणा बजाते थे, कोई चित्रफल पर महाराज़ तारापीड़ का चित्र खींचते थे, कोई काव्यालाप कर रहे थे...कोई विदुमती काव्य विशेष सुनते थे, कोई प्रहेलिका की चिंता करते थे, कोई महाराज तारापीड़ के बनाए हुए काव्यमय मनोहर वाक्यों की भावना करते थे, कोई द्विपदी नामक प्राकृत छन्द का पाठ करते थे, कोई वारवनिताओं के साथ विनोद करते थे—कादम्बरी, राजकुल वर्णन, 29।

88. काव्यालंकार—भामह।

89. विनयेन विना का श्रीः का निशा शशिना विना, रहिता सत्कवित्वेन, कीद्दशी वाग्विदग्धता-काव्यालंकार-4।

90. न कान्तमपि निर्भूष विभाति वनितामुखम्-वही-13।

91. पूर्वशास्त्राणि संहृत्य प्रयोगानुपलक्ष्य च-काव्यादर्श-1।

92. गुणदोषानशास्त्रज्ञः कथं विभजते जनः-वही, 8।

93. शरीरं तावदिष्टार्थव्यवच्छिन्ना पदावली-काव्यादर्श 10।

94. (अ) अलंकृतम संक्षिप्तं रसभाव निरन्तरम्-वही-18।
(ब) युक्तं लोकस्वभावेन रसैश्च सकलैः पृथक्-काव्यालंकार-21।

95. बलदेव उपाध्याय, साहित्य शास्त्र, प्रथम खण्ड, पृष्ठ 62-63।

96. मनोरथ शंखदत्तश्चटकः सन्धिमांस्तथा। बभूवुः कवयस्तस्य वामनाद्याश्च मंत्रिणः-राजतरंगिणी 4-497।

97. आचार्य विश्वेश्वर-काव्यालंकार सूत्रवृत्ति की हिन्दी टीका, पृष्ठ 5-6।

98. विशिष्टपदरचना रीतिः। विशेषो गुणात्मा। 1-2-7 तथा 8।

99. एतासु तिसृषु रीतिषु रेखास्विव चित्रं काव्यं प्रतिष्ठिमिति 1-2-13।

100. आधानोद्धरणे तावद् यावद्दोलायते मनः।
पदस्य स्थापिते स्थैर्ये हन्त सिद्धा सरस्वती 1-3-15।

101. अवहितं हि चित्तमर्थात् पश्यति 3-17।

102. प्रतिवस्तुप्रभृतिरूपमाप्रपंचः 4-3-1।

103. भारतीय साहित्य शास्त्र, बलदेव उपाध्याय, पृष्ठ 71।

104. वही, पृष्ठ 75।

105. मंगलाचरण-ध्वन्यालोक।

106. संत-वैष्णव काव्य पर तांत्रिक प्रभाव, कश्मीर शैवमत, वि.ना. उपाध्याय, आगरा 1962 ई.।

107. तमथ ललितादित्यो राजा निजं पुरमानयत् पुरमानयत्-तंत्रालोक (आन्हिक, 37) पुस्तक, 12, कश्मीर संस्कृत सीरीज, श्रीनगर, पृ. 405।

108. यं सर्वशास्त्ररसमन्जन शुभ्रचित्तं...तंत्रालोक, पृष्ठ 411।

109. नारंगारुणकान्तिपाण्डुविक चिद्धल्लावदातच्छवि
प्रोदिभन्नामलमातुलंगकनकच्छायाभिरामप्रभम्।
यस्मिन्शक्ति चतुष्टयोज्जवलमलं मद्यं महाभैरवम्।
त्रिनयनमहाकोपज्वाला विलीन इह स्थितो
मदनविशिखव्रातो मद्यच्छलेन विजृम्भते। वही पृष्ठ 406।

110. अ. द रोल ऑफ़ इंडीवीजुअल इन हिस्ट्री
ब. द डैवलपमैण्ट ऑफ़ द मोनिस्ट व्यू आफ हिस्ट्री-जी. प्लैखानोव, सिलैक्टिड वर्क्स, मास्को, पृष्ठ 542।

111. इन ऑर्डर दैट ए मैन हू पजैसिज ए पट्टीक्यूलर काइंड ऑफ टैलेण्ट मे, बाई मीन्स ऑफ़ इट, ग्रेटली इन्फ्लुएंस द कोर्स ऑफ ईवैण्ट्स। टू कंडीशंड नीडिड, फर्स्ट, दिस टैलेण्ट मस्ट मेक हिम मोर कन्फर्मेबिल टू द सोशल नीड्स ऑफ़ द गिविन इपौक देन एनीवन एल्स।...द इक्ज़िस्टिग सोशल ऑर्डर मस्ट नॉट बार द रोड टू द परसन पजैसिंग द टेलेण्ट व्हिच, इज नीडिड एण्ड यूज़फुल प्रिसाइज़ली एट द गिविन टाइम-द रोल ऑफ इंडीवीजुअल इन हिस्ट्री-जी. प्लेख़ानोव।

112. अतिश्योक्तेस्तु सर्वालंकार विषयोऽपि
सम्भवतीत्ययं विशेष'—ध्वन्यालोक, तृतीय उद्योत, कारिका 37।

113. काव्यस्यात्मा ध्वनिरित...ध्वन्यालोक, प्रथम उद्योत, कारिका 1।

114. रस को सर्वाधिक महत्व देने के कारण आनन्दवर्धन की दृष्टि से रस को भी काव्य की आत्मा कहा गया है—

काव्यस्यात्मा स एवार्थस्तथ चादिकवेः पुरा।
कौंचद्वन्द्ववियोगोत्थः शोकः श्लोकत्वमागतः।

115. अभिनव भारती, प्रथम अध्याय, प्रकाशक, दिल्ली वि. वि., आचार्य विश्वेश्वर तथा डॉ. नगेन्द्र, 1960 ई., पृष्ठ 25।

116. वही, पृष्ठ 43।

117. वही, पृष्ठ 425।

118. विद्वान्दीनापरलक्षेण प्रत्यहं कृतवेतनः
भट्टोदुद्भटस्तस्य (जयापीडस्य) भूमिभर्तु : सभापति—राजतरंगिणी 4-495।

119. काव्यालंकार सारसंग्रह, लघुवृत्ति, षष्ठ वर्ग, पृष्ठ 86, सम्पादक वनहट्टी।

120. वही, पृष्ठ 87।

121. भट्ट नायक का समय-900 तथा 1000 ई. द्रष्टव्य हिस्ट्री ऑफ़ संस्कृत पोयटिक्स, पी. वी. काणे पृष्ठ 215।

122. महिम भट्ट, डॉ. ब्रज मोहन चतुर्वेदी, दिल्ली, 1968 पृष्ठ 32।

123. काव्यस्यात्मनि संज्ञिनि रसादिरूपे न कस्याचिद्धिमतिः—वही, रे. प्र. द्विवेदी,

भूमिका, पृष्ठ 11।

124. व्यक्ति विवेक, द्वितीय विमर्ष, त्रिवेन्द्रम सीरीज, 1909 ई.।

125. सैषा सर्वत्र वक्रोकितरनयाऽर्थो विभाव्यते।
यत्नोऽस्यां कविना कार्यः कोऽलंकारऽनया विना-भामह 2-85।

126. राकलरय निररतावयवरय रातः काव्यता कविकर्मत्वम्
तेनालंकृतस्य काव्यत्वमिति स्थितिः न पुनः काव्यस्यालंकार योग इति-हिन्दी वक्रोक्ति जीवित, विश्वेश्वर दिल्ली, 1955, प्रथम उन्मेष, कारिका 6।

127. निरन्तर रस रसोद्गारगर्भसंदर्भ निर्भरा
गिरः कवीनां जीवन्ति न कथामात्रमाश्रिता—वही-उन्मेष 4, कारिका 3-4।

128. वही, उन्मेष 3, कारिका 2 तथा उन्मेष 1 कारिका 34।

129. वक्रोक्ति जीवित-प्रथम उन्मेष, कारिका 2 की व्याख्या।

130. वही।

131. धर्मादिसाधनोपायः सुकुमारक्रमोदितः
काव्यबन्धोऽ भिजातानां हृदयाहलादकारकः। वही 1-3।

132. हिन्दी वक्रोक्ति जीवितम-भूमिका, दिल्ली, 1955 ई. पृष्ठ 24।

133. वही, 1955 ई. पृष्ठ 24।

134. वही, उन्मेष 1 कारिका 3।

135. वही।

136. अन्यदपि लोकयात्राप्रवर्तननिमित्तं भृत्यसुहृत्स्वाम्या दिसमबर्जनमनेन बिना न सम्भवति-वही 1-3।

137. हिन्दी वक्रोक्ति जीवितम्, उन्मेष 1, कारिका 4।

138. बलदेव उपाध्याय-भारतीय साहित्यशास्त्र, प्रथम भाग, पृष्ठ 70।

139. दशावचरित के अन्त में द्रष्टव्य...कश्मीरेषु बभूव सिन्दुरधिकः आदि।

140. श्रृंगारप्रकाश, प्रथम दो सर्ग सम्पादित, विद्यासागर, श्रीरंगम, 1939, पृष्ठ 2।

141. वही।

142. वही।

143. वीराद्भुतादिषु च येह रसप्रसिद्धिः, सिद्धा कुतोऽपि वटयक्षवद विभाति, वही।

144. बलदेव उपाध्याय, पृष्ठ 96 तथा हिन्दी काव्य प्रकाश, आचार्य विश्वेश्वर, भूमिका, पृष्ठ 63।

145. काव्यप्रकाश पर सत्तर टीकाएँ लिखी गईं, इनमें रुय्यक, विश्वनाथ, गोविन्द ठक्कर, नागोजी भट्ट, भीमसेन, झलकीकर वामन आदि की टीकाएँ प्रसिद्ध हैं।

146. आक्सफोर्ड वि. वि. द्वारा प्रकाशित, पृष्ठ 105।

147. बलदेव उपाध्याय के अनुसार समय-1200 ई., साहित्य शास्त्र भाग 1।

148. गायकवाड़ ओ. सीरीज़, बड़ौदा।

149. गायकवाड़ ओ. सीरीज।

150. त्रिवेन्द्रम संस्कृत सीरीज़।

151. जयरथ की टीकासहित निर्णयसागर प्रेस, बम्बई तथा समुद्रबंध टीका सहित अनन्तशयनम् ग्रन्थ माला से प्रकाशित।

152. अनन्तशयनम् ग्रन्थ माला से प्रकाशित।

153. 13वीं शताब्दी। जयरथ ने अभिनव गुप्त के तंत्रालोक पर टीका लिखी है।

154. 14 वीं शताब्दी।

155. 14 वीं शताब्दी। विद्याचक्रवर्ती ने मम्मट पर सम्प्रदाय प्रकाशिनी टीका भी लिखी है।

156. काव्यमाला से प्रकाशित।

157. वही।

158. काशी संस्कृत सीरीज़।

159. अंगीकरोति यः काव्यं शब्दार्थवानकलंकृती।
असौ न मन्यते कस्मादनुष्णमनलं कृति—चन्द्रालोक 1-8।

160. वर्तमान राजचरितं चावर्णनीयम्। तत्र विपरीत प्रसिद्ध बाधया अध्यारोपितस्य आर्किचित्करत्वात् योगानन्दरावणादिविषयचरिताध्यारोपवत्। एतदर्थमेव प्रख्यातग्रहणं प्रकर्षद्योतकं पुनः पुनरुपात्तम्, अभिनवभारती 18-1-2।

161. हे रात्रि-अंध पथिक! यहाँ साँस सोती है और यहाँ मैं सोती हूँ, यह दिन में ही देख लो, रात में मेरे ऊपर आकर न गिर पड़ना—ध्वनिकार ने यह पद्य वस्तुव्यंग्य के रूप में प्रस्तुत किया है। विश्वनाथ का कथन है कि यहाँ काव्य वस्तुध्वनि के कारण नहीं अपितु रसाभास के कारण है, क्योंकि यहाँ पथिक के प्रति नायिका की रति व्यंजित है—साहित्यदर्पण, प्रथम परिच्छेद।

162. बलदेव उपाध्याय, पृष्ठ 139।

163. बनारस संस्कृत सीरीज।

164. ब्रह्मानन्दो भवेदेष चेत् परार्द्धगुणीकृतः नैति भक्तिसुखाम्भोधे परामाणुतुलामपि, भक्तिरसामृत सिंधु, पूर्व विभाग, लहर 1-19।

165. ए मैटाफ़िजीक ऑफ़ मिस्टीसिज्म—गोविन्दाचार्य स्वामी, मैसूर, 1923।

166. सन्त वैष्णव काव्य पर तांत्रिक प्रभाव—वि. ना. उपाध्याय आगरा, 1962।

167. इलियट और डाउसन के इतिहास के हबीब द्वारा सम्पादित ग्रन्थ की भूमिका।

168. एन इंट्रोडक्शन ऑफ़ इंडियन हिस्ट्री।

169. म्लेच्छाक्रान्तेषु देशेषु पापैकनिलयेषु च।
सत्पीड़ाव्यग्रलोकेषु कृष्ण एवं गतिर्मम।
गंगादितीर्थवर्येषु, दुष्टैरेवावृ तेष्वहि
तिरोहिताधिदेवेषु कृष्ण एवं गतिर्मम।—वल्लभार्य, कृष्णाश्रय।

170. द्रष्टव्य "कवि की नियति"—नाटक, वि. ना. उपाध्याय, कृष्ण ब्रदर्स, अजमेर।

171. कोविदानन्द, त्रिवेणिका, अलंकारदीपिका आदि ग्रंथ।

172. 18 वीं शताब्दी ग्रंथ अलंकारकौस्तुभ, अलंकारमुक्तावली, रसचन्द्रिका, अलंकारप्रदीप तथा कबीन्द्रकंठाभरण।

173. नञ्जराजयशोभूषण (18वीं शताब्दी)।
इस प्रकार भारतीय काव्यशास्त्र की अंतिम अवधि 18 वीं शताब्दी है।

174. इट इज़ द लिटरेचर ऑफ़ एण्ड ए क्लास, नॉट ए पीपुल—डी. डी. कोशाम्बी एन इंट्रोडक्शन टू इंडियन हिस्ट्री, बम्बई, 1956 ई. पृष्ठ 265।

175. वही, पृष्ठ 275।

176. वही, पृष्ठ 275।

177. वही।

178. एक बहुत ही लम्बे अरसे से भारतीय समाज-व्यवस्था में ब्राह्मण प्राधान्य ही

स्थायी रहा आया है—मार्क्सवाद और साहित्य, महेशचन्द्र राय, काशी, 1957 पृष्ठ 191।

179. रिलीजन वाज़ द ब्ररहमनस इक्जिस्टैन्स बिकौज इट हैल्ड द सरप्लस प्रोड्यूसर्स इन इट्स फ़र्म ग्रिप—डी. डी. कोशाम्बी, पृष्ठ 272।

180. विद हारडनिंग ऑफ़ क्लासिस, द वैरी मिकैनिज्म सर्वड् टू फैटर सोसाइटी, टू डिसकरेज इन्नोवेशन, डैज़रस टू दोज, हू प्रोफिटिड फ्रोम द स्टेटस -को-एन इंट्रोडक्शन टू इंडियन हिस्ट्री, डी. डी. कोशाम्बी।

181. वही, पृष्ठ 329-30।

182. मार्क्सवाद और साहित्य, पृष्ठ 192।

183. वही, पृष्ठ 194।

184. वही, पृष्ठ 135।

भरत के काव्य-सिद्धान्त

न तज्ज्ञानं तच्छिल्पं न सा विद्या न सा कला
नासौ योगो न तत् कर्म, नाट्येऽस्मिन यन्न दृश्यते।।

—नाट्यशास्त्र 1-116

तृतीय अध्याय

भरत के काव्य-सिद्धान्त

द्वितीय अध्याय में भरत मुनि के, कतिपय काव्य-शास्त्रीय तत्वों का उल्लेख किया गया है। इस अध्याय में नाट्यशास्त्र की काव्यशास्त्रीय धारणाओं का द्वन्द्वात्मक भौतिकवादी दृष्टि से विस्तृत विश्लेषण किया जाएगा।

कला गौरव वृद्धि—भरत के अनुसार कला की उत्पत्ति का प्रयोजन प्रजाहित है। नाट्यशास्त्र के पूर्व मनु, कलाओं को प्लेटो के समान, राज्य-व्यवस्था के लिए हानिकर मानते थे। उनके अनुसार जो राजा कामज वर्ग में कथित दुर्व्यसनों में फंस जाता है, वह धर्म और अर्थ से वंचित हो जाता है।[1] कामज वर्ग में नृत्य, गीत, तथा वाद्य की भी गणना की गई है—

मृगयाक्षो दिवास्वप्नः स्त्रियों मदः।
तौर्यत्रिकं वृथाट्या च कामजो दशको गणः॥[2]

लक्ष्य करने योग्य तथ्य यह कि मनु ने इसमें काव्य का उल्लेख नहीं किया, केवल नृत्य, गीत और वाद्य की ही कामज वर्ग में गणना की गई है किन्तु गीत को स्पष्टतः पतन कारक माना गया है और नाटक में कवि भी लेखक रूप में सम्मिलित है। अभिनवगुप्त की व्याख्या से प्रतीत होता है कि मनुस्मृति के आधार पर बाह्य नैतिकतावादी (मौरालिस्ट) इन कलाओं का विरोध भी करते थे।[3] यह विरोध परम्परा आज तक प्रचलित है। मनु ने प्लेटो के समान, देवस्तवनपरक तथा उपदेश-प्रधान काव्य का विरोध नहीं किया। महाभारत, रामायण जैसे धर्मप्रधान काव्य सर्वप्रशंसित थे, किन्तु प्रश्न यह है कि क्या मनुस्मृति का दृष्टिकोण शृंगारादि 'धर्मनिरपेक्ष काव्य' (सेक्यूलर पोइट्री) के विषय में भी उदार था? मनु के उक्त श्लोक में, इस प्रकार के काव्य के प्रति, प्रशंसा का भाव नहीं दिखाई पड़ता। याज्ञवल्क्य ने नाट्यशास्त्र के पश्चात् गीत, वाद्यादि की अतिशय प्रशंसा करके उन्हें मोक्ष का दाता बताया है।[4] अभिनवगुप्त के अनुसार, भरत ने नाट्य विद्या की अत्यधिक

प्रशंसा कीं है, इसलिए मनुस्मृति का आश्रय लेकर कला को निन्दनीय सिद्ध करना अनुचित है।[5] भरत आगम-परम्परा का अनुगमन करते हैं, इसलिए वह नाट्यादि कोमल कलाओं के समर्थक हैं। अभिनवगुप्त ने याज्ञवल्क्य स्मृति और पुराण आदि से नाट्य विद्या की प्रशंसा के प्रमाण भी प्रस्तुत किए हैं। भरत के प्रयत्न के कारण, धर्मनिरपेक्ष कलाओं को सामान्यतः धर्मज्ञों ने भी आदर दिया, यद्यपि उग्र नैतिकतावादी मनुस्मृति के वचनों को प्रमाण मान कर नृत्य, गीतादि की निन्दा करते रहे।

केवल राजा के प्रसंग में कामज वर्ग का उल्लेख होने के कारण यह भी कहा जा सकता है कि मनु ने सर्व साधारण के लिए कलाओं के विषय में व्यवस्था नहीं दी,[6] केवल शासक वर्ग के लिए दी है तथा कलाओं के अति प्रयोग की ही निन्दा की है, कलाओं की नहीं।[7] यह व्याख्या स्वीकार करने पर यह अवश्य कहा जा सकता है कि प्लेटो के समान किसी दार्शनिक आधार पर नहीं, अपितु नृत्य, गीतादि द्वारा विलासिता उद्दीप्त होने की आशंका से ही मनु पीड़ित थे और इसीलिए काव्य नाटकादि की निन्दा हुई है।

किन्तु अभिनवगुप्त ने जिस विस्तार से नट, कवि और सामाजिक के लिए नाट्यवेद की स्वीकृति का समर्थन किया है, उससे यह स्पष्ट प्रतीत होता है कि नैतिकतावादी, धर्मनिरपेक्ष कलाओं के प्रति विरोधी दृष्टिकोण अपनाते थे।[8] अभिनव ने नाट्यवेद का समर्थन किया है और कवियों कि विषय में कहा है कि प्रतिभायुक्त, अपूर्व अर्थों की शक्ति से सम्पन्न, ब्रह्मा के समान स्वतंत्र काव्य जगत् के रचनाकर्ता के लिए नाट्य वर्जनीय नहीं है। इसी प्रकार सर्वसाधारण की दृष्टि से नाट्य आदरणीय है क्योंकि वेद-शास्त्र-पुराण आदि के अध्ययनादि से भयभीत जनता के लिए मनोरंजक विधि द्वारा पुरुषार्थ के साधनों का ज्ञानादाता होने से नाट्य सभी के लिए ग्रहणीय हैं।[9]

काव्य के कारण नाट्य में अप्रत्यक्षत—उपदेश भी आ सकता है किन्तु नृत्य, नृत्त, गीतादि में पुरुषार्थ चतुष्टय का विधान कैसे होगा? इस प्रश्न का उत्तर यह हैं कि भरत के अनुसार नृत्य में भी लोकवृत्त और देशवृत्त का अनुकरण होता है। गीत में काव्य का अस्तित्व रहता ही है और नृत्य यद्यपि केवल ताल लयाश्रित होता है तथापि ये सब नाटक के साधन मात्र हैं। पुरुषार्थ चतुष्टय रूप नाटय को सफल बनाने के लिए, बिना मनोरंजकता के धर्म मोक्षादि के प्रति सर्वसाधारण उन्मुख नहीं होते। नाटक में पुरुषार्थ चतुष्टय की प्राप्ति एक साथ होती है। धर्म, अर्थ, काम और मोक्ष की प्राप्ति अलग-अलग प्राप्ति नहीं होती। अतः नृत्यादि को भी कामज नहीं कह सकते।

क्या स्वतन्त्र नृत्य-गीतादि कामज हैं? इसका उत्तर भी भरत के शब्दों का वास्तविक अभिप्राय समझने पर मिल जाता है। पुरुषार्थ चतुष्टय में काम की भी गणना है किन्तु जिस काम की तृप्ति कलाओं से होती है, वह स्थूल भोग नहीं है, वह सूक्ष्म-भोग है। अतः स्वतन्त्र रूप में भी नृत्य-गीतादि वर्जनीय नहीं हैं। इसी अर्थ में भरत ने कहा है कि कलाएँ पुरुषार्थ चतुष्टय की प्राप्ति कराती है। मनोवैज्ञानिक दूसरे शब्दों में इसी सूक्ष्म भोग को वासना का

उदात्तीकरण और प्रतिवर्तन कहते हैं। इसीलिए भरत ने काम, लोभ ईर्ष्या, क्रोध आदि कुत्सित चितवृत्तियों के नाट्य द्वारा उदात्तीकरण की चर्चा की है—

ग्राम्यधर्मप्रवृते तु कामलोभवशंगते
ईर्ष्याक्रोधादिसम्मूढ़े लोके सुखितदुःखिते।[10]

यहाँ ग्राम्य धर्मप्रवृत्त लोगों के काम और पुरुषार्थ चतुष्टय के काम में भेद करना चाहिए। अन्यथा नृत्त गीतादि द्वारा जनहित का तर्क स्वीकार नहीं हो सकता।

इस प्रकार भरत ने बाह्य नैतिकतावादियों के कलाओं के प्रति कठोर दृष्टिकोण का विरोध कर कला और काव्य के धर्मनिरपेक्ष रूप की गौरव वृद्धि की है।

काव्य-कला प्रयोजन—उक्त विवेचन से काव्य और कलाओं के प्रयोजन पर भी प्रकाश पड़ता है। भरत ने दो स्वतन्त्र प्रयोजन निर्देशित किए हैं। प्रथम काव्यकलादि से ग्राम्य धर्मप्रवृत्त, काम लोभगत, ईर्ष्या क्रोधाग्नि से मूढ़ जनों की कुत्सित चित्त-वृतियों का उदात्तीकरण होता है। दूसरा प्रयोजन है, दुष्टों द्वारा आक्रान्त जम्बू द्वीप अथवा विश्व का उद्धार।[11]

भरत के अनुसार कलाओं द्वारा ही पुनः सतयुग क्री स्थापना सम्भव है। सतयुग में कलादि की आवश्यकता नहीं है क्योंकि उस युग में चित्त अचंचल होते हैं किन्तु चंचल चित्तवानों के लिए क्रीड़ा नायक की आवश्यकता है।[12] अभिनव ने क्रीड़ा नायक के खिलौना तथा जो चित्त-विनोद के लिए हितकारी हो, ये दो अर्थ किए हैं और क्रीड़ा नायक का प्रयोजन बताते हुए स्पष्ट कहा है कि गुड़ में लिपटी कटु औषधि के समान क्रीड़ा नायक रूपी कलाएँ गुणकारी और उपादेय होती हैं।[13] चित्तविक्षेप क्रीड़नीयकों से दूर होता है, और चित्तविक्षेपनाश ही चित्त का उदात्तीकरण है।

अभिनवगुप्त ने विक्षेप शब्द का अर्थ दार्शनिक दृष्टि से किया है। भरत केवल इतना कहते हैं कि सुख-दुःख से पीड़ित लोक के लिए क्रीड़नीयक की आवश्यकता है, जिससे लोक का उदात्त मनोविनोद हो सकता है। इसके अतिरिक्त कलाओं द्वारा लोक में सौन्दर्य-बोध के अतिरिक्त नीतिबोध भी जाग्रत होता है। इससे आक्रान्त करने वाली शक्तियों के विरुद्ध, लोकमत सावधान होगा। भरत का तात्पर्य यह है कि शुद्ध ज्ञान की चरम स्थिति में कला अनावश्यक है किन्तु चित्तवृत्तियों के रूपान्तरण द्वारा कलाकार सामान्य व्यक्तियों की चेतना का निर्माण कर सकता है।

अभिनवगुप्त के विचार से कुत्सित चित्तवृत्तियों का कारण ग्राम्यधर्म में प्रवृत्ति है। ग्राम्यधर्म का अर्थ उन्होंने शास्त्र विरुद्ध आचरण किया है।[14] भरत ग्राम्यधर्म शब्द-प्रयोग इसी अर्थ में करते हैं तब भरत के अनुसार कला का प्रयोजन हिन्दू धर्मशास्त्र के दृष्टिकोण का प्रचार है क्योंकि देवों की विजय और दानवों की पराजय ही जनकल्याण का मूल है और यह एक सत्य है कि जैनियों और बौद्धों को छोड़कर शेष हिन्दू साहित्यकारों के संस्कृत

साहित्य में हिन्दू धर्मशास्त्रों द्वारा प्रतिपादित नीतिबोध ही प्रचारित हुआ है। इसके विपरीत बौद्धों और जैनियों के काव्यों में उनके अपने धर्म का उपदेश है। अतः ग्राम्यधर्म का अभिनवगुप्त द्वारा अर्थ स्वीकृत होने पर भरत की हिन्दू पक्षधरता प्रमाणित होती है किन्तु सामान्यतः ग्राम्यधर्म का अर्थ अज्ञानपीड़ित या नीति बोधहीन होना चाहिए--इस अर्थ के आधार पर कला का एक सार्वभौमिक प्रयोजन प्रमाणित हो जाता है।

वस्तुतः भरत की शब्दावली से ये दोनों अर्थ ग्रहणीय हैं। भरत का ध्यान हिन्दू नीति-बोध पर भी था और साथ ही वह कला और काव्य का एक सार्वभौमिक मापदण्ड भी प्रस्तुत कर रहे थे।

कला का प्रयोजन और सार्ववर्णिकहितवाद—कलाओं और शास्त्रों में भेद यह है कि शूद्रों और दासों अथवा श्रमिकों को वेदशास्त्रादि के अध्ययन का अधिकार नहीं था किन्तु भरत कलाओं के द्वारा सार्ववर्णिक, सार्वभौमिक हित का प्रयोजन पूर्ण करना चाहते थे।[15]

अभिनवगुप्त ने सार्ववर्णिक का एक अन्य अर्थ उद्धृत किया है। सरस और सुकुमार मार्ग से जिन काव्य नाटकादि में सब वर्णों के अपने कर्त्तव्यों का निरूपण किया जाए, सार्ववर्णिक नाट्यवेद का यही अर्थ है।[16] इसके द्वारा सरस सुकुमार और अनुरक्त हृदय से युक्त सब लोग उस नाट्यरस के उपभोग के साथ-साथ ही दूध में पड़ी हुई औषधि के समान कर्त्तव्याकर्त्तव्य के ज्ञान को भी प्राप्त कर लेते हैं, इस प्रकार वेदशास्त्रादि के अनधिकारियों को भी शिक्षा देने वाला यह नाट्य है।

इस प्रकार सार्ववर्णिक का यह प्रयोग भी ब्राह्मणवाद, सार्वजनिकतावाद— दोनों धारणाओं का परिचायक बन जाता है। कला मनुष्य मात्र को आनंद विधि द्वारा उच्चस्तर पर प्रतिष्ठित करती है, यह भी भरत के शब्दों से स्पष्ट है और पंडितों की व्याख्या के अनुसार यह भी कि कला या नाट्यशास्त्र का प्रयोजन ब्राह्मणों द्वारा निश्चित वर्णवाद के अनुरूप स्वधर्मानुसरण का प्रचार है। भरत परवर्ती ब्राह्मण-परम्परा सार्ववर्णिक का उक्त द्वितीय अर्थ ही ग्रहण करती रही है। जबकि भरत के सार्ववर्णिक पद से, सर्वजन का अर्थ भी ग्रहणीय है। भरत ने इसीलिए धर्मपरक अर्थों से परिपूर्ण, सब प्रकार की कलाओं के प्रवर्तक एवं इतिहास से युक्त पंचम वेद के निर्माण पर बल दिया है।[17] अर्थात नाट्यादि में नीतिबोध या स्वकर्म उपदेश ही नहीं होता, अपितु सामान्य भावनाओं, सौन्दर्य-बोध आदि का भी विधान होता है।[18] स्वधर्मानुसरण के उपदेश में तो, कला के आनन्द आस्वादन के समय, प्रत्येक वर्ण द्वारा अपने कर्त्तव्य पर ही ध्यान जाएगा किन्तु नाटक में सर्वकर्म प्रदर्शन और सामान्य भावनाओं की अभिव्यक्ति के कारण सभी वर्ण एक स्तर पर आकर आस्वादन ग्रहण करते हैं। अतः सार्ववर्णिक शब्द का अर्थ केवल स्वधर्मानुसरण नहीं है अपितु उसका अभिप्राय सार्वभौमिक—सार्वजनिक कलात्मक अनुभव की प्राप्ति भी है।

अभिनवगुप्त के अनुसार नाटयशास्त्र (1-15) में प्रयुक्त अर्थ और धर्म से काम और

मोक्ष का अर्थ भी अभिप्रेत है, यद्यपि भरत ने 'धर्म्यमध्य यशस्यं च सोपदेश्यं ससंग्रहम्' में केवल धर्म और अर्थ का ही उल्लेख किया है। इसी प्रकार अभिनव के मत से संग्रह पद का अर्थ है, भली प्रकार से ग्रहण अर्थात् जिसके आगे निश्चित प्रतीति के लिए अन्य किसी प्रमाण की आवश्यकता न हो।

वेद शास्त्रादि से परोक्ष ज्ञान होता है और नाटक से प्रत्यक्षात्मक ज्ञान होता है। वेद शास्त्रादि का ज्ञान शब्द, अनुमान आदि पर आधारित है जबकि नाटक का ज्ञान प्रत्यक्ष होता है। इसके अतिरिक्त, यज्ञादि का फल शीघ्र प्राप्त नहीं होता किन्तु नाट्यादि का फल तुरन्त प्राप्त होता है, इसीलिए भरत ने सर्वकर्मानुदर्शनम् पद का प्रयोग किया है। इस व्याख्या से नाट्यादि कलाओं का प्रयोजन तत्काल शुभाशुभकर्म और उसके परिणाम का बोध कराना है।

अभिनवगुप्त ने, ब्रह्मा द्वारा नाटक की रचना का प्रतीकात्मक अर्थ करके, काव्यनाटकादि का प्रयोजन सामाजिक कल्याण ही निश्चित किया है। उनके अनुसार कवि को पितामह ब्रह्मा के समान सम्पूर्ण विषयों का ज्ञाता तथा प्रजाजनों का शुभ चिंतक होना चाहिए। अर्थात् केवल कलावादी या रूपवादी कवि में उच्चदायित्वबोध नहीं होता।

कला का द्वितीय प्रयोजनः अन्याय के विरुद्ध संघर्ष—ब्रह्मा ने नाट्यवेद का उपदेश देकर, इन्द्र की विजय के प्रदर्शक, ध्वज की पूजा के अवसर पर, नाट्य प्रयोग का आदेश दिया था। तद्नुसार भरत ने असुरों और दानवों के विनष्ट हो जाने पर, प्रफुल्लित देवताओं से युक्त, इन्द्र के उस विजयोत्सव में, ध्वजपूजन के समय नाट्य का प्रयोग किया है।[19] इस अवसर पर दैत्यों को देवताओं ने कैसे विजित किया, यही प्रदर्शित किया गया। अभिनवगुप्त के अनुसार डिम, समवकार या ईहामृग आदि में किसी एक का प्रदर्शन किया गया। दैत्यादि इससे क्रुद्ध हो गए।[20] वह नाटक को अपने लिए अपमानजनक समझ कर उसे नष्ट करने के लिए प्रस्तुत हो गए। आधुनिक शब्दावली में भरत की कला को दैत्यों ने मात्र प्रचार समझा। इन्द्र ने उन विघ्न उत्पन्न करने वालों को मार भगाया, तब से ध्वज का नाम जर्जर पड़ा क्योंकि उसी से इन्द्र ने दैत्यों को ताड़ित किया था।[21] फिर भी दैत्य विघ्न डालते ही रहे। वे भरत द्वारा देवतावादी प्रचार को सहन नहीं कर सकते थे। तब भरत पुत्र सहित ब्रह्मा जी से निवेदन करने गए। ब्रह्मा जी ने नाट्यमंच के विभिन्न अंगों में देवताओं का अंश प्रतिष्ठित कर दिया।[22] ब्रह्मा द्वारा दैत्यों से विघ्न का कारण पूछने पर दैत्यों का उत्तर कला के प्रयोजन की दृष्टि से अति महत्वपूर्ण है—

योऽयं भगवता सृष्टो नाटयवेदःसुरेच्छया
प्रत्यादेशोऽयमस्मार्क सुरार्थ भवता कृतः।[23]

अर्थात् आपने देवताओं की इच्छा से उन्हें प्रसन्न करने के लिए जो यह नाट्यवेद बनाया है, वह हमारे लिए तिरस्कारजनक है। आधुनिक शब्दावली में आपका नाटक

दैत्यविरोधी प्रचार है, इससे दैत्यों को रसास्वादन नहीं हो सकता। पितामह के समान कवि, जिसकी दृष्टि में सब समान है, यदि किसी एक दल के विरुद्ध प्रचार करता है तो वह कला नहीं है।

दैत्यों के इस आरोप के माध्यम से भरत ने यह यहाँ दिखाया है कि कला की सार्वजनिकता कोई अमूर्त्त सिद्धान्त नहीं है। कला में दो प्रकार के प्रयोग दिखाई पड़ते हैं। यदि कैशिकी जैसी वृत्तियों[24] का ही मंच पर प्रदर्शन होता अर्थात् शृंगारादि चेष्टाएँ ही प्रदर्शित होतीं तो दैत्यगण भी आनंदित हो सकते थे किन्तु भरत ने देव-विजय के अवसर पर डिम, समवकार या ईहामृग में किसी एक का अभिनय किया था जो संघर्ष प्रधान है और जिनमें नीतिबोध स्पष्टतः प्रचारित होता है। अतः ऐसे प्रयोगों में पितामह या कवि को पक्षधरता अपनानी पड़ती है। देवता जिसे कल्याणकारक मानव मूल्य समझते हैं, उसका प्रचार, कला के ऐसे प्रयोगों में, अनिवार्य रूप से निहित है अन्यथा जनता दैत्यों का मार्ग अपनाएगी। संघर्ष-प्रधान वीर-रौद्रादि रसों के प्रदर्शन में केवल प्रचारात्मक रूप छिपाने से भी नहीं छिप सकता अतएव ऐसे रसों के प्रदर्शन में केवल देवता या उनके मूल्यों में आस्था रखने वाले प्रेक्षक ही अभिभूत हो सकते हैं। इस प्रकार कला की सार्वजनीनता के लिए मानव मूल्यों में सार्वजनिक आस्था अनिवार्य है, अन्यथा वह केवल समान आस्था, समान संस्कार, समान उद्देश्य और समान रुचि वाले प्रेक्षकों या सहृदयों को ही रसमग्न कर सकती हैं।

एक उपाय यह हो सकता है कि अथवा कला के प्रदर्शन के समय प्रेक्षक अपनी निजता से तटस्थ हो सके अर्थात् वह अपने वर्गीय व्यक्तित्व, वर्ग स्वार्थादि को कला के आनन्द में बाधक न बनने दे। यह कार्य कठिन है, अतः ब्रह्मा ने कला और नीति अथवा कला और मूल्य के सम्बन्ध को अक्षुण्ण रखते हुए दैत्यों को यह समझाया है कि वे नाटक को केवल शुभाशुभविकल्पक समझें, अपने विरुद्ध प्रचार न समझें।[25] अभिनव ने इसका अर्थ किया है कि प्रतिसाक्षात्कारकल्प नाटक में केवल यही दिखाना है कि शुभकर्मी को शुभ फल और अशुभकर्मी को अशुभ फल मिलता है। उसमें देवताओं या दैत्यों पर विशेष बल नहीं है। दैत्यों के शुभ कर्म का भी उत्तम परिणाम नाटक में दिखाया गया है।[26]

शुभाशुभविकल्प पद का अर्थ करते हुए अभिनव ने कहा है कि शुभ धर्म और अशुभ अधर्म है। नाट्य कर्म, भाव और अन्वय विधि से शुभ को सुखकारक और अशुभ को दुःखकारक रूप में दिखाता है। कर्म का अर्थ है–दान स्नानादि धर्म और हिंसा, चोरी आदि अधर्म। भाव का अर्थ है–आशय अर्थात् स्त्री प्रसंग में कही हुई स्वार्थपरता या परार्थता आदि रूप अभिप्राय। अन्वय का अर्थ है–अभिजन या देश। तात्पर्य यह है कि नाट्यादि कलाएँ प्रत्यक्ष प्रचार न कर कर्मों के फलों का प्रतिसाक्षात्कार कराती हैं।[27]

किन्तु दैत्य कला की इस व्याख्या से संतुष्ट नहीं होते। उनके अनुसार यदि कला को सार्वजनीन बनाना है तो दैत्यों का चरित्र ही क्यों चुना गया है?[28] अपने देश, अपनी जाति, वंश, मर्यादाओं और मूल्यों, सारी जनता के सम्मुख, अपमान होने पर कौन प्रेक्षक

तटस्थ रह सकता है और ऐसी कला के प्रदर्शन के समय वह किस प्रकार आनंदित हो सकता है?

ब्रह्मा ने इस महत्वपूर्ण प्रश्न का यह उत्तर दिया है कि दैत्यों पर नाट्य रचना नहीं की गई है क्योंकि नाटक के बाहर ही देव और असुर अपने यथार्थ रूप में रहते हैं, नाट्य में नहीं। मंच पर देवों और दैत्यों का एकान्त अनुभावन नहीं होता।[29] अभिनव ने कलागत अनुभव की विचित्रता के आधार पर यह सिद्ध किया है कि जिनके मूल्यों-मर्यादाओं के विरुद्ध कला प्रचार करती है, वे भी उच्च कोटि की कला के कारण अभिभूत हो सकते हैं क्योंकि नाटक में देव, असुरादि का अपने निज स्वरूप से ज्ञान नहीं होता है और न यह नट रामादि के समान हैं। इस प्रकार का सादृश्य ज्ञान ही होता है, न यह कलागत ज्ञान भ्रान्त ज्ञान है, न यह उत्प्रेक्ष्यमाण या प्रतिकृति रूप में प्रतीत होता है, न यह कलाबोध इन्द्रजाल के समान होता है और न माया के समान दस प्रकार की लौकिक प्रतीति से कलागत ज्ञान भिन्न होता है। यदि कलाप्रदर्शन के समय लौकिक प्रतीत रहेगी तो उस प्रतीति की असाधारणता के कारण अर्थात् साधारणीकरण के अभाव के कारण द्रष्टा का उस कला में औदासीन्य रहेगा। कवि भी देव दैत्यों को व्यक्ति विशेष के रूप में ग्रहण नहीं करता अन्यथा व्यक्ति विशेष के प्रेम-द्रोहादि के वर्णन से अनौचित्य की सृष्टि होगी। अतः रावण-रामादि की नाटक प्रदर्शन के समय वर्तमानता अप्रमाणित होने और कलागत विशेष अनुभूति के कारण, दैत्य-दानवादि भी साधारणीकृत अवस्था के कारण, रसनिमग्न हो सकते हैं। रस के समय विशेष बुद्धि रहती ही नहीं है।

किन्तु क्या रामचरित मानस को सुनकर या रामलीला देखकर रावण की लंका भावविभोर हो सकती थी? क्या शत्रु के विरुद्ध राष्ट्र जागरण सम्बन्धी रचनाओं को सुनकर शत्रु राष्ट्र मुग्ध हो सकता है? इसका स्पष्ट उत्तर यही है कि महान से महान कला होने पर भी विशिष्ट मान मूल्यों के विरोधी समूहों में सभी उक्त साधारणीकृत स्थिति को प्राप्त नहीं कर पाते अतः कला की सार्वजनीनता संघर्षपरक प्रसंगों में पूर्णतः सिद्ध नहीं होती। असाधारण व्यक्ति ही अपने प्रिय मूल्यों के विरुद्ध कलापूर्ण प्रचार के समय तटस्थ हो पाता है। साधारण व्यक्ति तो अपने पक्षपातों के कारण, लंका के प्रभाव के विरुद्ध मन ही मन संघर्ष करता रहता है। अतः वह भाव-विभोर नहीं हो पाता। ब्रह्मा जी ने इसीलिए कहा है कि दैव्यों को एकान्त रूप में अपना चित्रण न समझ कर उसे सामान्यीकृत चित्रण समझना चाहिए। यदि दैत्य ब्रह्मा का तर्क स्वीकार कर लेते तो अब तक सतयुग की स्थापना हो जाती किन्तु दैत्यों ने कभी भी ब्रह्मा का तर्क स्वीकार नहीं किया लेकिन ब्रह्मा ने भी उनके विरोध से भयभीत होकर, समाज कल्याण कारक, मूल्य निष्ठा का निषेध नहीं किया। लेनिन ने साहित्य और कला को समाज के परिवर्तन के लिए शस्त्र रूप में प्रयुक्त करने का जो आदेश दिया था उसमें भी मूलतः यही धारणा है। अंतर यह है कि भरत में वर्ग सामंजस्य का भाव है और लेनिन में क्रान्तिबोध है। दैत्यों अर्थात् शोषकों को, सर्वहारा वर्ग की कला को एकान्त चित्रण नहीं समझना चाहिए अपितु उसे शुभाशुभकर्मफल विधायक समझना

चाहिए, यदि वे ऐसा नहीं करते तो उनकी चिन्ता न कर, जनवादी मूल्यों के प्रचार के लिए कला की सृष्टि आवश्यक है। किसी भी स्थिति में कला और मानवहितकारी मूल्यों का सम्बन्ध विच्छिन्न नहीं हो सकता और यदि अपने अज्ञानवश दैत्य या शोषकगण कला में विघ्न डालें तो उसकी रक्षा का उपाय करना होगा। अभिनव ने स्पष्ट लिखा है कि देवताओं द्वारा मंच रक्षा का तात्पर्य यह है कि नाट्य आयोजक विघ्नकारियों को दण्ड दें।[30]

इस प्रकार भरत द्वारा कला और काव्य प्रयोजन व्यक्ति और समाज का कल्याण है। नाटक मनोहर और संघर्षहीन वृत्तियों के अनुकीर्त्तन द्वारा हमारा रागशोधन करता है और संघर्षपरक प्रसंगों में कल्याणकारी, शुभ कर्मों के प्रति अनुकूलता उत्पन्न करता है।

अन्य प्रयोजन—नाटक द्वारा कहीं धर्म, कहीं क्रीड़ा, कहीं अर्थ, शम, कहीं हास्य, कहीं युद्ध, कहीं काम और कहीं वध का प्रदर्शन होता है।[31] इस प्रकार प्रत्येक प्रकार के व्यक्ति के लिए कलाओं में उनके उदात्तीकरण की सामग्री रहती है। सामान्य मनोरंजन भी वाह्य परिस्थितिजन्य क्षोभ या तनाव से मुक्ति देने के लिए आवश्यक है। मनोरंजन द्वारा भी प्रेक्षक पुनः जीवन संघर्ष के लिए प्रेरणा प्राप्त करता है और साथ ही उच्चतर मानव मूल्यों की प्राप्ति भी अनायास हो जाती है।

द्वन्द्वात्मक भौतिकवाद के अनुसार भी कलाओं और काव्य का प्रयोजन केवल वर्गसंघर्ष नहीं होता। श्रमिकों के मनोरंजन का आयोजन इसीलिए समाजवादी सरकारें किया करती हैं, इसके सिवा सर्वत्र साहित्य को केवल वर्ग संघर्ष की दृष्टि से पढ़ा भी नहीं जाता। रामचरितमानस, मेघदूत, महाभारत तथा गीतांजलि (रवीन्द्र) जैसी रचनाओं का रूस में आदर, अन्य मानव मूल्यों के कारण है। कला विविधपार्श्वमयी होती है। अतः भरत द्वारा प्रतिपादित कला के प्रयोजन मूलतः मार्क्सवाद के विरुद्ध नहीं है। कला द्वारा रागशोधन और उच्चतर मानव मूल्यों के लिए संघर्ष--ये दोनों प्रयोजन, द्वन्द्वात्मक भौतिकवाद के अनुकूल हैं।

निश्चित रूप से प्रचार के निम्न अर्थ में भी साहित्य कलाओं का प्रयोग हुआ है, जो कुछ तो सामाजिक चेतना का फल है और कुछ राजनीति के साहित्य पर अनावश्यक दबाव का परिणाम है। भरत के अनुसार भी कला उच्चतम मूल्यों का प्रचार है किन्तु केवल उच्चतम अर्थ में ही उसे प्रचार कह सकते हैं। मार्क्सवाद के अनुसार भी कला इस उच्चतम अर्थ में ही प्रचार है, साहित्य या कला किसी दल की दस्तावेज का पर्याय कभी नहीं हो सकती।

कला और यथार्थ-प्रेम—यथार्थपरक दृष्टि से जीवन का आकर्षण ही चित्रित होकर सौन्दर्य बनता है। कला की यही विशेषता है कि उसमें जीवन और प्रकृति के आकर्षक पक्ष ही नहीं, असुन्दर पक्ष और पदार्थ चित्रित होने पर सुन्दर प्रतीत होते हैं। भरत तात्कालिक व्यवस्था के समर्थक विचारक थे। अतः नाट्यशास्त्र की यथार्थ प्रियता

का अर्थ है, समाज में जो जैसा है, उसका यथावत् चित्रण। उस प्रकार के यथावत्चित्रण से वास्तविकता का प्रतिबिम्ब प्रस्तुत होता है और तात्कालिक व्यवस्था के अनुरूप मानव मूल्यों की शिक्षा भी मिलती है। अतः भरत के अनुसार नाटक में नाना भावों नाना अवस्थाओं वाले लोक-व्यवहार का अनुकरण ही प्रस्तुत किया जाता है।[32]

भरत के यथार्थ प्रेम में उत्तम, मध्यम तथा अधम मनुष्यों के कर्मों के आधार पर, उनको हित का उपदेश करने, उन्हें धैर्य देने तथा उनके मनोरंजन का विधान है, अर्थात् भरत की यथार्थोन्मुखता में दृष्टिहीन यथावत् चित्रण नहीं है, अपितु परिप्रेक्ष्य विशेष सहित यथावत् चित्रण है–

उत्तमाधममध्यानां नराणां कर्मसंश्रयम्
हितोपदेशजननं घृतिक्रीड़ासुखादिकृत्।

दुःखार्तानां श्रमार्तानां शोकार्तानां तपस्विनाम्
विश्रान्तिजनं काले, नाटयमेतद् भविष्यति।[33]

भरत के इस यथार्थवाद में मनोरंजन और मानव-मूल्य -निष्ठा दोनों का विधान है। अभिनव ने लिखा है कि उपदेश शब्द से यह नहीं समझना चाहिए कि यह गुरु के समान उपदेशक होता है। जीवन का यथार्थ चित्रण या अनुकरण बुद्धिवर्धक होता हैं।[34] अर्थात् वह प्रेक्षकों की प्रतिभा को ही उस प्रकार का बना देता है और वह प्रतिभा दुष्ट नहीं होती, अपितु हितकारिणी प्रतिभा होती है।[35] यह भरत के यथार्थ-प्रेम का फल है। यह यथार्थ-प्रेम नाटक में सर्वाधिक रूप से सफल होता है, काव्य रूपों की दृष्टि से यह भी स्मरणीय है।[36] नाटक की इस यथार्थ परकता की यह विशेषता है कि यह अत्यधिक व्यापक है–

तन्नात्र मन्युः कर्त्तव्यो, भवदिभरमरान् प्रति
साप्तद्वीपानुकरणं नाटयमेतद् भविष्यति।[37]

नाटक में केवल देवासुर संग्राम का ही सर्वत्र चित्रण नहीं होता अपितु इसमें राजाओं, गृहस्थों, ब्रह्मर्षियों आदि सभी का चित्रण होता है। अतः साहित्य और कला को केवल अनाचार के विरुद्ध संघर्ष का ही पर्याय नहीं माानना चाहिए, यह तो जीवन के विभिन्न वर्गों, विभिन्न भावों, विभित्र सामाजिक सम्बन्धों आदि का चित्रण करती है–

देवानामसुराणां च राज्ञामय कुटुम्बिनाम्
ब्रह्मर्षीणां च विज्ञेयं नाटयं वृत्तान्तदर्शकम्।[38]

संसार का स्वभाव ही सुख-दुःख से युक्त होता है।[39] अतः विविध कला प्रकारों से, इसी सुख-दुःख का चित्रण करना ही कलाकार का कर्त्तव्य है। अभिनव ने, भरत के सुख-दुःख समन्वित लोक स्वभाव की व्याख्या में शान्तरस की स्वीकृति पर भी बल दिया

है पर वह उनकी अपनी रुचि थी। भरत स्पष्टतः अपने यथार्थ प्रेम के कारण निर्वेद जैसे भावों के अनुकरण को महत्व नहीं देते।

लोकधर्मी और नाट्यधर्मी—मंच पर प्रदर्शन की दृष्टि से भरत ने यथार्थ प्रेम का परिचय दिया है। भरत के अनुसार लोक का यथावत् अनुकरण तो लोकधर्मी नाटक कहलाता है और स्वगत, जनान्तिक अथवा पुरुष द्वारा नारी पात्रों का अभिनयादि, नाट्यधर्मी (कन्वेंशनल) कहलाता है।[40] संस्कृत काव्य में भी यही प्रवृत्ति दिखाई पड़ती है। संस्कृत काव्य और नाटकों में लोक का यथावत् चित्रण है—राज्य सभा, सेना, युद्ध, राजमहल, उत्सव, वेषभूषा, अस्त्र, शस्त्रादि का विशद वर्णन संस्कृत में मिलता है। शूद्रक के मृच्छकटिक नाटक में तो दरिद्रता का भी रोमांचक चित्रण है। साथ ही दैवी चमत्कारों, अप्राकृतिक, अलौकिक पदार्थों आदि की वर्णना भी हुई है। इस प्रकार नाटक और काव्य दोनों में यथार्थोन्मुखता और कवि परम्परा का प्रयोग मिलता है।

अभिनवगुप्त ने लोकवृत्तानुकरण का अर्थ यथार्थ अनुकरण या यथार्थवाद न करके, अनुकीर्त्तन किया है। वे अनुकरण को केवल भाण नामक रूपक में ही सम्भव मानते हैं। शेष रूपकों में भाण देखते समय की प्रतीति नहीं होती है, यह अभिनव का स्पष्ट मत है।[41] उनके अनुसार दूसरों की चेष्टाओं से ह्रास की सृष्टि होती है, यह नाट्यशास्त्र में भी कहा गया है—

परचेष्टानुकरणात् हास समुपजायते।[42]

अभिनव के अनुसार तो अनुकरण या नकल के करण ही दैत्य क्षुब्ध हुए थे क्योंकि जिसका उपहास किया जाता है, उस पक्ष के लोगों में द्वेष, असूया आदि भाव उत्पन्न ही होते हैं।[43] यदि यह प्रश्न किया जाय कि अनुकरण में किसी विशेष व्यक्ति का अनुकरण न होकर सामान्य अनुकरण होता है, तब क्या हानि है? अभिनव के अनुसार सामान्य अनुकरण भी असम्भव है क्योंकि यदि अनुकरण का अर्थ सदृशक्रियारूप अनुकरण है तो अनुकार्य के विद्यमान न होने से वह सम्भव नहीं है। इसी प्रकार प्रेमदादि विभावों का भी अनुकरण नहीं बनता और न अभिनव के अनुसार शोक, क्रोधादि का अनुकरण सम्भव हो पाता है क्योंकि नट (और काव्य पक्ष में कवि) में अनुकार्य की भाव तीव्रता का अभाव होता है। इसी प्रकार अभिनव के अनुसार साधारणीकृत पदार्थों या व्यक्तियों आदि का भी अनुकरण अप्रमाणित है क्योंकि अनुकरण विशेष का ही हो सकता है क्योंकि वह सादृश्य रूप होता है। 'सजातीयानेव अनुभावान् करोति' अर्थात् नाटक में उद्देश्य का अनुकरण नहीं होता, सजातीय का अनुकीर्त्तन होता है। सीता रामादि के हर्ष शोकादि विद्यमान नहीं हैं। अतः उनका समानदर्शन रूप सादृश्य नहीं हो सकता है और मंच पर अभिनीत सीतारामादि का हर्ष शोकादि विशेष भी नहीं है, वह साधारणीकृत रूप में ही है, इसलिए भी समानदर्शन रूप सादृश्य नहीं बनता किन्तु भिन्नकालीन व्यक्तियों में साजात्य सिद्ध होता है। अतः नट (कवि) आदि, अनुकार्यों के हर्ष शोकादि के सजातीय भावादि का ही

अनुकीर्त्तन करता है, अनुकरण नहीं क्योंकि अनुकरण सादृश्य रूप होता है।[44]

इस प्रकार यथार्थपरक कला में अनुकरण शब्द के स्थान पर अभिनव के अनुसार सजातीय के अनुकीर्त्तन शब्द का प्रयोग ही वैज्ञानिक है। प्लेटो ने कला को अनुकरणात्मक कह कर अनुकरण शब्द पर पूर्ण विचार किए बिना ही, कला को यथार्थ से दो बार बहिष्कृत घोषित कर दिया था, किन्तु भरत के अनुसार कला और काव्य द्वारा पदार्थ और व्यक्तियों के सजातीय भावों, चेष्टादि को प्रस्तुत किया जाता है। अतः वह मूल पदार्थ या व्यक्ति की सजातीय द्वितीय सृष्टि होती है, इसीलिए नाटक काव्यादि में प्रस्तुत पदार्थ और भाव, मूल सृष्टि से भी अधिक आकर्षक रूप में प्रतीत होते हैं। कवि और कलाकार वस्तुतः प्रकृति और अनुकार्यों की अपूर्णताओं को दूर कर उन्हें और भी अधिक सत्य, शिव, सुन्दर रूप में प्रस्तुत कर सकते हैं। अतः अभिनव की व्याख्या के अनुसार, भरत का लोकवृत्तानुकरण रूपी यथार्थवाद प्लेटो के भ्रान्त रूप में प्रस्तुत अनुकृतिवाद से अधिक वैज्ञानिक और ग्रहणीय है।

भरत का यथार्थवाद और जनपदीय प्रवृत्तियाँ—भरत ने आवन्ती, दक्षिणात्या, औड्रमागधी और पांचाली—ये चार प्रकार की प्रवृत्तियाँ स्वीकार की हैं। अभिनवगुप्त ने स्पष्ट लिखा है कि ये देश के आधार पर होती हैं।[45] मनमोहन घोष के अनुसार ये प्रवृत्तियाँ स्थानीय प्रयोग थी।[46] श्री घोष के अनुसार नाट्यशास्त्र के 14 अध्याय के 36 से 55 तक पद्य प्रक्षिप्त हैं।[47] किन्तु नाट्यशास्त्र के उक्त अंश को प्रसिद्ध मानने की सम्भावना ही श्री घोष ने प्रकट की है। यदि प्रवृत्तियों से सम्बन्धित अंश परवर्ती भी हैं तो भी भरत परम्परा द्वारा स्थानीय या जनपदीय प्रवृत्तियों की स्वीकृति से भरत परम्परावादियों की लोकप्रियता अवश्य प्रकट होती है। यदि ये अंश परवर्ती से भी हैं तो भी इनका प्रवेश आलंकारिकों के रीतिवाद से पूर्व ही हो चुका था, यह स्वतः प्रमाणित है।

इन्हें प्रवृत्ति क्यों कहते हैं, इस प्रश्न के उत्तर में भरत कहते हैं कि पृथ्वी में नाना देश, शेष, भूषा, आचारादि मिलते हैं। प्रवृत्तियों से इन विविध देशादि की विशेषताओं का ज्ञान होता है।[48] जब अनेक देश हैं तो केवल चार प्रकार की प्रवृत्तियाँ ही क्यों स्वीकार की गई?[49] इसका उत्तर यह दिया गया है कि चार वृत्तियों, भारती, आरभटी, सात्वती और कैशिकी से सम्बन्धित होने के कारण ही इन्हें चार विभागों में स्वीकार किया गया है। उदाहरणतः दक्षिण देशों में कैशिकी का ही अधिक प्रचार है। महेन्द्र, मलय, सह्य, मेकल तथा पालमन्जर (कालमन्जर) पर्वतों के आंचल के प्रदेश दक्षिण देश कहलाते हैं।[50] किन्तु कोशल, तोशल, कलिंग, यवन, खस, द्रमिल, आंध्र, महाराष्ट्र, वैण्णा तथा वानवास प्रदेश जो विन्ध्य और दक्षिण समुद्र के मध्य स्थित हैं, कैशिकी वृत्ति के भी प्रेमी हैं।

आवन्ती प्रवृत्ति का प्रयोग अवन्ती, विदिशा, सौराष्ट्र, मालवा, सिंधु, सौवीर, आनर्त्, दाशार्ण, तथा मृत्तिकावृत प्रदेशों में होता है।

औड्रमागधी प्रवृत्ति के देश हैं-अंग, वंग, कालिंग, वत्स, औड्रमागध, पुंड्र, नेपाल,

अंतगिरि, बहिरगिरि, प्ललवंगम, मलडा, मल्लवर्तक, ब्रह्मोत्तर, भार्गव, प्राग्ज्योतिष, पुर्लिद, विदेश और ताभ्रलिप्त।

पांचाल-मध्यमा प्रवृत्ति का प्रयोग पांचाल, शूरसेन, कश्मीर, हस्तिनापुर, वाल्हीक, शाकल आदिं में होता है। इसमें सात्वती, आरभटी का विशेष प्रयोग होता है। भरत ने स्पष्ट लिखा है कि इन जनपदीय प्रवृत्तियों का उनके जनपद की प्रथानुसार प्रयोग होना चाहिए—

येषु देधेषु या कार्या प्रवृत्तिः परिकीर्तिता
तद्वृत्तिकानि रूपाणि तेषु तज्ज्ञःप्रयोजयेत् ।[51]

सात्वती, आरभटी, भारती और कैशिकी वृत्तियों के साथ प्रवृत्तियों को सम्बन्धित कर देने के कारण सम्भवतः परवर्ती आलंकारिकों ने गौड़ी, वैदर्भी, पांचाली आदि रीतियों को उग्रता, कोमलता आदि के अधार पर काव्य की निश्चित शैलियों के रूप स्वीकार कर लिया है। आधुनिक आंचलिक उपन्यासों में जिस प्रकार जनपदीय जीवन का चित्रण किया जाता है, वह प्रवृत्ति आलंकारिकों के कारण विकसित नहीं हो सकी। संस्कृत कथाओं में भी आंचलिक आन्दोलन नहीं पनप सका क्योंकि आलंकारिकों का ध्यान सामान्य जनजीवन की ओर नहीं गया। भरत की दृष्टि व्यापक थी, यह प्रवृत्ति-वर्णन से ही स्पष्ट है। यथार्थवादी प्रवृत्ति का संस्कृत साहित्य में तभी प्रयोग बढ़ सकता था जब भरत-परम्परा के उक्त प्रवृत्ति-वर्णन पर ध्यान दिया जाता किन्तु आलंकारिकों ने यह समझा कि प्रवृत्तियों का सम्बन्ध केवल काव्य रीति से ही है। जनपदीय जीवन विधि अलंकृत काव्यों, कथाओं में यत्र-तत्र ही मिलती है।

मार्क्सवाद ने सर्वाधिक रूप में कवियों-कलाकारों का ध्यान जनजीवन की ओर आकर्षित किया है, इसीलिए मार्क्सवादी यथार्थवाद में लोकसाहित्य, लोकनृत्य, लोकगीतादि का विशेष महत्व है। भरत के नाट्य शास्त्र में प्रवृत्ति-वर्णन के रूप में जनपदीय कला और जीवन विधि चित्रित करने का संकेत अवश्य मिलता है।

भाषा के क्षेत्र में नाटककारों और कवियों ने अवश्य भरत का अनुगमन किया है। नाट्यशास्त्र के भाषा लक्षण अध्याय में संस्कृत, प्राकृतादि भाषाओं के प्रयोग पर बल दिया गया है।[52] यह भी यथार्थता की रक्षा के लिए किया गया है। यहाँ भरत का ब्रह्मणवाद स्पष्ट है। प्राकृत भाषा अर्थात् जनभाषा में, मार्क्सवादी के समान, मिट्टी की सुगंधि का अनुसंधान नहीं किया गया अपितु प्राकृत भाषा को व्याकरण की दृष्टि से संस्कारहीन कहा गया है।[53] फिर भी रूपकों में, यथार्थता के लिए विभिन्न पात्रों द्वारा विभिन्न भाषाओं और बोलियों का विधान नाट्यशास्त्र में किया गया है। प्राकृत प्रयोग बालकों, भूताविष्ट जन, निम्न जाति की स्त्रियों, पागलों और लिंग पूजकों द्वारा विहित माना गया है।[54] भरत की प्रतिज्ञा थी कि लोकवृत्तानुकरण ही ध्येय है। अतः शिक्षित और भद्र उच्चकुलीन जनों की संस्कृत और शोषिक जनों की प्राकृत या असंस्कृत भाषा को उसी रूप में स्वीकार करने के लिए भरत विवश थे। न सब क्षत्रिय संस्कृत जानते थे, न सभी ब्राह्मण, पर फिर भी

रूपकों में उच्चवर्गीय व्यक्ति संस्कृत ही बोलते दिखाए गए हैं अन्यथा उच्च वर्ग का अपमान होता। 'मृच्छकटिक' में शार्वलिक भी संस्कृत बोलता है। फिर भी भरत ने अपनी सहज उदार दृष्टि से यह स्वीकर किया है कि स्थानीय रूपकों में स्थानीय भाषाओं का ही प्रयोग होना चाहिए—*अथवा छन्दतः कार्या देशभाषा प्रयोक्तृभिः।*[55]

जातिवादी, वर्णवादी भरत के समय के भारतवर्ष का यथार्थ रूप भरत द्वारा विभिन्न जातियों के लिए भाषाओं के विधान में दिखाई पड़ता है। सप्तदेश भाषाओं, मागधी, आवन्ती, प्राच्या, शौरसैनी, अर्धमागधी, वाल्हीका, दाक्षिणात्या तथा विभाषाओं में आभीर, चांडाल, शबर, द्रविड़, औड्र, तथा आरण्यकों में अपनी अपनी भाषा बोलने का नियम था। वर्ग की दृष्टि से राजमहल के रक्षक मागधी, सेवक, राजकुमार तथा सेठ अर्धमागधी, विदूषक प्राच्या, धूर्त आवन्ती, सिपाही, जुआरी, पुलिस अधिकारी "दाक्षिणात्या" तथा खस लोगों के लिए "वाल्हीकी" का विधान था।[56] यथार्थता की रक्षा के लिए ही भरत ने सम्बोधनों का प्रयोग भी निश्चित किया है। इससे तात्कालिक वर्गीय सम्बन्ध स्पष्ट होते हैं। ऋषि मुनि "भगवान", उनकी पत्नियाँ "भगवती," ब्राह्मण "आर्य," राजा "महाराज" तथा गुरु "आचार्य" शब्दों से सम्बोधित किया जाता था। इसी प्रकार वृद्ध को "तात," मंत्री को "सचिव" से सम्बोधित करते थे। सारथि, रथी को "आयुष्मन्", सामान्य जन राजकुमार को "स्वामिन," उच्चजन नीचजनों को 'सौम्य" तथा सेवक वेश्या को "अज्जुका" कह कर पुकारते थे। लोक व्यवहार को सुक्ष्मता से देख कर, प्रत्येक वर्ग, जाति और वर्ण की "मर्यादा" की रक्षा करने के लिए नाट्य शास्त्र में सम्बोधन-विधान किया गया है। स्पष्टतः भरत की यथार्थवाद सामंती समाज का यथावत् चित्रण ही कर सकता था, वह उसमें परिवर्तन की कल्पना भी नहीं कर सकता था, यही भरत की ऐतिहासिक सीमा थी।

नाट्य और काव्य में रस—परम्परागत काव्यशास्त्र में नाट्यशास्त्र का रसवर्णन सर्वाधिक महत्वपूर्ण माना जाता है। भरत ने रस, भाव, अभिनय, धर्मी, वृत्ति,प्रवृत्ति, सिद्धि, स्वर, वाद्य, गान ओर रंग में रस को सर्वाधिक महत्व दिया है—

नहि रसाद्दते कश्चिदर्थः प्रवर्तते।[57]

अभिनव के अनुसार भावादि के भी पूर्व रसों का वर्णन इसलिए किया गया है कि रसों के बिना विभावादि व्याख्येय रूप से बुद्धि में नहीं आ सकता है।[58] न रसों के बिना आनन्दपूर्वक सत्कृत्यों में प्रवृत्ति और अकृत्य से निवृत्ति के ज्ञान रूप नाटक का प्रयोजन बनता है।[59] रस के ज्ञान के अभाव में भावादि भी स्पष्ट नहीं होते हैं। अतः भरत ने ठीक ही कहा है कि रस के बिना काई अन्य अर्थ (नाट्यांग रूप) प्रवृत्त नहीं होता है।

किन्तु भरत की शब्दावली से यह अर्थ भी ध्वनित होता है कि रस के बिना किसी अर्थ की सत्ता ही नहीं है। यह तो युक्तियुक्त है कि नाटकादि में महत्वपूर्ण रस के बिना अन्य नाट्यांगों की व्याख्या नहीं ही हो सकती किन्तु 'न हि रसादृते कश्चिदर्थः' प्रवर्तते

से यह भी अर्थ झलकता है कि प्रत्येक अर्थ (मीनिंग) में राग रूप में रस की सत्ता रहती है। अतः रस सर्वप्रथम व्याख्या का विषय है।

वस्तुतः सूत्रों की विशेषता यह है कि उनमें सूत्र निर्माण से पूर्व, चिंतक का एक दीर्घ चिन्तन प्रवाह, संक्षिप्त रूप में रख दिया जाता है। अतः सूत्र की शब्दावली अनेकार्थमयी हो जाती है। सूत्रों की विभिन्न व्याख्याओं का कारण भी यही है। रस के बिना कोई अर्थ नहीं होता, इसमें यह मनोवैज्ञानिक सत्य विद्यमान है कि हमारी चिन्तनात्मक पद्धति में भावना (फीलिंग) का स्पर्श अवश्य रहता है, शुद्ध बौद्धिक वाक्यों का प्रयोग, तर्क के क्षेत्र में भले ही सम्भव हो परन्तु कला के क्षेत्र में नीरस समझे जाने वाले अर्थ में भी भाव का स्पर्श रहता है। यह पर्वत सुन्दर है, यह साधारण और अनलंकृत वाक्य है किन्तु वक्ता के चित्त के भाववासित होने पर ही उक्त कथन का जन्म हुआ है। भरत उक्त वाक्य में यह कहते ही हैं कि रसों को समझ कर ही विभावादि को समझा जा सकता है परन्तु साहित्य या कला के क्षेत्र में सभी अर्थ रसमय होते हैं, वह यह भी ध्वनित करते हैं। रस की प्रधानता के अभाव में ही सभी अर्थ रसमय नहीं कहलाते किन्तु रस के बिना अर्थ की सत्ता नहीं हैं, यह अर्थ भी ग्रहण किया जा सकता है।[60] ऐसा प्रतीत होता है कि चिंतन, अध्यापन आदि के समय किसी विषय के सभी सम्भावित पक्षों पर विचारों के उदय के पश्चात् उस पूर्ण मनन-क्षेत्र की इंगित करने के लिए गर्भित शब्दावली में सूत्रादि की रचना होती थी, स्वयं भरत ने यह तथ्य स्वीकार किया है।[61] इसी कारण सूत्रों से नाना अर्थ झलक उठते हैं।

रस की अनुभूति ही नाटक का फल है। अभिनवगुप्त यह कह कर रस का महत्व प्रतिपादन करते हैं। वह रस को ही नाटक कहते हैं।[62] क्या यह रस केवल नाटक तक ही सीमित है? अभिनवगुप्त ने नाटक को ही रसों का प्रधान आश्रय माना है, यद्यपि वह रसों को किसी किसी काव्य से भी प्रकाशित मानते हैं।[63] भामह ने भी महाकाव्यों में रसों का अस्तित्व स्वीकार किया है।[64] विश्वनाथ ने तो रसात्मक वाक्य को ही काव्य माना है। अतः भारतीय काव्यशास्त्र में रस का स्थान अति महत्वपूर्ण है।

भरत के विवेचन से यह स्पष्ट है कि भरत रसनिर्वाह, नाटक में ही सम्भव मानते थे। अभिनवगुप्त ने भरत की इस प्रवृत्ति को स्पष्ट करते हुए लिखा है कि नाटक से जो रस की साक्षात्कारात्मक प्रतीति होती है, वह काव्यादि से नहीं हो सकती। अधिक कल्पनाशील विदग्ध व्यक्ति काव्य से भी रस की उसी मात्रा में प्राप्ति कर सकता है। रूपकों में मंच सज्जा, वाद्य, गान, वेष भूषादि से प्रेक्षक के हृदय को रसानुकूल बनाने में अधिक सुविधा रहती है। इसके सिवा नाटक में ही रस का प्रमुखता का कारण भरत का लोक मनोविज्ञान में निष्णात होना है। नाटकादि में बहुत अधिक प्रेक्षक एकत्र होते थे। समूह से अलग होकर व्यक्ति आत्म जागरूक अधिक होता है और वह अपनी निजता को विस्मृत नहीं कर पाता। काव्य के मौन पाठ या थोड़े से व्यक्तियों के मध्य पाठ से निजता पूर्णतः छूट नहीं पाती किन्तु समूह में सामूहिक अवचेतन शीघ्र जाग्रत हो जाता है। इस सामूहिक

अवचेतन[65] में केवल मूल वासनाएँ ही प्रमुख नहीं हो उठतीं, सम्पूर्ण जातीय संस्कार भी प्रबल हो उठते हैं और उन पर अंकुश रखने वाली बौद्धिक जागरूकता का अनुशासन कुछ शिथिल हो जाता है। मनुष्य के मन के आंतरिक स्तरों में सुरक्षित यह ऐतिहासिक धरोहर, नाटक आदि से सबसे अधिक मात्रा में जाग्रत होती है, तभी भरत ने रसों की प्रमुखता नाटक में ही स्वीकर की हैं।

भरत इस सामूहिक अवचेतन को ही शिक्षित करके तात्कालिक समाज की रक्षा के लिए, एक मनोवैज्ञानिक प्रयोग में, रसों का महत्व प्रतिपादित कर रहे थे। उक्त अवचेतन, चेतन-परिधि से समन्वित नहीं किया जाता तो जिस प्रकार व्यक्ति के अवचेतन-चेतन के असामंजस्य से विषम जालों की सृष्टि होती है, उसी प्रकार किसी राष्ट्र का काव्य-व्यक्तित्व भी विषमजालग्रस्त हो जाता है अतएव सामाजिक विकास की दीर्घ अवधि में, बाह्य परिस्थितियों के कारण मनुष्य की मूल वासनाएँ संशोधित परिवर्तित होती हैं। कला इस कार्य में अत्यधिक सहायक होती हैं। यह कार्य राजनैतिक नेताओं से अधिक नैतिक नेताओं का है– युंग ने यह स्पष्ट स्वीकार किया है। ऐसे ही सांस्कृतिक नेता सभ्यता की रक्षा और उसका पुनः विकास कर सकते हैं।[66] भरत ने रसवाद द्वारा यही प्रयत्न किया है। सामूहिक अवचेतन को थपकी देकर, उसे तात्कालिक सभ्यता के अनुरूप करने और उसके सामान्य उदात्तीकरण का कार्य नाटक द्वारा सर्वाधिक सुविधा से हो सकता है। भरत मानव प्रकृति के निरीक्षण के बल पर ही इस सत्य को प्राप्त कर चुके थे।

यह रस क्या है, इसकी निष्पत्ति कैसे होती है, इन प्रश्नों का उत्तर भरत ने दर्शन के आधार पर नहीं, अपने सामान्य मानव-ज्ञान के आधार पर दिया है। परवर्ती टीकाकारों ने इस सहज विवेचन को अपने-अपने प्रिय दार्शनिक सिद्धान्तों के प्रकाश में परीक्षित करके समस्या के जहाँ नवीन पार्श्वों पर प्रकाश डाला है, वहाँ नवीन उलझनों की भी सृष्टि की है और इन टीकाओं की सहायता से भरत का मंतव्य समझने में उतनी ही कठिनाई उपस्थित हो गई है जितनी शंकर, वल्लभादि, दार्शनिकों के भाष्यों की सहायता से वेदान्त-सूत्रों को समझने में होती है।

भरत का सूत्र है—विभाव, अनुभाव, और व्यभिचारी भावों के संयोग से रस की निष्पत्ति होती है।[67] इसका सीधा अर्थ यह है कि मंच पर नायक नायकादि विभाव, उनकी चेष्टाएँ आदि अनुभाव और नायकादि की प्रधान चित्तवृत्ति (स्थायी भाव) तथा सहायक संचारी चित्तवृत्तियों के अनुकीर्तन से रस की सृष्टि होती है। नाटकादि की रचना करते समय कवि को वर्ण्य विषय और उनके स्थायी-अस्थायी भावों तथा चेष्टादि का वर्णन करना चाहिए ताकि उनका अभिनय मंच पर हो सके। इस प्रकार के अभिनय से रस की सृष्टि हो जाती है। भरत ने भोजन का साधारण और सर्वगम्य उदाहरण प्रस्तुत किया है—

जिस प्रकार नाना व्यंजन औषधादि द्रव्यों के संयोग से भोजन में स्वाद या रस की सृष्टि होती है, उसी प्रकार नाना भावों के संयोग से नाट्यादि में रस की सृष्टि होती हैं।[68] उक्त दृष्टान्त की व्याख्या करते हुए भरत ने कहा है कि द्रव्य का तात्पर्य गुण जैसी वस्तुओं

से हैं और व्यंजन का अर्थ उष-सेवन द्रव्यों से है। ये मधुर, आदि विविध प्रकार के होते हैं। औषधि का अर्थ इमली, गेहूँ, दाल, हल्दी आदि है। इन सबके संयोग से जिस प्रकार रस बनते हैं, उसी प्रकार नाना भावविभावादि से स्थायीभाव रसत्व को प्राप्त हो जाता है।[69]

डॉ. प्रेमस्वरूप गुप्त ने षाडव गान का उल्लेख किया है। उनके अनुसार षाडव शब्द का अर्थ है, एक गान जिसमें षट् स्वरों का सम्मिलन रहता है। षाडव गान के साम्य पर इसे पाक रस के सन्दर्भ में छहों मधुरादि रसों का मिश्रित रूप मानना चाहिए।[70]

सारांश यह कि जिस प्रकार विभिन्न खाद्यान्नों अथवा स्वरों आदि के संयोग से क्रमशः विशेष स्वाद तथा राग उत्पन्न हो जाता है, उसी प्रकार नानाभावादि के संयोग से रस उत्पन्न होता है।

भरत पुनः प्रश्न करते हैं कि अंततः इसे रस क्यों कहा जाता हैं। आस्वाद्य होने के कारण उसे रस कहते हैं। इसका आस्वाद किस प्रकार किया जाता है? जिस प्रकार नाना प्रकार के जल, दधि कांजी आदि व्यंजनों से संस्कृत अन्न को खाने वाले पुरुष, रसों का अस्वाद करते है, उसी प्रकार नाना प्रकार के भावों, अनुभावों और अभिनयों के द्वारा व्यक्त किए गए वाचिक, आंगिक तथा सात्विक अभिनयों से युक्त, स्थायी भावों का सहृदय प्रेक्षक आस्वाद करते हैं और आनन्द आदि को प्राप्त करते हैं। इसलिए वे 'सुमनाः या सहृदय' कहलाते हैं।[71] भरत अपने इस विवेचन के प्रमाण में प्राचीनतर आनुवंश्य श्लोकों को उद्धृत करते है—

यथा ब्रहृद्रव्ययुतैर्व्यज्जनैबंहुभिर्युतम्
आस्वादयन्ति भुन्जाना भक्तं भक्तविदोजनः
भावाभिनयसम्बद्धान् स्थायिभावांस्तथा बुधाः
आस्वादयन्ति मनसा तस्मान्नाट्यरसाः स्मृताः।[72]

अर्थात् जिस प्रकार अनेक द्रव्यों से तथा अनेक प्रकार के उपसेचक द्रव्यों से युक्त भात को, स्वाद से परिचित जन, खाते हुए उसका रसास्वादन करते हैं, उसी प्रकार नाना भावों तथा अभिनयों से सम्बद्ध स्थायी भावों का सहृदय पुरुष मन से आस्वादन करते हैं, इसीलिए वे नाट्य रस कहे जाते हैं।

भरत का सम्पूर्ण बल भाव-अनुभावादि के संयोग पर है, अतः वे व्याख्या की अपेक्षा रखते हैं। भरत ने भाव शब्द का विभावादि के अर्थ में भी प्रयोग किया है, केवल चित्तवृत्ति के अर्थ में नहीं। भरत के अनुसार जिस प्रकार किसी गंध-द्रव्य से कोई स्थान वासित होता है, उसी प्रकार भावों से काव्यार्थ या रस परिव्याप्त हो जाते है।[73] श्लोक उद्धृत करते हुए भरत ने कहा है कि भाव, कवि के अन्तर्गत भाव को वाक् अंग, मुखराग तथा सात्विकों और अभिनय के द्वारा भावित करते हैं।[74] अन्य श्लोक में कहा गया है कि जो नाना अभिनयादि द्वारा रसों का भावन कराते हैं, वे ही भाव कहलाते हैं।[75]

इसका तात्पर्य यह है कि भरत भाव का अर्थ अनुभूति या इमोशन मात्र नहीं करते

अपितु विभाव, अनुभाव, सात्विक भाव, व्यभिचारी भाव, स्थायी आदि सभी भरत के लिए भाव हैं। अभिनव गुप्त ने भाव का जो केवल चित्तवृत्तपरक अर्थ किया है, वह भरत को अभिप्रेत नहीं था। किन्तु फिर भी विभावों और अनुभावों को भाव के भेदों में नहीं गिनाया गया।[76] भरत के विवेचन से यह प्रतीत होता है कि उन्होंने विभावों और भावों को, वासक तत्व मानते हुए भी, रसों से साक्षात् रूप में नहीं, स्थायी तथा संचारी के माध्यम से असाक्षात् रूप में सम्बद्ध किया है।[77] सामान्यतः भावों में विभाव और अनुभाव भी सम्मिलित किए जा सकते हैं किन्तु विशेषतः भावों में स्थायी, संचारी और सात्विकों की ही गणना होनी चाहिए।

इसी प्रकार भरत के अनुसार विभाव ज्ञापक कारण हैं, उत्पादक कारण नहीं।[78] जिनसे वाचिक, आंगिक तथा सात्विक अभिनय का विभावन या ज्ञापन होता है, वे वाक् अंग अभिनयाश्रित बहु अर्थों को ज्ञात कराने वाले विभाव कहलाते हैं।[79] इसी तरह वाचिक् आंगिक, वाचिक, सात्विक अभिनय का अनुभव कराने वाले अनुभाव कहलाते हैं अथवा आनुवश्य श्लोक के आधार पर अभिनेय अर्थों का अनुभव कराने वालों को अनुभाव कह सकते हैं।[80]

सारांश यह कि भरत के पूर्ववर्ती आचार्य तो अभिनेय अर्थों के ज्ञापक को विभाव और अनुभावक को अनुभाव कहते थे जैसा कि आनुवश्य श्लोकों से स्पष्ट है किन्तु भरत केवल अभिनय के ज्ञापक की विभाव और अभिनय के ही अनुभावक को अनुभाव कहते हैं। इस प्रकार भरत नाटक के सन्दर्भ में ही विभाव, अनुभाव शब्दों का प्रयोग करते हैं।

सात्विक भाव तो अनुभावों का ही एक रूप है किन्तु सात्विक भाव मनः प्रभाव होने से आंतरिकता युक्त होते हैं। उनके अभिनय में नट को अनुकार्य के मन की कल्पना करनी पड़ती है। स्वेद, स्तम्भ, अश्रु, वैवर्ण आदि सात्विक अनुभाव के ही विशेष रूप हैं।

स्थायी भावों में रति, हास, क्रोध, भय, आश्चर्य, शोक, ग्लानि और उत्साह की गणना की गई है। भरत इन्हीं पाठ को स्थायी भाव मानते हैं। अभिनव ने कहा है कि उत्पन्न प्राणी इतनी ही वासनाओं से युक्त होता है।[81] व्याभिचारी भावों में 33 भावों की गणना हैं, जिनमें सभी मानसिक स्थितियाँ ही नहीं हैं, कुछ शारीरिक अवस्थाओं को भी गिन लिया गया है। अनुभाव तो भावों के अनुरूप शरीर पर पड़ने वाले प्रभाव ही हैं किन्तु इनमें अन्य उद्दीपक चेष्टाएँ भी सम्मिलित हैं। रस की यही सामग्री है।

रस की मार्क्सवादी व्याख्या—प्रश्न यह है कि विभावानुभाव व्यभिचारि के संयोग से निष्पन्न रस की द्वन्द्वात्मक भौतिकवादी दृष्टि से क्या सार्थकता है?

भरत के षाडव गान या षाडव रस में क्रमश विभिन्न स्वरों या पदार्थों के उचित अनुपात में मिश्रण से रस उत्पन्न होता है। स्थायी भावों से भरत का तात्पर्य अपेक्षाकृत अधिक स्थायी अंतःप्रवृत्तियों से है किन्तु रस की उत्पत्ति में केवल वासनात्मक अंश ही कलागत अनुभव में परिवर्तित नहीं होता अपितु सम्पूर्ण चेतना का ही गुणात्मक परिवर्तन

हो जाता है अर्थात् चिन्तानात्मक, कल्पनात्मक और भावात्मक तीनों स्तर, एक साथ, एक दूसरे पर क्रियावान् होते हुए, कलागत अनुभव अथवा रस में परिणत होकर मर्मस्पर्शी आनन्द दान करते हैं। विभाव राम, दुष्यन्त सीता, शकुंतलादि प्रेक्षकों के नैतिक, ऐतिहासिक, वैचारिक और मनोवृत्ति के धरातल को प्रभावित करते हैं। स्थायी भाव के जागरण में अनेक अन्य मनोवृत्तियों द्वारा भी सहायता ली जाती है और अनुभावादि से रागात्मक स्तर जाग्रत हो जाता है। इस अन्तर्मुख मानसिक स्थिति को मंच पर प्रस्तुत नाट्य-विषय, इतना तीव्र कर देने में सफल हो जाते हैं कि प्रेक्षक दैनिक राग द्वेष भूल कर कलागत अनुभूति के क्षण में, उपयोगिता अनुपयोगिता की वृत्ति से रहित होकर, रसमग्न हो उठता है।

रति, क्रोध, उत्साह, भय, हास, आदि स्थायी भावों की यह रसरूप परिणति पूर्ण चित्त-स्पन्दन के बिना सम्भव नहीं है। रति, क्रोधादि स्थायी भावों का किंचित् वर्णन, रस का आभास प्रस्तुत कर सकता है किन्तु भावविभोरता चिंतनात्मक और भावात्मक अनेक स्तरों की सहायता प्राप्त से हो सकती है। इस प्रकार रस की निष्पत्ति में परस्पर विरोधी मानसिक स्थितियों का समन्वय होता है।[82] मिरच, मधु, लवण, गुड़, शर्करा और खट्टी वस्तुएँ परस्पर विरोधी हैं किन्तु उनके उचित अनुपात में मिश्रण से एक विशिष्ट स्वाद उत्पन्न होता है। इसी प्रकार एक रति को शृंगार रस में परिणत करने लिए क्रोध, भय, दैन्य, अमर्ष, उन्माद, आशंका, त्रास, सुखद दुःखद स्मृतियाँ, चिन्ता आदि अनेक सचारी भावों की सहायता ली जाती है। संयोग शृंगार में विप्रलभ्भ शृंगार इसीलिए अधिक मार्मिक होता है क्योंकि उसमें अधिक भावों का सामंजस्य रहता है। इसी प्रकार उत्साह की पुष्टि के लिए भी क्रोध, भय, रति आदि की सहायता अपेक्षित होती है। करुण, भयानक, रौद्र,वीर, वीभत्स आदि अकोमल समझे जाने वाले रसों में तो यह विरोधी भावों का सामंजस्य स्पष्टतः प्रमाणित होता है, विप्रलभ्भ शृंगार में भी यह सिद्ध होता है किन्तु संयोग शृंगार और अद्भुत तथा हास्य में कुछ कठिनाई प्रतीत हो सकती है। संयोग शृंगार की सर्वथा संघर्षरहित स्थिति में प्रिया की शारीरिक शोभादि ही भावविभोरक हो सकती है। भरत ने कहा भी है कि तरुणों को काम ही प्रिय होता है।[83] शंकुतला-दुष्यन्त, सीता और राम, राधा तथा कृष्णादि के प्रथम परस्पर दर्शन में भी इन प्रेमियों की चित्तदशा संकुल दिखाई पड़ती है। केवल वासना की अंधता तो किसी बर्वर में ही मिल सकती है और पशुजीवन में प्रेमीगण रति का ही चिंतन करते हैं, शृंगार रस का नहीं। जब तक यह न मान लिया जाए कि संयोग की स्थिति में चित्त में केवल वासना रहती है, अन्य आशा-आकांक्षाएँ नहीं, तब तक संयोग शृंगार में भी विरोधों का सामंजस्य सिद्धान्त युक्तियुक्त समझा जाएगा। सखी सम्प्रदाय में नित्य विहारमग्न राधा और कृष्ण भी एक आन्तरिक विकलता से संयुक्त माने गए हैं।[84] इसीलिए संयोग शृंगार में आशंकाओं, बाधाओं, आदि का वर्णन किया गया है। बिना बाधाओं के संयोग का सुख चरम सीमा पर न पहुँच कर मात्र रतितोष होकर रह जाता है और जहाँ किसी सुन्दरी का सामान्य जन तटस्थ दर्शन करके केवल उसी सौन्दर्य-विषय के रूप में देख कर तृप्ति अनुभव करता है, वहाँ भी वह अपने जीवन के अभाव-बोध, अवयव सामंजस्य, गति

तथा जीवन (लाइफ या वाइटैलिटी) आदि को देखकर अथवा प्रकृत्ति के चमत्कार का स्मरण कर मुग्ध होता है।[85] इस संकुल मानसिक स्थिति के नीचे, सूक्ष्म आसक्ति इन सब विरोधी अविरोधी भावनाओं से तीव्र होकर संयोग शृंगार रस में परिणत होती है। अतः संयोग शृंगार भी उक्त सिद्धान्त से बाहर नहीं है।

हास में हमारे मानसिक तनाव का निरेचन होता है किन्तु वहाँ प्रिय और अप्रिय, भद्र और अभद्र, संगत और असंगत परस्पर विरोधी भावों से मन मुक्त नहीं रहता। संन्यासी इसीलिए नहीं हँसते क्योंकि वे असंगति को ही नहीं, संगति को भी मिथ्या समझते हैं। हास्य में सर्वदा कहीं हास्यकर्त्ता का अहंकार सन्तुष्ट होता है कि जिस पर वह हँस रहा है, उससे वह श्रेष्ठ है। हास में भी चेतना सर्वथा अविरोधी स्थिति में नहीं रहती। आश्चर्य में वस्तु, शील वैचित्र्यादि की स्थिति में तो मन अनजाने ही अपनी शक्ति, आकार, गुणादि की दृश्य के साथ तुलना करता है और आश्चर्य से उत्पन्न आनन्द के क्षण में भी एक आतंक का अनुभव करता रहता है अतएव हास और आश्चर्य में भी विरोधी भावों का सामंजस्य ही रहता है।

भरत ने चिन्तनात्मक पक्ष पर बल नहीं दिया, किन्तु विभावादि को कारण मानने का अर्थ ही यह है कि हमारा नैतिक, बौद्धिक पक्ष हमारी आसक्तियों के साथ संयुक्त रहता है। सभ्यता के विकास का यही फल है कि हम कोरी वासनाओं से रस नहीं पा सकते।[86] काव्य, अभिनयादि के कारण हम समझते यही हैं कि हमें रति, उत्साह आदि मूल वासनाओं का ही आनन्द मिल रहा है और कला के इस आनन्द में कहीं कोई उपयोगिता का भाव नहीं है।[87] इसी प्रकार हम यह भी समझने लगते हैं कि चिन्तनात्मक मानसिक पक्ष का रस में कोई योगदान नहीं है। भरत के सूत्र से ही यह स्पष्ट है कि विभावादि के बिना रस की निष्पत्ति नहीं हो सकती। यह कारण-कार्य बोध तार्किक पद्धति पर उपस्थित नहीं होता पर फिर भी वह हमारी चिन्तनात्मक भूमि को प्रभावित करके ही वासना को रस में बदल सकता है। मंच पर प्रस्तुत विभावादि मानव मूल्यों, विचारों, जातीय संस्कारों आदि के पुन्जीभूत रूप होते हैं अतः तार्किक पद्धति की अंशतः सुषुप्ति हो जाने पर भी, चिंतनात्मक आयाम जाग्रत रहता है। यह चिंतनात्मक पक्ष ही रागात्मक आन्दोलन के समय एक आदर्श से भाव को संयुक्त किए रहता है। रस की स्थिति में, चित्त के धरातल को परिप्रेक्ष्य और सामाजिक प्रयोजन देकर वासना का शोधन करता हुआ, कला रस की सृष्टि में सहायक होता है। अतएव भरत के रस सूत्र से यह स्पष्ट है कि वह विरोधों के सामंजस्य के सिद्धान्त का अज्ञात रूपेण प्रतिष्ठापक है और इसीलिए वह कलागत अनुभव की संकुल स्थिति की सफलतापूर्वक व्याख्या कर सका है।

यह सत्य है कि भरत के रस निष्पत्ति के सिद्धान्त में स्थायी भावों के विकास पर ध्यान नहीं है। मानव मन में अनुभूति किस प्रकार उत्पन्न होती है, इस विषय में स्वतन्त्र आलोचना की आवश्यकता थी। वासनाओं की निराकार रूप में कल्पना करके उनके लिए चिरन्तनत्व की माँग सर्वथा निरर्थक है।[88] रति, शोक, भय आदि की अमूर्त्त सत्ता नहीं है,

प्रत्येक समाज के क्रम विकास में इन भावों का रूपान्तरण होता जा रहा है।[89] यह मानना पड़ेगा कि रस निष्पत्ति के सिद्धान्त की द्वन्द्वात्मक भौतिकवाद की दृष्टि से भी सार्थकता है। रसानुभूति के अंतर्गत यह जो 'परस्य न परस्येति, ममेति न ममेति च'—अन्य की अनुभूति है, नहीं भी है, मेरी है, मेरी नहीं भी है, ऐसा भाव विद्यमान है, इस द्वन्द्वात्मकता को, इस आत्म विरोध को, द्रष्टादृश्य की भिन्नता के बावजूद जो एकात्मकता है, उसको, साधारण तर्कयुक्ति के द्वारा नहीं समझाया जा सकता। असल में गतिशील, परिवर्तनशील वस्तु मात्र के अन्दर यह द्वन्द्वात्मकता और अन्तर्विरोध विद्यमान है। गतिशील, वस्तु किसी भी मुहूर्त्त में है भी और नहीं भी, यह परस्पर विरुद्ध व्यापार साधारण युक्ति के लिए अगम्य होने पर भी, वास्तव सत्य के क्षेत्र में, इससे साधारण और प्राकृत व्यापार सम्भवतः और कुछ भी नहीं है...भाव के क्षेत्र में भी यदि भाव के द्वान्द्विक स्वरूप को मान लिया जाता तो रस निष्पत्ति को लेकर इतने तर्कों की कोई आवश्यकता नहीं होती।[90] महेशचन्द्र राय ने रस के व्यक्तिगत और बंधनमुक्त असीम सार्वभौमिक रूपों में जो द्वन्द्व है, उसी की व्याख्या की है किन्तु विभावानुभाव व्यभिचारी के संयोग से जो रस निष्पत्ति होती है, उसकी द्वन्द्वात्मक व्याख्या नहीं की है फिर भी उन्हें भाव के व्यक्तिगत और देशकाल बन्धनमुक्त सार्वजनीन भाव में द्वन्द्वात्मक स्थिति स्वीकार करनी पड़ी है और इससे भरत के रस सिद्धान्त की एक सीमा तक भौतिकवादी सार्थकता अवश्य प्रकट हुई है। उन्होंने यह भी स्पष्ट कहा है कि किसी भी काव्य साहित्य के अन्दर हम लोग अपने रागात्मक जीवन का ही कुछ साधारणीकृत भावों के रूप में आस्वादन करते हैं, हमारे आलंकारिकों के इस सिद्धान्त को भुला देने का कोई कारण नहीं है।[91]

रसों की गणना—भरत ने चार रसों को प्रमुख माना है—शृंगार, रौद्र, वीर और वीभत्स। इनमें शृंगार से हास्य की, रौद्र से करुणा की, वीर से अद्भुत की और वीभत्स से भयानक की उत्पत्ति होती है।[92] यह देखकर आश्चर्य नहीं होना चाहिए कि भरत ने वाल्मीकि के सदृश करुणा को उतना महत्व नहीं दिया। भवभूति को छोड़ कर अन्य परवर्ती आचार्य और कवियों ने भी शृंगार को ही सर्वाधिक महत्व दिया है। यहाँ स्पष्टतः उच्चवर्गीय रुचि अथवा जनता के प्रति व्यापक प्रेम का अभाव है। भरत भी इस सर्वभावसंयुक्त शृंगार को अधिक महत्व देते हैं और उनके शृंगार का विषय भी समृद्ध वर्ग ही है।

भरत ने उक्त चार रसों की प्रमुखता और अन्य चार रसों की उन्हीं प्रमुख रसों से उत्पत्ति इस प्रकार प्रदर्शित की है जैसे ये रस सर्वदा समाज-निरपेक्ष हों, यद्यपि रस उत्पत्ति के प्रसंग में भरत मनोवैज्ञानिक अन्तर्दृष्टि का अवश्य परिचय देते हैं। उनके अनुसार शृंगार की अनुकृति का नाम ही हास्य है।[93] इसकी व्याख्या करते हुए अभिनव ने कहा है कि शृंगाराभास से हास्य की सृष्टि होती है। शृंगाराभास में असामाजिक प्रेम का वर्णन होता है, यथा रावण का सीता के प्रति प्रेम। इसी प्रकार आयु, स्थिति, प्रकृति आदि का ध्यान न रख कर शृंगाराभास बन कर हास्य को जन्म देता है।[94] भरत ने हास्य को केवल शृंगार

की अनुकृति ही कह दिया है किन्तु हास्य को अभिनवगुप्त ने कुछ अधिक व्यापकता दी हैं। वह सभी रसों से हास्य की सृष्टि होती हैं।[95] किन्तु हास्य सर्वत्र रसाभास रूप ही नहीं होता, निर्मल और निरीह हास्य भी होता है। हास्य रस ही उत्पत्ति में भरत ने सामाजिक मर्यादा का अवश्य ध्यान रखा है, उदाहरणतः उत्तम प्रकृति के युवा जनों में शास्त्रनुमोदित प्रेम तो शृंगार को जन्म देता है और अनुचित प्रेम हास्य रस का किन्तु हास्य का समाज में जो संशोधक मूल्य (करैक्टिव वैल्यू) होता है, उस और ध्यान न देने से हास्य को भरत के पश्चात् भी अधिक महत्व नहीं मिला। उसे विदूषकों की अभद्र चेष्टाओं और विकृत भूषादि तक ही सीमित कर दिया गया। वस्तुतः इसका कारण कामशास्त्र में वर्णित नागरिक सभ्यता का भरत पर प्रभाव था।

इस प्रकार वाल्मीकि ने क्रौंच वध से प्रेरित होकर जिस लोक प्रेम का परिचय दिया है, उस लोक पीड़ा का, उस मात्रा में, भरत के रसवर्णन की पृष्ठभूमि में अभाव दिखाई पड़ता है। भरत विनाशकारी रौद्र से करुणा की उत्पत्ति बता कर [96] इस मनोवैज्ञानिकता का अवश्य परिचय देते हैं कि वस्तु, व्यक्ति, आदि का विनाश क्रोध द्वारा होता है, जिसका परिणाम शोक है। शोक को देख कर भी क्रोध उत्पन्न हो सकता है। राम के क्रोध का कारण राक्षसों द्वारा लोकपीड़न ही था। अभिनवगुप्त ने भी रौद्र से करुणा की उत्पत्ति के उदाहरण में जनवाद का परिचय नहीं दिया। उनके अनुसार 'वेणीसंहार' नाटक में भीमसेन द्वारा दुःशासनवध के अनन्तर भीम में रौद्र और दुर्योधनादि कौरवों में करुणा का जन्म दिखाया गया है।[97] अभिनव ने तो एक रस से अनेक की उत्पत्ति दिखाई है किन्तु करुणा जैसे रस का व्यापक जनसहानुभूति से कोई सम्बन्ध है—यह नहीं दिखाया गया। सामन्ती काव्य-शास्त्र की यह सीमा है। भवभूति का ध्यान करुणा की ओर अवश्य गया था।

नाट्य शास्त्र में वीर से अद्भुत की उत्पत्ति बताई गई है, क्योंकि वीर का कार्य आश्चर्यजनक होता है।[98] अद्भुत की सृष्टि वस्तुतः उदात्त (सबलाइम) की सृष्टि है। भरत के कथन से भी यही संकेतित है किन्तु उसकी व्याख्या न भरत ने की है और न परवर्ती टीकाकारों ने। अतः अद्भुत को भी नाटक के अंतर्गत ही प्रस्तुत करने के लिए संक्षिप्ततः वर्णित कर दिया गया है। वीभत्स से भयानक की उत्पत्ति स्वाभाविक ही है,[99] अभिनव ने इन दोनों का सहभाव भी स्वीकार किया है।

अभिनवगुप्त ने चार रसों को प्रमुख मानने का यह हेतु भी दिया है कि ये पुरुषार्थ चतुष्टय के कारण हैं। शृंगार से काम, रौद्र और वीर से धर्म तथा अर्थ की प्राप्ति और वीभत्स वैराग्यपरक होने के कारण मोक्ष-प्राप्ति का कारण हो सकता है। इस प्रकार रसों की उत्पत्ति और गणना भी सोद्देश्य है, तात्कालिक आदर्शों के अनुरूप है किन्तु फिर भी करुण को गौण स्थान देकर भरत वाल्मीकि परम्परा का पूर्ण पालन नहीं करते।

अध्यात्मवाद का अभाव—भरत ने रस-प्रक्रिया में उपनिषद् के 'रसो वै सः' से प्रेरणा लेकर न तो रस की अध्यात्मवादी आनन्दपरक व्याख्या की है और न रसों की गणना

में शान्त रस को स्वीकार किया है। भरत सम्भवतः शान्त रस को नाट्यमंच के लिए अनुपयुक्त मानते थे। दशरूपककार धनंजय और धनिक भी शान्त रस को नाट्य विरुद्ध मानते हैं। शान्त रस में केवल कतिपय वैराग्य-प्रधान वृत्ति वाले जन ही आनन्द ले सकते हैं, तभी भरत ने उसे रस नहीं माना। व्यक्तिचारी भाव के रूप में रसों की निष्पत्ति में निर्वेद का प्रयोग अवश्य हो सकता है। भरत सर्वत्र लोकरुचि, तात्कालिक सामाजिक आदर्श और लोक मनोविज्ञान के स्तर पर ही चिंतन करते प्रतीत होते हैं।

रसों का दैवीकरण और उसका मनोवैज्ञानिक आधार—नाटक की स्वीकृति के लिए रसों का देवताओं से सम्बन्ध जोड़ना आवश्यक था। इसके साथ ही देवताओं के चयन सौन्दर्य-बोध का भी परिचय दिया गया है। अभिनव का कथन है कि देवताओं का निर्देश इसलिए है कि रससिद्धि के लिए उस रस के देवता का पूजन हो सके, इस प्रकार रस-निर्वचन को हिन्दू पौराणिकता से सम्बद्ध कर दिया गया है।

शृंगार का देवता विष्णु, हास्य के देवता रुद्रगण, रौद्र का देवता रुद्र, करुणा का देवता यम, वीभत्स का महाकाल, वीर का इन्द्र, अद्‌भुत का ब्रह्मा और भयानक का देवता काल है।[100] अभिनवगुप्त के अनुसार विष्णु का अर्थ कामदेव है।[101]

जिस प्रकार मूर्त्ति के निर्माण के लिए देवता का ध्यान आवश्यक है और जिस प्रकार प्रथम कल्पना में देवताकारामूर्त्ति के साक्षात्कार के बिना, स्थूल मूर्त्ति का निर्माण सम्भव नहीं है, उसी प्रकार रस के देवता का ध्यान (विजन) आवश्यक है। विष्णु या कामदेव के स्वरूप, क्रिया, प्रभाव आदि के ध्यान से, रस वर्णन और रस प्रदर्शन में सुविधा हो जाती है। इसी प्रकार रुद्रों के गणों की अटपटी चेष्टाओं के ध्यान से उसी प्रकार की चेष्टाओं का वर्णन सहज है। इन्द्र की वीरता, रुद्र का सृष्टि संहार, यम द्वारा प्राणियों की मृत्यु तथा ब्रह्मा द्वारा अद्‌भुत ब्रह्माण्ड का निर्माण, पुराणादि में, अनेक कथाओं द्वारा वर्णित होते हैं। देवताओं की इन क्रियाओं, मुद्राओं, वाणी के रूपों आदि का मानसिक साक्षात्कार कलाकार को प्रवीणता देता है। रसों के दैवीकरण द्वारा भरत कला प्रक्रिया को भी उद्‌घाटित कर देते हैं।

देवताओं के प्रयत्न लोक-कल्याण के लिए ही होते हैं, अतएव रसों के द्वारा भी, लोकमंगल ही होता है, यह भी यहाँ संकेतित है। विष्णु का प्रेम लोक-मर्यादा के अनुकूल होता है, रुद्र और यम द्वारा विनाश लोकरक्षण के लिए ही होता है, ब्रह्मा द्वारा ब्रह्माण्ड की रचना महान उद्‌देश्य से प्रेरित है, इसी प्रकार रसों के वर्णन में नायकों को उदात्त बना कर भरत ने हिन्दू नैतिकता को भी रसों के साथ सम्बद्ध कर दिया है।

रसों के लक्षण और उनकी सीमाएँ—रतिरूप स्थायी भाव से उत्पन्न उज्ज्वलवेषात्मक रस शृंगार रस होता है।[102] जगत् में जो कुछ पवित्र, उज्ज्वल और दर्शनीय है, उसकी शृंगार के साथ उपमा दी जाती है। कहा जाता है कि जो उज्ज्वलवेषी होता है, वह शृंगारवान् होता है। अभिनव ने इसे उपचार मान कर, शृंगार को आस्वादात्मक मान कर अर्थ किया है

किन्तु भरत का यह अभिप्राय है कि अच्छे वस्त्र पहनने वाले, सुरुचि प्रधान रसीले स्वभाव के लोगों में शृंगार होता है। भरत नाटक में 'उत्तमयुवप्रकृति' के व्यक्तियों को ही शृंगार का विषय बनाना उचित समझते हैं।[103] अभिनव ने इसका अर्थ किया है कि सुरत-क्रीड़ा रति कहलाती है और वह कामियों में होती है क्योंकि उन्हीं में (सम्भोग द्वारा) सुख को धारा की विश्रान्ति होती है।[104] सामाजिक इसी को मानसिक अनुभव द्वारा अनुभूत करते हैं। यह जो रति की अनुभूति है, वहीं शृंगार रस है।

अभिनव का तात्पर्य है कि शृंगार का उज्ज्वल वेषादि से साक्षात् सम्बन्ध नहीं है, रति ही शृंगार का प्राण है। शंकुक ने शंका की थी कि पुरुरवा के उन्मादकाल में वत्सराज के तापसत्व-काल में, विप्रलम्भ शृंगार में अनुज्ज्वल वेष ही वर्णित है, तब भरत द्वारा उज्ज्वल वेष का नियम अशुद्ध है। अभिनव ने शृंगार को, रति का आस्वाद-रूप सिद्ध कर, शृंगार की सार्वजनिकता सिद्ध कर दी है किन्तु भरत के नाट्य शास्त्र में कामशास्त्र के प्रभाव से, शृंगार रस के विषय उत्तम-प्रकृति के उच्चवर्गीय समृद्धजन ही बनते थे। उसी प्रवृत्ति के कारण भरत ने उच्च नागरिक रुचि और समृद्ध वेषभूषादि का उल्लेख किया है। भरत के शृंगार रस का सम्बन्ध अवश्य उच्च वर्गों से है, यह उसकी सीमा है। शृंगार के सम्भोग रूप में वर्णित सामग्री से भी यही तथ्य प्रमाणित होता है। सम्भोग शृंगार की निष्पति के लिए ऋतु, माल्य, सुगंधित अंगराग, अलंकार, प्रियजन-गीत, सुन्दर भवन, उपवन गमन आदि मंच पर वर्णनीय और प्रदर्शनीय हैं। भरत भी रस को सवर्था सर्गभावरहित रूप में प्रस्तुत करने पर बल देते हैं, जिससे सभी जन उसमें आनन्द ले सकें अतएव साधनों के अभाव वर्णन से, रस में बाधा पड़ने के भय के कारण, भरत का शृंगार रस साधन-सम्पन्नवर्ग-भाव से युक्त हो गया है। साधनहीनों को यह उपदेश दिया गया है कि उन्हें राग-द्वेष रहित होकर देखना चाहिए और तात्कालिक समाज में वर्ग-संघर्ष के विरुद्ध शास्त्रों का उपदेश होते रहने के कारण शोषित वर्ग, ईर्ष्या का अनुभव नहीं करते थे।

इसके अतिरिक्त, अभिनव के अनुसार भोग-साधनों के बिना उत्तम प्रकृति में रति का उदय नहीं हो सकता।[105] इसीलिए नाटककार प्रायः राजभवनों को ही शृंगार का विषय बनाते थे। अभिनव ने इसके उदाहरण में रत्नावली नाटिका के राजभवन वर्णन को उद्धृत किया है। शत्रुरहित राज्य हो, योगंधरायण जैसा मंत्री हो, वासवदता सी रानी हो और उदयन जैसा रसमय स्वभाव हो, शृंगार का यही विषय है। संघर्ष के मध्य विकसित प्रेम का वर्णन भी एक बधी बंधाई परिपाटी पर प्रतीत होता है।

अभिनव गुप्त ने भोग सामग्री की अनिवार्यता का सर्मथन इस आधार पर किया है कि रूपकों में प्रायः ऐश्वर्य-सम्पन्न राजा आदि ही नायक होते हैं। अतएव उद्दीपन और आलम्बन के अंतर्गत अलग-अलग विषय-सामग्री वर्णित है। तात्पर्य यह कि भरत के नाटकों का सम्भोग शृंगार नाट्य के लिए ही है किन्तु प्रेम में अनेकानेक परिस्थितियाँ और आकर्षण के अनेक रूप होते हैं। भरत द्वारा वर्णित शृंगार में इनके लिए विशेष स्थान नहीं हैं, यह भरत के शृंगार की दूसरी सीमा है।

नाट्य शास्त्र में आलस्य, उग्रता और जुगुप्सा को छोड़ कर शेष तीस भाव शृंगार रस के व्यभिचारी भाव माने गए हैं। इनमें वीभत्सात्मक होने से जुगुप्सा निश्चित रूप से रति विरोधी होती है किन्तु आलस्य और उग्रता के निषेध में, अभिनव के अनुसार, आलस्य मात्र का नहीं प्रमादादि विषयक आलस्य का ही निषेध किया गया है। उग्रता का निषेध सम्भवतः उत्तम-प्रकृति के विरुद्ध होने के कारण किया गया है। यह सब निषेध भी वस्तुतः नाटक की दृष्टि से ही है अन्यथा आधुनिक उपन्यासों में श्मशान पर भी प्रेम का वर्णन हो सकता है। आधुनिक साहित्य में साधारण अनुभूतियों की विशेषता है और सामान्य जनता में तो प्रेम की प्रगाढ़ता प्रायः उग्र वचनों द्वारा ही प्रकट की जाती है। अतः यह निषेध भी तात्कालिक ही है। स्वयं कालिदास द्वारा वर्णिन राम-सीता की लंका से अयोध्या की पुष्पक यात्रा में संयोग और वियोग की मिश्रित अनुभूति अभिव्यक्त हुई है, यह स्वयं अभिनव गुप्त द्वारा भी स्वीकार किया है।[106]

भरत ने अत्यन्त विरोधी भावों से किसी स्थायी भाव की पुष्टि का प्रश्न उठाया है। रति प्रभावित शृंगार में करुणा रस के आश्रित निर्वेदादि भावों का उपयोग कैसे होता है? इसका उत्तर यह है कि विप्रलम्भ शृंगार में इनका उपयोग हो सकता है और भरत इसके प्रमाण के लिए वेश्या शास्त्र या कामशास्त्र के निर्माता वात्स्यायन को उद्धृत करते हैं।[107] इस प्रकार कामशास्त्र की दशावस्थाएँ भरत ने यथावत् स्वीकार की हैं भरत के नायक-नायिका भेद पर भी कामशास्त्र का प्रभाव दिखाई पड़ता है, यह भी भरत की सीमा है।

शृंगार के लक्षण में भरत ने यह भी कहा है कि सुखमय इष्ट सामग्री से सम्पन्न, ऋतु, माल्य और पुरुष-प्रमदा से युक्त यह शृंगार रस होता है क्योंकि भरत के योग शृंगार में बहु प्रेमिकावाद स्वीकृत था जो स्पष्टतः सामंती व्यवस्था के उच्च वर्ग की विशेषता थी। अभिनवगुप्त ने उसका औचित्य पुरुष की भौक्ता और स्त्री को भोग्या बता कर प्रमाणित किया है। पुरुष के प्रधान होने से वह स्त्री के अधीन नहीं होता है। दूसरी नायिका के साथ उसका सम्बन्ध होने पर भी शृंगार की हानि नहीं होती अर्थात् पुरुष बहुस्त्रीगामी होने पर भी उत्तम प्रकृति का बना रहता है।[108] तात्कालिक समाज के मानवीय सम्बन्ध और उनके आधार पर आधारित नैतिकता काव्यशास्त्र में प्रतिबिम्बित होती है, यह भरत के शृंगार वर्णन से स्पष्ट है, अतः भरत का शृंगार शाश्वत नहीं माना जा सकता है। रति के वर्णन में मानवीय सम्बन्धों का सन्दर्भ अनिवार्य है और वह सर्वदा सामाजिक व्यवस्था के अनुरूप होता है।

भरत ने हास्य को हास-स्थायिभावात्मक कहा है। शृंगार और करुणा को छोड़ कर अन्य रसों को भी भरत स्थायिभावात्मक ही कहते हैं। शृंगार और करुणा को क्रमशः रतिप्रभवः और शोकप्रभवः कहा गया है। अभिनवगुप्त ने उसकी गम्भीर अन्तर्दृष्टिपरक व्याख्या की है। उनके अनुसार रति और शोक के विभाव असाधारण होते हैं। रति के विभाव को लोक में देखने से लज्जा ईर्ष्यादि और मंच पर देखने से सुख प्राप्त होता है। अतः रति के विभाव की असाधारणता सिद्ध है। इसी प्रकार लोक में प्रियजन की मृत्यु

या बंधनादि शोक उत्पन्न करने वाले और मंच पर दुःख उत्पन्न करने वाले होते है। अतः शोक के विभाव भी असाधारण हैं किन्तु हास, भयानक, आश्चर्य, वीर आदि रसों में जैसा लोक में अनुभव होता है, वैसा ही मंच पर होता है। अतः हास से हास्य, भयानक से भय, उत्साह (वीर) से उत्साह की सृष्टि होती है किन्तु रति और शोक के प्रदर्शन से क्रमशः सुख और दुःख की सृष्टि होती है। इस प्रकार भरत ने शृंगार और करुणा को स्थायिभावात्मक न कह कर क्रमशः रतिप्रभवः और शोकप्रभवः कहा है। यह व्याख्या अत्यधिक मनोवैज्ञानिक और उपयोगी है किन्तु भरत ने उक्त विशिष्ट प्रयोगों की स्वयं कहीं व्याख्या नहीं की है। अभिनव की उक्त व्याख्या उपयोगी होने पर भी विवादास्पद है।

भरत का हास्य रस विदूषकों द्वारा प्रस्तुत हास्य रस है, उसमें आधुनिक साहित्य के हास्य रस जैसी व्यापकता नहीं है। उसमें विकृत वेष, अटपटे अलंकार, धृष्टता, लोभ, असत्य, प्रलाप, व्यंग्य दर्शन, दोष-उदाहरण, कुहुक या हँसाने के लिए बगल, गर्दन के स्पर्श आदि पर ही बल दिया गया है।[109] व्यंग्य का अर्थ अभिनव ने नकटापन आदि रूप अंगहीनता किया है किन्तु यदि व्यंग्य का अर्थ 'सैटायर' लिया जाय तो हास्य का क्षेत्र अधिक व्यापक हो सकता है। भरत द्वारा होठ, नाक, गालों के फाड़ने आँखों के फैलाने, बंद करने, प्रस्वेद, मुख की लालिमा, पेट पकड़ने[110] आदि चेष्टाओं द्वारा अभिनवगुप्त के विधान से हास्य रस पर दरबारी संस्कृति का प्रभाव स्पष्ट दिखाई पड़ता है। यह इसलिए प्रमाणित होता है कि हास्य का सम्बन्ध स्त्री और नीच पुरुष आदि से जोड़ दिया गया है।[111] अभिनव ने जो उत्तम का स्थायी प्रेमयुक्त और अधम का अर्थ अनैतिक किया था, वह भरत को भी स्वीकृत था, यह नहीं प्रतीत होता क्योंकि भरत द्वारा ये शब्द वस्तुतः उच्च वर्ग और निम्न वर्ग के अर्थ में प्रयुक्त किए गए है। हास्य के छः भेदों से यह तथ्य स्पष्ट है। स्मित और हसित उत्तम प्रकृति के लिए, विहसित और उपहसित मध्यम प्रकृति के लिए तथा अपहसित और अतिहसित अधम प्रकृति के लिए निश्चित है। बड़े लोग गम्भीरता के साथ थोड़ा मुस्करा भर दें, उनके लिए यही शोभाजनक है, नीच लोग और स्त्रियाँ अट्टहास कर सकतीं हैं। यह शुद्ध कुलीन दृष्टिकोण है।

भरत ने करुण रस को शोकप्रभव अवश्य कहा है और अनुभावों और उत्पादक परिस्थितियों का विवरण भर दे दिया है।[112] करुण रस के प्रभाव अथवा उसकी अनुभूति के स्वरूप की कोई चर्चा नाट्य शास्त्र में नहीं मिलती है। इसी प्रकार रौद्र रस के वर्णन में भी यही प्रवृत्ति है। अभिनवगुप्त ने रौद्र रस का आस्वादन भी आनंदमय न मान कर क्रोधमय माना है। रूपकों में भरत लोकद्वेषी पात्रों को ही क्रोध का विषय बनाते हैं ताकि लोक नीति के रक्षक पात्रों के साथ प्रेषकों का तादात्म्य हो सके। अभिनव ने भास को उद्धृत कर यह सिद्ध किया है कि कलियुग में यदि लोग रावण को पा जाएँ तो उसके तिल भर के टुकड़े कर डालने पर भी तृप्त न हों।[113]

वीर रस को उत्तम प्रकृति के उत्साह से युक्त माना गया है। ऐसे उत्साह की उत्पत्ति भ्रमादि के अभाव, अध्यवसाय, नीति, विनय, पराक्रम सामर्थ्य, प्रताप और प्रभावादि से

होती है। अभिनव ने रामचन्द्र जैसे पात्रों को वीर रस के उपयुक्त माना है। इसी प्रकार भयानक रस भयस्थायिभावात्मक होता है। विकृत शव, भूत प्रेतादि के दर्शन, युद्ध, वन शून्य स्थानादि से भय उत्पन्न होता है। इसी प्रकार वीभत्स में घृणित पदार्थों को वीभत्स का विभाव बता कर विवरण दिया गया है। अद्‌भुत रस के विवरण में भी कोई विशेष बात नहीं है।

अभिनव का यह कथन सत्य है कि रसों का वर्णन अभिनय की शिक्षा देने के लिए है।[114] अतः काव्य में इनके प्रयोग के लिए भरत के विवरण का अंधानुकरण युक्तिसंगत नहीं है, हाँ पुरानी परिपाटी के लेखकों के लिए यह शिक्षा उपयोगी थी।

प्रेक्षक अथवा पाठक—भरत का रसनिर्वचन प्रमुखतः अनुकर्त्ता को अभिनय की शिक्षा देने के लिए है, अभिनव के अनुसार वह नट और कवि दोनों के लिए है।[115] सहृदय पर पड़ने वाले प्रभाव अथवा उसकी अनुभूतियों का परवर्ती आचार्यों ने ही वर्णन किया है फिर भी भरत ने सहृदयों की योग्यतादि का विवरण प्रस्तुत किया है। सहृदय, पात्रों की विभिन्न मानसिक स्थितियों के साथ तादात्म्य करते हैं, वे तुष्टि में सन्तुष्ट और शोक में शोकग्रस्त हो उठते हैं। जिनमें यह द्रव्ण शीलता होती है, केवल उन्हीं को प्रेक्षक कहा जा सकता है।[116] इससे यह स्पष्ट हो जाता है कि प्रेक्षक अभिनीत अथवा काव्य में पठित भावनाओं में निमग्न हो उठते हैं और इससे उन्हें तुष्टि प्राप्त होती है। यह तुष्टि भावनिमग्नता से ही प्राप्त होती है और इस भाव विभोरता की सृष्टि के लिए ही नाटक का आयोजन किया जाता है।

प्रेक्षकों का रुचिभेद—सभी प्रकार के रूपकों में, सर्व जनों को एक सी तुष्टि प्राप्त नहीं होती, अतः नाटक में नाना शील या चरित्र वैविध्य का प्रदर्शन होता है। तरुण काम में, विदग्ध गम्भीर तत्व चर्चा में, अर्थकामी अर्थ में और वैरागी मोक्ष के प्रसंगों में अधिक सन्तुष्ट होते हैं। इसी प्रकार वीर रौद्रादि में, वृद्ध धर्म-पुराणादि के अभिनय में तुष्ट होते हैं।[117] बालक, मूर्ख, स्त्रियाँ हास्य को अधिक पसन्द कर पाते हैं।[118] भरत ने यह भी कहा है कि अधम प्रेक्षक उत्तमों की चेष्टाओं को पसन्द करने में असमर्थ रहते हैं और बुद्धिमान सभी प्रसंगों में रसमग्न हो सकते हैं।[119]

यह रुचिभेद क्या रस की सार्वजनिकता में बाधक नहीं होता? भरत के अनुसार इसका उत्तर यह है कि श्रेष्ठ प्रेक्षक वही है जो क्रोध के अभिनय में क्रुद्ध और भय के अभिनय में भयभीत हो सके।[120] अतः श्रेष्ठ प्रेक्षक की दृष्टि से रस अवश्य सार्वजनिक है किन्तु भरत के विवरण से यह अवश्य प्रतीत होता है कि सभी प्रेक्षकों में श्रेष्ठता सम्भव न होने और एक ही परिषद् में अनेक प्रकार के प्रेक्षकों के होने से उनका रसग्रहण स्वरूप की दृष्टि से एक और मात्रा की दृष्टि से अनेक रूप होता है। कोई अधिक भावविभोर होता है तो कोई कम। भरत ने प्रेक्षकों के अनेक गुण गिनाए हैं। सभी प्रेक्षक चरित्रवान्,

शांत चित्त, यशोधर्मपरायण, तटस्थ, मध्य अवस्थावान्, नाट्यकुशल, प्रबुद्ध, शुचि, तत्वदर्शी, नाट्य विधियों में प्रवीण, देशभाषाविद्, कलाशिल्पप्रयोजक, रसभावविकल्पक, शब्दछन्द-विधानज्ञ तथा नानाशास्त्र विलक्षण नहीं हो सकते।[121] रुचिभेद और रसग्रहण में सभी की भावविभोरता एक सदृश न होने का कारण यही है। वस्तुतः भरत के अनुसार रस की सार्वजनिकता भी निरपेक्ष नहीं है, उसमें विभिन्न वर्गों, स्वभावों, शिक्षा, संस्कारों आदि की भिन्नता के कारण रसग्रहण क्षमता और रसग्रहण मात्रा में अन्तर माना गया है। परवर्ती काव्यशास्त्र में रस के आनन्द को निरपेक्ष रूप में अधिक वर्णित किया गया है।

इसके सिवा भरत रस से तुष्टि की प्राप्ति पर ही अधिक बल देते हैं किन्तु परवर्ती काव्यशास्त्र में जिस प्रकार के 'ब्रह्मानन्द सहोदर' रस का वर्णन है, वह भरत में अप्राप्य है। तुष्टि तो शोक में शोकयुक्त होने से भी हो सकती है, क्रोध में क्रुद्ध होने पर भी मन तुष्ट हो सकता है। क्योंकि शोक और क्रोध, कला के क्षेत्र में, लौकिक शोकक्रोधादि से भिन्न होता ही है। अभिनव ने करुणा से आनन्द की सृष्टि को नहीं स्वीकार किया है। भरत स्पष्टतः इस प्रकार के किसी मत का प्रवर्तन नहीं करते पर वह यह अवश्य कहते हैं कि शोक में शोकयुक्त, क्रोध के अभिनय में क्रोधयुक्त, हास्य में हास्ययुक्त, काम में कामयुक्त हो सकने की सामर्थ्य से युक्त चेतना ही कला से तुष्ट हो सकती है। भरत इस प्रश्न का कोई उत्तर नहीं देते कि जब शोक के अभिनय से दुःख मिलता है तो लोग नाटक देखने क्यों जाते हैं? भरत लोक मनोवृत्ति और लोकाचरण को ही सबसे बड़ा प्रमाण मानते हैं। जब प्रेक्षक नाटकादि देखने जाते ही हैं और शोक, क्रोध, आदि भयादि के प्रसंगों में तदनुरूप जाग्रत अपने भावों में निमग्न होते ही हैं, तब यह मानना ही होगा कि प्रेक्षकों का नाटक से मनोविनोद अवश्य होता है। यह मनोविनोद रति, हास्य से सुखात्मक और शोक के अभिनय से दुःखात्मक होता है या नहीं, इस बिन्दु पर भरत ने स्पष्टतः कुछ नहीं कहा है। परवर्ती मनमानी व्याख्याओं का कारण यही है। भरत का दृष्टिकोण नाट्यपरक और व्यावहारिक ज्ञान पर आधारित था। उनके लिए इतना कथन ही पर्याप्त था कि शोक, क्रोधादि स्थायी मनोवृत्तियों की विभावादि से पुष्टि होने पर प्रेक्षक सन्तुष्ट होते हैं। यहाँ तक उनका रसवाद लोक प्रमाण पर आधारित होने के कारण प्रामाणिक है। निश्चित रूप से शोक, क्रोध, रत्यादि का अभिनय भाव-विभोरक होता है, पर ऐसा क्यों होता है, किस मात्रा में होता है, सहृदय अपने भावों का आस्वादन करता है या अनुकार्यों का? अनुकर्ता नट की मानसिक स्थिति क्या रहती है? आदि प्रश्नों का समाधान भरत में नहीं मिलता।

रस के उत्पादन के लिए ही वस्तु और पात्रों का विधान—भरत के लिए रस ही अभीष्ट है। अतः योरोपीय नाटकों के विपरीत भारतीय नाटकों में चरित्र के अन्तर्द्वन्द्व, देवता-कोप, उदात्त चरित्र की किसी भूल से दुःखान्तपरक अन्त, और वस्तु का दुःखान्त को ध्यान में रख कर विभाजन नहीं मिलता। यह दो जातियों के जीवन दर्शन का अन्तर नहीं है, दो भिन्न सामाजिक व्यवस्थाओं और उसकी रक्षा और रंजन के लिए व्यवस्था के

अनुरूप ही उत्पन्न दो जीवन दृष्टियों का प्रतिफल है। भारतवर्ष के प्राचीन समाज में वर्ण व्यवस्था, कर्मवाद, पुनर्जन्मवाद के कारण विरोध (कान्फिलिक्ट) पर ध्यान रख कर नाटकादि की रचना का कोई प्रश्न ही नहीं था। स्मृतियों, पुराणों, धर्मशास्त्रों, गीतादि के स्वधर्म के सिद्धान्त को बहुमत द्वारा स्वीकृति मिल जाने के कारण, भरत को रसवाद की कल्पना में सुविधा हुई। शोषित और दमित जनता द्वारा यह मान लिए जाने पर कि उनकी अशिक्षा, उनका पतन, उनकी वृत्ति और आचारादि पूर्वजन्म के फल हैं, हिन्दू समाज में एक सन्तुलन आ गया था। प्रत्येक वर्ग की वृत्ति या व्यवसाय, महत्वाकांक्षा, कर्तव्य आदि निश्चित होने के कारण और उस रूप में दमित वर्गों द्वारा उनकी स्वीकृति के कारण रस की सार्वजनिक, सार्वभौम कल्पना सहज थी। रस की निष्पत्ति में अवरोधी जीवन मूल्यों की स्वीकृति आवश्यक है—यह हम देख चुके हैं। विरोधी जीवन दृष्टि रखने वाले प्रेक्षक एक ही रस का भावविभोर होकर आनन्द नहीं ले सकते। अतः भरत के भारतवर्ष में प्रश्न या समस्याओं से पीड़ित होकर नीति अनीति, न्याय अन्याय, सदाचार, दुराचार, क्षणभंगुरता और अमरत्व के धारणात्मक द्वन्द्वों का चित्रण अनावश्यक था। यहाँ शास्त्रों ने प्रत्येक प्रश्न का समाधान पहले से खोज रखा था। ग्रीक दुःखान्त नाटकों में जो प्रश्नाकुल चेतना चित्रित है और शैक्सपियर के हेमलिट में भी जो मूल्यगत पीड़ा है, वह संस्कृत नाटकों और काव्यों में अनुपलब्ध है। इसका कारण पूरब और पश्चिम का भेद नहीं है, इसका कारण भारतीय सामन्तवाद की यह विशिष्टता है कि यहाँ आर्थिक क्षेत्र में विशेष परिवर्त्तन नहीं हुआ। न तो ग्रीक समाज में दासस्वामी अथवा अल्पसम्पत्तिशाली और समृद्ध वर्ग के विरोध के कारण सामाजिक सन्तुलन आ सका और न योरोपीय सामन्तवाद में ही भारतीय सामन्तवाद की वह मंदगति और सन्तुलन मिलता है जो यहाँ शताब्दियों तक मानवीय सम्बन्धों को अपेक्षाकृत अधिक मधुर बनाए रख सका। भारत का पुनर्जन्मवाद और कर्मवाद वस्तुतः यहाँ की सामाजिक व्यवस्था से निरपेक्ष होकर हमारे ऋषियों का दिव्य चमत्कार नहीं माना जा सकता और न भरत के रसवाद को ही उक्त सन्दर्भ से अलग किया जा सकता है।

भरत ने रूपकों में, रस को निष्पत्ति को ध्यान में रखकर ही वस्तु विधान पर बल दिया है। कथा-वस्तु वही सफल है जो उस स्थायी भाव विशेष को जाग्रत कर सके। उस कार्य का फलभोक्ता नायक भी ऐसा हो, जो उस स्थायी भाव विशेष के जागरण में साधक हो और प्रेक्षकों के जीवन दर्शन के अनुकूल जीवन दर्शन का प्रस्तोता हो ताकि उसके साथ प्रेक्षक तादात्म्य करके, उसी की दृष्टि से विभिन्न मानसिक स्थितियों में निमग्न हो सके। अतः कान्तिचन्द्र पाण्डेय का यह कथन युक्तियुक्त प्रतीत होता है कि संस्कृत रूपकों में, घटनाओं को इस प्रकार प्रस्तुत किया गया है कि प्रेक्षक नायक के साथ तादात्म्य कर सकता है और उन्हीं भावनाओं का भोग कर सकता है, जिनका भोग नायक करता है किन्तु ग्रीक और अन्य योरोपीय नाटकों में, घटनाओं की प्रस्तुति लेखक इस प्रकार करता है कि प्रेक्षक तटस्थ होकर नायक को देखता है। अतः वहाँ प्रेक्षक, नायक के भावों में पूर्णतः निमग्न नहीं हो पाता। यद्यपि नाट्य अनुभव वास्तविक नहीं, काल्पनिक है, फिर भी प्रेक्षकों

के अवचेतन में तटस्थता का ज्ञान रहता है।[122]

संस्कृत रूपकों में प्रमुखतः स्थायी भावों को जाग्रत किया जाता है, योरोपीय नाटकों में परिस्थिति और भावों और जीवन मूल्यों के अन्तर्द्वन्द्व का चित्रण अधिक होता है। सोफोक्लीज़ के थीबियन नाटकों में एक नायक ऑडीपस भूलवश अपनी माता से प्रेम करता है और बाद में पश्चाताप करता है और इस भूल का उत्तरदायित्व देवताओं पर है, नायक पर नहीं।[123] नायक के साथ इस स्थिति में प्रेक्षकों का तादात्म्य हो नहीं सकता। नायक की दुर्दशा पर उन्हें पश्चाताप अवश्य होता है और उनके शोक भाव का विरेचन भी, परन्तु रस के लिए यह सम्पूर्ण स्थिति अवांछनीय है। यहाँ राम या युधिष्ठिर या जीमूतवाहन या भीमसेन जैसे नायकों के साथ तादात्म्य सम्भव है क्योंकि उनके जीवन आदर्श प्रेक्षकों के समान हैं। वे आदर्श पात्र हैं। धीर शब्द का, इसलिए उदात्त, उद्धत, प्रशान्त और ललित पात्रों के साथ प्रयोग हुआ है। उनके चरित्र में अनैतिक अपराधों के दिखाने पर प्रेक्षक सर्वथा तटस्थ होकर वस्तुस्थिति का विश्लेषण करने लगता है और रसभंग हो जाता है। अतः संस्कृत नाटकों में नायक सामान्य व्यक्ति नहीं बल्कि वह कवि कल्पित पात्र है जिसका साधारणीकरण हो सकता है किन्तु पाश्चात्य नाटकों में यथार्थ और तटस्थता पर अधिक बल है। यही कारण है कि संस्कृत नाटकों में कार्य कम और रस अधिक है जब कि योरोपीय नाटकों में रस कम और कार्य (एक्शन) अधिक है। जहाँ भाव ऊष्मा के जागरण पर अधिक बल है, वहाँ कार्य स्थगित या स्थिर सा हो जाता है, जैसे कि हेमलिट के दीर्घ स्वगत कथनों में प्रतीत होता हैं।

इस दृष्टि वैभिन्न्य के कारण भरत रस-बाधक तत्वों का वस्तु और पात्र विधान के बहिष्कार करने पर बल देते हैं और कथा का उतना अंश ही प्रस्तुत करना आवश्यक मानते हैं, जो रस में साधक हो। महाकाव्यों में भी यही परम्परा प्रचलित हुई। अतः भारतवर्ष के महाकाव्यों का स्वरूप भी रसप्रधान होने के कारण भिन्न है। पाण्डित्य युग के महाकाव्यों में वर्णन-विशदता होने पर और भाषागत चमत्कार की प्रवृत्ति होने पर भी रसाक्षिप्त स्थलों का बाहुल्य है।

श्री कांतिचन्द्र पांण्डेय ने एक और अन्तर प्रस्तुत किया है। उनके अनुसार योरोपीय नाटकों में सहानुभूति और करुणा (पिटी) जैसे सामाजिक (सोशल) भावों को ही अधिक प्रस्तुत किया गया है जबकि भारतीय नाटकों में व्यक्तिगत (पर्सनल) भावों का बाहुल्य है जो बाद में साधारणीकृत होकर मुक्त होते हैं। साधारणीकरण में बाधा न हो इसलिए यहाँ पात्रों की कल्पना रसानुरूप है। सामाजिक भावों की यह विशेषता है कि उनके लिए केन्द्रीभूत तत्व के साथ तादत्म्य की आवश्यकता नहीं पड़ती और वस्तुगत चित्रण होने के कारण अधिक घटनाओं की आवश्यकता पड़ती है। योरोपीय नाटक बिना व्यवस्थित कार्य (एक्शन) के प्रेक्षकों को प्रिय नहीं लग सकते। श्री पाण्डेय के अनुसार व्यक्तिगत भाव अधिक तीव्र होते हैं, उदाहरणः सहानुभूति में इतनी तीव्रता नहीं होती जितनी शोक में होती है।[124]

अतएव अधिक तीव्र भावों के जागरण और पुरुषार्थ चतुष्टय रूप फल की प्राप्ति के लिए सुखान्त संस्कृत नाटकों में कार्यावस्थाओं, अर्थ-प्रकृतियों और संधियों का विधान किया गया है। प्रारम्भ और प्रयत्न के पश्चात् योरोपीय चरम सीमा के स्थान पर यहाँ प्राप्त्याशा के बाद नाटकवृत्त अनिवार्यतः फलागम की ओर उन्मुख हो जाता है जब कि सहानुभूति और करुणा या दया जाग्रत करने के लिए योरोपीय नाटक प्रायः दुःखमय अन्त की ओर उन्मुख होते हैं।

पात्र विधान में भी यही दृष्टि भेद है। यहाँ नायक आदर्श पात्र होते हैं। धीरोद्धत, धीरोदात्त, धीर ललित और धीर प्रशान्त पात्र सम्भवतः मनुष्य की त्रिगुणात्मक प्रकृति पर आधारित हैं किन्तु इन सबमें सामान्य गुण अनिवार्य हैं। भद्रता, उदारता, त्वरित कार्य करने की शक्ति; जनप्रियता, इन्द्रियविजय, विदग्धता, कुलीनता, दृढ़ता, यौवन, चातुर्य, उत्साह, स्मृति, कलाप्रियता, आत्मसम्मान, वीरता, धैर्य, गौरव, नैतिकता और कर्त्तव्य प्रियता आदि गुण सभी प्रकार के नायकों में अनिवार्य माने गए हैं। रूपकों में रसों की अबाध अभिव्यक्ति के लिए नाटक में इतिहास प्रसिद्ध नायक के विधान पर बल दिया गया है।[125] इन आदर्श नायकों की सृष्टि भरत के समकालीन समाज के आदर्शों के ही अनुरूप है क्योंकि यह आदर्श निम्न वर्ग के प्रेक्षक भी पूर्वजन्म वादी दर्शन के प्रचार के कारण स्वीकार करते थे, अतः रस-सृष्टि में इस दृष्टि से भी किसी बाधा का भय नहीं था।

भरत के अनुसार धीरोद्धत नायकों में देवताओं, धीर ललित पात्रों में राजाओं और धीरोदात्त में सेनानियों और अमात्यों की गणना की गई है।[126] धीर प्रशान्तों में ब्राह्मण और वणिकों को शामिल किया गया। है।[127] शूद्र किसी भी स्थिति में नाटक का नायक नहीं हो सकता। उसकी प्रकृति भी उत्तम हो सकती है, यह भरत लोकानुकरण के आधार पर स्वीकार नहीं कर सकते थे। सामन्ती समाज में शूद्र के नायक होने से रस में बाधा उत्पन्न होने का भय था।

परवर्ती काव्यशास्त्र में जो औचित्य पर बल है, वह भरत के लोकवृत्तानुकरण सिद्धान्त पर आधारित है अर्थात् समाज में उच्च वर्गों द्वारा जो शिष्टाचार, नैतिकता आदि स्वीकृत हो, उसे उसी रूप में प्रस्तुत करना चाहिए। तभी उस समाज में रस की सृष्टि सम्भव है। अतः नायक के सिवा विदूषक भी ब्राह्मण, शिष्य, राजजीवी या लिंगी-ये चार प्रकार के ही हो सकते हैं।[128] इन विदूषकों का भी एक वर्ग प्रतिनिधि रूप प्रचलित था। साधारण व्यक्ति नाटक में राजादि का विदूषक नहीं बन सका क्योंकि इससे औचित्य के उल्लंघन से रसभंग होगा।

नाटक की नायिका भी निश्चित है। दिव्या, नृपपत्नी, कुलस्त्री या गणिका ही नायिका का पद प्राप्त कर सकती है, अन्य नहीं।[129] इनमें भी धीरा, ललिता और उदात्ता के भेद हैं। उदाहरणतः दिव्य और राजागंना धीरा और उदात्ता होती हैं किन्तु ललिता तो गणिका ही होती है।[130] भरत ने नाटक के पात्रों के सन्दर्भ में राजा के अन्तःपुर की महादेवी, स्वामिनी, भोगिनी, शिल्पकारिका, नर्तकी, अनुचारिका, परिचारिका आदि का विस्तृत

विवरण दिया है।[131] राजा के विलासी स्वभाव और उसके साधनों के इस विवरण में महादेवी के पातिव्रत और उसकी आज्ञा से ही राजा का परस्त्री प्रेम स्वीकृत है। इस प्रकार सामन्ती भोग-विलास में भी एक हिन्दू नैतिकता का सूत्र विद्यमान है।

इसी प्रकार राजा के सहायक मन्त्रियों, सेनानियों और सेवकों का विस्तृत विवरण दिया गया है।[132] एक सम्पूर्ण अध्याय में वेश्याओं, दूतियों, तथा प्रेमियों के अनेक रूपों का वर्णन किया गया है।[133] भरत यहाँ रस निष्पत्ति के लिए कामशास्त्र के ऋणी हैं।

रूपकों के भेद भी रस पर आधारित हैं और रसों के अनुरूप ही पात्रादि का विधान है। नाटक में इतिहास प्रसिद्ध कथा, उदात्त नायक, समृद्धि, विलास आदि का चित्रण होता है।[134] इसमें नाना रसों की निष्पत्ति होती है।[135] यह सुख दुःखात्मक होता है।[136] नाटकों का साक्षात् सम्बन्ध सर्वथा उच्च वर्ग से ही दिखाई पड़ता है अतः औचित्य की रक्षा के लिए भरत ने राजविलास और वैभव सामग्री का पूर्ण उल्लेख किया है। रस में बाधा के भय के कारण ही नाटक के मंच पर अनेक कष्टप्रद दृश्यों का निषेध किया गया है।[137]

प्रकरण में कल्पित वृत्त होता है। नाटक के लिए स्वीकृत रस प्रकरण में भी वर्णित होते हैं। इसके नायक ब्राह्मण, श्रेष्ठी, मंत्री, पुरोहित, उच्च कर्मचारी और सेनानी होते हैं। प्रकरण में उदात्त नायक नहीं होता, राजा के विलासादि का वर्णन नहीं होता और राजभवन के बाहर के व्यक्तियों का इसमें चित्रश होता है।[138] इस प्रकार भरत राजमहल से पात्रों का चयन प्रारम्भ करके तब जनता की ओर चलते हैं।

प्रकरण में दास, विट, श्रेष्ठी, वेश्या, मन्दकुलस्त्री, गृह वार्ता आदि का वर्णन होता है अर्थात् प्रकरण के पात्र जनता के अधिक निकट होते हैं किन्तु यह जनवादी दृष्टिकोण से यथार्थवादी न होकर रस की दृष्टि से ही यथार्थवादी होता है क्योंकि वेश्या ही इसमें नायिका होती है यद्यपि धर्मपत्नी से मर्यादा के कारण उसका मिलन नहीं दिखाया जाता। मृच्छकटिक में जनता की गरीबी और शोषण का सीधा चित्रण नहीं है। वहाँ एक सेठ चारुदत्त के दुर्दिनों का ही वर्णन है। दुष्ट राजा के अत्याचार के कारण जनता विप्लव नहीं करती, एक सामन्त ही विप्लव करता है और राजा बन कर, सेठ को मालामाल कर देता है। अतः प्रकरण के द्वारा भी भरत क्रान्ति की ओर नहीं बढ़ सकते थे क्योंकि प्रकरण का यथार्थवाद भी सामन्ती व्यवस्था के ही अनुरूप हैं और इसलिए इसका रस भी निरपेक्ष नहीं है।

नाटिका शृंगार रस के लिए ही स्वीकृत है। इसमें राज-विलास, स्त्री पात्रों का बाहुल्य और सम्भोग की प्रधानता होती है।[139] समवकार में देवासुर-संग्राम वर्णित होता है। इसमें रौद्र, भयानक जैसे रसों का वर्णन होता है। धर्मशृंगार इसका मर्म है। यह भी नाना रससंश्रय कहलाता है।[140] ईहा-मृग में उद्धत पुरुषों का वर्णन होता है। स्त्रीभेद, अपहरण, अवमर्दनादि कठोर कार्य इसके विषय होते हैं। इसी प्रकार डिम में पुरुष रसों का वर्णन होता है। शृंगार और हास्य का डिम में निषेध किया गया है। भयानक, रौद्र तथा वीभत्स रसों के कारण सात्वती, आरभटी वृत्तियों का ही इसमें उपयोग होता है।

इसी प्रकार व्यायोग, प्रहसन आदि रूपकों में रस के जागरण के लिए ही, अनुरूप वस्तु, पात्र, वृत्ति, दृश्य, संकलन त्रय आदि का विधान किया गया है और इस रसवाद द्वारा यह स्पष्ट है कि भरत अपने समाज और संस्कृति को ही मूर्तित करना चाहते थे। परम्परा प्रिय परवर्ती काव्यशास्त्रियों ने इन रसों को यथावत् स्वीकार ही नहीं किया अपितु उनके विभावों में भी कोई परिवर्तन नहीं किया। विभावों के विधान में भरत अपनी ब्राह्मणवादी प्रवृत्ति का पूर्ण परिचय देते हैं और आधुनिक युग के पूर्व तक सामन्ती व्यवस्था के दीर्घकाल में भरत का रसवाद अपने उन्हीं विभावों, भावों, अनुभावों, व्यभिचारी भावों आदि के साथ स्वीकृत रहा। संख्या में वृद्धि भले ही हुई हो किन्तु स्वरूप में विशेष परिवर्तन नहीं हुआ। इस प्रकार रसवाद को, तात्कालिक समाज व्यवस्था और वर्गीय संस्कृति और सामन्ती चेतना से निरपेक्ष रूप में नहीं देखा जा सकता।

द्वितीय निष्कर्ष यह है कि अपने विशिष्ट सामन्ती रूप के अतिरिक्त रसवाद की धारणा को सामान्य (जनरल) रूप में ग्रहण करने पर, द्वन्द्वात्मक भौतिकवादी दृष्टि से उसके कई उपयोगी पक्ष उभरने लगते हैं। रसवाद इस महत्वपूर्ण कला सत्य को रेखांकित करता है कि कला और साहित्य में भावों (इमोशन्सः सेंटीमेण्ट्स) की निर्णायक भूमिका होती है। साहित्य मात्र में, राग का स्पर्श अवश्य रहता है। रसवाद की अन्य ग्रहणीय विशेषता यह है कि वह कला-साहित्य की रचना-प्रक्रिया की द्वन्द्वात्मकता का रहस्य अपने भीतर छिपाए हुए है। रसवाद की एक उपलब्धि यह भी है कि वह सामान्य मानव की अधिक चिन्ता करता है अर्थात् वर्ग, वर्ण, जाति, सम्प्रदाय आदि सीमाओं और भेदों का अतिक्रमण कर सार्वभौमिक मानव (यूनीवर्सल मैन) के अनुसंधान पर बल देता है।

रसवाद, मानव की भावगत एकता के स्तरों की ओर हमारा ध्यान आकर्षित करता है। स्वभावतः भावात्मकता के कारण, वह बौद्धिकता और जीवन समाजगत अंतर्विरोधों तथा श्रेणी-संघर्षों की उपेक्षा करता है लेकिन उसमें मानव की अंतिम एकता का भाव निहित है। वह कला के लिए कला सिद्धान्त का विराधी है और वह साहित्य को व्यापक सन्दर्भों में रख कर मानव के उच्चतम प्रयोजनों और लक्ष्यों को महत्व देता है। उसमें मानव जीवन के प्रति अनुराग का समर्थन है और वह निराशावादीः पराजयवादी दृष्टियों और मनोवृत्तियों के विरुद्ध संघर्ष करने में सहायक है।

भाव को शाश्वत तत्व मानना एक अवैज्ञानिक विचार है।[141] भावों और अन्यः प्रवृत्तियों को, आधुनिक विज्ञान ईश्वरप्रदत्त, पूर्वजन्म कृत एवं स्वाभाविक प्रवृत्ति के रूप में नहीं स्वीकार करता अपितु इन्हें परिवेश के अनुरूप स्वतः प्रेरित कार्य (रिफ्लैक्स एक्शन) के रूप में मानता है। अतः रसवाद के भावशाश्वततावाद को स्वीकार नहीं किया जा सकता।

अभिव्यंजना—नाट्य में रस को सर्वस्व मान कर भरत ने वागाभिनय को नाट्य का शरीर कहा है। इस प्रकार परवर्ती काव्यशास्त्र में आत्मा के अनुसंधान का बीज भी

यहीं विद्यमान है। वाणी का यत्नपूर्वक प्रयोग करना चाहिए क्योंकि वह नाटक का शरीर है।[142] अभिनव ने स्पष्ट लिखा है। कि भरत का तात्पर्य, कवि के काव्य निर्माण में और नट के प्रयोग काल में, वाणी के कुशल प्रयोग से है।[143] अभिनव के अनुसार चित्तवृत्ति के प्रति शब्द का बहिरंगत्व या शरीरत्व असिद्ध है। अतः शब्द को नाट्य का शरीर कहना उपचार मात्र है।[144]

भरत ने वाणी के शुद्ध प्रयोग के लिए निपात आख्यात, संधि, तद्धित, समास, विभक्ति आदि के ज्ञान पर विशेष बल दिया है। संस्कृत भाषा सर्वसाधारण की भाषा न होने के कारण, उसका व्याकरण ज्ञान आवश्यक था। अतः भरत ने विस्तार से व्याकरण और भाषा विज्ञान प्रस्तुत किया है। पदों के प्रयोग दो प्रकार के बताए गए हैं, गद्य और पद्य। पद्य में छन्दों का प्रयोग नहीं होता और अनियत अक्षरों का प्रयोग होता है और अर्थ क्षिप्रता ही लेखक का प्रयोजन होता है।[145] इसके विपरीत पद्य में निबद्ध अक्षर, यदि, छन्द और नियत प्रमाण वाले पदों का प्रयोग होता हैं।[146]

छन्द—काव्य में छन्द आवश्यक हैं। लय ही छन्द का दूसरा नाम है। लयात्मक छन्द के पदों का भी वर्णन किया गया है। वृत्त या छन्द को भरत शब्द का शरीर कहते हैं अर्थात् छन्द के बिना शब्द में रूप की सृष्टि नहीं होती।[147] अतः शब्द छन्द विहीन नहीं होता और न छन्द शब्द रहित होता है। दोनों के संयोग से ही नाटक और नाट्य में प्रयुक्त काव्य में रस का उद्योतन होता है।[148]

इस प्रकार भरत छन्द का काव्य के लिए अनिवार्य मानते हैं, क्योंकि छन्द से गति और सुर में यति के कारण ही रूप उत्पन्न हो सकता है। सुर और लय तो अनन्त हैं, निश्चित परिमाण पाने पर ही वह पुनः पुनः आवृत्ति से गति और सुर को सौन्दर्य देती है। रस के लिए छन्द को अलंकारों से कहीं अधिक आवश्यक मान कर ही भरत ने छन्दों का विस्तृत वर्णन किया है। अक्षरों के आधार पर एक अक्षर के उक्त से लेकर छब्बीस अक्षरों के उत्कृति छन्द तक के विवरण में छब्बीस छन्दों की सूचना दी गई है।[149]

छब्बीस से अधिक अक्षर वालों को मालावृत्त कहा गया गया है। इन्हें अनेक प्रकार का बताया गया है। ऐसा प्रतीत होता है कि भरत के पूर्व अनेक छन्दों का प्रयोग होता था।[150] भरत ने वैदिक छन्दों का भी उल्लेख किया है। गायत्री, उष्णिक, अनुष्टुप, वृहती, पंक्ति, जगती आदि अनेक छन्दों का उल्लेख नाटयशास्त्र में मिलता है। गुणों के आधार पर भी पुनः विभाजन किया गया है। भरत ने कामशास्त्र से प्रभावित होकर छन्दों के नाम स्वीकार किए हैं--तनुमध्या, मकरकशीर्षा, मालती, मालिनी, उद्धता, भ्रमरमालिका, सिंहलेखा, मतचेष्टित, विद्युमाला, चित्तविलासित, मधुकरी, शिखिसारणी, मयूरसारिणी, दोधक, स्वागता, चन्द्रलेखा, कामदत्ता, पद्मिनी, प्रभावती, प्रहर्षिणी, मत्तमायूर, वसततिलका, चपला, बनवासिका, केतुमती, ललिता आदि।

भरत के रसवाद में छन्दों का स्थान अत्यधिक महत्वपूर्ण है। छन्द का अभाव अवश्य

नीरसता का जनक है, भरत इस तथ्य को मानते हैं। यह सम्भव है कि नाट्यशास्त्र में परवर्ती छन्दों को लक्षण उदाहरणों सहित मिला दिया गया हो परन्तु पुराने छन्दों का विवरण भी भरत में मिलता है।

लक्षण—यह द्वितीय अध्याय में कहा जा चुका है कि लक्षण महापुरुष के शारीरिक लक्षणों की कल्पना पर आधारित है।[151] ये लक्षण नाट्य या काव्य में गुणों और अलंकारों (आभूषणों) से उसी अर्थ में भिन्न है, जिस अर्थ में महापुरुष के लक्षण, उसके गुणों और आभूषणों से भिन्न होते हैं।[152] अभिनव ने लक्षणों के प्रसंग में लिखा है कि काव्यबन्ध 36 लक्षणों से युक्त होना चाहिए।[153] लक्षणों के विषय में अभिनव ने कई मतों का उल्लेख किया है। प्रथम मत के अनुसार गुण रस रूप आत्मा में रहते हैं, अलंकार काव्य या नाट्य शरीर में अधिष्ठित होते हैं। लक्षण शरीरनिष्ठ होने पर भी पृथक ही लक्षित होते हैं, इनसे शरीर के सौन्दर्य की वृद्धि होती है। अलंकार से युक्त होने पर भी शरीर बिना लक्षणों के शोभित नहीं होता। [154] अभिनवगुप्त के अनुसार काव्यबन्ध की राजमहल से उपमा दी गई है। लक्षण दीवालों के समान होते हैं और अलंकार भित्तिचित्रों के समान।[155] कवि कामिनी के शरीर में यदि स्तनों को पीबर और कटि को क्षीण चित्रित न करे तो वह शरीर कुलक्षणयुक्त कहलाएगा। अतः लक्षण शरीर के लिए अनिवार्य तत्व है और उन्हें शरीर से पृथक नहीं किया जा सकता किन्तु अलंकारों को पृथक किया जा सकता है जैसे कामिनी के मुख की तुलना के लिए चन्द्रमा ब्राह्म प्रकृति से लाया जाता है। अतः अभिनव के अनुसार अलंकार हारदिवत् और लक्षण शरीर के सुन्दर लक्षण हैं जो शरीर से अपृथक रहते हैं।[156] लक्षणों के द्वारा काव्य शरीर साधारण से भिन्न होकर अपनी विशिष्टता से रस-निष्पत्ति को सम्भव बनाता है। अतः भरत के अनुसार लक्षण काव्य के लिए सर्वाधिक महत्वपूर्ण तत्व हैं क्योंकि इसी से सुन्दर को असुन्दर से अलग किया जाता है।[157]

श्री कान्तिचन्द्र पाण्डेय के अनुसार भामह इन्हीं लक्षणों को वक्रोक्ति कहते हैं और वक्रोक्ति को ही काव्य सर्वस्व मानते हैं।[158] भरत का उद्देश्य अलंकार, लक्षणादि द्वारा रस-निष्पत्ति है जब कि भामह रस को विशेष महत्त्व नहीं देते। भामह की भाषा में वाग्वैचित्र्य उत्पन्न करना ही पर्याप्त है। तथ्य यह है कि भामह रसवादी परम्परा से भिन्न परम्परा के लेखक थे।[159]

भामह ने भरत द्वारा प्रस्तुत अलंकार और लक्षणों के उक्त भेद को भुला कर लगभग सभी लक्षणों को अलंकारों में सम्मिलत कर लिया था। स्वयं भरत ने लक्षणों के विषय में छत्तीस से अधिक होने की सम्भावना प्रकट की थी, ऐसा अभिनवगुप्त का मत है। अतः परवर्ती काव्यशास्त्रियों ने अलंकार संख्या वृद्धि और उनके उदाहरणों पर ही अधिक ध्यान दिया है। अतः भामह आदि अलंकारों के विषय में भी भरत के ऋणी हैं।

भरत के लक्षणों की दो सूचियाँ मिलती हैं। श्री मनमोहन घोष ने नाट्यशास्त्र की प्राचीनतर प्रति से सूची प्रस्तुत की है। यह प्रति अनुष्टुप छन्द में लक्षणों को प्रस्तुत करती

है, विश्वनाथ और शिंग भूपाल ने भी इसी का आधार बनाया है। नाट्यशास्त्र की द्वितीय प्रति कीर्त्तिधर, अभिनवगुप्त, धनञ्जय आदि ने प्रयुक्त की है। इन दोनों में लक्षण के नामों में पर्याप्त भिन्नता मिलती है।

मनमोहन घोष के आधार पर लक्षण—1. भूषण, 2.अक्षरसंघात, 3. शोभा, 4. उदाहरण, 5. हेतु, 6. संशय, 7. दृष्टान्त, 8.प्राप्ति, 9. अभिप्राय, 10. निदर्शन, 11. निरुक्त, 12. सिद्धि, 13. विशेषण, 14. गुणातिपात, 15. गुणातिशय, 16. तुल्यतर्क, 17. पदोच्चय, 18. दिष्ट, 19. उपदिष्ट, 20. बिचार, 21. विपर्यय, 22. भ्रंश, 23. अनुनय, 24. माला, 25. दाक्षिण्य, 26. गर्हण, 27. अर्थापत्ति, 28. प्रसिद्धि, 29. पृच्छा, 30. सारूपय, 31. मनोरथ, 32. लेष, 33. संक्षेप, 34. गुणकीर्त्तन, 35. अनुक्तसिद्धि, 36. प्रियवचन अथवा प्रियोक्ति

बड़ौदा संस्करण के आधार पर—1. विभूषण, 2. अक्षर, 3. शोभा, 4. अभिमान, 5. गुणकीर्त्तन, 6. प्रोत्साहन,7. उदाहरण, 8. निरुक्त, 9. गुणानुवाद, 10. हेतु, 11. सारूप्यम्, 12. मिथ्याध्यवसाय, 13. सिद्धि, 14. पदोच्चयः, 15. आक्रन्द, 16. मनोरथ, 17. आख्यान, 18. याञ्चा, 19. प्रतिषेध, 20. पृच्छा, 21. दृष्टान्त, 22. निर्भासन, 23. संशय, 24. आशी, 25. प्रियवचन, 26. कपट, 27. क्षमा, 28. प्राप्ति, 29. पश्चाताप, 30. अनुवृत्ति, 31. उपपत्ति, 32. युक्ति, 33. कार्य, 34. अनुनय, 35. परिदेवन, 36. अतिशय।

निश्चित रूप से परवर्ती अनेक अलंकारों के नाम लक्षणों से लिए गए हैं, यह इस सूची से स्पष्ट है किन्तु उन्हें स्वतंत्र महत्व दे दिया गया है जब कि भरत इन्हें रस का सहायक तत्व मानते हैं।[160] कुछ लक्षणों की परिभाषाओं से भी यही तथ्य प्रकट होता है। भरत के भूषण लक्षण में अलंकार और गुणों दोनों का प्रयोग बताया गया है।[161] भूषण नामक लक्षण तभी काव्य में उदित होता है जब नाना अलंकारों, गुणों आदि से उसे भूषित किया जाए। मनोरथ नामक लक्षण में गुप्त इच्छा की अभिव्यक्ति पर बल दिया जाता है।[162] नियुक्ति,[163] प्रोत्साहन,[164] याञ्चा,[165] पश्चाताप,[166] क्षमा,[167] अनुवृत्ति,[168] आदि कई लक्षणों की परिभाषाओं में मानसिक स्थितियों की कुशल अभिव्यक्ति को रेखांकित किया है।

लक्षणों को अलंकारों के रूप में स्वीकार कर, इस सिद्धान्त का जो साधन तत्त्व था, इसे आलंकारिकों ने साध्य बना दिया। कोरे चमत्कारक वचन को ही काव्य का सौन्दर्य स्वीकार कर लिया गया। अतएव भरत के अन्तःप्रेरणात्मक काव्य सिद्धांत या रस सिद्धांत की भामह, दण्डी आदि पण्डितों ने उपेक्षा की है।

अलंकार—लक्षणों और अलंकारों का सम्बन्ध ऊपर स्पष्ट किया जा चुका है। भरत ने केवल चार अलंकारों का ही वर्णन किया है। यह सम्भव है कि राजाओं को अपनी अतिशयोक्तियों से प्रसन्न कर दान-दक्षिणा प्राप्त करने वाले पंडितों की मंडलियों में अन्य

अलंकार भी प्रचलित रहे हों परन्तु उनमें इन्हीं चार अलंकारों को स्वीकार कर भरत ने अपने रसवाद को और भी अधिक महत्ता दी है। यदि माना जाए कि चार अलंकार ही थे तब इसके आगे अलंकारों की महत्त्वहीनता और भी स्पष्ट हो जाती है। भरत ने उपमा के कई प्रकारों का उल्लेख किया है। उपमा का आकर्षण वर्ण्यवस्तु के सदृश बिम्बों के विधान के कारण है।[169] भरत का मत है कि बिम्ब-विधान में गुण और आकृति का सादृश्य ध्यान में रखना आवश्यक है। उपमा का प्रयोग वस्तु प्रशंसा, वस्तु निन्दा, कल्पित वस्तु, सदृश, वस्तु, किंचित सदृश वस्तु से सम्बन्धित होकर कई प्रकार से होता है। भरत ने यह भी कहा है कि उपमा के अनेक प्रकार हैं। उन्हें लोक और काव्य से ग्रहण किया जा सकता है।[170] जब एक साथ अनेक शब्दों को वाक्य में रख कर उन्हें आलोकित किया जाता है, उसे दीपक कहते हैं। दो वस्तुओं की एकरूपता से रूपक अलंकार होता है और शब्दाभ्यास से यमक। इस प्रकार यमक को शब्द अलंकार और अन्य तीन को अर्थालंकार कहा जा सकता है।

भरत ने भी यमक के कई भेद किए हैं। उनके द्वारा पादान्त, काञ्ची, विक्रान्त, चक्रवाल, पादादि, मालायमक, संदष्ट, आभ्रेड़ित आदि 10 प्रकार के यमकों का विवरण दिया गया है। संस्कृत में श्लेष और यमक द्वारा चमत्कार उत्पन्न करने में भरत के पूर्व में भी कविगण रस लेते होंगे। अतः भरत ने इसे स्वीकार करके भी सभी अलंकारों को रस का संरक्षक बना कर चमत्कारवाद को अधिक महत्व नहीं दिया।

गुण-दोष विवेचन—बरसों के दोष हैं, गूढ़ार्थ, अर्थान्तर, अर्थहीन, भिन्नार्थ, एकार्थ, अभिप्लुतार्थ, न्यायादपेत, विषम, विसन्धि और शब्दच्युत। काव्य में अधिक कल्पित पर्यायवाची शब्दों का प्रयोग गूढ़ार्थ दोष है। अनुल्लेखनीय विषय का वर्णन अर्थातर दोष है। असम्बद्धता या अपूर्णता अर्थहीन दोष कहलाता है। असंस्कृत और ग्राम्य प्रयोगों से भिन्नार्थ दोष उत्पन्न होता है। यहाँ अभीप्सित अर्थ अन्य अर्थ में परिवर्तित हो जाए, वहाँ भी भिन्नार्थ दोष होता है। एक उद्देश्य के लिए जहाँ अविचारपूर्वक शब्दों का प्रयोग हो, वहाँ एकार्थ दोष होता हैं। जहाँ प्रत्येक पद में वाक्य पूरा हो जाए, वहाँ समन्वय के अभाव में अभिप्लुतार्थ दोष होता है। न्यायादपेत दोष वहाँ होता हैं, जहाँ युक्तियुक्तता का अभाव हो। छन्द दोष होने पर विषम दोष होता है। जहाँ शब्दों में सीधे न की जाए, वहाँ विसन्धि दोष कहलाता है और जहाँ शब्द संस्कार का अभाव होता है, वहाँ शब्दच्युत दोष होता है।

भरत ने श्लेष, प्रसाद, समता, समाधि, माधुर्य, ओज, सौकुमार्य अर्थव्यक्ति, उदात्त और कान्ति इन दस गुणों का विवरण दिया है। वे गुण दोषों की हानि से ही उत्पन्न होते हैं। श्लेष के प्रयोग से अर्थ द्वारा शब्द सम्बद्ध हो जाते हैं और इससे अर्थहानि दोष दूर हो जाता है। गूढ़ार्थ दोष, प्रसादगुण से दूर होता है। समाधि गुण वहाँ होता है, जहां विशेष अर्थ की प्राप्ति सम्भव हो। चूर्ण या विथिल पदों का जहाँ न अधिक विधान हो, और न जहाँ व्यर्थ काठिन्य हो, वहाँ समता गुण होता है। इससे विसन्धि दोष दूर हो जाता है।

अनुद्वेगपरक वाक्यों का पुन-पुनः प्रयोग माधुर्य गुण कहलाता है। ओज गुण में विविध समासों का और विचित्र पदों का प्रयोग होता है। सौकुमार्य गुणयुक्त काव्य में सुखद, सुश्लिष्ट और संधियुक्त वाक्यों का प्रयोग होता है। प्रसिद्ध क्रियाओं के द्वारा प्रसिद्ध घटनाओं का वर्णन अर्थाभियुक्त गुण को जन्म देता है। उदात्त गुण वहाँ होता है जहाँ दिव्य चरित्रों का वर्णन हो और श्रृंगार और अद्‌भुत रसों का समुचित विधान हो। जिन वर्णनों से मन और श्रवण आह्लादित हों वहाँ कान्त गुण की सत्ता होती है।

गुणों और दोषों के इस विवेचन से स्पष्ट है कि भरत रस के सन्दर्भ में ही इनकी व्याख्या कर रहे हैं। दोषों और गुणों में काव्य के अर्थ में सम्बद्धता, सरलता, मधुरतादि तत्वों पर बल दिया गया है और रसानुकूल विभिन्न प्रकार की पदावली के प्रयोग पर भी ध्यान दिया गया है। उदात्त या उदार गुण में शुद्ध उदात्त या "सबलाइम" की ओर मार्मिक संकेत हैं और श्रृंगार और अद्‌भुत रसों का स्पष्ट उल्लेख है। कान्ति गुण में भी मन के आनन्द पर प्रकाश डाला गया है। परवर्ती काव्यशास्त्र के अलंकार ग्रंथों में दोष, गुण, अलंकारादि के लक्षण और उदाहरण, रस निरपेक्ष रूप में भी भरे जाने लगे और जिस समन्वित काव्यशास्त्र का पूर्ण रूप भरत ने प्रस्तुत किया था, उसे आनन्दवर्धन ही समझ सके। भरत ने स्पष्ट कहा है कि वे अलंकार, गुण और दोषादि सब रसाश्रित हैं।[171] स्वतंत्र रूप से इनकी सार्थकता और महत्त्व से भरत को कोई प्रयोजन नहीं था क्योंकि उनका दृढ़ मत था कि रस ही नाट्‌य में मुख्य है। अतः नाट्‌यशास्त्र में मानव-हृदय के स्थायी भावों की, विभावअनुभावादि तथा गुण, अलंकार से युक्त दोषहीन काव्य द्वारा निष्पत्ति ही कलाओं और काव्य का प्रयोजन है। इसीलिए भरत ने गुणालंकार के अतिरिक्त छन्दों का भी रसानुकूल प्रयोग समझाया है।

भरत के अनुसार नाट्‌यज्ञ कवियों द्वारा वीर, रौद्र और अद्‌भुत रसों में उपमा, रूपक अलंकारों और लघु अक्षरों का प्रयोग करना चाहिए।[172] वीभत्स-करुण में गुरु अक्षरों तथा उपमा रूपक का प्रयोग ही वांछनीय हैं।[173] श्रृंगार रस में रूपक, दीपक, संयुक्त मृदुल छन्दों और मृदुल पदावली का प्रयोग होना चाहिए।[174] इसी प्रकार वीर रस में जगती, अतिजगती, संकृति छन्दों तथा युद्धों के वर्णन के उत्कृति का प्रयोग उचित है।[175] इसी प्रकार भरत ने अन्य रसों के वर्णन में गुणालंकार छन्द, स्वर, अक्षरादि के प्रयोग-नियम निर्धारित किए हैं। कठिन शब्दों के प्रयोग से नाटक उसी प्रकार सुन्दर नहीं प्रतीत होता, जिस प्रकार रुरुचर्म, कमण्डुल, दण्ड धारण करने वाले विप्रों के बीच वेश्या सुन्दर नहीं लगती।[176] अतः मृदुल, ललित पदार्थ, गूढ़ शब्दार्थहीन सुखद शैली के द्वारा सन्धियों, रसों से युक्त नाटक या काव्य मनोहर बनता है।[177]

इस प्रकार भरत के नाट्‌यशास्त्र में नाटक और गौणरूपेण काव्य का प्रयोजन भी रस है, अन्य गुण, अलंकार, छन्द आदि काव्यतत्व साधानमात्र हैं, 'न हि रसादृते कश्चिदर्थः प्रवर्तते।'

नाट्‌य रस रूप है और नाट्‌य से सामाजिक को कर्त्तव्य-अकर्तव्य का ज्ञान होता है।

अतः वेद के समान ही शिक्षाप्रद होने से नाट्य वेद है।[178] इस प्रकार भरत ने शिक्षा और आनन्द रूप प्रयोजन प्रधान रसवादी काव्यशास्त्र की प्रतिष्ठा की है।

अभिनवगुप्त ने काव्य से भी रस का प्रकाशित होना सम्भव बताया है।[179] भामह ने भी महाकाव्यों में रस अस्तित्व स्वीकार किया है। अतः भरत का रसवाद गौणतः काव्य के लिए भी उपयोगी है क्योंकि रस में ही चित्त की विश्रान्ति पूर्णरूपेण होती है। अतः वही प्रधान है, अप्रधान अलंकार, गुणादि में किस की अनुभूति विश्रान्त हो सकती है?[180] भले ही काव्य से नृत्य, गीत, वाद्य, अभिनयादि के अभाव में साक्षात्कारात्मक रस की शीघ्र अनुभूति न हो; किन्तु कुशल पाठक और श्रोता इन अभावों को कल्पना से पूरा कर लेते हैं और इस प्रकार काव्य से रस की प्राप्ति हो सकती है। अतः काव्य के विषय में रसवाद का प्रयोग अनुचित नहीं है-यह अभिनवगुप्त का मत है।

रस सिद्धि अथवा कला की सफलता—भरत मात्र आत्म-अभिव्यक्ति को कलाकार का कर्त्तव्य नहीं मानते अपितु कला को वह समाज को प्रभावित करने का साधन मानते हैं। यह सफलता दैवी और मानुषी दो प्रकार की हो सकती है।[181] भरत ने मानुषी सिद्धि के दस प्रकार बताए हैं, जो कला के अभाव के अध्ययन के लिए अति महत्वपूर्ण हैं। वाङ्मयी सिद्धि में, प्रेक्षक के मुख पर मुस्कान या हास्य छा जाता है। कभी वे 'सुन्दर है', 'आह, बड़ा कष्ट है' ऐसे वचन कहते हैं।[182] शरीर पर प्रेक्षक की पुलक, रोमांच, आसन से अचानक उठना तथा कलाकारों को पुरस्कार देना आदि क्रियाओं से शरीरी सिद्धि प्रकट होती है।[183] हास्य काव्य में श्लेष का प्रयोग होता है। अतः सांकेतिक अर्थ को प्रेक्षक मुस्करा कर ग्रहण करते हैं।[184] विदूषक की चेष्टादि से प्रेक्षक इतिहास को प्राप्त करते हैं।[185] नैतिक प्रसंगों के सफल चित्रण से प्रेक्षक साधु, साधु कह उठते हैं।[186] इसी प्रकार वीर, अद्भुतादि रसों में प्रेक्षक विस्मय प्रकट करते हैं। करुणा में प्रेक्षक, 'अहा कितना शोक है', इन शब्दों द्वारा अपनी प्रतिक्रिया प्रकट करते हैं।[187] युद्ध, विप्लवादि प्रसंगों में पाठक आसन छोड़ कर खड़े होने लगते हैं, कन्धे भुजादि को हिलाते हैं।[188] यह सिद्धि काव्य के सन्दर्भ में भी स्वीकृत हो सकती है क्योंकि उक्त प्रभाव काव्य पाठ से भी उत्पन्न होते हैं।

भरत द्वारा निरूपित दिव्य सिद्धि भी रोचक है। भरत का तात्पर्य है कि कभी कभी पाठक या प्रेक्षक पर कला का अप्रत्याशित रूप से प्रभाव होता है। स्वयं कलाकार उस मात्रा में अपनी कला के प्रभाव की कल्पना नहीं कर पाते, यही दैवी सिद्धि है। इसमें पाठकादि में अतिशय भाव की जागृति होती है[189] अथवा भावविभोरता की स्थिति में जब न कोई शब्द सुनाई पड़े, न क्षोभ दर्शित हो, न उत्पात, सम्पूर्ण वातावरण मुग्ध हो जाए, तो इसे दैवी सिद्धि कहते हैं।[190] इस प्रकार प्रभाव के आधार पर, कला की सफलता का यह मापदण्ड सर्वत्र माननीय रहेगा।

रस में बाधाएँ—देवताओं अथवा प्रकृति द्वारा बात, अग्नि, कुंजर, भुजंग, मण्डपपात आदि द्वारा उत्पन्न बाधाएँ देवबाधा कहलाती हैं।[191] शत्रु द्वारा कला भोग के समय आक्रमण भी रस में बाधक होता है। उससे चारों ओर चीत्कार शत्रु द्वारा प्रस्तर आदि के फेंकने से अशान्ति उत्पन्न हो जाती हैं।[192] शत्रु के मत्सर, ईर्ष्या, पक्षपात, अकोरग्रहणादि से भी बाधाएँ उत्पन्न हो जाया करती हैं।[193] इसी प्रकार स्वयं कलाकारों को, कला में अस्वाभाविकता, अशुद्ध चेष्टाओं, स्मृति आदि से भी रस में बाधा पड़ती है।[194] सबसे बड़ी बाधा होती है, सहृदय प्रेक्षकों का अभाव। प्रेक्षक ऐसे हों जो चित्रित या अभिनीत मानसिक स्थिति में पूर्णतः निमग्न हो सकें और अपने राग द्वेषादि से ऊपर उठ सकें।[195]

इस प्रकार रस तभी सार्वजनिक सर्वतन्मयकारी होगा जब उसकी निष्पत्ति में बाधक तत्वों का अत्यन्ताभाव हो, किंचित रजकण भी शर्करा का स्वाद नष्ट कर देते हैं।

कला और आलोचक—भरत व्यक्तिवादी कवियों व कलाकारों का यह मत स्वीकार नहीं करते कि आलोचक का कला निर्णय में कोई महत्व नहीं है अथवा वह असमर्थ है। भरत आलोचक के महान उत्तरदायित्व से परिचित थे। वह चरित्रवान्, शान्त वृत्त, परिश्रमी, यशोधर्मपरायण और प्रौढ़ अवस्था का व्यक्ति होना चाहिए, क्योंकि बालक या अति वृद्ध जन अच्छे आलोचक नहीं हो सकते।[196] उसे प्रबुद्ध, पवित्र, कलाकुशल, तत्वदर्शी, भाषा विशेषज्ञ, कला-शिल्प प्रयोजन तथा रसभाव विकल्पक होना चाहिए।[197] उसे शब्द छन्द-विधानज्ञ, नानाशास्त्रविचक्षण, अव्यग्रइन्द्रिय और ऊहापोह विशारद भी होना चाहिए।[198] प्रेक्षकों में भी इन गुणों की अनिवार्यता बताई गई है, किन्तु प्राश्निक या आलोचक को एक आदर्श व्यक्ति के रूप में वर्णित किया गया है। आज के आलोचना-शास्त्र में कोई ऐसा नवीन गुण नहीं मिलता, जिसकी अनिवार्यता भरत ने अपने प्राश्निक में स्वीकार न की हो।

सारे गुण एक व्यक्ति में मिलना असम्भव है अतएव कला के भिन्न-भिन्न पक्षों के लिए अलग-अलग विशेषज्ञ नियुक्त होने चाहिए। उदाहरणतः आलोचक-परिषद् में यज्ञ विद्, नर्तक, छन्दविद, शब्दज्ञ, राजा, अस्त्रशास्त्र विशेषज्ञ, चित्रकार, वेश्या, संगीतज्ञ तथा राजसेवक आदि को सम्मिलित करना आवश्यक है।[199] काव्य के प्रसंग से इसका संशोधित रूप यह होगा कि विभिन्न काव्यों के लिए उनके विशेषज्ञों का निर्णय ही श्रेष्ठ है, किसी एक आलोचक का नहीं। भरत की इस अन्तर्दृष्टि का प्रमाण यह है कि आलोचना-क्षेत्र में भी बड़े से बड़ा आलोचक किसी निर्णय में यदि अन्य आलोचकों या सहृदयों को अपने साथ सहमत नहीं कर पाता है तो उसका मत स्वीकृत नहीं होता।

भरत के अनुसार यदि साधारण प्रेक्षकों में कला-सफलता के विषय में विवाद हो तो प्राश्निकों का निर्णय मान्य होना चाहिए। यदि प्राश्निकों में कोई शास्त्रीय विवाद छिड़ जाए तो शास्त्र ही प्रमाण है।[200] आलोचकों को निर्भय होकर दोष और सिद्धि का उल्लेख करना चाहिए।[201]

यद्यपि कला में सम्पूर्ण गुण मिलना दुर्लभ है, परन्तु श्रेष्ठ कला वहीं होती है, जहाँ

कला के सम्पूर्ण उपकरणों का सम्यक् सामंजस्य हो। आलोचक का कर्त्तव्य है कि वह इस श्रेष्ठता का निर्णय करे।

इस प्रकार भरत आलोचक का कला-काव्य के विकास और निर्णय में योगदान स्वीकार करते हैं। हमारे मार्क्सवादी साहित्य के स्रष्टा प्रायः आलोचक की इस महत्वपूर्ण भूमिका की उपेक्षा करने लगते हैं।[202] भरत के अनुसार आलोचक स्रष्टा के अनुभवों और शास्त्र के मनन के कारण अद्भुत क्षमता प्राप्त कर सकता है।

भरत और यूनानी सिद्धान्तों की तुलना—मनुस्मृति के लेखक मनु के समान, प्लेटो वासनोत्तेजक तथा वस्तु के अशुद्ध अनुकरण के कारण, काव्य के घोर विरोधी थे और याज्ञवल्क्य के समाज अरस्तू काव्य के समर्थक थे किन्तु भरत अपने रसवाद द्वारा नाट्य काव्यादि की महत्ता और उसकी सामाजिक उपयोगिता के प्रबल समर्थक हैं।

भरत और यूनानी दार्शनिक दोनों तत्कालीन समाज की उच्चता और उदात्तता के हामी थे, किन्तु भरत इस कार्य में कलाओं का योगदान स्वीकार करते हैं। यूनान में काव्य और दर्शन से सम्बन्धित इस महान विवाद के पश्चात् भी दर्शन और कलाओं के पक्षधरों में संघर्ष प्रचलित रहा किन्तु भरत के पश्चात् भारत में कलाओं की उपयोगिता सर्व स्वीकृत हुई। अतः भरत का महत्व स्वतः स्पष्ट है।

होमर काव्य का कारण दिव्य प्रेरणा मानता है।[203] होमर और प्लेटो के मध्य के विचारक सोलन, हिसार, पिंडार आदि काव्य को आकर्षक, शिक्षात्मक, शब्द के कुशल प्रयोग से युक्त और चित्रकला सदृश मानते हैं।[204] सुकरात (469-399 ई. पू.) और प्लेटो के समय (चतुर्थ शताब्दि ईसा पूर्व) कला और काव्य के विषय में दार्शनिक का रूप कठोर हुआ। सुकरात और इओन (EON) के विवाद में, इओन अलंकार शास्त्री और अभिनेता होने के कारण, दिव्य प्रेरणा का ही सिद्धान्त सम्मुख रखता है।[205] इस संवाद में सुकरात, यह स्वीकार करा लेता है कि कवि जिन वस्तुओं का वर्णन करता है, उनका वह विशेषज्ञ नहीं होता और यह भी कवि एक दिव्योन्माद से ग्रस्त होने कारण, बुद्धिसंगत सृष्टि नहीं करता। परिणामतः भरत ने कवि को जो सामान्य मानव स्वभाव—विशेषज्ञता और नववस्तु-निर्माण के कारण प्रजापति कहा है, यह पद सुकरात, कवि को नहीं दे सकते थे। सुकरात, इओन को मानव प्रकृति विशेषज्ञता के तर्क की ओर बढ़ने ही नहीं देता, वह उसे कवि की वैज्ञानिकता सिद्ध करने तक ही सीमित रखता है।[206]

सौन्दर्य पर सुकरात ने महत्वपूर्ण विचार प्रकट किए हैं। वह अपने उद्देश्य की पूर्ति करने वाली प्रत्येक वस्तु को सुन्दर कहते हैं।[207] भरत ने दूसरी दृष्टि से जुगुप्सापरक पदार्थों से भी सौन्दर्य की उत्पत्ति स्वीकार की है। इसी प्रकार सुकरात सौन्दर्य को निरपेक्ष न मान कर, उसे किसी सन्दर्भ विशेष में ही सुन्दर मानता है।[208] भरत के यहाँ निरपेक्ष सौन्दर्य का कोई अस्तित्व ही नहीं है।

भरत और सुकरात में सबसे बड़ा सादृश्य का आधार है, सुकरात द्वारा सौन्दर्य की

उपयोगिता-स्वीकृति। भरत के समान ही सुकरात सौन्दर्य या रस को कारण और शिवत्व को कार्य मानते हैं।[209] यह भी सुकरात ने स्वीकार किया है कि सौन्दर्य नेत्रों और श्रवणेन्द्रियों द्वारा ही सर्वाधिक ग्रहीत होता है जो भरत मत के सदृश है।

किन्तु सुकरात दार्शनिक सौन्दर्यशास्त्री थे। अतः ज्ञान को स्वभावतः वह अधिक महत्व देते हैं जबकि भरत नाटक को ज्ञानी, अज्ञानी सभी को सन्तुष्ट करने में समर्थ मानते हैं। सुकरात ने कहा है कि ज्ञान अदृश्य है। ज्ञान या ऋतम्भरा प्रज्ञा मूर्त्तित हो उठती तो हम सब उसके प्रेम में पागल हो जाते हैं। अतः केवल सुन्दर को ही यह प्रतिष्ठा प्राप्त है कि वह मूर्त्तित हो सकता है और इसीलिए वह स्पष्ट और प्रियतम वस्तु है।[210] सुकरात के अनुसार सौन्दर्य निरपेक्ष या दिव्य सौन्दर्य का संकेत होता है। जगत् का सौन्दर्य सापेक्ष और सन्दर्भगत् और दिव्य सौन्दर्य निरपेक्ष एवं शाश्वत होता है। इस प्रकार सुकरात में जो रहस्यवाद हैं, वह भी भरत में अनुपलब्ध है। भरत मूलतः यथार्थवादी रसशास्त्री थे।

प्लेटो और भरत—प्लेटो मनु के यूनानी संस्करण प्रतीत होते हैं। वह केवल देवस्तुतिपरक, नीतिपरक और उपदेश प्रधान काव्य को अपने जनतंत्र में अनुमति देते हैं क्योंकि काव्य वासनाओं का उत्तेजक होता है।[211] वह कवियों के गले में मालाएँ डाल कर, राज्य बहिष्कार का दण्ड विधान करते हैं।[212] इस प्रकार प्लेटो के दर्शन में कवि और नीतिवादी (मौरलिस्ट) में विरोध स्पष्ट है। भरत ने नाटक को 'शुभाशुभकर्मविधायक' बना कर नाटक तथा काव्य द्वारा वासनाओं को रस में परिणत कर इस द्वन्द्व पर सफलापूर्वक विजय प्राप्त कर ली थी। यदि प्लेटो और उनके अनुयायियों को नाट्यशास्त्र का परिचय हो पाता तो दार्शनिकों और नीतिवादियों को यह कष्ट न होता। भरत, कला में सुख दुःखात्मक लोकानुकरण को लोक कल्याण के लिए अनिवार्य मानते हैं जबकि प्लेटो की इच्छा यह है कि व्यवस्था की रक्षा के लिए, नागरिक सुख-दुःखों से ऊपर उठें। उन्हें आशंका है कवियों द्वारा प्रचार से लोक में सुख दुःख का ही राज्य हो जाएगा और ज्ञान और विधि विडम्बित हो उठेंगे।[213]

अनुकृतिवाद—इस भय को दूर करने के लिए प्लेटो ने दार्शनिक आधार पर काव्य और कला की परीक्षा करके इन्हें सत्य से दो या तीन बार बहिष्कृत घोषित कर दिया। उनके अनुसार कुछ कविताएँ घटित का कथन करती हैं और नाटक घटना का अनुकरण मात्र करते हैं। इनमें नाटक सबसे अधिक खतरनाक हैं क्योंकि से सर्वाधिक संक्रामक होते हैं।[214] प्लेटो के अनुसार गम्भीर व्यक्ति जिसे जीवन में महत्वपूर्ण कार्य करना है, नाटकादि में अनुकरण नहीं कर सकता। यह अनुकरण कार्य स्वामी वर्ग के नागरिकों के लिए दास और अन्य भाड़े पर बुलाये गए विदेशी करें।[215] अनुकरण एक वास्तविक क्रिया है। एक चित्रकार का उदाहरण देकर प्लेटो ने अनुकरण (मिमीसिज) को समझाया है। शैय्या का वास्तविक तत्व (एसेन्स) चित्रकार चित्रित नहीं करता, वह शैय्या विशेष को ही चित्रित

करता है। कलाकार तीन है, ईश्वर, तक्षक और चित्रकार। इसमें स्रष्टा केवल ईश्वर है, शेष दो अनुकरणाकर्त्ता हैं। चित्रकार तक्षक द्वारा अनुकृत शैय्या का भी अनुकरण करता है। अतः वह सत्य से दो बार बहिष्कृत है। यहाँ सर्वातीतवादी दर्शन के आधार पर ही कला और काव्य को स्थूल अनुकरणाकर्त्ता सिद्ध कर दिया गया है।[216] अध्यात्मवाद के प्रकाश में भौतिक जगत् के किसी तत्व की वास्तविक व्याख्या सम्भव ही नहीं है। प्लेटो इस यथार्थ जगत् के अनुभव को छायाचित्र से अधिक महत्व नहीं देते।[217] प्लेटो ने ज्ञान के चार प्रकार बताए हैं जिनमें सर्वोत्तम स्वयं प्रकाश्यज्ञान और निकृष्टतम ऐन्द्रियप्रत्यक्षीकरण है अर्थात् दिव्य ज्ञान के सिवा प्लेटो प्रत्यक्ष को कुछ भी महत्व नहीं देते तभी प्रत्यक्ष से सम्बन्धित कलाओं का स्थान निकृष्टतम है।[218]

भरत का अनुकृतिवाद या अनुकीर्त्तनवाद आदर की वस्तु है। नाटक की परिभाषा ही लोकानुकृति है और प्लेटो के सर्वथा विपरीत भरत में नाटक को श्रेष्ठ माना गया है। संस्कृत काव्य में भी नाटक को रम्यतम माना गया है। प्लेटो नाटक, कविता आदि को वासनात्मक मानते हैं, भरत अनुकृति द्वारा इस वासना का उदात्तीकरण सम्भव मानते हैं। प्लेटो को भय है कि इस अभद्र अनुकरण द्वारा सामान्य व्यक्ति पथभ्रष्ट न हो जाए। इसके विपरीत भरत का कथन है कि यह सत्य है कि कलियुग में मूर्ख अधिक होते हैं, परन्तु नाट्य द्वारा ही उन्हें शुभाशुभफल का, आनन्दमय-पद्धति द्वारा साक्षात्कार कराया जा सकता हैं, शास्त्रोपदेश कटु औषधिवत् है, वह सामान्य जनता का हृदय-परिवर्तन करने में असमर्थ रहा है।[219] अतः जिस अनुकृति को सर्वातीत दर्शन के आधार पर निन्दित किया गया है, भरत उसे नाटक का प्राण मानते हैं और दिव्य सत्ता और जगत् की सत्ता के द्वन्द्व की चर्चा भी नहीं करते क्योंकि भरत स्पष्टतः जगत को सत्य मानते थे। उन्हें तो स्वयं ब्रह्मा और महेश्वर उपदेश देते हैं। रुद्र के नृत्य को देख कर ही भरत को नृत्यादि का ज्ञान हुआ था। अतः प्लेटो, लोकनाश की भ्रमपूर्ण आशंका के कारण कला के अनुकरण को निंदनीय सिद्ध करने के लिए दर्शन की शरण लेते हैं और भरत, कला की गौरववृद्धि के लिए धर्म, वेद, ब्रह्मा, शिव आदि की शरण लेते हैं। अतः भरत के अनुसार कलियुग में नाट्यवेद ही तारक है जबकि प्लेटो उद्धारक कवियों के राज्य-निष्कासन के लिए प्रस्तुत हैं। भरत का दृष्टिकोण निश्चित रूप से अधिक यथार्थवादी, मानववादी और मनोवैज्ञानिक है।

सौन्दर्य शास्त्रीय दृष्टि से प्लेटो रेखाओं, वृत्तों, त्रिकोणों, आदि को सुन्दर मानते हैं। रंगों के सौन्दर्य को प्लेटो ने स्वीकार किया है किन्तु भरत इस क्षेत्र में प्लेटो से पीछे नहीं हैं।[220] उन्होंने रंगों में विशिष्ट सौन्दर्य मान कर ही रसों के रंग निश्चित किये हैं और रंगमंचों के निमार्ण में उन्होंने ज्यामितिक सौन्दर्य का पूर्ण परिचय दिया है।[221]

भरत और अरस्तू—अरस्तू याज्ञवल्क्य के सदृश कलाओं के समर्थक हैं। वह अनुकरण की प्रवृत्ति का मनोवैज्ञानिक आधार खोज कर बचपन से ही मानव की अनुकरण प्रियता की पहचान करते हैं। **मनुष्य अन्य पशुओं से अधिक अनुकरण प्रिय** होता है।

अनुकृति से शव और विष्टा जैसे जुगुप्सापरक पदार्थ भी सुन्दर लगने लगते हैं। अनुकृति में मूल वस्तु का सादृश्य देखने के कारण, अनुकृति मन को प्रिय लगती है।[222] यह सिद्धान्त भरत से यथावत् सादृश्य रखता है। अरस्तू ने भरत के समान ही बिना किसी दार्शनिक मतवाद के विवेचन किया है। केवल विरेचन का सिद्धान्त उन्होंने अवश्य चिकित्सा-विज्ञान से लिगा है।[223] अतः उनका अनुकरण सिद्धान्त अधिक उपयोगी है। अरस्तू के अनुकृति शब्द का अर्थ सामान्यतः पुनः प्रस्तुतीकरण किया जाता है।[224] स्कॉट जेम्स ने अनुकरण को जीवन का कल्पनात्मक पुनर्निमाण कहा है।[225] स्कॉट जेम्स का कथन है कि अरस्तू यदि आज के युग जीवित होते तो भी वह 'मिमीसिज' शब्द का प्रयोग न छोड़ते किन्तु अनुकरण शब्द में अभिव्यक्ति, प्रभाव, प्रतीक आदि प्रयोगों को संकेतित करने की शक्ति नहीं है। इसलिए भरत ने कहीं अनुकरण और कहीं अनुकीर्त्तन शब्द का प्रयोग किया है। अभिनवगुप्त ने अनुकरण शब्द की निरर्थकता पर प्रकाश डाल कर, सजातीय का अनुकीर्त्तन ही उचित प्रयोग सिद्ध किया है।[226]

अरस्तू ने इतिहास से काव्य को अधिक दार्शनिक सिद्ध किया है क्योंकि काव्य सार्वजनिक सार्वभौमिक का चित्रण है, इतिहास विशिष्ट का वर्णन है।[227] भरत ने ऐसा स्पष्ट विवेचन तो नहीं किया है किन्तु साधारणीकरण के कारण, विशिष्ट का सार्वजनिकता में परिवर्तन, उन्हें इष्ट था, यह अभिनवगुप्त ने विस्तार से निरूपित किया है। नाटक का तो विषय ही इतिहास होता है। भरत अनुकरण को इतना व्यापक बताते हैं कि उसमें आदर्श भी सम्मिलित हो जाता है। नाटक में इतिहास के आधार पर कल्पना द्वारा आदर्श पात्रों और अलंकारों में कल्पित पदार्थों की आवश्यकता नाट्यशास्त्र में स्वीकृत है। विलियम और ब्रुक्स के अनुसार अरस्तू भी आदर्श द्वारा यथार्थ का अतीतीकरण स्वीकार करते हैं।[228]

अरस्तू ने अवयवों के सामंजस्य, महत्ता आदि पर अधिक बल दिया है। नाटक न अधिक दीर्घ हो न विशेष लघु। एक योजन बड़ा पशु सुन्दर न होगा और न अति लघु जीव ही आन्तरिक सन्तोष देगा। अतः अरस्तू ने पूर्ण और अवयवी पर समुचित विचार किया है। अवयवी (होल) वह है जिसमें किसी तत्व का अभाव न हो।[229] भरत ने भी रूपकों में वस्तु के सन्दर्भ में अवयवों के सामंजस्य पर ही विचार किया है। रूपकों के प्रारम्भ, विकास और अन्य की कल्पना सावयवता के सिद्धान्त पर ही आधारित है किन्तु भरत का ध्यान सर्वत्र रस पर केन्द्रित रहा है।

अरस्तू द्वारा दुःखान्त नाटकों के वर्णन से वस्तुतः काव्य का भी विश्लेषण हो जाता है, उसी प्रकार जिस प्रकार रस का नाट्यशास्त्र में निरूपण काव्य से भी सम्बद्ध है। दुःखान्त नाटकों की कल्पना में, भय और करुणा के विरेचन के सिद्धान्त को छोड़ कर शेष नियम भरत के रूपक-निर्माण नियमों से पूर्णतः सादृश्य रखते हैं। अरस्तू के अनुसार दुःखान्त नाटक में गम्भीर कार्य का अनुकरण होता है, यह पूर्णता और सावयवता से संयुक्त होता हैं। दुःखान्त नाटक कुछ अधिक दीर्घ होते हैं और इनमें अलंकृत भाषा का प्रयोग होता है और इनमें भय करुणा या दया भावों का विरेचन होता है।[230]

योरोप के आलोचक ट्रैजिक या दुःखान्त के प्रसिद्ध प्रशंसक हैं। भरत के सुखान्त नाटक उन्हें बचकाने प्रतीत होते हैं। योरोपीय विचारकों ने दुःखान्त नाटकों के समर्थन में प्लेटो के सदृश दर्शन की शरण ली है। दुःखान्त नाटकों में महापुरुष चित्रित होता है, भरत के सुखान्त नाटक का विषय भी महापुरुष ही है किन्तु प्रथम में अपनी किसी भूल या दुर्भाग्य से उसका दुःखान्त होता है द्वितीय में नाना बाधाओं और कष्टों के उपरान्त नायक की विजय अवश्यम्भावी हैं। दुःखांतवादियों का कथन है कि महापुरुष अपनी असीम इच्छा शक्तिा के कारण, प्रकृति के विरुद्ध आचरण करता है, प्रकृति का संतुलन भंग होने से नायक को अप्रत्याशित अन्त का सामना करना पड़ता है। मृत्यु के समय यदि नायक अपने दुःख का कारण जान लेता है और यदि वह अनुभव करता है कि उसका उद्देश्य नष्ट नहीं हो रहा है बल्कि वह (महत् उद्देश्य) नायक की मत्यु के माध्यम से आत्म शुद्धि कर रहा है तो समन्वय पूर्ण हो जाता है। इसी को भाग्य कहते हैं। ट्रैजिक के कई रूप हो सकते हैं, प्रथम में नायक वास्तविक रूप में अपराधी नहीं होता; अतः उसका पतन प्रकृति, की अंश-शक्तियों द्वारा होता है। कभी कोई समृद्ध, वीर, पराक्रमी व्यक्ति नष्ट हो जाता है, ऐसे दुःखान्तों में किसी नैतिक नियम (मॉरल लॉ) के कारण नायक का नाश नहीं होता; अपितु यह दिखाने के लिए होता है कि मृत्यु यां विनाश सार्वभौमिक है भूल या अपराध हो जाने की स्थिति में नायक का अपराध, जगत् के नैतिक नियमों के विरुद्ध पड़ता है। अतः ऐसे पात्रों में प्रबल और प्रतापी होने पर भी कोई एक पक्ष दुर्बल होता है और उसी के कारण पतन होता है।[231]

शैक्सपियर के जूलियस सीजर से उदाहरण देते हुए हीगेल से प्रभावित विशर ने दुःखान्त को यों समझाया है कि जूलियस सीजर के समय रोम सम्राटशाही सरकार के लिए प्रयत्नशील था जो उपयुक्त प्रयत्न था। हीगेल के शब्दों में यह 'थीसिस' या विषय है। सीजर ने पोम्पी को विजित किया किन्तु गतानुगतिक को भी रहने का अधिकार है। अतः ब्रूट्स के रूप में 'एण्टी थीसिस' या प्रति विषय का उदय हुआ। सीजर का वध हुआ, परन्तु वधकर्ताओं की आत्माएँ सीजर की महत्ता से आक्रान्त रहा और सीजर का पक्ष उपयुक्त और प्रबलतर होने के कारण बाद में ब्रूट्स आदि का वध हुआ और एन्टनी ने ब्रूट्स को महान सम्मान दिया। यहाँ आकर दो विरुद्ध पक्षों, विषय, प्रतिविषय में समन्विति (सिन्थेसिस) हो गई और पतन और मृत्यु के द्वारा यह समन्वय प्रतिष्ठित हुआ।[132]

चर्निशेविस्की ने दुःखानतता की अनिवार्यता सिद्ध करने के लिए इस दार्शनिक तर्कजाल का युक्तियुक्त खण्डन किया है।[233] वस्तुतः हीगेल के द्वन्द्ववाद का जिस ढंग से यहाँ विशर ने प्रयोग किया है उससे दुःखान्त ही नहीं, सुखान्त का भी समर्थन किया जा सकता है। उदाहरणतः भरत के पक्ष में यह कहा जा सकता है कि नायक और प्रतिनायक के विषय और प्रतिविषय का द्वन्द्व नायक के विजय रूप फलागम अथवा समन्वय में परिवर्तित हो जाता है। मृत्यु और विनाश द्वारा ही द्वन्द्व समन्वय में परिणत होता हो तो भरत के नाटकों में सर्वदा प्रतिनायक का विनाश होता है। वस्तुतः यह योरोपीय

अध्यात्मवादियों का अबुद्धिसंगत प्रयत्न है क्योंकि सर्वदा महापुरुष का अन्त में नाश ही हो,[234] यह जीवन में आवश्यक नहीं है।[235] यह कथन कि महापुरुष का पतन निश्चित है, निराशावाद है इससे निश्चित रूप से इस नैतिक नियम की अवहेलना होती है कि अन्त में पुण्य की विजय अवश्यम्भावी है। संघर्ष के बिना नाटकीयता नहीं आती क्योंकि संघर्ष के बिना प्राप्त फल महत्वहीन लगता है। अतः भरत ने संघर्ष का पर्याप्त विधान किया है, किन्तु दुःखान्त की ग्रीकी अनिवार्यता को नीति विरुद्ध ही नहीं, यथार्थ विरुद्ध मान कर भी अनिवार्य नहीं माना है। भरत के सुखान्त नाटकों के विरुद्ध सबसे बड़ा योरोपीय तर्क ही यह है कि दुःखान्त नाटक में जीवन का यथार्थ होता है। रसवाद की तुलना में यह कथन एक सीमा तक अवश्य सत्य है किन्तु कल्पित यथार्थ को भी योरोप यथार्थ ही समझ लेता है। इसीलिए कल्पित दुःखान्त को भी वास्तविक और अनिवार्य अन्त माना गया है। संघर्ष आवश्यक है परन्तु संघर्ष हमेशा दुर्भाग्यपूर्ण नहीं होता और सौभाग्यपूर्ण संघर्ष, चाहे वह कितना ही कठिन हो, कभी दुःखमय नहीं होता अपितु आल्हादक होता है, वह ट्रैजिक नहीं होता, केवल नाटकीय होता है।[236] अतः भरत के सुखान्त नाटक अरस्तू के दुःखान्त से कम नाटकीय नहीं हैं, हाँ ट्रेजिक तत्व का भारत में अभाव रहा है और उसका कारण यहाँ के सामन्तवाद में अपेक्षाकृत वर्ग सम्बन्धों को अधिक मधुरता तथा पुनर्जन्मवाद के कारण उत्पन्न सामरस्य था, जिसे जातिवाद ने स्थायी बना दिया था।

अतः अतिशयता दोनों ओर है। ग्रीक में दुःखान्त रूपकों की अधिकता है। दुःखान्त और सुखान्त का विभाजन भी अनुपयुक्त है। भारतवर्ष के प्रत्येक नाटक में नायक की विजय और नायिका की प्राप्ति भी स्वाभाविक लगती है किन्तु नाटक के क्षेत्र में इस ध्रुवीकरण में दोनों देशों की सामाजिक व्यवस्थाओं और संस्कृतियों का योगदान है।

समस्या संकुल वर्तमान युग में, ग्रीक नाटक आधुनिकों को अधिक रुचते हैं और भरत की रसनिमग्नता, अतिरंजनापूर्ण तथा भावुकतापूर्ण प्रतीत होती है। स्वभावतः इस प्रवृत्ति के कारण, भारतीय परम्परा के ग्रहणीय पक्ष भी उपेक्षित हो जाते हैं।

विरेचन और तृप्तिवाद—अरस्तू ने कैथारसिस या विरेचन सिद्धान्त द्वारा वस्तुतः प्लेटो को उत्तर दिया था कि कला घनीभूत भावों का विरेचन करके सहृदयों को स्वस्थ करती है। अतः वह प्रशंसनीय और उपयोगी है। भरत ने रसवाद द्वारा अपनी विधि से मनु जैसे ब्राह्म नीतिवादियों को उत्तर दिया था। अरस्तू का कैथारसिस शब्द चिकित्सा से सम्बन्धित है।[237] प्लेटो ने भी 'परगैशन' या विरेचन शब्द का प्रयोग किया है।[238] बहुत सम्भव है, कैथारसिस का यही आदर्श हो। बुचर का मत यह है कि यह सिद्धान्त आधुनिक ट्रेजिक अनुभव के गौरव का संकेतक है और कला द्वारा आत्मविस्तार की धारणा पर भी प्रकाश डालता है।[239]

अरस्तू के विरेचन के सिद्धान्त में निषेध और निष्कृति अधिक है। यह बहुत कुछ नैयायिकों की उस मुक्ति के समान है जिसमें मुक्ति को दुःखों का अत्यन्ताभाव माना गया

है। जैसे भार उतर जाने पर सुख मिलता है, वैसे ही भय और करुणादि भावों के विरेचन से शान्ति मिलती है किन्तु इसमें भरत के रसवाद जैसी न तो व्यापकता है और न भावात्मक तृप्ति का विधान है। भरत के रसवाद में सर्वत्र स्थायी भावों द्वारा रसनिष्पत्ति में तृप्ति, मनोविनोद या आनन्द पर बल है, जो एक भावात्मक या धनात्मक (पॉजिटिव) स्थिति है। यदि कला हमारी चेतना पर अवांछनीय, घनीभूत निजी-भावभार को ही उतार फेंकती है तो यह महान उपलब्धि नहीं कही जा सकती है। कला द्वारा वासनाओं का उदात्तीकरण या रूपान्तरण होना चाहिए, यह सत्य रसवाद द्वारा ही समझा जा सका है।

सुखान्त के विषय में दृष्टिभेद—भरत ने हास्यरस को मध्यम श्रेणी का रस माना है। भारतवर्ष में सामाजिक व्यंग्य की अभिव्यक्ति हास्यरसप्रधान नाटकों द्वारा नहीं हो सकी। ग्रीस में इन्हीं का आधिक्य था। फिर भी दोनों देशों के हास्यप्रधान नाटकों में कुछ सादृश्य है। प्लेटो हास्य में एक द्वेषपूर्ण आनन्द की सत्ता मानते थे और अभद्र चरित्रों को देखकर आत्मश्रेष्ठता की अनुभूति भी।[240] अरस्तू के अनुसार हास्यप्रधान नाटक में निम्न कोटि के चरित्रों का अनुकरण किया जाता है। ये चरित्र बुरे नहीं, हास्यास्पद होते हैं। इसका सम्बन्ध किसी दोष या असौन्दर्य से होता है जो कष्टकारक और विनाशक नहीं होता है।[241] भरत ने भी स्त्रियों और मूर्खों तक ही हास्य को सीमित रखा है परन्तु भरत, के हास्यरस में सामाजिक व्यंग्य की चर्चा नहीं है। अतः वह ग्रीक हास्य की तुलना में संकीर्ण है।

इस प्रकार ग्रीक काव्यशास्त्र से तुलना करने पर भरत का यथार्थवाद, कला गौरव वृद्धि, सुखान्त नाटकों की महत्ता, विरेचन सिद्धान्त से कहीं अधिक व्यापक रसवाद और कला तथा नीति की संगति आदि तत्वों पर मार्मिक प्रकाश पड़ता है साथ ही भारतीय काव्यशास्त्र की महिमा प्रकट होती है। भौतिकवाद की दृष्टि से भरत प्लेटो से कहीं अधिक यथार्थवादी और अरस्तू से अधिक व्यापक दृष्टि रखने के कारण, अपेक्षाकृत अधिक उपयोगी हैं।

निष्कर्ष यह है कि नाट्यशास्त्र में भारतीय काव्यशास्त्र के प्रायः सम्पूर्ण तत्व सुरक्षित हैं। नाट्यशास्त्र को पढ़ कर कैरिट का यह मत स्मरण हो आता है कि प्राचीन के गर्भ में सब कुछ सुरक्षित है।[242] ये तत्व या बीज तात्कालिक सामाजिक सन्दर्भ में ही उत्पन्न हुए हैं।

भरत ने स्मृतियों के कलानिन्दक दृष्टिकोणों के विरुद्ध संघर्ष करके कलाओं की गौरववृद्धि की है। वह कलानिन्दक दृष्टिकोणों के विरुद्ध अरस्तू से अधिक सफल हुए।

भरत कला को सोद्देश्य मानते हैं। उनके अनुसार कला का प्रयोजन आनन्दमय पद्धति द्वारा शिक्षा देना है। अतः उनके इस मत को आनन्दवादी-शिक्षावादी कह सकते हैं, उसे भोगवादी-शिक्षावादी (हृडोनिस्टिक-एजूकेशनल) नहीं कह सकते किन्तु सामन्ती समाज के प्रभाव के कारण वह कला को क्रान्तिकारिणी भूमिका स्वीकार नहीं कर सके।

भरत कला को सार्ववर्णिक, सार्वजनीन और सार्वभौम मानते हैं और साथ ही

अन्याय-नीति के विरुद्ध कला द्वारा संघर्ष को पुण्य समझते हैं।

नाट्यशास्त्र में तात्कालिक यथार्थवाद का समर्थन किया गया है। जीवन की पुनर्प्रस्तुति ही यथार्थवाद का आधार है और कला के सौन्दर्य का आधार भी जीवन के विधि रूप है। भरत ने जनपदीय जगजीवन विधि के चित्रण पर अत्यधिक बल दिया है। भरत रस को नाटक और गौणतः काव्य का सर्वस्व मानते हैं। रस की निष्पत्ति के लिए ही विभावादि, अलंकार, छन्द, लक्षण, भाषा आदि का महत्व है, स्वतंत्र रूप में अलंकार-छन्दादि को भरत महत्व नहीं देते। अतः भरत भावात्मक कला और काव्य के प्रतिष्ठापक हैं।

रसों की गणना और विभाजन में विकासवाद का प्रयोग न होने के कारण अवैज्ञानिकता मिलती है। वाल्मीकि के करुणावाद या व्यापक जनसहानुभूति की भरत में उपेक्षा मिलती हैं। शृंगार को अधिक महत्व दिया गया है।

रस-प्रक्रिया में अध्यात्मवाद का सर्वदा अभाव है, किन्तु भरत का दृष्टिकोण मनोवैज्ञानिक है, समाज शास्त्रीय और वैज्ञानिक नहीं। रसों के देवीकरण-प्रसंग में कला-प्रक्रिया पर महत्वपूर्ण प्रकाश पड़ता है।

यह रसवाद सामान्य मानव की भावात्मक एकता पर आधारित किया गया है। वर्ग संघर्ष का सर्वथा अभाव रसवाद के लिए अनिवार्य है। भरत के समय में भारतीय सामंतवाद में वर्ग-संघर्ष का अपेक्षाकृत अभाव होने के कारण ही, भरत रसवाद में सफल हुए।

हिन्दू नीतिवाद, हिन्दू धर्म और हिन्दू मर्यादाओं और मान्यताओं के ताने बाने से ही भरत का रस-शास्त्र निर्मित हुआ है। अतः संशोधित रूप में ही यह द्वन्द्वात्मक काव्यशास्त्र द्वारा ग्रहणीय हो सकता है।

रस के आधार पर रूपकों के भेद-विवरण तथा पात्र विभाजन आदि में भी तात्कालिक सामाजिक दशा की सापेक्षता स्पष्ट है।

भरत ने कला के प्रभाव, मूल्यांकन, रस आदि पर ग्रहणीय विचार प्रकट किए हैं। आलोचक की भूमिका वे स्वीकार करते हैं।

भरत में सुकरात के रहस्यवाद का अभाव है, परन्तु दोनों ही कला की उपयोगिता समान रूप से मानते हैं।

प्लेटो ने अनुकरण और कला को वासनोत्तेजक मानकर कला की निन्दा की है। भरत ने अनुकरण मान कर भी कला के मानव-राग-शोधन का योगदान स्वीकार किया है।

अरस्तू के दुखान्तवाद और विरेचनवाद से भरत का सुखान्तवाद और तुष्टिवाद क्रमशः अधिक नाटकीय, यथार्थवादी और युक्तिसंगत है। भरत के रससूत्र में, रचना-प्रक्रिया की द्वन्द्वात्मकता की धारणा निहित है।

सन्दर्भ

1. कामजेषु प्रसक्तो हि व्यसनेषु महीपतिः वियुज्यतेऽर्थधर्माभ्यां क्रोधजेष्वात्मनैव वा-मनुस्मृति 7-45।
2. वही 7-44।
3. एतेन कामजो दशको गणः इति वर्जनीयत्वेन नाट्यस्यानुपादे–यतेति यत् केचिदाशंकिरे, तदयुक्तीकृतम्–हिन्दी अभिनवभारती, विश्वेश्वर, दिल्ली, 1960, पृष्ठ 39।
4. वीणावादनतत्त्वज्ञः श्रुतिजातिविशारदः, तालज्ञश्चाप्रयासेन मोक्षमा र्गेनियच्छति गीतज्ञो यदि भोगेन, नाप्नोति परमं, रुद्रस्यानुचरो भूत्वा, तेनैव सह मोदते याज्ञवल्क्य, 3-112, 116।
5. हिन्दी अभिनव भारती, पृष्ठ 39-40।
6. मनु ने अन्यत्र छात्रों गृहस्थों आदि के लिए भी नृत्य, गीत और वाद्य का निषेध किया हे, मनुस्मृति 63, 144, 160 तथा 237।
7. हिन्दी अभिनव भारती, आचार्य विश्वेश्वर का मत, पृष्ठ 50।
8. (क) हिन्दी अभिनव भारती, कारिका 1 की टीका।
(ख) श्री कांतिचन्द्र पाण्डेय ने मनु की प्लेटो और याज्ञवल्क्य की अरस्तू से सार्थक उपमा दी है–
दज़ मनु, एन एक्सट्री मौरलिस्ट कंडैम्ड आर्ट्स इन्क्लूडिंग नाट्य, वैरी मच एज़ डिड प्लेटो हिज़ रिपब्लिक एण्ड इट इज़ इंटेरेस्टिग टू फाइंड दैट द रियैक्शन आफ़ याज्ञवल्क्य टू मानुस कंडैम्नेशन ऑफ़ फ़ाइन आर्ट्स इन इंडिया वाज सिमिलर टू दैट ऑफ़ अरिस्टोटल टू प्लेटोज़ इन ग्रीस–कम्पैरेटिव ईस्थैटिक्स, प्रथम पुस्तक, द्वितीय संस्करण, पृष्ठ 11 लखनऊ 1956 ई.।
9. हिन्दी अभिनव भारती–पृष्ठ 40।
10. नाट्यशास्त्र, 1-9 बड़ौदा संस्करण।
11. देवदानवगन्धर्व-यज्ञ-रक्षे-महोरगैः जम्बूद्वीपे समाक्रान्ते लोकपालप्रतिष्ठिते-हिन्दी अभिनव भारती, पृष्ठ 66।
12. महेन्द्र प्रमुखैदेवैरुक्तः किल पितामहः क्रीडनीयकमिच्छामी दृश्यं श्रव्यं च यद्भवेत्-नाट्यशास्त्र, 1-11।
13. इदमस्माकं गुडप्रच्छन्नकटुकौषधकल्पं चित्तविक्षेपमात्रफलं इति यन्न ज्ञायते–हिन्दी अभिनव भारती, पृष्ठ 67।
14. ग्राम्यो श्रुतशास्त्रर्थजनाकीर्णदेशोचितो धर्मः स्वधमनिनुपालन लक्षणस्तद्विषये यतो सो लोकः प्रवृत्त, वही, पृष्ठ 72।
15. नाट्य शास्त्र, 1-12।
16. सर्वेषां वर्णानां सरससुकुमारेण नयेन स्वकर्त्तव्य निरूपणं यत्र काव्ये तस्मिन्–हिन्दी अभिनव भारती, पृष्ठ 79।
17. धर्म्यमर्थ्य यशस्यं च सोपदेश्यं संसंग्रहम् भविष्यतश्चलोकश्च सर्वकर्मानुदर्शकम् सर्वशास्त्रार्थसम्पन्नं सर्वशिल्पप्रवर्तकम् नाट्याख्य पंचमं वेदं सेतिहासं करोम्यहम्–नाट्यशास्त्र–1-15।
18. न केवलं प्रधानपुरुषार्थोपाय दर्शकं–अभिनगुप्त–हिन्दी अभिनव भारती, पृष्ठ

86।
19. एवं पितामह सद्दशेन सर्वदा नाट्यवेद शरीर–रूपकनिर्माणो कविना भाव्य मिति... हिन्दी अभिनव भारती, पृष्ठ 106।
20. ततस्मिन् ध्वजमहे निहतासुरदानवे, प्रहृष्टामरससंकीर्णे, महेन्द्र विजयोत्सवे, नाट्यशास्त्र 1-55।
21. एवं प्रयोगे प्रारब्धे दैत्यदानवनाशने अभवन् क्षुभिताः सर्वे दैत्याः ये तत्र संगतः–नाट्यशासत्र 1-64।
22. वही, 1-83 से 98 तक।
23. वही, 1-103।
24. एवं यत्किन्चिल्लालित्यं तत्सर्व कैशिकीविजूम्भितम्–अभिनवभारती, पृष्ठ 118।
25. भवतां देवतानां च शुभाशुभविकल्पकः कर्मभावान्वयापेक्षी नाट्यवेदो मया कृतः–नाट्यशास्त्र 1-106।
26. न तत्र देवेषु दैत्येषु वा कश्चिद् भरः। अतएव भवतामपि धर्मादौ यः सदुपायः सोऽपि शुभविपाकत्वेनैव दर्शितः। –अभिनवभारती, पृष्ठ 177।
27. नाट्यशास्त्र 1-106 की व्याख्या।
28. ननु चैवमप्यस्मत्पृष्ठे किमेतद्योजितमिति–अभिनवभारती, पृष्ठ 176।
29. नैकान्ततोऽत्र भवतां देवानां चानुभावनम्–नाट्यशास्त्र 1-107।
30. एवं राज्ञा सिद्धिविघातका दण्डया इति दर्शितम्–अभिनवभारती 1-70 की व्याख्या।
31. क्वचिद्धर्मः क्वचित्क्रीड़ा क्वचिदर्थः क्वच्छिमः क्वचिद्धास्यं, क्वचिद्युद्धं, क्वचित् कामः क्वचिद्वधः–नाट्यशास्त्र 1-108।
32. नानाभावोपसम्पन्नं नानावस्थान्तरात्मकम लोकवृत्तानुकरणं, नाट्यमेतन्मया कृतम्–नाट्यशास्त्र 1-112।
33. नाट्यशास्त्र 1-113, 114।
34. ननु किं गुरुवदुपदेशं करोति? नेत्याह, किन्तु बुद्धि विवर्धयति-हिन्दी अभिनव भारती, पृष्ठ 211।
35. स्वप्रतिभामेव ताद्दशी चितरतीत्यर्थः। न च सा दुष्टा प्रतिभेत्याह हितम् हितप्रतिभाजनकत्वात्–वही, पृष्ठ 211।
36. न तज्ज्ञानं न तच्छिल्पं न सा विद्या न सा कला नासौ योगो न तत् कर्म, नाट्येऽस्मिन् यन्न दृश्यते 1-116।
37. नाट्यशास्त्र 1-117।
38. वही, 1-118।
39. वही, 1-119।
40. (अ) हिन्दी अभिनव भारती, पृष्ठ 436।
(ब) नाट्यशास्त्र–अंग्रेजी अनुवाद, मनमोहन घोष, भूमिका, पृष्ठ 44।
41. हिन्दी अभिनव भारती, पृष्ठ 187।
42. नाट्यशास्त्र, 7-10।
43. हिन्दी अभिनव भारती, पृष्ठ 188।
44. वही, पृष्ठ 189-192।
45. ता अपि देशवशात् भूयसा भवन्तीति तदवन्तरं प्रतृत्तय–वही, नाट्यशास्त्र, षष्ठ अध्याय, कारिका 25 की व्याख्या।

46. 'लोकल यूसेजिस' नाट्यशास्त्र का अंग्रेजी अनुवाद, पृष्ठ 241, नाट्यशास्त्र, 14-36 की व्याख्या।

47. वही, भूमिका, पृष्ठ 76। बड़ौदा संस्करण में अध्याय 13 में प्रवृत्तियों का वर्णन है।

48. नाट्यशास्त्र, बड़ौदा संस्करण, 13 अध्याय, पृष्ठ 205।

49. हिन्दी अभिनव भारती के षष्ठ अध्याय (24) में पांच प्रकार की प्रवृत्तियाँ मिलती है।

50. नाट्यशास्त्र, 13-39 बड़ौदा संस्करण।

51. वही, 13-56।

52. नाट्यशास्त्र, 17 अध्याय, बड़ौदा संस्करण तथा मनमोहन घोष का अनुवाद, 18 अध्याय।

53. एतदेव विपर्यस्त संस्कार गुणवर्जितम्, विज्ञेयं प्राकृतं...वही 17-2।

54. वही, 17-37।

55. वही, 17-48।

56. नाट्यशास्त्र, 17 अध्याय, बड़ौदा संस्करण तथा मनमोहन घोष का अनुवाद,।

57. नाट्यशास्त्र षष्ठ अध्याय।

58. रसं विना विभादिरथो बुद्धौ व्याख्येयतय न प्रवर्तते...हिन्दी अभिनव भारती, पृष्ठ 441।

59. यतश्च तं विनार्थः प्रयोजनं प्रीतिपुरस्सरं व्युत्पत्तिमयं न प्रवर्तते—हिन्दी अभिनव भारती, पृष्ठ 441।

60. श्री मनमोहन घोष ने यही अर्थ किया है : नो मीनिंग प्रौसीड्स फ्रौम स्पीच विदाउट एनी काइंड आथं सैंटीमेंट, नाट्यशास्त्र, अनूदित, पृष्ठ 105।

61. विस्तरेणोपदिष्टानामार्थानां सूत्रभाष्ययोः
निबन्धो यः समासेनसंग्रह त विदुर्बुधाः—नाट्यशास्त्र, 6-9, हिन्दी अभिनव भारती, पृष्ठ 415।

62. तेन रस एव नाट्यम्। यस्य व्युत्पत्तिः फलमित्युच्यते। हिन्दी अभिनव भारती, पृष्ठ 428।

63. समस्त नाकान्यतम काव्यविशेषाच्च द्योतनोयोऽर्थः—वही 427।

64. चतुगंर्गाभिधानेऽपि भूयसार्थोपदेशकृत् युक्तं लोकस्वभावेन रसैश्च सकलैः पृथक्-काव्यालंकार 1-21।

65. एन इंट्रोडक्शन टू युंगस साइकलोजी—फ्रीदा फोरधम, पैंगुइन बुक्स, 1963, ग्रेट ब्रिटेन, पृष्ठ 118।

66. वही, पृष्ठ 121।

67. तत्र विभावानुभाव व्यभिचः व्यभिचः रिसंयोगाद् रस निष्पतिः—नाट्यशास्त्र, अध्याय 6।

68. को दृष्टान्तः? अत्राह—यथाहि नानाव्यञ्जनापैषधिद्रव्यसयोगाद्रसनिष्पत्तिः। वही।

69. यथाहि गुड़ादिभिर्द्र व्यैव्यंञ्जनैरौषधिभिश्च षाडवादयोरसा निर्वत्यन्ते तथा नानाभावोपगमता अपि स्थायिनो भावा रसत्वमाप्नुवन्तीति—नाट्यशास्त्र, अध्याय 6।

70. रसगंगाधर का शास्त्रीय अध्ययन, अलीगढ़ 1962, पृष्ठ 108।

71. नाट्यशास्त्र, रससूत्र की व्याख्या, अध्याय 6।

72. वही, अध्याय 6।

73. नाट्यशास्त्र—अध्याय 7 का प्रारम्भ।
74. वागंगमुखरागेण सत्वेनाभिनयेन च। कवेरन्तर्गतं भावं भावयन्भाव उच्यते—वही।
75. नानाभिनयसंबद्धान्भावयिन्त रसानिमान्, यस्मात्तस्मादमी भावा विज्ञेया नाट्ययोक्तभि, वही।
76. ...भावश्चित्तवृत्तिलक्षण एवोच्चयते—वही, अभिनव की व्याख्या, बड़ौदा संस्करण, अध्याय 7, पृष्ठ 346 तथा रसगंगाधर का शास्त्रीय अध्ययन, पृष्ठ 110।
77. रसगंगाधर का शास्त्रीय अध्याय पृष्ठ 110।
78. विभावो विज्ञानार्थः। विभावाः कारण निमित्तं हेतुरित पर्यायाः—नाट्यशास्त्र, अध्याय 7-3 की व्याख्या।
79. बहवोऽर्था विभाव्यन्ते व्रागंगाभिनयाश्रय।
अनेन यस्मातेनायं विभाव इति संज्ञितः—वही 7-4।
80. वही—7-5।
81. स्थायित्वं चेतावतमेव। जात एव हि जन्तुरियतीभिः संविद्भिः परीतो भवति...भवति अभिनव भारती, पृष्ठ 479।
82. यूनिटी ऑफ़ अपोजिट्स का द्वन्द्वात्मक भौतिकवादी सिद्धान्त।
83. तुष्यन्ति तरुणाः कामे—नाट्यशास्त्र 27-58, बड़ौदा संस्करण।
84. अतएव संभोगे विप्रलम्भसम्भावनाभीरुत्वं—संभोग में वियोग का भय रहता है—यह अभिनवगुप्त ने भी स्वीकार किया है, नाट्यशास्त्र—6-45 हिन्दी अभिनव भारती, पृष्ठ 544।
85. न सूरत का शैदा, न सूरत का आशिक, मसव्वर की हम तो कलम देखते हैं।
86. अनएड्रैस्ड लैटर्स—प्लैखानोव, मास्को, 1957, पृष्ठ 110।
87. माओ ग्रन्थावली, भाग दूसरा, पीपुल्स पब्लिशिंग हाउस, दिल्ली, 1958 ई. पृष्ठ 13, 14।
88. मार्क्सवाद और साहित्य, महेशचन्द्र राय, पृष्ठ 172।
89. वही।
90. वही, पृष्ठ 184।
91. वही, पृष्ठ 194।
92. नाट्यशास्त्र 6-32 हिन्दी अभिनव भारती, पृष्ठ 517।
93. शृंगारानुकृतिर्या तु स हास्यस्तु कीर्त्तितः—नाट्यशास्त्र 6-33।
94. नाट्यशास्त्र—6-32।
95. अनौचित्य प्रवृत्तिकृतमेव हास्यविभावत्वम्—हिन्दी अभिनव भारती, पृष्ठ 517।
96. रौद्रस्येव च यत्कर्म स ज्ञेयः करुणो रसः—नाट्यशास्त्र 6-33।
97. हिन्दी अभिनव भारती, पृष्ठ 521।
98. वीरस्यापि च यत्कर्म सोऽद्भुतः परिकीर्त्तितः—नाट्यशास्त्र 6-34।
99. वीभत्सवर्शन यत्र श्रेयः स तु भयानकः—वही 6-34।
100. नाट्यशास्त्र 6-37-38, पृष्ठ 531।
101. विष्णु : कामदेवः—वही।
102. रतिस्थायिभावप्रभव उज्ज्वलवेषात्मकः—नाट्यशास्त्र 6-38 का गद्य भाग।
103. स च स्त्रीपुरुष हेतुकः उत्तमयुवप्रकृतिः—नाट्यशास्त्र 6-38 का गद्य भाग।
104. हिन्दी अभिनव भारती, पृष्ठ 540।

105. यावान् कश्चिदयं विषयसम्भारो हृद्यतमस्तत्पूर्णतयां सत्यामुत्तमस्य रत्युदयः—हिन्दी अभिनव भारती, 547 (अभिनव ने उत्तम और अधम का अर्थ मानवी प्रकृति के आधार पर करके इनकी वर्गीय व्याख्या स्वीकार नहीं की है। उत्तम वह जो स्थायी प्रेम करने वाला हो, अधम वह जो कोरा भोगवादी हो, द्रष्टव्य, पृष्ठ 563।

106. हिन्दी अभिनव भारती पृष्ठ 553, रघुवंश सर्ग, 13।

107. वैशिकशास्त्रकारैश्च दशावस्थोऽभिहितः—हिन्दी अभिनव भारती पृष्ठ 560।

108. तत्र भौतृत्वे पुरुषस्य प्राधान्यं, प्रमदायास्तु भोग्यत्वम्।
प्राधान्यादेव च तस्य भोग्येनापरतन्त्रीकरणमिति नायिकान्तरयोगेऽपि न शृंगारहानि—वही, पृष्ठ 566।

109. नाट्यशास्त्र—6—हास्यरस प्रकरण।

110. वही।

111. स्त्रीनीचप्रकृतावेष भूयिष्ठं दृश्यते रसः वही।

112. अथ करुणो नाम शोकस्थायिप्रभवः—6—करुण रस प्रकरण।

113. लब्धा जनस्तु यदि रावणमस्य कार्यं।
प्रोत्कृत्य तन्नु तिलशो न वितृप्तिगामी—हिन्दी अभिनव भारती, पृष्ठ 583।

114. नटस्येयं शिक्षा...हिन्दी अभिनव भारती, पृष्ठ 600।

115. कविनटशिक्षार्थमेवसर्वमिदं प्रकरणम्—वही, पृष्ठ 600।

116. ये तुष्टे तुष्टिमायान्ति शोके शोकं ब्रजन्ति च। दैन्ये दीनत्वमायाति ते नाट्ये प्रेक्षकाः स्मृता—नाट्यशास्त्र 27-55, बड़ौदा संस्करण।

117. नाट्यशास्त्र—27-57, 58, 59 बड़ौदा संस्करण।

118. वही—27-61।

119. न शक्यमधमैर्ज्ञातुमुत्तमानां विचेष्टितम्
तत्वभावेषु सर्वेषु तुष्यन्ति सततं बुधाः—वही 27-60।

120. वही, 27-50, 51, 52, 53, 54।

121. न चैवेते गुणः सम्यक् सर्वस्मिन् प्रेक्षके स्मृताः—वही 27-55।

122. कम्पैरेटिव ईस्थैटिक्स, पुस्तक 1-पृष्ठ 400-401।

123. थीबियन प्लेज़-सोफ़ोक्लीज़।

124. कम्पैरेटिव ईस्थैटिक्स, पृष्ठ 401।

125. देवतानामृषीणां च राज्ञां चोत्कृष्टनेध साम
पूर्ववृत्तानुचरितं नाटकं नाम तद्भवेत्-नाट्यशास्त्र, 21-145 बड़ौदा संस्करण।

126. देवो धीरोद्धता ज्ञेयाः स्युर्धीरललिता नृपाः
सेनापतिरमात्यश्च धीदोदात्तौ प्रकीर्त्तितौ—नाट्यशास्त्र 24-18।

127. धीरप्रशान्ता विज्ञेया ब्राह्मण वणिजस्तथा—वही, 24-19।

128. नाट्यशास्त्र 24-20।

129. वही, 24-23।

130. वही, 24-26।

131. वही, 24-29, 30, 31, 32।

132. वही, 24-75 से 89 तक।

133. वही, 23 तथा 23 अध्याय।

134. वही, 18-9, 10, 11।

135. नृपतीनां मच्चरितं नाना रसभावचेष्टितं बहुधा-वही 18-12।
136. सुख-दुःखोत्पत्तिकृतं-वही।
137. वही, 18-20।
138. नोदात्तनायककृतं न दिव्यत्रचरितं न राजसम्भोग्
वाह्यजनसंप्रयुकत तजेयं प्रकरणं तज्ज्ञै : वही, 18-49।
139. नाट्यशास्त्र, 18-59।
140. नानारससंश्रयः समवकारः—वही, 18-77।
141. (अ) द ह्यूमैनिस्ट फ्रेम-जूलियन हक्सले, लंदन, 1961, पृष्ठ 73।
(ब) द हिस्ट्री ऑफ़ मॉडर्न कल्चर, मारिस परमेली, लंदन, 1961, पृष्ठ 1-14।
142. वाचि यत्नस्तु कर्तव्यो नाट्यस्येषा तनुः स्मृता—नाट्यशास्त्र 14-2 बड़ौदा संस्करण।
143. वाचि यत्नस्तु कर्त्तव्य इति कविना निर्माण काले नटेन प्रयोग काले—वही टीका भाग—अभिनवगुप्त।
144. वही।
145. वही, 14-40।
146. निबद्धाक्षरसंयुक्त यतिच्छन्दसमन्वितम्
निबद्धं तु पदं ज्ञेयं प्रमाण नियतात्मकम्—14-41।
147. नावृत्तव्रिनिष्पन्ना शब्दस्येषा तनुः स्मृता—वही 14-44।
148. छन्दहीनो न शब्दोऽस्ति न च छन्दश्शब्दवर्जितम्
एवंतूभसंयोगो नाट्यस्योद्द्योतमकः स्मृतः—वही 14-45।
149. वही 14-46-51।
150. असंख्येय प्रमाणनि वृत्तान्याहुरतो बुधाः—14-53।
151. कैरेक्टरस्टिक मार्क्स ऑफ़ ए सुपरमैन—नाट्यशास्त्र, अनूदित, मनमोहन घोष, पृष्ठ 299।
152. वही।
153. अभिनव द्वारा प्रस्तुत पूर्वपक्ष—काव्य बन्धाः षट्त्रिशत्ल्लखणान्वितः कर्त्तव्या—नाट्यशास्त्र, 16-1 बड़ौदा संस्करण।
154. वही, 16-1 की व्याख्या।
155. कम्पैरेटिव ईस्थैटिक्स, पृष्ठ 498।
156. वही।
157. वही, पृष्ठ 498।
158. वही, 499।
159. द फैक्ट इज दैट भामह रिप्रेजेण्ट्स द ट्रैडीशन ऑफ द पोयटीशियनन्स एज़ डिस्टिंग्विशड फ्रौम द ड्रामाट्सि—वही पृष्ठ 499।
160. काव्येषु भावार्थगतानि तज्ज्ञैः, सम्यक्प्रयोज्यानि यथारसं तु—नाट्यशास्त्र-16-4।
161. अलंकारैर्गुणैश्चैव बहुभिर्यदलंकृतम्।
भूषणैरिव विन्यस्तैस्तद्भूषणमिति स्मृतम्—वही, 16-5।
162. नाट्यशास्त्र, 16-10।
163. आदौ यत्क्रोध जननमन्ते हर्षप्रवर्धनम् तत्प्रियवचनं—वही, 16-29।
164. वही, 16-10।
165. वही, 16-22।

166. सन्तापो मनसो यस्तु पश्चातापः—वही, 16-33।
167. वही, 16-31।
168. वही, 16-34।
169. यत्किंचत्काव्य प्रबन्धेषु सादृश्येनोपमीयते
उपमा नाम सा ज्ञेया गुणाकृतिसमाश्रया—वही, 16-41।
170. वही, 16-52।
171. एवमेते ह्यलंकारा गुणा दोषाश्च कीर्त्तिताः
प्रयोगमेषां ए पुनर्वक्ष्यामि रससंश्रयम्-नाट्यशास्त्र, 16-113।
172. नाट्यशास्त्र, 16-114।
173. गुर्वक्षरेप्रायकृतं वीभत्से करुणे तथा 16-115।
174. वही, 16-117।
175. चेक्रीडितप्रभतिविर्विकृतैश्च शब्दै
युक्ता न भान्ति ललिता भरतप्रयोगः।
यज्ञाक्रियैव रुरुचर्मधरैर्घृताक्तै
वेश्या द्विजैरिव कमण्डलु दण्डहस्तैः 16-127।
176. यह प्रक्षिप्त पद्य भी भरत की प्रवृत्ति के अनुकूल ही है—
मृदुललितयार्थ गूढ़ शब्दार्थहीनं, जनपदसुखभोग्यं युक्तिमन्तृत्तयोज्यम्
बहुकृतरसमार्ग सन्धिसन्धानयुक्त, भवति, जगतियोग्यं नाटकं प्रेक्षकाणाम्—16-128।
177. अभिनवगुप्त-नाट्यशास्त्र 1-17 की व्याख्या।
178. समस्त नाटकान्यतमकाव्यविशेषाच्च द्योतनीयः—नाट्यशास्त्र 6-15 की व्याख्या।
179. अप्रधाने च वस्तुनि कस्य संविद्विज्ञाम्यति-नाट्यशास्त्र 6-31 की टीका।
180. सिद्धिस्तु द्विविधा ज्ञेया...नाट्यशास्त्र 27-1 बड़ौदा संस्करण।
181. वही, 27-4।
182. वही, 27-5।
183. वही, 27-6-7।
184. नाट्यशास्त्र, 27-8 बड़ौदा संस्करण।
185. नाट्यशास्त्र, 27-9, बड़ौदा संस्करण।
186. वही, 27-11।
187. वही, 27-14।
188. या भावाति शयोपेता सत्वयुक्ता तथैव च, वही, 27-16।
189. न शब्दो यत्र न क्षोभो न चोत्पातदर्शनम्
संपूर्णता च रंगस्य दैवी सिद्धिस्तु सा स्मृता-वही, 27-17।
190. वही, 27-20।
191. वही, 27-21 मदनमोहन घोष, पृष्ठ 514।
192. नाट्यशास्त्र, 27-33, बड़ौदा संस्करण।
193. वैलक्षण्यमचेष्टितविभूमिकत्वं स्मृतिप्रमोश्च-वही, 27-26।
194. वही, 27-42।
195. चारित्र्यजनोपेताः शान्तवृत्ता कृतश्रमाः
यशोधर्मपराश्चैव, मध्मस्थवयसान्विताः वही 27-50।
196. वही, 27-51, 52।

197. 27-54, 55।

198. नाट्यशास्त्र, बड़ौदा संस्करण 27-64, 65, 66, 67।

199. वही 27-68, 69।

200. वही, 27-75।

201. यदा समुदिताः सर्व एकीभूताः भवन्ति हि—27-103- द्रष्टव्य, मनमोहन घोष, पृष्ठ 526।

202. द्रष्टव्य-यशपाल के आलोचक सम्बन्धी विचारों पर विवाद-समालोचक, आगरा।

203. लिटरेरी क्रिटिसिज्म, विलियम के. विमसैट तथा ब्रुक्स, न्यूयार्क, 1957 ई. पृष्ठ 3।

204. वही, पृष्ठ 4।

205. वही, पृष्ठ 6।

207. वही, पृष्ठ 8।

208. फिलौस्फीज़ आफ ब्यूटी-ई. एफ कैरिट, आक्सफोर्ड, 1931 ई. पृ. 2 पर उद्धृत सुकरात के संवाद।

209. थिंग्स आर नॉट ब्यूटीफुल एब्सोल्यूटली बट ऑनली इन सरटेन कटैक्स्ट्स-फिलौस्फीसज़ आफ़ ब्यूटी-पृष्ठ 2 पर उद्धृत सुकरात के संवाद।

210. वही, कैरिट द्वारा प्रस्तुत सुकरात के संवाद।

211. वही।

212. पोयट्री फीड्स एण्ड वाटर्स द पैशन्स-लिटरेटी क्रिटिसिज्म, विलियम तथा ब्रुक्स, पृष्ठ 10।

213. एण्ड सो व्हैन वी हैव एनौइंटिड हिम...एण्ड सैट ए गारलैण्ड आफ वूल अपोन हिज हैड, वी शैली सैड हिम अवे टू एन अदर सिटी, वही।

214. वी मस्ट रिमेन फर्म इन अवर कन्विक्शन दैट हिम्स टू द गौड्स एण्ड प्रेजिज ऑफ फेमस मैन, ऑर द औनली पोयट्री व्हिच ऑट टू बी एडमिटिड इन टू अवर स्टेट। फ़ॉर इफ़ यू गो बियौण्ड दिस एण्ड एलाऊ द हनीड म्यूज टू एण्टर, आइदर एपिक ऑर लिरिक वर्स, नाट ला एण्ड द रीजन आफ मैनकाइण्ड, बट प्लैजर एण्ड पेन विल बी रूलर्स इन अवर स्टेट-रिपब्लिक 10-607, वही, पृष्ठ 10।

215. वही, पृष्ठ 11।

216. लैट द स्लेव्स एण्ड हायर्ड स्टेन्जर्स, एक्ट अवर कामेडीज फ़ार अज वही, पृष्ठ 11।

217. एण्ड द ट्रेजिक पोइट इज एन इमीटेटर एण्ड देयरफोर लाइक ऑल अदर इमीटेटर्स, हि इज टूवाइज रिमूव्ड फ्रॉम द किंग एण्ड द ट्रुथ-रिपब्लिक पृष्ठ 12।

218. वी सी आनली द शैडौज आफ एंसोर्ट, आफ पासिंग पपिअ शो कास्ट आन द वाल...सच इज अवर जोन एक्सपीरिएन्स आफ व्हाट वी थिंक टू बी रियलिटी-वही, 13।

219. ज्ञान प्रकार : 1. सेंसरी इमेजिंग (एन्द्रिय प्रतिमा), 2. फेथ (विश्वास), 3. ज्यामितिक और गणितीय आकारों का वार्तालापत्मक ज्ञान, 4. इन्ट्यूटिव नॉलिज (स्वयं प्रकाश्य ज्ञान)—वही।

220. भविष्यन्ति युगे प्रायो भविष्यन्त्यबुधाः नराः-नाट्यशास्त्र 19-150।

221. फॉर दीज आई एफर्म टू बी नाट आनली व्यूटीफुल, लाइक अदर थिंग्स, बट दे

आर इटरनली एण्ड एवसौल्यूटली ब्यूटीफुल एण्ड दे हैव पिकूलियर प्लेजर-एण्ड देअर आर कलर्स व्हिच आर आफ द सेम केरेक्टर एण्ड पिकूलियर प्लेजरर्स—विनसेंट तथा ब्रुक्स।

222. कलर स्कीम इन इंडियन ईस्थैटिक्स-द क्रिटीकल एण्ड कम्पैरेटिव स्टेडी ऑफ इंडियन ईस्थेटिक्स, डॉ. एच, एल. शर्मा प्रयाग, जर्नल ऑफ गंगानाथ झा रिसर्च इंस्टीट्यूट, पुस्तक 16-1, 2 पृष्ठ 209।

223. कैरिट, द्वारा प्रस्तुत अरस्तू शीर्षक अंश।

224. द मेकिंग ऑफ लिटरेचर, आ. ए. स्काउट जेम्स, अरस्तू शीर्षक अंश।

225. रिप्रजैन्टेशन, वही।

226. इमेजीनेटिव रिकंस्ट्रक्शन ऑफ लाइफ-वही।

227. विलियम और ब्रुक्स ने अरस्तू द्वारा संगीत, नृत्य, च्त्रि और काव्यादि में अनुकरण शब्द को अनुपयुक्त माना है उनके अनुसार मिमसिज का अर्थ प्रकृति के सदृश होना चाहिए। लिटरेरी क्रिटिसिज्म, पृष्ठ 26।

228. वही, पृष्ठ 25।

229. द आईडियल मस्ट सरपास द रियल्टी-वही, पृष्ठ 27।

230. वही, पृष्ठ 29 (अरस्तु की फिजिक्स 2-6 के आधार पर)।

231. लिटरेरी क्रिटीसिज्म-पृष्ठ 36।

232. ईस्थैटिक रिलेशन ऑफ आर्ट टू रियलियटी-एन. जी. चर्निशेविंस्की, पृष्ठ 301-302 विशर (अपेबीमत) द्वारा प्रस्तुत दुःखान्तों का विवरण।

233. वही, पृष्ठ 304।

234. आल दैट इज ग्रेट मीट्स विद द ट्रेजिक फेट-ईस्थैटिक रिलेशन ऑफ आर्ट टू रियलियटी (विशर का कथन उद्धृत) पृष्ठ 307।

235. दिस मे बी सो इन ट्रैजडीज रिटिन बाई ऑथर्स, बट नाट इन रियल लाइफ, वही, पृष्ठ 311।

236. लैट अस ग्राण्ट दैट स्ट्रगल इज ऑलवेज नीडिड, बट स्ट्रगल इज नॉट ऑलवेज अनफारचूनेट। एण्ड ए फारचूनेट स्ट्रगल, हाव एवर हार्ड इट मे बी, इज नाट सफरिंग, बट जॉय. नॉट ट्रैजिक बट आनली ड्रामाटिक-वही, पृष्ठ 308।

237. लिटरेरी क्रिटिसिज्म-विनसेंट तथा ब्रुक्स, पृष्ठ 36।

238. ट्रुथ इन फैक्ट ए काइण्ड ऑफ परगेशन ऑफ ऑल सच प्लैजर्स एण्ड फियर्स-फैडो—(चींमकव) पृष्ठ 69, वही, पृष्ठ 36।

239. अरिस्टोटलस थ्यिौरी ऑफ पोइट्री, एस. एच. बूचर, 1951, पृष्ठ 240-269।

240. लिटरेरी क्रिटिसिज्म, पृष्ठ 45।

241. कॉमेडी इज़ एन इमीटेशन ऑफ कैरेक्टर्स ऑफ ए लोअर टायप, नॉट, हाव एवर, इन द फुल सैंस ऑफ द वर्ड, वैड, द रिडीकुरस, बीइंग मियरली ए सबडिवीजन ऑफ द अगली। इट कंसिस्ट्स ऑफ सम डिफ़ैक्टआर अगलीनैस व्हिच इज नॉट पेनफुल एण्ड नॉट डैस्ट्रक्टिव—वही, पृष्ठ 46।

242. द एनशियेण्ट कन्टेन्ड द सीड ऑफ आल बिदिन देयर लोइन्स-फिलास्फीज ऑफ ब्यूटी, भूमिका, पृष्ठ 16।

अलंकार सिद्धान्त

अलंकार भाषा का सार्वभौमिक रूप है। इसके द्वारा मनुष्य परस्पर नेतृत्व और पथ प्रदर्शन करते हैं। अलंकारों के द्वारा मानव एक ओर तो दैनिक कार्यों और आवश्यकताओं की पूर्ति के लिए एक दूसरे से अनुरोध करते हैं और दूसरी ओर वे अन्तःप्रवृत्तियों की अपेक्षाओं को पूरा करते हैं। अलंकारों का भी मूल बाह्य वास्तविकता में होता है। अलंकार भाषा का ताना-बाना है। वह मानव साहचर्य का एक साधन है।

—क्रिस्टोफर कॉडवेल (इल्यूजन एण्ड रियलिटी)

चतुर्थ-अध्याय

अलंकार सिद्धान्त

द्वितीय अध्याय में भारतीय काव्यशास्त्र के विकास को द्वन्द्वात्मक भौतिकवादी आधार पर स्पष्ट करते हुए, रसवाद और अलंकारवाद के द्वन्द्व की चर्चा हुई है और उस द्वन्द्व का भौतिक कारण भी यथास्थान निर्देशित हो चुका है इस अध्याय में अलंकार–सिद्धान्त का उक्त दृष्टि से विस्तृत अध्ययन प्रस्तुत किया जाएगा।

व्यापकता–दण्डी के अनुसार पूर्वाचार्यों ने कला-काव्य के सम्बन्ध में विशिष्ट कल्पनाओं के मूल रूप का ही उद्‌घाटन किया है। इन विशिष्ट कल्पनाओं में किसी एक या एक से अधिक का विस्तार करना ही अलंकारवादियों का प्रयोजन है।[1] भामह-दण्डी आदि अलंकारिकों का ध्यान इस प्रश्न पर गया था कि अंततः काव्य में वह कौन सा तत्व है, जो उसे शास्त्र तथा सामान्य आकर्षणहीन कथनों से भिन्न अस्तित्व देता है? भरत का संश्लिष्ट रस-सिद्धान्त उन्हें भट्टि-भारवि-जानकीदास-माघ के काव्यों और सभाओं में पठित चमत्कार काव्यों की व्याख्या के स्थान पर, नाटक के सन्दर्भ में अधिकर उपयुक्त प्रतीत हुआ। अतएव उन्होंने काव्य-उक्तियों के मूल में रागात्मकता का निषेध न करके भी, उनकी अतिशयता और वक्रता को शास्त्र और काव्य का भेदक तत्व स्वीकार किया। उस वक्रता तत्व को प्रमाणित करने के लिए सैद्धान्तिक विवेचन में न पड़ कर यशःकांक्षी कवियों और पाठकों के लिए उन्होंने लोक और काव्यों से उस चमत्कारकतत्व के प्रकारों का संग्रह किया,[2] उनके लक्षण और उदाहरण दिए और इस प्रकार काव्यशिक्षा का साहित्य शास्त्र में प्रवर्तन हुआ।[3] अतः इस सम्प्रदाय में सैद्धान्तिक-आकर्षण योग्य कम ही सामग्री मिलती है। जैसा कि द्वितीय अध्याय में कहा गया है। इस सम्प्रदाय में काव्य की तात्विक चर्चा कम, व्यवाहारिक तथा विभाजनवादी प्रवृत्ति प्रधान हो गई है जो चिन्तनात्मक कम, पांडित्य प्रदर्शनपूर्ण अधिक है।[4]

फिर भी काव्य और कला के सार्वभौमिक-सार्वकालिक स्वरूप पर उनका ध्यान गया था। इसके लिए उन्होंने भरत तथा पूर्ववर्ती आचार्यों द्वारा प्रस्तुत अनेक तत्वों (एलीमेण्ट)

में अलंकार तत्व को ग्रहण किया। उसमें उन्हें अपनी रुचि के कारण, काव्यमात्र के सार तत्व की सत्ता प्रतीत हुई। उन्होंने निरीक्षण किया कि लोक में भी प्राप्त आकर्षक कथनों का कारण अतिशयता या वक्रता ही है रागाधिक्य से रंजित उक्तियों में भी, रागरहित कथनों से एक विचित्रता तो आती ही है।[5] अतः भावाविष्टता भी कथन के चमत्कार का एक रूप है।[6] इसे काव्य-कला मात्र का पर्याय कैसे माना जा सकता है? लोक और काव्य दोनों में केवल भावाद्वेगात्मक अतिशयता से युक्त कथन ही नहीं होते। इसके सिवाय महाकाव्यों में भावादेगात्मक या रसात्मक काव्य का जो अनवरत प्रवाह है, वह मुक्तकों में सर्वत्र नहीं मिलता। बहुत सी उक्तियों में कुशलता या कला ही प्रधान होती है और विदग्ध-गोष्ठियों में इनका कला प्रभाव देखा जा सकता है। व्यावहारिक कथनों में भी सादृश्य, विरोध, तुलना, एकरूपता, अप्रत्यक्षता और अतिशयता के बिना वस्तु विनिमय, शिक्षा, मानवीय सम्बन्धों का निर्वाह, वृत्ति और विश्वास-कुछ भी सम्भव नहीं है, मनोरंजन तो वाग्विदग्घता के बिना असम्भव है। हास्य और व्यंग्य, समाज और व्यक्ति की असंगतियों के प्रति आत्म-जागरूकता से उत्पन्न होते हैं और हास्य-व्यंग्यादि कथन वैचित्र्य के बिना असम्भव है। साधारण जीवन में भी वाणी की अलंकृति, वक्रता या अतिशयता से उत्पन्न होती है। लोक जीवन जितना ही जटिल होता जाता है, कथन में उतनी ही विचित्रताएँ बढ़ती जाएँगी फलतः काव्य-कथनों की विचित्रताओं का संग्रह और विभाजन, लोक का संग्रह और विभाजन है। केवल चमत्कार पर ही ध्यान केन्द्रित करके, अन्य पक्षों को कम महत्व देने और एक अंलकार तत्व को अमित स्फीति देने के कारण अलंकारवाद, एकतत्वातिशयी सिद्धान्त बन गया है किन्तु उसका यह निरीक्षण यथार्थयुक्त है कि काव्य और कला में लोकातिक्रान्तिगोचरता होती है। लोक का अर्थ यहाँ साधारण कथनों से है, यथा सूर्य अस्त हुआ, पुस्तक लाओ, यह सामदत्त है—ऐसे कथन वार्ता मात्र हैं।[7]

भामह इस गूढ़ ज्ञान में नहीं जाना चाहते कि वक्रता के मनोवैज्ञानिक कारण क्या हैं, क्योंकि वे कवि शिक्षा के लिए संक्षिप्त शैली में लिख रहे थे; किन्तु वह इस तथ्य का निषेध भी नहीं करते कि कथन मनोवृत्तिथों के फल है अथवा कथन से मनोवृत्तियाँ बनती--बिगड़ती हैं। उनका ध्यान तो उक्ति के चारुता पर ही रहा इसलिए भामह-दण्डी के बाद काव्यशास्त्र में रस के स्थान पर अलंकार, रीति, ध्वनि आदि काव्य के "सर्वस्व" या आत्मा स्वीकृत हुए। काव्य-सर्वस्व की अभिज्ञा के पश्चात् उसके लक्षण, विभाजन और उदाहरण का ही प्रश्न रह जाता था और व्याकरण-दर्शन में निष्णात, इन विद्वानों का शब्द-शास्त्र में बुद्धि वैभव देखने योग्य है, किन्तु "सर्वस्व शोध" का स्वयं साक्षात्कार और उस साक्षात्कार की पूर्ण प्रक्रिया को ये आचार्य स्पष्ट नहीं करते और न उस सर्वस्व की स्थापना का सैद्धान्तिक मार्ग अपनाते हैं। फलतः सूत्रों के आधार पर उनकी चिन्तन-प्रक्रिया की पुनर्रचना का कार्य भी आज के विचारक के सम्मुख रहता है। भामह-दण्डी के अध्ययन से यह स्पष्ट है कि वे अलंकार शब्द का व्यापक रूप में प्रयोग करते थे। दण्डी अलंकार को काव्य का शोभाउत्पादक धर्म कहते हैं।[8] भामह ने उसे काव्यरमणी के मुख की शोभा

कहा है।[9]

यहाँ धर्म से दण्डी का तात्पर्य है, धर्म के बिना जैसे धर्मी की सत्ता सिद्ध नहीं होती, उसी प्रकार अलंकार के बिना काव्य की सत्ता सिद्ध नहीं होती। जिस तत्व से भी काव्यशोभावृद्धि हो, वहीं अलंकार है। अतः यदि रस से काव्य-सौन्दर्यवृद्धि होती है तो वह भी अलंकार ही कहला सकता है। इस प्रकार अलंकार शब्द का व्यापक अर्थ करने से रस अलंकार का एक "प्रकार" हो जाता है, रसवत्; प्रेय और ऊर्जस्वी जैसे अलंकार रसयुक्त होने के कारण ही अस्तित्व प्राप्त कर सके हैं।[10] इसी प्रकार काव्य में यह शोभा वस्तु के स्वाभाविक किन्तु कलापूर्ण वर्णनों से भी आती है यथा, स्वभावोक्तियों में सौन्दर्य का कारण, यथावस्तुवर्णना ही होती है और अतिशयता या वक्रता तो कथन में सौन्दर्य उत्पन्न करती ही है। तात्विक दृष्टि से, यह अतिशयता या वक्रता रसोक्तियों और स्वभावोक्तियों के भी मूल में स्थित है। अतः भामह अलंकार को वक्रतायुक्त ही मानते हैं।[11] दण्डी ने तो रस, वृत्ति, संधि, आदि सबको अलंकार नाम से अभिहित कर दिया है। भामह भी उक्त उदारण में, काव्य सुंदरी के मुख के कस्तूरी–चन्दनादि के सदृश अलंकार को बाह्य तत्व नहीं मानते। वस्तुतः भारतीय काव्यशास्त्र में उन उपमाओं से भ्रम फैल जाता है जैसे काव्य को सुन्दरी के उपमा देकर कहना है कि अलंकार मुख के अलंकार के समान है। ध्वनिवाद ने अव्यंजित अलंकार को ब्रह्म बनाया है किन्तु भामह अलंकार को रमणीमुख की अलंकृति मात्र नहीं मानते। उनके इस उपमापरक कथन का अर्थ यह है कि हावभावरहित अथवा प्राणवत्तारहित मुख आकर्षक नहीं होता, इसी प्रकार शब्द-अर्थ वक्रताहीन होने पर अकाव्य का जन्म होता है। हाव के साथ भाव भी है, सरलता, मुग्धता, निष्कपटता, अनाकुलता या अजटिलता भी मुख के अलंकार हैं। ये तत्व वाह्य नहीं हो सकते क्योंकि चेतना ही अलंकृति में प्रकट होती है, जीवन और मन ही मुख की मुद्रा और सज्जा में झलकता है। आलोक को अग्नि से कैसे अलग कर सकते हैं? यदि यह पूछें कि कुछ मुखों को देख कर तत्व का पता नहीं चलता तो भामह की दृष्टि से उत्तर यह होगा कि काव्य मुख नहीं है और न अलंकार मुखसज्जा है। यह तो केवल काव्य में अलंकार की अनिवार्य स्थिति स्पष्ट करने का प्रयत्न मात्र है। उपमापरक कथन का आधार गुण लेश है, गुणों आकृतियों आदि की सम्पूर्णता नहीं।[12] काव्य शब्दार्थमय होता है किन्तु शास्त्र और लोक में सामान्य कथन भी शब्दार्थमय होते हैं। इसलिए काव्य वही माना जा सकता है, जहाँ कथन में वक्रता या अतिशयता हो। महाकवि द्वारा चित्रित करुणा और साधारण व्यक्ति के रुदन में अंतर होता हैं। यों तो सन्दर्भ के कारण किसी की मृत्यु पर प्रिय जन के साधारण शब्द भी मर्मबेधक हो उठते हैं किन्तु वाल्मीकि, कालिदास द्वारा विरह और शोकवर्णन वचन की अतिशयता से युक्त हैं अतएव उन्हें काव्य या कला कह सकते हैं इसलिए भामह और दण्डी महाकाव्यों के विवरण में रसनिर्भरता,[13] रस प्रवाह आदि पर बल देते हैं, किन्तु यह अतिशयता तो लोकोत्तर सभी कथनों की विशेषता है, यदि यह किसी शैली के काव्य में नहीं है तो शैली असफल हो जाती है, यथा, वैदर्भी शैली का काव्य वक्रोक्ति और अर्थ गांभीर्य

के अभाव में, केवल श्रुतिपेशल ही रह जाता है।[14]

अलंकार और यथार्थवाद—रसोक्ति में वक्रोक्ति या अतिशयता की सत्ता सिद्ध करना उतना कठिन नहीं है, जितना स्वभावोक्ति में। भामह तो वक्रोक्ति की व्यापकता को अखण्ड रखने के लिए स्वभावोक्ति का उल्लेख मात्र कर देते हैं और वह भी इसलिए कि अन्य विद्वान उसे मानना चाहते हैं।[15] वस्तुस्वभाव वर्णन मात्र तो वार्ता है।[16] अतः वक्रोक्ति के अभाव में भामह स्वभावोक्ति को महत्व नहीं देते। इसी प्रकार वह हेतु, सूक्ष्म और लेश को वक्रोक्ति के अभाव में अलंकार नहीं मानते।[17] स्वभावोक्ति से सम्बन्धित शास्त्रार्थ बी. राघवन ने प्रस्तुत किया है।[18] वे इस तथ्य पर पहुँचे हैं कि भामह स्वभावोक्ति को वक्रोक्ति लेश के कारण वार्ता से भिन्न होने के कारण अलंकार मानते थे।[19] स्वभावोक्ति में वह वक्रता की उतनी मात्रा नहीं पाते थे जिससे 'केचित्प्रचक्षते" से अधिक उसे गौरव मिल पाता।[20]

उधर दन्डी स्वभावोक्ति का अत्यधिक समर्थन करते हैं। क्या इससे वक्रतावाद की व्यापकता संकुचित नहीं होती? दण्डी स्वाभावोक्ति को अर्थालंकारों में सर्वप्रथम स्थान देते हैं। वे चार प्रकार की स्वभावोक्तियों का विवरण देते हैं। जाति, क्रिया, गुण और द्रव्य रूप यह स्वभावाक्ति वार्ता नहीं है, यह दण्डी के उदाहरणों से स्वतः स्पष्ट है। "शरीरांगों को रोमांचित करता हुआ, मन में अत्यन्त आनन्द उत्पन्न करता हुआ, आनन्दातिशय के कारण नेत्रों को मूँदता हुआ यह प्रिया का स्पर्श संचरित हो रहा है—यह वर्णन, विवरण मात्र नहीं है, इसमें भी कुछ लोकातिशयता या वक्रता अवश्य है।[21]

वस्तुतः स्वाभावोक्ति और वक्रोक्ति का द्वन्द्व प्रकृत-वर्णन और वक्राभिव्यंजना का द्वन्द्व है। कथन में स्वाभाविकता अधिक होने पर, वह वार्ता और उसके अत्यन्ताभाव होने पर वह प्रहेलिका में परिणत होता है। अतएव स्वभावोक्ति में वक्रोक्ति लेश मात्र होती है और प्रकृति प्रेमी अथवा यथार्थवादी प्रायः मात्र वाक्छल को महत्व नहीं देते, इसीलिए पंडित रामचन्द्र शुक्ल स्वभावोक्ति को अलंकार नहीं मानते थे। उनके अनुसार—"पर प्राचीन अव्यवस्था के स्मारक-स्वरूप कुछ अलंकार ऐसे चले आ रहे हैं जो वर्ण्य वस्तु का निर्देश करते हैं और अलंकार नहीं कहे जा सकते। जैसे स्वभावोक्ति, उदास और अत्युक्ति। स्वभावोक्ति को लेकर कुछ अलंकार प्रेमी कह बैठते हैं कि प्रकृति का वर्णन भी तो स्वभावोक्ति अलंकार ही है, पर स्वभावोक्ति अलंकार कोटि में आ ही नहीं सकती। यह अलंकार वर्णन करने की प्रणाली हैं। किसी वस्तु विशेष से किसी अलंकार प्रणाली का सम्बन्ध नहीं हो सकता। वस्तु निर्देश अलंकार का काम नहीं, रस व्यवस्था का विषय है। वक्रोक्तिवादी कुंतक ने भी इसे अलंकार नहीं माना है।"[22]

किन्तु वस्तुनिर्देश मात्र को स्वभावोक्ति नहीं माना गया। दण्डी ने उसे साक्षात् विवृण्वती-वस्तु का यथावत् चित्रण करने वाली कहा है और साक्षात् दर्शन केवल वस्तु निर्देश से नहीं हो सकता है।[23] बाण ने हर्षचरित्र में स्वभावोक्ति या जाति को कोई वस्तु

निर्देश मात्र न समझ ले, इसका ध्यान रखा है। उनके अनुसार स्वभावोक्ति को नव अर्थ, अग्राम्य, अक्लिष्ट और स्फुट रस से युक्त होना चाहिए। शास्त्र और लोक के आकर्षणहीन विवरण को जाति नहीं माना गया।[24] रुद्रट के वास्तव मूलक अलंकारों में स्वभावोक्ति को स्वीकार किया गया है, और इस वर्ग में सहोक्ति, समुच्चय, यथासंख्य, परिवृत्ति, दीपक, हेतु, एकावली आदि को भी प्रतिष्ठित किया गया हैं।[25] रुद्रट ने पुष्टार्थता, अत्यधिक अतिशयता का अतिशयता का अभाव और अश्लेषता जैसे तत्वों की अनिवार्यता स्वभावोक्ति में स्वीकार की है। अतः स्वभावोक्ति को अलंकारवाद समग्रतः स्वीकार करता है और यह स्वीकृति उपर्युक्त वक्रतावाद या अतिशयतावाद के विरुद्ध नहीं जाती, क्योंकि वे वार्ता और स्वभावोक्ति में भेद कर सके हैं।

रस और अलंकारवाद का द्वन्द्व—वाक्कौशल या वाणी के कला विलास के बिना काव्य का अस्तित्व सिद्ध नहीं होता, यह व्यापक नियम खोज कर, भामह, दण्डी आदि आचार्य, वास्तविकता के बोध, व्यक्ति-परिस्थिति के द्वन्द्व से उत्पन्न भाव और आकर्षक कथनों का सम्बन्ध स्थापति नहीं करते। उसका मुख्य विषय आकर्षक कथनों के प्रकारों का लक्षण और उदाहरण है। अतः वे अपने युग की विदग्ध रुचि के पक्षपाती बन जाते हैं और उन्हें पढ़कर ऐसा प्रतीत होता है, जैसे काव्य का आकर्षकतम तत्व वाग्वैचित्र्य ही है। सरलता, स्वाभाविकता आदि मुद्राओं का सौन्दर्य प्रिय लगने पर भी, उन्हें वहीं वाणीविलास अधिक प्रिय था, जिसका विकास विद्वताप्रधान काव्य में हो रहा था।[26] अतः काव्यादर्श के द्वितीय तथा तृतीय परिच्छेद में केवल अलंकारों का वर्णन है और प्रथम परिच्छेद में काव्य रूप, गुण, रीति, आदि का विवरण है। तृतीय परिच्छेद में काव्य दोषों का संक्षिप्त वर्णन है। इसी प्रकार काव्यालंकार में सर्वाधिक ध्यान अलंकारों के लक्षण—उदाहरणों पर है। व्याकरणिक शुद्धता और दोषों पर भी बहुत श्रम किया गया है, जो पांडित्य युग की विशेषता रही है। अतएव जिस प्रकार रससूत्र में एक संश्लिष्ट काव्य सिद्धान्त मिलता है, वैसी संश्लिष्टता अलंकारवाद में नहीं मिलती।

वक्रोक्ति या अतिशयोक्ति की सर्वव्यापकता निर्देशिति होने पर भी परवर्ती काव्यशास्त्र में उन्हें अलंकार विशेष में सीमित कर दिया गया है। आगे चल कर वक्रोक्ति शब्दालंकार मात्र रह गया। कुंतक ने, इसकी व्यापकता के आधार पर पुनः वक्रोक्तिवाद का सिद्धान्त प्रस्तुत किया। अलंकारवाद की यह संकीर्णता वस्तुतः तात्कालिक चमत्कारप्रधान सभा संस्कृति के कारण थी। दरबारी जीवन की संकीर्णता ही उसमें प्रतिबिम्बित हुई है और उस क्षेत्र के यशःप्रार्थी कवियों और पंड़ितों का ध्यान भी इसीलिये वास्तविकता के आकर्षणों और वैविध्य की ओर नहीं जा सका अथवा भामह-दण्डी आदि तात्कालिक रुचि सीमाओं से ऊपर नहीं उठ सके। यही कारण है कि नाट्यशास्त्र के पश्चात् काव्यशास्त्र का आरम्भ हमें सैद्धान्तिक दृष्टि से आकर्षक नहीं लगता, जैसे हम किसी विचारक-आलोचक (भरत) के ग्रन्थ के बाद किसी काव्य अध्यापक की अध्यापकीय कोटिवादी काव्य शिक्षा-सम्बन्धी

पुस्तक पढ़ने लगे हों। यह बात भामह-दण्डी के विषय में ही सत्य नहीं है, जयदेव, अप्पय दीक्षित आदि के बहुपठित ग्रंथों के विषय में भी यही सत्य है।

अलंकार का भौतिक आधार—साहित्य में आकर्षक कथनों का शोध आवश्यक है किन्तु उसके साथ यह तात्विक विवेचन आवश्यक है कि जीवन-यथार्थ के साथ इसका घनिष्ठ सम्बन्ध है। आकर्षक कथनों के मनौवैज्ञानिक और सामाजिक या प्राकृतिक कारण होते हैं। द्वन्द्वात्मक भौतिकवाद से इस पक्ष पर प्रकाश प्राप्त हो सकता है। इस दृष्टि से तो नहीं किन्तु सामान्य यथार्थपरक दृष्टि से, ब्याजस्तुति, परिवृत्ति, प्रत्यनीक, मीलित, विरोधमूलक अलंकार, उपमा, यमक आदि के लौकिक और मनौवैज्ञानिक कारणों पर कतिपय विद्वानों ने विचार किया है किन्तु द्वन्द्वात्मक भौतिकवादी दृष्टि से विचार नहीं हो सका।[27]

स्वयं अलंकारवादियों में रुद्रट ने जीवन के साथ अलंकारों के सम्बन्ध की घनिष्ठता समझ कर उन्हें वास्तवमूलक, औपम्यमूलक, अतिशयतामूलक और श्लेषमूलक-इन चार कोटियों में विभाजित किया है। वामन और अप्पय दीक्षित अलंकारों की सादृश्यमूलकता पर बल देते हैं। वस्तुतः अतिशयता मूल आधार होने पर भी अलंकारों में सादृश्यमूलक और विरोधमूलक और शब्द और अर्थ की दृष्टि से शब्दालंकार और अर्थालंकार यह स्थूल विभाजन बन सकता है। विभाजन की समस्या पर आगे विचार होगा। यहाँ अलंकारों के आधार को स्पष्ट करने की आवश्यकता है।

भामह की काव्य परिभाषा से लगता है कि उनके पूर्व कुछ विद्वान शब्दालंकारों को ही मान्यता देते थे तो कुछ केवल अर्थालंकारों को ही मानते थे। भामह दोनों में अलंकारत्व सिद्ध करते हैं।[28] वह शब्द और अर्थ दोनों की सम्पृक्त स्थिति काव्य के लिए अनिवार्य बताते हैं। जीवन संश्लिष्ट है और काव्य-प्रक्रिया भी संश्लिष्ट अनुभव है। अतः व्यक्ति और स्थिति के, द्वन्द्व की कलात्मक संगति काव्य में प्रकट होती है। जीवन के किसी सन्दर्भ में, कवि की मानसिक स्थिति कभी शब्दालंकारों और कभी अर्थालंकारों पर जाकर किसी चेतनान्दोलन को अखण्ड रूप में ही सृजनोन्मुख करती है किन्तु विभाजनवादी प्रवृत्ति केवल विद्वता-क्षेत्र में न हो कर कवि-व्यापार में भी प्रयुक्त होने लगती है। सृजन काल में कभी शब्द-सौन्दर्य पर और कभी अर्थ-चमत्कार पर ध्यान जा सकता है। सृजन और विरेचन की इस असंगति के कारण शब्दालंकारों और अर्थालंकारों को परम्परा निरपेक्ष और स्वतंत्र मान लिया जाता है। भामह अपने निजी कवि-अनुभव से, इस असंगति से बचने के लिए शब्दार्थ को कलात्मक या वक्र-संगति को ही काव्य कहते हैं। वाल्मीकि-कालिदास शूद्रक और अश्वघोष की सृजनात्मक संगति, भामह-दण्डी के युग में समाप्तोन्मुख थी। इसके सिवा काव्यशास्त्र पर व्याकरण का प्रभाव होने के कारण, उसकी खंडपरक (एटोमिस्टिक) विवेचन पद्धति के प्रभाव के कारण, शब्द और अर्थ के चमत्कारों का स्वतंत्र वर्णन ही अधिक हुआ है।

शब्दालंकार का भौतिक आधार—काव्य एक मिश्रित कला है, अतः उसमें संगीत, स्थापत्य, चित्रादि कलाओं से सहायता ली जाती है। भरत ने उपमा, रूपक, दीपक के सिवा यमक का भी उल्लेख किया है, जिसे भामह और दण्डी दोनों शब्दालंकार कहते हैं। यमक में उच्चारण में समाज, किन्तु अर्थों में परस्पर भिन्न वर्णों की आवृत्ति होती है।[29] दण्डी उसे अव्यवधानरहित तथा व्यवधानयुक्त रूप वाले वर्णों की विशिष्ट आवृत्ति को ग्रमक कहते हैं।[30] वर्ण, संख्या, (आदि, मध्य, अन्त) शृंखला आदि के आधार पर यमक के 315 भेद हो सकते हैं।[31] संस्कृत काव्य में श्लेष और और यमक का प्रयोग बढ़ता चला जाता है, इसी से भामह ने मध्यम मार्ग के अवलम्बन पर बल दिया है।[32] स्वयं भरत ने यमक के कई भेद किए हैं। भामह ने पाँच और दण्डी ने 77 श्लोकों में यमक के अव्यपेत, व्यपेत, श्लोका-भ्यास, महायमक और प्रतिलोम आदि भेदोपभेद किए हैं। वामन ने पादसंख्या के आधार पर कई भेद किए हैं और शृंखला, परिवर्तक, चूर्णा यमक-भंग की चर्चा की है। रुद्रट ने एक पूरे अध्याय में यमक के भेदोपभेद प्रस्तुत किए हैं।[33] रुय्यक ने यमक की संक्षिप्त चर्चा की है, यही स्थिति मम्मट, विश्वनाथ, अप्पय दीक्षित आदि में मिलती है। ऐसा प्रतीत होता है, ध्वनिकार के विरोध[34] के कारण यमक का महत्व क्षीण होता गया।

ध्वनिकार के पूर्व स्वयं दण्डी यमक को अनुप्रास से कम महत्व देते हैं क्योंकि उसमें माधुर्य और अक्लिष्टता की मात्रा कम होती है।[35] भामह ने भी क्लिष्टता को ध्यान में रख कर कहा है कि सुश्लिष्ट, पद संधि, ओज, प्रसाद, सुखद—उच्चारण युक्त यमक श्रेष्ठ होता है।[36]

अनुप्रास में भी समान वर्णों की आवृति होती है, एक बार आवृत्ति छेकानुप्रास और अनेक बार वर्णावृत्ति वृत्यानुप्रास को जन्म देती है। वृत्यानुप्रास में वृत्तियों[37] रीतियों[38] आदि का समावेश भी किया जा सकता है। लाटानुप्रास में समान वर्णों का नहीं, पदों का साम्य होता है परन्तु तात्पर्य भेद रहता है, न कि प्रातिपादिक का अर्थ भे।[39] यमक में वर्णो की आवृति है। वे आवृत वर्ण यदि सार्थक हों तो उनके अर्थ का भेद होना चाहिए क्योंकि कभी निरर्थक वर्णों की भी आवृति देखी जाती है।[40] श्लेष में एक पद के एक से अधिक अर्थ हो जाते हैं। वीप्सा में वर्णों की आवृति ही प्रधान है; इसमें अर्थ भिन्न नहीं होता है।

भेदबुद्धिकौशल की दृष्टि से इन शब्दालंकारों के अनेक भेद किए गए हैं, किन्तु इनके आकर्षक के कारण क्या हैं? अनुप्रास में माधुर्य की चर्चा दण्डी ने की है कि वर्णों की आवृति से पदों में संगीतात्मकता उत्पन्न हो जाती है। संगीत में मानसिक द्वन्द्वों को शान्त करने की अद्‌भुत शक्ति होती है, इस नादात्मक प्रभाव का आधार शरीर-शास्त्र से स्पष्ट हो सकता है। संगीत में स्वरों के आरोह, अवरोह, माधुर्य आदि हमारे स्नायु मण्डल से टकरा कर उसकी चिन्ता-चिन्तन-व्यथा को विश्रान्ति देते हैं। रक्त पर ध्वनि-प्रभाव के स्वस्थ प्रभाव पड़ने से उसको संतुलन मिलता है। मन जीवन, संघर्ष, जन्म की असंगतियों को भूल कर कुछ क्षणों के लिए स्वर-मंगीत के माध्यम से एक आंतरिक संगति में निमग्न हो जाता है और जिस तरह मस्तिष्क के घातित-प्रत्याघातित कोषों (सेल्स) को, संगति—अनूभूति से

विश्रान्ति मिलती है, इसी प्रकार अनुप्रासमयी रचना से श्रोता एक नादात्मक स्थिति में अपने को स्थित पाता है। अतः समान और प्रायः मधुर वर्णों की आवृति से हमारा मन काव्य के जादू के क्षेत्र में प्रविष्ट होता है। यदि वर्ण मधुर न भी हो तो भी एक संगीतात्मक प्रभाव उत्पन्न हो जाता है जैसे बिहारी के एक दोहे[41] में मधुर वर्णों की आवृत्ति उस जादू की मात्रा और भी बढ़ा देती है।[42] रीतिवादी विद्वान भी इन शब्दालंकारों में नाद सौन्दर्य का प्रभाव स्वीकार करते हैं।[43]

काव्य के प्रारम्भिक विकास सोपानों में यह संगीत तत्व अधिक मात्रा में मिलता है। श्रेष्ठ काव्य में कला और मंत्रत्व का योग रहता है। अतएव वैदिक ऋचाएँ काव्य भी हैं और मंत्र भी हैं। काव्य-युग में भी जादू का यह प्रभाव संगीतात्मक पदावली में मिलता है क्योंकि प्राचीन साहित्य में काव्य प्रभाव डालने का भी कार्य करता है और इस प्रभाव-प्रक्रिया में संगीत एक प्रमुख सहायक तत्व है जो समानवर्णावृति और छन्द दोनों से उत्पन्न होता है। प्राचीन ग्रीक काव्य भी इसीलिए संगीतमय था।[44] आज भी लोक काव्य में यह विशेषता मिलती है, केवल बौद्धिकों के काव्य में अनुप्रास हानि हुई है क्योंकि वहाँ काव्य सम्मोहक प्रभाव डालने का माध्यम न होकर संक्रान्तिबोधात्मक अनुभवों की अभिव्यक्ति के लिए है। प्रभाव-प्रधान काव्य में अनुप्रासात्मक संगीत, रचना–प्रक्रिया का आवश्यक अंग है–

इट पासिस, इट पासिस
द ब्रेकिंग पेन इन द थाई बोन पासिस
द अलसरेशन ऑफ द स्किन पासिस
इट पासिस, इट पासिस।[45]

मैलनोवस्की के अनुसार इस कबीलाई मंत्रात्मक गीत में नाद, लय, रूपकत्व तथा अनुप्रासत्व का प्रभाव है, जिसमें जादू भरा स्वरारोहण-अवरोहण तथा आवृति है।[46]

अतः सभ्यता के प्रारम्भिक सोपानों में भाषा के बोधक और संगीतात्मक, संवेदक अथवा भावात्मक रूप पूर्ण स्वतंत्र नहीं होते थे। श्रम विभाजन सूक्ष्म और संकुल होने से भाषा का बौद्धिक रूप और कलात्मक रूप अलग-अलग हो जाता है और यह द्वितीय रूप, भाषा के आदिम रूप को निरंतरता देता रहता है क्योंकि सभ्य समाजों में भी, मनुष्य के धाराणात्मक चेतनांश के अतिरिक्त उसके अबौद्धिक, भावात्मक और संवेदनात्मक चेतनांश को प्रभावित करने की अद्भुत क्षमता होती है।

विवेच्य काल भारतीय सामंतवाद का उत्तरार्ध काल है। अब तक दर्शन, विधि, धर्म शास्त्र, स्मृति, रसायन, अर्थशास्त्र आदि धारणात्मक चेतनांश अत्यधिक विकसित हो गया था किन्तु काव्य और कला और एक सीमा तक धर्म साधना[47] में जादू (मैजिक) से मुक्ति नहीं मिल सकी थी और वस्तुतः काव्य कला के क्षेत्र में इस तत्व से पूर्णतः मुक्ति प्राप्ति सम्भव ही नहीं है क्योंकि मनुष्य की चेतना जिस भौतिक तत्व का गुणात्मक परिवर्तन है,

वह स्वयं अपने प्रारम्भिक और विकसित—दोनों रूपों में संगीतात्मकता है। पदार्थ मात्र के भीतर धनात्मक और ऋणात्मक अथवा संवादीः विसंवादी शक्तियों का अनवरत गुंजन तथा नर्तन होता रहता है। भूत तत्वों की गतियाँ, नदी, निर्झर, भूकम्प, ज्वालामुखी, झंझावात और मंद सभी रण की क्रीड़ाएँ संगीतात्मक ही होती हैं। शब्दालंकार द्वन्द्वग्रस्त मानव चेतना में इसी आंतरिक संगीत को झंकृत करते हैं। फलतः जादू जैसा प्रभाव उत्पन्न होता है और अर्थ-बोध सौन्दर्य-बोध के द्वार खुल जाते हैं। इससे मनुष्य की चेतना के परिवर्तन में कवि सफल होते हैं। उनका वास्तविकता के प्रति बोध और भावात्मक प्रतिक्रिया में गुणात्मक परिवर्तन सम्भव हो जाता है और इससे स्वयं वास्तविकता में परिवर्तन होता है।[48]

प्रारम्भ में नृत्य, काव्य, जादू, धर्म मिश्रित रूप में मिलते हैं फिर काव्य के स्वतंत्र विकास में नृत्य अलग हो जाता है, किन्तु शब्दों का नृत्य विस्मृत नहीं होता, वह काव्य में प्रयुक्त होता रहता है। संगीत, धर्म और जादू काव्य और अन्य कलाओं का साथ, सभ्य युगों में भी नहीं छोड़ते। वैज्ञानिक युगों में धारणात्मकता की प्रधानता के कारण काव्य को गद्य के निकट पहुँचाया जाता है और तब शब्द सज्जा और और शब्द—संगीत उपेक्षा का विषय बनता है किन्तु तब भी यह शब्द—संगीत लोककाव्य तथा अपेक्षाकृत कम बौद्धिक काव्य में जीवित रहता है।

संस्कृत के उत्तर काल में जिस प्रकार धर्म जादू से मुक्त नहीं था, उसी प्रकार काव्य भी संगीतात्मक था। अतः इस आदिम-प्रवृत्ति को दरवारों में ही नहीं सर्वत्र महत्व मिलता था। संस्कृत काव्य को न समझ पाने पर भी कालिदास, माघ, भवभूति की अनुप्रासमयी वाणी का संगीत साधारण श्रोताओं से भी साधुवाद प्राप्त करता था। शिखरिणी जैसे मधुर लयात्मक छन्दों और अनुप्रासमयी शब्दावली से केवल श्रुतिपेशलत्व का भी प्रभाव डालने की क्रिया में महत्वपूर्ण योगदान था। समान वर्णों की आवृत्ति से मनुष्य की संकल्प-शक्ति काव्यानन्द के समय, कुछ समय के लिए शिथिल हो जाती है और काव्य श्रवण के पश्चात् वही संकल्प-शक्ति (विल पावर) और भी दृढ़ और ध्येयपरक हो उठती है।

कला और काव्य वास्तविकता—परिवर्त्तन शक्ति के कारण मानव-विकास के अभिन्न अंग हैं, किन्तु जादू की अवस्थिति के कारण भी उसकी आवश्यकता है।[49] शब्दालंकार इसी जादू की सृष्टि करते हैं।

संगीतात्मक जादू के स्रष्टा अनुप्रास के कई रूपों का साक्षात्कार आलंकारिकों ने किया था। शब्दों की दो बार आवृत्ति पदावली के बीच संवादी स्वरों का कार्य करती है। वृत्यानुप्रास में यह संगीतात्मक जादू पूर्णता को प्राप्त होता है। लाटानुप्रास में तो पदों की आवृत्ति होती है। अतः पूर्ण पद्य सावयवी संगीतात्मकता की उपलब्धि करता है, किन्तु अर्थ भिन्न हो जाता है। इससे पदसाम्य के संगीत में निमग्न चेतना सहसा अर्थ-भिन्नता की अभिज्ञा करके, एक उछाल की प्रक्रिया द्वारा चमत्कार की प्राप्ति करती है। यही स्थिति यमक में दिखाई पड़ती है। यहाँ भी सौन्दर्य में डूबी चेतना कवि कौशल को पहचानती हुई, अर्थ बोध प्राप्त करती है जैसे संगीत के माध्यम से श्रोता को अर्थ-चित्रों में ले जाया गया

हो। लाटानुप्रास और यमक को केवल संगीतात्मक नहीं माना जा सकता है, उसमें अर्थ-चेतना भी कार्यरत हो जाती है। इसलिए इन्हें शब्दालंकार भी कह सकते हैं और अर्थालंकार भी और क्योंकि अनुप्रासमयी रचना में भी कुछ अर्थ होता ही है। अतः अनुप्रास को भी केवल शब्दालंकार नहीं कहा जा सकता। वस्तुतः अर्थ की अप्रधानता के आधार पर ही अनुप्रास का नाम पड़ा है। वैसे इसका प्रयोग अर्थप्रधान पद्यों में भी हो सकता है। अतः मार्क्सवादी दृष्टि से यह भेद तात्विक नहीं है कि इन्हें शब्दालंकार कहा जाए या अर्थालंकार, ध्यातव्य यह है कि इस प्रकार के संगीतात्मक शब्द विधान का यथार्थ के साथ सम्बध क्या है?

श्लेष को भी शब्दालंकार कहा गया है किन्तु श्लेष में संगीतात्मकता न होकर अर्थाधिक्य का आकर्षण रहता है और वास्तविकता के अधिक से अधिक पक्षों का एक साथ वर्णन श्लेष द्वारा सुलभ हो जाता है। श्लेष में बहु अर्थक शब्दावली के शोध पर अधिक ध्यान रहता है। अतः इसमें अर्थ का जादू और वक्ता के बुद्धि कौशल पर अधिक प्रकाश पड़ता है। संस्कृत में यमक और श्लेष के प्रति प्रेम पांडित्य प्रदर्शन के कारण उत्पन्न हुआ। इस कारण संश्लिष्ट-अभिव्यक्ति रूप काव्य में उस प्रवृत्ति की अति से काव्य का वाल्मीकि-कालिदास में प्राप्त अंतः प्रेरणात्मक सूत्र क्षीण होता गया।[50] बौद्धिक-जादू शब्द क्रीड़ा में परिवर्तित होता गया। सुबंधु, बाण[51] जैसे सहृदय गद्यकार भी उस श्लेषवादी प्रवृति के अतिवाद से बच नहीं सके, फलतः वर्ण्य विषय, परिस्थिति और पात्र का संश्लिष्ट चित्रण सम्भव नहीं हो सका। स्वयं भवभूति जैसे भाववादी कवि इस अति से बच नहीं सके किन्तु राघव पाण्डवीय जैसे काव्यों में यह प्रवृत्ति अति की चरम सीमा प्रस्तुत करती है। श्री हर्ष ने नैषधीय में दमयन्ती के स्वयंवर में श्लेष का पाण्डित्यपरक किन्तु कुशल प्रयोग किया है और वहाँ श्लेष का जादू देखने योग्य है।[52]

सुबन्धु-बाण-भट्टि-भारवि-माघ-परम्परा की श्लेष प्रियता का प्रभाव, पांडित्यप्रदर्शनप्रिय आचार्य केशव पर सर्वाधिक दिखाई पड़ता है उनके यहाँ इस अलंकार का अनुचित प्रयोग देखते ही बनता है। प्रकृति वर्णन में तो केशव ने बहुअर्थक शब्द-शक्ति का अद्भुत प्रदर्शन किया है। अतः वसन्त और शिव, ग्रीष्म और शवर, वर्षा ऋतु और काली, शरद और शारदा, विरहिणी नायिका और हेमन्त ऋतु, शिशिर और वारवनिता का एक साथ वर्णन कर दिया गया है।[53] श्लेष के अनुचित प्रयोग से विषय के प्रति अन्याय होने पर भी एक विशेष यथार्थ भी प्रकट हुआ है।[54] बहुअर्थक शब्दावली के प्रयोग से वर्ण्य विषय और श्लेष से ध्वनित विषयों का साक्षात्कार एक साथ होता है जैसे एक यथार्थ के कई यथार्थों का दर्शन एक साथ हो रहा हो।

पुनरुक्तवदाभास को शब्द और अर्थ दोनों का अलंकार माना गया है। जहाँ अर्थ आपाततः पुनरुक्तवत् प्रतीत होता है, वहाँ इनका अस्तित्व माना गया है।[55] यथा भुजंगकुण्डली और शशि शुभ्रांशुशीतगु भगवान शिव विघ्न दूर करें–इस उक्ति में भुजंग और कुंडली दोनों सर्प के दो पयार्य से लगते हैं और पुनरक्ति का आभास सा होता है किन्तु

विचार करने पर भुजंग रूप कुण्डलधारी यह अर्थ स्फुरति होता है। इसमें पुनरुक्ति का भ्रम उत्पन्न करके फिर उस भ्रम को अर्थाग्रह से दूर किया जाता है। अतः कथन में वैचित्र्य आ गया है। कहीं तो शब्द बदल देने से भी यह अलंकार स्वरूप नहीं खोता यथा उक्त उदाहरण में भुजंग की जगह सर्प का भी प्रयोग हो सकता है किन्तु कहीं शब्द बदल देने से इसकी स्वरूपहानि भी हो सकती है।[56]

निष्कर्ष यह है कि शब्दालंकारों के चमत्कार का कारण भौतिक जीवन की ही व्यंजना है। मनुष्य प्रकृति का अंश है। अतः प्रकृति में व्याप्त संगीत उसे प्रभावित करता है, शब्दालंकार इसलिए जादू जैसा प्रभाव उत्पन्न करते है।

अर्थालंकार और जीवन यथार्थः अलंकार—सम्प्रदाय में आचार्य इस अन्तर्दृष्टि को प्राप्त कर चुके थे कि काव्य में आकर्षण का एक कारण सादृश्य भी होता है। सादृश्य के दो प्रमुख कार्य होते हैं। एक तो वर्ण्य विषय के स्फुरीकरण में सादृश्य सहायक होता है, दूसरे सदृश रूपों के अवतरण में वर्ण्य विषय और अप्रस्तुओं के द्विगुणित दृश्य प्राप्त हो जाते हैं। प्रथम प्रक्रिया वर्ण्य वस्तु के स्पष्टीकरण की प्रक्रिया है, उसके चित्रण की प्रक्रिया है, दूसरी प्रक्रिया वर्ण्य वस्तु सदृश्य अनेक अप्रस्तुत वस्तुओं के दर्शनलाभ की चेष्टा है।

सर्जना की दृष्टि से सादृश्य का एक और कार्य यह है कि प्रकृति या मानव जीवन में किसी वस्तु या क्रिया को देखकर चेतना की किसी स्थिति की ओर ध्यान जाता है जैसे समुद्र को देखकर मानसिक स्पन्दन की स्वरूप स्थिति स्पष्ट होती है, व्याघ्र को देखकर मानव-शक्ति और पराक्रम, चन्द्र-कमलादि को देखकर मुख सुषमा और दीपावली के अग्निक्रीड़कों (आतिशबाजी) को देखकर विचार स्फुलिंगों का मानस-प्रत्यक्ष सम्भव हो जाता है। अतः अभिव्यक्ति स्थिति में सदृश पदार्थ, वर्ण्य वस्तु से अप्रस्तुतों की ओर और सदृश पदार्थों या क्रियाओं से वर्ण्य वस्तु की ओर हमें प्रेरित करते हैं।

इन सादृश्यमूलक अलंकारों में सर्वाधिक महत्वपूर्ण उपमा है। पंडितराज इसे विपुल-अलंकारों का अंतवर्ती मानते हैं,[57] और अप्पय दीक्षित सभी अलंकारों में उपमा की ही विभिन्न मुद्राएँ देखते हैं।[58] इनके पूर्व वामन भी अर्थालंकारों को उपमाप्रपंच ही मानते थे।[59] दण्डी और भामह में भी उपमा को उपयुक्त महत्व दिया गया है और वहाँ भी प्रस्तुत-अप्रस्तुतों के सादृश्य को ही सौन्दर्य का आधार माना गया है।[60]

रुद्रट ने सादृश्य के आधार पर अलंकारों में 20 अलंकारों को औपम्यमूलक ही स्वीकार किया है[61] और रुय्यक ने उपमा की अनेक अलंकारों का बीज कहा है।[62] जयदेव ने कामिनी के स्तनों के समान उपमेय और उपमान की समान शोभा पर बल दिया है[63] और कामिनिस्तनद्वय से यह यथार्थपरक निरीक्षण प्रस्तुत किया है कि सादृश्यप्रधान अलंकारों में सहृदय वर्ण्य और अप्रस्तुत दोनों के सौन्दर्य का एक साथ भोग करता है, अथवा उपमान या बिम्ब केवल वर्ण्य स्पष्टीकरण के ही लिए नहीं, अपितु अपने स्वतंत्र

शोभा सृजन के लिए भी सक्षम होते हैं। विश्वनाथ भी सादृश्यमूलक अलंकारों का मूल उपमा को ही मानते हैं।[64] एक कवि का तो यहाँ तक कथन है कि उपमा वस्तुतः कविता की जननी है। उस पर कवि यश का अस्तित्व निर्भर है, कविता का यह सर्वस्व है और कविता का चूड़ामणि है।[65] मम्मट के काव्यप्रकाश में 61 अलंकारों में 29 सादृश्यमूलक अलंकार हैं और उनमें भी उपमा ही मुख्य है। दण्डी, मम्मट और विश्वनाथ आदि उपमा के अनेक भेदों का सविस्तार वर्णन करते हैं, इससे भी अप्रत्यक्षतः उपमा का महत्व स्पष्ट होता है।

चित्रमीमांसा में अप्पय दीक्षित ने अनन्वय, स्मरण, प्रतीक, रूपक, सन्देह, भ्रान्तिमान, अपन्हुति, तुल्ययोगिता, दीपक, दृष्टान्त, निदर्शना, व्यतिरेक, सहोक्ति, समासोक्ति, अप्रस्तुत प्रशंसा, श्लेषादि को उपमापरक ही सिद्ध किया है और सादृश्य पर ध्यान रखने से ये सब अलंकार वस्तुतः उपमा प्रपंचमात्र ही हैं क्योंकि उपमा विधि द्वारा चित्र या बिम्ब प्रस्तुत होते हैं। अतः वर्ण्य वस्तु का चित्र उपस्थित करने की क्रिया में सादृश्यमूलक कथन सर्वाधिक महत्वपूर्ण होते हैं।

भारतीय बिम्बवाद—सादृश्यमूलक अलंकारों का अध्ययन वस्तुतः भारतीय बिम्बवाद का एक रूप प्रस्तुत करता है। बिम्बों या सदृश अप्रस्तुतों द्वारा विषय के अतिरिक्त परिचित अथवा उस परिचित पर आधारित रूपों का विधान होता है और इस प्रकार वास्तविक जीवन से सम्पृक्त हमारी चेतना परिचित रूपों के स्मरण से प्रसन्न हो उठती है-चन्द्र, कमल, मयूर, सर्प, पर्वत, सरिता, सर, पुष्प, पादप, पशु, तथा मानव निर्मित पदार्थ ही नहीं, सामाजिक जीवन के तत्व और क्रियाएँ भी बिम्ब रूपों में पुनर्प्रस्तुत होकर उनसे जुड़े हमारे रागात्मक सम्बन्धों तथा उन रूपों के अपने आकार, गुण, प्रभावादि के कारण हमें उल्लसित करते हैं जैसे वास्तविक जीवन की हमें दर्पण में दिखाया जा रहा हो क्योंकि सौन्दिर्य का स्रोत जीवन है। प्रकृति भी इसी जीवन में सम्मिलित है, अतएव सादृश्यमूलक अलंकारों द्वारा हम जीवन का ही आस्वादन करते हैं।[66]

यही कारण है कि अप्रस्तुत विधान अपरिहार्य है। "प्रवृत्तियों का आगमन और लोप होता रहता है, भाषा रूप रंग बदलती है, छन्दपरक रुचियाँ परिवर्त्तित होती हैं, यहाँ तक कि मूलभूत वर्ण्य विषय बदल जाते हैं, किन्तु रूपक सर्वदा विद्यमान रहता है, रूपक काव्य प्राण है, कवि का प्रमुख निकष और गौरव है।" हबर्ट रीड का कथन है कि हमें कवि की परीक्षा उसके रूपक की शक्ति और मौलिकता के आधार पर करनी चाहिए। अरस्तू प्रतिभा का निकष इसी रूपकत्व या बिम्ब-ग्रहण को मानते थे।[67] ड्रायडन भी बिम्ब रचना को ही काव्य की उच्चता और प्राणवत्ता का कारण मानते हैं।[68]

सी. डी. लीविस के अनुसार 16.17 तथा 18 वीं शताब्दी के आलोचक बिम्ब को अलंकार कहते थे। उसे वे आभूषण समझते थे किन्तु स्वच्छन्दतावादी आंदोलन के पूर्व यह नहीं स्वीकृत हुआ था कि बिम्ब काव्य का केन्द्रस्थ तत्व है तथा यह कि अनेक बिम्बों से रचित स्वयं कविता भी एक बिम्ब है।[69]

इससे यह प्रतीत होता है कि प्राचीन आलोचक और आलंकारिक अलंकार को ऊपर

से आरोपित मानते थे किन्तु भारत में भामह और दण्डी अलंकार को सौन्दर्य उत्पादक धर्म ही मानते हैं और जयदेव तो अग्नि में दाह शक्ति के सदृश अलंकार को काव्य की अनिवार्य सृजन-प्रक्रिया में उसे स्थान देते हैं। ध्वनिवादी अवश्य व्यंग्यहीन अलंकारों को आरोपित शोभा कहते हैं किन्तु व्यंजित अलंकार अथवा सूक्ष्त पद्धति पर बिम्ब-विधान को वह पूर्ण महत्व देते हैं। रस प्रधान काव्य में अलंकार सहायक तत्त्व होते हैं किन्तु अलंकार ध्वनि में अलंकार आरोपित नहीं माने गए; अपितु वे वर्ण्य वस्तु को संकेतात्मक विधि पर चित्रित करते हैं और स्वयं रचना प्रक्रिया के अभिन्न अंग होते हैं।

सी. डी. लीविस बिम्ब के साधारण और विशिष्ट दो अर्थ करते हैं। साधारणतः बिम्ब शब्दों से बना चित्र है।[70] बाह्य वास्तविकता के प्रतिबिम्बीकरण के अतिरिक्त बिम्ब में "कुछ और" भी संकेतित रहता है तभी वह कवित्वगत बिम्ब बनता है। इस प्रकार के बिम्बों के दर्पण में जीवन अपना रूप ही नहीं देखता अपितु उस रूप के सम्बन्ध में सत्य का भी दर्शन करता है।[71] ऐन्द्रिय संवेदन भी बिम्ब में अनिवार्यतः रहता है।

अनेक संकेतों और संवेदनों से पूर्ण बिम्बों की माँग वस्तुत विशेष प्रकार के बिम्बों की माँग है। प्रारम्भ में बिम्ब विधान का कार्य अलंकारों के द्वारा ही होता रहा, उनके पिष्टपेषण से ऊब कर केवल वर्ण्य वस्तु सदृश अप्रस्तुतों के विधान के अतिरिक्त, काव्य में सांकेतिक बिम्बों के विधान होने लगे हैं, किन्तु इससे यह सिद्ध नहीं होता कि सादृश्यमूलक अलंकारों का कार्य बिम्ब विधान नहीं हैं। वे सर्वत्र आरोपित भी नहीं हैं, कहीं वे पच्चीकारी या बाह्य कला विधान या अलंकृति के रूप में हैं और कहीं वे वर्ण्य वस्तु, भाव, बोध और कल्पना की अलग-अलग और संश्लिष्ट अभिव्यक्ति के अनिवार्य अंग हैं और साथ ही सांकेतिक भी। कालिदास की उपमाओं में बिम्ब के साधारण और विशिष्ट दोनों रूप देखे जा सकते हैं यथा रघुवंश राजाओं के यश को वह उच्च वृक्ष कहते हैं और अपने को वामन की उपमा देते हैं। यहाँ कवि और राजाओं का ही नहीं, अपितु इस कवित्वगत बिम्ब से मानवीय सम्बन्धों के सामंती स्वरूप तथा श्रद्धेय-श्रद्धालु के सम्बन्ध भी संकेतित हो उठते हैं। अभिज्ञान शाकुंतल में सौन्दर्य वर्णन के समय के बिम्ब सर्वथा नवीन और सहज जीवन चुने गए हैं और फिर भी वे सांकेतिक हैं।

लीविस ने कोरे बिम्ब विधान को कवित्वगत बिम्ब में बाधक माना है। बिम्ब, भाव बोध आदि से सन्निविष्ट होना चाहिए,[72] अर्थातः बिम्ब को अखण्ड सृजन प्रक्रिया का अंग होना चाहिए, वे ऊपर से चिपकाए गए चमकदार फूल पत्तों से न लगते हों; किन्तु इस तथ्य से भी अलंकार शास्त्री परिचित थे। वे सृजन प्रक्रिया का पूर्ण विवरण तो नहीं देते; किन्तु इस प्रकार के संकेत अवश्य मिलते हैं।

अपनी चमत्कारवादी रुचि के कारण एक संश्लिष्ट काव्य सिद्धान्त के अभाव में भी आलंकारिकों में यत्र-तत्र अचूक अंतर्दृष्टि दिखाई पड़ती है। वस्तुतः पूर्ण सिद्धान्त के अनुसंधान में प्रायः हम प्राचीनों की अन्तर्दृष्टि की उपेक्षा कर जाते हैं। अन्तर्दृष्टि,

काव्य-पठन और जीवन-निरीक्षण से जन्म होती है जबकि सिद्धान्त-निर्माण में धारणाओं की यथार्थता और संगति पर ध्यान रहता है। धारणात्मक दृष्टि से दुर्बल होने पर भी किसी व्यक्ति में उसके अमूल्य अनुभव महत्वपूर्ण होते हैं। ये अनुभव और अंतर्दृष्टियाँ (सूझ) धारणात्मक स्तर पर संग्रथित न होने पर भी महत्वपूर्ण होती हैं किन्तु धारणात्मक-क्षमता और अनुभव-क्षमता को गहराई से अलग-अलग न देख सकने के कारण आलंकारिक हमें व्यर्थ प्रतीत होने लगते हैं।

भामह बिम्बों की सत्ता कथा प्रधान काव्यों में भी मानते हैं।[73] स्पष्टतः महाकाव्यों में रस प्रधानता से बिम्ब उसके अनिवार्य अंग बन कर ही प्रयुक्त हो सकते थे। वर्णनात्मक स्थलों में बिम्ब-विधान अलंकृति का रूप धारण कर सकता है, किन्तु वह भी सर्वत्र नहीं। रघुवंश में लंका से लौटते समय राम, विमान से सीता के सम्मुख दृश्य वर्णन करते हैं किन्तु यहाँ बिम्ब भाव से युक्त हैं। इसके विरुद्ध भारवि और माघ के वर्णनों में बिम्ब आरोपित प्रतीत होते हैं क्योंकि कवियों की ध्यान वहाँ अलंकृति पर ही रहता है। बाण की कादम्बरी में भी इसी प्रकार की अलंकृति दिखाई पड़ती है पर सर्वत्र नहीं।

अतः भामह अलंकारयुक्त विशेषण के साथ साथ अर्थवत्ता, न्याय संगति, अनाकुलता और परिष्कृति आदि विशेषण भी सत्काव्य के लिए प्रयुक्त करते हैं।[74] काव्य एक पुष्प मात्र नहीं होता, वह तो पुष्पमालिकावत् होता है,[75] अथवा वह रमणी के नेत्र के समान होता है।[76] इसी प्रकार काव्य को वक्रोक्तिपरक मान कर भी भामह काव्य की व्यापकता प्रमाणित करते हैं। उसमें शब्द, अर्थ, न्याय, कलादि सबका उपयोग होता है।[77] अतः केवल असाधारण बिम्बों से काम नहीं चल सकता है, कवि का दायित्व बहुत बड़ा है।[78]

दण्डी कहते हैं कि राजप्रशंसापरक रचनाओं से एक समय बिम्ब उभरता है, इसे यशबिम्ब कहा गया है। यह बिम्ब साहित्य रूपी दर्पण को प्राप्त होता है।[79] महाकाव्यों में वर्णन विशदता का प्रयोजन भी वस्तुतः समग्र बिम्ब को जन्म देना है, इसीलिए अनेक वस्तुओं के वर्णन का विधान किया गया है।[80]

चमत्कारपरक रुचि की प्रधानता होने पर भी ऐसे संकेतों से अलंकारों के उपयुक्त प्रयोग पर आचार्यो ने पर्याप्त बल दिया है, यह उनके दोष प्रकरण से भी स्पष्ट हो जाता है।

बिम्बवादी योरोपीय सम्प्रदाय ने वर्ण्य वस्तु, कवि की प्रतिक्रिया और बिम्ब के संश्लिष्ट सम्बन्ध को न देख कर नवीनता और सांकेतिकता पर बहुत बल दिया है। अतः लीविस का आरोप सत्य है कि टी. ई. ह्यूम तथा एजरा पौंड निरपेक्षतावादी हो जाते हैं।[81] टी. ई. ह्यूम मूर्त्तता और संक्षिप्तता पर बहुत बल देते हैं। एजरा पौण्ड का कथन था कि एक बिम्ब प्रस्तुत करना, बड़े पोधों से श्रेष्ठ है किन्तु लीविस के अनुसार बिम्ब किसी मरुस्थल से जन्म नहीं लेते।[82] बिम्ब सृष्टि के समय वर्ण्य वतु और कवि का सम्बन्ध महत्वपूर्ण होता है। इस आंतरिक सापेक्ष सम्बन्ध पर बिम्बवादी पूर्ण प्रकाश नहीं डालते हैं। वस्तुतः बिम्बों के माध्यम से मानव और जीवन (प्रकृति सहित) का सम्बन्ध अभिव्यक्त होता है।

इसके अतिरिक्त रूपकत्व और प्रतीकात्मकता द्वारा अनन्तता और सौमातीतता भी

संकेतित होती है, किन्तु बिम्बबादी वस्तुओं की यथावत् अभिव्यक्ति तक ही अपने को सीमित रखते हैं। "यह कहना हास्यास्पद है कि कवि केवल किसी सुन्दरी के घाँघरे की लहर को ही देखें, उसकी चन्द्रमा की चाह मानवीय भावना नहीं है।"[83] महाकाव्यों के प्रसंग में भामह, दण्डी आदि तथा काव्य मात्र में भरत, आनंदवर्धन-अभिनव आदि इस उक्त मानवीय सम्बन्धवाद से परिचित थे।

लीविस ने रूपक त्रिकोणात्मक सम्बन्ध स्वीकार किया है। यथा-लिली द प्लांट एण्ड फ्लावर ऑफ़ लाइट--इस बिम्बात्मक प्रयोग में लिली और प्रकाश के विषय में कहा गया है, किन्तु लिली के विषय में मानव अनुभव समृद्ध भी हुआ है। इसके सिवा लिली और प्रकाश एक दूसरे को निबन्धित भी करते हैं।[84] इसी प्रकार हर्बर्ट की इस पंक्ति में भी यही स्थिति है: फोरसेक द केज, दाई रोप ऑफ़ सैण्ड्स।

वस्तुतः सादृश्य के आधार पर मन में आने वाले अप्रस्तुतों के साथ सम्बन्ध त्रिकोणात्मक नहीं, अनेक कोणात्मक होता है। इसीलिए पंडितराज जगन्नाथ सादृश्य की सुन्दरता और विलक्षण आनन्द को बिम्ब विधान के लिए अनिवार्य मानते हैं।[85] उदाहरणतः "गुरुजनों के भय और मेरी ओर अवलोकन—इन दोनों क्रियाओं के मध्य उत्पन्न होने वाली आकुलता से युक्त उस हरिणी के समान नेत्र वाली सुन्दरी की कुछ-कुछ विकसित होते कमल सी आँखों को मैं भूल नहीं पाता"—इस उदाहरण में नायक, नायिका, कमल और नेत्र, विकट परिस्थिति और रति-भाव ये सभी एक दूसरे को आलोकित करते हैं और साथ ही पाठक की अपनी मानसिक स्थिति का सम्बन्ध जुड़ जाने पर यहाँ बिम्ब, कमल, अनेककोणात्मक सम्बन्धों का प्रकाशक बन जाता है। पिष्टपेष्टित बिम्बों में यह शक्ति समाप्त हो जाती है, किन्तु मुख चन्द्रमा के समान है, ऐसे बिम्बात्मक कथन प्रारम्भ में उतने ही आकर्षक लगते होंगे, जितने आधुनिकों के नये और सटीक बिम्ब आज प्रिय लगते हैं। ऐतिहासिक आस्वाद के कारण, प्राचीन बिम्ब विधान, आधुनिक युग में भी अपना आकर्षक बनाये रखना है।

क्या यह सादृश्य सभी सादृश्यमूलक अलंकारों में आकर्षण का कारण होता है? पंडितराज के अनुसार उपमा के अतिरिक्त अन्य अलंकारों में सादृश्य मूल रूप में रह कर भी चमत्कार शून्य ही रहता है और प्रतीप और उपमेयोपमा को उपमा से वह अभिन्न मानते हैं। तब रूपकादि को सादृश्य-मूलक अलंकार क्यों कहा गया है, इसका उत्तर पंडितराज के अनुसार यह है कि रूपक आदि में अभेदघटित सादृश्य और दृष्टान्त आदि अलंकारों में भेदघटित सादृश्य होता है किन्तु इससे तो सादृश्य की किसी न किसी रूप में विद्यमानता ही प्रकट होती है।

सादृश्य और साधर्म्य तथा जीवन यथार्थ—विभाजनवादी प्रवृत्ति से दृष्टि सीमित होती है किन्तु वह सीमित दृष्टि जिस पक्ष केन्द्रित होती है, उसके सूक्ष्म भेदीकरण से यथार्थ के सूक्ष्म स्तर भी स्पष्ट होते हैं। सादृश्य और साधर्म्य के भेदीकरण में यह यथार्थ-बोध स्पष्ट है। पंडितराज के अंनुसार भिन्न बस्तुओं में धर्म के आधार पर सादृश्य होता है।[86]

मुख और चन्द्र भिन्न हैं किन्तु आल्हादकता इन दोनों में साधारण धर्म के रूप में विद्यमान है। रूपक में उपमेय और उपमान की भिन्नता को दूर कर दिया जाता है। अतः उसे ताद्रूप्य अवस्था कहा जाता है, यथा मुख-चंद्र में। मुख-चन्द्रादि द्रव्य हैं। अतः इनमें गुण या धर्म की साधारणता के आधार पर सादृश्य होता है किन्तु गुणों में सादृश्य मात्रा भेद के आधार पर होता है यथा दो श्वेत गुण की मात्रा के आधार पर ही उपमेय-उपमान में वैधर्म्य होगा। नव्य नैयायिक सादृश्य और साधर्म्य में अन्तर नहीं मानते किन्तु सादृश्य में उपमेय-उपमान की भिन्नता स्पष्टतः लक्षित रहती है जबकि दो श्वेत वस्तुओं में यह भिन्नता केवल मात्रा के आधार पर ही लक्षित हो सकती है। सादृश्य में दृष्टि एक वस्तु के दूसरी वस्तु के साथ सम्बन्ध पर केन्द्रित रहती है, साधर्म्य में ध्यान दोनों वस्तुओं के एक धर्म पर केन्द्रित रहता है।[87] सादृश्य में साधर्म्य से अधिक विस्तार होता है। अतः सादृश्य में वस्तुओं का सामूहिक अथवा विस्तृत चित्र होता है।[88] इसके सिवाय रूपकादि अलंकारों में सादृश्य वाच्य न होकर संकेतित होता है। इन अलंकारों में अनेक बार साधारण धर्म का तो निर्देश होता है परन्तु सादृश्य फिर भी व्यंग्य माना जाता है, यह सादृश्य और साधर्म्य को एक मानते की अवस्था में सम्भव नहीं फिर भी सादृश्य ज्ञान हमें साधर्म्य के आधार पर होता है।[89]

सादृश्य और साधर्म्य का यह विभाजन विवेचक की दृष्टि से है, जहाँ तक सहृदय का सम्बन्ध है, उसे इस प्रकार के व्यापार की प्रतीति नहीं होती अपितु केवल रस (आनन्द) की प्रतीति होती है।[90] इसके सिवा इस प्रकार का भेद प्रारम्भिक आलंकारिकों में नहीं मिलता। भौतिकवादी दृष्टि से गुणों और आकृतियों में सादृश्य ही उपयोगी तत्व है और सौन्दर्य तथा आनन्द का कारण सादृश्य के आधार पर प्रस्तुत जीवन और प्रकृति का दर्शन है। किसी कृति में बिम्ब विधान से दर्पणों की स्थिति बन जाती है। इन अप्रस्तुत रूपी दर्पणों में वर्ण्य वस्तु प्रतिबिम्बित होती है किन्तु ये बिम्ब दर्पणा जादू के दपर्ण सदृश होते हैं, वे केवल प्रतिबिम्बित नहीं करते, अपितु वर्ण्य वस्तु को रूप और जीवन देते हैं। यह शक्ति अप्रस्तुत में ही है कि वे वर्ण्य वस्तु को स्पष्ट करते हैं और साथ ही स्रष्टा की चेतना के रागात्मक संस्पर्शों और आन्दोलनों को सहृदय की चेतना में उसी गुण और मात्रा में स्फुरित कर देते हैं।

विचार और धारणाएँ हमारे मन में भाषा के रूप में उपस्थित होती हैं।[91] इनसे उत्पन्न अथवा स्वतंत्र रूप से व्यक्ति और परिस्थिति के द्वन्द्व में उत्पन्न संवेग या भाव; भाषा रूप में उपस्थित न होकर अमूर्त्त क्षोभ रूप में उपस्थित होते हैं। अतः चेतना के इस अमूर्त्त-आवेगात्मक पक्ष को व्यक्त करने का एक मात्र उपाय अप्रस्तुत विधान है क्योंकि अमूर्त्त मानसिक क्षोभों का प्रकृति और जीवन में यत्किंचित् सादृश्य मिल सकता है। जीवन और प्रकृति के अतिरिक्त अभिव्यक्ति का अन्य कोई उपकरण नहीं है। अतएव अप्रस्तुत विधान द्वारा काव्य-कलादि में वर्ण्य वस्तुओं को ही नहीं, अपितु उसके मानसिक प्रत्यक्षों, प्रत्ययों, प्रतिक्रियाओं आदि को व्यक्त किया जा सकता है।[92]

प्रकृति में वस्तुओं, प्राकृतिक घटनाओं और प्रक्रियाओं की एक नित्य नूतन शृंखला

है। मानसिक जगत् सभ्यता के विकास के फलस्वरूप जितना गूढ़, जटिल और विचित्र बन गया है उसी प्रकार प्रकृति भी विचित्र, गूढ़ और जटिल है। अतः अप्रस्तुत विधान द्वारा मानव और प्रकृति की संगति कला द्वारा स्थापित हो जाती है और हम उपमानों द्वारा केवल अपने को स्पष्ट ही नहीं करते अपितु अपने को विस्तृत भी करते हैं और साथ ही मनुष्य और प्रकृति में बिम्ब-प्रतिबिम्ब सम्बन्ध ध्वनित होकर, सीमा भंजन भी करता है। मुख कमल के समान है, इस कथन द्वारा कमल-दर्पण में मुख के बिम्ब और मुख दर्पण में कमल के बिम्ब-दर्शन से रक्त, माँस और राग की सीमाएँ टूटने लगती है। इसके सिवाय अप्रस्तुतों या बिम्बों से इन्द्रिय सम्वेदन या तन्मात्रक (शब्द, स्पर्श, रूप, रस गन्ध) परिज्ञान और अनुभव होते हैं। एक बोधक (विचारणा) तत्त्व भी, बिम्बों से चेतना में सक्रिय हो जाता है, एज़रा पौंड इसे बौद्धिक तत्त्व कहते हैं।[93]

साहित्य में अप्रस्तुत विधान के उपकरण मानव-जीवन से भी लिए जाते हैं इससे मन और जीवन यथार्थ का सादृश्य व्यक्त होता है और इस स्तर पर भी मन और मानव क्रियाओं की संगति स्थापति हो जाती है।

प्रकृति के साथ चिरसाहचर्य से अनेक प्राकृतिक पदार्थ मानव चेतना के वैसे ही अंग हो जाते हैं जैसे उसके प्रियतम जन। आकाश, रवि, अग्नि, जल, वात्याचक्र, वर्षा, शीत, आतप, वृक्ष, वन, पर्वत आदि उसके अस्तित्व के साक्षी ही नहीं, अस्तित्व के रक्षक भी हैं। मानव अपने अस्तित्व की अभिव्यक्तिं करने के लिए उत्सुक होने पर, इन चेतना सन्निविष्ट पदार्थों और उनकी क्रियाओं में अपना रूप देखता है और अपने को रूपायित करने का भी यही उसे स्वतः स्फुरित प्रतीत होता है। यही कारण है कि अप्रस्तुत विधान किसी युग में किसी मानव समूह के मन की वास्तविक स्थिति स्पष्ट कर सकता है। संस्कृत कालीन बिम्ब विधान से शिक्षितों के मानव राग के साधारणीकृत रूप और अत्याधुनिक युगीन काव्य के बिम्ब विधान के अध्ययन से मनुष्य के आत्मनिर्वासन और साथ ही उसके विरुद्ध संघर्ष का स्वरूप स्पष्ट हो उठता है। व्यक्ति और व्यक्ति के मध्य तथा व्यक्ति और परिस्थिति के मध्य द्वन्द्वों और संगति के रूप बिम्ब विधान द्वारा प्रकट होने के कारण बिम्बों का अध्ययन कवि और उसके युग के द्वन्द्वों और संगतियों का अध्ययन हो जाता है।

वास्तविकता को व्यक्त करते समय स्रष्टा का मन चन्द्रकमलादि उपमानों की ओर द्वन्द्वात्मक प्रविधि ही अपनाता है। घटना, क्रिया वस्तु, संवेग और सम्वेदना का स्नायु मण्डल पर प्रभाव एक गत्यात्मक प्रभाव होता है। यह प्रभाव धूमिल, आदि अन्तहीन और क्षोभक होता है। इस स्थिति में मन उसे व्यक्त करने के लिए उसे जैसे ही पदार्थों का अनुसंधान करने लगता हैं। यह अनुसंधान जटिल होता है क्योंकि अप्रस्तुत के अनुसंधान-क्षणों में, कथ्य में तल्लीन स्वचेतना, परिधि पर न होकर केन्द्रस्थित होती है, साथ ही बिना तटस्थ कथ्य के वात्याचक्र से चेतना को मुक्ति नहीं मिलती। तल्लीनता और ताटस्थ्य के द्वन्द्वमय क्षण में पूर्वस्मृति के बल से अप्रस्तुत प्राप्त होते हैं और इन में चयन-त्याग-प्रक्रिया भी चल पड़ती है। इस चयन-त्याग संघर्ष में सटीक बिम्ब स्फुरित होते ही मन पुलकित हो उठता

है और बिम्ब प्राप्ति में कथन और अभिव्यक्ति का संघर्ष सामंजस्य उपलब्ध कर लेता है। वाल्मीकि क्रौंचवध के पश्चात् व्याकुल होते हैं, पूर्व मूल्यों और संस्कारों के कारण शोक की अनुभूति श्लोक में परिणत होती हैं किन्तु "मा निषाद" में उनकी अमूर्त प्रतिक्रिया ही व्यक्त हुई थी। तटस्थ होकर सोचते ही, क्रौंचवध उन्हें मानव जगत् की हिंसा और असंगति का बिम्ब लगने लगता है और जब वह नारद से पूछ कर क्रौंचवध सदृश रामकथा का विषय पा जाते हैं तो एक ओर तो पूरी रामकथा मानव जीवन की करुण-स्थिति का बिम्ब बनती है और दूसरी ओर उसे कथ्य बनाने पर बाल्मीकि उसे प्रस्फुटित करने के लिए पग-पग पर प्रकृति से सादृश्य चुनते हैं। इस प्रकार मुनि के मन को अभिव्यक्ति प्राप्त हो जाने और साथ ही रामचरित्र द्वारा मानव असंगतियों पर विजय पाने का एक समाधान मिल जाने पर शान्ति मिलती है। अतः साधारण उपमा अलंकार से लेकर व्यापकता निर्देशक बिम्बों तक स्रष्टा की चेतना की द्वन्द्वात्मक संगति ही सर्वत्र अवस्थित रहती है। अतः वास्तविकता, स्रष्टा, पाठक और बिम्ब–ये सब सफल कलाकृति में द्वन्द्वात्मक प्रक्रिया में, एक दूसरे को स्पन्दित और आलोकत करते हुये सार्थकता प्राप्त करते हैं।

अप्रस्तुत विधान से कथन में एक अतिशयता या वक्रता आती है। भामह ने इसे लक्ष्य किया था, क्योंकि मानव और प्रकृति में कोई दो वस्तुएँ पूर्ण सदृश नहीं हैं। गुणों में भी मात्रा भेद होता है! अतः अमूर्त्त आवेग, हर्ष, उल्लास, रति, उत्साहादि को व्यक्त करने के लिए प्रकृति या मानव जीवन से बिम्ब चुनने पर कथन में वैज्ञानिक या व्यावहारिक सत्य न रह कर कलागत सत्य का जन्म होता है, जिसमें अतिशयता की स्थिति अनिवार्य हो उठती है। वक्रोक्तियों के अतिरिक्त"मुख कमल के समान सुन्दर" जैसे कथनों में भी कमल, चन्द्रादि में शोभातिशयता की स्वीकृति होती है। भुजा को अर्गला, वक्ष को फाटक, उरोज को पर्वत और नेत्रों को सागर कहने में साधारण धर्म रहने पर भी, उपमेय से उपमानों में आकार, गुणादि की अतिशयता के कारण ऐसे कथनों में अति आती है। अतिशयता से कल्पनाहीन व्यक्ति भी वर्ण्यपदार्थ या व्यक्ति की मूर्ति मनमें स्फुरित कर सकता है।[94] इसके अतिरिक्त बिम्ब अपना आकर्षण मन में भर देते हैं और इससे स्वरूप और सौन्दर्य बहुगुणित रूप में प्राप्त होते हैं जैसे एक दीपक से अनेक दीपक जल उठें हों अथवा एक आकर्षक मूर्ति के पास उस जैसी अनेक मूर्तियों का त्वरित आगमन हो गया हो अथवा प्रकृति के शीशमहल में एक पदार्थ अपने को अनेक रूपों में प्रतिबिम्बित पा रहा हो और वे सभी प्रतिबिम्ब उस उदार्थ में प्रतिबिम्बित होने लगे हों। अतएव सादृश्यमूलक अलंकारों के अनुसंधान में आलंकारिक, सूत्र शैली के कारण मन की प्रक्रियाओं, वास्तविकताओं और बिम्बों का द्वन्द्वात्मक सम्बन्ध नहीं कहते किन्तु उनके निष्कर्ष उक्त प्रक्रिया की गर्भीकृत किये हुये हैं, इसमें सन्देह नहीं।

सादृश्य और जीवन—सादृश्य काव्यकलादि में बिम्ब सृष्टि का ही आधार नहीं है, जीवन में भी इसका योगदान महत्वपूर्ण है। आचरण में धारणाओं और मूल्यों की भिन्नता

और परस्पर विरोध के कारण महाजनों या महापुरुषों का अनुकरण ही प्रमाण माना गया है। वस्तुतः सादृश्य ही आचरण का आधार होता है। महाजनों के आदर्श आचरण और वास्तविक जीवन में द्वन्द्व उपस्थित होने पर अन्य "महाजनों" नवीन आचरण और नये मूल्यों का प्रयोग करने लगते हैं—तब पुनः सादृश्य कार्यरत हो जाता है और संक्रान्तिकालीन स्थिति में भी सादृश्य के आधार पर ही प्रतिक्रियावादियों और क्रान्तिचेताओं का अनुकरण होता है। इसी प्रकार परिवार, संस्था और समूहों में धारणा और आचरण के आदर्श (मॉडल) अनुकरणीय बन जाते हैं क्योंकि यदि आदर्श में स्थित धर्म अनुकर्त्ता में नहीं मिलेगा तो समूह उसे स्वीकार नहीं कर सकता। अतः परिवर्तन और स्थितिशीलता दोनों स्थितियों में सादृश्य जीवन आचरण का एक आधार है जो विरोधी (कंट्रास्ट) रंगों और रूपों में कार्यरत है।

जीवन को सुन्दर और आकर्षक बनाने का प्रयत्न एक मानवीय भावना है जो प्रस्तुतः उसके सामाजिक विकास का फल है। पशु-पक्षी भी सौन्दर्य प्रिय होते हैं, डार्विन ने इस तथ्य को भली भाँति प्रमाणित किया है।[95] सादृश्य इस सौन्दर्य-बोध के विकास में सहायक हुआ है। इन्द्रियों का विकास हमारे सम्पूर्ण इतिहास का फल है। सीमित और अपरिष्कृत ऐन्द्रिय स्तर विकास की अपूर्णता को व्यक्त करता है। ऐन्द्रिय स्तर की परिष्कृति मानव जीवन की समृद्धि और पूर्णता का प्रतीक है। मार्क्स ने इस ऐन्द्रिय स्तर की उन्नति पर अत्यधिक बल दिया है।[96] काव्य कलादि से इस ऐन्द्रिय स्तन की परिष्कृति होती हैं, उसके कार्य क्षेत्र व्यापकता आती है और पशु जीवन की यान्त्रिकता से मुक्ति मिलती है।

मुख चन्द्रसम है, यहाँ सादृश्य का आधार नेत्र है। अतः रूपों के सादृश्य के आधार पर की गई सृष्टि से नेत्रेन्द्रिय का संस्कार होता है। वाणी कोकिल के समान है, इस प्रयोग में सादृश्य श्रवणेन्द्रिय पर आधारित है। रेशमी अंधकार, इस प्रयोग से त्वक् इन्द्रिय का और परिपक्व आम्रफल के समान भाव सौरभ कहने पर घ्राणेन्द्रिय का शिक्षण और मानवीकरण होता है।

शृंगार और सज्जा में तो प्रकृति का सादृश्य ही प्रमुख होता है यथा केशों की रचना में बादल, पक्षियों के नीड़, लता कुंज,सर्प आदि के सादृश्य को व्यक्त किया जाता है। वस्त्रों के रंग तो प्रकृति के सादृश्य पर ही आधारित हैं जो उनके नामों से प्रकट होता है। आस्मानी, कपासी, कत्थई, धानी, समुद्री, फालसई, बादामी आदि। निशा, उषा, संध्या, वर्षा, शीत, आतप आदि का सादृश्य सुन्दरियों के शृंगार में स्पष्ट प्रमाणित है। किसी एक व्यक्ति की सज्जा के अनुकरण में सादृश्य ही प्रमुख होता है। पूर्वी देशों में पश्चिमी की वेषभूषा के अनुकरण से यह स्पष्ट हो जाता है। कलाकृतियों को देख कर भी सज्जा पर प्रभाव पड़ता है यथा अजंता शैली, खजुराहो शैली, अमूर्त्त शैली आदि। यहाँ भी सादृश्य ही मुख्य आधार है। यही नहीं, वार्तालाप, गति, कार्यविधि और आदतों के विश्लेषण से सादृश्य ही प्रमाणित होता है जो सामाजिक गत्यात्मकता का अभिन्न अंग बन कर प्राचीन युगों से आज तक रूप परिवर्तित करता था रहा है।

प्राचीन सौन्दर्य-बोध का आधार सापेक्षता, समता, संगति और संतुलन आदि तत्व माने गये हैं। इन सबका आधार सादृश्य ही है।[97] आधुनिक अमूर्त्त कलाओं का आधार भी सूक्ष्म-आन्तरिक सादृश्य ही है, जिसमें प्रातीतिक सादृश्य भंग विधि अपनाई जाती हैं। प्रायः गति, व्यक्तित्व और सूक्ष्म धारणा को चित्रित करने के लिए ऊपरी सादृश्य को भंग करना पड़ता है, यथा पिकासो को कृतियों में। प्राचीन भारतीय मूर्तियों और चित्रों में भी सूक्ष्म सादृश्य के लिए बाह्य सादृश्य को भंग किया जाता था यथा नटराज, गौतम बुद्ध, दशभुजदेवी, यक्ष और अन्य अवतारों की मूर्तियों में। संगीत और नृत्य में भी प्रकृति और मानव जीवन के रूप और भावों का सादृश्य ही प्रस्तुत होता आ रहा है। इस प्रकार, कलात्मक भ्रम का आधार प्रकृति और जीवन का सादृश्य ही है।

सादृश्यमूलक अलंकारों में सादृश्य के रूप और वास्तविकता—शब्दालंकारों में मुख्य अनुप्रास में सादृश्य का ही रूप है। उसमें अर्थ सादृश्य का भी ध्यान रखा जाता है तभी कोमल रसों में कोमल वर्णों की ओर कठोर रसों में कठोर वर्णों की आवृत्ति होती है। जीवन में भी कोमल प्रसंगों में शब्दावली कोमल ही हो जाती है यों 'प्रेम लपेटे अटपटे वचन" भी सुनने को मिलते हैं किन्तु वहाँ भी प्रकृति से कठोर संघर्ष ग्रस्त रुक्ष जीवन का ही सादृश्य व्यक्त होता है। प्राचीन और मध्यकालीन काव्य इस क्षेत्र में चरम सीमा प्राप्त कर चुका है। एक कारण यह भी है कि संस्कृत ध्वन्यात्मक भाषा है। अतः संस्कृत में और भी अधिक सफलता मिली है, ब्रजभाषा में ध्वन्यात्मकता पर्याप्त है। अतः रीतिकाल में ध्वनि साम्य के उदाहरणों की राशियाँ हमें प्राप्त हो सकी हैं।

उपमा के विषय में कुछ विवेचन हो चुका है। दण्डी के वस्तूपमा, विपर्ययोपमा (प्रतीप), नियमोपमा, अनियमोपमा, समुच्चयोपमा, अतिशयोपमा उत्प्रेक्षितोपमा, मोहोपमा, संशयोपमा, निर्णयोपमा, समानोपमा, शब्दश्लेषोपमा, निंदोपमा, प्रशंसोपमा आख्योिपमा, विरोधोपमा, प्रतिवेधोपमा, चटूपमा, तत्वाख्यानोपमा, असाधारणोपमा, अभूतोपमा, बहूपमा आदि भेद सादृश्य के विविध रूप प्रस्तुत करते हैं। भामह इस भेद विस्तार के विरोधी हैं।

वामन को सादृश्य इतना महत्वपूर्ण लगा कि वह वक्रोक्ति के लक्षण में भी सादृश्य युक्त लक्षणा को वक्रोक्ति कहते हैं।[98] रुद्रट ने वाक्योपमा, समासोपमा, प्रत्ययोपमा, मालोपमा, रशनोपमा आदि भेद किए हैं और इनके भी अवान्तर भेद माने हैं। भेद का आधार वाक्य, समस्त पद आदि होते है जो भामह के शब्दों में व्यर्थ विस्तार है। मम्मट ने भी क्षौती, आर्ती, लुप्तोपमा, मालोपमा, रशनोपमा आदि भेदों के अनेक उपभेद किए हैं किन्तु यहाँ भी उपमा का सौन्दर्य सादृश्य ही है, भेदोपभेद नहीं। वस्तुतः काव्यों में अनेक प्रकार के सादेश्यमूलक कथनों का यह संग्रह और विभाजन है।

उपमा में सादृश्य ही सौन्दर्य का कारण है। वाक्यों, पदों आदि के विभिन्न रूपों से सौन्दर्य में तात्विक अंतर नहीं आता किन्तु वैविध्य उपस्थित होता है। वैविध्य और शोध की दृष्टि से यह विभाजन उपयुक्त भी लगता है किन्तु उसी पर ध्यान रहने से उपमीमांसा

व्याकरणपरक हो गई है-वह सौन्दयाशस्त्रीय नहीं हो सकी।

उपमा में सादृश्य-विधान दोषपूर्ण होने पर असौन्दर्य की सृष्टि होती है, इस तथ्य को प्राचीनों ने लक्ष्य किया था। लिंग, वचनादि के दुष्ट प्रयोगों से भी पाठक की सम्वेदना आधारित होती है किन्तु मुख्य दोष तो सादृश्य दोष ही है। वामन ने इस सम्बन्ध में महत्वपूर्ण प्रकाश दिया है। जाति, परिमाण या धर्म से उपमान को न्यून नहीं होना चाहिए यथा-तुम सैनिकों ने चाण्डालों के समान साहस किया इस प्रयोग में बिम्बगत न्यूनता के कारण असौन्दर्य है क्योंकि श्रोताओं के मन में सैनिक और चाण्डाल के साहस पूर्ण कृत्यों का गुणात्मक अंतर विद्‌यमान रहता है, अतः उनकी चेतना आधातित होती है।[99] इसी प्रकार उपमान में उपमेय से अत्यधिक धर्म भी दोषपूर्ण होता है यथा "रुद्र के समान पराक्रमी कहार भीतर आ जाएँ"[100] यहाँ मर्यादा का अतिक्रमण है इसी प्रकार नाभि को पाताल, स्तनों को पहाड़ और वेणी को नदी के समान कहना भी पूर्णतः उचित सादृश्य नहीं है।[101]

प्रतीत न होने वाले गुणों से सादृश्य प्रदर्शन दोषयुक्त होता है यथा फैली हुई अर्थ रश्मियों से युक्त काव्य रूप चन्द्रमा को ग्रथित करता हूँ–इस प्रयोग में चन्द्रमा और काव्य में असादृश्य है। नयी कविता में असादृश्य दोष बहुत मिलता है, हाँ, व्यंग्य में उपमानों का न्यूनत्व और अधिकत्व आकर्षक हो उठता है, यथा "भूख में किवाड़ पापड़ होते हैं" अथवा "मैं रिरियाता कुत्ता हूँ," "तुम्हारा मुख मुझे ऐसे रुपए सा लगता है जिसमें चमक तो है पर खनक नहीं है" अथवा "पाप फूल की तरह खिलते हैं," "बूंदें वामन के समान गिरती हैं" आदि।

उपमा के वाचक–धर्म की उपस्थिति-अनुपस्थिति, समास आदि के आधार पर अनेक भेद किए गए हैं किन्तु भेद-विवेचन में व्याकरणिक दृष्टि अपनाई गई है।[102]

अनन्वय अलंकार भी एक प्रकार की उपमा ही है। अप्रस्तुतों के अभाव में वर्ण्य वस्तु को ही इस अलंकार में उपमान बनाया जाता है। अद्वितीयता के प्रसंगों में, व्यवहार में भी इस प्रकार के कथन सुने जाते हैं "तुम तुम्हीं हो," यही प्रवृत्ति इस अलंकार में मिलती है। "तुम्हारा मुख, तुम्हारे मुख जैसा ही है"–यहाँ वर्ण्य के सौन्दर्यातिशय से अभिभूत व्यक्ति उसे अद्वितीय समझ कर मुख से ही मुख की उपमा देता है।

उपमेयोपमा में सादृश्य के कारण उपमेय का उपमान के रूप में और उपमान का उपमेय के रूप में वर्णन होता है तथा आपकी लक्ष्मी के समान बुद्धि और बुद्धि के समान लक्ष्मी, धरणी शोभित है।[103] दूसरे रूप में यही प्रतीप अलंकार कहलाता है यथा कमल तुम्हारे नेत्रों के समान हैं और चन्द्रमा मुख के समान है। इसके कई रूप मिलते हैं।[104]

व्यतिरेक अलंकार भी सादृश्य-वर्णन का एक प्रकार है। इसमें उपमान की उपमेय से प्रायः कारणसहित हीनतर सिद्ध करके वर्ण्य वस्तु के प्रति आसक्ति की वर्णना होती है। इसके 48 प्रकार पंडितों ने खोज निकाले हैं।[105] 'जन्म सिन्धु पुनि बंधु विष दिन मलीन संकलक, सिय मुख समता पाव किमि चन्द बापुरो रंक' अतिप्रसिद्ध उदाहरण है।

इस प्रकार उपमा और उससे सम्बन्धित अन्वय, प्रतीप व्यतिरेक आदि अलंकारों

में सौन्दर्य का कारण, भौतिक जीवन का साक्षात्कार है। उपमा वर्ण्य वस्तुओं के सम्मूर्तन के लिए, बाह्य वास्तविक जीवन को ही उपस्थित करती है। अलंकार के भ्रम के नीचे, जीवन की वास्तविकता छिपी हुई है, यह द्वन्द्वात्मक भौतिकवादी सत्य, उपमा विवेचन से प्रमाणित हो जाता है।

भामह के अनुसार रूपक में गुणों की समता देख कर उपमान के साथ उपमेय का तादात्मय निरूपित किया जाता है[106] दण्डी के अनुसार रूपक में प्रकृत और अपकृत का विशेष ज्ञान तिरोहित हो जाता है, अतः उनके अनुसार रूपक एक प्रकार की अभेदोपमा ही है।[107] रुद्रट भी उपमेय और उपमान के गुणों की समानता होने पर अभेदकल्पना को रूपक कहते हैं।[108] रुय्यक विषयी द्वारा विषय को रूपित करने के कारण रूपक मानते हैं। साधर्म्य ही आधार है और अपने भेद को तिरोहित करके उषमा ही रूपक बन जाती है।[109] मम्मट भी उपमेय और उपमान के अभेद को ही रूपक कहते हैं।[110] उपमेय और उपमान में अत्यन्त सादृश्य इसकी विशेषता है जयदवे का भी यही मत है, जहाँ उपमेय रूपी भित्ति उपमान रूपी चित्र से रंग दी जाए, वहाँ रूपक होता है।[111] उपमेय और उपमान के अभेद एवं तादरूप्य पर अप्पय दीक्षित भी बल देते हैं।[112] पंडितराज ने उपमेयतावच्छेदक (उपमेय में रहने वाले असाधारण धर्म मुखत्व आदि) को आगे रख कर अर्थात् उस धर्म के साथ समझे जाते हुए उपमेय में शब्द प्रमाण के द्वारा निश्चित की जाने वाली उपमान की एकरूपता को रूपक कहा है और अन्य लक्षणों पर नव्यन्याय से विचार कर अपने लक्षण को ही प्रामाणिक सिद्ध किया है।[113] उससे इस मूलभूततथ्य का खण्डन नहीं होता है कि सादृश्य या साधर्म्य के आधार पर उपमेय और उपमान की एकता ही रूपक है।

अतः रूपक उपमा का ही एक घनीभूत रूप है और उसके आकर्षण का प्रमुख आधार सादृश्य या साधर्म्य ही है। रूपक की महिमा का कारण यह भी है कि उससे कथ्य और अप्रस्तुत अथवा दो वस्तुओं की एकता स्थापित हो जाती है इससे अंप्रस्तुत केवल हमारे परिचय के वृत्त में ही नहीं आता, अपितु वर्ण्य वस्तु और अप्रस्तुत में भेद-चेतना ही क्षण भर को लुप्त प्राय हो जाती है जो मनुष्य और प्रकृति की एकता का आधार है।

रूपक का प्रयोग पदार्थों को निकटतम करने की प्रक्रिया है, इसके सिवा मुख-चन्द्र कहते समय सारोपालक्षण शक्ति भी अपना चमत्कार दिखाती है। इससे प्रतीयमान कथन-असंगति, एकता विधि द्वारा दूर होती है। मुखचन्द्रमा नहीं हो सकता, यह ज्ञान अनुभव के आधार पर प्रकट होता है किन्तु विचार करते ही सौन्दर्य-सादृश्य से मुख-चन्द्र कहला सकता है, ऐसा ज्ञान तुरन्त जाग्रत होता है और उससे प्रतीयमान कथन-असंगति दूर होती है। अतः रूपक में उपमा से अधिक सांकेतिकता आ जाती है। इस प्रकार रूपक के सौन्दर्य के मूल में वस्तु सौन्दर्य और कथन की सूक्ष्मता के कारण वह उपमा से भी अधिक प्रभावशाली होता है।

नव्यन्याय का मत है कि रूपक में सारोपा लक्षणा मानने की आवश्यकता नहीं क्योंकि मुख-चन्द्र कहने में नाम और अर्थों के पारस्परिक सम्बन्ध से ही उनके सम्बन्ध

का ज्ञान हो जाता है। यह पंडितराज का मत है किन्तु नर-व्याघ्र, मुख-कमल जैसे प्रयोगों में कथन की असंगति पर ध्यान अवश्य जाता है, विशेषकर तब, जब प्रसिद्ध उपमानों का प्रयोग नहीं होता, अतएव रूपक में कथन-असंगति का क्षण सूक्ष्मतर होने पर भी उसकी सत्ता वहाँ अवश्य होती है उसके दूरीकरण के लिए मन, पूर्वानुभव, से, सादृश्य का आधार अवश्य ग्रहण करता है। अतः चाहे यहाँ सारोपा लक्षणा मानी जाये अथवा नाम और अर्थ के अभेदसंसर्ग से अन्वय प्राप्ति, किन्तु कथन की प्रतीयमान असंगति और उसके तुरन्त दूरीकरण से मन अवश्य चमत्कृत होता है, यह अनुभव से सिद्ध है। इस प्रकार सूक्ष्म द्वन्द्वात्मकता यहाँ प्रमाणित होती है।

रूपक के भेद, प्रारम्भ में जीवन और प्रकृति की एकता के प्रतिपादन क्रम में संश्लिष्टता और असंश्लिष्टता के आधार पर कल्पित किये गये हैं। भामह का "समस्त वस्तु-विषय" रूपक वस्तुतः सांगरूपक है; जिसमें अवयवों के साथ अतयवी की तद्रूपता भी प्रदर्शित की ज़ाती है यथा "मदजल बरसाने वाले मेघ रूपी विशाल हाथी इन्द्रधनुष की झूल ओढ़े, दिशाओं के प्रान्त भाग से निकल कर प्रेमियों को मत्त बना रहे हैं"—यहाँ मेघ-हाथी इतना कह देने से भी काम चल सकता था किन्तु यहाँ मेघ और हाथी की विवरणगत एकता भी है। अतः मन को अवयवों की कल्पना नहीं करनी पड़ती और यथार्थ का पूर्ण चित्र उद्‌भाषित हो उठता है। एकदेशविवर्ती रूपक में कुछ अंश कथित नहीं होते। दण्डी ने अवयवी-अवयव के आधार पर ही समस्त और व्यस्त रूपकों के भेद किये हैं किन्तु दण्डी के यहाँ भेद व्यवस्थित नहीं हैं।

समस्तवस्तु विषय या सावयव और एकदेशविवर्ती या निरवयव रूपकों के अतिरिक्त रुद्रट ने सहज और आहार्य या कृत्रिम नामक रूपक भेद भी किये हैं। इसका आधार पदार्थो की स्वाभाविकता या कृत्रिमता है। यथा "वर्षा विपत्ति के नाश होने पर चन्द्र रूपी कलहंस; चमकते हुये नक्षत्र रूपी कुमुद वाले और निर्मल चांदनी रूपी जल वाले आकाश-सरोवर में विहार कर रहा हैं।" यहाँ हंस जल और सरोवर आकाश के आहार्य अवयव हैं, सहज नहीं। इसके विरुद्ध "यह कामिनी कमलिनी है, उनके मुख कमल हैं, दांत केसर हैं, अधर पत्र हैं और बाहुलता नवीन मृणालदण्ड है"—यहाँ सभी अवयव सहज हैं। अतः यहाँ आलंकारिकों का यह निरीक्षण ध्यातव्य है कि वे पदार्थो में भी सहजता और कृत्रिमता का विवेक कर सकते थे।

इसी तरह निरवयव रूपक में अनेक अप्रस्तुतों की माला के सौन्दर्य (माला रूपक)[114] पूर्व उपमेय जहाँ उत्तर का उपमान बने, ऐसे पद्यों में रशना-सौन्दर्य[115] (रशना रूपक) अथवा दो उपमानों के साथ दो उपमेयों का होना जहाँ आवश्यक हो, ऐसे पद्यों में परम्परित रूपक सौन्दर्य[116] (परम्परित रूपक) पर ध्यान दिया है। यह वस्तृतः तद्रूपता में गति क्रम का सौन्दर्य है।

मम्मट ने रशना रूपक को चमत्कारक नहीं माना किन्तु रुय्यक और मम्मट श्लिष्ट परम्परित रूपक को आकर्षक मानते हैं।[117] यथा आप विद्वानों के मानस-हंस—ऐसे प्रयोग

में मानस श्लिष्ट पद है, इससे अभेदस्थापन में सहायता मिलती है।

सादृश्य के कारण, जीवन-प्रकृति की एकता से सौन्दर्य उत्पन्न होता है। यह प्रवृत्ति अन्य सादृश्यमूलक अलंकारों में भी रहती है। उत्प्रेक्षा में सादृश्य के कारण प्रस्तुत की अप्रस्तुत रूप में सम्भावना होती है।[118] यह सम्भावना जाति, गुण, क्रिया और द्रव्य के सादृश्य विवक्षित न मान कर भी उसमें उपमा का लेश स्वीकार किया है[119] कवि का ध्यान सादृश्य पर न होकर सम्भावना पर हो किन्तु सम्भावना गुण क्रियादि के आधार पर होने से सम्भावित सादृश्य से बचा नहीं जा सकता। रुद्रट ने इस सादृश्य को लक्ष्य किया है और स्पष्ट सादृश्य का उल्लेख किया है।[120] रुय्यक ने तो यहाँ तक कहा है कि कभी सादृश्य का उपादान होने से उत्प्रेक्षा का आरम्भ उपमा से होकर, वाक्यार्थ की वात्पर्य शक्ति से सम्भावना प्रक्रिया की प्रधानता से, उपमा का पर्यवसान उत्प्रेक्षा में होता है।[121] मम्मट भी उत्प्रेक्षा को सादृश्यमूलक मानते हैं यद्यपि उपमा और उत्प्रेक्षा में भेद सम्भावना के कारण होता है।[122] पंडितराज उपमेय की उपमान में सम्भावना का मूल किसी सुन्दर धर्म को हो स्वीकार करते हैं क्योंकि चन्द्र में मुख की सम्भावना का कारण सौन्दर्य या आनन्द है।[123]

मूलतः सादृश्यप्रधान परन्तु सम्भावना व्यापार की प्रधानता से उत्प्रेक्षा अलंकार में कल्पना का मनोरम प्रयोग मिलता है। वस्तु उत्प्रेक्षा में अप्रस्तुत वस्तुओं की कल्पना[124], हेतुत्प्रेक्षा में[125] कारण कल्पना और फलोत्प्रेक्षा[126] में फल की कल्पना की जाती है और इनका आधार सादृश्य ही है अन्य कुछ नहीं।

मुख नहीं चन्द्र है, जैसे प्रयोगों में अपन्हुति अलंकार माना जाता है जिसका आधार स्पष्टतः सादृश्य या साधर्म्य है। रुद्रट के अनुसार जहाँ अति सादृश्य के कारण उपमेय को असत्य कह कर उपमान को सत्य सिद्ध किया जाता है, वहाँ अपन्हुति होती है।[127] भामह ने तो अपन्हुति का अस्तित्व उपमा के बिना असम्भव माना है।[128] भामह ने इस अलंकार की अभिव्यक्ति-प्रक्रिया को निषेधात्मकतायुक्त कहा है। दण्डी भी कहते हैं कि इसमें प्रसिद्ध वस्तु को छिपा कर उसके स्थान पर अन्य अर्थ का प्रदर्शन किया जाता है।[129] मम्मट और विश्वनाथ भी उपमेय निषेध और उपमान के निश्चय को अपन्हुति मानते है। पंडितराज का भी यही मत है। वाग्भट्ट ने सादृश्य के आधार पर ही उपमेय के निषेध और उपमान की स्थापना से सौन्दर्य का जन्म माना है।[130]

अपन्हुति में वर्ण्य यथार्थ का निषेध, जानबूझ कर इसलिए किया जाता है। कि उसके स्थान पर अधिकत्वयुक्त उपमान की स्थापना से वर्ण्य यथार्थ का स्वरूप चेतना में स्फुरित हो उठे यथा "मैं जु कह्यो रघुवीर कृपाला, बंधु न होइ मोर यह काला" में बालि को सुग्रीव बंधु के रूप में छिपा कर फिर उसे काल कहता है, इससे बालि में विकट शक्ति, पराक्रम और भंयकरता स्फुरित हो जाती है। व्यावहारिक जीवन में भी साधारण जन इस प्रकार की विधियाँ अपनाते हैं, यह आदमी नहीं, राक्षस है, यह घर नहीं, कारागार है आदि कथन प्रायः हृदय के क्षुब्ध होने पर पूर्वानुभव के आधार पर स्वतः निकल पड़ते हैं। कवियों ने

व्यावहारिक जीवन से ऐसे कथन चुन कर काव्य में प्रयुक्त किए हैं, और आचार्यों ने उनके आकर्षण के कारणों की व्याख्या की है।

भामह के अनुसार सन्देह में प्रशंसा के लिए उपमान के साथ उपमेय का अभेद और भेद बताते हुए सन्देहयुक्त वचन बोला जाता है।[131] वामन ने धर्मी में विरुद्ध दो धर्मों का सन्देह होने पर सन्देह अलंकार माना है।[132] रुद्रट,[133] रुय्यक,[134] मम्मट,[135] अप्पय दीक्षित,[136] जयदेव[137] आदि का भी यही मत है। पंडितराज ने भी सादृश्य के आधार पर ही उत्पन्न संशय को अलंकार माना है, मात्र संशय ज्ञान को नहीं।[138] यह मुख है या चन्द्रमा इस प्रकार के कथनों में संशय का आधार सादृश्य ही है, अतः चमत्कार इस सादृश्य से ही जन्म लेता है। किन्तु इस चमत्कार सर्जन की प्रक्रिया संशयात्मक विधि पर व्यक्त होती है, जब कि अपन्हुति में यह प्रक्रिया निषेधात्मक होती है।

सन्देह के भेदों में संशय ज्ञान की मात्रा के आधार पर भेद किए गए हैं। विश्वनाथ ने शुद्ध सन्देह वहाँ माना है, जहाँ आदि से अन्त तक संशय हो यथा क्या यह सुन्दरी नव मंजरी है, क्या यह लावण्यसागर की लहर है? इसके विपरीत कहीं कहीं आदि और अन्य में संशय और मध्य में निश्चयगर्भता रहती है यथा यह सूर्य तो नहीं? किन्तु सूर्य के साथ अश्व होते हैं, यथा यह अग्नि तो नहीं किन्तु अग्नि तो सर्वत्र विचरणशील नहीं। इसी प्रकार कभी आदि मध्य में संशय और अन्त में निश्चयगर्भता आ जाती हैं किन्तु इस भेदवाद से सन्देह अलंकार की विविधता तो प्रकट होती है, उसके चमत्कार का आधार सादृश्य है, यह अखंडित रहता है। भ्रान्तिमान् में सादृश्य के कारण ही एक वस्तु दूसरी वस्तु का आभास होता है।[139] भामह–दण्डी ने तो इसे अलंकार ही नहीं स्वीकार किया, किन्तु विभाजन प्रियता से सन्देह के साथ भ्रम पर भी ध्यान गया। अतः उपमेय को देखकर तत्सदृश उपमान को देखने पर जब संशय ज्ञान हो सकता है तो भ्रमज्ञान भी स्वभाविक है और सादृश्य के कारण वह चारुतायुक्त भी होगा।[140]

इसी प्रकार स्मृति में किसी विशेष वस्तु को रख कर उसी सदृश्य किसी अन्य काल में अनुभूत वस्तु का स्मरण होता है अर्थात् ऐसे कथनों में सादृश्य स्मरण-प्रक्रिया के द्वारा व्यक्त किया जाता है यथा इन्द्रनीलमणि की मालाओं को देख कर ये मयूर कृष्ण सर्पों का स्मरण करने लगते हैं।[141] इन तीनों अलंकारों का अन्तर, दर्शन के प्रभाव के कारण ज्ञान के स्वरूप के आधार पर प्रतिष्ठित किया गया है किन्तु सौन्दर्य का आधार सादृश्य ही है।

भामह के अनुसार समासोक्ति में वर्ण्य वस्तु के समान विशेषण वाले दूसरे अर्थ की प्रतीति होती है और अर्थ की संक्षिप्तता के कारण यह समासोक्ति कहलाती है।[142] समासोक्ति में अप्रस्तुत अर्थ ध्वनित होता है पर उसका आधार सादृश्य ही है। दण्डी इसलिए अभिप्रेत वस्तु की समानता का उल्लेख करते हैं।[143] विश्वनाथ समान विशेषणों के अतिरिक्त कार्य और लिंग की समानता की भी चर्चा करते हैं।[144]

मम्मट के अनुसार श्लेषयुक्त विशेषणों से अप्रस्तुत का बोध प्रस्तुत के साथ जाग्रत हो जाता है। समान विशेषणों का प्रयोग प्रस्तुत-अप्रस्तुत के सादृश्य का ही प्रतिपादक होता

है।[145] सादृश्य समसोक्ति में सूक्ष्म विधि से स्फुरित होता है। अतः सादृश्य के अतिरिक्त कवि की उक्ति अधिक सांकेतिक होने से इस अलंकार में चमत्कारातिशय प्रतीत होता है। यथा कुमोदिनी कलानिधि की देख कर प्रसन्न हुई-इस कथन में कलानिधि चन्द्रमा भी है और नायक भी है। अतः प्रकरण पर ध्यान जाते ही कुमोदिनी और कलानिधि से नायिका—नायक को प्रसन्नता की ओर मन जाता है और पुष्प-चन्द्र वर्णन से नायिका-नायक की वर्णना स्फुरित हो जाती है किन्तु कलानिधि का अर्थ वृक्ष, सरोवर आदि नहीं लिया जा सकता क्योंकि चन्द्रमा और नायक में प्रेमसादृश्य है। अतः समासोक्ति में भी सादृश्य ही स्फुरित होता है और स्फुरण-प्रक्रिया अप्रत्यक्ष होने से सौन्दर्य और भी अधिक बढ़ जाता है

अप्रस्तुत प्रशंसा में समासोक्ति के विपरीत अप्रस्तुत का वर्णन होता है और प्रस्तुत की स्फुरणा होती है।[146] इस अलंकार में भी प्रकरण से ही प्रस्तुत की ओर ध्यान जाता हैं। व्यवहार में उपस्थित या निकट स्थित अन्य व्यक्ति से प्रत्यक्षतः न कह कर, अप्रत्यक्षतः कुछ कहने से कटुता या संकोच से बचा जा सकता है। अतः अप्रस्तुतः-प्रशंसा एक प्रकार की अन्योक्ति ही है यथा "वृक्ष के फलों को देखो, वे प्रणयी जनों को प्रसन्न करने वाले, सुस्वादु, समय पर पकने वाले और प्रचुर और अनायास ही सम्पन्न हैं। यहाँ प्रस्तुत पक्ष में किसी सत्पुरुष की प्रतीति हो जाती है और सत्पुरुष की अप्रस्तुत-प्रशंसा द्वारा यह वर्णना यह वर्णना वक्ता को सामाजिक संकोच से बचा देती है। दण्डी ने तो स्पष्टतः ऐसा ही उदाहरण चुना है।[147] अप्रस्तुत प्रशंसा में प्रस्तुत-अप्रस्तुत की एकता या सादृश्य गर्भित होता है और यह रूपक की अतिशयता की सीमा को स्पर्श करता है।[148] कई आचार्यों ने अप्रस्तुत प्रशंसा और अन्योक्ति को भिन्न अलंकार माना है परन्तु इनमें अभेदता ही अधिक है।[149] रुद्रट के अनुसार असमान विशेषण होने पर भी समान रूप वाला उपमेय द्योतित हो, वहाँ अन्योक्ति होता है।[150] कुछ आचार्य अन्योक्ति का लक्षण यों करते हैं, जहां अन्य की बात अन्य से कही जाए किन्तु यह तो अप्रस्तुत प्रशंसा में निहित ही है।[151]

समासोक्ति और अप्रस्तुत प्रशंसा में एक वाच्यार्थ होता है और दूसरा उसी से स्फुरित या आक्षिप्त अर्थ प्रकट होता है किन्तु दोनों पक्षों में सादृश्य ही आधार है चाहे वह सादृश्य, गुणगत, आकारगत, क्रियागत या अन्य किसी प्रकार का हो। परवर्ती आचार्यों का प्रस्तुतांकुर अलंकार वस्तुतः अप्रस्तुत प्रशंसा का ही एक प्रकार मात्र है। प्रस्तुतांकुर में अर्थ दो होते हैं किन्तु वे दोनों भिन्न-भिन्न प्रस्तुत पदार्थों से सम्बद्ध होते हैं यथा है भ्रमर, मालती के होते हुए काँटों से घिरी केतकी से क्या लाभ? किन्तु यहाँ अन्योक्ति स्पष्ट है क्योंकि नायिका नायक से कहती है कि वह मालती के समान है और केतकी या परकीया से अधिक आकर्षक है। इसे अप्रस्तुत प्रशंसा भी कह सकते हैं क्योंकि भ्रमर पक्ष अप्रस्तुत है और इससे नायक पक्ष स्फुरित होता है। अतः इन तीनों अलंकारों में दो पक्षों का सादृश्य ही सौन्दर्य का मूल है, उसकी प्रक्रिया भिन्न-भिन्न होने से ही, भिन्न अलंकारों का नाम निर्देश किया गया है।

तुल्य-योगिता में गुणसाम्य बताने की इच्छा से विशिष्ट के साथ न्यून का समानकार्यकारित्त्व प्रतिपादित किया जाता है।[152] दण्डी के अनुसार प्रस्तुत में विद्यमान गुणों की अप्रस्तुत में स्थित उत्कृष्ट गुणों से समता करके स्तुति या निन्दा के लिए कथन किया जाता है।[153] यथा यम, कुबेर, वरुण, इन्द्र और आप, दूसरों में न विद्यमान लोकपाल नामक ख्याति को धारण करते हैं।[154] यहाँ प्रस्तुत न्यूनगुणात्मक होने पर भी अप्रस्तुत वरुणादि के गुणों से सादृश्य रखता है, यही कहना इष्ट है। रुय्यक तो स्पष्ट कहते हैं कि औपम्य के प्रतीयमान होने पर पदार्थगत रूप में प्रस्तुतों या अप्रस्तुतों का समान धर्म से सम्बन्ध होने पर तुल्ययोगिता होती है अर्थात् भामह और दण्डी के समान तुल्ययोगिता में सर्वत्र दोनों पक्ष हों, यह आवश्यक नहीं केवल प्रस्तुतों में अथवा केवल अप्रस्तुतों में समान धर्म या सादृश्य होने से तुल्ययोगिता हो सकती है यथा "तनं हुए छातों से सुशोभित, प्रफुल्ल पाटल वृक्षों वाले, सूर्य की किरणों के प्रभाव से दीप्त दिन और सुन्दर नवीन पत्तों के समूह से व्याप्त कमल वृद्धि को प्राप्त हुए। इस ग्रीष्म वर्णन में दिन और कमल दोनों प्रकृत हैं और दोनों में समान क्रिया का सादृश्य है। इसी प्रकार गुण का भी सादृश्य होता है रुय्यक ने केवल अप्रस्तुतों की तुल्योगिता का भी उदाहरण दिया है।[155] मम्मट भी रुय्यक के सदृश तुल्ययोगिता की व्याख्या करते हैं और सादृश्य की गभ्यता को उसकी विशिष्टता बतलाते है।"[156]

सादृश्य की अप्रत्यक्षता दीपक में भी होती है किन्तु वहाँ प्रकृत और अप्रस्तुत दोनों पक्षों का एक ही धर्म होता है जब कि तुल्ययोगिता में या तो प्रकृतों का एक धर्म होगा, अथवा अप्रकृतों का यथा पुत्र और दीप की एक ही गति होती है, उनके बलित होने से प्रकाश और बढ़ने से अंधकार होता है। इस दीपक अलंकार में पुत्र पक्ष प्रकृत है और दीपक पक्ष अप्रस्तुत किन्तु तुल्ययोगिता में एकपक्षता और द्विपक्षता के प्रयोग से अन्तर आता है, परन्तु स्वभाव वे एक ही है क्योंकि समान धर्मता के कारण पदार्थों की एकता स्थापित करने से चित्त की जड़ता टूटती है।

दीपक में एक क्रिया द्वारा अनेक कारकों या कर्त्ताओं में सादृश्य की सूक्ष्म स्फुरणा जाग्रत की जाती है यथा कृपणों के धन, नाग मणि, सिंह केसर और कुलीन किशोरियों के स्तनों को उनके जीवित रहते कौन स्पर्श कर सकता है? यहाँ स्पर्श की एक क्रिया सबमें समान है जो देहरी-दीपक की तरह प्रस्तुत किशोरी-स्तन और अन्य कृपणादि अप्रस्तुतों को प्रकाशित करती है। सादृश्य इन सबके सहज समर्पण न करने की प्रवृत्ति में है, आकार में नहीं, यों नागमणि अप्रस्तुत में, स्तनों का वाह्य सादृश्य भी है।

कारक दीपक में प्रकृत-अप्रकृत दो पक्ष उदाहरणों में प्रस्तुत नहीं हो पाए यथा काव्यप्रकाश में कारक दीपक के उदाहरण में सारी क्रियाएँ प्रस्तुत पक्ष की ही हैं और एक व्यक्ति के कथन से उन्हें प्रकाशित किया गया है। अतः प्रकृताप्रकृतात्मनाम् सूत्र की व्याख्या में आचार्य विश्वेश्वर को लिखना पड़ा कि कारक दीपक के विषय में यह परिभाषा प्रयुक्त नहीं होती।[157] अतः कारक दीपक में सादृश्य नहीं सिद्ध होता। काव्य प्रकाश में प्राप्त,

कारक दीपक के उदाहरण में कथन का आकर्षण अवश्य है परन्तु वहाँ सौन्दर्य का कारण भाव है। किसी व्यक्ति की अनेक क्रियाओं के विवरण मात्र से किसी अलंकार की उत्पत्ति नहीं होती। नमिसाधु इसीलिए इसका अंतर्भाव अन्य अलंकारों में करते हैं।[158]

पण्डितराज दीपक को तुल्ययोगिता का ही एक रूप मानते हैं। उनके अनुसार दीपक में सादृश्य की व्यंजना द्वारा प्रतीत होने से ही सौन्दर्य का जन्म होता है। उपमा में यह सादृश्य प्रत्यक्ष रहता है तथा दीपक में वह अप्रत्यक्ष रहता है।

प्रतिवस्तूपमा अलंकार में भी दृष्टि साधारण धर्मों पर केन्द्रित रहती है और धर्म-सादृश्य के पश्चात धर्मियों (वर्ण्य पदार्थों) के सादृश्य पर भी ध्यान जाता है। भामह के अनुसार यह अलंकार उपमा का ही भेद है क्योंकि इसमें यथा, इव आदि वाचकों का प्रयोग न होने पर भी समान वस्तु के कथन से गुण-साम्य की प्रतीत होती है।[159] रुय्यक के अनुसार यह पद के अर्थों में नहीं, वाक्यार्थों के सादृश्य पर आधारित है। यहाँ सादृश्य प्रतीयमान होता है। यथा, चाँदनी का पान करने में चकोरियाँ ही चतुर होती हैं : अवन्ती देश की सुदरियाँ ही प्रणय-परिहास में निपुण होती हैं। यहाँ दो वाक्यों में उपमा है, समान धर्म निपुण और चतुर भिन्न-भिन्न शब्दों से कथित होने पर भी एक ही हैं पर उनमें आश्रयभेद है।

दृष्टान्त अलंकार और प्रतिवस्तूपमा में अन्तर वस्तु-प्रतिवस्तुभाव और बिम्ब-प्रतिबिम्ब के आधार पर स्वीकृत हुआ है। जहाँ दो पदार्थ वस्तुतः भिन्न नहीं होते परन्तु भिन्न-भिन्न आश्रय में रहते हैं और भिन्न-भिन्न शब्दों से कथित होते हैं वहाँ वस्तु प्रतिवस्तुभाव होता है और जहाँ दो भिन्न पदार्थों में समानधर्मयुक्त सादृश्य को प्रतीति के कारण अभेद होता है, वहाँ बिम्ब प्रतिबिम्ब भाव माना जाता है।[160] अतः उक्त उदाहरण में वस्तु-प्रतिवस्तुभाव है। "संसार में केवल तुम्हीं यशस्वी हो, जगत में चन्द्रमा ही केवल कांतिमान हैं"—यहाँ यश और चन्द्र कान्ति भिन्न-भिन्न पदार्थ है पर सादृश्य से अभेद प्रतीति के कारण बिम्ब प्रतिबिम्ब भाव है। स्थूलतः ये दोनों वाक्योपमाएँ ही हैं और सौन्दर्य का आधार इनका सादृश्य ही है।

निदर्शना उक्त अलंकारों की कोटि का अलंकार है और इसे पृथक अलंकार मानने में अनेक बाधाएँ हैं।[161] भामह-दण्डी के लक्षणों को अस्पष्ट और अपर्याप्त मान कर[162] इसका लक्षण यह किया गया है—जहाँ वस्तु का असम्भव सम्बन्ध उपमा में पर्यावसित होता है, वहाँ निदर्शना अलंकार होता है।[163] "कहाँ सूर्यवंश और कहाँ मेरी शुद्ध बुद्धि? मैं अज्ञानवश दुस्तर सागर को उडुप से पार करना चाहता हूँ"—यहाँ दो दो वाक्यों में उपमेय-उपमान भाव है[164] किन्तु वस्तु के "असम्भव सम्बन्ध को उपमा में समाप्ति" तो उपमा में भी होती है, रूपक में भी होती है। अतः इसे पृथक अलंकार मानने में दोष दिखा कर पंडितराज ने जो निदर्शना को भिन्न परिभाषा की है वह भी अपर्याप्त है।[165] इसे स्वतन्त्र अलंकार माना भी जाए तो भी इसके चमत्कार का कारण भी सादृश्य ही है, इसको प्रक्रिया अवश्य प्रतीयमानतायुक्त होती है।

अर्थान्तरन्यास और उदाहरण दोनों अलंकारों में सामान्य विशेष भाव माना जाता है परन्तु उदाहरण में यह शब्द से कथित होता है यथा, "गुणवान पदार्थ एक दोष से निंदित हो जाता है जैसे रसायनों में श्रेष्ठ लहसुन गन्ध के कारण निन्दित होता है।[166] अर्थान्तरन्यास में औपम्य आश्रित सादृश्य गर्भित रहता है यथा स्वदोषग्रस्त मन को सुन्दर वस्तु, भी विपरीत लगती है,[167] पित्त से पीड़ित व्यक्ति को चन्द्रमा के समान शुभ्र शंख भी पीला दिखाई पड़ता है।[168] वस्तुतः इन दोनों में विशेष भेद नहीं है और ये दोनों गर्भित-सादृश्य के कथन प्रकारों के ही रूप हैं।

अतिशयोक्ति को भामह लोकोत्तर कथन कहते हैं।[169] उक्ति में अतिशयता किसी भी कारण से उत्पन्न हो सकती है। दण्डी भी लोक मर्यादा की उल्लंघक उक्ति को ही अतिशयोक्ति कहते हैं।[170] परवर्ती आलंकारिक अतिशयोक्ति को अलंकारमात्र के मूल में मान कर, केवन अतिशयता को इसका लक्षण नहीं मानते। काव्यप्रकाशकार के अनुसार अतिशयोक्ति के एक प्रकार में परमान के द्वारा उपमेय का निगरण होता है।[171] यह रूपकातिशयोक्ति भी कहलाती है। रूपक में तद्रूपता और अतिशयोक्ति में कल्पित अभेद कथन होता है। यथा "अद्भुत एक अनुपम बाग, जुगलकमल पर गजवर क्रीड़ित तापर सिंह करत अनुराग" में केवल उपमानों का कथन है और उपमेय के साथ अभेद की कल्पना है। सादृश्य के कारण ही यह सम्भव होता है। अतः परवर्ती आलंकारिक अतिशयोक्ति के इस रूप से सादृश्य का मूलाधार मानते हैं।

द्वितीय प्रकार की अतिशयोक्ति में लोकोत्तरता पर ध्यान दिया जाता है, यथा, वह चितवनि औरे कछू जिहि बस होत सुजान। इसमें "औरे कछू " कहने से लोकोत्तरता संकेतित होती हैं। वहाँ सादृश्य की अन्यत्र अनुपस्थिति देख कर केवल वर्ण्य के दर्शन से ही वह अनुभव प्राप्य है, यह भाव प्रकट किया जाता है।

अतिशयोक्ति में सादृश्य के अनुसंधान के लिए अप्रस्तुतों के दोष दूर करके अथवा उनकी कल्पित रचना से वर्ण्य वस्तु का चित्र प्रतीति योग्य बनाया जाता है, यथा, पूर्णिमा की रात्रि में यदि चन्द्रमा कलंकरहित हो, तब उस नायिका का मुख चन्द्रमा से सादृश्य का पराभव प्राप्त कर सकता है।

अतिशयोक्ति का चतुर्थ रूप कार्यकारण विपर्यय रूप होता है। यहाँ सादृश्य के आधार पर नहीं अपितु यहाँ चमत्कार के लिए लोक प्रसिद्ध कारण कार्य परम्परा को तोड़ कर कथन किया जाता है। अतः इस प्रकार की अतिशयोक्ति को सादृश्यमूलक अलंकारों में न रख कर, इसे कथन वैचित्र्य मात्र प्रधान अलंकारों में रचना चाहिए। रुय्यक ने भी इसे अन्य कोटि में स्थान दिया है।[172]

रुद्रट ने सहोक्ति को औपम्यगत भी माना है और वास्तवगत भी। सहकथन सहोक्ति का मर्म है। रुद्रट के उदाहरण में कामिनी के स्तन कलशों और नितम्बों की वृद्धि काम वृद्धि के साथ कथित हैं। अतः यहाँ वस्तु संवाद ही प्रधान हो जाता है।[173] औपम्यगत सहोक्ति में रुद्रट का उदाहरण स्पष्टतः सादृश्यमूलक अलंकार का उदाहरण बन जाता

है।[174] मम्मटादि के लक्षण से यह वास्तवगत अलंकार ही प्रतीत होता है। मम्मट उपमक-उपमान की चर्चा नहीं करते। कुवलयानन्द में भी सहोक्ति की वस्तु संवादता ही सिद्ध होती है, सादृश्यमूलकता नहीं, पर रुद्रट की दृष्टि से इसे सादृश्यमूलक कह सकते हैं।

वास्तवमूलक अलंकार और वास्तविकता का स्वरूप—रुद्रट ने यह लक्ष्य किया था कि कुछ अलंकारों में केवल जीवन और प्रकृतिगत यथार्थ, सौन्दर्य का कारण होता है। स्वभावोक्ति में तो यथावत् यथार्थ वर्णन से ही सौन्दर्य की सृष्टि हो जाती है क्योंकि वर्ण्य वस्तु के प्रति हमारा राग उसे आकर्षक बनाता है। अतः वास्तवमूलक अलंकारों में स्वभावोक्ति को भी सम्मिलित कर लिया गया है।[175] वास्तवमूलक अलंकार कहने का यह तात्पर्य नहीं है कि इनमें सादृश्य का अन्यन्ताभाव होता है। वस्तुतः स्वभावोक्ति में भी यथार्थ का सादृश्य ही प्रस्तुत होता है और वह आकर्षक इसलिए प्रतीत होता है क्योंकि वह जीवन या प्रकृति की प्रतिच्छवि प्रस्तुत करता है। अतः रुद्रट ने पुष्टार्थ, अविपरीत वस्तुस्वरूप कथन को इस प्रकार के अलंकारों का लक्षण स्वीकार किया है। पुष्टार्थ का अर्थ है कि वर्णन हो, विवरण न हो।[176]

समुच्चय अलंकार में अनेक पदार्थों का एक साथ कथन, अनेक क्रियाओं का समुच्चय तथा गुणसमुच्चय का कथन होता है।[177] काम एकान्त में युवतियों के अधरों को फड़फड़ाता है, शरीर को रोमांचित करता है, शब्दों को अटपटा बनाता है, और नेत्रों को चंचल करता है। यहाँ क्रियाओं का समुच्चय प्रस्तुत कर काममोहित तरुणी का बिम्ब प्रस्तुत किया गया है। अतः यहाँ प्रस्तुत-अप्रस्तुत के मध्य सादृश्य, सौन्दर्य का कारण नहीं है अपितु वास्तविक जगत् में तरुणी के सौन्दर्य का वास्तविक अनुभव ही सौन्दर्य का कारण है जिसे क्रियासंकलनविधि द्वारा रूपायित किया गया है।

यथासंख्या अलंकार में वर्ण्य वस्तुओं के क्रम स्थापन से सौन्दर्य-वृद्धि होती है। रुद्रट के अनुसार क्रमबद्ध विशेषणों से वस्तु को विशेषित करना चाहिये यथा कज्जल, हिम, कनक के समान कान्ति वाले गरुड, वृषभ और हंस वाहनों वाले, समुद्र, पर्वत और पद्म में निवास करने वाले विष्णु शिव और ब्रह्मा कल्याण करें। ” यहाँ क्रमबद्धता से वस्तु सौन्दर्य स्फुरित होता हैं। “अमी हलाहल मद भरे, सेत स्याम रतनारजियत-मरत झुकि-झुकि परत, जिहि चितवत इक बार” में क्रम की संगति मन में उभरते ही, नेत्र के सौन्दर्य का प्रभाव बढ़ जाता है किन्तु यहाँ क्रम सौन्दर्यवर्धक ही है, सौन्दर्य का कारण तो नेत्र और नेत्रों में झलकता हुआ गत्यात्मक जीवन और उसके प्रति हमारी अनन्यता है।

कहीं अविद्यमान सम्बन्ध की कल्पना किसी दूसरे के मत से करके पुनः उसे तोड़ा जाता है तब विषम अलंकार होता है।[178] आपका दुष्टों के प्रति पक्षपात है, भला कहाँ दुष्टजन और कहाँ सज्जनों की स्तुति?” इस वास्तविकता-वर्णन करने वाले अलंकार के कई रूप हैं। इसे दो विरोधी पक्षों के वातावरण को विरोधमूलक भी कह सकते हैं।

कहीं वास्तविकता का कवित्वगत अनुमान होता है।[179] यह तर्कशास्त्र से लिए गए अनुमान का कलागत प्रयोग है और इससे वास्तविकता अनुमानित की जाती है।

नमिसाधु द्वारा विषम के प्रस्तुत उदाहरणों में वास्तविकता ही प्रधान प्रतीति होती है और वर्णन और विवरण में भेद लुप्त होने लगता है–ये नीच शत्रु युद्ध में तुम्हारे साधारण सैनिकों को भी नहीं सह सकते, आप खड्ग चलाते समय सामने आये देवराज इन्द्र को भी मार सकते हैं, आप दूर ही रहिये, साधारण सैनिक भी शत्रु को मार देगें, तुम्हारे शत्रुओं में तुम्हारे सामने ठहरने की क्या शक्ति है?–ऐसे कथनों में कर्त्ता के कार्य पर ध्यान अधिक जाता है, कथन वैचित्र्य पर उतना नहीं।[180] कर्त्ता पर बल ही विषम के भेदों का आधार है। रुद्रट ने दीपक को भी वास्तवमूलक अलंकार कहा है किन्तु उसमें सादृश्य विधि प्रधान होती है, प्रत्यक्षवास्तवमूलकता की प्रधानता नहीं।

वस्तु के चित्रण के लिए, साभिप्राय विशेषणों का विशेष महत्व होता है, इससे वस्तु का स्वरूप निर्देश मात्र न हो कर कवि विवक्षित अभिप्राय की प्रतीति होती है यथा शशिवदना नायिका ताप हरती है, में शशिवंदना विशेषण से न केवल नायिका के मुख का रूवरूप सम्मुख आता हैं अपितु उसकी तापहरण शक्ति की सामर्थ्य स्वतः स्पष्ट हो जाती है। इस प्रकार के विशेषणों द्वारा कथन वास्तविकता की सूक्ष्मता से व्यक्त करता है।[181] सुमित्रा नन्दन पन्त साभिप्राय विशेषणों के लिये प्रसिद्ध हैं, वे केवल विशेषण विधि से वास्तविकता को मूर्तित-व्यंजित कर देते हैं।[182] साभिप्राय विशेषणों से उत्पन्न यह चमत्कार ही इस अलंकार का प्राण है।[183] अप्पय दीक्षित तो यहाँ तक कहते हैं कि श्लेष-यमकादि में जहाँ एक विशेषण भी साभिप्राय हो, यहाँ भी परिकर स्वीकार्य है।[184] रुद्रट ने द्रव्य, जाति, गुण और क्रियागत परिकर के भेद किए हैं।

वास्तविकता की प्रतीति में साभिप्राय विशेष्य के प्रयोग से भी सूक्ष्मता आ जाती है, यथा आपका वर्णन शेष, गुण लेखन कार्तवीर्य अर्जुन तथा उन्हें देखने में इन्द्र ही समर्थ हैं–यहाँ शेष सहस्रजिव्ह होने से, कार्त्तवीर्य-अर्जुन सहस्रबाहु होने से एवम् इन्द्र के सहस्र नेत्र होने से गुणों की अतिशयता प्रकट हो जाती है।[185] रुद्रट ने इस अलंकार का उल्लेख नहीं किया है लेकिन इसे स्पष्टतः वास्तवमूलक कहा जा सकता है।

व्यावहारिक जीवन के विनिमय-सिद्धान्त को आलंकारिकों ने परिवृत्ति अलंकार में स्वीकार किया है। रुद्रट के अनुसार इसमें दो वस्तुओं का एक ही समय त्याग और ग्रहण किया जाता है यथा तुमने दर्शन देकर प्राण खरीद लिए हैं और अब विरह देकर, चित्त का अपहरण कर रही हो।[186]

रुय्यक ने विनिमय में वस्तुओं की न्यूनता-अधिकता के आधार पर तीन भेद कर दिए हैं।[187] भामह ने इस अलंकार में अर्थान्तरन्यास का मिश्रण आवश्यक माना था जो परवर्ती आचार्यों द्वारा स्वीकृत नहीं हुआ।[188]

प्राचीनों का आशीः अलंकार शुद्ध आशीर्वादात्मक जीवन स्थितियों की ही स्वीकृति है। इसीलिए भामह को चमत्कार के अभाव में इसे अलंकार स्वीकरने में संकोच रहा है।[189]

भामह के द्वारा वक्रोक्ति के अभाव में अस्वीकृत, हेतु, लेश और सूक्ष्म को भी रुद्रट ने वास्तविक मूलक अलंकारों में स्वीकार किया है।

दण्डी हेतु को उत्तम अलंकार कहते हैं।[190] न्यायशास्त्र के कारक-ज्ञापक हेतुओं के कवित्त्वमय रूप ही दण्डी को प्रिय है किन्तु उदाहरण प्रकृति सौन्दर्य से लिए गए हैं, यथा मलय पवन चन्दन वृक्षों को हिलाकर सब में प्रीति उत्पन्न करता है।" सभी हेतु युक्त कथन हेतु अलंकार नहीं होते अपितु प्रसन्नता उत्पादन योग्य वर्णन ही ग्रहण किए गए हैं।[191] वस्तुतः इसमें आकर्षण हेतु के कारण नहीं बल्कि वास्तविकता के कारण उत्पन्न होता है। रुद्रट कारण, कार्य की एकता को हेतु अलंकार का लक्षण मानते हैं। मम्मट इसे काव्यलिंग में सम्मिलित कर लेते हैं।[192]

सूक्ष्म और लेश में क्रमशः चेष्टाओं द्वारा गूढ़ार्थ का प्रकाश तथा प्रकट वस्तु के रूप का गोपन होता है।[193] रुद्रट कथन की सूक्ष्मता पर ही बल देते हैं।[194] उनके द्वारा प्रस्तुत उदाहरण में चेष्टा द्वारा गुप्त भाव को प्रकट करने की विधि वर्णित नहीं है, जब कि मम्मट चेष्टादि द्वारा सूक्ष्म मानते हैं।[195] सूक्ष्म अलंकार जीवन की उन स्थितियों से ग्रहण किया गया है जिनसे भय संकोचवश किसी व्यक्ति विशेष को हम चेष्टा द्वारा किसी गुप्त बात का संकेत देते हैं यथा जनसंकुलस्थल में नायक को देख कर नायिका ने चुपचाप लीला-कमल को बन्द किया।[196] अलंकार जीवन की वास्तविकता का प्रत्यक्ष ग्रहण है।

लेश ब्याजोक्ति के सदृश अलंकार है किन्तु दण्डी इसे ब्याजोक्ति से भिन्न मानते हैं। दण्डी के अनुसार लेश भी गोपन विधि ही है यथा-रोमांच के कारण मुझे राजकन्या में अनुरक्त जान लेंगे, अच्छा रक्षकों ने ऐसा जान लिया, ओह वन शीतल हवा से युक्त है।' यहाँ शीतल हवा कह कर वास्तविक अनुराग को छिपाया गया है। गोपन की यह विधि भी हम दैनिक जीवन में नित्य देखते हैं। हेतु में वास्तविकता का प्रत्यक्ष वर्णन होता है और कारण-कार्य परम्परा स्वभावतः उसमें निहित रहती है, जब कि सूक्ष्य और लेश में वास्तविकता को छिपा कर प्रकट किया जाता है, ब्याजस्तुति और ब्याज निन्दा भी इसी रूप में होती हैं।

रुद्रट ने वास्तविकता निर्देशक अन्योन्य अलंकार वहाँ माना है, जहाँ दो पदार्थों में क्रिया के द्वारा विशिष्टता को परिपुष्ट करने वाला एक कारक भाव हो। मम्मट ने इसे यों प्रस्तुत किया है, जहाँ क्रिया के द्वारा दो पदार्थों के एक दूसरे के उत्पादन में वैचित्र्य हो यथाः सरोवरों द्वारा हंसों की शोभा बढ़ती है और हंसों के द्वारा सरोवरों की।[197] यहाँ सरोवर और हंस प्रस्तुतः अप्रस्तुत नहीं हैं, अपितु एक दूसरे की शोभा के कारण हैं। रुय्यक का भी यही मत है।[198] रुय्यक इसे विरोधप्रधान अलंकार मानते हैं क्योंकि परस्पर उत्पादन विरोध से युक्त है किन्तु यह विरोध-अनुसंधान विवेचन की दृष्टि से ही है। व्यवहार में जब दो व्यक्ति यथा वस्तुएँ एक दूसरे की उपकारक होती हैं, तब ऐसे कथन सुनने को मिलते हैंः वाह। इस भवन से आप शोभित हैं और आप से इस भवन की शोभा है।

सार भी इसी कोटि का अलंकार कहा गया है। इसमें पराकाष्ठापर्यन्त उत्तरोत्तर

उत्कर्ष वर्णित होता है। यथा, राज्य में भूमि सार होती है, भूमि पर नगर, नगर में महल में शैय्या और शैय्या पर कामिनी सार होती है।[199]

कारणमाला में पूर्ववर्ती अर्थ, परवर्ती अर्थ का कारण बन जाता है, यथा मनुष्य विनय से गुणवान बनता है, गुणी पर लोगों का अनुराग बढ़ता है, अनुराग बढ़ने पर सहायक मिलते हैं, सहायक मिलने पर लक्ष्मी का वह कृपापात्र बनता है।[200] इस प्रकार की बातें हम लोक में नित्य सुनते हैं, जनता इस प्रकार वर्णना करती ही है।

उत्तर अलंकारों को भी रुद्रट ने वास्तवमूलक अलंकारों में ग्रहण किया है। मम्मट ने इसे काव्यलिंग से केवल इसलिए भिन्न माना है क्योंकि इसके प्रश्न में ज्ञापकता होती है कारकत्व नहीं, जैसा कि मम्मट के अनुसार काव्यलिंग में होता है परन्तु यह अति भेदीकरण मात्र है। रुद्रट ने इसे वास्तवमूलक इसलिए कहा है कि साधारण व्यवहार में भी उत्तर से प्रश्न का निश्चय और प्रश्नपूर्वक उत्तरों के उदाहरण मिलते ही हैं।[201]

मीलित अलंकार में एक वस्तु से दूसरी वस्तु का तिरोधान होता है।[202] मद्यपान के मद से अरुणित, मानिनी के कपोलों, नेत्रों तथा मुखों पर उमड़ते क्रोध को, कामी नहीं देख पाते।[203] रुद्रट में उन्मीलित अलंकार नहीं मिलता। उन्मीलित अलंकार भी वास्तवमूलक अलंकार ही है क्योंकि वर्ण्य वस्तु अपने बल से प्रभावित करती है, मात्र चमत्कारक कथन से नहीं "गोरे मुख पर चन्दन का बिन्दु प्रतीत नहीं होता पर मद की लाली जैसे-जैसे चढ़ती है, वैसे ही वह उभरता जा रहा है" किन्तु इन दोनों में दो वस्तुओं का सादृश्य भीमूलस्थित रहता है। पंडितराज अनुमान में ही मीलित को अन्तर्भूत कर लेते हैं किन्तु अन्य आचार्य उनसे सहमत नहीं हुए।[204]

मीलित यदि वास्तव मूलक है तो तद्गुण को भी वास्तविकता प्रधान मानना चाहिए। जहाँ परिमित गुण वाली वस्तु समीपवर्ती उत्कृष्ट वस्तु के गुण को स्वीकार कर लेती है, वहाँ तद्गुण होता है।[205] मीलित में वस्तु अन्य वस्तु से आच्छादित होती है और तद्गुण में कोई वस्तु अन्य वस्तु के गुण उपरंजित होती हैं।[206] जैसे बिहारी के प्रसिद्ध दोहे में, हरे बांस की बांसुरी इन्द्रधनुषी हो जाती है क्योंकि उसे कृष्ण के अधर, दृष्टि और पट का सम्पर्क मिलता है।[207] इसके प्रतियोगी अतद्गुण में कारण रहने पर भी गुण ग्रहण नहीं होता।[208] यथा, बाला अनुराग से रंगती है फिर भी कृष्ण कालिमा नहीं छोड़ता।[209]

रुय्यक का उदात्त अलंकार तो समृद्धि से युक्त वस्तु-वर्णन ही है।[210] स्वभावोक्ति और भाविक में यथास्थित वस्तु का वर्णन होता है, उससे भिन्न कवि-कल्पित वस्तु का वर्णन उदात्त कहलाता है, यथा विद्वानों के घरों में, रतिलीला में टूटे हारों से पतित, युवतियों के महावर से लाल दिखाई पड़ने वाले मोतियों को क्रीड़ाशुक अनार के दाने समझ कर खींचते हैं, यह भोज के द्वार की महिमा है।[211] यह भ्रान्तिमान का भी उदाहरण हो सकता है पर यहाँ रुय्यक का ध्यान अपूर्व वस्तु के वर्णन पर है। साथ ही उदात्त के दूसरे रूप में महापुरुषों का चरित्र किसी वस्तु के अंग रूप में उपनिबद्ध होता है। यथा यही वह दण्डक वन है जहाँ दशरथ की आज्ञा पालन में राम ने भुजाओं के बल से राक्षस नाश किया

था।[212] यहाँ दण्डक वन का उत्कर्ष वर्णन ही मुख्य है, राम-चरित्र उसका अंग है।

अपूर्व वस्तु या महाचरित का वर्णन तो अन्य अलंकारों द्वारा भी हो सकता है तब इस अलंकार्य को अलंकार क्यों माना जाए। इसका उत्तर यह है कि यह समस्या रुय्यक के सम्मुख नहीं थी, स्वयं मम्मट ने भी रुय्यक की तरह उदात्त अलंकार का वर्णन किया है जो अलंकार्य-अलंकार के भेद से परिचित थे। उदात्त के प्रथम भेद में रुय्यक का ध्यान अद्‌भुत सृष्टि करने की क्षमता पर था। अतः वह कलिप्रतिमा-उत्थित- ऐश्वर्य को ही इस अलंकार का मूल मानते हैं परन्तु वह तो अनयन्त्र भी हो सकता है। उदात्त में वास्तवमूलकता इतनी प्रधान हो गई है कि समृद्ध वस्तु और अलंकार में अंतर ही मिटा दिया गया है।

अत्युक्ति अलंकार का वर्णन करते हुए कुवलयानन्दकार को उदात्त और अत्युक्ति में यह भेद करना पड़ा कि सम्पत्ति का अत्युक्तिमय वर्णन तो उदात्त होता है और शौर्यादि का अत्युक्तिमय वर्णन अत्युक्ति होती है किन्तु यह स्वीकार्य नहीं है।[213]

भाविक अलंकार के विषय में भी यही अव्यवस्था है। भामह तो उसे प्रबन्ध काव्य का गुण मानते हैं, इसमें भूत भविष्य प्रत्यक्ष की भांति दर्शित होते हैं।[214] भामह अन्य अलंकारों को वाक्योलंकार मानते हैं पर भाविकत्व को प्रबन्ध का गुण मानते हैं।[215] यह गुण तो काव्य मात्र में होना चाहिए।[216] दण्डी भी इसे प्रबन्ध गुण मानते हैं किन्तु दण्डी की व्याख्या अस्पष्ट है।[217] उद्‌भट ने भाविक को प्रबन्धगुण न कह कर एक निश्चित अलंकार सिद्ध किया-जहाँ भूत-भावी प्रत्यक्षवत् प्रतीत हों, वहाँ भाविक होता है।[218] मम्मट ने भी इसे अलंकार का ही रूप दिया है, उन्होंने भामह में प्राप्त इसकी व्यापकता को स्वीकार नहीं किया। वी. राघवन के शब्दों में एक महान सौन्दर्यशास्त्रीय सिद्धान्त मम्मट तक आते आते मात्र एक अलंकार होकर रह गया।[219] मम्मट ने भाविक का यह उदाहरण प्रस्तुत किया हैः हे प्रिय, इन आँखों में अंजन लगा था, इस प्रकार के तुम्हारे नेत्रों को देख रहा हूँ और आगे होने वाले आभूषणों से अलंकृत तुम्हारी अनागत आकृति को देख रहा हूँ।[220]

किन्तु मम्मट द्वारा इस प्रकार प्रस्तुत भाविक और स्वभावोक्ति में क्या अन्तर होगा क्योंकि प्रत्यक्षवत् वर्णन तो इन सब में होता है? रुय्यक ने भाविक का यह अन्तर स्पष्ट किया है। स्वभावोक्ति से इसका भेद यह किया गया है कि स्वभावोक्ति में लौकिक वस्तु में विद्यमान सूक्ष्म धर्म का वर्णन करने पर साधारण रूप में प्रतीति होती है जब कि भाविक में वस्तुओं की स्फुट रूप से, तटस्थ रूप में प्रतीति हाती है।[221] रुय्यक को यह मानना पड़ा कि किसी स्थल में इन दोनों का एक साथ समावेश हो सकता है।[222]

सारांश यह कि भाविक अलंकार भी वास्तवमूलक कोटि का है और स्वभावोक्ति से इसका अन्तर केवल कालगत हो सकता है क्योंकि भाविक में भूत-भविष्य का प्रत्यक्षवत् वर्णन ही होता है। वर्ण्य वस्तु की प्रत्यक्षवत् वर्णनादृष्टि से दोनों निकटस्थ वर्णनाएँ हैं और इसलिए वास्तविकता-प्रधान हैं, दोनों ही 'वस्तु संवाद' की सृष्टि करती हैं। इसके विपरीत रसवत् या रसप्रधान काव्य में प्रत्यक्षता होने पर भी हृदय-संवाद की प्रधानता रहती है।[223]

दण्डी का समाहित अलंकार भी वस्तुसंवादत्मक ही है क्योंकि इसमें बाधाओं का दैवात् निराकरण होता है।[224] लोक में जीवनानुभव के आधार पर बाधा निवारणात्मक कथन प्रचलित ही है। अप्पय दीक्षित ने इसे भाव शांति के रूप में प्रस्तुत किया है जो वस्तुसंवादात्मक न रह कर हृदयसंवादात्मक हो गया है।[225] मम्मट ने समाहित का समाधि नाम से विवरण दे दिया है। भामह-दण्डी के प्रेय, रसवत्, ऊर्जस्वी,[226] रुद्रट का भाव,[227] रुय्यक के भावोदयसंधिशबलता[228] आदि नहीं हैं; रस की स्थितियाँ है। रुद्रट ने भाव अलंकार को वास्तवगत अलंकारों में स्थापति किया हैं जो युक्ति-युक्ति नहीं है।

प्रत्येक कथन में जीवन की वास्तविकता प्रकट होती है किन्तु उक्त वास्तवगत कथन प्रकारों में वस्तुसंवादात्मकता की मात्रा अधिक होने और उसके सादृश्य द्वारा प्रस्तुत न होने के कारण रुद्रट ने इन्हें वास्तवगत अलंकार कहा है जो उचित प्रतीत होता है। इन अलंकारों में कई तो सीधे लोक व्यवहार से ले लिए गए हैं और शेष में वस्तुन्मुखता स्पष्ट है, यथा स्वभावोक्ति आदि में। इन आकर्षक कथन प्रकारों के मूल में भी अतिशयता का स्पर्श खोजा जा सकता है किन्तु यहाँ आकर्षण का कारण वर्ण्य वस्तु का चित्तवृत्ति पर प्रत्यक्ष प्रभाव रहता है जबकि सादृश्य मूलक अलंकारों में वर्ण्य वस्तु की प्रतीति के लिए अप्रस्तुतों का ध्यान किया जाता है और विरोध मूलक अलंकारों में वह स्वभाविकता नहीं मिलती जो वास्तवगत कथन प्रकारों में मिलती है। अतः वास्तवगत अलंकारों में विरोधमूलक अलंकारों जैसा पांडित्य का चमत्कार नहीं दिखाई पड़ता। उधर रसोक्तियों में चितवृत्तियों की जो निमग्नता होती हैं, वह भी वास्तवगत अलंकारों में नहीं होती यों भाव के स्पर्श से रहित वस्तु की ओर प्रवृत्ति ही नहीं हो सकती।

वास्तवगत अलंकारों में भी वक्ता की चेतना द्वन्द्वात्मक विधि ही ग्रहण करती है। स्वभावोक्ति या जाति में वर्ण्य वस्तु के यथावत् वर्णन में चयन का प्रश्न रहता है और इस बिन्दु पर भी ध्यान रहता है कि वर्णन विवरण मात्र न हो जाए। यह चयन-प्रक्रिया प्रायः सर्वत्र वक्ता और कवि की चेतना में एक सृजनात्मक तनाव उत्पन्न करती है। वस्तु पर दृष्टि पड़ते ही वह अपने समग्र रूप की प्रतीति के पश्चात् विवरण की ओर हमारा ध्यान आकर्षित करती है किन्तु कवि को निरीक्षण-बल से चयन की और प्रवृत होना पड़ता है यथा, मीलित-उन्मीलित, तद्गुण-अतद्गुण में यों तो सर्वत्र वस्तुएँ निकटस्थ के गुण कहीं ग्रहण करती है, क्रहीं दूसरे के रंग में मिल कर भी अप्रभावित रहती है किन्तु ऐसी स्थितियों में भी मानव-सन्दर्भ का ध्यान रखना पड़ता है जो आलंकारिकों के उदाहरणों से स्पष्ट है। वस्तु के अनेक आकर्षक पक्षों के उद्घाटन के लिए कवि की शिक्षित संवेदना अनेक विकल्पों (ऑलटरनेटिव्स) में कुछ को चुनती है, कुछ को छोड़ देती है। संश्लिष्टता का भी ध्यान रखना पड़ता है यथा समुच्चय में क्रियाओं और पदार्थों का संग्रह इस उद्देश्य से किया जाता है कि वर्ण्य वस्तु का यथावत् बिम्ब प्रस्तुत हो जाए। कहीं वस्तुओं की दो विपरीत स्थितियों को सहसा सम्मुख लाया जाता है यथा विषम में। परिकर-परिकरांकुर में भी पर्यायवाची विशेषणों के विकल्प, कवि को द्वन्द्वग्रस्त करते हैं। परिवृति में भी

लोक-विनिमय की साधारणता और यांत्रिकता को कलात्मक अनुभव में बदलने के लिए द्रव्यों के स्थान पर अनुभवों को स्थापित करना पड़ता है। लोक की कारणकार्य-परम्परा भी कवि द्वारा अनुभूति का स्पर्श पाकर कलात्मक हो उठती है पर कवि के मन को सौन्दर्य-अनुसंधान, वस्तु के प्रति आसक्ति और निरीक्षण-ताटस्थय् के मध्य दोलित रहना पड़ता है। सूक्ष्म-लेश जैसे अलंकारों में तो कवि की कठिनाई और अधिक बढ़ जाती है। गुप्त संकेतों के बोध, परमनप्रवेश और पूर्वाभ्यासजन्य ग्राहिका शक्ति के बिना असम्भव है किन्तु उन्हें पृष्ठभूमि में रखकर, वर्ण्य स्थितियों के प्रति कलाकारोचित आसक्ति से स्पर्शित चेतना को भी संकेतित स्थितियों और संकेतक पदार्थों में सम्बन्ध स्थापित करना पड़ता है। अन्योन्य सार जैसे अलंकारों में दो वस्तुओं की परस्पर शोभावृद्धि को दीर्घकाल तक जीना पड़ता है तभी वह अनुभव सहज होता हैं, भाविक तो त्रिकालाबाधित साक्षात्कार है। भूत और भविष्य का एक साथ बोध स्वयं द्वन्द्वात्मक है क्योंकि काल-दर्शन विगत-वर्तमान-भविष्य एक दूसरे की अनूभूति में कठिनाई प्रस्तुत करते हैं।

अतः वास्तवगत आकर्षक कथन-प्रकारों की सृष्टि में भी वर्ण्य वस्तु, कवि और कलात्मक अभिव्यक्ति का त्रिकोण उपस्थित रहता है। वस्तु और कवि का द्वन्द्व सादृश्य पर आधारित होकर सादृश्यमूलक अलंकारों में और यथावस्तुवर्णन विधि पर आधारित होकर वास्तवगत अलंकारों में संगीति प्राप्त करता है। संस्कृत साहित्य में एकवयववादी-विश्लेषण दृष्टि के कारण यह संगीति कोरे चमत्कारवाद, नायिकाभेद और अनालोचित जीवन स्थितियों तक ही सीमित रह कर सकीर्ण और अपूर्ण रह गई किन्तु काव्य में जो भी आकर्षक कथन रूप आलंकारिकों को प्राप्त हुए, उनका वास्तवगत शीर्षक के अन्तर्गत संग्रह प्रमाणित करता है कि वस्तु में भी आकर्षण होता है। आकर्षक कथन प्रकार उसे इस रूप में प्रस्तुत कर देते हैं कि वर्ण्य वस्तु चित्त में प्रतिबिम्बित हो उठे।

इस आकर्षक कथन प्रकारों के लिए आलंकारिकों ने लोक निरीक्षण करके, व्यावहारिक जीवन की अभिव्यक्तियों से लाभ उठाया था। अतः वस्तु और वर्णनविधि दोनों दृष्टियों से वास्तवगत अलंकार जीवन के निकट प्रतीत होते हैं।

विरोधमूलक अलंकार और वास्तविकता—सादृश्यप्रधान, वास्तवगत अलंकारों से अतिरिक्त अलंकार विरोधमूलक कहलाते हैं। रुद्रट इन्हें अतिशयगत कहना चाहते हैं। वस्तुतः इन्हीं अलंकारों में उक्ति वैचित्र्य पराकाष्ठा पर पहुँचता है जो प्रायः सहजता के विरुद्ध पड़ने के कारण अग्रहणीय हो जाती है। रुद्रट ने सादृश्यप्रधान उत्प्रेक्षा को भी इस में सम्मिलित कर लिया है क्योंकि संभावना प्रस्तुत करने के लिए कवि अतिशयता को अपनाते थे किन्तु इसे सादृश्यमूलक उक्तियों में प्रतिष्ठित करना चाहिए।

विभावना में कविभावना (कल्पना) लोक प्रचलित कारण—कार्य भाव के विरुद्ध, कारण के बिना ही कार्य का वर्णन करती है।[229] इस विधि से उक्ति असाधरण हो जाती है, क्योंकि कारण अप्रसिद्ध या अस्पष्ट रहता है। रुय्यक का भी यही मत है।[230] उनके

अनुसार विशिष्ट रूप में कार्य निष्पादन होने से यह अलंकार विभावन कहलाता है।[231] मम्मट ने कारण के स्थान पर क्रिया शब्द का प्रयोग किया है किन्तु व्याख्या से विभावनालक्षण पूर्वाचार्यों के विरुद्ध नहीं जाता।[232] यथा, बिना मदिरापान किए मत्त हंसों वाला, बिना स्वच्छ किए निर्मल आकाश वाला शरद्‌कालीन जगत्‌सुंदर है।[233] बिन पद चलहि सुनहि बिन काना, करि बिन कर्म करिय, विधि नाना तुलसीदास की इन पंक्तियों में भी विभावना है। यहाँ वास्तविकता को स्पष्ट कारणरहित रूप में प्रस्तुत करने से बोध-प्रक्रिया को विरोध द्वारा आघात लगता है फिर वह सहसा सूक्ष्म कारण को पहचान कर अर्थ-संगति प्राप्त कर लेती है। विभावना में वस्तुतः निषेध का निषेध होता है। अतः यह अधिक चौंकाने वाली कथनविधि है। इस विधि के कई रूप अप्पय दीक्षित ने कुवलयानन्द में प्रस्तुत किए हैं।

विभावनः केवल पंडितों का आविष्कार नहीं है, लोकजीवन में अनजाने ही इसका प्रयोग मिलता है। बिना पिए ही बहक रहे हैं, आप तो बिना हिले हुए ही वहाँ पहुंच जाते हैं, जैसे कथनों को सुनकर काव्य में ऐसे कथन प्रयुक्त हुए, तब आचार्यों ने विवेचक की दृष्टि से उनके चमत्कार का कारण खोजा। यही भौतिकवादी सिद्धान्त अन्यत्र दिखाई पड़ता है।

विशेषोक्ति में विभावना के विरुद्ध प्रबल कारण होने पर भी कार्य न होने का वर्णन होता है।[234] भामह के अनुसार इसके अपूर्ण कारण से कार्य की उत्पत्ति का वर्णन किया जाता है।[235] दण्डी ने भी प्रकारान्तर से यही स्वीकार किया है।[236] विश्वनाथ स्पष्टतः कारण होने पर भी कार्य न होने का उल्लेख करते हैं।[237] कामदेव-दीपक के जलने पर भी हृदय का स्नेहरूपी स्नेह समाप्त नहीं हुआ—इस विशेषोक्ति का ढाँचा लोक जीवन से ग्रहण किया गया है।[238] क्योंकि प्रत्येक असफलता के विवरण में इस विधि का प्रयोग लोग करते हैं। अतः विरोधमूलक विधि द्वारा वास्तविकता का यह वर्णन आकर्षक हो जाता है।

भामह और दण्डी में असंगति अलंकार नहीं मिलता रुद्रट और रुय्यक आदि के अनुसार असंगति में कारण और कार्य की भिन्नदेशता होती है।[239] बिहारी के, "दृग उरझत, टूटत कुटुम, जुरत चतुर भ्रित प्रीति, परत गांठ दुरजन हिये, दई नई यह रीति" यहाँ यदि कारण (दृगों का परस्पर संघर्ष) और कार्य (परिवार-विच्छेद) एक स्थानीय होता, तब कथन में अविरोध रहता, किन्तु तब श्रोता को कथन की साधारणता से कोई आकर्षक प्रतीत न होता। अतः कारण कार्य की भिन्नदेशता से ही यहाँ उक्ति आकर्षक हो गई। यहाँ वास्तविकता विरोधमूलक विधि अपनाती है। आकर्षण की केवल यह विधि नहीं है अपितु जीवनाभुव है। प्रेम में यह तथ्य सर्व-अनुभूत होता है कि प्रेमियों के नेत्रों की टकराहट से नेत्र नहीं टूटते, अपितु परिवारों से सम्बन्ध विच्छेद होता। इसी प्रकार कवि आगे जुड़ने और गांठ पड़ने की प्रक्रिया को विरोधमूलक विधि पर व्यक्त करता है, इससे प्रेम प्रसंग की अनुभूत स्थिति श्रोता की चेतना में साकार हो उठती है। अतः आकर्षण का मूल

प्रेमानुभव है, मात्र विरुद्ध कथन नहीं किन्तु विरुद्ध कथन विधि के बिना प्रेम की विचित्र स्थितियाँ इतने सशक्त ढंग से व्यक्त नहीं हो सकती थीं।

वर्ण्य अनुभव यदि आकर्षक नहीं है तो मात्र असंगत कथन प्रलाप से लगेंगे। रुय्यक द्वारा प्रस्तुत असंगति का उदाहरण इस दृष्टि से उक्त उदाहरण की तुलना में काव्य श्री से हीन लगता है।[240]

विरोध या विरोधाभास अलंकार में भी असंगत या विरोधमूलक कथन होता है किन्तु प्रकरण पर विचार करते ही वह विरोध नहीं रहता। भामह ने इसकी विशेषता बताने के लिए गुण या क्रिया के विरुद्ध अन्य क्रिया के वर्णन को विरोध कहा है।[241] दण्डी परस्पर विरोधी पदार्थों के सम्बन्ध-प्रतिपादन को विरोध अलंकार कहते हैं।[242] रुद्रट के अनुसार परस्पर विरुद्ध द्रव्य, गुण, किया और जाति के अवस्थान को विरोध कहते हैं।[243] मम्मटादि विद्वानों का यही मत है।[244] इसके उदाहरणों से विशेषोक्ति अलंकार का साम्य प्रकट होता है, पर दोनों में अंतर यह बताया गया है कि विशेषोक्ति में कारण होने पर भी कार्याभाव होता हैं किन्तु विरोध अलंकार में समान बल वाले पदार्थों की परस्पर विरुद्धता की प्रतीति होती है, किसी एक कारण या कार्य की नहीं जैसाकि विभावना या विशेषोक्ति में होता है।

"तंत्रीनाद कवित्त रस, सुरस राग, रतिरंग, अनबूड़े बूड़े तिरे जे बूड़े सब अंग", विरोध का प्रसिद्ध उदाहरण है। यहाँ कथन में आपाततः विरोध की प्रतीति होती है क्योंकि जो डूबता है, वह कैसे तर सकता है? किन्तु विचार करने पर विरोध शांत हो जाता है क्योंकि कलादि में पूर्णतः निगग्न व्यक्ति ही तर सकता है, अर्धनिमग्न व्यक्ति पूर्णता प्राप्त नहीं कर सकता। अतः विरोधमूलक अलंकारों की तरह यहाँ भी वर्ण्य वास्तविक अनुभव का साक्षात् ज्ञान ही सौन्दर्य का कारण है। विरोधमूलक कथन से एक कलात्मक प्रवंचना की स्थिति बन जाती है। आपाततः विरोध पाकर प्रथम आधारित श्रोता का ध्यान जैसे ही पूर्वानुभूत वास्तविक अनुभव पर जाता है, विरोध शान्त हो जाता है और ऐसा लगता है कि विरोधात्मक कथन द्वारा ही कवि के संकुल अनुभव तक पहुँचा जा सकता है।

विरोधमूलक कथनों का एक अन्य रूप ब्याज स्तुति और ब्याज निंदा में मिलता है। सूक्ष्म और लेश जैसे वास्तवमूलक अलंकारों की विरोधमूलकता पर ध्यान देने से, वे विरोधमूलक कोटि में भी प्रतिष्ठित हो सकते हैं।[245] प्रारम्भ में निन्दा या स्तुति ज्ञात होती हो परन्तु विचार करने पर निन्दा का स्तुति में या स्तुति का निन्दा में पर्यवसान ब्याजनिन्दा अलंकार कहलाता है।[246] लोक व्यवहार में व्यंग्य वचनों में इस प्रकार की ब्याजोक्तियाँ सुनने को मिलती ही हैं। "आप इतने बुरे हैं कि कहीं भेदभाव नहीं बरतते।" यह ब्याज स्तुति ही है और ब्याज निन्दात्मक कथन भी सुनाई पड़ते हैं। "आप निर्भय हैं, किसी के भी प्राण ले सकते हैं, आप लक्ष्मी के सच्चे आराधक हैं, प्राण निकल जाएँ पर आप लक्ष्मी का दान कर उसका अपमान नहीं होने देते"—ऐसे कथनों में ब्याज निंदा देखी जा सकती है। वस्तुतः विरोधमूलक कथनों में व्यंग्य की सत्ता सर्वत्र रहती है। जीवन में ऐसे प्रसंग आते हैं, जब प्रत्यक्ष कथन सम्भव नहीं होता, तभी जीवनाग्रह के कारण, अप्रत्यक्षता और

विरुद्धता, वचनों में स्वतः आ जाती है।

यथा, विषम अलंकार में अत्यन्त वैधर्म्य के कारण या तो सम्बन्ध नहीं बनता अथवा इसके दूसरे प्रकार में कर्ता को क्रिया के अभीष्ट फल की प्रतीति नहीं होती, उल्टे अनर्थ हो जाता है। इसी प्रकार इसके अन्य भेद वर्णित हैं।[247] "कहाँ यह कोमलांगी और कहाँ यह असह्य कामाग्नि।" यह प्रथम विषम का उदाहरण है और द्वितीय विषम का उदाहरण यह दिया गया है—"सिंह से भयभीत हरिण चन्द्रमा की शरण गया किन्तु वहाँ सिंहि के पुत्र (राहु) ने चन्द्रमा सहित उसे ग्रस लिया।"[248] जीवन की विषम परिस्थितियों की ही वस्तुतः यहाँ वर्णना होती है—"आए थे हरि भजन को, ओटन लगे कपास" की स्थितियाँ नित्य दिखाई पड़ती हैं। मानव इच्छा और परिस्थिति की विषमता के कारण अनर्थ प्राप्ति का बोध ही विषम अलंकार का मूल है।

प्रत्यनीक में यह जीवन-वैषम्य दूसरा रूप प्रस्तुत करता है। प्रतिपक्षी पर विजय प्राप्त न होने पर उसके सम्बन्धी पर आक्रमण जीवन में प्रायः देखा जाता है—खिसियानी बिल्ली प्रायः खम्भा नोंचती है। विष्णु द्वारा राहु का सिर कटता है, राहु का विष्णु पर वश नहीं चलता तो उनके मुख के समान चन्द्रमा को ही वह ग्रस लेता है।[249]

रुद्रट प्रत्यनीक में प्राप्त सादृश्य-सम्बन्ध पर बल देते हैं। वह उपमेय को उत्तम बनाने के लिए उपमेय की विजय की इच्छा से उस उपमेय के विरोधी उपमान की कल्पना में प्रत्यनीक मानते हैं।[250] मम्मट सदैव उपमेय-उपमानत्व की जगह पक्ष-प्रतिपक्ष की ही चर्चा करते हैं, यथा—"हे नायक! तुमने कामसौन्दर्य को जीत लिया है अतः वह तुम पर अनुरक्त नायिका को पीड़ित कर रहा है"।[251] यहाँ काम, नायक पर वश न चलने से उसके पक्ष की नायिका पर आक्रमण करता है।

इस प्रकार विरोध, जीवन में प्राप्त विरोध का ही कलात्मक प्रयोग मात्र है, क्योंकि जीवन में प्रबल शत्रु से वश न चलने पर लोग प्रायः उससे सम्बन्धित किसी अन्य व्यक्ति को पीड़ित करने लगते हैं।

अतिशयोक्ति अलंकार का कार्याकरण का, पौर्वापर्य का विपर्यय रूप भेद भी विरोधमूलक अलंकारों में आता है, यथा "हनुमान की पूँछ में आग न लग पाई और लंका जल गई" जैसे उदाहरणों में कारण की शीघ्रकारिता कथित है। लोक व्यवहार में ऐसे अक्रममूलक कथन प्रचलित ही है—"बादल उठ भी न पाए और मन भीग गया", "उसके लाठी उठाते ही दुश्मन धराशायी हो गए"। "अधिक" अलंकार में भी अत्युक्ति का ही एक अन्य रूप मिलता है। इसमें महान आधेय और आधार के क्रम से आधार और आधेय छोटे होने पर भी महान दिखाए जाते है—"प्रलय काल में समस्त प्राणियों को भीतर लय करने वाले विष्णु के जिस शरीर में, सारा जगत समा जाता है, उसमें नारद के आने से प्रसन्नता न समा सकी।"[252] इसी प्रकार, विशेष अलंकार में भी अतिशयोक्ति ही मूल में स्थित रहती है,[253] जो विरोधमूलक विधि पर कथित होती है क्योंकि विशेष में बिना आधार के आधेय की व्यवस्थिति, एक वस्तु की एक ही रूप में अन्यत्र युगपत् स्थिति

और अन्य कार्यों को करते हुए कार्यान्तर को उत्पत्ति, यह सब वास्तव में सम्भव नहीं लगता।[254]

विचित्र अलंकार में विचित्रकार्यकरण का संयोजन किया जाता है। अतः यह भी विरोधमूलक होता है, वस्तुतः यह विरोधाभास से सादृश्य रखने वाला अलंकार है यथा—"सज्जन व्यक्ति इस वैलोक्य से उन्नति प्राप्त करने के लिए नम्र होते हैं।"[255] उन्नति के लिए उन्नत होना चाहिये था पर यहाँ नम्रता का प्रयत्न है अतः कारण कार्य का विचित्र मेल है।

व्याघात अलंकार में भी विरोधमूलक कथन विधि अपनाई जाती है परन्तु उसमें भी वास्तविक अनुभव के सौन्दर्य बल से ही आकर्षण उत्पन्न होता है। व्याघात में कार्यविशेष के साधन रूप में प्रसिद्ध पदार्थ उस कार्य से विरुद्ध कार्य को उत्पन्न करता है यथा पुष्पों से संसार प्रसन्न होता है परन्तु उसी से कामदेव संसार को मारता है।[256] यहाँ इस तथ्य को सभी जानते हैं कि पुष्प कामाग्नि प्रज्वलित करने वाले होते हैं किन्तु इस तथ्य को विरोधमूलक विधि द्वारा प्रकट किया गया है। पर्यायोक्त और आक्षेप को गम्योपमाश्रयी अलंकारों में प्रतिष्ठित किया गया है।[257]

रुद्रट ने भी आक्षेप को औपम्यगत अलंकार माना है किन्तु भामह पर्यायोक्त अलंकार को वहीं मानते हैं, जहाँ वक्तव्य अन्य प्रकार से कहा जाता है, यथा "शिशुपाल के भोजन निमंत्रण में विष की आशंका को कृष्ण प्रत्यक्षतः नहीं कहते, यों कहते हैं—"गृह, मार्ग, सर्वत्र हम वह अन्न नहीं खाते, जिसे पहले ब्राह्मण न खा लें।" यहाँ कोई सादृश्य व्यंजित नहीं है अपितु अभीप्सित आशय को चक्करदार शैली में कहा गया है। आक्षेप भी वस्तुतः पर्यायोक्त का ही एक रूप है, क्योंकि उसमें वक्ता अपने आशय को निषेधात्मक विधि अपना कर व्यक्त करता है। यथा, यदि मैं क्षण भर भी तुम्हें न देख सकूँ तो उत्सुकता से... अथवा छोड़िये, अप्रिय कथन से क्या लाभ होगा?[258]

अतः ये दोनों अलंकार गूढ़ार्थ प्रतीतिमूलक होते हैं और कथनविधि विरोधमूलक भी हो सकती है और अन्य प्रकार की भी हो सकती है। रुद्रट ने आक्षेप की परिभाषा और उदाहरण में सादृश्यगर्भता पर बल दिया है परन्तु भामह-दण्डी में सादृश्य पर बल नहीं है, निषेधात्मक कथन विधि पर बल है।[259] मम्मट, भामह का ही अनुगमन करते हैं, रुद्रट का नहीं।[260] रुय्यक प्रतीयमानता के सन्दर्भ को ही विशेष विषय के रूप में स्वीकार कर आक्षेप की व्याख्या करते हैं।[261] अप्पय दीक्षित भी निषेधात्मक विधि को ही स्वीकर करते हैं।[262] सारांश यह कि आक्षेप अलंकार प्रकारान्तर से कथन का ही एक रूप है, इसकी विधि निषेधात्मक होती है।

पर्यायोक्त में मम्मट ने भी वाच्यावाचकभाव के अतिरिक्त व्यंजना द्वारा वाच्यार्थ का कथन स्वीकार किया है।[263] रुय्यक के अनुसार प्रतीयमान का प्रकारान्तर से अभिधान पर्यायोक्त है, यथा—"जिस हयग्रीव के सैनिकों ने इन्द्राणी के केशों का प्रसाधन करने वाली पारिजात की मंजरियों का निरादर किया था।"[264] यहाँ व्यंग्य यह है कि हयग्रीव ने स्वर्ग

जीत लिया।

इन्हें विरोधमूलक वर्ग में इसलिए रखा जा सकता है क्योंकि पर्याय या आक्षेप से कथित वचनों में वक्रगति अपनाई जाती है। अतः स्वभावोक्ति जैसे वास्तवमूलक और उपमा जैसे सादृश्यमूलक अलंकारों से भिन्न पद्धति इन अलंकारों में पाई जाती है जो इन्हें विरोधमूलक वर्ग में नहीं रखना चाहते, वे इन्हें गूढ़ार्थमूलक कहते हैं परन्तु यह गूढ़ार्थमूलकता भी या तो निषेध का रूप अपना कर आक्षिप्त वचनों की सृष्टि करती है अथवा विधिवचनों में भी वक्रताप्रधानता के कारण स्वाभावोक्ति से विरोध के कारण विरोधमूलक वर्ग में अपना स्थान बनाती है। विभावना-विशेषोक्ति में इस विरोध मूलकता का एक रूप मिलता है, पर्यायोक्त में इसी का दूसरा रूप मिलता है और पद्धति की भिन्नता होने पर भी व्यक्त वास्तविकता के सौन्दर्य के कारण ही ये कथन विधियाँ आकर्षक लगती हैं।

रुय्यक का वक्रोक्ति अलंकार भी विरोधमूलक अलंकार है अथवा इसे गूढ़ार्थ प्रतीतिमूलक भी कहा जा सकता है। काकु या श्लेष से अन्य अर्थ का ग्रहण वक्रोक्ति कहलाती है, इससे विधि निषेध में परिवर्त्तित हो जाती है। रुय्यक ने वक्रोक्ति से अलंकार सामान्य के अर्थ के अतिरिक्त, अलंकार विशेष अर्थ भी ग्रहण किया है।[265] यथा "तेरी बुद्धि दारुण है (नायिका नायक के दारुण शब्द का अन्य अर्थ लेकर कहती है) बुद्धि तो त्रिगुणात्मक सुनी जाती है, लकड़ी (दारुण) से बनी तो नहीं सुनी गई।"[266] अतएव इस प्रकार की वक्रोक्ति में श्लेष के आधार पर व्यंग्यार्थ ग्रहण होता है।

शास्त्राधारित अलंकार और वास्तविकता—कतिपय अलंकार शास्त्रों से लिए गए हैं यथा अनुमान, परिसंख्या, अर्थापत्ति, काव्यलिंग आदि। अनुमान का वास्तवमूलक अलंकारों में स्वरूप निर्देशित हो चुका है किन्तु उसे स्रोत की दृष्टि से परिसंख्यादि का बंधु मानना चाहिए। मीमांसा में विधि के तीन रूप होते हैं—सामान्य, नियम तथा परिसंख्या। परिसंख्या में दोनों की युगपत् प्राप्ति में एक का निषेध हो जाता है। वैसे परिसंख्या का स्वरूप विधिपरक होता है परन्तु उसका फलितार्थ अन्य के निषेध में होता है यथा—"पंच पंचनखाभक्ष्याः" का आशय भक्षण का निषेध करने में है।[267] अतः परिसंख्या में कही हुई बात का फलितार्थ अन्य का निषेध करने में होता है। यह निषेध कहीं वाच्य और कहीं व्यंग्य रूप में होता है। यथा, 'सेव्य क्या है, गंगा का तट (अन्य नदियाँ या सुन्ददिया आदि नहीं,) ध्यातव्य कौन है, विष्णु (अन्य देवता नहीं)" किन्तु इस प्रकार के कथन लोक में ही प्राप्त होते हैं।" पीने योग्य जल तो कुएं का ही है (नल का नहीं)। अतः मीमांसा में परिसंख्यानिर्णय लोक व्यवहार पर ही आधारित है।

अर्थापत्ति अलंकार भी मीमांसा शास्त्र से लिया गया है। इसमें दण्डपूपिका न्याय से (दण्ड के लुप्त होने से उससे बन्धे मालपुए का लोप भी स्वतः सिद्ध है) किसी अर्थ को सिद्ध करने में समर्थ होने से, दूसरे अर्थ की प्रतीति हो जाती है।[268] यदि पार्वती समागम के लिए उत्कंठित शिव भी पीड़ित हैं, भला ऐसा कौन हैं जिसे कामादिभाव अधीर नहीं बना

देगें?" जब शिव ही काम पीड़ित हो गए तो दण्डपूपिका न्याय से यह स्पष्ट ही है कि अन्य सब जीव काम से बच नहीं सकते। दण्डपूपिका न्याय लोक निरीक्षण पर आधारित है और "देवदत्त मोटा है पर दिन में वह भोजन नहीं करता"—इस कथन से साधारण श्रोता भी अर्थ समझ लेगा कि देवदत्त रात में भोजन करता होगा। यह एक प्रकार का अनुमान ही है।

इसी प्रकार लोकानुमान का एक अन्य रूप काव्यलिंग में ग्रहण किया गया है। कवि कहता है—"हे शिव, इस शरीर के उत्पन्न होने से, यह अनुमान होता है कि पुर्वजन्म में मैंने आपको नमस्कार नहीं किया। अब इस जन्म में मैं आपको नमस्कार कर मुक्त हो जाऊँगा। अतः आगे आपको नमस्कार नहीं कर सकूँगा, ये दोनों अपराध आप क्षमा करें।"[269] यहाँ हेतु काव्य-वाक्य का रूप धारण करता है क्योंकि अनुमान को हेतु और उससे उत्पन्न युक्ति या अदृष्ट को हेतु मानकर कहा जा सकता है। न्याय शास्त्र में हेतु का कलागत प्रयोग इस अलंकार में होता है पर इन्हें लोक न्यायमूलक भी कहा जा सकता है क्योंकि न्यायशास्त्र की तरह यहाँ व्याप्ति आदि तत्वों का विचार नहीं होता। यहाँ अनुभव को अनुमानपरक विधि पर ही प्रकट किया जाता है।

इस प्रकार शास्त्रों पर आधारित अलंकारों का आधार लोक व्यवहार ही है, उनमें वास्तविक जीवन ही मुखरित होता है और यही उनके आकर्षण का मूल कारण है।

आलंकारिकों ने चित्र-अलंकारों का भी निरूपण किया है। सर्वप्रथम दण्डी ने इन्हें निरूपित किया था किन्तु वे इन्हें दुष्कर कहते हैं।[270] मम्मट चित्रकाव्य को कष्ट काव्य कहते हैं।[271] अन्य आलंकारिकों का मत भी चित्रकाव्य के विरुद्ध पड़ता है।[272]

चित्रकाव्य में पंडितों की चमत्कार प्रियता चरम सीमा पर पहुँचती दिखाई पड़ती है। साथ ही, एक अगंभीर शिशु-क्रीडा के भी दर्शन होते हैं। चित्रकाव्य में गोमूत्रिका जैसे अलंकारों में अक्षरों की स्थिति से चमत्कार उत्पन्न किया जाता है। कहीं तो कवि कुछ स्वरों का पद्य में प्रयोग करने के लिए प्रतिज्ञाबद्ध दिखाई देता है, कहीं केवल एक ही स्वर का प्रयोग किया जाता है, कहीं उच्चारण के आधार पर, वर्णों का प्रयोग मिलता है[273] और कहीं केवल एक ही वर्ण से पूरा पद्य रचा गया है।[274]

दण्डी ने इसी सन्दर्भ में प्रहेलिकाओं का वर्णन किया है। रहस्यमय, गोपन करने वाला वचन प्रहेलिका कहलाता है। क्रीड़ा-गोष्ठियों के प्रमोद में, मंत्रणा और दूसरों की प्रवंचना में प्रहेलिका का उपयोग किया जाता है। दण्डी इसके 16 भेदों का उल्लेख करते हैं। पद्यों को चित्र रूप में लिख देने से चित्र अलंकार बन जाता है। अर्धभ्रम, सर्वतोभद्र आदि चित्रालंकार इसी प्रकार के होते हैं। रुद्रट ने पूरे पंचम अध्याय में कई चित्रालंकार प्रस्तुत किये हैं, यथा खड़गबंध, धनुर्बन्ध शरबन्ध, शूलबन्ध, शक्तिबन्ध, हलबन्ध, चक्रबन्ध आदि। पद्मबंध में चित्रकला का भी प्रयोग हो सकता है।

सामन्ती संस्कृति और काव्य-साहित्य के चमत्कारवादी रूप की चरम सीमा, प्रहेलिका और चित्रकाव्य में दिखाई पड़ती है लेकिन बौद्धिक कौतूहल वर्ग विशेष तक सीमित नहीं

है। कौतुक के प्रति आकर्षण आधुनिक में भी दिखाई पड़ता है। इसके सिवा, चित्रकाव्य में, चित्रणकला का एक निम्न रूप मिलता है। चित्रण कला का प्रयोग, आधुनिक युगीन प्रयोगों में भी हुआ है। उदाहरणतः डॉ. श्याम परमार की 'टोटम' शीर्षक कविता में।[275] इसी तरह वर्षा वर्णन में कवि शब्दों का प्रयोग बूँदों के सदृश, ऊपर से नीचे की ओर कर सकता है :-

बा	ह
:	:
द	म
:	:
ल	कम्पित
:	:
धि	ड
:	:
रे	रे

विदेशों में कई कवियों ने काव्य को चाक्षुष-प्रतीति का विषय बनाया है।[276]

चित्रकाव्य में चाक्षुष सादृश्य द्वारा जीवन वास्तविकता को कुशलता से प्रस्तुत करके, कौतुक के साथ-साथ पाठक में कल्पना भी जाग्रत की जा सकती है किन्तु भाव, विचार, संवेदनादि के अभाव के कारण, चित्रकाव्य में गंभीरता नहीं मिलती। आनन्दवर्धन आदि आचार्यो ने इसे "अधम काव्य" कहा हैं।

जिस प्रकार सामन्तकाल में प्रेम कहीं काम क्रीड़ा का रूप धारण कर लेता है, उसी प्रकार काव्य, चित्र काव्य की ओर भी प्रवृत्त होता है।

अलंकार विभाजन का भौतिक आधार–जीवन यथार्थ के मानव चेतना में प्रतिबिम्बित होने और मानव चेतना और जीवन यथार्थ के द्वन्द्व की संश्लिष्टता के कारण आकर्षक कथनों का वैज्ञानिक कोटिकरण सम्भव नहीं है किन्तु कथनों में जीवन-वास्तविकता समग्रतः संगीतात्मक, सादृश्यपरक, वास्तवगत और विरोधमूलक कथन रूपों में विभाजित की जा सकती है। संगीतात्मक कथन विधि में जादू का प्रभाव ही मुख्य होता है। सादृश्यपरक कथनों में वर्ण्य यथार्थ और अस्तुत यथार्थ का एक साथ साक्षात्कार होता है। वास्तवगत कथनों में वर्ण्य वस्तु अपने सौन्दर्य बल से ही कथन को आकर्षक बनाती है और विरोधमूलक कथनों में वास्तविकता अप्रत्यक्ष-प्रणाली ग्रहण करती है।

इधर अलंकारों का मनोवैज्ञानिक वर्गीकरण करने का प्रयत्न हुआ है, जिसमें साधर्म्य-मूलक, अतिशयमूलक, संगतिमूलक, नादात्मक, विरोधमूलक और गोपनमूलक जैसे भेद किए गए हैं।[277] यह वर्गीकरण प्राचीनों के व्याकरणिक विभाजन से अधिक यथार्थवादी

है क्योंकि इसमें मन की दशाओं की प्रधानता का ध्यान रखा गया है किन्तु इसकी कठिनाइयों को भी स्वीकार किया गया है—"यहाँ यह ध्यान में रखा गया है कि जिन अलंकारों में जिस वृत्ति की प्रधानता है, उसे उसी वर्ग में स्थान दिया जाए। यों तो किसी प्रकार भी साधर्म्यमूलक और अतिशयोक्तिमूलक अलंकारों को अलग-अलग करना कठिन है, फिर भी अत्युक्ति आदि अलंकार ऐसे हैं, जिनके लिए इस वर्ग की सृष्टि करना आवश्यक ही है। अतिशयोक्ति में साधर्म्य स्पष्ट है फिर भी उसमें प्रमुखता अतिशयोक्ति को मिल गई है, इसलिए उसे अलग वर्ग में रखा गया है।"[278]

डॉ.नगेन्द्र समस्त अलंकारों का आधार अतिशय, वक्रता और चमत्कार को मानते हैं। उन्होंने साधर्म्य अतिशय, वैषम्य, औचित्य, वक्रता और चमत्कार—छः आधार प्रस्तुत किए हैं। ऐसा करने के लिए हम सदृश लोकमान्य वस्तुओं से तुलना के द्वारा अपने कथन को स्पष्ट बनाकर उसे श्रोता के मन में अच्छी तरह बिठाते हैं, बात को बड़ा चढ़ा कर उसके मन का विस्तार करते है, वाह्य वैषम्य आदि का नियोजन कर उसमें आश्चर्य की उद्भावना करते हैं, अनुक्रम या औचित्य की प्रतिष्ठा करके उसकी वृत्तियों को अन्वित करते हैं, बात को घुमा फिरा कर वक्रता के साथ उसकी जिज्ञासा का उद्दीपन करते हैं, अथवा बुद्धि की करामात दिखा कर, उसके मन में कौतुहल उत्पन्न करते हैं।[279]

चिन्तन की मनौवैज्ञानिक विधि उपयोगी विधि है, भौतिकवादी चिन्तन का वह एक प्रबल पक्ष है। अतः उक्त मनोवैज्ञानिक विभाजन भी रोचक है किन्तु सादृश्यमूलक अलंकारों में केवल तुलना नहीं होती और न उनका उद्देश्य केवल श्रोता के मन में कथन को अच्छी तरह बिठाना है। सादृश्य-विधान का उद्देश्य गंभीरतर है, जैसाकि सादृश्य-व्याख्या में दिखाया जा चुका है। इस प्रकार केवल अतिशयपरक कथन प्रकारों में अतिशयता नहीं रहती। अतिशयता व्यापक तत्व है और मन का विस्तार भी केवल अतिशयोक्ति से नहीं होता, अतः केवल मनोवैज्ञानिक विधि से किए गए विभाजन भी वैज्ञानिक नहीं है। उसमें कथन की पृष्ठभूमि में स्थित वक्ता के मन की पकड़ तो है किन्तु वर्ण्य वस्तु और वक्ता के मन के द्वन्द्वात्मक सम्बन्ध पर विचार नहीं किया जाता। वर्ण्य वस्तु और मन के जटिल सम्बन्धों पर ध्यान जाते ही सारे विभाजन अवैज्ञानिक प्रतीत होते हैं। फिर भी व्यावहारिक दृष्टि से शास्त्रीय और मनोवैज्ञानिक विभाजनों का सीमित महत्व है। वे किसी प्रधान प्रवृत्ति को पहचानने का प्रयत्न करते हैं। उसे समझकर सन्तुष्ट होने के स्थान पर हमें कथन विशेष से व्यक्त वास्तविकता और कवि के मन की द्वन्द्वात्मक प्रक्रिया पर विचार करना होगा अन्यथा कोटिकरण ही प्रधान हो जाएगा और कथन और वक्ता का सम्बन्ध गौण हो जाएगा। अतएव मुझे संगीतात्मक, सादृश्यपरक, वास्तवगत, विरोधमूलक अथवा गोपनपरक—यह विभाजन विवेचन के लिए अधिक संगत लगता है। इसमें वर्ण्य वस्तु और वक्ता के मन, उसके प्रभाव और विधि तीनों पक्षों पर ध्यान जाता है, मनोवैज्ञानिक विभाजन से भी विवेचन में लाभ उठाया जा सकता है किन्तु यह स्मरणीय है कि विभाजन आत्यंतिक रूप से असम्भव है क्योंकि एक प्रवृत्ति दूसरे में स्थित रहती है। उदाहरणतः सादृश्य प्रधान

अलंकारों में भी वस्तु संवादात्मकता रहती है और वास्तवगत कथनों में भी सादृश्य व्यंजित रूप में रहता है। अतिशयता या वक्रता सभी अलंकारों के मूल में अवस्थित होती है। अतः विभाजन की समस्या व्यावहारिक है। तात्विक दृष्टि से आकर्षक कथन संश्लिष्ट होते हैं और उनका महत्व वर्ण्य यथार्थ से अलग करके नहीं देखा जा सकता क्योंकि यथार्थ और उसके प्रति दृष्टि में परिवर्तन होते ही नए प्रकार के कथन जन्म लेते हैं, उनकी गणना और विभाजन असम्भव है, यह सत्य आलंकारिक भी जानते थे।

सार्थकताः असार्थकता—विभाजन के स्थान पर आकर्षक कथनों का संकलन और उसके आकर्षणों का अनुसंधान अधिक उपयोगी है और भारतीय अलंकार-शास्त्र के विभाजन में सादृश्य प्रधान अलंकारों की ही सर्वाधिक संख्या होने से साहित्य में सादृश्य बिम्ब विधान की समस्या पर महत्वपूर्ण प्रकाश पड़ता है। वस्तु के यथावत् रूपांकन अथवा यथार्थवादी शैली पर वास्तवगत अलंकारों से प्रकाश मिलता है और शेष चमत्कार-प्रधान अलंकारों से उक्ति की विलक्षणता की ओर ध्यान आकर्षित होता है। इस प्रकार भी संगीत, सादृश्य, वास्तव और विरोध—ये चार स्थूल कोटियाँ बन सकती हैं। इनमें संगीतात्मक शब्दावाली का प्रयोग आधुनिक युग में कम होता है, अर्थ की लय की ओर ध्यान अवश्य गया है किन्तु आधुनिक काव्य में सादृश्यपरक कथनों की अधिकता है। इसी प्रकार व्यंगय काव्य के प्रसंगों में विरोधमूलक कथन प्रकार ही नए रूप में प्रस्तुत हुए हैं। भारतीय अलंकार शास्त्र आधुनिक काव्य साहित्य के कथन प्रकारों के अध्ययन करते समय सहायक हो सकता है। नए ज्ञान से आधुनिक कथन-प्रकारों के अध्ययन में हम विभाजनवाद न अपना कर, संश्लिष्ट पद्धति अपना सकते हैं।

अलंकार शास्त्र प्रारम्भ में सभी शोभा-उत्पादक तत्वों को अलंकार मान कर चला था किन्तु इन सभी तत्वों (वर्ण्य वस्तु, भाव और रस, आदि) में भरत के सदृश कोई संगति उत्पन्न नहीं कर पाया। यह दोष भामह-दण्डी में ही नहीं, अप्पय दीक्षित में भी दिखाई पड़ता है। अतः यह एकावयववादी सिद्धान्त ही बन कर रह गया और इसलिए काव्य को समूहअवलम्बनात्मक मानने वाले रस-ध्वनिवाद ने अलंकार को वाहूय सिद्ध किया किन्तु आश्चर्य यह है कि अलंकार सिद्धान्त की सजीवता फिर भी समाप्त नहीं हुई और वह जयदेव, विद्यानाथ, केशव मित्र, अप्पय आदि द्वारा स्वतन्त्र रूप में निरूपण का विषय बना रहा। यही नहीं, ध्वनि-रसवादियों ने भी काव्यावयवों में रस और ध्वनि को मूल तत्व मान कर उसके साथ अलंकार, रीति, गुण आदि की संगति स्थापति करके अलंकारों का स्वतन्त्र रूप से भी विस्तृत विवरण दिया है। मम्मट, विश्वनाथ, पंडितराज इस परम्परा के प्रसिद्ध उदाहरण हैं और समूह अवलम्बनात्मक मान कर भी काव्य के जो उदाहरण अलंकारों को स्पष्ट करने के लिए दिए गए हैं, उनमें रस या ध्वनि की स्थिति क्या है, इस बिन्दु पर अलंकार के साथ विचार ही नहीं किया गया।

इसके सिवा आर्कषक कथनों के व्याकरणिक विभाजन (पद, समास, वाक्यादि के

आधार) पर ही ध्यान केन्द्रित हो जाने से अलंकार शास्त्र में जो उपयोगी संकेतों से ओतप्रोत धारणाएँ थीं, उनका स्वतंत्र विकास नहीं हो सका, जैसा कि भाविक अलंकार की धारणा के विषय में पीछे लिखा जा चुका है, उसी प्रकार अनेक अलंकार वस्तुतः उपयोगी या उर्वर धारणाओं के रूप में गृहीत हो सकते थे, केवल कथनप्रकारों के रूप में नहीं। उदाहरणतः स्वाभावोक्ति विवेचन में समाज की दशा के यथावत् चित्रण की धारणा गर्भीकृत है किन्तु पंडितों का ध्यान सभा संस्कृति या विदग्ध गोष्ठीवाद पर ही रहा और आश्रयदाताओं के सम्मुख अपने बुद्धिबल का चमत्कार प्रर्दशन ही प्रधान होने से स्वाभावोक्ति कथन प्रकार हो कर रह गया, कलाकाव्य सम्बन्धी धारणा के रूप में उसका विकास सम्भव नहीं हो सका।

इसी प्रकार समासोक्ति और अन्योक्ति या अप्रस्तुत प्रशंसा कोरे कथन प्रकार नहीं हैं, उनमें कथ्य ही जटिलता को अभिव्यक्त करने का मर्म छिपा हुआ है।[280] केवल श्लेष या समान विशेषणों से ही अप्रस्तुत का वर्णन नहीं होता अपितु इकहरी शब्दावली से भी अप्रस्तुत संकेतित हो सकता है, जैसे वाल्मीकि रामायण में रामकथा का इकहरी चित्रण। अतः में मानव जीवन की करुण स्थिति का भी वर्णन हो जाता है। अतः "एलीगरी" अथवा प्रतीकात्मक काव्यों की व्याख्या में समासोक्ति की व्यापक धारणा से सहायता मिल सकती थी। इसी प्रकार पर्यायोक्त जैसे गूढ़ार्थ प्रतीतिमूलक अलंकार स्फुट कथनों तक यदि सीमित न रखे जाते और इन्हें यदि काव्य मात्र के सन्दर्भ में रख कर, पर्याय द्वारा कथित सत्यों की व्याख्या कर वाहक बनाया गया होता तो ये कथन केवल प्रकार न रह कर, महत्वपूर्ण धारणाओं के रूप ये स्वीकृत हो सकते थे।[281] इसी प्रकार उदात्त-अत्युक्ति आदि अलंकारों में वर्ण्य-वस्तु के साथ दर्शक के सम्बन्ध की जटिलता पर विचार हो सकता था।

अतः अलंकार-सिद्धान्त को मात्र कथन-प्रकार के रूप में न ग्रहण कर कला-काव्य की धारणाओं के प्रकार रूप में ग्रहण करना होगा और भाविक, वक्रोक्ति, स्वाभावोक्ति आदि धारणाओं पर कवि, श्रोता, पाठक, वर्ण्य-वस्तु, भाव, बिम्ब और भाषा आदि के सम्बन्धों और तत्वों पर विचार करना होगा। अतः अलंकारों को धारणात्मक संकेत रूप में देखने की आवश्यकता है।

मानव मन के गम्भीर अन्वेषक भारतीय अलंकारवादी वस्तुतः सैद्धान्तिक दृष्टि न अपना कर अलंकार ग्रन्थों की रचना में तकनीकी दृष्टि अपना कर चले। अतः मात्र कथन प्रकारों का आकलन, विभाजन, लक्षण-उदाहरण ही हो सका किन्तु उनके लक्षण और नामनिर्देश संकेतपूर्ण हैं और उनके पीछे आलंकारिकों का विस्तृत चिन्तन छिपा हुआ है। यह कहा जा चुका है कि भारतीय चिंतक निष्कर्ष प्रस्तुत करते हैं, चिंतन-विधि प्रस्तुत नहीं करते। अतः उनके निष्कर्षात्मक शब्दों और लक्षणों से काव्य और जीवन के गूढ़ सम्बंधों पर तभी प्रकाश पड़ सकता है जब हम उन्हें धारणाओं के रूप में स्वीकार करें और एक धारणा को दूसरी धारणाओं की सापेक्षता में विचार का विषय बनाएँ।

फिर भी अलंकार-सिद्धान्त का योगदान है। उसने काव्यों से सार्थक आकर्षक कथनों का आकलन किया और उन्हें प्रणालियों के रूप में आगे के कवियों के लिए सुलभ कर

दिया। लोक और शास्त्र दोनों के प्रति अविरोधी दृष्टि के कारण अलंकृत कथनों में अधिकांशतः लोककथनों के ही रूप प्रमाणित होते हैं। भारतीय अलंकारवाद में पांडित्य अधिक है, परन्तु वायवीयता का सुखद अभाव है। पांडित्यप्रियता से श्लेष-यमकादि का दुरुपयोग अधिक हुआ, उपमाओं और उत्प्रेक्षाओं के लिए सहज जीवन को कम देखा गया, कुछ विशेष सुन्दर या उदात्त वस्तुओं का ही बार बार प्रयोग हुआ। इस ओर आलंकारिकों ने आलोचनात्मक दृष्टि भी नहीं अपनाई किन्तु सादृश्यविधान और विलक्षण उक्ति विधान की व्याख्या में द्वन्द्वात्मक अंतर्दृष्टि का वे परिचय देते हैं। वे अप्रस्तुत विधान के समय, स्रष्टा की द्वन्द्वात्मक सृजन-प्रक्रिया की ओर भी संकेत करते दिखाई पड़ते हैं। उन्होंने यह प्रमाणित कर दिया कि अलंकार या अप्रस्तुत विधान या बिम्ब-विधान काव्य सृजन का एक अनिवार्य-अपरिहार्य धर्म है। तकनीक तथा वस्तु निरीक्षण की दृष्टि से अरस्तू का यह कथन आज भी सही है कि रूपक (मैटाफ़र) कवि की महानतम शक्ति है क्योंकि रूपक द्वारा सादृश्य के प्रति दृष्टि जाती है तथा रूपक कला किसी से भी सीखी नहीं जा सकती।[282] अतएव अप्रस्तुत-विधान, काव्य निकष भी है। कुशल अप्रस्तुत विधन के बिना काव्यकर्म सफल नहीं हो सकता।

भारतीय आलंकारिकों का यह भी योगदान है कि उन्होंने काव्य में कलात्मक-अतिशयता को लक्ष्य किया जा लोककथन-कला और काव्य दोनों में सर्वत्र प्राप्त होती है। वे वाक्चातुर्य को एक सृजनात्मक प्रक्रिया मानते थे। सभ्यता का स्रोत भी यही वाक्-चातुर्य है और पशु जीवन से मानव समुदाय की भिन्नता, कला, काव्य, विधि आदि का भी आधार यही आकर्षक कथन है। आकर्षक कथन वक्ता की मेधा का प्रतीक होता है, चरित्र का विर्देशक होता है और मनुष्य की आत्मा के सत्य और गुणों को प्रकट करता है। इसकी अति घातक होती है।

अलंकारवादी आचार्य तात्कालिक बुद्धिजीवी वर्ग के सदस्य थे जो राज्याश्रय में पोषित संस्कृति के स्रष्टा और प्रचारक थे। अतः उनका ध्यान इसी वर्ग के कवियों द्वारा रचित काव्यों के रुचिकर तत्वों के उद्घाटन पर था। लोक-साहित्य, लोक-संस्कृति, लोक-कला आदि की ओर उनका ध्यान अधिक नहीं गया था। उनकी रुचि और दृष्टि उच्चवर्गीय संस्कृति से रंजित और सीमित थी। भामह-दण्डी के समय तक संस्कृत में उच्चतम काटि का काव्य लिखा जा चुका था। यह स्थिति अरस्तू के समय से कुछ सादृश्य रखती है क्योंकि अरस्तू के समय तक ग्रीक साहित्य उन्नति की चरम सीमा प्रस्तुत कर चुका था। अतः जिस प्रकार अरस्तू लक्ष्य साहित्य के आधार पर सामान्य नियमों का निर्माण कर रहा था, उसी प्रकार, दूसरे सन्दर्भ और काल में, भामह-दण्डी-वामन आदि भी ऐसे उपायों को खोज कर रहे थे, जिनका अनुसरण कर कवि कविता लिख सके और आचार्य शास्त्र प्रस्तुत कर सकें क्योंकि भारतीय सामन्तवाद के उत्तरार्ध में, वास्तविकता में, मूलभूत परिवर्तन नहीं हो रहा था, अतएव परम्परागत काव्य और शैलियाँ ही प्रचलित रहीं, जो नए विश्वदर्शन (वर्ल्ड व्यू) की अप्रासंगिकता के कारण रूढ़ काव्य-परम्परा संस्कृत में कभी

चुनौती का विषय नहीं बन सकी। चुनौती के अभाव में और दृष्टियों, विचारों, मूल्यों और रुचियों की टकराहट के अभाव में काव्य शास्त्र तथा टीका- व्याख्या-क्षेत्रों में भामह- दण्डी द्वारा प्रस्तुत आदर्शों का वामन, मम्मट, विश्वनाथ, पंडितराज आदि किसी ने कभी त्याग नहीं किया।

आधुनिक भाषाओं, हिन्दी, गुजराती, राजस्थानी, बंगला आदि पर भी अलंकारवाद का प्रबल प्रभाव दिखाई पड़ता है। चन्द्रवरदायी, पृथ्वीराज, सूर्यमल, सूर, तुलसी, जायसी आदि सभी में अलंकारों की झड़ी लगाने की प्रवृत्ति मिलती है। मीरा जैसी लोक-काव्य के निकट कवयित्रियों और कवियों में अलंकृति अवश्य नगण्य है। अतः भक्तिभाव तो आधुनिक भाषाओं में धर्म क्षेत्र से आया था, उसी प्रकार जिस प्रकार अलंकारशास्त्र में साहित्य के प्रयोजन धर्मशास्त्र से आए थे और आकर्षक कथन विधि के लिए भक्तिकालीन कवि भी परम्परागत अलंकृत काव्यों और शास्त्रों पर निर्भर रहे, जिसका संस्कार उन्हें पुराण श्रवण तथा संस्कृत साहित्य पठन से प्राप्त होता था। यही कारण है कि सूर-तुलसी में अलंकारों के पुराने रूप पर्याप्त मात्रा में मिलते हैं, अप्रस्तुतों के विधान में नहीं, विन्यास में अवश्य अंतर मिलता है।

इसके सिवा परम्परा-प्रियता का एक अन्य कारण भारतीय सामन्तवाद के स्थान पर मुस्लिम सामन्तवाद की स्थापना थी। मुस्लिम-साम्राज्यवाद या मुस्लिम-समान्तवाद का विश्व-दर्शन तथा मूल्य कई बिन्दुओं पर भारतीयों से टकराते थे। आत्म-रक्षा की प्रवृत्ति के कारण जो कुछ प्राचीन था, वह पूज्य था। अतः भक्तिकालीन काव्य, जिसकी रुचि लोकनुकूल थी, अलंकारवाद से भी अत्यधिक प्रभावित रहा। यही कारण है कि रस-ध्वनिवादी भी अलंकारों का विवरण स्वतंत्र अध्यायों में देते रहे और स्वतंत्र रूप से भी आलंकारिकों ने ग्रंथ लिखे।

रीतिकाल में हिन्दू राज्यों के दरबारों को परम्परा पर गर्व था। अतः सभा संस्कृति का नया रूप जो उत्तरी भारत में प्रचलित हुआ उसमें स्वभावतः आचार्य केशव का ध्यान परम्परागत अलंकार शास्त्र की ओर गया और उन्होंने दण्डी का ही अधिक अनुसरण किया। मुस्लिम दरबारों में परम्परा का रक्षण अलंकार शास्त्र द्वारा होता था। धीरे-धीरे मुस्लिम लेखकों में भी उसके प्रति रुचि जाग्रत हुई। हिन्दू सामंतवाद और मुस्लिम सामन्तवाद में व्यवस्था का अंतर नहीं था, अंतर परम्पराओं, जीवन विधि, मूल्यों और मान्यताओं की दृष्टि से था। अतः रुय्यक, विश्वनाथ और शाहजहाँ के दरबारी कवि जगन्नाथ और उधर देव, बिहारी, मतिराम आदि अलंकार शास्त्र की दृष्टि से परम्परा के प्रति पूर्ण निष्ठावान रहते हैं। आधुनिक युग में व्यवस्था, शिक्षा, जीवनविधि आदि के परिवर्तनों से अलंकारशास्त्र सांस्कृतिक अस्तित्व का रक्षक न रह कर बोझ सा प्रतीत होने लगा है क्योंकि कविता के अतिरिक्त गद्य साहित्य के विविध रूप प्रस्तुत हुए और अलंकारों के उदाहरणों के स्थान पर आत्म अभिव्यक्ति और नवीन रूपों की खोज प्रधान हो गई। तकनीकी क्रान्ति की सार्वभौमिकता और पूँजीवादी-समाजवादी क्रान्ति के कारण, धारणा

और अनुभव प्रधान हो गए, आगे चल कर कथनविधि के अलंकृत रूप जड़ीभूत विगत सभ्यता के प्रतीक मात्र लगने लगे।

अतः प्रेमचंद-गोर्की में स्वभावोक्ति है, अज्ञेय में वक्रोक्ति, जगदीश गुप्त में पर्यायोक्त-इस प्रकार का विवेचन आज उपहासास्पद प्रतीत होने लगता है क्योंकि इस प्रकार के कथनों से इन लेखकों की रचनात्मकत्ता प्रकट नहीं होती। उसके लिए उनके कथ्य, संवेदन, धारणा, अनुभव, शब्द और अप्रस्तुत विधान आदि का संग्रथित अध्ययन करना पड़ता है। अतः आधुनिक युग में जब कि काव्य रूपों और कथन प्रकारों में परिवर्तन हो रहा है, अलंकारवाद का प्रयोग व्यावहारिक आलोचना के रूप में होगा। साहित्य चिन्तन के क्षेत्र में अलंकारवाद की धारणाओं के बीजो का आधुनिक ज्ञान-विज्ञानों द्वारा विकास किया जा सकता है अथवा जहाँ जिस बिन्दु पर, जिस सीमा तक वे हमारे प्रतिपाद्य पर प्रकाश डालते हों, उनका उपयोग हो सकता है।

भारतीय जाति अलंकार प्रेमी है, यह तथ्य विदेशी विद्वानों ने भी लक्ष्य किया है।[283] समृद्ध भारतीय सामन्तवाद ने स्थापत्य, संगीत, मूर्तिकला, चित्रकला और काव्य द्वारा अलंकृति को चरम सीमा पर पहुँचाया था। आज हम उस सभ्यता के जीवन प्रेम को देख कर स्तम्भित हो उठते हैं। अलंकृति जीवन के प्रति अति उत्साह को व्यक्त करती है। सौन्दर्य बोध की उन्नति में इस अलंकृति-प्रियता का उल्लेखनीय योगदान रहा है। हमारे अलंकारवादी अपने बोध के अनुसार कुत्स, कुरुचि, अश्लीलता, अशुद्धता और असंस्कारिता के विरुद्ध शताब्दियों तक अनजाने ही संघर्ष करते रहे। चाहे वे एक पक्ष को ही काव्य-सर्वस्व समझ बैठे हों किन्तु वे विद्वान व्यक्ति थे। वे शब्द-संस्कार के विश्वासी थे, अपनी मान्यताओं में अखण्ड विश्वास के बल पर वे विकल्प रहित होकर काव्य शिल्प के विभिन्न पक्षों का अनुसंधान करते रहे। वे जनवादी न होने पर भी मानवद्रोही नहीं थे, कवि राज्याश्रित होने पर भी आत्मविक्रेता न थे, आचार्य होने पर भी वे सहृदय थे, कवि थे और भरत की ही तरह नैयायिकों की नीरसता और पवित्रतावाद के विरोधी थे। वे साहित्यशास्त्र के अतिरिक्त व्याकरण, दर्शन, धर्म, विधि, न्यायादि के दिग्गज पंडित थे। वे अपनी विद्वत्ता के कारण जनता में आदरणीय थे। उन्होंने भरत के रसवाद को नाट्याश्रित समझ कर, काव्य सौन्दर्य के वस्तुगत कारणों का अनुसंधान किया था और भामह-दण्डी का अलंकारवाद इस प्रकार के वस्तु-उन्मुखी अध्ययन का प्रथम परिणाम था। उसका शुभ परिणाम यह है कि काव्य-साहित्य का कोई सिद्धान्त आज अलंकार और बिम्बों की उपेक्षा नहीं कर सकता।

यह कल्पना करना रोचक है कि यदि भामह-दण्डी उद्भट आदि ने केवल प्रभाववादी समीक्षा लिखी होती तो क्या होता? तब केवल मन पर पड़े काव्य के प्रभावों के वर्णन से आगे के ध्वनि-रस जैसे संश्लिष्ट सिद्धान्तों की सृष्टि असम्भव हो जाती। अलंकारवाद की प्रतिक्रिया में ही वामन का ध्यान रीतिवाद की ओर गया था क्योंकि अलंकारवाद के बाद नए सिद्धान्त-सृजन की इच्छा जाग्रत हो गई थी। इन दोनों की एकांगिता का दूरीकरण तभी संभव हुआ जब इनका अस्तित्व था। अतः भारतीय काव्यशास्त्र में भरत के पश्चात्

कालक्रम से ही नहीं, अपितु महत्व की दृष्टि से भी अलंकारवाद उल्लेखनीय है।

अलंकारवाद के पास मुनि भरत की व्यापक दृष्टि नहीं थी, विद्वान-दृष्टि थी। अतः उससे काव्य-साहित्य-कला के एक तत्व पर तकनीकी दृष्टि से विस्तृत प्रकाश प्राप्त हुआ यद्यपि ये विद्वान भरत से सीख चुके थे कि एक तत्व को किस प्रकार खींच कर अन्य तत्वों को उसी शिविर में समेटा जा सकता है।

यदि भामह-दण्डी-उद्‌भट आज के आलोचक होते तो वह केवल अलंकारों की खोज और विभाजन के अतिरिक्त काव्य-कला के सामान्य प्रश्नों पर भी विचार करते। उनकी रुचि और मूल्य भी भिन्न होते। इस देश, काल और व्यवस्था की परिधि के अंतर्गत रह कर हमारे अलंकारवादियों ने अपने सम्मुख काव्य के आकर्षण के कारणों में अलंकार की अनिवार्यता को रेखांकित किया है। जयदेव के शब्दों में आज भी कहा जा सकता है कि जो व्यक्ति काव्य को अलंकार से रहित मानता है, वह अग्नि को दाह शक्ति से रहित क्यों नहीं मानता—

अगीकरोति यः काव्यं शब्दार्थावनलंकृती।
असौ न मन्यते कस्मादनुष्णमनलं कृती॥ (चन्द्रालोक)

भाषा शास्त्रीय आधार पर साहित्य का विश्लेषण जब से प्रारम्भ हुआ है, तब से, शैलीविज्ञान के अंतर्गत, अलंकारों की ओर ध्यान गया है। इसके पूर्व, साहित्यिक आलोचना में 'अलंकार' को निकृष्ट स्थान दे दिया गया था यों उच्च कक्षाओं में रस, रीति आदि के साथ, अलंकारों को भी पढ़ाया जाता था और अब भी वे पाठ्यक्रमों में हैं। भाषाशास्त्रियों की दृष्टि इस तथ्य पर गई कि "प्रचलित से भिन्न" कथनों में, अलंकारों का प्रयोग प्रचुर मात्रा में मिलता है। अतः अलंकार, शैली निर्णायक तत्व है। प्राचीन और आधुनिक दोनों साहित्यों में यह प्रवृत्ति मिलती है, अतएव शैली तत्व का निर्धारण, अलंकारों के अध्ययन के बिना नहीं हो सकता। इससे कोई अंतर नहीं पड़ता कि अलंकार बिम्ब-रूप में हैं या अलंकार रूप में। वे स्थूल, सूक्ष्म सभी रूपों में उक्ति को एक विशेष चरित्र देते हैं। इस दृष्टि से प्राचीन आचार्यों द्वारा अलंकारों पर किया गया कार्य बहुत महत्वपूर्ण है। वह भारतीय शैलीविज्ञान का प्राचीन नमूना है, जिसके तिरस्कार का प्रश्न ही नहीं उठता। भारतीय आलंकारिकों ने, अमूर्त्त सैद्धान्तिकता में न पड़ कर, काव्य में प्रयुक्त उक्तियों का तकनीकी विश्लेषण किया है। इस विश्लेषण में उनकी विद्वत्ता और अंतर्दृष्टि देखते ही बनती है। आधुनिक कविता भी अलंकारों के आधार पर बिम्बों का प्रचुर प्रयोग करती है—

"द स्वीट स्माल क्लमज़ी फ़ीट ऑफ़ अप्रैल
केम इन टू द रगिड मीडो ऑफ़ माई सोल।" (कमिंग्ज़)

कमिंग्ज़ जैसे प्रयोगशील कवि की इस कविता में रूपक का प्रयोग दर्शनीय है। ऐसे स्थलों में आधुनिक व्याख्याकार यदि मात्र बिम्ब की चर्चा करे और उसके वाहक या माध्यम,

रूपक का विश्लेषण न करे तो समझना चाहिए कि वह अधूरी बात करता है। यह देख कर, जी. एन. लीच जैसे शैली वैज्ञानिकों का मत है कि "वर्णनात्मक अलंकार शास्त्र" का विकास करना चाहिए।[284] इसमें साहित्यिक भाषा की विशिष्टताओं का विशद वर्णन हो सकता है और अधिक तकनीकी शब्दों से बचा जाए।

पारम्परिक अलंकार शास्त्र शैली के प्रति "तितली-चयन" विधि अपनाता था। आकर्षक कथनों को चुनकर, वर्गीकरणः विभाजन में वह दत्त हो जाता था। वह रचना के मर्म पर या प्रभाव की सृष्टि और उसके कारणों पर प्रकाश नहीं डालता था। अब रचनाओं का निकटतम अध्ययन होना चाहिए और अलंकार शास्त्र की अंतर्दृष्टियों से लाभ उठाना चाहिए। अतएव, भारतीय अलंकार शास्त्र को समकालीन वर्णनात्मक आलोचना के लिए प्रस्थान–बिन्दु के रूप में अपनाया जा सकता है।

सन्दर्भ

1. किन्तु बीजं विकल्पनां, पूर्वाचार्यै : प्रदर्शितम्
तदेव परिसंस्कर्त्तु मयमस्मत्परिश्रमः-काव्यादर्श, 2-2।
2. काव्यालंकार, 2-95।
3. पोयटिक मैन्युअल्स, द्रष्टव्य, काव्यालंकार, प्रथम परिच्छेद 8, 9, 10, 11।
4. सम्प्रदाय शब्द का अर्थ 'स्कूल' के अर्थ के लिया जाना चाहिए जो गुरु-शिष्य-परम्परा द्वारा और विकसित हो, वह सम्प्रदाय है।
5. लोको युक्तिः कलाश्चेंति मन्तव्या-काव्यालंकार 1-9।
6. अ अनिबद्धं पुनर्गाथा श्लोकमात्रादि तत्पुनः-युक्तं वक्रस्व भावोक्तया सर्वये वेतदिष्यते-वही, 1-30।
7. गतोऽस्तमर्का–वार्तामेनां प्रचक्षते–काव्यालंकार 2-87।
8. काव्यशोभाकारान् धर्मानलंकारन प्रचक्षते-दण्डी, काव्यादर्श, 2-1।
9. न कान्तमपि निर्भूषिं विभाति वनितामुखम् 1-13।
10. काव्यादर्श 2-275 से 294।
11. कोऽलंकारोऽनया बिना 2-84।
12. अ. गुणलेशेन सोपमा-काव्यालंकार, 2-30।
    ब. जयदेव ने भी चन्द्रलोक में अलंकार को हारादिवत् कहा है–
हारादिवतलंकारः सन्निवेशो मनोहरः किन्तु हाराविदवत्कहने का अर्थ शरीर से पृथकता का अर्थ नहीं है–नतु हारादिवत्पुंसः पृथग्भूत...हारादिवदिति दृष्टान्तु रमणीयतामात्रे, न तु सर्वांशे-चन्द्रालोक–5-1 की टीका।
13. अ. युक्तं लोक स्वभावेन, रसेश्च सकलेः पृथक-1-21, काव्यालंकार।
    ब. रसभावनिरन्तम् 1-18।
14. अपुष्टार्थमवक्रोक्ति प्रसन्नमृजुकोमलम्–भिन्न गेयमिवेदं तु केवलं श्रुतिपे-शलम्, 1-34 काव्यालंकार।
15. स्वभावोक्ति अलंकार इति केचित्प्रचक्षते-2-93, काव्यालंकार।
16. काव्यालंकार 2-87।

17. वही 2-86।
18. स्टडीज आन सम कंसप्ट्स ऑफ द अलंकार शास्त्र-वी. राघवन, द आड्यार लायब्रेरी, मद्रास 1942, पृष्ठ 92-116 तक।
19. वही, पृष्ठ 103।
20. काव्यादर्श, 2-11।
21. कविता क्या है—निबन्ध, चिन्तामणि, रामचन्द्र शुक्ल।
22. नानावस्थं पदार्थानां रूपं साक्षाद्विदृण्वती-काव्यादर्श, 2-8।
23. वी. राघवन, पृष्ठ 63।
24. काव्यालंकार, रुद्रट, दिल्ली, 1965, अनुवादक, डॉ. सत्यदेव चौधरी, सप्तम अध्याय, पृष्ठ 199-243।
25. चन्द्रलोककार जयदेव इसी भामह की वक्रताप्रियता का पक्ष-समर्थन करते हुए कहते हैं—मन्दमतिजन कवियों की वक्र रचनाओं की निन्दा करते हैं तो नीरस लोग कामिनियों की भ्रूभंगी को कब सराहते हैं? क्या चतुर लोगों का हृदय भी कविता की वक्रता से विमुख होता है? शिवजी तो चन्द्रमा की कला को मस्तक पर ही रखते है—प्रसन्नराघव, प्रथम अंक-20।
26. अ. रीतिकालीन अलंकार साहित्य का शास्त्रीय विवेचन-डॉ. ओमप्रकाश शर्मा, दिल्ली, 1965 ई. अध्याय 8।
ब. भारतीय काव्यशास्त्र की भूमिका, डॉ. नगेन्द्र, दिल्ली, 1963।
27. तदेतदाहुः सौशब्दय नार्थ व्युत्यत्तिरीदृशी।
शब्दामिधेयालंकारभेदादिष्टं द्वयं तु नः-काव्यालंकार, 1-15 तथा प्रो. देवेन्द्र नाथ शर्गा की टीका, बिहार राष्ट्रभाषा-परिषद, संवत् 2019 विक्रमी भूमिका, पृष्ठ 4-5।
28. काव्यालंकार 2-17।
29. काव्यादर्श 3-1।
30. वही।
31. काव्यालंकार 2-19।
32. काव्यालंकार-रुद्रट, तृतीय अध्याय।
33. ध्वन्यात्मभूत शृंगारे यमकादि निबन्धनम्...ध्वन्यालोक 2-15, 16 तथा लोचन की व्याख्या।
34. तत्तु नैकान्तमधुरम्...काव्यादर्श, 1-61।
35. प्रतीतशब्द मोजस्वि सुश्लिष्टपदसन्धि च, प्रसादि स्वाभिधानन्च यमकं कृतिनां मतम्-काव्यालंकार, भामह 2-20।
36. काव्यालंकार-रुद्रट 2-19, 20, 21, 22, 23, 24, 25, 26, 27, 28, 29, 30 तथा 31।
37. काव्य प्रकाश-मम्मट, नवम् उल्लास, सूत्र 107-111।
38. काव्य प्रकाश, सूत्र 112।
39. वही, सूत्र 117।
40. ढरक ढारि ढुरि ढिंग भई, ढीठ ढिठाई आइ-बिहारी सतसई।
41. रंगे सुरंग रंग, रंग उही, नहंदी, मेहंदी नैन-वही।
42. रीतिकालीन अलंकार साहित्य का शास्त्रीय विवेचन, पृष्ठ 483।
43. मार्क्सिज्म एण्ड पोइट्री-जार्ज थाम्सन, पृष्ठ 1।

44. मंत्रसंग्रह-मैलिनोवस्की उद्धृत, मार्क्सिज्म एण्ड पोइट्री पृष्ठ 8।
45. बाई इट्स रिचनैस ऑफ फोनैटिक, रिदमीकल, मैटामीकल, मैटाफोरकील एण्ड एललिट रेटिव इफैक्टस, बाई इट्स वेयेर्ड केडैन्स एण्ड रिपीटीशन्स, वही, पृष्ठ 9।
46. अथर्ववेद में तांत्रिक तत्व-शोध लेख-वि.ना उपाध्याय, भारतीय साहित्य, के. एम. हिन्दी विद्यापीठ, आगरा।
47. इट (नृत्य संगीतादि) चेन्जिज़ देयर सब्जैक्टिव एटीट्यूड टू रियलिटी एण्ड सो इन्डारेक्टली इट चेन्जिज़ रियलिटी-मार्क्सिज्म एण्ड पोइट्री, पृष्ठ 8।
48. आर्ट इज़ नैसेसरी इन आर्डर दैट मैन शुड बी एबिल टू रिकौगनाइज़ एण्ड चेन्ज द वर्ल्ड। बट इज आलसो नैसेसरी बाई वर्च्यू ऑफ़ द मैजिक इनहैरेण्ट इन इट-द नैसेसिटी ऑफ़ आर्ट-ए मार्क्सिस्ट एप्रोच-अर्न्स्ट फिशर, पृष्ठ 14।
49. कालिदास हू रेयरली रिजोर्ट्स टू दिस फिगर गिव्स ए सिमिलर सिम्पिल श्लेष... सम आस्पैक्ट्स ऑफ अलंकार इन संस्कृत, पृष्ठ 79।
50. इन बाण बी मीट विद यूजिज एण्ड एब्यूजिज ऑफ दिस फ़िगर। एज़ इन लाइफ़ सो इन हिज रायटिंग्स, बाण वाज एक्जूबरेण्ट एण्ड वाज रिस्पौस्बिल फ़ॉर एक्सिस। ही आफिर फ़ौरगौट प्रप्रोर्शन...हि कुड डील इन प्वाइंटलैस श्लेष लाइक वेनतेय इव पक्षपाती... सम आस्पैक्स ऑफ़ अलंकार इन संस्कृत पृष्ठ 79।
51. नैषधीय-स्वयंवर प्रकरण।
52. चंडकर वलित, बलित बर सदागति, कंदमूल फल फूल दलानि को नासु है। धावत बली धनुष सोहत निपानि सुर, शवर समूह किधौं ग्रीषम प्रकासु है। —कविप्रिया, केशवदास, सप्तम प्रभाव, ऋतु-वर्णन प्रसंग।
53. पाँच अर्थो का श्लेष-भागवत परम हंस जात गुण सुनि सुख, पावत संगीत मीत विवुध बखानिए, सुखद सकति धर समत बहु-बदन विदित यश केशोदास गानिए।
राजै द्विजराज पद भूषन विमल कमलासन प्रकास परदारप्रिय मानिए।
ऐसे लोकनाथ के त्रिलोकनाथ नाथ के घौं रघुनाथ के अमरसिंह जानिए।
कविप्रिया, केशवदास, ग्यारहवाँ प्रभाव, पद्य 33।
54. साहित्य दर्पण 10-10 पुनरुक्तवदाभास, पृष्ठ 666।
55. काव्यप्रकाश 10-86-123।
56. तत्रापि विपुलालंकाररन्तर्विन्युपमा-रसगंगाधर, द्वितीय आनन, पृष्ठ 195, बदरीनाथ, मदनमोहन झा, चौखम्बा विद्या भवन वाराणसी, 1955 ई.।
57. उपमैका शैलूषी संप्राप्ता चित्रभूमिका भेदान्।
रंजयति काव्यरंगे, नृत्यन्मती तद्विदां चेतः- चित्रमीमांसा, अप्पय दीक्षित, काव्यमाला सीरीज, 38, चतुर्थ संस्करण, निर्णय सागर प्रेस, बम्बई, पृष्ठ 6।
58. प्रतिवस्तुप्रभृतिरुपमाप्रपन्चः-काव्यालंकार सूत्र, डॉ. नगेन्द्र, दिल्ली 1954 ई. पृष्ठ 222।
59. (अ) यथाकथन्चित सादृश्यं यत्रोद्भूतं प्रतीयते-काव्यादर्श, दण्डी 2-14।
(ब) विरुद्धेनोपमानेन देशकालक्रियादिभिः
उपमेयस्य यत्साम्यं, गुणलेशेन सोपमा-काव्यालंकार, 2-30।
60. काव्यालंकार—रुद्रट, अष्टम अध्याय।
61. उपमैवानेकप्रकार वैचित्र्येणानेकालंकार बीजभूतेति प्रथमं निर्दिष्टा-अलंकार सर्वस्व-रुय्यक 1-11।

62. उपमायत्र सादृश्यलक्ष्मीरुल्लसति द्वयोः
हृदये खेलतोरुच्चैस्तन्वंगीस्तनयोरिव-चन्द्रालोक, पंचम मयूख, 11।

63. सादृश्यमूलेषु लक्षितव्येषु तेषामप्युपजीव्यत्वेन प्राधन्यात् प्रथममूपमामाह-साहित्य दर्पण, 10-14।

64. अलंकारशिरोरत्नि, सर्वस्वं काव्यसम्पदाम् उपमाकविवंशस्य, मातेवेति मतिर्भम-साहित्य दर्पण, डॉ. सत्यवृतसिंह, पृष्ठ 693, चौखम्भा वाराणसी, 1957 ई.।

65. द पायोटिक इमेज-सी. डी. लीविस, द क्लार्क लेक्चर्स, 1946, लंदन पृष्ठ 17।

66. द ग्रेटेस्ट थिंग, बाई फार, इज़ टू हैव ए कमाण्ड ऑफ़ मैटाफ़र। दिस अलोन केन नाट बी इमाटिंड बाई एन अदर। इट इज़ द मार्क आफ़ जीनियस-वही।

67. वही, पृष्ठ 18।

68. द पोयटिक इमेज।

69. इस सन्दर्भ में लीविस द्वारा कॉलरिज की प्रसिद्ध पंक्यिाँ उद्धृत की गई हैं : इमेजिज, हाउ एवर ब्यूटीफुल, डू नॉट दैमसैल्वज़ कैरेक्टराइज़ द पोयट। दे बिकम प्रूफ्स ऑफ़ ओरीजिनल जीनियस आनली एज़ फॉर एज, दे आर मोडीफायड बाई ए प्रीडौमीनेण्ट पैशन ऑर बाई असोशियेटिड थॉट ऑर इमेजिज़ अवेकिण्ड बाई पैशन-द पोयटिक इमेज, पृष्ठ 19।

70. अग्राम्य शब्दर्थ्यं च सालंकारं सदाश्रयम्...रसैश्च सकलैः प्रथक-काव्यलंकार 1-19।

71. काव्यालंकार 1-35।

72. सन्निवेश विशेषात्तु दुरुक्तमपि शोभते नीलं पलाशमाब्धमन्त ले स्रजामिव वही, 1-55।

73. कान्ताविलोचनन्यस्तं मलीमसमिवान्जनम्-वही, 1-55।

74. वही, 5-4।

75. अहो भारो महाकवेः-वही, 54।

76. आदिराज्यशोबिम्बमादर्श प्राप्य वांगमयम्-काव्यादर्श 1-5।

77. वही, 1-16, 17।
दण्डी के इस विवेचन से यह स्पष्ट है कि वे अलंकारों की बिम्बात्मक शक्ति से परिचित थे। सी. डी. लीविस ने भी स्पष्ट कहा है कि अलंकारो द्वारा भी बिम्ब प्रस्तुति होती है या हो सकती है—"एन एपीथैट, ए मैटाफर, ए सिमिली में क्रियेट एन इमेज ऑर एन इमेज में बी प्रजेन्टिड टू अज इन ए फ्रेज ऑर पैसेज ऑन द फेस ऑफ़ इट योरली डिस्क्रिपिटिव बट कन्वेयिंग टू अवर इमेजीनेशन समथिंग मोर दैन द एक्यूरेट रिफ्लैक्शन ऑफ एन एक्सटरनल रियलिटी। एवरी पोयटिक इमेज देअर फ़ोर इज़ टू सम डिग्री मैटाफ़ारीकल"—द पोयटिक इमेज, पृष्ठ 18।

78. द पोयटिक इमेज, पृष्ठ 25।

79. वही, पृष्ठ 66।

80. इट इज़ रिडीकुलस टू एप्रूव ऑफ़ ए पोइट ऐज़ ह्यूम डज ह्वैन दि टेक्स डिलाइट इन द स्वर्लिंग ऑफ़ ए वोमेनूस स्कर्ट, एज़ शी वाक्स, बट अू डिसएप्रूव ऑफ़ हिम व्हैन ही क्राइज़ द मून-एन ईक्वली ह्यूमन इम्पल्स-वही, पृष्ठ 29।

81. द पोयटिक इमेज, पृष्ठ 36।

82. सादृश्यं सुन्दरं वाक्यार्थोपस्कारमुपमालंकृति-रसगंगाधर, 2-उपमा निरूपण, पृष्ठ 195।

83. तद्भिन्नत्वे सति तद्गतभूयोधर्मवत्वम्–
84. संस्कृत साहित्य में सादृश्यमूलक अलंकारों का विकास-डॉ. ब्रह्मानन्द शर्मा, अजमेर, 1964, पृष्ठ 3।
85. वही, पृष्ठ 5।
86. संस्कृत साहित्य में सादृश्यमूलक अलंकारों का विकास, पृष्ठ 7।
87. वही, पृष्ठ 38।
88. वही, पृष्ठ 31।
89. तुलनीय, द आर्टिस्ट एक्सप्रैसिस हिज़ आइडिया इन इमेजिज़-जी प्लेखानोव, अनएड्रेस्ड लैटर्स, मास्को, 1957 पृष्ठ 171।
90. "एन इमेज इज़ दैट व्हिच प्रजैन्ट्स एन इन्टैलैक्चुअल एण्ड इमोशनल-काम्प्लैक्स इन एन इन्सटैंट ऑफ़ टायम"–एजरा पौण्ड।
वर्ण्यवस्तु के अनुरूप, जब बिम्ब प्रस्तुत होता है, उस 'क्षणांश' में भाव और विचारण के तत्व मिश्रित रहते है। अतः बिम्ब ऐन्द्रिय संवेदन, भाव, विचार और रूप एक साथ जाग्रत करता है।
अन्य सहित चिंतकों ने बिम्ब का अविच्छिन्न सम्बन्ध, संगीत और चित्रकला से स्थापित किया है। इनके मत से बिम्ब में ऐन्द्रिय और सौन्दर्यपरक नैरन्तर्य रहता है अर्थात् बिम्ब, पर्याप्त समय तक पाठक या श्रोता के मन में ऐन्द्रिय संवेदन और सौन्दर्यबोध की झंकृत करता रहता है–
"इमेज, इज सैंसुअस एण्ड ईस्थैटिक कंटीनुअम, व्हिच कनैक्ट्स पोयट्री विद म्यूजिक एण्ड पेटिंग, एण्ड डिस्कनैक्ट्स पोयट्री फ्रॉम एण्ड साइंस"–प्रिंसिपिल्स आफ़ क्रिटिसिज्म–बैलेक एण्ड वैरन।
91. सम्यकप्रतिपादयुतं स्वरूपतो वस्तु तत्समानमिति
वस्त्वन्तरमभिदध्याद्वक्ता, यस्मिंदस्दौपम्य्म-काव्यालंकार, रूद्रट, अनु. डॉ. सत्यदेव चौधरी, दिल्ली, 1965, 8-1 पृष्ठ 244।
92. अनएड्रैस्ड लैटर्स–प्लेखानोव।
93. द फार्मेशन ऑफ़ फाइव सेंसिज इज़ द वर्क ऑफ़ द एन्टायर हिस्ट्री आफ़ द वर्ल्ड अपटू नाउ। सेसिंज लिमिटिड बाई क्रूडली प्रैक्टीकल नीड्स हैव आनली ए नेरो मीनिंग...हैंस द आब्जेक्टीवाईजेशन ऑफ ह्यूमन इक्जिस्टेंस बोथ-इन ए थियौरेटीकल एण्ड प्रैक्टीकल वे, मीन्स मेकिंग सैसिज ह्यूमन एज वैल एज क्रियेटिंग ह्यूमन सैंसिज कारिस्पौडिंग टू द वास्ट रिचनैस ऑफ ह्यूमन एण्ड नैचल लाइफ लिटरेचर एण्ड आर्ट करेण्ट बुक हाउस, बम्बई, 1965, पृष्ठ 15।
94. संस्कृत साहित्य में सादृश्यमूलक अलंकारो का विकास-पृष्ठ 23-28।
95. सादृश्याल्लखणा वक्रोक्ति : काव्यालंकार सूत्र, चतुर्थ अधिकरण, तृतीय अध्याय, सूत्र 8।
96. अ. हनत्वाधिकत्वलिगंवचनभेदासादृश्याससम्भवास्तदोषाः-काव्यालंकार सूत्र, 4-2-8।
ब. वही, 4-2-9।
97. वही, 4-2-11।
98. उपमा के पच्चीस भेद काव्यप्रकाश, दशम उल्लास, उपमा अलंकार।
99. वही, 10।91।

100. कुवलयानन्द, पृष्ठ 12।
101. साहित्य दर्पण-10-व्यतिरेक अलंकार, पृष्ठ 799।
102. काव्यालंकार 2-11।
103. उपमैव तिरोभूताभेदा रूपकमुच्यते-काव्यादर्श, 2-66।
104. काव्यालंकार 8-39।
105. अलंकार सर्वस्व-पृष्ठ 51।
106. काव्य प्रकाश 10-139।
107. चन्द्रालोक 5-18।
108. कुवलायानन्द पृष्ठ 15।
109. रसगंगाधर-पृष्ठ-449।
110. कामदेव की आयुध, सुन्दरता की सागर, गुणों की कोश, आनन्द की निकेतन यह प्रिया-मेरे हृदय की बेधक है-रुद्रट 8-49।
111. लताओं के किसलय रूप हाथों से और सुन्दरियों के हाथ रूपी कमलों से जगत् वन्दनीय है-वही, 850।
112. नायिका कामदेव रूपी शबर की चापयष्टि है—यहाँ नायिका को चाप यष्टि कहा गया है परन्तु नायिका को चाप यष्टि तभी कहा जा सकता है, जब नायिका से सम्बन्धित किसी वस्तु को चाप यष्टि से सम्बन्धित बनाया जाए। अतः यहाँ कामदेव का (जो नायिका से सम्बन्धित है) उपमान शबर कहा गया जो चाप यष्टि से सम्बन्धित है-रुद्रट 8-51।
113. रशना रूपकं न चैचित्रयवदिति न लक्षितम्-काव्यप्रकाश, 10-145 की व्याख्या।
114. भवेत्सम्भावनोत्प्रेक्षा प्रकृतस्य परातमना-साहित्यदर्पणा-10-40।
115. काव्यालंकार 2-91।
116. काव्यालंकार 8-32।
117. अलंकार सर्वस्व, पृष्ठ 87।
118. काव्यप्रकाश 10-137।
119. रसगंगाधर-पृष्ठ 645।
120. चन्द्रमा मानोमुख है।
121. चन्द्रमा तेरे मुख की शोभा को प्राप्त करने के लिए ही कमलो से वैर करता है—यहाँ कमल से शत्रुता के हेतु की सम्भावना है। चन्द्रमा तेरे-मुख-शोभा प्राप्ति हेतु कमल से वैर करता है—इसमें कांता-मुख शोभा रूपी फल की सम्भावना है।
122. काव्यालंकार 8-57।
123. काव्यालंकार 3-21।
124. काव्यादर्श 2-304।
125. वाग्भट्टालंकार-खेमराज, बम्बई, पृष्ठ 137।
126. काव्यलंकार 3-43।
127. काव्यालंकार सूत्र वृत्ति 4-3-11।
128. वस्तुनि यत्रैकस्मिन्ननेकविषयस्त भवति संदेहः-काव्यालंकार 8-59।
129. अलंकारसर्वस्व पृष्ठ 65।
130. काव्यप्रकाश, 10-92-138।
131. कुवलयानन्द पृष्ठ 26।

132. चन्द्रालोक 5-31।
133. रसगंगाधर पृष्ठ 558।
134. साहित्यदर्पण 10-36।
135. अ—अर्थविशेषं पश्यन्नवर्गच्छेदन्यमेव तत्सदशृम् निः सन्देहं यस्मिन्प्रतिपत्ता भ्रान्तिमान्स इति-काव्यालंकार, रुद्रट 8-87।
ब—सादृश्याद्वस्त्वलन्तर प्रतीतिर्भ्रान्तिमान-अलंकार सर्वस्व, रुय्यक, पृष्ठ 68।
स—भान्तिमानन्यसंवित् तत्तुल्यदर्शने-काव्य प्रकाश, 10-132।
द—सदृशे धर्मिमणि तादात्म्येन...रसगंगाधर, पृष्ठ 590।
136. अ—काव्यालंकार, रुद्रट 8-109-110।
ब—काव्याप्रकाश 10-132-199।
137. काव्यालंकार 2-79।
138. वस्तु किन्चिदभिप्रेत्य ततुल्यस्यान्यवस्तुनः काव्यादर्श 2-205।
139. साहित्यदर्पण 10-56।
140. काव्य प्रकाश 10-97-148।
141. भामह-काव्यालंकार 3-29।
142. काव्यादर्श—2-341।
143. रीतिकालीन अलंकार साहित्य का शास्त्रीय विवेचन, पृष्ठ 282।
144. वही, पृष्ठ 427-428।
145. काव्यालंकार 8-74।
146. औरहि प्रति जु बखारिये कछु और की बात कविप्रिया, केशवदास।
147. प्रस्तुतेन प्रस्तुतस्य द्योतने प्रस्तुताकुर-कुवलयानन्द, पृष्ठ 115।
148. भामह-काव्यालंकार 3-27-28।
149., काव्यादर्श-2/330।
150. पर सेवा से रहित हरणि, सुलभ तृण, दर्भाडकर आदि अन्नों के द्वारा वन में सुख से जीवन व्यतीत करते हैं-यहाँ राज्य सेवा से उत्पन्न मानसिक कष्ट से आक्रान्त किसी मनस्वी की उक्ति है जो राजा के सम्मुख प्रत्यक्ष कथन नहीं कर सकता था। काव्यादर्श-2-341।
151. अलंकार सर्वस्व-पृष्ठ 111-112।
152. काव्यप्रकाश, 10-104-158।
153. नायिका पलंग पर प्रस्वेदित होती है, संकुचित होती है, मुंह फेरती है, आंखें बन्द करती है, प्रसन्न होती है—इसमें कारक पद केवल नायिका है पर यहाँ अप्रस्तुत नहीं है, काव्यप्रकाश-10-103-156।
154. काव्यालंकार-रुद्रट 7-72 की हिन्दी टीका।
155. काव्यालंकार-2-34।
156. रसगंगाधर-द्वितीय आनन, उपमा निरूपण, पृष्ठ 206।
157. संस्कृत साहित्य में सादृश्यमूलक अलंकारों का विकास-पृष्ठ 292।
158. काव्यालंकार-3-33 तथा काव्यादर्श 2-348।
159. काव्यप्रकाश : 10।97।148-149।
160. यह वाक्यार्थ निदर्शना है। पदार्थ निदर्शना का उदाहरण यह दिया गया है : जिसकी किरण रूप रस्सियाँ ऊपर को फैल रही है, ऐसे सूर्य के उदय और चन्द्र के

अस्त होने से यह पर्वत दो घंटों से युक्त हाथी की शोभा धारण करता है—काव्यप्रकाश, वही।

161. संस्कृत में सादृश्यमूलक अलंकारों का विकास-पृष्ठ 293।

162. रसगंगाधर-उदाहरण-प्रकरण, पृष्ठ 411-421।

163. काव्यप्रकाश -10 ।109 ।165।

164. काव्यालंकार-2-81।

165. काव्यादर्श-2-214।

166. काव्यप्रकाश-10। 100। 153।

167. अलंकार सर्वस्व-पृष्ठ 110।

168. काव्यालंकार-7-13।

169. काव्यालंकार-6-13।

170. जहाँ उपमान प्रसिद्ध और अत्यधिक क्रिया वाला हो, उसी के समान उपमेय को बताना सहोक्ति है-वही 8/99।

171. काव्यप्रकाश-10/122/170।

172. रुद्रट ने इसे जाति नाम से वास्तवमूलक अलंकारों में सम्मिलित किया भी हैं काव्यालंकार 7/32।

173. अ. काव्यालंकार-रुद्रट 7 ।19 पृष्ठ 203।

ब. काव्यप्रकाश में एक हेतु होने पर भी अन्य हेतुओं की सार्थकता जहाँ हो, वहाँ समुच्चय कहा गया है—काव्यप्रकाश—10 ।116 ।178 किन्तु उदाहरणों से वास्तवमूलकता स्पष्ट है।

174. काव्यालंकार-रुद्रट 7 ।49।

175. वही, 7 ।56 काव्यप्रकाश—10 ।117 ।182।

176. तदिति चतुर्था विषमं यत्राण्वपि नैव गुर्वपि च कार्यात्
कार्य कुर्यात्कर्ता हीनोऽपि ततोऽधिको न वा—काव्यालंकार, रुद्रट 7 ।51।

177. विशेषणानां साभिप्रायत्वं प्रतीयमानार्थगर्भीकारः—अलंकार सर्वस्व पृष्ठ 7 ।51 168।

178. चंचल, प्रगल्भ, हंसमुख, उदार, मैं सलज तुम्हें था रहा खोज।

179. काव्यप्रकाश—10 ।118 ।173।

180. कुवलयानन्द, पृष्ठ 95।

181. वही, पृष्ठ 97।

182. काव्यालंकार-77-78।

183. अलंकार सर्वस्व, पृष्ठ 278।

184. काव्यालंकार 3-41।

185. काव्यालंकार 3-55 तथा दण्डी 2-357।

186. हेतुश्च सूक्ष्मलेशो च वाचामुत्तमभूषणम्-काव्यादर्श, 2-135।

187. वही, 2-137।

188. काव्यालंकार, रुद्रट 7 ।102 की टीका।

189. काव्यादर्श 2-260-265।

190. काव्यालंकार 7 ।98।

191. काव्यप्रकाश 10-122-129।

192. काव्यप्रकाश-10 ।122 ।189 ।
193. काव्यालंकार-रुद्रट 7 ।91-92 ।
194. काव्यप्रकाश -10 ।120 ।187 ।
195. अलंकार सर्वस्व-पृष्ठ 251 ।
196. काव्यप्रकाश 10 ।123 ।190 ।
197. काव्यालंकार-रुद्रट 7 ।84 तथा काव्यप्रकाश 10 ।120 ।186 ।
198. अ. हे सखि। मान का अन्य उपाय बताओ, क्योंकि मैं उसके सम्मुख भ्रकुटि चढ़ा कर मौन रह कर देख चुकी हूँ।
ब. प्रश्नपूर्वक उत्तर–स्वर्ग से बढ़कर अधिक सुख क्या है? बंधु, मित्र, सत्संग, सत्काव्य।-रुद्रट 7 ।95-96 ।
199. अलंकार सर्वस्व-रुय्यक, पृष्ठ 308 ।
200. रुद्रट-7 ।106 ।
201. कुवलयानन्द-हिन्दी टीका, पृष्ठ 244 ।
202. रुय्यक-पृष्ठ 312 ।
203. वही ।
204. अधर धरत हरि के परत, ओठ दीठि पट जोति, हरित बांस की बांसुरी, इन्द्रधनुष रंग, होति-बिहारी सतसई ।
205. रुय्यक, पृष्ठ 313 ।
206. लाल, बाल अनुराग सों, रँगत रोज सब अंग, तऊ न छोड़त रावरो, अंग सांवरो रंग, काव्यप्रकाश, हिन्दी टीका, पृष्ठ 552 ।
207. समृद्धिवस्तुवर्णनमुदात्तम-रुय्यक, पृष्ठ 341
208. वही, पृष्ठ 342 ।
209. कुवलयानन्द, पृष्ठ 263 ।
210. कुवलयानन्द, पृष्ठ 263 ।
211. काव्यालंकार-3-52-53 ।
212. सम कंस्पैट्स आफ़ अलंकार पृष्ठ 117 ।
213. वही पृष्ठ 118 ।
214. वही, पृष्ठ 122 ।
215. प्रतयक्षइव यत्रार्था दृश्यंते भूतभाविन-काव्यालंकारसारसंग्रह, पृष्ठ 79 ।
216. सम कंसैप्ट्स ऑफ़ अलंकार, पृष्ठ 125 ।
217. काव्यप्रकाश 10 ।114 ।173 ।
219. रुय्यक, पृष्ठ 334 ।
220. क्वचित्तु लौकिकानामपि वस्तूनां स्फुटत्वेन प्रतीतो भाविक स्वभावोक्त्योः समावेशः स्यात्-वही, पृष्ठ 334 ।
221. वस्तुसवादरूपत्वात् स्वभावोक्तै, चितवृत्तिसमाधिरूपत्वाच्च रसवदलंकारस्य–रुय्यक, पृष्ठ 335 ।
222. मान-निराकरण के लिए जैसे ही नायिका के चरणों पर मैं झुकने को था, तब तक भाग्यवश बादल आ गए–काव्यादर्श, 2-229 ।
223. जहाँ भाव शांति अंग बनकर आए, वहाँ समाहित होता है–कुवलयानन्द पृष्ठ 224 तथा साहित्यदर्पण-विश्वनाथ पृष्ठ 873 तथा काव्यप्रकाश 10 ।125 ।192 ।

225. काव्यादर्श 2-275 तथा काव्यालंकार 3।5-67।
226. रुय्यक, पृष्ठ 352।
227. काव्यालंकार-भामह, 1।77। काव्यादर्श-2।199 काव्यालंकार-रुद्रट 9।16।
228. रुय्यक, पृष्ठ 229।
229. वही।
230. काव्यप्रकाश, 10।107।162।
231. कुवलयानन्द, पृष्ठ 143।
232. काव्यप्रकाश-10।108।163।
233. काव्यालंकार 3-23।
234. काव्यादर्श-2-323।
235. साहित्यदर्पण-पृष्ठ 815।
236. कुवलयानन्द, पृष्ठ 146।
237. काव्यालंकार, 9।48 तथा अलंकार सर्वस्व, पृष्ठ 241, काव्यप्रकाश 10।114।191।
238. विषयी राजा स्वयं ही पथ्य (हित) से विमुख हो जाते है, दोषहीन सचिवों को लोकनिन्दा का रोग घेर लेता है। वन्दनीय केवल अरण्य में रहते हैं...अलंकार सर्वस्व, पृष्ठ 241।
239. काव्यालंकार, 3/25।
240. काव्यादर्श–2/333।
241. काव्यालंकार, 9/30।
242. काव्यप्रकाश 10/110/166, अलंकार सर्वस्व, पृष्ठ 226, साहित्य दर्पण 10/67-68, कुवलयानन्द, पृष्ठ 140।
243. साहित्य दर्पण-पृष्ठ 820-821।
244. भोज ने व्याजस्तुति और लेश को एक ही अलंकार स्वीकार किया है–रीति कालीन अलंकार साहित्य का शास्त्रीय विवेचन, पृष्ठ 283।
245. काव्यप्रकाश 10-112।
246. काव्यप्रकाश 10/127/194।
247. वही।
248. काव्यप्रकाश, 10/129/196।
249. काव्यप्रकाश, 10/129/196।
250. काव्यालंकार-8/92।
251. काव्यप्रकाश-10/129/196।
252. वही, 10/128/195।
253. सर्वत्र एवंविध विषयेऽतिशयोक्तिरेव प्राणत्वेनावतिष्ठते-काव्यप्रकाश 110/135-136/203।
254. अ. स्वर्गवास होने पर भी काव्यवाणी प्रलयपर्यन्त रहती है।
ब. नायिका तुम्हारे ह्दय में, तुम्हारी आंखों में, वचनों में रहती है।
स. हे राजन्, आपको उत्पन्न कर ब्रह्मा ने उसी प्रयत्न से अनायास काम देव, सूर्य और बृहस्पति की रचना कर दी है–काव्यप्रकाश, 10/135-136/203।
255. कुवलयानन्द, पृष्ठ 164-165।
256. कुवलयानन्द, पृष्ठ 172/ तथा अलंकार सर्वस्व, रुय्यक, पृष्ठ 255-256

काव्यप्रकाश–10/138/206।

257. विद्याधर कृत वर्गीकरण।

258. काव्यालंकार 2/68-69, काव्यादर्श-2-120।

259. काव्यालंकार-रुद्रट-8/88।

260. काव्यप्रकाश-10/106/161।

261. अलंकार सर्वस्व, पृष्ठ 210।

262. कुवलयानन्द, 137।

263. काव्यप्रकाश, 10/115/175।

264. अलंकार सर्वस्व-पृष्ठ 322।

265. अलंकार सर्वस्व, पृष्ठ 323।

266. वही, 323।

267. काव्यप्रकाश, 10।119।185।

268. अलंकार सर्वस्व, पृष्ठ 286।

269. काव्यप्रकाश 10 114।174।

270. काव्यादर्श 3-383।

271. काव्यप्रकाश 9-85-121।

272. काव्यालंकार-रुद्रट, 5-2, 3 की हिन्दी टीका।

273. कंठ्य, दन्त्य, तालव्य आदि वर्ण, काव्यादर्श, 3-83, 92।

274. नूनं नुन्नानि नानेन, नाननेनाननानि नः-वही 3-95।

275. धर्मयुग, 11 दिसम्बर अंक, 1966 ई.।

276. वही।

277. रीतिकालीन अलंकार शास्त्र का शास्त्रीय विवेचन, पृष्ठ 483।

278. वही, पृष्ठ 484।

279. रीतिकाव्य की भूमिका, पृष्ठ 86-87।

280. इन अलंकार नामक धारणाओं के रूप की समग्रता (गेस्टॉल्ट) दृष्टि तथा प्रतीकवाद के संकेत प्राप्त होते हैं। उत्प्रेक्षा में संभावित और वास्तविक कला सत्यों के बीज सुरक्षित हैं।

281. पर्यायोक्त में संकेतवाद या ध्वनिवाद के बीज हैं। इसी प्रकार स्वाभावोक्ति और वक्रोक्ति में अनुकृति और सृजन की स्वच्छन्दता के संकेत हैं। इसी तरह भ्रम और संदेह में कला की भ्रमात्मकता का सिद्धान्त छिपा है।

282. मैटाफर इज द ग्रेटैस्ट पोयटिक गिफ्ट, बिकोज, मैटाफर शोज एन आई फॉर रिजैम्बलैसिस एण्ड मैटाफर कान्ट बी लरनिट फ्रॉम एनी वन एल्स-लिटरेरी क्रिटिसिज्म आलफ्रेड ए नॉफ, न्यूयार्क 1957, पृष्ठ 69।

283. तुलसी के मानस की भूमिका-वरान्निकोव।

284. ए लिंग्विस्टिक गाइड टू इंग्लिश पोयट्री-जी. एन. लीच, लंदन, 1969।

रीतिवाद

रूप मेरी सम्पत्ति है।
वह मेरा आंतरिक तथा
आत्मिक व्यक्तित्त्व है।
शैली ही मनुष्य है।

—कार्ल मार्क्स

पंचम अध्याय

रीतिवाद

मार्क्सवादी दृष्टि से तत्व और रूप (कन्टेन्ट एण्ड फ़ॉर्म) में तत्व को अधिक महत्व दिया जाता है और केवल अभिव्यक्ति या शैली-विवेचन को रूपवादी प्रवृत्ति कहा जाता है। जॉर्ज लुकाच ने इसी दृष्टि से विचार करते हुए रूपवादी विश्लेषण का विरोध किया है। लुकाच के अनुसार बूर्ज्वा-आधुनिक विवेचक, रूप और शैली सामंजस्य की उपेक्षा करते हैं फलतः तत्व और शैली को ये लेखक दो ध्रुवों के रूप में प्रस्तुत करते हैं।[1]

तत्व और अभिव्यक्ति की द्वन्द्वात्मक संगति स्वीकार करके भी, लुकाच तत्व को कला विवेचन में निर्णायक महत्व देते हैं क्योंकि रचनाकार का अभिप्राय या विश्व-बोध वस्तुतः रचनात्मक सिद्धान्त का निर्णायक तत्व होता है अर्थात् तत्व के अनुरूप शैली अपना रूप धारण करती है। इस दृष्टि से देखने पर शैली का मूल, तत्व में सिद्ध होता है और शैली विशिष्ट तत्व का विशिष्ट रूप कहला सकती है। इस प्रकार तत्व, रूप या शैली का नियामक होता है।[2]

उक्त नियम के उदाहरण स्वरूप जेम्स ज्वायस के 'यूलिसिस' और टॉमस मॉन के 'मैजिक माउन्टेन' को प्रस्तुत किया जा सकता है। 'यूलिसिस' में चेतना-प्रवाह-विधि अपनाई गई है क्योंकि इस शैली के द्वारा ज्वायस ऐन्द्रिय-तथ्यों (सेन्स-डेटा) को अधिक सफलता के साथ प्रस्तुत कर सके हैं उनका उद्देश्य विचारों और भावों का रूपायन नहीं है। इसके विपरीत टॉमस मॉन अपने उपन्यास में महाकाव्य शैली अपनाते हैं क्योंकि वह युद्ध के सन्दर्भ में विचारों, भावों और सामाजिक सम्बन्धों का व्यापक विश्लेषण करना चाहते हैं।

किसी एक शैली में अनेक प्रकार के तत्वों का वर्णन सम्भव है-इस तथ्य को लुकाच भी स्वीकार करते हैं किन्तु एक शैली का प्रयोग करने पर भी लेखक के विश्व चिंतन और अभिप्राय की विशिष्टता के कारण कृतियों का स्वरूप भिन्न हो जाता है। इस तथ्य की पुष्टि के लिए हम अपने देश के महाकाव्यों को प्रस्तुत कर सकते हैं। इनमें एक शैली का प्रयोग किया गया है। कवियों की विचारगत, भावगत और स्वभावगत विशिष्टताओं से

कृतियों का स्वरूप भिन्न दिखाई पड़ता है। वाल्मीकि रामायण, रघुवंश और शिशुपाल वध में पर्याप्त भिन्नता दिखाई पड़ती है। इस प्रकार तत्व और रूप या अभिव्यक्ति के द्वन्द्व और संगति का प्रश्न कला और साहित्य का एक बुनियादी प्रश्न है।

किसी विशेष परिस्थिति में, कृतिकार की चेतना आन्दोलित होती है। इस आन्दोलन में विचार, इच्छा, भाव और कल्पना सक्रिय हो उठते हैं। कृतिकार इन लहरों का दबाव अनुभव करता है किन्तु शब्द या पद के माध्यम से उन्हें व्यक्त करने के क्षण में प्रथम कठिनाई पदरचना की ही होती है। अलंकार अपने विशिष्ट रूप में आकर्षक कथनों अथवा अप्रस्तुत विधान के रूप में केवल सृजन के एक ही स्तर की समस्या का समाधान करते हैं। आचार्य वामन का ध्यान पद रचना की मूलभूत आवश्यकता की ओर गया था। अलंकार सौन्दर्यवर्धक होते हैं, सौन्दर्य उत्पादक नहीं। सौन्दर्य-सृष्टि के कारण मानव चेतना के वे आन्दोलन हैं जिन्हें वामन गुण कहते हैं। इन गुणों के कारण ही अद्वितीय-अपूर्व पदों की रचना हो सकती है। मानव चेतना की आंतरिक आकुलता के बिना मात्र पद रचना से काव्य की सृष्टि नहीं हो सकती। काव्य में पद रचना को विशिष्टता गुणों के कारण ही मिलती है। अतः अलंकार को काव्य को आत्मा नहीं स्वीकार किया जा सकता, रीति को ही काव्य का आंतरिकतम तत्व स्वीकार किया जा सकता है और रीति का अर्थ है– विशिष्ट पदरचना।[3]

अलंकार अपने व्यापक अर्थ (सौन्दर्य) के रूप में वामन के ग्रन्थ में मान्य हैं।[4] विशिष्ट अर्थ में अलंकार का जो महत्व भामह-दण्डी के ग्रन्थों में स्वीकृत हुआ था, उसे वामन ने स्वीकार नहीं किया क्योंकि केवल अलंकार-प्रयोग से कथ्य और अभिव्यक्ति की मूल समस्या का समाधान नहीं होता। काव्य में पद रचना ही काव्य है। उपयुक्त पदों का अनुसंधान और निर्माण ही कवि कर्म है। काव्य में सम्पूर्ण पद अलंकृत नहीं होते। अलंकृत अतिरिक्त शोभा उत्पन्न कर सकती है किन्तु शोभा की सृष्टि का कारण मानव-मन है। मानव–मन उद्वेलित होकर शब्दों और अर्थों को सुन्दर बनाता है। इस प्रकार रीतिवाद वस्तुतः अलंकारवाद की प्रतिक्रिया से उत्पन्न हुआ था।[5] रीतिवाद सर्वप्रथम काव्य में वस्तु तत्व और अभिव्यक्ति की संगति की समस्या पर विचार करता है।

वामन के अनुसार गुण ही रीति को काव्यात्मा बना सकता है। कथ्य और वर्णन में संगति गुणों द्वारा ही स्थापति हो सकती है, वस्तुतः गुण,तत्त्व या कथ्य से अभिन्न होते हैं। जब किसी पदार्थ या परिस्थिति से कवि प्रभावित होता है तो उसकी चेतना तटस्थ नहीं रह पाती, वह गतियुक्त या संक्षुब्ध हो उठती है। इस स्थिति में वर्ण्य पदार्थ या परिवेश एक रूप में भासित होता है। यह भासित पदार्थ परिस्थिति गुणों या चित्त की दोलित स्थितियों से अभिन्न होती है। अतः अशान्त जागरूक होकर कवि इस प्रभावित स्थिति में ही शब्द का अनुसंधान करता है। पद रचना सामान्यतः चेतना की प्रभावित स्थिति के अनुरूप होती है या होनी चाहिए। यही कारण है कि मधुर स्थितियों में मधुर पद रचना की प्राप्ति तुरन्त हो जाती है और उग्र स्थितियों में पदावली उग्र हो उठती है। इस प्रकार

पद-प्राप्ति के क्षणों में कवि की सायासता और अनायसता दोनों ही सिद्ध होते हैं। जिस प्रकार काव्य, कथ्य और अभिव्यक्ति की संगति है, उसी प्रकार पद प्राप्ति-प्रक्रिया में कवि की सायासता और अनायासता में भी द्वन्द्व और संगति का व्यापार रहता है। इस द्वन्द्व और संगति का एक कारण गुण अर्थात् कवि की मानसिक दशा है। गुणों का सृजन प्रक्रिया में यह निर्णायक योगदान दण्डी द्वारा संकेतित होकर वामन द्वारा ही व्याख्यायित हुआ है।[6] अतः वामन को गुणवादी आचार्य भी कहा जा सकता है।

'विशेषोगुणात्मा' सूत्र का स्रष्टा इस मानव-सत्य से परिचित था कि गुण मानव और वास्तविकता के द्वन्द्व के परिणामस्वरूप उत्पन्न होते हैं। आवेग, विचार, भावादि स्वतः स्फुरित तत्व नहीं हैं, अपितु चेतना और परिवेश के संघर्ष से ही उनका जन्म होता है। अतएव गुणों की अवधारणा की पृष्ठभूमि में वास्तविकता का बोध छिपा हुआ है, यद्यपि सूत्र शैली के कारण इन प्रक्रियाओं का विशदीकरण नहीं हो सका।

प्रथम प्रश्न यह है कि रीति शब्द को किस अर्थ में ग्रहण किया जाए? रीति अथवा पद रचना से कवि भाषा (डिक्शन) का बोध होता है और शैली (स्टायल) की ओर भी संकेत होता है।

रीति विभाजन—भौतिक आधार—पूर्व विवेचन से यह स्पष्ट हो चुका है कि रीति या मार्ग की अबधारणा नाट्य शास्त्र में भौगोलिक आधार पर मान्य हुई थी।[7] इस अवधारणा की विषयगत व्याख्या भामह और दण्डी में हुई किन्तु वामन ने इस पक्ष पर सर्वाधिक विचार किया। कुंतक ने रीति की विषयीगत व्याख्या प्रस्तुत की।

भरत ने इस देश के विभिन्न भागों में भिन्न भिन्न प्रकार के आचार, वेषभूषा, व्यवहार आदि का निरीक्षण किया था। इसे वह प्रवृत्ति कहते थे। नाटक द्वारा इनके अनुकरण पर बल दिया गया है। साहित्य के क्षेत्र में भी विभिन्न प्रकार के रचना स्वरूप प्रचलित थे। अतः साहित्यक-प्रवृत्तियों को रीति नाम दिया गया। बाण ने इन रीतियों का उल्लेख किया है। देश के उत्तरी भाग में श्लेष प्रधान रचनाएँ होती हैं, तो पश्चिमी अंचलों में मात्र अर्थ की अभिव्यक्ति पर बल दिया जाता है। दक्षिण में अलंकृति और गौड़ प्रदेश में अक्षराडम्बर के प्रति रुचि अधिक प्रदर्शित की जाती है।[8] बाण इन आंचलिक प्रवृत्तियों को काव्य के आवश्यक तत्व मानते हैं और इन चारों प्रवृत्तियों या रीतियों के श्रेष्ठ समन्वय को काव्य की उत्कृष्टता का आधार मानते हैं—

नवाडयों जातिरग्राम्या श्लेषोडक्लिष्टः स्फुटी रसः
विकटाक्षरबन्धश्च, कृत्स्नमेकत्र दुर्लभम्।

इस प्रकार जनपदीय साहित्यिक प्रवृत्तियाँ अपने सर्वोत्तम रूप में प्रयुक्त होने पर काव्य निकष के रूप में स्वीकृत होने लगी। रीतिवाद में इसी आलोचनात्मक प्रवृत्ति का विकास मिलता है।

इन चार प्रवृत्तियों या रीतियों में वैदर्भी और गौड़ी-ये दो रूप ही स्पष्ट शैली-रूपों में स्वीकृत हुए। भामह केवल किसी शैली के अनुकरण को श्रेष्ठ काव्य का निकष स्वीकार नहीं करते। उनके अनुसार अलंकृति, अग्राम्यता, अर्थ, अनाकुलता, न्यायत्व आदि के बिना कोई भी शैली श्रेष्ठ काव्य की सृष्टि नहीं कर सकती। अतः भामह उन विवेचकों से सहमत नहीं थे जो वैदर्भी को श्रेष्ठ और गौड़ी को अश्रेष्ठ मानते थे। इस विवेचन से यह स्पष्ट है कि भामह वैदर्भी और गौड़ी को काव्य शैली के रूप में मान्यता देते हैं, किसी देश तक वैदर्भी और गौड़ी को सीमित करना उन्हें मान्य नहीं था। वामन देश नामों को महत्व न देकर शैलियों को महत्व देते हैं।[9] भामह ने ओज, माधुर्य, प्रसाद तीनों गुणों का उल्लेख किया है। इनका सम्बन्ध वस्तुतः रीतियों के साथ संकेतित है किन्तु दृढ़ता के साथ गुण और रीति का सम्बन्ध स्थापन काव्यादर्श में मिलता है। दण्डी वैदर्भी को दशगुणात्मक कहते हैं।[10] दण्डी को गुणावादी आचार्य नहीं कह सकते क्योंकि अलंकार संज्ञा में वह गुणों को भी सम्मिलित कर लेते हैं।

देश तत्व से विलग करके देखने पर मानव-स्वभाव के आधार पर काव्य मात्र में प्रायः दो शैलियाँ ही प्रधान होती हैं, सरल और निकट अथवा मधुर और तीक्ष्ण या अनलंकृत और अलंकृत। वैदर्भी को प्रथम और गौड़ी को द्वितीय काव्य शैली के रूप में स्वीकार किया जा सकता है। वैदर्भी में स्वभावोक्ति और रसोक्ति प्रधान रहती है और गौड़ी में वक्रोक्ति का चमत्कार अधिक होता है। कुंतक के 'कवि स्वभाववाद' के अनुसार प्रथम को सुकुमार मार्ग और द्वितीय को विचित्र मार्ग कह सकते हैं। आधुनिक काव्य स्पष्टतः विचित्र मार्गी है जबकि प्राचीन और मध्यकालीन श्रेष्ठ काव्य को समग्रतः सुकुमार मार्गी कह सकते हैं। यह वैदर्भी और गौड़ी का सामान्य प्रयोग है। सामान्य रूप में इस शब्दावली का आधुनिक समीक्षा में भी प्रयोग सम्भव है। कुंतक के सुकुमार और विचित्र शब्द तो और भी अधिक सार्थक हैं। अन्य आलंकारिकों ने अनेक रीतियों की उद्‌भावना की है।[11]

रीति और शैली—व्यक्तिगत और अव्यक्तिगत तत्वों की संगति—रीति शब्द केवल कवि भाषा के लिए ही प्रयुक्त नहीं होता, वह शैली के लिए भी प्रयुक्त हो सकता है। एस.के. डे. रीति शब्द को शैली के अर्थ के लिए अनुपयुक्त मानते हैं क्योंकि शैली शब्द में कवि व्यक्तित्व की अवस्थिति का बोध रहता है जो रीति शब्द में अनुपलब्ध है।[12] इसी प्रकार कृष्ण चैतन्य शैलीतत्त्व के अनुसंधान का श्रेय कुन्तक को देते हैं जो कवि स्वभाव को शैलीतत्त्व का निर्णायक मानते हैं।[13] वी. राघवन और डॉ. नगेन्द्र अनेक प्रमाण देकर यह प्रमाणित करते हैं कि रीति में शैली शब्द का अर्थ अंतर्भूत है। वस्तुतः गुणों को केन्द्रीय महत्व प्राप्त हो जाने पर पद संघटना मात्र को रीति नहीं कहा जा सकता। विशिष्ट शब्द के प्रयोग से वामन ने रीति शब्द के अर्थ में शैली के अर्थ को भी समेट लिया है।

भरत, दण्डी और वामन द्वारा स्वीकृत गुणों की दस संख्या केवल लाक्षणिक है। अतः केवल दस गुणों को देखकर रीति और शैली को भिन्न कहना उपयुक्त नहीं है। गुण शब्द

का व्यापक प्रयोग किया गया है। उसमें कवि स्वभाव, रस, भाव, विचार आदि सभी सम्मिलित कर लिये गये हैं। आगे चलकर कुंतक ने तो स्पष्टतः कविस्वभाव पर बल दिया है। अतः रीति की व्याख्या विषयगत और विषयीगत दोनों प्रकार से आलंकारिकों के यहाँ स्वीकृत है। वी. राघवन ने पाश्चात्य परिभाषाएँ देकर रीति में शैली का अन्तर्भाव प्रमाणित किया है किन्तु शैली विज्ञान की दृष्टि से भी रीतिवादी अवधारणा पर विचार करना आवश्यक है।[14]

शैली विज्ञान (स्टाइलिस्टिक्स) साहित्य की सर्वाधिक वस्तुगत अध्ययन प्रणाली है। इस विधि द्वारा आत्मोन्मुखी विश्लेषण विधियों (प्रभाववादी आलोचना) के दोष स्पष्ट होते हैं और आलोचना तथा अनुसंधान को वैज्ञानिक आधार मिलता है। स्वभावतः यह विधि द्वन्द्वात्मक भौतिकवादियों के लिए अधिक उपयोगी है।[15]

शैलीविज्ञान की प्रथम मान्यता यह है कि साहित्य का अध्ययन उसके माध्यम भाषा अथवा रीतिवादियों के शब्दों में पदरचना के अध्ययन के बिना असम्भव है।

शैली एक संकुल तत्व है। युग विशेष में भाषा पहले से ही प्रचलित रहती है। लेखक इसी सामान्य स्रोत से शब्द लेकर निजी और रचनात्मक प्रयोग करता है।[16] वामन के अनुसार विशिष्ट शब्द से लेखक की इसी वैयक्तिकता का संकेत मिलता है।

शैली की परिभाषाओं को तीन भागों में विभाजित किया जा सकता है—लेखक की दृष्टि से, कृति के अनुसंधान की दृष्टि से तथा पाठक पर प्रभाव की दृष्टि से। शैली विज्ञान की दृष्टि से विषयीगत परिभाषाएँ व्यर्थ हैं क्योंकि उनका वस्तुगत परीक्षण सम्भव नहीं है।

गौरमोंट के अनुसार शैली अदृश्य और पारदर्शी माध्यम नहीं है और न उसे आवरण ही कहा जा सकता है। शैली वस्तुतः वर्ण्य विचार का ही दूसरा नाम है।[17] हेनरी मोरिनर के अनुसार शैली जीवन का स्वरूप होता है, उसे जीव का ही एक मार्ग कह सकते हैं।[18] कीनिथ बर्क के अनुसार शैली सम्मोहन और संकेतात्मक प्रक्रिया द्वारा सत्य कथन है जिससे अन्य व्यक्तियों की प्रियता प्राप्त की जाती है।[19]

इनके अतिरिक्त कुछ लेखक विभिन्न प्रकार के भाषागत प्रयोगों में किसी एक प्रयोग के चयन को शैली कहते हैं।[20] कई लेखक प्रचलित से भिन्न होने को शैली कहना चाहते हैं।[21] कोई सामूहिक विशिष्टताओं को शैली नाम देते हैं।[22] अन्य विचारक वाक्य के अतिरिक्त भाषागत तत्वों के मध्य सम्बन्ध पर बल देते हैं।[23]

डी. क्वेंसी की परिभाषा में तत्व (कन्टेण्ट) से शैली को स्वतन्त्र घोषित किया गया है। उनके अनुसार शैली अथवा भाषा का प्रबन्ध ललित कला है, अतएव वह वर्णित विषय के सिंवा एक स्वतन्त्र बौद्धिक आनन्द प्रदान करने समर्थ है।[24]

चार्ल्स बेले भी किसी कृति के प्रभावक तत्वों को ही शैली कहते हैं। शैली विज्ञान इन्हीं प्रभाव-उत्पादक तत्वों को चुनता है और सम्वेदना पर उनके प्रभाव का विश्लेषण करता है। शैली विज्ञान की एक शाखा आन्तरिक शैली विज्ञान कहलाती है। इसमें भाषा विशेष के प्रभाव-उत्पादक तत्त्वों और बौद्धिक तत्वों के सन्तुलन और विरोध का अध्ययन

किया जाता है। इसके विपरीत तुलनात्मक शैली विज्ञान में एक भाषा के शैलीगत तत्वों की, दूसरी भाषाओं के तत्वों के साथ तुलना की जाती है।[25]

हर्बट सैडलर पाठक की दृष्टि से शैली को परिभाषित करता है। कृति विशेष में भाषागत साधनों द्वारा जो भावात्मक प्रभाव उत्पन्न किया जाता है, वही शैली है।[26] क्लीन्थ ब्रुक्स तथा आर. पी. वारेन के अनुसार शैली भाषा की व्यवस्था तथा चयन का नाम है।[27]

विशिष्ट भाषागत प्रयोगों को गणितीय पद्धति पर गिन कर किसी कृति की शैली का स्वरूप स्पष्ट किया जा सकता है।[28] विशिष्ट प्रयोगों की पुनरावृत्तियों का गणितीय पद्धति पर आकलन नहीं किया जाएगा तो शैली के वस्तुगत अध्ययन के अभाव में विवेचक अपने प्रातिभ ज्ञान अथवा अन्तर्दृष्टि के बल पर ही शैली का साक्षात्कार कर सकता है परंतु यह अव्याख्येय विधि है। सूझ के बिना विशिष्ट प्रयोगों की पहचान ही असम्भव हो जाती है।

शैली के वस्तुगत अध्येताओं का मत है कि शैली को सर्वथा व्यक्तिगत नहीं माना जा सकता क्योंकि कुछ तत्व जो अंतर्दृष्टि के बल पर शैलीपरक मान लिए जाते हैं, वे वस्तुगत अध्ययन द्वारा सामान्य प्रमाणित होते हैं और जिन्हें केवल सामान्य या सामूहिक माना जाता है, वे परीक्षण के पश्चात् विशिष्ट प्रमाणित होते हैं। शैली के अध्ययन में प्रचलित प्रयोगों से विशिष्ट प्रयोगों को अलग करके शैली को हृदयंगम किया जा सकता है।[29] ये विशिष्ट प्रयोगों में वाक्यगत, छन्दगत, पदगत, परिच्छेदगत, अप्रतुतविधानगत आदि रूपों में प्रस्तुत होते हैं।

आधुनिक शैली विज्ञान के इस परिचय से यह स्पष्ट है कि वामन के रीतिवाद में शैली के वस्तुगम अध्ययन का प्रामाणिक स्वरूप नहीं मिलता किन्तु उक्त परिभाषाओं और परिचयों को ध्यान में रख कर रीतिवाद पर विचार करने पर शैली के विषय में उपयोगी अन्तर्दृष्टियाँ मिलती हैं।

गौरमोंट वर्ण्य-विचार और शैली की एकता मानते हैं जो वामन के शब्दों में गुणसाकल्य से ही प्राप्त हो सकती है। वामन श्रेष्ठ रीति वैदर्भी के उदाहरण के लिए कालिदास द्वारा निर्पित अभिज्ञान शाकुंतल से महिष-मृग आदि के वर्णन का उल्लेख करते हैं।[30] महिषों के पोखर में हिलोरने के चित्र को स्फुरित करने के लिए कवि "गाहन्तां" विशिष्ट प्रयोग करता है और इस शब्द प्रयोग के स्थान पर दूसरा शब्द रखते ही विचार और शैली की एकता भंग होने का भय है। इस प्रकार कथ्य और शैली की एकता का मत वामन के विवेचन से नहीं, उदाहरण से स्पष्ट हो जाता है। वामन ने उक्त पद्य में सभी गुणों का विधान इस कविता की पद रचना में दिखाया है। इससे यह प्रमाणित होता है कि अपनी सूझ के बल पर गौरमोंट द्वारा प्राप्त सत्य का साक्षात्कार वामन कर चुके थे।

हेनरी मौरिनर तो शैली को जीव का एक मार्ग कहते हैं। गुणों की अवधारणा चेतना तत्व की विशिष्टता को ही ध्यान में रख कर की गई है। अतः रीति को सगुणपदसंघटना कहने पर, प्रयोक्ता की चेतना की दृष्टि से रीति को "चेतना को रीति" कह सकते हैं।

अधिकांशतः शैली-वैज्ञानिकों ने प्रचलित से भिन्न विशिष्ट प्रयोगों को शैली-निर्णायक तत्व कहा है किन्तु गुणों के प्रयोग से शैली का प्रचलित से भिन्न होना अनिवार्य है। सभी कवि गुणों का एक सा प्रयोग नहीं करते क्योंकि उनकी चिंतन शक्ति, संवेदन शक्ति, रुचि, संस्कार आदि भिन्न होते हैं। अतः उक्त उदाहरण में वर्णित प्रकृति के प्रति के अभाव में अन्य कवि अपनी रचना को मनमाने अलंकारों के भर सकता था किन्तु उस स्थिति में वामन उस पद्य को सर्वोतम काव्य के रूप में उद्धृत न करते। इसका प्रमाण यह है कि संस्कृत में भारवि-माध आदि के अलंकृत वर्णन को सर्वोतम काव्य रूप में वामन ने प्रस्तुत नहीं किया। अतः वामन उत्कृष्ट और अनुत्कृष्ट रचना का प्रातिभ ज्ञान द्वारा निर्णय करके ही उदाहरण देते हैं और फिर उन उदाहरणों से शैली निर्णायक (स्टाइल मेकर्स) तत्वों की पहचान के लिए गुणों का विश्लेषण करते हैं। शैली निर्णायकों की पुनरावृत्तियों का आकलन तो नवीन विधि है लेकिन शैली की पहचान कैसे हो, यह समस्या वामन के सम्मुख भी थी। इससे यह भी प्रमाणित होता है कि वामन केवल कवि-भाषा का अध्ययन नहीं कर रहे थे, वह वस्तुतः कवि-भाषा और शैली दोनों का अन्वेषण करना चाहते थे।

डी. क्वेंसी ने कथ्य से शैली की स्वतंत्रता को रेखांकित किया है किन्तु इस मत का खण्डन तो स्वयं शैली-विज्ञान ने ही कर दिया है। वर्ण्य वस्तु और शैली को अलग करना वस्तुतः असम्भव है।[31] वामन के सम्मुख इस प्रकार के भेद की समस्या ही नहीं थी। विशिष्ट पद रचना को शैली मानने से कथ्य और अभिव्यक्ति की एकता स्वंय सिद्ध है क्योंकि पद रचना करते समय कवि वैयाकरण नहीं, कवि होता है और सृजन-क्षण में कवि निर्गुण नहीं रहता, सगुण रहता है तभी वह ओजमय प्रसंगों में गौड़ी रीति का और कोमल स्थितियों में वैदर्भी का प्रयोग करता है। वस्तुतः तात्कालिक सृजन में यह सत्य प्रचलित हो गया था कि किस स्थिति में किस प्रकार की कवि भाषा और शैली का प्रयोग होना चाहिए किन्तु एक ही रीति में विभिन्न कवियों द्वारा प्रयक्त पदावली में शैली निर्णायक तत्व भिन्न भिन्न दिखाई पड़ते हैं। इसे कालिदास के उक्त पद के साथ भारवि-माध के प्रकृति वर्णनों की तुलना करके देखा जा सकता है। अतः रीतिवाद में प्रभावउत्पादक तत्वों अथवा विशिष्ट प्रयोगों की पहचान का आधार गुणों की अवधारणा है। इनके आंतरिक और वाह्य तत्वों की तुलना का कार्य अवश्य वामन में नहीं मिलता।

गुणों की अवधारणा के कारण पाठक पर पड़ने वाले प्रभावों का भी अध्ययन सम्भव है क्योंकि विवेचक, पाठक या श्रोता की स्थिति में रहकर ही कृति का आनन्द ग्रहण करता है। इस प्रकार रीतिवाद में शैली को सर्वथा व्यक्तिगत और सर्वथा अव्यक्तिगत नहीं कहा गया। विशिष्ट पदरचना के चयन, पुनरावृत्ति आदि पर ध्यान केन्द्रित करने पर कृतिकार का वैयक्तिक तत्व भी प्रतिभासित होने लगता है। शैली विज्ञान ने तो यहाँ तक सिद्ध कर दिया है कि प्रत्येक कथन में शैली होती है लेकन प्रत्येक कथन में साहित्यिक गुण नहीं होते।[32] साहित्यिक गुण युक्त शैली को ही वामन रीति कहते हैं। इससे भी यह सिद्ध होता है कि रीतिवाद, मात्र काव्य भाषा तक सीमित नहीं हैं। काव्य भाषा वस्तुतः अपने व्यापक

स्वरूप में शैली कहला सकती है।

रीति, शैली और काव्यभाषा के पश्चात् रीति और वृत्ति पर विचार आवश्यक है। नाट्यशास्त्र में भारती, सात्वती, कैशिकी और आरभटी नाट्य वृत्तियों का वर्णन मिलता है। नाट्य वृतियों में शब्द, क्रिया, चेष्टादि का विधान किया गया है। ये वृत्तियाँ रसानुकूल प्रयुक्त होती हैं। उग्र रसों के अभिनय में भारती, सात्वती और आरभटी का तथा श्रृंगार में कैशिकी वृत्ति का प्रयोग होता है।

विष्णु द्वारा 'मधु-कैटभ के वध' कथा में भगवान् के शब्दों और चेष्टाओं का अवलोकन कर नाट्य वृत्तियों का निर्माण किया गया है। इनमें शब्द वृत्ति भारती ऋग्वेद से, सात्वती युजुर्वेद से, कैशिकी सामवेद से और आरभटी अथर्ववेद से उपलब्ध की गई है। मनमोहन घोष ने नाट्य वृत्तियों का अनुवाद शैली ही किया है।[33] सागरनन्दिन ने नेपथ्य में प्रस्तुत गीतवादितरसभावाभिनय नृत्य को वृत्ति कहा है।[34] साथ ही वृत्ति को विलासविन्यासक्रम भी कहा गया है।[35] गति, चेष्टादि में जो एक विशेष क्रम उभर आता है, वही वृत्ति है।

आनन्दवर्धन इन्हें अर्थवृत्तियाँ और उपनागरिका, पुरुष और कोमला को काव्य वृत्तियाँ कहते हैं। अभिनवगुप्त पात्रों की कायिक, वाचिक और मानसिक विचित्रता से युक्त चेष्टाओं को वृत्ति मानते हैं। काव्य व्यापार-शून्य नहीं होता अतः वृत्तियों को काव्य की माता कहा गया है।[36]

स्पष्टतः नाट्य वृत्तियों का सम्बन्ध रीति से नहीं है किन्तु शब्द वृत्ति रीति के अंतर्गत ही है। इन्हें वर्ण व्यवहार रूप बताया गया है। रुद्रट वृत्ति को समास के आश्रित रख कर विचार करते हैं। वर्ण-शब्द व्यवहार के वृत से बाहर न होने से सम्मट ने रीति और वृत्ति की एकता स्थापित की है।[37]

उद्भट के अनुसार कोमल वर्णों के प्रयोग से कोमला, मूर्धन्य और वर्गान्त में आने वाले वर्णों के प्रयोग से उपनागरिका तथा श, ष तथा रेफ संयुक्त वणों के प्रयोग से पुरुषा वृत्ति होती है। स्पप्टतः यह वर्ण व्यवहार परिधि के भीतर ही रहता है अतः वृति को रीति का अंग मानना चाहिए। रीति को केवल वृत्यानुप्रास का पर्याय नहीं कहा जा सकता। वामन ने स्पष्ट कहा है कि जिस प्रकार रेखाओं में चित्र समा जाता है, उसी प्रकार तीन रीतियों में सम्पूर्ण काव्य सम्मिलित हो जाता है।[38] रीति की अवधारणा निश्चित रूपेण शैली और काव्य भाषा की एक व्यापक धारणा है।

संस्कृत काव्यशास्त्र में काव्य के किसी एक अंग या तत्व को लेकर उसे व्यापक रूप में प्रयुक्त करके, अन्य काव्य तत्वों को उसी व्यापक धारणा के अन्तर्गत स्वीकारने की प्रवृत्ति रही है। वामन ने भी रीतिवाद के अन्तर्गत ही अन्य काव्यांगों की व्याख्या की है किन्तु रीति या शैली का यह चिन्तन कथ्य और शैली को आमने-सामने रख कर उनके द्वन्द्व और संगति पर विचार नहीं करता किन्तु यह कार्य द्वन्द्वात्मक दृष्टि से परिचित लेखक स्वयं कर सकते हैं, वामनादि ने इस कार्य के लिए भूमि प्रस्तुत अवश्य की है। गुणों और

अलंकारों का भेद एक ऐसा ही प्रयत्न है। वस्तुतः इस भेद विवेचन द्वारा कथ्य तत्व प्रकाशित होता है।

अलंकार और रीतिवाद का द्वन्द्व—अलंकारवाद में अलंकार्य और अलंकार का पृथक्करण नहीं हो सका था। दण्डी ने तो रस, गुण, रीति, संधि आदि सभी को अलंकार शीर्षक के अंतर्गत ही प्रतिष्ठित किया था।[39] यह स्पष्टतः अव्यवस्था है। वामन के रीतिवाद ने अलंकारों को काव्य शोभाकर न मान कर उन्हें अभिव्यक्ति के आकर्षक रूप में ही स्वीकार किया और साहित्य में सौन्दर्य के उत्पादन के हेतु गुण है-यह धारणा प्रतिष्ठित की।[40]

वामन के अनुसार सौन्दर्य का कारण ओज, माधुर्य आदि गुण हैं। युवती का अनलंकृत सौन्दर्य भी मार्मिक होता है यों अलंकृत सौन्दर्य भी रमणीय होता है। गुणों से शून्य रचना में लोकप्रिय आभूषण भी असौन्दर्य उत्पन्न करते हैं।[41] वामन काव्य में गुणों को नित्य और अलंकारों को अनित्य मानते हैं।[42]

वामन के पश्चात् भोज ने गुण और अलंकार के भेद को स्वीकार किया है। काव्य में गुणों की नित्य सत्ता होती है, अलंकारों की काव्य में स्थिति अनित्य होती है। गुण युक्त वाक्य में ही अलंकार सौन्दर्य वृद्धि करते हैं।[43] भोज के शृंगार प्रकाश के टीकाकार भट्ट नृसिंह ने वामन के गुणअलंकार भेद को ही मान्यता दी है।[44]

सभी आकर्षक वर्णनों के उपाय अलंकार हैं, यह कथन वामन को अयथार्थ प्रतीत हुआ था और इसी कारण यह अपनी सभा संस्कृतिपरक रुचि और दृष्टि के भीतर मात्र चमत्कृति का विरोध करते हैं। इस भेद द्वारा अप्रत्यक्षतः वह रचनाकारों का ध्यान मानसिक दशाओं पर अधिक केन्द्रित करने की प्रेरणा दे रहे ये क्योंकि सौन्दर्य की सृष्टि मन के ओज, माधुर्य आदि से उत्पन्न होती है, केवल विचित्र कथन भंगिमाओं का अनुसंधान काव्य के प्रकृत स्वरूप के विरुद्ध है।

राज सभाओं में मात्र अलंकारों पर ही ध्यान केन्द्रित करने वाले कवियों का अभाव नहीं था। अप्रभावित, अस्पन्दित मानसिक दशा में भी मात्र कथन वैचित्र्य से कौतुक ही प्रस्तुत हो पाता होगा। इस प्रवृत्ति से क्रुद्ध आचार्य वामन अलंकारों को सर्वदा के लिए वाह्य आभूषण मात्र सिद्ध करके, काव्य को कथ्य के साथ सम्बद्ध कर देना चाहते थे। गुण और अलंकार भेद की यही ऐतिहासिक उपयोगिता है।

वामन द्वारा गुण अलंकार भेद का उक्त ऐतिहासिक महत्व स्वीकार लेने के पश्चात् यदि वैज्ञानिक दृष्टि से विचार किया जाए तो काव्यागों के भेद पाण्डित्यपूर्ण ही अधिक लगते हैं, तात्विक कम। कथ्य और अभिव्यक्ति की द्वन्द्वात्मक संगति को मान कर, गुण और अलंकारों का यह भेद स्वीकार कर लेना असम्भव है। कारण यह है कि चेतना की स्पन्दित अवस्था के बिना कलात्मक ढंग में अलंकारों का भी प्रयोग नहीं हो सकता, अर्थात् अलंकारों के किसी भी प्रयोग में गुणों का अत्यन्ताभाव नहीं हो सकता। गुणों के

अत्ययन्ताभाव के बिना अलंकारों को मात्र वाह्य आभूषण कहना असंगत है।

यदि प्रहेलिका अथवा अत्युक्ति जैसे अलंकारों में गुणों का अभाव प्रतीत होता है तो उसे अत्यन्ताभाव नहीं कह सकते। यह अवश्य कहा जा सकता है कि अलंकारों के मनमाने प्रयोगों में गुणों की आवश्यक मात्रा का अभाव होता है, अतएव ऐसे स्थलों की, सगुण काव्य-स्थलों से तुलना करके काव्य की उत्कृष्टता और निकृष्टता का विचार हो सकता है।

वास्तविकता यह है कि गुण-अलंकार के भेद का प्रयोजन अलंकार-सम्प्रदाय से प्रभावित कवियों के अतिवाद के विरुद्ध प्रतिक्रिया है। इस विरोध-प्रक्रिया द्वारा मात्र रूपवाद (फॉर्मलिज्म) अथवा आकर्षक कथनों को ही काव्य मानने की प्रवृत्ति का प्रभाव क्षीण होता है। गुण-अलंकार भेद कम से कम सैद्धान्तिक क्षेत्र में, अवश्य सफल हुआ क्योंकि वामन के पश्चात् अलंकार भेद कम हारदिवत् वाह्य मानने वालों का ही पक्ष प्रबल हो गया। जयदेव (चन्द्रालोक) जैसे अलंकारवादी यह कहते रहे कि अग्नि में उष्णता की तरह अलंकार और काव्य में अविनाभाव सम्बन्ध होता है। उद्भट ने भी गुण और अलंकार के भेद का विरोध करके अलंकारवाद का समर्थन किया था।[45]

मानसिक दशा और पदरचना का द्वन्द्वात्मक सम्बन्ध—रीति या पद रचना अथवा कवि भाषा का मानसिक स्थितियों या गुणों के साथ अनिवार्य सम्बन्ध होता है। इस सम्बन्ध का स्वरूप रीतिवाद में स्पष्ट नहीं है किन्तु द्वन्द्वात्मक दृष्टि से और अनुभव के आधार पर इस सम्बन्ध को द्वन्द्वात्मक ही माना जा सकता है। सृष्टि का स्वरूप ही द्वन्द्वात्मक है। अतः पदों की रचना में भी चित्तवृत्तियों और पद-प्राप्ति का आंतरिक संघर्ष विद्यमान है। वामन के गुणों के विश्लेषण से इसे प्रमाणित किया जा सकता है।

दस शब्द गुणों में प्रथम गुण ओज है। ओज शब्द बन्ध में प्रगाढ़ता उत्पन्न कर देता है। शब्दगुण का वास्तविक अर्थ यह है कि चित्तवृत्ति शब्दों में व्यक्त होने के लिए व्याकुल होती है। यह सृजनाकुलता, संश्लिष्ट रूप में व्यक्त होने की स्थिति में सर्वदा सघन, एक दूसरे में संश्लिष्ट शब्दों की सृष्टि करती है तथा 'विलुलित मकरन्दा" में "विलुलितमधुधारा" से अधिक प्रगाढ़ता है। इसी प्रकार 'मन्जरीर्नर्तयन्ति' में 'मन्जरीलोलयन्ति' से अधिक प्रगाढ़ता स्वीकार की गई है।[46] पढ़ते समय वस्तुतः अनुभव यही होता है कि वामन का प्रगाढ़ता-बोध प्रौढ़ था।

ओज के विपरीत कभी प्रसाद गुण की स्थिति में कवि का मन फैलाव की स्थिति में हो सकता है। स्वभावतः पदरचना में भी शिथिलता व्यक्त होगी किन्तु कवि आंतरिक संघर्ष की स्थिति में बिखराव के विरुद्ध लड़ता है और यतिकिंचित प्रगाढ़ता का प्रयोग करता है। अतः प्रसाद शब्द गुण में ओज का सन्निवेश अनिवार्य है।[47] यह मनमानी व्याख्या नहीं हैं, वरन् अनुभवसिद्ध कथन है।[48] जो व्यक्ति कविमन के भीतर चलने वाले सृजन-संघर्ष से अपरिचित है, उसके लिए शिथिलता और प्रगाढ़ता का द्वन्द्व और समन्वय व्यर्थ ही है।

जिस प्रकार रत्नों की विशेषता रत्नविशेषज्ञ ही पहचान पाता है, उसी प्रकार शब्द रचना में कहां प्रगाढ़ता और कहां प्रगाढ़ता युक्त शैथिल्य है इसे रीति विशेषज्ञ ही जानता है।[49] प्रगाढ़ता और शैथिल्य का समन्वय, करुण रस के नांटकों में सुख दुःख के मिश्रण के सदृश अनुभव सिद्ध है।[50] वामन ने ओज और प्रसाद शब्द गुणों की एक दूसरे से उत्कृष्टता, हीनता भी सिद्ध की है।[51]

मृसण (चिकनापन) को श्लेष शब्दगुण कहा गया है। शब्दों में यह गुण तभी आ सकता है जब कवि-चेतना मृसण हो और कवि उसे तत्सदृश शब्दों द्वारा ही प्रकट करना चाहे ताकि मानसिक दशा और शब्द दशा में संगति उत्पन्न हो सके। मन में केवल मृसण शब्दबंध ही नहीं आते, खुरखुरे और कठोर शब्द भी आते जाते रहते हैं। मृसण मानसिक स्थिति के इस संघर्ष की प्रक्रिया में मसृण शब्द का चुनाव ही श्लेष शब्दगुण है, जिसमें समास न होने पर भी पढ़ते समय एकपदत्व का आभास मिलता है।[52] जैसे—

श्लेषगुण हीन	**श्लेषगुणयुक्त**
1. अस्ति उत्तरस्यां	अस्त्युत्तरस्यां दिशि
2. सूत्रं ब्राह्ममुरः स्वले	ब्राह्मं सूत्रमुरः स्थले
3. भ्रमरीबल्गुगीतयः	भ्रमरीमन्जुगीतयः
4. तडित्कलिलमाकाशम्	तडिज्जटिलमाकाशम्

इन सभी उदाहरणों के चतुर्थ अंश में तडित्कलिल के खुरखुरेपन को तडिज्जटिल में समाप्त करके मृसणता की उपलब्धि की गई है, यह अत्यन्त स्पष्ट है।

एक विशिष्ट मानसिक स्थिति को तदनुकूल रीति या पदरचना द्वारा व्यक्त करने पर उसे पर्याप्त समय तक प्रयुक्त करना चाहिए। इससे प्रभाव घनीभूत होगा अन्यथा पुनःपुनः मार्ग परिवर्तित करने से प्रभाव के एकरूपता क्रम में बाधा पड़ती हैं, यही समता गुण है। शैली की इस एकरूपता के सिद्धान्त के पीछे मन की एक विशिष्ट स्थिति की निरन्तरता का सत्य छिपा हुआ है।

वामन ने उदाहरण देकर यह स्पष्ट किया हैं कि यदि कवि एक पद्य में कर्तव्यामक प्रयोग[53] करता है तो अन्त तक वाच्य की एकरूपता का निर्वाह होने से समता गुण उत्पन्न हो जाएगा, तुरन्त भाववाच्य के प्रयोग से असमता की सृष्टि होगी।[54]

मन की प्रगाढ़ता और शैथिल्य में एक संगीतात्मक आरोह-अवरोह सम्भव है यही आंतरिक आरोह-अवरोह दीर्घ गुरु अक्षरों के प्राचुर्य रूपी आरोह और लघु आदि शिथिल प्रायः वर्णों के प्राचुर्य रूपी अवरोह के प्रयोगों में व्यक्त होता है। इसी को समाधि गुण कहा गया है।[55] समाधि में मन का उतार चढ़ाव अनुभव सिद्ध है। इस स्थिति में नदी की दो धाराओं[56] जैसी स्थिति रहती है, जिसे एक बार उफनती उतुंग तरंग और तत्पश्चात् प्रशान्त किन्तु गंभीर धारा का प्रवाह, धारणा मात्र से आनन्दकर होता है, उसी प्रकार काव्य में ओज और प्रसाद का आरोह-अवरोह रूप गुण का प्रवाह विशिष्ट प्रभाव का उत्पादक है।

आरोह	अवरोह
निरानन्दः	मधुनि, परिभुक्तोज्झितरसे
नराः शीलभ्रष्टा	व्यसन इव मज्जन्ति तरवः
अवरोह आरोह	अवरोह

ओज और प्रसाद की तीव्रता की स्थिति में आरोह और अवरोह उत्पन्न हो जाता है, यह बोध वामन को था।[57]यह भी सम्भव है कि तीव्रता के अभाव में इस प्रकार का आरोह-अवरोह उत्पन्न न भी हो अथवा वह किसी एक कालांश में हो और वह काव्य के किसी अंश में व्यक्त होने के लिए आकुल हो उठे।

मधुर मानसिक स्थितियों में कविमन स्वभावतः क्लिष्ट शब्द-विधान करता है, यही माधुर्य गुण है।[58] मन में मिठास होने पर असमस्त पदों की प्रवृत्ति होती है। इसका यह अर्थ नहीं है कि कवि चेतना भटकती नहीं है या उसमें विकल्प स्वरूप समस्त पद उभरते नहीं हैं। संघर्ष तो इस स्थिति में भी चलता है किन्तु मन का मीठापन पदों के विकटत्व से टकरा कर पुनः असमस्त, सरल पदों की ओर प्रभावित होता है।

सुकुमारता माधुर्य के सदृश ही मानसिक स्थिति है। अतः सुकुमार गुण में अनुरूप शब्दों का चयन होता है।[59]

मन की नर्त्तन शीलता, नर्त्तनशील पद विधान में व्यक्त होती है, इसे उदारता गुण कहा गया है।[60] चेतना की क्रीड़ेच्छा ही पदों के लीलामानत्व में स्फुरित हो उठती है।

अर्थव्यक्ति गुण की व्याख्या में मानव चेतना और अभिव्यक्ति की संगति पूर्णतः प्रमाणित होती है। वामन के अनुसार अर्थ की तुरन्त प्रतीति का हेतुभूत शब्द-गुण अर्थव्यक्ति कहलाता है किन्तु यह कवि मन की भी व्याख्या है। जब तक रचनाकार के मन में प्रत्यय की धूमिलता रहती है तब तक मन एक शब्द से दूसरे तक भटकता है। अचानक इस द्वन्द्व की प्रक्रिया में कोई शब्द कौंध जाता है जो उसके मानसिक प्रत्यय को तुरन्त उजागर कर देता है, इसी प्रकार के शब्द की प्राप्ति ही अर्थव्यक्ति है।[61]

रचना शैली की नवीनता को कान्तिगुण कहते हैं।[62] इसके अभाव में कवि की रचना पुराणछाया से ग्रस्त रहती है। अतः पूर्व प्रचलित कवि-भाषा और नवताप्रेमी स्रष्टा के मध्य संघर्ष अनिवार्य है। उज्जवल प्रतिभा सदैव पिष्टपेषण को अस्वीकार करती है। अभूतपूर्व शब्द-सृष्टि इसी अंतः प्रवृत्ति की आकुलता की संगित होती है। हिन्दी साहित्य में आधुनिक युग में बासी शब्दावली के विरुद्ध टटकी या ताजी पदावली के लिए जो कोलाहल सुनाई पड़ता है, उसके मूल में कान्तिगुण की उपलब्धि की इच्छा ही है।

सृजन-क्षण में कथ्य (विचार, अनुभव, भावादि) के अनुरूप शब्द चयन की प्रक्रिया अत्यधिक संश्लिष्ट और गूढ़ है, उसे वामन के दस शब्द गुणों के लक्षणों और उदाहरणों तक ही सीमित नहीं किया जा सकता किन्तु द्रष्टव्य यह है कि वामन ने इस समस्या को समझाने का प्रयत्न किया है और विभाजनवाद की सम्पूर्ण न्युनताओं के होने पर भी, रीति

और गुण के अंतस्सम्बन्ध को, अपनी विधि से, आलोकित करने का प्रयत्न अवश्य किया है। वामन के मन में कहीं यह अवश्य था कि उन पर मनमानी गुण-कल्पना का आरोप लगाया जा सकता है। अतः वह आत्म-अनुभव की साक्षी प्रस्तुत करते हैं। उनके अनुसार ये दस गुण असत् नहीं हैं क्योंकि सहृदय इनके अस्तित्त्व का अनुभव हैं।[63] यह अनुभव भ्रमानुभव नहीं कहा जा सकता क्योंकि भ्रम अबाधित नहीं होता जब कि इन गुणों का अनुभव अबाधित होता है।[64] इन्हें पाठधर्म भी नहीं कह सकते क्योंकि ये सवंय नहीं मिलते। इन गुणों की उपस्थिति वहीं हो सकती है, जहां उनकी प्राप्ति के लिए रचनाकार सजग प्रयत्न करते हैं।[65]

शब्द गुणों और अर्थ गुणों की व्याख्या वस्तुतः एक साथ होनी चाहिए थी। उदाहरणतः एक पद्य की व्याख्या में कवि की मानसिक स्थिति, वास्तविकता के प्रति उसकी दृष्टि, चेतना के स्पन्दन का स्वरूप, अर्थ और उसे व्यक्त करने वाले शब्दों में आंतरिक स्थितियों या गुणों का प्रकटीकरण, एक साथ विचारित होना चाहिए था किन्तु शास्त्रीय विभाजनवाद संश्लिष्ट रचना प्रक्रिया को खंड़ों में विभाजित करके ही देख पाता है यद्यपि संश्लिष्टता की ओर संकेत अवश्य करता है।

अर्थगुणों की परिभाषा के पूर्व वामन कहते हैं कि ओज, प्रसादादि ही अर्थगुण हैं।[66] इससे यह संकेतित होता है कि शब्दगुण और अर्थगुण में भिन्नत्व तात्विक नहीं, व्यावहारिक है। विवेचक सुविधा के लिए शब्द और अर्थ की विशिष्टता का अलग अगल अनुसंधान कर सकता है किन्तु इस सुविधा से यह भ्रम उत्पन्न होता है कि काव्य या कला अवयवों की अलग अलग पहचान में अवस्थित होती है। फिर भी रीतिवाद के पक्ष में कहा जा सकता है कि यह शब्द रचना और अर्थ रचना का निकटतम अध्ययन प्रस्तुत करता है। भारतीय इसे निकटतम अध्ययन की विशिष्ट विधि कह सकते हैं जो आधुनिक नयी-समीक्षा द्वारा पाठ के निकटतम अध्ययन से कुछ सादृश्य रखती है।

यह निकटतम अध्ययन तीन गुणों के स्थान पर बीस गुणों की अवधारणा द्वारा ही सम्भव हो सका है। तत्वतः गुणों का अनेकशः विभाजन अवैज्ञानिक हैं किन्तु जो विधि वामन ने स्वीकार की है, उसके द्वारा शब्द और अर्थ की रचना के विषय में ज्ञान वृद्धि अवश्य हुई है।

शब्दगुणों के सदृश अर्थगुणों का तात्पर्य यही ग्रहण करना चाहिए कि कवि की अंतश्चेतना की विशिष्टता ही अर्थ की विशिष्टता में प्रकट होती है और अर्थ प्रक्रिया में द्वन्द्व और संगति का नियम विद्यमान रहता है।

अर्थ की प्रौढ़ता को ओज कहा जाता है अर्थात् सृजनेच्छा की प्रौढ़ता ही अर्थ को प्रौढ़ता प्रदान करती है जो शिथिलता और प्रौढ़ता के आंतरिक द्वन्द्व के सामंजस्य से उत्पन्न होती है।[67] इस अर्थ प्रौढ़ता के वस्तुतः अनेक प्रकार हो सकते हैं किन्तु वामन ने पाँच प्रकार ही प्रस्तुत किए हैं।

उत्साह की अधिकता और अप्रत्यक्षता के लिए चन्द्र न कह कर उसे अत्रि ऋषि

के नेत्र से उत्पन्न ज्योति कहना, प्रथम अर्थप्रौढ़ि है। इसमें एक शब्द के लिए एक वाक्य का प्रयोग किया जाता है। इससे अर्थ में नवीनता, संकेत और विशदता आ जाती है किन्तु चन्द्र दर्शन के समय कवि का ध्यान निश्चित रूप से चन्द्रमा के प्रकाश की उज्ज्वलता पर केन्द्रित हुआ है। अनुभूत सात्विकता और शक्ति को प्रकट करने के लिए अनेक विकल्पों के ध्यान के पश्चात् कवि ने अत्रि ऋषि की कथा से लाभ उठाया है। इसी प्रकार संक्षिप्तीकरण से अर्थप्रौढ़ि प्राप्त हो सकती है।

वाक्य	**संक्षिप्तीकृत रूप**
यह दिव्य अप्सरा नहीं है,	निमषति किन्तु मानुषी है

उक्त वाक्य में वर्णित मानवी को अप्सरा से भिन्न निर्देशित करने के लिए विकल्पों से एक ही बिम्ब निमषति चुना गया है जो अद्वितीय विकल्प है किन्तु इसकी प्राप्ति से पूर्व प्रयोक्ता को एक दीर्घ संघर्ष का सामना करना पड़ा होगा।

व्यास और समास अर्थ शैलियाँ, अर्थप्रौढ़ि के तृतीय और चतुर्थ भेद हैं। प्रथम में अर्थ विस्तार और दूसरे में अनेक वाक्यों द्वारा प्रतिपाद्य विषय को संघर्ष में प्रस्तुत किया जाता है। व्यास शैली में अपनी अस्पष्टताओं के विरुद्ध संघर्ष किया जाता है और, एक ही बात को तरह तरह से विशदीकृत किया जाता है, इसके विरुद्ध विस्तृत वस्तु का कोई मार्मिक पक्ष प्रस्तुत कर समास शैली के द्वारा शेष को पाठक की कल्पना पर छोड़ दिया जाता हैं। अतः इन दोनों में दो प्रकार का अंतः संघर्ष विद्यमान रहता है।

प्रथम प्रकार की अर्थप्रौढ़ि में कल्पना द्वारा अभिप्राय-गूढ़ता उत्पन्न की जाती है। गूढ़ता के लिए धरातल से पाताल की ओर अथवा परिचित से अपरिचित की ओर कवि चेतना सक्रिय होती है। इस स्थिति में नवीन कथन प्रयोगों और उनके प्रभावों का सतत् अनुसंधान करना पड़ता है। वामन के उदाहरण में अधिक गूढ़ता नहीं है तथापि उदाहरण के लिए वह सर्वथा अपर्याप्त भी नहीं है।[68]

वामन द्वारा कथित– *'रति विगलित बन्धे केशपाश सुकेश्याः'* के अनुसार सुकेशी के रतिकाल में खुले केशपाश में सुकेशी शब्द से नायिका की केश दीर्घता के अतिरिक्त उसका समग्र आकर्षण व्यंजित हो उठता है। रीति या पदानुसंधान की समस्या कवि कर्म की प्रमुख समस्या बन जाती है।

अर्थ की स्पष्टता को प्रसाद अर्थगुण कहा जाता है।[69] अर्थ को वही स्पष्ट कर सकता है जिसके मन में अर्थ विशेष के विषय में विकल्पों को जीत लिया गया हो, अथवा अर्थ विशेष अपने सम्पूर्ण आयामों या बिवरणों के रूप में उदित हुआ हो अन्यथा अपुष्ट अर्थ अस्पष्टता की सृष्टि करेगा। प्राचीन काव्य में समग्रतः स्पष्टता क्योंकि वे युग सन्देह से पीड़ित नहीं थे। आधुनिक सभ्यता, विचारधाराओं और परस्पर विरोधी मूल्यों आदि के कारण एक अनिश्चय से ग्रस्त है। अतः आज की कला और कविता में स्पष्ट अर्थ का विधान विरल होता जा रहा है। रचनाकार अनेक लहरों से प्रताड़ित रहता है वह अस्पष्ट

रह कर ही मुखरित होता है। सरल गुणों में सरलतम व्यक्ति भी कभी पूर्ण स्पष्ट हो पाता है, यह संदेहयुक्त है क्योंकि अपने समय के द्वन्द्व उसे अस्पष्ट स्थितियों में पटक देने के लिए पर्याप्त होते हैं। अतः किसी विचार या भाव के उदय होते ही मन के आकाश में बादलों की दौड़ से हम सभी परिचित हैं। कवि इन बादलों को छांटता है और निर्मल आकाश जैसी स्थिति को जब काव्य में प्रकट कर पाता है, तब प्रसाद गुण उत्पन्न होता है।

श्लेष अर्थ गुण में, क्रियादि में क्रम, चेष्टादि में विदग्धता, प्रसिद्ध कथन शैली के निर्वाह और युक्तिविन्यास का श्लेष रहता है।[70] यहाँ अंतर्मन की टकराहट और भी स्पष्ट रहती है। किसी बड़ी कठिनाई में द्वन्द्व और समाधान की प्रक्रिया के लिए तात्कालिक रुचि के कारण वामन शृंगार से ही उदाहरण देते हैं। नायिका और उसकी सखी को एक आसन पर पाकर नायक अपनी पत्नी के नेत्र बन्द करता है और सखी का चुम्बन करता है। इस कठिन स्थिति में अनेक क्रियाओं और भावों का विरोध और शांति द्रष्टव्य है। वामन घटना रूप श्लेष अर्थ गुण के चमत्कार के लिए शूद्रक की रचनाओं की ओर संकेत करते हैं।[71]

अवैषम्य अथवा प्रक्रम के अभेद को समता अर्थगुण कहते हैं।[72] यथा शिशिर और वसन्त ऋतुओं की संधि का प्रतिपादन करते समय प्रमादवश वसन्त का वर्णन करना। वस्तुतः क्रम और अक्रम का यह स्थूल उदाहरण है। यहाँ वामन का तात्पर्य है कि अनेक वैषम्यों के आक्रमण होने पर साम्य की निरन्तर शोध से अर्थ में क्रम भंग नहीं होने पाता। अतः समता एक गुण है अथवा इसे सुगमता भी कह सकते हैं, जो दुरूहता के विरुद्ध संघर्ष का ही दूसरा नाम है।

अर्थ का दर्शन समाधि गुण है।[73] यह अर्थ दर्शन के क्षणों में मन की एकाग्रता का ही दूसरा नाम है जो दो रूपों में प्रकट होती है। कभी तो अवधान की प्रगाढ़ता से सर्वथा नूतन अर्थ उदित होते है। प्रतिभाशाली कवि प्रथम अपनी चेतना को निस्तरंग करता है और एक आकुल प्रतीक्षा की दशा में रहता है, सहसा नूतन अर्थ उदित हो जाता है, इसे वापन 'अयोनि' अथवा 'अवधानमात्रनिमित्तक' कहते हैं। इस प्रक्रिया में अर्थ किसी अन्य कवि के किसी अर्थ की सहायता की वांछा नहीं करता। दूसरी स्थिति में किसी अन्य कवि की अर्थछाया के आधार पर कुछ नवीनता प्राप्त की जाती है किन्तु दोनों स्थितियों में चेतना की एकाग्रता का ही चमत्कार प्रकट होता है और एकाग्रता आत्म संघर्ष की ही परिणति होती है।

उक्ति वैचित्र्य को वामन ने माधुर्य-अर्थ-गुण कहा गया है।[74] विचित्रता चित्त की सहसा उछाल का ही दूसरा नाम है। सामान्य से भिन्न होने के लिए प्रत्येक क्षण युद्ध करना पड़ता है। इसी प्रकार कठोर अर्थ में भी निर्मम कथन न करना सौकुमार्य अर्थ-गुण होता हैं।[75] एकाकी व्यक्ति को एकाकी न कह कर देवताद्वितीय कहना अथवा एकाक्षी को शुक्राचार्य कह कर आदर देना। इन दोनों गुणों में मन की स्थितियों को ध्यान में रख कर ही गुणों की अवधारणा की गई है।

परिष्कृत प्रयोगों में उदारता गुण माना गया है।[76] सर्वथा अग्राम्य या सभ्य बने रहना मन को अखरता है किन्तु कवि का कार्य ही ग्राम्यता के विरुद्ध संघर्ष है। वामन के युग में काव्य उच्च शिक्षित वर्ग को ध्यान में रख कर लिखा जाता था। अतः परिष्कृति की मांग अधिक थी। काव्य के जनतंत्रीकरण में उदारता अर्थगुण का निर्वाह कठिन हो जाता है क्योंकि सजीवता के लिए साधारण जन की शब्दावली का प्रयोग बढ़ जाता है। इसके सिवा कृत्रिमता और आडम्बर के विरुद्ध संघर्ष के लिए कबीर की तरह ग्राम्य अर्थों का प्रयोग भी आकर्षक प्रतीत होने लगता है फिर भी अन्त में सुरुचि की ही विजय होती है और यही वामन का ध्येय है।

वस्तु के स्वभाव की स्पष्टता अर्थव्यक्ति कहलाती है।[77] अर्थव्यक्ति वर्ण्य वस्तुओं के विशद चित्रण से उत्पन्न अर्थगुण होता है जिससे अर्थ तुरन्त अभिव्यक्त होता चल स्वभावोक्तियों में यह गुण देखा जा सकता है। यथावस्तुवर्णन की शक्ति उसी व्यक्ति में होती है जो वस्तुदर्शन के क्षण में अंतुर्मुखता से लड़े सके। वाल्मीकि में यह अर्थव्यक्ति सर्वाधिक मिलती है। हिन्दी में प्रियप्रवास इसका उदाहरण है। जो छवि विशेष अर्थव्यक्ति प्रधान कृतियों में उत्पन्न होती है, वह गूढ़ वाक्यों में नहीं मिल सकती। सरलता ही वहाँ गुण बन जाता हैं। मीरां के गीत भी इसके भी उदाहरण हैं। संकुल कृतियाँ सभ्य व्यक्तियों की तरह संकुल और स्वभावोक्ति प्रधान रचनाएँ क़बीलाई व्यक्तित्व की तरह पारदर्शी होती हैं। दोनों में अपनी अपनी छवि उभर आती है। दशम गुण कान्ति है। कान्तिगुणयुक्त अर्थों में अर्थ चमत्कार की नहीं अपितु भावावेश का आनन्द प्राप्त होता है।[78] रसोक्तियों में कान्ति गुण स्पष्टतः देखा जा सकता है। द्रष्टव्य यह है रीतिवाद एक अर्थगुण के अंतर्गत रसवाद को शामिल कर लेता है। नाट्यशास्त्र के पश्चात् आलंकारिकों ने यह लक्ष्य किया था कि सभी उक्तियों में भावावेग की प्रधानता नहीं होती। अतः रस के स्थान पर उन्होंने अन्य व्यापक तत्वों का अनुसंधान किया था। भामह-दण्डी ने अलंकार और वामन ने रीति या शैली की अब धारणा में यही व्यापकता लक्ष्य की थी। अतः रस की स्थति रीतिवाद के एक अंग के रूप में है, उसी प्रकार, जिस प्रकार रसवाद में अलंकार और रीति की स्थिति आनुषांगिक मात्र है।

उपर्युक्त विवेचन से यह स्पष्ट है कि गुणों की अवधारणा में कवि मानस और अभिव्यक्ति स्वरूपों के मध्य द्वन्द्वात्मक प्रक्रिया विद्यमान है और शब्दगुण अथवा अर्थगुण एक उछाल के रूप में अथवा संगति के रूप में प्राप्त होते हैं। अतएव रीति और शैली की चर्चा वामन में केवल वस्तुगत अथवा केवल व्यक्तिगत नहीं है। शैली या अभिव्यक्ति विशेष, विशिष्ट मन के विशिष्ट संघर्ष और संगति की परिणति होती है और यह संघर्ष सर्वदा वाह्य वास्तविकता के सन्दर्भ में ही उदित होता है।

वामन के बीस अर्थगुणों को ओज, माधुर्य और प्रसाद में शामिल किया गया है। यह सम्भव है किन्तु यह भी स्मरणीय है कि वामन द्वारा वांछित शब्द और अर्थ का विशदीकरण इस अंतर्भाव में समाप्त हो जाता है और सरलीकरण का दोष उभर आता है

जब कि वामन की कमी यह है कि कई गुणों की सीमा रेखाएँ मिल जाती हैं।

वामन के पश्चात् आत्मवादी विचारकों ने भारतीय दर्शन के अनुसार आत्म, चित्त और शरीर की अवधारणाओं के अनुसार गुणों, रसों और अलंकारादि का सम्बन्ध स्थापति किया है। रस को आत्मा मान कर गुण का उसके साथ नित्य सम्बन्ध भारतीय दर्शन के अनुसार ही स्वीकार किया गया है और रीति को अवश्य-संस्थान तथा अलंकारों को शब्दार्थ रूपी काव्य शरीर का आभूषण सिद्ध किया गया है। इस दार्शनिक दृष्टि के कारण मम्मट ने गुणों का अधिष्ठान रसों में माना है।[79] उपचार से शब्द और अर्थ में उनकी सत्ता मान ली है।[80] तदन्तर वामन के बीस गुणों का तीन गुणों में अंतर्भाव कर दिया गया है–

शब्दगुणों का अंतर्भाव

वामन	मम्मट
1. श्लेष, समाधि, ओज, उदारता, प्रसाद,	1. ओज गुण
2. माधुर्य	2. माधुर्य
3. अर्थव्यक्ति	3. प्रसाद
4. समता	4. दोष होने की संभावना के कारण गुण नहीं दोषाभाव मात्र है
5. सौकुमार्य, कान्ति	

अर्थगुणों का अंतर्भाव

वामन	मम्मट
1. ओज	1. विचित्रता मात्र
2. प्रसाद, माधुर्य, सौकुमार्य, उदारता	2. दोषाभाव मात्र
3. अर्थ व्यक्ति	3. स्वभावोक्ति अलंकार
4. कान्ति	4. गुणीभूत व्यंग्य
5. श्लेष	5. विचित्रता मात्र
6. समता	6. दोष मात्र
7. समाधि	7. दोषाभाव मात्र

शब्द, गुण और अर्थगुणों को अलग अलग मानने पर आपत्ति व्यक्त की गई है। सृजन प्रक्रिया की अखण्डता की दृष्टि से तो वस्तुतः ओज, माधुर्य, प्रसाद का भेद भी औपचारिक ही है फिर भी ओज, माधुर्य, प्रसाद का विभाजन चित्तवृत्ति की प्रधानता की दृष्टि से अधिक स्पष्ट है। विभाजनवाद के अवैज्ञनिक होने पर भी, वामन के गुण विवेचन में रचयिता के मन और रचना के सम्बन्ध की घनिष्ठता अवश्य प्रशंसनीय है क्योंकि उसके

भीतर वामन की अन्तर्दृष्टि के कारण अनायास ही सृष्टि-सिद्धान्त अथवा द्वन्द्वों के सामंजस्य का नियम छिपा हुआ है। वामन के गुणों के विषय में राघवन का मत है कि वे वामन की कवित्वपूर्ण दृष्टि से उद्भूत हुए हैं।[81]

जहाँ तक गुणों की संख्या का प्रश्न है, भोज ध्वनिवादियों के त्रिगुणवाद को नहीं मानते। भोज के अनुसार वाह्य गुण, आभ्यंतर गुण तथा वैशेषिक ये तीन प्रकार के गुण होते हैं।[82] भोज शब्द गुणों को वाह्य गुण और अर्थ-गणों को ही आभ्यन्तर गुण कहते हैं। कहीं दोष ही संदर्भ विशेष से गुण बन जाते हैं तो उन्हें वैशेषिक गुण कहा जाता है।

संदर्भ और गुण का द्वन्द्व—वाह्य और आभ्यंतरगुणों की अवधारणा तो भोज ने वामन से ग्रहण की है किन्तु गुणों की यथार्थ सन्दर्भ के साथ सापेक्षता भोज ने स्वीकार की है।[83] कुलकामिनी में लज्जा और विनय गुण माना जाता है किन्तु वैश्या में निर्लज्जता और अविनय ही गुण बन जाता है। मकरोन्मत्त व्यक्ति अथवा प्रेमियों के वचनों में पुनरुक्ति दोष नहीं, गुण है। इसी प्रकार अनुकरण में असाधु और अप्रयुक्त दोष भी गुण बन जाते हैं। प्रहेलिका में अन्यार्थ, छन्दपूर्ति में अपुष्टार्थ, विद्वानों के भाषण में अप्रतीत्व तथा गुप्त प्रसंगों में ग्राम्य दोष गुण में परिवर्तित हो जाता है।[84] मानवीय सन्दर्भ ही, इस प्रकार, गुणों और दोषों का निर्णायक हो जाता है, यह अंतदृष्टि भारतीय काव्य शास्त्र में विद्यमान है। दोष प्रकरण में इस बिन्दु पर पुनः विचार किया जाएगा।

शृंगार प्रकाश, चमत्कार चन्द्रिका[85] , विद्यानाथ[86] केशव मित्र[87] आदि ने वस्तुतः वामन की अवधारणा को ही विस्तार दिया है। ओज द्वारा गुणों की संख्या वृद्धि (72 गुण) भी विश्वेश्वर, विद्यानाथ, केशव मिश्र आदि ने स्वीकार कर की है। विभाजनवाद का दोष वामनोत्तर लेखकों में अधिक स्पष्ट है। अतः उनमें पाण्डित्य ही अधिक मिलता है। इसी पाण्डित्य परम्परा में अग्निपुराण को भी सम्मिलित कर सकते हैं जो 18 गुणों की चर्चा करता है।

रीति, गुण और संघटना की समस्या—वामन के गुणों के संख्या-वृद्धिकर्ता अनुगामियों के विपरीत, त्रिगुणवादियों ने अपनी गुण सम्बन्धी अवधारणा के अतिरिक्त रीति के ही सन्दर्भ में संघटना (स्ट्रक्चर) की अवधारणा पर भी विचार किया है। आनन्दवर्धन रीति को संघटना ही मानते हैं जो तीन प्रकार की होती है, समास रहित, मध्यम समासों से अलंकृत और दीर्घ समासों से युक्त। [88] पद रचना की विशिष्टता से दीर्घ समासा ही वामन की शैली रीति है, मध्यम समासा पांचाली और अरागारा ही वैदर्भी है। अतः रीति और संघटना की अवधारणाओं में कोई अंतर नहीं है।[89]

वामन, संघटना और गुण का अभेद और एकता मानते हैं। रस को काव्यात्मा मानने वाले आनन्दवर्धन संघटना द्वारा रस की व्यंजना मानते हैं। अतः उनके अनुसार संघटना को गुणाश्रित मानने पर व्याख्या इस प्रकार होगी कि गुणों के आश्रित संघटना रसादि को

व्यंजित करती है।

किन्तु गुण और संघटना (रीति) को भिन्न मानने वाले आचार्य गुणों को रीति के अधीन मानते हैं। उद्‌भट का मत यही था जिसे पूर्व पक्ष के रूप में ध्वनिकार ने उपस्थित किया है।[90] अभिनव गुप्त के अनुसार ये भेदवादी शब्दालंकार और शब्द संघटना में भेद करते थे। अलंकार का आश्रय है—शब्द और गुण का आश्रय है, शब्द संघटना। इसी प्रकार भेदवादी आचार्यों के अनुसार अर्थ, पृथक रूप में अर्थालंकारों के आश्रित रहता है और संघटना, अर्थ गुणों का आश्रय ग्रहण करती है। अतः भेदवादी विचारक अलंकार का सम्बन्ध शब्द और अर्थ से और गुणों का सम्बन्ध शब्दार्थ संघटना से मानते हैं।[91] शब्द और अर्थ को अवयव और शब्दार्थ संघटना को अवयवी माना गया है।

आनन्दवर्धन के अनुसार वामन और उद्‌भट की उक्त अवधारणाएँ दोष पूर्ण हैं क्योंकि यदि वामन के सदृश गुण और संघटना को एक तत्व कहें अथवा यह मानें कि संघटना के आश्रित गुण रहते हैं तो संघटना के समान, गुणों का अनियतविषयत्व हो जाएगा। गुणों का विषय तो नियत है। करुण तथा विप्रलभ में माधुर्य और प्रसाद का प्रकर्ष होता है और वीर, रौद्र और अद्‌भुत रसों में ओज की प्रधानता रहती है जब कि संघटना में नियत विषयत्व नहीं है अर्थात् श्रृंगार में भी दीर्घ समासा-संघटना हो सकती है। इसी प्रकार यदि गुणों को संघटनाश्रित मानें तो जैसे असमास और दीर्घसमासरचना की विषय-व्यवस्था नहीं पाई जाती, उसी प्रकार गुणों को भी "विषयनियम" से रहित मानना होगा परन्तु गुणों का विषय-नियम व्यवस्थित हैं।[92] अतएव गुण न तो संघटना रूप हैं और न संघटनाश्रित हैं।[93] ध्वनिकारों के अनुसार वे रसाश्रित होते हैं। औपचारिक रूप से इन्हें शब्द श्रित या संघटनाश्रित कह सकते हैं।[94]

ध्वनिवाद-रसवाद भी मानसिक स्थितियों और संघटना की संगति स्वीकार करता है। वामन गुण को आंतरिक चित्त स्थिति मानते हैं, रसवाद ने उन्हें रस के धर्म बता कर, गुण से अधिक रस को महत्व दे दिया है किन्तु रस और गुण का पृथकत्व सरल नहीं है। रस-स्थिति में जो द्रुति या दीप्ति जाग्रत होती है, वह चेतना में पहले से ही विद्यमान रहती है। चेतना में रस और गुण का अपृथकत्त्व रहता है। आत्मा की निर्गुण स्थिति अर्थात् समाधि दशा में ही गुणों का अभाव माना जा सकता है किन्तु समाधि की स्थिति रसदशा नहीं होती।[95] समाधि दशा का भी अभी मनोवैज्ञानिक अध्ययन नहीं हुआ है।

डा. नगेन्द्र के अनुसार मनोवैज्ञानिक दृष्टि से रस और गुण दोनों ही मनः स्थितियाँ हैं। रस वह आनन्द रूपी मनः स्थिति है जिसमें हमारी सभी वृत्तियाँ अन्वित हो जाती हैं और यह स्थिति अखण्ड है।[96]

यदि काव्यानुभूति अखंड स्थिति है तो ध्वनिवाद में वामन के गुण और रीति का मत ही आत्मवाद के आधार पर स्वीकृत हुआ है। अन्तर केवल यह है कि गुणों के स्थान पर आत्मा या रस को प्रतिष्ठित करके, गुणों का रस से समवाय सम्बन्ध स्थापति कर दिया गया है और रसवाद का यह आग्रह भी एक अतिवाद ही है कि गुण केवल रसधर्म हैं।

वस्तुतः काव्य में गुण अभिव्यक्ति या रीति के साथ आत्माशरीर के सृदश अपृथक या अभिन्न होते हैं क्योंकि आत्मवाद आत्मा को शरीर से स्वतंत्र चैतन्य मानता है। अतः गुणों का वास्तविक सम्बन्ध आत्मा (रस) के साथ और औपचारिक सम्बन्ध शब्दार्थ के साथ मानना पड़ा है जो दर्शन विशेष की एक अवधारणा मात्र है। भौतिकवादी-मनोवैज्ञानिक दृष्टि से शरीर और आत्मा का आत्यन्तिक पृथकत्व प्रसिद्ध है। मनोवैज्ञानिक दृष्टि से शरीर और आत्मा का आत्यन्तिक पृथकत्व प्रसिद्ध है। मनोवैज्ञनिक दृष्टि अधिदर्शन के विश्वासों को स्वीकार नहीं कर सकती, क्योंकि वह प्रामाणिकता (वैरीफिकेशन) को आधार बना कर चलती है। इसीलिए डॉ. नगेन्द्र के अनुसार गुण को सिद्धान्त की झौंक में एकान्त रसधर्म मानना युक्तियुक्त नहीं है।[97] व्यावहारिक दृष्टि से रसवादी भी गुण और शब्दार्थ का सम्बन्ध मानते हैं।[98]

जिस प्रकार मानव चेतना और शरीर अपृथक रहते हैं, उसी प्रकार गुण और रीति एक ओर अभिन्न होते हैं। जहाँ गुणानुरूप पद रचना नहीं होती वहाँ भी उसका कारण चित्त की स्थिति ही होती है। उदाहरणतः ढरकि ढार ढुरि ढिंग भई, ढीठ ढिठाई आई[99] में शृंगार की व्यंजना पुरुष शब्दों में हुई है किन्तु इस तरह की पंक्तियाँ बिहारी सतसई में अपवाद मात्र हैं। बिहारी यह प्रमाणित करना चाहते थे कि कठोर पद रचना में भी शृंगार व्यक्त हो सकता है। अतः वहाँ कवि की रुचि या कौतुक वृत्ति हीं कठोर पद रचना का कारण हैं। मनोवैज्ञानिक सत्य यह है कि कोमल भावनाओं की दशा में कोमल पद स्वतः स्फुरित होते हैं और उग्र स्थितियों में पुरुष शब्द अनायास चेतना गर्भ से उदित होते हैं। सामान्यतः यह एक तथ्य है। इसी की पहचान मार्क्सवादी विचारकों के इस कथन में मिलती है कि कथ्य ही अभिव्यक्ति या रूप को निश्चित करता है और ये दोनों स्वतन्त्र, समानान्तर या निरपेक्ष न होकर परस्पराश्रित, समवाय सम्बन्ध से युक्त और सापेक्ष होते हैं।

अतः शैली या रीति सर्वथा इच्छाधीन नहीं होती क्योंकि वह कवि के व्यक्तित्व, भाषा परम्परा तथा परिवेश से सम्बद्ध होती है। एक कवि अनेक प्रकार की शैलियों का प्रयोग कर सकता है किन्तु उसके चित्त की प्रकृति और शैली का सामंजस्य जिस विशिष्ट शैली में होता है, वही उसकी शैली मानी जायेगी। उदाहरणतः तुलसी की शैली रामचरित मानस और विनय पत्रिका में है, दोहा रामायण आदि में नहीं। इसी प्रकार हरिऔध की भावुकतापूर्ण प्रतिनिधि शैली प्रिय-प्रवास में ही है, चुभते चौपदों में नहीं। कालिदास की प्रसाद शैली, भारवि-माघ की विद्वतापरक शैली और केशव की पांडित्य प्रधान शैली इन कवियों के 'गुणों' के कारण विशिष्ट प्रतीत होती है। आधुनिक काव्य में लेखकों की संवेदना, दृष्टि, भाव और कल्पनादि के अनुरूप प्रयोग-बहुलता के होने पर भी, प्रमुख लेखकों की रीति सहज ही पहचानी जा सकती है। 'अज्ञेय' की पदरचना में एक ठण्डापन, एक ठहराव और चिंतन शीलता मिलती है जब कि रांगेय राघव के पद भागते हुए प्रतीत होते हैं।

वामन, भोज आदि के रीति गुण विवेचन में यह सिद्धान्त निहित है कि पद रचना

या शैली की विशिष्टता का सम्बन्ध गुणों या मानसिकता के साथ है किन्तु अत्यन्त स्पष्ट रूप में शैली और कवि भाषा के वैयक्तिक तत्व का कथन कुंतक ने किया है। कुंतक के अनुसार काव्य मार्ग अथवा काव्य रीति का हेतु कवि स्वभाव होता है जो सुकुमार, विचित्र और मध्यम तीन प्रकार का होता है। सुकुमार स्वभावयुक्त कवि की शक्ति सहज होती है जबकि विचित्र स्वभावयुक्त कवि में विचित्र शक्ति का उदय होता है। अतः वह विदग्धता की प्राप्ति करता है। मध्यम स्वभाववान कवि में सुकुमारता और विचित्रता दोनों की छाया रहती है क्योंकि स्वभावों की अनन्तता अनिवार्य है, अतः उनकी गणना असम्भव होने से साधारणतः मार्गों का त्रैविध्य ही युक्तिसंगत है और इन मार्गों द्वारा उत्तम काव्य की सृष्टि हो सकती है।

यदि यह कहा जाय कि काव्य का कारण केवल शक्ति नहीं, व्युत्पत्ति और अभ्यास भी है तो कुंतक के अनुसार इनमें स्वभाव या शक्ति ही प्रमुख है क्योंकि स्वभावानुसार ही व्युत्पत्ति तथा अभ्यास होता है और यह व्युत्पत्ति तथा अभ्यास स्वभाव की अभिव्यक्ति द्वारा ही सफलता प्राप्त करते हैं। स्वभाव उपकार्य है और व्युत्पत्ति तथा अभ्यास उपकारक है। अचेतन पदार्थों में भी उनका स्वभाव ही अन्य पदार्थों से सन्निधान के प्रभाव से अभिव्यक्त होता है यथा चन्द्रकान्तमणियाँ चन्द्रमा की किरणों के स्पर्श मात्र से जल को प्रवाहित करने लगती हैं।[100]

इस प्रकार कुंतक के अनुसार कवि-प्रतिभा नवीन शब्द, लोकोत्तर अर्थ और अनायास प्राप्त अलंकारों के प्रयोग से सुकुमार मार्गी काव्य का सृजन करती हैं। इस मार्ग के काव्य में कृत्रिमता नहीं होती, वस्तुओं के स्वभाव और रसादि का वर्णन होता है। और इसमें मनः संवाद की अभिव्यक्ति होती है। कालिदास को कुंतक सुकुमार मार्गी कहते हैं और सुकुमार मार्ग में समासरहित मनोहर पदों का विधान आवश्यक मानते हैं।[101]

कुंतक सुकुमार मार्ग में माधुर्य[102] प्रसाद, लावण्य तथा आभिजात्व गुणों की अनिवार्य स्थिति मानते हैं। वर्ण-विन्यास और पदों की योजना से रचना के सौष्ठव को लावण्य कहा गया है[103] और श्रुतिपेशल तथा सुखद स्पर्श के समान चित्त को प्रभावित करने में समर्थ, स्वभाव से कामल छायायुक्त गुण आभिजात्य माना गया है।[104]

कुंतक ने कालिदास से इस मार्ग के उदाहरण दिए हैं। वामन ने भी सर्वोत्तम रीति या शैली के लिए कालिदास के काव्य को ही आदर्श माना है। अतः सुकुमार मार्ग और वैदर्भी रीति में सादृश्य स्पष्ट है कन्तिु जहाँ वामन ने वैदर्भी मार्ग में सर्वगुणों का सन्निवेश अनिवार्य माना है वहाँ कुंतक केवल चार गुणों की ही सत्ता पर बल देते हैं और रोचक तथ्य यह है कि एक ही कवि में वामन सर्वगुण सम्पन्नता देखते हैं तो कुंतक केवल चार प्रमुख गुणों की ही ओर ध्यार आकर्षित करते हैं।

कुंतक ने अनुसार विचित्र मार्ग में अलंकार उक्ति वैचित्र्य, प्रतीयमानता, गूढ़ार्थयुक्तता आदि की प्रधानता होती है।[105] सामान्यतः वामन की गौड़ी रीति से इसका सादृश्य है किन्तु कुंतक इसे वाग्वैदग्ध्य के कारण सुकुमार मार्ग से कम महत्व नहीं देते जैसा कि वामन करते

हैं। कुंतक विचित्र मार्ग में भी माधुर्य, प्रसाद, लावण्य और आभिजात्य चार गुण ही मानते हैं। बाण भट्ट का हर्षचरित विचित्र मार्ग के उदाहरण रूप में उल्लिखित है।

मध्यम मार्ग में सुकुमार और विचित्र मार्गों की प्रवृत्तियाँ स्पर्धा ही करती हुई प्रस्तुत की जाती हैं। इसमें भी चार ही गुण दिखाए गए हैं। ये गुण पद समुदाय में माने गए हैं, शब्दों में नहीं। केवल शब्द में कुंतक के अनुसार माधुर्यादि गुण नहीं होते हैं।[106]

कुंतक साधारण गुणों के रूप में औचित्य और सौभाग्य-इन दो गुणों को भी मानते हैं। औचित्य गुण दो प्रकार से व्याख्यायित किया गया है। जिस गुण से पदार्थ का महत्व पोषित किया जाए, वह औचित्य गुण है। इसमें पदार्थों के अनुरूप वर्णन होता है। औचित्य की दूसरी परिभाषा के अनुसार जहाँ वक्ता या श्रोता के स्वभाव की रमणीयता से प्रतिपाद्य अर्थ आच्छादित हे जाए, वहाँ भी औचित्यगुण होता है।[107] यथा, रघुवंश के प्रथम सर्ग में कौत्स मुनि के महाराज रघु के प्रति कथन में औचित्यगुण है क्योंकि वक्ता के स्वभाव से वाक्य अर्थ दब सा गया है।[108]

जहाँ कवि प्रतिभा सम्यक प्रकारेण संचरित होती है और जहाँ प्रतिभा के अतिरिक्त व्युत्पत्ति, वक्रोक्ति, गुण आदि सम्पूर्ण काव्य-सम्पत्ति के प्रयोग से अलौकिक चमत्कार उत्पन्न होता है, वहाँ सौभाग्य गुण होता है।[109] सौभाग्य गुण को काव्य मात्र का प्राण कहा गया है।[110] कुंतक के अनुसार औचित्य और सौभाग्य गुण तीनों मार्गों में पद, वाक्य तथा प्रबन्ध में व्याप्त रहते हैं अर्थात् ये सामान्य गुण है।

इस विवेचन में सौभाग्य, औचित्य, और लावण्य जैसे नवीन गुणों की उद्‌भावना होने पर भी वामन में जिस कवि व्यक्तित्व या कवि स्वभाव का पक्ष व्यंजित रूप में था, उसे ही कुंतक ने विस्तार से व्याख्यायित किया है। इससे शैली या रीति की भारतीय व्याख्या में वैयक्तिक तत्व की धारणा स्पष्ट हो उठी है। कुंतक के उक्त विवेचन में कवि स्वभाव, प्रतिभा, सायास रचना, अनायास नव शब्दों की स्फुरणा आदि का संघटन इस तथ्य को प्रमाणित करता है कि मूलतः शैली और काव्य भाषा की सृष्टि में कथ्य और अभिव्यक्ति के द्वन्द्व और संगति के रहस्य का ज्ञान भारतीय आचार्यों को अवश्य था। सौभाग्य और औचित्य गुणों की परिभाषाएँ और उदाहरण कुंतक में बहुत संतोषजनक नहीं है किन्तु रचना मात्र में सामान्य गुण होते हैं यथा रचना मार्ग कवि-स्वभाव से सम्बन्धि हैं-ये अंतर्दृष्टियाँ भौतिकवादी दृष्टि से भी मान्य हो सकती हैं क्योंकि इनमें काव्य रचना की प्रक्रिया का यह सत्य प्रकट होता है कि रचना-शैली न केवल व्यक्तित्व की प्रकाशिका होती है अपितु उसमें प्रतिभायुक्त तथा विशिष्ट स्वभाववान् व्यक्ति कला सृष्टि में एक संघर्ष की किया से गुजरता है जिसमें कवि की जागरुकता, शिक्षा, संस्कार, रुचि, प्रवृत्ति और संवेगादि संचरणशील होकर विशिष्ट पद रचना में परिणत होते हैं।

शैली और भारतीय समाज—मार्क्स ने पूंजीवादी समाज के उच्च वर्गों की इस प्रवृत्ति पर कटाक्ष किया है कि वे ऐसा वातावतरण नहीं बनने देते जिसमें प्रत्येक व्यक्ति

अपनी विशिष्ट शैली की सृष्टि कर सके। शैली मनुष्य के व्यक्तित्व का दूसरा नाम है, यह मार्क्स ने स्पष्ट कहा है।[111] विषम समाज में उच्चवर्ग केवल स्वीकृत अभिव्यक्ति अथवा स्वीकृत शैली को ही प्रोत्साहन देता है। कष्टप्रद स्थितियों में भी लोग अपने मुखों पर अच्छा भाव बनाये रखते हैं। इससे असली व्यक्तित्व छिन जाता है। उच्च वर्ग के लोग व्यक्तियों की चेतना को सिर्फ एक ही रूप में व्यक्त होने देते हैं और वह रूप अधिकृत रूप होता है।

मार्क्स कहते हैं कि समतारहित समाज में यदि कोई व्यक्ति विनोदी या व्यंग्यकार है तो उसे गंभीर रचना लिखने के लिए विवश होना पड़ता है। यदि कोई व्यक्ति साहसी है तो उसे नम्र शैली अपनानी होगी।[112]

मार्क्स के अनुसार व्यक्ति असंख्य होते हैं तो शैलियाँ भी असंख्य होनी चाहिए। प्रत्येक हिम बिन्दु सूर्य के प्रकाश में असंख्य रंगों को विकीर्ण करता हुआ चमक उठता है, इसी प्रकार मानव चेतना का सूर्य अनेक व्यक्तियों और पदार्थों में प्रति बिम्बित हो रहा है, फिर भी वर्गवादी समाज में केवल एक राजकीय रंग की हीं अनुमति मिलती है। मानवात्मा का मर्म, सत्य है, किन्तु वर्ग युक्त समाजों-सभ्यताओं में सिर्फ नम्रता पर ही बल दिया जाता है। गेटे ने कहा है कि केवल धूर्त या चालाक व्यक्ति ही नम्र होता है।[113]

कला और शैली का सामाजिक न्याय, स्वतन्त्रता और साधन-सम्पन्नता के साथ घनिष्ठ सम्बन्ध होता है। श्रेणीमूलक समाज में कार्य शैली उच्चवर्गों की शिक्षा, संस्कार, रुचि और स्वभाव तथा वर्ग-स्वार्थ से अनुशासित रहती है, यही कारण है कि भारतीय काव्यशास्त्र जिस काव्य साहित्य की शैली या रीति का विवेचन विभाजन करता है, वह उच्चवर्गीय साहित्य तक ही अपने को सीमित रखता है। दण्डी, वामन, कुंतक, भोज, आनन्दवर्धन, अभिनव, मम्मट, जगन्नाथ आदि प्रमुख आचार्य शिष्ट साहित्य के घेरे से बाहर नहीं जा सकते थे। यह सत्य है कि उनका ध्यान मानव स्वभाव की अनंनता की ओर गया था। वे मानव मन और रचना संघर्ष के भी अच्छे पारखी थे किन्तु वे रीति के सन्दर्भ में उस वैविध्य की कल्पना नहीं कर सके जो श्रेणी रहित समाज की स्थापना से ही उत्पन्न हो सकता है। वर्ण-वर्णविहीन समाज के लिए संघर्षशील लेखकों की रीति रंजक नहीं होती, न उसमें अभिजात्य सौभाग्य जैसे गुण होते हैं। उसमें व्यक्ति और परिवेश के द्वन्द्व का चित्रण प्रधान होने से, द्वन्द्व के स्वरूप को ध्यानगत करने से ही शैली का स्वरूप स्पष्ट हो सकता है। उच्चवर्गीय संवेदना और द्वन्द्व भी बनावटी होते हैं। वे एकरस, नियमबद्ध और मुषुप्ति अनुत्पादक होते हैं। वे सर्वसाधारण की दृष्टि से क्रांति को जाग्रत नहीं करते। अतः उनमें मानव मात्र के लिए सामान्य उपयोगी तत्व होने पर भी, वे राजकीय तथा उनके स्थिति संरक्षक बौद्धिक वर्ग की वृतियों को ही व्यक्त करते हैं, असंगतियों की चिन्ता किए बिना, पूर्व प्राप्त शिष्ट-साहित्य के प्रारूपों के आधार पर ही विचार करता है। भारतीय काव्यशास्त्र के रीतिवाद अथवा गुणवाद की यही सीमा है।

निस्सन्देह रीतिवाद कवि मन की सृजन-व्याकुलताओं और जटिलताओं को समझने

का प्रयत्न करता है किन्तु केवल रसपरक (सुकुमार मार्ग, वैदर्भी शैली) तथा चमत्कारप्रधान (विचित्र मार्ग, गौड़ी शैली) काव्योक्तियों तक ही वह सीमित हो जाता है। अतिसामान्य रूप से उसकी मूल धारणाएँ (ओज, माधुर्य, प्रसाद, गुण तथा मधुर, विचित्र मार्ग आदि) व्यापकता के तत्व से युक्त हैं किन्तु सामाजिक परिवर्तन की तीव्रता के अभाव और इतिहास बोध के अभाव के कारण रीतिवाद, सभी प्रकार के साहित्य के रूपों और शैलियों का स्वरूप भलिभांति स्पष्ट नहीं कर सकता।

अतः शैली के वैज्ञानिक अध्ययन के लिए गुणों और पदरचना की सापेक्षता, कवि-स्वभाव जैसी उपयोगी धारणाओं के साथ मार्क्स की क्रांतिकामी दृष्टि अपना कर ही हम काव्यशास्त्र की रीतिकालीनता की सीमाओं को समझ सकते हैं और इस समझ के द्वारा उस साहित्यिक बोध को जाग्रत कर सकते हैं जो हमें निरन्तर नवीन सामाजिक और वैयक्तिक प्रयोगों के लिए जागरणशील बनाए ताकि मानवात्मा का सूर्य प्रत्येक व्यक्तित्व में असंख्य रंगों को उत्पन्न कर सके और प्रकृति के सदृश्या हमारा साहित्य रूपों और शैलियों की अनन्नता से समृद्ध हो सके।

रीतिवाद : अलंकार—काव्य में वामन के अनुसार गुणों के कारण सौन्दर्य का उत्पादन होता है और अलंकार उस गुणोत्पन्न शोभा के वर्धक तत्व होते हैं। वामन रीतिवाद में अलंकारों के पूर्व प्रचलित नामों का ही ग्रहण किया गया है किन्तु बलाबल की दृष्टि से रीतिवाद और अलंकारवाद में द्वन्द्व का एक और रूप उभर आता है।

भामह ने उक्तिवक्रता और अतिशयोक्ति को सर्वाधिक महत्व दिया है, इसके विरुद्ध वामन ने तीस अलंकारों को उपमा का ही प्रपंच स्वीकार किया है। अनुप्रास और यमक दो शब्दालंकारों को छोड़ कर, शेष तीस अलंकारों को उपमा प्रपंच मानने से, उक्ति-वैचित्र्यवादी भामह की अलंकार-अवधारणा का वामन विरोध करते हैं। दूसरे शब्दों में, अपनी सीमा में रहकर भी, वामन तुलनात्मक दृष्टि से भामह से कम चमत्कारवादी हैं। ऐसा प्रतीत होता है कि सभाओं और काव्य-गोष्ठियों में वामन अलंकारों के विषय में अपने सादृश्यवाद के द्वारा संतुलन लाना चाहते थे। उपमा के दोष विचार द्वारा इस तथ्य की पुष्टि होती है।

शब्दालंकारों में यमक के लक्षण में स्थान नियम का उल्लेख वामन की विशेषता है, अर्थात विभिन्नार्थक समान पदों का प्रयोग किन किन स्थानों पर किस प्रकार होना चाहिए, यह विस्तारपूर्वक दिखाया गया है। उनके द्वारा किया गया अर्थालंकारों का विवेचन विशेष महत्वपूर्ण है।[114]

भामह के विपरीत वामन अलंकारों का मूल उपमा को मानते हैं।[115] उपमान में उत्कृष्ट गुण होते हैं, उपमेय में न्यूनगुण किन्तु जब उपमान के साथ उपमेय का गुणलेश से साम्य प्रदर्शित होता हैं, तब उसे उपमा कहते हैं।[116]

यह उपमा दो प्रकार की होती है। लौकिक उपमा में वामन के अनुसार लोकविरुद्ध उपमान नहीं होने चाहिए। कारण का उल्लेख न करने पर भी वामन का शायद यह विचार

था कि लोक प्रसिद्धि की चिंता न करने से अथवा मनमान उपमानों से पाठक या श्रोता की संवेदना को आघात पहुंचता है और अर्थ-व्यक्ति में भी कठिनाई हो सकती है। इसके विरुद्ध कल्पिता उपमा में उपमानों का विधान इच्छाधीन हो सकता है यों सादृश्य को केन्द्रीय महत्व यहाँ भी मिलना चाहिए।

कल्पिता उपमा–

1. गर्भवती हूण तरुणी के मार्दित स्तन के समान चन्द्र बिम्ब।[117]
2. तुरन्त भुण्डित मत्त हूण की ठोड़ी के समान नारंगी फल।[118]

उपमा के प्रयोजनों में वामन निन्दा, स्तुति और यथार्थ का आख्यान इन तीन तत्वों का उल्लेख करते हैं। सादृश्य का वास्तविकता के साक्षात्कार में योगदान इस प्रबन्ध के अलंकार-विवेचन में स्पष्ट किया जा चुका है।[119]

उपमा यथार्थ वर्णन में सहायक है, वामन का यह कथन भौतिकवादी दृष्टि से महत्वपूर्ण है। काव्य में यथार्थ वर्णन सूचनात्मक न होकर बिम्बात्मक होता है। बिम्ब का शोध सादृश्य के आधार पर ही होती है।

सादृश्य के सम्बन्ध में युक्तता पर वामन अत्यधिक बल देते हैं।[120] नवलेखन में सादृश्ययुक्तता की चिन्ता सर्वत्र नहीं मिलती। व्यंग्य में तो किंचित् सादृश्य से ही उपमाएँ आकर्षक हो उठती हैं किन्तु तत्वाख्यान या यथार्थ वर्णन में उच्छृंखलता, कुरुचि की परिचायक है यथा सैनिकों ने चाण्डालों के समान साहस किया है।[121] यहाँ सादृश्य में हीनता दोष है। उपमान उपमेय के गौरव के सदृश नहीं है। यह हीनता जाति, धर्म और परिमाणगत तीन प्रकार की बताई गई है।

इसी प्रकार उपमेय और उपमान के मध्य सादृश्यगत अधिकत्व भी दोष है यथा रुद्र के समान महापराक्रमी कहार भीतर आ जाए।[122] यह जातिगत अधिकत्व हुआ। यहाँ कहारों की उपमा रुद्र से दी गई है जो सादृश्य की अतिशयता के कारण हास्यास्पद हो गई है। इसी प्रकार परिमाणगत अधिकत्व भी कुकवित्व की सृष्टि करता है–नाभि पाताल के समान, उरोज पर्वत के समान और वेणी यमुना के समान है।[123] इसी प्रकार उपमान, उपमेय में लिंगभेद, वचनभेद को भी दोष माना गया है।[124]

असादृश्य पंचम उपमा दोष है। वामन के अनुसार सादृश्य के अभाव में उपमा नष्ट हो जाती है और कवियों का यश नष्ट हो जाता है।[125] फैली हुई अर्थ रूप रश्मियों से युक्त काव्य चन्द्रमा के समान है–इस प्रयोग में काव्य और चन्द्रमा में असादृश्य है इसी प्रकार मनमाने उपमानों का विधान भी एक अवास्तविकता की सृष्टि करता है, यथा खिले हुए कमल के भीतर सुन्दर चांदनी के समान नायिका के मुख की मुस्कान चमकती है–इस प्रयोग में कमलों में चांदनी का अस्तित्व दिखाया गया है, जो असम्भव है। नवलेखन में इस प्रकार की उपमा दोषों की भरमार है–

1. पापड़ की तरह फड़-फड़ाकर वह आँखों के नलों से पानी बहाने लगी।

2. स्त्रियाँ सड़कों पर झाड़ू की तरह निकल पड़ीं।

सादृश्यमूलक अलंकारों–रूपक, प्रतिवस्तूपमा, समासोक्ति, अप्रस्तुत-प्रशंसा, अपन्हुति आदि में तो सादृश्य ही प्रधान होता है किन्तु विरोध मूलक अलंकारों के मूल में भी सादृश्य रहता है, यह अंतर्दृष्टि वामन को प्राप्त थी। वामन के अनुसार श्लेष में उपमान और उपमेय के गुण, क्रिया और शब्द रूप धर्मों में एक बार उच्चारण में अनेकार्थता होने पर श्लेष अलंकार होता है।[126] सादृश्यप्रियता के कारण वामन ने वक्रोक्ति की परिभाषा ही बदल दी है। वह सादृश्य को ध्यान में रखकर प्रस्तुत लक्षण को ही वक्रोक्ति मानते है, उक्ति वैचित्र्य मात्र को नहीं।[127]

'उन्मिमील कमलं सरसीनां कैरवन्च निमिमील मुहूर्तात्।' प्रातः काल के समय सूर्योदय होते ही सरोवरों में कमल खिल गए और कैरव बन्द हो गए। उन्मीलन और निमीलन नेत्र का धर्म है किन्तु कमल का उन्मीलन और कैरवों का निमीलन सादृश्य के आधार पर लक्षण के कारण ही माना जा सकता है। अतः इस प्रकार के लाक्षणिक प्रयोगों को ही वक्रोक्ति कहा गया है, सादृश्यहीन कथन वैचित्र्य मात्र को नहीं।[128] परवर्ती आलंकारिक श्लेष या काकु के आधार पर वक्रोक्ति मानते हैं, जिसमें कथन-भंगिमा का आकर्षण प्रधान रहता है किन्तु वामन इस प्रकार के चमत्कारवाद को प्रश्रय नहीं देना चाहते हैं।

इसी प्रकार वामन सम्भाव्य धर्म और उसके उत्कर्ष की कल्पना को अतिश्योक्ति कहते हैं,[129] यथा, यदि आकाश में अलग-अलग आकाश गंगा के जल की दो धाराएँ गिरें, तो मुक्तामाल धारण किए हुए तमाल के समान नीलवर्ण उसके वक्षस्थल की उपमा उस आकाश गंगा की दो धाराओं से दी जा सकती है। उत्कर्ष की कल्पना से भी अतिश्योक्ति होती है यथा चन्दन, मुक्ताहार, हाथी दांत के आभूषण, श्वेत वस्त्र धारण करने से शुभ्र चांदनी रात में अलक्षित रह कर नायिका प्रिय के घर जाती है।[130] यहाँ चांदनी से अधिक उत्कर्ष की कल्पना नायिकाओं के वस्त्रादि में है, अतः सादृश्य के आधार पर ही यहाँ अतिशयोक्ति है।

विरोध[131] और विभावना[132] अलंकारों में आपाततः सादृश्य प्रतीत नहीं होता। वामन इन अलंकारों की उपमामूलकता को स्पष्ट भी नहीं करते किन्तु इनमें सूक्ष्म सादृश्य की सत्ता वह अवश्य मानते थे। वामन का विरोध अलंकार वस्तुतः असंगति अलंकार है। इन अलंकारों में उक्ति वैचित्र्य की प्रधानता है किन्तु सूक्ष्म सादृश्य को इस प्रकार देखा जा सकता है।

हे प्रिये तुमने आज मदिरापान किया है
और मेरा मन मत्त हो रहा है

इस उक्ति में विरोध या असंगति का आभास चमत्कारक है किन्तु उसके मूल में यह सादृश्य विद्यमान है कि सौन्दर्य और प्रेम से प्रभावित नायक, नायिका के दर्शन के समय

वस्तुतः यही अनुभव करता है। इस यथार्थ स्थिति और वास्तविक अनुभव की विद्यमानता विरोध अलंकार को आकर्षक बनाती है, मात्र उक्ति वैचित्र्य नहीं। अतः आज जीवनगत सादृश्य ही इस अलंकार का आधार है।

इसी प्रकार सादृश्य सूक्ष्मतः विभावना में भी रहता है—'बिना धोये ही निर्मल हृदयों में विकार नहीं होता।' यहाँ सज्जन हृदय के साथ उन पदार्थों का सादृश्य व्यंजित है, जिन्हें धोकर स्वच्छ करने की आवश्यकता नहीं होती किन्तु उक्ति पर विचार करने पर ध्यान इस बात पर रहता है कि बिना कारण कार्य हो रहा है, इसलिए यह उक्ति चमत्कारक है।

इसी प्रकार विशेषोक्ति प्रबल कारण होने पर कार्य न होने की दशा में मानी गई है किन्तु वामन के अनुसार एक गुण की हानि की कल्पना करने पर शेष गुणों में से जो साम्य है, उसकी दृढ़ता में विशेषोक्ति होती है।[133] हिमालय पर्वत पर रात्रि के समय औषधियाँ स्वयं प्रकाशमान होने से, बिना तेल के सुरत काल में दीपक का कार्य करने वाली होती है।[134] यहाँ औषधियों और दीपक में सादृश्य स्पष्ट है। इस एक गुण की हानि से औषधियों की दीपक के साथ समता दृढ़ होती है अतः यह विशेषोक्ति अलंकार है।

वामन ने ब्याजस्तुति और ब्याजनिन्दा की पृष्ठभूमि में सादृश्य दिखाया है। उनके अनुसार जहाँ कर सकने योग्य विशिष्ट कर्म के न करने के स्तुति के लिए जो निन्दा की जाती है, यह ब्याजस्तुति कहलाती है। राम ने समुद्र बांधा, एक बाण से ताल वृक्षों को बेधा, तुमने एक भी ऐसा कार्य नहीं किया, फिर व्यर्थ ही गर्व क्यों कर रहे हो?[135] यहाँ राम के साथ सम्बोधित व्यक्ति का सादृश्य व्यंजित है। प्रतीत यह होता है कि ऐसा सादृश्य नहीं है। कवि मन ही मन आश्रयदाता को राम के समान समर्थ मानता है। किसी बहाने से सत्य का सादृश्य प्रतिपादित करना ब्याजोक्ति है, इसे मायोक्ति भी कहा जाता है। वायु द्वारा लाए गए काश पुष्प ने नेत्रों में पड़कर मुख को अश्रुयुक्त कर दिया।[136]

यहाँ सात्विक भाव के कारण अनुपात को छिपाने के लिए काश पुष्प को कारण बताया गया है। अतएव यहाँ दो सत्यों में सादृश्य है सात्विक भाव से भी आंसू उसी प्रकार प्रकट होते हैं, जिस प्रकार आँख में तिना पड़ने से आंसू आ जाते हैं।

इसी प्रकार वामन सोक्ति[137], आक्षेप[138], समाहित[139] में भी उपमेय उपमान के सादृश्य के आधार पर ही लक्षण-उदाहरण देते हैं।

सादृश्यमूलकता और भौतिक वास्तविकता—निष्कर्ष यह है कि वामन का रीतिवाद अपने अलंकार निरूपण द्वारा पूर्ववर्ती उक्ति चमत्कारवाद के विरुद्ध एक सीमा तक अवश्य संघर्ष कर रहा था। वामन इस तथ्य से परिचित थे कि अलंकारों द्वारा शोभावृद्धि का कारण वचनचातुर्य होता है किन्तु उसके गर्भ में वर्ण्य थास्तविकता और स्मृति में बसी वास्तविकता का आमना-सामना होने से ही सौन्दर्य की वृद्धि होती है। औपम्य के कारण भौतिक वास्तविकता के दो तत्व (उपमेय : उपमान) सामान्यतः असम्बद्ध लगने पर भी, पार्श्ववर्ती हो जाते हैं। अतः वे दोनों एक दूसरे को आलोकित प्रतिबिम्बित करते हैं।

इससे हमारे रागवृत्त का एकांकीपन और अजनबीपन दूर होता है।

क्रिस्टोफर कॉडवेल ने लिखा है कि अलंकारों द्वारा मनुष्य वास्तविक जीवन में न केवल एक दूसरे को प्रेरित करते हैं अपितु वे मनुष्य की मूल प्रवृत्तियों की आवश्यकताओं की भी पूर्ति करते हैं। अतः उनका अधिष्ठान वाह्य वास्तविकता और मूल प्रवृत्तियों में होता है। अलंकार भाषा का ताना बाना है जो साहचर्य का साधन है। कला अलंकारों द्वारा ही विज्ञान से अलग होकर विशिष्टता पाती है। कला और काव्य अपने क्षेत्र में इसीलिए विशिष्ट होते हैं क्योंकि वे अवास्तविक और भ्रमपूर्ण प्रतीत होने वाले उपायों (अलंकार, छन्द आदि) को अपनाते हैं किन्तु इससे वास्तविकता अधिक मूर्त्त और संश्लिष्ट रूप में व्यक्त होती है, उसी प्रकार जिस प्रकार भवन-निर्माण कला में शिल्पी पाड़ (स्कैफोल्डिंग) बनाते हैं जो फालतू और बनावटी होती है लेकिन उसके बिना भवन-निर्माण असम्भव होता है।[139]

अलंकारों द्वारा निर्मित कला-लोक में सादृश्य का स्थान सर्वाधिक महत्वपूर्ण है। सदृश्य द्वारा दो या अधिक पदार्थों और स्थितियाँ एक साथ, एक क्षण में एकत्र की जाती हैं।[140] कल्पना शक्ति के चमत्कार के अतिरिक्त पूर्व दृष्ट भौतिक वास्तविकताओं का दर्शन हमें तल्लीन कर देता है इसलिए अलंकार शैली के निर्णायक तत्व होते हैं।[141]

दोष और सन्दर्भ की सापेक्षता—भारतीय काव्य-शास्त्र में दोषों की धारणा केन्द्रीय महत्व रखती है। दोष-बोध में आचार्यों ने प्रशंसनीय सूझ-बूझ का परिचय दिया है। भदवग्रीय के अनुसार काव्य में दोषों के प्रति अतिरिक्त जागरूकता का पाया जाना स्वाभाविक भी है। इसके सिवा भारतीय काव्य शास्त्र का कार्य ही गुण-दोष विवेचन माना गया है। उदात्तवादी लोंजाइनस के अनुसार महान और मौलिक प्रतिभाओं में दोषों की अधिक चिन्ता नहीं की जाती।[142] भारतीयों को महान् धारणाओं की क्षमता, गंभीरता और भाव उदात्तता से युक्त काव्यों में अल्पदोष कष्टकारक लगता था। शुद्ध चैतन्य की दार्शनिक धारणाओं के कारण निर्दोषता पर यहाँ अतिरिक्त बल दिया गया है। अतः दोषों का गम्भीर विवेचन भारतीय काव्य-शास्त्र की एक विशिष्टता है।

दोषों के विशद विवरण के पश्चात् आचार्यों ने उनकी सन्दर्भगत सापेक्षता पर ध्यान दिया है।[143] गुण-दोष का बोध और अनुभव, मानवीय परिस्थिति पर निर्भर करता है, उसमें रुचि, शिक्षा, संस्कार और देश, कालादि निर्णायक तत्व होते हैं। अन्य दृष्टियों के सदृश काव्य भी व्यक्ति और परिवेश के द्वन्द्व से उत्पन्न होने के कारण, उसके दोषों की स्थिति गत्यात्मक ही मानी जा सकती है। यह सम्भव नहीं है कि स्थायी दोषों को सर्वदा के लिए निश्चित कर दिया जाए क्योंकि व्यक्ति-विकास में असीम सम्भावनाएं, जटिलताएं, अन्तर्विरोध और असंगतियां होती हैं।

यह द्वन्द्व-बोध आचार्यों के मन में कहीं अवश्य था। अतः रस-दोषों के वर्णन के पश्चात् आनन्दवर्धन उनकी शान्ति के उपाय भी बताते चलते हैं। इसके सिवा दोषों को

नित्य और अनित्य दो भागों में विभाजित किया गया है और लक्ष्य करने योग्य तथ्य यह है कि अधिकांशतः दोषों को अनित्य ही माना गया है। नित्य दोषों में च्युत संस्कार और रसस्वशब्दवाच्यत्व जैसे दोष माने गए हैं किन्तु क्रान्तिकारी साहित्य में स्थापति वर्गमूलक संस्कृति को पदच्युत करने और लोकसंस्कृति की स्थापना के लिए च्युत संस्कार जैसे दोषों की अवहेलना ही गुण मान लिया जाता है। यह प्रवृत्ति सामयिक युयुत्सामूलक उपन्यासों, कहानियों और कविताओं में स्पष्ट देखी जा सकती है। इन के विपरीत जिन प्रयोगों को भद्र संस्कृति में सुसंस्कृत प्रयोग माना जाता था उन्हें देशकाल परिवर्तन से च्युतसंस्कार माना जोने लगा है—उदाहरणतः आज 'नितम्बिनी', 'रम्भोरु' जैसे विशेषणों से नारी को सम्बोधित नहीं किया जा सकता क्योंकि नारी को समान अधिकार देकर उसके व्यक्तित्व का आदर जनतंत्रीय संस्कृति की विशेषता हो गई है। इसके विपरीत रीतिकाल में नारी समग्रतः भोग का साधन थी। अतः प्रेम के प्रसंगों में इस प्रकार के विशेषण संस्कृत प्रयोग माने जाते थे। इसी प्रकार रस के स्वशब्दवाच्यत्व को भी किन्हीं विशेष स्थितियों में गुण माना जा सकता है।[144] अतः दोषनिर्णय में अनेक अंतर्विरोधों की स्थिति शास्त्रों में स्वीकृत है और यह सापेक्षतावादी दृष्टि द्वन्द्वात्मक भौतिकवाद को ग्राह्य है

इस सापेक्षताबाद को सिद्धान्तः स्वीकारने पर भी आचार्यों ने काव्यानुशासन के लिए दोषों की अवहेलना की निन्दा की है। भरत ने तो दोषों को भावात्मक बताया है और गुणों को केवल दोषाभाव मात्र स्वीकार किया है अर्थात् दोष न होंने पर गुण स्वतः प्रकट हो जाते हैं।[145] भामह दोषों का लक्षण नहीं करते किन्तु निर्दोषिता को अनिवार्य मानते हैं। उनके अनुसार एक भी शब्द का दोषपूर्ण प्रयोग नहीं होना चाहिए अन्यथा दोषयुक्त काव्य से कुपुत्र के समान कवि निन्दनीय होता है।[146] वामन ने अनेक दोषों का विवरण दिया है किन्तु उसमें कोई व्यवस्था नहीं है।[147]

दण्डी ने भरत के अनुकरण में दस दोषों को सत्ता स्वीकार की है।[148] भामह ने प्रतिज्ञाहीनत्व, हेतुहीनत्व तथा दृष्टान्तहीनत्व नामक तीन दोषों का वर्णन किया था, दण्डी इन्हें महत्त्व नहीं देते क्योंकि अप्रतिज्ञात वस्तुओं का वर्णन भी कविगण करते हैं। हेतुहीनत्व भी प्रसिद्ध हेतुस्थलों में दोष नहीं होता और दृष्टांतहीनता अधिक वैरस्य उत्पन्न नहीं करती।[149] भरत द्वारा वर्णित दस दोषों से दण्डी के दोषों में किंचत अन्तर दिखाई पड़ता है। गूढ़ार्थ, अथन्तिर, अर्थहीन, भिन्नार्थ, एकार्थ अभिप्लुतार्थ, न्यायादपेत, विषम, विसंधि तथा शब्दच्युत, इन दस दोषों का वर्णन नाट्यशास्त्र में किया गया है।[150]

दण्डी, भद्ररुचि की चरम सीमा प्रस्तुत करते हुए कहते हैं कि अल्पदोष कोढ़ के दाग़ की तरह शोभा-विघातक होता है।[151]

दोषों की सन्दर्भ सापेक्षता को स्वीकार करने पर भी, व्यावहारिक दृष्टि में उक्त दस दोषों के प्रति सावधानी बरतेन से काव्याभ्यासियों को निंश्चित रूप से लाभ हो सकता है। काव्य शिक्षा की दृष्टि से इनका उपयोग स्वतः सिद्ध है। उदाहरण के लिए अर्थ में अत्यधिक गूढ़ता, शृंखलाहीन अर्थ, एक अर्थ के लिए अनेक शब्दों का प्रयोग, तर्कशीलता का अभाव,

छन्दों के प्रयोग में उनके नियमों की उपेक्षा आदि दोष सचमुच विचारणीय है।

दोषों का स्वरूप विवेचन सर्वप्रथम वामन के काव्यालंकार सूत्र में ही मिलता है। वामन दोषों को गुणों का विपर्यय मानते हैं।[152] जिन तत्त्वों में काव्यगुणों या काव्य सौन्दर्य की हानि होती है, वे ही दोष हैं। यदि दोष गुण के विरोधी तत्व हैं और यदि गुण चित्तवृत्ति रूप होते हैं तब दोषों की सत्ता सर्वथा वस्तुगत रह नहीं सकती। अतः वामन के दोषों की अवधारणा को पूर्णतः वस्तुगत मानना कठिन है किन्तु डा. नगेन्द्र वामन के दोषों को वस्तुगत ही मानते हैं। आंतरिक चित्तवृत्ति के उद्वेग से दोषों का कोई सम्बन्ध वामन नहीं मानते—यह उनका मत है।[153]

वस्तुतः दोष तभी उदित होते हैं जब चित्तवृत्ति कहीं शिथिल होती है। वामन दोषों की अन्तरंगता का उल्लेख नहीं करते, इसका यह अर्थ नहीं है कि दोष चेतना के प्रमाद या असावधानता अथवा अनौचित्य के वाह्य रूप नहीं होते। गुणों की तरह दोषों को अधिष्ठान भी मानव मन ही है। यदि ऐसा नहीं मान जाय तो गुणों को चित्तवृत्ति रूप मानना कठिन हो जाएगा और फल स्वरूप उन्हें भी सर्वथा वस्तुगत मानना होगा जब कि वास्तविकता यह है कि दोष-स्थिति में भी रचनाकार की सृजन क्रिया का संकट ही व्यक्त होता है। अतः गुण संगति का पर्याय है और दोष असंगति का, उसी प्रकार जिस प्रकार सौन्दर्य में अवयवों को संगति और कुरूपता में अवयवों की असंगति ही व्यक्त होती है। यह कारण है कि वामन के अनुसार गुणों के परिज्ञान से ही दोषों का परिज्ञान भी सम्भव है।[154] दोष-बोध के गर्भ में गुण बोध सक्रिय रहता है। इसे भौतिकवाद की भाषा में गुण और दोष का द्वन्द्व कह सकते हैं।

अतः वामन के अनुसार दोषों का पृथक निरूपण केवल पाठकों की सुविधा के लिए होता हैं।[155] उनका परिज्ञान इस प्रकार सरल होने पर भी, जब तक गुण बोध नहीं होगा तब तक दोष-बोध अस्पष्ट ही रहेगा। वामन स्वयं कहते हैं कि यहाँ स्थूल दोषों का ही निरूपण किया जा रहा है, सूक्ष्म दोषों का निरूरण गुण प्रकरण में है।[156]

वामन के पद दोषों में असाधुपद, कष्टपद, ग्राम्यपद, अप्रतीत पद, अनर्थकपद को दृष्ट पद कहा है। पदार्थ दोषों में अन्यार्थ, नेयार्थ, गूढ़ार्थ, अश्लील और क्लिष्टत्व—ये पांच प्रकार के दोष निरूपित हुए हैं। वाक्य दोषों में भिन्न वृतः, यतिभ्रष्ट और विसंधि तीन दोष बताए गए हैं। वाक्यार्थ दोषों में व्यर्थ, एकार्थ, संदिग्ध, अप्रयुक्त अपक्रम, लोकविरुद्ध और विद्याविरुद्ध की गणना की गई है। इस प्रकार रीतिवाद में आकर ही दोषों के विवेचन में व्यवस्था स्थापित हुई और इस अंतर्दृष्टि की प्राप्ति भी कि दोष चेतना के ही स्खलन हैं।

इस विशद विभाजन में दोषों की सीमाएँ भंग हो गई हैं, यथा क्लिष्ट, नेयार्थ तथा गूढ़ार्थ की सीमाएँ मिली-जुली है, अप्रतीत भी इनसे दूर नहीं है।[157] वामन ने शब्द, शब्दार्थ, वाक्य, वाक्यार्थ का पार्थक्य सफलतापूर्वक किया है।[158]

वामन के पश्चात् दोष की धारणा में मौलिक परिवर्तन ध्वनिवाद द्वारा प्रस्तुत हुआ।

ध्वनिवाद में रस को काव्यात्मा घोषित किए जाने के कारण गुणों के सदृश दोषों का विचार रस के सन्दर्भ में ही हुआ है। इस प्रकार शब्द, अर्थ वाक्यादि दोषों के अतिरिक्त रस दोषों या रस विरोध की अवधारणा का विकास हुआ। काव्य का मर्म रस है, अतः जो उस में बाधक है, वही दोष है, इस विचार से रस और दोषों की सापेक्षता का सिद्धान्त प्रतिपादित हुआ है।

मम्मट ने ध्वनि सम्प्रदाय के अनुसार दोषों पर सर्वाधिक विचार किया है। आनन्दवर्धन ने कहा था कि रस ध्वनि को मानने पर ही दोषों की नित्यता, अनित्यता की व्यवस्था हो सकती है।[159] इस तथ्य को ध्यानगत करके मम्मट ने दोष का स्वरूप उद्घाटित किया है। मम्मट के अनुसार दोष वे हैं, जिनसे रस की हानि होती है किन्तु रस वाच्यार्थ द्वारा व्यक्त होता है। अतः वाच्यार्थ के अपकारक भी दोष कहलाते हैं, ये ही अर्थदोष होते हैं और शब्दादि रस और अर्थ दोनों के सहायक होते हैं, अतएव पददोष भी माने जाते हैं।[160]

मम्मट ने 72 दोषों का सोदाहरण विवेचन किया है, इनमें पदगत, समासगत वाक्यगत, पदांशगत दोषों का निरूपण मिलता है किन्तु केवल वाक्य दोषों के जो 29 भेद वर्णित हैं, उनमें रसहानिकर्त्ता तत्त्वों को ही दोष माना गया है। प्रतिकूलवर्णता, न्यूनपदता, पतत्प्रकर्षता, भग्नप्रकमता, अधिकपदता आदि 29 दोष इसलिए हैं कि वे रस-सिद्धि में बाधक होते हैं। मम्मट के दोष निरूपण की दूसरी विशेषता यह है कि वह रस दोषों का पृथक वर्णन करते हैं। इसमें रसादि का स्वशब्दवाच्यत्व, अनुभाव और विभाव की कष्टकल्पना से अभिव्यक्ति, रस के प्रतिकूल विभावदि का ग्रहण, रस की पुनः पुनः दीप्ति, अनवसर में रस विस्तार, अनवसर में रसविच्छेद, अप्रधान रस का विस्तार, अंगी रस की विस्मृति, पात्रों का विपर्यय, प्रकृत रस के अपकारक तत्त्वों का कथन आदि 13 रस दोषों का वर्णन है।

रसदोषों का प्रमुख कारण आनन्दवर्धन ने अनौचित्य बतलाया था।[161] मम्मट इस विचार को स्वीकार करते हैं और औचित्य के वर्णन को ही रस परिपोषण का रहस्य बतलाते हैं।

किन्तु ये रसदोष भी निरपेक्ष नहीं हैं। ये विभिन्न स्थितिर्यों की सापेक्षता में ही दोष होते हैं। दोष की इस गत्यात्मक अवधारणा को मम्मट ने सोदाहरण प्रस्तुत किया है। द्वन्द्व सिद्धान्त के लिए यह स्थल बहुत उपयोगी है।

मम्मट के अनुसार कहीं संचारी भाव का स्वशब्दकथन भी गुण बन जाता है क्योंकि कहीं अनुभावों द्वारा संचारी भावों का पूर्ण परिस्फुटन नहीं हो पाता।[162] इसी प्रकार प्रकृत रस के विपरीत संचारी भाव, अनुभाव और विभाव का कथन गुण बन जाता है। जैसे—कहाँ, यह अनुचित कार्य और कहाँ चन्द्रमा का वंश, क्या उसके दर्शन का सौभाग्य पुनः प्राप्त होगा, मैंने दोषों पर विजय प्राप्त करने के लिए शास्त्रों का अध्ययन किया है, क्रोध में भी उसका मुख कितना सुन्दर लगता था, इस व्यवहार से धर्मज्ञ विद्वान मुझे क्या कहेंगे, वह

तो अब स्वप्न में भी दुर्लभ है, हे मन धैर्य रखो, न जाने कौन सौभाग्यशाली युवक उसका अधरामृत पान करेगा।[163]

इस पद्य में धैर्यादि संचारियों का, चन्द्रवंश आदि विभावादि का स्पष्ट उल्लेख है किन्तु भावशवलता की स्थिति में रसादि का ऐसा स्वशब्दवाच्यत्व गुण है, दोष नहीं इसके अतिरिक्त यहाँ शान्त रस के संचारी वितर्क आदि की विश्रान्ति शृंगार के संचारी चिन्ता में होती है, इसलिए भी यहाँ विभादि का स्वशब्द कथन दोष नहीं है।

रसदोषों की सापेक्षता प्रदर्शित करने के लिए मम्मट ने रस विरोधों के परिहार के लिए कई उपाय बताए हैं। वीर और भयानक रस का एकाश्रय दोष है किन्तु भयानक को प्रतिनायकगत वर्णित करने पर वह गुण बन जाता है। शान्त और शृंगार विरोधी रस हैं किन्तु इन दोनों के मध्य अन्य रस के वर्णन कर देने पर दोष नहीं प्रतीत होता।[164] केवल प्रबन्धों में नहीं, अपितु एक वाक्य में, रसान्तर का व्यवधान कर देने से विरोध समाप्त हो जाता है। यथा, युद्धभूमि में मारे जाने के बाद स्वर्ग में पहुँच कर, विमानों पर आसीन वीरों ने अप्सराओं द्वारा संकेतित युद्ध भूमि में पड़े हुए अपने शरीरों को देखा।[165] यहाँ नैरन्तर्य से विरोधी वीभत्स और शृंगार के मध्य वीर रस के सन्निवेश से दोष गुण में बदल गया है।

इसी प्रकार विरोधी रस, स्मर्पमाण रूप में वर्णित होने पर गुण बन जाता है। एक साथ श्लेषादि द्वारा दो विरोधी रसों का वर्णन हो तो दोष नहीं रहता तथा यदि दो विरोधी रस, तृतीय रस के अंग बना दिए जाएँ तो भी दोष का परिहार हो जाता है।[166] ध्वन्यालोक में भी रसदोषों की सापेक्षता अथवा विरोध की अनित्यता पर विस्तार से विचार किया गया है।[167] दोषों की नित्यता और अनित्यता रसापकर्ष के आधार पर ही आधारित की गई है। च्युतसंस्कार आदि को रस में सर्वत्र बाधक होने से नित्य माना गया है, किन्तु यह भद्ररुचि से प्रभावित बोध है, यह पहले ही कहा जा चुका है। संस्कार क्या हैं, यह देशकाल से निश्चित होता है। अनित्य दोष सन्दर्भ होते हैं। अवतंस कान के आभूषण को कहते हैं किन्तु कहीं स्पष्टता के लिए कर्णावतंस शब्द प्रयुक्त होने से उसे पुनरुक्ति दोष नहीं कहा जा सकता।[168]

मम्मट इस प्रकार के दोषों को प्राचीन काव्यों में ही गुण मानते थे किन्तु अपने समकालीन काव्यों में वह सर्वथा निर्दोष रचना पर बल देते थे तभी वह अपनी काव्य परिभाषा में सर्वप्रथम 'अदोषो' पद का प्रयोग करते हैं। उनके अनुसार नवीनों को दोषों के बचना चाहिए।[169]

इसी प्रकार प्रसिद्ध अर्थ में न होना[170] तथा अनुकरण में दोषों को अपनाना,[171] दोषयुक्त नहीं होता। वक्ता आदि के औचित्य के कारण कहीं दोष भी गुण बन जाता है और कहीं गुण दोष ही नहीं होते हैं। कहीं वाच्य के कारण कष्टत्व गुण बन जाता है।[172] वाच्य यदि भयंकर प्राणी या पदार्थ होगा तो कठोर शब्द ही मनोहर प्रतीत होंगे अन्यथा कठोर शब्द कष्टकर होंगे। प्रकरण के अनुरोध से भी कष्टत्व गुण हो जाता है। मम्मट के

अनुसार नीरस काव्य में क्लिष्ट रचना न गुण होती है, न दोष। यथा श्लेषयुक्त कठिन काव्य में।[173]

कहीं अमंगलसूचक अश्लीलता ही गुण हो जाती है यथा शत्रुदल के विनाश की भविष्य वाणियाँ प्रिय लगती हैं।[174] संदिग्धता ब्याज-स्तुति में प्रिय हो जाती है।[175] शास्त्रज्ञ वक्ता या योद्धा की वाणी में अप्रतीत्व उचित होता है तथा स्वयं चिंतन में भी अप्रतीत्व गुण हो जाता है।[176] नीच पात्रों की उक्तियों में ग्राम्यत्व दोष नहीं रहता।[177] रहस्यमय या गोपनीय प्रसंगों में न्यूनपदता ही गुण है।[178] इसी तरह अधिकपदत्व पुनरुक्ति, दोष कहीं गुण प्रतीत होने लगते हैं।

दोष की अवधारणा वक्ता, बोध, प्रकरण, काल, देश आदि की सापेक्षता पर निर्भर करती है, इस वैज्ञानिक सत्य की स्थिति मम्भट के विवेचन से पूर्णतः प्रमाणित होती है।

इस सापेक्षतावाद की उपेक्षा पंडितगण व्यावहारिक समीक्षा में प्रायः करते हैं और काव्य सुनते या पढ़ते ही दोषों का मनमाना अनुसंधान करने लगते हैं। स्वयं मम्मट के सम्बन्ध में ऐसी किंवदंतियाँ प्रचलित हैं कि वह दोष दर्शन में विशेष रुचि लेते थे। एक कथा है कि जब श्रीहर्ष उन्हें अपना नैषधीयम् दिखाने गए तो मम्मट ने कहा कि यदि यह ग्रन्थ उन्हें पहले मिल जाता तो दोष प्रकरण के लिए उन्हें उदाहरण एकत्र करने के लिए व्यर्थ श्रम न करना पड़ता! मम्मट के काव्यप्रकाश में सर्वाधिक प्रसिद्ध स्थल दोष-प्रकरण ही है। उनके सापेक्षतावाद की चिन्ता किए बिना किसी पंडित ने कविता कामिनी पर काव्य प्रकाश को बलात्कारी यवन की पदवी दे डाली है।[179]

भोज ने दोष की अवधारणा में वैशेषिक गुणों अथवा अनित्य दोषों की चर्चा की है किन्तु उसमें कोई धारणागत नवीनता नहीं मिलती।[180] महिम भट्ट ने दोष के विषय में अनौचित्यवाद प्रस्तुत किया है जिसका बीज भी ध्वन्यालोक में विद्यमान है।

महिम भट्ट अनौचित्य की प्रतीत को दोष कहते हैं। यह प्रतीति दो प्रकार की होती है। अंतरंग अनौचित्य की प्रतीति रसों में विभाबादि के अशुद्ध विनियोग द्वारा उत्पन्न होती है। दूसरी बहिरंग, अनौचित्य प्रतीति शब्दगत होती है। यह बहिरंग अनौचित्य, विधेयाविमर्श, प्रक्रमभेद, क्रमभेद, पौनरुक्तय तथा वाच्यावचन आदि कई प्रकार का होता है।[181] अंतरंग दोष के विवेचन में महिम भट्ट आनन्दवर्धन के सदृश रस के बाधक तत्वों को ही दोष कहते हैं। अतः रसदोष के विषय में उनमें कोई नवीनता नहीं मिलती। विधेयाविमर्श में उन्होंने व्याकरणिक दृष्टि अपना कर विस्तार से शब्द प्रयोगों के अनौचित्य पर विचार किया है।

व्याकरणिक अनौचित्य महिम भट्ट को असह्य है क्योंकि रससिद्धि शब्द के शुद्ध प्रयोग पर भी निर्भर होती है। इसी प्रकार प्रक्रम भेद भी रसभंग का कारण बन सकता है।[182] महिम भट्ट के बहिरंग दोषों के विवेचन की विशेषता यह हे कि चित्तवृत्ति के साथ दोषों का सम्बन्ध वह स्थापित करते चलते हैं। उनके अनुसार प्रक्रमभेद दोष ज्ञाता की ज्ञानधारा को गिरा कर गर्त्त के समान दुःख होता है।[183] महिम भट्ट को लोक की भी चिन्ता अधिक रहती है। उनके अनुसार लोक की यह प्रवृत्ति है कि रसास्वाद की प्रतीति मलीन

न हो अतएव उपक्रम के अनुसार होने पर ही लोक शब्द-व्यवहार को आदर देता है।[184] इस प्रकार दोष वर्णन महिम भट्ट के यहाँ भी रस और औचित्य के सन्दर्भ में श्रोता और वक्ता के त्रिकोण के मध्य एक असंगित के रूप में स्वीकार किया गया है। प्रक्रम भेद, वाच्यावचन (कथनीय को न कहना) आदि दोषों का विवेचन व्यक्ति विवेक में इसी दृष्टि से हुआ है।

महिमभट्ट ने मम्मट से भी अधिक सूक्ष्मता और हस्तलाघव के साथ दोषों के विवेचन में काव्य में अनौचित्य का उद्‌घाटन किया है। पाठ के निकटतम अध्ययन के लिए महिम और मम्मट के दोष प्रकरण बहुत उपयोगी हैं।

महिम भट्ट का दावा है कि जो दोष उन्होंने निर्देशित किए हैं, उन्हें महाकवि भी नहीं समझ पाते।[185] रोचक तथ्य यह है कि महिम भट्ट ने इन सब दोषों को ध्वनिकार की उक्तियों पर ही घटित करने का प्रयत्न किया है यथा “काव्यस्यआत्माध्वनि”, ध्वनिकार के इस पद में क्रमभेद दोष सिद्ध किया गया है।

हेमचन्द्र ने अपने काव्यानुशासन में मम्मट का दोष निरूपण ही दुहरा दिया है। अपनी टीका में हेमचन्द्र ने आनन्दवर्धन और महिमभट्ट से दोष सम्बन्धी सामग्री प्रस्तुत कर दी है। महिमभट्ट के प्रक्रमभंग और क्रमभंग की धारणा की गूंज भी काव्यानुशासन की टीका में मिलती है। विश्वनाथ के साहित्य दर्पण में भी दोष सम्बन्धी नवीन उद्‌भावना का अभाव मिलता है मम्मट के सप्तम अध्याय की पुनर्प्रस्तुति ही यहाँ प्राप्त होती है। विद्यानाथ के प्रतापरुद्रीय पर मम्भट और भोज का प्रभाव है। भोज के अरीतिमत्‌ दोष का वर्णन किया है जो गुणों का विपर्यय माना गया है। विद्यानाथ अरीतिमत्‌ का अर्थान्तर करके शैली के सभी अनौचित्यों को उसमें शामिल कर लेते हैं।[186] केश्व मिश्र कृत अलंकार शेखर में भी दोष भोज की सम्बन्धी धारणाएँ ही स्वीकृत हुई हैं।[187]

पंडितराज जगन्नाथ में भी दोषों सम्बन्धी कोई नवीन उद्‌भावना नहीं मिलती। वह रस विरोधों और उनके परिहार के उपाय बताते हैं पर उसमें नवीनता नहीं है। वह व्यंग्य रस को 'वाच्या' बना देने पर 'वमन दोष' और निरर्थकत्व दोषों की चर्चा अवश्य करते हैं।[188] वह भी इसी तथ्य पर पहुँचते हैं कि अनौचित्य ही रसभंग का प्रधान कारण है।[189] औचित्य-बोध परिवर्तन शील बोध है। अतः दोषों का सापेक्षतावाद भारतीय काव्यशास्त्र की उपलब्धि है। गुणः दोषों की सन्दर्भपरकता या सापेक्षता-द्वन्द्वात्मक भौतिकवादी बोध के अनुकूल ही है।

रीतिवाद का भौतिकवादी काव्यशास्त्र के लिए उपयोग—तत्व और रूप (अभिव्यक्ति : शैली) के विषय में भौतिकवाद विरोधी विचारक रूप को अधिक महत्व देते हैं। ये रूप को उच्चतर, तात्विक और आंतरिक (स्प्रिचुअल) मानते हैं और वर्ण्य तत्व या कथ्य को गौण, अपूर्ण और अशुद्ध कहते हैं। रूपवादियों के अनुसार शुद्ध रूप ही वास्तविकता का मर्म है क्योंकि भूततत्व विभिन्न रूपों में परिणत होता रहता है जैसे कि

भूततत्व किसी आदर्श या शुद्ध रूप की खोज में हो। शुद्ध रूप की प्राप्ति ही भूततत्व की नियति है। सृष्टि में प्रत्येक वस्तु भूततत्त्व और रूप का मिश्रण होती है। वस्तुओं में रूप की प्रधानता जितनी ही अधिक होती जाती है, उतनी ही पूर्णता उत्पन्न होती जाती है।

इस प्रकार गणित में रूप की सर्वाधिक प्रधानता और भूततत्त्व की सर्वाधिक अप्रधानता होती है। इसलिए गणित को पूर्ण विज्ञान और संगीत को पूर्ण कला मानने पर आग्रह प्रदर्शित किया जाता रहा है। यहाँ रूप प्लेटो के शुद्ध प्रत्यय (प्योर आइडिया) का सादृश्य प्राप्त करता है। भूततत्त्व इसी शुद्ध प्रत्यय या रूप को प्राप्त करने की प्रक्रिया में सतत संलग्न रहता है। यह विचार उस आदिम कुम्भकार के विचार के सदृश्य है जो कहता है—मैंने पहले रूप का निर्माण किया और फिर उसमें रूपहीन मिट्टी को ढाल कर पात्रों का निर्माण कर लिया।[190]

रूप की इस अधिदर्शनात्मक व्याख्या के आधार पर ही मध्ययुगीन धर्मशास्त्रियों ने रूप-चिंतन में योगदान किया था। टामस एक्विनस नामक दार्शनिक ने विश्व व्यवस्था का सिद्धान्त इसी रूप-चिंतन के आधार पर प्रस्तुत किया था। एक्विसन के अनुसार प्रत्येक जीवसत्ता एक अधिदार्शनिक आत्यन्तिक उद्देश्य की प्रेरणा से सक्रिय रहती है। अतः प्रत्येक सत्ता अपने अंतिम गंतव्य की ओर प्रधावित है। ईश्वर ही पूर्ण है। अन्य सभी सत्ताऐं अपूर्ण हैं जो पूर्णोन्मुख हैं। सत्ताओं में वह पूर्ण ईश्वर संभावनाओं के रूप में अवस्थित रहता है। फलतः यह गुप्त संभावना ही क्रिया और तथ्यों में प्रकट होती है, वही जीवों में पूर्णोन्मुखता उत्पन्न करती है। प्रत्येक भूततत्त्व की यह क्रिया ही रूप है।[191] अतएव रूप ही सक्रियता का सिद्धान्त है। प्रत्येक क्रिया, रूप के माध्यम से ही अस्तित्व में आती है। इस प्रकार रूपवादी क्रिया और आत्यन्तिक उद्देश्य में सभी लोग एकता मानते हैं।

नवमार्क्सवादी विचारक फिशर के अनुसार बूर्ज्वा आलोचक इस प्रकार के अर्ध-दर्शनात्मक, यथार्थविरोधी सिद्धान्तों से प्रेरण लेकर तत्त्व को गौण और रूप को प्रमुख मात्र लेते हैं।[192]

किन्तु प्राकृतिक स्तर पर भी तत्त्व की गौणता और रूप की प्रमुखता सिद्ध नहीं होती। उदाहरणतः स्फटिकों में रूप की पूर्णता सबसे अधिक दिखाई पड़ती है। उनकी रचना अत्यन्त आश्चर्यजनक, भव्य, पारदर्शी व व्यवस्थित होती है। स्फटिक को देखकर कवित्वपूर्ण हो उठना सामान्य प्रवृत्ति है और उस स्थिति में मनमानी कल्पनाएँ करना भी स्वाभाविक है कि स्फटिक में ईश्वर झलक रहा है या यह कि रूप ने तत्व पर अंतिम विजय प्राप्त कर ली है किन्तु यह इच्छा अवैज्ञानिक दृष्टि है।

द्वन्द्वात्मक भौतिकवाद वैज्ञानिक आधार को त्याग कर अच्छा जगत् में मुक्त विचरण नहीं करता। वह प्रत्येक वस्तु की सृजन-प्रक्रिया पर विचार करता है। वस्तु के आंतरिक सम्बन्धों का परिज्ञान ही उसकी ज्ञान-प्रक्रिया है। स्फटिक का निर्माण रूप द्वारा नहीं होता अपितु उसके भीतर भूततत्वों के पारस्परिक सम्बन्धों, द्वन्द्वों और उनकी संगति विशेष ही स्फटिक में परिणत होती है अतः वस्तुओं के भीतरी ढाँचे का गम्भीर निरीक्षण ही रूप

अध्ययन की वास्तविक विधि है।

स्फटिक की संघटना के निरीक्षण से यह प्रमाणित होता है कि उसके आंतरिक तत्त्व ही उसके रूप के नियामक होते हैं। स्फटिक विशेषज्ञ स्फटिक ने अणुओं के विश्लेषण में उसके रूप को निश्चित करने में सफल होते हैं। अणुओं की व्यवस्था स्फटिक अणुओं के स्वरूप के ऊपर निर्भर करती है और यह व्यवस्था भी गतिशील होती है, स्थिर या जड़ नहीं। ताप की विभिन्न मात्राओं के अनुसार आंतरिक ढाँचे की गतिशीलता और व्यवस्था में विभिन्न परिवर्तन होते रहते हैं। एक विशेष क्षण में भीतरी हलचल में तत्त्वों का परिमाण गुण में परिवर्तित हो जाता है। इस प्रकार रूपहीनता से रूप की प्राप्ति की प्रक्रिया में आंतरिक तत्वों का द्वन्द्व ही निर्णायक होता है, ईश्वर या शुद्ध प्रत्यय को स्फटिक के रूप या तत्त्व पर आरोपित करना कल्पना मात्र है।

भूततत्त्व गति-प्रवाह की स्थिति में रहते हैं। वे अचानक, एक उछाल के रूप में रूपहीन स्थिति से रूपयुक्त स्थिति को प्राप्त होते हैं। द्रव्य इसी प्रक्रिया द्वारा स्फटिकों में परिणत होते हैं। अतः स्फटिक भी अंतिम रूप नहीं होते अपितु सतत परिवर्तन के प्रवाह में वे परिणत हो जाते हैं किन्तु उसके आंतरिक अणु आवर्तनशील गति से संलग्न रहते हैं। अतः वे नए रूपों की निर्माण की प्रक्रिया में सक्षम होते रहते हैं। ताप की अधिकता से रूप बनते बिगड़ते रहते हैं।

इसी प्रकार स्फटिकों में जो समरूपता (सिमैट्री) प्रतीत होती है, वह भी आंतरिक तत्वों की विशिष्ट स्थितियों, गतियों और तापादि पर निर्भर होती है। स्फटिकों में 32 प्रकार की समरूपताओं का जन्म इसी विधि द्वारा होता है। अतः समरूपता, अवयवों की संगति आदि रूप वैशिष्ट्य अणुओं की संघटना पर आधारित होते हैं।

विज्ञान के अनुसार प्रत्येक अस्तित्व अपने में एक विशिष्ट अस्तित्व होता है और इस विशिष्टता का कारण आंतरिक सम्बन्धों की विशिष्टता ही होती है। तत्वों के भीतर इस आंतरिक सम्बन्धों में आकर्षण और विकर्षण का अनवरत द्वन्द्व एक वैज्ञानिक सत्य है और यही तत्वों का द्वन्द्व रूपों का वास्तविक कारण है। अतएव तत्व ही रूप का नियामक होता है, रूप तत्वों का नियामक नहीं होता। दूसरे शब्दों में संघटित स्थिति में तत्व और रूप एक और अभिन्न होते हैं।

अतः रूपेच्छा,[193] रूपहीनता की ओर उन्मुख इच्छा,[194] रूप में ईश्वर की झलक, तत्व की तुलना में रूप की प्रधानता जैसे विचार अवैज्ञानिक और इसलिए द्वन्द्वात्मक भौतिकवाद के विरोधी विचार हैं।

तत्व और रूप में उक्त विधि पर द्वन्द्वात्मक सम्बन्ध होता है। रूप वस्तुतः तत्वों की विशिष्टि व्यवस्था का ही दूसरा नाम है। तत्व सर्वदा परिवर्तनशील और क्रान्तिकारी होते हैं जब कि रूप स्थिर वस्तु है। पदार्थ जगत् में वंशानुक्रम स्थिर होता है और भिन्नता क्रान्तिकारी तत्व होता है। मानव समाज, प्रकृति का अंग होने पर स्वयं अपने नियमों का विकास करता है। उसमें उत्पादन सम्बन्ध स्थिर पक्ष को प्रस्तुत करते हैं और उत्पादन

शक्तियाँ क्रान्तिकारी पक्ष की प्रतिनिधि होती हैं। उत्पादन शक्तियों में मूलभूत परिवर्तन होने पर उत्पादन और अन्य मानवीय सम्बन्ध परिवर्तित होने लगते हैं।

जीवित प्राणी विभिन्न रूपों में वाह्‌य परिवेशगत प्रभावों को अपने में समेटते हुए, अपनी सत्ता की रक्षा और विकास या अनुकूलीकरण की प्रक्रिया में रहते हैं। अतः तत्व और रूप पैयक्तिक सत्य भी है और साथ ही वह सामाजिक-प्राकृतिक सत्य भी है। यही कारण है कि परिवर्तन के इस सतत और विराट प्रवाह में कला-साहित्य के क्षेत्र में एक ही विषय को विभिन्न रूपों में प्रस्तुत किया जाता है। राम की कथा के युगानुरूप अर्थ इस तथ्य के प्रमाण हैं। रामकथा में वाल्मीकि का कथ्य तुलसी द्वारा प्रस्तुत रामकथा के कथ्य से भिन्न है। वाल्मीकि और तुलसी की शैलियों का अन्तर भी दो भिन्न युगों की प्रतिनिधि चेतनाओं की विश्व दृष्टि, भाव और मूल्यगत भिन्नता के कारण है। इसी प्रकार फाउस्ट की कथा को मार्लो, लेसिंग, टामस मान और गेटे ने विभिन्न रूपों में प्रस्तुत किया है। अतः कलाकार की दृष्टि के कारण ही विषय (सब्जैक्ट) कथ्य या तत्व का पद प्राप्त करता है।

किन्तु इसका यह अर्थ नहीं कि रूप का अनुकरण नहीं होता। साधारण प्रतिभाएँ ही पिष्टपेषित रूपों का अनुकरण करती हैं। उनमें नियमतः तत्व की दरिद्रता व्यक्त होती है। उदाहरणतः कामायनी के अनुकरणों में पार्वती (रामानन्द तिवारी) अनंग (चन्द्राकार) आदि में इनके रचयिताओं की विश्व दृष्टि की पुराणप्रियता और युगबोध के अभाव के कारण तत्व या कथ्य की दरिद्रंता ही प्रकट होती है। आधुनिक युग के अनेक महाकाव्य शैली के प्रबन्ध काव्य इसीलिए नवीन रूपों की सृष्टि में असफल रहें हैं क्योंकि आंतरिक ताप और युग बोध की पीड़ा की असंगतियों का वहाँ अभाव मिलता है। इसके विपरीत विचित्र शैलियों और रूपों के स्रष्टा, नवलेखनकार अधिक ध्यान आकर्षित करते हैं क्योंकि उनमें परिवर्तन की तीव्र कामना उस ताप को जन्म दे सकी है, जिसके कारण चेतनाओं में नई असंगतियों का द्वन्द्व नवीन रूपों की सृष्टि में समर्थ हो सका है। विचित्र मार्ग का आधुनिक रूप, समकालीन जीवन दशाओं की विचित्रताओं और उलझनों के बोध और संवेदन के कारण ही प्रस्तुत हो सका है। उसका चमत्कार कुंतक के समय के चमत्कार प्रधान विचित्र मार्ग से गुणात्मक भिन्नता रखता है।

इस प्रकार रीति या शैली तथा काव्य भाषा के विभिन्न रूपों का अध्ययन वस्तुतः कलाकार और युग के आंतरिक चेतनाणुओं के द्वन्द्व और संगित का अध्ययन है। वामन और आनन्दवर्धन, मम्मट और जगन्नाथ इसी तथ्य को शास्त्रीय भाषा में व्यक्त करते हैं। वामन इसे गुण कहते हैं और ध्वनिकार इसे रस के धर्म सिद्ध करके भी गुण संज्ञा का त्याग नहीं करते। पदरचना और मार्ग या रीति मानव के भीतरी ढाँचे के ही व्यक्त रूप होते हैं। अतः गुणों और पदों की एकता और अभिन्नता सिद्ध होती है। दोषों का जन्म भी गुणस्खलन से ही होता है, जिसके निर्धारण में मानव रुचि, शिक्षा, संस्कार, प्रकरणादि नियामक सिद्ध होते हैं।

वामन के रीति विवेचन से रीति या शैली तथा काव्य भाषा न तो सर्वथा व्यक्तिगत प्रमाणित होती है, न सर्वथा अव्यक्तिगत, शैली विज्ञान और उक्त द्वन्द्वात्मक दृष्टि से भी यह प्रमाणिम होता है। कवि प्रतिभा, कवि स्वभाव, कवि अनुभूति के अतिरिक्त शब्द भण्डार, आकर्षक कथन और वास्तविकता बोध के विभिन्न रूप कवि को समाज से मिलते हैं। अतः विशिष्ट पद रचना की स्थिति से रचना तत्व और शब्दादि सामग्री, परिवेश और कवि का द्वन्द्व आदि सभी शक्तियाँ कवि चेतना में उसी प्रकार एक दूसरे से टकराती हैं जैसे स्फटिक की निर्माण प्रक्रिया में भूततत्व आंतरिक विद्युताघातों और तापों के साथ संघर्षशील होते हैं। अतः रीति और गुण की अवधारणाओं में उक्त वैज्ञानिक सत्य छिपा हुआ है। इस सत्य की पहचान कर, कृति विशेष के रीति परीक्षण में, तत्व और अभिव्यंजना के द्वन्द्व सम्बन्ध और संगति के आधार पर हम अधिक वस्तुगत और वैज्ञानिक विधि प्राप्त कर सकते हैं।

कला तथा साहित्य में रीतियों के युगानुरूप परिवर्तन के दर्शन के लिए ऐतिहासिक भौतिकवादी दृष्टि से युग तत्व (कन्टैंट ऑफ़ द एज) तथा युग रीति के परस्पर सम्बन्धों को देखा जा सकता है, यह दृष्टि वामन के रीतिवाद में नहीं मिल सकती थी, यह तो चिंतन के नूतन विकास का फल है।

काव्य की वैदर्भी, गौड़ी, पांचाली आदि रूपों और रीतियों की निर्मिति में उक्त तत्व और रूप के आंतरिक सम्बन्ध के अतिरिक्त, रीतिवाद का एक योगदान भरत द्वारा प्रतिपादित देशज वृत्तियों के स्थान पर काव्य रीतियों की सामान्य धारणा के विकास में है, जो समग्रतः सरलीकृत रूप में आज भी स्वीकार्य है। सर्वगुणयुक्त सहज शैली को ही वामन वैदर्भी कहते हैं और आडम्बर प्रधान शैली को गौड़ी नाम देते हैं। कुंतक के नाम तो यथावत् स्वीकृत हो सकते हैं, यथा, समकालीन लेखन विचित्रमार्गी कहा जा सकता है। कुंतक सुकुमार और विचित्र दोनों मार्गों की प्रतिभा सम्पन्न रचनाओं को उत्तम कोटि में ही स्थापित करते हैं। वस्तुत वामन भी गुणों की प्रचुरता को ही काव्य शैली की उतभता का निकट मानते हैं। उसी प्रकार, जिस प्रकार, मनुष्य की श्रेष्ठता का निकष उसके गुण होते हैं।

सरलीकरण और सामान्यीकरण में विवरण की पूर्णता का अभाव होता है। अतः देशकालानुसार वामनादि की शैलीगत सामान्य धारणाओं का सरलीकृत रूप में, सूत्रों के सदृश प्रयोग अपर्याप्त होगा। यथा, यह सत्य है कि गुण सम्पन्नता उत्तम काव्य रीति के लिए आवश्यक है किन्तु गुणों की धारणा के विषय में भी परिवर्तन होता है, यथा टी. एस. इलियट ने काव्य में, सन्दर्भ गर्भता और फलतः दुरूहता को युग बिशिष्टता मानकर गुण के रूप में स्वीकार किया है। 'वेस्टलैंड' निःसंदेह दुरूह रीति का काव्य है, और यह दुरूहता, दुर्बोध युग की संवेदना और समस्यामूलकता के कारण उत्पन्न हुई है। विशेषज्ञता प्रधान युग प्रवृत्ति विशेष प्रबल होती है या हो सकती है।

वामन के अनुसार अर्थव्यक्ति एक आवश्यक गुण है। रीतिवादी यह नहीं कहते कि इलियट के 'वेस्टलैंड' में या मुक्तिबोध के 'अंधेरे' में अर्थव्यक्ति का अभाव होने से ये

रचनाएँ दोषपूर्ण हैं। सरल काव्य की प्रतिक्रिया में रुचि चक्र के नियम से अपनी अन्य शक्तियों के कारण दुरूह काव्य की मांग होती है किन्तु ध्यातव्य यह है कि दुरूह काव्य के विरुद्ध कुछ समय बाद विद्रोह होता है। स्वयं टी. एस. इलियट के 'फोर क्वाटरैट्स' में 'वेस्टलैड' की तुलना में, प्रसाद, गुण और अर्थ व्यक्ति अधिक है। अतः रीतिवादियों द्वारा निर्देशित गुणों का प्रयोग फार्मूला की तरह नहीं करना चाहिए किन्तु अवधारणा की दृष्टि से सरलीकृत और सामान्य सिद्धान्त के रूप में वे सत्य के निकट हैं और इसका कारण यह था कि वे मानव मन के गम्भीर द्रष्टा थे उनकी सीमाएँ इतिहास और समाज विकास के सोपान विशेष की सीमाएँ थीं।

रीतिवाद का अन्य योगदान गुण और अलंकार का भेद-स्थापन है। काव्याँगों का इस प्रकार का विभाजन सिद्धान्ततः अवैज्ञानिक होता है किन्तु इस भेद द्वारा रीतिवाद ने अलंकार के चमत्कारवाद और सैद्धान्तिक अव्यवस्था को दूर करना चाहा था।

सीमा रेखा भेदक विभाजनवाद भारतीय काव्यशास्त्रीय सम्प्रदायों का व्यापक दोष है किन्तु प्रत्येक क्रिया का एक सतत पक्ष होता है। विभाजनवादी प्रवृत्ति का संगत यह पक्ष है कि गुणों, दोषों के उदाहरण एकत्र करने की क्रिया से गुणों, शब्दों, पदों, गुण और अलंकार की परस्पर सापेक्षताओं और भेदों का विशद अध्ययन प्रस्तुत हो गया है जो अत्यधिक तकनीकी अथवा विशेषतापरक है। साहित्य के निकटतम अध्ययन का यह भारतीय रूप है। अमरीकी नयी समीक्षा (न्यू क्रिटीसिज्म) में पाठ का निकटतम अध्ययन ही संभव हो पाता है।[195] उदाहरणतः एम्पसन के 'सैविन टायप्स ऑफ़ एम्बीग्विटी' में सन्देह युक्त कथन अथवा विविधार्थकता को काव्य की विशेषता मान कर (जा स्वयं अपने में एक पूर्व कल्पना मात्र है) शब्द प्रयोगों और उनके अनेक अर्थों का अनुसंधान मिलता है। नयी समीक्षा में कला और साहित्य तथा कवि के सामान्य प्रश्नों पर चर्चा को महत्व नहीं मिलता। उसमें कृति का ही तकनीकी अध्ययन होता है।[196] वस्तुतः इस विधि का पूर्व रूप रीति, गुण, दोषादि के लक्षण उदाहरणों में मिलता है। द्वन्द्वमूलक दृष्टि विशिष्ट कृति को कवि और युग चेतनादि से पृथक करके नहीं देख सकती क्योंकि वहाँ कृति, कर्त्ता, अभिव्यंजना और युगचेतनादि एक द्वन्द्वात्मक सम्बन्ध से सम्बन्धित माने जाते हैं फिर भी तकनीकी अध्ययन से साहित्य सम्बन्धी सूक्ष्मदर्शिता और पृथक्करण शक्ति का विकास होता है जो अन्ततः साहित्य के निर्णय-बोध में सहायक तत्व है। इसके अतिरिक्त अनेक अन्तर्दृष्टियों की प्राप्ति होती है जैसे गुण-दोषों के विभाजन के बाद, इनकी सापेक्षता पर आचार्यों के विचार आज भी उपयोगी हैं। अलंकारों के दोषों के विषय में, विशेषकर उपमा के दोष विवेचन में, सदृश्य पर बल ऐसी ही एक अन्तर्दृष्टि है। सौन्दर्य का कारण गुण है, बाहरी सज्जा नहीं, यह धारणा कृत्रिम सौन्दर्य-बोध के विरुद्ध संघर्ष का एक अस्त्र है। निर्दोषता पर बल न केवल मानवीय पूर्णता के प्रयत्न का परिचायक है अपितु निर्दोषता की धारणा अपरिपक्वताओं को दूर करने में सहायक है। प्रारम्भिक काव्याभ्यास के लिए भी रीतिपरक विवेचन का प्रबुद्ध उपयोग सम्भव है।

रीतिवाद में, विशेषकर वामन में, काव्य के अन्य प्रसंगों में व्यक्त अंतर्दृष्टियाँ काव्य-बोध और काव्य-निर्णय के लिए अत्यधिक महत्वपूर्ण हैं। वामन की अनिवर्चनीय 'शब्द पाक' की धारणा इसका एक उदाहरण है। विशिष्ट पद रचना या रीति के लिए शब्द पाक की रचना-प्रक्रिया के मनोविज्ञान का वर्णन भी किया गया है।

वस्तुतः "जब तक मन स्थिर नहीं होता, तब तक पदों के चयन में अनिश्चय रहता है, चयन और त्याग का क्रम चलता रहता है किन्तु पदों में स्थिरता स्थापित हो जाने पर सरस्वती सिद्ध हो जाती है, इस स्थिति को शब्दपाक कहा जाता है।"[197]

श्रेष्ठ (वैदर्भी) रीति में ही ऐसा शब्दपाक कहीं कहीं उदित होता है।[198] वामन ने काव्य-बोध के लिए कवि-परम्पराओं और रूढ़ियों का भी विवरण दिया है जो प्राचीन काव्य की समीक्षा के लिए उपयोगी है।[199] इसके अतिरिक्त वह इस विधि का भी द्योतक है कि आधुनिक काव्य साहित्य के बोध के लिए आधुनिक परम्पराओं और रूढ़ियों का संग्रह-विवेचन आवश्यक है। शब्द प्रयोग में सावधानता पर वामन के विचार उपयोगी हैं।[200] शब्द का यह महत्व क्रान्तिकामी कवियों द्वारा भी स्वीकृत हुआ है। रूस में क्रान्तिकारी कवि मायकोवस्की तत्व या कथ्य (अंतःप्रेरणा,दृष्टि, भावादि) के उल्लेख के पश्चात् व्यंजक, अपूर्व, नवीन, नवीनीकृत और आविष्कृत शब्दों के प्रयोग पर बल देते हैं।[201]

इस प्रकार द्वन्द्वात्मक भौतिकवादी दृष्टि के अनुसार तत्व और शैली के आंतरिक द्वन्द्वात्मक सम्बन्धों की खोज के लिए, भारतीय रीतिवाद, सरलीकृत सूत्रों द्वारा महत्वपूर्ण आलोक प्रदान करता है। तत्व शैली का निमायक होता है, यह अंतर्दृष्टि रीतिवाद का केन्द्रीय मर्म वाक्य है। बूर्ज्वा विचारक रूप को महत्व देने के लिए विभिन्न प्रकार के तर्कों की सृष्टि करते हैं यथा डैविड डैचिस के अनुसार इलिजाबेथयुगीन प्रेम सम्बन्धी सॉनेट में कवियों के व्यक्तित्व का अभाव मिलता है। कारण यह था कि कवियों ने प्रचलित शैली का अनुकरण मात्र किया था। प्रेम के सॉनेट आंतरिक आवश्यकता से उत्पन्न नहीं हुए थे। अतः डैविड डैचिस यह निष्कर्ष निकालते हैं कि इलिजाबेथयुगीन सॉनेटों में शैली, भाव की नियामक हो जाती है।[202]

डैविड डैचिस 19 वीं शताब्दी के रोमानी काव्य में शैली का सम्बन्ध कवि की निजता से स्वीकार करते हैं अर्थात् रोमांटिक कविता में तत्व, शैली का निर्णायक है किन्तु यही बात इलिज़ाबेथयुगीन प्रेमगीतों के विषय में नहीं कहीं जा सकती किन्तु वास्तविकता यह है कि इन सानेटों में सामूहिक भाव का स्पर्श मिलता है। शेक्सपियर के सॉनेटों में यह सार्वभौमिक भाव ही पाठकों को प्रभावित करता है। शेक्सपियर के सॉनेटों और तत्कालीन प्रेमगीतों में गुणात्मक अंतर मिलता है और इसका कारण शेक्सपियर के गुण हैं जो उसके प्रेमगीतों को विशिष्ट रूप देते हैं। यदि साधारण गीत-लेखकों में शैली, तत्व की नियामक हो जाती है तो यह उन कवियों की मौलिकता के अभाव का प्रमाण है। युगान्तरगारी रचनाओं में नियमतः तत्व ही रीति का नियामक होता है। किसी नवीन रीति के आविष्कार

के पश्चात् अनुकरणकर्ताओं की रचनाओं में स्थिति उलट जाती है अर्थात् वहाँ शैली, तत्व की नियामक प्रतीत होती है क्योंकि कवि के चेतनाणुओं में वह क्षोभ और अंतर्द्वन्द्व नहीं होता जो श्रेष्ठ रचनाओं के जन्म के लिए उत्तरदायी होता है। रामचरितमानस के अनुकरण में दोहा-चौपाई में व्यक्त सरल शैली का अनेक कवियों ने प्रयोग किया है किन्तु कथ्य और रीति की सम्पूर्ण संगति रामचरितमानस में ही मिलती है।

समकालीन संकुल युग में विचार, मूल्य और मानव सम्बन्धों की संक्रान्ति उपस्थित हो गई है और इसका कारण विज्ञान और परस्पर विरोधी विचारधाराओं (आइडियॉलॉजी) का अस्तित्व एवम् परिवर्तन की तीव्र कामना है। ऐसे युग में परम्परा और रूढ़ि की तीव्र अस्वीकृति मुखर होती है। फलतः रचनाकार अत्यधिक अंतर्मुख हो उठता है और आंतरिक गूढ़ संवेदनाओं, अनिश्चतताओं और संक्रान्त मानसिक स्थितियों को व्यक्त करने के लिए व्यक्तिगत भाषा, निजी अप्रस्तुत विधान और शैलियों का प्रयोग करते हैं। अतः कथ्य और रीति का सामंजस्य दुर्लभ होता जाता है। फिर भी एक दीर्घ संघर्ष के पश्चात् नवीन रचनाकार में विशिष्ट अभिव्यक्ति स्वरूप और शैली का विकास कर लेते हैं यथा कमिंग्ज़ और फ़रलिंगहट्टी के प्रयोग तथा हिन्दी में अज्ञेय-भारती-साही–मुक्तिबोध आदि के प्रयोग इस तथ्य के उदाहरण हैं। इन रचनाकारों की विशिष्ट-पदरचना का स्वरूप अब स्पष्ट हो चुका है और उनकी पद रचना का यह स्वरूप उनकी गुणात्मकता अथवा चेतनाणुओं की विशिष्ट दशाओं के करण ही निश्चित हुआ है।

अतएव भारतीय रीतिवाद अपने भीतर साहित्य-सृष्टि सम्बन्धी वैज्ञानिक दृष्टि को छिपाए हुए है, उसका अध्ययन और मनन निश्चय ही, आधुनिक तथा भौतकवादी काव्यशास्त्र के लिए महत्वपूर्ण है।

सन्दर्भ

1. मीनिंग ऑफ कन्टेम्पोरेरी रियलिज्म, जार्ज लुकाच, 1962 पृष्ठ 17।
2. कन्टेन्ट डिटरमिन्स फॉर्म-वही, पृष्ठ 19।
3. रीतिरात्मा काव्यस्य। विशिष्ट पदरचना रीतिः-काव्यालंकार सूत्रवृत्ति, वामन, प्रथम अधिकरण, सूत्र 6 तथा 7।
4. काव्यं ग्राह यमलंकारात्। सौन्दर्यमलंकारः। काव्यालंकार सूत्रवृत्ति 1-1-1 तथा 1-1-2।
5. द रीएक्शन फ्रॉम एटोमिज्म ऑफ आर्नामेण्ट लैड टू द डैवलपमेण्ट ऑफ द कन्सैप्ट ऑफ रीति-संस्कृत पोयटिक्स, कृष्ण चैतन्य, पृष्ठ 100।
6. इति वैदर्भमार्गस्य प्राणा दशगुणाः स्मृताः एषां विपर्ययः प्रायो दृश्यते गोऽवर्त्मनि-काव्यादर्श, 1-42।
7. द्वितीय, तृतीय अध्याय।
8. श्लेषप्राय मुदीच्येषु प्रतीच्येष्वर्थमात्रकम्।

उत्प्रेक्षा दाक्षिणात्येषु गोडेष्वक्षरडम्बरः॥

9. अ. काव्यालंकार सूत्र 1-2-22।

ब. देश भेद के आधार पर रीतियों के उत्तम, मध्यम, अधम रूप स्वीकार करना भी अयथार्थ है।—वक्रोक्ति जीवितम्-उन्मेष 1 कारिका 24।

10. काव्यादर्श 1-42।

11. वामन की वैदर्भी, गौड़ी, पांचाली के अतिरिक्त रुद्रट ने लाटी रीति का उल्लेख किया है, जिसमें वैदर्भी और पांचाली की विशेषताएं रहती है। शारदाततय ने सौराष्ट्र और द्राविड़ी की वृद्धि की है। यों वह रीतियों की संख्या 105 मानते हैं। यह शुभ है कि रीतियों की संख्या देश और व्यक्ति आधार पर अनन्त मान कर भी भारतीय आचार्य तीन या चार रीतियों की ही अधिक चर्चा करते हैं—शृंगार प्रकाश, वी. राघवन, पृ. 194।

12. संस्कृत पोयटिक्स, द्वितीय पुस्तक, पृष्ठ 92।

13. कृष्ण चैतन्य, पृष्ठ 105।

14. वी. राघवन, पृष्ठ 141-181।

15. शैली विज्ञान साहित्य के वस्तुगत अध्ययन की एक प्रणाली है किन्तु इसका प्रयोग द्वन्द्वात्मक भौतिकवादी और भौतिकवाद विरोधी-दोनों दृष्टियों से किया जा सकता है। द्वन्द्वात्मक भौतिकवादी विवेचक, का ध्यान शब्द प्रयोग के विवेचन में, व्यक्ति और परिवेश के द्वन्द्व अथवा युगविशेष की चेतना और सामाजिक संरचना पर रहता है जबकि मात्र वस्तुगत अध्ययन कर्ता केवल प्रचलित प्रयोगों से भिन्न, शैलीगत विशिष्टताओं का ही आकलन करता है।

16. लिंग्विस्टिक्स एण्ड स्टाइल, मिकायल ग्रीगौरी तथा जौन स्पेंसर, लंदन, 1964 भूमिका।

17. द आर्ट ऑफ रायटिंग—द डान्स ऑफ लाइफ, लंदन, 1923 पृष्ठ 163।

18. लिंग्विस्टिक्स एण्ड स्टाइल, पृष्ठ 11 पर उद्धृत।

19. परमानैंन्स एण्ड चेन्ज—लास एलटोस, कैलिफ, 1954, पृष्ठ 50।

20. लिंग्विस्टिक्स एण्ड स्टाइल—पृष्ठ 12।

21. वही।

22. वही।

23. वही।

24. लिंग्विस्टिक्स एण्ड स्टाइल, पृष्ठ 13।

25. वही, पृष्ठ 14।

26. वहीं, पृष्ठ 15।

27. अंडरस्टेडिंग फिक्शन, वहीं, पृष्ठ 11।

28. लिंग्विस्टिक्स एण्ड स्टाइल, दृष्टव्य पृष्ठ 15-20।

29. स्टाइल इज डिफाइण्ड एज एन इंडीवीजिउलस डीवियेशन्स फ्राम नार्मस, चार्ल्स ई. ओसगुड, स्टाइल इन लैंगुएज-पृष्ठ 263।

30. गाहन्तां महिषा निपान सलिलं श्रंगैर्मुहस्ताडिंतं छायाबद्धकदम्बकं मृगकुलं रोमन्थमम्यस्तु।

31. लिंग्विस्टिक्स एण्ड स्टाइल, पृष्ठ 13-14।

32. लिंग्विस्टिक्स एण्ड स्टाइल, पृष्ठ 44-56।

33. स्टाइल-द नाट्यशास्त्र, मनमोहन घोष, अध्याय 22, पृष्ठ 401।
34. वही, पृष्ठ 401।
35. वही, पृष्ठ 401।
36. हिन्दी काव्यालंकार सूत्र वृत्ति-भूमिका, डॉ. नगेन्द्र, पृष्ठ 52।
37. काव्यकाश 9-108/111।
38. एतासु तिसृषु रीतिषु रेखास्विव चित्रं काव्य प्रतिष्ठितमिति, काव्यलंकार सूत्र वृति 1-2-13।
39. काव्यादर्श 2-3-67।
40. अ. काव्यशोभायाः कर्तारो धर्मों गुणाः काव्यालंकार सूत्र वृत्ति।
ब. तदतिशयहेतवस्त्वलंकाराः-3-1-1-3-1-2।
41. काव्यालंकार सूत्र वृत्ति, 3-1-2 के श्लोक।
42. पूर्व गुणाः नित्याः। तैर्विना काव्यशोभायानुपपत्ते–काव्यलंकार सूत्र 3-1-3।
43. गुणवत्येव वाक्येऽलंकारयोगः-बी. राघवन, पृष्ठ 300 शृंगार प्रकाश की भूमिका।
44. नियतो धर्मों गुणाः आगमापायी अलंकार-वही, पृष्ठ 300।
45. उद्भट के अनुसार काव्य और अलंकार का सम्बन्ध समवाय सम्बन्ध होता है, संयोग सम्बन्ध नहीं, अतएव अलंकार और गुणों में भेद करके अलंकारों को बाह्य हारादिवत् घोषित करना असंगत और गतानुगतिकता मात्र है–
हिन्दी काव्यालंकार सूत्र वृत्ति वृष्ठ 114।
46. गाढ़बन्धत्वमोजः–काव्यालंकार सूत्र वृत्ति, 3-1-5।
47. शैथिल्यं प्रसादः । गुण सम्प्लवात्। न शुद्धः। शुद्धस्तु दोष एवेति–
वही, 3-1-6। 2-1-7। 3-1-8।
48. स त्वनुभवसिद्धः । स तु सम्प्लवस्त्वनुभव सिद्धः। वही, 3-1-7।
49. तद्विदां रत्नादिविशेषवत्। काव्यलंकार सूत्र वृत्ति, 3-1-9।
50. करुणाप्रेक्षणीय सम्प्लवः सुखदुःखयोः
यथाऽनुभवतः सिद्धस्तथैवोजः प्रसादयोः-वही, 3-1-9
51. साम्योत्कषौ च, वही, 3-1-10।
52. मसृणत्वं श्लेष :- वही, 3-1-11।
53. काव्यालंकार सूत्र वृति, 3-1-12।
54. वही, 3-1-13।
55. आरोहावरोहक्रम् समाधिः 3-1-13।
56. वही, 3-1-15/3-1-16।
57. वही, 3-1-17।
58. पृथकपदत्वं माधुर्यम्-काव्यालंकार सूत्र वृत्ति 3-1-21।
59. अजरठत्वं सौकुमार्यम् वही, 3-1-22।
60. विकटत्वं उदारता-वही, 3-1-23।
61. अर्थव्यक्ति हेतुत्वमर्थव्यक्ति वही, 3-1-24।
62. औज्जवल्यं कान्तिः वही, 3-1-25।
63. नासन्तः सवेद्यत्वात् काव्यालंकार सूत्र वृत्ति, 3-1-26।
64. न भ्रान्ता, निष्कम्पत्वात् वही, 3-1-27।
65. न पाठधर्माः सर्वत्रादृष्टेः वही, 3-1-28।

66. त एवार्थगुणः काव्यालंकार सूत्र वृति 3-2-26।
67. दिव्येवं न भवति किन्तु मानुषी इति वक्तव्ये निमिषति इत्याहेति, वही, 3-2-2।
68. काव्यालंकार सूत्र वृत्ति 3-2-2।
69. अर्थवैमल्यं प्रसाद वही, 3-2-3।
70. घटना श्लेषः वही, 3-2-4।
71. शूद्रकादिरचितेषु प्रबन्धेष्वस्य भूयान् प्रपन्चो दृश्यकते-काव्यालंकार सूत्र वृत्ति 3-2-4।
72. अवैषम्यं समता-वही, 3-2-5।
73. अर्थदृष्टि समाधि वही, 3-2-7।
74. उक्तिवैचित्र्यं माधुर्यम्-काव्यालंकार, सूत्र वृत्ति 3-2-11।
75. अपारुष्यं सौकुमार्यम् वही, 3-2-12।
76. अग्राम्यत्वमुदारता वही 3-2-13।
77. वस्तुस्वभावस्फुटत्वमर्थव्यक्ति-वही, 3-2-14।
78. दीप्तरसत्वं कांति वही, 3-2-15।
79. ये रसस्यांगिनो धर्मा : शौर्यादय इवात्मनः उत्कर्षहेतवस्ते स्युरचलस्थितयो गुणाः काव्यप्रकाश, 8-87-66।
80. गुण वृत्या पुनस्तेषां वृत्तिः शब्दार्थयोर्मता-वही, 8-95-71।
81. भोज का शृंगार प्रकाश-डा. वी. राघवन, मद्रास 1963, पृष्ठ 286।
82. वही, पृष्ठ 301।
83. दोषप्रकरण में भामह, दण्डी, रुद्रट आदि ने भी गुण, दोषों की सापेक्षता स्वीकार की है किन्तु वैशेषिक गुणों का विशदविवेचन भोज की विशेषता है—भोज कृत शृंगारप्रकाश, पृष्ठ 302।
84. हिन्दी काव्यालंकार सूत्र की भूमिका, डा. नगेन्द्र पृष्ठ 68।
85. विश्वेश्वर।
86. प्रताप रुद्रीय।
87. अलंकार शेखर।
88. असमासा, समासेन, मध्यमेन च भूषिता तथा दीर्घसमासेति, त्रिधा संघटनोदिता-ध्वन्यालोक 3-5।
89. गुणान् आश्रत्य तिष्ठन्ती, आधुर्यादीन व्यक्ति सा रसान्-ध्वन्यालोक 3-5।
90. वी. राघवन, पृष्ठ 327 तथा ध्वन्यालोक, विश्वेश्वर तथा डा. नगेन्द्र पृष्ठ 169।
91. वी. राघवन, पृष्ठ 327।
92. ध्वन्यालोक, 3-5।
93. तसमान्न संघटनास्वरूपाः न च संघटनाश्रया गुणाः वही, 3-5।
94. वही, 3-5।
95. अभिनवगुप्त ने शिवाद्वैत के अनुसार गुणों को आत्मा की शक्ति के रूप में स्वीकार किया है और शक्ति और शक्तिमान अभिन्न होते है। अतः रस प्रकाश है, गुण उसके विमर्श। ये गुण ही चितवृत्तियाँ है। रस के जाग्रत होने पर गुण प्रकाशित हो जाते हैं। वे सदा समवाय सम्बन्ध से आत्मा या रस में ही विद्यमान रहते हैं किन्तु पंडितराज जगन्नाथ आत्मा को आनन्दस्वरूप किन्तु निर्गुण मानते हैं क्योंकि वह शंकर अद्वैत मत के अनुगाती हैं। अतः रत्यादि भाव और ओज, माधुर्य आदि गुण उपाधि

माने गये हैं। रसादि के प्रभाव से उद्भूत चित्तवृत्तियाँ ही गुण हैं, यह पंडितराज भी अन्त में स्वीकार कर लेते हैं।

सारांश यह है कि गुण और चित्तवृत्ति की एकता अभिनवगुप्त और पंडितराज के यहाँ मान्य है। रस को आत्मा मान लेने से गुण और रस में दार्शनिक अंतर स्थापित करना पड़ा है किन्तु न्यायदर्शन के अनुसार रत्यादि स्वयं गुण रूप है अतः रस और गुण का पृथकत्व दार्शनिक ही है, वास्तविक नहीं।

96. काव्यालंकार सूत्र वृत्ति, भूमिका, पृष्ठ 6।

97. साधरणतः रसध्वनिवादियों का यह विवेचन ही स्वीकार्य रहा और वास्तव में यही संगत भी है यद्यपि इसमें थोड़ा अतिवाद अवश्य है। वह अतिवाद यह है कि इन्होंने गुण को सिद्धान्त में एकान्त रसधर्म मान लिया है...गुण शब्द, अर्थ से सर्वथा असम्बद्ध नहीं है। इसी प्रकार अलंकार भी मूलतः वाचक शब्द और वाच्य अर्थ से सर्वथा असम्बद्ध नहीं होते-काव्यालंकार सूत्रवृत्ति, भूमिका पृष्ठ 79।

98. वही, पृष्ठ 80।

99. बिहारी सतसई।

100. वक्रोक्ति जीवितम्-1-24।

101. वही 1-25/26।

102. असमस्तमनोहारिपदविन्यासजीवितम्-वही 1-30।

103. माधुर्य सुकुमारमार्गस्य प्रथमो गुण 1-30।

104. वर्ण विन्यास विच्छित्तिपदसन्धानसम्पदा-वक्रोक्तिजीवितम् 1-34।

105. श्रुतिपेशलताशालि सुस्पर्शमिव चेतसा-वही, 1-33।

106. वही, 1-38 से 43।

107. मार्गेषु गुणानाम् समुदायधर्मता। यथा न केवलं शब्दादिधर्मत्वं-वही, 1-52।

108. वक्रोक्तिजीवतम् 1-54।

109. वही, 1-54-118।

110. वही, 1-55 तथा 56।

111. काव्यैक जीवितम् वही 1-56।

112. माई प्रापर्टी इज फार्म, इट इज माई स्प्रिचुअल इंडीवीजुअल्टी। द स्टाइल इज द मैन-लिटरेचर एण्ड आर्ट, कार्ल मार्क्स, फ्रेड्रिक एंगिल्स,करेंट बुक हाउस, बम्बई, 1956 पृष्ठ 52।

113. वही, पृष्ठ 52।

114. लिटरेचर एण्ड आर्ट, पृष्ठ 53।

115. काव्यालंकार सूत्र वृत्ति 4-1।

116. वही, तन्मूलं चोपमेति 4-2-1।

117. वही, 4-2-1।

118. वही, 4-2-2।

119. चतुर्थ अध्याय।

120. भामह ने उपमा के आठ दोष तथा दण्डी ने चार दोषों का वर्णन किया है।

121. चाण्डालैरिव युष्माभिः साहसं परमं कृतम्-वामन, 4-2-11।

122. तेनाधिकत्वं व्याख्यातम् - वही, 4-2-11।

123. वही।

124. वही, 4-2-12 ।4-2-15 ।
125. असादृश्यहता ह्युपमा वही, 4-2-17 ।
126. स धर्मेषु तन्त्रप्रयोगे श्लेष-काव्यालंकार सूत्र वृत्ति, 4-3-7 ।
127. सादृश्यालल्क्षण वक्रोक्ति वही, 4-3-8 ।
128. असादृश्यनिबन्धता तु लक्षणा न वक्रोक्ति वही, 4-3-8 ।
129. सम्भाव्यधर्मतदुत्कर्षकल्पनाऽतिशयोक्ति वही, 4-3-10 ।
130. काव्यालंकार सूत्र वृत्ति 4-3-10 ।
131. विरुद्धाभासं विरोध वही, 4-3-12 ।
132. क्रिया प्रतिषेधे प्रसिद्ध तत्फल व्यक्तिर्विभावना, वहीं, 4-3-13 ।
133. एक गुण हानि कल्पनाया साम्यदार्ढ्यं विशेषोक्ति-काव्यालंकार सूत्र वृत्ति 4-3-23 ।
134. वही, 4--3-23 ।
135. वही, 4-3-24 ।
136. व्याजस्य सत्यासारूप्यं ब्याजोक्ति वही, 4-3-25 ।
137. वही, 4-3-28 ।
138. वही, 4-2-29 ।
139. इज्यूजन एण्ड रियलिटी, काडवेल, पृष्ठ 158 ।
140. लिंग्विस्टिक्स एण्ड स्टाइल, पृष्ठ 44-45 ।
141. लिंग्विस्टिक्स एण्ड स्टाइल, पृष्ठ 44-45 ।
142. अ. लिटरेरी क्रिटीसिज्म, विलियम एण्ड ब्रुक्स, अध्याय 6 ।
ब. कालिदास भी स्वल्प दोषों से सौन्दर्य की वृद्धि ही मानते है—मलिनमपि हिमांशोर्लक्ष्म तनोति-शाकुन्तल ।
143. विरोधः सकलोऽप्येष कदाचित् कविकौशलात्
उत्क्रम्य दोष गणनां गुणवीथी विगाहते-काव्यादर्श, 3-179 ।
144. न दोषः स्वपदेनोक्तावपि संचारिण क्वचित्-काव्यप्रकाश, 7-83 ।
145. एत एव विपर्यस्यता गुणा काव्येषु कीर्तित्ततः-नाट्यशास्त्र, 7-65, तथा अनूदित नाट्यशास्त्र, मनमोहन घोष, पृष्ठ 317 ।
146. काव्यालंकार, 1-111 ।
147. काव्यालंकार, 1-37 में छः दोषों का वर्णन, 1-47 में चार दोषों का, द्वितीय परिच्छेद में उपमा के सात दोषों का, तथा चतुर्थ में 15 दोषों का विवरण है।
148. अपार्थ, व्यर्थ, एकार्थ, ससंशय, अनुक्रम, शब्दहीन, य तिभ्रष्ट, भिन्नवृत्त, विसंधिक तथा देशकाललोकन्यायगमविरोध-काव्यादर्श, 3-126 ।
149. वही, 12 ।
150. मनमोहन घोष का अनुवाद, पृष्ठ 316 ।
151. काव्यादर्श, 1-7 ।
152. गुणविपर्यात्मनो दोषाः—काव्यालंकार सूत्र वृति, 2-1-1 ।
153. वही, भूमिका, डा. नगेन्द्र, पृष्ठ 82 ।
154. काव्यालंकार सूत्र वृत्ति 2-1-2 ।
155. सौकर्याय प्रपन्चः—काव्याबकांर सूत्रवृति 2-1-3 ।
156. ये त्वन्ये शब्दार्थदोषाः सूक्ष्मास्ते गुण विवेचने वक्ष्यन्ते-वही, 2-1-3 ।
157. वही, भूमिका, पृष्ठ 89 ।

158. वही, पृष्ठ 89।
159. अ. ध्वन्यालोक, 2-11।
ब. वस्तुतः सर्वप्रथम रुद्रट ने रसदोषों की धारणा का सूत्रपात किया था। वह विरस नामक एक ही रसदोष मानते है और उसमें रस के विरोधी तत्वों पर ही विचार हुआ है—
अन्यस्य यः प्रसंगे रसस्य निपतेद्रसः क्रमापेतः
विरसोऽसौ स च शक्यः, सम्यग्ज्ञातु प्रबन्धेम्यः-काव्यालंकार 11-12।
160. मुख्यार्थ हितर्दोषो रसश्च मुख्यस्तदाश्रयाद्वच्यः काव्यप्रकाश, 7-71।
161. अनौचित्यादृते नान्यद्रसभंगस्य कारणम्
औचित्योपनिबन्धस्तु रसस्योपनिषत्परा-ध्वन्यालोक 3-14।
162. न दोषः स्वपदेनोक्तवपि संचारिणः क्वचित्-वही 7-83।
163. वही, 7-84।
164. काव्यप्रकाश, 7-85।
165. वही, 7-85।
156. स्मर्य्यमाणी विरुद्धोऽपि साम्येनाथ विबक्षितः
अंगिन्यंगत्वमासौ यौ तौ न दुष्टौ परस्परम्-वही, 7-86।
167. ध्वन्यालोक, 3।18-26।
168. काव्यप्रकाश, 7-77।
169. न खलु कर्णावतंसादिवज्जधनकान्ची त्यादि कथ्यते-कमाव्यप्रकाश 7-78।
170. वही, 7-79।
171. अनुकरणे तु सर्वेषाम्-वही, 7'80।
172. वही, 7-81।
173. वही, 7-59।
174. वही, 7-59।
175. वही, 7-59।
176. स्वयं वा परामर्शे-वही, 7-59।
177. अधम प्रकृत्युक्तिषु ग्राम्यत्वं गुणः-वही, 7-59।
178. न्यूनपदं क्वचिद् गुणः-वही, 7-59।
179. काव्यप्रकाशो यवनो, काव्याली च कुलांगना।
180. वी. राघवन, शृंगार प्रकाश, पृष्ठ 235-240।
181. हिन्दी व्यक्ति विवेक, द्वितीय विमर्श-रेवाप्रसाद द्विवेदी, वाराणसी, 1964, पृष्ठ 109।
182. प्रक्रमभेदोऽपि शब्दानौचित्यमेव। स हि..रसभंगाय पर्यवस्यति-हिन्दी व्यक्ति विवेक, पृष्ठ 287।
183. वही।
184. वही।
185. वही, पृष्ठ 457।
186. शृंगारप्रकाश, वी, राघवन पृष्ठ 247।
187. वही।
188. रसगंगाधर, बदरीनाथ झा. वाराणसी, 1955 ई, पृष्ठ 189 (प्रथम आनन)।

189. वही, पृष्ठ 199।
190. द नैसेसिटी आफ आर्ट-अर्नन्स्ट फिशर, पृष्ठ 126।
191. वही, पृष्ठ 117।
192. वही।
193. टूवर्ड्स फॉर्म-द वैसेसिटी सिटी ऑफ आर्ट, पृष्ठ 123।
194. विल टूवर्ड्स कियौस-वही, पृष्ठ 123।
195. द बैस्ट एण्ड द मोस्ट कैरटकरिस्टिक मॉडर्न क्रिटीसिज्म प्रीफर्स टू डील विद एन इंडीवीजुअल वर्क रादर दैन विदन ए रायटर्स एचीवमैंट एज ए होल-क्रिटिकल एप्रोचेज, डैविड डैचिस. 1963. लंदन. पृष्ठ 229।
196. हिज (क्रिटिक्स) फर्स्ट कंसर्न इज टू एण्टर इन टू पजैशन ऑफ द गिविन पोइम इन इट्स कान्क्रीट फुलनैस-एफ. आर. लीविस. स्क्रूटिनी, पृष्ठ 229।
197. आधानोद्धरणे तावद् यावद्दोलायते मनः।
पदस्य स्थापिते स्थैयें हन्त सिद्धा सरस्वती।
यत् पदानि त्यजन्त्येव परिवृत्तिसहिष्णुताम्।
तं शब्दन्यासनिष्णाताः शब्दपाकं प्रचक्षते-काव्यालंकार सूत्र 1-3-15 ॥
198. वही, 1-2-22।
199. वही, 5-1।
200. काव्यालंकार सूत्र 5-2।
201. यू मस्ट हैव द मैटीरियल, द वर्ड्स। द स्टोर हाउस, द रिजर्वस ऑफ योर माइन्ड शुड बी इक्विप्ड विद द नैसेसरी वर्ड्स एक्सप्रैसिव, रेयर, न्यू, रिनोवेटिड एण्ड इन्वैन्टिड वर्ड्स ऑफ एवरी काइन्ड, माइकोवस्की एण्ड हिज पोइम्स, एच. मार्शल, पृष्ठ 192।
202. क्रिटीकट एप्रोचिज टू लिटरेचर, पृष्ठ 355।

ध्वनिवाद

हिन्दू दर्शन ने ध्वनि अथवा शब्दों के गुप्त अर्थ की पहचान की थी और वे ध्वनि को कविता की विशिष्टता मानते थे।

—क्रिस्टोफ़र कॉडवेल

(इल्यूज़न एण्ड रियलिटी)

षष्ठ अध्याय

ध्वनिवाद

रीतिवाद सिद्धान्त में पद रचना और मनःस्थितियों की पारस्परिक एकता तथा संगति का बोध प्राप्त कर लिया गया था। 'विशिष्ट गुणात्मा' कहकर वामन ने शैली के अध्ययन में एक आंतरिकता की ओर ध्यान आकर्षित किया था। मात्र आकर्षक कथनों अथवा उक्तियों में सादृश्य-विरोध के आधार पर अलंकारों का विभाजन रीतिवाद को अपूर्ण प्रतीत हुआ था। शैली या पदरचना का स्रोत मानव मन की दशाओं में है और उसे वहीं खोजना चाहिए—यह तथ्य मानवात्मा के स्वरूप के अनुसंधान की ओर प्रेरित करने लगा। मात्र ओज, माधुर्य, प्रसाद आदि गुणों के विभाजन और उनके उदाहरणों से यह जिज्ञासा शान्त नहीं हो सकती थी।

अतएव ध्वनिवाद काव्य में आत्मा के अनुसंधान को आधार बनाकर चलता है। आनन्दवर्धन एक ऐसे सिद्धान्त की रचना करना चाहते थे कि काव्य के सम्बन्ध में भरत से वामन और मम्मट तक उठाए गए सभी प्रश्नों के उत्तर मिल सकें, पूर्व सिद्धान्तों की अपूर्णताएँ स्पष्ट हों तथा सिद्धान्त को केन्द्रीय स्थिति प्राप्त हो सके।

अलंकार सिद्धान्त में कथ्य और अभिव्यक्ति में स्पष्ट अन्तर नहीं हो पाया था। रीतिवाद से यह तथ्य स्पष्ट हुआ कि काव्य में मानव मन ही रीति को विशेषता देता है। इस समस्या का सरलीकृत रूप ही रीतिवाद में प्रस्तुत हो सका था। ध्वनिवाद ने अभिव्यंग्य और व्यंजना का स्पष्ट पृथककरण किया गया और भारतीय काव्यशास्त्र में काव्य रचना की प्रक्रिया का विशद विवेचन हुआ।

आत्मा के अनुसंधान में सर्वदा द्वैतवाद का भय रहता है जो अद्वैतवाद के नाम पर प्रस्तुत किया जाता है। सामाजिक शरीरशास्त्र आत्मा और शरीर को दो स्वतंत्र सत्ताएं नहीं मानता किन्तु भारतीय अधिदर्शन आत्मा को सर्वतंत्र-स्वतंत्र सत्ता कहता है। काव्य में इस प्रकार की आत्मा का अनुसन्धान अवैज्ञानिक है किन्तु 'ध्वनिसिद्धान्त' का मर्म इस सत्य में निहित है कि काव्य और कला एक प्रक्रिया है, एक रचना विधि है जो अनिवार्यतः ध्वन्यात्मक होती है, सूचनात्मक या कथनात्मक नहीं।

आकर्षक उक्ति को अलंकार कहने वाले आलंकारिक भी इस तथ्य से परिचित थे कि काव्य कथन नहीं, अतिशय अथवा वक्र कथन होता है अर्थात् वह वस्तु विनिमय की भाषा नहीं है। काव्य व्यावहारिक कथनों के स्तर का अतिक्रमण करता है यों उसका आधार व्यावहारिक जीवन ही होता है किन्तु आलंकारिक इस बोध को व्यवस्थित और विशदीकृत रूप में विवेचित नहीं कर सके। ध्वनि सिद्धान्त ने यह नहीं कहा कि उससे पूर्व के विचारकों ने काव्य की अप्रत्यक्षता को लक्ष्य नहीं किया था। उसकी प्रतिज्ञा तो यह है कि पूर्वदृष्ट ध्वनि तत्व की संभावनाओं की भी परीक्षा की जाए।[1] वैयाकरणों का तो स्पष्ट उल्लेख किया गया है किन्तु पर्यायोक्त, समासोक्ति, आदि अलंकारों में जो सांकेतिकता है, उसमें ध्वनि की अप्रधानता सिद्ध करने में ध्वनिकारों ने पर्याप्त श्रम किया है। इसका अर्थ यही हो सकता है कि आलंकारिकों को काव्य की अप्रत्यक्षता का बोध तो था परन्तु वे उसे एक सिद्धान्त रूप में प्रस्तुत न कर, अलंकारों के विभाजन में ही संलग्न हो गए।

कतिपय विद्वानों के अनुसार ध्वनिकारों ने काव्य के एक वास्तविक एवं स्वरूप बोधक तत्व, ध्वनि का आविष्कार भरत के रस सिद्धान्त से ही अनुप्रेरित होकर किया था।[2] भरत के रस-निष्पत्ति के सिद्धान्त में कवित्वगत सन्दर्भ की सृष्टि द्वारा कवि भाव या अनुभूति (फीलिंग) को अभिव्यक्त करता है। इस कवित्वगत सन्दर्भ की सृष्टि विभावानुभावादि के आयोजन से होती है। दूसरे शब्दों में कवि भावाभिव्यक्ति के लिए वस्तुगत सह-सम्बंधी (आब्जैक्टिव को-रिलेटिव) की उद्भावना करता है। कृष्ण चैतन्य के अनुसार निष्पति का अर्थ नाट्यशास्त्र में उदय या परिणति है अर्थात् सहायक और मुख्य उत्तेजनाओं-प्रेरणाओं आदि के रचनात्मक प्रयोग से रस की प्रतीति होने लगती है। आनन्दवर्धन इसे अभिव्यक्ति कहते हैं, विभावादि व्यंजक हैं और रसादि व्यंग्य हैं, अतएव काव्य की प्रक्रिया प्रत्यक्ष कथनात्मक नहीं हो सकती वह ध्वन्यात्मक ही हो सकती है।[3]

काव्य के इस आकर्षण पर ध्यान जाना स्वाभाविक था कि कलाकृति अथवा कविता सहसा कथन को संकेत में बदल देती है और यह 'उछाल' कभी तो संलक्ष्यक्रमव्यंग्य में लक्षित होती है और कभी असंलक्ष्यक्रम-व्यंग्य में यह उत्प्लवन लक्षित भी नहीं होता। शब्दों, भावों, वर्ण्य-वस्तु आदि का परिणाम अचानक गुणात्मक रूप धारण कर लेता है। काव्य का अर्थ और अनुभव, परिमाण के गुण में परिणति की एक क्रिया है, जो सर्वदा व्यंजनाविधि अपनाती है। अभिधा तो वस्तुओं के स्तर पर सामान्य परिचय ही करा सकती है। अनुभव के स्तर पर आत्म परिचय तो व्यंजना द्वारा ही हो सकता है, अतः व्यंजना अभिधा को आधार बनाकर भी उसका अतिक्रमण करती है। क्योंकि भाव, अनुभूति, कल्पना आदि सूचित होकर सार्थक नहीं बनती। इनकी सार्थकता तभी अनुभूत होती है जब कवि या कलाकार सूक्ष्म मानसिक जगत् को संकेतित करने में कुशलता का प्रदर्शन करें। शरीर के अययवों का विवरण दिया जा सकता है, लावण्य को सूचित नहीं किया जा सकता। लावण्य सर्वदा प्रतीयमान होता है।[4] काव्य, इस प्रकार, प्रक्रिया और परिणति की दृष्टि से ध्वनि कहलाता है। शरीर के सम्पूर्ण अबयवों का यथोमित विधान होने पर तथा रक्त, मांस, मज्जा

तथा चेतनादि की सम्यक् संगति होने पर, जिस सौन्दर्य या लावण्य की प्रतीति होती है, वह लावण्य शरीर की एक विशेष परिणति ही है किन्तु वह स्पष्ट कथन का विषय नहीं होता। प्रक्रिया की दृष्टि से तो काव्य ध्वनि ही है। इस प्रक्रिया में काव्यगत सन्दर्भ के तत्व एक दूसरे को ध्वनित करते हैं–

अवर लाइफ़ इज़ आर्ट, एण्ड अवर डेज़ रन
एज़ फास्ट अवे, एज़ डज़ द सनः
एण्ड एज़ ए वेपर, ऑर ए ड्राप ऑफ रेन
वंस व्हैन यू नैवर बी फ़ाउण्ड अगेनः
सो व्हैन यू और आई आर मेड
ए फ़ेबिल, सौंग और फ्लीटिंग शेड
ऑल लव, ऑल लायकिंग, ऑल डिलाईट
लाइज़ ड्राउण्ड विद अस इन एण्डलैस नाइट
दैन व्हाइल टायम सर्व्स एण्ड वी आर बट विकेइंग
कम, माई कोरिन्ना, कम, लैट अज़ गो अमेइंग,

हमारा जीवन संक्षिप्त है, हमारे दिन कम हो रहे हैं–यह सुनने पर, एक उछाल के रूप में सहसा जीवन की नश्वरता का ज्ञान होता है। यह ज्ञान इस संक्षिप्त जीवन को देखने की एक नवीन दृष्टि देता है फलतः पृथक होने की सम्भावना, प्रेममय जीवन को मोहकता दे देती है। ध्वनि यह थी कि यह मोहकता मात्र प्राकृतिक आकर्षण से जन्य नहीं है, अपितु एक दार्शनिक सत्य की प्रतीति से जन्य है। इस ज्ञान से जीवन का प्राकृतिक स्तर न केवल प्रियतर हो उठता है अपितु पुण्यमय भी लगने लगता है अर्थात् प्रेम एक मूल्य प्राप्त कर लेता है। मनुष्य को भाप और वर्षा बिन्दु के रूप में प्रस्तुत करने से चित्रों की एक ध्वनि-परम्परा ही प्रारम्भ हो जाती है। जल का ताप से भाप बनना, बादल-कोहरे के रूप में अनन्त आकाश में उसका भटकना अथवा वर्षा बिन्दुओं के रूप में असंख्य सत्ताओं की उपस्थिति और उनका अनवरत संहार और पुनः सृजन-एक निरन्तर सृष्टि क्रम है, जिसमें हमारा भविष्य क्या होगा, यह अज्ञात रहता है। अतएव सृष्टि की विराट प्रक्रिया में काल कभी तो जीव के अनुकूल रहता है और कभी प्रतिकूल। काल की प्रतिकूलता पर हमारा वश नहीं है किन्तु कालानुकूलता की स्थिति में भी हम यदि प्राकृतिक जीवनानन्दों का आनन्द न लें, तो यह पाप ही होगा, क्योंकि प्रकृति स्वयं पल्लवित तथा पुष्पित होती है और मनुष्य यदि प्रकृति का भाग है तो उसे भी प्रकृति का भागीदार होना चाहिए।

सिन नो मोर, एज़ वी हैव डन, बाई स्टेइंग।

इस प्रकार यहाँ ईसाई मत और आनन्दवाद का संघर्ष भी ध्वनित है, जीवन का आकर्षण और उसका स्वरूप भी व्यंजित है। यहाँ एक स्तर दूसरे स्तरों को ध्वनित करता

है, एक लहर से दूसरी लहर बंनती है। कन्दरा में ध्वनि की प्रतिध्वनि सुनाई पड़ती है। 'आओं' कहने पर 'आओं' ही सुनाई पड़ता है लेकिन वह प्रतिध्वनिपरक 'आओं' लहरीला होती है। उसमें अनेक अर्थ या ध्वनियाँ रहतीं है, जो हमारे भय, आश्चर्य, रहस्य आदि भावों को जाग्रत कर देती हैं। कविता या कला मन की कन्दरा में की गई पुकार की तरह है, जिसमें प्रकरण या सन्दर्भ के कारण अनन्त अर्थ-समूह उत्पन्न होते रहते हैं अथवा कविता या कला पानी में फेंकी गई एक कंकड़ी है, जो अर्थ-नीथियों के एक अनन्त प्रवाह को जन्म देती है। यह प्रवाह कभी रुकता नहीं है, वाल्मीकि की रामायण या गेटे का फाउस्ट युगानुरूप नवीन सन्दभों में नवीन प्रतीतियों को जन्म देते हैं, देते रहेंगे।

ध्वनि का यह नियम केवल पूरी पंक्तियों पर ही नहीं, एक शब्द, निपात, मात्रा, स्वर आदि पर भी प्रयुक्त होता है। उदाहरण के लिए उक्त पंक्तियों में, जब तक काल हमारा सेवक है—यह पंक्ति इस सत्य की व्यंजक है कि काल की गति विचित्र है। पूर्व अनुभव के आधार पर इस धारणा के अनेक चित्र उभरते हैं और उनसे मन निश्चय करने लगता है कि इस क्षण काल अनुकूल है तो उसका भोग कर्तव्य है, विवशता या अपराध नहीं।

अतएव कला और कविता संकुल (कॉम्प्लैक्स) होती है। उसमें साहचर्य बल से चेतना समुद्र को उद्वेलित करने की क्षमता होती है। कला-कविता में ध्वनि की प्रधानता होने पर अनुभूतियों और अभिप्रायों में इकहरापन नहीं रहता, स्तरों का वैविध्य आ जाता है। ध्वनि की इस प्रक्रिया और परिणित को ही नयी समीक्षा के आलोचक सी. ब्रुक्स समृद्ध अप्रत्यक्षता कहते हैं।[5] सी. ब्रुक्स, हैरिक की उक्त कविता का विश्लेषण करके इस निष्कर्ष पर पहुंचे हैं कि यह कविता अनेक विचारों, संवेदनों, भावों आदि कों व्यंजित करती है।

सहृदय की चेतना में तरलता के बिना तरंग-विलास सम्भव नहीं हो सकता। दूसरे, बोध, अनुभव आदि में गम्भीरता आवश्यक है। अगंभीर जल में जटिलता नहीं होती। इसी प्रकार परिस्थित और भोक्ता के मध्य तनाव और तीव्रता के आधिक्य से व्यंजना की प्रक्रिया अन्तर्निहित प्रतिकूलताओं और उनसे उत्पन्न आवेगादि को स्रोता या पाठक के मन में जाग्रत कर देती है।

किसी अजटिल समझे जाने वाले काव्य पर विचार करते ही ध्वनि की शक्ति प्रमाणित होने लगती है। 'मैया मैं नहीं माखन खाओ'—सरल काव्य का उदाहरण माना जाता है किन्तु अपने सन्दर्भ में पुत्राभाव-पीड़ित यशोदा, असुरक्षित ब्रज जीवन और एकमात्र तारक पुत्र के सन्दर्भ में कृष्णा के ये शब्द चेतना के विभिन्न स्तर जाग्रत कर देते हैं।

इसी प्रकार 'हे री मैं तो दरद दीबाणी मेरा दरद न जाने कोय' पंक्ति ऊपर से सरल प्रतीत होती है किन्तु ऐसी चीख से उत्पन्न भाव प्रवाह को वही समझ सकता है जो जीवन की विडम्बना या विसंगति से परिचित हो चुका हो और उसके मन में जीवनगत घेरे को तोड़कर अतिक्रान्ति या दिव्यप्रेम की कामना हो । कबीर भी कहते हैं कि 'सारा संसार सोता है, दुखियादास कबीर रोता है।' यह पंक्ति सरल लगती है लेकिन उसमें पीछे दीर्घ परिताप छिपा है।

आत्मचेतन व्यक्तित्त्व की अन्तर्निहित द्वन्द्वशील सृजनाकुलता को मूर्त रूप में व्यंजित करने की क्रिया ही कला और काव्य की विशेषता है। उपन्यास, जीवनी आदि में जहाँ बाहरी बातों का विवरण दिया जाता है, ध्वनि का अभाव होने पर भी वह विवरण पूर्ण कृति की व्यंजना में सहायक होता है या हो सकता है किन्तु यदि कला में सूक्ष्मता या ध्वनि-प्रधानता नहीं है तो ध्वनिकार उसे सर्वोत्तम कला का रूप स्वीकार नहीं कर सकते—इस बिन्दु पर गुणीभुत व्यंग्य की धारणा के साथ विचार किया जाएगा।

अनेक विदेशी लेखक भी काव्य और कला की ध्वन्यात्मकता को स्वीकार करते हैं। डा. नगेन्द्र और कृष्ण चैतन्य आदि ने इस प्रकार के उदाहरण एकत्र कर दिए हैं।[6] ध्वनिकार ध्वनि की प्रधानता होने पर ही उसे ध्वनि काव्य कहते हैं, शेष को वह द्वितीय स्थान देते हैं। ध्वनिवाद का इसी कारण विरोध भी हुआ क्योंकि ध्वनि की प्रधानता अथवा अप्रधानता सिद्ध करने में स्वानुभव और व्याख्याकार का बुद्धिचातुर्य ही आधार हो सकता है।

ध्वनि या व्यंजना, कला मात्र की समान्य प्रक्रिया ही नहीं है, सृष्टि मात्र की प्रक्रिया भी ध्वनि ही है—इस तथ्य की ओर अभिनव गुप्त का ध्यान गया था। ध्वनि सिद्धान्त की व्यापकता सिद्ध करने में इसे में 'महाधारणा' कहते हैं।[7]

कश्मीरी शैवमत के विश्वासी अभिनवगुप्त के अनुसार यह जगत् शिव की चेतन शक्ति का चमत्कार है। इस सूक्ष्म शक्ति का मूल रूप परावाणी के रूप में कल्पित किया गया है जो स्थूल बैखरी वाणी का सूक्ष्मतम रूप है। इसी प्रकार वह पदार्थ मूलतः ध्वनि (वाइब्रेशंस) है, शैव यही मानते हैं। आकाश जो सूक्ष्म है, नादगुण से युक्त है, फिर भी क्रमशः स्थूलतर भूततत्वों का विकास होता है।

आदि शक्ति के आवरण से युरक्त शिव संज्ञा ही जीव है। अतः ज्ञान होते ही जीव इस सम्पूर्ण ब्रह्मांड को ध्वनि रूप और शिव को ध्वनित रूप में पहचानने लगता हैं। ब्रह्मांड में व्याप्त यह नाद या ध्वनि पिण्ड में भी व्याप्त है, योग साधना द्वारा इसी नाद का अनुसंधान किया जाता है। इसी प्रकार सहृदय काव्यादि में व्याप्त ध्वनि का अनुसंधान करते हैं। जिस प्रकार परम शिव स्वच्छेया आत्म स्वरूप का स्व-शक्ति द्वारा आच्छादन करता है, उसी प्रकार कलाकार स्वेच्छा से अपना विश्व रचता है।[8] शब्दों के पीछे छिपे कलाकार का उद्घाटन ध्वनि प्रक्रिया को जान कर ही हो सकता है। साधक इसी प्रक्रिया द्वारा शिव का ज्ञान प्राप्त करते हैं। अभिनव के अनुसार स्वरूपगोपन के बिना कला का जन्म नहीं हो सकता।[9] कला का लक्षण कर्तृता या कृतित्व है अतः कृति में कर्ता गुप्त रहता है।

क्योंकि चित्त शक्ति नादरूपात्मक है अतः उसका मूल सूक्ष्म रूप बीज मंत्रों में सुरक्षित रहता हैं। महानाद ओंकार तथा अन्य बीज मंत्र (ह्रीं, क्लीं) अनन्त शक्ति युक्त माने गए हैं। काव्य और कला में भी शैवमत के अनुसार कलाकार की शक्ति ही बीज रूप में अवस्थित हो जाती है। जिस प्रकार बीज मंत्र के ध्यान से शक्ति ध्वनित होती है, उसी प्रकार कला और काव्य के ध्यान से गुप्त आशयों और भावादि का भोग किया जाता है। अतः सृष्टि और साहित्यसृष्टि की प्रक्रिया भिन्न नहीं है—ध्वनि इसीलिए महाविषय है, उसमें

सब सम्मिलित है। यही ध्वनि की वैश्विक (कॉस्मिक) व्याख्या है।

शिव-शक्ति की धारणा अधिदर्शनात्मक है किन्तु कलाकार और परमेश्वर का सादृदश्य मनोवैज्ञानिक दृष्टि से रोचक प्रतीत होता है। यदि सादृदश्य को दूर तक न ले जाएँ तो कवि और ब्रह्म का सादृश्य काव्यशास्त्र के लिए वास्तविक अंतर्दष्टि प्रस्तुत करता है।

आनन्दवर्धन ने ध्वनि के समर्थन में शैवमत से प्रेरणा न लेकर व्याकरण की साक्षी प्रस्तुत की है।[10] व्याकरण शुद्ध यथार्थवादी शास्त्र है यों उसकी सभी धारणाएँ यथार्थपरक नहीं हैं। वैशेषिक दर्शक में शब्दों की उत्पत्ति के तीन कारण बताए गए है—संयोग, वियोग और शब्द। शब्द का आश्रय आकाश है और उसका ग्रहण श्रवण इन्द्रिय से होता है। घण्टा या भेरी के संयोग से संयोगज शब्द की उत्पत्ति होती है। बांस या कागज के विभाग से विभागज शब्द और शब्दज शब्द का जन्म लेता है।

प्रथम शब्द के बाद जितने शब्द उत्पन्न होते हैं, वे शब्दज शब्द कहलाते हैं। ये शब्द वीचितरंग या कदम्बमुकुल न्याय से संचालित होते हैं। कंकड़ या पत्थर फेंकने से एक लहर से अनेक लहरों का चक्र बनता जाता है। इसी प्रकार शब्द के उच्चारण के पश्चात् उससे शब्दों की लहरें बनती हैं जो अंतिम शब्द हमारे श्रवणों में टकराता है, वस्तुतः हम उसी को सुनते हैं। इन्हीं शब्दज शब्दों को रेडियो आदि यंत्र पकड़ते हैं।

कदम्बमुकुल न्याय में शब्दज शब्दों की विभिन्नता विवेचित की गई है। कदम्ब पुष्प के मध्य में एक तीली रहती है, उसके आसपास अनेक तीलियों जैसी पंखुरियाँ रहती हैं—ये जो अनेक प्रकार के शब्द हैं, वे अंतःकरण शब्द स्थित के ही अनेक रूप होते हैं।[11]

जब इस शब्द-धारा का श्रवण से संयोग होता है तब शब्द सुना जाता है। जब शब्द सुनते ही नष्ट हो जाता है, तब पद, वाक्यादि की सत्ता कैसे स्वीकृत होगी, इस कठिनाई को ध्यान में रख कर शब्द का एक नित्य स्वरूप मानने वाले वैय्याकरणों ने स्फोट की कल्पना की थी। इस धारणा के अनुसार समस्त सुने गए वर्णों का समुदाय रूप एक नित्य शब्द अभिव्यक्त होता है, यही स्फोट कहलाता है, अर्थ की प्रतीति इसी स्फोट से होती है। इस प्रकार वर्ण स्फोट, पद स्फोट, वाक्य स्फोट, अखण्ड पद स्फोट, अखण्ड वाक्य स्फोट, जाति स्फोट आदि स्फोटों के अनेक रूप होते हैं। पतंजलि के महाभाष्य और भृर्तृहरि के वाक्यपदीय में इसका विशद वर्णन मिलता है।

वैय्याकरण स्फोट के अभिव्यंजक वर्णों को ध्वनि कहते हैं। ध्वनिकार इसी आधर पर वाच्य वाचक से भिन्न व्यंग्यार्थ के बोधक शब्द, अर्थ, व्यापार आदि को ध्वनि कहना चाहते हैं।[12]

वर्णों, शब्दों, वाक्यों से एक सम्पूर्ण अर्थ की प्रतीति के लिए ही स्फोट की धारणा कल्पित की गई। स्फोट का कोई वैज्ञानिक आधार प्रतीत नहीं होता। यह प्रवृत्ति तर्कगत बाधाओं को दूर करने के लिए विकसित हुई थी। ईश्वर और उसकी शक्ति की कल्पनाएँ भी सृष्टि की प्रक्रिया और प्रयोजन को समझने के लिए ही की गई थी।

ध्वनिकार ने ध्वनि के कई अर्थ किए हैं—1. व्यंजक शब्द, 2. व्यंजक अर्थ, 3. ध्वनित तत्व, रस, अलंकार और वस्तु, 4. शब्द व्यापार, व्यंजना, 5. जिसमें वस्तु, अलंकार और रसादि ध्वनित हों।

इन अर्थों में अभिव्यंजक और अभिव्यंग्य दोनों को सम्मिलित कर ध्वनि को काव्य व्यापार या रचना विधि ही कहना उपयुक्त होगा क्योंकि व्यापार में व्यंजक शब्द और व्यंजक अर्थों के बिना कृति कथन मात्र रह जाएगी। इसी प्रकार ध्वनियंरक्त काव्य को ध्वनि कहना अतिरिक्त कथन होगा। काव्य यदि काव्य है तो ध्वनि के बिना उसकी सत्ता ही नहीं हो सकती। ध्वनि यदि व्यापक तत्त्व है तो वह काव्य मात्र में अवस्थित होगा और जहाँ काव्य नहीं है, वहाँ ध्वनि का या तो अभाव होगा यथा सामान्य कथनों में (वह आता है, पुस्तक लाओ) अथवा ध्वनि का यत्किंचित् संस्पर्श उस काव्य को काव्याभास या पादपूर्ति मात्र ही रहने देगा। अतः ध्वनिमत का मर्म काव्य-व्यापार है। विभाजनवाद के कारण काव्य-व्यापार पर गंभीर चिंतन नहीं हो सका किन्तु आधुनिक समीक्षा में ध्वनिमत की इस धारणा से संकेत ग्रहण किया जा सकता है।

यदि ध्वनिकार ने काव्य की ध्वनि प्रक्रिया पर ही विचार किया होता तो व्यंजना को एक भिन्न शब्द शक्ति सिद्ध करने और ध्वनि के भेदों में सारे काव्य को भरने से बचा जा सकता था। फिर भी, इस शब्द शक्ति-चिंतन से साहित्य शास्त्र में शब्द-अर्थ के सम्बन्ध पर एक विशिष्ट आलोक पड़ सका है।

व्यंजना शब्द शक्ति की सिद्धि और शब्दार्थ विचार—शब्द शक्तियों की कल्पना भारतीय शब्दार्थ-विचार की विशेषता है। आधुनिक अर्थविज्ञान की शब्दावली के परिचय के पश्चात् भी हिन्दी काव्यशास्त्र में अभिधा, लक्षणा तथा व्यंजना अपने शास्त्रीय अर्थों में प्रयुक्त हो रही है।

शब्द और अर्थ की सम्बन्ध-व्याख्या भी यथार्थपरक और अयथार्थवादी या व्यक्तिवादी दृष्टि से हो सकती है। भौतिकवादी दृष्टि से शब्द अपने आप में कुछ नहीं होते। हम शब्दों में इसलिए रुचि लेते हैं कि ये किसी वस्तु, भाव, प्रत्यय आदि को संबोधित करते हैं। जब कोई गणितज्ञ 4.4-8 कहता है, तब वह यथार्थ जगत् में किन्हीं वास्तविकताओं और सम्बन्धों का ही निर्देश करता है। गणितीय भाषा में शब्द प्रतीकात्मक होते हैं, उनमें व्यक्तिगत स्पर्श नहीं होता। अतएव उनका अर्थ प्रत्येक स्थान पर एक ही होता है यथा प्रत्येक काल और देश में 4.4-8 ही रहेगा। इस सम्बन्ध में कोई भ्रान्ति नहीं हो सकती। शब्द भिन्न (चार-फ़ोर आदि) होने पर भी अर्थ में अनिश्चितता न होगी।

कविता, नाटक आदि में शब्द वाह्य और आंतरिक दशाओं (संवेग, संवेदनादि) को नामांकित करते हैं। काव्य और कला में वातावरण और व्यक्तियों की मूल प्रवृत्तियों. इच्छाओं, मनोवृत्तियों इत्यादि का द्वन्द्व व्यक्त होता है अर्थात् व्यक्ति का वास्तविकताओं के साथ जो द्वन्द्वात्मक सम्बन्ध होता है, वही काव्यादि में व्यक्त होता है।[13] यही कारण

है कि काव्य में सूक्ष्मातिसूक्ष्म और घोरतम वैयक्तिकता के स्तरों पर भी वाह्य वास्तविकता का छायानृत्य होता रहता है। काव्य-भाषा के शब्द वाह्य यथार्थ के साथ-साथ भाव मनोवृत्ति, कल्पना इत्यादि को भी संकेतित करते हैं। सूक्ष्म अनुभवों का न सर्वथा चित्रांकन हो सकता है, न नामाकंन अतः काव्य में शब्द अपने प्रचलित अर्थों के अतिरिक्त प्रकरण के कारण, अन्य सूक्ष्म-संकेतिक अर्थों का वाहक हो जाता है।

शब्द और अर्थ के सम्बन्ध में इस प्रकार सन्दर्भ या प्रकरण निर्णायक होता है। कॉडवेल शब्द का मुद्रा (कागजी मुद्रा) से सादृश्य प्रस्तुत करते हैं। जिस प्रकार मांग, पूर्ति, मूल्य आदि कें क्षेत्र में मुद्रा एक जटिल प्रक्रिया को अपने में छिपाए रहती है, उसी प्रकार शब्द मानव के ज्ञानात्मक विस्तार का पूर्ण विश्व अपने में निहित किए रहता है।[14]

कॉडवेल के अनुसार शब्द के अंतर्मुख और बर्हिमुखा दो पक्ष होते हैं किन्तु ये शब्दों में वस्तुतः नहीं रहते। ये सामाजिक कार्य अथवा वास्तविक प्रकरण में रहते हैं। कागज़ी मुद्रा अपने में कोई मूल्य नहीं रखती किन्तु विनिमय वृत के कारण मुद्रा में मूल्य की सत्ता मान ली जाती है, यही स्थिति शब्द की होती है। शब्द इन्द्रियों द्वारा प्रत्यक्षीकृत वास्तविकता के कुछ अंशों को संकेतित करता है। इसे प्रतीकात्मक अथवा निर्देशात्मक प्रकरण कह सकते हैं। वक्ता श्रोता के प्रत्यक्षीकरण को उस अर्थ द्वारा बदलना चाहता है जो किसी शब्द द्वारा कथित या संकेतित होता है।

उदाहरणतः वह श्रोता से कहता है—देखो, यह एक गुलाब है। इस कथंन के द्वारा वह श्रोता को गुलाब का दर्शन कराना चाहता है। कुछ गुलाब नीले होते हैं—इस कथन द्वारा वक्ता श्रोता का ज्ञानवर्धन करना चाहता है। शब्द और अर्थ के सम्बन्ध में स्थूल कथनों से लेकर सूक्ष्मातिसूक्ष्म गणित सम्बन्धी वार्ता तक यही विधि प्रयुक्त होती है।

वक्ता और श्रोता के मध्य एक सामान्य प्रत्यक्षीकृत विश्व का अस्तित्व अनिवार्य है। इस प्रत्यक्षीकृत ज्ञान के क्षेत्र से वक्ता-श्रोता दोनों परिचित होते हैं और साथ ही उसे व्यक्त करने के लिए सामान्य शब्द प्रतीक भी वक्ता-श्रोतादि द्वारा स्वीकृत होते हैं, अन्यथा शब्द का कोई अर्थ सम्प्रेषित नहीं होगा।

यह सामान्य प्रत्यक्षीकृत विश्व ही यथार्थ की दुनिया है, इसे सत् भी कह सकते हैं। विज्ञान में यह विश्व-सत्य अपने सामान्य रूप में अभिव्यक्त होता है और कला में यह विश्व-सत्य, विशिट और मूर्त रूप में व्यक्त होता है।

कॉडवेल यथार्थ जीवन और उस पर आधारित एक छाया जगत् की चर्चा करते हैं। मानव चेतना में यथार्थ जीवन और जगत् के प्रतिबिम्ब में इस छाया जगत् की रचना होती है। शब्द इस छाया जगत् को भी निर्देशित और सूचित करता है। यह छाया जगत् भौतिक यथार्थ से जैवी (ऑरगैनिक) सम्बन्ध रखता है और इस भौतिक जीवन की संगतियों-असंगतियों से शक्ति प्राप्त करता रहता है। यथार्थ और कल्पित या मानसिक विश्वों के मध्य निरन्तर आदान-प्रदान अथवा विरोधाविरोध का द्वन्द्व गतिशील रहता है।

भौतिक यथार्थ और मानसिक जगत् का यह द्वन्द्वात्मक सम्बन्ध ही शब्द को स्थूल

वास्तविकता से सूक्ष्म मानसिक विश्व की प्रतीति का माध्यम बनाता है। प्रत्येक अनुभव और प्रत्येक अभिव्यक्ति में, विषय-विषयी या द्रश्य और द्रष्टा का द्वन्द्वात्मक सम्बन्ध दिखाई पड़ता है। अनुभव में सद्रश, असद्रश, प्राचीन, नवीन का अस्तित्व एक साथ रहता है। सन्दर्भ या प्रकरण से मानसिक दशाएं बदलती हैं और मानसिक स्थितियों से प्रकरण में परिवर्तन होता है। उदाहरणतः एक ही पुष्प के प्रति प्रत्येक दिन हमारी मानसिक प्रतिक्रिया भिन्न होती है क्योंकि प्रकरण बदल जाता है। उल्लास, निराशा, श्रान्ति, शान्ति, संयोग-वियोग आदि स्थितियों से पुष्प के प्रति हमारी प्रतिक्रिया बदलती रहती है। प्रत्येक दिन पुष्प शब्द का अर्थ हमारे लिए बदलता रहता है। एक ही मुरली पर सूरदास ने कितने विविध अर्थों-आशयों की सृष्टि की है।

इस प्रकार शब्द वाहूय वास्तविकता और आंतरिक विचार, भावादि को प्रकट करता है। इसे स्पष्ट करने के लिए शब्द के दो स्वरूप माने गए हैं, बौद्धिक तथा भावात्मक।

कॉडवेल के अनुसार हिन्दू दर्शन ने ध्वनि की पहचान की थी और शब्दों की सांकेतिकता को काव्य की विशेषता बताया था। दांते ने भी इसी प्रकार का शब्द भेद किया है। आई. ए. रिचर्ड्स का अर्थ सिद्धान्त भी इसी भेद पर आधारित है।

शब्द शक्तियों की सार्थकता—उक्त विवेचन से स्पष्ट है कि अभिघा और अभिधा-इतर शब्द शक्तियों का विभाजन द्वन्द्वात्मक भौतिकवादी दृष्टि के विपरीत नहीं है। वस्तुतः शब्द में इन शक्तियों की कल्पना की गई है अर्थात् ये औपचारिक प्रयोग हैं। शब्द में अपनी कोई शक्ति नहीं हो सकती। वह तो विषय-विषयी और प्रकरण आदि से उत्पन्न होती है।

शब्दों या शब्द शक्तियों का विभाजन भी कई दृष्टियों से किया गया है। तत्ववादी (ओटोलौजिस्ट) शब्द और अर्थ को सर्वथा वैयक्तिक दृष्टि से ही देखते हैं। उदाहरणतः डॉ. शिलर अर्थ को अनिवार्यतः वैयक्तिक मानते हैं। उनके अनुसार किसी वस्तु का अर्थ उस व्यक्ति पर निर्भर है, जिसे वह वस्तु अभिप्रेत है।[15]

आगडन और रिचर्ड्स ने शब्दार्थ के सम्बन्ध की मनोवैज्ञानिक व्याख्या की है। इनके अनुसार शब्द और अभिप्रेत विषय (रिफ्रेंट) में कोई साक्षात् सम्बन्ध नहीं है। प्रतीकों का साक्षात् सम्बन्ध भावों से ही होता है। ये भाव ही विषय और प्रतीक दोनों के मध्यबिन्दु बन कर दोनों को सम्बद्ध करते हैं। एक ही घटना पर विभिन्न भाव स्थितियों के व्यक्ति, भिन्न-भिन्न प्रतिक्रियाएं प्रकट करते हैं, यह उक्त तथ्य का प्रमाण है। एक विषय पर अनेकों अर्थों के कारण, भाव ही होते हैं।

समाजशास्त्रीय दृष्टि अधिक वस्तुपरक और वैज्ञानिक होती है। उसमें मनोविज्ञान को स्वतंत्र स्थान नहीं मिलता, भाव, मनोवृत्तियाँ आदि भी किसी वृहत्तर सामाजिकता सत्ता के अन्तर्गत ही जन्म लेती और सक्रिय रहती है। प्रो. फर्थ इसी आधार पर शब्दार्थ सम्बन्धों की मनस्परक व्याख्या को अपूर्ण मानते हैं। "हम मन के विषय में बहुत कम जानते हैं

तथा हमारा अध्ययन अनिवार्यतः सामाजिक है। अतः मैं मन तथा शरीर की, एवम् विचार तथा शब्द की भिन्नता का निषेध करूंगा और अखण्ड मानव से ही संतुष्ट रहूंगा जो अपने साथियों के सम्पर्क में विचार एवं कार्य सदा पूर्ण रूप में करता है।"[16]

प्रो. फर्थ के अनुसार, अर्थ, प्राकरणिक व्यवहार शैली है। जब हम किन्हीं शब्दों का उच्चारण करते हैं तो उन ध्वनियों के कारण वायु और श्रोता के कान प्रभावित होते हैं। ये ध्वनियाँ सामाजिक प्रकरणों के अनुसार अर्थों की प्रतीति कराती हैं।[17]

इस प्रकार प्रकरण ही शब्दार्थ का निर्णायक होता है। उसमें वक्ता श्रोताओं के भावादि भी सम्मिलित रहते हैं किन्तु रिचर्ड्स की तरह केवल मानसिक दशांओं पर विचार पर्याप्त नहीं है क्योंकि समाजशास्त्रीय दृष्टि से स्थितियाँ और भाव, सामाजिक जीवन वृत्त में ही उभरते हैं।

मनोविज्ञान और समाज शास्त्र की मिश्रित विधि पर ब्रील ने शब्दार्थ विज्ञान में अर्थ के विस्तार, संकोच, विपर्यय आदि पर विचार किया है किन्तु साहित्य में सूक्ष्म अर्थों की अभिव्यक्ति पर उससे विशेष सहायता नहीं मिलती किन्तु ब्रील के विवेचन में भी यही प्रकरण ही सर्वाधिक महत्वपूर्ण स्थान पाता है।

भारतीय शब्द शक्ति के विवेचन में इस प्रकरण (वक्ता, बोधादि भी इसी में सम्मिलित माने जाने चाहिए) को केन्द्रीय स्थान प्राप्त है। अभिधा, लक्षणा, तात्पर्य वृत्तियों में आचार्यों का ध्यान वास्तविक जीवन सन्दर्भ पर ही रहा है। शैव दार्शनिकों की व्यंजना शक्ति में भी प्रकरण और सहृदय की प्रतिभा को केन्द्रीय महत्व प्राप्त हुआ है।

व्यंजना शक्ति की सिद्धि—ध्वनि मत का यह विचार है कि काव्य की चारुता वैज्ञानिक और बौद्धिक शब्दावली और अर्थों में नहीं अपितु संकेतात्मक या रसात्मक (एफैक्टिव) अथवा व्यंजक शब्दों द्वारा ध्वनितार्थ में होती है। कॉडवेल ने इस अंतर्दृष्टि को स्वीकार नहीं किया किन्तु इस सांकेतिकता की प्रक्रिया क्या है और इसका कारण क्या है, इन प्रश्नों पर ध्वनिवाद की धारणाओं का घोर विरोध हुआ है। ध्वनि मत, इस प्रकार, अपनी मूल धारणा के रूप में स्वीकार्य है किन्तु उसने जो शब्दावली और विधि अपनाई है, उसे चुनौती दी गई है।

ध्वनि मतानुसार अर्थ दो प्रकार के होते हैं—वाच्यार्थ और प्रतीयमानार्थ। इस प्रतीयमनार्थ की सिद्धि के लिए ध्वनिकार व्यंजना नामक एक स्वतंत्र शब्द शक्ति की सिद्धि करना चाहते हैं। इस कार्य के लिए अत्यधिक सूक्ष्म पाण्डित्य द्वारा पूर्व प्रसिद्ध अभिधा, लक्षण, गुणवृत्ति तथा तात्पर्य शक्तियों को असमर्थ सिद्ध किया गया है। वास्तविकता यह है कि व्यंजना सिद्धि में किया गया ऊहापोह शब्दार्थ विज्ञान का विषय है और यदि पूर्व प्रसिद्ध परिभाषाओं की चिन्ता न करके स्वतंत्र रूप से विचार किया जाए तो यह शास्त्रीय बात केवल खाल निकालने की प्रवृत्ति काव्यशास्त्र के लिए असम्बद्ध प्रतीत होने लगती है।

लोक व्यवहार में साक्षात् संकेतित अर्थ संकेत ग्रहण से बोधित होता है। संकेत ग्रहण

के कारण अर्थ ग्रहण में कोई व्यवधान नहीं होता। संकेत ग्रहण में व्याकरण, उपमान, कोश, आप्त वाक्य, व्यवहार, कारक या वाक्य शेष विवृति आदि की गणना की गई है। यह संकेत ग्रहण जाति में होता है या व्यक्ति में अथवा जाति विशिष्ट व्यक्ति में यह साहित्य के लिए असम्बद्ध प्रश्न है।[18]

संकेत ग्रहण द्वारा सज्ञात संकेतित अर्थ मुख्यार्थ कहलाता है और इस अर्थ के बोधन की प्रक्रिया को अभिधा व्यापार या अभिधा शक्ति कहते हैं।

अभिधा व्यापार से साक्षात् संकेतित अर्थों की समस्या का समाधान हो जाता है किन्तु अनेक अर्थों में, विशेषकर काव्यात्मक उक्तियों में, मुख्यार्थ में बाधा पड़ती है। ऐसी उक्तियों में अर्थ समस्या के समाधान के लिए लक्षणा शक्ति की कल्पना की गई है। गूढ़ार्थ की प्रतीति के लिए वामन ने लक्षणा का उल्लेख किया है, सादृश्यालक्षणा वक्रोक्तिः। जहाँ लक्षणा में सादृश्य गर्भित हो, वहाँ वह वक्रोक्ति कहलाती है।

इस प्रकार गूढ़ या प्रतीयमान काव्यार्थ के ज्ञान के लिए लक्षणा की परिभाषा को व्यापक बनाकर काम चल सकता था किन्तु साक्षात् और असाक्षात् रूप से संकेतित अर्थ के लिए इस प्रकार का विभाजन इसलिए स्वीकार नहीं किया गया क्योंकि लक्षणा की निश्चित परिभाषा में कोई परिवर्तन नहीं करना चाहता था और लक्षणा की पूर्वनिश्चित परिभाषा से स्वयं लक्ष्यार्थ के भीतर स्थित वक्ता के प्रयोजन की व्याख्या संतोषजनक विधि से नहीं हो सकती थी। नियम यह था कि शब्द शक्ति एक बार कार्य करके विरत हो जाती है। अतः एक ही शब्द शक्ति को स्वेच्छानुरूप दूर तक नहीं खींचा जा सकता था। इसी तर्क के आधार पर अभिधावादियों के दीर्घतर व्यापार की धारणा को व्यंजनावादी अस्वीकार करते हैं—फलतः व्यंजना शक्ति की नवोद् भावना के लिए ध्वनिवाद ने अद्भुत सूक्ष्मदर्शिता का प्रयोग किया है।

साहित्य मीमांसा के लिए इतना विभाजन पर्याप्त है कि काव्य मुख्यार्थ नहीं है। उसे लक्ष्यार्थ या व्यंग्यार्थ कहा जा सकता है किन्तु लक्षणा की पूर्व प्रसिद्ध परिभाषा की सीमा के कारण व्यंजना शक्ति की कल्पना अनिवार्य प्रतीत हुई।

लक्षणा की परिभाषा में मुख्यार्थ का बोध, मुख्यार्थ से सम्बन्धित अर्थ, तथा रूढ़ियाँ प्रयोजन से लक्षितार्थ की प्राप्ति सम्मिलित हैं। यथा, गंगा में गृह है, इस कथन में मुख्यार्थ ग्रहण में बाधा पड़ती है। गंगा में गृह की स्थिति असम्भव है किन्तु लक्षितार्थ गंगा शब्द से सम्बन्धित ही होना चाहिए, मनमाना अर्थ नहीं ग्रहण किया जा सकता अतः गंगा का लक्ष्यार्थ तट होगा और यही लक्षणा की शक्ति समाप्त हो जाती है। गंगा या प्रवाह से तट की अर्थ-प्राप्ति में वक्ता का कोई प्रयोजन होगा तभी उसने गंगायाम घोषः ऐसा प्रयोग किया है किन्तु व्यंजनावादियों के अनुसार प्रयोजन की प्राप्ति लक्षणा द्वारा नहीं हो सकती। वक्ता का प्रयोजन यह था कि तट पर स्थित ग्राम बहुत शीतल और पवित्र हैं। इस शीतलता और पावनत्व के बोध के लिए, एक नवीन व्यंजना शक्ति की कल्पना अनिवार्य हो जाती है।

यह कहा जा सकता है कि लक्ष्यार्थ की प्रक्रिया में शीतत्वादि का बोध अनुमान द्वारा हो सकता है। मम्मटाचार्य अनुमान प्रक्रिया को स्वीकार नहीं कर सकते क्योंकि अनुमान के लिए निश्चित हेतु का होना आवश्यक है और उक्त उदाहरण में प्रयोजन केवल शब्द से ही व्यंजित हो सकता है, अतएव उनके अनुसार गंगायाम् घोषः में शीतत्व, पावनत्व रूप प्रयोजन की प्रतीति के लिए व्यंजना व्यापार मानना ही चाहिए।[19]

निश्चित संकेत ग्रह के अभाव के कारण गंगा से तट और फिर पावनता आदि प्रयोजन का अर्थ ग्रहण नहीं किया जा सकता और प्रयोजन को लक्ष्यार्थ कह नहीं सकते क्योंकि लक्षण के हेतु प्रयोजन के बोधन में असमर्थ रहते हैं।[20] अतः गंगा में गृह है—इस कथन में तट अर्थ, मुख्यार्थ नहीं है, लक्ष्यार्थ है, न उसका बोध होता है और न उसका शैत्य-पावनत्वादि प्रयोजन रूप फल के साथ सम्बन्ध है और न इस प्रयोजन को लक्ष्यार्थ मानने में कोई प्रयोजन है। इसके सिवा बिना मुख्यार्थ-बाधा के गंगा शब्द शीतलादि को व्यक्त कर सकता है। मुख्यार्थ बाधा होने पर तो वह गंगा शब्द केवल तट को ही लक्षित करा सकता है, शैत्य-पावनत्वादि प्रयोजन को नहीं।[21]

यदि यह कहा जाए कि गंगा शब्द, मुख्यार्थ-बोध के पश्चात् शैत्य-पावनत्वादि प्रयोजनों के सहित तट को लक्षित कराता है, तो भी मम्मटाचार्य इस विशेष लक्षणा को स्वीकार नहीं करते।

विशेष लक्षणा की धारणा वस्तुतः व्यंजना की अनिवार्यता को समाप्त कर सकती है किन्तु मम्मट तर्क शास्त्र के आधार पर इसका खंडन कर देते हैं। न्याय शास्त्र के अनुसार ज्ञान का विषय और फल अलग-अलग होते है। लक्षणाजन्य ज्ञान का विषय तट है और उसका फल शैत्य पावनतादि है अतः इन दोनों की युगपत् प्रतीति नहीं मानी जा सकती, लक्षणा तट का बोध कराके विरत हो जाएगी और तब फल शैत्यादि के बोध लिए व्यंजना को मानना होगा।

न्यायमतानुसार यह घट है, यह विषय ज्ञान है। मैं घट ज्ञान से युक्त हूँ, यह द्वितीय ज्ञान अथवा ज्ञान का ज्ञान कैसे होता है, इसके लिए एक अन्य अनुव्यवसाय की कल्पना की गई है। इस दशा में विषय ज्ञान और उस ज्ञान का ज्ञान, इन दोनों की प्रतीति नहीं मानी जा सकती है।

मीमांसक विषय ज्ञान के पश्चात् ज्ञातता नामक धर्म की कल्पना करते हैं किन्तु यहाँ भी विषय ज्ञान और ज्ञातता को भिन्न माना गया है।

इस प्रकार तर्क मीमांसा के बल पर मम्मट ने विशेष लक्षणा को अस्वीकार किया है। किन्तु विषय ज्ञान और अनुव्यवसाय ज्ञान क्या इतना भिन्न होता है कि उसके लिए एक नवीन शब्द शक्ति का प्रपंच खड़ा किया जाए? यह घट है और मैं घट ज्ञान कर रहा हूँ—यह ज्ञान प्रक्रिया तत्व मीमांसा की दृष्टि से अलग हो सकती है किन्तु साहित्य में किसी कविता के आस्वादन के समय अथवा उसके अर्थ बोध के समय हमारी वृत्ति उछालों द्वारा नवीन, नवीन अर्थों की उद्भावना करती है और उसमें साहचर्य या प्रकरण ही कारण होता

है। यथा, गंगा शब्द सुनते ही सामान्य हिन्दू श्रोता के मन में पवित्रता का उदय हो जाता है। शिशु अवस्था से गंगा शब्द के साथ उसका मानसिक साहचर्य ही पवित्रता की ओर ध्यान को आकर्षित कर देता है। अतः विशेष लक्षणा और व्यंजना का भेद मनोविज्ञान के आधार पर सिद्ध नहीं हो सकता क्योंकि मनोवृत्तियों या ज्ञान की प्रक्रियाओं में इतना अंतराल नहीं होता, जितना उक्त प्रसंग में तर्क शास्त्र सिद्ध करना चाहता है।

मार्क्सवाद तर्कशास्त्रीय औपचारिक पाण्डित्य को स्वीकार नहीं करता। तर्क शास्त्र दुधारी तलवार के सदृश होता है, उससे असिद्ध को सिद्ध और सिद्ध को असिद्ध किया जा सकता है। प्रायः वह स्वानुभव के विरुद्ध चला जाता है। स्वयं भारतीय दर्शन में, स्वानुभव के स्तर पर, तर्क की प्रतिष्ठा स्वीकार नहीं की गई है।[22] न्याय शास्त्र की ईश्वर और मुक्ति से सम्बन्धित धारणाओं को वेदान्त ने अस्वीकार किया है।

स्वानुभव यह है कि विषय ज्ञान और ज्ञान के ज्ञान में इतना अंतराल नहीं होता कि लक्षणा के स्थान पर एक अन्य शक्ति की कल्पना करनी पड़े। परन्तु भारतीय तर्क शास्त्र की सहायता से ध्वनिवादियों ने जिस सूक्ष्मदर्शिता का प्रदर्शन किया है, वह चमत्कारक अवश्य है। वस्तुतः मुख्यार्थ और प्रतीयमान अर्थ, ये दो भेद स्पष्ट और पर्याप्त है। साहित्य मीमांसा के लिए अनेक शब्द शक्तियों की कल्पना व्यर्थ है। अतः अभिधा या लक्षणा अथवा अभिधा और व्यंजना—ये दो नाम पर्याप्त माने जा सकते हैं।

लक्षणावादियों के सदृश, अभिधा से ही सूक्ष्म अर्थों की प्रतीति मानने वाले अभिधावादी विचारक व्यंजना का निषेध करते हैं। व्यंजनावाद ने वाच्यार्थ और प्रतीयमानार्थ के भेद को कई युक्तियों से सिद्ध किया है। वाच्य विधिरूप होने पर भी व्यंगय निषेधपरक हो सकता है 'यथा भ्रम धार्मिक' आदि काव्यों में।[23] वाच्य निषेधपरक और व्यंग्य विधिरूप हो सकता है।[24] कभी व्यंग्यार्थ का विषय वाच्यार्थ के विषय से भिन्न हो सकता है।[25] इस प्रकार के कथनों में व्यंग्य अनेक पात्रों के लिए भिन्न-भिन्न होता है। इसी प्रकार वाच्यार्थ से व्यंग्यार्थ की भिन्नता के अनेक रूप हैं अतः अभिधा से व्यंजना का भी कार्य लिया जाना सम्भव नहीं है।[26]

मीमांसक व्यंजना विरोधी हैं। अभिहितान्वयवादी कुमारिल भट्ट के अनुसार किसी वाक्य के पद अलग-अलग अपने अर्थ का बोधन कराते हैं। उसके पश्चात् आकांक्षा, सन्निधि, योग्यता आदि के अनुरूप उन पदों का श्रोता के मन में अन्वय होता है और तब वाक्यार्थ का बोध हो जाता है। इस तात्पर्य का द्योतन अभिधा द्वारा नहीं, अपितु तात्पर्य नामक भिन्न शक्ति द्वारा होता है।

मम्मट के अनुसार इस मत से व्यंजना का खंडन नहीं हो सकता क्योंकि जब पदार्थों के पश्चात् वाक्यार्थ के लिए तात्पर्य नामक द्वितीय शक्ति की कल्पना करनी पड़ गई तब काव्य के गूढ़ का अर्थ बतला कर विरत हो जाती है। यदि वह वाक्यार्थ के बोध में असमर्थ है तो व्यंग्यार्थ बोध तक अभिधा को कैसे समर्थ माना जा सकता है?[27]

कुमारिल भट्ट के शिष्य प्रभाकर के मत को अन्विताभिधान मत कहा जाता है। इसके

अनुसार अभिधा शक्ति के द्वारा अन्वित पदों का ही अर्थ प्रतीत होता है, अनन्वित पदों का नहीं। प्रभाकर का गुरु मत यह नहीं स्वीकार करता कि प्रथम पदों के अलग-अलग अर्थों का बोध होता है और तब अन्वय होता है। गुरु मतानुसार तो हमारी बुद्धि में एक साथ अन्वित पदार्थों का ही उदय होता है। अतः तात्पर्य शक्ति को गुरुमत नहीं मानता। अभिधा शक्ति से संकेत ग्रहण पदों में न होकर, वाक्य में होता है। अतः व्यवहार वाक्यार्थ से होता है, पदों से नहीं। कोई शब्द तभी समझ में आता है जब वह वाक्य में संसृष्ट रहता है। अतः वाक्य ही अर्थ प्रतिपादक है, शब्द या पद अपने आप अर्थ बोधक नहीं होता है।[28]

प्रभाकर मत में भी, सामान्य अर्थ और विशेष अर्थ का प्रश्न उलझ गया है। अभिधा द्वारा सामान्य रूप से अन्वित पदार्थों की ही उपस्थिति हो सकती है, किसी विशेष अर्थ के साथ अन्वित अर्थ की उपस्थिति नहीं होती है क्योंकि एक ही शब्द का अनेक शब्दों के साथ भिन्न-भिन्न रूप में प्रयोग होता है।

यदि अभिधा से केवल सामान्य अर्थ का ही बोध हो सकेगा, फिर अभिधा द्वारा व्यंग्यार्थ की प्रतीति कैसे होगी? यदि यह कहा जाए कि जब तक किसी वाक्य का अभिप्राय श्रोता को स्पष्ट नहीं हो जाता तब तक अन्वय की प्रक्रिया अपूर्ण मानी जाए, यथा, 'भ्रम धार्मिक' जैसे उदाहरण में कथन विधि रूप और गूढ़ार्थ निषेध रूप है। यहाँ निषेध रूप अर्थ का बोध अन्वय-प्रक्रिया के भीतर ही मान लिया जाए तो व्यंजना अनावश्यक सिद्ध हो सकती है।

स्पष्टतः अन्वय-प्रक्रिया को प्रभाकर बहुत दूर तक खींचना चाहते हैं। यह सत्य है कि 'भ्रम धार्मिक' कथन में धार्मिक नायिका के वचनों पर विचार अवश्य करेगा कि नायिका का वास्तविक अभिप्राय क्या है और तब वह नायिका का निषेध रूप उद्देश्य समझ लेगा किन्तु इतनी दीर्घ चिंतन क्रिया को एक ही अभिधा शक्ति से मानना तर्क की दृष्टि से चाहे सम्भव हो, परन्तु विवेक सम्मत नहीं लगता है।

कतिपय निमित्तवादी मीमांसकों ने अभिधा से प्रतीयमान अर्थों की प्राप्ति में निमित्त कारण का तर्क दिया है, किसी वस्तु को देखकर उसके कारण की कल्पना की जाती है। प्रतीयमान अर्थ का निमित्त, शब्द ही माना जा सकता है। अतः शब्द और अर्थ में निमित्त-नैमित्तिक सम्बन्ध स्वीकार कर लेना चाहिए, व्यंग्य-व्यंजक सम्बन्ध अनावश्यक है।

सामान्यतः यह तर्क प्रबल प्रतीत होता है किन्तु मम्मट तर्कशास्त्र में, कारण शब्द निश्चित परिभाषा से परिचित थे। कारण या तो ज्ञापक होता है अथवा कारक। शब्द कारक कारण तो हो नहीं सकता क्योंकि शब्द अर्थ का व्यंजक है, निर्णायक नहीं। शब्द को व्यापक कारण भी नहीं कह सकते। अंधकार स्थित घट को प्रकाशक दीपक, ज्ञापक कारण है किन्तु शब्द दीपक की तरह अर्थ को प्रकाशित नहीं करता क्योंकि व्यंग्यार्थ पूर्व सिद्ध नहीं होता, वाच्यार्थ के ज्ञान के पश्चात् ही व्यंग्यार्थ बोध होता है अतः निमित्तवादी मीमांसक मत भी अग्राह्य है।

भट्ट लोल्लट के अनुसार अभिधा शक्ति के अतिरिक्त अन्य शक्तियों की कल्पना अनावश्यक है। अभिधा शक्ति एक अर्थ की प्रतीति कराने के पश्चात् विरत नहीं होती बाण के समान वह पदार्थों की उपस्थिति, अन्वय-बोध और गूढ़ार्थ की प्रतीति भी कराती है। बाण केवल कवच का ही बेधन नहीं करता वरन् वह हृदय बेध कर, प्राणों का अपहरण कर लेता है। अतः अभिधा व्यापार को दीर्घ दीर्घतर व्यापार मान लेने सें शब्द शक्ति प्रपंच से मुक्ति मिल सकती है।[29]

इस दीर्घतर अभिधा व्यापार का खंडन व्यंजनावादी के अतिरिक्त अनुमानवादी आचार्य भी करते हैं। महिम भट्ट के अनुसार शब्द बाण के सदृश स्वभाव से कार्यरत नहीं होते अपितु शब्द तो संकेत से अर्थ बोधन कराते हैं। संकेत न होने पर भी अर्थान्तर की कल्पना में अभिधा-व्यापार को ही माना जाएगा तो अभिधेयार्थ की भांति अन्य अर्थ की प्रतीति भी किसी भी शब्द से हो जाएगी।[30]

भट्ट लोल्लट के अनुसार शब्द का अर्थ वहीं होता है, जिसकी प्रतीति के लिए उसका प्रयोग किया जाता है। यथा, किसी विधिपरक अर्थ की प्रतीति कराने के लिए निषेधपरक शब्द का प्रयोग किया जाए तो उसका अर्थ विधिपरक ही होगा। अतः 'भ्रम धार्मिक' उदाहरण में प्रयोजन की दृष्टि से, 'भ्रम धार्मिक' का अर्थ होगा, भ्रमण मत करो।

मम्मट ने मीमांसा शास्त्र के आधार पर भट्ट लोल्लट के कथन में असंगति सिद्ध की है।[31] यदि प्रतियमान अर्थों को भी वाच्यार्थ ही माना जाएगा तो ब्राह्मण तेरे पुत्र हुआ है—इस वाक्य से जो हर्ष भाव उत्पन्न होगा, उसे भी वाच्यार्थ ही मानना होगा। मम्मट की यह आपत्ति भी है कि अभिधा व्यापार से ही सूक्ष्मार्थों का बोधन स्वीकृत होने पर लक्षणा या गौणी वृत्ति की आवश्यकता नहीं रह जाती किन्तु मीमांसक लक्षणा को भी मान लेते हैं।[32]

दशरूपकार धनंजय और धनिक व्यंग्यार्थ को तात्पर्य ही मानते हैं। प्रतीयमान अर्थ धनिक के अनुसार तात्पर्य से भिन्न नहीं है। उसे व्यंजना द्वारा संकेतित नहीं माना जा सकता और न उसके व्यंजक काव्य को ध्वनि कहा जा सकता है। तात्पर्य तो वस्तुतः जहाँ तक कार्य होता है, वहाँ तक फैला रहता है। तात्पर्य को तराजू पर तौल कर यह नहीं कहा जा सकता कि तात्पर्य इतना ही है, यहीं तक है, इससे अधिक नहीं है।[33]

धनिक तो रसादि को भी तात्पर्य ही कहते हैं। उनके अनुसार निरतिशय सुखास्वाद ही काव्य शब्दों का अर्थ है। जिस तात्पर्य के लिए शब्दों का प्रयोग हो, वही उस शब्द का तात्पर्य है (यत्परः शब्दः स शब्दार्थः)। अतएव रसादि भी काव्य प्रयुक्त शब्दों के तात्पर्य ही हैं, क्योंकि उन्हीं के लिए शब्दों का प्रयोग किया जाता है।

वस्तुतः धनिक, दशरूपक में, प्रभाकर मत के सदृश अभिधा व्यापार को अनन्तता देना चाहता है। विश्वनाथ ने साहित्य दर्पण में धनिक के तात्पर्यवाद का खंडन किया है। विश्वनाथ तात्पर्य वृत्ति की धारणा की अस्पष्ट मानते हैं। उनके अनुसार अभिहितान्वयवादी कुमारिल भट्ट भी तात्पर्य वृत्ति को स्वीकार करते हैं। यदि धनिक का अभिप्राय भी कुमारिल

मत के सदृश है, तब उसका खंडन हो चुका है और यदि धनिक की तत्पर्य वृत्ति है तो केवल नाम का ही अंतर रह जाता है।[34]

मुकुल भट्ट अभिधावृतिमातृका में लक्षणा को भी अभिधा की पृच्छभूमता मानते हैं और इस लक्षण के अन्तर्गत ही प्रतीयमान अर्थ का समावेश करते हैं।[35]

अनुमितिवाद—ध्वनि और व्यंजना का प्रबलतम विरोध महिम भट्ट ने व्यक्ति-विवेक में किया है। ध्वनिकार ने व्याकरण का आश्रय लेकर ध्वनि और व्यंजना की धारणाएं विकसित की हैं। महिम भट्ट इस आधार पर ही आक्रमण करते हैं। व्याकरण में अनित्य, स्थूल बैखरी बाणी से अर्थ ज्ञान की असंभावना देख कर, नित्य वाणी (स्फोट) की कल्पना की गई है। यह नित्य वाणी आकाश या समुद्र जल के समान व्यापक है। अनित्य शब्द उसे अपने रूप में व्यक्त करते हैं। टॉर्च का आकार जैसा होता है, उसी आकार में, जिस प्रकार भित्ति अंश व्यक्त होता है, उसी प्रकार व्यंजक शब्दों से व्यंग्य नित्यवाणी का एक अंश व्यक्त हो जाता है।[36]

इस आधार पर ध्वनिकार ने नित्यवाणी और प्रतीयमान अर्थ में सादृश्य स्थापित किया और जिस प्रकार अनित्य शब्द व्याकरण में कारण माना जाता है उसी प्रकार ध्वनिमतानुसार वाच्य शब्द व्यंग्यार्थ का कारण है।[37] इसलिए माना जाता है कि—

'(ध्वनि मत ने) प्रतीयमानार्थ की प्रमुखता वाले काव्य को ऐसा नाम दिया, जिससे व्यंजना की सिद्धि के लिए उन्हें व्याकरण की ढाल मिल जाए। वह नाम है ध्वनि। यानि यह कि कोई भी विचारक वाच्य और प्रतीयमान के सम्बन्ध को व्यंग्य व्याकरण रूप सिद्ध करने का प्रश्न काव्यशास्त्री से न करे। ध्वनि सुनते ही वह व्याकरण की ओर मुड़ जाए।'[38] ध्वनिकार ने व्याकरण के प्रति भक्ति की घोषणा भी की है।[39]

महिम भट्ट के अनुसार व्यंग्य-व्यंजक सम्बन्ध के स्थान पर प्रतीयमानार्थ और वाच्यार्थ में गम्य-गमक सम्बन्ध की स्वीकृति अधिक युक्ति संगत है। व्याकरण में प्रतीयमान, नित्य शब्द मात्र होता है, जबकि काव्य में प्रतीयमान होता है, अर्थ। दूसरी आपत्ति यह है कि व्याकरण में अनित्य शब्द स्वरूपतः नित्य शब्द का व्यंजक माना जाता है, उससे अर्थ प्रतीति नहीं मानी जाती। अर्थ प्रतीति तो प्रतीत हुए नित्य शब्द से मानी जाती है। अतः अर्थ की प्रतीति कराने वाला व्यापार, जिसे व्याकरण में अभिधा व्यापार कहा गया है, व्यंजक शब्द में नहीं रहता। इस प्रकार व्याकरण में, अनित्य शब्द (व्यंजक) में अभिधा नहीं रहती। इसके विरुद्ध काव्य के व्यंजक शब्द में अभिधा रहती ही है। अतः व्याकरण का ध्वनि शब्द, मेघ की गड़गड़ाहट या नाद की तरह अभिधा शून्य होता है। संगीत के नाद से जैसे चेतना पर प्रभाव व्याकरण के ध्वनि शब्द से भी उनके स्फोटपरक नित्य शब्द पर पड़ता है।[40]

अतः काव्य-शब्दों को व्याकरण के आधार पर ध्वनि कहना अनुचित है।[41] यह भी कहा गया है कि स्फोटात्मक नित्य शब्द की कल्पना व्याकरण के अतिरिक्त कोई नहीं

करता। अतः स्फोट की धारणा भी विवादास्पद है।[42]

'अनुमितिवाद के अनुसार व्यंजना (प्रकाश-प्रक्रिया) वस्तुतः प्रकरणादि निरपेक्ष होती है, यथा, दीपक, घट की अभिव्यक्ति में न प्रकरण को देखता है, न देश को, न काल को। अतः व्यंजना में वक्ता, बोध-काकु आदि की कोई अपेक्षा सिद्ध नहीं हो सकती किन्तु ध्वनि मत में काव्य के प्रतीयमान अर्थ की प्रतीति में प्रकरण आदि सहायक माने गए हैं। यह भी कहा गया है कि ऐसे काव्यार्थ भी होते हैं, जिनकी प्राप्ति में प्रकरण आदि की कोई आवश्यकता नहीं रहती। यह व्याकरण की अतिशय भक्ति का ही दुर्विपाक है।'[43]

महिम भट्ट केवल अभिधा को शब्द शक्ति मानते हैं, वह लक्षण की प्रक्रिया में भी अनुमान की प्रक्रिया प्रदर्शित करते हैं।[44] इस प्रकार महिम भट्ट अर्थ प्रक्रिया को अनुमान ही मानते हैं।

'अनुमिति का नाम सुनते ही लोक चौंकते हैं। इसलिए कि वह तर्क के साथ रहती है और तर्क कर्कश होता है और उससे चमत्कारानुभूति में व्याघात की संभावना रहती है। यह अनुमिति अदालत की तो अनुमिति है नहीं और न बौद्धिक अखाड़ेबाजों की ही यह अनुमिति है। यह अनुमिति तो जीवन में पदे-पदे व्याप्त तथा बुद्धि के दीपक में स्नेह के समान हमारी अनुभूतियों का मार्ग प्रशस्त करने वाली विद्युत है। यदि किसी बौद्धिक तन्तु संतान को व्यंजना कहा जा रहा हो तो विवाद केवल नाम मात्र का है, तत्वतः दोनों एक हैं। न्याय की दृष्टि से उसे काव्यानुमिति कहा जा सकता है और व्याकरण की दृष्टि से व्यंजना।'[45]

अनुमितिवादी इस प्रकार काव्य-कला के अर्थों और उसकी बोध-प्रक्रिया की विशिष्टता को स्वीकार करते हैं किन्तु काव्यानुमिति संज्ञा को वह ध्वनि और व्यंजना से कहीं अधिक युक्ति संगत मानते हैं।

मम्मट और विश्वनाथ आदि ने इस अनुमानवाद का विरोध किया है। मम्मट वाच्य और व्यंग्यार्थ में निश्चित व्याप्ति के अभाव के कारण काव्य में अनुमानवाद का खंडन करते हैं। हेतु दुष्ट होने पर अनुमान शुद्ध नहीं हो सकता और काव्य सहृदयता पर आधारित है, कारण-कार्य की शुद्धता आदि पर नहीं। इसके विरुद्ध अनुमितिवादी का कथन यह है कि काव्य में काव्यानुमिति की प्रक्रिया कार्यरत रहती है। अतः काव्य में हेतु की शुद्धता आदि नियम अनावश्यक है। इसे शिथिलानुमान की क्रिया कह सकते हैं। तर्क शास्त्र के अनुमान से काव्य-प्रयुक्त अनुमान को भिन्न करने के लिए इसे काव्यानुमान या काव्यानुमिति कह सकते हैं। मम्मट इस काव्यानुमिति का खंडन नहीं करते।

भारतीय काव्यशास्त्र में शब्द शक्ति-सिद्धि का यह विवाद अपने में एक स्वतंत्र अनुसंधान का महत्व रखता है। उक्त चर्चा से यह स्पष्ट है कि ध्वनि और व्यंजना की धारणाओं का एक पक्ष सर्वदा अस्वीकार करता रहा है किन्तु विरोधी भी किसी एक शास्त्र के आधार पर ही खड़े होकर तर्क प्रस्तुत करते हैं। यदि ध्वनिमत व्याकरण से प्रेरित है, तो अनुमितिवाद, न्याय से और अभिधावाद समग्रतः मीमांसा का ऋणी हैं। काव्य शास्त्र

की दृष्टि से उपयोगी तथ्य यह है कि काव्य के इस मूल स्वरूप का सभी को ज्ञान था कि काव्य और कलादि प्रतीयमानार्थक होते हैं।[46] कॉडवेल ने इसी दृष्टि से ध्वनि की धारणा का स्वीकृतिपरक उल्लेख किया है।

ध्वनि मत के पूर्व इस प्रतीयमानता का ज्ञान होने पर भी, उसका विशद निर्वचन सम्भव नहीं हो पाया था। काव्य की इस प्रतीयमानार्थकता को काव्यानुमिति भी कहा जा सकता है, विशेष लक्षणा भी। मीमांसक चाहें तो उसे शब्द का दीर्घतर व्यापार भी कह सकते हैं किन्तु यह विवाद शुद्ध संज्ञा के अनुसंधान का विवाद है। काव्य के मूल स्वरूप के विषय में ध्वनिकार, महिम, कुंतक आदि एकमत हैं।

काव्य स्वरूप के सम्बन्ध में इस सामान्य (जनरल) सिद्धान्त की स्थापना के पश्चात् अब ध्वनि सिद्धान्त के विशिष्ट स्वरूप पर विचार हो सकता है।

पूर्वधारणाओं के द्वन्द्व की संगति का प्रयत्न—काव्य और कला, कामिनी के लावण्य के सदृश्य यदि प्रतीयमान है, तो उस लावण्य की सृष्टि में अलंकार, रस, रीति, गुण, दोष आदि आदि धारणाओं का योगदान क्या है? दूसरे शब्दों में ध्वनि के साथ इन काव्य तत्वों का क्या सम्बन्ध हो सकता है? एक व्यवस्थित काव्य सिद्धान्त के लिए काव्य सम्बन्धी विशेषताओं का प्रतिपाद्य सिद्धान्त के साथ समाहार होना आवश्यक है।

इस संगति के लिए ध्वनिमत ने, पूर्व प्राप्त काव्य साहित्य को ध्यान में रख कर, ध्वनित तत्व के आधार पर रसध्वनि, वस्तुध्वनि और अलंकार ध्वनि का त्रिविध विभाजन किया है। रस प्रधान काव्य, अलंकार-रीति युग में समग्रतः उपेक्षित था क्योंकि भामह-दण्डी वामन के युग में चमत्कारवाद की प्रधानता थी। भरत के रसवाद से प्रेरणा लेकर ध्वनि मत ने रस को सर्वाधिक गौरव दिया, किन्तु ध्वनिकार अन्य ऐसे काव्य प्रकारों से परिचित थे, जिनमें बिम्बों-चित्रों, आकर्षक कथनों और वस्तु-वर्णनमालाओं की प्रधानता थी। केवल रस को महत्व देने से, संस्कृत के परवर्ती काव्य का बहिष्कार करना पड़ता। इसके सिवा वाल्मीकि, कालिदास, अश्वघोष के काव्यों-नाटकों में भी वस्तु वर्णना और अलंकृत कथनों का अभाव नहीं है। अतएव ध्वनि मत में रस विषयक अपनी रुचि की रक्षा करते हुए भी, वस्तु ध्वनि और अलंकार ध्वनि की सत्ता स्वीकार की गई है। इस निष्पक्ष और व्यापक दृष्टि के कारण ही, ध्वनि मत में एकांगिता कम प्रतीत होती है।

किन्तु अलंकृत काव्य को ध्वनि मत प्रतीयमानता की प्रमुखता के आधार पर ही स्वीकार करता है। जहाँ वाच्यार्थ प्रधान है, व्यंगयार्थ गौण, वहाँ व्यंग्य गुणी भूत ही कहलाता है और ऐसा काव्य सर्वोत्तम कोटि का नहीं माना गया क्योंकि श्रेष्ठ काव्य में ध्वनि या प्रतीयमानता प्रमुख होती है। अतएव सर्वप्रथम आनन्दवर्धन अलंकृत काव्य में प्रतीयमानता की प्रमुखता का अनुसंधान करते हैं।

ध्वनिमत के अनुसार अलंकारों में वाच्यवाचकभाव प्रधान होता है। अतः अलंकारों में ध्वनि का समाहार असम्भव है। यदि कहा जाए कि उपमा, रूपकादि में व्यंग्य नहीं होता

तब अलंकारवादी कहेगा समासोक्ति, आक्षेप, पर्यायोक्तादि में व्यंग्य की स्पष्ट प्रतीति होती है, तब ध्वनि का अलंकारों में अंतर्भाव मानना ही होगा।

किन्तु ध्वन्यालोक में इन अलंकारों में वाच्यवाचकत्व ही सिद्ध कर दिया गया है।[47] यदि कहा जाय कि यह दुराग्रह है और इन अलंकारों के अनेक उदाहरणों में व्यंग्य की प्रधानता प्रतीति होती है तो उसका उत्तर ध्वनिमतानुसार यह होगा। यदि व्यंग्य प्रधान है और वहाँ सौन्दर्य है तो वहाँ अलंकारध्वनि होगी। सारांश यह है कि जिन अलंकारों में वाच्यार्थ अप्रधान प्रतीत होता है, वहाँ व्यंग्यातिशय के कारण अलंकारध्वनि मानने में कोई बाधा नहीं है किन्तु किसी सहृदय को सभी अलंकारों में व्यंग्य मानना ही होगा।

इस प्रकार अलंकार ध्वनि में उत्कृष्टता का निकष है, चारु-व्यंग्यार्थ की प्रधानता। वाच्यार्थमूलक आकर्षक कथन, अलंकार कहे जाने चाहिए।

इसी प्रकार जहाँ किसी तथ्य या वस्तु या विचार की अभिव्यक्ति में व्यंग्य प्रधान हो, तो वहाँ वस्तुव्यंजना या वस्तुध्वनि होगी और वह श्रेष्ठ काव्य के अंतर्गत स्वीकृति होनी चाहिए। यथा, 'भ्रम धार्मिक' के प्रसिद्ध उदाहरण में व्यंग्यार्थ यह है कि धार्मिक को नदी तट पर नहीं जाना चाहिए। यह निषेध रूप वस्तु ध्वनि वाच्यार्थ नहीं हैं क्योंकि वाक्यार्थ तो विधि रूप है। यहाँ इस काव्य में सौन्दर्य भी है। अतः वस्तुध्वनि के ऐसे उदाहरणों को रसध्वनि और अलंकार ध्वनि से भिन्न मानना होगा।

इस प्रकार काव्य का समस्त प्रपंच ध्वनि-सिद्धान्त में संगति प्राप्त करता है। भामह, दण्डी आदि को पढ़ते समय स्पष्ट अनुभव होता है कि प्रमुखतः एक विशेष काव्य प्रवृत्ति की विशेषताओं का उद्‌घाटन ही उनका लक्ष्य है जब कि ध्वनिमत में काव्य मात्र और प्रकारान्तर से कला मात्र का स्वरूपोद्‌घाटन होता है और यह निष्कर्ष प्राप्त होता है कि श्रेष्ठ कला और काव्य की प्रक्रिया वाच्यार्थक नहीं होती, व्यंग्यात्मक होती है।

ध्वन्यालोक में रसध्वनि का महत्व सर्वोपरि है, फिर भी वस्तु और अलंकार ध्वनियों का महत्व कम नहीं है किन्तु अभिनवगुप्त वस्तु और अलंकारध्वनियों को ध्वनि और अलंकार ध्वनि का रस ध्वनि में पर्यवसान हो जाता है।[48] अभिनवगुप्त शैव दृष्टि से रस और शिव (आत्म-ब्रह्म) की एकता मानते थे। अतः अन्य सब तत्व सहायक ही होंगे, मुख्य नहीं। इसी आधार पर रस ध्वनि ही काव्य की आत्मा है। वस्तु, तथा अलंकार ध्वनियाँ अन्त में रस अथवा आत्मा के आस्वाद में ही परिणति प्राप्त करती है। अतः उनको आत्मा कहना औपचारिक कथन है।

अभिनव गुप्त की दार्शनिक व्याख्या में अधिदर्शनात्मक तत्व अधिक हैं। ध्वन्यालोक में अधिदर्शन का उतना आरोप नहीं है। अतः ध्वन्यालोक की दृष्टि से ध्वनि का त्रिविध विभाजन युक्तियुक्त प्रतीत होता है। रस की प्रमुखता उस युग की रुचि विशेष का फल है।

वस्तुतः ध्वनिमत में काव्य की आत्मा ध्वनि मानी गई है।[49] बाद में ध्वनियों में रसध्वनि को प्रधानता देने के कारण रस को काव्य की आत्मा कहा गया है। अभिनव गुप्त

ध्वन्यालोक के 'काव्यस्यात्मध्वनिः' इन शब्दों में आत्मा का अर्थ 'तत्व' करते हैं और तत्व का अर्थ सारभूत बताते हैं। अर्थात् ध्वनि काव्य का सारभूत हैं। दूसरे वह ध्वनि को वैलक्षण्यकारी कहते हैं अर्थात् उससे काव्य में विलक्षणता उत्पन्न होती है।

स्पष्टतः यहाँ ध्वनि शब्द रचना-प्रक्रिया या व्यंजना विधि के रूप में प्रयुक्त हुआ है क्योंकि ध्वनि के पांच अर्थों में यदि यहाँ ध्वनि के काव्य के अर्थ में ग्रहण किया जाए तो काव्य की आत्मा है, ऐसा अर्थ करना पड़ेगा जो अयुक्त हो जाएगा। अतः ध्वनि, काव्य की आत्मा है, इसका अर्थ यह है कि काव्य स्वशब्दवाच्यपरक नहीं होता, वह सर्वदा ध्वन्यात्मक या व्यंजनात्मक विधि अपनाता है। वस्तु, अलंकार और भावादि काव्य में ध्वनित होकर ही विलक्षण सृजन का रूप धारण करते है।

इस दृष्टि से वस्तु, अलंकार और रसादि (भाव, रस, आदि) ध्वनित तत्व है और प्रक्रिया ध्वनयात्मक है। अतः प्रक्रिया की दृष्टि से ध्वनि काव्यात्मा है।

ध्वनित तत्वों में केवल रसभावादि ही नहीं होते, वस्तु और अलंकार या बिम्ब भी काव्य में ध्वनित हो सकते हैं। ध्वन्यालोक में रसध्वनि की स्तुति में रस को भी काव्यात्मा कहा गया है।[50] आनन्दवर्धन का कथन है कि यद्यपि ध्वनि के और भी भेद हैं परन्तु रसादि के प्राधन्य से रस या भाव द्वारा ही उनका ज्ञापन होता है। रस की प्रधानता के कारण आनन्दवर्धन वाल्मीकि और कालिदास को ही महाकवि मानते हैं। इस संसार में उनकी दृष्टि से पांच छः ही महाकवि माने जा सकते हैं।[51]

रस के प्रति इतना आग्रह रखने पर भी ध्वनिकार ने अपने मत को ध्वनिमत ही कहा है, रसवाद नहीं, यह तथ्य प्रायः भुला दिया जाता है। परवर्ती व्याख्याकारों पर भी रसपरक काव्य का ही प्रमुख प्रभाव रहा है। साहित्यदर्पणकार ने तो रसात्मक वाक्य को ही काव्य स्वीकार किया है किन्तु यदि भावुकताप्रधान काव्य ही काव्य है, तब नवीन ही नहीं, प्राचीन साहित्य में भी एक बड़े अंश का अपमान होगा अतः ध्वनि का त्रिविध विभाजन व्यापक दृष्टि का प्रमाण है।

उत्प्लवन सिद्धान्त—वस्तु, अलंकार और रसादि किस प्रकार ध्वनित होते हैं, इसे निर्देशित करने के लिए अभिधा और लक्षणा के आधार पर ध्वनिभेद प्रस्तुत किए गए हैं। इस विभाजन की पृष्ठभूमि में उछाल का सिद्धान्त निहित है। मार्क्सवाद में उछाल के सिद्धान्त द्वारा परिमाण से गुण की उत्पति दिखाई जाती है। वक्ता, बोध, प्रकरण आदि की सहायता से काव्य-श्रवण के समय अचानक विलक्षण सौन्दर्य या आकर्षण का अनुभव होता है। यह गुण (क्वालिटी) काव्य श्रवण के पूर्व नहीं अनुभव होता, किन्तु जब कोई सहृदय काव्य पड़ता या सुनता है या नाटक देखता है अथवा अन्य ललित कलादि का साक्षात्कार करता है, तब भोक्ता के ध्यानावस्थित होते ही, काव्य-कलादि की ध्वनन-प्रक्रिया से उक्त काव्य गुण या चमत्कार की अनुभूति होती है, जिसके लिए काव्यादि का भावन किया जाता है।

उछाल से काव्य गुण किस प्रकार उदित होता है, यह एक रहस्य ही है। परिमाण से गुण के उदय-सिद्धान्त में कुछ विशेषताएँ होती हैं। पदार्थजगत् में नवीन गुणों के जन्म में तत्वों के एक विशेष मिश्रण की आवश्यकता होती है यथा जल के उदय के लिए हाइड्रोजन और ऑक्सीजन की एक विशेष मात्रा आवश्यक है किन्तु पदार्थ से चेतना के उदय (इमरजैंस) का कोई सूत्र (फार्मूला) नहीं बताया जा सकता। इसी प्रकार वर्ण्य विषय, वर्ण्य भाव, मनोवृत्ति, भाषा, तकनीक आदि के प्रयोग का कोई सूत्र नहीं गढ़ा जा सकता। यह अवश्य लक्षित किया जा सकता है कि काव्य में प्रयुक्त तत्वों से काव्य सौन्दर्य की उत्पत्ति में विधि सदैव ध्वन्यात्मक ही होगी।

यह भी नहीं बताया जा सकता कि काव्य तत्वों के वर्णन के समय वह परिमाण से गुण में परिणति का बिन्दु कब आता है अथवा उसे कब आ जाना चाहिए परन्तु काव्य-ध्वनि के कुछ रूपों में परिमाण से गुण की ओर उछाल अवश्य लक्षित होती है।

ध्वनिमत द्वन्द्वात्मक भौतिकवाद के उक्त उछाल सिद्धान्त से परिचित नहीं था किन्तु वाच्यार्थ से व्यंग्यार्थ की प्राप्ति के मध्य एक क्रम को लक्षित कर लिया गया था। इस क्रम की स्वीकृति का वैज्ञानिक अर्थ यह हे कि परिमाण सर्वदा गुण में उछाल के रूप में परिणत होता है। इस परिवर्तन या विकास में द्वन्द्व अंतर्निहित रहता है—विकास या परिवर्तन की गति कभी सम नहीं होती, वह सदा, विषम, द्वन्द्वशील और लक्षित या अलक्षित रूप में ही होती है।

वाच्यार्थ, ध्वनि प्रक्रिया द्वारा, कहीं तो उछाल द्वारा, अर्थान्तर में संक्रमित होता है और कहीं अत्यन्त तिरस्कृत हो जाता है किन्तु रसध्वनि में इस उछाल के क्रम को शीघ्र लक्षित नहीं किया जा सकता। अतः उसे असंलक्ष्यक्रमव्यंग्यध्वनि भी कहा जाता है। रसादि में, अभिधेयार्थ में परिणति का क्रम दिखाई न पड़ने से, उसमें उछाल की प्रक्रिया सूक्ष्म हो जाती है परन्तु रसादि में, अभिधा से व्यंग्यार्थ में परिणति उत्प्लवन द्वारा ही होती है—इसमे सन्देह नहीं।

ध्वनिवाद ने व्याकरण से प्रेरणा लेकर अभिधा, लक्षण के अतिरिक्त तृतीय शक्ति व्यंजना की दृढ़ता से स्थापना की है, यह देखा जा चुका है। यह व्यंजना या तो अभिधा से व्यंग्यार्थ तक पहुंचाती है अथवा लक्षणा की सहायता से व्यंग्यार्थ की प्रतीति कराती है।

अभिधामूला और लक्षणामूला ध्वनियों का यही रहस्य है। प्रश्न हो सकता है कि ये शक्तियां तो कल्पित हैं, वास्तविक नहीं हैं किन्तु काव्य सृजन और आस्वादन की प्रक्रिया ध्वन्यात्मक (सजैस्टिव) है, इस तथ्य को, अपनी धारणाओं से यदि ध्वनि मत आलोकित कर सकता है तो अभिधा, लक्षण, व्यंजना जैसी पूर्व कल्पनाओं का कार्यकारी (फंक्शनल) महत्व मानना पड़ेगा।

उत्प्लवन के रूप : कवित्वगत सन्दर्भ—वाच्यार्थ गौण होकर व्यंग्यार्थ की प्राप्ति कराता है, इस प्रक्रिया में क्रम और उत्प्लवन का स्वरूप, ध्वनि विभाजन में देखा जा सकता

है। मम्मट ने व्यंजना को शाब्दी व्यंजना कहा है। संयोग, साहचर्य, विरोध, अर्थ प्रकरण आदि द्वारा अनेकार्थक शब्दों के वाचकत्व के नियंत्रित हो जाने पर, उससे भिन्न अवाच्य अर्थ की प्रतीति कराने वाला व्यापार अभिधा मूलक व्यंजना कहलाता है।[52]

वस्तुतः संयोग-वियोगादि, वाचकत्व के नियंत्रक प्रकरण या सन्दर्भ के विशेष रूप हैं। अभिधा से व्यंग्यार्थ के उत्प्लवन में यथार्थ जीवन के सन्दर्भ ही नियामक होते हैं।[53] उदाहरण के लिए सशंखचक्रो हरिः कहने से श्रोता के मन में हरि के कोशगत अर्थ (वानर, यम, अनिल, इन्द्र, चन्द्रमा, विष्णु, सिंह, रश्मि, अश्व, शुक, दादुर) उदित होते हैं किंतु हरि शब्द के अर्थ के साथ शंख चक्र के संयोग का ज्ञान इन अभिधेय अर्थों में से हरि शब्द के अर्थ को विष्णु अर्थ में नियंत्रित कर देता है। अतः यहाँ प्रथम हरि शब्द के प्रसिद्ध व कोशगत अर्थ ध्यान में आएंगे और फिर प्रकरण-परक शंख के संयोग-वियोग से हरि शब्द से विष्णु अर्थ की ओर मन प्रभावित होगा। अभिधा से व्यंग्यार्थ की इस प्रक्रिया में यहाँ मन का उत्प्लवन स्पष्ट ही प्रतीत होता है।

इसी प्रकार 'पत्नी का मुख तुम्हारी रक्षा करे', में अनेकार्थक 'मुख' शब्द, औचित्य रूपी सन्दर्भ के कारण अनुकूलता के अर्थ में बदल जाएगा। इसी प्रकार शाब्दी अभिधामूला के अन्य उदाहरणों में यह उत्प्लवन देखा जा सकता है।[54]

उत्प्लवन सर्वदा आंतरिक संघर्ष की स्थिति में ही जन्म लेता है—हरि या मुख शब्द के अनेकार्थ और सन्दर्भ के कारण किसी एक अर्थ की अचानक स्वीकृति की क्रिया में व्यंजना व्यापार आंतरिक द्वन्द्व का परिचायक है।

लक्षणा मूला शाब्दी व्यंजना में किसी प्रयोजन की प्रतीति के लिए लाक्षणिक शब्दों का प्रयोग किया जाता है। यहाँ भी प्रकरण का ज्ञान अनिवार्य होता है। यथा 'आपका मुझ पर असीम उपकार है, आपकी सज्जनता प्रसिद्ध है, आप शत वर्ष जिएँ।' इस स्थल में वक्ता के शब्दों के मुख्यार्थ में बाधा पड़ती है क्योंकि अभिधा से तो प्रशंसा प्रकट हो रही है किन्तु विपरीति लक्षणा से यहाँ व्यंग्यार्थ यह है कि अपकार करने पर भी मेरा व्यवहार आपके साथ सज्जनतापूर्ण हैं। यह भी व्यंग्य है कि आप बहुत दुष्ट हैं। अतः 'आपका उपकार है', इन शब्दों का व्यंग्यार्थ होगा—आपने अपकार किया है।

यहाँ भी यह सन्दर्भ अपेक्षित है कि किसी ने वक्ता के साथ अन्याय किया हैं। इस प्रकार के व्यंग्य वचन सुनते समय तटस्थ श्रोता प्रथम तो सरल मन से शायद यही समझेंगे कि वक्ता अनुगृहीत हो रहा है किन्तु प्रकरण से परिचित व्यक्ति अचानक, एक मानसिक उत्प्लवन के रूप में समझ लेगा कि प्रयुक्त शब्दों की व्यंजना अभिधेय अर्थ से सर्वथा विपरीत है।

कुछ विद्वान् अभिधामूल शब्दी व्यंजना को मानना ही नहीं चाहते। उनके मत से सशंख चक्रो हरिः अथवा 'चिरजीवो जोरी जुरै, क्यों न सनेहु गम्भीर' जैसे दृष्टान्तों में श्लेष अलंकार ही माना जाना चाहिए। महिम भट्ट शब्द शक्तिमूलक व्यंजना का विरोध करते हैं। उनके अनुसार शब्द शक्ति मूलक ध्वनि के उदाहरणों में अप्राकरणिक अर्थ का अस्तित्व

नहीं होता। विश्वनाथ ने सहृदय के अनुभव का आधार लेकर महिम भट्ट का खंडन किया है।

ध्वनिमतानुसार बिहारी के दोहे में वृषभानुजा, हलधर आदि शब्दों के दो दो अर्थ हैं किन्तु राधा-कृष्णपरक अर्थ प्राकरणिक हैं, गो-वृषभपरक अर्थ व्यंग्य है। जहाँ अप्राकरणिक या अन्य अर्थ की प्रतीति हो, वहाँ शब्द व्यंजना और जहाँ दोनो अर्थ प्राकरणिक हों, वहाँ श्लेष होता है। वस्तुतः व्यंग्यार्थ की प्रतीति का साधन सहृदयता ही है। अतः श्लेष और अभिधामूला शाब्दी व्यंजना के भेद के पाण्डित्यपूर्ण विवाद में न पड़कर यही द्रष्टव्य है कि वाच्यार्थ के बाद अन्य अर्थ की प्रतीति में मानसिक उत्प्लवन और द्वन्द्व अवश्य रहता है।

आर्थी व्यंजना के सम्बन्ध में उतना विवाद नहीं है किन्तु ध्वनिमूल आर्थी व्यंजना में भी शब्द की सहकारिता स्वीकार करता है।[55] वस्तुततः शब्द और अर्थ की अविच्छिन्नता के रहस्य से ध्वनिमत परिचित था किन्तु विभाजन प्रियता के कारण भेदोपभेद प्रस्तुत किए गए हैं।

आर्थी व्यंजना में भी सन्दर्भ ही नियामक होता है। इस सन्दर्भ में वक्ता, बोधकर्ता, काकु, वाक्य, वाच्य, अन्य सन्निधि, प्रस्ताव, देश, काल आदि की गणना की गई है। इसी विशिष्टता के कारण ही, सहृदयों को अन्यार्थ की प्रतीति होती है।

यहि अवसर किन कामन कनज पूरन करि लेहु
ये दिन फिर ऐहैं नहीं, यह क्षण भंगुर देहु ॥

कामी जनों के सन्दर्भ में इस पद्य का व्यंग्यार्थ, विषयवासनापरक होगा और यदि वक्ता विरक्त जन होंगे तो व्यंग्यार्थ मोक्षपरक होगा। यदि दोनों प्रकार के वक्ता एक सांथ इस पद्य को सुनेंगे तो अपनी स्थिति के अनुरूप भिन्न-भिन्न व्यंग्यार्थ ग्रहण करेंगे। विरक्त जन के मुख से ये शब्द सुनकर कामी जन विरक्तिपरक अर्थ के पश्चात् संभोगकर अर्थ की ओर उन्मुख हो जाएगा। इसी प्रकार प्रेमी जनों के मुख से ये शब्द सुनकर विरक्त जन मोक्षपरक अर्थ ग्रहण कर सकता है। सन्दर्भ बोध के बाद अभीप्सित अर्थ की प्राप्ति उत्प्लवन द्वारा ही होगी। काव्यार्थ बोध में एक अर्थ से अनेक अर्थों का ध्वनन उसी प्रकार होता है, जिस प्रकार एक लहर के आघात से दूसरी लहर बनती है। व्यावहारिक जीवन में भी व्यंग्यार्थ बोध की प्रक्रिया में उत्प्लवन की सत्ता इस रूप में प्रकट होती है–'ओह, अब समझ गया, आपका मतलब क्या है, यह तो अब समझ में आया' इस प्रकार के कथनों से वक्ता अपने मन की सूक्ष्म अर्थप्राप्ति की पृष्ठभूमि में चलनशील मानसिक संघर्ष और अचानक विद्युत प्रकाश के सदृश नव अर्थ की चमक को सूचित करता है।

इस शब्द-अर्थमूलक ध्वनि के अनेक उपभेद हैं किन्तु प्रमुख भेदों में उक्त द्वन्द्व-प्रक्रिया को देख लेना उचित होगा।

लक्षणा मूला या अविवक्षित वाच्य ध्वनि को गूढ़ व्यंग्य भी कहा जाता है क्योंकि इसमें वाच्यार्थ की विवक्षा नहीं होती। वह या तो अर्थान्तर में संक्रमित हो जाता है, अथवा अत्यन्त तिरस्कृत हो जाता है।

अर्थान्तर संक्रमित वाच्य ध्वनि—'मैं तुमसे कहता हूँ, यहाँ विद्वान समुदाय है, अतः अपनी बुद्धि को दृढ़ रखना।'

यहाँ मैं 'तुम से' कहता हूँ, यह कथन अनावश्यक था क्योंकि वक्ता, बोद्धा आमने-सामने हैं। अतः इन शब्दों का विशेष अभिप्राय है। इन शब्दों से अन्य व्यक्तियों की तुलना में बोद्धा की विशिष्टता व्यंग्य है अतः 'मैं तुम से कहता हूँ', में 'तुम' अपना अर्थ छोड़कर मूर्ख या अस्थिरमति शिष्ट, इस अर्थ में परिणत हो जाता है। इसी प्रकार मैं कहता हूँ, से वक्ता का बोद्धा से विशेष निकट सम्बन्ध ध्वनित होता है।

इस उदाहरण से ज्ञात होता है कि उस विद्वत् समाज में स्थित गुरु शिष्य की स्थिति जटिल है। गुरु को भय है कि कहीं शिष्य मूर्ख प्रमाणित न हो जाए। शिष्य के प्रति ममता उमड़ती है। उधर शिष्य गुरु-मुख को देखता है, विद्वानों को देखकर घबराता है और गुरु के शब्दों को सुनता है, अपना मन तौलता है। इस स्थिति के द्वन्द्व के कारण ही शब्द व्यंग्यार्थ के सूचक बन जाते हैं और शिष्य ही समझता है कि गुरु का अभिप्राय क्या है, शेष विद्वान् तो प्रशंसा के आनन्द से मात्र प्रसन्न ही हुए होंगे।

अत्यन्त तिरस्कृत वाच्य ध्वनि—कभी परिस्थिति के अनुरोध से शब्दों का अभिधेयार्थ सर्वथा तिरस्कृत हो जाता है। गूढ़ व्यंग्य यहाँ चरम सीमा पर पहुँच जाता है। अतः कला की सूक्ष्मता यहाँ दर्शनीय हो जाती है। वक्ता, श्रोताओं के मन का द्वन्द्व अनुमानित होते ही, एक उछाल द्वारा शब्दों के विपरीत अर्थों का बोध जाग्रत कर देता है—

उपकृतं बहु तत्र किमुच्यते सुजनता प्रथिता भवता परम्

आपने बड़ा उपकार किया है, आपकी सज्जनता प्रसिद्ध है।आघात गम्भीर होने पर ही यह कथन विधि अपनाई जाती है। प्रत्यक्ष कथन से यह विधि अधिक मर्म भेदी होती है, क्योंकि श्रोता के मन में अपने पूर्व कृत कर्मों का चित्र प्रवाह प्रारम्भ हो जाता है और अपने कुकर्मों या मूर्खताओं के कारण उत्पन्न संकट की पीड़ा का अहसास श्रोता को लज्जित करेगा, इसीलिए वाच्य का तिरस्कार कर, व्यंग्य का यह रूप अपनाया जाता है। सर्वथा निर्लज्ज भी अंतर्मुख होकर सोचने लग सकता है कि अंततः वक्ता के ये शब्द स्तुतिपरक क्यों हैं, जब कि उसने वक्ता के प्रति इतना अपकार किया है। काव्य में कथन की यह विपरीत विधि सिद्धों की संध्या भाषा, उलटबांसियों, कूट काव्य और आधुनिक युग की अमूर्त चित्रकला में प्रयुक्त होती है। कमिंग्ज की रचनाओं में वाच्यार्थ अत्यधिक तिरस्कृत और प्रायः निरर्थक हो जाता है।[56]

अत्यन्त तिरस्कृत वाच्य ध्वनि में वाच्यार्थ के स्तर पर श्रोता का मन किंचित् रुकता है किन्तु तुरन्त ही सन्दर्भ के आग्रह से अनुभव होता है कि अर्थ कुछ और ही है और मन सहसा वास्तविक व्यंगार्थ की झलक पा जाता है, जैसे चेतना पर पड़ा आवरण एकदम उठा दिया जाए अथवा अचानक वाच्यार्थ तिरस्कृत वाच्य ध्वनि में द्वन्द्व और उछाल की

गति सर्वाधिक तीव्र होती है और वक्ता के भाव का अनुभव तीव्रता के साथ व्यक्त होता है यही कारण है कि किसी चरम स्थिति में ही इस विपरीत कथन विधि का प्रयोग किया जाता है। चरम हास्य की स्थिति में भी यह विधि सक्षम प्रामाणिक होती है, परिहास और निन्दा में तो यह विधि कालजयी कलात्मक विधि है।

अभिघामूलाध्वनि में उत्प्लवन और द्वन्द्व—विवक्षित वाच्यध्वनि या अभिधामूला ध्वनि के संलक्ष्यक्रमव्यंग्य और असंलक्ष्यक्रमव्यंग्य दो भेद किए गए हैं। ये भेद वाच्यार्थ के मध्य स्थित क्रम या उछाल के आधार पर किए गए हैं किन्तु यह वास्तविकता स्वीकार की गई है कि रसादि में भी वाच्यार्थ से व्यंग्य (रसादि) के मध्य क्रम रहता अवश्य है किन्तु वह लक्षित नहीं होता। यह क्रम लक्षणामूला में भी होता है, अभिधा से लक्षितार्थ और फिर प्रयोजन की प्राप्ति में क्रम तो स्पष्टतः अनुभूत हुआ करता है।

संलक्ष्यक्रमव्यंग्य को अनुस्वाननाभ ध्वनि भी कहते हैं। इसमें घंटाध्वनि के अनुरणन के सदृश अर्थक्रम स्पष्ट प्रतीत होता है जैसा कि अभिघा मूला शब्द-ध्वनि में देख चुके हैं।

वस्तु : अलंकार ध्वनि—शब्द शक्ति से उत्थित ध्वनियाँ वस्तु ध्वनि और अलंकार ध्वनियाँ कहलाती हैं। शब्द से कभी तो वर्ण्य वस्तु ध्वनित होती है, अथवा कभी अलंकार ध्वनित होता है।

'कठोर एवम उच्चतर गर्जनकर्त्ता आपने कालरूप महान्, पानीदार, तलवार को उठाकर शत्रुओं के प्रदीप्त प्रताप को खंगधाराजल से बुझा दिया।'[57]

यहाँ राजा का वर्णन है, अप्राकरणिक रूप में इन्द्र का वर्णन है किन्तु इन दोनों में उपमेय-उपमान भाव की कल्पना है। अतः उपमा अलंकार व्यंग्य है।

पहले तो प्रस्तुत पक्ष पर ध्यान रहता है, फिर पानीदार, गर्जनकर्ता आदि शब्दों की द्वयार्थकता के कारण अप्रस्तुत इन्द्र का पक्ष चेतना में उभरता है और तत्पश्चात् राजा और इन्द्र का पक्ष चेतना में उभरता है और तत्पश्चात् राजा और इन्द्र का सादृश्य व्यंजित हो जाता है। अतः शब्द से अर्थ की अनुरणनात्मक प्रक्रिया स्पष्ट है।

सामान्य अलंकार से यह अलंकार ध्वनि अधिक मनोहर लगती है। यह मुख चन्द्रमा के समान है अथवा प्रस्तुत प्रसंग में राजा इन्द्र के समान है—इन कथनों में भी उपमा अलंकार है किन्तु यहाँ वह सूक्ष्मता नहीं है, जो उक्त अलंकार-ध्वनि में है। सामान्य अलंकारों में सादृश्य मुखर रहता है, अलंकार ध्वनि में सादृश्य को केवल आभासित किया जाता है, उसके ऊपर अर्थ का एक झीना आवरण डाला जाता है। प्रथम में निरभ्र आकाश के चन्द्रमा का आकर्षण है, दूसरे में मेघ परिधान से अवगुंठित शशि का आकर्षण है—'अर्ध ढके नीके लगै, कवि अच्छर, कुच, केश!'

प्रकरण (राजा) और अप्रकरण (इन्द्र) को उक्त सादृश्य सम्बन्धित कर देता है। दो वास्तविकताओं को अलंकार ध्वनित होकर जोड़ता तो है, किन्तु इस जोड़ने के क्रम में यह

सादृश्य अपने सौन्दर्य को झलका भी देता है। इस तरह अभिधेयार्थ के बाद पानीदार, खंगप्रवाह आदि शब्दों से ही अलंकार ध्वनि उक्त उदाहरण में अभिव्यक्त हुई है।

केसव, कहि न जाए का कहिए—तुलसी के इस पद में इस सृष्टि रूपी चित्र के कर्त्ता ब्रह्म की विलक्षण रचना की प्रशंसा की गई है।[58] ब्रह्म चित्र फ़लक रंग आदि उपकरणों के बिना ही विचित्र रचना करता है। शब्दावली के अभिधेय अर्थ से इस संसार की विचित्रता और इस कृति के कर्ता ब्रह्म की प्रतिभा प्रकट होती है, तत्पश्चात्, तुरन्त ही अन्य सांसारिक चित्रकारों से, उस विधाता की मन ही मन तुलना भी होने लग जाती है। अतः व्यतिरेक-अलंकार-ध्वनि की प्रतीति होती है। सीधे-सीधे लौकिक चित्रकार और ब्रह्म की तुलना की जाती है तो वर्णन में यह सूक्ष्मता नहीं आ सकती थी।

ध्वनिमत में अलंकार ध्वनि से यह कोण उभरता है कि काव्य कला में केवल भाव, विचार, कल्पनादि को बिम्ब या मूतिमन्त रूप में प्रस्तुत करना ही आवश्यक नहीं है, अपितु मूर्ति या बिम्ब अप्रत्यक्ष पद्धति से ही आभासित होने पर आकर्षण बढ़ता है। सीधी गति भी प्रभावित करती है किन्तु नृत्य में गति वक्र हो उठती है। अभिधेय अर्थ से अनुरणन रूप उक्त व्यतिरेक की अनुभूति इसी वक्रपथ के कारण और भी अधिक मोहक हो ज़ाती है। अतः अलंकार ध्वनि क़ाव्य की रचना-प्रक्रिया कों आलोकित करती है कि किस प्रकार बिम्ब या सादृश्य : साधर्म्य आदि को व्यंजित करना चाहिए।

वस्तुध्वनि—हे पथिक, इस पथरीली भूमि में शैय्या और वस्त्रों का अभाव है किन्तु उन्नत पयोधरों को देखकर यदि रुकना चाहें तो आप रुक सकते हैं।

यहाँ यह वस्तु व्यंजित है कि रुकी और भोग करो। 'उन्नत पयोधर' शब्द से ही यह व्यंजना होती है क्योंकि पयोधर, बादल और उरोज दोनों अर्थों में प्रयुक्त होता है। यहाँ भी अभिधेय अर्थ से उछाल के रूप में सहसा ध्यान इस विचार पर जाता है कि नायिका बादलों की ओर नहीं, उरोजों की ओर संकेत कर रही है। अतः वाच्यार्थ का क्रम स्पष्टतः लक्षित होता है।

गोपन के कारण ही इस रचना में आकर्षण का अनुभव होता है और गोपन स्वयं नायिका की इच्छा और उसके परिवेश की टकराहट से उत्पन्न हुआ है, अंतर्द्वन्द्व के बिना गोपन या व्यंगय की सत्ता ही नहीं होती।

अर्थशक्तिउत्थित संलक्ष्य क्रम व्यंग्य—जहाँ अर्थ से अन्यार्थ (वस्तु या अलंकार) की व्यंजना होती है, वहाँ अर्थशक्तिपरक अभिधामूलक संलक्ष्यक्रमव्यंग्य होता है। इसमें व्यंजना के कई रूप हो सकते हैं, वस्तु से अलंकार, वस्तु से वस्तु, अलंकार से अलंकार तथा अलंकार से वस्तु इन चार रूपों पर ध्वनि मत में विचार किया गया है। ध्वनित-तत्व के स्वरूप के आधार पर इनके उपभेद भी किए गए है यथा प्रकृति में प्राप्त पदार्थों (स्वतः संभवी) का वर्णन हो सकता है। कवि नए पदार्थों की कल्पना कर सकता है (कविप्रौढ़ोक्ति

सिद्ध) अथवा कवि द्वारा रचित कोई पात्र अलौकिक कल्पनाएं कर सकता है किन्तु ध्वनित तत्वों की गणना असम्भव है। कवि कहे या उसके द्वारा निर्मित कोई पात्र कुछ कहे, एक ही बात है। अतः ये भेद ऊपरी हैं किन्तु वस्तु और अलंकार एक दूसरे को किस प्रकार व्यंजित करते हैं—यह महत्वपूर्ण है।

वस्तु से वस्तु व्यंग्य—हे पुत्रि, तुम्हारा प्रस्तावित वर आलसी, धूर्त और धनी है, यह सुनकर उस नतांगी के नेत्र खिल गए।[59]

अभिधेय अर्थ तो नायिका की प्रसन्नता का कारण नहीं प्रतीत होता किन्तु जब इस वास्तविकता पर ध्यान जाता है कि नायिकाएं समृद्ध, विलासी और चतुर पुरुषों को पसन्द करती हैं तो एक झटके से (उछाल) यह वस्तु व्यंजित हो जाती है कि वैवाहिक जीवन आनन्दकर होगा। विरोधाभास भी व्यंजित होता है। अतः यदि चाहें तो वस्तु से यहाँ अलंकार ध्वनि की व्यंजना भी मानी जा सकती है।

अलंकार से वस्तु व्यंग्य—युद्ध भूमि में जिसके हाथ की, मत्तगंध गज के कपाट सदृश विस्तीर्ण गण्डस्थल में प्रविष्ट होने के कारण लगे हुए प्रचुर रक्त से लाल वर्ण की तलवार को, वीरों ने दुर्गा के क्रोध से रक्त वर्ण के कटाक्ष समान देखा है।[60]

यहाँ उपमा अलंकार है किन्तु उससे सहसा ही उत्प्लवन विधि से यह बोध होता है कि राजा की तलवार शत्रुनाशक है। इसी प्रकार वस्तु व्यंजना और अलंकार व्यंजना के अनेक रूप हो सकते हैं।[61] द्रष्टव्य यह है कि काव्य में केवल भावों या रसों की ही प्रधानता नहीं होती, उसमें विचारों, वास्तविकताओं और बिम्बों की व्यंजना भी होती है और वह उच्च कोटि के काव्य की सृष्टि कर सकती है। नाट्य सन्दर्भ में भी प्रमुखतः विकसित रसवाद में काव्य के इस वैविध्य पर ध्यान केन्द्रित नहीं हो सकता था। रसवादी काव्य में बौद्धिक सत्यों की प्रमुखता नहीं रह पाती है। इसी तरह उसमें मूर्तिमत्ता की कला भी रस के आनुषंगिक रूप में ही रहती है किन्तु व्यंजना और अलंकार ध्वनि की धारणाओं ने काव्य की धारणा को केवल रस तक ही सीमित नहीं होने दिया।

अतः काव्य की इस व्यापक धारणा में यह सत्य निहित है कि कोई भी तथ्य, सत्य या विचार भी श्रेष्ठ काव्य का विषय बन सकता है। प्रत्येक कवि भाव निमग्न होकर ही नहीं लिखता, अंतर्निहित भाव की सत्ता रहने पर भी, प्रमुखतः किसी विचार में भी कवि रुचि लेता है किन्तु काव्य कला की शर्त ध्वनि मत के अनुसार यह है कि रचना-प्रक्रिया ध्वन्यात्मक है या नहीं। ध्वनित तत्व तो अनन्त होते हैं। इसका अर्थ यह नहीं है कि वस्तु व्यंजना में भाव का स्पर्श नहीं रहता अथवा अलंकार ध्वनि में भाव वृत्ति का अनुवेध नहीं होता किन्तु प्रधानता के लिए प्रसिद्ध भारतीय वस्तु, अलंकार और रस ध्वनियों का विभाजन किया गया है। विश्व का सम्पूर्ण वांगमय इस त्रिविध विभाजन के अन्तर्गत आ जाता है।

शब्द और अर्थ की वस्तु परक और अलंकारपरक ध्वनियों के अतिरिक्त ऊीय शक्तिपरक (शब्द+अर्थ) उदाहरण भी हो सकते हैं किन्तु यह विभाजन का विस्तार मात्र है।

असंलक्ष्यक्रमव्यंग्य—जहाँ किसी प्रबल भावना की व्यंजना होती है, वहाँ अभिधेय अर्थ कब व्यंग्य (रस) में परिवर्तित हो जाता है, इसका स्पष्ट ज्ञान नहीं हो पाता। अतः यह भ्रम हो सकता है कि रसपरक काव्य में उत्प्लवन और द्वन्द्व का सिद्धान्त प्रयुक्त नहीं हो सकता किन्तु भरत के रससूत्र की व्याख्या में यह सिद्ध किया गया है कि रसात्मक अनुभव में परस्पर विरोधी तत्वों और भावादि की एक नूतन संगति प्रकट होती है किन्तु विरोधी भावादि कब, किस बिन्दु पर रसात्मक अनुभव से परिणत हो जाते हैं अथवा रसात्मक काव्य के श्रवण में कब अभिधेयार्थ व्यंग्यार्थ (रस) में परिणत हो जाता है, यह अज्ञात रहता है। ध्वनिमत की महत्ता यह है कवि रसादि में भी क्रम की अवस्थिति को स्वीकार करता है। अलक्षित रहने का अर्थ वाच्यार्थ से व्यंग्यार्थ के मध्य क्रम या उछाल का अभाव नहीं है।

कला तथा कविता एक मानसिक रसायन की क्रिया होती है। रसपरक रचना में यह रसायन प्रक्रिया प्रारम्भ में ही रस रूप धारण नहीं करती अपितु काव्य श्रवण या कला दर्शन में एक विशेष बिन्दु पर जाकर ही विभावादि तत्वों का संयोग एक संश्लेषण में बदलता है। इस बिन्दु को विचार द्वारा अनुभूत तो किया जा सकता है किन्तु उसे उस प्रकार लक्षित नहीं किया जा सकता, जिस प्रकार वस्तु व्यंजना या अलंकार व्यंजनादि में लक्षित किया जा सकता है।

अतः उछाल के लक्षित होने के आधार पर संलक्ष्यक्रम और असंलक्ष्यक्रम व्यंग्यों का विभाजन मूलतः युक्तियुक्त प्रतीत होता है।

रसादि के अनेक रूप होते हैं। अतः ध्वनिमत में असंलक्ष्यक्रमव्यंग्य की एक ही कोटि स्वीकार की गई है और यह उचित हुआ है।

उक्त भेद वाक्यगत है, पदगत भेदों की संभावना भी हो सकती है किन्तु इस प्रकार ध्वनि के करोड़ो विभागों की प्रस्तुति पांडित्यवाद ही है। इस पांडित्यवाद के ही परिणामस्वरूप रसादि के पदगत, रचना, वर्ण और प्रबन्ध गत भेद कर दिए गए है। इससे आचार्यों की सूक्ष्मदर्शिता तो प्रकट होती ही है।[62] काव्यप्रकाश में दस हजार से अधिक भेदों की गणना की गई है।[63] थोड़े और पांडित्य से ध्वनिभेदों की संख्या करोड़ों तक पहुंचती है।

ध्वनि सिद्धान्त और जैवी सत्ता का सादृश्य—जिस प्रकार अरस्तू ने ट्रेजडी की वस्तु-विवेचन में जैवी दृष्टि (आरगैनिक व्यू) का प्रयोग किया है, उसी प्रकार काव्य मात्र में स्थित सौन्दर्य की पहचान के लिए ध्वनिमत ने सावयवी सत्ता पर ही ध्यान केन्द्रित किया है।[64] वास्तविक जगत् में जीवों के शरीर का दर्शन सभी करते हैं, उनमें अवयवों की एक विशिष्ट संगति और अन्य तत्वों (रक्त, मांसादि) का एक विशिष्ट संयोजन प्राप्त होता है।

जहाँ यह संगति पूर्ण होती है, वहाँ शरीर में सावयबता के अतिरिक्त एक विशिष्ट छवि या लावण्य की प्रतीति होती है।

काव्य में भी वस्तु जगत् के इसी सौन्दर्य का सादृश्य मिलता है। अनुरणन रूप ध्वनि की तरह यह प्रतीयमानार्थक सौन्दर्य एक पदांश से लेकर प्रबन्धों द्वारा भी ध्वनित होता है। महाभारत को पढ़ने के पश्चात् एक शांति ध्वनित होती है, जीवन की जटिलता भी। वाल्मीकि रामायण से करुणा-व्यंजित होती है। इसी प्रकार 'अंधा-युग' (धर्मवीर भारती) की व्यंजना जीवन की विसंगति है, नरेश मेहता कृत 'संशय की एक रात' काव्य नाटक में संशय ही ध्वनित होता है और 'आत्मजयी' (कुंअरनारायण) में मृत्यु का दुरूह बोध और अन्त में जीवन की विजय को व्यंजित किया गया है। सार्त्र के 'द एज ऑफ़ रीज़न' में अनिश्चय की धारणा ही ध्वनित होती है। टामस मान के 'मैजिक माउन्टेन' में विश्वशांति की आवश्यकता और बीसवीं शताब्दी की संकटापन्न स्थिति को एक अस्पताल के माध्यम से व्यक्त किया गया है। अतः इन कृतियों या शरीरों का, लावण्य के समान अभिव्यंग्य ही इन्हें महान कृतियाँ बनाता है। लघु रचनाओं में भी कलाकार आंतरिक संघर्ष द्वारा किसी कथ्य को उभारता है और उससे ही कृति एक नया मूल्य प्राप्त करती है। अतः मूल्य का सम्बन्ध कला क्षेत्र में सफलता के साथ व्यंजना विधि के प्रयोग द्वारा ध्वनित भाव या विचार या मूर्ति के साथ सम्बद्ध हो जाता है।

जैवी सत्ता को देखकर काव्य का सावयवता सिद्धान्त अभिनव गुप्त के शब्दों में व्यक्त हुआ है। लावण्य तो वह धर्मविशेष है जो अवयवों के संगठन (संस्थान) से अभिव्यक्त होकर, अवयवों से पृथक् रहता है। अवयवों की निर्दोषता या भूषणों का संयोग ही लावण्य या विच्छित्ति नहीं है क्योंकि काव्यत्वदोषदि से रहित सभी शरीर लावण्ययुक्त नहीं होते, तभी वे लावण्यशून्य कहे जाते हैं।[65]

योरोप के गौरांग व्यक्तियों में लावण्य नहीं होता, अवयवों की निर्दोषता होने पर भी चेहरे पर 'नमक' का अभाव रहता है। इसकी तुलना में विकलांग भारतीय भी अपने मुख के नमक से मोहक लगते हैं।

चनिर्शेविस्की का मत है कि इस लावण्य या सौन्दर्य का मूल कारण जीवन तत्व है (लाइफ़) जो शरीर से झलकता है। यथा, शव सुन्दर नहीं लगता, क्योंकि उसमें प्राण सत्ता का अभाव हो जाता है। प्राण या जीव शक्ति के कारण ही सुन्दर को देखकर आकर्षण का अनुभव होता है। जीवन विधि के अनुरूप इस सौन्दर्य की व्याख्या होती रहती है यथा ग्रामीण जीवन में स्वास्थ्य, शक्ति, मांसलता आदि को सुन्दर माना जाता है, उधर ह्रासशील विलासी वर्ग के प्रतिनिधि भोक्ता रुग्ण सौन्दर्य, कोमलता, नज़ाकत, पीलिमा और पुलपुलेपन को अधिक पसन्द करते है।[66]

भारतीय काव्य भावनाओं को सर्वाधिक महत्व देता है। मूल भावनाओं (रति, क्रोधादि) की रसात्मक परिणति ही यहाँ कवियों का पुरुषार्थ माना गया है। कथा विधान, चरित्र चित्रण, मूल्य मान्यताएँ, भाषा, अलंकार छन्द आदि तत्व रस निष्पत्ति के सहायक

तत्व है। अतः भारतीय काव्य का एक बड़ा अंश भावुक काव्य है। इसी कारण रस को ध्वनि की आत्मा के रूप में अभिनंदित किया गया है।

भारतीय आत्मवाद और वास्तविक जीव सत्ता की वैज्ञानिक व्याख्या में किंचित् अंतर है जो सावयवता के सिद्धान्त के लिए निर्णायक है। यहाँ आत्मा शरीर के बंधन में रहती है। स्वरूपतः वह परम स्वतंत्र चैतन्य है। वह देश, काल से परे शाश्वत चेतना का अंश है अर्थात् कृति रूपी शरीर में प्रतिभासित रस या आत्मा परम चिन्मय सत्ता से सम्बन्धित तत्व है। आत्मा और शरीर तत्वतः दो भिन्न सत्ताएँ है एक चेतन है, दूसरी जड़ है। आत्मा आनन्दमय है, जड़ जगत् सुखदुःखात्मक है। कला काव्य की इस चिन्मय व्याख्या में सौन्दर्य या रस द्वैतता से युक्त हो जाता है यों चेतनाद्वयवाद वाह्य जगत् की सत्ता की तात्विक अस्वीकृति द्वारा मात्र आत्मा की अद्वैत स्थिति के कारण अखण्ड दृष्टि अपनाने की प्रतिज्ञा करता है।

कला की जैवी सत्तात्मक व्याख्या का दूसरा रूप बस्तुगत या भौतिकवादी व्याख्या है। इसके अनुसार 'होने' का अर्थ किसी पूर्व जन्म के कर्मफल के कारण परम चिन्मय ब्रह्म या शिव का मायात्मक बंधन में ग्रस्त होना नहीं है अपितु चेतना पदार्थ की ही गुणात्मक उच्चतर स्थिति है। पदार्थ से अलग आत्मा की कोई सत्ता नहीं मानी जा सकती, यह पदार्थात्मक अद्वैतवाद है।[67] किसी कृति में वर्ण्य विषय, भाव, विचार, इच्छा, संवेदना, अनुभव और अभिव्यक्ति-कुशलता का अविनाभावेन समन्वय रहता है। सौन्दर्य या लावण्य की प्रतीति में विरुद्धाविरुद्ध तत्वों का संयोजित रूप ही ध्वनित होता है, मात्र चैतन्य का वाह्य माध्यम द्वारा प्रकाशन नहीं होता। अतः कला-काव्य के जीवसत्तात्मक सत्य का अनुभव भारतीय काव्यशास्त्र में परम-चिनमयात्मक व्याख्या का रूप धारण कर लेता है। अद्वैतवाद के नाम पर आत्मा और शरीर के एक द्वैतवाद की सृष्टि हो जाती हैं जब कि भौतिकवादी व्याख्या में वास्तविक अद्वैतवाद मिलता है।

रसध्वनि की प्रमुखता—उक्त चिन्मयात्मक अद्वैतवाद के आधार पर ही रस की व्याख्या की गई है। भावात्मक काव्य और कला को ही अधिक महत्व के कारण रसध्वनि को काव्य का परम पुरुषार्थ कहा गया है। इस रस की भी एक सामान्य और एक विशिष्ट व्याख्या है। सामान्य रूप में रस काव्यकलादि का व्यापक तत्व है। जीव की प्रवृत्ति पदार्थों और परिवेश के प्रति सुखदुःखात्मक होती है। अतः वस्तु और अलंकार व्यंजनाओं की नींव में कोई अनुभूति (फीलिंग) या भाव (इमोशन) ही रहता है।[68] इसी आधार पर वस्तु व्यंजना और अलंकार व्यंजना का पर्यवसान रस में माना गया है।

आनन्दवर्धन के अनुसार क्रम (उछाल) की दृष्टि से जो गुणीभूत व्यंग्य है (व्यंग्यार्थ की अप्रमुखता, वाच्यार्थ की प्रमुखता) यह रसादि तात्पर्य का विचार करने से ध्वनि काव्य हो जाता है।[69] केवल गुणीभूत व्यंग्य पद ही असंलक्ष्यक्रमव्यंग्य रसादि ध्वनि के व्यंजक नहीं होते अपितु अर्थान्तरसंक्रमितवाच्य-ध्वनिस्वरूपवान् पद भी रसादिध्वनि के अभिव्यंजक

हो जाते हैं।[70] आधुनिक साहित्य में टी. एस. एलियट की रचना 'वेस्ट लैंड', एक बौद्धिक कविता है। उससे इस वस्तु या सत्य की व्यंजना होती है कि यह आधुनिक सभ्यता एक उजड़ी धरती के समान है। उसमें मानव अपने केन्द्र (आस्था, मूल्य) को खो चुका है किन्तु रसादि तात्पर्य की दृष्टि से देखा जाए तो सभ्यता की सामयिक नियति देखकर उत्पन्न दुःख, क्षोभ, शोक या करुणा का भाव भी उक्त रचना के मूल में कार्यरत प्रतीत होता है। अतः रसध्वनि ही काव्यसर्वस्व होती है। न रसादते कश्चिदर्थः प्रक्तते।

विशिष्ट रूप में, रस भाव की प्रधानता से युक्त काव्य एक 'विशेष काव्य प्रकार' है और इस रसात्मक काव्य प्रकार विशेष के साथ ही अन्य काव्यांगों की संगति स्थापित की गई है। ध्वन्यालोक में रस के इस विशिष्ट रूप की चर्चा अनेक प्रकार से की गई है। रस ध्वनि का आत्मभूत या प्रधान रूप है।[71] कविगण विविध अर्थों के अमृत रसं से पूर्ण वाणी का प्रसार करें।[72]

असंलक्ष्य क्रम व्यंग्य रसादि ध्वनि, रामायण, महाभारत आदि के प्रबन्धगत रूप से प्रकाशित होती हुई प्रसिद्ध हुई है।[73] इस रस के लिए विभाव, भाव, अनुभाव या संचारिभाव के औचित्य से सुन्दर ऐतिहासिक या कल्पित कथा का निर्माण करना चाहिए।[74] ऐतिहासिक क्रम से प्राप्त होने पर भी रस के प्रतिकूल अंश को छोड़कर, बीच में अभीष्ट रस के अनुकूल नवीन कल्पना करके कथा का संस्करण करना चाहिए।[75] केवल शास्त्रीय विधान के परिपालन की इच्छा से नहीं, अपितु शुद्ध रसाभिव्यक्ति की दृष्टि से सन्धि और सन्धि के अंगों की रचना होनी चाहिए।[76] यथावसर रसों के उद्दीपन और प्रशमन की योजना और विश्रान्त होते हुए प्रधान रस का अनुसंधान, स्मरण रखना उचित है।[77] अलंकारों के प्रयोग की पूर्ण शक्ति होने पर भी रस के अनुकूल ही परिमित मात्रा में अलंकारों की योजना हो।[78] रसानुकूल पूर्व प्रसिद्ध कथाओं में परिवर्तन किया जाए।[79]

इसी प्रकार रस विरोध और उनके परिहार के अनेक उपायो के वर्णन ध्वनिकार, काव्य प्रकार विशेष सिद्धि पर बल देते हैं।[80] रसात्मक काव्य के प्राचीन आदर्शों के निरन्तर अनुसरण और प्रेरणा ग्रहण को भी आवश्यक माना गया है।[81]

प्रयोगपरक काव्य से रसवादी काव्य की श्रेष्ठता–

आनन्दवर्धन प्रयोग परक, काव्य से परिचित थे, जिसमें कविगण रस की चिन्ता न कर कल्पना की उड़ान, वस्तु वर्णान, बिम्ब विधान (अलंकार), उक्ति वैचित्र्य और नवीन सृष्टि की अधिक चिन्ता करते थे। ऐसे पद्यों में सावयवता की उतनी चिन्ता नहीं की जाती थी, न इस बात की कि मुख्यतः कोई स्थायी भाव ही ध्वनित हो। इस प्रकार के मुक्तकों का प्रभाव स्वीकृत हो गया था। अमरुक शतक के रस भरे पद्यों से भिन्न, इस प्रकार के काव्यांश उत्तरकालीन महाकाव्यों के मध्य भी मिलते हैं यथा माघ के शिशुपाल वध के द्वितीय सर्ग में कृष्णा-उद्धव का संवाद। इसके सिवा, सूक्तियों और मुक्तकों की एक आकर्षक काव्य राशि संस्कृति में विद्यमान है। इनमें प्रारम्भ से अंत तक रस व्यवस्था का ध्यान नहीं

रखा जाता। आनन्दवर्धन इसे महत्वपूर्ण मान कर भी रसात्मक काव्य को ही कमनीय कहते है—

पूर्वे विशृंखलगिरः कवयः प्राप्तकीर्त्तयः।
तान् समाश्रित्य न त्याज्या नीतिरेषा मनीषिणा॥

अर्थात् रस सम्बन्धी नियमों का उल्लंघनकर्त्ता या स्वच्छन्द रचना करने वाले जो पूर्व कवि प्रसिद्ध हो गए हैं, उनका आश्रय लेकर मनीषी कवियों को यह रस नीति नहीं छोड़नी चाहिए।[82]

वाल्मीकि-व्यास आदि महाकवियों का काव्य मुख्यतः रसपरक है, अतः ध्वनिवादी उसी प्राचीन काव्य प्रकार को अनुकरणीय मानते थे। परम्परागत रसपरक काव्यादर्श के अभिप्राय के विरुद्ध जाकर, युग के परिवर्तन पर ध्यान देना ध्वनिकार के लिए सम्भव नहीं था। अतः ध्वनि के सामान्य सिद्धान्त में व्यापकता है किन्तु एक विशेष प्रकार के रस प्रधान काव्य के प्रति ध्वनिमत का प्रेम स्पष्ट है।[83]

व्यंग्यव्यंजकभावेऽस्मिन्विविधे सम्भवत्यपि
रसादिमय एकस्मिन्कविः स्यादवधानवान्।[84]

व्यंग्य व्यंजक भाव के नाना प्रकार संभव होने पर भी कवि केवल एक रसादि भेद में ही दत्तचित्त हो। अतएव काव्य के अनेक प्रकारों में ऐसे ही काव्य को ध्वनि मत अधिक मान्यता देता है, जिसमें रस की विवक्षा हो किन्तु काव्य सर्वत्र रस प्रधान नहीं होता। तभी कहा गया है कि जिस काव्य मार्ग में रस या भाव तात्पर्य प्रधान रूप से प्रकाशित हो, अथवा जिसमें गोप्यमान रूप से वस्तु या अलंकार प्रकाशित हों, उनमें केवल व्यंग्य के प्राधान्य के कारण सहृदयजन ध्वनि को प्रधान समझें।[85]

रस की अप्रधानता के प्रदर्शन के लिए एक सटीक उपमा दी गई है कि जिस तरह राजा किसी सेवक के विवाह में थोड़े समय के लिए, अप्रधान रहता है और सेवक वर प्रधान हो जाता है, उसी प्रकार कहीं काव्य में रस अप्रधान हो सकता है।[86]

काव्यांगों का संयोजन—इस प्रधान रस ध्वनि की सृष्टि के लिए रीति, अलंकार, वृत्ति आदि के उचित समायोजन पर विचार किया गया है। स्वच्छन्द रचना के लिए कोई बाहरी नियम नहीं हो सकता। अतः रस के साथ ही अन्य काव्यांगों की संगति का महत्व है। आधुनिक साहित्य और कला रस प्रधान नहीं है। विशेषकर नयी क़विता, नव कथा, नव नाटक आदि समस्या संकुल और द्वन्द्व प्रधान हैं। अतः उसके लिए औचित्य, वृति रीति आदि का कोई शाश्वत नियम नहीं बन सकता है। वह सर्वथा कवि प्रतिभा के अधीन है। उसमें विभिन्न तत्वों की संगति रहती है पर वह अद्वितीय रचना की अद्वितीय संगति होती है, उसमें सामान्य प्रवृत्तियों के आधार पर रचना की विशिष्टता का अन्वेषण और

आकलन कठिन हो जाता है। रसोक्ति परक काव्य में काव्यांगों का संयोजन-नियम होना चाहिए। इस संयोजन-सिद्धान्त से स्वच्छन्द रचनाकारों को आलोक प्राप्त हो सकता है।

वर्ण, पद, पदांश संघटना के व्यंजकों से रस व्यंजित होता है। अतः इनमें व्यंजकता होनी चाहिए। शब्द ऐसा हो कि उसके स्थान पर अन्य कोई शब्द प्रयुक्त न हो सके अर्थात् अद्वितीय शब्द ही व्यंजक होता है।[87] इस सम्बन्ध में पदावली या संघटना का विचार अत्यन्त महत्वपूर्ण होता है।

वामन ने रीति और गुणों या चित्त वृत्तियों के अन्योन्याश्रय को रेखांकित किया था।

ध्वनिमत में गुणों और रीति पर रस की विवक्षा की दृष्टि से ही विचार किया गया है। ध्वनितानुसार ओज, माधुर्य, प्रसाद गुणों से युक्त संघटना (रीति) रसों को व्यंजित करती है।[88] मम्मट के अनुसार, गुण, काव्य में प्रधानभूत रस के आश्रित रहते हैं और अलंकार काव्य के अंग-शब्द और अथ्र के आश्रित रहते है अतः वे कटक, कुंडल के सदृश होते हैं।[89]

वीरता, ओज, मधुरता आदि गुण मानवात्मा में ही रहते हैं, शरीर में नहीं। ऐसा न मानने पर शरीर को देखकर ही उसमें गुणों की सत्ता माननी होगी। विराट आकार वाला व्यक्ति शूरवीर ही हो, ऐसा नियम नहीं है क्योंकि वीरता आत्मा का गुण होता है। इसी तरह काव्य की आत्मा रस है तो गुण की सत्ता रसाश्रित ही माननी होगी, शब्दार्थाश्रित सा संघटनाश्रित नहीं।

ध्वनिमत उपचार से गुणों को शब्दाश्रित मान लेता है। व्यवहार में किसी दीर्घ-दृढ़ शरीरधारी को देखकर लोग कहते ही हैं कि यह व्यक्ति शूरवीर है।[90] गौण रूप से गुणों को शब्दाश्रित कहने पर यह भी सिद्ध हो सकता है कि गुण संघटना रूप है अथवा संघटनाश्रित है क्योंकि संघटना से रहित शब्द रस के व्यंजक नहीं हो सकते।

किन्तु ध्वनि मत केवल संघटना को व्यंजक नहीं मानता, वर्ण, पदाति भी रस व्यंजक होते हैं और संगीतादि में तो शब्द भी नहीं रहते, फिर भी रस व्यंजित होता है। इस प्रकार गुण काव्यात्मा रस के धर्म हैं। उपचार से गुणों को अनियत संघटना वाले शब्दों का धर्म कह सकते हैं। गुण अलग हैं, संघटना अलग है और गुण संघटना के अधीन नहीं रहते,[91] गुणों का अधिष्ठान रस होता है।

शरीर और आत्मा का द्वन्द्व—आत्मा पृथक है, शरीर पृथक्—यह धारणा ही ऊहापोह का कारण है। इन दोनों की अपृथकता पर ध्यान केन्द्रित रहता तो तर्कपद्धति इस प्रकार चल सकती थी—क्योंकि आत्मा और शरीर की अपृथक् स्थिति है। अतः गुण की शरीर में गुणों की कल्पना की जा सकती है। अतः गुण कथ्य और अभिव्यक्ति से अभिन्न है जैसा कि वामन ने कहा था। गुण और संघटना को पृथक् नहीं कहा जा सकता क्योंकि अनियत संघटना में भी कोई चित्तवृति ही प्रकट होती है। सामान्यतः तो चितवृत्ति ही शब्दावली का स्वरूप निश्चित कर देती है।

कोमल, मधुर, कठिन शब्दों के सम्बन्ध में परिस्थिति या संस्कार का प्रभाव ही निर्णायक होता है, यथा डिंगल में श्रृंगार की व्यंजना डिंगल भाषियों को मधुर लगती है। तमिल भाषा का प्रत्येक शब्द आर्य भाषा भाषियों को कठोर प्रतीत होता है। कभी प्राकृत भाषा मधुर लगती थी, आज वह ऊबड़-खाबड़ लगती है। कभी जीवनाग्रह के कारण चिकनी शब्दावली को जानबूझ कर तोड़ा जाता है यथा छायावादी काव्य की सचिक्कण संघटना के विरुद्ध प्रगतिवादी साहित्य में प्रतिक्रिया हुई है। अतः गुण और संघटना की एकरूपता प्रयोक्ता तथा श्रोता, अभिप्राय, दृष्टि और रुचि को ध्यान में रखकर विचारित हो सकती है।

कविता में कवित्वपूर्ण भाव का प्रयोग होता है किंतु उसकी कृत्रिमता के विरोध में जब आयासहीन, व्यावहारिक जीवन की भाषा में कवि अपने को व्यक्त करता है तब उसके गुण या चित्त-स्थितियों और संघटना में एकरूपता देखी ज़ा सकती है। अकविता की संघटना को तो आनन्दवर्धन विशृंखलगिरा का रूप कहेंगे। अकविताओं तथा निरर्थक कवियों (एब्सर्ड पोइट) की विचित्र चित्तवृति ही है या जीवन की वह अनिर्वचनीय विसंगति है, जिसे व्यंजित करने के लिए रचनाकार व्यवस्थारहित वाणी का प्रयोग करता है और काव्य भाषा (पोयटिक डिक्शन) से बचता है।

वस्तुतः वामन के गुण और रीति या कथ्य तथा अभिव्यक्ति की एकता का मर्म आनन्दवर्धन भी पूर्णतः अस्वीकृत नहीं कर सके। आनन्द वर्धन कहते हैं कि वामन को मान लेने में कोई हानि नहीं है क्योंकि जो यह कहा गया था कि संघटना नियत नहीं होती और गुण का नियतविषयत्व है, इसका समाधान यह हो सकता है कि जिस उदाहरण में संघटना के परिकल्पित विषयनिमय का व्यभिचार पाया जाए (श्रृंगार में दीर्घ समास संघटना की स्थिति में), वहाँ इस प्रकार की मनमानी संघटना को दूषित ही मानना चाहिए।[92]

अतः ध्वनिमतानुसार रसानुकूल संघटना के प्रयोग का ही समर्थन किया गया है। कवि रसप्रतिकूल रीति का प्रयोग तो कर सकता है किन्तु उसे दोष ही माना जाता है। वामन और आनन्दवर्धन ने देखा था कि समग्रतः चित्तवृत्ति (द्रुति, दीप्ति, विस्तार आदि) के अनुरूप ही पदावली का प्रयोग होता आ रहा है। कठोर और विकट भाषाओं (डिंगल आदि) में भी युद्ध और श्रृंगार के स्थलों में पदावली स्वतः कुछ भिन्न हो जाती है, यह भी गुण और संघटना की एकता है। जेम्स ज्वायस ने यूलिसिस में महाकाव्यों की भाषा, आधुनिक सभ्यता से ग्रस्त साधारण व्यक्ति की दुर्गति के कारण. उसका प्रयोग उपहास के रूप में किया है। ज्वायस के गुण या आत्मा या चित्तवृति के साथ उसकी पूर्ण एकता है। लेखक का इरादा केवल यूलिसिस की नवीन भाषा द्वारा ही व्यक्त हो सकता था और लेखक के इस इरादे को भुला देने से, उसकी संघटना को कोई औचित्य नहीं रहता।

प्रतिभा और संघटना—इस सन्दर्भ में आनन्दवर्धन ने एक उपयोगी तथ्य प्रस्तुत किया है। नववोन्मेषशालिनी वस्तु का अवतरण प्रतिभा या शक्ति से होता है। किसी काव्य

में प्रायः वस्तुगत नवीनता पर ही अधिक ध्यान दिया जाता है, अभिव्यक्ति-औचित्य पर उतना नहीं, कारण यह कि कवि प्रतिभा से प्रभावित पाठक उस दोष की चिन्ता नहीं करता अतः संघटना पर विचार करते समय कवि के कथ्य के चमत्कार को नहीं विस्मृत करना चाहिए। यदि अभिव्यक्ति निर्दोष हो किन्तु प्रतिभा या वस्तुगत (अनुभव के नए आयाम, नूतन दृष्टि आदि) नवोन्मेष का अभाव हो तो वह दोष तुरन्त प्रकट हो जाता है—

अत्युत्पत्तिकृतो दोषः शक्त्या संव्रियते कवेः
यस्त्वशक्तिकृतस्तस्य स झटित्यवभासते।[93]

इस प्रकार नवोन्मेषपरक काव्य के भी कई स्तर हो सकते हैं। सर्वोत्कृष्ट रूप में कथ्य और संघटना की नवीनता और निर्दोषता हो सकती है। साधारण प्रतिभाओं का नवोन्मेश एकांगी या अपूर्ण होता है, उसमें परस्पर विरोधी तत्वों की संगति नहीं बन पाती और क्षुद्र रचनाकारों में तो गुणों की क्षुद्रता के कारण संघटना, शब्दस्फालन या लफ्फाजी का पर्याय बन जाती है।

इस प्रकार वक्ता का औचित्य या कथ्य ही निर्णायक है। प्रतिभा के कारण अनौचित्य भी अपना कुप्रभाव नहीं डाल पाता। कालिदास के कुमारसंभव में प्रतिभा के कारण जनक-जननी रूप शिवपार्वती के शृंगार का दोष छिप जाता है।[94]

आनन्दवर्धन के अनुसार रसभावसमन्वित काव्य में गुण और संघटना के नियतविषयतत्व का निर्वाह आवश्यक है किन्तु रसभावरहित स्थितियों में कोई नियम स्थापित नहीं हो सकता। वहाँ पूर्ण कामचार चल सकता है।[95] इस प्रकार आनन्दवर्धन अपने प्रिय रस से भिन्न काव्य की सत्ता और उसकी स्वच्छन्द सृजन-प्रक्रिया आनन्दवर्धन अपने प्रिय रस से भिन्न काव्य की सत्ता और उसकी स्वच्छन्द सृजन-प्रक्रिया का अस्तित्व मानते हैं किन्तु ध्वनि की प्रक्रिया उसमें भी व्याप्त रहती है।

सारांश यह कि संघटना को गुणों से अभिन्न मानें या भिन्न, वक्ता या वाच्य के औचित्य (अभिप्राय, मानसिक स्थिति, भाव प्रवृत्ति, मूल्यः स्थिति आदि) के साथ संघटना का विषय नियम बन जाता है। अतः वह भी रस की अभिव्यंजक होती है। इस तरह पर्याप्त ऊहापोह के बाद आनन्दवर्धन भी वामन की तरह संघटना का सम्बन्ध कवि की मानसिक स्थिति (गुण और आत्मा) से ही मान लेते हैं किन्तु रसवादी काव्य प्रकार में कवियों के ऊपर वह विशेष अंकुश रखना चाहते हैं—जिससे रसानुकूल रीति से रस की निर्विघ्न निष्पति हो सके।

औचित्य की रस से संगति कहाँ क्या वांछनीय है, यह प्रश्न मूल्य चिंतन से सम्बन्धित है। वांछनीयता सर्वदा वक्ता, श्रोता, परिवेश आदि के सन्दर्भ में एक सापेक्ष स्थिति होती है। रुचि, शिक्षा, संस्कार, संस्कृति, व्यक्ति और समाज के द्वन्द्व और सहयोग आदि तत्व औचित्य के नियामक होते हैं। अतः रसध्वनि और रसाभिनिवेशरहित काव्य में

औचित्य के विभन्न रूप होते है–

औचित्य की भिन्नता के आधार

- **भाषागत** — संस्कृत, प्राकृत, अपभ्रंश आदि
- **काव्यरूप** — प्रबंध, मुक्तक, सन्दानितक[96], विशेषक[97], कलापक[98], कुलक[99], पर्यायबन्ध[100], परिकथा, खण्ड कथा, सकल कथा, नाटक, नाट्य काव्य
- **रस परक काव्य में विभावादि** — विभाग अनुभाग संचारी
- रसों में विरोधा विरोध में औचित्य
- रसरहित रचना में औचित्य कवि इच्छाधीन

वृत्तियों की रस ध्वनि के साथ संगति—रीति या संघटना और गुणों का रस और रसेतर काव्य के साथ सम्बन्ध प्रदर्शित कर, ध्वनि सिद्धान्त, वृत्तियों पर भी विचार करता है। भारतीय सात्वती, कैशिकी तथा आरभटी वृत्तियां नाट्यशास्त्र में रूपक के प्रसंग में ही वर्णित हुई हैं। दशरूपक में इन्हें वृत्ति कहा गया है। काव्य में वर्णों की प्रवृत्ति के रूप में नागरिका, उपनागरिका, कोमला आदि वृत्तियों का उल्लेख मिलता हैं। ध्वनिमत नाट्य व्यवहार में प्रयुक्त भारती, सात्वती आदि को अर्थ वृत्ति तथा उद्भअ की नागरिका, परुषा आदि को शब्द वृत्ति कहता है। ध्वनिमत के पूर्व ये स्वतंत्र धारणाएँ थी किन्तु ध्वनि मत के अनुसार वृत्तियाँ तथा प्रवृत्तियाँ रीति मार्ग के ही अन्तर्गत है और रीति और गुणों की ध्वनि (रस, आत्मा) के साथ संगति बन जाने पर ये वृत्तियाँ भी ध्वनि की ही सहायक है। वृतियों का स्वतंत्र प्रयोजन नहीं माना जा सकता।[101]

धातव्य यह है कि ध्वनिमत स्वयं पूर्व धारणाओं के सभी विभाजन स्वीकार नहीं करता। वामन के बीस गुणों में केवल मूलभूत तीन गुण ही स्वीकार किए गए हैं। रीतियों में प्रमुख संघटनाओं को ही स्वीकार किया गया है किन्तु ध्वनिमत किसी प्रसिद्ध काव्य

धारणा की उपेक्षा नहीं करता, उसे ध्वनि का सहायक बना कर स्वीकार कर लेता है।

गुणीभूत व्यंग्य तथा अलंकार की ध्वनि और रस के साथ संगति–ध्वनिमत को एक व्यवस्थित पूर्ण काव्य सिद्धान्त के रूप में प्रतिष्ठित करने के लिए पूर्व प्रसिद्ध अलंकारों को वाच्यार्थ का शोभावर्धक माना गया है। जब कोई अलंकार 'व्यंजित' होता है तो उसे अलंकार्य की पदवी मिल जाती है यों ब्राह्मण-श्रमण न्याय से वह अलंकार ही कहलाता है। इस प्रकार अलंकार ध्वनि की व्यवस्था के पश्चात् वाच्यार्थ पोषक अलंकारों को कटक-केयूर के सदृश शब्दार्थ से सम्बन्धित कर दिया गया है, उनकी काव्य या ध्वनि के लिए अनिवार्यता अस्वीकृत हो गई है।

अलंकारों के इस द्विविध विभाजन के बाद प्रसिद्ध अलंकारों के महत्व और काव्य-मण्डल में उनके स्थान पर गुणीभूत व्यंग्य की धारणा के अंतर्गत विचार किया गया है। गुणीभूत व्यंग्य में वाच्य का चारुत्व प्रधान हो जाता है और व्यंग्य उपस्थित रहने पर भी अप्रधान हो जाता है।[102] इस प्रकार के काव्य को ध्वनि नाम के काव्य प्रकार से भिन्न द्वितीय काव्यभेद कहा गया है।

यह लावण्य की अन्य कोई सरिता है, इसमें चन्द्रमा के साथ कमल हैं, गज की गंड स्थली है और कुछ और ही प्रकार के कदलीकाण्ड तथा मृणालदण्ड है।[103]

यहाँ सरिता से परिपूर्णता, कमल से कटाक्ष, शशि से मुख, गज से उरोज आदि व्यंजित हैं। अतः यहाँ अत्यन्ततिरस्कृतवाच्यध्वनि है। यह 'लावण्यसरिता' है, यह कहने से वाच्यार्थ प्रधान है। व्यंग्य वाच्यार्थ का सहायक है, इसलिए गुणीभूत व्यंग्य है। इसी प्रकार रसवत् अलंकार में रस का गुणी भाव पाया जाता है। अलंकार ध्वनि का गुणीभाव दीपक आदि अलंकारों में देखा जा सकता है। 'चन्द्र किरणों से रात्रि, कमल पुष्पों से नलिनी, हंसों से शरद और सज्जनों से काव्य कथा की गौरव वृद्धि होती है।' यहाँ गौरव बुद्धि प्रस्तुत-अप्रस्तुत दोनों का धर्म है अतः दीपक अलंकार है किन्तु प्रस्तुत (सजजन) और अप्रस्तुत (चन्द्रादि) के मध्य सादृश्य व्यंजित है। अतः उपमा यहाँ अलंकारध्वनि की गुणी भाव है। इस प्रकार वाच्य अलंकारों का वर्ग, व्यंग्य के संस्पर्श से मध्यम कोटि के काव्य की प्रतिष्ठा प्राप्त करता है।[104]

अलंकार ध्वनि में जिस प्रकार एक अलंकार से अन्य अलंकार या वस्तु ध्वनित होती है, उसी प्रकार गुणीभूत रूप में ही एक से अधिक अलंकार व्यंजित होते हैं जो प्रधान वाच्यार्थ मूलक अलंकार को उत्कृष्ट देते हैं।

उदाहरण के लिए अतिशयोक्ति को अलंकारों में चमत्कार की जननी कहा गया है। वक्रोक्ति में भी अतिशयोक्ति जैसी व्यापकता है। आकर्षक उक्ति में कुछ अतिरंजना और असरलता होती ही है।[105] इस तथ्य को स्वीकार कर ध्वनिमत भामह की धारणाओं को, अपनी विशेष ध्वनि विधि के अनुसार मान लेता है किन्तु उस अतिशयोक्ति का अन्य अलंकारों के साथ संकर कभी वाचत्य से और कभी व्यंग्य रूप में होता है। वाच्य रूप में

वह अलंकार और व्यंग्य रूप में वह ध्वनि कहलाती है।

सादृश्यमूलक अलंकारों में भी गुणीभूत व्यंग्य होता है। जहाँ सादृश्य द्वारा अलंकारत्वकी प्राप्ति होती है, वहाँ रूपक, तुल्ययोगिता, निदर्शना आदि में गुणीभूत व्यंग्य के कारण ही उन्हें अपना स्वरूप मिलता है, अतः इनमें गुणीभूत व्यंग्य की सत्ता मान्य ही है।

आनन्दवर्धन ने उपमा अलंकार में भी व्यंग्य का अनुबेध स्वीकार किया है।[106] उपमा में अन्य आचार्य व्यंग्य की सत्ता का उल्लेख नहीं करते है।[107] कतिपय आचार्य 'मुख चन्द्र सम' में आल्हाद विशेष के जनक साधर्म्य को व्यंग्य मान लेते हैं।[108]

इस गुणीभूत व्यंग्य में एक अलंकार द्वारा दूसरे अलंकार का गर्भित होना भी लक्षित किया गया है। यथा, ब्याज स्तुति में सर्वदा प्रेय अलंकार की सत्ता पृष्ठभूमि से सक्रिय रहती है।[109] दीपक और उपमा में परस्परगर्भता रहती है। उपमागर्भ दीपक प्रसिद्ध ही है परन्तु कभी-कभी उपमा भी दीपक की छाया का अनुसरण करती है, यथा मालोपमा में।

इस प्रकार व्यंग्य के संस्पर्श से रूपकादि सभी अलंकार गुणीभूत व्यंग्य के मार्ग है और यह व्यंग्य वाच्यार्थ के अधीन रह कर सभी अलंकारों में सामान्यतः रहता है। अतः गुणीभूत व्यंग्य की धारणा से सब अलंकार परिभाषित हो जाते हैं।[110]

जिस अलंकृत काव्य में वाच्यार्थ की प्रधानता और व्यंग्य की अप्रधानता होती है, उसमें सौन्दर्य का कारण वह व्यंग्य संस्पर्श ही है। अलंकार से युक्त होने पर भी जैसे लज्जा, स्वगर्व आदि ही कुलवधुओं का मुख्य अलंकार होता है, उसी तरह उपमादि अलंकारों द्वारा भूषित होने पर भी व्यंग्यार्थ की छाया महाकवियों की वाणी का मुख्य अलंकार होती है।[111] इस व्यंग्य के स्पर्श से तो पिष्टपेषित अर्थ में भी कुछ चमत्कार उत्पन्न हो ही जाता है।[112] आकर्षक उक्तियों या अलंकारों में ही नहीं, वाणी में काकु या उच्चारण के ढंग से भी व्यंग्य का अनबंध हो जाता है और उससे नूतन सौन्दर्य उत्पन्न हो जाता है।

ध्वनिप्रधान काव्य को उत्तम काव्य का आदर्श प्रारूप निश्चित कर लेने के पश्चात् स्वभावतः ध्वनिकार के सम्मुख यह प्रश्न था कि किस प्रकार अलंकृत काव्य (भामह, दण्डी द्वारा प्रस्तुत) को ध्वनिमण्डल में प्रतिष्ठित किया जाए। दूसरी समस्या यह थी कि यदि वस्तु वर्णन आदि में व्यंग्य अप्रधान हो तो उस काव्य का क्या महत्व होगा? इसके समाधान के लिए गुणीभूत व्यंग्य की धारणा को स्वीकार किया गया है। इस प्रकार वस्तु ध्वनि, अलंकार ध्वनि, रस ध्वनि तथा गुणीभूत व्यंग्य (अलंकार) द्वारा काव्य के सर्व रूप मूल्यांकित हो सकते हैं।

काव्य निकष के लिए ध्वनि मत का आग्रह ध्वनि की प्रधानता पर है, ध्वनित तत्वों अथवा वर्ण्य विषयों पर नहीं। वर्ण्य विषय तो अनन्त है। कवि चाहे जीवन सत्यों का उद्घाटन करे अथवा बिम्बों का विधान करे अथवा भावों में निमग्न होकर रससृष्टि करे या वह वाच्यार्थ प्रधान आकर्षक (व्यंग्यानुवेध के कारण) कथनों की सद्भावना करे किन्तु सृजन प्रक्रिया सर्वत व्यंग्यात्मक ही होगी। कहीं वह ध्वनि काव्य की और कहीं वह गुणीभूत व्यंग्य की रचना करेगी। अतः काव्य कलादि की श्रेष्ठता का आधार, ध्वनि मतानुसार,

रचना प्रक्रिया में निहित है, वर्णित पदार्थ के स्वरूप में नहीं। अतः यह सिद्धान्त विषयमूलक नहीं है, रचना विधि के रहस्य के उद्‌घाटन में उसकी विशिष्टता निहित है। यह अवश्य है कि ध्वनिमत रस प्रधान काव्य को अन्य काव्य प्रकारों से अधिक महत्व देता है।

इस प्रकार ध्वनिमत की स्थापना के अनन्तर अलंकार, रीति, वृत्ति, औचित्य, गुण, दोष आदि काव्य धारणाओं की स्वतंत्र विचारणा, अनावश्यक हो जाती है, उन पर महाविषय ध्वनि के सन्दर्भ में ही विचार हो सकता है और उनका महत्व प्रकट हो जाता है, जब ध्वनि के साथ उनकी संगति स्थापित हो जाती हैं

ध्वनि सिद्धान्त की पूर्णता का यही स्वरूप ध्वन्यालोक और अन्य ग्रन्थों में स्वीकृत हुआ है।

चित्रकाव्य—अब एक ही प्रश्न शेष रह जाता है। यदि किसी काव्य में ध्वनि गुणीभूत व्यंग्य के रूप में भी न हो, तो उस चित्रकाव्य नाम से प्रसिद्ध काव्य की क्या स्थिति होगी?

ध्वनिमत के अनुसार रस, भावादि की विवक्षा के अभाव में अलंकारों की रचना चित्रकाव्य का विषय है।[113] इसे काव्य संज्ञा इसलिए देनी पड़ती है क्योंकि चित्रकाव्य में भी रसभावादि का यत्किंच्ति स्पर्श अवश्य रहता है। यह रसस्पर्श अतिक्षीण होता है। अतः सामान्यतः इस प्रकार के काव्य को नीरस भी कह सकते हैं।[114] चित्रकाव्य में कुछ आकर्षण अवश्य होता है और विश्रृंखला वाणी वाले कवि इस प्रकार की रचना में प्रवृत्त भी होते हैं। उनके प्रयत्न को लक्ष्य करके ही चित्रकाव्य की कल्पना की गई है। यह चित्रकाव्य पूर्व अभ्यास के लिए है तो वांछनीय है।[115] परिपक्व कवि रसादि सिद्धि के लिए ही प्रयत्नवान् होते हैं और यही उचित भी है।

व्यंग्यव्यंजकभावेऽस्मिन्विविधे सम्भवत्यपि
रसादिमय एकस्मिन्कविः स्यादवधानवान्[116]

अर्थात् व्यंग्यव्यंजक भाव के नाना प्रकार सम्भव होने पर भी कवि केवल रसादिमय भेद में ही ध्यान निमग्न हो।

इस प्रकार उक्तियों के सभी रूप-ध्वन्योक्ति, रसोक्ति, अलंकृतोक्ति, स्वभावोक्ति और चित्रकाव्योक्ति की तारतम्यता भलीभांति स्थापित हो जाने से ध्वनि सिद्धान्त की महिमा स्वीकार की गई है।[117]

द्वन्द्वात्मक भौतिकवाद की दृष्टि से सार्थकता—उक्ति की वक्रता या अतिशयता को रेखांकित करने वाला अलंकार सिद्धान्त, मानसिक स्थिति और शब्द संरचना के ऐक्य पर बल देने वाला रीति सिद्धान्त और पूर्व आविष्कृत भरत का रस सिद्धान्त साहित्य-क्षेत्र के विशिष्ट सिद्धान्त हैं, जिनसे कला काव्यादि की विशिष्टताओं का रहस्य उद्‌घाटित होता है। इन विशिष्ट सिद्धान्तों का मार्क्सवादी दृष्टि से विशेष महत्व है क्योंकि इनसे मानव

प्रयत्न के एक क्षेत्र विशेष का रहस्य प्रकट होता है।[118] काव्य साहित्य जैसी भावना-कल्पना प्रधान क्रिया मानव के लिए अनिर्वचनीय न रहकर, व्याख्येय हो जाती है। मानव के सर्वांगीण विकास में काव्यशास्त्रीय विशिष्ट सिद्धान्तों का यह महत्व है। सिद्धान्तों के बिना मात्र विवरण तक ही सीमित रहने से कला काव्य का मूल स्वरूप अपरिचित ही रहता है।

ये क्षेत्र विशेष के सिद्धान्त सामाजिक व्यवस्था के अनुरूप होते हैं, जो उस युग विशेष तक, उस समाज के ऐतिहासिक विकास को संकेतित करते हैं। मनुष्य सामाजिक चेतना से प्रभावित प्राणी होता है, यह सत्य है किन्तु उसके जैवी आधार में आशुतर परिवर्तन नहीं होते। यह जैवी आधार युगानुरूप विशिष्ट सामाजिक, व्यक्तिगत सम्बन्धों और दशाओं के अनुरूप प्रभावित (कंडीशंड) होकर व्यक्त होता है। इस मूलभाव की निरन्तरता के कारण काव्य कलादि और तत्सम्बन्धित सिद्धान्तों में भी परिवर्तित, परिशोधित रुचियों, दृष्टियों और व्याख्याओं के साथ निरन्तरता बनी रहती है। विज्ञान में नियम आगामी शोधों से अस्वीकृत हो जाते हैं किन्तु मानवीय सार्थकता के कारण मानव सम्बन्धी विधाओं और विशेषकर कला काव्यादि से सम्बन्धित पूर्व कल्पनाओं, नियमों और धारणाओं का बहिष्कार नहीं हो सकता क्योंकि वे नवीन परिस्थितियों में भी पूर्णतः या अंशतः उसी प्रकार उपयोगी बनी रहती हैं, जिस प्रकार ग्रीक दार्शनिकों का द्वन्द्वात्मकता का सिद्धान्त, हीगेल और मार्क्स द्वारा एक नवीन गुणात्मक रूप प्राप्त कर, सामयिक विवेचन का अस्त्र बन गया है।

क्योंकि ध्वनि सिद्धान्त भारतीय काव्यशास्त्र का सर्वोत्कृष्ट, सर्वव्यापक और पूर्ण सिद्धान्त है, अतएव काव्य-साहित्य और कलाओं के मूल स्वरूप तथा सृजन विधि की प्रत्यभिज्ञा में यह सर्वाधिक सहायक है। ध्वनि प्रधान काव्य प्रकारों में परिमाण से गुण (व्यंग्यार्थ) की प्राप्ति में उछाल या उत्प्लवन और द्वन्द्व की विद्यमानता का बोध निहित है। यदि यह कहा जाय कि यह किसी मार्क्सवादी का बलात् अनुसंधान है तो यह स्मरणीय है कि सृष्टि मात्र की द्वन्द्वमयता का बोध शुद्ध भारतीय बोध है। निर्द्वन्द्व स्थिति या मोक्ष इन्हीं द्वन्द्वों से मानसिक मुक्ति (स्थितप्रज्ञ या जीव-मुक्ति) से मानी गई है। काव्यकलादि से ज्ञानियों की मुक्ति नहीं, सहृदयों की कुछ क्षणों के लिए कलात्मक मुक्ति होती है जो कला या काव्यादि मानव मन और परिवेषगत द्वन्द्व को व्यंजनात्मक या अप्रत्यक्ष विधि द्वारा व्यक्त कर देते हैं। वे मानव हृदय को उसके अपने द्वन्द्वों का साक्षात्कार करा सकने में सफल होते हैं और द्वन्द्वों का साक्षात्कार मुक्त होने की चेष्टा है। यही कारण है कि नाट्य, संगीत काव्यादि में मनुष्य अन्तर्मुखी होकर अपनी वासनाओं, कल्पनाओं, प्रत्ययों, सांस्कृतिक मूल्यों आदि का साक्षात्कार करता है। लगता है, जैसे किसी सफल कृति द्वारा उसका इन्द्रिय जगत् और मानसिक जगत् (जिसमें सामाजिक-अस्तित्व प्रतिबिम्बत होता है) मूर्त होकर उसके सम्मुख अवतरित हो रहा हो—यह कार्य सूचनात्मक विधि द्वारा नहीं हो सकता, यह तो ध्वनिमत के शब्दों में, ध्वनित ही होता है। अतः काव्यादि की सफलता का आधार उसकी सृजन और सम्प्रेषण प्रक्रिया पर निर्भर करता है।

इस ध्वनि तत्व को चाहे काव्यानुमिति कहा जाए, अथवा शिथिलानुमान अथवा

विपरीति लक्षणा किन्तु नाम का महत्व नहीं है, महत्व तो काव्यकलादि के इस मूल स्वरूप के निरीक्षण का है कि कला सूचना नहीं, कांता सम्मति है। कला माता, पिता, गुरु आदि के सदृश भाषण नहीं देती, न वह मात्र भर्त्सना करती है, वह तो प्रेयसी के मीठे आचरण और कथन की तरह होती है। कभी अश्रु, कभी हास, कभी स्मिति, कभी ईषत् क्रोध और कभी कटाक्षादि से प्रिया अपना अभिप्राय व्यंजित कर देती है। अतः काव्य कला आमने-सामने सुनी गई बात नहीं, छिपकर सुनी या कही गई बात की तरह रहस्यमय और संकेतात्मक होती है।

वस्तुतः अलंकार सम्प्रदाय और रींति सम्प्रदाय में भी इसका एक धूमिल अनुभव आचार्यों को हो चुका था किन्तु वह वाच्यार्थ से व्यंग्यार्थ में किस प्रकार व्यक्त होता है, यह अनुसंधान ध्वनिमत की उपलब्धि है और सामाजिक व्यवस्था में परिवर्तन के पश्चात् रूप और चीन आदि देशों के साहित्य में भी 'कहे से अनकहे' का सौन्दर्य ही अधिक प्रिय माना जाता है। प्रचार और कला का अन्तर ही अन्य शब्दों में वाच्यार्थ और व्यंग्यार्थ का अन्तर है।[119]

सत्यपरक विवरण यथार्थवादी कला की विशेषता मानी जाती है। 'हाऊ द स्टील वाज टैम्पर्ड' का विवरण मानव शक्ति या मानवात्मा की असीम सम्भावनाओं को ही व्यंजित करता है। समाजवादी यथार्थवाद के सपाटपन को सूक्ष्मदर्शी कलाकार पसन्द नहीं कर पाते, यह तथ्य स्मरणीय है। अति यथार्थवाद ने अपनी व्यंजन प्रियता के कारण ही इतना ध्यान आकर्षित किया है। अतियथार्थवाद के प्रवर्तक मार्क्स से प्रभावित थे किन्तु आन्द्रे ब्रिटन ने समाजवादी यथार्थवाद को ही वास्तविकता के चित्रण की एकमात्र विधि मानने से इन्कार कर दिया था क्योंकि उसके अनुसार रूसी सामाजिक यथार्थवादी पद्धति में व्यक्ति के मानस की गहराइयों की उपेक्षा होती है। मन कभी व्यवस्थित या पूर्वनिश्चित मार्ग नहीं अपनाता।[120] उसकी गति में कोई कारण-कार्य परम्परा भी नहीं रहती। वह प्रायः लांगूल पद्धति पर एक शाखा से दूसरी शाखा पर उछाल भरता रहता है ऐसे मन को 'एक राजा था, एक रानी' जैसी सपाट शैली द्वारा चित्रित करना असम्भव हो जाता है।

एम. कौस्त्की को लिखे गए प्रसिद्ध पत्र में एंगिल्स ने सृजन पद्धति की व्यंजनात्मक या अप्रत्यक्षात्मक विधि पर ही बल दिया है—यह प्रथम अध्याय से हम देख चुके हैं। एंगिल्स के अनुसार लेखक का ध्येय या अभिप्राय चित्रित स्थितियों तथा चरित्रचित्रणादि से ही प्रकट होना चाहिए। इसी प्रकार सामाजिक सत्य को ध्वनित करने के लिए ही प्रतिनिध चरित्रों की धारणा प्रस्तुत की गई है। फर्नीनैण्ड लॉजेल को लिखे गये पत्र में भी एंगिल्स सत्य की व्यंजना के लिए प्रतिनिधि-पात्रों को कुछ अधिक निजता देने की चर्चा करते हैं। यदि लेखक पात्रों में उनकी तथा अपनी निजी विशेषताओं की चिंता नहीं करता तो उनके द्वारा ध्वनित तत्य एकांगी होगा क्योंकि मनुष्य एक विशिष्ट सामाजिक सांचे में ढला हुआ होने पर भी व्यक्ति होता है, अतः इकाई की अद्वितीयता उपेक्षित होने पर कला अपूर्ण तथा असफल होगी।

सृजनात्मक कल्पना : मार्क्सवाद : ध्वनि—यह कहा जा चुका है कि श्री एस. सी. सेन ने भारतीय काव्यशास्त्र और मार्क्सवादी कला-सिद्धान्तों को बड़ी सहानुभूति से देखा है।[121] उनके अनुसार द्वन्द्वात्मक भौतिकवादी कला चिंतन में सृजनात्मक कल्पना की उपेक्षा की गई है। उधर ध्वनि-प्रक्रिया कल्पना या प्रतिभा (नवनवोन्मेषशालिनी प्रज्ञा) पर आधारित होने पर भी, ध्वनिमत में इस पर विशद विवेचन नहीं मिलता। वास्तविक यह है कि सृजनात्मक कल्पना की धारणा योरोपीय काव्यशास्त्र से सदृश न तो मार्क्सवाद में विस्तृत रूप में व्याख्यायित हुई है और न भारतीय काव्यशास्त्र में।

ध्वनिमत के प्रतिष्ठापकों में अभिनव गुप्त कवि को परम शिव के सदृश नूतनविश्व का स्रष्टा मानते हैं। मम्मट कवि वाणी में सृष्टि से अधिक उत्कृष्टता देखते हैं।[122] रूपों की सृष्टि प्रतिभा से होती है, यह भी आचार्यों के लिए ज्ञात तत्व था। सृष्टि या रूपों की अनन्तता के विश्वासी भारतीयों के सम्मुख कल्पना की स्वच्छन्दता के निषेध का प्रश्न ही नहीं था।

उधर मार्क्स द्वारा साम्यवादी व्यवस्था की कल्पना एक भव्य सृजनात्मक कल्पना ही है। यह सत्य है कि मार्क्सवादी साहित्य चिंतन में इस धारणा का योरोपीय पद्धति पर विशदीकरण नहीं हो सका, उसमें यथार्थ की धारणा पर अधिक कार्य हुआ है।

इसी प्रकार ध्वनिमत में सृजनात्मक कल्पना पर विचार केवल सूत्रात्मक रूप में ही है लेकिन व्यंजना-प्रक्रिया स्वयं कल्पना का फल है। कल्पनाहीन व्यक्ति अभिव्यक्ति में सपाट होता है, सूक्ष्म नहीं। ध्वनि सिद्धान्त वस्तु, बिम्ब और भाव की कल्पनात्मक अभिव्यक्ति पर ही बल देता है।[123] यह कल्पना शक्ति या प्रतिभा किस प्रकार प्रतीयमान की प्रतीति कराती है, ध्वनि मत का यही विषय है किन्तु धारणा के रूप में सृजनात्मक कल्पना केवल संक्षित रूप में ही मिलती है।

अतः व्यंग्यार्थ की प्रस्तुति के लिए ध्वनिमत अत्यन्त उपयोगी है और मार्क्सवादी साहित्य चिंतन में वह एक नवीन सृजन प्रक्रिया का आयाम जोड़ सकता है क्योंकि व्यंजना का पथ सरल नहीं, द्वन्द्वात्मक होता है अतः मार्क्सवादी काव्यशास्त्र के लिए भी वह उत्प्रेरक हो सकता है।

ध्वनिमत में न्यूनता यह है कि काव्य के स्वरूप और उसकी सृजन विधि को आलोकित करके भी वह यह नहीं बताता कि काव्य-कलादि में परिवर्तनशील वास्तविकता की पहचान निर्णायक होती है। यों तो रुचि, देश, क़ाल, पात्रादि की चर्चा भारतीय काव्यशास्त्र में सर्वत्र है किन्तु परिवर्तन के अनवरत और विराट प्रवाह में रखकर साहित्य और कलादि को देखने की प्रवृत्ति आधुनिक है। भारतीय काव्यशास्त्र और इसीलिए ध्वनि मत के उद्‌भावकों के मन में एक स्थिर समाज और मानव की कल्पना है जो इच्छा करता है, अनुभव करता है, भाव निमग्न होता है किन्तु अपने परिवेश के कायाकल्प करने का प्रयत्न नहीं करता। अधिदर्शनात्मक और आनन्दवादी दृष्टिकोण का भी कारण यही सामंती युगा का प्रभाव है। यही कारण है कि ध्वनि मत प्रमुखतः तकनीकी काव्यशास्त्र सा प्रतीत

होता हैं

वास्तविकता के बोध या यथार्थ की समझ की उपेक्षा के कारण मात्र रचना-प्रक्रिया से पूर्ण काव्य निकष नहीं बन पाता। उदाहरण के लिए ध्वनियों में श्रेष्ठ रसध्वनि के जिस रूप की ध्वनिकार इतनी प्रशंसा करते हैं, वह आधुनिक युग में उपेक्षित हो रही है और इसका कारण रसप्रधान काव्य में ध्वनि का अभाव नहीं है। ध्वनि की प्रधानता होने पर भी, रसपरक काव्य आज के समस्या-संकुल जीवन के विभिन्न स्वरूप उद्घाटन में समर्थ नहीं है। अतः आनन्दवर्धन और अभिनवगुप्त जिस रससृष्टि के लिए इतना आग्रह करते हैं उसकी उपेक्षा करके, रसपरक साहित्य के स्थान पर द्वन्द्वमूलक, जटिल जीवन की प्रत्यभिज्ञा कराने वाला साहित्य ही वांछनीय हो गया है। तीव्र परिवर्तनों और विश्व-विनाश की आशंका तथा अनेक प्रकार की क्रांतियों से आलोकित प्रबुद्ध व्यक्ति, भावुकता प्रधान या रस प्रधान काव्यों में आत्म वंचना अनुभव करते हैं। निरन्तर विद्रोह की स्थिति में रस-कल्लोल से आत्म विश्रान्ति भी नहीं हो पाती है।[124]

ध्वनिमत रस में वस्तु और अलंकार व्यंजना का पर्यवसान मानता है किन्तु सामयिक साहित्य में रस की चिन्ता न कर, वस्तु व्यंजना और बिम्ब व्यंजना की प्रधानता है। अमूर्त चित्रकला में किसी वस्तु सत्य को ही ध्वनित किया जाता है किन्तु अमूर्त कला या काव्य में रस का अत्यन्ताभाव न होने पर भी, उसकी क्षीणता स्पष्ट है। रस की स्थिति राजा की न रहकर, एक 'अजनबी' जैसी हो गई है।

दूसरी आपत्ति यह है कि ध्वनिमत में भी पूर्व सम्प्रदायों के सदृश अति विभाजनवाद मिलता है। तीसरा संकट ऊपरी पांडित्य और शास्त्रीय तर्क शैली का है। ध्वनिमत में कहा गया है कि ध्वनि, गुणीभूत व्यंग्यादि की पहचान में कठिन श्रम करना चाहिए। तर्क वितर्क के पश्चात ही प्रधानता के आधार पर ध्वनि-निर्णय करना चाहिए किन्तु अलंकारों और गुणों में रीतियों और वृत्तियों में जिस प्रकार भेद करना कठिन हो जाता है, उसी प्रकार ध्वनि के हजारों भेदों में एक दूसरे की कोटियों को काटने वाले विभेद कौन कहां हैं, यह श्रम व्यर्थ लगता है किन्तु ध्वनि के बुनियादी भेद विवेचन में सहायक हो सकते है।

इन बुनियादी भेदों के विषय में भी श्री सेन गुप्त ने एक आशंका प्रकट की हैं। उनके अनुसार भारतीय आचार्य अर्थ-सिद्धान्त का सम्यक् प्रतिपादन नहीं कर सके। यदि आधेय-आधार सम्बध से व्यंग्यार्थ, अभिधेयार्थ पर निर्भर हे अथवा उनमें कार्य-कारण सम्बन्ध है अथवा वे साध्य-साधन सम्बन्ध से युक्त हैं तो अभिधेयार्थ को नियामक होना चाहिए क्योंकि वही कारण या आधार है।

इसके विपरीत यदि काव्य का अधिवास व्यंग्यार्थ में है, तब वाच्यार्थ या अभिधेयार्थ को आधार मानने की क्या आवश्यकता है? अतः श्री गुप्त को ध्वनिमत की अर्थ मीमांसा में विरोध लगता है।[125]

यह विचित्र तो लगता ही है कि काव्य में व्यंग्यार्थ वाच्यार्थ पर निर्भर भी रहता है और साथ ही वह अपने सहायक वाच्यार्थ को अतिक्रांत कर जाता है।[126]

यही तो काव्यार्थ की विशेषता है। सामान्य शब्दार्थ और काव्य में प्रयुक्त शब्दार्थ में अन्तर होता है। 'भ्रम धार्मिक' पद्य में वाच्यार्थ तो विधिपरक है किन्तु व्यंग्यार्थ निषेधपरक है। वाच्यार्थ का यहाँ पूर्ण अतिक्रमण हो जाता है, फिर भी अत्यन्त तिरस्कृत वाच्य ध्वनि के इस उदाहरण में वक्ता का अभिप्राय अतिक्रमित नहीं होता, सिर्फ कथन विधि से वक्ता का अभिप्राय कलात्मक रूप पा जाता है। नायिका का तात्पर्य यह था कि मेरे विहार स्थल पर जाना अनुचित है किन्तु इसे अभिधा द्वारा कहने पर नायिका का स्वार्थ पूर्ण नहीं हो सकता था। अतः काव्य में सौन्दर्य का अधिवास इस व्यंजना-प्रक्रिया में ही है, जिसका प्रयोग किसी अभिप्राय विशेष से किया जाता है। स्पष्टतः व्यंग्यार्थ, वाच्यार्थ के बाद ही प्रतीत होता है और उसमें क्रम भी रहता है लेकिन प्रकरण का ज्ञान होते ही, सहसा, धार्मिक व्यक्ति के मन में यह व्यंग्यार्थ कौंधता है कि नायिका के शब्दों का अर्थ निषेध परक ही है—काव्यार्थ में इस प्रकार क्रम और अतिक्रमण को, सृजन प्रक्रिया की द्वन्द्वपरकता का स्वीकारने से ही समझा जा सकता है।

इसमें सन्देह नहीं कि अभिनव गुप्त रस की अलौकिकता पर अधिक जोर देते हैं। यथार्थवादी विचारक यह नहीं मान सकते कि रस ब्रह्मानन्द सहोदर है क्योंकि ब्रह्म और आनन्द की अभिनवगुप्तीय धारणाएँ शैवागमों पर आधारित है, जो रहस्यमय अनुभवों से प्राप्त की गई हैं—अतः ध्वनिमत की काव्यार्थ मीमांसा के लिए ध्वन्यालोक ही अधिक प्रामाणिक है, अभिनव की व्याख्या अधिदर्शन से रंजित है।

द्वन्द्वात्मक भौतिकवादी दृष्टि से तो यथार्थतीत, अलौकिक अनुभवों में भी (व्यंग्य में अभिधेयार्थ की तरह) लौकिकता ही गर्भित रहती है। जीवन की सीमाओं और विडम्बनाओं का ज्ञान आलौकिक अनुभवों की ओर ले ज़ाता है किन्तु उनमें जिस सत्-चित् आनन्दमय ब्रह्म का अनुभव होता है, वह वस्तुतः वास्तविक जीवन के असत्, जड़ता और आनन्दहीनता से उत्पन्न कल्पना है। इसी प्रकार रस के अलौकीकरण का उद्देश्य लौकिक अनुभवों से उसकी विलक्षणता का प्रतिपादन ही है। रसात्मक अनुभव की द्वन्द्वात्मकता इस तथ्य में निहित है कि लौकिक विभावादि के समायोजन से जो एक लोक विलक्षण स्वाद अनुभूत होता है, उसे उसकी विलक्षणता के कारण अलौकिक कह दिया जाता है। भरत ने तो रसानुभव को कहीं अलौकिक नहीं कहा। अभिनवगुप्त शैवदर्शन के आलोक में दार्शनिक व्याख्या कर देते हैं।

व्यंजना के सम्बन्ध में आचार्य रामचन्द्र शुक्ल ने एक रोचक आपत्ति प्रस्तुत की है। शुक्ल जी के अनुसार काव्य व्यंग्यार्थ में नहीं रहता, वह अभिधा या वाक्यार्थ में रहता है।

आप अवधि बन सकूं कहीं तो क्या कुछ देर लगाऊं
मैं अपने को आप मिटा कर, जाकर उनको लाऊं।

'इसका वाच्यार्थ बहुत ही अत्युक्त व्याहत, और बुद्धि को सर्वथा अग्राह्य है। उर्मिला जब अपने आप ही मिट जाएगी, तब अपने प्रिय लक्ष्मण को वन से लाएगी क्या? पर

सारा रस सारी रमणीयता, इसी व्याहत और बुद्धि के अग्राह्य वाच्यार्थ में है। इस योग्य और बुद्धि ग्राह्य व्यंग्यार्थ में नहीं कि उर्मिला को अत्यन्त औत्सुकय है, इससे स्पष्ट होता है कि वाक्यार्थ ही काव्य होता है, व्यंग्यार्थ या लक्ष्यार्थ नहीं।'

किन्तु ध्वनिमत के अनुसार रमणीयता इस व्यंजना प्रक्रिया या अभिव्यंजना शैली में है, जिसका प्रयोग इस व्यंग्यार्थ के लिए हुआ है कि उर्मिला अपने पति से असीम प्रेम करती है, उसके लिए वह प्राण देना चाहती है—इस विरह में आकुलता और पति के प्रति उत्कट भाव, व्यंजना-प्रक्रिया द्वारा ध्वनित हो रहा है। वाच्यार्थ अनुपन्न होने पर (स्वयं मिट कर लक्ष्मण को लाना असम्भव है) जब श्रोता या पाठक का ध्यान उस अनुपन्नता को दूर करने के लिए इस व्यंग्यार्थ पर जाता है कि उर्मिला विरहाकुलता से पीडित है तो उसके हृदय की निष्ठा, प्रेम, विरह के कष्ट आदि की कल्पना से अनुपन्न वाच्यार्थ का रहस्य स्पष्ट हो जाता है। व्यंग्यार्थ के बिना वाच्यार्थ अनुपन्न ही रहेगा, तब सौन्दर्य का अधिवास उसमें कैसे होगा? अतः सौन्दर्य का अधिवास व्यंग्यार्थ बोध और व्यंजना प्रक्रिया के ज्ञान में है—इस बात में कि कितने ढंग से नायिका ने अपना मनोभाव झलका दिया है। यदि उर्मिला सूचित कर देती है कि वह विरह पीड़ित है और कालावधि दुःसह है तो इस वाच्यार्थ से रमणीयता उत्पन्न नहीं हो सकती थी। अतः आकर्षण का कारण वाच्यार्थ को अनुपन्न रूप में प्रस्तुत करके, व्यंग्यार्थ द्वारा उस अनुपन्नता के दूरीकरण में है, अतः वाच्यार्थ में काव्य-सौन्दर्य का अधिवास नहीं हो सकता।

डॉ. भोलाशंकर व्यास का भी यही मत है। व्यास जी तो कुछ क्रुद्ध होकर शुक्ल जी को मीमांसकों का उत्तराधिकारी घोषित कर देते हैं। वे इस संदर्भ में लिखते है—'शुक्ल जी भी प्राचीन मीमांसकों के उत्तराधिकारी हैं, वे भी अभिधा के ही पक्षपाती हैं किन्तु शुक्ल जी इस ढंग से व्यंजनावादियों से बचना चाहते हैं कि साँप भी मरे और लाठी भी न टूटे।'[127]

आगे वे स्पष्ट करते हैं—'काव्यगत सौन्दर्य व्यंजना में न मान कर अभिधा में मानने का क्या कारण है? हमें तो इसमें एक ही रहस्य जान पड़ता है। वह है, शुक्ल जी के द्वारा छायावादी तथा आधुनिक रहस्यवादी कवियों का विरोध। शुक्ल जी इन छायावादी कवियों की कविताओं को काव्य मानने के पक्ष में नहीं थे। हाँ, बाद में जाकर इस मत में थोड़ा परिवर्तन जरूर हुआ पर वह भी नहीं के बराबर। ये छायावादी कविताएँ व्यंजना ही को आधार बनाकर चली थीं।'[128]

छायावादोत्तर नवलेखन में तो यह व्यंजना और भी अधिक सूक्ष्म होती गई है। इस काव्य और साहित्य में व्यंजना किस प्रकार प्रयुक्त हुई है और व्यंजित अर्थराशि है, इसका अध्ययन व्यंजना के आधार पर उसी प्रकार हो सकता है, जिस प्रकार विलयम एम्पसन ने विविधार्थकता या अर्थसंकुलता का अध्ययन किया है।[129]

डॉ. नगेन्द्र ने शुक्ल द्वारा उद्धृत पद्य में रमणीयता का कारण व्यंग्यार्थ (उर्मिला की मिलन-उत्सुकता) में ही स्वीकार किया है किन्तु उन्होंने भी शुक्ल जी के सदृश चमत्कार

वाच्यार्थ में ही मान लिया है—

'अतएव जहाँ तक इस चमत्कार का सम्बन्ध है, उसका अधिवास वाच्यार्थ में ही है। लक्षणा अर्थ को उत्पन्न करा कर इस चमत्कार की सिद्धि अवश्य कराती है परन्तु उसका कारण वाच्यार्थ ही है, लक्ष्यार्थ दे देने से चमत्कार ही नहीं रह जाता है। अब प्रश्न यह है कि क्या उक्ति का सम्पूर्ण सौरस्य उस मरे और जीकर (जीकर हाथ पतंग मरे क्या) के उपपन्न या अनुपपन्न अर्थ के ही आश्रित है?'[130]

प्रश्न यह नहीं है कि अनुपपन्न अर्थ के अतिरिक्त भी कोई सौरस्य है, प्रश्न यहाँ यह है कि रमणीयता वाच्यार्थ या अनुपपन्न अभिधेयार्थ में है या व्यंग्यार्थ में है? इसका शुद्ध उत्तर यह है कि वाच्यार्थ में सौन्दर्य नहीं है, व्यंग्यार्थ और व्यंजना-प्रक्रिया (अथवा लक्षणा प्रक्रिया) के ज्ञान में है। गंगायाम् घोषः, गंगा में घर है, कहते ही श्रोता को वाच्यार्थ से जो प्रथम चमत्कार मिलता है, वह उलझन की सृष्टि करता है—गंगा में घर, गंगा में घर कैसे हो सकता है किन्तु गंगा से तट और वक्ता के अभिप्राय (शैत्य : पावनत्व) तक बुद्धि तुरन्त पहुंचकर, गंगा में घर—इस उक्ति के चमत्कार से प्रभावित हो जाती है।

यह तो सामान्य उक्ति है। 'जी कर हाय पतंग मरे क्या' में श्रोता को प्रथम उलझन होती है, जीकर पतंग कैसे मर जाएगा—इस उलझन के क्षण में ही, पूर्व अनुभव बल से यह ज्ञान उदित होगा कि रूप पर प्राणों का बलिदान ही जीवन का पुरुषार्थ है? जो सौन्दर्य को देखकर मर मिटने की इच्छा से अभिभूत नहीं हो उठता, वह भी कोई मनुष्य है? ज्ञान का यह प्रवाह उछाल की प्रक्रिया से श्रोता की चेतना में यह सत्य उभार देगा कि दीप पर प्राण देना ही शलभ का जीवन या आनन्ददायक गौरवपूर्ण कार्य है। अतः दीपक को देखकर भी जीवित बने रहना सचमुच मृत्यु के समान कष्टकर अनुभव है—इस व्यंग्यार्थ या लक्ष्यार्थ (जो भी कहना चाहे) के ज्ञान से ही, 'जीकर हाय पतंग मरे क्या'—इस उक्ति का चमत्कार हृदयंगम होता है। अतः सौन्दर्य बोध और सौन्दर्य का निवास वाच्यार्थ में नहीं, वाच्यार्थ की अनुपपन्नता देखकर उछाले द्वारा व्यंग्यार्थ के बोध और उक्त लक्षण या व्यंजना क्रिया की समझ में है। अनुपपन्न वाच्यार्थ व्यंग्य-रहस्य के बोध से ही आकर्षक या कलात्मक प्रतीत होता है।

बहुत से व्यंग्य कथनों में वाच्यार्थ अनुपन्न प्रतीत नहीं होता और फिर भी उसके द्वारा गूढ़ार्थ की व्यंजना होती है यथा 'सूर्य अस्त हो गया'—प्रकरण से, इस उक्ति के अनेक आशय हो जाएंगे और प्रकरण या कवित्वगत परिस्थिति से परिचित व्यक्ति ही इसका चमत्कार समझ सकेगा। जब प्रेमी प्रेयसी की प्रतीक्षा में कह उठेगा, सूर्य अस्त हो गया तो यहाँ इन शब्दों से प्रकरण न जानने पर केवल सूचनात्मकता ही प्रकट होगी किन्तु प्रकरण बोध होते ही रमणीयता का अनुभव होने लगेगा। यहाँ रमणीयता स्पष्टतः व्यंजना प्रक्रिया के ज्ञान (प्रकरण आदि का बोध) तथा व्यंग्यार्थ के अनुमान पर आधारित है।

यदि मात्र अनुपपन्न वाच्यार्थ में ही रमणीयता होती तो पागलों के अनुपपन्न वाच्यार्थपरक कथनों से परिहास या करुणा क्यों उत्पन्न होती है? किसी दार्शनिक को ऐसे

कथनों में भी रमणीयता का बोध हो सकता है। वह अनर्गल प्रलाप में, जगत् की वास्तविक स्थिति का स्वरूप-सादृश्य देखकर मुग्ध हो सकता है। इसी प्रकार निरर्थक कविता पंक्तियाँ स्वयं में आनन्दकर नहीं होतीं किन्तु जीवन की निरर्थकता के अभिप्राय पर ध्यान जाते ही, वह 'बकवास' किन्हीं पाठकों को चमत्कारक, सत्य और सार्थक प्रतीत हो सकती है।

निरर्थक या एब्सर्ड कविता
नहीं, हीं... न, ही, न, ह, (...) नहीं।
न् न् न् न् न् न् न्   नहीं।
नहीं, नहीं, नहीं, अब और   नहीं ॥

यहाँ वाच्यार्थ सर्वथा अनुपपन्न है किन्तु इसे देखकर कुछ कौतुक सा तो लग सकता है, चमत्कार और रमणीयता का बोध नहीं होता है। यह कौतुक आघातक सा होता है। इसमें ऐसा भाव रहता है कि यह क्या मूर्खता है? यह क्या 'नानसेंस' है किन्तु जगत्-जीवन की दुर्गतियों-अपूर्णताओं के ज्ञान के बाद एक अस्वीकृति जाग्रत होने पर ये शब्द व्यंग्य 'अस्वीकृति' के व्यंजक हो जाएंगे। अतः रमणीयता का अधिवास व्यंग्य में ही होता है। अनुपन्न होने पर वाच्यार्थ की परिणति या तो लक्ष्यार्थ में होती है अथवा वह अपने को गुणीभूत करके किसी गूढ़ अर्थ और प्रयोजन को व्यंजित करता है। पाठक या श्रोता की चेतना अनुपपन्न वाच्यार्थ का आनन्द नहीं लेने लगती, वह भाग वहाँ जाना चाहती है, जहाँ उस अभिप्राय (इन्टेंशन) का ज्ञान हो जाए, जिसके कारण अनर्गल शब्दावली का प्रयोग किया जा रहा है। आनन्द या आकर्षण का कारण, अटपटे कथनों को सुनकर गद्गद होने में नहीं, उनके प्रयोग के प्रयोजन-ज्ञान में है। तभी केवट के वचनों से 'करुणा अयन' राम प्रसन्न हुए थे अन्यथा वे असभ्य वचन सुन कर उसे दण्ड देते—

सुनि केवट के बने, प्रेम पलेटे, अटपटे
बिहंसे करुणाऐन, चितै जानकी लखनतन।

अतएव काव्य में वाच्यार्थ तैल वर्तिका के सदृश व्यंग्य रूपी दीपक के प्रकाश में साधन मात्र है।[131]

पाण्डित्यवाद की अस्वीकृति—ध्वनिवाद में अत्यधिक तर्क मीमांसा है, यह कह चुके हैं। इस प्रकार का पांडित्य तत्व बोधक कम, पांडित्य प्रदर्शक अधिक होता है। व्यंजनासिद्धि में इस प्रकार के पांडित्य का कुछ दोष हमने यथास्थान संकेतित किया है किन्तु इस पांडित्य से ध्वनिमत में काव्य के उदाहरणों की बहुत दुर्दशा हुई है।

ध्वनिमत यों तो व्यंजना और व्यंयार्थ के निर्णय में सहृदयता को ही निकष मानता है और नैयायिकों-मीमांसकों आदि नीरस तर्कशक्तियों से काव्यादि के अर्थ की विशिष्टता सिद्ध करता है किन्तु फिर भी आनन्दवर्धन ने इस तथ्य पर कहीं ध्यान नहीं दिया कि उनके

उदाहरणों की दुर्गति हो रही है। अतः कहीं-कहीं स्वयं ध्वनि के प्रवर्त्तकों और उनके समर्थकों की सहृदयता पर ही प्रश्न चिन्ह लग जाता है। अतः ऐसे स्थलों में ध्वनिमत की स्थापना में पांडित्य की तो प्रशंसा करनी पड़ती है और मूल सिद्धान्त से सहानुभूति भी होती है किन्तु उदाहरणों को देखकर शास्त्रीय विसंगति का एक रूप स्पष्ट होने लगता है।

प्रतीयमान अर्थ कहीं, विधि-निषेध दोनों से भिन्न होता है, इसके लिए जो रचना प्रस्तुत की गई है, वह ध्वनि संस्थापन में सहायक होने पर भी, काव्य की दृष्टि से उत्तम कोटि की प्रतीत नहीं होती—'आप जाइए, मैं एकांकी ही निःश्वास और रुदन को सहूँगी। दाक्षिण्य के चक्र में कहीं यह सब आपको न भोगना पड़े।'[132]

इसी प्रकार समासोक्ति में गुणीभूत व्यंग्य सिद्ध करने से उदाहरण मध्यम कोटि में प्रतिष्ठत होगा किन्तु उदाहरण की चारुता उसे उत्तम कोटि के योग्य सिद्ध करती हुई दिखाई पड़ती है।[133] गुणीभूत व्यंग्य होने पर भी चारुता के कारण काव्य की श्रेष्ठता का एक स्मरणीय उदाहरण यह है—

अनुरागवती संध्या, दिवसस्तत्पुरः सरः
अहो दैवगतिः कीदृक्, तथापि न समागत।[134]

इस पद्य में समासोक्ति अथवा आक्षेप अलंकार बताया गया है। यहाँ दिवस और संध्या के वर्णन से वाच्यार्थ की प्रधानता सिद्ध की गई है और इसे गुणीभूत व्यंग्य (व्यंग्य-नायक-नायिका प्रेम) का उदाहरण प्रमाणित किया गया है।[135]

किन्तु यहाँ नायक-नायिका (व्यंग्य) के प्रेम तक ही क्या व्यंग्यार्थ सीमित है? आनन्दवर्धन का ध्यान इस ओर नहीं जाता कि इस पद्य द्वारा कवि जीवन की एक स्थायी दशा को भी व्यंजित कर रहा है। व्यंग्य यह है कि इस विराट सृष्टि की निर्मिति में ही कहीं कोई असंगति है कि किसी की भी इच्छा पूरी नहीं हो पाती। अभीप्सा कुछ है, प्राप्ति कुछ और है। यदि इस व्यंग्य पर ध्यान केन्द्रित किया जाए तो यह उदाहरण ध्वनि काव्य का होगा, गुणीभूत व्यंग्य का नहीं।

यदि यह कहा जाय कि यह तो सहृदय पर निर्भर है कि वह किस पद्य में क्या पाता है? यदि यहाँ गूढ़ व्यंग्य है तो ठीक है, यह वस्तु ध्वनि का उदाहरण बन जाएगा किन्तु ध्वनि सिद्धान्त तो इससे अटल रहेगा। किन्तु इस प्रकार उत्तम को मध्यम में और कोटि के उदाहरणों को उत्तम कोटि में रख देंने से, उदाहरणों की दुर्दशा तो हुई ही है, यह स्पष्ट है। यदि कहें कि दृष्टान्त तो सिद्धान्त के निर्देशन के लिए हैं, तो भी उदाहरणों के असावधान प्रयोग से सिद्धान्त-स्थापना दूषित होती है। इसी प्रकार का एक और रोचक उदाहरण है—

कमलाकार न मलिना हंसा उड्डायिता न च पितृष्वस
केनापि ग्रामतड़ागे, अभमुत्तानि क्षिप्तृम।[136]

तालाब में मेघ-प्रतिबिम्ब देखकर ग्रामवधू की इस उक्ति में वस्तुतः उत्तम बिम्ब ध्वनि या अलंकार ध्वनि है। मेघ प्रतिबिम्ब दर्शन व्यंग्य सिद्धान्ततः भले ही यहाँ गुणीभूत हो किन्तु पानी में बादल के प्रतिबिम्ब दृश्य को यहाँ कलात्मक ढंग से ध्वनित किया गया है। इससे ग्राम वधू का सरल स्वभाव ही व्यंजित नहीं होता, अपितु कवि की चित्रण शक्ति भी व्यंजित होती है।

पांडित्य प्रदर्शन से, उत्कृष्ट उदाहरणों का अवमूल्यन ही नहीं हुआ है, अपितु सामान्य पद्य उत्कृष्ट कोटि प्राप्त कर गए हैं—'गुण तभी गुण होते हैं, जब सहृदय उनको ग्रहण करते हैं, सूर्य की किरणों से अनुग्रहीत कमल ही कमल होते हैं।'[137]

यहाँ द्वितीय कमल शब्द में अर्थानतर संक्रमित ध्वनि होने पर भी, यह पद्य अति सामान्य कोटि का है और इसके रचयिता स्वयं आनन्दवर्धन है।

'आदरपूर्वक सहारा देते हुए यौवन के सहारे उठने वाले तुम्हारे स्तन उठ कर कामदेव के स्वागत में अभ्युत्थान सा प्रदान कर रहे हैं।'[138]

यह साधारण रचना है किन्तु यह 'कविनिबद्धवक्तृ प्रौढ़ोक्ति' सिद्ध का उदाहरण हो सकने में समर्थ होने के कारण ग्रंथ में स्थान पा गयी है।

'वीरों की दृष्टि प्रियतमा के कुंकुम रंजित उरोजों में उतनी नहीं रमती, जितनी सिन्दूर से पुते हुए शत्रुओं के हाथियों के कुम्भस्थलों में रमती है।'[139]

यहाँ उरोजों और गजगंडस्थली में सादृश्य व्यंजित होने से उपमा ध्वनि तो है किन्तु अलंकार ध्वनि होने पर भी यहाँ काव्य साधारण स्तर का ही है क्योंकि सादृश्य पिष्टपेष्टित है और अर्थों का प्रवाह बनाने की शक्ति इस सादृश्य में नहीं है।[140]

उत्प्रेक्षा ध्वनि का यह उदाहरण भी उत्तम काव्य नहीं प्रतीत होता।

'चन्दन में लिपटे सर्पों के निःश्वास वायु से वृद्धि को प्राप्त यह मलयानिल वसन्त ऋतु में पथिकों को मूर्च्छित करता है।'[141]

अविवक्षित वाच्य के अत्यन्त तिरस्कृत वाच्यभेद का यह उदाहरण भी उक्त विसंगति का प्रमाण है। यहाँ गीता को उद्धृत कर दिया गया है—

या निशा सर्वभूतानाम्, तस्यां जागर्ति संयमी
यस्यां जाग्रति भूतानि, सा निशा पश्यतो मुनैः[142]

आनन्दवर्धन ने लिखा है कि वाच्य और व्यंग्य के प्राधान्य, अप्राधान्य के परिज्ञान के लिए अत्यन्त यत्न करना चाहिए, जिससे ध्वनि, गुणीभूत, व्यंग्य और अलंकारों का संकररहित विषय भली भांति स्पष्ट हो जाये अन्यथा उसके बिना प्रसिद्ध अलंकारों के विषय में भी भ्रम हो जाता है।

पांडित्यवाद का यह रूप मार्क्सवाद के लिए उपयोगी नहीं है क्योंकि अनेक उदाहरणों में एक तो भेदोपभेदों का निर्णय ही कठिन है, फिर भी वैसा निर्णय हो भी सके तो उसके साथ यह नहीं बताया जाता कि वहाँ काव्य क्यों उत्कृष्ट है केवल किसी काव्य प्रंकार की

पहचान अथवा उसमें किसी सामान्य (काव्य मात्र में प्राप्त) विशेषता की पहचान मात्र उसकी काव्यगत विशिष्टताओं का उद्घाटन नहीं करती। अतिविभाजनवाद अनिवार्यतः 'फार्मूला' या 'नुस्खावाद' में परिणत हो जाता है।

वस्तुतः भारतीय काव्यशास्त्र इस विभाजनवाद के कारण मूल्यों को परिमाणात्मक बना देता है। यथा, ध्वनिमत में ही रसों को विभिन्न भागों-उपभागों में बांट कर उन्हें रचना का केन्द्रीय बिन्दु बना दिया है। ध्वनि के ग्रन्थ भेदों के उपभेदों को भी यही महत्व प्राप्त हुआ है किन्तु इस विसंगति से तब तक नहीं बचा जा सकता, जब तक रचना में रसादि की स्वतन्त्र सत्ता स्वीकृत होती रहेगी।

काव्य में किसी भाव को, अपने उपभागों द्वारा नहीं, अपितु उसकी अपनी गम्भीरता, तीव्रता, सूक्ष्मता या संकुतला आदि गुणों से मूल्य प्राप्त होता है। इस भाव का रचनाकार के प्रत्ययों, विचारों या दृष्टियों से क्या सम्बन्ध है, यह रचना में विचारणीय तत्व होता है। रचनाकारों द्वारा चित्रित राम, बुद्ध, जूलियस सीजर, मदाम बावेरी, माँ (गोर्की) मनु, उर्मिला आदि की जटिल संघटना में भाव के सिवा अन्य अनेक तत्वों (धारणा, संवेदन, विचारादि) का योगदान होता है। इसके विरुद्ध रसनिष्पत्ति के लिए भारतीय काव्यों (संस्कृत) विभावादि का पूर्वनिश्चित संयोजन होता है। अतः रस को केन्द्रीय महत्व मिल जाने से उन व्यक्तियों की उपेक्षा होती है जो उन रसादि को रूपायित करते हैं। रसविभाजनवाद से संस्कृत काव्यों में नूतन विचारों और एक दूसरे से टकराती दृष्टियों और मूल्यों का भी अभाव मिलता है, यह भुला दिया गया है कि रस केवल आस्वादन के लिये नहीं है, उसका मूल्यांकन भी आवश्यक है।

वस्तु और अलंकार ध्वनियों के विभाजनों के कारण, रस प्रधान उदाहरणों से भिन्न प्रकारों के विषय में भी यही दोष है। किसी रचना में प्रक्रिया बताने के लिये किसी ध्वनि के उपभेद का उल्लेख कर देना उस रचना के सम्पूर्ण मूल्य का उद्घाटन नहीं माना जा सकता। इससे किसी प्रवृत्ति विशेष का नामकरण तो होता है रचना के व्यक्तित्व या उसके मूल्य का पूर्ण विश्लेषण नहीं हो पाता।

काव्य-कलादि के सामान्य सृजन-स्वरूप को ध्वनि की धारणा अवश्य आलोकित करती है। साहित्य और कलाओं में जीवन की प्रक्रिया का प्रतिबिम्ब और प्रतिध्वनि ही व्यक्त होती है।[143] जीवन-प्रक्रिया का विवरण तो अन्य शास्त्रों में होता है किनतु उसकी व्यंजना या ध्वनन साहित्य और कलाओं में ही होता है।

आधुनिक सृजन में आधुनिक जीवन की जटिल प्रक्रियाओं में ढलते हुए और उन्हें तोड़ते, गढ़ते मनुष्य की दुरूह स्थितियों की व्यंजना हो रही है। पश्चिमी बूर्ज्वा सभ्यता में जीवन को अपमानजनक या हास्यास्पद रूप में देखा गया है। भाव और अनुभव उतने महत्वपूर्ण नहीं माने जा रहे हैं, जितने महत्वशाली वे प्राचीन समाजों के साहित्य में माने जाते रहे हैं। मनुष्य में कवित्वगत भावों (रति, क्रोधादि) के असंकुल रूपों को अब साहित्य में असम्बद्ध सा अनुभव किया जा रहा है। भावनाओं के परस्पर भेदन का सत्य आधुनिक

लेखन में अधिक प्रचलित है। भाव अस्पष्ट हौर अपेक्षाकृत कम पवित्र होते हैं, यह भी नवीन साहित्य में प्रदर्शित किया गया है।[144] अतः रस ध्वनि के प्राचीन नमूने आधुनिक साहित्य की संकुलता के आगे आदिम प्रतीत होने लगे हैं। इस स्थिति में रसवाद नहीं, ध्वनि सिद्धान्त हो इस ध्वनित संकुलता के रहस्य को स्पष्ट करने में सहायक हो सकता है। जेम्स ज्वायस कृत यूलिसिस की रसवादी तथा परम्परागत व्याख्या असम्भव है।

उग्र मार्क्सवाद पश्चिमी बूर्ज्वा सभ्यता और साहित्य को, समग्रतः ह्रासोन्मुख साहित्य मानता है अतः यह कहा जा सकता है कि आधिकारिक प्रगतिवादी साहित्य (समाजवादी यथार्थवाद) यथा गोर्की शोलोखोव परम्परा का साहित्य तो उतना जटिल नहीं है, न मानव और उसके भावों के विषय में ही वहाँ वह गुह्य दृष्टि है, जिसका एक विकास अस्तित्ववाद में दिखाई पड़ता है किन्तु रूप में भी नवीन पीढ़ी के लेखक और कलाकार प्रचारवाद या अभिवाद को छोड़ रहे हैं, यह कहा जा चुका है। उधर ब्रेख्त जैसे नाटककारों ने एक अतिशय ध्वन्यात्मक नाट्यकला का विकास किया है। युवत्युिशेंको जैसे कवियों के नववक्तव्यवाद में ध्वनिप्रियता मिलती है।

क्रान्ति के पूर्व किसी भी समाज में अभिधापरक रचनाओं की मांग बढ़ती है क्योंकि वायवीयता या अतिसूक्ष्मदर्शिता जगजागरण में बाधक होती है। इस स्थिति में ध्वन्यात्मकता का विरोध बढ़ता है।

'जो लोग कविता में अभिधात्मकता को देखकर उसकी काव्य गरिमा पर सन्देह करते है, उन्हें यह कविता आश्वस्त करती है कि विचारधारा, भावधारा, और भावसंवेदन के सन्दर्भ में जटिलता जब बीहड़ रूप धारण कर लेती है, तो भाव-संवेदन अपने लिए भाषा ग़ढ़ लेता है और वह भाषा काव्य की संस्कारी भाषा को झटक कर उसके चमत्कारी रूप को टुकड़े-टुकड़े कर देती है।'[145]

किन्तु 'लोगों का बीहड़ संगीत' अभिधापरक प्रयोग नहीं है, न 'धीर-धीरे पुनर्जीवित होने वाला शुक्रवार' में ही अभिधा है। नवीन भाषा संस्कारी भाषा का तोड़ना, ध्वनिवाद का विरोधी सत्य नहीं है, जो वर्ण्य वस्तु के नवोन्मेश के आगे, शैली की दुर्बलता की भी चिन्ता नहीं करता। प्रश्न यह है कि कविता और अखबारी समाचार में क्या अन्तर है? इसी प्रश्न को भारतीय काव्यशास्त्र में यों उठाया गया था कि व्यावहारिक कथन और कविता में क्या अनतर है और उसका उत्तर यह दिया गया था कि जहाँ कथन प्रक्रिया व्यंजनात्मक न हो, वहाँ कविता नहीं है। यह आज भी सत्य है और इस सत्य की प्रतिष्ठा और व्याख्या की दृष्टि से ध्वनि सिद्धान्त का अपरिमित महत्व है।

सन्दर्भ

1. काव्यस्यात्मा ध्वनिरिति बुधैर्यः समाम्नातपूर्व
स्तस्याभावं जगदुरपरे भाक्तमाहुस्तमन्ये–ध्वन्यालोक, आचार्य विश्वेश्वर 1-1।
2. संस्कृत पोयटिक्स, कृष्ण चैतन्य, पृष्ठ 118।
3. इट्स इनीशियल फारमुलेशन वाज़ ए ब्रिलियेंटली इन्ट्यूटिव सीजर
ऑफ दा इम्प्लीकेशन दैट वाज लेटेन्ट इन भरताज प्रोफाउन्डली
साइक्लोजीकल एनालिसिज ऑफ द पोयटिक कन्टेक्स्ट, संस्कृत पोयटिक्स, पृष्ठ 118।
4. यत तत् प्रसिद्धावयवातिरिक्तं, विभाति लावण्यमिवांनासु-ध्वन्यालोक, 1-4।
5. द वैल रॉट अर्न-क्लीन्थ ब्रुक्स, लन्दन, पृष्ठ 68।
6. अ. हिन्दी ध्वन्यालोक, डा. नगेन्द्र।
ब. संस्कृत पोयटिक्स, पृष्ठ 119, कृष्ण चैतन्य।
7. तस्य महाविषयत्वेनागित्वेन च...ध्वन्यालोक 1-13।
8. स्वात्मप्रच्छादन क्रीड़ा, पण्डितः परमेश्वरः-तंत्रालोक, चतुर्थ आन्हिक, श्लोक संख्या 10।
9. मायातत्वान् कला जाता, किंचित्कर्तृ व लक्षण-तंत्रालोक, षष्ठ पुस्तक, पृ. 9-135।
10. सूरिभिः कथितः-ध्वन्यालोक, 1-13।
11. ध्वन्यालोक, विश्वेश्वर, पृष्ठ 54।
12. यत्रार्थः शब्दो वा तमर्थमुपसर्जनीकृतस्वार्थो
व्यंकतः काव्यविशेषः स ध्वनिरिति सूरिभिः कथितः–ध्वन्यालोक 1-13।
13. इल्यूजन एण्ड रियलिटी-क्रिस्टोफर कॉडवेल, पृष्ठ 131।
14. वही, पृष्ठ 143।
15. ध्वनि सम्प्रदाय और उसके सिद्धान्त-भाग प्रथम, भोलाशंकर व्यास, पृष्ठ 8।
16. वही, पृष्ठ 16।
17. वही।
18. मम्मट ने मीमांसक, नैयायिक, बौद्ध और वैयाकरणों के मत प्रस्तुत करके व्याकरण परम्परा के अनुसार संकेतग्रह जाति, गुण, क्रिया और यदच्छा में ही स्वीकर किया है–काव्य प्रकाश, आचार्य विश्वेश्वर, पृष्ठ 44-50।
19. यस्यं प्रतीतिमाधतुं लक्षणा समुपास्यते
फले शब्दैकगम्येऽत्र, व्यन्जनान्नापरा क्रिंया-काव्यप्रकाश, 2-14।
20. लक्ष्यं न मुख्यं, नाप्यत्र बाधो, योगः फलेन नो।
न प्रयोजनमेतस्मिन् न च शब्दः स्खलद्गतिः-काव्यप्रकाश, 2-16।
21. प्रयोजनसहितं लक्षणीयं न युज्यते-वही, 2-17।
22. वेदान्तसूत्र।
23. भ्रमधार्मिक विस्रबधः स शुनकोऽथ मारितस्तेन।

गोदानदीकच्छकुन्जवासिना, दृप्तसिंहने-ध्वन्यालोक, 1-4।
24. सोती ह्यां हौ, सास ह्यां, पेखि दिवस मां लेहु
सेज रतौंधी बस पथिक, हमरी मति पग देहु-वही।
25. पेख प्रियाधर व्रनसहित, काकौं होय न रोस
बरजी सूंघत कमल अलि, सहित सहहुं निज दोस-वही।
26. वही।
27. अर्थशक्तिमूलेऽपि विशेष संकेतः-काव्यप्रकाश, 5-47।
28. द्रष्टव्य, ध्वनि सम्प्रदाय-भोलाशंकर व्यास, पृष्ठ 260।
29. सोऽयमिषोरिव दीर्घतरो व्यापार ः काव्य प्रकाश, 5-47।
30. व्यक्ति विवेक, 1 पृष्ठ 140, चौखम्भा, काशी, 1964।
31. काव्य प्रकाश, 5-47।
32. वही, 5-47।
33. एतावत्येव विश्रान्तिस्तात्पर्यस्येति किंकृतम्
यावत्कार्य प्रसारित्वात्तात्पर्य न तुलाधृतम्-दशरूपक।
34. साहित्य दर्पण, 5-1, डा. सत्यव्रतसिंह, चौखम्भा, काशी, 1958, पृष्ठ 342।
35. ध्वनि सम्प्रदाय और उसके सिद्धान्त, पृष्ठ 278।
36. व्यक्ति विवेक, रेवाप्रसाद द्विवेदी की टीका, चौखम्भा, काशी, 1964, भूमिका, पृष्ठ 11।
37. व्यक्ति विवेक, रेवाप्रसाद द्विवेदी की टीका, पृष्ठ 11।
38. वही, पृष्ठ 11।
39. प्रथमे हि विद्वांसो वैयाकरणः व्याकरण मूलत्वा सर्वविद्यानाम् तेहि
श्रयमाणेषु ध्वनिरिति व्यवहरन्ति तथैवन्यैस्तन्मतानुसारिमिः सूरिभिः, ध्वन्यालोक, 1-13।
40. रेवाप्रसाद द्विवेदी, व्यक्ति विवेक, पृष्ठ 16-17।
41. रेवाद प्रसाद द्विवेदी, ध्यक्ति विवेक, पृष्ठ 17।
42. वही।
43. वही, पृष्ठ 18।
44. वही, पृष्ठ 20।
45. वही, पृष्ठ 18।
46. वाच्यो अर्थो न तथा स्वदते, यथा स एव प्रतीयमानः—व्यक्ति विवेक।
47. अ. कुमुदिनि हू प्रफुलित भई, देखि क्लानिधि सांझ-यहाँ समासेक्ति है। यहाँ कुमोदिनी का वर्णन है परन्तु नायक-नायिका का प्रेम भी संकेतित है किन्तु ध्वनिमत यहाँ नायक-नायिका के व्यवहार से युक्त कुमोदिनी और चन्द्रमा के वर्णन से वाच्यार्थ प्रधानता ही मानता है—ध्वन्यालोक, 1-13।
ब. दीपक और अपन्हुति में व्यंग्य रूप से उपमा की प्रतीति होने पर भी ध्वनिमत वाच्यार्थ की प्रधानता ही मानता है-वही, 1-13।
स. यदि व्यंग्य ही प्रधानता हो और उसमें चारुता न हो तो भी उसे अलंकार ध्वनि नहीं कह सकते यथा साथियों द्वारा पुकारे जाने पर भी, हाँ, कह कर जाग जाने पर भी, और जाने की इच्छा होने पर भी पथिक संकोच को छोड़ता नहीं है—इस उदाहरण में कोई सौन्दर्य नहीं माना गया है—वही, 1-13।
द. पर्यायोक्त में यदि व्यंग्य प्रधान होता है तो उसे अलंकार न कह कर अलंकारध्वनि

कहा जा सकता है, वही 1-13।

48. वस्त्वलंकारध्वन्यो रसध्वनिपर्यन्तत्वमेवेति-लोचन, ध्वन्यालोक 1-4 की व्याख्या। अभिनव गुप्त ध्वनिकार (कारिकाकार) और आनन्दवर्धन को एक नहीं मानते। आनन्दवर्धन को वह वृत्तिकार ने किए है, कारिकारक ने नहीं। यस्तु व्याचष्टे-व्यंग्यानां वस्त्वलंकाररसानां मुखेन इति-स एवं द्रष्टव्यः एततावत्त्रि भेदत्वं न कारिकारेण कृतम। वृत्तिकारेण तु दर्शितम्।

49. काव्यस्यात्मा ध्वनिरिति बुधैर्यः समाम्नातपूर्वः-ध्वन्यालोक 1-5।

50. काव्यस्यात्मा स एवार्थस्तथा चादिकवेः पुरा
क्रौंचद्वन्द्ववियोगत्थः शोकः श्लोकत्वमगतः 1-5।

51. ध्वन्यालोक, 1-6।

52. काव्य प्रकाश, 2-19।

53. 'हमारे मतानुसार किसी भी प्रकार की व्यंग्यार्थ प्रतीति में प्रकरण की महत्ता माननी ही पड़ेगी। व्यंग्यार्थ की प्रतीति सहृदय की प्रतिभा के कारण होती है। इस प्रतिभा को उद्‌बुद्ध करने वाले प्रकरण ही हैं अतः प्रकरण के ज्ञान के बाद ही व्यंग्यार्थ की प्रतीति हो सकती है।'—ध्वनि सम्प्रदाय, भोलाशंकर व्यास, पृष्ठ 188 तथा 191।

54. ध्वनि सम्प्रदाय, पृष्ठ 191।

55. अर्थस्य व्यंजकत्वेऽपि शब्दस्य सहकारिता-काव्यप्रकाश, 3-23।

56. स्टिंगिंग गोल्ड स्वार्मस, अपोन द स्पाइर्स।
सिल्वर, चांट्स द लिटैनीज द ग्रेट बैल्स आर रिंगिंग विद रोज
द ल्यूड फैट बैल्स, एण्ड ए टाल
विंड इज ड्रैगिंग, द सी विद ड्रीमस
'यहाँ कोई व्याकरण नहीं, कोई अन्विति नहीं, विचारों की स्पष्टता के लिए आवश्यक शब्द छोड़ दिए गए हैं और सम्पूर्ण प्रभाव इतना अधिक अस्पष्ट है या धूमिल है कि इस रचना में से कोई भी अर्थ ग्रहण किया जा सकता है और इसे सर्वथा निरर्थक भी माना जा सकता है।'—रस मीमांसा, आचार्य शुक्ल, पृष्ठ 268

57. काव्यप्रकाश, 4-38।

58. सून्य भीति पर चित्र, रंग नहिं, तनु बिन, लिखा चितेरे-विनय पत्रिका।

59. काव्यप्रकाश-चतुर्थ उल्लास।

60. वही।

61. वही।

62. काव्यप्रकाश, चतुर्थ उल्लास।

63. 10455-द्रष्टव्य-वही।

64. ए प्ले इज ए काइंड आफ लिविंग आरगेनिज्म-अरिस्टोटलूस थ्यौरी ऑफ पोइट्री एण्ड फाइन आर्ट्स (अमरीकी संस्करण) एस. एच. बुचर, 1951, पृष्ठ 346।

65. लावण्यं हि नामावयवसंस्थानभिव्यंग्यमवय वव्यतिरिक्त धर्मान्तरमेव। न चाक्यवानामेव निर्दोषता वा भूषणयोगो वा लावण्यम्...लोचन, ध्वन्यालोक की व्याख्या 1-4।
श्री सुरेन्द्र नाथ दास गुप्त के अनुसार भारतीय सावयवी-सिद्धान्त और पाश्चात्य सिद्धान्त में अंतर है।
'यद्यपि ईश्वर संहिता में (पांचरात्रमत) सौन्दर्य को अवयवों के समानुपात से जन्य माना गया है किन्तु लावण्य को उसका फल नहीं कहा गया क्योंकि लावण्य अवयवों

की समानुपातता के बिना भी रह सकता है (पंगु व्यक्ति का मुख 'नमकीन' हो सकता है)। अतः ग्रीक कला में समानुपात पर अधिक बल है क्योंकि सौन्दर्य की धारणा वहाँ वाह्य है, इसके विरुद्ध भारतीय सौन्दर्य बोध आंतरिक है। उसके अनुसार आंतरिक मर्म (स्प्रिचुअल एसेंस) की व्यंजना ही कला है'—फडामैंटल्स आ/फ़ इंडियन आर्ट-भारतीय विद्या भवन, बम्बई, 1960।

66. ईस्थेटिक रिलेशन ऑफ़ आर्ट टू रियल्टी, सिलैक्टिड वर्क्स, मास्को।

67. कांशसनैस इज़ प्रोडक्ट ऑफ सोशल डैवलैपमैण्ट एण्ड डज नॉट इबिजरट आउट-सोसाइटी। थिंकिंग इन टर्मस ऑफ़ लैग्वेज, मेक्स इट पॉसीबिल नॉट ऑनली टू रिफ्लैक्ट द एक्सटर्नल सेंसरी एपियरेन्स ऑफ आब्जैक्ट्स एण्ड फिनोमैना बट आलसो टू अंडरस्टैण्ड दियेर सिगनीफिकैन्स-ए डिक्शनरी ऑफ फिलौसफी, यूदिन, पृष्ठ 91।

68. कवि की अनुभूति ही रस है—रससिद्धान्त, डा. नगेन्द्र, पृष्ठ 359।

69. प्रकारों यं गुणीभूतव्यंग्योऽपि ध्वनिरुपताम्
धत्ते रसादितात्पर्य पर्यालोचनया पुन-ध्वन्यालोक 3-41।

70. न च केवल गुणीभूतव्यंग्यान्येय पदान्यलक्ष्यक्रमर्व्यग्य ध्वनेध्यंन्जकानि
यावदर्थान्तरसंक्रमितवाच्यानि ध्वनिप्रभेदरूपाण्यपि-वही 3-41 तथा 3-15।

71. अलक्ष्ये क्रमो, ध्वनेरात्मा रसादि-वही, 3-16।

72. प्रतायन्ते वाचो, निमित्त विविधार्थमृतारसा—ध्वन्यालोक, 4-16।

73. वही, 3-9।

74. वही, 3-10।

75. वही, 3-11।

76. वही, 3-12।

77. वही, 3-13।

78. वही, 3-14।

79. वही, 3-14।

80. वही, 3-18।

81. वही, 3-19।

82. ध्वन्यालोक, 3-19 के परिकर श्लोक।

83. वाल्मीकि व्यासमुख्याश्य ये प्रख्याताः कवीश्वराः
तदभिप्रायवाह्योऽयं नास्माभिर्दर्शिता नयः—वही, 3-19 क़े परिकर श्लोक।

84. वही, 4-5।

85. ध्वन्यालोक, 3-44।

86. विवहनप्रवृत्तभृत्यानुयायिराजवत्, वही 3-35।

87. शब्दपाक की धारणा-द्रष्टव्य, वही, 3-43।

88. गुणानाश्रित तिष्ठन्ति, माधुर्यादी, न व्यनक्ति सा, रसान्—ध्वन्यालोक, 3-6।

89. तमर्थमलम्बन्ते योऽिगनं ते गुणाः न व्यनक्ति स्मृताः
अंगाश्रितास्त्वलंकारा मन्तव्याः कटकादिवत् —काव्य प्रकाश, 3-6।

90. आकार एवास्य शूरः।

91. तस्मादन्ये गुणाः अन्या च संघटना।
न च संघटनाश्रिता गुणा, इत्येकं दर्शनम्।—काव्य प्रकाश, 3-6।

92. अथवा संघनारूपा एव गुणाः—काव्यप्रकाश, 3-6।

93. ध्वन्यालोक, 3-6।
94. वही, 3-6।
95. तत्र यदा कविरपगतरसभावो वक्ता तदा रचनायाः कामचारः यदा हि कविनिबद्धो वक्ता रसभावरहितस्तदा स एव, वही, 3-6।
96. जहाँ दो श्लोकों में क्रिया का वर्णन हो।
97. तीन श्लोक वाले।
98. चार श्लोक वाले।
99. पाँच श्लोक वाले।
100. एक विषय का वर्णन करने वाले।
101. शब्दतत्वाश्रयाः, काश्चिदर्थतच्वयुरोऽपराः
वृत्तयोऽपि प्रकाशन्ते ज्ञातेऽमिन् काव्यलक्षणे—ध्वन्यालोक 3-48।
102. प्रकारोऽन्यो गुणीभूत व्यंग्यः काव्यस्तय दृश्यते
यत्र व्यंग्यान्वये वाच्यचारुत्वं स्यात् प्रकर्षवत्-ध्वन्यालोक 3-35।
103. वही, 3-35।
104. वही, 3-37।
105. द्रष्टव्य, ध्वन्यालोक, 3-37।
106. यथा रूपकोपमा तुल्ययोगिता निदर्शनादिषु...वही, 3-37।
107. उपमा को छोड़कर शेष (रूपकादि) में सादृश्य गम्यमान होता है—वही।
108. वही।
109. वही।
110. लल्लक्षणे सर्व एवैते सुलक्षिता भवन्ति-वही, 3-37।
111. मुख्या महाकविगिरामलंकृतिभृतामपि
प्रतीयमानच्छायैषा भूषा लज्जेव योषिताम्-वही, 3-38।
112. अनया सुप्रसिद्धोऽप्यर्थः किमपि कामनीयकमानीयते-ध्वन्यालोक, 3-38।
113. ध्वन्यालोक, 3-43।
114. तथाविधे विषये रसादिप्रतीतिर्भवन्ती परिदुर्बला भवति, वही, 3-43।
115. वही, 3-43।
116. वही, 4-5।
117. अवस्थादेशकार्लादविशेषैरपि जायते
आनन्त्यमेव वाच्यस्य शुद्धस्यापि स्वभावत—ध्वन्यालोक, 4-7
वस्तुओं के स्वभाव का वर्णन स्वभावोक्तियों में होता है। इनमें भी काव्याकर्षण रहता है। वर्णित व्यक्ति या पदार्थ की अवस्था, देश, काल और स्वरूप भेद से वाच्यप्रधान वर्णनाएँ भी मनोहर प्रतीत होने लगती है क्योंकि कवि की अनुभूति का एक प्रकार इन स्वभावोक्तियों में भी मिलता ही है—द्रष्टव्य, ध्वन्यालोक, 4-7 पर आचार्य विश्वेश्वर की व्याख्या।
118. द लॉज ऑफ सोशल डैवलपमेट-जी. ग्लैजरमेन, मास्को, 1960 पृष्ठ 29।
119. रीतिलक्षणविधायिनां हि काव्यतत्वमेतदस्फुटतया मनाक् स्फुरितमासीदितिः लक्ष्यते। तदत्र स्फुटतया सम्प्रदर्शितमित्यन्येन रीतिलक्षणेन न किंचित्—ध्वन्यालोक, 3-47।
120. अति यथार्थवादी चित्रों, विशेषकर पाल क्ली के चित्रों में गत्यात्मक अवचेतन को चित्रित किया गया है, एक चित्र का विवरण इस प्रकार है—

विराट जलराशि पर हिम पर्वत अंकित है, मध्य में एक अर्धजन्तु और अर्धमानव है। घड़ी का आधा भाग है, जिसका पिघला हुआ एक भाग लटक रहा है। एक ठूंठ खड़ा है, बिखरी घड़ियाँ पड़ी है। इससे मन और अवचेतन की स्थिति को व्यंजित किया गया है अथवा वास्तविकता के आंतरिक रूप की विचित्रता को ध्वनित किया गया है—डॉली का चित्र।

121. टुवर्डस् द थियौरी ऑफ इमेजीनेशन-एस. सी. सेन, गुप्त, कलकत्ता, 1959।

122. नियतिकृत नियमरहितां ह लादैकमयीमनन्यपरतन्त्राम्
नवरसरुचिरां निर्मितिमादधती, भारती कवेर्जयति-काव्यप्रकाश, प्रथम कारिका।

123. ध्वनिसिद्धान्त, भाव की व्यंजना-आधुनिक शब्दावली में कल्पनात्मक अभिव्यक्ति पर और रस सिद्धान्त भाव तत्व पर अधिक बल देता है—रस सिद्धान्त नगेन्द्र, पृष्ठ 321।

124. 'अकथ' में मुद्राराक्षस द्वारा कालिदास के काव्य की व्यर्थता पर टिप्पणी—अकथ, जयपुर, अंक 1, 2, 3, 4।

125. टुवर्डस् द थ्यौरी आफ इमेजीमेशन, पृष्ठ 189।
द्रष्टव्य-आलोचना (नामवरसिंह) में मुद्राराक्षस के लेख पर चर्चा लेख 1-5।

126. इट सीम्स दैट देयर इज ए कंट्राडिक्शन विटवीन दीज टू नोशन्स-द डिपैन्डैन्स ऑफ द आबलीक मीनिंग आन द डायरेक्ट एण्ड द ट्रान्सैन्डैन्टल अनअर्थली कैरेक्टर ऑफ द फार्मर। आनन्दवर्धन लेज द ग्रेट इम्फैसिज ऑन द लिंक विद द डायरैक्ट मीनिंग एण्ड अभिनवगुप्त ऑन द एलियनेशन ऑफ एक्टिविटी (ध्वनि)—वही, पृष्ठ 190।

127. ध्वनि सम्प्रदाय और उसके सिद्धान्त-पृष्ठ 358।

128. वही, पृष्ठ 359।

129. सैविन टायप्स ऑफ एम्बीग्विटी-विलियम एम्पसन।

130. ध्वन्यालोक, भूमिका, पृष्ठ 11, वाराणसी, ज्ञानमण्डल, 1962 ई.।

131. आलोकार्थी यथा दीपशिखायां यत्नवान् जनः
तदुपतया तद्वदर्थे वाच्ये तदादृतः—ध्वन्यालोक 1-9।

132. ध्वन्यालोक, 1-4।

133. वही, 1-13।

134. वही, 1-13।

135. संध्या अनुरागवती है और दिवस उसके सामने बढ़ रहा है। अहा, दैव गति कितनी विलक्षण है कि समागम नहीं हो पाता—ध्वन्यालोक, 1-13।

136. बुआजी, देखो, न सरोवर ही मलिन हुआ, न हंस ही उड़े, फिर भी इस सरोवर में किसी ने बादल को उल्टा कर रख दिया है—ध्वन्यालोक 2-31।

137. वही, 2-1।

138. ध्वन्यालोक, 2-24।

139. वही, 2-27।

140. अन्य उदाहरण—वही, 2-27 में द्रष्टव्य।

141. वही, 2-27।

142. वही, 3-1।

143. 'दे (आइडियालौजीज, लिटरेचर एण्ड आर्टस्) आर रिफ्लैक्सिज एण्ड इकोज

ऑफ दिस लाइफ प्रोसेस', सोशल रूट्स आफ आर्टस्-लुईस हार्प, न्यूयार्क, 1949, पृष्ठ 16।

144. दैट लाइफ वाज रियली डिवेस्ड अवर फीलिंग्स ऑर इन्टरपैनीट्रेटिव, कन्फ्यूजड एण्ड लैस प्योर, दैन पॉयट्री हैज बिफोर नाउ सजैस्टिड, इज ए माडर्न एचीवमेंट-ए क्वशचन ऑफ मॉडर्निटी-ए क्रोनिन, लंदन 1966, पृष्ठ 22।

145. चीजों और लोगों का बीहड़ संगीत
सूली और सेज के बीच
धीरे-धीरे पुनर्जीवित होता, एक शुभ शुक्रवार
जन्म की कंपकंपी में रुधे मेरे शब्द
उसमें अपनी संभवनाएँ खोजते हैं—अशोक वाजपेयी-युयुत्सा, कलकत्ता, अप्रैल, 1668, पृष्ठ 86।

रसवाद

न हि रसादृते कश्चिदर्थः प्रवर्तते

—भरत

न चायमनादरस्थानभूतोऽर्था येनाविचारित एवोपेक्ष्येतः

—भरत

'रस के बिना किसी अर्थ का प्रवर्त्तन नहीं होता'

"और यह रस का विषय अनादर
का स्थान भी नहीं है कि उसको
बिना विचारे ही छोड़ दिया जाए।"

सप्तम अध्याय

रसवाद

तृतीय अध्याय में भरत द्वारा प्रतिपादित रस की धारणा और उसमें अंतर्निहित इस तथ्य पर विचार हो चुका है कि कलागत अनुभव में परस्पर-विरोधी स्थितियों और भावनादि का द्वन्द्वात्मक सामंजस्य पाया जाता है। परवर्ती आचार्यों में रससूत्र की अनेक स्थितियों और भावनादि का द्वन्द्वात्मक सामंजस्य पाया जाता है। परवर्ती आचार्यो ने रससूत्र की अनेक व्याख्याएं प्रस्तुत की हैं। इन व्याख्याओं से रस की निष्पति, साधारणीकरण, काव्यानुभव का स्वरूप कवि और सहृदय के सम्बन्ध आदि महत्वपूर्ण बिन्दुओं को आलोकित किया गया है। ऊपरी दृष्टि से तो रससूत्र की व्याख्याएँ शास्त्रीय शब्दावली से भारावनत और पाण्डित्यपरक लगती हैं किन्तु उनके अन्तर्गत कला और काव्य मात्र का स्वरूप उद्घाटित होता है और प्रसिद्ध रसवाद की प्रतिष्ठा होती है। अतएव, द्वन्द्वात्मक दृष्टि से रससूत्र की व्याख्याओं पर स्वतन्त्र विवेचन आवश्यक प्रतीत होता है।

इस सम्बन्ध में सबसे बड़ी कठिनाई यह है कि भट्ट लोल्लट, शंकुक और भट्टनायक आदि के मूल ग्रन्थ अनुपलब्ध हैं। पूर्व पक्ष के रूप में इनके विचार अभिनवगुप्त, मम्मट आदि ने अपने ग्रन्थों में प्रस्तुत किए हैं, अतः अभी तक यह निश्चय नहीं हो पाया है कि भट्ट लोल्लट, शंकुक और भट्टनायक की व्याख्याएँ निर्भ्रान्त रूप में क्या थी?

रससूत्र की व्याख्याओं के विकास में दो सोपान स्पष्टतः प्रतीत होते हैं। रस के वस्तुनिष्ठ व्याख्याकार और रस को आत्मनिष्ठ रूप में प्रस्तुतकर्त्ता आचार्य। भट्ट लोल्लट प्रबलतम वस्तुनिष्ठतावादी व्याख्याकार हैं और अभिनवगुप्त रस की आत्मनिष्ठता के प्रबलतम व्याख्याकार हैं। भामह, दण्डी, शंकुक आदि आत्मनिष्ठतावादी न होने से वस्तुनिष्ठतावादी वर्ग में ही सम्मिलित किए जाते हैं। इस प्रकार ध्वनिमत के पूर्व रस-व्याख्या में वस्तु-निष्ठता की प्रधानता है और अभिनवगुप्त के पश्चात् आत्मनिष्ठतापरक प्रधान हो जाता है।

रस के वस्तुनिष्ठतापरक व्याख्याकारों का ध्यान इस बिन्दु पर रहता है कि रंगमंच

पर रस की सृष्टि कैसे होती है? काव्य के सन्दर्भ में रसचर्चा का उद्देश्य उनके सम्मुख नहीं था यों रंगमंच के प्रसंग में की गई रसव्याख्या से काव्यरस पर प्रकाश पड़ सकता है।

भट्ट लोल्लट के अनुसार विभाव, अनुभाव, संचारी भावादि से संयुक्त होकर स्थायी भाव ही रस बन जाता है। मंच पर सीता, शकुन्तला जैसी नायिका को देख कर राम-दुष्यंत जैसे किसी नायक की रति (स्थायीभाव) उद्बुद्ध होती है अतः विभाव को कारण कह सकते हैं। उससे स्थायी भाव रूप स्थायीभाव अनुकार्य में वासना रूप से पूर्व स्थित रहते है। वे विभाव से जाग्रत हो जाते हैं। इसी दृष्टि से विभाव को कारण कहा जा सकता है। आश्रय राम-दुष्यंत आदि से सुषुप्त स्थायी भाव, विभावों से जाग्रत हो जाते हैं। विभावों के अनुभाव भी रस की उत्पत्ति के कारण हैं। आश्रय पक्ष के अनुभाव कारण कोटि में नहीं आते क्योंकि वे तो रसजन्य होते हैं। इनके सिवा आश्रय रामादि के मन में स्थायी के सिवा अन्य अनेक संचारी भाव सक्रिय हो उठते हैं, जिनसे रामादिगत स्थायी भाव पुष्ट या उपचित हो उठता हैं, इस प्रकार विभावादि से परिपुष्ट स्थायी ही रस कहलाने लगता है।

यदि यह प्रश्न हो कि एक ही काल में संचारी और स्थायी भाव दोनों की स्थिति किस प्रकार सम्भव होती है तो उत्तर यह है कि इन दोनों में पोष्य-पोषक भाव बन जाता है। स्थायी पोष्य है जो वासना रूप में सर्वदा रहता ही है और व्यभिचारी भाव पोषक हैं जो उद्भूत रूप में आते हैं। अतः अनुपचित या अपुष्ट रूप में जो स्थायी भाव कहलाता है, वही विभावादि से पुष्ट होकर रस की संज्ञा प्राप्त करता है।

यह रस मुख्य रूप से तो अनुकार्य रामादि में रहता है किन्तु रामादि का अपने ऊपर आरोप के कारण नट में भी रस की प्रतीति होती है[1] क्योंकि नट अभिनय काल में अपने को रामादि समझ कर ही अभिनय कर सकता है।

रंगमंच पर रस की सृष्टि किस प्रकार होती है, यह तो स्पष्ट हुआ किन्तु प्रेक्षक को इस रस की प्रतीति किस प्रकार होती है, इसका उल्लेख अभिनवभारती में उद्धृत लोल्लट मत में नहीं मिलता किन्तु मम्मट द्वारा उद्धृत भट्ट लोल्लट के मत में सामाजिकों की रस प्रतीति पर कुछ प्रकाश पड़ता हैं

आलम्बन-उद्दीपन कारणों से स्थायी भाव उत्पन्न होता है। रति आदि के कार्यभूत कटाक्ष, भुजाक्षेप आदि अनुभावों से वह प्रतीतियोग्य होता है और सहकारी रूप निर्वेद आदि व्यभिचारी भावों से वह पुष्ट होता है। वह रस मुख्य रूप से रामादि में और उनके स्वरूप के अनुसंधान से नट में प्रतीत होता है।[2]

तद्रूपतानुसन्धानान्नर्तकेऽपि प्रतीयमानो रसः, इन शब्दों से ऐसा लगता है कि प्रतीतिकर्ता सामाजिक होते हैं। मम्मट ने सामाजिक की दृष्टि से लोल्लट के मत को प्रस्तुत किया है।[3] रंगमंच पर अनुकार्य और उनके अनुकरण से नट में स्थायी भाव (विभावादि से) उद्बुद्ध होता है। आश्रय पात्र के अनुभावों द्वारा सामाजिकों के लिए प्रतीति योग्य बनता है और व्यभिचारीभावों द्वारा परिपुष्ट होकर स्थायी भाव रस बन जाता है।

मम्मट के शब्दों से यह ज्ञात होता है कि सामाजिक नट को उसके अभिनय कौशल

के कारण राम-दुष्यन्त इत्यादि के रूप में देखते हैं और चमत्कृत होते हैं।

इस प्रकार भट्ट लोल्लट के अनुसार रस रंगमंच की वस्तु है। वह अनुकार्य में उत्पन्न होता है, अनुसंधान बल से नट में भी वह उत्पन्न हो जाता है किंतु सामाजिक को अनुकार्यगत रस की नट में प्रतीति होती है। वह रस का साक्षात् भोग नहीं करता।

इस व्याख्या में तंत्र शब्द का अर्थ है—रंगमंच।[4] संयोग शब्द का अर्थ है—उत्पाद्य-उत्पादक सम्बन्ध। रस उत्पाद्य है, उत्पादक विभावादि है। निष्पत्ति का अर्थ है, उत्पत्ति या उपचितिं या पुष्टि।

रस को आत्मनिष्ठ मानने से रस का सम्बन्ध सामाजिक के स्थायी भावों से हो जाता है और वह अमूर्त हो जाता है अतः लोल्लट का मत भरत के सर्वाधिक निकट प्रतीत होता है। भरत ने रस की व्याख्या रंगमंच के सन्दर्भ में की है और उसे सामाजिक-आश्रित नहीं कहा है। उनका ध्यान तो मंच पर रस सृष्टि की प्रक्रिया पर ही था। कई आधुनिक व्याख्याकार रस निष्पति की प्रक्रिया और सामाजिक द्वारा रसास्वादन की प्रक्रिया को भिन्न-भिन्न मानते हैं। वस्तुनिष्ठतावादी डॉ. सुरेन्द्र बारलिंगे के अनुसार भरत के रस का सम्बन्ध रस-निष्पति की प्रक्रिया से था। दार्शनिक अभिनवगुप्तादि ने मंच पर रस निर्मित की प्रक्रिया से रस को विलग कर, उसे रस आत्मानन्द, इस प्रकार सिद्ध किया। इससे रस द्रव्य न रहकर मानसिक स्थिति मात्र होकर रह गया। डॉ. बारलिंगे के अनुसार रस का सम्बन्ध सामाजिक के आस्वाद के साथ नहीं है, रस तो नाटयाश्रित है। वह एक मूर्त्त पदार्थ है।[5]

उदाहरणतः शृंगार रस उत्पत्ति की प्रक्रिया को भरत इस प्रकार समझाते हैं—शृंगार रस सुखद भावों से सम्पन्न होता है। इसमें ऋतु, माला, अलंकार आदि का योग होता है। प्रेमीजन गांधर्व काव्य का सेवन करते हैं। वे उपवन में विहार करते दिखाए जाते हैं—इस प्रकार के वातावरण में पुरुष और प्रमदा का रंगमंच पर योग दिखाने को शृंगार रस कहते हैं।[6]

इसमें वस्तुवादियों के मत से भरत की दृष्टि में अमूर्त रति भाव के रंगमंच पर अभिनय में सहायक सभी मूर्त और अमूर्त (विभावानुभाव संचारि) उपादानों का संयोग कर देना ही शृंगार रस है।[7] इनके संयोग से एक विशेष रूप की सृष्टि होती है, यह रस है।

यदि यह प्रश्न हो कि स्थायीभावादि का स्वरूप तो अमूर्त है, तब रस को मूर्त रूप कैसे कहा जा सकता है? उत्तर यह है कि भरत ने स्थायी भावों और रसों का उल्लेख पृथक-पृथक किया है। स्थायी भाव अमूर्त है किन्तु विभावादि के उसके साथ संयोग से एक मूर्त, अभिनयात्मक रूप की सृष्टि होती ही है और यही रस है। जब तक रत्यादि स्थायी विभावादि से संयुक्त नहीं हो जाते अर्थात् जब तक उन्हें रंगमंच पर वस्तुनिष्ठता प्राप्त नहीं होती, तब तक वे स्थायी भाव ही कहलाते हैं, रस नहीं, यह भट्ट लोल्लट भी कहते हैं।

इस मूर्त्त रस को देखकर और अनुभव कर प्रेषकों को हर्ष (आदि) विषाद आदि प्राप्त होते हैं। उन्हें रस नहीं प्राप्त हो सकता क्योंकि रस तो हर्षादि का कारण है और

वह मूर्त्त पदार्थ है, मानसिक स्थिति नहीं। अतः रस का अधिष्ठान रंगमंच है, प्रेक्षक नहीं।[8] रस साधन है, माध्यम है, जिसके कारण प्रेक्षकों को सुख-दुःख की प्राप्ति होती है। रस आनन्द ही है। इस प्रकार का विधान बनाना भरत के साथ अन्याय है।

वस्तुवादियों की इस आधुनिक व्याख्या के अनुसार भरत को लोल्लट मत ही यथार्थ रूप में प्रस्तुत कर सका है। इस दृष्टि से रस प्रेक्षकगत आनन्दवाचक नहीं, अपितु रस कलानिर्मित या रचना-प्रक्रिया का एक सिद्धान्त है। रस अवयवी है, जिसकी उत्पत्ति, विभाव, अनुभाव, व्यभिचारी भाव रूपी अवयवों से उसी प्रकार होती है, जिस प्रकार विभिन्न पदार्थों के विशिष्ट सम्मिश्रण से पानक रस जैसे किसी व्यंजन की उत्पत्ति होती है। रस को इसीलिए आनन्दवाचक न मान कर अस्तित्व वाचक मानना चाहिए।[9]

रस की अस्तित्वचकता सिद्ध करने के लिए डॉ. सुरेन्द्र बारलिंगे ने इक्षु रस का उदाहरण दिया है—गन्ने का रस गन्ने का वस्तु भाग है परन्तु गन्ने के रस में स्थित मिठास पूर्णतः वस्तु में अधिष्ठित नहीं है वरन् वस्तु अर्थात् प्रमेय और उसका प्रमाता इस दोनों के संयोग पर अधिष्ठित है। इसके विपरीत गन्ने का रस पीने से जो आनन्द उत्पन्न होता है, वह वस्तु में बिल्कुल नहीं रहता। वह तो भोक्ता के मन में रहता है। यदि हम आनन्द को ही रस मान बैठें तो रस का काव्य से सम्बन्ध टूट जाएगा और यह सब प्रकार से मानसिक बना रहेगा। वह सर्वथा सहृदय या सामाजिक की इच्छा पर अवलम्बित रहेगा। इसके विपरीत यदि रस को आस्वाद का अधिष्ठान या आस्वाद्य माना जाय तो रस शब्द की खींचतान भी नहीं करनी पड़ेगी।[10]

रस की इस वस्तु निष्ठा व्याख्या से लोल्लट के मत की सार्थकता प्रकट होती है। भरत को शुद्ध रूप में प्रस्तुत करने के अतिरिक्त लोल्लट के मत से काव्य के लिए महत्वपूर्ण निष्कर्ष निकलते हैं। प्रथम यह कि यदि रस विभिन्न अवयवों के संयोग से एक अवयवी की सृष्टि है तो रंगमंच की कला के अतिरिक्त यही प्रवृत्ति अन्य कलाओं में भी दिखाई पड़ती है। उदाहरणतः काव्य में भी विभिन्न परिस्थितियों, पात्रों, भावनाओं आदि अवयवों का प्रयोग होता है और कवि कला चातुर्य से इन उपादानों के विशिष्ट मिश्रण से काव्य रस या काव्य सौन्दर्य या काव्य रूप विशेष की सृष्टि होती जाती है। काव्य में शब्दों और अर्थों को भी उपादान या अवयव समझना चाहिए। संगीत में स्वर, स्थापत्य में प्रस्तरादि, चित्र में रेखारंगादि द्वारा कलाकार विभिन्न भावों या मानसिक दशाओं को रूप देता है, यही लोल्लट और बारलिंगे के शब्दों में रस या सौन्दर्य है, जिनके घटकों का विश्लेषण सम्भव है।

जिस प्रकार नाट्य में रंगमंच पर विभावादि का संयोग किसी (स्थायी) भाव के साथ किया जाता है और उससे रस की उत्पत्ति हो जाती है, उसी प्रकार किसी भावना या मानसिक दशा को कवि शब्दों में प्रकट करता है। शब्द कला पूर्ण होते हैं अर्थात् वे वर्ण्य वस्तु की प्रतिमा प्रस्तुत कर सकते हैं, फलतः सटीक और सार्थक शब्दावली काव्य शरीर के रूप में प्रस्तुत हो जाती है और रस शरीर या आत्मा की तरह भासित हो उठता है। अवयव और अवयवी को आत्मा और शरीर को अलग-अलग मानने वालों की तरह,

विच्छिन्न नहीं मान सकते। वे एक और अविभाज्य होते हैं। अतः लोल्लट की व्याख्या में सौन्दर्यशास्त्र का प्रसिद्ध अवयव-अवयवी सिद्धान्त छिपा हुआ है। रस अवयवी है और काव्य का शब्द अवयव है, जो कवि की मानसिकता या उसके द्वारा निबद्ध पात्रों की मानसिकता, परिवेश, विचार और कल्पनाओं आदि को अपने में छिपाए रहते हैं और इन सब अवयवों या उपादानों के एक विशिष्ट रसायन से एक विशेष रूप या सौन्दर्य या शरीरी सृष्ठि हो जाती है। यही काव्य रस है।

वस्तुनिष्ठतावादी लोल्लट और बारलिंगे यह नहीं बताते कि इन अवयवों की संगति साम्यमूलक होती है या वैषम्य मूलक। तृतीय अध्याय में रस की व्याख्या में यह दिखाया जा चुका है कि अवयवों का यह सम्बन्ध सर्वदा द्वन्द्वात्मक ही होता है। रचनाकार और नाट्यकर्ता सर्वप्रथम अपने मन के भीतर विभिन्न परिवेशों, भावादि के अनेक मिश्रण बना कर, अनेक विकल्पों की सृष्टि करके देखता है कि किस प्रकार किसी भाव को रूपायित किया जाए। मन के मंच पर वह कभी शृंगार के लिए राम की कथा का मनन करता है, कभी दुष्यन्त की। एक गत्यात्मक और जटिल प्रक्रिया से अंत में वह अनेक संभावित रूपों की तुलना करता हुआ कोई एक प्रसंग और पात्र-युग्म चुन लेता है और मन ही मन उन्हें आमने सामने प्रस्तुत करके उनके वेषभूषादि वार्तालाप और चेष्टादि की कल्पना करता है। इस प्रक्रिया में अनेक निषेध उगते हैं। अतः त्याग और ग्रहण की एक दीर्घ-अवधि के बाद कवि नाटक या काव्य लिखता है और उधर मंच पर उसकी कृति के प्रस्तुतीकरण के समय फिर वही विभावादि का स्थायी भाव के साथ संयोग होता है।

रस निर्मिति या किसी भाव के रूपायन की इस आंतरिक और वाह्य, जटिल और द्वन्द्वात्मक प्रक्रिया का संकेत लोल्लट की व्याख्या में निहित है। लेकिन अधिदर्शन के प्रभाव के कारण इस रचनात्मक व्यापार पर आचार्यों का ध्यान नहीं गया। उन्होंने रस को आस्वाद मात्र मानकर उसी की अधिक तात्विक व्याख्या की है। पाश्चात्य सौन्दर्य शास्त्र में रचना-प्रक्रिया पर अधिक विचार हुआ। सृजनात्मक कल्पना, किस प्रकार घटकों की उद्भावना करती है, किस प्रकार उन घटकों का आपस में संयोजन होता है—भारतीय काव्यशास्त्र में इसकी चर्चा नहीं हुई। अतएव भरत मुनि के रस की लोल्लट कृत व्याख्या में निहित वस्तुवादी दृष्टिकोण का महत्व स्वतः प्रमाणित है।

लोल्लट की इस व्याख्या की अस्वीकृति का कारण विज्ञानवाद (बौद्ध योगाचार मत) और अद्वैत वेदान्त की यह दृष्टि है कि वाह्य पदार्थ की स्वतंत्र सत्ता नहीं है। वस्तु का अस्तित्व ज्ञाता पर निर्भर है। वस्तु कल्पना की क्रीड़ा है, मिथ्या है, विवर्त है। जैसे-जैसे विज्ञानवाद का पलड़ा भारी होने लगता...पानी अथवा द्रव अर्थ में प्रचलित रस शब्द आयुर्वेद, सांख्य और साहित्य हो गया और उसे केवल गुण का स्थान प्राप्त हो गया और उसे मानसिकत्व प्राप्त हो गया। जहाँ सारा विश्व ही कल्पनामय हुआ, मन से निर्मित हुआ, वहाँ रस को भी यदि मानसिकत्व प्राप्त हो गया तो इसमें आश्चर्य ही क्या है, अद्वैतगत ब्रह्म के समान ही रस को भी आनन्दस्वरूप प्राप्त हो गया...परिणामतः रस, आस्वाद और

आनन्द तीनों एक रूप ही बन बैठे।[11]

वस्तुवादियों ने इसके विरुद्ध आयुर्वेद और सांख्य जैसे यथार्थवादी शास्त्रों से रस शब्द की व्याख्या में प्रेरणा ग्रहण की है। अभिनवगुप्त ने 'भारती' में सांख्य परक व्याख्या भी उद्धृत की है, जिसका रस की उक्त वस्तुवादी व्याख्या से सादृश्य प्रतीत होता है।[12] सांख्यवादी मतानुसार मंच पर विभाव, अनुभाव आदि विषय सामग्री की प्रस्तुति से ही रस नामक पदार्थ की उत्पत्ति मानी गई है और पदार्थ सांख्य मत से मात्र आनन्दपरक न होकर, सुख-दुःखजनक होते हैं।

रस की वस्तुनिष्ठ व्याख्या के अतिरिक्त भट्ट लोल्लट के व्याख्यान के अन्य उज्जवल पक्ष भी हैं। रस को अनुकार्यगत मानने से लोल्लट कला में वर्ण्य वस्तु के महत्व की स्थापना करते हैं।[13] इसके अतिरिक्त रस की मानसिकता व्याख्या के संकेत भी उनकी व्याख्या में छिपे हुए हैं, क्योंकि रस की वस्तुनिष्ठता के अतिरक्त स्थायी भावों की महत्व स्वीकृति के कारण परवर्ती आचार्यों का ध्यान रस की मानसिकता की ओर उन्मुख हुआ होगा। अभिनेता द्वारा अनुकार्य के साथ तादात्म्य द्वारा जिस अनुसंधान क्रिया का उल्लेख लोल्लट ने किया है, वह नाट्य कला के विवेचन में सहायक है। डॉ. कान्तिचन्द्र पाण्डेय ने लोल्लट की इस धारणा के आधार पर उन्हें कश्मीरी शैव सिद्ध किया है और शैव दर्शन के शुद्ध अनुसंधान की तात्विक व्याख्या की है। पहले मैं नट था, अब राम हूँ—अशुद्धानुसंधान है। मैं राम हूँ (मैं शिव हूँ) यह भाव शुद्ध अनुसंधान है।[14] निश्चित रूप से नट अनुकार्य के साथ तद्रूपता का अनुसंधान करता है। अतः लोल्लट शैव हों या अशैव किन्तु उनकी अनंसुधान की धारणा से प्रथम बार नट अनुकार्य के मध्य मनोवैज्ञानिक सम्बन्ध पर अच्छा प्रकाश पड़ता है। नट जब तक स्वयं अनुकार्य के सदृश भाव निमग्न नहीं हो जाता, तब तक अभिनय सफल नहीं हो सकता, यह अंतर्दृष्टि ग्रहणीय है।

लोल्लट का खंडन—लोल्लट मत का खंडन इस आधार पर हो सकता है कि उनके मत में सामाजिक की दृष्टि से अधिक विचार नहीं किया गया है। कलानुभव में जो सहृदय सामाजिक को रस की साक्षात्कारात्मक प्रतीत होती है, उसे परगत कैसे माना जा सकता है? इसके अतिरिक्त शंकुक ने लोल्लट पर आठ आक्षेप किए हैं, जिनमें अधिकांशतः तर्कपरक हैं। अनुभव की दृष्टि से सत्य को भी तर्क के बल पर असत्य सिद्ध किया जा सकता है। जिस प्रकार तार्किक भाववादी (लॉजीकल पाजिटीविस्ट्स) परम्परागत अधिदर्शनात्मक वाक्यों का खंडन कर देते हैं, उसी प्रकार लोल्लट द्वारा प्रयुक्त शब्दावली की असंगतियाँ शंकुक ने प्रदर्शित की हैं।

विभावादि के योग के बिना स्थायी भावों के अनुमापक हेतु न होने से स्थायी भावों की प्रतीति नहीं हो सकती है-यह प्रथम आक्षेप है। अनुकार्य के किस स्थायी भाव का प्रदर्शन हो रहा है, यह प्रतीति संस्कार बल से दर्शकों को होती ही है। रंगमंच पर विभावादि की उपस्थिति के पूर्व ही वार्त्ता, प्रसिद्ध, पूर्व अनुभव और रूपक प्रारम्भ होने के पूर्व का

वातावरण नटों और सहृदयों को यह प्रतीति करा देता है कि अमुक नाटक होगा, और उससे स्थायी का ज्ञान हो जाता है। पूर्व ज्ञान के आधार पर मन के मंच पर चित्र बनने बिगड़ने लगते हैं अतः तार्किक दृष्टि से प्रत्येक ज्ञान के लिए हेतु की अनिवार्यता तो ठीक है पर लोक में अनुभव ही पर्याप्त होता है। उस अनुभव में कारण-कार्य बोध भी रहता ही है किन्तु प्रत्येक ज्ञान की स्फुरणा में वह कारण-कार्य परम्परा अचेतन में ही सक्रिय रहती है। अतः अभिनय के पूर्व स्थायी भाव की प्रतीति में कोई बाधा नहीं है। अभिनय से स्थायी भाव पुष्ट होकर रस बन जाता है। इस तथ्य का खंडन इस तर्क से नहीं हो सकता कि स्थायी भावों के अनुमापक हेतु न होने से रसकी प्रतीति ही प्रमाणित नहीं है।

शंकुक भी यह मानते हैं कि शब्द से स्थांयी भाव की परोक्ष प्रतीति मानी जा सकती है किन्तु उनका आक्षेप है कि परोक्ष ज्ञान साक्षात्कारात्मक न होने से उसे रस नहीं कहा जा सकता लेकिन अभिनय के प्रारम्भ में नट के वेषभूषादि, चेष्टा और शब्द प्रयोग से स्थायी भावों का पूर्णतः साक्षात्कार न होने से रस-निष्पति में कोई बाधा उत्पन्न नहीं होती क्योंकि प्रारम्भ में स्थायी भावों की जो परोक्ष अनुभूति होती, वह, अभिनय की अवधि में रसानुभूति में परिणित हो जाती है और विभावादि के संयोग से प्रारम्भिक स्थायी भावों की परोक्ष अनुभूति साक्षात्कारात्मक रस बन जाती है।

तृतीय आक्षेप यह है कि विभावादि के योग के पूर्व ही यदि रस की स्थिति मानी जाए तो भरत का रससूत्र व्यर्थ हो जाता है। रससूत्र में विभावादि के संयोग की स्पष्ट स्वीकृति है। किन्तु भट्ट लोल्लट विभावादि के योग के पूर्व रस निष्पत्ति नहीं मानते—अतः यह आक्षेप निराधार है।

चतुर्थ आक्षेप यह है कि यदि रत्यादि को ही रस माना जाए तो स्थायी भावों की मात्रा में न्यूनता, अधिकता का जो तारतम्य दिखाई पड़ता है, वह रस में भी स्वीकार करना होगा परन्तु रस में तारतम्य की स्वीकृति शास्त्र विरुद्ध है। रस तो स्थायी की पुष्ट परिणित का नाम है। स्थायी में तारतम्य होते हैं पर वे उसकी विभावादि के संयोग से पुष्ट दशा में भी हों, यह अनिवार्य नहीं है।

स्थायी भाव और रस के स्वरूप में अंतर है। अतः हास के स्मित, हसित, उपसहित आदि भेद हो सकते हैं किन्तु विभावादि के संयोग से ये पुष्ट होकर एक ही हास्यरस की सृष्टि कर सकते है। अतः पुष्ट स्थायी भाव को रस मानने से रस में तारतम्य की अनिवार्यता सिद्ध नहीं होती है। इसी प्रकार शंकुक के षष्ठ आक्षेप में शक्ति नहीं है। काम की दस अवस्थाएं हो सकती हैं किन्तु विभावादि के संयोग से पुष्ट रति से एक ही शृंगार रस की निष्पति सम्भव हो सकती है।

शंकुक का सप्तम आक्षेप यह है कि स्थायी भावों के उपचय को रस कहने में एक बाधा यह है कि शोक पहले प्रबल रहता है फिर क्रमशः ह्रासोन्मुख हो जाता है। अतः शोक का उपचित रूप ही करुणा रस है, इस मान्यता का खंडन हो जाता है लेकिन मंच पर राजा हरिश्चन्द्र के राजत्याग के समय जो शोक होता है, रोहिताश्व और शैव्या के कष्ट को देखकर

जो शोक उत्पन्न होता हैं, वह रोहिताश्व की सर्पदंश से मृत्यु के अवसर पर प्रबलतम होता है। प्रारम्भ में वह उतना प्रबल नहीं होता। अतः शोक भी उचति होकर रस बन सकता है। नाटकों में शोक प्रसंगों का जो प्रदर्शन होता है, उनमें शोक को क्रमशः बढ़ाने वाली घटनाओं का आयोजन होता ही है ताकि शोक की चरम सीमा प्रस्तुत हो सके। यही बात क्रोध, उत्साह, रति आदि स्थायी भावों के विधान में भी दिखलाई पड़ती है। अभिज्ञान शाकुंतल में रति क्रमशः घनीभूत होती जाती है। रामायण में हनुमान के उत्साह की चरम सीमा लंका काण्ड में दिखाई पड़ती है। रावण को भयंकरतम रूप में प्रथम युद्ध में नहीं प्रदर्शित किया जाता, उसका महाविकटत्व अंतिम युद्ध में प्रस्तुत किया गया है, जब उसके शीश कट कर भी पुनः उग आते हैं और राम के हतप्रभ होने पर वह भीषण अट्टहास करता है।

अतः शंकुक के अधिकांश तर्क तथ्यों के प्रति न्याय नहीं कर पाते, अधिदर्शन से प्रभावित अन्य आधुनिकों के कई आक्षेप भी इसी प्रकार के है। उदाहरणतः डा. प्रेमस्वरूप गुप्त का आक्षेप है कि लोल्लट लोकानुभूति और रसानुभूति में विभाजक रेखा नहीं खींच पाए।[15] लोल्लट मंच को ध्यान में रखकर रसनिर्मित पर विचार कर रहे थे। लोकानुभव और कलानुभव के स्वरूप भेद पर मीमांसा प्रस्तुत न करना दोष नहीं, अपर्याप्तता मात्र है। यह कार्य अभिनवगुप्त ने बाद में किया। डॉ. गुप्त ने यह आक्षेप भी किया है कि भाव और रस की स्थिति एक स्थान में मान लेने का अर्थ यह हुआ कि रोहिताश्व की लाश पर रुदन करती हुई शैव्या करुणारस का आस्वादन कर रही थी।[16] किन्तु भाव की स्थिति और रस की स्थिति में भट्ट लोल्लट स्पष्ट अंतर करते हैं। विभावादि से उपचित होकर जब स्थायी भाव रस बनता है तो वह स्थायी भाव से भिन्न रस संज्ञा प्राप्त कर ही लेता है। शैव्या की भूमिका में नटी अनुसंधान बल से अनुकार्य (शैव्या) को मंच पर प्रस्तुत करती है, उसकी प्रस्तुति से रस पदार्थ का जन्म होता है। अतः रस तो शैव्या नटी की प्रस्तुति की परिणति है, तब वह साक्षात् करुणा रस का आस्वादन कैसे कर सकती है? अनुकार्य के साथ अभेद बुद्धि अंततः आरोपित ही होती है। अतः शैव्या नटी, मूल पात्र की वास्तविक स्थिति का आभास ही अनुभव करती है, वास्तविक आस्वादन नहीं क्योंकि मूल पात्र का अनुकरण मंच पर होता है, वास्तविक उपस्थिति नहीं होती।

इसी प्रकार डॉ. नगेन्द्र ने यह आक्षेप किया है कि लोल्लट और कवि निबद्ध अनुकार्य में अंतर नहीं करते। यदि अनुकार्य का अर्थ मूल ऐतिहासिक रामादि रूप है तो मूल पात्रों की सत्ता न होने से नट उनका अनुकरण नहीं कर सकता। अतः डा. नगेन्द्र के अनुसार नट, कवि निबद्ध पात्र का ही अनुकरण करता है। मूल पात्र से काव्य या नाटक का पात्र कवि की भावना के संसर्ग के कारण निश्चय ही, थोड़ा बहुत भिन्न हो जाता है, इस रहस्य की अवगति उन्हें (लोल्लट को) नहीं हो सकी।[17]

किन्तु वस्तुपरक दृष्टि मूल पात्र और कवि निबद्ध पात्र के विवेक में बाधक नहीं थी। भारतीय नाटकों के विषय अधिकांशतः रामायण और महाभारत से लिए गए हैं।

भारतवर्ष में इतिहास का अभाव होने से मूल पात्रों की सत्ता ही नहीं है। व्यास, वाल्मीकि, कालिदास आदि कवियों द्वारा निबद्ध पात्र ही मूल पात्र है। लोकमन में मूल पात्रों का व्यक्तित्व इन्हीं कवियों द्वारा प्रतिष्ठित कर दिया गया है। अतः लोकानुभव और व्यक्तिगत अनुभव से इनका अनुकरण सम्भव है। फिर यदि मूलपात्र और कविनिबद्ध पात्र के प्रारूप भिन्न-भिन्न भी हों तो भी मंच पर कविनिबद्ध पात्र ही प्रस्तुत किए जाते हैं। कवि द्वारा चित्रित पात्रों की भूमिकाओं का निर्वाह ही नट करते हैं और यह सर्वज्ञात तथ्य है कि भारतीय नाटककार लोकमन में प्रतिष्ठित प्रसिद्ध पात्रों की स्थिति के विपरीत नहीं जाते थे। स्वयं डॉ. नगेन्द्र ने लिखा है कि लोल्लट का मत भरतमुनि के अभिमत के सर्वाधिक निकट है।[18]

किन्तु भट्ट लोल्लट का मत कला से सम्बन्धित प्रत्येक प्रश्न का उत्तर नहीं देता, यह आक्षेप अवश्य शुद्ध आक्षेप है। लोल्लट सामाजिक दृष्टि से रस पर अधिक चिंतन नहीं करते, यह उनकी सीमा है।

मार्क्सवादी दृष्टि से भट्ट लोल्लट का योगदान रस या कला-निर्मित की वस्तुनिष्ठ व्याख्या है। वस्तुतः परम्परागत और मार्क्सवादी सभी दृष्टियों से नाट्य (और इसीलिए कलामात्र की) की रचनाप्रक्रिया पर वस्तुवादी दृष्टि से विचार अत्यधिक उपयोगी है।

शंकुक का अनुमितिवाद—शंकुक के अनुसार स्थायी भाव अनुकार्य में ही रहते हैं, नट उसका अनुकरण करता है। नट द्वारा स्थायी अनुक्रियमाण ही रस है। सामाजिक नट में विभाववादि लिंगों से उसका अनुमान करता है। अभिनवभारती में इस मत को इस प्रकार प्रस्तुत किया गया है—'इसलिए (रस के) कारण रूप विभावों, कार्य रूप अनुभावों तथा सहचारी रूप व्यभिचारी भावों से नट, के द्वारा अपने शिक्षा अभ्यास से उत्पन्न होने के कारण कृत्रिम होने पर भी, अकृत्रिम प्रतीत होने वाले, विभावादि हेतुओं के सामर्थ्य से नट में स्थिति रूपेण (अनुमान द्वारा) प्रतीत होने वाला, मुख्य अनुकार्य रामादि में रहने वाले रत्यादि स्थायी भाव का अनुकरण रूप रस होता है और अनुकरण रूप होने के कारण ही, स्थायी नाम से अभिहित न होकर, रस नाम से कथित होता है।'[19]

अनुक्रियमाण स्थायी को रस मानने के कारण शंकुक, लोल्लट के सदृश रस को स्थायी भाव रूप अथवा उत्पत्तिवादी दृष्टि द्वारा स्थायीभाव से उत्पन्न नहीं मानते।[20] शंकुक के अनुसार स्थायी भाव की प्रतीति काव्यबलादि से न होकर, केवल अभिनय द्वारा होती हैं इसीलिए भरत ने रस के लक्षण में स्थायी भाव का उल्लेख नहीं किया है।

शंकुक के अनुसार नट में सामाजिक जो रस का अनुमान करते हैं, यह प्रतीति सभी प्रकार के मिथ्या, संशय, सादृश्य, सम्यक् ज्ञानों से भिन्न होती है। जिस प्रकार चित्र तुरंग की प्रतीति सर्वप्रतीतियों से विलक्षण होती है, उसी प्रकार रस प्रतीति विलक्षण होती है।[21]

शंकुक लोल्लट से भी अधिक, अपनी तर्कशास्त्रीय प्रविधि से, रस सूत्र की व्याख्या में नाट्य प्रक्रिया पर ध्यान केन्द्रित करते हैं। वह रस को नाट्य रस ही मानते हैं, काव्य

रस नहीं। मंच पर विभावादि द्वारा स्थायी के अनुकरण के बिना, अनुकार्य स्थित रस का अनुमान सम्भव नहीं है। अतः रस को समझने के लिए मंच पर भावादि की अनुकरण प्रक्रिया पर ध्यान देना होगा। अनुकरण पर अधिक बल देने से यह मत अनुकरणवाद भी कहला सकता है। दूसरी ओर विभावादि लिंगों से रस के अनुमान की प्रक्रिया स्पष्ट करके, शंकुक, रस को सामाजिकों द्वारा अनुमान का विषय बना देते हैं, यों यह अनुमान तर्कशास्त्रीय अनुमान से विलक्षण होता है। अतः इस मत को अनुमितिवाद भी कहते हैं। विभावादि अनुमापक है और रस अनुमाप्य है, यही रससूत्र में संयोग शब्द का अर्थ है। इस गम्यगमक सम्बन्ध से रस की निष्पत्ति या अनुमिति हो जाती है।

लोल्लट का ध्यान भी मंच पर था किन्तु यह सत्य है कि अनुकरण प्रक्रिया का विशद विवेचन वहाँ नहीं है। भट्ट लोल्लट की तरह शंकुक भी वस्तुगत दृष्टि से विचार करते हैं। उनकी प्रतिपाद्य विषय के प्रति पहुँच (एप्रोच) वस्तुगत है, आत्मगत नहीं। वह नाट्यकलागत (और इसलिए कलागत) अनुभव को ज्ञान की सभी प्रसिद्ध कोटियों से विलक्षण मानने के कारण, कला के स्वरूप और उसके प्रभाव का प्रथम वाद गंभीर उद्घाटन करते हैं।

शुकुंक द्वारा भट्ट लोल्लट के खंडन के पठन से यह अवश्य प्रतीत होता है कि वह अनुकार्य में स्थायी की सत्ता, विभावादि लिंगों की विद्यमानता की दशा में ही मानते हैं। अभिनय के सन्दर्भ पर ही ध्यान केंद्रित करने के कारण, वह स्थायी और रस जैसे शब्दों की व्याख्या विभावादि से असम्बद्ध रूप में नहीं करना चाहते। लोल्लट अनुकार्य में वासना रूप से भी स्थायी भाव की सत्ता मानते है जो विभावादि से उद्बुद्ध होकर रस बन जाता है। इस रस की स्थिति भी, अनुकार्य में होती है किन्तु शंकुक रस की स्थिति अनुकार्य में नहीं मानते अपितु अनुकार्यगत स्थायी के अनुकरण में मानते हैं, जिसका अनुमान नट में सामाजिक करते हैं।

रामादि अनुकार्य रति के कारण होते हैं क्योंकि नायक के बिना नायिका में और नायिका के बिना नायक में रति उत्पन्न नहीं हो सकती। इनके अनुभाव 'कार्य' कहला सकते हैं और लज्जा, चिंता आदि सहकारी कारण कहे जा सकते हैं। रामादि की इस रत्यात्मक स्थिति का मंच पर अनुकरण होता है तब रामादि को विभाव चेष्टादि को अनुभव और सहायक भावों को संचारों भाव कहने लगते हैं। इन्हें मंच पर प्रदर्शित होता देखकर सामाजिक नट में रामादि का अनुमान करता है—फलतः इसे एक विचित्र प्रकार का कलानुभव होता है।

नट अनुकार्य स्थित स्थायी भावों का अनुकरण करता है।[22] नट में स्थायी या रस विद्यमान नहीं रहता जैसा कि भट्ट लोल्लट तद्रूपता के अनुसंधान से, किसी न किसी रूप में, मान लेते हैं। शंकुक के अनुसार तो नट स्थायी का जब कुशल अनुकरण करता है, तब अनुकरण की दशा में स्थायी को ही रस कहा जाने लगता है।

नट कुशल अभिनय द्वारा प्रेक्षकों की अनुमानात्मक प्रक्रिया को सक्रिय कर देता है। वह स्वानुभव और अभ्यास से अनुकार्य के 'स्थायी' भाव को साकार करता है। नाट्य में

प्रयुक्त काव्य शब्दों से विभावों को, अभ्यास के अनुभावों को और पूर्व अनुभव के बल पर संचारियों को वह इस चातुर्य से यथावत् मंच पर प्रदर्शित करता है कि सामाजिक इसकी चिन्ता नहीं करते कि यह वास्तविक है या कृत्रिम। वह कृत्रिम होने पर भी वास्तविक सा ही प्रतीत होने लगता है।

नट, नाटकों में प्रयुक्त शब्दों द्वारा इस रस की अनुमति कराने में सफल नहीं हो सकता। आंगिक, वाचिक, सात्विक और आहार्य अभिनयों के द्वारा ही वह स्थायी का अनुकरण करके रस की सृष्टि करता है।

जिस प्रकार धूम्र को देखकर पूर्वानुभव के बल पर अग्नि का अनुमान होता है, उसी प्रकार सामाजिक नट की चेष्टाओं से मन के भावों का अनुमान कर लेता है। सामाजिक वाह्य चेष्टाओं और भावादि का सम्बन्ध (लोकानुभव और स्वानुभव के बल पर) स्थापित करता है, अतः शंकुक की रस व्याख्या में प्रेक्षक का अनुभवी, संवेदनशील और ज्ञानी होना अनिवार्य है।

कलानुभव में द्वन्द्व और संगति—इस प्रकार सामाजिक को नट में रामादि की जो अनुमति होती है, वह लोक शास्त्र से विलक्षण होती है। कलानुभव की विचित्रता, उसमें परस्पर विरोधी बुद्धियों की स्थिति शंकुक ने बड़ी योग्यता से प्रदर्शित की है। प्रथम विचित्रता तो यह है कि नाट्यकलागत अनुभव तत्वतः अवास्तविक या भ्रम होने पर भी सुख दुःखात्मक फल देता है। सामाजिक लोग भ्रमात्मक कला प्रतीति से भी हर्षित होते हैं। इस वैचित्र्य की व्याख्या में शंकुक बौद्ध न्याय प्रस्तुत करते हैं। कल्पना करें, दो व्यक्ति मणि और प्रदीप को देखकर दौड़ते हैं। दूर से प्रदीप भी मणि जैसा ही लगता है। दो व्यक्तियों को एक साथ प्रदीप में मणि का भ्रम होता है किन्तु मणि और दीपक के निकट पहुंचने पर एक को मणि और दूसरे को प्रदीप मिलता है अतः मिथ्या ज्ञान में समानता होने पर भी फल में भेद हो सकता है।[23]

कलानुभव में कृत्रिमता और फल की वास्तविकता का अंतर्विरोध समाप्त हो जाता है। इस वैचित्र्य के अतिरिक्त नट में रामादि की प्रतीति भी विरुद्ध बुद्धियों की संगति से होती है। उदाहरणतः यह नट ही सुखी श्रृंगारयुक्त राम है, यह राम नहीं है, यह राम सदृश है, यह राम है या नहीं—ये सब क्रमशः सम्यक, मिथ्या सादृश्य और संशय, चार प्रकार की ज्ञान कोटियां भी उक्त कलानुभव का स्वरूप स्पष्ट नहीं करती अर्थात् नट में रामादि की न संदेह प्रतीति होती है, न यथार्थता की, न भ्रान्ति की और न सादृश्य की प्रतीति होती है। वस्तुतः कला-प्रतीति में विरुद्ध बुद्धियों का सम्मिश्रण रहता है अतः संशय आदि का निश्चय नहीं हो पाता।[24]

नाट्य कला के अनुभव सदृश्य अन्य कलाओं के ज्ञान में भी यही विरोधों का एक विशिष्ट सामंजस्य रहता है, यह शंकुक की महत्वपूर्ण खोज है। तर्कशास्त्र के अस्त्रों का प्रयोग करने पर भी शंकुक कलामर्मज्ञ थे और वह कलाओं के मनन से कला की

द्वन्द्वात्मकता के बोध को प्राप्त कर चुके थे। यह आश्चर्य का विषय है कि उन्हें कला अनुभव के वैचित्र्य का उद्घाटक तो कहा गया है किन्तु उस वैचित्र्य का कारण विरोधी प्रतीतियों का समन्वय या मिश्रण है, इस सत्य की उपेक्षा ही कर दी गई है।

प्रश्न यह है कि लोक और शास्त्र से विलक्षण कलानुभूति का क्या कोई दृष्टांत मिलता है? शंकुक ने चित्रतुरंग न्याय का दृष्टान्त दिया है। रूपक देखते समय चित्रित अश्व को कृत्रिम होने पर भी हम वास्तविक मान लेते हैं यों मन ही मन यह भी हमें प्रतीति रहती है कि यह चित्रित अश्व है, वास्तविक अश्व नहीं है। कलाकार द्वारा वास्तविक पदार्थ का कुशल चित्रण हमें वास्तविक का साक्षात्कार करा देता है। कलानुभव के उस भाव-निविड़ क्षण की यही अनुपमता है कि हम कृत्रिम और अकृत्रिम विवेक की ओर उन्मुख ही नहीं होते। हमें लगता है कि हम वास्तविक अश्व ही देख रहे हैं बल्कि वास्तविक अश्व में वह अनोखापन नहीं लगता जो चित्रतुरंग में प्रतीत होता है। वास्तविक अश्व के अनेक आकर्षक आयामों की ओर भी कलाकार हमारा ध्यान आकर्षित कर देता है। कभी किसी दौड़ते अश्व में चित्रकार ऐसी गति प्रदर्शित कर देता है कि दर्शक को विश्व की सम्पूर्ण गति वहाँ साकार प्रतीत होती है। अतः परिप्रेक्ष्य के प्रयोग से कोई कलाकृति जीवन की सार्वभौमिक दशाओं की भी दिग्दर्शिका बन जाती है। कला की अद्भुत सृष्टि का यही रहस्य है जो विरुद्धों के सामंजस्य से कलाओं से उत्पन्न हो जाता है।

अभिनव भारती में उद्धृत शंकुक के मत से प्रेक्षक के आस्वाद पर कुछ प्रकाश नहीं पड़ता किन्तु मम्मट द्वारा उद्धृत शंकुक के मत में प्रेक्षक की चर्वणा पर भी विचार किया गया है। सामाजिक में स्थायी की चर्वणा की स्थिति रहती है। उसकी वासना द्वारा स्थायी का आस्वादन हो जाता है।[25] हेमचन्द्र ने कषाय फल के उदाहरण से परगत रत्यादि के आस्वादन की संभावना को सिद्ध किया है। यथा, किसी अन्य को कषाय फल खाते देखकर, दर्शक के मन में भी पानी भर आता है, उसी प्रकार अनुकार्यगत स्थायी का अनुकरण देखकर प्रेक्षक की अपनी वासनाओं का भान होने लगता है।[26]

डॉ. प्रेमस्वरूप गुप्त के मतानुसार मम्मट ने अपनी ओर से सामाजिक के आस्वाद का प्रसंग जोड़ दिया है। आचार्य विश्वेश्वर का भी कथन है कि मम्मट ने स्थायी के अनुकरण पक्ष को स्पष्टता से प्रस्तुत न कर अनुमान प्रक्रिया के पक्ष को अधिक महत्व दिया है, अतः मम्मट के शब्द अस्पष्ट हैं।[27]

जो हो, अभिनव भारती और मम्मट की व्याख्याओं को मिलाकर पढ़ने से यह अनुमान होता है कि नट में राम के ज्ञान की विलक्षणता की तरह शंकुक इसे भी कला की विलक्षणता समझते थे कि सहृदय नट में रामादि का अनुमान करके भी चमत्कृत हो उठते हैं। सामान्य अनुमान से तो सिर्फ़ ज्ञान होता है, आस्वादात्मक चमत्कृति नहीं होती। कलागत अनुमान अन्य अनुमानों से विलक्षण होता है। इस अनुमान के समय प्रेक्षक के पूर्वानुभव के कारण उसके अपने रत्यादि भाव जाग्रत हो जाते है और पूर्ववासना के संस्कारों से प्रेक्षक आस्वाद ग्रहण कर सकते है। यहाँ भी विरोध की स्थिति प्रतीत होती है किन्तु

संगति इसलिए दिखाई पड़ती है क्योंकि प्रेक्षक वासनायुक्त होते हैं। अतः कलागत अनुमान प्रक्रिया आस्वादमयी हो सकती है। नट-क्रिया और सामाजिक की मन स्थितियाँ दोनों सम्बद्ध होकर ही रस की सृष्टि करती हैं।[28]

शंकुक द्वारा प्रस्तुत रस की नाट्य के सन्दर्भ में की गई व्याख्या लोल्लट से अधिक विशद है। कलाओं द्वारा वास्तविकता का अनुकरण होता है, यह कला-सत्य भी शंकुक के मत से प्रकट होता है। प्लेटो और अरस्तू भी कला को अनुकरण ही मानते थे। शंकुक ने यह स्पष्ट लिखा है कि नाट्य में स्थायी भावों का अनुकरण होता है अर्थात् कलाओं द्वारा मूर्त पदार्थों का ही अनुकरण नहीं होता अपितु भावनाओं का भी अनुकरण होता है। ग्रीक काव्य शास्त्र में अनुकरण शब्द विवाद का विषय रहा है। उसका अर्थ विस्तार कर, पुनःसृजन अर्थ स्वीकार कर लिया गया है। शंकुक के अनुकरण को भी व्यापक अर्थ में प्रयुक्त समझा जाना चाहिए। उनका अभिप्राय यह है, नट रामादि के व्यवहार का अनुकरण करता हुआ, कल्पना के द्वारा उनके साथ तादात्म्य स्थापित कर, उकसे रत्यादि स्थायी की भी कल्पनात्मक अनुभूति कर लेता है।[29]

इस प्रकार शंकुक कला मात्र की अनुकरणात्मक प्रवृति के द्रष्टा आचार्य हैं और कला की प्रकृति का यह शुद्ध निरीक्षण द्वन्द्वात्मक भौतिकवादी दृष्टि के लिए उपयोगी है।

सत्य का उद्घाटन ही द्वन्द्वात्मक भौतिकवाद का लक्ष्य है और कला के स्वभाव की परख में, कला की अनुकरणात्मकता एक वास्तविकता है, जिसके साक्षात्कार का श्रेय भारतीय काव्यशास्त्र में शंकुक की है।

सामान्य ज्ञान से कलात्मक ज्ञान की विलक्षणता का उद्घाटन शंकुक की उपलब्धि है, यह कहा जा चुका है। आत्मगत दृष्टि अपनाए बिना रस की वस्तुपरक व्याख्याओं में शंकुक का स्थान अन्यतम है।

शंकुक की सीमा यह है कि सहृदय द्वारा साक्षात्कारात्मक कलाप्रतीति को शंकुक न्याय की कोटियों द्वारा ही समझते हैं। रस को अपनी ही वासनाओं का भोग मानने वाले परवर्ती आचार्यों को स्वभावतः रस की अनुमिति के रूप में की गई व्याख्या बलातकृत लगती है। मम्मट ने शंकुक के पक्ष में वासना के आस्वाद का संकेत तो किया है पर वह पर्याप्त नहीं लगता। कला के भोग पक्ष को शंकुक पूर्ण आश्वस्तिजनक रूप में प्रस्तुत नहीं कर सके। उनका ध्यान मंच पर प्रस्तुत अभिनय-प्रक्रिया पर ही अधिक रहा है।

भट्टतोत ने शंकुक द्वारा प्रस्तुत अनुकरणवाद का घोर विरोध किया है किन्तु भट्टतोत ने शंकुक के मत में तार्किक असंगतियां उसी प्रकार प्रदर्शित की हैं, जिस प्रकार शंकुक ने भट्ट लोल्लट के विरोध में ऊहापोह किया था। उदाहरणतः रत्यादि का अनुकरण, सामाजिक की दृष्टि से, इसलिए सम्भव नहीं माना गया है कि इस प्रकार के अनुकरण का कोई प्रमाण नहीं मिलता। "वह जिस प्रकार मदिरा पीता है, उस प्रकार 'मैं दुग्ध पीता हूँ' जैसे उदाहरण में पूर्ण सार्दृश्य से मदिरापान का अनुकरण सम्भव बताया गया है किन्तु रत्यादि के अनुकरण के लिए कोई पूर्व स्थित प्रारूप (नमूना) नहीं मिलता है।[30] रत्यादि

का अनुकरण करते हैं और सफल होते हैं, यही प्रमाण पर्याप्त है। कला का अनुकरण सुरापान और दुग्धपान के सादृश्य की तरह किसी अन्य सादृश्य की अपेक्षा नहीं करता, यह एक तथ्य है। अतः यह कलानुभव के विरुद्ध तर्कशास्त्र का पाण्डित्यपरक प्रयोग है।

इसी प्रकार तोत का कथन है कि रत्यादि का ग्रहण मन से होता है, शरीर से नहीं, रति का अधिष्ठान आत्मा है और अनुभाव शरीर की चेष्टाएँ है अतः रति और अनुकर्ता द्वारा अनुकरण की क्रिया में प्रयुक्त शरीर की चेष्टादि भिन्न आश्रयी है, इसलिए रत्यादि का अनुकरण असिद्ध है।[31]

आश्रय की भिन्नता वस्तुतः एक सापेक्ष स्थिति है। रति आदि का साक्षात्कार मान से ही होता है किन्तु नट भाव की शरीर द्वारा झलक देने में समर्थ होता है। संवेदनशील व्यक्ति के मुख, नेत्र, चेष्टादि को देखकर उसके आंतरिक मानस का अनुमान होता ही है। इसीलिए मुख को मन का दर्पण कहा जाता है। तार्किक दृष्टि से अप्रमाणिक प्रतीत होने पर भी यह एक प्रमाणिक अनुभव है। भावों और उनके शरीर पर पड़े हुए प्रभावों के सम्बन्ध-ज्ञान में निपुण प्रेक्षकों को अभिनय द्वारा भावानुमान में कठिनाई नहीं होती है।

भट्टतोत कहते है कि अनुकार्यों को सामाजिकों ने देखा नहीं तो उसका अनुकरण कैसे सम्भव हो सकता है? मुख्य को देखकर ही यह कहा जा सकता है कि अमुख्य (नट) उसका अनुकरण कर रहा है। नट राम का अनुकरण करता है, यह मत खंडित हो जाता है।[32] रत्यादि भाव संयुक्त मनुष्यों से तो प्रेक्षक परिचित होता है। वह स्वयं उन भावनाओं के आवेश से ग्रस्त रहता है। जगत में कोई रसिक दिखाई पड़ता है, तो कोई क्रुद्ध स्विति में रहता है, कोई उत्साही होता है, कोई शान्त और कोई भ्रान्त। किसी भी व्यक्ति के जीवन में भी ऐसी स्थितियाँ आती जाती रहती हैं। इस प्रामाणिक अनुभव के आधार पर ही अमुख्य नट, मुख्य को बिना देखे, उसका अनुकरण कर सकता है। लोक में कहावत भी है कि विवाह नहीं हुआ किन्तु बारातों में सम्मिलित होने का अवसर तो मिला है।

भट्टतोत का कथन है कि अभिनय को सामाजिक कृत्रिम मानता है या वास्तविक? यदि वह विभावादि को कृत्रिम मानता है तो कृत्रिम साधनों से वास्तविक रति की प्रतीत कैसे हो सकती है।[33] शंकुक कला की विलक्षणता की धारणा द्वारा इस विरोध को बाधक नहीं मानते, यह पहले भी कहा जा चुका है। कृत्रिम साधनों से प्रतीयमान रति अनुकरण बुद्धि का कारण बन सकती है, तभी अनुक्रियमाण रत्यादि को रस कहा जा सकता है।[34]

अनुमान प्रक्रिया के आधार पर भट्टतोत का यह भी कहना है कि धूलिपटल आदि में धूम्र लिंग का मिथ्या ज्ञान होने पर कृत्रिम रत्यादि के अनुकरण की प्रतीति सम्भव नहीं हो सकती किन्तु वास्तविक अनुमान-प्रक्रिया से मानवीय भावादि के अनुमान में अन्तर होता हैं। कला का अनुमान लोकानुमान से विलक्षण कहा गया है क्योंकि नट मंच पर मानवीय स्थितियों की प्रस्तुति करते हैं और मनुष्य के मन का परखी व्यक्ति अभिनय से भावादि को हृदयंगम करता ही है। शंकुक की ओर से यह तर्क दिया जा सकता है कि नट क्रुद्ध न होने पर भी क्रुद्ध सा प्रतीत होता है, इसे ही क्रोध का अनुकरण कह सकते हैं।[35]

भट्टतोत इस स्थिति में अनुकरण शब्द को अयुक्त समझते हैं। उनके अनुसार क्रोध का अनुकरण नहीं, उसका सादृश्य प्रस्तुत हो सकता है। अनुकरण शब्द पूर्णतः युक्त नहीं है, यह ग्रीक काव्यशास्त्र के विवाद से भी प्रमाणित होता है परन्तु इससे शंकुक द्वारा प्रस्तुत अभिनयात्मक प्रक्रिया का महत्व कम नहीं हो जाता। शब्द की अयुक्तता से तत्व की अयुक्ताता सिद्ध नहीं होती।

वस्तुतः शंकुक ने भरत से ही अनुकरण शब्द ग्रहण किया है।[36] भट्टतोत के अनुसार इसकी व्याख्या अन्य प्रकार से भी की जा सकती है अतएव वह अनुकरणवाद के लिए शंकुक पर आक्षेप करते हैं कि उन्होंने भरत के आशय के विरुद्ध अपनी व्याख्या की है। भट्टतोत अनुव्यवसाय शब्द को उपयुक्त मानते हैं।[37]

प्रश्न यह है कि यदि भरत में प्राप्त अनुकरण शब्द की भिन्न व्याख्या की जा सकती है तो शंकुक की व्याख्या ही क्यों अग्राहय है? वास्तविकता तो यही है कि नाट्य के सन्दर्भ में रस विधान के लिए निर्मित रससूत्र की लोल्लट और शंकुक अपने अपने ढंग से नाट्यपरक व्याख्या करते हैं जो आत्मवादियों को इसलिए रुचिकर नहीं लगती है क्योंकि वे रस आत्मगत ही सिद्ध करना चाहते हैं, वे रस को नाट्य या रचना में न मान कर, सहृदय से ही उसका सम्बन्ध मानना चाहते हैं।

फिर भी शंकुक के पक्ष की प्रबलता भट्टतोत अनुभव करते हैं। उनका अंतिम आक्षेप यह है कि यदि स्थायीभावों का अनुकरण रस मान भी लियाजाए तो स्थायी भाव की जगह उसे रस क्यों कहा जाता है? किसी स्त्री के वेषादि के अनुकरण से उसे स्त्री ही कहते हैं। इसी प्रकार अनुकरण से नामान्तर की क्या आवश्यकता है?[38] यह तर्क सारहीन है क्योंकि विभावादि के संयोग से स्थायी की अनुकृति से जो कला रूप प्रस्तुत होता है, वह अभिनय-कला की प्रक्रिया के कारण विशिष्ट हो जाता है। अतः नामान्तर रचना-प्रक्रिया या कला के कारण आवश्यक हो जाता हैं

भट्टतोत की मीमांसा में, शंकुक की विषय के प्रति नाट्यपरक दृष्टि की उपेक्षा की गई है। यही कारण है कि उनका ध्यान स्वमत स्थापना पर है, जिसके कारण शंकुक द्वारा कला से सम्बन्धित महत्वपूर्ण योगदान की भी वह उपेक्षा कर जाते हैं।

भट्टनायक : आत्मगत व्याख्या—लोल्लट, दण्डी,[39] शंकुक की वस्तु परक व्याख्याओं के पश्चात् रस के आत्मगत या सहृदयगत व्याख्याकारों में प्रथम भट्टनायक के अनुसार रस की प्रतीति तो सामाजिक को होनी चाहिए।[40] इसलिए रस की परगत उत्पत्ति के विचार को छोड़कर सामाजिक में रस की उत्पत्ति के विषय में विचार किया गया है।

भारतीय काव्यशास्त्र की यह विशेषता है और दुर्बलता भी कि उसमें कला और काव्य के निर्माण की प्रक्रिया पर कम विचार हुआ हैं किन्तु कला का सामाजिकों पर किस प्रकार प्रभाव पड़ता है, उस प्रभाव का स्वरूप क्या है, इस विषय पर गंभीर विवेचन हुआ है। कला के रचना-व्यापार पर भट्ट लोल्लट और शंकुक के संक्षिप्त उद्धरण प्राप्त है जब कि

भट्टनायक और अभिवनगुप्त के मतों का विशद विवेचन मिलता है। शंकुक ने न्यायशास्त्र की शब्दावली का अवश्य प्रयोग किया था किन्तु न्याय में पदार्थ की सत्ता का अपलाप नहीं है। भट्टनायक और अभिनव, अधिदर्शन से प्रभावित है, इसलिए रस की वस्तुनिष्ठता पर विचार के स्थान पर, उसके सामाजिक द्वारा भोग पर ध्यान दिया गया है। इससे कला और काव्य की अनुभूति की दार्शनिक व्याख्या हुई है। कृति और सहृदय के मध्य सम्प्रेषण (कम्युनीकेशन) पर भी प्रकाश पड़ा है किंतु रस कृतिनिष्ठ न रहकर, सामाजिकगत हो गया है, उसे प्राचीन यथार्थवादी सांख्यचिंतकों के सदृश्य इक्षुश रस के सदृश न मानकर, आत्मवादियों ने आत्मा या प्रेक्षक की चेतना का स्वरूप मान लिया है।

रस की इन व्यक्तिवादी और अध्यात्मवादी (आइडियलिस्टिक) व्याख्याओं के अंतर्गत भी यथार्थनिर्देशक और कला के द्वन्द्वबोधात्मक तत्व और अंतर्दृष्टियाँ मिल सकती है उसी प्रकार, जिस प्रकार हीगेल में मार्क्स को द्वन्द्व सिद्धान्त उपलब्ध हुआ था।

भट्टनायक के अनुसार रस की न तो सामान्य पदार्थों की तरह उत्पत्ति होती है, न प्रतीति होती है और न अभिव्यक्ति होती है। काव्य शब्दों के अभिधाशक्ति द्वारा ज्ञान के बाद, भावकत्व व्यापार द्वारा विभावादि का विशेषत्व नष्ट हो जाता है। वे सहृदय को साधारणीकृत रूप में प्रतीत होने लगते हैं। उसके अनन्तर शब्द की भोजकत्व शक्ति द्वारा सामाजिक को रस का आस्वादन होता है जो सत्वोद्रेक के कारण परब्रह्म के आस्वाद के समान विश्रान्ति रूप या आनन्दमय होता है।[41]

भट्टनायक का मंतव्य यह है कि काव्य में आकर्षक और सार्थक पदावली का प्रयोग होता है, गुणों और अलंकारादि का समावेश होता है, नाटक में वाचिक, आंगिकादि अभिनय होते हैं।[42] यहाँ तक भट्टनायक का ध्यान काव्य और नाट्य की रचना-प्रक्रिया पर रहता है। संकेत ग्रहण कर यह भी कहा जा सकता है कि काव्य और रूपक अपने श्रेष्ठ या सफल रूप में ही विचार के विषय होते हैं क्योंकि वे ही रस-निष्पत्ति कर सकते हैं। अतः रस विचार में यह स्वतः स्वीकृत ही है कि कवि और रूपककार को अपने व्यापार या रचनाविधि में कुशलता प्राप्त है। इस स्वीकृति के तुरन्त पश्चात् भट्ट नायक सामाजिक द्वारा रसभोग की प्रक्रिया स्पष्ट करने लगते हैं।

सम्प्रेषण के प्रथम सोपान में, सामाजिक काव्य के शब्दों के संकेतग्रह (अभिधा शक्ति) के आधार पर अर्थ समझता है। इसी प्रकार वह अभिनीति परिस्थिति, पात्रादि का बोध करता है, क्या हो रहा है, कौन क्या किससे कह रहा है, इस प्रकार के ज्ञान की स्थिति प्रथम स्थिति है।

सम्प्रेषण के द्वितीय सोपान में, अर्थज्ञान के बाद, काव्य या अभिनय की द्वितीय शक्ति (भावकत्व) सामाजिक को अपने पूर्व मानसिक परिवेश से विच्छिन्न कर देती है। कला से भिन्न, जीवन व्यापार से सामाजिक की मानसिक स्थिति प्रत्येक विषय, स्थिति और व्यक्तियों के साथ निजत्व, परत्व के लेष से कलुषित रहती है। ताटस्थ्य के क्षण आते, जाते अवश्य हैं पर उस तटस्थता का प्रयोग भी प्रायः आत्मालोचनपरक नहीं होता, स्वार्थपरक

होता है। फलतः चिन्ता, सन्देह, उत्तेजना, क्रोध, आदि की तरंगों में चेतना दोलित होती रहती है। कला में प्रवेश के पश्चात् निज मोह का यह संकट समाप्त होने लगता है।

यह स्वः पर के ज्ञान से मुक्ति तभी प्राप्त हो सकती है, जब विभावादि को सामाजिक अपेक्षाकृत तटस्थ दृष्टि से देख सके अर्थात् वे देश, काल के विशेषत्व से रहित होकर, साधारणीकृत रूप में प्रतीत हो सकते हैं। इसी प्रक्रिया को साधारणीकरण कहते हैं जो काव्य शब्द, अभिनयादि के प्रभाव से उत्पन्न हो जाती है। फलतः कला द्वारा चित्रित या अभिनीति पात्र-परिस्थिति आदि विशेषता (पर्टीक्युलरिटी) खोकर सामान्य सत्ताओं के रूप में प्रतीत होने लगते हैं। राम दशरथ पुत्र के रूप में प्रतीत न होकर, मानव मात्र के रूप में प्रतीत होते हैं। सामाजिक के मन में विभावादि के विशेषत्व का परिहार कर, इन्हें सामान्य रूप में प्रस्तुत कर सकने की क्षमता, काव्यशब्द और नाट्याभिनय आदि में ही होती है। सामाजिक की ग्रहण शक्ति, कला स्वादन क्षमता भी सक्रिय हो जाती है। अतः यह भावन व्यापार या साधरणीकरण की क्रिया रसास्वादन के लिए अनिवार्य हो जाती है फलतः साधारणीकरण को भावकत्व व्यापार की आत्मा कहा गया है।[43] इस प्रक्रिया की परिणति सामाजिक की निजमोहरहित तटस्थता या स्वस्थता में होती है ताकि कला का भोग सम्भव हो सके।

विभावादि की प्रतीति साधारणीकृत रूप में होते ही, काव्य शब्दादि की तृतीय शक्ति (भोजकत्व) कला-भोग का अवसर उपस्थिति कर देती है। सौन्दर्यबोधात्मक तटस्थता (डिस्टैंस) के कारण, चित्तप्रवृत्तियों की ऊर्ध्वमुखता (सत्वोद्रेक) की दशा में, आत्मा का सुषुप्त आनन्द जाग्रत हो जाता है और समाधि में प्राप्त ब्रह्मानुभूति या आत्मानुभूति के सदृश, लोक-विलक्षण एक विशेष विश्रान्ति का अनुभव होने लगता है। सामाजिक द्वारा अनुभूत आनन्द विशेष ही रस है।[44]

यहाँ द्रष्टव्य यह है कि कला भोग की यह दशा, कला की अपनी सामर्थ्य से भी प्राप्त होती है तभी उक्त अभिधा, भावकत्व और भोजकत्व के अधिष्ठान काव्य शब्दादि ही माने गए हैं फिर भी स्पष्ट लगता है कि कृति से कहीं अधिक सामाजिक द्वारा उपलब्ध आनन्द को अधिक महत्व दिया गया है।[45]

इस प्रश्न पर आगे विचार होगा कि क्या सभी प्रकार की कलाओं से केवल यही प्रक्रिया जाग्रत होती है, अथवा साधारणीकरण और संवित्विश्रान्ति रूप भोग सार्वजनीन होता है या वह विशेषज्ञों तक ही सीमित रहता है। यहाँ तो यही स्मरणीय है कि भारतीय काव्य और नाट्य विरोधमूलक तथा बौद्धिक न होकर प्रमुखतः भावात्मक ही होते थे। वे सार्वजनीन भाव स्तरों को ही जाग्रत करते थे, व्यक्ति-वैचित्रय का विशेष अवकाश न था। अतः उक्त भोग प्रक्रिया सार्वभौमिक सी लगती है।

भोग व्यापार की द्वन्द्वात्मकता—किन्तु इस सार्वभौमिक से प्रतीत होने वाले कला-भोग की स्थिति इतने सरलीकृत रूप में प्रस्तुत होने पर आंतरिक प्रतिक्रियाओं के

अनुसंधान की मांग करती है। वस्तुतः यह पूरी प्रक्रिया तरंगाकुल होती है, जिसमें एक दशा, दूसरी पर प्रभाव डालती है। इसका एक संकेत भट्टनायक द्वारा चित्तवृत्तियों की त्रिगुणात्मकता के विशेष संयोजन की विवेचना में मिलता है।

काव्यशब्द और अभिनयादि के श्रवण और साक्षात्कार के पूर्व सामाजिक का मंन, जीवन के कठोर यथार्थ से संत्रस्त रहता है। इस कठोर व्यावहारिक जीवन की द्वन्द्वमयता से ग्रस्त सामाजिक, कला जगत के प्रवेश से पूर्व अनेक परस्पर विरोधी उद्देश्यों (इन्टैन्शन्स) से संयुक्त रहता है। कला के चमत्कार की दर्शनेच्छा, भावतन्यता की कामना, रूप-निमन्नता की लालसा, व्यावहारिक उत्तेजना से स्वतंत्रता का लाभ और आंतरिक और ब्राह्म अनुभवों और भावादि की पहचान की गुप्त प्रेरणा आदि से वह तरंगित रहता है। भावादि में तन्मयता और अपने भावों के परिज्ञान की इच्छा, दोनों परस्पर विरोधी प्रेरणाएँ हैं। अतः सामाजिक में, कला-प्रवेश के पूर्व, सरल मानसिक स्थिति नहीं होती।

काव्य-श्रवण, अभिनय-दार्शनादि से, अर्थ ज्ञान के क्षणों में क्रमबद्धता भी नहीं होती। अर्थ ग्रहण के समय अन्य स्तर सुषुप्त नहीं रहते, अर्थ-ग्रहण के क्षण में ही, द्वितीय और तृतीय स्थितियाँ प्रारम्भ हो जाती हैं। एक तार हिलते ही तंत्री के अन्य तार झंकृत हो उठते हैं। फलतः व्यावहारिक जीवन की परस्पर विरोधी उत्तेजनाओं, मनोवृत्तियों को, कला-क्षण के द्वन्द्व काटने लगते है। कला-क्षण मानसिक द्वन्द्वों का विषय कल्पित होने से, कठोर यथार्थ से सौन्दर्य-बोधात्मक दूरी प्राप्त हो जाती है। यह दूरी व्यावहारिक जीवन की स्मृतियों के अनुवेध को पूरी तरह समाप्त नहीं कर पाती। वे पूरी तरह स्थगित भी नहीं हो जातीं। यही कारण है कि विभावादि कला प्रभाव बल से, उस प्रकार साधरणीकृत प्रतीत नहीं हो सकते, जिस प्रकार से सन्निपात या मूर्च्छा की स्थिति में संज्ञा-स्थान-काल रहित, एक अमूर्त रूप में प्रतीत होते हैं। वे भावलेष से रहित ज्ञान की स्थिति में 'विशेष' के स्थान पर 'जाति' के रूप में भी पूर्णतः प्रतीत नहीं होते। गाय को देखकर 'गोत्व' के बोध में जिस प्रकार द्रष्टा गोत्व, मनुष्यत्व, घटत्व आदि का एक मानसिक साक्षात्कार करता है, उस प्रकार का साधारणीकरण वस्तुतः कला में नहीं होता।

कला के साधारणीकरण में, विशेष का यत्किंचित् अनवेध अवश्य रहता है। वह इस मात्रा में नहीं होता कि सामाजिक कलात्मक तटस्थता प्राप्त न कर सके या लज्जा, घृणा, रमणेच्छा से पीड़ित हो उठे पर फिर भी राम, सीता, दुष्यन्त, अर्जुनादि के विशिष्ट रूप का कुछ भाव रहता ही है। अतः साधारणीकरण को अन्य मानसिक स्थितियों की सापेक्षता में ही समझना चाहिए। निरपेक्ष तटस्थता या निरपेक्ष साधारणीकरण या निरपेक्ष भोग अध्यात्मवाद है, यथार्थवादी विवेचन नहीं।

कलात्मक रूपों में हम वास्तविक जीवन का ही साक्षात्कार करते हैं किन्तु यह साक्षात्कार कल्पना के माध्यम से होता है। अतः जिस प्रकार कलात्मक क्षण में भी ज़ीवन का स्पर्श और बोध रहता है, उसी प्रकार साधारणीकृत स्थिति में तटस्थता और निमग्नता की एक संगति हो जाती है। यथार्थ जीवन की लहरें एक दूसरे को आघातित न करे, एक

उतार की स्थिति में रह कर भी, भीतर से, सतह की तटस्थता को रंजित करती हैं। अतः साधारणीकरण में पूर्ण द्रष्टा की स्थिति न रहकर हमारी चेतना, बोधों-भावों-संस्कारों-वासनाओं आदि से शबलित रहती है। प्रेक्षक के अधिकारी भेद से इसके भी अपने रूप और स्तर हो सकते हैं।

कला-भोग साधारणीकृत स्थिति के साथ ही प्रारम्भ हो जाता है। वस्तुतः कलाभोग की संवित्-विश्रान्ति भी एक सापेक्ष स्थिति है। अनुचिंतन (कन्टैम्पलेशन) का अनुवेध इस क्षण में निश्चय ही रहता है। बौद्धिक कलाओं में तो इसकी मात्रा, भाव निमग्नता की मात्रा भी बढ़ जाती है। भट्टनायक और अभिनवगुप्त को भी कलात्मक आस्वाद की इस संकुलता का कुछ ज्ञान था अन्यथा ब्रह्मानन्दवाद के पक्षपात में वह उसके साथ कलात्मक आनन्द को एकाकार कर देते किन्तु सर्वातीत (ट्रान्सैन्डैण्टल) अनुभवों से सम्बन्धित शब्दावली के कारण तथा उस सर्वातीत स्तर पर अधिक बल देने से, साधारणीकरण तथा कलाभोग की दशाओं की निरपेक्षता की ओर ही पाठक का मन भागता है। इसके सिवा कला सम्प्रेषण की प्रक्रिया में सामाजिक के मन की संकुलता पर आदर्शवादी आचार्य विशेष बल नहीं देते हैं।

भट्टनायक के भावकत्व व्यापार की धारणा पर मीमांसा का प्रभाव बताया जाता है। अतः साधारणीकरण के बोध में दार्शनिक शब्दावली से एक आवास्तविकता का भय रहता है। भट्टनायक के अनुसार काव्य भाव और रस भाव्य होता है। भावना का मीमांसा में अर्थ है, साध्य की सिद्धि के अनुकूल व्यापार, भावना नाम भवितुर्भावनानुकूलो व्यापार।[46]

'स्वर्ग कामो यजेत्' की मीमांसकों की भाषा में यों कहा जाएगा। यजनक्रिया में स्वर्ग भावित होता है। यज्ञ की क्रिया में भावना व्यापार ही होता है। और उसका भाव्य रस है। स्पष्टतः यज्ञ और काव्य में स्थूल सादृश्य ही होता है। स्थूल दृष्टि से काव्य को यज्ञ और रस स्थिति को स्वर्ग कहने से एक गौरव का अनुभव तो होता है परन्तु अस्पष्टता भी बढ़ती है। इसीलिए अभिनवगुप्त ने इस शब्दावली के स्थान पर साहित्यिक धारणा व्यंजना का ही प्रयोग किया है। यह भी स्पष्ट नहीं होता कि साधरणीकरण किन-किन तत्वों का होता है। सामाजिक की सत्ता का साधारणीकरण होता है, यह बात भट्टनायक के अनुसार नहीं कही जा सकती, यह मत भी प्रकट किया गया है।[47]

भट्टनायक ने प्रतीतिवाद, उत्पत्तिवाद और अभिव्यक्तिवाद का जो खंडन किया है, वह शंकुक और भट्टतोत के तर्कों से अधिक संतोषजनक है। इससे उनके अपने दृष्टिकोण को समझने में भी सहायता मिलती है।

भट्टनायक के मतानुसार उत्पत्तिवादी दृष्टि से दो विकल्प प्रस्तुत हो सकते हैं। रस की उत्पत्ति सामाजिक में न होकर अनुकार्य या अनुकर्ता में होती है तो वह सामाजिक के लिए व्यर्थ है और यदि उत्पत्ति का अर्थ सामाजिक में शोकादि की उत्पत्ति है तो सामाजिक को करुण प्रसंगों में दुःखी होना चाहिए किन्तु भट्टनायक के अनुसार अभिनय काल में न तो सीतादि पात्र वास्तविक होते हैं और न सामाजिक अपनी कान्ता की स्मृति से जन्य दुःख

का अनुभव करता है।[48] स्वगत रूप से रस की प्रतीति मानने पर देवता स्वरूप पात्रों का, तथा हनुमान आदि के समुद्रलंघन आदि असाधारण कार्यों का साधारणीकरण सम्भव हो जाएगा।

यहाँ भट्टनायक का मंतव्य यह है कि परगत या स्वगत प्रतीतिवाद या उत्पत्तिवाद मानने से विभावादि विशिष्ट ही रहेंगे। साधारणीकृत न होने से सामाजिक को लज्जा, ग्लानि, भय आदि की प्राप्ति होगी। रस की स्वगत उत्पत्ति मानने पर, सामाजिक तटस्थ नहीं हो सकेगा।

भट्टनायक के अनुसार रस की प्रतीतिवादी व्याख्या भी अयुक्त हैं, प्रतीति अनुभवात्मक और स्मृति रूप होती है। सामाजिक को रत्यादि से युक्त रामादि की स्मृति होती है, यह अप्रमाणित है। रत्यादि युक्त राम की कभी पूर्व प्राप्ति नहीं होती। शब्द प्रमाण और अनुमान प्रमाणों से भी उनकी अप्रत्यक्षता के कारण रस का ज्ञान नहीं हो सकता। लौकिक प्रमाण से रस की प्रतीति माने पर, सामाजिकों को लज्जा, ग्लानि आदि प्राप्त होंगे।[49]

यदि यह कहें कि रस पूर्वस्थित रहता है और विभावादि द्वारा वह अभिव्यक्ति हो जाता है, तो यह भी अमान्य होगा। रस को पूर्व स्थित मानने से पहले मंद, पुनः स्फुट, तदन्तर अधिक स्फुट समझने में रस में तारतम्य स्वीकृत हो जाएगा परन्तु परन्तु रस को अखंड, एक रस और आत्मस्वरूप माना जाता है। अभिव्यक्ति स्वगत होती है या परगत, वह भी प्रश्न उठता है।[50]

इस अभिव्यक्तिवाद के विषय में सन्देह है कि यह अभिवनवगुप्त का अभिव्यक्तिवाद है, अथवा यह कोई अन्य परम्परागत मत है। अति संक्षिप्ति ही शुद्ध निर्णय में बाधक है।

डॉ. प्रेमस्वरूप गुप्त ने भट्टनायक के कथनों में बदतोव्याघात दोष दिखाया है। उनके अनुसार एक ओर तो भट्टनायक साधारणीकरण का सिद्धान्त मानते है और दूसरी ओर सीतादि के स्थान पर कान्तात्व आदि सामान्य धर्मों के आधार को स्वगतप्रतीतिवाद के खण्डन में अस्वीकार कर देते हैं।[51]

यह संकेत डॉ. गुप्त को अभिनवगुप्त द्वारा भट्टनायक की आलोचना से ही मिला है। अभिनवगुप्त ने प्रतीतिवाद के पक्ष में कहा कि रस की प्रतीति ही होती है।[51] अप्रतीत तो पिशाचवत् अव्यवहार्य ही हो जाता है।[53] यह अवश्य है कि यह प्रतीति प्रत्यक्ष, अनुमान आदि लौकिक प्रतीतियों से भिन्न होती है। यह कहना भी महान साहस ही है कि राम सीतादि का चरित्र सबके हृदयों के साथ मेल नहीं खाता। वास्तव में, मानवचित्त में विचित्र वासनाएँ रहती हैं। अतः राम द्वारा सेतु बंधन, हनुमान द्वारा समुद्र उल्लंघन आदि कार्यों का भी साधारणीकरण सम्भव है। जिन कार्यों को नहीं किया जा सकता, उन्हें मनुष्य कल्पना और स्वप्न में करता है।[54]

इस आलोचना से यह अवश्य अनुमान होता है कि भट्टनायक ने कुछ विशिष्ट परिस्थितियों में साधारणीकरण का अवकाश अस्वीकृत कर दिया है।[55] ऐसा मानने पर स्वयं भट्टनायक के साधारणीकरण का मूल्य ही समाप्त हो जाता है। काव्य में वर्णित

पात्र-परिस्थिति आदि की असाधारणता समाप्त करने के लिए ही साधारणीकरण की ओर भट्टनायक का मन गया था।

यह भी सम्भव है कि स्वयं प्रतीतिवादी विवेचक एक संकुचित या अभिधा के स्तर पर ही सक्रिय साधारणीकरण को मानते रहे हों और इसी पूर्व प्रचलित साधारणीकरण की धारणा को भट्टनायक ने व्यापक बना दिया हो।[56] अभिनवगुप्त को यह भ्रम हुआ होगा। कि भट्टनायक ने प्रतीतिवाद के खडन में संकुचित साधारणीकरण का प्रयोग किया है। अतः वह आलोच्य है।

भट्टनायक की स्वतंत्र कृति न मिलने से यह अनुमान सम्भव तो है किन्तु उनकी साधारणीकरण के धारणा में यह वदतोव्याघात उन्हें अज्ञात था, यह कल्पना असंगत है। इससे यह अधिक संगत कल्पना है कि प्रतीतिवाद की आलोचना में, रस की आत्मगत प्रतीति की स्वीकृति से उत्पन्न असंगतियों की चर्चा की गई है। स्व, पर की भावना से युक्त व्यक्ति के लिए सीता विभाव कैसे हो सकती है? सीता के प्रति उसकी रति अनुचित है। यह कहा जा सकता है कि सीता के स्थान पर स्त्रीत्व विभाव बन सकता है अर्थात् कोई व्यक्ति सीता के अभिनय को देखकर, भारतीय संस्कारों के कारण केवल कान्ता की प्रतीति करता है अथवा यह कि साधारण, मोहग्रस्त प्रेक्षक को यह ज्ञान रहता है कि यह वास्तविक सीता नहीं है, सीता के रूप में नटी है। अतः यह सम्भव है कि प्रेक्षक सीतात्व पर ध्यान न देकर, मात्र कान्तात्व पर भी ध्यान दे लेकिन सेतुबन्धन या समुद्र उल्लंघन जैसे अद्‌भुत कर्मों के साथ उसका हृदय विसंवादी ही रहेगा। यही आशंका, शील-वैचित्र्य के दर्शन-श्रवण में उठ सकती है। निजमोहग्रस्त व्यक्ति अपने जीवन में यों भी विरोधी और अभूत पूर्व चरित्रों के साथ अपने चित्त का सामजस्य नहीं कर पाता। अतः साधारणीकरण और भोगव्यापार माने बिना रस की प्रतीति सिद्ध नहीं होती।

भट्टनायक द्वारा प्रस्तुत साधरणीकरण के सिद्धान्त की संगति इस पूर्व कल्पना से लग सकती है। इसमें अभिनवगुप्त की उक्त आलोचना बाधक है। अभिनवगुप्त यह मान लेते हैं कि प्रतीतिवाद की आलोचना में भट्टनायक अपना मत प्रस्तुत कर रहे हैं।

सम्भव है, भट्टनायक को शुद्ध उद्धृत न किया गया हो अथवा अभिनव गुप्त को उनका मत किसी लिपिक की भूल से[57] वदतोव्याघातपरक रूप में ही मिला हो।

और फिर भट्ट लोल्लट के अतिसंक्षिप्त मत पर शंकुक और शंकुक के मत पर भट्टतोत ने जिस प्रकार तर्कशास्त्रीय प्रहार किया है, उससे यह अनुमान भी संगत है कि भट्टनायक प्रतीतिवाद के खंडन में समाधि-शिथिल हो गए हों। मेरी दृष्टि से रस की स्वगत प्रतीति मानने पर, निजमोहसंकट निवारण के लिए नवीन धारणाओं के आविष्कार के बिना, क्या क्या समस्याएं सामने आ सकती हैं, यही भट्टनायक बता रहे थे। अतः प्रतीतिवादन के खंडन में प्रयुक्त दो पंक्तियों के आधार पर भट्टनायक का अवमूल्यन नहीं किया जा सकता और न उन्हें साधारणीकरण के सिद्धान्त का, अन्य प्रमाणों के अभाव में, मात्र संशोधक माना जा सकता है जैसा कि डॉ. प्रेम स्वरूप गुप्त ने सिद्ध किया है।[58] भट्टनायक

साधारणीकरण की धारणा के प्रवर्त्तक थे, अभिनवगुप्त उसके परिमार्जक मात्र हैं।

अभिनव गुप्त द्वारा प्रस्तुत लोचन और अभिनव भारती की शब्दावली में एकरूपता न होने से, भट्टनायक के सिद्धरस की धारणा सांख्य के अनुकूल है या कश्मीरी शैवमत के, यह कहना भी कठिन है फिर भी अनेक प्रमाण देकर यह सिद्ध किया गया है कि भट्टनायक का भोगवाद कश्मीरी शैवदर्शन का अनुकरण करता है यों उसमें द्वैतवादी तत्व रह गए हैं, जिनका परिमार्जन अभिनव गुप्त ने कर दिया है।[59] इस बिन्दु पर अभिनवगुप्त के आनन्दवाद के प्रसंग में विचार किया जाएगा।

इस प्रकार भट्टनायक के अनुसार रससूत्र में, संयोग शब्द का अर्थ भाव्य-भावक या भोज्य-भोजक सम्बन्ध है और निष्पत्ति का अर्थ भोग है।

अभिनवगुप्त का अभिव्यक्तिवाद—अभिनवगुप्त ने भट्टनायक की धारणाओं को ही व्यवस्थित कर दिया है। अतिसंक्षिप्ति के कारण भट्टनायक में जो एक अस्फुटता दिखाई पड़ती है, उसे अभिनव ने दूर करने का प्रयत्न किया है।

भट्टनायक के साधारणीकरण और काव्यभोग को स्वीकार करके भी अभिनव, उनकी काव्यशब्द में स्थिति भावकत्व और भोजकत्व शक्तियों या प्रक्रियाओं को अनावश्यक पूर्वकल्पनाएं मानते हैं। सम्प्रेषण-प्रक्रिया केवल शब्द से सफल नहीं होती, अर्थ का उल्लेख आवश्यक है। अभिनवगुप्त इसीलिए काव्य शब्द और काव्यार्थ, दोनों में व्यंजना को सक्रिय मानते हैं। ध्वन्यालोक में कहा भी है कि काव्य शब्द और अर्थ, उस अर्थ या व्यंजित रसादि के व्यंजक होते हैं।[60]

दूसरा संशोधन यह है कि अभिनव भावकत्व और भोजकत्व के स्थान पर व्यंजना व्यापार को ही पर्याप्त मानते है। व्यंजना-प्रक्रिया द्वारा, काव्य के शब्दार्थ ज्ञान अथवा अभिनयादि बोध के अनन्तर विभावादि का साधारणीकरण होता है और अनभिव्यक्ति, आत्म ज्ञान के व्यंजित हो जाने से भावसनिनविष्ट चैतन्य अपने मूल रूप के निकटस्थ हो जाने के कारण जिस आनन्द को प्राप्त करने लगता है, वही रस है। भट्टनायक के द्वितीय संशोधन द्वारा भावकत्व और भोजकत्व व्यापारों की मनमानी कल्पनाओं का परिहार हो जाता है।

क्योंकि रस आनन्द है, यह विधान अभिनव को स्वीकृत है, अतः वह अभिव्यक्तिवाद के समर्थक हैं। आनन्द आत्मा का प्रकृत स्वभाव है, वह भेद-बुद्धि के कारण अनभिव्यक्त रहता है। काव्यादि से सामाजिक अन्तर्मुख होता है। वह देश, काल, व्यक्ति विशेष की बुद्धियों से रहित होकर एक साधारणीकृत दशा को प्राप्त कर लेता है। फलतः दीपक से अंधकार स्थित घटपटादि के सदृश, अनभिव्यक्त आनन्दमय आत्मा अभिव्यक्त हो उठता है क्योंकि यह शुद्ध चैतन्य की दशा नहीं होती और न यह कलास्वादस्थिति, निजमोहसंकटग्रस्त लौकिक स्थिति को रस कहा जाता है। अतः निष्पत्ति का अर्थ अभिव्यक्ति ही है और संयोग का अर्थ है व्यंग्य व्यंजक भाव काव्यादि व्यंजक होते हैं और रस व्यंग्य होता है।

भट्ट लोल्लट के वस्तुगत, द्रव्य जैसे प्रतीत होने वाले रस (आस्वाद्य) की, इस आत्मगत व्याख्या के कारण, परिणति, रस आस्वाद आनन्द इस विधान में होती है।[61] फलतः रचना से अधिक महत्व आस्वादक और आस्वाद को मिल जाता है। आत्मवादी दृष्टि, कर्त्ता या चैतन्य की ही सत्ता मानती है, कृति, सृष्टि या पदार्थ—उस आत्मा का ही विमर्ष है। आदि शंकराचार्य के मत से चेतना के अतिरिक्त जगत् मिथ्या या भ्रम ही माना जाता है, इस स्थिति में काव्यादि द्वारा इस चेतना के आवरण भंग और अभिव्यक्त आनन्द की मीमांसा ही प्रधान हो गई है, काव्यादि साधन मात्र रह गए हैं। फिर भी दर्शन की पृष्ठभूमि में अनेक तत्व यथार्थवादी भी हैं।

उदाहरणतः अभिनवगुप्त व्यंजना व्यापार द्वारा रस निष्पत्ति समझाते हैं। इस प्रसंग में वह काव्य और कला मात्र की सामान्य प्रवृत्ति को लक्ष्य करते हैं। जिस प्रकार वनस्पतियाँ यज्ञ में विराजमान हों, प्रजापति ने अपनी वसा या चर्बी निकाल कर अग्नि में डाली,[62] जैसे वाक्यों में केवल शब्द ज्ञान न होकर, विशेष अर्थ की प्रतीति होती है, उसी प्रकार काव्यादि में प्रयुक्त शब्द, अर्थ, चेष्टा, रेखा-रंग, स्वर, प्रस्तरादि से संकेतित अर्थ की प्राप्ति हुआ करती है, यही व्यंग्यार्थ होता है। जिस प्रकार यज्ञ प्रक्रिया का ज्ञाता ही 'वनस्पतियाँ विराजें' जैसे अर्थवादात्मक वाक्यों का गूढ़ार्थ समझता है, उसी तरह काव्य का अधिकारी सहृदय, काव्यश्ब्दादि से रसादि की प्रतीति करता है। अतएव, काव्य कलादि का व्यापार सर्वदा व्यंजनात्मक (अनुमानात्मक भी कह सकते हैं) ही होता है।

यहाँ दर्शन का आरोप न होने से, अभिनवगुप्त, काव्य की यथार्थ भूमि पर ही है।

सहृदय की कल्पना—आनन्दवादी व्याख्या में, सहृदय की एक विशिष्ट कल्पना की गई है। काव्य का अधिकारी, विमलप्रतिभाशालिहृदय होता है अर्थात् उसकी चित्तवृत्तियाँ निम्नोन्मुखी नहीं होतीं। सहृदय औचित्य-अनौचित्य के बोध से युक्त होता है, उसमें वर्णित वस्तु के मानस प्रत्यक्षीकरण की शक्ति होती है। वर्णित वस्तु या अभिनीत वस्तु का चित्र या बिम्ब जिस व्यक्ति के मन में नहीं बनता, वह जड़ है, सहृदय नहीं। वह कथन के गूढ़ अभिप्रायों को समझता है क्योंकि काव्य, जिन सन्दर्भो का संकेत अपने में छिपाए रहते हैं, उनका बिम्ब जड़ व्यक्ति में नहीं बनता।

सहृदय में उक्त शक्तियाँ अनिवार्यतः होनी ही चाहिए, किन्तु यहाँ साहित्य और सहृदय की, युग-बोध के परिवर्तन, उसमें साहित्य की सक्रिय भूमिका अथवा गत्यात्मकता के प्रति, जागरूकता का उल्लेख नहीं मिलता है। अन्य आचार्यों की तरह, अभिनव गुप्त के मन में भी, ऐसे साहित्य का प्रारूप है, जिसमें मानव मूल्यों की संक्रान्ति नहीं, सामंजस्य और व्यापक स्वीकृति है। अतः सार्वभौमिक और सार्वजनिक स्थायी भावों द्वारा रस निष्पत्ति पर ही अधिक ध्यान दिया गया है।

उक्त सहृदय द्वारा किस प्रकार रसोपलब्धि होती है, इसका सोदाहरण विवेचन भी किया गया है। कालिदास के 'अभिज्ञान शकुन्तल' में दुष्यन्त द्वारा आखेटित मृग का वर्णन

है।[63] इसकी प्रतीति में मृग-शावक विशेष का बोध न होकर साधारणीकृत मृग मात्र का ही बोध होता है। देश, कलादि के ज्ञान से रहित, सहृदय, भयभीत मृग के बिम्भग्रहण से भय मात्र की प्रतीति करता है। 'मैं भीत हूँ, यह भीत है, शत्रु, मित्र, मध्यस्थ, सुख, दुःख आदि प्रतीतियों से रहित, साधारणीकृत अथवा विघ्नरहित चेतना में साक्षात् हृदय में प्रविष्ट होता हुआ सा, नेत्रों के सम्मुख घूमता हुआ सा, भयानक रस स्फुरित होता है। इस रसदशा में सामाजिक की आत्मा न तो अत्यन्त तिरस्कृत होती है और न वह अधिक क्षुब्ध होती है।'[64]

यहाँ, अनुत्तेजना और उत्तेजना के विरोध के एक विशिष्ट संतुलन की ओर संकेत है किन्तु भय नामक भाव की प्रतीति की क्रिया पर ही बल है। भयभीत मृग का स्वभाव ही हमें मुग्ध नहीं करता, अपितु मृग की स्वच्छन्दता की स्थिति में, उसकी ओर बढ़ते हुए आखेटक को देखकर, सहृदय की मानसिक दशा में, मानव जीवन की स्वच्छन्दताघातक प्रवृत्तियों की तुलना भी उभरती है। मृग शावक की प्राकृतिक स्फूर्ति, सहज जीवन और स्वास्थ्य आदि तत्व सहृदय की चेतना के भीतर से एक तुलनात्मक प्रक्रिया को सक्रिय कर देते है, यथार्थ जीवन के आकर्षण और आशंकाओं का एक संकुल बिम्ब बनता है। अतः भयानक रस की निष्पति में ये बोध किस प्रकार भूमिका पूरी करते हैं, इस ओर अभिनवगुप्त का ध्यान नहीं जाता, यों संस्कारों, स्मृतियों में ये बोध या बौद्धिक व्यापार आ जाते हैं किन्तु भाव पर ही अधिक ध्यान दिया गया है। भावप्रधान काव्य कला के प्रारूप ही सम्मुख रहने के कारण रस की वस्तुपरकता की हानि हुई है।

सार्वजनीनता की धारणा—तात्कालिक मूल्यों और मान्यताओं को, चुनौती न मिलने के कारण तथा वर्गचेतना के अभाव के कारण, स्वभावतः सार्वजनिक भाव-स्तरों की पहचान को ही सर्वाधिक महत्व मिला है। निश्चित रूप से सार्वजनिक भाव-स्तरों की पहचान को ही सर्वाधिक महत्व मिला है। निश्चित रूप से सार्वजनिक भाव स्तर पर व्यापक रूप में साधारणीकरण हो जाता है। अभिनव इस व्याप्ति की तुलना, जहाँ-जहाँ धूम्र है, वहाँ-वहाँ अग्नि है, इस नैयायिक व्याप्ति से करते हैं जो सार्वभौमिक होती है। विभावादि के रूपों का विधान, प्रायः स्थायी भाव को जाग्रत करने के लिए ही भारतीय काव्य में किया जाता था, वस्तु स्थितियों का उद्घाटन उसका उद्देश्य नहीं था। अतः समस्त सामाजिकों को रस की एक रूप से ही प्रतीति होती है, यह निर्विवादरूपेण मान लिया गया है।[65]

निश्चित रूप से अनादि संस्कारों द्वारा चित्रित चित्तवाले सभी सामाजिकों की वासनाएँ, रति, वात्सत्य, भय, क्रोध आदि एक जैसे ही होती है। यह भी सत्य है कि घोर विप्लवी, प्रतिक्षण परिवर्तनकामी समाजों में भी मानव कई सर्व सामान्य स्तरों का अनुभव करता है किन्तु विघ्नबहुल युगों में ये सामान्य वासनाएँ अमुख्य हो जाती हैं या उनमें गुणात्मक परिवर्तन हो जाता है। इन सामान्य स्तरों का प्रत्यक्षतः व्यंजक काव्य अपनी आदिम सरलता के कारण मोहक तो लगता है लेकिन बोधक नहीं लगता।

अतः अभिनव गुप्त द्वारा प्रस्तुत रस की निष्पत्ति तभी हो सकती है, जब निर्विघ्नता हो। निर्विघ्नता की दशाओं में आनन्ददाता काव्यादि के रस की प्रतीति के विषय में अभिनव की निम्न व्याख्या अब भी मर्मोद्घाटक है। अभिनवगुप्त की दृष्टि में–'यह रस प्रतीति विघ्नों से रहित होती है। बाधारहित भावों के भोग के कारण उसे चमत्कार भी कहते हैं।[66] उससे उत्पन्न कम्प, रोमांचादि को चमत्कार कहते हैं।"[67] इस चमत्कार की ही व्याख्या अपनी दृष्टि से भट्ट लोल्लट आदि ने की है। अभिनव का मत है कि लोल्लट ने विज्ञानवाद (चैतन्य ही सत्य है) का अवलम्बन नहीं किया था।[68] अतः यदि वे विषयसामग्री रूप में रस की व्याख्या करें, तो यह उचित ही है। इसी तरह शंकुक रस को स्थायी का अनुकरण रूप मानते है पर दोनों मतों में देश, कालादि विघ्नों का अभाव वांछनीय माना गया है। अतः इस निर्बाध रस को ही चमत्कार, निर्वेशरा, रसन आस्वादन, भोग, लय आदि शब्दों से कहा जाता है।

निर्विघ्नता की धारणा और रस–रस विशेष परिस्थितियों और वातावरण की पूर्व कल्पना पर आधारित सिद्धान्त है। रस के भीतर का राग तत्व तो सर्वव्यापक है और यह सत्य है कि साहित्य मात्र में कोई न कोई चितवृत्ति ही, बौद्धिक और कल्पनात्मक प्रतिक्रियाओं के साथ, व्यक्त होंती है किन्तु अभिनवगुप्त का रस किन्हीं विशेष दशाओं, विशेष प्रकार के काव्य और अभिनयादि की अपेक्षा करता है। ध्वन्यालोक लोचन से यह स्पष्ट है कि राग का अनुवेध होने पर भी, वस्तुध्वनि और अलंकार ध्वनि को रसध्वनि से (प्रधानता के आधार पर) अलग-अलग करना पड़ गया है किन्तु मात्र राग, रस नहीं है। रस के लिए भावप्रधान काव्य होना चाहिए, किसी एक स्थायी भाव की प्रधानतया वर्णन होनी चाहिए। आनन्दवादी के लिए तो किसी हलके संकेत से ही, रस प्राप्त हो सकता है किन्तु सर्वसाधारण सहृदयों के समूह के लिए भाव प्रधानता आवश्यक है। समूह में बैठकर रसास्वाद तीव्रतम होता है, यह भी लक्ष्य किया गया है। अतः रस की धारणा, अनेक अपेक्षाओं से जुढ़ी हुई है।

रस की सत्ता को असम्भव मानना, प्रथम विघ्न है। संवेद्य (रस) की सम्भावना में अविश्वासी व्यक्ति रस में अपने ज्ञान को निश्चित ही नहीं कर पाता, अतएव उसे विश्रान्ति का अनुभव नहीं होगा।[69] समाज संरचना के आमूल परिवर्तन कामी अनेक व्यक्ति, बीसवीं शताब्दी में रसास्वाद को, तनाव में बाधक मानते हैं, जिसके बिना क्रान्ति में बाधक शक्तियों की स्थिरता को तोड़ा नहीं जा सकता। अल्बेयर कामू का 'अजनबी' अपने आसपास के वातावरण से इतनी अधिक घृणा करता है कि वह घृणा एक शीतल घृणा या अलगाव का रूप धारण कर लेती है।[70] घृणा बीजभाव के रूप में उस ठण्डी नफरत के भी नीचे रहती है किन्तु वह मन के किसी गूढ़ कोने में दब सी जाती है, एक निरर्थकता, एक फालतू होने की स्थिति आ जाती है। यह संचरणशील व्यभिचारी भाव भी नहीं है, न यह स्थायी भाव ही है। एक अपूर्व, 'कोई अन्तर नहीं पड़ता', मैं परवाह नहीं करता जैसा भावलेष रहता

है। फलतः भावशून्यता की स्थिति आ जाती है। किसी भाव के गहरे डूबना या किसी के भी प्रति आसक्ति अनुभव करना अजनबी के लिए कठिन हो जाता है। ऐन्द्रिय संवेदन अवश्य होते हैं, वह प्रेमिका और पानी के स्पर्श का आस्वाद भी लेता है लेकिन वहाँ भी निमग्नता नहीं है। माँ के मरने पर, उसे दफना कर, वह उसी दिन प्रेमिका से मिलता है। प्रियताओं, मूल्यों और सम्बन्धों से रहित अजनबी लोगों की बढ़ती जमात का कारण समाज की संरचना तथा मनुष्य के जीवन की व्यर्थता का बोध आदि है। वस्तुतः इसे निर्वेद भी नहीं कह सकते क्योंकि वैराग्य को भी वह सौभाग्य की तरह निरर्थक समझता है। ऐसा व्यक्ति रसप्रतीति के अयोग्य है या यों कहें कि उसके लिए रसप्रतीति प्रवंचना है, व्यर्थता है।

आधुनिक साहित्य में इस अजनबीपन की वृद्धि से रसप्रतीति में बाधा पड़ी है। प्राचीन रसवादी साहित्य और उसके समर्थक आचार्यों के विरुद्ध बढ़ती हुई घृणा का कारण भी यही, गूढ़ स्तरों में व्याप्त, अलगाव है। वर्गहीन समाज या अंतरिक्ष युग में शायद यह भावहीनता समाप्त हो सके क्योंकि अनेक नक्षत्रों पर, थोड़ी संख्या में रहने पर शायद पुनः परस्पर निर्भरता के कारण प्रियता जाग्रत हो जाए किन्तु 'सनकी आधुनिक' को यह विश्वास नहीं है कि मनुष्य युगों के आनन्दवाद या आत्मा-परमात्मावाद के स्थान पर शून्य की स्थिति में जीने वाले अजनबी को अभिनवगुप्त भी रसवादी नहीं बना सकते। ऐसा लगता है आनन्दवादी विश्वबोध के स्थान पर निरानन्दवादी संघर्षपरक दृष्टियों का विकास होने से, 'रस' अब विरल हो गया है।

अभिनवगुप्त के अनुसार हृदय की एकरूपता का अनुभव उक्त विघ्न को दूर करने का उपाय हो सकता है। इसके सिवा लोकोत्तर व्यापारों के चित्रण के लिए कवि, प्रसिद्ध आख्यानों को ग्रहण करें और जनता के बद्धमूल विश्वासों के अनुकूल रामादि पात्रों का विधान करें।[71] इन उपायों के विधान से स्पष्ट है कि अभिनव के रस के लिए लोक हृदय का प्रयोग तो लोक साहित्य, चित्रपट आदि में हो जाता है। इससे ऊब कर, विशेषज्ञों द्वारा रचित काव्य-कलादि में तो प्रयोग-वैचित्र्य ही अधिक मिलता है यथा अमूर्त्त कला और अमूर्त्त कविता आदि में। टी. एस. एलियट भाव से पलायन का मंतव्य देते हैं।

अभिनव के अवधान में भारतीय रूपक हैं, जिनमें रामादि की कथाओं का प्रयोग, किसी नवीन सत्य की प्रतीति के लिए नहीं होता था बल्कि सर्वमुक्त स्थायीभावादि की चर्वणा के लिए होता था।

स्वगत रूप अथवा परगतरूप से देश-काल विशेष का सम्बन्ध द्वितीय विघ्न हैं। सामाजिक स्वगत सुख दुःख आदि प्रतीतियों का आस्वादन करता है तो कभी उसके नष्ट होने के भय से, कभी उसकी रक्षा के लिए व्यग्र होने से, कभी उसके सदृश अन्य सुख-प्राप्ति की इच्छा से अथवा उस दुःख के त्याग की इच्छा से या उसे प्रकट करने, छिपाने या अन्य किसी प्रकार से, इस प्रतीति में अन्य ज्ञान का उदय हो जाना महाविघ्न है।[72] परगत रूप से रस मानने पर भी सामाजिक में सुख, दुःख, मोहादि उत्पन्न होंगे।[73]

साधारणीकरण द्वारा यह दोष दूर हो जाता है। इस सन्दर्भ में अभिनव ने कृति और कर्त्ता दोनों की परस्पर क्रिया-प्रतिक्रिया का उल्लेख किया है। रूपकों में पूर्व रंग से नट, नटी का सामाजिक को परिचय रहता है किन्तु वेष भूषा, भाषा, रंग पीठ, दृश्यविधानादि द्वारा नट-नटी का रूप-प्रच्छादन हो जाता है। अतः सामाजिक को फिर यह प्रतीति नहीं होती कि इसी नट को, यहाँ, इसी से सुख या दुःख होता है।[74] कला के सौन्दर्य और ग्रहणशील रसिक सामाजिक की चित्तवृत्ति से स्वगत, परगत का भेदभाव नष्ट होता है और विभावादि साधारणीकृत हो जाते हैं।

तृतीय रस विघ्न भी इसी क्रम में उल्लेखनीय है। निज सुखदुःखादि से विवशीभूत व्यक्ति अन्य वस्तु या व्यक्ति में ध्यान एकाग्र नहीं कर सकता।[75] ध्यान की एकाग्रता के लिए सभी सामाजिकों के आस्वादयोग्य काव्य शब्द, गान नृत्य आदि का समायोजन किया जाता है। इससे हृदयहीन सामाजिक भी, चंचलता, भेदभाव खोकर विमल हृदय हो जाता है।[76]

इस विषय का जिस विधि से यहाँ उपस्थान किया गया है, उससे साधारणीकरण की प्रक्रिया की पूर्णता ऐसे रूपकों के प्रदर्शन में ही अधिक हो सकती है, जहाँ पूर्ण नाटक (टोटल ड्रामा) की प्रस्तुति हो और सामाजिक, कवि तथा अनुकर्त्ता के मध्य कोई मूल्यगत या रुचिगत विरोध न हो अन्यथा सामाजिकों की बद्धमूल रुचि, आदर्श, मूल्य और संस्कारों के विरुद्ध काव्य कलाओं के द्वारा सकलभोग्यवत्व के स्थान पर विशिष्टजन भोग्यत्व की स्थिति ही रहेगी अर्थात् साधारणीकरण अपिरिमित या सार्वजनीन न होकर परिमित ही होगा।[77] कारण यह कि सम्पूर्ण नाटक (टोटल ड्रामा) में विभावादि द्वारा स्थायी भावों का पूर्ण प्रत्यक्षीकरण सम्भव हो जाता है।

केवल विशेषज्ञों के द्वारा आस्वादयोग्य कलाओं (अमूर्त्त चित्रकलादि) में प्रत्यक्षीकरण की आकांशा सर्वसाधारण जनों के चित्त को व्याकुल किए रहती है। पूर्व अभ्यास के अभाव में, वर्णित भावादि को, साधारण व्यक्ति का चित्त, अनुमान या व्यंजना की सूक्ष्म गति के कारण ग्रहण नहीं कर पाता। वैचित्र्य और अस्फुटता के कारण प्रतीति में बाधा उत्पन्न हो जाती है। अतः चतुर्थ और पंचम विघ्नों के विवरण में अभिनवगुप्त सार्वजनीन प्रतीति के लिए प्रत्यक्षात्मक कल्प स्वरूप नाट्य को ही साधारणीकरण के लिए पूर्ण समर्थ मानते है।

अतः प्रतीति के अभाव या[78] अस्फुट प्रतीति के जनक शब्द और अनुमान के होने पर भी साक्षात्कारक, स्फुट प्रतीति रूप आकांक्षा बनी रहने से प्रतीति की विश्रान्ति नहीं होती है।[79] वास्त्यायन भाष्य में कहा भी है कि शब्द, अनुमानादि प्रतीतियों में प्रत्क्ष रूपेण होने वाली प्रतीति ही प्रधान होती है।[80] अतएव अभिनव द्वारा लौकधर्मी, वृत्तियों-प्रवृत्तियों से संयुक्त अभिनय को, रसानुभूति में, अन्य प्रकार की कलाओं से अधिक महत्व दिया गया है।[81]

प्रश्न होता है कि रस प्रधान भारतीय महाकाव्य और अन्य भावात्मक कलाओं के

अतिरिक्त, जहाँ रस अप्रधान होता है, वहाँ क्या रस और साधारणीकरण की अंव्याप्ति ही माननी होगी? इस प्रसंग में अभिनव ने स्पष्ट रसप्रधान कला के प्रति अपनी रुचि का समर्थन किया है। अभिनवगुप्त अपने संस्कार, रुचि और अनुभव से भारतीय काव्य और नाट्य की भावात्मकता की प्रधानता और भावुक भारतीय सहृदय की प्रवृत्ति से परिचित थे। राज सभाओं में विकसित वैचित्र्यप्रधान काव्यादि में सर्वसाधारण आनन्द नहीं ले सकते थे। अतः पंडितयों के चमत्कारवाद के विरुद्ध, अभिनव, रस की प्रधानता के समर्थक हैं। इससे यह भी प्रमाणित होता है कि राज्य सभाओं के गुणालंकार प्रधान काव्य की सीमाओं के विरुद्ध, वह अपने रसवादी काव्य के पक्ष में वातावरण भी बनाना चाहते थे। अतः रस प्रतीति की अपघानता को वह षष्ट विघ्न कहते हैं।

'अप्रधान गुणालंकारादि में किसकी संविद्, विश्राम प्राप्त कर सकती है? कहीं विभाव या अनुभाव या केवल संचारी भाव का ही वर्णन होता है, ऐसे स्थलों में रस अप्रधान होता है। जहाँ किसी मनोदशा (संचारी) का वर्णन होता है, वहाँ स्थायी भाव की आकांक्षा बनी रहती है अतः रस वहीं प्रधान रूप में स्फुरित होता है, जहाँ स्थायी भाव ही चर्वणा के योग्य होता है।'[82]

इस स्वीकृति से यह स्पष्ट है कि रस और साधारणीकरण की पूर्णता के लिए स्थायी भावों का वर्णन, एक अनिवार्य शर्त है। आधुनिक काव्य, कलादि में स्थायी भावों के स्थान पर संचारियों का वर्णन अधिक हुआ है। ऊब, अवसाद, अनवधानता (इन्डिफरैन्स), अजनबीपन आदि मनोदशाएँ हैं, स्थायी भाव नहीं। काव्य कला को आत्म-अभिव्यक्ति मात्र मान लेने और भीड़ से अलग, कुछ विशेषज्ञ समानधर्मा के लिए ही रचना करने के कारण रस के स्थान पर मात्र भाव की स्थिति ही प्रधान होती है। पंडितराज ने शायद इसी संभावना के कारण भावध्वनि की स्वतंत्र सत्ता और महत्व का विवेचन किया है। स्पष्टतः रस की प्रधानता की चिन्ता न करके, आधुनिक कला मर्मज्ञ मात्र मनोदशाओं, मूल्य संक्रमण के कारण उत्पन्न सन्देहों और शून्य-बोधात्मक प्रतीतियों की वर्णना में ही सार्थकता अनुभव कर लेता है। उसे आत्मविश्रान्ति कहीं, निरन्तर तनाव या आत्म क्षेम प्रिय हो जाता है। तनाव में जीने और तनाव में ही पाठकों को बनाए रखने के लिए दत्तचित्त कलाकार और सहृदय, रसप्रधान, भावुक कला-काव्यादि को मध्यकालीन, आदिम वृत्ति मानने लगा है।

अतः रस एक विशेष प्रकार के नाट्य प्रारूप और काव्य प्रारूप (मॉडल) से सम्बन्धित हैं, व्यक्तिवाद या व्यक्ति-वैचित्र्यवाद उसमें एक विघ्न ही हैं।

रस की सार्वजनिकता के लिए अभिनवगुप्त देश, काल, पात्र, विचारों, आदर्शों, मूल्यादि के विरोध से रहित, मनुष्य मात्र के स्तरों पर ही ध्यान केन्द्रित करते हैं। इस सार्वभौमिक मानव का अनुसंधान इस प्रकार किया गया है—प्रत्येक व्यक्ति रमण की इच्छा से युक्त होता है (रति)। वह रमणेच्छा के कारण दूसरे का उपहास करता (हास), प्रिय वस्तु के वियोग से दुखी होता है (शोक) उन वियोगादि के कारणों के प्रति क्रोध करता है (क्रोध)। शक्ति न होने पर भयभीत होता है (भय), किसी को प्राप्त करने की इच्छा करता है

(उत्साह), अनुचित वस्तु रूप विषय के प्रति घृणा से भर जाता है (जुगुप्सा), अपने तथा दूसरों के अद्‌भुत कार्यों को देखकर विस्मित होता है (विस्मय) और किसी को त्याग करने की इच्छा करता है (निर्वेद)।[83]

अभिनव के अनुसार यह मूल मानव सार्वभौमिक और सार्वकालिक है। रस की निष्पत्ति में इसे ही जाग्रत किया जाता है। मनुष्य की कोई वृत्ति, प्रवृत्ति, मूल्य और आदर्श इस मूल्य मानव से कहीं न कहीं जुड़े रहते है। अतः जिस काव्य-कला मे मूल भावों की उपेक्षा होती है उसमें रस अप्रधान रहता है, तब उसमें व्यापक स्तर पर विश्रांति कैसे हो सकती है?

वैचारिक उलझन, शून्यता बोध या आत्म निर्वासानादि मनोदशाएँ, जुगुप्सा और निर्वेद के, गुणात्मक दृष्टि से, भिन्न रूपों को प्रकट करती है। अतः मूल मानव के वृत्त के भीतर आधुनिक व्यक्ति की चित्तवृतियाँ भी आ ही जाती है किन्तु जेम्स ज्वायस के यूलियस जैसी कृतियों में चितवृतियों को उत्तेजित करने के स्थान पर आज के मनुष्य की दशा की अभिज्ञा ही प्रधान है। अंतः इस प्रकार की कृतियों में रस की प्रधानता नहीं होती, किसी विशेष ऐतिहासिक मोड़ पर, मूलमानव की नहीं, सामाजिकस विकास और परिवर्तनों में दोलित मनुष्य की पहचान प्रधान होती है। इसलिए रस की प्रधानता प्रत्येक कृति में नहीं मिल सकती और न यह कहा जा सकता है कि जहाँ-जहाँ रस प्रधान नहीं है, वहाँ-वहाँ सहृदय प्रभावित नहीं होता।

रस प्रधान काव्य-कला में, अभिनव के अनुसार स्थायी भाव सूत्र के सदृश रहते हैं और व्यभिचारिभाव, स्फटिक, कांच, अभ्रक, मरकत आदि मणियों के समान सूत्रबद्ध रहते हैं। कभी तो मणियाँ सूत्र को छिपा लेती हैं और कभी मणियों के मध्य सूत्र की तरह स्थायी भाव प्रत्यक्ष होते रहते हैं।[84]

पारम्परिक भारतीय साहित्य की, विशेष कर रसप्रधान साहित्य की रचना प्रक्रिया का यह निरीक्षण प्रशंसनीय है। किसी एक मनोदशा के साथ अनेक सहायक मनोदशाओं की एक सूत्रता तो आज की कृतियों में भी मिलती है। भाव से पलायन कर्त्ता टी. एस. एलियट कृत 'वेस्टलैंड' में ह्रास और सांस्कृतिक अनुर्वरता को देख कर उत्पन्न खिन्नता या निराश के सूत्र में एक सीमा तक उपमनोदशाओं को पिरोया गया है किन्तु 'वेस्टलैंड' की संरचना प्रमुखतः बौद्धिक है। इस कृति की माला में सूत्र की तरह सावधान बुद्धि है जो सभ्यता के ह्रास का अवलोकन करती है। सन्दर्भगर्भिता के कारण, 'वेस्टलैंड' की विधि, भावाविधि न होकर वस्तुतः 'भानुमती का कुनबा' विधि है, जिसमें कहीं की ईंट और कहीं का रोड़ा[85] जोड़ कर एक विचित्र सृष्टि की गई है। इसीलिए उपकरणों का विधान उतना सरल और प्रत्यक्ष नहीं है जितना कालिदास के मेघदूत और तुलसी कृत रामचरित मानस में पाया जाता है।

अतएव स्थायी भावों को ही विभावादि से पुष्ट करके रस की निष्पत्ति भारतीय नाट्य और काव्यादि में की गई है और उसी की व्याख्या में रसवाद प्रमुखतः सहायक हो

सकती है। सामान्यतः ग्रहण करने पर यह अवश्य कहा जा सकता है कि कृति मात्र में विभावादि उपकरणों की ही एक विशेष संगति होती है, यह पहले ही में दिखाया जा चुका है।

रस में सप्तम विघ्न संशय योग से उत्पन्न होता है।[86] मंच पर एक अनुभाव से एक से अधिक भावों का सन्देह हो सकता है। यथा, अश्रु, रति और शोक दोनों भावों में उत्पन्न होते हैं। व्याघ्र आदि को देखकर क्रोध और भय दोनों उत्पन्न हो सकते हैं। श्रम और चिन्ता उत्साह और भय दोनों में अनुभूत होते हैं। विभावानुभावसंचारि के समूह अवलम्बनात्मक रूप में प्रस्तुत होने से तथा विशेष सन्दर्भ के स्मरण से इस के सन्देहों का निवारण हो जाता है।[87]

व्यापक रूप में ग्रहण करने पर संशय योग की ध्वनि यह है कि कृति विशेष में वर्णित सन्दर्भ, चेष्टा, स्थायीभावादि के विषय में सामाजिकों को कोई सन्देह नहीं होना चाहिए। सन्देहात्मक अर्थों के विधान में भी भावविभोरता में बाधा पड़ती है। यहाँ सन्देह का अर्थ संकुलता नहीं लेना चाहिए क्योंकि संकुलता से तो काव्यादि में गहराई उत्पन्न होती है।

रस स्वरूप, द्वन्द्वों की संगति—उक्त विघ्नों से रहित स्थिति में, विभादि के द्वारा स्थायी भावों की वर्णना या अभिनय से, सामाजिक द्वारा अपनी ही वासनाओं या भावों का उच्चतर भोग या आस्वादन ही रस है। अतः वह स्वसंवेदनात्मक होता है। इसे शंकुक ने स्थायी का अनुकरण रूप कहा है, वह औपचारिक प्रयोग मात्र है। इस रस का ग्रहण, विभादि लिंगों को देखकर अनुमान द्वारा नहीं होता अपितु, समस्त सामाजिकों की हार्दिक एकता के बल से, तन्मयी भाव से प्राप्त चर्वणा या साक्षात् भोग या आनन्द रूप में होता है।[88]

यह रसानुभूति न तो स्मृति कही जा सकती है और न इसमें शब्द, अनुमान, सादृश्य आदि प्रमाणों का व्यापार होता है, न यह अनुभव योगज परसंवेदनात्मक ज्ञान होता है। समस्त विषयों के प्रति विरक्त, असंप्रज्ञता समाधि में स्थित केवल स्वात्मानन्द अनुभव भी यह नहीं कहला सकता।[89]

अतः रस न कार्य है, न ज्ञान, वह आलौकिक है। बीज, अंकुर का कारक हेतु होता है, उसके ज्ञान के बिना भी अंकुर की प्राप्ति होती है परन्तु विभावादि के ज्ञान के बिना रस की प्राप्ति असंभव होती है। रस को ज्ञान भी नहीं कह सकते क्योंकि दीपक से, पूर्व विद्यमान घट, पटादि प्रकाशित होने पर वे पदार्थ ज्ञान कहलाते हैं। रस घटपटादिवत् पूर्व विद्यमान नहीं होता है। अतः विभावादि अलौकिक (लोक में उस रूप में अप्राप्त) होते हैं और रस भी अलौकिक होता है। अलौकिक का अर्थ अवास्तविक नहीं है क्योंकि रस की प्रतीति सामाजिकों को होती है। सारांश यह है कि रसानुभूति और उसकी अभिव्यक्ति को लोक भाषा का शास्त्र भाषा में नहीं कहा जा सकता है।

कार्य और ज्ञान न होने से रस प्रमेय भी नहीं कहा जा सकता क्योंकि रस्यमानता

ही उसका प्राण है।[90] यदि कहें कि तब भरत ने उसकी निष्पति (निर्मिति) क्यों की है तो अभिनव का वचन है कि रससूत्र में निष्पति का विवेचन नहीं है अपितु आस्वादन की निष्पति कही गई है।[91] अतः रस आस्वादन आनन्द, इस प्रकार का विधान सिद्ध हो जाता है। औपचारिक रूप से ही रस की उत्पत्ति या निर्मित का प्रयोग होता है।

रस की वस्तुनिष्ठता या आस्वाद्यता का तो अभिनवगुप्त, अद्वैत शैवमत के कारण निषेध कर देते हैं किन्तु रस या आस्वाद रूप जो अनुभव है, वह विरोधाश्रयी होता है अर्थात् रस पानक रस की तरह परस्पर विरोधी स्थितियों, भावादि के संयोग से ही एक विशिष्ट आस्वाद के सदृश होता है। पात्र और परिस्थितियाँ लोक से ली जाती हैं फिर भी कल्पना के प्रयोग के कारण वे अलौकिक नहीं कहला सकतीं। इसी प्रकार रस, स्वगत, परगत लोक स्वार्थों से भी भिन्न होता है फिर भी यह समाधिगत आस्वाद के सदृश लोकातीत भी नहीं होता। अतः प्रत्येक कोटि (केटागरी) का स्पर्श होने पर भी रस उस कोटि को काट कर अर्निवचनीय प्रतीत होने लगता है जो ऐसा है, ऐसा नहीं भी है—इस भाषा में जिसे कहा जाये, वह विरुद्धाश्रयी कहलाता है। रस विरुद्धाश्रयी ही होता है। कल्पनात्मक और भावात्मक सृष्टि के कारण काव्य या नाट्य रस को विलक्षणविरुद्धाश्रयी कह सकते है।

रसानुभूति में निहित द्वन्द्वात्मकता की पहचान कर लेने पर भी, अभिनव उसकी वस्तुरूपता का खण्डन करते हैं, यहाँ कहा गया है कि उनके अनुसार रस एक आस्वादन क्रिया है, वह पदार्थ नहीं है अतएव वह रस—'इति कः पदार्थः। उच्यते, आस्वाद्यत्वात्,' इस प्रकार नाट्यशास्त्र के पाठ को स्वीकार करते हैं। इसके विरुद्ध 'रस इति कः। पदार्थः'—पाठ सम्बंधी अभिनव स्वीकार नहीं करते।

यों, साधारणीकरण प्रक्रिया समझाते समय अभिनव कृति और कर्ता, दृश्य और प्रेक्षक की परस्पर क्रिया-प्रतिक्रिया को स्वीकार करते हैं किन्तु उक्त व्याख्या से कृति से रस का सम्बन्ध न रह कर, सहृदय से हो जाता है। कृति अभिव्यंजक और रस अभिव्यंग्य हो जाता है। विभावादि अभिव्यक्त रस को अनभिव्यक्त कर देते हैं। अतः रस सूत्र में संयोग का अर्थ है, अभिव्यंग-अभिव्यंजक सम्बन्ध और निष्पति का अर्थ है अभिव्यक्ति। मिट्टी में बसी सुगंधि के सदृश रस सामाजिक में तभी व्यक्त होता है जब जल की छींटों के सदृश विभावादि की काव्य में वर्णना या मंच पर प्रदर्शन होता है।

द्वन्द्ववाद और आनन्दवाद—अभिनव के अनुसार नाटकादि केवल आनन्द ही देते हैं, दुःख नहीं किन्तु अन्यत्र रसों में तारतम्य सिद्ध करते समय अभिनव करुणा, वीर, रौद्रादि में यत्किंचित् दुःख स्पर्श भी मान लेते हैं।[92] इसी आधार पर शृंगार की श्रेष्टता और प्रियता सिद्ध करते हैं।[93] अभिनव के अनुसार भरत के हर्षादीश्चाधिगच्छन्ती[94] पाठ में हर्ष के बाद आदि शब्द से, शोकादि का अर्थ नहीं लेना चाहिए अपितु हर्षाश्चाधिगन्छन्ती पाठ करके, आदि के स्थान पर 'च' का ग्रहण करना चाहिए।

किन्तु नाट्य शास्त्र के प्रथम अध्याय की व्याख्या में अभिनव स्पष्टतः रति, हास,

उत्साह और विस्मय की सुखरूपता के साथ-साथ उनमें विद्युत सदृश अल्पदुःख का अनवेध भी मानते हैं।[95] रति में चिरकाल तक रहने वाले सुख की कामना से और विषय भोग की प्रमुखता से सुखानुभव होता है परन्तु उसके नाश के भय से दुःख का अंशतः सम्पर्क हो जाता है।[96] इसके विपरीत क्रोध, भय, शोक और जुगुप्सा की व्यंजना में सुख का अनुवेध रहने पर भी दुःख की प्रधानता रहती है।[97]

इस प्रकार अभिनव रसों को सुख दुःख उभयात्मक मानते प्रतीत होते हैं।[98] अतः हर्षादीश्चाधिगच्छन्तीति पाठ कर लेने से भी यहाँ वदतोव्याघात दिखाई पड़ता है। यह भी किसी ने नहीं कहा है कि इस सन्दर्भ में प्रथम अध्याय का पाठ अशुद्ध है।[99]

इसकी संगति इसी प्रकार लग सकती है कि आस्वाद, आनन्ददायक होने पर भी एक रूप नहीं होते। जैसे ठण्डाई आनन्ददायक होती है पर उसके स्वाद में काली मिर्च के चरचरेपन का स्पष्ट अनुभव होता है। काली मिर्च के बिना ठण्डाई छानना अपूर्ण रहता है। अतः शृंगार, हास, अद्भुत और वीर में आनन्दरूपता आ जाती है किन्तु जुगुप्सा, भय, क्रोध और शोक में दुःख की प्रधानता मानने से इनकी आनन्द रूपता केवल इस आधार पर सिद्ध हो सकती है कि कला शक्ति तथा साधारणीकरण आदि से सत्वोद्रेक में, मूलतः दुःख रूप रौद्र-भयानक आदि रस भी आनन्ददायक ही प्रतीत होने लगते हैं, तभी रस विलक्षण प्रतीति कहलाता है। कला जगत् कल्पनात्मक होने से जिस प्रकार सुखात्मक रस गर्व, आसक्ति आदि नहीं उत्पन्न करते, उसी प्रकार दुःखात्मक कहे जाने वाले रस भी शोकादि की सृष्टि न करके आनन्ददायक बन जाते हैं। इससे रसों के अलग-अलग स्वाद की प्रतीति में कोई बाधा नहीं आती। आत्मा को आनन्दमय मानने के कारण रस मूलतः अखंड कहे गए हैं। मिष्ठान, आम्ररस (पना), चाट और शर्बत सभी से एक ही आनन्द की प्राप्ति होने पर भी, स्वाद में अन्तर अनुभव होता है।

इससे यह स्पष्ट होता है कि काव्य और कला का आनन्द, उपकरणों और उनके विशिष्ट संयोजन से अवश्य रंजित रहता है। स्वाद के गर्भ में सामग्री, विभाव, भावादि के अपने-अपने स्वरूप का योगदान रहता है। अतः स्वाद भी विरुद्धाश्रयी होता है अथवा उसे मिश्रित (कम्पाउण्ड) प्रतीति कह सकते हैं।

स्वाद में परस्पर विरोधी सुख दुःखों के मिश्रण की इस विशिष्टता की ओर अध्यात्मवादी आनन्दवाद के कारण अधिक ध्यान नहीं जाता है।[100]

आनन्दवाद की पृष्ठभूमि में कश्मीर शैव दर्शन है। इस मत के अनुसार एक मात्र सत्ता परमशिव है। परमशिव विश्वोत्तीर्ण भी है और विश्व रूप भी। विश्वात्मक रूप, प्रकाश रूप में शिव और विमर्श रूप में शक्ति कहलाता है। चन्द्र-चन्द्रिका के समान शिव और शक्ति एक और अभिन्न है। शिव और शक्ति को दर्पण और प्रतिबिम्ब के सादृश्य से भी समझा जा सकता है। शिव स्वेच्छा से, अपने शक्ति रूप से, प्रकृति में रूपायित होता है। अतः शक्ति विमर्श प्रकृति या भौतिक जगत् यह समीकरण बनता है और शिव आत्मा के रूप में, अपने ही एक पक्ष, प्रकृति का भोग करता है जो वस्तुतः आत्म भोग ही है।

आदि शंकराचार्य चैतन्य (शिव) के अतिरिक्त प्रकृति को मिथ्या या सत्-असत् विलक्षण मानते हैं जब कि अभिनवगुप्त प्रकृति को चैतन्य की शक्ति मानते हैं। अतः प्रकृति तत्वतः सत् है वह सांख्य की प्रकृति के सदृश चैतन्य (पुरुष) से भिन्न या स्वतंत्र नहीं है।[101]

शक्ति को शैव चित् शक्ति (चैतन्य की शक्ति) भी कहते हैं। यह चित्, आनन्द, इच्छा, ज्ञान और क्रिया-पांच रूपों में वर्णित है। चित् शक्ति, मूल शक्ति है। इसकी स्वतंत्रता को ही आनन्द शक्ति कहते हैं। वाह्य विषयों से ध्यान हटते ही, जब परम सत्ता का चिंतन होता है तब चित्-शक्ति में तल्लीनता की स्थिति ही आनन्द शक्ति कहलाती है।[102]

यह परम चैतन्य शिव की चिति (शक्ति) ही सृष्टि और संहार करती है। सर्जन में इसका विस्तार होता है और अंतर्मुखी होकर यही स्व में केन्द्रित हो जाती हैं। अतः बहिर्मुख मानव चेतना का अंतर्मुखी होंकर स्व में प्रतिष्ठित होना ही आनन्द का कारण है।

आत्मा तत्वतः शिव है किन्तु पूर्व जन्म के कर्म फलादि के वशीभूत होकर, अज्ञानग्रस्त दशा में वह अपने मूल रूप (शिवावस्था) को विस्मृत कर देती है। उसे स्व और पर अथवा चेतना और प्रकृति, परस्पर-असम्बद्ध, भिन्न और विरोधी प्रतीत होने लगते हैं। इस दशा में, भेद बुद्धि के कारण जीव की संज्ञा पशु होती है। वह नियति, काल राग, विद्या और कलादि कंचुकों या आवरणों से ग्रस्त होकर भेद बुद्धि को प्राप्त करता है। इसी तरह के ज्ञानहीन पशुओं (जीवों) द्वारा सांसारिक कर्म होते हैं। दुःख, व्याधि और परतंत्रता का कारण भी आत्मा पर पड़े हुए ये कंचुक ही हैं। ज्ञान और शिव की कृपा से ये कंचुक कटते हैं जीवात्मा अपने तात्विक रूप में शिव की प्रत्यभिश्रा (मैं शिव हूँ) या दोबारा पहचान करके, मुक्त हो जाता है। मुक्तावस्था में प्रकृति बाधक नहीं, आनन्द और मुक्ति में साधक बन जाती है। अज्ञान की स्थिति में प्रकृति को स्वात्मभिन्न समझने के कारण, उसके अनुभव या भोग, आत्मा का पतन करते हैं किन्तु आत्म ज्ञान के पश्चात् आत्मा रूपा या स्वचितिशक्ति रूप प्रकृति के आस्वाद, आत्म विकास में सहायक हो जाते हैं। अतः अज्ञानी के लिए ऐन्द्रिय भोग नाशक और ज्ञानी के लिए उद्धारक बन जाता है।

आत्मा चैतन्य शिव से भिन्न से प्रकृति की सत्ता न मानने के कारण, शैव जागतिक आनन्द को स्वतंत्र नहीं मानते। ऐन्द्रिय और मानसिक सभी प्रकार के आनन्द या आस्वाद मूलतः शिवानन्द आत्मानन्द ब्रह्मानन्द (आत्मा और शिव एक ही हैं) के ही निम्न रूप होते हैं। शब्द, स्पर्श, रस रूप, और गंध के विविध आस्वाद इसी लिए ब्रह्मानन्द से अपृथक है जब कि अज्ञान वश जीव यह समझा करता है कि वह स्वतंत्र पदार्थों से आनन्द या रस प्राप्त कर रहा है।

इस प्रकार विषयानन्द और ब्रह्मानन्द एक और अभिन्न हैं क्योंकि विषय या पदार्थ (प्रकृति) तत्वतः चिन्मय या आत्म रूप होते हैं। इसी प्रकार काव्यानन्द या कला स्वाद भी ब्रह्मानन्द रूप ही है किन्तु इनकी प्रक्रियाओं और माध्यम में अंतर होता है। रूप की तृष्णा से युक्त व्यक्ति सुन्दर पदार्थ को देखकर आनन्दित होता है, तृषित व्यक्ति जल पीकर

आनन्दित होता है। वस्तुतः शब्द, स्पर्श, रस, रूपादि से जो तृप्ति मिलती है उसका कारण यह आत्म ज्ञान है कि मैं पूर्ण हो गया, मेरी अतृप्ति नष्ट हो गई है। इसी को आत्मपरामर्श या आत्मचिंतन कहते हैं। अतः आनन्द का कारण वाह्य विषयादि नहीं, आत्म-परामर्श है। इसके माध्यम विषय रहते हैं।

काव्य कला के द्वारा जो आनन्द प्राप्त होता है, उसका कारण भी अंतर्मुखता की स्थिति में आत्मानुसंधान है। विषयानन्द में तो अज्ञानी जीवात्मा पर कंचुकों का भार अधिक रहता है, किन्तु काव्य और कलाएं, सामाजिक में अंतर्मुखता की प्रक्रिया प्रारम्भ कर देती है। फलतः काव्यानन्द में भावों के माध्यम से सामाजिक आत्मानुचिंतन (कन्टैम्पलेशन ऑफ सैल्फ) करने लगता है। आत्मोन्मुखता से कंचुकों (स्वगत, परगत, देश, काल, पात्र का विशेष ज्ञान) का दबाव कम हो जाता है यद्यपि वह पूर्णतः नष्ट नहीं होता। अंतर्मुखता की उच्चतर स्थिति में सामाजिक अपने ही भावों का चर्वण करने लगता है। आवरणों के यत्किंचित शिथिल होते ही, स्वप्रकाश रूप शिव या आनन्द रूप आत्मा प्रकाशित होने लगता है मानो सूर्य से कुछ-कुछ बादल विच्छिन्न हो गए हों। इस दशा में, चित्त वृतियों का चंचल प्रवाह थमने लगता है और सामाजिक की चेतना को विश्राम का अनुभव होता है—यही संचित् (चित् शक्ति चेतना) की विश्रान्ति है। अतः भावादि के माध्यम से आत्म परामर्श रूप संवित् की विश्रान्ति ही रस है।

स्पष्टतः रस की इस आत्मगत व्याख्या में प्रमाता से स्वतंत्र प्रमेय पदार्थों की स्वतंत्रत सत्ता स्वीकार नहीं की गई है। यदि पदार्थ, वास्तविक या कल्पित रूप में (काव्य कलादि में) आत्मा से अपृथक् हैं (सर्वम् खलु इदं ब्रह्म) तो रस को पदार्थ स्थित माना नहीं जा सकता क्योंकि पदार्थ का ज्ञान आत्मा के बिना नहीं होता। आत्मा के प्रकाश से ही पदार्थ प्रकाशित होते हैं। जब वस्तु की पृथक् सत्ता ही अप्रमाणित हो गई तब रस को वस्तु निष्ठ कहना अशुद्ध होगा।

भौतिकवादी दृष्टि से चेतना, पदार्थ का ही गुणात्मक विकास मानी जाती है। वैज्ञानिक यह नहीं मानता कि वस्तु की स्वतंत्र सत्ता नहीं है। वस्तुओं का अस्तित्व प्रमाता के दर्शन के बिना भी रहता है अन्यथा यह मानना होगा कि अदर्शित पदार्थ अनस्तित्ववान् हैं। अतः जगत् की स्वतंत्र सत्ता रह सकती है। अतः ज्ञान का विषय होने से ही पदार्थ का अस्तित्व सिद्ध नहीं होता। प्रकृति हमारे ज्ञान या अज्ञान से स्वतंत्र सत्ता रखती है, यह यथार्थवादियों का मत है।

इसी प्रकार कलाकार की कृति का एक स्वतंत्र अस्तित्व रहता है, यह एक वास्तविकता है। दूसरी वास्तविकता यह है कि कृवि विशेष के पाठन या अभिनयादि के समय कृति के अतिरिक्त, द्रष्टा सामाजिक की सत्ता रहती है। सामाजिक अपनी ग्रहण शीलता के बल पर कृति का साक्षात्कार करता है। कृति विषय है (ऑब्जैक्ट) और द्रष्टा विषयी (सब्जैक्ट) है। रस और सौन्दर्य वस्तुतः इस विषय और विषयी के मध्य सम्बन्ध या संगति का नाम है, जिसमें उक्त दोनों सत्ताओं की स्वीकृति आवश्यक है। अतः प्रथम

वास्तविकता की दृष्टि से रस वस्तुनिष्ठ है और वस्तु को आस्वादन की प्रक्रिया में रखकर देखने से वह वस्तु और व्यक्ति के मध्य सम्बन्ध का नाम है। कृति के सामने रहने से ही यह सम्बन्ध रहता है। उधर द्रष्टा के उपस्थित रहने से ही कृति स्थित कवि का कौशल आस्वाद का विषय बन पाता है। अतः आस्वाद प्रक्रिया में रस न तो मात्र वस्तुगत है और न केवल द्रष्टागत। यदि भट्ट लोल्लट के शब्दों से यह अर्थ निकाला जाए कि आस्वादन की प्रक्रिया में भी रस वस्तुनिष्ठ ही रहता है तो द्रष्टा की प्रतिक्रियाओं और प्रतीतियों की अवहेलना होती है और यदि अभिनव गुप्त के सदृश रस को, कश्मीर शैवमत के प्रकाश में, मात्र आत्मनिष्ठ माना जाए तो कृति की स्वतंत्र सत्ता का निषेध होता है। द्वन्द्वात्मक भौतिकवादी दृष्टि से रस और सौन्दर्य, रचना और आस्वाद की क्रिया-प्रतिक्रियादि की परिणति ही है।

यह देखा जा चुका है कि भट्ट लोल्लट की व्याख्या में सामाजिक की सर्वथा उपेक्षा नहीं की गई है किन्तु लोल्लट और उनके अनुसार व्याख्याकार वस्तु और द्रष्टा के मध्य द्वन्द्वात्मक सम्बन्ध से परिचित नहीं थे। यही कारण है कि वे रस को कृति और भोक्ता की द्वन्द्वात्मक परिणति के रूप में विवेचित नहीं कर सके।

भट्टनायक और अभिनवगुप्त अपने शैव दृष्टिकोण से, कृति की आभासात्मक सत्ता मानकर भी, सामाजिक की आत्मा अनुसंधान करने लग जाते हैं। विशेषकर अभिनव के लिए तो कलाकार की कृति और अन्य पदार्थों में तत्वतः कोई अन्तर नहीं रह जाता क्योंकि अन्य पदार्थ अंततः शिव की चित् शक्ति की ही कृतियाँ हैं। यह सम्पूर्ण ब्रह्माण ब्रह्म या शिव की ही स्व्च्छन्द रचना है। अतः ज्ञान को तो किसी भी पदार्थ दर्शन से आत्म परामर्श रूप रस प्राप्त हो सकता है। इस दृष्टि से कला कृति प्रस्तर खंड या धूलिकरण या सरितादि या मृत्तिका या जल, इस प्रकार का समीकरण बन सकता है। इससे कला कृति की विशिष्टता के अनुसंधान को हानि पहुंचाने का भय उपस्थिति होता है।

एक अन्य कठिनाई यह है कि अधिदर्शनात्मक धारणाएं कल्पित होती हैं। जगत् तथा जीव की बुद्धिसंगत व्याख्या के लिए इनका जन्म होता है। ईश्वर की कल्पना के बिना जगत् की व्याख्या नहीं हो सकती, न मुनष्य के लिए कोई मानसिक अवलम्ब रहा जाता है—इस आधार पर ईश्वर की कल्पना की गई है। अतः शैव कल्पनाओं की अस्वीकृति की स्थिति में अर्थात् आत्मा की धारणा के निषेध से संविद् विश्रान्ति रूप रस का भी निषेध हो जाता है। अतः रस या कलानुभव को मात्र मानसिक ही माना जा सकता है। सामाजिक और कृति की परस्पर क्रिया-प्रतिक्रिया से जो एक विशेष प्रकार का मानसिक अनुभव प्राप्त होता है, रस उससे भिन्न कोई आध्यात्मिक तत्व नहीं है। ब्रह्मानन्द भी वस्तुतः मानव की एक मानसिक स्थिति मात्र है, जिसमें वह भौतिक अनुभवों से तटस्थ होकर, मानसिक जगत् में विचरता है, मात्र अपने अस्तित्व का चिंतन करता है और द्वन्द्वों से उपराम होकर निर्द्वन्द्व हो जाता है। संघर्षपूर्ण मानव जीवन, जो केवल व्यक्तिगत दृष्टि से देखने पर, मिथ्या या आभास या शून्य लग सकता है, निंद्वंद्व मानसिक दशा में, यह कष्टकर नहीं रह जाता।

चित्तवृत्तियों के प्रवाह का कारण तो भौतिक परिवेश होता है। अतः परिवेश से कट कर, मात्र मानस राज्य में विचरण परमानन्ददायक प्रतीत होता है। प्रारम्भ में, ध्यान करने पर तो विषयों की स्मृतियाँ कष्टकर होती हैं किन्तु निरन्तर अभ्यास से परिवेश से असम्बद्धता के कारण, वृत्ति प्रवाह ही समाप्त होने लगता है। फलतः समाधि में यह शून्य साधना विश्रान्तिपरक हो जाती है। जागतिक कोलाहल और उद्वेग से मुक्ति का यह उपाय, समष्टि की दृष्टि से पलायन और वैयक्तिक दृष्टि से साधना है। यह सम्भव है कि इस प्रकार के योग से मनुष्य को मानसिक शक्तियाँ प्राप्त हो जाएं किन्तु वैज्ञानिक दृष्टि से यह मानसिक अभ्यास मात्र है। नास्तिक (बुद्ध, महावीर आदि) और आस्तिक दोनों ही मानसिक साधना कर सकते हैं, इसलिए भी योग के साथ ईश्वर, आत्मा आदि पूर्व कल्पनाओं की अनिवार्यता खंडित हो जाती है।

भौतिकवादी दृष्टि से शिव और शक्ति आदि के प्रत्यय जीवन के वास्तविक निरीक्षण के दार्शनिक प्रक्षेपण मात्र है। शैवों ने देखा होगा कि मनुष्य अपनी शक्ति से ही रचना करता है। अतः मानव कृत निर्माणकार्य उसकी शक्ति के रूप कहे जा कसते हैं। इसी आधार पर सृष्टि को शिव की शक्ति का चमत्कार कह सकते हैं, अतएव आध्यत्मिक दर्शन में, मनुष्य के निरीक्षण से प्राप्त धारणाओं का ही प्रयोग दिखाई पड़ता है। ब्रह्म, मनुष्य की तरह ही, सृष्टि के पूर्व कामना करता है। वह एकाकी रहकर रमण नहीं कर सकता। अतः एक से अधिक होने की इच्छा करता है।[103] तदनन्तर वह परम सत्ता अपने को पुरुष और नारी के रूप में विभाजित करती है, एक अंश आत्मा बनता है और एक अंश प्रकृति में रूपायित हो जाता है। अतएव अधिदर्शन की धारणाओं में मानव मन ने वास्तविक जगत् और उसके सम्बन्धों को ही प्रक्षेपित (प्रोजैक्टिड) कर दिया है इसे अंतिम या आत्यन्तिक सत्य न मान कर इसे मनोविज्ञान का विषय समझना होगा।

अधिदर्शन की इस मनोवैज्ञानिक व्याख्या से यह बोधगम्य हो जाता है कि रस आध्यात्मिक आनन्द न होकर, मानसिक अनुभव है। यथार्थ मानव जीवन की कल्पनात्मक प्रस्तुति होने के कारण, काव्य कलादि का आस्वाद दाहक नहीं होता, इसमें वास्तविक द्वन्द्व चित्रित होकर एक चेतनागत संगति प्राप्त कर लेते हैं।

भारत में काव्य और कला के रस की आनन्दवादी व्याख्या का अनुगमन इसलिए हुआए है क्योंकि विश्व दृष्टिकोण यहाँ प्रमुखतः अधिदर्शनात्मक ही रहा है। मम्मट ने रस को सकल प्रयोजन मौलिभूत और आनन्द स्वरूप कहा है। उनके अनुसार रस स्थिति के क्षणों में अन्य बेदनाओं का ज्ञान नहीं होता, केवल आनन्द का अनुभव होता है।[104] धनिक और धनंजय भी रस को अलौकिक आनन्द रूप कहते हैं।[105] विश्वनाथ का तो मत है कि यदि करुणादि रस दुःख रूप होते तो प्रेक्षकों की उधर प्रवृत्ति ही नहीं होती। रस आनन्द रूप है, यह सहृदय-अनुभव से स्वतः प्रमाणित है। रस को दुःखद मानने पर तो महाभारत-रामायण काव्य, दुःख हेतु मानने होंगे।[106] विश्वनाथ के अनुसार वास्तविक जीवन के शोकादि काव्य में वर्णित होकर आनन्द रूप ही जाते हैं।[107] अतः रस सत्वोद्रेक

की दशा में, अखण्ड, स्वप्रकाश रूप, चिन्मय, ज्ञाता-ज्ञेय-ज्ञान के सम्पर्क से रहित, लोकोत्तर-चमत्कार प्राण, आत्मा रूप ब्रह्मानन्द सहोदर होता है।[108] भोज भी रस को आनन्दमय मानते हैं।[109] पंडितराज के अनुसार आनन्दस्वरूप चैतन्य पर पड़ा आवरण, विभावादि के आयोजन से हअ जाता है और सत्, चित, आनन्दमय आत्मा प्रकाशित हो उठता है। अतः रस आनन्दमय है। ब्रह्मानन्द उपाधिरहित होता है, काव्यानन्द रत्यादि उपाधि से युक्त होता है। अतः रस को सोपाधिक आनन्द कह सकते हैं।[110]

जैन परमपरा इस अद्वैत वेदान्त की परम्परा से मुक्त थी। अतः गुणचन्द्र, रामचन्द्र जैनाचार्यों ने रस की सुख दुःख रूपता का प्रतिपादन किया है। उनके मत से शृंगार, हास्य, वीर, अद्भुत और शान्त सुखात्मक होते हैं और करुणा, वीभत्स, रौद्र और भयानक दुःखात्मक होते हैं। प्रमाण यह है कि इन दुःखद रसों में सामाजिक घबराहट होती है।[111] चमत्कार का कारण तो नट कौशल होता है।[112]

विचित्रता यह है कि वेदान्ती और जैनाचार्य सहृदय के अनुभव का ही प्रमाण देते हैं। प्रथम आनन्द के कारण ही काव्य-कला के प्रति लोग प्रवृत्त होते हैं, इस तथ्य पर बल देते हैं किन्तु रामचन्द्र गुणचन्द्र करुणादि रसों की अनुभूति के क्षणों में उत्पन्न व्याकुलता को रेखांकित करते हैं।

संस्कृत की वेदान्ती परम्परा से प्रभावित हिन्दी के विद्वान भी रस को आनन्द रूप ही कहते हैं किन्तु आचार्य रामचन्द्र शुक्ल आनन्दवाद का विरोध करते हैं। शुक्लजी का ध्यान भी रामचन्द्र-गुणचन्द्र के सदृश रौद्र, करुणादि रसों में दुःख के अनुवेध पर गया था।

वे कहते हैं–'क्या क्रोध, शोक, जुगुप्सा आदि आनन्द का रूप धारण करके ही श्रोता के हृदय में प्रकट होते है? अपने प्रकृत रूप का सर्वथा विसर्जन कर देते हैं? उसे कुछ भी लगा नहीं रहने देते?'[113]

शुक्लजी का ध्यान वर्ण्य वस्तुओं के प्रकृत स्वरूप पर अधिक रहता था। अतः रौद्र, शोकादि के वर्णन में भयंकर, शोकग्रस्त जुगुप्सित पदार्थों या व्यक्तियों का वर्णन होने पर क्या उनका प्रभाव सामाजिकों पर बिल्कुल नहीं रहता, यही प्रश्न वह उठाते हैं?[114] इसी प्रकार दुःख की सर्वथा सुख रूप में परिणति उन्हें अकल्पनीय प्रतीत होती है।[115] 'मृत पुत्र को लिए, विलाप करती हुई शैव्या से राजा हरिश्चन्द्र का कफन मांगना देखकर आंसू नहीं आ जाते, दांत निकल पड़ते हैं? क्या महमूद के अत्याचारों का वर्णन पढ़कर यह जी में नहीं आता कि उसे कच्चा खा जाते? क्या कोई दुःखान्त कथा पढ़कर बहुत देर तक उसकी खिन्नता नहीं बनी रहती? चित्त का द्रुत होना क्या आनन्दगत है? इस आनन्द शब्द ने काव्य के महत्व को बहुत कम कर दिया है और उसे नाच तमाशे की तरह बना दिया है।'[116]

अधिदर्शनात्मक दृष्टि से आनन्दवाद द्वारा सर्व विश्व, शिव रूप है, आनन्दमय है–इस प्रकार की प्रवृत्ति बन जाती है। फलतः काव्य और जीवन में जो वैविध्य और विरोध है, उसकी उपेक्षा हो जाती है। पूर्ण के आगे, अंश की ओर एकता के आगे, अनेकता की

अवहेलना होती है। शुक्ल जी का प्रहार इसी भारतीय बद्धमूल मनोवृत्ति पर है। जिस प्रकार वास्तविक जगत् के दुःखों को भी, आनन्दमय समझ लेने की प्रवृत्ति भारतीयों में आंतरिकीकृत हो गई है, उसी प्रकार काव्य कलादि से प्राप्त होने वाले विभिन्न प्रकार के अनुभवों को, एक ही आनन्द में समेट कर वैचारिक संगति की रक्षा कर ली गई है।

किन्तु वेदांत दृष्टि की अस्वीकृति के बाद रस के स्वरूप निर्धारण का प्रश्न तो बना ही रहता है। अतः शुक्ल ने रस की मानसिक व्याख्या की है। जिस प्रकार आत्मा की मुक्तावस्ताज्ञानदशा कहलाती है उसी प्रकार हृदय की मुक्तावस्था रसदशा कहलाती है।[117] रसदशा में सामाजिक निर्विशेष, शुद्ध, मुक्त हृदय द्वारा ग्रहण करता है। इसे चाहे रस का लोकोत्तरत्व या ब्रह्मानन्द सहोदर कहिए, चाहे विभावन व्यापार का अलौकिकत्व।[118]

शुक्ल जी ने स्पष्ट तो नहीं कहा किन्तु उक्त उद्धरणों को मिला कर पढ़ने से यह स्पष्ट है कि वह लोक व्यवहार में हृदय की वह ऊंचाई और उदारता नहीं पाते जो काव्य व्यापार में दिखाई पड़ती है। काव्य दशा में निजमोहसंकट टूट जाने पर और उसकी सहानुभूति के विस्तार हो जाने पर भी, करुणादि रसों से प्राप्त अनुभव सर्वथा सुखात्मक नहीं होता। हृदय की मुक्तावस्था के कारण वह दुःख भी विकर्षक नहीं होता पर दुःख तो होता ही है। अतः शुक्ल जी रसचिंतन में लोक और काव्य तक ही रचना चाहते हैं। अधिदर्शनात्मक धारणाओं के प्रकाश में रस का निर्वचन उन्हें यथार्थ विरोधी लगता है।

इसके विरुद्ध केलकर, डॉ. वाटवे तथा डा. देशपांडे ने रस की आनन्दरूपता का ही समर्थन किया है।[119] मराठी विद्वानों में श्री जोग, रस को मात्र सुखात्मक नहीं मानते।[120] बंगला विद्वानों में अतुलचन्द्रगुप्त, रवीन्द्र नाथ ठाकुर आनन्दवादी हैं तो मोहितलाल मजूमदार ग्रीक ट्रैजडी को दुःखात्मक मानते हैं किन्तु भारतीय रस को आनन्द पाक कहते है।[121]

डॉ. नगेन्द्र ने अनेक विकल्पों पर विचार कर यह मत निर्धारित किया है कि आनन्द शब्द को अपने समग्र अर्थ में ग्रहण कर लेने पर यह विवाद मिट सकता है।[122]

काव्य से प्राप्त संवेदनों की स्थिति प्रत्यक्ष मानसिक संवेदनों से सूक्ष्मतर और बौद्धिक संवेदनों से अपेक्षाकृत अधिक प्रत्यक्ष एवं स्थूल एवं तीव्रता (ऐन्द्रियता एवं कटुता) नहीं होती और दूसरी ओर बौद्धिक अनुभूति की अरूपता नहीं होती और इसलिए वह पहले से अधिक शुद्ध-परिष्कृत तथा दूसरी से अधिक सरस होती है।[123]

डा. नगेन्द्र काव्यानन्द को आध्यात्मिक आनन्द न कह कर वास्तववादी दृष्टि का समर्थन करते हैं। उनकी विधि मनोवैज्ञानिक है। अतः वह काव्यास्वाद को प्रत्यक्ष मानसिक संवेदनों से सूक्ष्मतर और उसे एन्द्रिय तथा मात्र बौद्धिक अनुभूति से भिन्न कहकर भी अंततः उसे मानसिक ही मानते हैं। काव्यास्वाद की प्रक्रिया में सुख दुःखादि का द्वन्द्व मानने पर भी, परिणति की दृष्टि से, उसे आत्म परितोष या सुख भी कहते हैं।[124]

यह विवेचित हो चुका है कि परिणति में भी जो स्वाद या रस अनुभूत होता है, उसमें भी वैविध्य रहता है। जगत् के पदार्थों के स्वाद में भी वह प्रवृति होती है। आम्र रस मधुर

होता है, पर उसमें खट्टापन की एक मात्रा या कुछ तुरशी, आनन्द में विघातक नहीं होती, वृद्धिकारक होती है। शर्वत, शर्करा, काली मिर्च और नींबू की परिणति होने पर भी, उसमें इन तीनों तत्वों के अपने अपने स्वाद से विलक्षणता होने पर भी इनकी उपस्थिति की कुछ पहचान बनी ही रहती है। रामादि के शोक के साक्षात्कार में, नैतिक मूल्य, चरित्र बल, भावना की व्यापकता आदि देखकर सामाजिकों की चेतना के गुणात्मक परिवर्तन या हृदय की मुक्तावस्था के कारण, उच्चतर मानसिक आनन्द प्राप्त होता है किन्तु इस परिणति में भी शोक की तुरशी का अनुभव होता रह सकता है। अतः गंभीर परितोष और यत्किंचित् दुःख के अनुबेध में कोई विरोध नहीं प्रतीत होता।

तत्वों की परिणति को भौतिकवादी भाषा में गुणात्मक परिवर्तन कह सकते हैं किन्तु इस गुणात्मक परिवर्तन का पदार्थों (आम्र रस आदि) के साथ सादृश्य होने पर भी उन्हें पूर्णतः सदृश नहीं मानना चाहिए क्योंकि कलाकृति, वास्तविक पदार्थ न होकर, काल्पना-निर्मित पदार्थ होता है, उसमें मानव जीवन घटित नहीं होता, उंसमें घटित का चित्रण होता है। अतः यह गुणात्मक परिवर्तन दो तिहाई हाइड्रोजन और एक तिहाई ऑक्सीजन के मिश्रण से जल की उत्पत्ति या परिणति की तरह केवल वस्तुगत नहीं होता। कलात्मक और प्रेक्षक का सम्बन्ध होने पर दोनों की क्रिया-प्रतिक्रिया से प्रेक्षक के मन में एक मानसिक दशा उत्पन्न हो जाती है। यह मानसिक दशा गुणात्मक परिणति की प्रक्रिया ग्रहण करती है। कवि की दृष्टि, भाव, कल्पना और शब्द अर्थ आदि उपकरणों का गुणात्मक परिवर्तन ही कलाकृति है। इस कलाकृति के अवगाहन से अपने समग्र या अंगी सौन्दर्य का प्रेक्षक पर प्रभाव पड़ता है और कवि के सुप्रयुक्त शब्द आदि के कलात्मक विधान से भी अर्थात् अवयवों से भी, प्रेक्षक प्रभावित होता है, फलतः एक रसायन क्रिया विभिन्न भावों-प्रभावों-प्रतिक्रियाओं-संवेदनादि के मिश्रण की प्रक्रिया, पाठक या प्रेक्षक के मन में प्रारम्भ हो जाती है। यह स्पष्टतः स्थिर प्रक्रिया, पाठक या प्रेक्षक के मन में प्रारम्भ हो जाती है। यह स्पष्टतः स्थिर प्रक्रिया नहीं, गत्यात्मक परिवर्तन इसलिए है कि श्रेष्ठ कलाकृति के आस्वाद की स्थिति में श्रोता जो विलक्षण मानसिक स्थिति प्राप्त करता है, उसका गुण कलाकृति के आस्वादन के पूर्व की मानसिक दशा से भिन्न होता है क्योंकि साधारण जीवन में वह कलात्मक तटस्थता प्राप्त नहीं हो पाती।

एक उच्चतर मानसिक परितोष सभी श्रेष्ठ काव्यनुभूतियों में रहता है। अतः इस सामानता के आधार पर रस को एक और अखण्ड कहा जा सकता है किन्तु तत्वों की विभिन्नता और उसके आधार पर, गुणात्मक परिणतियों की विभिन्नताएं अवश्य लक्षित होती हैं। रति और शोक के प्रसंगों में संचारियों की भिन्नता, पात्रों और परिस्थितियों के वैचित्र्य, कवि के वास्तविकता-बोध और अनुभवों की नवीनता आदि से सामाजिकों के मन के रसायन में भी अंतर पड़ जाता है। अतः शोक, क्रोध और जुगुप्सा की स्थितियाँ भिन्न परिणतियों को जन्म दे सकती हैं। अभी तक पाठकों और प्रेक्षकों पर होने वाले कलात्मक प्रभावों का शरीरशास्त्रीय अध्ययन नहीं हुआ है। शृंगार और करुणा के प्रभावों में गुणात्मक

अंतर प्रमाणित हो सकता है।

प्रेक्षक या पाठक के लक्ष्यों (मोटिव) में भी भिन्नता हो सकती है। कोई पाठक एक अनुभव से संत्रस्त होकर, किसी अन्य असामान्य अनुभव की तलाश के लिए कलाकृति पढ़ सकता है या अभिनय देखने जा सकता है। ऊबे हुए व्यक्तियों की मनोदशाएं विचित्र हो सकती हैं। आचार्य रांगेय राघव कभी कभी, 'स्टंट फिल्म' इसलिए देखने जाया करते थे कि विश्वसनीय या परिचित वातावरण के समानान्तर चित्रपट के अविश्वसनीय वातावरण का अनुचिंतन कर सकें। कोई विदग्ध श्रोता कलाकृति से भाव का आस्वादन ग्रहण करते समय, अपने भावों का निरीक्षण करने के लिए प्रेक्षागृह जा सकता है। रुचियों और बोध की भिन्नता से श्रेष्ठ कृतियों से उत्पन्न प्रतिक्रियाओं की भिन्नता भी प्रमाणित होती है। जनक वाटिका का शृंगारिक प्रसंग, आज के अनेक आधुनिकों में वमनेच्छा (नासिया) जाग्रत कर सकता है क्योंकि पारम्परिक रस निष्पति उन्हें एक प्रपंच सी लगती है। अत्यधिक व्यक्तिनिष्ठ किन्तु श्रेष्ठ कलाकृतियों के प्रति परम्परावादियों और समष्टिवादियों की प्रतिक्रियाएं प्रतिकूल हो सकती हैं जो उनके मन की रसायन-क्रिया की परिणति को भिन्न रूप दे सकती हैं। मुद्राराक्षस जैसे लेखक कालिदास की कृतियों को असह्य कह रहे हैं।[125] सामाजिक न्याय की भावना आधुनिक युग में प्रबल हो जाने से, पुराने लेखकों का सामन्ती दृष्टिकोण तिरस्कृत होता है तथा एक ऐतिहासिक चेतना प्रबल होने लगती है। अतः रचनाकार के साथ सर्वत्र तादात्मय का प्रश्न ही नहीं उठता। अतएव रसानुभूति में विध्न आते जाते रहते हैं। इधर, इप्टा (इंडियन पीपुल्स थियेटर) द्वारा प्रेमचन्द्र का 'कफन' प्रस्तुत होने पर उच्च वर्ग के व्यक्तियों को मैंने प्रदर्शकों पर प्रचार का आरोप लगाते सुना है। मोहन राकेश के 'आषाड़ का एक दिन' के प्रारम्भिक प्रदर्शन के समय और 'अब' होने वाले प्रदर्शनों में, कालक्षेप तथा रुचि और बोध बदलने से प्रतिक्रिया-भिन्नता प्रमाणित होती है।[126]

इधर प्रतिक्रियाओं की भिन्नता पर अधिक ध्यान दिया गया है। रॉफेल का 'ट्रान्सफिगुरेशन' चित्र पहले सर्वाधिक प्रशंसित चित्र माना जाता था, अब उपेक्षित है। इसमें क्राइस्ट का रूपातीतीकरण चित्रित है और साथ ही उनके द्वारा एक पागल शिशु के उपचार में असफलता अंकित की गई है। अतः भाव एक दूसरे को काटते हैं। भारतीय रस प्रधान काव्य की तरह, उसमें किसी एक भाव को ही चरम दशा पर नहीं पहुंचाया गया है। इस चित्र में संगति तो है पर वह विचित्र संगति है जो प्रेक्षकों में संकुल भाव जगाती है।[127]

संकुल अर्थात् गम्भीर किन्तु परस्पर विरोधी प्रतिक्रियाओं को जाग्रत कर विचित्रसंगति-उत्पादक, आधुनिक साहित्य में इसी प्रकार का एक अन्य उदाहरण कॉलिन विल्सन का 'रिचुअल इन द डार्क' उपन्यास है, जिसमें नायक समलैंगिक रति करता है और स्त्रियों की हत्या करता है लेकिन पाठकों के मन में, उस विकृत मन नायक के प्रति एक विचित्र सहानुभूति और घृणा भी पैदा होती है। नायक का मित्र नायक समझना चाहता है और चर्च के पादरी को वह भोला शिशु सा लगता है।

प्रतीकवादी रचनाओं में भी काव्यानुभूति की यह संकुलता दिखाई पड़ती है। युगनद्ध शिव-पार्वती की तांत्रिक मूर्तियां शृंगार के भाव का अतिक्रमण करती हुई प्रेक्षक को सृष्टि की रचना-प्रक्रिया के बोध तक ले जाकर छोड़ देती हैं। टॉमस मान के 'मैजिक माउन्टेन' नामक उपन्यास में यक्षमा का अस्पताल, बीसवीं शताब्दी की सभ्यता की रुग्णता, युद्ध और विकृति का प्रतीक है। इस कृति में रस का अनुभव नहीं होता। पात्रों में भाव के अभाव का कुशल चित्रण देखकर मात्र परितोष होता है किन्तु सामयिक संकट को देखकर खिन्नता बराबर बनी रहती है। पिकासो के चित्र तो संकुल कलात्मक अनुभूति के प्रसिद्ध प्रमाण हैं। अमूर्त कविता और अमूर्त कला को देखकर पाठक या प्रेक्षक को सार्वजनीन, अखण्ड रस उस प्रकार अनुभव नहीं होता है, जिस प्रकार रामायण या कालिदास के मेघदूत में होता है। वास्तविकता तो यह है कि संकुलाकाव्यानुभूति प्राप्त करने के लिए, कालजयी रचनाओं की संकुल व्याख्या की जाती है। इस दृष्टि से महाभारत भारती के 'अंधायुग' तथा रामायण, नरेश मेहता की 'संशय की एक रात' जैसे काव्य नाटकों में रूपान्तरित हो जाती हैं। ऐसी कृतियों में आत्मानुसंधान या चेतना के संघर्षों तथा मूल्यों की टकराहटों को देखकर वर्तमान का रूप उभरता है, जिससे प्रेक्षक कालगत निजत्व का बोध प्राप्त करके, संतुष्ट होता है। यह भावप्रेम का उदाहरण नहीं, यथार्थ के अनुसंधान की प्रियता का प्रमाण है। अतः इस तरह की अनुभूति को आध्यात्मिक शब्दावली में कहा ही नहीं जा सकता।

काफ्का की कथा रूपान्तरण में एक साधारण नौकर अपने को एक कीड़े की शक्ल में पाता है।[128] सामाजिक अन्याय से त्रस्त व्यक्ति को यदि मानवीय रिश्तों और भावों से विरक्ति हो जाए तो इसमें आश्चर्य क्या? इस प्रकार असामान्य मनोदशाओं के चित्रण से प्राप्त 'रस' और नखशिख वर्णन के रस में गुणात्मक भेद दिखाई पड़ता है। देश, काल के विशिष्ट बोध से रहित, मात्र रति आदि के वर्णन भी प्रिय लग सकते हैं क्योंकि मनुष्यों में एक सार्वभौमिक स्तर बना रहता है किन्तु विशिष्टताओं और संकुलताओं का निषेध, रस या काव्यानुभूति की समस्या का सरलीकरण है।

कलिंगवुड जैसे विचारकों का मत है कि भावाभिव्यक्ति दूसरों पर प्रभाव डालने के लिए होती है। इस प्रभाव में रति, क्रोधादि का अनुभव नहीं होता। कवि भावादि का वर्णन आस्वादन के लिए नहीं, अपने को स्पष्ट करने के लिए करता है। वह वस्तुतः स्वयं को सम्बोधित करता है, गौणतः जो भी समझना चाहे, समझ सकता है।[129] जब तक वह भाव व्यक्त नहीं करता, तब तक वह नहीं जानता कि भाव क्या है?[130] भावनुसंधान या भावासाक्षात्कार कवि या नाटककार के अतिरिक्त अनुकर्त्ता भी करते हैं। वे भावों को अभिनीत कर सकते हैं, मात्र अनुभावों का अनुकरण (यथा अश्रुपात आदि) शिल्प है, कला नहीं।[131] कलिंगवुड के अनुसार अरस्तू ने कला मात्र के विषय में नहीं लिखा, पुनर्प्रस्तुतिपरक कला (रिप्रज़ैन्टेशनल आर्ट) के विषय में विचार किया है। उसके सामान्य नियमों का सम्बन्ध तात्कालिक कला के साथ ही है।[132]

यह सत्य है कि अरस्तू के सदृश भारतीय आचार्यों के सम्मुख जो काव्य एवं कला

के नमूने थे, उन्हीं को ध्यान में रखकर प्रमुखतः रस की व्याख्या हुई है। आनन्द और रस जैसे शब्दों के आधुनिक कला के प्रारूपों से प्राप्त अनुभूति की विचित्र संगति, बौद्धिकता तथा असमान्यता की व्याख्या में एक सीमा सी बन जाती है। यदि यह मान लिया जाए कि कलाकार या कवि केवल भावों का अनुसंधान करता है और अभिव्यक्ति भाव, लोक में प्राप्त भावादि से सर्वथा भिन्न होता है, प्रकृत भावों का कुछ भी अवशेष नहीं रहता तब तो रस आनन्दमय है या नहीं, यह प्रश्न ही समाप्त हो जाता है। फिर भी कलिंगवुड अभिव्यक्त क्रोधादि को विचित्र क्रोध कहते हैं, जो अभूतपूर्व होता है और भविष्य में भी उसी प्रकार के क्रोध के अनुभव की कोई सम्भावना नहीं होती।[133]

इस प्रकार इस मत से शोक, क्रोध, भय और जुगुप्सा के कला में अभिव्यक्त रूप अद्वितीय, अभूतपूर्व होते हैं, उन्हें समझ कर आनन्द लेना चाहे तो ले सकते हैं।[134] आनन्द का निषेध तो यहाँ भी नहीं है किन्तु इसका भार सहृदय पर है क्योंकि उच्च कोटि की कृति सम्बोधित होने के कारण, इसकी चिन्ता नहीं करती कि वह सर्वभोग्य हो जाए।

अतः किसी एक स्थायी भाव को प्रधान रखकर उसकी पुष्टि से उत्पन्न प्राचीन काव्य अनौचित्य और विघ्नों के अभाव से, प्राचीन कला में आनन्द की सृष्टि करता था। उस आनन्द से आधुनिक विघ्नबहुलयुग की असामान्य, साधारणीकरण के अयोग्य अथवा मात्र समाधर्माओं के लिए ही साधारणीकृत रचनाओं के आनन्द में अन्तर करना चाहिए। कवि, प्रेक्षक, बोध, भाव, मूल्य आदि सभी स्तरों पर संकुलता के कारण, विकास और परिवर्तन की प्रक्रिया अत्यधिक तीव्र होने तथा विशेषीकरण की अति के कारण, काव्यानुभूति की रसायन-प्रक्रिया और उसकी परिणतियाँ भावादि का गुणात्मक रूपान्तरण ही कहला सकती है जिसे सार्थक,[135] आकर्षक,[136] आनन्दमय, परितोषक सिर्फ व्यापक अर्थ में ही कहा जा सकता है। मनोवैज्ञानिक शब्दावली में काव्यानुभूति एक विलक्षण मानसिक दशा ही होती है। इस स्वीकृति से भाव के भोग, भाव के अनुभव और भाव और संवेदन की पहचान इन सभी स्थितियों को रसानुभूति में स्थान मिल जाता है। रस शब्द का साक्षात् सम्बन्ध केवल भावोद्गारत्मक काव्य और कला तक ही सीमित रह जाएगा। दूसरी ओर मिश्रित या संशिलष्ट, द्वन्द्वात्मक प्रक्रिया सरलीकृत हो जाएगी। अतः अधिदर्शनात्मक ओर आनन्दवादी रस व्याख्याएँ, यथावत् नहीं अपनाई जा सकतीं, उनका भौतिकवादी दृष्टि से संशोधन आवश्यक है।

साधारणीकृत की प्रक्रिया में द्वन्द्व—सीमित और व्यापक साधारणीकरण की धारणा की स्वीकृति सम्प्रेषण की प्रक्रिया के लिए आवश्यक है किन्तु विभावादि का साधारणीकरण होता है या भाव का या कविगत अनुभूति का अथवा इन सब तत्वों का-यह विचारणीय है।

अभिनव भारती में उद्धृत भट्टनायक के मत से लगता है कि वह केवल विभावादि का ही साधारणीकरण मानते थे। काव्यप्रकाश के टीकाकार के अनुसार भट्टनायक सम्पूर्ण

सामग्री-विभावादि तथा स्थायी, संचारी का भी साधारणीकरण स्वीकार करते थे। उनके अनुसार विभाव, राम-सीतादि, सामान्य रूप में उपस्थित होते हैं और स्थायी भावों, संचारियों के साधारणीकरण में इनके साथ विशिष्ट सम्बन्धों का बंधन समाप्त हो जाता है।[137]

विश्वनाथ ने भी विभानुभाव संचारी स्थायी-सभी तत्वों का सामान्यीकरण प्रतिपादित किया है।[138] उन्होंने आश्रय के साथ तादात्म्य की धारणा पर विशेष बल दे दिया है, इससे तादात्म्य के विषय कौन हैं, यह विवाद का विषय हो गया है। भट्टनायक के अनुसार प्रमाता, अभेदज्ञान से, समुद्रलंघनकर्ता हनुमान आदि के साथ अपने को एक मान लेता है।[139]

साधारणीकरण की प्रक्रिया की द्वन्द्वात्मकता का उललेख हो चुका है। इस स्थिति में, भट्टनायक के शब्दों में, सामाजिक को हनुमान द्वारा समुद्रलंघन आदि कार्य न अनुकार्यगत प्रतीत होते हैं, न ऐसा लगता है कि ये अनुकार्यगत नहीं हैं। न तो उन्हें अनुभव होता है कि काव्य-नाट्य के वर्णन-चित्रण से उनका सम्बन्ध है और न यही कि उनसे सामाजिकों का कोई सम्बन्ध नहीं है।[140]

इस द्वन्द्वमयी, विलक्षण मनोदशा का रहस्योद्घाटन मनोविज्ञान भी नहीं कर सका है।[141] यह भी वैचित्र्य है कि विशेष, साधारणीकृत हो जाने पर भी अपनी संज्ञा बनाए रखता है, यथा रामादि का शोक, साधारणीकृत होने पर भी शोक ही कहलाता है। यदि कहें कि यह कला का शोक है तो इसका नाम परिवर्तन क्यों नहीं किया जाता?

पंडितराज जगन्नाथ ने शंकर वेदान्त का आश्रय लेकर इस द्वन्द्वात्मक साधारणीकरण की क्रिया की व्याख्या की है। उनके मतानुसार रामादुष्यन्तादि की भ्रम-कल्पना (दोष) का आरोप सहृदय की आत्मा पर हो जाता है। अतः वह अपने को राम-दुष्यन्तादि समझ लेता है। जब हम अपने को दुष्यन्त समझ लेते हैं तब शकुंतला का प्रेमी बनने में कोई बाधा नहीं रह जाती है। अतः रति भी प्रतिभासित होने लगती है। यह बोध शुक्ति में रजत के भ्रमज्ञान जैसा होता है।[142]

शुक्ति में रजत या रज्जु में सर्प का भ्रम ज्ञान कलानुभव से भिन्न प्रतीत होता है। भ्रम अबाधित अज्ञान होता है, बाधित होते ही भ्रम नष्ट हो जाता है। इसके विपरीत सामाजिक जानते हैं कि वे नाटक देख रहे हैं और फिर भी वे अपने पर रामादि का अभिमान कर लेते हैं पर वह भी पूर्ण आरोप नहीं होता। फिर भी पंडितराज, विश्वनाथ के सदृश आश्रय के साथ तादात्म्य का निषेध नहीं करते हैं।

आचार्य रामचन्द्र शुक्ल पूर्णरस परिपाक के लिए इस प्रकार के विभाव-विधान पर बल देते हैं, जिससे सामाजिक तादात्म्य कर सके। जनसाधारण के लिए वही काव्य भोग्य हो सकता है जिसमें प्रचलित नैतिक गुणों की अवहेलना न हो अन्यथा लोकविरुद्ध गुणों और मूल्यों के कारण, असामान्य पात्रों का साधारणीकरण सम्भव नहीं होगा।[143] इस कथन से यह सिद्ध होता है कि शुक्ल जी आलम्बनत्वधर्म का साधारणीकरण मानते हैं।[144]

शुक्ल जी के खंडन में विवेचक यह भूल जाते हैं कि वह व्यक्तिवादी साहित्य के विरोध में उस लोकपरक महाकाव्य परम्परा का प्रारूप सम्मुख रख कर लिख रहे थे, जिसमें

आलम्बनों का रूप, लोक प्रसिद्धि के अनुकूल था और उसमें उन्हीं धर्मों या (नैतिकता, न्यायप्रियता, पाप के पक्ष का विरोध आदि) का विधान किया जाता था जो जनता की चितवृत्ति में बद्धमूल थे। इसके विपरीत तात्कालिक छायावादी मुक्तकों और मेघनादवध जैसे नवीन महाकाव्यों में रचनाकार स्वगत दृष्टियों और निजी भावों को अधिक महत्व दे रहे थे। स्वभावतः ऐसी रचनाओं में, लोक हृदय पूर्णतः मग्न नहीं हो पाता था। इसी कारण शुक्ल जी उनमें रसोद्बोधन की पूरी शक्ति नहीं पाते थे। पूर्ण साधारणीकरण के लिए लोकहृदय की पहचान को एक प्रमुख आवश्यकता मानते थे। तुलसीदास इसी आधार पर उनके प्रियतम कवि थे।

रामायण, महाभारत के नायक पुण्यपक्षी हैं। वे असत्य, अन्याय और मर्यादाहीनता के विरुद्ध संघर्ष करते हैं किन्तु नवीन मनोविश्लेषण और समाजशास्त्र तथा इतिहास चेतना ने मूल्य सम्बन्धी सनातन दृष्टि को अप्रमाणित सिद्ध कर दिया है। फ्रायड का मनोविश्लेषण तो अधिक संयम और त्याग आदि को विकृति उत्पादक मानता है। अतः इस स्थिति में नवीन शास्त्रों से परिचित, शिक्षितवर्ग और लोकहृदय में दृष्टिभेद है। फलतः आचरण भेद भी उत्पन्न हो गया है। श्रेरणीमूलक, शिक्षितअशिक्षित के स्तरों में विभाजित भारतीय समाज में प्रबुद्ध वर्ग के आदर्शों और रुचिगत वैशिष्टय पर शुक्ल जी ने अधिक विचार नहीं किया था। अतः छायावाद का व्यक्तिवैचिव्यवाद, प्राचीन, सामूहिक अवचेतन के विरुद्ध पड़ने से उन्हें घातक प्रतीत होता था। पारम्परिक जीवनविधि के समाप्त हो जाने का भय था किन्तु मानव स्वच्छन्दता की धारणा ही आधुनिक साहित्य में व्यक्त हो रही थी, इस तथ्य की ओर उनका अधिक ध्यान नहीं गया था।

यही कारण है कि शुक्ल जी, असामान्य आलम्बनों के स्थान पर, एक ओर तो प्रकृति के आलम्बनत्व पर बल दे रहे थे, तो दूसरी ओर ऐसे पात्रों के विधान पर, जिनमें सामान्य धर्मों की प्रतिष्ठा की गई हो।

शुक्ल जी को स्वच्छन्दतापरक साहित्य अपने परिमित साधारणीकरण के कारण व्यक्तिवैचित्र्यवादी लगता था। इसके विपरीत, प्रबुद्धों का दल, स्वच्छन्दतावाद का समर्थक था क्योंकि सामन्ती नैतिकता, मर्यादा आदि मुक्त समाज के विकास में बाधक थे और उनसे मानसिक विषमजाल की सृष्टि होती थी। स्वभावतः प्रबुद्धों का तादात्म्य स्वच्छन्दतावादी पात्रों के साथ होता ही था। विशिष्ट कला और काव्य के लिए प्रबुद्ध दल यह मानना नहीं चाहता था कि प्रत्येक कृति की श्रेष्ठता का आधार, लोकहृदय की पहचान हो। क्या स्वन्छन्दता के बोध और गतानुगतिक रूढ़ियों के विरोध का प्रयत्न लोक विरोधी होता है? यदि नहीं तो कालान्तर में लोकहृदय भी शिक्षित होकर, स्वच्छन्दतावादी साहित्य का आस्वादन कर सकता है। माइकेल मधुसूदन दत्त राम-रावण के प्रति प्रचलित मान्यताओं का विरोध करने के लिए ही लिख रहे थे, शुक्ल जी की परम्परा-प्रियता इससे क्षुब्ध होती थी। कबीर का क्रान्तिकारी फक्कड़पन भी उन्हें कभी चुभता था।

पूर्ण और व्यापक रसानुभूति के लिए सर्व स्तरों पर अविरोध आवश्यक है किन्तु

संक्रातिकालीन रुचि और दृष्टि रस के साथ परम्परागत दृटि का सम्बन्ध होने से, रसपरक काव्य का ही विरोध करने लगती है अथवा रस को व्यापक अर्थ देती है। इसी नवीन चेतना से शुक्ल जी के रस और साधारणीकरण की व्याख्याओं का संघर्ष आज भी चल रहा है।

शुक्ल जी की, मुक्त हृदय, प्रकृति का आलम्बनगत चित्रण आदि धारणाएँ प्रबुद्ध वर्ग के अनुकूल पड़ती हैं परन्तु आलम्बन में सामान्य धर्मों का विधान परम्परागत काव्यों का समर्थन मात्र है, उसमें अपने युग की चेतना को सहानुभूति से समझने की प्रवृत्ति कम है।

आचार्य केशव मिश्र ने शुक्ल जी के सिद्धान्त का सादृश्य भट्टनायक के साथ दिखाया है क्योंकि इसमें काव्य को नैतिक-अनैतिक द्वन्द्वों के भीतर देखा जाता है और नैतिक पक्ष का रसास्वादन किया जाता है।[145] इसके विपरीति साधारणीकरण के प्रति दूसरी दृष्टि अभिनवगुप्त की थी, जिसे मनोवैज्ञानिक कहा जा सकता है, जिसमें नैतिकता का प्रश्न नहीं रहता। प्रथम में विभावादि के साधारणीकरण पर बल तो दूसरे में कवि या भावक की चित्तवृति का साधारणीकरण माना गया है—चित्त के एकतान और साधारणीकृत होने पर उसे सभी कुछ साधारण प्रतीत होने लगता है।[146]

काव्यप्रकाश के टीकाकार गोविन्द ठक्कर के अनुसार भट्टनायक भी पूरी रस सामगी और स्थायी भाव का साधारणीकर मानते थे। सम्भवतः केशव मिश्र ने अभिनवभारती में प्रस्तुत भट्टनायक के मत को ही ध्यान में रखकर अपना मत दिया होगा। फिर शुक्ल जी रसावस्था में, रस का तारतम्य स्वीकार कर लेते हैं और निजकांतास्मृति आदि की संभावना पर भी विचार करते हैं जबकि भट्टनायक के यहाँ सामाजिक स्वगत, परगत के भेदभाव से स्वतन्त्र हो जाता है।[147] शुक्ल जी ने साधारणीकरण की स्थिति में शास्त्रों के अखंड रस क्षण की सम्भावना मान कर भी श्रोताओं की मानसिक दशाओं के विभिन्न स्तरों की और प्रथम बार ध्यान दिया था ओर इस तथ्य के आधार पर रस का तारतम्य भी स्वीकार कर लिया था जो शास्त्रज्ञों के मध्य एक साहसिक विचार था, उन्होंने शास्त्र को भार न बनाकर उसका मौलिक उपयोग करना चाहा था।

तादात्म्य का प्रश्न भी अनेक सम्भावनाओं से पूर्ण है। प्राचीन साहित्य में प्रायःआश्रय के साथ पाठक का तादाम्य हो जाता है यथा रामायण, शाकुन्तल, मेघदूत, नैषधीय जैसी रचनाओं में भी यही प्रवृत्ति है। 'शेखर एक जीवनी' में माता पिता की रति के द्रष्टा शेखर तथा अमरीकी उपन्यासों में अकारण हत्या के प्रेमी असामान्य नायकों से क्या सभी का तादात्म्य सम्भव हो सकता है? ऐसी रचनाओं में कारणकार्य परम्परा मन को सचेत कर देती है और पाठक यह सोचता है कि अतंतः यह नायक ऐसा आचरण क्यों कर रहा है? कारण जान लेने पर भी नायक के साथ तादात्म्य होना सम्भव है और यह भी कि पाठक थोड़ी सहानुभूति देकर भी तटस्थ बना रहे और कृति की चित्रणशक्ति भावनाओं के विश्लेषण सामर्थ्य आदि से उसे मानव चेतना के नए आयामों को देखकर लेखक की कुशलता पर हर्ष हो। लोलिटा उपन्यास के नायक के साथ बहुत से प्रौढ़ों का तादात्म्य हो

सकता है और कुछ गम्भीर प्रबुद्धों को यह अनुभूति हो सकती है कि यौनाचार की स्वेच्छाचारिता का यह चित्रण प्रकृतिवादी है। अतः नग्न यथार्थवाद के कारण जुगुप्सा भी हो सकती है। लेखक का उद्देश्य वस्तुस्थिति की प्रस्तुति मात्र है, वह पाठकों में जुगुप्सा या आकर्षण जाग्रत नहीं करना चाहता।

डॉ. नगेन्द्र ने आश्रय के साथ सर्वत्र तादात्म्य की धारणा में कठिनाइयों का उल्लेख किया है।[148] वह सहृदय की चेतना के साधारणीकरण की स्वीकृति द्वारा भी इस समस्या की समाधानप्राप्ति सम्भव नहीं मानते क्योंकि सहृदय की चेतना का सामान्यीकरण तो साधारणीकरण की क्रिया का फल है। अतएव, वह कवि भावना का साधारणीकरण मनोविज्ञान के अनुकूल मानते हैं और पात्रों के साथ तादात्म्य के स्थान पर कवि के साथ तादात्म्य का सुझाव प्रस्तुत करते हैं।

'जहाँ उसका कवि कर्म सफल हो जाता है, जैसे कि मेघनाद वध में, वहाँ साधारणीकरण हो जाता है और हिन्दू पाठक भी अपने व्यक्तिगत या जातिगत संस्कारों से मुक्त होकर शुद्ध सहृदयता की भूमि पर कवि के साथ कुछ समय के लिए तादात्म्य कर लेता है।'[149]

इसका तात्पर्य यह है कि तादात्म्य और साधारणीकरण का आधार रचना की श्रेष्ठता मात्र है, कवि और भावक की दृष्टिगत या भावगत अनुकूलता-प्रतिकूलता आदि अन्य तत्व उसी पर आधारित है। इस मान्यता में भी सरलीकरण है। कारण यह है कि रचना की श्रेष्ठता का निर्णय निरपेक्ष रूप में नहीं होता। निर्णय की पृष्ठभूमि में अनेक श्रेष्ठ रचनाएं श्रेष्ठ नहीं मानी जाती, यह बोधजन्य अन्तर्विरोध है। अतः उनके रचनाकारों को तादात्म्य का नहीं, क्रोध या वितृष्णा का भाजन बनना पड़ता है। किसी अप्रिय सत्य को कलाहीन ढंग से कह देने पर भी कभी-कभी रचनाएं श्रेष्ठ मान ली जाती हैं। एलन गिंसबर्ग की रचनाओं में कलात्मक अनुशासन का अपेक्षाकृत अभाव है पर अमरीकी सभ्यता के भ्रमों को भंग करने के कारण वे कालजयी अनेक रचनाओं से अधिक तादात्म्य उत्पन्न करती हैं क्योंकि मानव स्वच्छन्दता के लिए गिंसबर्ग पूँजीवादी देशों की युद्धप्रियता और मूल्यहीनता पर आक्रोश प्रकट करता है।

अन्तर्विरोधों से भरे भारतीय परम्परानुगामी संस्कृत व्यक्तियों पर, कबीर के आक्रमण, तादात्म्यपरक होते हैं पर वे श्रेष्ठ काव्य के उदाहरण भी हैं, यह विवादास्पद विषय है। निर्णय की द्वन्द्वात्मकता में काल या इतिहास का योगदान भी होता है। सूरदास तथा तुलसीदास के अनेक पद्य सामान्य कोटि के हैं किन्तु कालविजय के कारण ही वे श्रेष्ठ माने जाते हैं। विगत के प्रति आक्रोश के कारण प्रायः श्रेष्ठ रचनाएँ निकृष्ट घोषित हो जाती हैं और फिर उनमें न कवि के साथ तादात्म्य हो पाता है। न उनका व्यापक साधारणीकरण ही सम्भव होता है। यदि कहें कि यह मानवीय सम्भावना का प्रश्न है। ऐसे बौद्धिक सहृदय हो सकते हैं जो रचना की उत्कृष्टता की अवश्य पहचान लेते हैं किन्तु सुधी आलोचक कभी-कभी सामयिक रचनाओं की श्रेष्ठता नहीं पहचान पाते। आचार्य नन्ददुलारे वाजपेयी

तथा डॉ. नगेन्द्र सामयिक साहित्य की श्रेष्ठ रचनाओं को अश्रेष्ठ से पृथक नहीं करते और न अपने समय में यह कार्य शुक्लजी कर सके थे–उन्हें रहस्यवादी रचनाओं से एक वितृष्णा सी थी। दूसरे उन्होंने स्वयंनिर्मित साधारण कविताएं उद्धृत की हैं और उनकी प्रकारान्तर से प्रशंसा भी की है अथवा उनकी निन्दा नहीं की है।

शेक्सपियर के विषय में प्रसिद्ध मतभेद रुचि, बोध, समाज संरचना, शिक्षा विधि, साहित्यिक वातावरण, कला आन्दोलन, शासन का स्वरूप, परम्परा और उसके प्रति दृष्टि आदि अनेक तत्त्वों का द्वन्द्व, कृति की श्रेष्ठता के निर्णय में परस्पर विरोधी निष्कर्ष देता है।[150] उदाहरणतः परिवर्तन की गति तीव्र होने पर कालजयी कृतियों के विषय में प्रतिक्रियाएँ भी तीव्रतर होने लगती हैं क्योंकि उन कृतियों से अधिक प्रभावित व्यक्ति सामयिक साहित्य और कला के साथ नहीं चल पाते। अतः पीढ़ियों का संघर्ष भी साहित्य में कटुता का रूप धारण करने लगता है। कटुता और नवीनता प्रेम के कारण उत्पन्न अधैर्य, रस और कवि के साथ तादात्म्य जैसी समस्याओं को असम्बद्ध मानने के लिए प्रेरित करने लगता है। यह भी सम्भव हो सकता है कि कवि के साथ बिना तादात्म्य हुए, रचना उत्कृष्ट प्रतीत प्रतीत हो । बौद्धिक पाठक या प्रेक्षक कवि की रचना-प्रक्रिया के प्रति सावधान रहता है–कवि क्या चाहता है, कहाँ वह प्रभावशाली है, कहाँ वह असफल हो जाता है, क्यों असफल होता है, मेरे ऊपर प्रभाव क्यों पड़ रहा है, इस स्थल में रचनाकार पाठकों को भ्रम में डाल रहा है, इस स्थल में रचनाकार पागल सा लगता है–इस प्रकार की चितंन प्रक्रिया, आस्वाद और कहीं ऊब में बराबर चलती रह सकती है। इस प्रकार साधारणीकरण और तादात्म्य की प्रक्रियाओं में देश, काल, पाव, विचारधारदि की द्वन्द्वात्मकता के आधार पर ही निर्णय सम्भव है, सरलीकरण से विवेचन और मूल्यांकन वैज्ञानिक या वस्तुगत नहीं सकता।

सामाजिक और कृतिकार का द्वन्द्व–पूँजीवादी व्यवस्था में कलाकविता के क्रय-विक्रय की वस्तु बनने, आश्रयदाता और सामंतों के स्थान पर प्रकाशकों, साधन-सम्पन्न सम्पादकों तथा संस्थानों का ध्यान आकर्षित करने और प्रतिष्ठित होने की बाजारू-प्रतियोगिता के करण, कृतिकार प्रत्येक स्थिति में प्रशंसा चाहने लगता है। रुचि (टेस्ट) का निरंकुश राज्य स्थापित होता है और कविवशः प्रार्थियों के संगठित दल, प्रत्येक सनक की स्वीकृति के लिए, सामाजिकों को संत्रस्त करके उससे चाहते हैं कि वह चुपचाप कला के गौरव की उपस्थिति में मौन रहे।[151] अपनी पत्रिका, अपना घोषण पत्र, अपना परिप्रेक्ष्य, अपनी रचनाएँ लेकर उपस्थित होने वाली इन प्रतिभाओं में वास्तविक और व्यर्थ के मिश्रण से सामाजिक ऊबने लगता है। ऐसी स्थिति में कवि के साथ तादात्म्य में बाधा पड़ती है और तादात्म्य में बाधा पड़ती है और तादात्म्य सम्भव भी हो तो कवि के गूढ़ अभिप्राय (इन्टेंशन) के जानने में वह भूल कर सकता है। उदाहरणतः विद्रोही चेतना की घोषणा करने पर भी, पिछले दो दशकों के भविष्य के प्रहरी या 'अवांगार्द' नवीन साहित्य में विद्रोह यौन स्तर

पर अधिक हुआ है। अतः इस प्रकार की रचनाओं के पाठक के समय जागरूक सामाजिक के मन में यह आता है कि राजनैतिक स्तर पर शासन व्यवस्था तथा प्रभु वर्ग के ऊपर आकमरण से ये लेखक भय खाते है। अतः रूद्ध आक्रोश सुरक्षित स्तरों पर व्यक्त होता है और इसी कारण रचना में सैक्स का अतिवाद और कृतिकार की कायरता को भी छिपाए हुए है। निस्सन्देह, परम्परागत नैतिकता और भद्रवर्गीय रुचि की शालीनता पर प्रहार का, क्रांति की दृष्टि से, एक मूल्य होता है लेकिन कवि की मंशा को जाने बिना, रचना का स्वरूप अस्पष्ट रहेगा। इसी प्रकार लक्ष्यहीनता के कारण भी, रचना में कहीं भी स्पष्ट न हो सकने का आग्रह हो सकता है। फिर, आदर्श सामाजिक, तादात्म्य करके भी यत्किंचित् तटस्थ रह सकता है किन्तु सभा-समाजों में, कवि की मंशा से अपरिचित, सर्वसाधारण जन तो केवल विस्मित या संत्रस्त ही हो सकते हैं और यह विस्मय अद्भुतरसउत्पादक न होकर ऊब, आक्रोश या हास्योत्पादक होता है जबकि कवि का लक्ष्य गम्भीर हो सकता है।

सामंती युग के बाद कलाकार, सामाजिकों पर कुरुचि का दोष लगाकर, आत्म विश्वास के लिए असफलता की कष्टकर भावना और संदेहों से बचना चाहता है। जनता की चिन्ता न करके कलाकार केवल अपने सम्मुख आदर्श सामाजिक या समर्थक-विशेषज्ञ को रखकर रचता है, वह अब केवल अपनी रुचि की चिन्ता करता है।... साधारण व्यक्ति उसे समझ नहीं पाता।[152]

यदि कहें कि उन्हें कलाकृति ही नहीं कहना चाहिए तो तादात्म्य-सिद्धान्त की रक्षा में, उपलब्ध आकर्षक रचनाओं की उपक्षा होगी, दूसरे, पाठन-मनन द्वारा वास्तविक साहित्य को, अवास्तविक से अलग करने के लिए विचार तो करना ही होगा।

फिर सामाजिक के सम्मुख तो कृति है। कवि नहीं 'श्रेष्ठ कृति होने पर, तादात्म्य कृति के साथ अधिक आवश्यक लगता है—चित्रित या वर्णित विश्व में अपने को निमग्न करने से साक्षात्कार और साधारणीकरण में सफलता मिल सकती है। इस रचना-संसार में प्रवेश की दशा में प्रायः सामाजिक, कवि की दृष्टि भी रख सकते हैं और कवि के साथ तादात्म्य करके भी देख सकते हैं। कभी यह भी सम्भव है कि सामाजिक, कवि के साथ मंतव्य को समझ ही न सके और फिर भी अपने अहसास के बल पर वह रचना में रमण करता रहे। वह कवि से भिन्न मंतव्यों की भी कल्पना कर सकता है और रचना को एक नए आलोक में देख सकता है। उदाहरणः प्रकृति को रचना मानकर उसमें मानसिक दृष्टि से विचरण होता है परन्तु हम उसके कर्ता को नहीं जानते, न उसके मंतव्य से परिचित हो पाए हैं लेकिन इससे विभिन्न दृश्यों के साथ तादात्म्य में कोई बाधा नहीं पड़ती। प्रकृति या ईश्वर ने पदार्थों की सृष्टि आवश्यकता और नियम के अनेरूप की है किन्तु प्रेक्षक उसे अपने परिप्रेक्ष्य से देख सकता है। इसीलिए, पाठक या प्रेक्षक किसी प्रिय रचना का वह रूप देख लेता है या देख सकता है जो कदाचित् उसके कर्त्ता ने भी न देखा हो।

किसी अपूर्व जीवन दर्शन के अनुरूप लिखी गई रचनाओं में भी कवि के साथ तादात्म्य से भिन्न फल प्राप्त हो सकते हैं। ज्याँ पाल सार्त्र के उपन्यास वमनेच्छ (नौसिया)

में जीवन की नीरम पुनरावृत्ति और अंधता देखकर सार्त्र में उत्पन्न वितृष्णा ही, कारणों की शोध के साथ, चित्रित हुई किन्तु सामाजिक में यह उपन्यास जीवन के साथ प्रयोग करने की भावना जगा सकता है- इस रचना में अनुभव की गहराई आकर्षक लगती है और लेखक के सिद्धान्त या उसके परिप्रेक्ष्य के स्थान पर, सामाजिक, सिर्फ गम्भीर विश्लेषण की प्रेरणा ग्रहरण करता है या कर सकता है।

सामाजिकों और रचनाओं के द्वन्द्व और तादात्म्य का प्रश्न कितना जटिल है यह नीत्शे की इस पंक्ति से प्रमाणित होता है कि—'वे तालियां बजा रहे हैं, मैं कौन सी मूर्खतापूर्ण बात कर रहा हूँ?'[153]

अतः जनक वाटिका जैसे स्थलों में कवि के साथ तादात्म्य में कोई बाधा नहीं होगी। दृष्टिकोण या विश्वदर्शन (वर्ल्ड व्यू) मूल्यगत, और रुचिगत अन्तविरोधों की स्थितियां भी अनेक बार आती हैं।[154] भाव के स्थान पर वर्तमान युग में प्रामाणिक अनुभव पर बल अधिक बल दिया जा रहा है और अनुभव किसी स्थायी भाव की सीधी अभिव्यक्त से अधिक संकुल होता है। उसमें अनेक पृथक और पूर्ण अनुभूतियों के गुच्छों का विधान होता है और यत्र-तत्र संक्षिप्त भाव को छोड़कर उसमें एक भाव की प्रधानता भी नहीं होती।[155]

अतएव कवि के साथ तादात्म्य का मत कहीं विशिष्ट स्थितियों में उपयुक्त लगता है किन्तु कवि के साथ पूर्ण तादात्म्य के अभाव में भी, कृति में निहित कला सामर्थ्य से, परिमित या अरिमित साधारणीकरण हो सकता है।[156] श्रेष्ठ किन्तु केवल विशेषज्ञों तक ही सीमित रचनाओं के मर्म-उद्घाटन और क्रमशः प्रचार की वृद्धि के पश्चात् रचना का, प्रभाव क्षेत्र बढ़ता जाता है। आदर्श सामाजिक या अभिनवगुप्त के शब्दों में वस्तुस्थिति का विवेचक, विभिन्न दृष्टियों से रचना का परीक्षण कर सकता है। वह कवि तथा कृति को पृथक-पृथक अवधान में ला सकता है, एक साथ रख कर देख सकता है और स्व पर के भेदों से ऊपर उठ सकता है, जिनसे साधारण पाठक नहीं बच पाता अथवा किन्हीं विशेष क्षणों में ही वह निज मोह से बच पाता है। भावमुग्ध करने वाली पारम्परिक कविता और कला का जिन पर आवश्यकता से अधिक प्रभाव होता है, वे कवि सामाजिक और रचना में विरोधी स्थितियों को अधिक महत्व नहीं देना चाहते। हमारे प्राचीन आचार्य तो काव्यादि के सर्वभोग्यत्व पर सर्वाधिक बल देते हैं। वे वस्तुतः काव्य को व्यक्तिगत आत्म-अभिव्यक्त न मान कर सामाजिक उत्पादन मानते थे, उसके रंजनात्मक और शिक्षात्मक मूल्यों को स्वीकार कर, वे भावात्मक प्ररणा जाग्रत करना चाहते थे। अतः कवि और सामाजिक में वहाँ अविरोध है जबकि बहुत सा आधुनिक काव्य और कला, प्रयोगोन्मुखी, जीवन बोधात्मक और अनैतिक,[157] असहमतिपरक तथा असामाजिक है।[158] समाजवादी देशों में समाजवादी यथार्थवादपरक रचनाओं में तो साधारण व्यक्ति तादात्म्य कर लेता है किन्तु अतियतार्थवादी कलाकार भी अपने को द्वन्द्वात्मक भौतिकवादी मानते हैं लेकिन उनकी स्वप्न विधि की अन्वितिहीन रचनाओं में, कवि के साथ तादात्म्क से स्वप्तों का स्मरण कहीं

अधिक सहायक होता है।

निष्कर्ष यह है कि तादात्म्य और साधारणीकरण की प्रक्रिया एक दूसरी से टकराती अंतर्धाराओं से युक्त होती है। इन्हें कवि, रचना, सामाजिक, देश, काल, रुचि, प्रचार के साधन, साहित्यिक वातावरण आदि तत्वों के सन्दर्भ में ही समझना होगा-निरपेक्ष, सार्वभौतिक, सार्वकालिक नियम के रूप में उन्हें तभी स्वीकार किया जा सकता है जब आचार्यों के शब्दों में विध्न रहित या द्वन्द्वरहित स्थिति हो।[159]

रसाभास और रस की असंगति--समुदाय द्वारा स्वीकृत औचित्यों के विधान से ही किसी भाव के वर्णन से रस निष्पत्ति हो सकती है, यह विषय चर्चा में कहा जा चुका है। आचार्यों ने औचित्य बोध की व्यापकता की रस का मूलाधार कहा है।[160] औचित्य की रक्षा के लिए, विभावादि के विशिष्ट विधान को आवश्यक माना गया है। यह विधान देश-कालविशेष में स्वीकृत औचित्य के आधार पर ही होना चाहिए यथा भारतवर्ष में शृंगार रस वहीं माना जाएगा, जिसमें धर्म शास्त्र के अनुसार प्रेम के आलम्बन वर्णित हो। अतः रति में एकनिष्ठता को नैतिकता का अवलम्ब मानने से, रावण की सीता के प्रति रति का वर्णन शृंगार रसाभास कहा जाएगा। इसी प्रकार पूज्य के प्रति रति या एक नायिका की अनेक प्रेमियों के प्रति रति का वर्णन रसाभास की सृष्टि करेगा।

रसाभास की धारणा से यह स्पष्ट होता है कि रस वहीं माना जा सकता है, जहां सामाजिक के नैतिक बोध पर प्रहार न हो। अनुचित प्रेम सम्बन्धों के वर्णन रसाभास प्रधान होते हैं। ऐसे स्थलों में सामाजिक को वास्तविक रस की प्रतीति न होकर, रस की झलक मात्र मिलती है क्योंकि अनुचित रति में उसका हृदय विद्रोह करता रहता है। अभिनवगुप्त सीता के प्रति रावण की रति के चित्रण में रस नहीं, रस का भ्रम मानते हैं। रस रति में पूर्णता नहीं होती। प्रेम द्विपक्षीय न होने से रति स्थायीभाव न रह कर, व्यभिचारी भाव बन जाती है। कामज मोह के कारण शुक्ति में रजत के सदृश शृंगार का आभास मात्र ही अनुभूत होता है।[161] अनुचित वही है, जिसे लोक और शास्त्र अनुचित कहे किन्तु लोक शास्त्र में परिवर्तित या विकसित होते रहते हैं। प्रकृति और नीति के द्वन्द्व से जीवन का विकास होता है। अतः भारतीय रसवाद की दृष्टि में इस परिवर्तन पर विचार न होने से, रसाभास की धारणा के अनुसार, परकीयाओं की रति के वर्णन, फारसी-उर्दू के एकपक्षीय प्रेम की कथाएँ और काव्य, शुद्ध रस की कोटि से बाहर हो जाएँगे। आधुनिक उपन्यासों में स्वछन्द प्रेम के प्रसंग भी रसत्व खो बैठेंगे किन्तु रसाभास की धारणा में देश, काल का भेद स्वीकृत है। अतिः स्वच्छन्द प्रेम सम्बन्धों को ही मूल्य देने वाले जनसमूह के लिए, एकनिष्ठरति से, शृंगाराभास की सृष्टि होगी। भारत में सामंतकालीन बहु-पत्नित्व भारतीय संस्कृति के अनुकूल माना जाता था किन्तु समाजवादी देशों में उसे शृंगाराभास ही कहा जाएगा।

व्यापक काव्य प्रभाव और भाव तल्लीनता के लिए, स्वीकृत नैतिक-विधान को दृष्टिगत रखना आवश्यक है किन्तु देश, काल के द्वन्द्व के अतिरिक्त, प्रकृति और संस्कृति

का द्वन्द्व प्रबलतर होता है। अतः स्वीकृत नैतिकता के अनुकूल चलने वाले भी एकान्त में स्वच्छन्द प्रेम से सम्बन्धित उपन्यास पढ़ा करते हैं। इसके विपरीत यौन सम्बन्धों की अराजकता हो जाने पर, स्वच्छन्दता अश्लील और अनैतिक प्रतीत होने लगती है। तब सीता-सावित्री के प्रतीक प्रिय हो उठते हैं। संतुलित स्थिति में यौन सम्बन्धों, नैतिकता और स्वतंत्रता का द्वन्द्व निरन्तर चलता रहता है, क्योंकि प्रथम संस्कृति और सभ्यता के लिए आवश्यक है तो दूसरी इसलिए प्रिय लगती है कि मनुष्य अपने सामूहिक कल्याण के लिए निर्मित बंधनों को जहाँ तोड़ पाता है, तोड़ता है, अन्यथा वह काव्य-कला के स्तर पर यौन स्वतंत्रता का मानसिक भोग करता है। इस प्रकार रस और रसाभास का द्वन्द्व संस्कृति और मानव स्वतंत्रता का द्वन्द्व बन जाता है।

पारम्परिक नैतिकता के कारण रसाभास या अश्लीलता का प्रश्न उलझ गया है। आधुनिक पूंजीवादी देशों में प्रबुद्ध वर्गों ने इस प्रश्न को प्रायः व्यक्ति की अपनी सुरुचि और मान्यता पर छोड़ दिया है तो दूसरी ओर परम्परा भक्त विचारक छायावाद द्वारा प्रकृति के मानवीकरण, प्राकृतिक वस्तुओं पर नारी की चेष्टाओं के आरोंपण को भी रसाभास कह देते हैं।[162]

मूल्य संक्रमण के युग में वस्तुतः रसाभास का प्रश्न असम्बद्ध हो जाता है क्योंकि कृतिकार दृष्टि की मौलिकता तथा निजी मान्यताओं को ही महत्व देते हैं। अस्तित्ववादी दृष्टि तो प्रत्येक व्यक्ति के आदर्शों और मूल्यों में स्वतंत्र वरण पर ही बल देती है और यह वरण कार्य कितने कठोर आत्मसंघर्ष और अनिश्चय बोध के मार्गों से गुजरता है, यही रचनाओं में प्रतिपाद्य विषय बन जाता है। इस सन्दर्भ में बाहरी आदेश असम्बद्ध लगने है। उदाहरणतः ज्याँ पाल सार्त्र की 'इंटीमेसी' कथा की नायिका अपने नपुसंक पति के साथ असफल रति में अधिक सुरक्षा, स्वच्छन्दता और सुविधा अनुभव करती है। एक बार वह किसी अन्य पुरुष के साथ सहवास का अवसर भी खोजती है लेकिन प्रेम क्रीड़ा में अस्वच्छता देख कर वह कहती है, प्रेम में कितनी दुर्गति होती है।[163]

आधुनिक साहित्य में, विशेष कर, पूंजीवादी-जनतंत्रों में चिंतन और आचरण का निरन्तर अंतर्विरोध देख कर लेखकों ने मनुष्य की छुद्रनामों, घृणा, ईर्ष्या, उन्माद, सन्देह,

द्वैत आदि को अधिक उद्‌घाटित किया है। जैम्स ज्वायस कहा करता था कि रूसो का वास्तविक रूप 'सोशल कांट्रेक्ट' नामक पुस्तक में नहीं है, अपितु उसकी आत्म स्वीकृतियों (कन्फैशन्स) में है, जहाँ वह चम्मचों के चुराने का अपराध स्वीकार करता है। सार्त्र के 'दएज आफ रीजन' का नायक मैथ्यू एक प्रेमिका का गर्भवती करके, उसके फूले उदर पर हाथ फेरता है और उसे ठुकरा देता है। वह प्रेमिका समलैंगिक प्रेम के अभ्यस्त युवक का आश्रय खोजती हैं।

कार्ल जैस्पर्स अपने निषेधवाद की लहर में, संक्रान्ति में जीनें को ही तात्विक जीवन कहा करता था। जीवन के परिचय के लिए व्यक्ति को केवल खतरा ही नहीं उठाना चाहिए अपितु आत्मनाश भी करना चाहिए।[164] विनाश का सामना करने पर ही, जीवन का

वास्तविक आनन्द प्राप्त हो सकता है।[165] अतः अपने को बरबाद करते हुए आनन्द लेना चाहिए यह उसकी शिक्षा है।[166]

इस घोर व्यक्तिवादी दृष्टि से मानव के आंतरिक नरक का उद्घाटन हुआ है और नारकीय सन्दर्भ में, नैतिकता एक आरोप मात्र लगती है। इससे स्वयं जीवन ही घृणास्पद, व्यर्थ या शून्यता का प्रतीक बन जाता है। जीवन स्वयं अश्लील और अनौचित्यों से ओतप्रोत है तो उसका साक्षात्कार रसाभास कैसे होगा, यो तो वह निर्वेद की स्थितियों का ही साक्षात्कार है लेकिन क्या इससे रस उत्पन्न होता है? अस्तित्ववादियों की गहराई, चिंतन शक्ति और जीवन के अंधकारपरक पक्षों का कुशल चित्रण देखकर चमत्कृति की ही प्रतीति हो सकती है किन्तु भावना का यहा सर्वथा तिरस्कार होने से, दबाब के कारण, रचनाकार के साथ तादात्म्य सम्भव होने पर तो वमनेच्छा ही उत्पन्न होगी। रसाभास की धारणाओं में, विवेकपरक जीवनदर्शन निहित है जब कि अस्तित्ववाद, अस्तित्व की तत्व से प्राथमिकता मानने के कारण, अबौद्धिक, अवचेतनपरक और नीति-अनीति से परे चला जाता है।[167] यदि देश काल, पात्र से अनौचित्य का सम्बन्ध है तब बौद्धिकों द्वारा रचित यह साहित्य रसाभास नहीं कहा जा सकता।

रस संख्या—तब क्या इसे बौद्धिक रस कहा जा सकता है? अथवा इसे आधुनिक शान्त रस कहा जाए? किन्तु यहाँ भाव का भोग ही अनुपस्थित है। वस्तुतः यहाँ चित्तवृत्ति की प्रधानता नहीं है, उन्हें जन्म देने वाली दृष्टि विशेष का महत्व है। इस दृष्टि से एक मानसिक दशा में निमग्नता भी नहीं दिखाई पड़ती बल्कि किसी जीवन की स्थिति में उतर कर, एक खोज, एक तलाश पर ध्यान रहता है और प्रत्येक क्रिया का अंत शून्य में पाकर, अस्तित्ववादी सार्त्र के सदृश राजनीतिज्ञ भी बन सकता है और आत्म निमग्न भी रह सकता है अथवा केवल उन्माद ग्रस्त हो सकता है।

रस की प्रसिद्ध कोटियों से यह स्थिति सर्वथा भिन्न है। आनन्दवाद के लिए तो यह सबसे बड़ी चुनौती है। यदि, नमिसाधु[168] और मधुसूदन[169] सरस्वती के निर्देश पर, प्रत्येक चित्तवृत्ति या संचारी को भी रसोत्पादक मान लिया जाए तो यहाँ चमत्कार का कारण कला शक्ति और विश्लेषण-सामर्थ्य प्रतीत होता है। मानसिक स्थितियों के वैचित्र्य की अनुभूति के साथ-साथ, यह भी ज्ञान रहता है कि यह एक विशेष दार्शनिक पूर्व-कल्पना का फल है, अतः अस्तित्ववादी मनोदशाएँ व्यक्तिगत ही हो सकती हैं, इनका परितोष चिंतन से होता है, विभावादि के परम्परागत संयोग द्वारा नहीं। यहाँ सार्थकता की खोज होती है, रागात्मकता की नहीं। व्यापक अर्थ में इसे रस कहने से रस का विशिष्ट सन्दर्भ, उसकी विशिष्ट अपेक्षाएँ ही समाप्त होने लगती हैं, अतः रससंख्या वृद्धि करके नहीं, अपितु यह मान कर रसवाद का समाधान सम्भव है कि उसका साक्षात् सम्बन्ध भाव-प्रधान साहित्य और कलाओं से ही है। ध्वन्यालोककार के शब्दों में रस की अप्रधानता में कृतिकार स्वतंत्र या कामचारी हो सकते हैं।[170] अस्तित्ववादी रचनात्मकता, तथा अन्य समस्त अविवेकपरक

संकमणयुगीन सृजन प्रमुखतः रस भाव रहित हैं अथवा उसकी दृष्टि रसपरक या भावाभिव्यक्तिपरक होकर, तत्व बेधक है जो बोधपरक तो है पर आस्वादपरक नहीं है।

भरत के पश्चात् सृजन में वैविध्य अथवा वैविध्य के प्रति जागरूकता बढ़ने से रस संख्या वृद्धि के अनेक उपाए हुए हैं। बौद्ध, जैन मतों के संयासवाद[171] तथा शैव साधकों के ब्रह्मानन्दवाद के कारण शान्त रस सिद्धि में गंभीर चिंतन हुआ था।[172] अभिनव गुप्त तो शान्त रस को, (भवभूति के करुणारसवाद के सदृश) सभी रसों का मूल मानते हैं। भरत ने कहा था कि रत्यादि स्थायी भाव विकार रूप हैं और शान्त रस प्रकृति रूप है। विकार प्रकृति से उत्पन्न होते हैं और अन्त में, फिर उसी प्रकृति में विलीन हो जाते हैं।[173] अभिनव इसी आधार पर शान्त रस की पृथक गणना इसलिए करना चाहते हैं कि शान्त रस का आस्वाद अन्य रसों से भिन्न होता है।[174]

आस्वाद की विशिष्टता के इसी तर्क के आधार पर अनेक रसों की कल्पना हो सकती है, यह द्रष्टव्य है। भोज ने इसीलिए प्रेयान्, उदात्त और उद्धत रसों को स्वीकृति दी है।[175] भोज रसों की अनन्तता मानते थे। उन्होंने तो सात्विक (कम्प, स्वेदादि) भावों में भी रसत्व स्वीकार कर लिया है। रुद्रट और उनके टीकाकार नमिसाधु सभी भावों से रसों की निष्पत्ति मानते हैं।[176] अतः रस अनेक हो सकते हैं। हेमचन्द्र ने स्नेह, लौल्य और भक्ति रसों का खंडन किया है। गुणचन्द्र रामचन्द्र ने व्यसन, दुःख और सुख जैसे रसों उल्लेख किया है। विश्वनाथ ने वात्सल्य रस को स्वीकृति दी है। भानुंदत्त ने रस तरंगिणी में कृपणता तथा माया रसों का उल्लेख किया है पर उन्हें स्वीकार नहीं किया है। रूप गोस्वामी ने तो काव्य रसों को गौरव मान कर भक्ति रस (शान्त, प्रीति, प्रेयान्, वत्सल और मधुर) को ही मुख्य रस कहा है।[177] इनके अतिरिक्त मृगया, अक्ष (द्यूत) रसों का उल्लेख धनंजय के दशरूपक में मिलता है।[178] जैनियों के अनुयोगद्वार सूत्र में व्रीड़ानक रस का उल्लेख मिलता है, जिसका स्थायी भाव व्रीड़ा माना गया है।

पंडितराज जगन्नाथ ने रस की बढ़ती हुई इस संख्या का विरोध किया है।[179] यदि रस, भाव आदि के विषय में किसी को प्रामाणिक व्यवस्था देने वाला नहीं माना जाए अर्थात केवल तर्क से काम लिया जाए तब तो साहित्य दर्शन उलट-पुलट जाएगा।[180]

केवल भरत को प्रामाणिक मानने से आचार्य शुक्ल का प्रकृति रस[181] अथवा रा. मि. जोशी का उदात्त रस तथा देशभक्तिरस, क्रान्तिरस, उद्वेग रस, प्रक्षोभरस आदि की कल्पनाओं को अप्रमाणिक मानना होगा।[182] डॉ. नगेन्द्र ने भारतेन्दु के मत का उल्लेख किया है जो इस परम्परा भक्तिजन्य प्रामाणिकता पर प्रहार करता है।

'वाह, वाह रसों का मानना भी वेद के धर्म को मानना है कि लिखा है, वही माना जाए और इसके अतिरिक्त जो करे सो पतित होय। रस ऐसी वस्तु है जो अनुभव सिद्ध है। इसके मानने में प्राचीनों की कोई आवश्यकता नहीं। यदि अनुभव में आवे मानिए, न आवे तो न मानिये।'[183]

रस संख्या की अनन्तता और इस अनन्तता के विरुद्ध भवभूति ने करुण रस[184]

(एको रसः करुण एव), अभिनव ने शान्त रस, भोज ने श्रृंगार रस, नारायण पंडित ने अद्भुत रस तथा रूप गोस्वामी ने भक्ति रस को रस मूल स्वीकार किया है। वस्तुतः नाट्य सन्दर्भ में मुख्य, अभिनेय भावों का ही रसत्व स्वीकार किया गया था लेकिन काव्य में अभिनेयता की बाधा न होने से रस की अनन्तता की धारणा बलवती हो गयी थी। यों तो रस की संख्या का प्रश्न रसशास्त्र का मौलिक प्रश्न नहीं है,[185] तथापि शास्त्रीय संकीर्णता को दूर करने के लिए, प्रयत्न की एक दीर्घ परम्परा रोचक अवश्य है। यह तो सत्य है कि भरत के आठ रसों में मुख्य वासनाएँ सम्मिलित हैं किन्तु सामाजिक विकास की अवधि में मनुष्य की मूल वासनाएँ अनेक रूप धारण करती हैं। परिवेश के आग्रहों से जिजीविषा को छोड़ कर, शेष स्थायी भाव गुणात्मक दृष्टि से बहुत भिन्न हो जाते हैं, मात्रागत परिर्वतन भी अत्यधिक हो जाता है। रस की अनन्तता की धारणा के नीचे, इस विकास और वैविध्य की ही अपने ढ़ंग से स्वीकृति है। तारसप्तक के तृतीय अंक में ऊब रस के उल्लेख से, किसी चितवृत्ति की प्रधानता के आधार पर काव्युभूति विशेष की पहचान करने का प्रयत्न दिखाई पड़ता है। संकमणशील युगों में बर्हिद्वन्द्ध और अंतर्द्वन्द्व की प्रधानता से 'द्वन्द्व रस' की कल्पना भी की जा सकती है। इससे किसी मानसिक प्रवृत्ति के निरीक्षण का तो ज्ञान होता ही है, यों इससे कृति की श्रेष्ठता, अश्रेष्ठता का निर्णय नहीं हो सकता, यह तो नामकरण मात्र है।

निष्कर्षतः, रस सिद्धान्त, भरत से जगन्नाथ तक निरन्तर विकसित हुआ है। मूलतः नाट्य के सन्दर्भ में विकसित होने के कारण इसकी सर्वाधिक समबद्धता, भारतीय रूपकों के प्रदर्शन में दिखाई पड़ती है किन्तु वहाँ भी व्यापक कला व्यापार के रूप में ग्रहण करने पर रस सूत्र, कला और काव्य में परस्पर विरोधी, अविरोधी तत्वों की विशिष्ट समन्विति का समीकरण प्रस्तुत कर सकता है। यह रससूत्र की रचना प्रक्रियापरक व्याख्या है जो स्वीकार होनी चाहितए। दूसरी उपलब्धि यह है कि भट्ट लोल्लट की व्याख्याओं से, रस की धारणा, कला निर्मिति अथवा रूप की सृष्टि पर सावयवता के सिद्धान्त द्वारा, महत्वपूर्ण प्रकाश डालती है। शंकुक की व्याख्या से कलानुभव में अनुमान का योग और कला रूपों (चित्र तुरंग) की विलक्षणता की अंर्तदृष्टि प्राप्त होती है।

अध्यात्मवादी भट्टनायक, अभिनवादि ने शुद्ध यथार्थवादी साधारणीकरण के सिद्धान्त द्वारा, कला के संप्रेषण का सामाजिक विज्ञान प्रस्तुत किया है और आध्यात्मिक आनन्द का मूल मानते हुए भी, कला-काव्यानन्द की अद्वितीयता को रेखांकित किया है।

आचार्यों के इस विवेचन में भावकत्व या व्यंजना शक्तियों की उद्भावनाओं से कला-काव्यादि की सांकेतिकता प्रमाणित हुई है और काव्य निर्मिति, आस्वादन, कवि प्रेक्षक आदि के सम्बन्धों, विभावादि के संयोगों में हमारे आचार्य, वस्तुतः सृजन-आस्वादन में निहित द्वन्द्वात्मक व्यापार की प्रतीति का प्रमाण देते हैं। उन्होंने भरत की रसधारण को भारतीय साहित्य की व्याख्या के लिए भी समर्थ समझ कर, उसे व्यापकता देने का विद्वतापूर्ण प्रयत्न किया है। उन्होंने अन्य काव्यांगों-अलंकार, रीति आदि की संकुचित और व्यापक

व्याख्याओं को रस में ही समन्वित करने की भी चेष्टा की है। रस की धारण में आचार्य काव्य को मात्र क्रीड़ा न मान कर, कलावाद का विरोध करते है। वे शब्द, अर्थ की साधना और प्रेषणीयता द्वारा काव्य को सर्वभोग्य बनाने पर बल देकर, विशेषज्ञ और सर्व साधारण के द्वन्द्व की संगति खोजते प्रतीत होते हैं। भारतीय भावुक जाति के भावधन को सर्वाधिक महत्व देकर, वे बौद्धिक, संवेनागत और मूल्यगत भेदों की उपेक्षा करके, मूल मानव और सार्वभौतिक मानव का अनुसंधान करते हैं। वर्गों, वर्णों, मानव सम्बन्धों तथा सांस्कृति पक्षपातों और द्वन्द्वों को वे मनुष्य का मूल स्तर न मान कर उन्हीं स्तरों को स्थायी और तात्विक स्तर मानते हैं, जहाँ मनुष्य मात्र से भावात्मक एकता स्थापित कर सकता है। द्वन्द्वात्मक भौतिकवाद भी वर्ग वैषम्य के बावजूद, मानव के समान भाव स्तरों का विशेष नहीं करता। वर्गहीन समाज में सार्वभौमिकता की संभावना का मत स्वीकार करता है।

रस सम्बन्धी प्रत्येक धारणा के विवेचन में आचार्य देश, काल, और पात्र के वैविध्य और विचित्रता को स्वीकार करके अपने सिद्धान्तों को नमनीयता प्रदान करते हैं।

रसवादी आचार्य-आनन्दवर्धन, अभिनव, मम्मट आदि राज्य सभा में विकसित चमत्कारवाद पाण्डित्यवाद का विरोध करते हैं और भरत के सर्व-साधारणवाद को पुनः प्रतिष्ठित करते हैं।

भारतीय कला और काव्य के आधार पर विकसित और भाव को ही सर्वाधिक महत्व देने के कारण रसवाद, भावात्मक सृजन के आस्वाद और आनन्द का अपूर्व अवगाहन प्रस्तुत कर सका है। अपने शास्त्रीय और विशिष्ट रूप में वह भावात्मक सृजन का सचमुच 'वेद' कहा जा सकता है।

रस सिद्धान्त की सीमाओं का उल्लेख अनेक स्थानों पर हो चुका है। भावात्मक कला की सर्वश्रेष्ठता की स्वीकृति से, कला के अन्य रूपों की उपेक्षा होती है। सामान्यता और सरलीकरण इस सिद्धान्त के अन्य दोष हैं।

रस सिद्धान्त कला की सृजन-प्रक्रिया का एक सामान्य विवरण देकर, मुख्यतः आस्वाद-प्रक्रिया तथा आनन्द-ग्रहण-पक्ष पर अधिक बल देता है। अतः कृति के स्वरूप के उद्घान तथा उसके परीक्षण-निरीक्षण के लिए एक निवलम्बता का अनुभव होता है। वस्तुतः रसवाद के पास कृति विशेष के स्वरूप-ज्ञान और उसके विस्तृत साक्षात्कारात्मक परीक्षण के लिए धारणाओं का अभाव है। वह कृतियों को सामाजिक विकास के सन्दर्भ में रख कर, उनकी अस्तित्व प्राप्ति और विशिष्ट रूप प्राप्ति का विवेचन नहीं कर सकता। आधुनिक युगीन आलोचना में विकसित नवीन आलोचना पद्धतियों ओर सामूहिक अवचेतन, आर्कीटायप, मिथ, प्रतीक, बिम्ब, विचारों की भूमिका परिवेशगत प्रभाव, आदि के बिना कृतियों में मात्र भाव-निमग्नता का निकष अपूर्ण लगता है। अतः देश, काल, पात्र, संस्कार, वासना जैसी धारणाओं को प्रारम्भिक मानना चाहिए, इनसे सत्य का साक्षात्कार नहीं होता है।

रस की धारणा को व्यापक सन्दर्भ देने के प्रयत्न होते हैं किन्तु तब रस को शास्त्र

की रूढ़ियों से मुक्त तथा विकासशील रूप में ही देखा जाता है।[186] भारतीय काव्य और शास्त्र से मुक्त करते ही रस मात्र राग या अनुभूति के रूप में रह जाता है। फलतः अपनी अप्रधान स्थिति में तो, "कामचारी" सृजन में, रस की सम्बद्धता ही समाप्त होने लगती है। अप्रधानस्थिति में रस सिद्धान्त का एक ही योगदान रह जाता है कि अपने हृदय पर गंभीर प्रभाव अनुभव किए बिना कृतिकार रचना में पूर्णतः सफल नहीं हो सकता किन्तु हार्दिक प्रतिक्रियाओं के व्यक्तिकरण के लिए सामान्य संकेतों (विभावानुभव संयोग) के सिवा, रसवाद, सृजन की गूढ़ समस्याओं पर मौन रहता है।

रसवाद का कोटिपरक प्रयोग या परिमाणात्मक प्रयोग (नायक-नायिका भेद, रसभेद,उदाहरणादि) व्यर्थ ही नहीं, हानिकर भी है। अतः निकष और विश्लेषण प्रविधि के रूप में रस सिद्धान्त अत्यन्त अपर्याप्त सिद्धान्त है। प्राचीन भारतीय कला काव्य की स्वरूप स्थिति के बोध को हृदयंगम करने में इससे जितनी सहायता मिलती है, उतनी सहायता अपने शास्त्रीय रूप में, आधुनिक कला के विवेचन में नहीं मिल सकती। अतः समकालीन विवेचन के लिए अन्य अनेक धारणाओं और प्रविधियों का ग्रहण अनिवार्य हो जाता है। रस की धारणा सहायक मात्र है, पूर्ण समीक्षा धारणा नहीं।

बहुत्ववादी दृष्टि से जिस प्रकार द्वन्द्वात्मक भौतिकवादी आलोचनात्मक धारणाओं को रस, ध्वनि आदि धारणाओं को सहायता मिल सकती है, उसी प्रकार रस सिद्धान्त, द्वन्द्वात्मक भौतिकवादी दृष्टि और सामयिक भौतिक प्रविधियों (समाजशास्त्रीय आदि) के अविकसित और अपूर्ण ही रहेगा।

सन्दर्भ

1. हिन्दी अभिनव भारती—डॉ. नगेन्द्र, दिल्ली 1960, अध्याय 6, कारिका 31।
2. काव्य प्रकाश, 4-27-28।
3. रसगंगाधर का शास्त्रीय अध्ययन, डॉ. प्रेमस्वरूप गुप्त, पृष्ठ 123।
4. तत्र विभावानुभाव व्यभिचारि संयोगाद्रस निष्पत्तिः।
5. वस्तुवादी से भरत के नाटयशास्त्र में रस गुण वाचक नहीं, द्रव्यवाचक बताया गया है। द्रव्य गुणों का अधिष्ठान होता है। रस द्रव्य है। अतः वह आस्वाद का अधिष्ठान हैं। आस्वाद्य होने के कारण ही रस तक को पदार्थ कहा गया है
—रस इति कः पदार्थः। उच्यते । आस्वाद्यत्वात्।—नाटयशास्त्र, षष्ठ अध्याय।
6. सुखप्रायेषु सम्पन्नः त्रतु माल्यादि सेवकः
पुरुषः प्रमदा युक्तः, श्रृंगार इति संज्ञितः—ना. शा. 6-52।
7. सौन्दर्य तत्व और काव्य सिद्धान्त, डॉ. सुरेन्द्र बारलिंगे, दिल्ली, 1963, भूमिका, पृष्ठ झ, अनुवादक डॉ. मनोहर काले।
8. वही, पृष्ठ ट ।
9. वही, पृष्ठ 53।
10. सौन्दर्य तत्व और काव्य सिद्धान्त, पृष्ठ 63।

11. डॉ. सुरेन्द्र बारलिंगे, पृष्ठ 63।
12. सुख दुःख जनन शक्ति युक्ता विषय सामग्री बाह्यैव। सांख्यध्शा सुख दुःख स्वभावों रसः अभिनव भारती, पृष्ठ 461।
13. रससिद्धान्त—डॉ. नगेन्द्र, पृष्ठ 146।
14. वही, पृष्ठ 142।
15. रसगंगाधर का शास्त्रीय अध्ययन, पृष्ठ 126।
16. वही, पृष्ठ 126।
17. रस सिद्धान्त, पृष्ठ 144।
18. वही, पृष्ठ 145।
19. हिन्दी अभिनव भारती, 6-37, पृष्ठ 446।
20. वही, 448।
21. वही, पृष्ठ 449।
22. स्थायूयनुकरणरूपः—हिन्दी अभिनव भारती, पृष्ठ 446।
23. मणिप्रदीपप्रभयोर्मणि बुद्धयाभिधावतोः मिथ्याज्ञानविशेषोसपि विशेषासर्थक्रियां प्रति—हिन्दी अभिनव भारती, पृष्ठ 449।
24. विरुद्ध बुद्धिसम्भेदादविवेचितसम्प्लवः युक्या पर्यनुयुज्येत, स्फरन्नुभवः वही, 450 तथा रससिद्धान्त पृष्ठ 152।
25. स्थायित्वेन सम्भाध्यमानो रत्यदि भविस्तत्रासत्रपि सामाजिकाना वासनया चर्व्यमारणो रसः—काव्यप्रकाश, 4-27/28 सूत्र 43 ।
26. रसगंगाधर का शास्त्रीय अध्ययन, पृष्ठ 132 ।
27. हिन्दी अभिनव भारती, पृष्ठ 450।
28. शंकुक नट के अनुकरण को तथा सामाजिक की प्रतीति को सर्वथा पृथक **करके** नहीं देखते। वे विषय तथा विषयी पक्षों को परस्पर सम्बद्ध करके ही देखते हैं। **न** तो नट का निरपेक्ष भावानुकरण ही रस है और न सामाजिक का मात्र अनुमान ही। नट द्वारा अनुक्रियमाण भाव सामाजिक की अनुमानात्मक प्रतीति का विषय बनता हुआ ही रस है।—रसगंगाधर का शास्त्रीय अध्ययन, पृष्ठ 133 ।
29. रससिद्धान्त, पृष्ठ 158।
30. हिन्दी अभिनव भारती, 6-31।
31. वही, पृष्ठ 451।
32. वही, पृष्ठ 451।
33. कि कृत्रिमत्वेन सामाजिकैर्गृह्यन्ते न वा.... हिन्दी अभिनव भारती, 453।
34. वही, पृष्ठ 453।
35. अक्रुद्धोसपि नटः क्रुद्ध इव प्रतिभाति- वही, पृष्ठ 455।
36. सप्तद्वीपानुकररणम्- ना. शा. 1-117, अभिनव भारती, पृष्ठ 459।
37. अनुव्यवसायस्य प्रत्यक्ष कल्पना- वही, पृष्ठ 193।
38. वही, पृष्ठ 460।
39. अभिनवगुप्त ने दण्डी का मत लोल्लट के मत के साथ ही उद्धृत किया है और उसे लोल्लट के अनुरूप ही कहा है—
अ. रतिः शृंगारता गता, रूप बाहुल्ययोगेन - काव्यादर्श, 2-281।
ब. अधिरूह्य परां कोटि, कोपो रौद्रात्मतां गतः, काव्यादर्श 2-283 तथा अभिनव भारती,

पृष्ठ 443।
40. हिन्दी अभिनव भारती, 6-31, पृष्ठ 462।
41. हिन्दी अभिनव भारती, पृष्ठ 465।
42. भट्टनायक ने प्रथम बार स्पष्टतः काव्य में भी रस की निष्पत्ति का उल्लेख किया है। सम्भवतः वह सोचते थे कि मंच की साक्षात्कारत्मक क्रिया की कल्पना प्रबुद्ध पाठक मन ही मन कर सकता है। विभाव, अनुभाव, संचारी भाव के संयोग में, एक दो अंशों के पाठक कल्पना द्वारा परिस्थिति और भावादि का चित्र पूरा कर लेता है, अतएव काव्य से भी रसनिष्पत्ति हो सकती है। इसलिए भट्टनायक तस्मात् काव्यं दोषाभावगुणालंकार... के उल्लेख से ही प्रारम्भ करते हैं।
43. विभावादिसाधारणीकरणात्मना... भावकत्व व्यापारेण।
44. द्रुतिविस्तरविकासात्मा रजस्तमोवैचित्र्यानुविद्धसत्वमय निचित्स्वभाव निवृत्ति विश्रान्ति त्रिपाठी, दिल्ली, 1963, पृष्ठ 387।
45. वही।
46. रसगंगाधर शास्त्रीय अध्ययन, पृष्ठ 150।
47. वही, 155।
48. स्वगतत्वेन हि प्रतीतौ, करुणे दुःखित्वं स्याता न व सा प्रतीतिर्युक्ता । सीतादेरविभावत्वात्। स्वकान्तास्मृत्यसंवेदनात्-अभिनव भारती, पृष्ठ 462।
49. न च तद्रतो रामस्य स्मृतिरनुपलव्धत्वात्.... अभिनव भारती, पृष्ठ 463।
50. वही, पृष्ठ 463।
51. अ. न सा प्रतीतिर्युक्ता, सीतादेरविभावत्वात्.... देवतादौसाधारणीकरण योग्यत्वात्-अभिनव भारती।
ब. न च कान्तार्त्व साधारर्ण वासनाविकासहे,तुविभावतायां प्रयोजकमिति चेत्- देवतावर्णनादौ तदपि कथम? अलोकसामान्यातां रामादीनां ये समुद्रसेतु बन्धादयो विभावास्ते, कर्थ साधारण्यं भजेयुः -लोचन, रामसागर त्रिपाठी, पृष्ठ 383।
52. सर्वपक्षषु च प्रतीतिरपरिहार्या रसम्य-वही, पृष्ठ 393।
53. अप्रतीतं हि पिशाच वदव्यवहार्य स्यात्, पृष्ठ 393 ।
54. वही।
55. रसगंगाधर की भूमिका, पृष्ठ 157।
56. वही, 158।
57. भट्टनायक के उद्धृत पाठ में कहीं शब्दों का परिवर्तन भी हुआ है। अ. द्रुति विस्तर विकासात्मा, रजस्तमो वैचित्र्यानुविद्ध सत्वमयनिज चित्स्वभाव निवृैत्तिविश्रान्ति लक्षण–लोचन, पृष्ठ 387।
ब. अभिनव भारती में "सत्वमय" के स्थान पर" सत्वाद्रेक प्रकाशानन्दमय" तथा" नि चित्त" के स्थान पर 'निजर्सविद्' पाठ मिलता है। पृष्ठ 465।
58. रसगंगार का शास्त्रीय अध्ययन, पृष्ठ 159।
59. वही, पृष्ठ 169-170।
60. यत्रार्थः शब्दो वा तमर्थ व्यंड्क्तः- लोचन, रामसागर त्रिपाठी, पृष्ठ 397।
61. परव्रह्मास्वादसब्रह्मचारित्व चास्त्वस्य रसास्वादस्य- ध्वन्यालोक लोचन, पृष्ठ 398।
62. हिन्दी अभिनव भारती, पृष्ठ 470।
63. ग्रीवाभंगाभिरामम्-शाकुन्तल-1।

64. हिन्दी अभिनव भारती, पृष्ठ 471।

65. अतएव सर्वसामाजिकानामेकाधनततैव प्रतिपत्तिः सुतरां रसपोषायः-अभिनव भारती, पृष्ठ 471।

66. सा चाविध्ना संवित् चमत्कार,—अभिनव भारती, पृष्ठ 471।

67. कम्प पुलकोल्लुकसनादिविकारश्चमत्कार, वही, 471।

68. विषयसामग्रापि ना भवतु विज्ञानवादाननलभ्भनात्—वही, 473।

69. प्रतिपत्तवयोग्यता, सम्भावनाविरहा नाम-हिन्दी अभिनव भारती, पृष्ठ 474।

70. आउट साइडर-काम।

71. तदपसारणे हृदयसंवादो लोकसामान्य वस्तु विषय—हिन्दी अभिनव भारती, पृष्ठ 474।

72. हिन्दी अभिनव भारती, पृष्ठ 475।

73. वही।

74. वही, पृष्ठ 476।

75. निजसुखादि विवशीभूतश्च कर्थ वस्त्वन्तरे संविद, वही, पृष्ठ 476।

76. येनाहृदयोसपि हृदयवैमल्यप्राप्त्या सहृदयी क्रियते, वही, 476।

77. सकलभोग्यत्व सहिष्णुभिः- हिन्दी अभिनव भारती, पृष्ठ 476।

78. किन्व प्रतीत्युपामानामभावे कर्थ प्रतीतिभाव—वही।

79. वही, 476।

80. सर्वाचैयं प्रमितिः प्रत्यक्ष परा-न्यायसूत्र भाष्य 1-3, वही, पृष्ठ 477।

81. तस्मात् तदुभविध्न विधाते, अभिनया लोकधर्मिवृत्ति प्रवृत्युपस्कृताः समभिषिच्यन्ते वही, पृष्ठ 477।

82. अप्रधाने च वस्तुनि कस्य संविदविश्राम्यति?... स्थायेव तथा चर्वणापात्रम्-हिन्दी अभिनव भारती, पृष्ठ 477।

83. हिन्दी अभिनव भारती, पृष्ठ 479।

84. हिन्दी अभिनव भारती, पृष्ठ 481।

85. कुकुरमुत्ता, निराला।

86. सशययोगश्च- हिन्दी अभिनव भारती, पृष्ठ 474।

87. सहचरत्वविलोकनात्- वही, पृष्ठ 485।

88. तन्मयीभावोचितचर्वणतया- वही, 485।

89. हिन्दी अभिनव भारती, पृष्ठ 486।

90. रस्यतैक प्रारणो ह्यसौ, न प्रमेयादिस्वभावः—वही, 488।

91. तर्हि सूत्रे निष्पत्तिरिति कथम्। नेय रसस्यापितु तद्विशखयरसनाया—वही, पृष्ठ 488।

92. सामाजिकाना हि हर्षेकफं, नाट्यं न शोकादिफलम्—वही, पृष्ठ 500।

93. इत्यान्दरूपता सर्वरसानाम् किन्तु उपरन्जकविषयवशात् तेषामपि कटुर्किता स्पर्शास्ति वीरस्येव स हि क्लेषसहिष्णुतादि प्राण एव। एवं रत्यादीनां प्राधान्यम्- वही, पृष्ठ 478।

94. वही, पृष्ठ 497।

95. रति-हास-उत्साह-विस्मयानां सुखस्वभावत्वम्- अभिनव भारती, पृष्ठ 219।

96. तत्र तु चिरकाल व्यापिसुखानुसन्धिरूपत्वेन.... दुःखांशानुवेधी रते—वही।

97. क्रोध-भय-शोक-जगप्साना तु दुःखस्वरूपता- वही, पृष्ठ 220।

99. आचार्य विश्वेश्वर ने ऐसा ही अर्थ किया है, वही, पृष्ठ 222-223।
99. योसय स्वभावो लोकस्य सुख दुःख समन्वित–ना 'शा., प्रथम अध्याय।
100. डा. नगेन्द्र के मत से अभिनव गुप्त रसों को नहीं, मात्र स्थायी भावों को सुख दुःख उभयात्मक मानते हैं जो रस रूप में आनन्दमय हो जाते हैं–(रस सिद्धान्त, पृष्ठ 96) किन्तु अभिनव भारती के पृष्ठ 478 पर दुःख के अनुवेध की स्पष्ट स्वीकृति है।
101. अ. सन्त वैष्णव काव्य पर तांत्रिक प्रभाव, विश्वम्भरनाथ उपाध्याय, भूमिका भाग, आगरा।
ब. हिंन्दी की तांत्रिक पृष्ठ भूमि, विश्वम्भरनाथ उपाध्याय, इलाहाबाद।
102. रसगंगाधर का शास्त्रीय अध्ययन, पृष्ठ 166-167।
103. सोसकामत्, स एकाकी न रमते, एकोसहं बहुस्याम।
104. सकल प्रयोजन मौलिभूतं समनन्तरमेव रसास्वादनसमुद्भूतं विगलित वेध्यान्तरमानन्दम्-काव्य प्रकाश 1-2।
105. आनन्द निस्यन्दिषु रूपकेषु... दशरूपक, प्रथम प्रकाश, पृष्ठ 3।
चौखम्भा, बनारस.(भोलाशंकर व्यास कृत टीका)
106. करुणदावपि रसे, जायते यत्परं सुखम्।
सचेतसामनुभवः, प्रमाणं तत्र केवलम्–साहित्य दर्पण 3-4।
किं च तेषु यदा दुःखं, न कोऽपि स्यात्तुन्मुखः
तथा रामायणादीनां भविता, दुःखहेतुता–साहित्य दर्पण, 3-5।
107. वही, 3-6।
108. सत्वोद्रे कादखण्ड स्वप्रकाशान्नद चिन्मयः वेध्यान्तर स्पर्शशून्यो, ब्रह्मानन्द सहोदरः लोकोत्तर चमत्कार प्राणः–वही, 3-2, 3।
109. रसगंगाधर की शस्त्रीय व्याख्या, पृष्ठ 185।
110. रसगंगाधर की शास्त्रीय, व्याख्या, पृष्ठ 185।
111. भयानको, वीभत्सः करुणो रौद्रो वा रसास्वादवतामनाख्येयां कामपि क्लेशदशामुपनयति-हिन्दी नाटयदर्पण, कारिका 109, सूत्र 163, पृष्ठ 191।
112. अनेन च सर्वा गाल्हादकेन कविनटशक्तिजन्मना चमत्कारेण विप्रलब्धाः परमानन्दरूपतां दुःखात्मकेष्वपि करुणादिषु सुमेघसः प्रतिजानते–वही, कारिका 109, सूत्र 163, पृष्ठ 191।
113. रसमीमांसा, पृष्ठ 80, काशी, संवत् 2017 तृतीय संस्करण।
114. क्या विभावत्व उनका स्वरूप हटाकर उन्हें एक ही स्वरूप–सुख दे देता है? –रसमीमांसा।
115. क्या दुःख के भेद, सुख के भेद से प्रतीत होने लगते हैं?–वही।
116. वही।
117. चिन्तामणि, 1-141।
118. चिन्तामणि, पृष्ठ 247।
119. रससिद्धान्त, पृष्ठ 101।
120. वही।
121. वही, 103।
122. रससिद्धान्त, पृष्ठ 108।
123. रस सिद्धान्त, पृष्ठ 108।

124. स्थायी भाव के स्वरूप के अनुसार वह सुख या दुःख का अनुभव करता है, कल्पना के जाग्रत होने से उसमें एक प्रकार की स्वच्छन्दता की भावना का उदय होता है, उधर कलातत्वों की अनुभूति सामंजस्य, आल्हाद, विस्मय आदि को जन्म देती है और अन्त में इन सबकी परिणति एक विशेष प्रकार की मनोदशा में होती है, जो निश्चय ही परितोषकारी होती है—वही, पृष्ठ 111।

125. आलोचना -डॉ. नामवर सिंह, 2-3।

126. अगस्त, 1938 में, रवीन्द्र मंच, जयपुर पर प्रस्तुत।

127. प्राब्लम्स इन ईस्थैटिक्स—सम्पादक, मौरिस विट्ज़, न्यूयार्क, 1959 पृष्ठ 173।

128. मैटामॉरफ़ासिस।

129. प्राब्लम्स ऑफ ईस्थैटिक्स-एक्सप्रैशन, शीर्षक निबन्ध, पृष्ठ 187-88।

130. द एक्ट ऑफ़ एक्सर्प्रर्सिग इट, इज़ देअर फ़ोर, एन एक्सप्लोरेशन ऑफ़ हिज़ ओन इमोशन—वहीं, पृष्ठ 188।

131. वही।

132. वही।

133. इट इज़ ए पिक्यूलियर एंगर, नॉट क्वाइट लाइक एनी एंगर, दैट् आई हैव एवर फैल्ट बिफोर एण्ट प्रोबैबली नॉट क्वाइट लाइट एनी एंगर, आई शैल एवर फ़ील अगेन-वही, पृष्ठ 189।

134. प्रॉब्लम्स आफ ईस्थेटिक्स—पृष्ठ 187।

135. सिगनीफिकैण्ट।

136. अटरैक्टिव।

137. भावकत्वं साधारणीकरणम्। तेन हि व्यापारेण विभावादयः स्थायी च याधारणीक्रियन्ते। साधारणीकरणं चैतदेव यत्सीतादि विशेषाणा, कामिनीत्वादिसामान्येनोपस्थतिः, काव्यप्रकाश, निर्णय सागर प्रेस, पृष्ठ 66, रस सिद्धान्त, पृष्ठ197।

138. साधारण्येन रत्यादिरपि तद्वत्प्रतीयते परस्य न परस्येति, ममेति न ममेति च तदास्वादे विभावादेः परिच्छेदो न विद्यते-साहित्यदर्पण 3-11।

139. तत्प्रभावेग, यस्यासन्मपाथोधिप्ल्वनादयः प्रमाता तदभेदेन, स्वात्मानं प्रतिपद्यते-सा, द 3-10।

140. साहित्य दर्पण, डा. सत्यव्रत सिंह, वाराणसी, 1957, पृष्ठ 120।

141. प्रॉब्लम्स इन ईस्थैटिक्स- पृष्ठ 204।

142. हिन्द रसगंगाधर- बद्रीनाथ भक्त, पृष्ठ 110।

143. जब तक किसी भाव का कोई विषय इस रूप में नही लाया जाता कि वह सामान्यतः सबके उसी भाव का आलम्बन हो सके, तब तक उसमें रसोद्बोधन की पूरी शक्ति नहीं आती। इस रूप में लाया जाना हमारे यहाँ साधारणीकरण कहलाता है- चिंतामणि, "साधारणीकरण और व्यक्ति वैचित्र्यवाद" शीर्षक लेख।

144. (क) कल्पना में मूर्ति तो विशेष की होगी, पर वह मूर्ति ऐसी होगी जो प्रस्तुत भाव का आलम्बन हो सके, जो उसी भाव को श्रोता के मन में जगाए, जिसकी व्यंजना आश्रय अथवा कवि करता है। इससे सिद्ध हुआ कि साधारणीकरण आलम्बनत्व धर्म होता है।—वही।

(ख) व्यक्ति तो विशेष ही रहता है पर उसमें प्रतिष्ठा ऐसे सामान्य धर्म की होती है

जिसके साक्षात्कार से सब श्रोताओं या पाठकों के मन में एक ही भाव का उदय थोड़ा या बहुत होता है—वही।

145. साहित्यालोचन- श्यामसुन्दरदास।

146. वही, साधारणीकरण का प्रसंग।

147. रससिद्धान्त, पृष्ठ 204।

148. संस्कृत काव्य का नायक ऐसे गुणों से विभूषित होता था कि उसके साथ तादात्म्य करना प्रत्येक सहृदय के लिए सहज और स्पृहणीय था .... किन्तु आज अनेक प्रथम श्रेणी के उपन्यासों में नायक का रूप उक्त आदर्श के बिल्कुल विपरीत मिलता है, जिसके साथ तादात्म्य सहृदय के लिए न सहज होगा, न स्पृहणीय- रस सिद्धान्त, पृष्ठ 207।

149. रस सिद्धान्त, पृष्ठ 211।

150. शेक्सपियर उपेक्षित रहा। इलिजाबेथ युग में उसे जनता मानती थी, साहित्यिक नहीं, अब सभी प्रभावित है किन्तु शेक्सपियर में जनता जिन बातों से हर्षित होती थी, उनसे हम आनन्दित नहीं होते—द सोश्यौलाजी ऑफ, टेस्ट, एल, शूकिंग, लंदन, तृतीय संस्करण, 1950, पृष्ठ 3।

151. द क्रियोटिव आर्टिस्ट डिमाण्ड्स रिकागनीशन ऑफ हिज टेस्ट अंडर आल सरकम्सटांसिस, ए कम्पलीट डिक्टेटरशिप ऑफ टेस्ट प्रिस्काइबड् दैट वी शैल एवसैट द एक्सप्रैशन ऑफ एनी वन... द सोश्योलाजी आफ टेस्ट- पृष्ठ 58

152. द सोश्यौलाजी ऑफ टेस्ट, पृष्ठ 22।

153. दे आर क्लैपिंग, ह्वाट नानसैस हैव आई बीन टाकिंग?—शूकिग, पृष्ठ 52।

154. इफ द नेचर ऑफ हिज (कमिंग्स) पोयम्स लीव्स मैनी रीडर्स अनमूव्ड और एल्स विगरसली एंटागोनिस्टिक स्टिल द फोर्स एण्ड वेट ऑफ हिज पोयटिकइफर्ट एण्ड पोयटिक एचीवमेण्ट हैव बीन टुबर्ट एक्सपीरियेन्स एण्ड अवे फ्रॉम मियर क्राफ्टमैनशिप-स्टडीज इन अमेरिकन लिटरेचर, इ. एस. ओलीवर, नई दिल्ली 1965, अध्याय—कमिंग्स, पृष्ठ 156।

155. एक्सपीरियेंस इज कम्पोज्ड ऑफ अपरेंटली डिस्पैरेट एलीमेंट्स इज आलवेज काम्पलैक्स एण्ड कैन नेवर ट्रथफ ली लैबिल्ड एज बीग कम्पलीटली डौमिनेटिड बाई वन इमोशन... इट इज कम्पोज्ड ऑफ, नॉट वन, वट सैग्रीगेटिक होल्स-द पोयटिक पैटर्न, राबिन स्कैलटन, लंदन, 1965, पृष्ठ 74।

156. श्री शंकरदेव अवतरे ने डॉ. नगेन्द्र द्वारा प्रतिपादित कवि की अनुभूतियों के साधारणीकरण का विरोध किया है और शुक्ल जी के मत का समर्थन किया है। क्या ऐसा भी कोई आलम्बन या आश्रय होता है जो कवि अनुभूतियों का संवेद्य रूप न हो?... तो जिस रूप में कवि की अनुभूतियों का साधारणीकरण होगा, उसी रूप में उन अनुभूतियों के संवेद्य रूप आलम्बन का साधारणीकरण हो सकता है"- साहित्य वाराणसी, 1957, पृष्ठ 268 —वास्तविकता यह है कि अवतरे जी का ध्यान शुक्लजी के पक्ष समर्थन पर है, आधुनिक साहित्य के कारण उत्पन्न समस्याओं पर उनका ध्यान ही नहीं जाता।

157. अमौरल, एण्टी-एथीकल वही।

158. असोशल, एण्टी सोशल वही।

159. पूंजीवादी पत्र-पत्रिकाओं में क्रान्तिकारी रचनाएँ नहीं प्रकाशित की जातीं, क्योंकि

उनकी संक्रामकता से उन्हें भय रहता है। इसी प्रकार सोवियत रूस में, स्तालिन युगीन रूस को एक कारागार के रूप में चित्रित करने के कारण "एक दिन" नामक उपन्यास ख़ुश्चोव के समय में ही प्रकाशित हो पाया क्योंकि दोनों स्थितियों में विपरीत कारणों से लेखकों के साथ जनता के तादात्म्य का भय था। अलेक्जैंडर सोल्जिनत्शीन के उपन्यास "ईवान डेनीसोविच के जीवन का एक दिन" में तक्षक ईवान के माध्यम से व्यवस्था की निष्ठुरता का चित्रण है। व्यजना यह है कि जो दुर्गति श्रम शिविरों में है, वही समाज में भी है। ख़ुश्चोव युग में इस कृति और लेखक के साथ जनता का पूर्ण तादात्मय हुआ और व्यापक साधारणीकरण भी।

160. अनौचित्याहटे नान्यद्, रसभंगस्य कारणाम्, औचित्योपनिबन्धवस्तु रसस्यौपनिषत्परा-ध्वन्यालोक, तृतीय उद्योत, कारिका 14।

161. तथा हि तदाभासत्वेन... कामनाभिलाषामात्ररूपा हि रतिरत्र व्यभिचारिभावी न स्थायो...कामजमोहसारत्वान्, शुक्लौ रूप्याभासवत्–हिन्दी अभिनव भारती, पृष्ठ 518।

162. रस सिद्धान्त, पृष्ठ 313।

163. हाऊ रैचिड लव इज-इंटीमेसी।

164. इन ऑर्डर टू लिव इन द असैन्यिल सैंस, वन लिव इन ए क्राइसिस इन ऑर्डर टू टेस्ट लाइफ वन हैज, नॉट ऑनली टू रिस्क, बट टू लूज उद्धृत, द ओपिन सोसाइटी एण्ड इट्स एनीमीज-कार्ल पॉपर, पुस्तक, द्वितीय लंदन 1962, पृष्ठ 78

165. फेस डैस्ट्रक्शन एण्ड बिल गैट द थ्रिल ऑफ योर लाइफ-वही।

166. एन्जोय योर सैल्फ़ पैरशिंग-वही।

167. दर्शन के सौ वर्ष, जान पैसमोर, जयपुर, 1966, पृष्ठ 568।

168. यावत्यो द्रू तमश्चित्ते भावास्ताबन्त एव हि स्थायिनो रसतां, विभावादि समाश्रयात–भगवद्भक्तित्सायन, वाराणसी, (2-26) 1950-उद्धृत-शांतरस-परशुराम चतुर्वेदी वाराणसी, 68, पृष्ठ, 14

169. यदुत सा नास्ति कापि चित्तवृतिः या परिपोषगता न रसीभवति काव्यदर्पण, रामदहिन मिश्र, पृष्ठ 155 पर उद्धृत, काव्यालंकर टीका, 4-5।

170. तत्र यदा कविरपगतरसभावों बक्ता, तदा रचनायाः कामचारः। यदाहि कविनिबद्धो वक्ता रसभावरहितस्तदा स एव--ध्वन्यालोक, तृतीय उद्योत, पृष्ठ 179।

171. द नंबर ऑफ़ रसाज़--वी राघवन्, आडयार, 1940. पृष्ठ 14, भूमिका।

172. अथ शान्ती नाम शमस्थायिभावात्मको मोक्षप्रबर्त्तकः-हिन्दी अभिनव भारती पृष्ठ 609।

173. भावा विकारा रत्याद्याः शान्तस्तु प्रकृतिर्मतः विकारः प्रकृतेर्जातः पुरुरतत्रैव लीयते नाट्य शास्त्र उद्धृत, वही, 610।

174. पृथगास्वादयोगादिति ब्रमहे-वही, पृष्ठ 625।

175. प्रेयांसः शान्तोदात्तोद्धता रसाः–सरस्वती कंठाभरण, 5-164।

176. मन्तव्या रसास्सर्वे-काव्यालंकार 12-3-इति शब्दः एवंप्रकारर्थः। एवं प्रकाशअन्येऽपि भावा रतिनिर्वेदस्तम्भादयः सर्वेऽपि रसा बोद्धव्याः-नमिसाधु की टीका-काव्यालंकार 12. 3।

177. रस सिद्धान्त, पृष्ठ 244।

178. दशरूपक–4-83।

179. तस्मात् स्वेच्छाया विपरीत कल्पना नात्र कर्तु शक्यत इत्याशयः- हिन्दी रसगंगाधर,

बदरीनाथ का, पृष्ठ 176।

180. वही, पृष्ठ 176।

181. व्यापक दृष्टि से काव्य का विवेचन करने से लक्षण ग्रन्थों में निदिष्ट संकीर्णता कही बहुत खटकती है। वन, उपवन, चाँदनी, इत्यादि को दाम्पत्य रति उद्दीपन मात्र मानने से संतोष नहीं होता...रसमीमांसा, पृष्ठ 95।

182. रससिद्धान्त, पृष्ठ 247।

183. कविवचन सुधा रससिद्धान्त, पृष्ठ 246।

184. उत्तर रामचरित।

185. रस सिद्धान्त, पृष्ठ 273।

186. शास्त्र रूढ़ियों से मुक्त रससिद्धान्त अपने व्यापक एवं विकासशील रूप में काव्य का सार्वभौम सिद्धान्त है जिसके आधार पर प्रत्येक देश और प्रत्येक काल के सर्जनात्मक साहित्य का, सर्जनात्मक साहित्य की प्रत्येक विधा का, उचित मूल्यांकन किया जा सकता है—रससिद्धान्त, पृष्ठ 363।

भारतीय काव्यशास्त्र और आधुनिक साहित्य

आधुनिक आलोचनात्मक प्रावधियों का एक महाप्रविधि में आदर्श संग्रथन...स्थापत्य के सादृश्य के आधार पर हो सकता है, जिसमें एक पूर्वयोजना के अनुसार, किसी नींव के ऊपर, एक ढाँचे के सहारे, भवन-रचना की जाती है। मार्क्सवाद इस नींव और ढांचे के लिए सर्वाधिक उत्साही प्रत्याशी है। उसके प्रवक्ताओं ने अनवरत रूप से इस तथ्य पर बल दिया है कि द्वन्द्वात्मक भौतिकवाद ही ऐसा संग्रथक आधार और ढाँचा है, जो ज्ञान के प्रत्येक क्षेत्र के नवीनतम विकास का प्रयोग कर सकता है। वस्तुतः मार्क्सवाद का यही कार्य होना चाहिए,

—द आर्म्ड विजन

अष्टम अध्याय

भारतीय काव्यशास्त्र और आधुनिक साहित्य

आधुनिक साहित्य, भारतीय काव्यशास्त्र के लिए एक चुनौती के रूप में दिखाई पड़ता है। रूप और वस्तु तत्त्व दोनों की दृष्टि से आधुनिक साहित्य प्राचीन और मध्यकालीन साहित्य से भिन्न है अतएव इस साहित्य की अदिद्वतीयताओं के उद्घाटन और मूल्यांकन के लिए, विवेचकों ने प्रारम्भ से ही भारतीय और विदेशी काव्यशास्त्र के गहन मंथन की ओर रुचि प्रदर्शित की है। यह प्रयत्न समाप्त नहीं हुआ है और न कभी समाप्त हो सकता है क्योंकि सृजन और मूल्यांकन का द्वन्द्व स्थायी होता है।

यह कहा जा चुका है कि संस्कृत काव्यशास्त्र समग्रतः, संस्कृत भाषा के सृजनात्मक साहित्य के स्थिर रूढ हो जाने के पश्चात् रचा गया था। आनन्दवर्धन-अभिनगुप्त के समय तक संस्कृत साहित्य अपना श्रेष्ठ सृजन प्रस्तुत कर चुका था। इसके विपरीत हिन्दी साहित्य अभी विकासशील है और उसकी आलोचना भी विकासोन्मुख है। दोनों क्षेत्रों में श्रेष्ठता का चरम बिन्दु अभी प्राप्त नहीं हुआ है। इस दशा में यह प्रश्न उत्पन्न होता है कि क्या किसी भिन्न देश—काल में रचित और रूढ़ साहित्य के प्रारूप के आधार पर, प्रस्तुत काव्यशास्त्र से, समकालीन विकासशील साहित्य के बिवेचन और मूल्यांकन के लिए अखण्डनीय मानदण्ड प्राप्त किए जा सकते हैं?

इस प्रश्न के उत्तर के लिए आधुनिक साहित्य और आधुनिक काव्यशास्त्र के द्वन्द्व को देखना होगा। यह भी द्रष्टव्य है कि किस प्रकार भारतीय काव्यशास्त्र के व्याख्याकार आधुनिक साहित्य की चुनौती को स्वीकार करते हैं और उनकी मापदण्डों की खोज के प्रयत्नों में सफलता-असफलता के क्या कारण हैं और अंत में यह है कि किस प्रकार द्वन्द्वातमक भौतिकवादी दृष्टि और प्रतिमान इस खोज में सहायक हो सकते हैं।

रीतिकाल के पश्चात् जार्ज ग्रियर्सन, एफ. एस. ग्राउज, गासांद तासी इत्यादि विदेशी विवेचकों की समीक्षाओं में किसी एक मानदण्ड का अनुसंधान नहीं है अपितु अपनी दृष्टि और रूचि के आधार पर आलोचना प्रस्तुत की गई है। ग्रियर्सन उच्च मूल्यों और कृति

के जन-जीवन पर प्रभाव को ध्यान में रख कर आलोचना करते हैं।[1] एफ. एस. ग्राउज़ मूल्यों की आदर्शपरकता के कारण तुलसीदास को सूरदास से अधिक महत्व देते हैं। सूर की कल्पनाओं में उन्हें एन्द्रियता का आभास मिलता है। और कृष्ण काव्य की उद्दाम भावुकता को वे परवर्ती साहित्य-पतन का कारण मानते हैं।[2]

साहित्य के वस्तु तत्त्व के आगे इन विवेचकों ने रूप तत्त्व के कम महत्व दिया हैं। उनके अनुसार काव्य में नीति और अनुभूति तथा व्यापक जनसमाज के लिए उसकी उपयोगिता का सर्वाधिक महत्व हैं। इसके सिवा ईसाइयत के प्रति आग्रह भी इनकी स्थापनाओं में दिखाई पड़ता हैं। वे यह सिद्ध करने का प्रयास करते रहे कि कबीर और तुलसी जैसे सन्त-भक्त साहित्यकार भी अंततः ईसाइयों की ऋणी हैं या वे वैचारिक दृष्टि से ईसाई ही हैं।[3]

वस्तुतः शुद्ध समीक्षा दृष्टि का प्रथम उन्मेष भारतेन्दु के "नाटक" में मिलता है। आधुनिक दृष्टि का प्रथम संस्पर्श भी यहाँ दिखाई पड़ता है। नाटक में भारतेन्दु साहित्य और जीवन की निकटता पर बल देते हैं और नाट्यशास्त्र की रूढ़ियों का विरोध करते हैं। नाटकों की रचना के उद्देश्यों में शृंगार, हास्य, कौतुक के अतिरिक्त वह समाजसंस्कार और देशवत्सलता को सम्मिलित करते हैं। इनमें देशवत्सलता सर्वथा नवीन तत्व है। वह शास्त्रीय संधिविधान और अलौकिक घटनाओं के प्रस्तुती-कारण की अनावश्यक कहते हैं। भारतेन्दु ने प्रथम बार परश्चात्य और भारतीय नाट्य-परम्पराओं से, अपने समय की दृष्टि से, उपयोगी तत्व लेकर एक समन्वित दृष्टि के विकास पर बल दिया है।

साहित्य और जीवन की निकटता का निकष बालकृष्ण भट्ट की आलोचना में भी मिलता है। वह वेदों को भी मनुष्यकृत मानते थे और उन्हें तात्कालीक जीवन का प्रतिबिम्ब कहते थे।[4] किन्तु साहित्य और जीवन के इस सम्बन्ध का स्वरूप क्या है, इस पक्ष का गंभीर विश्लेषण भट्ट जी ने नहीं किया। फिर वह उपदेशात्मकता के विरोधी थे। लाला श्री निवास दास के संयोगिता–स्वयंवर नाटक समीक्षा से यह स्पष्ट हो जाता है।

प्रेमधन की दृष्टि भी यही थी किन्तु वह संयोगिता–स्वयंवर की आलोचना में शास्त्रीय आधार को सर्वाधिक महत्व देते हैं। वह उक्त नाटक से वस्तु, पात्र, रसादि की त्रुटियाँ दिखलाते हैं। उनकी अपनी भाषा पर भी शास्त्रीय अलंकारों का प्रभाव था फिर भी भारतेन्दु के ही सदृश उन्होंने पश्चिमी आलोचना से लाभ उठाया है और उपन्यास-नाटक की आलोचना में नवीन आलोचनाशास्त्र की रचना को रेखांकित किया हैं।[5]

भारतेन्दु युग में आलोचना की कोई संग्रथित दृष्टि सम्मुख नहीं आ सकी लकिन उसके लिए जिस संग्रहमूलक (एक्लैक्टिक) प्रवत्ति की आवश्यकता होती हैं, उसका अनुभव अवश्य किया गया था। इस युग की दृष्टि व्यावहारिक थी किन्तु साहित्य और जीवन के अंतरावलम्बन का सूत्र इसी युग की देन हैं।

अपने समय की आवश्यकताओं की पहचान अथवा युगबोध आलोचना का एक आवश्यक प्रतिमान हैं। इसकी अभिज्ञा भारतेन्दु युग में हुई किन्तु इसका विकास द्विवेदी

युग में हुआ। द्विवेदी जी ने काव्यस्वरूप के सम्बन्ध में सामान्य धारणाएं प्रस्तुत की हैं किन्तु यहाँ भी सैद्धान्तिक युक्तता अधिक नहीं मिलती। अंतःकरण की वृत्तियों के चित्र का नाम कविता हैं, नाना प्रकार के योग से उत्पन्न मनोभाव जब मन में नहीं समाते, तब वे अपने आप मुख के मार्ग से बाहर निकलने लगते हैं अर्थात् मनोभाव शब्दों का रूप धारण करते हैं। वहीं कविता है।[6]

इस लक्षण में नाना प्रकार के भावयोगों की धारणा मिलती है किन्तु यह योग किस प्रकार होता है, वृत्तियां ही रहती हैं या बोधवृत्तियाँ भी, इसका पृथक्करण नहीं किया गया। संयोजन जागरूक होकर किया जाता है। अथवा स्वतः सम्पादित हो जाता है, यह भी अस्पष्ट है। विशेषज्ञों का कथन है कि द्विवेदीजी काव्य में भावतत्व को सर्वोपरि मानते थे।[7] इस भाव की स्वभाविकता और सार्वजनीनता पर उन्होंने बल दिया है।[8]

द्विवेदीजी ने सार्वजनीन भावनाओं के कवि कालिदास की इस दृष्टि से प्रशंसा की है। किन्तु सामयिकता की धारणा का इस सिद्धान्त से विरोध नहीं है। द्विवेदीजी के अनुसार काव्य में, जाति की गतिविधि, प्रगति और सभ्यता अंकित होकर उसे प्रभावशाली बनाते हैं।[9] इस प्रकार युगबोध और चिरन्तनता के द्वन्द्व का समाहार द्विवेदीजी की आलोचना में मिलता है।

द्विवेदीजी काव्य या साहित्य की असलियत, जोश और सादगी को अधिक महत्व देते थे। यह विचार उन्हें मिल्टन से प्राप्त हुआ था।[10] वस्तुतः द्विवेदी जी रीतिकालीन कविता के स्थान पर, युगानुरूप सृजन चाहते थे अतएव वह नूतन छन्दों, नूतन विषयों और गद्य की भाषा खड़ी बोली से सृजन की प्रेरणा देते हैं। हिन्दी साहित्य को मोड़ देने में इन धारणाओं का महत्वपूर्ण योग रहा है। उनकी कठोर नैतिक दृष्टि से, रीतिकालीन विलास चर्चा से मक्ति मिल सकी थी किन्तु इससे काव्य दूसरे ध्रुव पर जाकर उपदेशप्रधान होता गया। इसीलिए इस युग को इतिवृत्तात्मक युग कहा जाने लगा। द्विवेदीजी युगीन काव्यधारा के दिशापरिवर्तन के कार्य में ही व्ययस्त रहे अवएव किसी संग्रधित काव्य सिद्धान्त के उनमें दर्शन नहीं होते। वस्तुतः वह प्राचीन अलंकार शास्त्र के ऊहापोह को आवश्यक मानते थे। नीति, उपयोगिता, राष्ट्रीयता और सुधारवाद के तत्वों की प्रबलता के कारण द्विवेदीजी को मानबमन की जटिलता और भिन्नता के अनुसंधान का अवसर नहीं मिला था, अतः उनमें भविष्य के काव्यशास्त्र के लिए साहित्य और जीवन का अंतरावलम्बन अथवा साहित्य और जीवन का बिम्ब-प्रतिबिम्ब भाव, आलम्बन विषयक व्यापक दृष्टि, काव्य और साहित्य की सुधारात्मक भूमिका, नवीनता या सामयिकता जैसे उपयोगी सूत्र तो मिलते हैं किन्तु इन बिश्रृंखल धारणाओं में कोई व्यवस्था नहीं प्रतीत होती।

कहीं तो द्विवेदीजी शास्त्रीय गुणादोष दर्शन की विधि अपनाते हैं[11], और कहीं रूढ़ शास्त्रीयता का विरोध करते हैं।[12] वह काव्य में कल्पना तत्व का समर्थन करते हैं किन्तु कल्पना से भारवरित छायावादी काव्य को वह महत्व नहीं दे सके। दृढ़ नैतिकतावाद और उपयोगितावाद कीं धारणाएँ अवश्य प्रारम्भ से अन्त तक द्विवेदीजी की आलोचना में मिलती

हैं किन्तु इनकी व्याख्या स्थूल दृष्टि से ही की गई है। काव्य में प्रत्यक्षतः सुधारवादी भावनाओं का ही महत्व नहीं होता अपितु मानव प्रकृति के स्वतन्त्र उद्घाटन की भी मनोवैज्ञानिक उपयोगिता हो सकती है, इस तथ्य की ओर द्विवेदीजी का ध्यान नहीं गया।

निष्कर्ष यह है कि काव्य सृजन की जटिलताओं की व्याख्या के लिए द्विवेदीजी की आलोचना से संकेत तो ग्रहण किए जा सकते हैं किन्तु साहित्य मात्र के आस्वादन एवम् विश्लेषण के लिए द्विवेदीजी की स्थूल और विश्रृंखल धारणाओं का यथावत् नहीं अपनाया जा सकता।

मिश्र बन्धु भारतीय और पाश्चात्य काव्यशास्त्र से परिचित थे किन्तु मुख्यतः वे नवरीतिवादी आलोचक थे। वे कृति विशेष में काव्यांगों की गणना पर अधिक बल देते हैं। रचना के क्षण में कविमानस की स्थिति, कवि चेतना और परिदेश के घात-प्रतिघात, समग्र प्रभाव आदि की ओर वे ध्यान नहीं देते। द्विवेदीजी के सदृश वे युगबोध के प्रति भी जागरूक नहीं थे। कृति में काव्य तत्त्वों के अविकाधिक आयोजन से वे अधिक प्रभावित हुए हैं, इसीलिए देव कवि को उन्होंने सूर, तुलसी से भी अधिक महत्व दिया है।[13] काव्य रीति पर इसी बल के कारण उन्हें नवरीतिवादी आलोचक कहा जाता है। स्पष्टतः इस दृष्टि से उस साहित्य का मूल्यांकन सम्भव नहीं है, जो रीतिमुक्ति है। वास्तविकता तो यह है कि काव्यालोचन में काव्य तत्त्वों के परिगणनमात्र से तो स्वयं रीतिपरक काव्य का आकर्षण स्पष्ट नहीं हो सकता क्योंकि श्रेष्ठ रीतिवद्ध काव्य अलंकारों-छन्दों आदि का मात्र आकलन नहीं करता। महाकवि देव के काव्य में प्रेमवृत्ति की निमग्नता और सौन्दर्यबोध उनकी रचनाओं को अद्वितीयता देते हैं, मात्र अलंकारादि काव्यशास्त्रीय तत्वों का आयोजन नहीं।

मिश्रबन्धुओं ने साहित्य को ऐतिहासिक, धार्मिक और वैचारिक भूमिकाएँ देने का प्रयत्न किया है। जीवनीपरक और तुलनात्मक आलोचना का प्रारम्भ भी उन्होंने किया था किन्तु साहित्यालोचन का समन्वित रूप उनमें नहीं मिलता।

पंडित पद्मसिंह शर्मा की दृष्टि भी चमत्कारवाद या अलंकारवाद पर आधारित थी। तुलनात्मक आलोचना का एक रोचक रूप शर्माजी की बिहारी सतसई में प्रौढत को प्राप्त हुआ है। वह अपने मन पर, बिहारी के होहों के पड़े प्रभावों का, महफिली शैली में मग्न होकर वर्णन करते हैं। किन्तु शर्माजी बिहारी की रचनाओं में संघटनाओं (स्ट्रक्चर) पर भी विचार करते हैं। यहाँ नवीन समीक्षा के लिए संकेत मिल सकते हैं यों शर्माजी में संघटना का अध्ययन स्थूल विधि पर ही हुआ है—बिहारी की बंदिश कितनी चुस्त है, उन्होंने किस प्रकार बड़े बड़े कवियों के मज़मून छीन लिए हैं, उनके काव्य में अंलकारों की कैसी बहार है, उनका भाषा पर कितना असाधारण अधिकार है, और वह कितनी मधुर है[14]—यह शैली ही शर्माजी में अधिक मिलती है। देव में भाव की गम्भीरता अधिक है, बिहारी में उसका अपेक्षाकृत अभाव है, इस तथ्य की ओर उनका ध्यान नहीं गया।

कृष्ण बिहारी मिश्र का इस ओर ध्यान गया था। उनके अनुसार देव का काव्य, रस प्रधान है, इसलिए उसमें कवित्व अधिक है।[15] बिहारी में जहाँ तमाशा ही तमाशा है, वहाँ

देव में सहृदयता भी है।[16] किन्तु मिश्र जी भी काव्यतत्वपरिग-णनविधि का ही मुख्यतः अवलम्बन करते हैं।[17]

लाला भगवानदीन भी इसी रूढ़ दृष्टि से प्रभावित थे और अपनी देव और बिहारी पुस्तक में वह चमत्कार की अधिक चिंता करते हैं। वह काव्य की आंतरिकता की उपेक्षा कर जाते हैं। वस्तुतः दीन जी में कोई सिद्धान्तगत नवीन उन्मेष नहीं मिलता।[18]

वस्तुतः हिन्दी के प्रथम प्रौढ़ आलोचक आचार्य शुक्ल जी में मौलिक उद्भावनाएँ मिलती हैं। भारतीय और पाश्चात्य आलोचना से परिचित थे और साथ ही दोनों परम्पराओं से वांछनीय तत्व ग्रहण करके, एक सुसम्बद्ध दृष्टि के विकास की योग्यता भी उनमें थी। हिन्दी साहित्य के इतिहास की रचना करने के कारण वह प्राचीन आधुनिक सभी प्रकार के साहित्य ओर ध्यान दे सके थे।

आचार्य शुक्ल द्वारा एक व्यापक साहित्यिक मापदण्ड की खोज में कतिपय बाधाएँ थीं। प्रथम, शुक्ल जी पर आदर्शवाद और नैतिकवाद का प्रभाव था। महावीरप्रसाद द्विवेदी की मर्यादावादी दृष्टि शुक्ल जी में भी सक्रिय दिखाई पड़ती है। दूसरी बाधा, शुक्ल जी की रुचि विशेष के कारण उपस्थिल हुई है। सामाजिक मर्यादावाद प्रायः स्वच्छन्दतावाद से टकराता है। यही कारण है कि शुक्ल जी, अधिकाधिक वैज्ञानिक तटस्थता का प्रदर्शन करके भी, अपनी रुचि और आदर्शवाद के चक्र में ही सीमित होने लगते हैं, परिणामतः स्वच्छन्दतावादी, क्रान्तिकामी, अतियथावादी, और प्रयोगमूलक साहित्य का अवमूल्यन होने लगता है। अतएव, सामूहिक कल्याणपरक, लोकदृष्टि से समन्वित भारतीय प्रबन्ध काव्यों के अवगाहन औरमूल्यांकन में उनके मानदण्ड अधिक उपयोगी प्रमाणित होते हैं। उनके आधार पर सभी प्रकार के साहित्य के परीक्षण में अनेक समस्याएँ खड़ी हो जाती हैं।

शुक्ल जी काव्य सृजन में भाव और रस को सर्वाधिक महत्व देते हैं और रस निष्पत्ति के लिए लोकहृदय की पहचान और उसमें लीन होने की शक्ति को वह काव्य की श्रेष्ठता का अनिवार्य निकष मानते हैं। इस निकष के विकास में शुक्ल जी शास्त्रीय धारणाओं की पुनर्व्याख्या करते हैं। उदाहरणतः वह रसानुभूमि केवल काव्य में ही नहीं मानते अपितु प्रकृति के मनोरम और भव्य दृश्यों में भी रसानुभूति मानते हैं क्योंकि प्रकृति-दर्शन में हृदय को मुक्त करने की शक्ति होती है। स्व और पर का भेदभाव ही मानवचेतना को बंधनग्रस्त रखता है। काव्य और प्रकृति दोनों में मानव हृदय को स्वतंत्र करने की शक्ति होती हैं।

हृदय को मुक्त करने वाले भाव के उत्कर्ष के लिए रस-योजना के रूढ़ रूप की भी वह अनिवार्य नहीं मानते।[19]वह यह भी लक्ष्य करते हैं कि केवल बुद्धि की विलक्षणतासूचक जो बातें होती हैं, वे रस में नहीं घुलतीं। घटनाक्रम प्रधान आख्यानों (उपन्यास कहानी आदि) में तो वह अच्छी तरह खप जाती हैं पर रसप्रधान प्रबन्ध काव्यों में वे रस का परिपोषण नहीं करतीं।[20]इससे यह स्वतः स्पष्ट है कि रस सिद्धान्त प्रबन्ध काव्यों के क्षेत्र में ही अधिक उपयोगी हो सकता हैं। शास्त्रीय रस की धारणा को व्यापक बनाने के लिए ही हृदय की मुक्त दशा की धारणा स्वीकार की गई हैं। क्योंकि इसके आधार पर यत्किंचित्

अन्य साहित्य रूपों और प्रकृति से प्राप्त अनुभूतियों की भी व्याख्या हो सकती हैं।

आलम्बन को वह रस की कील या धुरी करते हैं।[21]वह प्रकृति के भी उन्हीं दृश्यों को काव्योपयोगी कहते हैं, जिनके साथ, सभ्यता के विकास में हमारा, चिरसाहचर्य के कारण, गम्भीर सम्बन्ध हो गया है। वह कल, कारखाने, गोदाम, स्टेशन, इंजिन, हवाई जहाज़, चैक काटना, दस्तावेज़, मोटर जैसी वस्तुओं को हृदय की मुक्तावस्था के लिए अयोग्य मानते हैं।[22]आदिम सम्बन्धों के कारण, प्रकृति के चिरपरिचित रूप ही रसदशा जाग्रत करने में समर्थ माने गए हैं।

"प्रकृति रस" की इस व्याख्या में शक्ति है किन्तु देशी-विदेशी लेखकों द्वारा, वैज्ञानिक पदार्थो अथवा प्रकृति के अल्प परिचित रूपों के प्रस्तुत-अप्रस्तुतगत बर्णनों की, उक्त व्याख्या से उपेक्षा होती है। स्वंय शुक्ल जी की रचनाओं और समकालीन कवियों द्वारा प्रकृति-वर्णनों के उदाहरणों से यह स्पष्ट हो सकता है।

देते हैं घुड़की यह अर्थ-ओज-भरी हरि
जीने का हमारा अधिकार क्या न गया रह?
पर प्रतिषेध के प्रसार बीच तेरे, नर
क्रीड़ामय जीवन उपाय हैं हमारा यह।
दानी जो हमारे रहे, वे भी तेरे दास हुए
उनकी उदारता भी सकता नहीं तू सह।
फूली-फूली उनकी उमंग उपकार को तू
छेंकता है जाता, हम जाएँ कहाँ, तू ही कह।[23]

बन्दरों के प्रति हमारा सम्बन्ध आदिम काल से ही है किन्तु यह रचना सामान्य कोटि की है क्योंकि अनुभूति या तथ्य की जो ब्यंजना यहाँ हुई है, वह बहुत कम्भीर नहीं प्रतीत होती और न शुक्ल जी मनुष्य द्वारा शोषित प्रकृति के सकट को पाठक में गहराई से व्यक्त ही कर सके हैं। इसके विपरीत प्रस्तुत और अप्रस्तुत दोनों रूपों में नवीन कवियों ने प्रकृति के सभी रूपों से तीब्र सवेदना जाग्रत करने में सफलता प्राप्त की हैं।

अप्रस्तुत रूपः इंजन के हैड लाइट सा, शोर गुल के बीच, सूरज निकल गया।
गार्ड की रोशनी सा, पीछे-पीछे गुमसुम अब शुक्रतारा जा रहा है।[24]

प्रस्तुत रूप : अफसरों से भरा कारखाना
साँपों से भरी कोठरी है।
अफसरों से भरा सरकारी कारखाना
बबूल का घना बन है।
पाँव नहीं टसकते।[25]

अथवा

पीड़ा के बारे में उन्हें कोई या, पुराने आचार्यो को कितनी अच्छी तरह वे समझते ये, उसी की मानवीय स्थिति कैसे किसी एक में केन्द्रित, घटित होती है, जब कि अन्य उससे निरपेक्ष खाते हैं पीते हैं।[26]

आडेन की "ललितकलासंग्रहालय" शीर्षक रचना से स्पष्ट है कि कवि चिरसाहचर्य के अभाव में भी, किसी भी वस्तु से मानवीय स्थिति का उसूघाटन कर सकता है और उससे हृदय की मुहावस्था का भी अनुभव हो सकता है। यहाँ भाव का उद्‌गार नहीं अपितु कलाकार के एकाकी बलिदास और पीड़ा को सामान्य व्यक्ति की निश्चितता के विरोध में प्रस्तुत कर दिया गया है। अतः हृदय की मुक्तावस्था के लिये मात्र भावप्रधान काव्य ही समक्ष नहीं होता, वस्तु व्यंजना भी हृदय को मुक्त कर सकती हैं।

शुक्ल जी ने सौन्दर्य और रस का सम्बध भी स्थापति किया है। सौन्दर्य की भावना में मग्न होकर मनुष्य अपनी पृथक् सता की प्रतीति का बिसर्जन करता है[27]किन्तु शुक्ल जी पाश्चात्य सौन्दर्यवादियों के विपरीत सौन्दर्य को वस्तुगत मानते हैं। जैसे वीर कर्म से पृथक् वीरत्व कोई पदार्थ नहीं, वैसे ही सुन्दर वस्तु से पृथक् सौन्दर्य नहीं।[28]किसी सुन्दर वस्तु के दर्शन से दर्शक की सत्ता का बोध तिरोहित होने लगता है और उसका मन, उस वस्तु के रूप में परिणत हो जाता हैं, यही सौन्दर्यानुभूति हैं।[29] शुक्ल जी सौन्दर्य बोध में वैयक्तिक रुचि को मानते हैं परन्तु सौन्दर्य के सामान्य आदर्श भी स्वीकार करते हैं।[30]

यह सौन्दर्य व्यापक होता है। इसमें कर्म और मनोवृत्ति का भी सौन्दर्य सम्मिलित है यथा राम के चरित्र में शील-सौन्दर्य भी आकर्षक होता है। उधर, जीवन की विराटता भी स्वीकृत है क्योंकि रमणीय और कुरूप (हिंसा, ईर्ष्या, शब, श्वान, रक्त, श्रंगाल आदि) दोनों के द्वन्द्व की ओर शुक्ल जी ने ध्यान दिया है। वह सुन्दर और कुरूप को ही काव्य का विषय मानते हैं, शुभ-अशुभ, पाप-पुण्य, मंगल-अमंगलग, उपयोगी अनुपयोगी को नहीं।[31]

यहाँ नैतिकतावाद या शिवत्ववाद व्यापक रूप धारण कर लेता हैं। क्या कवि नीति शास्त्रों या लोक में प्रचलित नीति विधान के विपरीत व्यक्तिगत नीतिमूल्य का विधान कर सकता है? शुक्ल जी बिन्दु पर कवि और धार्मिक में दृष्टिभेट तो स्वीकार करते हैं, प्रयोजन भेज नहीं। जैसे धर्मज्ञ अपनी दृष्टि के अनुसार शुभ या मंगल समझते है, उसी को कवि अपनी दृष्टि के अनुसार सुन्दर कहता है।[32]

किन्तु यह दूरगामी दृष्टि से ही सत्य है क्योंकि किसी युग विशेष में सुन्दर या शुभ के बिन्दु परस्पर विरोधी दिशाओं में भी चल सकते हैं। उदाहरणतः संक्रमण काल में, कवि रूढ़ नैतिक विधान को तोड़ते हैं और लोकरूढ़ि उसमें अशिव देखती है। तुलसीदास के मर्यादावाद वर्णाश्रम धर्म के अनुकूल आचरणकर्ता राम और कबीर के राम क्रान्तिकारी पाठक कबीर की धारणा को अधिक सुन्दर या सार्थक कहेंगे और वे बाल्मीकि के शम्बूकवधकर्ता रूढ़िवाद की कुरूपता देखेंगे। माइकेल मधुसूदनदत्त द्वारा राक्षसों का

पक्षसमर्थन शुक्ल जी के क्रोध का विषय बना था।[33] क्योंकि लोकहृदय की उसमें अवहेलना प्रतीत होती है किन्तु कवि को तो लोकहृदय की जड़ता से भी लड़ना पढ़ता हैं। "संशय की एक रात" में नरेश मेहता के राम केवल जनता का विचार करके ही रावण से युद्ध करते हैं, स्वयं उनके मन में यह सन्देह है कि एक स्त्री के लिए इतना विराट नर संहार उचित है या अनुचित।

अतः मूल्य संक्रमण के युग में लोकहृदय में लीन हो सकने की स्थिति जटिल होती है। दूरगामी दृष्टि से लोक संस्कारों और वद्धमूल मूल्य के विरुद्ध उग्र संघर्ष आवश्यक होता हैं। इसका उद्देश्य भी लोक-कल्याण ही होता है किन्तु लोक में नीतिशास्त्र के स्थूल व्याख्याकर्ता, उसे लोकद्रोह समझ सकते हैं। स्वतन्त्र विवेक के विवेक के लिए भी जड़ आस्थाओं पर प्रश्नचिन्ह लगाए जाते हैं। अतः लोक कल्याण, लोकहृदय, सौन्दर्य और रस की धारणाओं की व्याख्याओं में सत्य के द्वन्द्वात्मक दर्शन का ज्ञान अनिवार्य हैं।

वस्तुतः शुक्ल जी व्यक्तिपरक प्रवृत्तियों की एकांगिताओं के विरोध में, सौन्दर्य के कर्मनिष्ठ तथा लोक स्वीकृत रूप में चित्रण पर बल दे रहे थे। स्फुट कविताओं में इस कर्मनिष्ठ सौन्दर्य की उपेक्षा होती हैं। इसके सिवा छायावादी काव्य में, अमूर्त आलम्बनों के भी वह विरोधी थे। लोक हृदय अज्ञेय सत्ता के प्रति मधुचर्या में रस नहीं से सकता था। विदेशी प्रयोगमूलक काव्य में भी उन्होंने भाव धारा की अत्यधिक क्षीणता का भय देखा था। कमिंग्ज़ के संवेदनावाद के उपहास द्वारा शुक्ल जी वस्तुतः हिन्दी के प्रयोगवादी कवियों के अतिवाद का विरोध कर रहे थे।[34]

शुक्ल जी समष्टिवादी चिंतक थे अतएव उन्होंने रससिद्धांन्त में सामान्य मानव की सहृदयता को स्वीकार किया है और व्यक्तिवाद के बढ़ते प्रभाव के कारण, साहित्य के क्षेत्र में विभिन्न वादों का विरोध किया है। रस-सिद्धान्त में मात्र व्यक्तिवैचित्र्य की सम्भावना नहीं होती किन्तु व्यक्तिवाद में भेद भाव को ही आधार बनाया जाता है।[35] शुक्ल जी के अनुसार अब तक किसी कविता में उसके कवि के व्यक्तित्व को प्रधान वस्तु कहने की चाल थी। पर अब कृति ही प्रधान वस्तु कही जाने लगी है और उसकी सत्ता कवि और श्रोता दोनों से स्वतन्त्र ठहराई जाने लगी हैं।[36]

रस सिद्धान्त और साधारणीकरण पर जो शुक्ल जी इतना बल देते हैं और व्यक्तिवाद का इतना उग्र विरोध करते हैं, उसका कारण मानव की सामान्य भाव सत्ता को रेखांकित करना है। शुक्ल जी इसी भूमि को काव्य की प्रकृत्त भूमि मानते हैं। वह विदेशी कला और कल्पना जैसे शब्दों को भ्रामक बताते हैं—"विलायती साहित्य सरकार की इस नई कार्रवाही का मतलब यह हुआ कि किसी कविता का न तो कवि के हृदय के साथ सामंजस्य हो, न श्रोता के हृदय के साथ। उसकी भाव व्यंजना को दोनों न अपनाएँ और तटस्थ होकर तमाशा देखें। इस मनोवृत्ति को कल्पना का और कला शब्दों ने और भी दृढ़ कर रखा है। जब कविता केवल कल्पना का खेल समझी जाएगी और भावुकता को सैटिमैंटेलिटी कह कर उपेक्षा की जाएगी, तब काव्य का प्रकृत स्वरूप दृष्टि के सामने आने

का साहस कैसे कर सकता है?[37]

शुक्लजी स्पष्टतः घोषित करते हैं, "कविता या उसकी समीक्षा जब तक भेदभाव हटा कर, अभेद के आधार पर प्रतिष्ठित न होगी, तब तक उसका स्वरूप इसी तरह झंझट और खींचातानी में पड़ा रहेगा। अभेदभाव की भूमि तैयार करने का नाम ही साधारणीकरण है।[38]

शुक्लजी का साहित्य सिद्धान्त इस कथन को ध्यान में रखने पर पूर्ण स्पष्ट हो जाता है। मानव भाव की इस सामान्यता के लिए ही उन्होंने आलम्बन में ऐसे गुणों के विधान पर बल दिया हैं, जिनका साधारणीकरण सम्भव हो। प्रथम कोटि की रसानुभूति या काव्यानुभूति के लिए वे समष्टिपरक भाव क्षेत्र की पहचान, भावमग्नता, चमत्कारवाद और शील वैचित्र्य के अभाव को अनिवार्य मानते हैं और ये सम्पूर्ण तत्व तुलसी के रामचरितमानस में प्राप्त होते हैं। वहाँ उच्च आदर्श और मूल्य हैं, सत्य, शिव और सुन्दर नायक हैं तथा जीवन अनेक रूपों और स्थितियों में चित्रित हैं। अतएव शुक्लजी के इस मापदण्ड की दृष्टि से तुलसीदास सर्वोत्तम पद के अधिकारी प्रमाणित हुए हैं।

इस भावमग्नता या रस को व्यापक दृष्टि से देखने के लिए शुक्लजी ने भाव की वेगयुक्त मनोवृत्ति कहा है, जिसमें प्रत्ययबोध अथवा वस्तु ज्ञान का अंश भी रहता है और शरीर पर पड़े हुए प्रभावों का भी[39] । इस व्याख्या द्वारा वह रसप्रधान काव्य पर भावुकता के आरोप को दूर करना चाहते हैं। भाव वासना और प्रवृत्तियों के विकसित रूप हैं। इन्द्रियज सुख दुःख में प्रत्यय बोध नहीं होता परन्तु भाव में विषय के प्रति ज्ञान रहता है। वासना, प्रवृत्तिप्रधान होती है और भाव, वेघ-प्रधान (आलम्बन प्रधान)। भाव के मूल में वासना बनी रहती है और भाव से उस प्रवृत्ति को उत्तेजना मिलती है अतएव भाव के क्षेत्र में वासना, आलम्बन की चेतना या बोध, और अनुभाव रहते हैं। प्रत्यय बोध, अनुभूमि और वेगयुक्त प्रवृत्ति इस तीनों के गूढ़ श्लेष का नाम भाव है।[40]

"अतएव मन के प्रत्येक वेग को भाव नहीं कह सकते। मन का वही वेग भाव कहला सकता हैं, जिसमें चेतना के भीतर आलम्बन आदि प्रत्यय रूप से प्रतिप्ठित होंगे। यथा चकपकाहट, घबराहट, इच्छा आदि भाव नहीं हैं"।[41]

भाव क्षेत्र के इस विस्तार से यह सिद्ध होता है कि तुलसी अथवा अन्य भारतीय प्रबन्ध काव्यों में मात्र भाबुकता नहीं है, बोधवृत्ति का भी उसमें प्रयोग हुआ हैं। उनमें उच्च कोटि नैतिक स्वर भी है और जन सामान्य के हृदय और संस्कारों की अभिज्ञा भी यह भी सत्य है कि भारतीय प्रबन्ध काव्यों के विश्लेषण के लिए उक्त भाव-मग्नता का मापदण्ड महत्वपूर्ण है किन्तु यदि इसे ही सर्वोच्च काव्य कला का निकष माना जाएगा तो अधिकांश आधुनिक साहित्य का अवमूल्यन होगा।

स्वयं शुक्ल जी ने यह स्वीकार किया है कि भारतीय काव्य विधि में रस की प्रधानता रहीं है अतः तादात्म्य और साधारणीकरण पर बल दिया गया है। उधर, पश्चिमी साहित्य में अंतःप्रकृतिवैचित्र्य की ओर ही प्रधान लक्ष्य रहा है। इससे दर्शक को आश्चर्य की

अनुभूति होती है।[42]शुक्ल जी के अनुसार भारतीय चरित्र चित्रण में शील के चरम उत्कर्ष को देख कर आश्चर्य पूर्ण प्रसादन होता है और शील के अत्यन्त पतन को देख कर आश्चर्यपूर्ण अवसादन होता है किन्तु ऐसी अद्वितीय प्रकृति भी होती है, जो किसी वर्गविशेष में नहीं आती। इससे कुतूहल की सृष्टि होती हैं। डंटन इसे नूतन निर्माण वाली कल्पना कहते हैं और शेक्सपियर को इस दृष्टि से श्रेष्ठ रचनाकार मानते हैं। हैमलिट इसी प्रकार का पात्र है किन्तु शुक्ल जी हैमलिट में भी भावोच्छवास के स्थलों की ओर ही संकेत करते हैं। वस्तुतः हैमलिट के चरित्र में जो जटिलता है वह मात्र कुतूहल की सृष्टि नहीं करती अपितु मानव जीवन की समस्यामूलकता को रेखांकित कर वह हमें गम्भीर बनाती हैं। विचारक के लिए निर्णय करना कितना कठिन हो जाता है, यह समस्या हैमलिट को सार्थकता देती है अतः भावोच्छवास के आधार पर इस नाटक की श्रेष्ठता का निर्णय नहीं हो सकता। निर्णय के लिए जीवन का द्वन्द्वात्मक बोध आवश्यक है। आधुनिक साहित्य इसीलिए रसात्मक नहीं, द्वन्द्व-बोधक है। मनोविश्ले षणात्मक अथवा चेतनाप्रवाही रचनाओं में भी चेतन-उपचेतन मन की टकराहट ही प्रदर्शित की जाती है। भावोद्गार के क्षण में भी यह दिखाया जाता है कि उद्गार का कारण कोई दमित इच्छा या अहं है। ऐसी रचनाओं से आत्मसाक्षात्कार अधिक होता है, भावतादात्म्य कम। इस आत्म साक्षात्कार का भौतिक आधार भी होता है, वह देश-काल विशेष या समाज के विशिष्ट सोपान का प्रतिबिम्ब होता है।

अतएव अंतःप्रकृतिवैचित्र्यप्रधान रचनाओं की व्याख्या के लिए रस की धारणा को व्यापक बनाए बिना, रस सिद्धान्त एकांगो प्रमाणित होता है। नन्ददुलारे वाजपेयी और नगेन्द्र प्रभृति विवेचकों ने इसीलिए रस को "अनुभूति" कहा है।

शुक्ल जी के रस सिद्धान्त में दूसरी कठिनाई नैतिकता और आदर्श के प्रत्ययों के कारण उत्पन्न होती है। शुक्ल जी ने जीवन की अनेकरूपता के चित्रण को एक निकष के रूप में प्रयुक्त किया हैं। सूर में प्रयत्न पक्ष का अभाव है अतः उसे आनन्द की सिद्धावस्था कहा गया है, तुलसी में एक आदर्श के लिए प्रयत्न विधान हुआ है, अवएव उसे आनन्द की साधनावस्था कहा गया है। इस कोटिकरण के परिणाम स्वरूप सूर के साथ अन्याय हो गया है। सूर में प्रयत्न के आंतरिक रूप पर उनका ध्यान नहीं गया। मानव प्रेम का तलस्पर्शी चित्रण स्वयं एक नैतिक कार्य है, इस पक्ष पर बल नहीं दिया गया। शुक्ल जी अनुसार जो कवि जीवन की जितनी अधिक वृतियों को चित्रित करता है, वह उतना ही बड़ा कवि है।[43]किन्तु भावों की तीब्रता या गहराई के आधार पर तुलसी, सूर से हीन सिद्ध होगे क्योंकि सूर में भावावगाहन अधिक हुआ है। तुलसी के किष्किन्धाकाण्ड, सुन्दरकाण्ड, इस दृष्टि से सामान्य स्तर की रचनाएँ हैं।

यह भी कठिनाई है कि गीतिकाव्य और प्रयोगमूलक काव्य में, प्रयत्न पक्ष अल्प होता है अतः ये काव्य रूप उक्त दृष्टि से हीन सिद्ध होगे जब कि ये काव्य रूप मनुष्य की आतरिक आवश्यकता, उसकी कोमल भावना और नवीनता की प्यास की तुष्ट करते हैं।

मीराँ के एक गीत का मूल्य कभी कभी महाकाव्यों से भी अधिक प्रतीत होता है।

अतः क्षेत विस्तार की सर्वत्र माग नहीं की जा सकती और न एक विशेष प्रकार के प्रबन्ध काव्यों के लिए अन्य मर्मस्पर्शी रचनाओं को कम महत्त्व दिया जा सकता है। स्वयं तुलसी की विनय पत्रिका और रामचरितनानस में कौन श्रेष्ठ है, यह कहना भी कठिन है।

मानव जीवन की अनेकरूपता और गत्यात्मकता के अनुरूप साहित्य के अनेक रूप होते हैं, भाव विधान और चरित्र चित्रण के अनेक प्रकार होते हैं। उनकी श्रद्वितीयता के उदघाटन के लिए कवि मन और वर्ण्य विषय के मध्य द्वन्द्व की तीब्रता, आंतरिकता और गम्भीरता को देखना चाहिए। इस द्वन्द्व में भाव, बोध, कल्पना आदि सभी तत्वों की भूमिका होती है। किसी रचना में भाव की प्रधानता हो जाती है, किसी में बोध की, किसी में कल्पना की और किसी में इन सबका समीकरण मिलता है। छायावादी श्रेष्ठ रचनाओं में कल्पना और व्यक्तिपरक वेदना-बोध प्रबल है, किन्तु एक विशेष प्रकार के काव्य में प्रति अधिक प्रियता के कारण शुक्लजी उसकी पूर्ण प्रशंसा नहीं कर सके। भाव का रसप्रधान काव्य के प्रति रुझान के कारण शुक्लजी ने सृजनक्रिया में व्यजना की व्यापकता का भी निषेध किया हैं। रस अनुभूति है, अनुभूति का विषय नहीं है इसलिए उसकी व्यंजना नहीं हो सकती।[44]"जीकर हाय पतंग मरे क्या" में शुक्लजी ने वाच्यार्थ में ही चमत्कार स्वीकार किया है, यह हम देख चुके हैं। अन्यन्न उन्होंने कहा है, "हृदय की रमाने की योग्यता सुन्दर पदार्थ में होती है, पदार्थ के बुद्धिग्राह्य अर्थ, उससे उत्पन्न भाव में और पदार्थ का चित्रण वाक्यार्थ द्वारा होता है, अभिधा शक्ति द्वारा होता है। लक्ष्यार्थ या व्यंग्यार्थ वस्तु को प्रकट न करके उसके बुद्धिग्राह्य तथ्य या सत्य को प्रकट करते हैं।[45]

किन्तु अभिधा से विवरण दिया जा सकता है और विवरण से वर्ण्य वस्तु का सौन्दर्य प्रकट नहीं हो सकता। किसी वस्तु के स्वरूप के उद्घाटन के लिए वस्तु के आकार, प्रकार का ही नहीं, प्रभाव का, अथवा मन अवतरित चिन्न का, परिवेश में उसकी स्थिति का ध्यान अनिवार्य होता है और इसे अभिधा द्वारा नहीं व्यक्त किया जा सकता। अतः कालिदास हिमालय के रूप वर्णन में "नगाधिराज" "सौन्दर्य का मानदण्ड" आदि लक्षणात्मक वाक्यों का प्रयोग करते हैं। सूरदास काली रात के विरही जनों अभाव को दिखाने के लिए उसे "सांपिन" बताते हैं।[46]अतः प्रभाव व्यंजना लिए अभिधा असमर्थ रहती है। प्रिय प्रबास में वस्तुपरिगणनविधि अभिधा पर आधारित है किन्तु प्रियप्रवास का प्रकृति वर्णन भी सर्वथा अभिधात्मक नहीं कहा जा सकता। दिवस अवसान वर्णन में द्वितीय पंक्ति में ही "कमलिनीकुलबल्लभ" का रूपात्मक प्रयोग आ जाता है।

निष्कर्ष यह है कि शुक्ल जी के काव्यमानक में अव्याप्ति है। उसकी उपलब्धि यह है कि शुक्ल जी अपने भाववाद या रसवाद के आधार पर जायसी तथा तुलसी की कृतियों का स्वरूप उद्घाटित कर सके हैं और आधुनिकयुगीन साहित्य में भावहीनता, व्यक्तिवाद, प्रयोगमूलकता, विदेशों का अनुकरण, कलावाद आदि के अतिवादों की ओर हमारा ध्यान

आकर्षित कर गए हैं। उन्होंने क्रोचे के अभिव्यंजनावाद द्वारा कला और जीवन, कला और नैतिक बोध तथा कला और जीवन प्रगति में विरोध की आशंका देख कर, उस पर दृढ़ता के साथ कशाघात किए हैं। द्वन्द्वात्मक दृष्टि से, केवल स्व केन्द्रत सृजन अथवा संकीर्ण कलावादी (कला कला के लिए) प्रयत्नों के विरुद्ध संघर्ष में शुक्ल जी प्रगतिशील दृष्टि अपनाते हैं। वह निश्चय ही काव्य और साहित्य द्वारा युगपरिवर्तन और आत्म निर्माण के प्रयोजन स्वीकार करते हैं, यधपि वह साम्यवादी सामाजिक व्यवस्था के पक्षधर नहीं थे।[47] किन्तु साहित्य की आत्मोन्नयनपरक भूमिका का उन्होंने दृढ़ता से समर्थन किया है।

शुक्ल जी के प्रखर आलोचक नन्ददुलारे वाजपेयी ने यह स्वीकार किया है कि शुक्ल जी ने समीक्षा के लिए भारतीय साँचे की रक्षा की है। किन्तु उन्होंने शुक्ल जी की आलोचना में व्यक्तिगत रुचि के प्रवेश,[48]उत्थानमूलक आदर्शवाद[49]निर्गुण-सगुणवादी कवियों में सगुण कवियों के साथ पक्षपात, रवीन्द्रनाथ की अपेक्षा द्विजेन्द्रलाल राय को अधिक महत्व प्रदान, सामाजिक राजनैतिक विचारधाराओं की उपेक्षा, आधुनिक साहित्य के नेतृत्व के लिए आवश्यक क्षमताओं के अभाव, हिन्दू समाज पद्धाति और आदर्शवाद की प्रधानता, स्थूल व्यवहारवाद का अनुगमन, रहस्यवादी काव्य के प्रति कठोर दृष्टि, क्रोचे के अभिव्यंजनावाद को पूर्ण हृदयंगम किए बिना उसका विरोध, लोकधर्म के सिद्धान्त की अप्रगतिशीलता, आदि अनेक सीमाओं का उल्लेख किया हैं।[50]

वाजपेयी ने किसी पूर्व निश्चित दार्शनिक अथवा साहित्यिक सिद्धांत को लेकर उसके आधार पर कला को परख का विरोध किया है। सभी सिद्धांत सीमित हैं किन्तु कला के लिए कोई भी सीमा नहीं हैं।[51]

यहाँ पूर्व कल्पना के रूप में भी सिद्धान्तों को स्वीकार नहीं किया गया है। किन्तु सौन्दर्य को साहित्य और कला का निकष स्वीकार किया गया है। इस सौन्दर्य के विश्ले षण में भी सुनिश्चित सीमाओं का विरोध किया गया है।[52] उनके अनुसार आलोचक अपनी आलाचना में निष्कर्षो तक अवश्य पहुँच सकता है लेकिन आलोचना के पूर्व किसी निष्कर्ष विशेष का प्रयोग नहीं कर सकता[53] उसका कार्य कला का अध्ययन और सौन्दर्यानुसंधान बताया गया है।[54] इस कार्य में उसका व्यापक अध्ययन, उसकी सूक्ष्म सौन्दर्य-दृष्टि और उसकी सिद्धान्त-निरपेक्षता ही उसका साथ दे सकती है-यह स्थापना प्रस्तुत की गई है।

यह स्पटष्तः अंतर्दृष्टिवाद है। डॉ. रामाधार शर्मा इसे स्वच्छन्दतावाद कहते हैं क्योंकि वाजपेयी जी का मत है कि हमें कलाकार की दृष्टि से साहित्य की परीक्षा करनी चाहिए। हमारे लिए सबसे सुन्दर उपाय यही है कि हम कवि की आत्मा में अपनी आत्मा को मिला कर—विकास की प्रत्येक दिशा में, उसके साथ तन्मय होकर उसका अध्ययन करें।[55] समीक्षा में लेखक के दृष्टिकोण को प्रमुखता देना ही स्वच्छन्दतावादी समीक्षा है।[56]

वस्तुतः इस स्वच्छन्दतावादी मानदण्ड के क्रमशः वाजपेयी जी अन्य दृष्टियों और अध्ययन विधियों को भी, अपने विशिष्ट ढ़ंग से मिलाना चाहते हैं। उदाहरणतः कवि

व्यक्तित्व के अध्ययन में, कवि की अंतवृत्तियों के उत्कर्ष-अपकर्ष के परीक्षण के लिए मनोविज्ञान से सहायता लेने पर बल दिया गया है। वह कहते हैं कि यदि लेखक के व्यक्तित्व में ही ह्रास के बीज हों तो साहित्य का पतन निश्चित है।[57] मानसिक दुर्बलता की वह कभी प्रशंसा नहीं करते।[58] उन्होंने सूर के उदात्त मानसिक स्तर, निरालाके अनुपमेय, निर्लेप व्यक्तित्व की अभ्यर्थना की है लेकिन रचना में व्यक्त कवि का मन, मात्र मनोविज्ञान या मनोविश्लेषण से ही स्पष्ट नहीं हो सकता, उसके लिए सामाजिक-मनोविज्ञान, इतिहास बोध, और यथार्थ के गत्यात्मक स्वरूप की गम्भीर समझ की आवश्यता है। वाजपेयी जी की आलोचना को सिद्धान्तों के बंधनों से कुक्त करने, शास्त्रीय धारणाओं की संकीर्णता दूर करने तथा रचनाकार के स्व को उद्घाटित करने में तेजस्विता का परिचय देते हैं। परन्तु अपने मंतव्य को निर्भ्रान्त रूप में प्रस्तुत करने में उन्हें सफलता नहीं मिली।

कवि-व्यक्तित्व के मनोविश्लषण के सदृश ही, वाजपेयी जी भारतीय काव्यशास्त्र की रस धारणा को भी अपने विशिष्ट रूप में स्वीकार करना चाहते हैं। रस के शास्त्रीय रूप को वह काव्य विवेचना के लिए अपर्याप्त मानते हैं।[59] क्योंकि रस सिद्धांत से, रचना में रस की पूर्णता-अपूर्णत, तीब्रता-अल्पता का परिचय नहीं मिल पाता। फिर यह सिद्धान्त गीति काव्य पर पूर्णतः घटित नहीं होता।[60] रसवाद में आलौकिकता के नाम पर अच्छंखल सप्तशतियों की रचना हुई और अलंकारों के भार से कविता मुक्त नहीं हो सकी, यों सिद्धान्ततः रसवाद में अलंकारों की स्थिति को अनिवार्य नहीं माना गया था। वाजपेयी जी के अनुसार नाट्य शास्त्र नाट्य सम्बन्धी विश्लेषण-वर्गीकरण का ग्रंथ हैं। रस वहाँ वाह्यार्थपरक एवं आंगिक था। काव्य में उसका आलंकारिक और ह्रासोन्मुख रूप ही प्रचलित था।[61] यूरोप में कलावाद और भारत में रसवाद रीतिबद्ध और जीवन निरपेक्ष साहित्य सृजन के कारण बने हैं।[62] साथ ही वाजपेयी जी यह कहते हैं कि भरत में रस नीतिवाद (देवासुरवाद) पर आधारित माना गया है और शुक्ल जी ने भी रस और नैतिकता को सम्बद्ध रूप में ही देखा है।

अतः वाजपेयीजी रसवाद की अपनी व्याख्या प्रस्तुत करते हैं। उनके अनेसार रस का सम्बन्ध नैतिकता से नहीं, आनन्द और अनुभूति से है। रस–काव्यानुभूति, यह समीकरण वाजपेयीजी स्वीकार करते हैं। जीवन के किसी क्षेत्र की अनुभूति को काव्य से बहिष्कृत करना रस विधायकों का काम नहीं है।[63] किन्तु वाजपेयीजी रस को मात्र आत्माभिव्यंजन नहीं मानते। काव्य की सार्थकता व्यक्तिगत सुख दुःख से ऊपर उठ कर सार्वजनिक सुख दुःख की भूमि में पहुँचने में है। व्यक्तित्व की आत्मसीमित परिधि का अतिक्रमण करने पर ही, श्रेष्ठ काव्य की सृष्टि हो सकती है।[64]

यदि वाजपेयी जी के आशय पर ध्यान दिया जाए तो यह प्रतीत होगा कि वह रस की धारणा को व्यापक बनाते हैं, उसमें सभी प्रकार की अनभूतियों और भावनाओं आदि को सम्मिलित करना चाहते हैं। किन्तु वह उनकी सम्प्रेषणीयता और साधारणीकरण अथवा व्यक्तिगत को सार्वजनिक बना पाने की शक्ति को कला का निकष मानते हैं।

फिर भी वाजपेयी जी समकालीन कलाओं और काव्य कृतियों को ध्यान में रख कर रस पर विचार नहीं करते। छायावादी काव्य में भी किस कृति में अनुभूति व्यक्तिगत रह गई हैं, और कहाँ वह रस में परिणत हो गई हैं, ऐसा विवेचन नहीं मिलता। "अनुभूति" शब्द भी पर्याप्त अस्पष्ट रूप में प्रयुक्त हुआ है।[65] भाव प्रधान साहित्य में रस की सत्ता स्पष्ट प्रमाणित होती है किन्तु सभी प्रकार के संवेदनों तक रस को फैलाने के प्रयत्न में, यह नहीं देखा गया कि रस का सम्बन्ध एक विशेष प्रकार के काव्य से ही रहा है। ध्वनिवाद ने सभी काव्यानुभवों में रस को मूलतः स्थित मान कर भी, प्रधानता के आधार पर वस्तु ध्वनि, रस ध्वनि आदि भेद किए थे। काव्य-कला के मूल में कवि की अनुभूति या फीलिंग या अनुभव (एक्सपीरियेंस) या संवेदना अवश्य होता है। वाजपेयी जी ने इस मूलस्थित सवेदन के आधार पर ही रस की व्यापकता स्वीकार की है। बिना किसी संवेदना के कला या काव्य की ओर प्रवृत्ति ही नहीं हो सकती। इस सामान्य रूप में रस को स्वीकार कर, वाजपेयी जी शुक्ल जी के संकीर्ण रसवाद को विस्तार देना चाहते थे। इस प्रक्रिया में निहित पेश्नों और समकालीन साहित्य की चुनौती का सामना वे भी नहीं कर सकें।

उदाहरणतः वाजपेयी जी के अनुसार भावना, अनुभूति या संवेदन ही वह तत्व है, जिसके आधार पर स्थायी मापदण्ड का निर्माण हो सकता है।[66] इसी में कला का सौष्ठव निहित है। युग, समाज और संस्कृतियों के बदल जाने पर भी कला का सौष्ठव स्थायी रहता है। इस सौन्दर्य या सौष्ठव की धारणा को मात्र अभिव्यंजना के सौन्दर्य की धारणा से अलग करने के बिए वाजपेयी जी कला के समस्त उपकरणों, सभी प्रकार के बाधों, दृष्टियों की भूमिकाओं आदि को स्वीकार कर लेते हैं। सबका स्वतंत्र अस्तित्व इसमें विलीन होकर एक सभ्यक् संवेदन की उपलब्धि होती है और यही काव्यालोचन का प्राण है। काव्य संवेदन के अंतर्गत जीवन सौन्दर्य और अभिव्यक्ति सौष्ठव दोनों निहित हैं।[67]

इस प्रकार रस की स्वच्छन्द और स्वतंत्र सत्ता का प्रतिपादन करने का प्रयत्न वाजपेयी जी में मिलता है, पर इस सामान्य सिद्धान्त कथन की रहस्यमयता का अनुभव, उनके अनुगामी रामाधार शर्मा को भी हुआ हैः

"यह संवेदन प्रणाली असाधारण, विरल और कुछ अंशों में रहस्यात्मक ढंग की है।"[68]

रस को काव्यानुभूति (पोयटिक एक्सपीरियेंस) या काव्य संवेदन (पोयटिक सैसिबिलिटी) के पर्याय के रूप में प्रस्तुत करने से उसका क्षेत्र विस्तार तो हुआ पर जो रहस्यात्मकता आ गई है, उसे समझने के लिए वाजपेयी जी की अन्य व्याख्याओं पर भी विचार करना होगा।

वाजपेयी जी अन्यत्र कहते हैं कि प्रत्येक श्रेष्ठ काव्य में समाज के लिए आहलादकारिणी, भावात्मक, नैतिक और बौद्धिक अनुभूतियों का संकलन होता है। रस शब्द से आचार्यों का आशय काव्य की इसी मानवतावादी सत्ता से है।[69]

'क्रोचे के प्रकाश में वाजपेयी जी कला-काव्य को अखंड व्यापार मानते हैं। एक ही

कल्पना व्यापार समस्त काव्य में व्याप्त होता है, उसी से कृति को काव्यत्व प्राप्त होता है।'[70]

इस प्रकार एक ओर वाजपेयी जी को भारतीय रसवाद के आनन्दवाद, नैतिकता की भी चिंता है तो दूसरी ओर वह सृजन प्रक्रिया के अभिव्यंजनावादी, नीति निरपेक्ष, सिद्धान्त के साथ भी उसका समन्वय करना चाहते हैं।

रस अथवा विशुद्ध साहित्यिक अनुभूति या काव्य संवेदन अथवा सौष्ठव के मानदण्ड के लिए, वाजपेयी जी कलावाद, प्रगतिवाद, प्रयोगवाद, उपयोगितावाद, नैतिकतावाद और सभी वादों और सम्प्रदायों का उग्र विरोध करते हैं अतिरिक्त बौद्धिकता और घोर यथार्थवाद या प्रकृतवाद का भी वे विरोध करते हैं। साहित्य के पंचामृत में तो उन्हें आदर्श भी अभीष्ट है और नीति भी, बुद्धि की भी आवश्यकता है और उपयोगिता की भी। ये सब तत्व साहित्य की सत्ता में तदाकार एक रस होकर ही साहित्यिक दृष्टि का निर्माण करते हैं।[71] केवल साहित्य की प्रणाली यह है कि वह दर्शन, नीति, विज्ञान सबको रसमय बना कर उपस्थित करती है।

इस रसपंचामृत में समाज की नैतिक चेतना और दार्शनिक, मनोवैज्ञानिक तथा बौद्धिक अभिज्ञता अर्थात् यथार्थ बोध आदि को स्वीकार नहीं हुए है, और न उन्होंने कला-काव्य के विभिन्न रूपों—अतियथार्थवादी कला, अमूर्त्त कला और काव्यादि में, इस समीकरण की विभिन्न स्थितियों पर विचार किया है अतः रस की धारणा की जो अव्याप्ति शुक्ल जी में मिलती है, उसे दूर करने का 'प्रयत्न' ही वाजपेयी जी की उपलब्धि है।

पूँजीवादी समाज की असंगतियों को दूर करने में साहित्य के योगदान को स्वीकार न करने के कारण वाजपेयी जी के साहित्यिक सिद्धान्त में वस्तुतः गतिशील तत्व का अभाव है। मूलतः भारतीय संस्कारों से ऊपर न उठ पाने के कारण वाजपेयी जी को व्यापक रस धारणा भी प्रयोगमूलक अथवा नवसृजन के मूल्यांकन में उसी प्रकार एकांगी रूप धारण कर लेती है, जिस प्रकार शुक्ल जी की रसधारणा छायावादी साहित्य के मूल्यांकन में असमर्थ हो गई थी।

फिर भी अन्य यथास्थितिशील आलोचकों की तुलना में वाजपेयी जी उक्त गतिशील तत्व या सामाजिक चेतना पर अधिक बल देते है। आई. ए. रिचर्ड्स के मत पर उनका आरोप यह है कि उसके मत में देशकाल की भिन्नता का आकलन सम्भव नहीं है।[72] वह साहित्यिक परम्पराओं के साथ ही, समय और समाज की विकासोन्मुख प्रवृत्तियों को पहचानते हैं।[73]

किन्तु विकासोन्मुख प्रगतिशील समीक्षा पर उनका आरोप था कि वह जीवन के क्षर अंश को ही सर्वस्व मान लेती है जबकिं पुराने समीक्षक अक्षर अंश को ही महत्व देते हैं।[74] वस्तुतः प्रगतिशील दृष्टि को क्षरवादी कह कर, वह नूतन मनुष्य के और नवीन समाज रचना के विरोध की स्थिति में पहुँच जाते हैं। वह राष्ट्रीयता का प्रबल समर्थन करते हैं। भारतीय साहित्य हमारी राष्ट्रीय संस्कृति की उपज है अतएव उस साहित्य के मानदण्ड भी यथा

सम्भव राष्ट्रीय ही होने चाहिए।[75] छायाबाद को वह राष्ट्रीय साहित्य ही मानते हैं और उसकी आध्यात्मिकता का समर्थन करते हैं। वाजपेयी जी वस्तुतः आदर्शवादी ही हैं।[76] यथार्थवाद का आधुनिकरूप उन्हें स्वीकार नहीं है।[77] प्रगतिवादी में उन्हें साहित्य के कलात्मक, भावात्मक और मानवीय मूल्यों का तिरस्कार दिखाई पड़ता है।[78] प्रयोगमूलक या नवलेखन को वह व्यक्तिवादी, पाश्चात्य का अनुकरणकर्ता आदि विशेषण देते हैं। प्रयोगमूलक साहित्य को वह शैली प्रधान सृजन कहते हैं। वह सृजन में वस्तु तत्व (कंटेंट) को अधिक महत्व देकर भी अनुभूति के स्वरूप विवेचन में क्रोचे से प्रभावित हुए हैं।[79]

इस प्रकार वाजपेयी जी के साहित्य निकष में जो व्यापकता है, वह उनकी व्यावहारिक आलोचना में नहीं दिखाई पड़तीं। रसवाद, भारतीय संस्कृति, नैतिकता, आदर्शवाद, स्वच्छन्दतावाद तथा क्रोचे के अभिव्यंजनावाद का एक मिश्रण प्रस्तुत करने के प्रयत्न में व्यापकता की अवतारणा तो हुई है किन्तु सैद्धान्तिक स्पष्टता की हानि भी हुई है।

'वे पहले कलाकार के व्यक्तित्व के परिचायक थे, धीरे-धीरे काव्य सौष्ठव के परीक्षक बने है। अभी इस समन्वय में विकास की क्षमता है। वाजपेयी के आलोचक का एक विशेष व्यक्तित्व तो बन गया है पर अभी वह विकासशील हैं, पर इसका यह रूप अभी पूर्णतः स्पष्ट नहीं हैं।'[80]

आचार्य हजारी प्रसाद द्विवेदी आलोचक से अधिक, मानववादी विचारक, समाजवादी युगद्रष्टा और सांस्कृतिक दिव्य से युक्त लेखक है। उनका मानववाद साम्यवादी-मानववाद नहीं है, यद्यपि वह वर्ग-वर्णविहीन, मानव पर सामाजिक व्यवस्था के समर्थक हैं। उन पर भारतीय समाजवाद (आचार्य नरेन्द्र देव) का प्रभाव बहुत स्पष्ट है अतः वह सांस्कृतिक तत्वों के विकास और ह्रास का विहगावलोकन करके, उसके प्रकाश में साहित्य का स्परूप समझते हैं। भारतीय समाज के विकास में समाजशास्त्रीय, नृतत्व शास्त्रीय कोटियाँ और शब्दावली भी वह आपनाते हैं, साथ पंत और कबीर में जातियों और जनसमूहों के विकास स्वरूप को वह ध्यान में रखते हैं अतः उनकी आलोचना में समाज की कार्य-कारण विधि सक्रिय रहती है।

साहित्य को सामाजिक शक्तियों के ही एक रूप में देखकर, उसे परिस्थिति के प्रतिबिम्ब और साथ ही परिवर्तक शक्ति के रूप में देखने की प्रवृत्ति समाजवाद की विशेषता है अतः सौन्दर्यवादी आलोचकों के अमूर्तीकरण से बचकर, द्विवेदी जी साहित्य के निकष के लिए मनुष्य को ही मापदण्ड मानते हैं–वह अलंकार रस, छंद आदि को अपने आप में चरम प्रतिमान नहीं मानते हैं।[81]

साहित्य की मानववादी भूमिका पर द्विवेदी जी बार-बार बल देते हैं लेकिन उनके मानववाद में मनुष्य की एकआत्मकता, उदात्त मूल्यों के अभ्यास, दलित द्राक्षा के समान सर्वस्व-समर्पण की प्रेरणा आदि पर विशेष बल है। अपने समाज की असंगतियों के विरुद्ध जुझारू शक्ति-जागरण पर उतना बल नहीं है–अर्थात् उनका मानववाद समग्रतः सद्भावनापरक

अधिक है, सक्रिय संघर्ष पर उतना बल नहीं दिया गया है। अतएव आदर्शवादिता ही पाठक के मन में बार-बार उभरती है।

मनुष्य को केन्द्र में रखकर अध्ययन करने के कारण, वह शास्त्रों के अंधानुकरण के भी विरोधी हैं। उत्तरकालीन संस्कृत साहित्य में काव्यशास्त्र के अनुकरण पर रचित साहित्य की तुलना में, द्विवेदी जी ने ग्राम गीतों और कथानकों की रसधारा में अधिक प्राणवत्ता के दर्शन किए हैं।[82] साहित्य और जीवन का अविच्छिन्न सम्बन्ध स्थापित करके, द्विवेदी जी लक्षण और लक्ष्य ग्रंथों की युगानुकूलता की ओर ध्यान आकर्षित करते हैं। उत्तर कालीन संस्कृत के लक्षण और लक्ष्यग्रंथ उस युग के अनुकूल ही बने थे। आधुनिक युग का पाठक बदल गया है, इसलिए कवि भी बदल गया है। यंत्र युग की समस्याएँ और उनके समाधान के रास्ते, हू-ब-हू वे ही नहीं हैं जो पूर्ववर्ती युग के थे आज की जटिल समस्याओं का प्राचीन साहित्य में उत्तर नहीं मिलेगा, मिलेगा भी तो सामान्य और व्यापक ढंग का, विशिष्ट और शंकुभूत नहीं।[83]

साहित्य और जीवन के संवाद, विसंवाद की दृष्टि को महत्त्व देने के कारण ही द्विवेदी जी कबीर, सूर नाथ-सिद्ध योगियों आदि के उस साहित्य की सजीवता और उसकी आडम्बर विरोधी शक्ति का उद्‌घाटन कर सके हैं, जिसकी उपेक्षा शुक्ल जी और नन्ददुलारे वाजपेयी की आलोचनाओं में मिलती है। मानव जीवन के लिए साहित्य से प्राणदायक तत्वों का दोहन द्विवेदी जी की विशेषता है। इस तथ्य पर ध्यान न रहने से द्विवेदी जी पर यह आरोप लगाया गया है कि वह असाहित्यक नाथ-सिद्धों में भी साहित्य खोज लेते हैं।[84]

परन्तु द्विवेदी जी साधारण जीवन प्रयोजनों के अतिरिक्त सौन्दर्य बोध पर भी चिंतन करते हैं। वह प्रयोजनातीत पदार्थ को ही सौन्दर्य कहते हैं। प्रयोजन के अतीत पदार्थ का नाम ही सौन्दर्य है, प्रेम है, भक्ति है, मनुष्य है।[85] इस प्रकार रवीन्द्र पद्धति पर सौन्दर्य और मंगल का समवाय सम्बन्ध द्विवेदी जी बनाये रखते हैं। उनके अनुसार प्रयोजनातीत भूमि का रस ही काव्य-शिल्प, नृत्य, गीत, भक्ति आदि में मिलता है।[86]

द्विवेदी जी वाजपेयी जी से कहीं अधिक स्पष्ट युगदृष्टि के कारण, प्राचीन और आधुनिक काल की विभिन्नताओं और असादृश्यों को आमने-सामने रखकर देखते हैं। प्राचीन काव्य का उद्‌देश्य इनकी दृष्टि से भावोद्रेक था। मनुष्य के स्थायी भाव, रति, उत्साह आदि को जाग्रत करना काव्य का लक्ष्य था। परन्तु आज वह बात नहीं रही। प्राचीन काल का कवि ऊंचे आदर्श के कल्पना-लोक में मानव चित्त की अनुभूतियों को प्रतिफलित करता था। आज कालिदास के मेघदूत की सी कल्पना व्यर्थ हो गई है। आज का साहित्यकार वर्तमान की जटिल समस्याओं की उपेक्षा नहीं कर सकता। आज पाठक साहित्यकार से जीवन की व्याख्या चाहता है।[87]

तब क्या रस, अलंकार आदि प्राचीन धारणाओं का कोई उपयोग है? द्विवेदी जी प्रत्यक्षतः इस प्रश्न को न प्रस्तुत करते हैं, न प्रत्यक्षत उत्तर देते हैं। रस के स्पष्टीकरण में उन्होंने काव्यानन्द को विशेष मानसिक आनन्द कहा है। विश्वनाथ की शब्दावली में, वह,

रजोगुण, तमोगुण से अतीत, सत्वोद्रेक की स्थिति पर बल देते हैं। रस विवेचन के पश्चात् वह इस काव्य मात्र के लिए यह निकष निर्धारित करते हैं–'साहित्य में केवल यह देखना आवश्यक है कि वह हृदय के किसी भाव को छू पाया है या नहीं। यदि साहित्यकार भाव का स्पर्श कर सका है तो उसका काम पूरा हो गया है।'[88]

इस प्रकार भाव ही केन्द्रीय तत्व ग्रहण कर लेता है। आधुनिक साहित्य के सम्बन्ध में द्विवेदी जी का कथन है कि उसमें स्थायी भावों के स्थान पर, अस्थायी मनोवेगों को जगाया जाता है। द्विवेदी जी ने इस आधुनिक साहित्य के मूल्यांकन में रस का कैसे उपयोग हो, यह नहीं बताया। यह संकेत उक्त विवेचन से अवश्य मिलता है कि आधुनिक साहित्य को आधुनिक जीवन और उसकी भावस्पर्शिता के सन्दर्भ में मूल्यांकित करना चाहिए किन्तु समीक्षक का ध्यान सर्वदा बृहत्तर मानव पट भूमिका पर रचना चाहिए। इस प्रकार उनका रस बोध प्रगतिशील है, रीतिपरक नहीं। छन्दों और अलंकारों के विवेचन में भी वह मानव जीवन की प्रगति पर दृष्टि रखते हैं। उनके अनुसार छन्द एक सामूहिक शक्ति है। उससे रचना में गति का तत्व उत्पन्न हो जाता है, उसी प्रकार जिस प्रकार तटों से सरिता में वेग की वृद्धि हो जाती है। मनुष्य समाज को आश्रय करने पर वह छन्द, धर्म कहलाता है और सामाजिक संतुलन की रक्षा करता है। जिस समाज में छन्द नहीं, उसमें संतुलन नहीं।[89]

द्विवेदी जी के अनुसार समूची सृष्टि ही छन्दोमयी है। काव्य का छन्द उस बृहत्तर सत्य के अनुरूप होने से महान है, वह कलाबाजों द्वारा आरोपित काल्पनिक मुकुट बन कर बड़ा नहीं हुआ है।[90]

छन्द की यह सामान्यशक्ति है। आधुनिक साहित्य में छन्द के प्रयोग या दुरुपयोग पर द्विवेदी जी ने विचार नहीं किया है।

अलंकारों के प्रयोग में द्विवेदी जी भाव को अधिक महत्व देते हैं और आवेश को ही तीव्रता देने का प्रयोजन प्रमुख मानते हैं। अलंकार भाव को समूर्तित करते हैं और विषयानुभूति को सुगम करते हैं अन्यथा वे चमत्कार की ही सृष्टि करते हैं।

इस प्रकार द्विवेदी जी का साहित्य निकष मानव प्रेम है। इस व्यापक धारणा में रसवादी भावोद्रेक से लेकर, सरहपा और गोरखनाथ, जैन कवि और सन्त कवियों की सरल किन्तु हितकारिणी उक्तियों को एक साथ समेंट लिया गया है। आधुनिक साहित्य को भी वह जीवन की व्याख्या के आधार पर व्याख्यायित करने के पक्ष में हैं। वह आदर्शवादी होकर भी हितैषी यथार्थ मूलक साहित्य को स्वीकार करते हैं।

प्रश्न यह है कि आपाततः मानव जीवन विरोधी साहित्य की व्याख्या, इस मानववाद के आधार पर कैसे हो सकती है? सिसिफस की पुराण कथा से मानव जीवन की व्यर्थता और विसंगति (एब्सड) के तात्पर्य ग्रहणकर्ता कामू के अजनबी अथवा काफ्का के रूपान्तरण (मैटामौरफौसिस) में रस के स्थान पर जीवन को एक ऊल जलूल क्रिया के रूप में दिखाया गया है। किन्तु द्विवेदी जी के आशय पर ध्यान दिया जाए तो इस प्रकार के अमानवीय से प्रतीत होने वाले साहित्य का मूल्यांकन इस आधार पर हो सकता है 'क्या

यहाँ जीवन की कोई गंभीर व्याख्या प्रस्तुत की गई है?'

और अमानवीय साहित्य में भी जीवन के गंभीर उद्‌घाटन के कारण वह हमारे जीवनबोध को विस्तार देता है, उसकी असंगतियों को ध्यान वृत्त में लाकर भ्रमों को दूर करता है, किन्तु यह निष्कर्ष द्विवेदी जी के विचारों से व्यंजित ही होता है। उन्होंने प्राचीन, मध्यकालीन और छायावादी प्रगति मूलक साहित्य पर ही अधिक विचार किया है और यह सम्पूर्ण साहित्य उनके मानववाद के अनुकूल पड़ता है अतएव यंत्रयुगीन साहित्य के मूल्यांकन के लिए कोई स्पष्ट निकष नहीं प्राप्त होता अतः द्विवेदी जी का सिद्धान्त उदार और उच्च है, लेकिन वह पूर्णतः विकसित नहीं है।

डॉ. नगेन्द्र भारतीय काव्य शास्त्र के रस सिद्धान्त को शास्त्ररूढ़ि से मुकत करके, या निकष सार्वभौम मान दण्ड के रूप में प्रस्तुत करते हैं। उनका कथन है कि रस के आधार पर प्रत्येक देश और प्रत्येक काल के सृजनात्मक साहित्य का प्रत्येक विधा का, उचित मूल्यांकन किया जा सकता है।[91]

रस के शास्त्रीय रूप की व्याख्या में हम यह देख चुके हैं कि अभिनवगुप्त रसनिष्पत्ति के लिए अनेक अपेक्षाओं तथा विघ्नरहित स्थितियों का उल्लेख करते हैं।[92] यह भी कहा जा चुका है कि रसवादियों के पूर्व जो साहित्य था, उसी को ध्यान में रखकर काव्यशास्त्र लिखे गए हैं। वर्तमानकालीन साहित्यों में, वर्गचेतना की प्रबलता और व्यक्तिवाद की प्रमुखता के मध्य घोर द्वन्द्व चल रहा है। इन दोनों विघ्नों के कारण साहित्य में सार्वजनिक, सार्वभौमिक तत्व अल्पांश में ही व्यक्त हो रहे हैं। विज्ञान के प्रभाव से 'कामचारी' प्रयोगों अथवा आनन्दवर्धन के शब्दों में 'विशृंखल गिरा' द्वारा रचनाकार, मौलिकता और नवीनता की अधिक चिन्ता करते हैं, रसाक्षिप्तता की कम। विश्व युद्ध की आशंका, विचारधाराओं और बदलते विश्व बोधों में तीव्र घात-प्रतिघात एवम् सामाजिक परिवर्तन की क्रिया तीव्रतर हो जाने से सार्वजनिक मूल्यों, उदात्त धारणाओं और सवित्-विश्रान्ति-परक आनन्दमूलक कल्पनाओं का ह्रास हो रहा है। एक विचित्र द्विविधाग्रस्त, अनिश्चय बढ़ता जा रहा है।

व्यवस्थाओं, मूल्यों और विचारों के संघर्ष के कारण सृजन में रसात्मकता का ह्रास हुआ है। रस सिद्धान्त के पारम्परिक अनुयायी इस बोध-प्रधान, समकालीन रचना जगत को प्रियता न दे पाने के कारण उसे अस्वीकार कर देते हैं अतएव अनेक समकालीन रचनाकार और प्रगतिशील विचारकों ने काव्यशास्त्र के रूढ़ सिद्धान्तों और मानों को असामयिक घोषित किया है।

इस सन्दर्भ में डॉ. नगेन्द्र ने मनोवैज्ञानिक आधार पर विरोधी आपत्तियों आपेक्षों का निराकरण करके रस की परम्परागत धारणा को संशोधित करना चाहा है।

वर्तमान काल में साहित्य के अनेक रूप सम्मुख हैं अतः रस को स्वीकृति दिलाने के लिए नगेन्द्र जी ने उसके मूल तत्व को ही आधार बनाया है, रस के शास्त्रीय रूप को नहीं अतः उनकी रसचिंतना विकासमूलक है, जड़ या स्थिर नहीं। स्पष्टतः गतानुगतिक दृष्टि इसे स्वीकृति नहीं दे सकेगी।

सर्वप्रथम नगेन्द्र जी रस के अर्थ स्पष्ट करते हैं। रस के वस्तुपरक अर्थानुसार रस काव्यगत है। सीधे शब्दों में वह भाव पर आश्रित सौन्दर्य है।[93] द्वितीय अर्थानुसार रस सहृदय स्थित अनुभव है अर्थात् वह नानाभावमय काव्य के द्वारा सहृदय के चित्त में उद्बुद्ध सुख दुःखमयी रागात्मक चेतना है।[94] तृतीय व्याख्या के अनुसार आनन्दमयी चेतना का नाम रस है जो भावों के चर्वण से प्राप्त होती है। आधुनिक शब्दावली में चित्त की समीकृत अवस्था के आस्वाद का नाम रस है।[95]

नगेन्द्र जी के अनुसार इन तीनों अर्थों से रसवाद में राग तत्व की प्रधानता स्वीकृत हैं। वही उसका सार है।[96] कला तत्व या शब्द अर्थ के कल्पनात्मक प्रयोग का महत्व भी कम नहीं है। इस प्रकार रस-कल्पना अपने मूल रूप में ही काव्यास्वाद की एक परिपूर्ण कल्पना है।[97]

यहाँ 'मूल' रूप शब्द ध्यातव्य है। रस मूलतः मानवीय राग को काव्य में केन्द्रीय महत्व देता है, अतः वह सर्वकालीन मत है क्योंकि सृजन के किसी भी रूप में राग का स्पर्श अवश्य रहता है। वस्तु या तथ्य या विचार तथा बिम्ब और अलंकार आदि के मूल में राग या संवेदना की रंजकता अवश्य रहती है। यह भी सत्य है कि मनुष्य मात्र सुख दुःख से प्रभावित होते हैं अतः अपने सामान्यतम रूप में मूल स्थित राग के रूप में, रस का निषेध सम्भव नहीं है।

इसका तात्पर्य यह भी है कि रस का प्राचीन, शास्त्र निश्चित (पात्र विधान, संचारी, उद्दीपन आदि से सम्बन्धित नियम) रूप आधुनिक साहित्य के सभी रूपों या विधाओं के सन्दर्भ में गतानुगतिक हो गया है। संकट यह है कि नगेन्द्र जी इस त्याज्य रस रूप की स्पष्ट व्याख्या नहीं करते और उनके विवेचन में प्रायः त्याज्य रस रूप भी सन्निविष्ट बना रहता है।

राग या भाव की प्रधानता जिस कृति में होती है, उसमें पूर्ण संवित-विश्रान्ति होती है। अप्रधान गुण या अलंकार से चेतना तन्मय नहीं होती, यह अभिनवगुप्त का मत है। इसका यही तात्पर्य है कि प्राचीन रस-धारणा में भवोंद्रेक की प्रधानता आवश्यक है,[98] मात्र राग का संस्पर्श पर्याप्त नहीं माना गया। यदि भावप्रधान रचना नहीं है तो वहाँ वस्तुध्वनि, अलंकारध्वनि की खोज की गई है अतः रस निर्णय के दो आधार हैं, मूलतः रस का अस्तित्व और प्रधानतः रस का अस्तित्व। आधुनिक साहित्य में रस की प्रधानता नहीं प्रतीत होती अतएव नगेन्द्र जी ने रस की व्याप्ति दिखाने के लिए मूलाधार के तर्क का प्रयोग किया है। दूसरें शब्दों में रस के परिपक्व रूप के अभाव को देखकर नगेन्द्र जी रस सिद्धान्त की रक्षा के लिए, राग के रूप में, रस की अपरिपक्व स्थिति को अपने विवेचन का आधार बनाते हैं।

किन्तु इतने व्यापक रूप में अलंकार अथवा कल्पना के सिद्धान्त को भी सर्वव्यापक कहा जा सकता है और ध्वनि मत ने तो ध्वनि या व्यंजना या कल्पना को ही काव्यः कला की आत्मा कहा था क्योंकि प्रक्रिया की दृष्टि से श्रेष्ठ साहित्य ध्वन्यात्मक ही होती है। स्वयं

डॉ. नगेन्द्र का ध्यान ध्वनि की इस व्यापक भूमि की ओर गया है–

'इस प्रकार रस सिद्धान्त अत्यन्त व्यापक सिद्धान्त है और उसके दृष्टिकोण में विवेक पुष्ट सहिष्णुता मिलती है। अनुभूति की सीमा में रहकर वह अलंकार, रीति, गुण, वक्रता और ध्वनि सभी के साथ पूर्ण सहयोग करता है। उसका धैर्य वहीं टूटता है जहाँ शब्दार्थ के साथ भावना का सम्बन्ध टूट जाता है। इस दृष्टि से ध्वनि सिद्धान्त को आप और भी उदार कह सकते हैं।'[99]

सृजन मात्र में भाव की व्यापकता सिद्ध करने के लिए डॉ. नगेन्द्र कहते है–'काव्य के अन्तर्गत सभी का महत्व होने पर भी, इनमें (कल्पना, विवेक आदि) कोई भी तत्व स्वतंत्र रूप से भाव की समता नहीं कर सकता क्योंकि सम्पूर्ण जीवन का प्रेरक तत्व भाव है। जीवन में रस ही भाव के अभिषेक से आता है।'[100]

नगेन्द्र जी जानते हैं कि आधुनिक साहित्य के एक अंश में, भाव का मूल स्पर्श रहने पर भी रचना में जो बोधवृत्ति की प्रधानता रहती है। आधुनिक अतियथार्थवादी काव्य में तो स्वप्निल मुक्तसहचर्य गति का अंकन होता है। मन की असामान्य स्थितियों में, विक्षिप्तता जैसी स्थितियों के साक्षात्कार में भाव का अत्यन्तभाव भले ही न हो, परन्तु उसे लक्षित करना अवश्य कठिन हो जाता है।

अमूर्त कला में वस्तुओं की मांस-मज्जा अलग करके, उसके कंकालों को एक विशेष परिप्रेक्ष्य में प्रस्तुत किया जाता है। काल के चित्रण में पिघलती घड़ियों की कल्पना में, दृष्टि विशेष का योगदान रहता है, भाव का नहीं अतः मात्र भाव की मूल स्थिति के आधार पर, रस का व्यापकत्व सिद्ध करने में अति व्याप्ति दोष आ जाता है।

इसमें सन्देह नहीं कि रसशास्त्रों में रस, रसाभास, भाव, भावाभास, भावोदय, भावसंधि, भावशबलता और भाव शान्ति की धारणाओं से रस को व्यापक बनाया गया है किन्तु निर्विघ्न प्रतीति तो केवल रस परिपाक की स्थिति में ही होती है। रसाभास में रस प्रतीति निर्विघ्न नहीं होती, नैतिक बाधाओं के कारण प्रतीति किंचित दूषित हो जाती है।[101] किन्तु नगेन्द्र जी रस की व्यापकता सिद्ध करने के उत्साह में कहते हैं कि रसाभास का रस की परिधि में अंतर्भाव इस बात का सूचक है कि नैतिक मूल्यों द्वारा पुष्ट होने पर भी रस सिद्धान्त उसमें परिबद्ध नहीं है–वह मानव चेतना की प्रमाण मानता है, नियमों को नहीं और रूढ़ियों से स्वभावतः मुक्त है।[102]

यदि यह सत्य है, तब अधिकांशतः आधुनिक साहित्त रसाभास ही कहला सकता है, विशेष कर वर्गचेतना और घोर व्यक्तिवादी साहित्य तो रसाभास ही कहलाएगा लेकिन निर्विघ्न प्रतीति के अभाव में कम से कम अभिनवगुप्त की दृष्टि से, उसको उत्तमोत्तम सृजन नहीं कहा जाएगा। इससे तो आधुनिक साहित्य का अवमूल्यन होगा, मूल्यांकन नहीं।

भाव, भावाभास, भाव्यशांति आदि की स्वीकृति से रस की व्यापकता को सिद्ध कर देने पर भी यह सिद्ध नहीं होता कि काव्य की मार्मिकता का आधार केवल भाव ही होता है। भाव सर्व व्यापक होता है किन्तु सभी भावुक काव्य उत्कृष्ट कोटि का नहीं होता। कवि

में यदि यथार्थ को पहचानने की शक्ति नहीं है अर्थात् उसमें यदि स्व और परिवेश के वास्तवबोध का अभाव है तो कवि मात्र भावुकता की सृष्टि करेगा और उसकी कविता निकृष्ट कोटि की होगी। दरबारी कवियों में भी भाव था और भक्त कवियों में भी किन्तु भक्तों की संवेदनशीलता के अतिरिक्त उनके काव्य में मूल्य-बोध, तल्लीनता तथा आदर्शों के चयन करने की समझ, उनके भाव को निविड़ता देती है।

नगेन्द्र जी ने आई. ए. रिचर्ड्स की साक्षी भी उपस्थित की है कि वह काव्य को अनुभूति रूप मानते हैं किन्तु साथ ही नगेन्द्र जी यह भी कह देते हैं कि रिचर्ड्स की अनुभूति शुद्ध भाव का पर्याय नहीं है, उसमें कल्पना और विचार तत्व का भी योग है।[103] फिर भी नगेन्द्र जी अनुभूति में भाव की प्रधानता ही मानते हैं। 'अनुभूति' शब्द ही भाव की प्रधानता का प्रामाण्य है।[104]

किन्तु नगेन्द्र जी ऐसी बौद्धिक अनुभूतियों अथवा असामान्य अनुभूतियों की ओर पाठकों का ध्यान आकर्षित नहीं करते, जिनमें कल्पना या बोधवृति की ही प्रधानता होती है। जो व्यक्ति जीवन को प्रयोग मानता है, वह भाव की दशा में भी अपनी बोध सत्ता को जाग्रत रखता है और बुद्धि को मूल में रखकर ही वह भोग और सृजन करता है। सार्त्र के नौसिया की अनुभूति का मूल यही विवेक है, सुख दुःख की संवेदना नहीं।

नगेन्द्र जी के व्यापक रसवाद में आभिजात्यवाद (क्लासीकल) अंतर्भूत है क्योंकि रसवाद में औचित्य, नीतिमत्ता और परम्परा के प्रति आस्था, रागात्मक संयम आदि तत्व स्वीकृत हैं और उनके अनुसार स्वच्छन्दतावाद भी रसवाद के क्रोड़ में आ सकता है क्योंकि रस सिद्धान्त में शक्ति, स्वभाव की मुक्त अभिव्यक्ति, जिज्ञासा, विस्मय विद्रोह, कल्पना वैभव, वैचित्र्य आदि स्वच्छन्दतावादी (रोमांटिक) तत्वों का निषेध नहीं है। अभिनवगुप्त के आनन्दवादी प्रतिभिज्ञादर्शन में तो आत्मा के ऐश्वर्य और भाव और रोमानी विभूतियों के लिए पूर्ण स्थान है।[105] रस सिद्धान्त के प्रकाश में उक्त दोनों सिद्धान्तों का विरोध मिट जाता है।[106] यदि यह कहा जाये कि स्वच्छन्दतावाद में तो भावों का उद्वेलन एवम् उच्छलन ही प्रधान है, आत्मविश्रान्ति नहीं, तो नगेन्द्र जी का समाधान है कि भावोद्वेलन सर्जना की प्रक्रिया में ही रहता है, उसकी परिणति तो आनन्दमय ही होती है। सृजन-प्रक्रिया में द्वन्द्व और उद्वेलन रस-प्रक्रिया में स्वीकृत ही हैं।

किन्तु शुक्ल जी ने इतनी सरलता से स्वच्छन्दतावादी साहित्य की रस के साथ संगति स्थापित नहीं की थी। वह कल्पना के कनकौवे, अज्ञेय के प्रति मधुचर्या, आदि की रस की भावधारा के साथ असंगति ही देखते रहें उन्होंने दृढ़ता से उस सारे साहित्य को, रसपरक साहित्य के समकक्ष नहीं रखा, जिसमें मनुष्य के अकृत्रिम भावों की सीधी अभिव्यक्ति न हो। प्राचीन साहित्य में कल्पना का वह विलास मिलता ही नहीं, जो स्वच्छन्दतावादी कवियों में मिलता है अतः कल्पना की धारणा से तो स्वयं रस सिद्धान्त को ही पूर्णता मिल सकती है। वस्तुतः कोलरिज का सर्जना सिद्धान्त में भाव पर विशेष बल दिया गया है। उसमें कल्पना का सिद्धान्त निहित अवश्य हैं किन्तु संकेतित सिद्धान्तों के आधार पर, व्यापकता

की सिद्धि द्रविड़ प्राणायाम ही प्रतीत होती है।

यथार्थवाद के साथ रसवाद की संगति बैठाने में भी यही संकट उपस्थित होता है। स्वभावोक्ति अलंकार में यथार्थवाद का संकेत हैं, यह कहा जा चुका है। यथार्थवादी यथासम्भव वर्ण्य का तटस्थ चित्रण करता है। तथ्य का शुद्ध रूप ग्रहण ही चिंतन और कला की वास्तविक सिद्धि है—अपनी भावनाओं और विचारों को रंग कर रोमानी या आदर्शवादी कलाकार वस्तु के स्वरूप को विकृत कर देता है। कल्पना की अपेक्षा तथ्य में अधिक वैचित्र्य है[107]—यह यथार्थवाद का मर्म है।

नगेन्द्र जी यथार्थवाद में जीवन रस की कल्पना कर रसवाद के साथ उसकी संगति स्थापित कर देते हैं। उनके अनुसार रस विरोधी कह सकता है कि यह बुद्धि का रस है, भावना का नहीं है परन्तु चॉसर, थैकरे, फ्लाबेयर, बाल्जाक, तुर्गनेव, गोर्की, उधर जोला और मोपासां के कथा साहित्य के कलात्मक आस्वाद का विश्लेषण इस तर्क को झुठला कर अनायास सिद्ध कर देता है कि यह कलात्मक आस्वाद रागात्मक अनुभूति रूप ही है।[108]

यहाँ भी रस के 'मूल' तत्व राग के आधार पर ही संगति का अनुसंधान है किन्तु यथार्थवादी साहित्य में वस्तु के अपने आकर्षण के कारण आस्वाद का उत्पन्न होता है, भावप्रधानता के कारण नहीं। जिस प्रकार वस्तु व्यंजना, मूलतः रागात्मक होने से रस चक्र में सम्मिलित की जा सकती है, उसी प्रकार यथार्थवादी साहित्य भी रस चक्र का पोषक माना जा सकता है लेकिन ध्यातव्य यह है कि आनन्दवर्धन ने ध्वनित तत्व की प्रमुखता के कारण वस्तु ध्वनि का स्वतन्त्र स्थान ही स्वीकार किया था और यही युक्तियुक्त है।

नगेन्द्र जी ने महाभारत की कला को यथार्थवादी कलाओं का चरम रूप माना है। यह सत्य भी है किन्तु मात्र शान्त रस कह देने से महाभारत की कला की व्याख्या अपूर्ण ही रहती है। रस सिद्धान्त में चरित्र चित्रण के विश्लेषण का आधार अत्यन्त संकुचित है। किसी भाव विशेष को जाग्रत करने के लिए ही चरित्र विधान रस चक्र में होता आया है जब कि महाभारत में वास्तविकता का विना किसी रसाग्रह के चित्रण हुआ है। भारतीय जीवन-दशा और उसके माध्यम से मानव जीवन की समस्याओं, सत्य और आदर्शों की टकराहटों तथा मानव भावनाओं और आकांक्षाओं की व्यर्थताओं का विराट दृश्य ही हमें प्रभावित करता है, मात्र भावोद्‌गार नहीं। महाभारत में भाव से, बोध का योगदान स्पष्टतः अधिक है और वह ज्ञान यत्र तत्र ही नहीं है, महाभारत की बुनावट की नींव में ही व्यास की दिव्य दृष्टि है।

प्रभाववाद (इम्प्रैशनिज्म) स्थायित्व और नैरन्तर्य पर क्षण की विजय का सिद्धान्त है।[109] रसवाद के आधार स्थायी भाव के साथ या सार्वजनीन भाव जगत् के ऊपर आधारित होने के कारण क्षणवाद के साथ तार्किक संगति असम्भव देखकर नगेन्द्र जी ने व्यावहारिक दृष्टि से दोनों में अविरोध मान लिया है। वह कहते हैं कि प्रभाववाद जिस तात्कालिक प्रभाव को कला का एक मात्र प्रयोजन मानता है, वह मूलतः रागात्मक होता

है। यह रागात्मकता ही प्रभाववाद और रस सिद्धान्त का मिलन बिन्दु है।[110]

इसी प्रकार क्रोचे के अभिव्यंजनावाद को सृजन मात्र की प्रक्रिया का दर्शन मान कर रस ध्वनि के साथ उसकी संगति स्थापित की गई है। ध्वनिवाद की तरह अभिव्यंजनावाद भी यह मानता है कि कला अनिवार्यतः अभिव्यंजना रूप ही होती है। दोनों का मूला आधार कल्पना है...अभिव्यंजना के सिद्धान्त में आंतरिक अभिव्यक्ति ही मुख्य है...रस कल्पना में भी यह आंतरिक अभिव्यक्ति अमान्य नहीं है।[111]

बिम्बवाद स्वच्छन्दतावाद का विरोधी मत है क्योंकि उसमें राग और विचार से स्वतंत्र होकर, वस्तु में कवित्व का अनुसंधान होता है।[112] बिम्ब के द्वारा वस्तु को प्रतिबिम्बित करना ही बिम्बवाद का उद्देश्य था किन्तु नगेन्द्र जी के अनुसार बिम्बवादी कविताओं में कवि भाव की गंध से कवि बच नहीं सके। यही रसवाद की विजय है।[113]

द्वन्द्वात्मक भौतिकवादी साहित्य और कला सिद्धान्त के साथ भी रस सिद्धान्त का अविरोध दिखाया गया है। प्रगतिवादियों की समष्टिगत चेतना का जो साधारणीकरण के सिद्धान्त के साथ समन्वय बन जाता है तो संघर्ष या द्वन्द्व भी रस चक्र में उसी प्रकार ग्राह्य है, जिस प्रकार प्रेम और शांति।[114] मार्क्सवादियों ने आनन्दवादी और आध्यात्मवादी धारणाओं का विरोध बहुत किया है। नगेन्द्र जी अध्यात्मवादी व्याख्याओं को स्वयं स्वीकार नहीं करते और आनन्द शब्द की व्यापक व्याख्या करके उसमें द्वन्द्वात्मकता को प्रक्रिया के रूप में शामिल किया ही जा सकता है।

भरत के रस सूत्र की व्याख्या में हम दिखा चुके हैं कि रस-धारणा में द्वन्द्व बोध की प्रक्रिया निहित है किन्तु द्वन्द्वात्मक भौतिकवाद एक क्रांतिकारी दर्शन है, वह जीवन विकास की असंगतियों का परीक्षक और उनके विरुद्ध संघर्ष का पक्षधर है। अतः विस्थापित जन की दृष्टि से लिखित साहित्य में वर्गवाद आ जाने से, साधारणीकृत साहित्य सब अवसरों पर न तो सार्वजनिक रह पाता है और न सर्वदा सार्वकालिक सार्वभौमिक अमूर्त मानव का ही चित्रण करता है और इससे परिस्थिति में परिवर्तन नहीं होता। यही कठिनाई है किन्तु इस कठिनाई को नगेन्द्र जी मार्क्सवाद की संकीर्णता कह देते हैं–'कठिनाई वहाँ होती है, जहाँ मार्क्सवादी विचारक जन कल्याण का वर्ग सीमित एवम् एकांगी अर्थ करता है परन्तु यह तो रस सिद्धान्त का दोष नहीं है।'[115]

प्रयोगवाद और नई कविता के क्षेत्रों में उठाई गई रस विरोधी आपत्तियों का निराकरण भी डॉ. नगेन्द्र ने किया है। 'नयी कविता में द्वन्द्व और असामंजस्य की अधिकता है जब कि रस निर्द्वन्द्व काव्य स्वाद है।'[116] इस आपत्ति के निराकरण में द्वन्द्व को रस की निष्पत्ति की प्रक्रिया में स्वीकार किया गया है किन्तु परिणति में निर्द्वन्द्वता ही स्वीकार ही गई है। इसी प्रकार क्षण की अनुभूति की रसवाद के साथ संगति सम्भव बताई गई है क्योंकि अनुभूति को ही रस कहा गया है।[117] नयी कविता के प्रबलतम आधार बौद्धिकता की धारणा के खंडन में यह कहा गया है कि रस-सिद्धान्त का बुद्धितत्व के साथ उतना विरोध नहीं है, जितना नई कविता के समर्थक समझते हैं।[118] इसी आधुनिक सृजन

की व्यक्ति-चेतना और उसके साथ कतिपय समानधर्माओं की सह-अनुभूति को भी रस का अविरोध सिद्ध कर दिया गया है निष्कर्ष यह प्रस्तुत किया है कि यदि नयी कविता अनुभूति को आधार मानकर चलती है तो रस से उसकी मुक्ति नहीं है।[119]

रसवाद के विरुद्ध एक आक्षेप यह है कि भाव पर सर्वाधिक बल देने से रसवाद द्वारा अन्य काव्य रूपों के साथ अन्याय हो जाता हैं क्योंकि भाबोद्‌बोधन के अतिरिक्त पाठक के मन में सुन्दर बिम्ब की उद्‌बुद्धि या नवीन शब्दार्थ बोध आदि भी अपने आप में कम महत्वपूर्ण नहीं हैं। बुद्धिप्रधान युग में अनुभूतियाँ शुद्ध रागात्मक नहीं रह गई हैं, उनमें विचार सूत्र अनिवार्यतः गुंथे रहते हैं। रस सिद्धान्त में सौन्दर्य-बोध के इन नवीन रूपों कें उचित मूल्याँकन की व्यवस्था नहीं है।[120]

इस महत्वपूर्ण पूर्व पक्ष को उठाकर नगेन्द्र जी ने जो उत्तर दिए हैं, उसमें ध्वनि सिद्धान्त का आधार लिया गया है। "इस उक्त प्रश्न का उत्तर ध्वनि और अलंकार के साथ अंतरंग सम्बन्ध स्थापति कर, रस सिद्धान्त आज से एक सहस्राब्द पूर्व दे चुका है।"[121]

किन्तु तब नगेन्द्र जी को रसवाद के स्थान पर ध्वनिवाद शब्द का प्रयोग करना चाहिए था। सभी प्रकार के काव्य रूपों और बौद्धिक मानसिक स्थितियों को ध्यान में रख कर ही, आनन्दवर्धन ने रसवाद के स्थान पर ध्वनिवाद की प्रतिष्ठा की थी। आनन्दवर्धन ने निर्णय का आधार, व्यापकता को न मान कर, प्रधानता को माना था अतः कवि-संवेदना अथवा अनुभूति या भाव की व्यापकता के आधार पर, अभिव्यंजित तत्वों(वस्तुः बम्ब आदि) की विद्वतापूर्ण ऊहापोह के बाद भी भाव की व्यापकता के आधार पर परम्पर विरोधी कला-काव्य कृतियों और पद्धतियों को रसवाद के अन्तर्गत समेंटा तो जा सकता है, उनका स्पष्ट स्थान निर्धारित नहीं किया जा सकता।

इसके विपरीत ध्वनन-प्रक्रिया की व्यापकता के आधार पर, कला-काव्य मात्र की एकता, विज्ञान से उसका विभेद तथा बौद्धिक, भावात्मक, बिम्बात्मक या अलकृत, यथार्थमूल, अतियथार्थमूलक और चेतना प्रवाही काव्य रूपों की अलग-अलग पहचान कहीं अधिक सुविधा से हो सकती हैं,। अतः "विश्रंखला गिरा" (आधुनिक साहित्य) तथा रसप्रधान साहित्य, सभी रूप ध्वनिवाद द्वारा अपनी विशिष्ठता बनाए रख सकते हैं।

इसका यह अर्थ नहीं है कि ध्वनिवाद अपने में पूर्ण निकष है, उसे पूर्णतम बनाने के लिए आधुनिक विवेचन पद्धतियों और द्वन्द्वात्मक भौतिकवादी दृष्टि का प्रयोग अनिवार्य हैं। इस बिन्दु पर आगे विचार किया जाएगा।

वास्तविकता यह है कि ध्वनिमत भी काव्य रूपों को स्वीकृति की दृष्टि से तथा काव्य सृजन प्रक्रिया की विशिष्टता की अभिज्ञा की दृष्टि से ही महत्वपूर्ण है। उसमें वस्तु व्यंजना तथा अलंकार व्यंजना को स्वीकार करके भी उनके आस्वाद की विशिष्टता के संकेत ही है, विवेचन नहीं हैं। भारतीय काव्य शास्त्र की इस न्यूनता को लक्षित करके ही, रस मनोवैज्ञानिक दृष्टि से विवेचक डा. राकेश गुप्त का कथन युक्तियुक्त हैः "यह कहना

पुनरावृत्ति मात्र है कि काव्य रसास्वादन पर चिन्तन संस्कृत काव्य शास्त्र में, रस के सन्दर्भ में ही हुआ है। यधपि अन्य काव्य प्रकारों में भी काव्य की सत्ता स्वीकार की गई है लेकिन काव्यशास्त्र ने भरत के रस सूत्र की व्याख्या का ही अधिक प्रयत्न किया है। आचार्यो ने रप्रेतर साहित्य प्रकारों के आस्वाद की व्याख्या की चिन्ता नहीं की और न वे भरत के आर्ष-वाक्यों की उपेक्षा करके स्वतंत्र चिंतन ही प्रस्तुत कर सकें।"[122]

"वे (आचार्य) हमें यह नहीं बताते कि रसमूलक रचनाओं से भिन्न कृतियों में हमें आनन्द क्यों आता है और इस आस्वादन की प्रक्रिया क्या होती है।?"[123]

डॉ. सत्येन्द्र का मत है कि भरत का रस नाट्य रस है। अतएव रस निष्पति का प्रश्न नाट्य रस के सन्दर्भ में ही विचारणीय है, काव्य के सन्दर्भ में नहीं क्योंकि नाट्य रस की स्थिति से-और वद्द भी भारतीय नाट्य रस की स्थिति से, काव्य के विविध प्रकारों की स्थिति भिन्न होती है। बिहारी[124] ने कवित्त रस का उल्लेख भी किया है किन्तु उन्होंने जिस तन्मयता की चर्चा की है, वह समूह में बैठ कर नाट्य रस के आस्वादन से भिन्न होती है। अतः काव्य रस की अंशतः व्याख्या ही नाट्य रस से सम्बद्ध रस निष्पत्ति के सिद्धान्त से हो सकती है।[125]

रस सिद्धान्त की इन न्यूनताओं की ओर डा. नगेन्द्र अधिक ध्यान नहीं देते। वस्तुतः रस को सर्व व्यापक सिद्ध करने से अधिक उनका महत्वपूर्ण कार्य रस-सिद्धान्त के मनोवैज्ञानिक आधार का स्पष्टीकरण है। इसके सिवा उन्होंने दृढ़ता के साथ आधुनिक साहित्य में भाव की क्षीणता का विरोध किया है और इस दृष्टि से आचार्य शुक्ल के सृदश वह समकालीन रचनाकारों के लिए, परम्परा के प्रतिनिधि, कालजयी कृतियों के प्रशंसक एवम् प्रत्येक नवागत आन्दोलन को सहज स्वीकृति न देने की आवश्यकता के पक्षघर बन गए हैं। जिन प्रकार रस सिद्धान्त के लिए आधुनिक साहित्य चुनौती है, उसी प्रकार आधुनिक सृजन के लिए नगेन्द्र जी एक चुनौती बन गए हैं।

कतिपय मराठी विद्वानों ने भी समकालीन साहित्य को ध्यान में रख कर, भारतीय काव्य शास्त्र की धारणाओं में सशोधनों का सुझाव दिया है। श्री. रा. श्री, जोग सब प्रकार के काव्यास्वादों को आनन्दमय न मानकर, रसोत्पत्ति को त्रिगुणात्मक मानते हैं। काव्याध्ययन में पाठक का वैयक्तिक स्वार्थ जुड़ा नहीं रहता, अतः उसमें दुःख भी नहीं होता, परन्तु इतने से यह समझना असंगत है कि सहृदय की सारी रजोगुणी-तमोगुणी वासनाएँ नष्ट होकर, उसमें सत्वोद्रेक मात्र शेष रहता है। भावनाएँ जिस प्रकार की होंगी, तदानुरूप रसोत्पत्ति भी त्रिगुणात्मक ही होंगी।[126]

इसी प्रकार करुण रस की सर्वथा आनन्दरूपता की अस्वीकृति, स्वप्रकाश या आत्मा के आलोक के स्थान पर, मानसिक प्रकाश भी धारणा की प्रस्तुति, सभी रसों में एक ही प्रकार की मन की वृत्ति के निषेध आदि द्वारा श्री जोग प्रचान रस की धारणा को अपर्याप्त मानते हैं।[127] डॉ. मा. गो. देसमुख भी रस तत्व को अपर्याप्त कहते हैं। वह माधवराव पटवर्धन के सदृश' रस के स्थान पर भाव को ही काव्य का आत्म तत्व स्वीकार करते

हैं क्योंकि काव्येतर कलाओं में भाव ही अनुस्यूत रहता है।[128] अपरिपुष्ट भाव को आचार्य भाव मात्र मानते हैं, इस पर देशमुख जी का तर्क है-मोटा ताजा मनुष्य परिपुष्ट होता है परन्तु दुबला पतला मनुष्य घटिया दर्जे का कैसे सिद्ध किया जा सकता है।[129]

उन्होंने परम्परागत रस स्वरूप को आधुनिक काव्यशास्त्र के लिए अनुपयोगी ठहराया है।[130] वह रस के स्थान पर "भावगन्ध" शब्द का प्रयोग अधिक उपयुक्त मानते हैं।[131]

डॉ. बार्लिबे रस शब्द का आशय ही भाव मानते हैं। रस उनके लिए उत्कट भावना है।[132] मर्ढेकर भी काव्य स्वाद में सहृदयनिष्ठ रसवाद को अपर्याप्त कहते हैं। क्योंकि इससे सौन्दर्य के अस्तित्व और सौन्दर्य का ज्ञान, इन दोनो में अव्यवस्था उत्पन्न हो जाती है।[133] गंगाधर गाडगिल का मत है कि साहित्य के तीन अंग होते हैं, संवेदना, भावना और विचारा परन्तु रससिद्धान्त केवल भावना पर आधारित है। विचार प्रधान साहित्य को पढ़कर भी भावनाएँ जाग्रत हो सकती हैं।[134] कलाकृति एक निर्मिति होती है, इसका समर्थन रस सिद्धान्त से नहीं होता। रस सिद्धान्त में कवि व्यक्तित्व की भी उपेक्षा की गई है।[135] साहित्यकार भावनाओं का निर्माण करता है और वह अनुभव केवल भावनात्मक ही नहीं होता।[136]

डॉ. सुरेन्द्र बारलिंगे भरत के आधार पर रस को वस्तुगत मानते हैं। "काव्य का हेतु आनन्द अथवा तदितर कुछ भी हो, तो भी काव्य शरीर को अस्तित्ववाचक आशय की आवश्यकता होती है। इस तथ्य की प्रतीति समीक्षकों को अधिकाधिक होने लगी। परिणामतः पारम्परिक रस सिद्धान्त की अपूर्णता का आभास उन्हें होने लगा।[137] इस मत का सारांश यह है कि रस वस्तुनिष्ठ है, जो विभावानुभाव आदि विभिन्न घटकों के संश्लेषण से उत्पन्न होता है। अवयवों के साकल्य या समूहावलम्बन से, अवयवी विशेष की सृष्टि को रस मानने पर वह सौन्दर्य विवेचन के अनुकूल हो जाता है, मात्र सहृदयगत या आत्मनिष्ठ रस की धारणा से सुन्दर या सरस कृति के स्वतन्त्र अस्तित्व पर विचार असम्भव हो जाता है। मम्मट और विश्वनाथ में रस को आस्वाद स्वरूप अथवा आनन्दस्वरूप ही मान लिया गया। मेरे विचार से आज भी रस का अर्थ आस्वाद अथवा आनन्द करना उचित नहीं है।[138]

"मेरी धारणा में रस सिद्धान्त यदि आनन्द सिद्धान्त है तो वह दोनों (प्राचीनः आधुनिक) ही काव्यों का निकष नहीं हो सकता। यदि वह आनन्द सिद्धान्त नहीं है तो वह दोनों ही प्रकार के काव्यों के लिए आवश्यक होगा।"[139]

श्री वेडेकर ने द्वन्द्वात्मक भौतिकवादी दृष्टि से रस पर विचार किया है। वह रसवाद को आधुनिक साहित्य के लिए अपर्याप्त मानते हैं। सामाजिक क्रान्ति के साथ-साथ काव्य का स्वरूप भी धीरे-धीरे उत्क्रान्त और व्यापक होता है। परिणामतः काव्य की प्राचीन कसौटियाँ आज के काव्य के लिए लागू नहीं हो सकती। शाकुंतल नाटक के काव्य परीक्षण के लिए रस आवश्यक होने पर भी, आधुनिक काव्य, नाटक के लिए इसकी बिल्कुल भी आवश्यकता नहीं है।[140]

श्री वेडेकर भरत द्वारा प्रस्तुत रस सूत्र और उसकी व्याख्या में अंतनिहित परस्पर विरोधी घटकों भाव, विचार आदि की द्वन्द्वात्मक संगति को भी स्वीकार नहीं करते।[141] किन्तु प्राचीनों का विश्वबोध अधिदर्शनात्मक (अथवा भाववादी) होने पर भी, उनकी विचार पद्धाति में सत्य के द्वन्द्वात्मक बोध के तत्व अवश्य मिलतें है जैसा कि भरत की व्याख्या में मैं दिखा चुका हूँ अन्यथा सम्पूर्ण प्राचीन चिन्तन संग्रहालय की वस्तु बन जाएगा।

वस्तुतः काव्यस्वाद या रस में वस्तुनिष्ठता और आत्मनिष्ठता के द्वन्द्व की संगति होती है। इस रूप में समझने पर कृति की निमिंति और आस्वाद दोनों की व्याख्या सम्भव है किन्तु इन सकेतों के विशद विवेचन के लिए ऐतिहासिक प्रवाह, मानस शास्त्र, समाज शास्त्र आदि की सहायता आवश्यक है।

रस को मात्र आस्वाद अथवा आत्मनिष्ठ मान लेने से मूल्यांकन में जो बाधाएँ आती हैं, उनकी ओर डा. निर्मला जैन ने भी ध्यान आकर्षित किया है।[142] उन्होंने औचित्य के आधार पर इन बाधाओं का निराकरण करना चाहा हैं जो अपर्याप्त लगता है। वस्तुतः रस को मात्र आत्मनिष्ठ मान लेने पर मूल्यांकन में बाधा पड़ती है।

साहित्य के स्थायी मापदण्डों की खोज में भारतीय काव्यशास्त्र कहाँ तक, किस रूप में सहायक हो सकता है, इस बिन्दु पर प्रगतिवादी चिंतकों योगदान भी महत्वपूर्ण है। महापंडित राहुल ने इस दृष्टि से विचार नहीं किया हैं यों साहित्य के विकास और उसके सामाजिक स्रोतों को पहचानने की दृष्टि उनके लेखन में अनुस्यूत है। डॉ. रांगेय राधव ने साहित्य के सामाजिक स्रोतों और सर्वकालिक मापदण्डों की तलाश पर कुछ चिंतन किया है। उनके अनुसार भरत साम्राज्य युग के विचारक थे अतः उनमें उदारता मिलती है और वह मनुष्य मात्र की दृष्टि से सोच सके हैं। यह कला द्वारा किसी एक वर्ग के आनन्द का आयोजन नहीं करना चाहते थे या उनका विशेष ब्रह्मणवादी ही था।

रांगेय राघव लेखक की सदिच्छा में विश्वास करते थे अर्थात् उसकी विश्व-दृष्टि वर्गविशेष से प्रभावित होने पर भी, उसमें मनुष्य मात्र की कल्याण कामना रह सकती है। अतः नए-पुराने लेखकों को शक्ति का परीक्षण इस आधार पर सम्भव है कि उन्होंने जीवन यथार्थ को कितनी तटस्थता, मनोयोग और कलात्मकता के साथ चित्रित किया है। पुराना लेखक सिद्धान्त रूप में कुछ और मानता था परन्तु जब वह समाज का यथार्थ चित्रण करता था, तब वह उस स्थान पर अपने आदर्श या सिद्धान्त पात्रों पर लागू नहीं करता था, वरन् समाज-यथार्थ को जैसा पाता था, वैसा ही चित्रण करता था। इसी से उसकी कला महान बन गई है।[143]

"बालजाक ज़मीदार वर्ग का प्रशंसक था किन्तु उसने किसानों का चित्रण सही किया और प्रगति के शिविर को सहायता पहुँचाई।[144] दान्ते धार्मिक वृत्ति का व्यक्ति था परन्तु उसने नरक का चित्रण करके, मानव मन को आलोकित किया अतः लेखक का आदर्श उतना बड़ा नहीं है, जितना बड़ा समाज यथार्थ का चित्रण है।[145] क्रान्ति के बाद सोवियत उपन्यासों में आदर्श के आरोपों के कारण, वास्तविक स्थितियों का चित्रण नहीं हुआ अतः

ऐसे उपन्यास कमजोर हैं। एक राज्य के निर्माण के अर्द्धमानवीकरण वाले दस्तावेज़ से ये उपन्यास, क्रान्ति से पूर्व के उपन्यासों के पांवों को भी नहीं छूते।[146]

अतः साहित्य का स्थायी मूल्य उसका यथार्थ-चित्रण किया है।[147]

रांगेय राघव के अनुसार मनुष्य की भावभूमि एक सी होती है।[148] स्पष्टतः

इस बिन्दु पर रससिद्धान्त द्वारा प्रतिपादित भाव की सार्वजनिकता की धारणा को वह स्वीकार करते हैं किन्तु उसे वह गत्यात्मक दृष्टि से ही अपनाते है। समान भावभूमि वाले मनुष्य की सदिच्छा पर वर्गीय संस्कृति और समाज की व्यवस्था अपने बंधन डाल देती हैं। यदि वह सदिच्छा स्वतंत्र रह पाती तो भरत का रसवाद पूर्ण था किन्तु रसवादी मत व्यक्ति पक्ष में भावभूमि मात्र को देखता है, उन कारणों को नहीं देखता जिनसे भावभूमि पर असर पड़ता है। मनुष्य की प्रवृत्ति भी, समाजीकरण के विकास मार्ग में अपने को परिष्कृत करती रही हैं। भाव ने उसे मांजा है। भाव को विचार ने प्रभावित किया है। संगोत्र विवाह की अनुभूति का संस्कार में पाप बन जाना इसका प्रमाण है कि मनुष्य का समाजीकरण अपने विकास मार्ग में भाव को परिष्कृत करता है और विचार भाव को प्रभावित करके, अंततोगत्वा प्रवृति को ही परिवर्तित कर देता है।[149]

"स्थायी तो कुछ नहीं। स्थायी जो कहा गया है, वह वही है जो अन्यों की तुलना में अधिक स्थायी है। ऐसे ही मनुष्य के भाव हैं। साहित्य उन्हीं भावों पर आश्रित है। रसवाद इसी भावभूमि में रहता है। परन्तु हम स्पष्ट कर चुके हैं कि मनुष्य की भावभूमि पर उसके समाज का प्रभाव निरंतर पड़ता है। यदि इसी जड़ता को पकड़ रखा जाए कि सब कुछ हैं किन्तु हमें तो साहित्य का अंतिम सत्य देखना हैं और वह मनुष्य की समान भावभूमि है, तो सवाल उठता है—रामायण में चरित्रों की क्या ज़रूरत है? किसलिए समाज को बीच में लाया जाता है? किसलिए रसवादी सत् और असत् का चक्कर काटते हैं...? रसवादी कहते हैं कि हम सबको मानते हैं किन्तु मूल्य क्या हैं? भावभूमि हीन? हम भी मूल वही मानते हैं किन्तु जब भावभूमि के माध्यम से व्यक्ति को उसके समाज से अलग करके देखा जाता है तो उसे अधूरा सत्य मानते हैं। समान भावभूमि की मर्यादा मानना, दास प्रथा वाले समाज पर सामंती व्यवस्था (जिसमें भरत ने जन्म लिया था) की प्रगति थी। आज उसी मूल को और विस्तृत करने की आवश्यकता है।[150]

पारम्परिक काव्यशास्त्रज्ञों की मूलभाव के सम्बन्ध में द्वन्द्वहीन या जड़ दृष्टि का उद्‌घाटन करके, रस या भाव की धारणा को गत्यात्मक दृष्टि से देखने का यह उपक्रम यह प्रमाणित करता हैं कि मात्र मूलभाव और रीति, ध्वनि, अलंकारादि तत्वों पर आधारित साहित्यिक मानदण्ड अपूर्ण ही रहेगा। साहित्य और कला, मात्र भाव की तीव्रता, कल्पना कौशल आदि के साथ साथ, यथार्थ बोध के निकष पर ही खरीखोटी सिद्ध हो सकती हैं। अतएव साहित्य का उद्‌देश्य रांगेय राघव यह बताते हैं—

"साहित्य रचना का उद्‌देश्य मानव के यथार्थ-सत्य में छिपे हुए आत्मा के सौन्दर्य को खोज कर, भाव के माध्यम से, विचार से समन्वय करके प्रस्तुत करना है।[151]"

"साहित्य के प्रतिमान मूल मानवीय प्रतिमानों से भिन्न या उनके विरोधी नहीं हो सकते।"[152]

इस प्रकार कला कला के लिए सिद्धान्त का खंडन करके रांगेय राघव, मानव मूल्य और साहित्य मूल्यों की अंतिम एकता प्रतिपापादित करते हैं किन्तु वह मानव मूल्यों के लिए साहित्यक मूल्यों का बलिदान नहीं करना चाहते। उनके अनुसार "गोर्की ने स्थायी साहित्य के मूल्य पर जोर दिया। उधर मायकोस्बकी टेलीफोन पर सम्पादकों से पूछा करता था कि किस विषय पर कविता लिखू...उसकी जड़ें जनता में न थीं, राजनीतिज्ञों पर आश्रित थीं। साहित्य का उद्देश्य मार्क्सवाद की व्याख्या करना नहीं है, जीवन का चित्रण करना है।[153]

पारम्परिक काव्यशास्त्री भी जीवन और साहित्य की परस्पर निर्भरता का निकष मानते हैं किन्तु वह जीवन या समाज को यथास्थित रूप में ही लेते हैं जबकि रांगेय राघव, अनुभूति वैविध्य के आगे, ध्येयपरकता को कम महत्व देकर भी, वर्गहीन, सुन्दर समाज को रचना का ध्येय नहीं भूलते।[154]

रांगेय राघव के "जीवन यथार्थ" शब्द में अतिव्याप्ति दोष प्रतीत होता हैं। किन्तु मेरे प्रश्नों के उत्तर में वह कहा करते थे कि यथार्थ का अर्थ सतही, वर्णनात्मक या विवरणात्मक प्रस्तुतीकरण नहीं हैं। यथार्थ चित्रण की कोई एक विधि नहीं है। मनोविश्लेषक भी मानव मन के यथार्थ के उद्घाटक होते हैं और किसी विशेष इतिहास क्षण में मनोविश्लेषणात्मक यथार्थ चित्रण एकांकी होने पर भी, सतही सामाजिक यथार्थ का संशोधक हो सकता है और यह भी कि वह पुरानी, जड़ आस्थाओं का विरोधी हो सकता यथा "शेखर, एक जीवनी" में व्यक्तिवादी यथार्थ चित्रण है किन्तु वह सपाट सामाजिक यथार्थ चित्रण की ध्येयपरकता (प्रेमचन्द्र) को मानव मन की गूढ़ खोज के लिए चुनौती देता है और साथ ही कामवासना से सम्बन्धित धार्मिक या रूढ़ सामाजिक धारणाओं का विरोध करता है। इसी तरह यूलिसिस में जेम्स ज्वायस, श्रेणीवद्ध समाज में विघटित व्यक्तित्व का तलस्पर्शी चित्रण करता है। वहां सम्पूर्ण जीवन दृष्टि अथवा रस का आग्रह न करके, रचना के मूल में लेखक की सदिच्छा, दृष्टि और प्रेरक भाव को विस्मृत नहीं करना चाहिए। इसी प्रकार डी. एच. लारेन्स, यशपाल, जोला के प्रकृतवादी तत्वों की भी सीमित साहित्यिक और मानवीय भूमिका स्पष्ट हो सकती है। आडम्बर की वृद्धि के समय प्रकृतवाद का योगदान महत्त्वपूर्ण होता है। इसी तरह, शास्त्रीय दर्शन (कांट, हीगेल) तथा संगठनों के दबावों के सम्मुख व्यक्ति के दृष्टिकोण से लिखे गए अथवा समाज के अतिरिक्त, मानव अस्तित्व की समस्याओं पर लिखे गए अस्तित्ववादी साहित्य द्वारा व्यक्ति मन के गूढ़ चित्रण द्वारा, व्यक्ति और परिवेश के द्वन्द्व और संगति को समस्या की जटिलता का बोध होता है। भौतिक जीवन की द्वन्द्वात्मकता सरल रेखा नहीं है, समुद्र के किनारे बैठकर लहरों की गणना ही यथार्थ चित्रण नहीं है। समग्रता और गम्भीरता दोनों की संगति जीवन और साहित्य में होती है।[155]

श्री शिवदानसिंह चौहान के अनुसार साहित्यकार और आलोचक के लिए यह काल

उन मानव मूल्यों के निरूपण और समन्वय का है जो एक व्यापक सौन्दर्य मूलक सामाजिक दृष्टिकोण (सोशल ईस्थैटिक्स) का मूलाधार बन सकें।[156]

इस प्रकार के सामाजिक-सौन्दर्यशास्त्र के लिए विकास और उसके घटकों की द्वन्द्वात्मकता का ज्ञान अनिवार्य है। पुर्वग्रह साहित्य और कला का आधार नहीं बन सकता ...युग युगान्तर से व्यष्टि और समष्टि, आत्म और परिवृत्ति में जो मौलिक प्रगतिमूलक क्रिया-प्रतिक्रियात्मक संघर्ष अनवरत चलता आया है और चलता जाएगा और जिसके परिणामस्वरूप ही मनुष्य का सामाजिक जीवन वर्धमान है...उस समस्त मानवीय कृतित्व और तज्जनित मानव मूल्यों के निर्माण का इतिहास, मनुष्य की समस्त विकासोन्मुखी, सचेतन और अवचेतन चेष्टा और परिणाम का विविध भाव, वर्ण, रूप, रस गंधमय अनुभव, कला और साहित्य में, अपनी विशिष्ट मूर्त्तिमत्ता के साथ प्रतिबिम्बत हैं।[157]

अतएव किसी साहित्यिक कृति के लिए प्रतिमान उसकी आधार शिला से निरपेक्ष रहकर, रीतिवाद में ही सीमित हो जाते हैं।

"यही कारण है कि रीतिवाद विरोधी चिंतन यह स्वीकार नहीं कर सकते कि आलोचना को केवल शब्द शक्ति, रस, रीति, अलंकार की पद्धतियों तक ही सीमित रखा जाए...इसका मख्य कारण यह है कि शुक्लजी (रामचन्द्र) एक अवैज्ञानिक आस्थामूलक नीतिमत्ता और वर्णाश्रम धर्म की आदर्शवादिता की अपेक्षा में साहित्य सिद्धान्तों की भीमांसा कर गए हैं। आधुनिक मनोविज्ञान, मानव शास्त्र और द्वन्द्वात्मक भौतिकवादी दर्शन के कला सम्बन्धों, अन्वेषणों-स्थापनाओं का उन्होंने सार नहीं ग्रहण किया।"[158]

वस्तुतः शुक्लोत्तर आलोचक--वाजपेयी जी, बाबू गुलाबराय, नगेन्द्रजी आदि में भी उक्त न्यूनता पाई जाती है। यही कारण है कि रस की व्यापकता की खोज अधिक हुई, रस-ध्वनि-रीति आदि साहित्यिक प्रतिमानों को व्यापक दृष्टि या सामाजिक दर्शन के आधार पर प्रतिष्ठित नहीं किया जा सका। मनोविज्ञान में भी मनोविश्लेषण से ही यत्किंचित् लाभ उठाया जा सका। शरीर शास्त्र, गैस्टाल्ट मनोविज्ञान, प्रायोगिक मनोविज्ञान आदि की ओर केवल संकेत ही किए गए। फलतः प्रत्येक मानव क्रिया, भाव दशा और रुचि के मूल्य में एक एक स्थायी प्रेरक प्रवृत्ति को बैठा कर, उन्होंने साहित्य की परिकल्पना को एक स्थिर विचारधारा में जकड़ दिया।

रस के अतिरिक्त साधारणीकरण पर विचार करते हुए चौहान जी का कथन है कि मात्र प्रेषणीयता के आधार पर मूल्यांकन एकांगी होता है। साधारणीकरण को ही महत्त्व देने से, द्विवेदी काल का इतिवृत्तात्मक काव्य, छायावादी काव्य से श्रेष्ठ मान लिए जाने की आशंका हैं। निराला की तुलना में सोहनलाल द्विवेदी को उच्चतर कवि मान लिए जाने का भय है।[159]

साहित्य या कला, रचनाकार की भावनाओं का साधारणीकरण ही नहीं करती, बल्कि वास्तविकता को प्रतिबिम्बत भी करती है और यदि यास्तविकता संश्लिष्ट और जटिल है–जैसी कि वह सर्वदा से है तो उसका प्रतिबिम्ब भी सीधी, समानान्तर रेखाओं से अंकित

नहीं किया जा सकता।[160]

"जो अभिधा से प्रत्यक्ष बोधगम्य है, वह कला या कविता नहीं हो सकती।"[161]

किन्तु साधारणीकरण की जानबूझ कर उपेक्षा से भी कोई कृति महान नहीं बन सकती। मीरां की कविता सरल है, सूर की कविता सरल है और श्रेष्ठ भी है अतः सरलता और दुरूहता साहित्य का प्रतिमान नहीं हो सकती। कला कृति की श्रेष्ठता के लिए वास्तविकता की समझ और उसकी प्रतिबिम्बन-शक्ति को देखना होगा।

इस प्रकार चौहान जी के अनुसार "वास्तविकता बोध" और रांगेय राधव के शब्दों में "यथार्थ चित्रण" ही स्थायी प्रतिमान है। इसे केन्द्रस्थ रख कर रसानुभूमि, रीति या पद विधान आदि पर विचार हो सकता है।

वास्तविकता या यथार्थ का प्रतिबिम्ब निष्क्रिय नहीं होता, वह सक्रिय, जटिल और परिस्थिति-परिवर्तक होता है अर्थात् उससे प्रत्येक युग में मानव चेतना में गुणात्मक-परिवर्तन की शक्ति होती है। सामाजिक परिस्थितियाँ, विचारधाराएं बदल जाने पर भी, श्रेष्ठ कृति का, मानव वास्तविकता की प्रतिबिम्बन-शक्ति के कारण, स्थायित्व रहता है और प्रत्येक युग उसमें अपनी दृष्टि, रुचि और संवेदना के अनुरूप नवीन अर्थ और प्रभाव प्राप्त करता चलता हैं। प्राचीन साहित्य के निरन्तन आकर्षण का कारण यही है।

अतः सामयिकता और स्थायित्व का विरोध श्रेष्ठ कृति में संगति प्राप्त कर लेता है क्योंकि श्रेष्ठ कृतियों में व्यक्तिगत, वर्गगत, समाजगत, परम्परागत, तथा चिरन्तन मानवसत्य (अस्तित्व से सम्बन्धित यथा मृत्यु, प्रकृति के साथ सम्बन्ध, आदि) इन दोनों प्रकारके सत्यों और बोधों तथा तज्जन्य प्रतिक्रियाओं-भावनाओं का द्वन्द्वात्मक सामंजस्य रहता हैं। विशेष और सामान्य की द्वन्द्वात्मक अन्विति से सौन्दर्य और जीवन के मूल्य बनते हैं, जिसके कारण मनुष्य के सामाजिक और व्यक्तिगत जीवन के प्रत्येक क्षेत्र में कला और साहित्य का इतना आत्यन्तिक और स्थायी महत्व है।[162]

भारतीय काव्यशास्त्र की रीतिपरक पुस्तकों में जीवन और साहित्य के सम्बन्ध के शिथिल और सामान्य प्रयोग तो मिलते हैं लेकिन उसमें मनुष्य की ऐतिहासिक नियति के निकटतम बोध को साहित्यिक प्रतिमान का आधार नहीं बनाया जाता, न साहित्य की निर्णायक भूमिका को स्वीकार किया जाता है। इसके विपरीत स्वयं प्रगतिवादी आलोचक दो भ्रान्तियों के शिकार हो जाते हैं। एक तो वे, कृति में वस्तु के आधार पर निर्णय दे देते हैं, कला पक्ष की उपेक्षा करते हैं अथवा वस्तु और कला पर अलग अलग विचार करते हैं। वस्तु और अभिव्यक्ति में द्वैत मानना द्वन्द्वात्मक भौतिकवाद के दर्शन के प्रति अनभिज्ञता प्रकट करना है। कारण यह है कि विचार या भाव (कण्टेण्ट) शब्द विशेष के माध्यम के बिना चेतनागत ही नहीं होते अर्थात् हम शब्दों में सोचते या अनुभव करते हैं।

वस्तु और रूप के अद्वैत पर सिद्धान्ततः सही रुख अपना कर भी, स्वयं चौहान जी, इस अद्वैतता का निर्वाह अपनी आलोचना में नहीं कर सके और न अन्य कोई प्रगतिवादी आलोचक पूरी तरह कर सका है। अतः यह न्यूनता मात्र कुत्सितसमाज शास्त्रीय

आलोचना अथवा चौहान जी अनुसार रामविलास शर्मा की आलोचना में ही नहीं हैं अपितु स्वयं चौहान जी की आलोचना और रूप के द्वैत से ग्रस्त है। और इसका कारण यह है कि द्वन्द्वात्मक दृष्टि का अभी हिन्दी में शुभारम्भ ही हुआ है अतः आलोचना में सिद्धान्त -विज्ञप्ति प्रधान हो जाती हैं और यह यह कभी साम्यवादी आलोचना में सर्वत्र पाई जाती है किन्तु अब शैली विज्ञान जैसी नवीन पद्धातियाँ रूस में भी प्रचलित हो रही है।

वस्तु और रूप की अद्वैतता की सैद्धान्तिक स्वीकृति के पश्चात् यदि प्रगति कामी समीक्षक, कृतियों में ध्येयपरकता पर आवश्यकता से अधिक बल देते हैं तो दोष आलोचक[163] का है, सिद्धान्त का नहीं। इसमें सन्देह नहीं कि चौहान जी का ध्यान लेखक के विचारों से अधिक जीवन वास्तविकता की चित्रण शक्ति पर रहता है अतः उन्होंने धर्मवीर भारती के विचारों में प्रतिक्रियावाद की गंध पाकर भी, उनकी "गुल की बन्नो" "संगमरमर की एक रात", अज्ञेय की "कोठरी की बात" तथा "जयदोल" की कहानियों की प्रशंसा की है। "साहित्य की परख" और "आलोचना के मान" शीर्षक निबंधों में अज्ञेय के कुत्सित मनोविश्लेषणवाद का विरोध करने पर भी, चौहान जी, अज्ञेय के "हरी घास पर क्षण भर" कविता संग्रह के प्रशंसक हैं और अज्ञेय को तुलना में अधिक स्वस्थ विश्व बोध के लेखकों-उपेन्द्रनाथ अश्क, वृन्दावनलालवर्मा आदि के उपन्यासों को सामान्य कोटि के उपन्यास कहते हैं।[164] उन्होंने रेणु की परती परिकथा को सर्वश्रेष्ठ उपन्यास कहा है जब कि रामविलास शर्मा, उसमें टी एस. एलियट की "उजड़ी धरती" की ह्रासमूलक दृष्टि को पहचान कर, 'परती परिकथा' को 'मैला आंचल' से कम महत्व देते हैं।

चौहान जी ने रीतिवादी दृष्टि से ही, काव्यानुशीलनकर्त्ता अध्यापकों की आलोचना को "अध्यापकीय-आलोचना" कहा है। आध्यापकीय आलोचना यदि शास्त्रीय-पद्धति या प्रभाववादी रसास्वादन तक ही सीमित रहती तो खैरियत थी। लेकिन स्वतंत्रता प्राप्ति के बाद से अव्यापकीय आलोचना ने अभी नए-पुराने मापदण्डों को त्याग कर एक विचित्र ढंग की चाटुकारी को साहित्यालोचन की कसौटी के रूप में अपना लिया है। इस चाटुकारिता या सिद्धान्तहीनता के अनेक उदाहरण भी चौहान जी ने दिए हैं।[165] अध्यापकीय आलोचना का अक्षम्य दोष है, बड़ी से बड़ी प्रतिभा के तरुणा साहित्यकारों या उच्च्व से उच्च्व कोटि की नयी कृतियों की नितान्त उपेक्षा करना।[166]

चौहान जी प्रभाववादी तथा नवरीतिवादी आलोचनाओं की एकांगिता के भी विरोधी हैं। उनके अनुसार सत्ववादी 'आनूटौलौजीज़ल' व्याख्या रीतिवाद का नवीन रूप है।[167] इस मत के अनुसार कविता या कोई रचना किसी अनुभव को प्रेरित करती है, वह अनुभव किस कोट का है, आदि की जांच अनावश्यक है क्योंकि उसका कविता या कहानी होना ही अतिम लक्ष्य है और उसके शुद्ध निजत्व की परीक्षा, उसके विविध अंगों-उपकरणों के सुक्ष्मातिसुक्ष्म विवेचन द्वारा ही सम्भव है।

इस प्रकार आप अज्ञेय की कविता "अल्ला रे अल्ला, होता न मनुष्य मैं, होता करमकल्ला" या नई कविता के नाम पर लिखी जाने वाली "किचित्-कविता" की सत्व

परीक्षा (आनूटौलौजीकल एनालिसिस) कर सकें तो आपको नया-आलोचक मान लिया जाएगा।[168] अतः इस नवरीतिवाद से साहित्य और आलोचना के सामाजिक योगदान की हानि होती है।[169]

अतः सब प्रकार के साहित्य के मूल्यांकन में उक्त एकांगी दृष्टियों से उपयोगी तत्व चुन कर और उनका यथास्थान प्रयोग करके भी आलोचक की निगाह कृति में वस्तु और रूप की अन्विति और रहनी चाहिए। साथ ही यदि किसी कृति से जीवन-बोध नहीं बढ़ता, सौन्दर्य-बोध जाग्रत नहीं होता, तो मात्र रीतिवादी या नवरीतिवादी दृष्टि से, रचना की सूक्ष्य परीक्षा का अपनी आपमें कोई महत्व नहीं रहता।[170] आलोचना से रचना ने व्यक्त मनुष्य के सूक्ष्य अनुभवों और गूढ़ आकांक्षाओं के स्वरूप और महत्व पर प्रकाश पड़ना चाहिए।[171]

ऐसा करते समय उसके लिए (आलोचक) यह देखना जरूरी है कि रचना में व्यक्त मूल्य किस कोटि के हैं, सामाजिक हैं, या असामाजिक, स्वस्थ है या अस्वस्थ, मनुष्य के जीवन बोध को अधिक व्यापाक और गहरा बनाते हैं या एकांगी-इन वस्तुपरक कसौटियों पर ही साहित्य का मूल्याँकन सम्भव है।[172]

इस प्रकार द्वन्द्वात्मक भौविकवादी जीवन दृष्टि के आधार पर, साहित्यक प्रतिमानों-रस रीति अलंकार तथा पश्चिमी प्रतिमानों के संग्रथन और समायोजन द्वारा, सामाजिक सौन्दर्य शास्त्र की प्रेरणा देना ही, चोहान जी की उपलब्धि है। उन्होंने स्वयं ऐसा प्रयत्न नहीं किया। वह काडवेल के यथार्थ और भ्रम अथवा वास्तविकता के प्रतिबिम्ब-सिद्धान्त के आधार को अपना कर ही लिखते रहे हैं। उनके इस समन्वयकारी उपक्रम में, सत्य के प्रति विविधात्मक दृष्टियों के समर्थन से यह उलझन भी होती है कि चौहान जी द्वन्द्वात्मक भौतिकवाद को भी मानते हैं या नहीं।

निष्कर्ष यह है कि चौहान जी द्वन्द्वात्मक भौतिकवादी आलोचना के लिए, भारतीय काव्यशास्त्रीय धारणाओं के उपयोग को स्वीकार करते हैं। किन्तु यह सास्त्रीय धारणाओं का उपयोग किस प्रकार हो, यह अस्पष्ट है।

डॉ. रामविलास शर्मा, प्रगतिवादी समीक्षा के प्रखरतम विवेचक हैं। उनेमें द्वन्द्वात्मक भौतिकवादी दृष्टि की "केन्द्रीयता" सर्वाधिक मात्रा में मिलती है यधपि व्यावहारिक समीक्षा में, प्रगतिशील साहित्यिक चेतना के विकास के लिए उत्तरदायी होने के कारण, वह संकीर्णता और चौहान जी के शब्दों में "कुत्सित समाज शास्त्रीयता" से बच नहीं सके हैं यहाँ उनकी सैद्धान्तिक समीक्षा द्वारा विकसित, प्रतिमानों की दृष्टि पर ही विचार किया जाएगा।

द्वन्द्वात्मक भौतिकवादी दर्शन के अनुसार कृति में वस्तु और रूप तत्व की संग्रथित विवेचना होती है। शर्मा जी, विषय वस्तु की ही निर्णायक मानते हैं। "जिसके पास उच्च कोटि के विचार नहीं हैं, भाबावेश नहीं है, यथार्थ का गहरा ज्ञान नहीं है, वह सिर्फ़ कला को निखारने की कोशिश करके, उत्कृष्ट साहित्य नहीं रच सकता।"[173] किन्तु वस्तु (कण्टेण्ट) पर विचार करते हुए रूप की की और रूप पर विचार करते हुए वस्तु की उपेक्षा

असंगत है। रूप और विषय वस्तु का सम्बन्ध अभिन्न और अन्योन्याश्रित है। प्रगतिशील साहित्य रूप-सौष्ठब का तिरस्कार करके, दो कदम आगे नहीं चल सकता[174] कलात्मक वैदग्ध्य, किसी आवेश और उत्साह, तथा सामाजिक यथार्थ से आन्दोलित हुए बिना प्राप्त नहीं हो सकता।[175] जब कोई रचनाकार विषय वस्तु के सामाजिक महत्व के प्रति उदासीन होकर, कला के सौन्दर्य की और दौडता है तो बहुधा उसे निराश होना पड़ता है।[176]

भारतीय काव्यशास्त्र में रस सिद्धान्त, भावना तत्व को अधिक महत्व देता है। शर्माजी रसवाद के इस मूल तत्व भाव को स्वीकार करते हैं और उसमें भी सर्वाधिक महत्व, वह उस मानव सहानुभूति को देते हैं जो "शोकः श्लोकत्वमागतः" जैसी उक्तियों में प्रकट हुआ है। शर्माजी के अनुसार रीतिवाद साहित्य में इस व्यापक सहानुभूति का अभाव मिलता है। रीतिवाद मानव के प्रयत्न पक्ष अथवा समाज परिवर्तन और व्यक्ति-परिवर्तन के निर्णायक तत्वों की उपेक्षा करता है। इसलिए, शर्माजी रस, रीति, अलंकार गुण आदि की धारणओं के जीवन निरपेक्ष प्रयोग को साहित्य प्रतिमान के विकास में बाधक मानते हैं।

रस सिद्धान्त के मनोवैज्ञानिक व्याख्याकारों की प्रतिक्रियावादी विधि पर प्रहार करते हुए उन्होंने लिखा है कि रस और मनोविज्ञान के सिलसिले में मैग्डूगल, विलियम जेम्स आदि के मत उद्धृत करके बाबूजी गुलाबराय ने प्राचीन आचार्यो का समर्थन किया है...किन्तु आधुनिक विज्ञान, हर जगह वैज्ञानिक ही है, यह कहना कठिन है, ख़ास कर विलियम जेम्स और मैग्डूगल के लिए। पश्चिम का विज्ञान जहां तक वैज्ञानिक है, उसका आधार भौतिकवाद है।[177]

शर्मा जी रस की सच्चिदानन्दवादी, आध्यात्मिक व्याख्या के भी विरोधी हैं और रस की अखंडता के भी। वास्तविक परिस्थितियों की उपेक्षा करके, साधारणी-कारण के सिद्धान्त की, सार्वकालिक-सार्वभौमिक विवेचना का वह उपहास करते हैं "पहले आत्मा की अखंडता का अनुभव अभिजात वर्ग की गाथाओं से होता था और अब किसानों के शोषण की कथा से होता हैं। लेकिन रस की अखंडता में कोई अंतर नहीं आया। साधारणीकरण, एक ऐसा मंत्र है, जिससे शोषक और शोषित किसी की भी पूजा करने से मनुष्य विश्व प्रेम तक पहुँच जाता हैं...मुझे एक बार नगेन्द्र जी से होने वाली, एक बहस की याद आती हैं। उन्होंने पूछा था, हिटलर पर एक अच्छी कविता लिखी जाए तो उसे प्रगतिशील माना जाएगा या नहीं? साधारणीकरण से जरूर माना जाएगा क्योंकि टायप और व्यक्ति दोनों खंत्म होकर आत्मा की अखंडता में विलीन हो जाएँगे।[178]

साहित्य विकासमान है और वह एक महान सामाजिक क्रिया है। इसका सबूत यह है कि प्राचीन आचार्यो ने भविष्य देख कर जो सिद्धान्त बनाए ये वे आज नए साहित्य पर पूरी तरह लागू नहीं हो सकते। उन्हें लागू करने से या तो पैमाना टूट जाएगा या फिर अपने पैरों को थोड़ा तराशना होगा।[179]

इस संचारी-व्यभिचारी भावों को रटा रटा कर हम अपने विधार्थियों को साहित्य की प्रगति से दूर रखने का विफल प्रयास कर रहे हैं।[180]

इन उद्धरणों से लगेगा कि शर्मा जी, साहित्य के सार्वजनिक स्तर की उपेक्षा करते हैं या यह कि वर्गहीन समाज की स्थापना के लिए लिखे गए साहित्य तक ही उनकी दृष्टि जाती है। यह सत्य है कि साहित्य की क्रान्तिकारी भूमिका पर वह सर्वाधिक बल देते है और इस प्रयत्न में सूक्ष्म और व्यापक भाव स्तरों की उपेक्षा हो जाती है लेकिन शर्मा जी, शास्त्रों और उनके अंधानुगामियों की रीतिमूलक, स्थिर दृष्टि पर ही प्रहार करते हैं। वह शास्त्रीय धारणाओं के यथार्थमूलक, सृजनात्मक प्रयोग को आवश्यक मानते हैं।[181]

उनके अनुसार साहित्य में मनुष्य की बाह्य इन्द्रियों, हृदय और मस्तिष्क तीनों का समन्वय होता हैं। रूप, विचार और भावना को एकता से ही कला सृष्टि सम्भव है।[182] शास्त्रीय व्याख्याकार विचारों की भूमिका का उल्लेख करके भी, उसे आवश्यक महत्व नहीं देते और न उनकी बदलते समाज के सन्दर्भ में व्याख्याकित करते हैं, इस प्रवृत्ति का विरोध ही शर्मा जी का लक्ष्य है।

भाव को पुनः पुनः रेखांकित करने वाले यह भूलते हैं कि मार्क्स ने प्रत्येक शास्त्र के अध्ययन के लिए इन्द्रिय-बोध की प्राथगिकता को स्वीकार किया था। अतः शर्मा जी के अनुसार कला सृष्टि का आधार दन्द्रिय बोध हैं। यह सार्वजनिक स्तर होता हैं और भावों की तुलना में अधिक स्थायी होता है। मनुष्य के विचार बदल जाते हैं, भाव बदले जाते हैं लेकिन उसका इन्द्रियबोध अपेक्षाकृत स्थायी होता है।[183] इसी इन्द्रिय बोध के कारण साहित्य का प्रभाव दर्शन और विज्ञान से अधिक पड़ता है। इन्द्रिय बोध के अभाव में शुद्ध कल्पना असंभव होती हैं। इन्द्रिय बोध में प्राकृतिक अंश अधिक होता है, वह सामाजिक जीवन का सीधा प्रतिबिम्ब नहीं होता है।[184]

भाव जगत् इसी इन्द्रिय बोध के साथ संग्रथित रहता हैं। भाव जगत् विचारों की तुलना में अधिक सार्वजनीन होता है। कला और साहित्य की सरसता का एक बड़ा कारण इनका भावमूलक स्वभाव है। लेकिन वह स्थापत्य, शिल्प और चित्रकला में इन्द्रिय बोध की, संगीत में भावना की और साहित्य में विचारों का अधिक योग मानते हैं।

डॉ. शर्मा के अनुसार शब्द मात्र मानसिक सृष्टि नहीं है, उसमें भौतिकता होती है। शब्द केवल ध्वनि से भाव व्यंजना कर सकता है क्योंकि ध्वनियों का सम्बन्ध भौतिक पदार्थो से रहता हैं और मानव देतना का उन पदार्थो और तज्जन्य ध्वनियों से साहचर्य होता है। प्रतीकवादियों ने शब्द ध्वनि की इसी शक्ति के बल पर शब्दों से भिन्न रंगों के चित्र खीचे है। शब्दों के ध्वनि में रेखाएँ भी होती है।[185]

सौन्दर्य की सत्ता डॉ. शर्मा के मत से वस्तुगत होती है। प्रकृति, मानव जीवन और ललित और कलाओं के आनन्ददायक गुण का नाम सौन्दर्य है।[186] यह आनन्द अभिनवागुप्त के आनन्दवाद के सदृश, आध्यात्मिक नहीं, भौतिक अथवा मानसिक आनन्द है। यह आनन्द कुरूप और वीभत्स के चित्रण से भी उत्पन्न होता है क्योंकि राग में विसंवादी स्वरों के समान, वे सौन्दर्य को निखार देते हैं। वीभत्स का चित्रण देख कर हम उससे प्रेम नहीं करने लग जाते, हम उस कला से प्रेम करते हैं जो हमें वीभत्स से घृणा

करना सिखाती है। कला में वीभत्स की परिणति सौन्दर्य में ही होती है।[187]

सौन्दर्य के कई रूप होते हैं। मसलन् इन्द्रिय बोध पर आधारित सौन्दर्य वस्तुगत होता है। भावनाओं के सौन्दर्य में वर्ग, देश, जाति आदि परिस्थितियों की भिन्नता से मतभेद पाया जाता है। अतः सान्दर्यानुभूति में समानता के साथ भिन्नता रहती हैं।[188]

ऐसा प्रतीत होता है कि इन स्थापनाओं में कुछ सरलीकरण है। शुद्ध इन्द्रिय बोध के स्तर पर भी द्रष्टा की स्थिति को सर्वथा विस्मृत करना असंगत है। सर्वथा वस्तुगत प्रतीत होने वाले सौन्दर्य में भी, वस्तु और द्रष्टा के द्वन्द्व की संगति रहती है और यही मत, मार्क्सवाद के अनुकूल भी है। इन्द्रिय बोध भिन्न भिन्न प्रकार का हो सकता है। इसके सिवा, शुद्ध प्रमाण विज्ञान के आधार पर भी द्रष्टा की चेतना, वस्तुगत सौन्दर्य का यथावत् अंकन नहीं करती। गुलाब के पुष्प को दस व्यंक्ति एक साथ देखें तो गुलाब पुष्प का एक सामान्य प्रयन्य सभी के मन में स्फुरित होगा लेकिन वे गुलाब दस प्रकार के ही होंगे क्योंकि द्रष्टाओं के मन दस प्रकारके हैं अतः सामान्यता और भिन्नता की संगति इन्द्रिय बोध में भी दिखाई पड़ती है।

सौन्दर्य और रस की समस्या को डॉ. शर्मा ने पावलोव के शरीर शास्त्र की धारणाओं के प्रकाश में समझने का प्रयत्य किया है। सुन्दर वस्तु (नारी, पुष्प आदि) उत्तेजक या प्रेरक वस्तु होती है (स्टीमुलस) अतः उसे प्रभावक प्रेरणा (कंडीशन्ड स्टीमुलस) कह सकते हैं और भौक्त को जो मधुर अनुभूति होंती है, उसे प्रभावित प्रेरणा (कंडीशन्ड रिफ्लैक्स) कह सकते हैं।[189] अर्थात् सौन्दर्य रस कारण है। कलाकृति के उत्कर्ष को सौन्दर्य और सहृदय जन्य अनुभूति को रस कह सकते हैं।

इस विवेचन में रस की आत्मगत व्याख्या ही स्वीकार कर ली गई है। भट्ट लोल्लट और बारलिंगे ने रस को जो वस्तुगत सिद्ध किया है, उसकी ओर डा. शर्मा का ध्यान नहीं गया है।

डॉ. शर्मा भारतीय रसवाद के विभिन्न मतों को एक दूसरे का पूरक मानते हैं किन्तु वे किस प्रकार परस्पर पूरक हैं, यह अस्पष्ट रह गया है। इसी प्रकार वह भारतीय काव्यशास्त्र द्वारा प्रतिपादित कला-साहित्य द्वारा प्राप्त आनन्दानुभूति को साध्य न मान कर, प्रस्थान बिन्दु कहते हैं।

"साहित्य से आनन्द मिलता है, यह अनुभव सिद्ध बात है। लेकिन साहित्य शास्त्र यहाँ समाप्त नहीं होता, बल्कि यहीं से उसका श्रीगणेश होता है...अतः साहित्य शास्त्र की उपयोगिता यह होगी कि वह साहित्य और जीवन के सम्बन्ध की वास्तविकता प्रकट कर दे। जनता के लिए अहितकर साहित्य और अहितकर साहित्य शास्त्र से भ्रम का पर्दा उठा दे क्योंकि साहित्य जनता के लिए है-यह हमारा जातीय सिद्धान्त बन चुका है।"[190]

साहित्य लोक कल्याण के लिए है, यह मत सिद्धान्त रूप में भरत से पंडितराज तक सर्व स्वीकृत है। इसीलिए इसे जातीय सिद्धान्त कहा गया है।

इस प्रकार डॉ. शर्मा साहित्य ही नहीं, साहित्य शास्त्र के लिए, उसकी सामाजिक

भूमिका को अनिवार्य मानते हैं। पारम्परिक साहित्य शास्त्री भारतीय साहित्य शास्त्र की एक स्थिर, निरपेक्ष रूप में प्रस्तुत करते रहते हैं, उसमें बदलती हुई मानवस्थितियों की तलाश कम ही होती है। आलोचक का काम इसी गत्यात्मक सौन्दर्य और तज्जन्य रसानुभूति की व्याख्या करना है।

इस गत्यात्मक दृष्टि के अभाव से पारम्परिक विद्वान रस की व्याख्या, प्रवृत्तियों (इंस्टिंक्ट्स) के आधार पर करते हैं किन्तु शर्मा जी उन्हें विकासशील मानते हैं। मिसाल के लिए मनुष्य में समूह या व्यक्ति की भावना का विकास और ह्रास व्यक्तिगत सम्पत्ति के जन्म, और ह्रास की भावना के साथ जुड़ा हैं। वर्गयुक्त समाज में व्यक्तिगत स्वार्थ की जिन वृत्तियों को मनोविज्ञान के पंडित शाश्वत मानते हैं, वर्गहीन समाज में उन्हीं का अभाव दिखाई पड़ता है।[191]

अतः समाज-विज्ञान के बिना साहित्य शास्त्र अधूरा रहता है। समाज विज्ञान, मानव जीवन के बदलते हुए मूल्यों की पहचान सिखाता है।

अप्रगतिशील साहित्यशास्त्री, मात्र भाव पर बल देते हैं, या रीति, ध्वनि, अलंकार आदि तकनीकी पक्षों पर। वे मूल्यांकन के लिए किसी कृति या कर्त्ता से यह प्रश्न नहीं करते कि लेखक किससे घृणा करता है, किससे प्रेम? यदि लेखक मुमूर्ष शक्यों या व्यक्तियों का पक्षघर हैं, उसकी सहानुभूति पीड़ित और असहाय के प्रति नहीं है तो वह प्रतिगामी लेखक है, प्रतिगामी साहित्य शास्त्री है अतः कृति में अनुभव की प्रागाणिकता के साथ-साथ, उसके अनुभव-जगत् की दिशा पर भी विचार आवश्यक है। इसीं आधार पर डा. शर्मा, पारम्परिक साहित्य शास्त्र को, विकास मूलक या अभ्युदयपरक जीवन ज्ञान से जोड़ना चाहते है। अपने जातीय काव्य शास्त्र में इस दृष्टि का निषेध भी नहीं है किन्तु उस पर बल देने और उसे युगीन सत्य के साथ सम्बद्ध करने की आवश्यकता है।

यही कारण है कि डॉ. शर्मा ने आचार्य रामचन्द्र शुक्ल की न्यूनताओं पर ध्यान नदेकर, उनके लोकहितपरक, यथार्थपरक साहित्य विवेचन का समर्थन किया है। शुक्ल जी ने भावों को कर्म प्रवर्तक सिद्ध किया है और कहा है कि काव्य से कर्म क्षेत्र का विस्तार होता है, कर्म को प्रेरणा मिलती है। शुक्ल जी ने रस की यह मौलिक व्याख्या दी है, और निष्क्रिय रस निष्पत्ति की जड़ काट दी है।[192]

कर्मशील जीवन पर शुक्ल जी के आशय के समर्थन में डॉ. शर्मा अपने प्रसिद्ध सरलीकरण की प्रवृत्ति के कारण, इस सूक्ष्मता में नहीं जाते कि शुक्ल जी कर्म और अकर्म की स्थूल कोटियाँ बनाते हैं तथा तुलसी के आगे सूर को बहुत कम महत्व देते हैं। डा. शर्मा शुक्ल जी की ही तरह, सिद्धों-सन्तों की उग्र क्रान्तिकारी परम्परा को, तुलसीदास के आगे हीन सिद्ध करते हैं क्योंकि सिद्धों-नाथों-सन्तों में रहस्यवाद अधिक है, उनमें जीवन के विविध रूप चित्रित नहीं हैं तथा वे गूढ़ योग की अंतर्मुखी पद्धति से ग्रस्त हो जाते हैं। इसके विपरीत राहुल, रांगेय राधव, शिवदानसिंह आदि प्रगतिशील आलोचक, तांत्रिकों, बौद्धों, नाथयोगियों और सन्तों के वर्ग-वर्णजातिगत वैषम्य पर आधारित तथा उसको

सैद्धान्तिक समर्थन देने वाली ब्राह्मणवादी संस्कृति के विरुद्ध क्रान्तिकरी रुख अपनाने के कारण, अधिक महत्व देना चाहते हैं। डॉ. रामविलास शर्मा इस सैद्धान्तिक के साथ संघर्ष में शुक्ल जी और नन्ददुलारे वाजपेयी से सहमत प्रतीत होते हैं।[193] शुक्ल जी को ही तरह डा. शर्मा पर व्यक्तिगत रुचियों, सम्बन्धों और जनवादी आन्दोलन के साथ लेखकों की सम्पृक्तियों से उत्पन्न पक्षपात का प्रभाव अधिक हो जाता है अतः उन्हें कबीर के रहस्यवाद में रचनात्मक तत्व कम मिलते हैं।[194] उधर निराला में दबी जबान से कुछ अंतर्विरोध दिखा कर भी उन्हें सब कुछ प्रगतिशील ही दिखाई पड़ता है और निराला के ही सहकर्मी कवि पन्त के प्रति उनका रुख, प्रायः कठोर ही रहा है।[195] तुलसीदास के विचारों में उन्हें सायावाद का विरोध दिखाई पड़ता है और वह किसी भी रूप में यह मानने को प्रस्तुत नहीं हैं कि तुलसी अपनी जनवादी तत्वों ओर व्यापक जनप्रेम के बाबजूद ब्राह्मणवादी संस्कृति का ही एक सहित्य रूप प्रस्तुत करते हैं।

शर्मा जी भारतेन्दु युग, प्रेमचन्द, निराला, तुलसीदास और शुक्ल जी के जनवादी तत्वों के अनुसंधान में जितने सफल हुए हैं, उतने इन लेखकों के संतुलित विवेचन में नहीं। किसी एक पक्ष को बहुत अधिक खींचने से अतिरंजना और एकांगिता की वह अधिक चिन्ता नहीं करते अतः उनकी आलोचनाओं में शक्ति और वैदग्ध्य अधिक, किन्तु आश्वस्ति कम होती है। सरजीकरण के कारण अज्ञेय-यशपाल, सुमित्रानन्दन पंत आदि लेखकों तथा रीतिकाल और नव लेखन के दुर्बल पक्षों को जिस कुशलता से उन्होंने उजागर किया है, उस शक्ति से इन के सबल पक्षों को आलोकित नहीं किया गया है। इसका कारण यह है कि डॉ. शर्मा का ध्यान समकालीन साहित्यिक चेतना और सामाजिक चेतना को प्रगतिशील मोड़ देने या धारा बदल देने पर रहा है अतः सैद्धान्तिक प्रतिमान का स्तर पुष्ट होने पर भी, उसके प्रयोग के समय वह एक तटस्थ वैज्ञानिक न रह कर, द्वन्द्वयुद्धात्मक आलोचना प्रस्तुत करने लगते हैं, इससे उनका प्रिय लेखक तो वीर पूजा का विषय बन जाता है और अप्रिय लेखक की दुर्गति हो जाती है।

यही कारण है कि भारतीय काव्यशास्त्रीय धारणाओं पर जहाँ उन्होंने द्वन्द्वयुद्धात्मक स्वर में लिखा है, वहाँ अत्यधिक सरलीकरण है। वह प्राय भारतीय काव्यशास्त्र को, दो टूक शैली में सामंतवाद से जोड़ देते हैं और तब नकारात्मकता प्रधान हो जाती है।[196] किन्तु हम देख चुके हैं कि डॉ. शर्मा भारतीय काव्यशास्त्रों के प्रतिमानों को क्रान्तिकामी जीवनदृष्टि[197] से जोड़ना चाहते हैं, इस प्रकार, विभिन्न ज्ञानानुशास्त्रों (मनोविज्ञान, शरीर शास्त्र, समाज-विज्ञान आदि) के प्रकाश में रस, ध्वनि-रीति आदि की व्याख्या करके, सामाजिक सौन्दर्य शास्त्र या द्वन्द्वात्मक भौतिकवादी सौन्दर्य शास्त्र की संभावना को मानते हैं। इस बिन्दु पर सभी प्रगतिकामी चिन्तक एकमत हैं, यह अब तक के विवेचन से स्पष्ट हैं।[198]

द्वन्द्वात्मक भौतिकवादी जीवन दर्शन का अतिम लक्ष्य इकाई और समूह अथवा व्यक्ति और परिवेश (प्रकृति और समाज) की असंगतियों का निराकरण और परिणाम

स्वरूप, व्यक्ति में अंतनिर्हित असीम संम्भावनाओं का विकास है। मार्क्स, व्यक्ति को सूर्य के समान अनन्त आलोक का कोष मानते थे किन्तु सामाजिक और प्राकृतिक अंतर्विरोध बादलों के समान व्यक्ति की चेतना को आवृत कर देते हैं अतएव व्यक्तित्व की मुक्ति और उसके स्वच्छन्द विकास के लिए, बाह्य वातावरण को सुन्दर बनाना आवश्यक है। इसके लिए मध्याबधि में क्रान्ति की प्रक्रिया में सामाजिक शक्तियों का स्वेच्छया संगठन अनिवार्य हो जाता है और संगठन, व्यक्ति पर कुछ अंकुश लगाता ही है।

व्यक्ति पर यह अनुशासन, यथार्थ परिस्थिति के अनुरूप होना चाहिए, किसी दल विशेष के कतिपय नेताओं की सनक के आधार पर व्यक्ति-दमन, मार्क्सवाद का अपमान करना है। किन्तु व्यवहार में भूलें होती हैं। इसी प्रकार की भूलें, प्रगति वादी आन्दोलन में हुई थी, जिसमें विचारधारा के आधार पर साहित्यालोचन करना, मनुष्य के सार्वभौमिक स्तरों की उपेक्षा करना और व्यक्ति मन के विषय में सरलीकृत दृष्टि अपनाना, जैसी भूलें शामिल हैं।

फलतः व्यक्ति स्वातंत्र्य के समर्थक लेखकों का एक समूह, साहित्य और कलाओं के मूल्यांकन में, व्यक्तिपरक दृष्टि को अपना कर चला, जिसके प्रतिनिधि और प्रतीक अज्ञेय जी हैं। अज्ञेयजी किसी भी मतवाद के विरोधी हैं और वह व्यक्ति की दृष्टि से, साहित्य प्रतिमानों पर विचार करते हैं।

देशी-विदेशी स्वच्छन्दतावाद में कला और काव्य को आत्म-अभिव्यक्ति या व्यक्तित्व की अभिव्यक्ति माना गया था। इससे कविता आवेगमूलक हो गई थी। भावुकता की पबलतः प्रगतिमूलक साहित्य में भी अत्यधिक थी अतः अज्ञेय जी ने काव्य को एक निर्मिति कहा और टी एस. एलियट के अनुकरण पर, निर्वैयक्तिकता या अव्यक्तिवाद का सिद्धान्त स्वीकार किया। एलियट स्वच्छन्दतावाद के विरुद्ध, आभिजात्य कला से प्रेरणा ग्रहण कर, शैली-कीट्स-बायरन आदि कवियों के व्यक्तित्ववाद से उत्पन्न अराजकता या काव्यानुशासन के अभाव का विरोध कर चुके थे। अज्ञेय जी ने इन्हीं तर्कों के आधार पर, छायावादी काव्य मूल्यों का विरोध किया है।

टी. एस. एलियट औधोगिक सभ्यता में मनुष्य के ह्रास को देख कर, बीसवीं शताब्दी को, उजड़ी धरती के रूप में देखता था। अज्ञेय अपने समाज की रूढ़ियों, अन्याओं और जड़ताओं से संत्रस्त हो कर, अपने को एकाकी और असम्पृक्त पाते हैं।[199] वह आधुनिक साहित्य की कंठाग्रस्तता का उल्लेख करते हैं और नए वातावरण के लिए संघर्ष की प्रेरणा देते हैं लेकिन इस संघर्ष का रूप क्या हो, दर्शन क्या हो, दिशा क्या हो, इन प्रश्नों पर मौन रहते हैं अतः उनका विद्रोह व्यक्तिवादी विद्रोह बन जाता है और एलियट के अव्यक्तिगत काव्य सिद्धान्त अपना कर भी उनका विश्व-बोध व्यक्तिवादी ही बना रहता है।

एलियट के अतिरिक्त अज्ञेय के साहित्य-प्रतिमानों पर मनोविश्लेषण की हीनता ग्रन्थि विषयक धारणाओं का भी प्रभाव है। अतएव कला के विकास में वह एक ऐसे

कल्पित आदिम मनुष्य की उद्भावना करते हैं, जो सामूहिक संघर्ष में, असमर्थता के कारण भाग नहीं ले सकता था और अपनी इस हीनता की भावना और अपनी अपर्याप्तता की स्वचेतना के कारण क्षतिपूर्ति के रूप में, कला सृजन की ओर उन्मुख हुआ था।[200] स्पष्टतः यह एकांगी सत्य हैं क्योंकि नृतत्व शास्त्र, कला की उत्पत्ति में; सामूहिक श्रम को मुख्य कारण मानता है।[201]

काव्य-कला की रचना-प्रक्रिया में अज्ञेय जी एडलर और फ्रायड का साथ छोड़ कर, एलियट का मत अपनाते हैं। उनके अनुसार कविता भावों का उन्मोचन नहीं, बल्कि भावों से मुक्ति है। वह व्यक्तित्व की अभिव्यंजना नहीं बल्कि व्यक्तित्व से मोक्ष है।[202] मौलिक और नवीन कवि को आत्म-उद्गार की विधि न अपना कर, बाह्म वातावरण से एक स्वतंत्र विवेक बनाए रखना चारिए और अपने व्यक्तित्व को माध्यम समझना चाहिए। जिस प्रकार सल्फ़र डाई आक्साइड और आक्सीजन के साथ प्लैटीनम के मिश्रण में, नवीन धातु या रसायन बनता है, लेकिन प्लैटीनम सुरक्षित रहता है, उसी प्रकार कवि का व्यक्तित्व अक्षुण्ण रहता है। अज्ञेय ने एलियट के इस उदाहरण के स्थान पर, भट्टी और धातु का सिद्धान्त प्रस्तुत किया है। कवि का मन भट्टी के समान होता है, जिसमें अनुभव, विचार, भावादि गल कर एक नवीन योग प्राप्त करते हैं भट्टी के स्वामी से, भट्टी का और भट्टी से धातु का अलगाव और स्वतन्त्र अस्तित्व अक्षुण्ण रहता है।[203]

अतः अज्ञेय के अनुसार कला वस्तु का गौरव इस रासायनिक क्रिया की तीव्रता में हैं, जिसके द्वारा भाव एक होते है और चमत्कार उत्पन्न करते हैं।[204] मात्र राग या भाव के उल्लेख को वह निरर्थक समझते हैं।[205]

अतः किसी रचना की श्रेष्ठता के लिए अनुभूतियों, धारणाओं आदि के योग या निष्पति को देखना चाहिए। रचना बनने के लिए किसी कृति में व्यक्त तत्वों की आंतरिक समन्विति आवश्यक है, मात्र आत्म-उद्गार या वैचारिक घोषणा काव्य नहीं है। रचना-प्रक्रिया के इस सिद्धान्त का सकेत भरत के रस सूत्र में मिलता है और हम तृतीय अध्याय में उक्त रसायानिक-प्रक्रिया का उल्लेख भी कर चुके हैं। स्वयं अज्ञेयजी का ध्यान प्राचीनों द्वारा उद्घाटित इस सत्य की ओर गया है-"काव्य रस, कवि, जीवन, वर्ण्य विषय, अनुभूति, शब्द विशेष आदि में है, वह काव्य रचना की चमत्कारिक तीव्रता में है।[206]

"प्राचीन कवियों की महत्ता का असली रहस्य यह है कि वे अपने अहं की विलीन करके लिखते थे।"[207]

अज्ञेय के काव्य में काव्य निर्मित का प्रयत्न तो है लेकिन अहं का विलयन वह नहीं कर सके। उनहोंने अपनी अहंवादिता को तारसप्तक की अपनी भूमिका में स्वीकार किया है और अनुगामियों द्वारा अपनी अस्वीकृति देख कर उन्होंने आत्म प्रशंसा भी की है।[208]

मात्र रचना-प्रक्रिया के अध्ययन से, किसी कृति का स्वरूप उद्घाटित तो हो सकता है किन्तु उसकी सामाजिक भूमिका, प्रभाव आदि का मूल्यांकन उपेक्षित हो सकता है। अज्ञेय जी इस सामाजिक मूल्यांकन की चिन्ता नहीं करना चाहते क्योंकि इस बिन्दु पर वह

व्यक्तिवादी रुचि अपना कर कहते हैं—कलाकार केवल कला की समस्या को हल करता है। लेखक सिर्फ अपने को बदलता है।[209] इस प्रकार वह लेखन की क्रान्तिकारिता को किशोर मोह समझते हैं।[210]

यदि लेखन केवल कलाकार का संकट है तो मात्र उसकी रचन-प्रक्रिया का विश्लेषण एक रीतिवादी मूल्यांकन की ओर ले जाएगा, जैसा कि अमरीका में हो रहा हैं। किन्तु अज्ञेय जी, रचना-रसायन के विश्लेषण के सिवा, किसी कृति के मूल्यांकन के लिए टी.एस. एलियट की ऐतिहासिक चेतना को भी नहीं छोड़ना चाहते। वह अतीत ओर वर्तमान के दुहरे अस्तित्व और उनकी एकसूत्रता को अपनाने पर बल देते है और निरन्तर व्यक्तिगत मन को, एक महानतर मन पर निछावर करने के लिए भी उत्सुक प्रतीत होते हैं।[211] यह बदतोव्याघात है।

फिर भी रचना-प्रक्रिया के विश्लेषण द्वारा, अनुभूतियों की निष्पत्ति और कलाकार की निष्कम्प तटस्थता के बिन्दु स्वीकार्य हो सकते हैं, यदि अनुभूति के औचित्य-प्रनौचित्य, गांभीयः अगाम्भीयं तथा सामाजिक प्रभाव को रचना-विश्लेषण के समय विस्मृत न कर दिया जाए।

अज्ञेय जी ने नवलेखन के साधारणीकरण की समस्या पर भी विचार किया है। वह, व्यक्ति सत्य को व्यापक सत्य बनाने के लिए कवियों को प्रेरित करते हैं और इसी व्यापक साधारणीकरण को लक्ष्य मान कर प्रयोगशीलता को स्वीकार करते हैं लेकिन ज्ञान के क्षेत्र में सूक्ष्य श्रम-विभाजन और सामान्य व्यक्ति और विशेषज्ञ में बढ़ती हुई खाई के कारण, वह विशेषश-कविता का सीमित साधारणीकरण ही मानते हैं। वर्जनाग्रस्त समाज में आर्थिक और कामवासनागत कुंठाओं के घनीभूत स्तरों के कारण, साधारणीकरण व्यापक नहीं हो पाता, इस कठिनाई के कारण कवि शब्दों में अधिक अर्थ भरते हैं और आड़ी, तिरछी लकीरों, विरामों आदि के विचित्र उपाय अपनाते हैं।[212]

इसमें सन्देह नहीं कि विचारधाराओं, रुचियों और के संक्रमण युग में प्रत्येक कृति का व्यापक साधारणीकरण न तो सम्भव होता है और न प्रत्येक स्थिति में वांछनीय होता है क्योंकि कलाकार जनप्रियता के लिए रचना के साथ समझौता करने लगता है। कवि सम्मेलन, चित्रपट और आकाशवाणी आदि मंचों की अनेक रचनाएँ इस तथ्य के प्रमाण हैं। किन्तु विशेषीकरण के तर्क को अतिवाद पर ले जाना भी अवांछनीय है। अब अज्ञेय जी भी मानते हैं, काव्य अथवा कला, वस्तु में या कृति में नहीं होती। वह वस्तु अथवा कृति और ग्राहक के बीच या कवि और समाज के बीच घटित होती है।[213]

आधुनिक साहित्य में वस्तुतः विशेषीकृत और साधारणीकृत दोनों प्रकार के नवलेखन का अस्तित्व है अतः यह नहीं कहा जा सकता कि शेक्सपियर के बाद कवियों नह जनता के लिए, सहज रूप में लिखना बन्द कर दिया।[214] बादलेयर, मलामें, रिम्बों, रिल्के, एलियट आदि की दुरूह कला के साथ साथ बरटोल्ट ब्रेख्ट, मायकोवस्की, लुइस आरागाँ, युवितुर्शेको और हिन्दी में सठोत्तर पीढ़ी के वि धूमिल और लीलाधर जगूड़ी जैसे

कवि प्रमाण हैं। अन्य सृजन क्षेत्रों में भी यही प्रवृत्ति है अतः यह दृष्टि-बिन्दु विवेकसंकत लगता हैं कि साधारणीकरण की व्यापकता, प्रत्येक कृति में सम्भव नहीं हो पाती और न उसके आधार पर उत्कृष्टता, निकृष्टता का निर्णय हो सकता है।

इस प्रकार साधारणीकरण के विषय में अज्ञेय का मत अंशतः ग्राह्य है। अंशतः इसीलिए कि अज्ञेय जी न विशेषीकरण पर मात्रा से अधिक बल दिया है और उसके परिणामस्वरूप नवलेखन में रचनाकार अपनी असमर्थ अभिव्यक्ति को भी, विशेषीकरण के तर्क पर समर्थन दे जाता है।

अज्ञेय जी ने सौन्दर्य के प्रतिमानों की चर्चा की है। यह महत्वपूर्ण है क्योंकि वह अनेक विषेधवादी अव्यक्तिगत प्रतिमानों की खोज को घातक मानते हैं। प्रायः अनुभूति की प्रामाणिकता[215] के समर्थक रचनाकार, धारणाओं के विरोधी हैं, किन्तु अज्ञेय जी ने मूल्यांकन और प्रतिमान-अनुसंधान में अनुभव और बुद्धि का अविरोध स्वीकार किया हैं। उनके अनुसार प्रतिमान और मूल्यों का स्रोत मानव विवेक है। बुद्धि अनुभव के आधार पर मूल्यान्वेषण करती है। हम अनुभव से जानते हैं कि सीधी रेखा से बक्र रेखाएँ सुन्दर होती हैं। अतः यह बौद्धिक निष्कर्ष निराला जा सकता है कि वक्रता सुन्दर होती है। इसी प्रकार स्थिरता, संतुलन, परिचित, नव्यता, गांभीर्य और सार्वभौमिकता सौन्दर्य मूल्य हैं। इनकी प्राप्ति में हम अपने अनुभव को ही दुहराते हैं।[216]

काव्य शास्त्र और सौन्दर्य शास्त्र को पूर्णतः औपचारिक और अनुभव विरुद्ध मानने वाले लेखकों के लिए यह मत नयनोन्मीलक है[217] और यह भी कि भामह और कंतक ने अनुभव के आधार पर ही वक्रोक्तिवाद की स्थापना की थी।

अज्ञेय जी ने सौन्दर्य और नैतिकता के स्थायी द्वन्द्व में, रूढ़ नैतिकता का विरोध करके मानव संवेदना को कृति का निकष कहा है। विशेष कर आधुनिक साहित्य में बाह्यतः नैतिकता का ध्वसं किया जाता है, किन्तु कवि या अपराधी से प्रतीत होने वाले पात्रों के कर्मो में एक आभ्यंतरिक उद्देश्य रहता है, जो मानवीय सम्वेदना पर आधारित रहता है।[218]

वस्तुतः साहित्य और कला मात्र का कोई प्रतिमान इस मानव सम्वेदना पर ही विकसित हो सकता है। प्राचीन काव्य शास्त्र की तो यह धुरी ही हैं अतः अज्ञेय की यह धारणा प्राचीन की ही पुनरावृत्ति मात्र है।

इस प्रकार स्थायी प्रतिमानों में अनुभूतियों का रसायन या रचना प्रक्रिया का विश्लेषण कलाकार की निमग्नता और तटस्थता की द्वन्द्वात्म संगति तथा साधारणीकरण में वैविध्य की प्रस्तुति अज्ञेय का योगदान है।

अज्ञेय के विवेचन से यह स्पष्ट है कि रस और साधारणीकरण की रूढ़ धारणाओं से समकालीन साहित्य की रचना-प्रक्रिया की उपेक्षा होती है, उधर स्वच्छन्दतावादी भावाकुलता, आत्म अभिव्यंजना और अतिरंजित कल्पना से रंग कर यथार्थ दर्शन से भी निर्वेयक्तिक होकर अनुभूति ग्रहण में बाधा पड़ती है। चिंतन दिशा को डॉ. जगदीश गुप्त

ने, भारतीय काव्य शास्त्रीय मतों के सन्दर्भ में भी परीक्षित किया है। गुप्त जी के अनुसार नयी कविता की व्याख्या रस सिद्धान्त से नहीं हो सकती क्योंकि नव सृजन में भावक की चित्तवृत्ति अभिभूत नहीं होती, अविचलित रहती है।[219] आश्रय के साथ तादात्म्य और आलम्बन का साधारणीकरण न होने से नव काव्य में मध्यम कोटि की रसदशा का उल्लेख आचार्य शुक्ल ने किया है, वह रसवाद की दृष्टि से भले ही मध्यम कोटि की ही परन्तु मानवीयता की दृष्टि से उसका स्वरूप रसानुभूति से उत्कृष्टतर ही होगा। रचनाकार की काव्यानुभूति के इस तटस्थ दर्शन और अनुभव को "सहअनुभूति" कहा जा सकता है।[220] इस सहअनुभूति में भाव और दृष्टिकोण दोनों का विस्तार अपेक्षित होता है।[221] यदि रसानुभूति से स्पष्टतः भिन्न नवकाव्यानूभूति को भी, अतिव्याप्तिपरक दृष्टि से, पारम्परिक साहित्य की रसानुभूति में ही शामिल किया जाएगा तो यह खींचतान ही होगी। जगदीश गुप्त रस की शास्त्रीय व्याख्या को ही स्वीकार करते हैं। भाव परिपाक के बिना, या तो रस मात्र स्थायी भाव रह जाता है या मात्र भाव अथवा वह रसवत् अलंकार की काटि में पहुँच जाता है। इस स्थिति में यह कहना कि स्थायी भाव या भाव तो रस ही है, प्रकारान्तर से यह कहना है कि रस स्वयं रस नहीं है।[222]

इस प्रकार गुप्त जी रस को भाव-परिपाक की स्विति में ही मानते है, भाव-गंध मात्र से रस की निष्पत्ति कहीं हो सकती और नयी कविता में भाव स्पर्श तो रहता है, उसका परिपाक नहीं होता, वस्तु सत्य का विश्लेषण अधिक होता है अत-एक नगेन्द्र जी ने जो रस की धारणा को व्यापक बनाने का प्रयत्न किया है, उससे नव सृजन की व्याख्या असम्भव है।

अतः गुप्तजी के अनुसार रस को भावप्रधान साहित्य तक ही सीगित करके, उससे कहीं अधिक व्यापक ध्वनि-सिद्धान्त की सम्भावनाओं को परखना चाहिए। उसके आधार पर काव्य की व्याख्या सही उदार और यथार्थ रीति से की जा सकती है, की गई है।[223]

जगदीश गुप्त ने इस तथ्य पर भी बल दिया है कि रस धारणा परिणाममूलक है,जब कि ध्वनि, प्रक्रिया है। काव्य मात्र की ध्वन्यात्मक प्रक्रिया को लक्षित करके ही ध्वनि को महाविषय कहा गया था अतः ध्वनि का शुद्ध रूप रसध्वनि ही है-वह नगेन्द्रजी की धारणा उनकी अपनी है, ध्वन्यालोककार की नहीं।[224] इसके सिवा भाव मात्र को रस कहने से, "सिद्ध रस" की शास्त्रगत धारणा भी खंडित हो जाती है क्योंकि रामायण आदि की कथा में नूतन, वैयक्तिक कल्पनाओं के मिश्रण का विरोध किया गया है।[225] अतः गुप्त जी के अनुसार नगेन्द्र जी सहज स्वीकृत, परम्परानुमोदित और शास्त्रविहित सिद्ध रस को समाप्त कर देते है।[226] किन्तु गुप्त जी ने रस वस्तुनिष्ठ व्याख्या और रससूत्र में निहित रचना-प्रक्रिया की दृष्टि की उपेक्षा की है फिर भी आधुनिक काव्य के सन्दर्भ में शास्त्रीय रस के निकष की अपर्याप्तता और उसके स्थान पर ध्वनि सिद्धान्त की अपेक्षाकृत अधिक सामर्थ्य के मत को स्वीकार करना ही उचित है।

अज्ञेय जी ने भी प्राचीन साहित्य में कवि के अहं के विलयन की प्रवृत्ति को लक्षित

किया है। आधुनिक साहित्य में, छायावाद और उसके पश्चात् व्यंक्तित्व का प्रकाशन प्रधान होता गया है। अज्ञेय सृजन-प्रक्रिया में नियर्वेक्तिकता पर बल देते हैं परन्तु उनका साहित्य भी व्यक्तित्वप्रधान ही है जो प्रायः व्यक्तिवाद में परिणात हो जाता है। इस प्रकार के साहित्य में भावक का पूर्ण तादात्म्य सम्भव नहीं हो सकता, किन्तु फिर भी उन साहित्य में समकारलीन पाठक, प्राचीन साहित्य से अधिक रुचि लेते हैं अतएव उसकी रचना-प्रक्रिया के अध्ययन में ध्वनि मत अधिक सफल हो सकता है।

किन्तु अज्ञेय और जगदीश गुप्त आत्म संघर्ष की चर्चा करके भी, मुक्तिबोध के सृदश सामाजिककाव्यशास्त्रा की ओर नहीं बढ़ते क्योंकि इन दोनों विचारकों के पास "सशस्त्र" जीवन दृष्टि का अभाव है। रचना और परिवेश दोनों के परिवर्तन की संगति मुक्तिबोध के विचारों में ही दिखाई पड़ती है।

"यदि विचार विनिमय को वास्ववादी होना है तो उसे एक साथ दो काम करने होंगे-एक तो अपने युग विशेष की प्रवृत्तियों को समझना होगा, दूसरे नयी काव्य प्रवृत्ति के स्वरूप ह्रदयंगम करना होगा।"[227]

द्वन्द्वात्मक भौतिकवादी कला सम्बन्धी धारणा, वस्तु और रूप के सार्मजस्य को ध्यान में रख कर, मुक्तिबोध, सर्वप्रथम वस्तु तत्व (कन्टैण्ट) पर विचार करते हैं। आत्म विस्तार द्वारा, कवि मानव वास्तविकता के मूल में जाना चाहता है। वह मात्र निश्चित भावों या व्यक्तित्व की अभिव्यक्ति नहीं करना चाहता। आज की कविता न भाव प्रधान है, न आत्म प्रधान, वह ज्ञानात्मक संवेदनों और संवेदनात्मक ज्ञान के तीव्र घात-प्रतिघातों को प्रकट करना चाहती हैं।[228] ऐसी स्थिति में उसे न केवल अनुभूति पक्ष के वरन् वस्तु पक्ष के और उससे सम्बन्धित परिज्ञान पक्ष के विकास की अपेक्षा है।[229] स्वभावतः वस्तु परिज्ञान विश्लेषाणात्मक अधिक होगा, भावात्मक कम क्योंकि कवि पुराने काव्य युगों से कहीं अधिक अपने परिवेश के साथ द्वन्द्व स्थिति में प्रस्तुत है।[230]

कवि यदि वास्तविकता के द्वन्द्वों का अध्ययन करना चाहता है तो उसे वस्तुस्थिति में बौद्धिक दृष्टि द्वारा अंतः प्रवेश करना होगा। इससे अंतर्जीवन के भीतर के आन्दोलन, आर पार फैंली हुई वास्तविकता के सन्दर्भ में व्याख्यायित, विश्लेषित और मूल्यांकित होंगे।[231] नव काव्य में इसीलिए तत्व के लिए संघर्ष, अभिव्यक्ति सक्षमता के लिए संघर्ष और दृष्टि विकास के लिए संघर्ष तीव्र हो उठा है।[232]

मात्र भाव को काव्य मात्र के मूल में स्थित कह देने से, काव्य की संश्लिष्ट प्रक्रिया सरलीकृत हो जाती है, इस तथ्य पर मुक्ति बोध विशेष बल देते हैं। प्राचीन और नवीन दोनों काव्य-कलाओं में इस प्रक्रिया की सश्लिप्टता को पहचानना होगा। मुक्तिबोध को पूर्व, वस्तुनिष्ठ दृष्टि से सृजन की इस संश्लिष्ट रचना प्रक्रिया का विवेचन नहीं मिलता। मुक्तिबोध के अनुसार अंतर्तत्व तरगायित होकर, मानसिक् दृष्टि के सन्मुख उपस्थित होता है, तब उसमें रूप उभरता है अर्थात कल्पना वृत्ति इस स्तर पर सक्रिय होती है।[233] इसी रूप-क्षण, में, बोध पक्ष की युगपत् संक्रियता का उल्लेख मुक्तिबोध करते हैं। यह कला

का प्रथम क्षण है। इसके बाद इसमें तत्त्वरूपप्रदर्शनी मानसिक दृष्टि, वस्तु रूप के रस में निमग्न होने लगती है।[234] साथ ही बोधवृति के बल पर वह तटस्थ भी रहती है। यह अंतः प्रवेश और बाहर से पर्यावलोकन एक साथ करती है। फलतःरस का प्रवाह या भाव प्रवाह अन्य समस्वभावी और समग्र अनुभवों को, उस तत्व में मिला देता हैं तो दूसरी ओर, हृदय में संचित जीवन मूल्यों की-अर्थात् हमारे हृदय में स्थित आदर्शात्मक सत्ता की भी धारा इस तत्व में मिलने लगती है। कल्पना उद्दीप्त होकर, संवेदना से आप्लुत मूल तत्व को, अनुभवों और जीवन मूल्यों में संश्लेषित करती हुई, एक संश्लिष्ट जीवन चित्र उतार देती है। यह कला का दूसरा क्षण है। तृतीय कला-क्षण में यह आंतरिक छटपटाहट, शब्द, रूप और रंग में व्यक्त होने लगती है, कला का यह क्षण दीर्घ होता है।[235]

सारांश यह है कि विभिन्न मासिक तत्वों की संश्लिष्ट सृष्टि ही कला और कविता है। ये मनोमय तत्व रूप तब तक अपने को विकसित और संशोधित करते हैं, जब तक अभिव्यक्ति में सम्पूर्णता न अतः जाए। अतः मात्र आत्मोद्घाटन काव्य नहीं हैं, तत्वों के संयोग से विशिष्ट रचना या निर्मित हो कविता या कला है। इस प्रक्रिया से, विशिष्ट और सामान्य का द्वन्द्व समाप्त हो जाता है।[236]

रस सूत्र को रचना-प्रक्रिया को दृष्टि से देखने पर काव्य-निर्मित का मत सिद्ध होता है और यह निर्मित द्वन्द्वात्मक प्रक्रिया अपनाती हैं, यह तृतीय अध्याय में हम देख चुके हैं।

मुक्तिबोध का भी ध्यान काव्यशास्त्र की ओर जाता है। यह कहते हैं कि अभिव्यक्ति हो जाने पर, भाव पक्ष का समाजीकरण हो जाता है।[237]

किन्तु समाजीकरण की प्रक्रिया को, मुक्तिबोध, द्वन्द्वात्मक भौतिकवाद का आधार समझते हैं। वह जानते हैं कि कलाकार के मन की कुछ वृत्तियाँ और मूल्य सार्वजनिक नहीं हो सकते अतः विशेष और सामान्य का विग्रह मिट जाने पर भी, वह सामान्य या साधारणीकृत अनुभव किसका है, यह प्रश्न काव्यशास्त्र से नहीं, समाज शास्त्र से सुलझ सकता है। यह तो निश्चत है कि कवि की अभिव्यक्ति मात्र व्यक्तिगत नहीं रहती किन्तु सौन्दर्याभिरुचि अपनी रक्षा के लिए निषेधों का विकास करती हैं। उदाहरणतः आज की नयी कविता में कर्कश-विद्रोहस्वर, अथवा गली कूचों की धूल और मिट्टी की व्यंग्य तस्वीर अथवा क्रान्तिकारी चण्डता[238] सौन्दर्य जनक नहीं समझी जाती। भद्रवर्ग की बैठकों में सुनाई गयी ऐसे भावों वाली कविताओं के प्रति प्रतिष्ठित महारथियों ने अविश्वास, अरुचि और वैराग्य ही प्रकट किया।...स्पष्ट है कि उनकी सौन्दर्याभिरुचि एक विशेष वर्ग की है।[239]

"उच्च मध्यवर्गीय सौन्दर्याभिरुचि के अधीन होकर; निम्नमध्यवर्गीय कवि जन, जाने-अनजान, उस फ्रेम के कारण सेन्सर लगाते रहते हैं और इस प्रकार अपने मानव स्पंदन और मर्मानुभव काटते रहते हैं।[240]

इस प्रकार काव्य प्रभाव के अध्ययन में एक अमूर्त मानवता की सामान्य भाव भूमि को ही सर्वस्व समझने वाले परम्परानुगामी, सम्प्रेषण के स्तर पर, वर्गीय भूमियों का विस्तार

करते हैं। यह तो सत्य है कि कुछ रचनाओं से सार्वजनिक स्तर को स्पर्श किया जा सकता है किन्तु सभी प्रकार की रचनाओं से ऐसा सम्भव नहीं होता क्योंकि प्रतिष्ठित सौन्दर्य रुचि या रस रुचि अपने निषेधों के कारण, लेखक के मूल्यों और रुचियों के साथ टकराने लगती हैं। अज्ञेय और जगदीश गुप्त ने, इस सर्घष में, वर्गीय आधार को अनदेखा कर दिया है।

अंत में मुक्तिबोध सर्वव्यापक, साहित्य निकष या काव्य निकष की प्रस्तुत करते हैं। उन के अनुसार कला के उक्त तीनों क्षणों की पूर्णता ही स्थायी काव्य प्रतिमान बन सकती है। अत्यधिक आत्मलीनता में कवि तटस्थ दृष्टि का पर्याप्त प्रयोग नहीं कर पाता। वह अनुभव और जीवनगत मूल्यों का समन्वय नहीं कर पाता। इसके विपरीत, जिन कवियों के पास संवेदन शिथिल हैं, वे अपने से जल्दी मुक्ति प्राप्त कर लेते हैं। इस दशा में कविता शुष्क हो जाती है।

मुक्तिबोध के इस निकष पर अहंवादी और प्रचारात्मक, मात्र दार्शनिक या उद्वामनात्मक कविताएँ असफल प्रमाणित होती हैं। कला और कविता वहीं सफल होगी, जहाँ आभ्यंतरीकरण और बाहयीकरण में अधिकाधिक संगति होगी और इसके लिए मुक्तिबोध स्पष्ट कहते हैं कि वास्तविक जीवन में व्यापक और विविध जीवनानभवों की सम्पन्नता तथा विक्षुब्ध उत्पीड़ित मानवता के आदशों से एकात्मता अनिवार्य है।[241] इस विक्षुब्ध मानवता के आदर्शों की चर्चा, अज्ञेय और उनके अनुगामियों में नहीं मिलती।

इस प्रकार मुक्तिबोध में काव्य निकष सामाजिक संरचना के साथ सम्बद्ध होने से वह सामाजिक काव्यशास्त्र के निर्माण में सहायक है जब कि अज्ञेय मण्डल का चिंतन स्वकेन्द्रित या व्यक्तिवादी स्वरों को छोड़ नहीं पाता।

प्राचीनों के भावावेगमूलक, छायावाद के कल्पनारंजित तथा भावुकतापरक, तथा प्रगतिवादी अनियंत्रित भावोद्गारमूलक काव्य से नयी कविता की रचना प्रक्रिया की इस विशिष्टता को मुक्तिबोध रेखांकित करते हैं कि उनमें अनुभूत मानसिक प्रतिक्रियाओं का व्यक्त किया जाता हैं लेकिन सृजन को वह एक सांस्कृतिक क्रिया ही मानते हैं। नयी कविता में वह निम्नमध्यवर्ग के जीवन की झांकी देखते हैं और सौन्दर्यवादी रचनाओं के प्रति उच्चवर्गीय मनोवृत्ति की वह चर्चा करते हैं।

किसी भी युग का काव्य अपने परिवेश से या तो द्वन्द्व रूप में स्थित होता है या सामंजस्य रूप में। नयी कविता अधिकतर द्वन्द्व रूप में स्थिर है।[242]

इस सूत्र में मुक्तिबोध नूतन परिवेश की रचना में नव लेखन की भूमिका को स्वीकार करते हैं और बिना नूतन और न्यायसगत परिवेश के, नवीन संस्कृति का जन्म नहीं हो सकता। वह आज की सभ्यता को ह्रासग्रस्त और जीवन को वैषम्यमूलक मानते हैं।[243] अतएव नवलेखन में, प्रगतिशील परम्परा की एक लांक को वह लक्षित कर सके हैं। उनके मत से, प्रश्न इसी परम्परा को आगे बढ़ाने का है।[244] प्रकारान्तर से, नवीन काव्यशास्त्र की भूमिका भी यहीं होगी कि उसकी व्याखाएँ मात्र रीतिवादी या दुर्गतिवादी न हों, प्रगतिमूलक हों।

"अधिकांश समीक्षकों का जीवन से कोई सम्बन्ध नहीं रहा—वे जीवन के कलात्मक साहित्य बिम्बों की तो व्याख्या करेंगे, किन्तु जीवन से दूर रहेंगे।"[245]

सौन्दर्यवादी लोग यह भूल गए कि बंजर, काले-स्याह पहाड़ में भी एक अजीब वीरान भव्यता होती है। गली के अंधेरे में, उगे छोटे से पौधे में भी एक विचित्र संकेत होता है।[246] "विश्वदृष्टि का विकास तब तक नहीं होगा, जब तक हम मानवता के भविष्य निर्माण के संघर्ष में आस्या न रखें और ध्यात्मिक रूप से उससे सम्बद्ध न हो जाएँ।[247]

"उनके (नए स्रष्टा) पास ऐसी कोई केन्द्रीय दृष्टि नहीं है जो उनकी भाव दृष्टि का अनुशासन कर सकें।"[248]

अतः साहित्य निकष में जीवन और साहित्य की द्वन्द्वात्मकता की गहचान को सतत ध्यान में रख कर, रचना पर विचार होता चाहिए। रचना प्रक्रिया के उद्घाटन में भी, दृष्टि और अनुभव की प्रामाणिकता के साथ साथ उसकी वाँछनीयता पर भी विचार होना चाहिए।

समीक्षा जब ह्रासकालीन जीवन मूल्यों की वकालत करने लग जाती है तब रूप के नाम पर भी एक विशेष प्रकार के रूप का ही समर्थन होता है।[249]

मुक्तिबोध का काव्य चिंतन नवीनता के साथ पूर्णता का स्पर्श देता है किन्तु नयी कविता आन्दोलन के एक कवि लक्ष्मीकान्त वर्मा, अतिवादी रुख़ अपना कर, प्राचीन काव्यशास्त्र के सृजनात्मक प्रयोग की सम्भावना का भी निषेध कर देते हैं। वह प्राचीन और नवीन काव्य दृष्टियों में इतना अन्तर देखते हैं कि प्राचीन काव्य-साहित्य पर आधारित काव्य शास्त्र, किसी भी रूप में, आधुनिक साहित्य का मूल्यांकन नहीं कर सकता।[250]

वर्माजी के अनुसार स्थायी भाव के ही शुद्ध रूप का आज पता लगाना कठिन है क्योंकि कोई भी अनुभूति आज अकेली और सीधी नहीं हैं। उसके पीछे अनेकानके छोटी छोटी अनुभूतियाँ हैं।[251]

लेकिन वर्मा जी ने यह नहीं देखा कि संचारी भावों का उल्लेख भी आचार्यो ने किया है और उनकी अनन्तता का उल्लेख भी किया गया है। फिर ध्वनि सम्प्रदाय में ध्वनित तत्वों का स्थूल वर्गीकरण करके तात्विक बात यह कही गई है कि कोई अनुभूति या भाव, वस्तु बोध और बिम्ब या अलंकार ध्वनित हो सकता है। यह भाव तथा अनुभूति एकहरी हो या बहुआयामी, इसका निषेध नहीं है किन्तु जगदीश गुप्त की तरह, वर्मा जी ध्वनि मत द्वारा भी काव्य मात्र की रचना-प्रक्रिया पर आलोकप्राप्ति को सम्भव नहीं मानते।

यदि कहें कि सौन्दर्यात्मक दृष्टि से समस्त साहित्य का मूल्यांकन सम्भव है तो वर्मा इसे भी सार्वभौम निकष नहीं मानते क्योंकि उनके अनुसार तुलसीदास सबसे कमजोर कवि नज़र आएँगे।[252] यह स्थापना असंगत है क्योंकि वर्मा जी न तो रामचरित मानस की कलात्मक संरचना को देखना चाहते हैं और न पात्रों के नैतिक औह आदर्शगत सौन्दर्य को। ऐसा लगता है कि वर्मा जी सौन्दर्य में केवल बाह्य सौन्दर्य को ही सम्मिलित करते हैं।

फिर स्वयं वर्मा जी प्राचीन, नवीन काव्य कला की समसामयिकता की सम्भावना भी मानते हैं। वह सार्वभौमिकता, अद्वितीय अनुभूति, मानव विशिष्टता, विशुद्ध कलात्मक

स्तर पर मानव संवेदना के दर्शन तथा वैयक्तिक तत्वों को आकलन की दृष्टि से[253] प्राचीन काव्य का आकर्षण और प्रासंगिकता मान लेते हैं। इन समान स्तरों के रहते हुए, कुछ प्राचीन से नवीन और नवीन से प्राचीन की व्याख्या की सम्भावना स्वयं सिद्ध हो जाती है।

वर्मा जी रागान प्रतिगानों के विकास में मुख्य बाधा कालगत मानते हैं लेकिन यह तो द्वन्द्वात्मक भौतिकवाद भी नहीं मानता कि मनुष्य पूर्णतः बदल गया है। वह मानवीय संघर्ष अभी समाप्त नहीं हुआ, जिसका प्रतिबिम्ब हमें साहित्य में मिलता है और जिसमें मनुष्य की सभी असंगतियों के पूर्ण निराकरण की, निर्द्वन्द्व होने अथवा मुक्त होने की मूल कामना और भावना प्रकट होती है। अतः कालक्रम की अनिवार्यता[254] निरपेक्ष रूप में स्वीकार कर लेने का अर्थ होगा, मनुष्य के आत्यन्तिक कायाकल्प की स्वीकृति, जो असंगत है।

किसी कालक्रम में मानव और उसके सृजन की विशिष्टता के बावजूद उसमें पूर्व मानव की निरन्तरता प्रवाहित रहती है किन्तु वर्मा जी इतनी सूक्ष्मता से मनुष्य की पहचान नहीं करते। इस विशिष्टता और निरन्तरता के द्वन्द्व को केन्द्रस्थ समझ कर, किसी भी नवीन कृति के विश्लेषण में भारतीय काव्यशास्त्र से सहायता ली जा सकती। वर्मा जी के अनुसार "अंधायुग" और "कनुप्रिया" का मूल्यांकन काव्य शास्त्र से असम्भव है क्योंकि अंधायुग में अश्वत्थामा नायक है और राधा रागात्मकबौद्धिक नायिका है किन्तु नायक-नायिकाओं के प्राचीन नियमविधान तक काव्यशास्त्र सीमित नहीं है। काव्यशास्त्र का तत्व यह है कि किसी कृति में विरोधी तत्वों की निर्मिति या समन्विति की सफलता पर, उसकी उत्कृष्टता निर्भर होती है। दूसरे शब्दों में कविमानस और परिवेश के संघर्ष और उसके ध्वनन का बोध, रचना की विशिष्टता का उद्घाटन कर सकता है। यह तो सत्य है कि अमृता शेरगिल के चित्रों और हेब्बर के चित्रों का सौदर्न्य समझने के लिए विभिन्न दृष्टियों को अपनाना होगा। यह विभिन्न दृष्टियाँ ही वस्तुतः विभिन्न मानदण्डों को जन्म देती हैं और ये मानदण्ड़ उन चित्रों की शैलियों की व्याख्या में निर्हित रहते हैं।[255] लेकिन सभी कला रूपों में मानव संवेदन, मानव भावना, वास्तविकता-बोध और प्रभावक्षमता के तत्व समान होते है। सभी कृतियाँ अनेक शैलियाँ अपना कर भी, इसी वस्तु तत्व को व्यंजित करती हैं अतः सभी रचनाओं में प्रक्रियागत एकसूत्रता भी मिलती है अतः मनुष्य में आमूल परिवर्तन होने के पूर्व तक तो व्यापक प्रतिमानों का प्रयोग सहायक हो ही सकता है।

बुरा मत मानो
मै नहीं कहता कि जीवन मत जियो, सभी जीते हैं
तुम्हें भी पड़ेगा जीना, जानता हूँ
किन्तु कुछ ऐसा करो,
पैर रखने की जगह तो हो,

एक अंगुली भूमि भी ऐसी मिले
जहाँ मैं जो हूँ, वही बनकर खड़ा रह सकूँ
सर उठाऊँ एक क्षण को ही सही
सत्य जो समझूँ, उसे देखूँ, सुनूँ, कह सकूँ
बात क्या मैंने बड़ी कह दी,
आज इतना भी असम्भव है?

वर्मा जी काव्यशस्त्रों को मात्र वर्गीकरण का पर्याय समझते हैं अतः कहते हैं, "शायद वे आलोचक इस कविता में केवल रस ढूँढ़ते-ढूँढ़ते उसकी मूल संवेदना को न समझेंगं, जिसमें कि एक पीढ़ी की वेदना निहित है।"[256]

पहली बात तो वह है कि यह कविता एक सामान्य रचना है। इसमें आज के मानव की अकिंचनता या विस्थापन का युगबोध है और यही इसके आकर्षण का कारण भी है। इसमें व्यक्ति और परवेश की असंगति के बोध से जन्य पीड़ा का अहसास या भाव भी है लेकिन भाव की सघनता का अभाव है। आंतरिक द्वन्द्व को बारीकी से न बुन कर, सरलीकरण कर देनें से, यह रचना समूची पीढ़ी में व्याप्त विस्थापन को अपने चतुर्दिक रूपों में ध्वनित नहीं कर पाती, एक हलका संकेत ही सम्मुख आता है। वेदना को रूप देने के स्थान पर कवि वातूनीपन अधिक अपना कर "पैर रखने की जगह हो' पंक्तिं से जो प्रभाव बन रहा था, उसे नष्ट कर देता है।

एक ओर तो वर्मा जी केवल वर्गीकरण को काव्यशास्त्र मान लेते हैं और दूसरी ओर रस सम्प्रदाय की सार्वभौमिकता की झलक भी पा जाते हैं।[257]

वर्मा जी इस वदतोव्याघात की चिन्ता न कर बौद्धिकता, सनक, वैयक्तिक तत्व, जटिल संवेदना, आदि की चर्चा करके उन्हें व्यक्त करने वाली नयी कविता के मूल्यांकन को काव्यशास्त्र के लिए सर्वथा अपरिभाषेय बना देते हैं लेकिन आनन्दवर्धन और सम्मट ध्वनित होने वाले तत्वों की एकरूपता का आग्रह नहीं करते। वह श्रेष्ठता का निकष कृति की ध्वनन शक्ति को मानते हैं। इसकी पहचान के लिए शब्द-अर्थ तथा पदों की संरचना के विश्लेषण का आग्रह करते है और प्रभाव के स्वरूप उद्घाटन की मांग भी करते हैं। इस निकष के साथ परिवर्तित होते हुए द्वन्द्वबोध की अभिज्ञा को मिला लिया जावे तो मूल्यांकन का एक आधार प्रस्तुत हो जाता है, जिसकी सफलता सर्वदा आलोचक की सूक्ष्मदृष्टि, भावक्षमता और विश्लेषण-सामर्थ्य पर निर्भर होगी।

वस्तुतः वर्मा जी कवि मानस की संश्लिष्टता और उसके रूपायन की पहचान को, एक प्रतिमान के रूप में, अनजाने ही मान लेते हैं। उनका अनुभूति-विश्लेषण इसका प्रमाण है-अनुभूति की प्रक्रिया में चिन्तन, बिम्ब, रूप, सम्पर्कात्मक संवेदना, धारणा और दृष्टि बोध सबकी सब सम्मलित हैं—वह (अनुभूति) सम्पूर्ण चेतन व्यक्तित्व की क्रियाशील स्थिति है।[258]

इसी प्रकार लघुमानव की धारणा में जीवन यथार्थ के प्रतिबिम्बन का प्रतिमान भी निहित है। लघुमानव की धारणा को वह पराजित पीढ़ी का नया चिंतन-दर्शन कहते हैं।[259] नयी कविता में मुक्तिबोध जैसे कवियों को छोड़कर, यह पराजयवाद, भारती, लक्ष्मीकांत वर्मा[260] आदि कवियों में विशेष रूप से मिलता है जो वर्तमान संकट को मानव की अंतिम नियति मान लेते हैं अतः उनके प्रतिमानों में सामाजिकता का निषेध है। यही कारण है कि वर्मा जी द्वन्द्वात्मक भौतिकवादी चिंतन धारा को, लघु मानव की "शव-क्रिया" के लिये उत्तरदायी ठहराते हैं। वर्मा जी के प्रतिमान इसीलिए निषेधवादी व्यक्तिवाद पर आधारित हैं। उनका बल यथार्थ बोध पर है, पर यह तो युग युग का साहित्य-प्रतिमान है। केवल व्यक्ति की दृष्टि से समाज को देखने के कारण, वर्मा जी का यथार्थ-बोध एकांगी है, उसमें समाज की दृष्टि से व्यक्ति को देखने की बुद्धि का अभाव है।

श्री विजयदेव नारायण साही का ध्यान भी काव्य और साहित्य में कवि और परिवेश के मध्य संघर्ष पर गया है। "यह कोई नयी बात नहीं है, कि कवि अपनी भावनाओं और परिवेश के बीच संघर्ष का अनुभव करे, सदा से ही कविता का स्रोत इसी संघर्ष में निहित रहा है लेकिन पुराने कवि के साथ एक आसानी थी, वह अपनी इच्छा या कल्पना के अनुसार दो में से एक की यथार्थता से इन्कार कर देता था। मानसिक एकाग्रता उसे मिल जाती थी और कविता, गीतों और प्रबन्धों के रूप में सम्भव हो पाती थी, आज के कवि को एक ही साथ दो बिन्दुओं पर खड़ा होकर देखने की चेष्टा करनी पड़ती है। भावनाओं के आगे परिवेश को गौण मानने की परिणति उसने पलायनवाद और रोमाण्टिक सौन्दर्य में देखी है, परिवेश के आगे भावनाओं को निछावर कर देने वाला फासिस्ट तानाशाही का स्वरूप भी उसके अनुभव का भाग बन चुका है। अतः कलात्मक रूप से, एक साथ दो दृष्टि-बिन्दुओं का संतुलन...दोनो (प्राचीन : नवीन) को स्वीकार करना होगा।[261]

इस प्रकार वास्तविकता और भाव के द्वन्द्व और उसकी संगति की खोज से, रचना का स्वरूप विश्लेषित हो सकता है।[262] परिवेश के साथ कवि का भावना-संघर्ष उद्गारों या विस्फोट के रूप में भी प्रकट हो सकता है और कलात्मक निर्मित के रूप में भी। साही के अनुसार प्रथम प्रवृति छायावाद की विशेषता थी और द्वितीय नयी कविता की। नयी कविता विस्फोट की तरह नहीं, तरंग की तरह बनती है, उसमें रचना को स्फटिक के सदृश गढ़ने की प्रवृति है।[263] साही, स्फटिक की रचना की रचना प्रक्रिया का विश्लेषण नहीं करते किन्तु फ़िशर के विवेचन तत्वों की संगति है। अतएव साही का प्रतिमान यथार्थ के प्रतिबिम्ब तथा वस्तु और रूप की संगति की धारणा के अनुकूल है। वह नयी कविता के लिए नए प्रतिमान नहीं, कविता के नए प्रतिमानों की खोज पर बल देते हैं।[264]

डॉ. देवीशंकर अवस्थी प्राचीन की नवीन व्याख्या द्वारा उसे समकालीनता बोध से जोड़ने की धारणा स्वीकार करते हैं। रामचन्द्र शुक्ल ने रस सिद्धान्त की जो पुनर्व्याख्या की थी, उसके पीछे समसामयिक जीवन और साहित्य के गहरे आग्रह थे।[265] स्वयं अवस्थी जी काव्यशास्त्र के साधारणीकरण की चर्चा भी करते है और अज्ञेय के सदृश इस युग के

विशेषीकरण के कारण, व्यापक साधारणीकरण के सिद्धान्त पर प्रश्न चिन्ह लगाते हैं।[266] किन्तु वह प्राचीन धारणाओं के सृजनात्मक प्रयोग पर नहीं, समसामयिक साहित्य की समीक्षाओं के आधार पर, आधुनिक लेखन के साहित्य शास्त्र की रूपरेखा ही सम्भव मानते हैं।[267] प्राचीन और नवीन में कहीं कोई समन्वय हो सकता है, इस ओर उनका चिंतन नहीं मुड़ता।

'चारुचन्द्रलेख' (हजारी प्रसाद द्विवेदी) पर उनके लेख तथा भूमिका से यह स्पष्ट है कि अवस्थी जी पाश्चात्य नयी आलोचना[268] से, आवश्यकता से अधिक प्रभावित थे। नयी आलोचना कृति की बुनावट, कथा, पात्र, शब्द, भाव आदि के समायोजन का निकटतम अध्ययन करती है किन्तु इस आलोचना में, कलाकार और जीवन दर्शन तथा सैद्धान्तिक चिंतन की उपेक्षा होती है। इसके सिवा इस आलोचना में काव्य भाषा को अनुचित महत्व दे दिया जाता है। 'नये समीक्षक', काव्य और कला के सामान्य स्वरूप पर चिंतन की उपेक्षा करते है।[269] अतः चारुचन्द्रलेख की समीक्षा में, अवस्थी जी द्विवेदी जी की अनुभव सम्पदा और भाव समृद्धि को पूर्णतः नहीं पहचान सके। जिस प्रकार शिकागो के नवअरस्तूमतावलम्बियों के मतानुसार, प्राचीन काव्य शास्त्र की सहायता से ही नव आलोचना पूर्ण हो सकती है, उसी तरह डॉ. भगवत शरण उपाध्याय का मत है कि आलोचक की खामियों का समाधान और पूर्ति एक ही प्रकार से हो सकती है, भारतीय आलोचना की शास्त्रीय पद्यति को यथासम्भव अपना कर।[270] श्री उपाध्याय मार्क्सवादी विचारक हैं किन्तु वह निषेधात्मक दृष्टि के विरोधी हैं।

नागेश्वर लाल ने यथार्थ-अनुभव के प्रति निष्ठा को काव्य निकष के रूप में प्रस्तुत किया है[271] जिसे सभी ने स्वीकार किया है। आधुनिक साहित्य में यह यथार्थ भुक्तयथार्थ या प्रामाणिक अनुभव के रूप में स्वीकृत है तो प्राचीन में जीवन की विभिन्न दशाओं और भावों का वर्णन है, साथ ही उसमें आदर्श को भी यथार्थ के वृत में शामिल कर लिया गया है। इस प्रवृति को देख कर नागेश्वरलाल यथार्थ-अनुभव को ही कविता मात्र का प्रतिमान मानते हैं।[272] इस यथार्थ अनुभव में मूल्यों के सन्निवेश की सम्भावना भी नागेश्वरलाल मानते हैं, नयी कविता में मूल्य निरपेक्ष स्वर है...पर यह स्मरण रखना होगा कि उसके मूल में भी एक मूल्य-चेतना है।[273]

नागेश्वर नए प्रतिमानों का सम्बन्ध रस से नहीं मानते। रस से नए प्रतिमानों का सम्बन्ध तभी हो सकता है, जब रस का पूरी तरह अर्थ बदल दिया जाए।[274] रस को वह स्वादु-अनुभव या लुत्फ़ कहते हैं और इतने व्यापक रूप में वह स्वीकार्य हो सकता है लेकिन उनका यह भी कथन कि अनुभव, खटटा, मीठा या घिनौना भी हो सकता है, और फिर भी वह किसी विशेष स्थिति में, अर्थपूर्ण प्रतीत हो सकता है।[275] नागेश्वर लाल ने इन परस्पर विरोधी धारणाओं को स्पष्ट नहीं किया है।

डॉ. नामवरसिंह उन आलोचकों का विरोध करते हैं, जो रस को सर्वव्यापक बनाने के प्रयत्न में उसे मात्र अनुभूति या भाव का पर्याय बना देते हैं। वह डॉ. नगेन्द्र द्वारा, अज्ञेय

की "सोन मछली" शीर्षक कविता की व्याख्या में डॉ. नगेन्द्र के अनुभूतिवाद को भ्रामक बताते हैं क्योंकि उससे इस कविता का प्रतीक और सत्यानुसंधान अस्पष्ट रह जाता है।[276] यह तो सत्य है कि नगेन्द्र जी ने उक्त कविता द्वारा प्रेषित सत्य पर ध्यान नहीं दिया, यह भी कि मछली जीवन की प्रतीक है, जिसे हम सीधे न देख कर, कांच के माध्यम से देखते हैं और रूप में ही उलझ जाते हैं लेकिन नगेन्द्र जी, जिस मानव संवेदना को इस कविता के मूल में स्थित मानते हैं, उसका निषेध कैसे हो सकता है? नगेन्द्र जी इस संवेदना को ही रस कहना चाहते हैं, इसमें अतिव्याप्ति अथवा रस की मनमानी व्याख्या का दोष अवश्य है किन्तु कविता मात्र के मूल में मानव संवेदना रहती ही है।

नामवरसिंह के अनुसार रस को मात्र अनुभूति कह देने से, नयी कविता में चित्रित रागात्मक सन्दर्भो की प्रवृत्ति की उपेक्षा होती हैं। नए कवि अनुभूति से अधिक अनुभूतियों के परिवर्तित सन्दर्भ पर विशेष बल देते हैं। स्पष्टतः उनका बल, रागात्मकता से अधिक रागात्मकता से अधिक रागात्मक सम्बन्धों पर है।[277]

नामवर का मत है–"छायावादी संस्कारों में पले जो आलोचक अनुभूति को स्थायी भाव का पर्याप्त समझते हैं, वे बदली हुई परिस्थिति में भी, कवि से केवल उन स्थायी भावों के अनुरूप, अधिक से अधिक, नए वस्तु विधान और रूप विधान की उपेक्षा रखते है वे यह भूल जाते है कि कवि कर्म, शास्त्र निरूपित, कुछ गिने चुने स्थायी या संचारी भावों को उदाहृत करना नहीं, बल्कि नयी वास्तविकता से उत्पन्न होने वाली वृत्तियों को उजागर करना है।"[278]

नामवरसिंह के इस मत में सच्चाई है कि पारम्परिक काव्यशास्त्री व्यापक तत्वों पर अधिक व्यान देते हैं। वे कवि चेतना और परिवर्तनशील वास्ततिकता के द्वन्द्व की उपेक्षा करते हैं। वे वास्तविकता और उसकी अभिज्ञा की निर्णायक भूमिका का अध्ययन नहीं करते लेकिन यह कहने के पश्चात् डा. नामवरसिंह को यह भी कहना चाहिए था कि नगेन्द्र जी शास्त्रीयरस धारणा का अपनी रुचि और दृष्टि से, आधुनिकीकरण करना चाहते हैं।

नामवरसिंह नयी कविता को निर्मिति मानते हैं, मात्र आत्मअभिव्यक्ति नहीं लेकिन छायावादी कविता भी मात्र आत्माभिव्यंजन नहीं है। निराला का "बादल", जुही की कली", पन्त का "परिवर्तन" और "पर्वतप्रदेश" तथा प्रसाद की 'कामायनी को मात्र आत्मोद्गार नहीं माना जा सकत। विभिन्न तत्वों के एक विशिष्ट संयोजन की प्रवृत्ति वहां भी है। छायावाद और नयी कविता में अंतर यह है कि छायावाद में आत्मोच्छ्वास का तत्व प्रबल हो जाता है फलतः आत्मानुशासन की मात्रा कम हो जाती है।

नामवर के निर्मितिवाद में रूपवादी संस्कार अधिक प्रबल हैं। उनके अनुसार स्फटिक संरचना सम्बन्धी विज्ञान की नवीनतम शीधों का तो यहाँ तक कहना है कि स्फटिक में सब कुछ संरचना ही है, तत्व जैसी कोई चीज़ नहीं क्योंकि चरम विश्लेषण में अंततः कुछ नहीं बचता, कुछ भी अलग से प्राप्त नहीं होता।[279] अगर नवीनतम शोधों[280] से मार्क्सवादी कला-सिद्धान्त की कला सम्बन्धी मुख्य धारणा-वस्तु (कण्टैण्ट) और रूप के

सामंजस्य की धारणा का खंडन हो जाता है तो स्पष्टतः वैसा कह कर, द्वन्द्वात्मक भौतिकवाद से मुक्ति प्राप्त कर लेनी चाहिए लेकिन नामवरसिंह, अपने संस्कारों का विश्लेषण नहीं करते, न वैचारिक संगति की चिन्ता करते हैं।

वामन के रीतिवाद के विश्लेषण में हम देख चुके हैं कि अ. फ़िशर ने स्फटिक की व्याख्या से सम्बन्धित नवीनतम शोधों में उस बुर्ज्वा दृष्टि को असंगत ठहराया है जो स्फटिक में मात्र रूप देखती है, तत्व नहीं। वास्तविकता यह है कि स्फटित की निर्मिति में, आंतरिक तत्वों का, विभिन्न ताप स्थितियों में, विभिन्न प्रकार का संयोजन होता है अन्यथा सभी स्फटिक और सभी रचना रूप एक से ही होते अतएव स्फटिक और साहित्य तथा कला की समझ के लिए रूपेच्छा और उसके प्रभाव का वर्णन पर्याप्त न मान कर, भीतरी तत्वों (कण्टैण्ट) का, तापों और तनावों और उनके विचित्र समन्वयों का अध्ययन करना चाहिए। यह विस्मृत हो जाने से, एक ओर तो नामवर सिंह, वस्तुपरक दृष्टि अपना कर, सफटिक की संरचना के समान, ध्वनि, लय, छन्द आदि के साथ ही सारे सामाजिक सन्दर्भ, युगसम्पृक्ति और कृतिकार के सामाजिक उत्तरदायित्व की घनीभूत पर्तो को देखने, समझने पर बल देते हैं और उसी परिच्छेद में, स्फटिक को मात्र रूप मानने[281] की ओर प्रवृत्त होते प्रतीत होते हैं। साथ ही, छायावाद और प्राचीन कविता में, वह किसी भी प्रकार की निर्मित की सम्भावना को अस्वीकार कर जाते हैं। इससे नामवरसिंह के प्रतिमानों में संकीर्णतावाद आ जाता है अर्थात् उनके प्रतिमान में व्यापकता नहीं रहती। यदि कोई प्रतिमान नयी कविता पर ही प्रयुक्त हो सकता है, अन्यन्न नहीं तो उसे प्रतिमान न कर, विशेषता या अद्वितीय प्रवृत्ति मात्र कहना चाहिए। निर्मितिवाद एक व्यापक धारणा है, वह मात्र आधुनिक साहित्य में ही नहीं मिलती, वह साहित्य मात्र में अनुस्यूत है, उसके रूप, युगानुसार, भिन्न-भिन्न हो जाते हैं।

नामवरसिंह पुराने प्रतिमान को पुराना संस्कार कहते हैं। उनके अनुसार इस पुराने या नामवर के शब्दों में छायावादी संस्कारों का सबूत यह है कि रामचन्द्र शुक्ल केशव की निन्दा करते हैं जबकि अज्ञेय, केशवदास को सफल व्यंग्यों का कवि मानते हैं। नामवर के अनुसार कबीर को भी शुक्लजी छायावादी संस्कारों के कारण पसन्द नहीं कर सके क्योंकि उनमें साहित्यिकता के अभाव की वह शिकायत करते हैं, किन्तु शुक्ल जी ने जो केशब या कबीर की यत्किंचित् प्रशंसा की है, उसका कारण स्पष्टतः उनके द्वारा अपने संस्कारों का अतिक्रमण था। श्रेष्ठ आलोचक रुचि से इतना ग्रस्त नहीं हो जाता कि वह 'अंशतः भी तटस्थ न हो सके। मनुष्य की इस सामर्थ्य की स्वीकृति से ही, यह सिद्ध किया जा सकता है कि मार्क्स, अप्रिय पूंजीवाद के ऐतिहासिक योगदान को पहचान सके थे। इसी तटस्थता के बल पर वह, प्राचीन कृतियों की मार्मिकता की प्रशंसा कर सके थे।

नामवरसिंह प्रतिमानों के सूत्रबद्ध करने को ख़तरनाक मानते है। लेकिन प्रतिमान-विरोध के आवेश में, वह अमरीकी नयी आलोचना को एकमात्र विकल्प के रूप में प्रस्तुत करने लगते हैं। इसलिए उनके अनुसार कविता के मूल्यांकन के सन्दर्भ में पद्धति के बिना,

प्रतिमानों की चर्चा निरर्थक है। नयी कविता ने कविता के नये मूल्यों को प्रतिष्ठित करने के साथ ही, कविता पढ़ने की नयी पद्धति की आवश्यकता भी प्रदर्शित की है।[282]

इसमें सन्देह नहीं कि अब कृति के निकटतम अध्ययन पर आई ए. रिचर्ड्स. एम्पसन आदि ने बल देकर वस्तुगत अध्ययन का एक मार्ग खोल दिया है। सी. बुक्स, ब्लैकमर आदि ने कृति के पाठ और निकटतम अध्ययन में, कलाकार और सामान्य प्रतिमानों की चर्चा छोड़कर, केवल रचना के तत्वों और उनकी बुनावट पर ध्यान केन्द्रित किया है लेकिन इस पद्धिति की अतिवादिता का अमरीका में उग्र विरोध भी हुआ है। नवअरस्तूमत प्रतिमानों की चर्चा को लाभप्रद मानता है—नामवर सिंह का ध्यान इस तथ्य की ओर नहीं गया। एक ही प्रतिमान के परीक्षण के लिए अनेक पद्धतियों का प्रयोग सम्भव है। यह भी विस्मृत कर दिया गया। उदाहरणतः वस्तु और रूप का सामंजस्य श्रेष्ठ कृति का प्रतिमान है किन्तु इसकी सिद्धि के लिए नयी आलोचना, मनोवैज्ञानिक, दार्शनिक, काव्यशास्त्रीय अनेक विधियों का प्रयोग किया जा सकता है।

अतः मात्र सामान्य सिद्धान्तों को ही पर्याप्त समझना उसी प्रकार अर्पाप्त है, जिस प्रकार मात्र पद्धति को पर्याप्त मान लेना। फिर कविता के निकटतम अध्ययन के प्रयोक्ता रिचर्ड्स और एम्पसन जैसे आलोचक है, हिन्दी के नए कवियों ने वही से प्रेरणा ली है। एलियट ने इधर ध्यान अवश्य आकर्षित किया था किन्तु उसे वैज्ञानिक प्रणाली के रूप में एम्पसन, सी. बुक्स आदि ने ही प्रयुक्त किया है।

नामवरसिंह का कथन है कि नयी कविता ने अंतर्ग्रथन द्वारा यह काव्य सिद्धान्त प्रस्तुत किया है कि कविता में किसी सामान्यता-सामान्य विचार, भाव या धारणा का वक्तव्य उतना नहीं, जितना एक स्थिति विशेष का नाट्यकरण अथवा नाट्यरूपांतरण (ड्रामैटाईजशन मिलता है[283], लेकिन यहाँ भी 'उतना' और 'जितना', जैसे मात्रात्मक शब्दों का प्रयोग किया गया है जिससे यह साबित होता है कि नयी कविता में विशेष और सामान्य की स्थिति है और मुक्तबोध इन दोनों की समन्विति को निर्देशित भी कर चुके हैं। मानव रचना में कोई ऐसी विशिष्ट रचना नहीं हो सकती, जिससे सामान्य तत्व उद्भासित न हो उठे। सामान्यतावादियों (नगेन्द्र जी, शुक्ल जी) की न्यूनता यह है कि वे विशिष्टता की उपेक्षा करते हैं तो विशिष्टतावादी नामवर सिंह की न्यूनता यह है कि वह सामान्यता की चर्चा को महत्व नहीं देते।[284]

रस की प्रसंगानुकूलता के विषय में नामवरसिंह अधिक युक्तिसंगत दृष्टि अपनाते है। वह रसमीमांसा को अर्थमीमांसा के बिना अपूर्ण मानते है। वह नगेन्द्र जी के 'रस सिद्धान्त' ग्रन्थ में ध्वनि पर स्वतंत्र अध्याय न होने की शिकायत करते है और ध्वनि के बिना रस की स्थापना को निराधार कहते हैं।[285]

"रस निर्णय अर्थ निर्णय पर निर्भर है। अर्थ निर्णय पाठक की कोरी अनुभूति का विषय नहीं, बल्कि प्रस्तुत काव्य के सूक्ष्म विश्लेषण से सम्बद्ध है।"[286]

रिचर्ड्स और एम्पसन ने किसी कृति में अर्थों की अनन्तता के उद्घाटनका

प्रशंसनीय प्रयत्न किया है। अर्थों की अनन्तता अथवा कृति की अर्थ-संकुलता (कामप्लैक्सिटी) का कारण, उसके माध्यम, भाषा की विशिष्टता और शब्दों के साथ भावक के आसंग (असोसियेशन्स) का संन्निवेश है अतः एक ही कृति से, अनेक पाठक, अनेक अर्थ और अनुभूतियां ग्रहण करते है। रिचर्ड्स और एम्पसन शब्दों का अर्थ, सन्दर्भ में मानते है। सन्दर्भ भिन्न होने से विभिन्न अर्थ प्रवाह चल पड़ते है अतः एम्पसन द्वारा प्रतिपादित संकुलता के सप्त रूप[287] देखकर लगता है, जैसे एम्पसन, ध्वनि-सिद्धान्त का अनजाने ही प्रयोग कर रहा हो। एम्पसन के अनुसार, एक काव्यात्मक वर्णन, कई रूपों में प्रभावशाली हो सकता है। एक अर्थ में कई अर्थ अविरोधी रूप में रह सकते है। एक शब्द को असम्बन्धित से प्रतीत होने वाले अर्थों को व्यंजित्त कर सकता है। अर्थों के अनेक विकल्प लेखक के मन में एक सकुल की खोज करता है, तब एक सौभाग्यपूर्ण अस्पष्टता रहती है। कृति के कथित अंश असम्बद्ध या परस्पर विरोधी प्रतीत होता है तब पाठक व्याख्याओं के लिए विवश हो जाता है। कृति में अंतर्विरोध रहता है अतः वह लेखक के विभाजित मन का परिचायक होता है।[288]

इस प्रकार किसी कृति के रस या आस्वाद के लिए, ध्वनित अर्थों का अध्ययन अनिवार्य हो जाता है और ये ध्वनित अर्थ, सन्दर्भ से स्पष्ट होते हैं।

कृति को व्यक्तित्व से स्वतंत्र मानकर, रस-ध्वनिमत ही नहीं, अन्य सम्प्रदाय भी व्याख्या का विषय बनाते है अतः डॉ. रघुवंश का मत उद्धृत करते हुए नामवरसिंह यह स्वीकार करते हैं कि काव्य के संरचनात्मक संगठन की रूपगत और व्याख्या का आधुनिक आधार संस्कृत काव्यशास्त्र से सहज ही प्राप्त किया जा सकता है।[289]

"आज इस तथ्य पर इतना अधिक बल देने की आवश्यकता इसलिए आ गई कि छायावाद के आत्मपरक रोमानी संस्कारों से ग्रस्त आलोचकों ने, रस सिद्धान्त को आधुनिकता का जामा पहनाने के उत्साह से प्रायः, उस सिद्धान्त को एक आत्मपरक रोमांटिक सिद्धान्त का रूप दे डाला है।"[290]

सारांश यह है कि नामवरसिंह, रस का वस्तुपरक व्याख्या और ध्वनि प्रक्रिया द्वारा, अर्थ मीमांसा की परम्परा को स्वीकार करते है। लेकिन कविता के नए प्रतिमान में जिस प्रकार वह प्रतिमानों के सूत्रीकरण का विरोध करते हैं, उसी प्रकार, अपनी एक पूर्व पुस्तक में वह प्रतिमानों का सूत्रीकरण भी कर चुके है। "आधुनिक साहित्य की प्रवृत्तियाँ" में वह वास्तव बोध को एक प्रतिमान के रूप में प्रस्तुत करते है। "वास्तविकता के कारण ही महाभारत सर्वश्रेष्ठ काव्य है।"[291] "सामयिकता के माध्यम में ही शाश्वत रचना हो सकती है।"[292] इन सूत्रों में किसी रचना के मूल्य परीक्षण के लिए ऐतिहासिक दृष्टि का भी समर्थन किया गया है। यह भी कहा गया है कि प्रगतिवाद ने आलोचना को स्थिर मान दिए।[293] नामवर की आलोचना में ऐसे परस्पर विरोधी कथन अनेक है।

श्री अमृतराय द्वन्द्वात्मक भौतिकवादी आलोचना को, भारतीय काव्यशास्त्र का ही क्रान्तिकारी रूप मानते हैं।[294] कारण यह है कि मार्क्सवादी आलोचना साहित्य और समाज

का गतिशील सम्बन्ध उद्‌घाटित करते हुए, सचेतन रूप से, समाज परिवर्तक सृजन की मांग करती है।[295] उसमें विगत का बहिष्कार नहीं, सृजनात्मक प्रयोग होता है और वह साहित्य की कसौटी जीवन को मानती है—जीवन की कसौटी पर जो साहित्य खरा उतरे, वह खरा है और जो खोटा उतरे, वह खोटा है।[296] अतएव, युग और समाज से ऊपर किसी प्रतिमान को अमृतराय अस्वीकार करते हैं।[297] किन्तु इन सूत्रों की गम्भीर व्याख्या नहीं की गई। श्री राय रस को, मनोविज्ञान तथा समाजशास्त्र की भूमि पर प्रतिष्ठित करके, उसे स्वीकृत देना चाहते हैं और साधारणीकरण के सिद्धान्त को काडबेल की सामूहिक या व्यापक भाव रहते हैं, इसीलिए कलाकृति में अनेक भागीदार होते हैं लेकिन वह यह संशोधन भी प्रस्तुत करते हैं कि कृतियों का समान साधारणीकरण सम्भव नहीं है।[298] श्री राय की धारणाओं से 'यथार्थबोध' ही व्यापक प्रतिमान के रूप में उभरता है।

डॉ. इन्द्रनाथ मदान आधुनिक साहित्य के मूल्यांकन के लिए, मध्य कालीन प्रतिमानों को असमर्थ मानते है। वह उनके सृजनात्मक प्रयोग को भी व्यर्थ ठहराते हैं। यह दृष्टि स्पष्टतः नकारात्मक है क्योंकि मदान जी प्राचीन काव्य प्रतिमानों पर गम्भीर चिंतन किए बिना ही, निर्णय देते रहते हैं।

"आज साहित्य को परखने के न तो शाश्वत सिद्धान्त काम में आ सकते है, न ही इसके लिए किसी चरम कसौटी को आधार बनाया जा सकता है। अलंकार, रस, ध्वनि आदि के आधार पर आज की कविता का मूल्यांकन उतना ही असंगत है, जितना इन सिद्धान्तों का विस्तार तथा परिष्कार कर इन्हें आधुनिकता की प्रक्रिया में फिट करना।"[299]

मदान जी आधुनिकता के मूल में वैज्ञानिकता को मानते हैं। लेकिन तब प्राचीन और नवीन दोनों रचना प्रकारों के लिए समान पद्धति और प्रतिमानों की खोज तो आधुनिक ही प्रमाणित होगी। संक्रान्ति आधुनिकता की दूसरी विशेषता है जो प्रश्नाकुलता देती है, उत्तरों पर नहीं पहुँचने देती। किन्तु उत्तरों और समाधानों के प्रयत्न को आधुनिक नहीं कहा जा सकता। मदान जी स्वयं नयी आलोचना से प्रभावित हैं और प्रत्येक कृति की संशिलष्टता के निरीक्षण को, स्थायी मापदण्ड के सदृश ही प्रस्तुत करते हैं—"कविता को कभी वस्तु की दृष्टि से आंका गया है तो कभी इसे शिल्प की कसौटी पर परखा गया है जब कि वस्तु को शिल्प से, अनुभूति को इसकी अभिव्यक्ति से अलगाने की बात छात्रोपयोगी तो हो सकती है, लेकिन रचनाप्रक्रिया की दृष्टि से असंगत लगती है।"[300] इस प्रकार अनजाने ही वस्तु और रूप के प्रतिमान को मदान जी स्वीकार कर लेते हैं।[301] किन्तु वस्तु और रूप के संग्रथन तक मात्र प्रातिभ ज्ञान द्वारा नहीं पहुंचा जा सकता, उसके लिए विश्लेषण संश्लेषण की विधि अपनानी पड़ती है और इसका संकेत रस की वस्तुनिष्ठ व्याख्या तथा ध्वनि मत में है। शैली-विज्ञान तथा नयी आलोचना भी भाषा के विश्लेषण द्वारा ही वस्तु और रूप के सामंजस्य की ओर जाने का मार्ग प्रशस्त करती है।

मदान जी शास्त्रीय रस सिद्धान्त के आधार पर आधुनिक काव्य के मूल्यांकन को असम्भव मानते हैं। रस सिद्धान्त को शाश्वत मानने का मोह इस (प्रयोगमूलक) कविता

के मूल्यांकन में बाधक है। इस कविता का उद्‌देश्य रसानुभूति कराना नहीं है। रसास्वादन के क्षणों में, चेतना के बौद्धिक व्यापार शात हो जाते है जबकि प्रयोगवादी कविता में, बौद्धिक व्यापार क्रियाशील हो जाते हैं साधारणीकरण के सिद्धान्त को भी इसके मूल्यांकन का आधार नहीं बनाया जा सकता।[302] हम यह देख चुके है कि बोधवृत्तिप्रधान या वस्तुव्यंजनात्मक रचनाओं का स्वरूप, भाव प्रधान या रस प्रधान रचनाओं से ही होता है, व्यापक रूप में ही राग और मानव संवेदन सर्वत्र होता है पर रस के विशिष्ट, शास्त्रीय रूप के आधार पर, निस्सन्देह नवलेखन का मूल्यांकन सम्भव नहीं है परन्तु रस की वस्तुनिष्ठ भट्ट लोल्लट की व्याख्या भी है और प्रक्रिया के अध्ययन के लिए ध्वनि की धारणा का आधार लिया जा सकता है, मदान जी इस ओर ध्यान नहीं दे सके।

डॉ. देवराज का मत है कि मूल्यांकन का उद्‌देश्य एक कोटि के प्रकारों की तुलना करना होता है। इस क्रिया में परीक्षक की दृष्टि किसी आदर्श पर टिकी अपितु मानवता के उपलब्ध अतीत की भी सांस्कृतिक आवेष्टन का भाग मान लेना पड़ता है।[303] इस प्रकार देवराज जी, आधुनिक और प्राचीन साहित्य की सर्वथा स्वतंत्र कोटियाँ नहीं बनाते जैसा कि डॉ. इन्द्रनाथ मदान में मिलता है। देवराज जी के अनुसार तो नवीन साहित्य की आलोचना के लिए प्राचीन श्रेष्ठ कृतियों का ज्ञान अनिवार्य[304] है। प्राचीन से अपरिचित व्यक्ति न कृति विशेष को भीतर से आंक सकता है, न युग की आवश्यकताओं की कसौटी पर कस कर उसे देख सकता है।[305] किन्तु देवराज जी प्राचीन और महान कृतियों का अवगाहन ही, आधुनिक साहित्य के मूल्यांकन के लिए अनिवार्य मानते है, उस साहित्य के आधार पर विकसित, रस, अलंकार, ध्वनि आदि को नहीं, क्योंकि उनके मत से ये पिछड़े हुए सिद्धान्त है। इनके आधार पर अन्ना केरीन्निना तथा गोदान का मूल्यांकन सम्भव नहीं है।[306] साथ ही देवराज जी मूल्यांकन की कसौटी, अनुभूति की गहराई, व्यापकता और नूतनता को निर्धारित करते है।[307] लेकिन ये तीनों गुण रस-ध्वनि सिद्धान्त में मिल जाते है। अतः देवराज के कथनों में वदतोव्याघात और सरलीकरण के दोष मिलते हैं।

हिन्दी के उक्त आलोचनात्मक चिंतन से यह स्पष्ट है कि 'कला के लिए' जैसी धारणा यहाँ स्वीकृत नहीं हुई हैं। अधिकांशत आलोचक साहित्य और कला के प्रतिमान रूप में जीवन यथार्थ के कलात्मक प्रतिबिम्बन की प्रक्रिया में साहित्य के घटकों की द्वन्द्वात्मक संगति को महत्व देते हैं। इस प्रकर रस-ध्वनि सिद्धान्त के साथ, गत्यात्मक यथार्थ बोध के योग से एक सार्वभौमिक साहित्य प्रतिमान के विकास की सम्भावना उभर कर सम्मुख आती है।

आधुनिक आलोचना से सम्प्रति साहित्येतर प्रविधियों तथा ज्ञानानुशासनों के प्रयोग द्वारा साहित्य की व्याख्या हो रही है।[308] विभिन्न प्रविधियाँ ही व्याख्याओं और मूल्यांकनों के लिए अस्त्र का कार्य कर रही है। मनोविश्लेषणात्मक, नृतत्वशास्त्रीय, समाज शास्त्रीय प्रायोगिक आलोचना या व्यावहारवादी आलोचना, संघटनात्मक आलोचना आदि विधियों से अनेक प्रश्नों पर प्रकाश प्राप्त किया गया है। हेमन ने इन प्रश्नों को इस प्रकार प्रस्तुत

किया है :

1. कवि जीवन के सन्दर्भ में कृति की सार्थकता (जीवनीपरक आलोचना)
2. रचनाकार और समाज का सम्बन्ध (समाजशास्त्रीय : ऐतिहासिक)
3. पाठक पर प्रभाव का स्वरूप–समाजशास्त्रीय, प्रायोगिक आदि
4. आदिम मानव–चेतना से कृति का सम्बन्ध–मनोवैज्ञानिक तथा नृतत्व शास्त्रीय (आर्कीटाइप्स तथा मिथ)
5. साहित्यिक परम्परा में कृति का स्थान–ऐतिहासिक
6. अपने समय के दर्शन से सम्बन्ध–ऐतिहासिक
7. कथ्य क्या है?–संघटनात्मक
8. प्रयोजन क्या है–संघटनात्मक
9. अर्थों का प्रस्फुटन–अनेक प्रकार, संघटनात्मक
10. बिम्बों का संयोजन–अनेक प्रकार, संघटनात्मक
11. भाषा का प्रयोग–संघटनात्मक
12. मुख्य शब्दों की संकुलता का स्पष्टीकरण[309]

इनमें संघटनात्मक आलोचना या कृति के निकटतम अध्ययन में इधर भाषा शास्त्रीय और शैली विज्ञानात्मक विधियों का भी प्रयोग हो रहा है। इन विधियों के सूक्ष्म संकेत भारतीय रीतिवाद में मिलते हैं, यह दिखाया जा चुका है। अर्थ मीमांसात्मक (सीमैण्टिक) विधि का प्रारम्भिक रूप, ध्वनि सिद्धान्त में प्राप्त होता है। बिम्बों के संयोजन या अप्रस्तुत विधान के लिए अलंकार सिद्धान्त का सृजनात्मक प्रयोग किया जा सकता है। पाठक पर रचना के प्रभाव के अध्ययन में साधारणीकरण और रस सूत्र की व्याख्याओं से लाभ उठाया जा सकता हैं मनोवैज्ञानिक और मनोविश्लेषणात्मक विधि के लिए भी मानव प्रकृति के सम्बन्ध में प्राचीनों की अंतर्दृष्टियों का यत्र तत्र प्रयोग हो सकता है। समाज शास्त्रीय विधि तथा ऐतिहासिक प्रविधि के लिए भारतीय काव्य शास्त्र विशेष सहायता नहीं कर सकता और न प्रायोगिक विधि का कोई संकेत वहाँ प्राप्त होता है।

इन विधियों और पद्धतियों के प्रयोग से आधुनिक आलोचना, प्राचीन काव्यशास्त्रीय आलोचना से, गुणात्मक दृष्टि से भिन्न हो गई है।[310] किन्तु इन विधियों और पद्धतियों का प्रयोग करते समय, प्राचीन काव्यशास्त्र अनेक अंतदृष्टियाँ देता है और उसकी पारिभाषिक शब्दावली के अस्त्रों का भी प्रयोग यथास्थान हो सकता है।

यहाँ स्मरणीय है कि किसी भी विधि और पद्धति के प्रयोग के समय आलोचक की दृष्टि जीवन और साहित्य के द्वन्द्वात्मक सम्बन्ध पर, बराबर जमी रहनी चाहिए–अर्थात् वर्ण्य मानसिक स्थिति, जीवनदर्शन, भाव और बिम्बों के जीवन यथार्थ के साथ सूक्ष्म सम्बन्धों को ग्रहण किए बिना, कोई भी विधि एकांगी व्याख्या अथवा अमूर्त व्याख्या में परिणित हो जाएगी।

इस सन्दर्भ में यह कहना आवश्यक है कि द्वन्द्वात्मक भौतिकवाद का विरोध उक्त

विधियों और पद्धतियों से नहीं है, उसके आधार पर अथवा उसके वृत्त के भीतर उक्त विधियाँ और पद्धतियाँ अपना अपना कार्य कर सकती है। स्वभावतः अधिदर्शनात्मक और अमूर्त्त धारणाओं का बहिष्कार करना होगा क्योंकि इनसे यथार्थ धूमिल होता है और अमूर्ततावादी दृष्टि से कृति तथा उसके प्रभाव की व्याख्या में आंतरिक सम्बन्ध अस्पष्ट रह जाते हैं।

उदाहरणतः मनोविश्लेषण विधि में मानव मन को एक स्वतंत्र घटक के रूप में मान लिया जाता है। चेतन और अवचेतन के विभाजन में वास्तवक जीवन की भूमिका स्वीकार नहीं की जाती और न चेतना और अवचेतन में वास्तविक जीवन की भूमिका स्वीकार नहीं की जाती और न चेतना और अवचेतन के द्वन्द्व में 'संकल्प' के निर्णयक महत्व को स्वीकार किया जाता है। इसी प्रकार, नयी आलोचना में रचनाकार के व्यक्तित्व, उस पर पढ़े प्रभावों, वास्तविक जीवन में उसके संघर्षों आदि की उपेक्षा की जाती है। मार्क्सवाद विरोधी, नवसमाज-शास्त्रीय विधियों में भीड़, अलगाव, प्रबुद्ध वर्ग (इलीट) आदि धारणाओं को अमूर्त रूप में प्रस्तुत किया जाता है। इन तथ्यों के अन्य तथ्यों के साथ सम्बन्धों की उपेक्षा की जाती हैं। अमरीका के पूंजीवादी समाज व्यवस्था की रक्षा के लिए, विकासमूलक या क्रान्तिकारी दृष्टि का विरोध इसीलिए होता है फलतः जनता भीड़ प्रतीत होती है और मनुष्य के अलगाव को सामाजिक न मानकर, शाश्वत मान लिया जाता है।

द्वन्द्वमूलक दृष्टि से इन अमूर्तताओं का बहिष्कार करके जहाँ जो विधि, वस्तुगत विश्लेषण में सहायक हो सकती है, उसे अपना पर कृति की व्याख्या की जा सकती है।

इस प्रकार द्वन्द्वात्मक भौतिकवाद और अंतर्सूत्र के रूप में अपनाकर विभिन्न विधियों और पद्धतियों का अलग अलग और समन्वित प्रयोग हो सकता है और होना चाहिए।

इसी प्रकार भारतीय काव्यशास्त्र के रसध्वनिवाद के आधार पर कृति का परीक्षण सम्भव है। इस विधि में भी अन्य विधियों-पद्धतियों का यथास्थान प्रयोग हो सकता है और विश्लेषण की प्रक्रिया में विवेचक का ध्यान जीवन यथार्थ और उसके प्रतिबिम्बन अथवा वस्तु और रूप के द्वन्द्वात्मक सम्बन्ध पर बना रह सकता है। आलोचना का एक ऐसा ही प्रारूप (माडल) यहाँ प्रस्तुत किया जा रहा है किन्तु यह प्रारूप मात्र है, किसी स्वतंत्र ग्रन्थ में ही इसे पूर्णता दी जा सकती है।

कोई मेरे पास बैठा हुआ है।
पर दिखाई नहीं देता।
जिस तरह मैं पुस्तक पढ़ रहा हूँ
उसी तरह वह भी।
कोई मेरे बिस्तर पर, आकर, सो गया है
कोई मेरा बोझ अपने कंधो पर ढो रहा है।

कोई मेरे साथ कपड़े बदल रहा है,
कोई मेरे पैरों पर चल रहा है।
कोई मुझसे रूठा और ऐंठा हुआ है,
जो दिखाई नहीं देता।
कोई मुझसे अपना हरएक काम करता हुआ टोक रहा है।
कोई मुझे काम ख़त्म होने की सरहद पर खड़ा जोह रहा है।
कोई मेरी घड़ी को, अपनी कलाई में महसूस कर रहा है।
बुज़दिल! दिखाई नहीं देता,
मेरे आसपास कहीं छिपा हुआ
मुझसे डर रहा है।[311]

'दूसरे डर' शीर्षक इस कविता की व्याख्या केवल यह कह देने से नहीं होगी कि इसमें भय नामक भाव है। बिम्बों का प्रयोग इन रचना में नहीं है, इसलिए इस रचना की संघटना आंतरिक है। स्पष्टतः यह कविता भावप्रधान न होकर, मानसिक (साइकिक) है। कविता प्रामाणिक अनुभव पर आधारित है। प्रायः हम यह अनुभव करते हैं कि हमारा अस्तित्व एक नहीं, दो हैं—या हमारे क्रियाकलाप को कोई चुपचाप देख रहा है। सार्त्र ने 'हम देखे जा रहे है' (टू बी लुक्ट एट) के संत्रास को मानव जीवन का बहुत बड़ा संकट कहा है। इस मानसिक स्थिति को ध्वनित करना ही कवि का लक्ष्य (इन्टैंशन) है। कवि इस स्थिति का संवेदन और बिम्ब पाठक के मन में जाग्रत कर सका है, यह प्रथम निष्कर्ष है। यह निष्कर्ष, समग्रदर्शन (गैस्टाल्ट) से प्राप्त होता है। इसके हेतु पूर्व अनुभव और साहित्य के गम्भीर अध्ययन से प्राप्त अंतर्ज्ञान है उक्त रचना को पढ़कर जो समग्र अनुभूति होती है, वही इस रचना का लावण्य या सौन्दर्य है, जिसकी ओर ध्वनिकार ने संकेत किया था। यह समग्र अनुभूति इस रचना के अवयवों से भिन्न, अवयवी है और वही ध्वनि है। 'कोई मेरे पास बैठा है,' इस पंक्ति से ही पाठक का मन अंतर्मुखी होने लगता है और आत्मसाक्षात्कार चल पड़ता है। प्रत्येक पंक्ति इस आंतरिक ध्वनिप्रवाह को पूर्ण करती है :

1. कोई मेरे पास बैठा है— अनुभव का प्रारम्भ, ध्वनि प्रक्रिया का प्रारम्भ
2. पर दिखाई नहीं देता— अंतर्मुखता की ओर निश्चित प्रवृति ध्वनन का संचरण
3. "जिस तरह मैं पुस्तक पढ़ता हूँ, इसी तरह वह भी," में अदृश्य अस्तित्व का अनुभव, रोमांच, भय का स्पर्श, अकेलापन आदि की व्यंजना है। इसी तरह प्रत्येक पंक्ति, आत्म-साक्षात्कार को पूर्णता देने में आवश्यक घटक है और अंत में इस मानसिक स्थिति का समग्र बिम्ब उभरता है जो किसी 'अदृश्य' का अहसास कराता है। यह कोई ब्रह्म या चिरंतन सत्ता या प्रेत का रहस्यवादी अनुभव नहीं है अपितु

सामान्य अनुभव है अतएव पाठक विगत रहस्यवादी रचनाओं से इस रचना की नवीनता अनुभव करता है।

समग्र ध्वनि और उसमें काव्य पंक्तियों के योग के पश्चात् शब्द-विधान को देखना चाहिए। शब्द प्रचलित हैं लेकिन इस रचना की संकुलता का कारण, शब्दों के साथ-साथ चलनशील वे सन्दर्भ हैं, जो समकालीन संकट और असंगतियों के व्यंजक है। इसके सिवा मनुष्य की सर्वकालीन दशा का भी एक बोध यहाँ ध्वनित होता है—

'पर दिखाई नहीं देता' प्रयोग से मनुष्य को संकटग्रस्त करने वाली शक्तियों की ओर भी संकेत है। सम्भव है, कवि के अवधान में यह अर्थ न हो, लेकिन रचना में अर्थसंकुलता अवश्य है। 'बिस्तर पर आकर सो गया है' से, वास्तविक जीवन और व्यक्तित्व एकाकी क्षणों की भिन्नता ध्वनित की गई है किन्तु इसी पंक्ति के 'कोई और' तथा 'मेरे बिस्तर' शब्द निजता का संकेतक है। कभी कभी अपने ही व्यक्तित्व को अलग करके देखने के इस प्रयत्न में यह भी प्रतीत हो सकता है कि यह दूसरा व्यक्तित्व या साक्षी या शत्रु मेरा सहायक भी है या यह भ्रान्ति भी जाग्रत हो सकती है कि जीवन का भार हम स्वयं ढोते हैं परन्तु लगता है, कोई और ही भारवाहक है, हम मात्र द्रष्टा हैं।

आम-विभाजन का अनुभव 'कपड़े बदलने' और 'मेरे पैरों चलने' जैसे प्रयोगों से व्यंजित होता है। 'रूठना' 'ऐंठना' शब्द समकालीन मानव सम्बन्धों की संक्रान्ति के संकेतक हैं। 'ऐंठा हुआ है'—यह स्थिति हम आज के समाज में प्रायः अनुभव करते है। प्रतियोगितापरक समाज व्यवस्था में ऐंठ, आत्मरक्षा, श्रेष्ठता-प्रदर्शन तथा प्रतिपक्षी के गर्वभंजन के लिए प्रयुक्त होती है अतः इस शब्द से आज का जीवन यथार्थ रूपायित होता है। 'ऐंठ' के स्थान पर गर्व, अहंकार जैसे गौरवमय आर्ष प्रयोग, यथार्थ का, इस मात्रा में प्रतिबिम्बन नहीं कर सकते थे।

'कोई मुझे हर एक काम करता हुआ टोह रहा है' में अनेक अर्थ ध्वनियाँ है। कोई अपने सतत निरीक्षण का विषय मुझे बनाए हुए है। इसमें 'मैं देखा जा रहा हूँ' का सुरक्षानाशक भय जाग्रत होता है। यहाँ खीझ भी निहित है कि अन्ततः लोग अपना कार्य चुपचाप क्यों नहीं करते, दूसरों को दृष्टियों से क्यों बेधते हैं। अन्ततः लोग अपना कार्य चुपचाप क्यों नहीं करते, दूसरों को दृष्टियों से क्यों बेधते है। यह सब टोह शब्द से ध्वनित होता है 'टोह' की जगह तलाश या अनुसंधान या खोज खबर या निरीक्षण जैसा कोई शब्द कविता को अवास्तविकता का रंग दे देता है। 'टोह' के पीछे सामान्य जनता में प्रचलित शब्द-प्रयोग की शक्ति है। छायावादी और पारम्परिक कवि, जनता द्वारा प्रयुक्त भाषा की इस शक्ति को भूल जाते हैं।

कोई एक ऐसा अन्य व्यक्ति भी हो सकता है जो कवि की कार्य-समाप्ति की प्रतीक्षा कर रहा हो ताकि उसका सहवास प्राप्त हो सके। उस सहवास से जन्य सुख दुःखों का अनुमान पाठक की कल्पना पर छोड़ दिया गया है। यह मृत्यु भी हो सकती है, जो कार्य समाप्ति के बाद विनाश कर सकती है अथवा प्रेयसी भी हो सकती है। कार्य समाप्त करने

के बाद कवि प्यार में निमग्न हो सकता है।

'सरहद' शब्द से कवि चिरपरिचित शब्द को नया अर्थ देता है। 'सीमा' शब्द से दूसरे प्रकार का ध्वनिप्रवाह उत्पन्न हो जाता अतः 'खत्म' और 'सरहद' शब्द सटीक है।

देर तक आत्मनिरीक्षण कष्टकारक होता है क्योंकि इससे स्नायु-मण्डल पर भार पड़ता है। अवांछित और अदृश्य दृष्टि का सामना करते रहने से मन करता है कि निरीक्षक की भर्त्सना की जाए। प्रतिक्रिया व्यक्त हो जाने से स्नायुमण्डल का तनाव कम हो जाता है। इसके सिवा 'अनुपस्थित-उपस्थिति' को दण्ड देने का संतोष भी मिल सकता है अतः कवि बुजदिल का सम्बोधनात्मक प्रयोग करता है। :

बुज़दिल! दिखाई नहीं देता
...मुझ से डर रहा है।

यहाँ 'मेरे आसपास कहीं छिपा हुआ है,' यह पंक्ति अनावश्यक है क्योंकि इससे अदृश होने की सूचना की मात्र पुनरावृति होती है। 'बुज़दिल' शब्द अनेक अर्थों का व्यंजक है। 'कायर' शब्द से अर्थ सांकेतिकता कम हो जाती क्योंकि 'बुज़दिल' में दिल है, जिससे उस अदृश्य निरीक्षक की असहृदयता प्रकट होती है। यदि वह सहृदय होता तो कवि को इतना कष्ट नहीं देता। यदि वह बहादुर होता तो वह सम्मुख आ जाता। इस बुज़दिल शब्द से कवि समकालीन कायरता को भी ध्वनित करता है। आजकल लोग प्रायः छिप कर आक्रमण करते है। मध्यकालीन वीरों के सदृश सम्मुख जा कर प्रहार नहीं करते अतः मूल्यों और मानवीय सम्बन्धों की विसंगति की ओर भी ध्यान जाता है।

इस रचना में 'कोई' शब्द 9 बार प्रयुक्त हुआ है जो एक से अनेक अर्थों को उभारता है। एक बार 'वह' शब्द का भी प्रयोग हुआ है और एक बार 'जो' शब्द का भी। सर्वनाम, संज्ञा से अधिक रहस्यमय होता है। 'कोई', 'वह', 'जो' शब्द अनेक चिरसाहचर्यों (असोसियेशन्स) को जाग्रत कर सकते हैं। 'कहीं' शब्द भी अनिश्चित स्थान का व्यंजक होता है, इससे सूक्ष्मता आती है। 'मैं' एक बार 'मेरे' सात बार तथा 'मुझसे' चार बार प्रयुक्त हुआ है अर्थात् कवि का स्व पर ध्यान 12 बार जाता है इससे कवि की आत्मचेतना व्यंजित होती है लेकिन 'मैं' माध्यम भी है क्योंकि कवि पूरी रचना में एक तटस्थता बनाए रखता है और निर्वेग रह कर स्थिति का अंकन करता है।

उक्त सांकेतिकता और अर्थ संकुलता के कारण ही यह कविता उल्लेखनीय है। जिस तरह जल में पत्थर फेंकने से लहरों के आवर्त बनने लगते हैं, उसी प्रकार इस रचना में आवर्तों और स्तरों की संगति है। किन्तु मात्र ध्वनि-सिद्धान्त से ही रचना की श्रेष्ठता का पता नहीं चल सकता। द्वन्द्वात्मक भौतिकवादी दृष्टि से कवि मन का विसंगत परिवश के साथ जो मारक द्वन्द्व देख सकता है, समकालीन युग में अनेक परस्पर विरोधी स्वरों, बोधों और मूल्यों का संघर्ष जिसे ज्ञात है और जो साथ ही विराट ऐतिहासिक विकास में मानव

मन की सूक्ष्मताओं की क्रीड़ा को समझ सकता है, वही इस कविता का मर्म हृदयंगम कर सकता है।

यथार्थ बोध के बिना मात्र ध्वनिबोध रचना की अद्वितीयता का उद्घाटन नहीं कर सकता। प्राचीन कविता में ध्वनिप्रक्रिया अनेक स्थलों पर सफलतापूर्वक अपनाई गई है लेकिन, आज के यथार्थ से साक्षात् सम्बन्ध न होने के कारण उनमें समकालीनता का स्पर्श नहीं मिलता। उनमें तात्कालिक यथार्थ के स्मरण तथा मानव के ऐतिहासिक विकास का प्रतिबबम्ब मिलता है। उनमें कुछ अंश सार्वकालिक या अपेक्षाकृत अधिक स्थायी भी हो सकता है, वह भी उन्हें मार्मिक बनाता है। इसके सिवा प्राचीन कला में विरोध (कंट्रास्ट) या वैविध्य के कारण भी आनन्द आता है किन्तु फिर भी समकालीन कला और साहित्य ही हमारी मानसिक भूख शांत करता है क्योंकि उसमें हम अपना वास्तविक प्रतिबिम्ब पाते हैं।

उक्त रचना में में न्यूनताएँ भी अनुभूत होती है। कवि चाहता तो 'दूसरे का डर' को और अधिक सश्लिष्ट बना सकता था, अन्य अनेक स्थितियों में निरीक्षित होने की आकुलता को व्यक्त कर सकता था। भीतरी भुनभुनाहट पूरी तरह ध्वनित नहीं हो सकी, ऐसा अनुभव होता है। 'जो दिखाई नहीं देता' की पुनरावृत्ति भी खटकती है, इससे आंतरिक बुनावट में व्यतिक्रम आता है।

ध्यान से देखने पर उपर्युक्त व्याख्या में काव्यशास्त्रीय ध्वनिवाद के साथ मनोविज्ञान और संघटनात्मक तथा शैलीविज्ञानपरक विधियों का भी यत्किंचित् प्रयोग हुआ है और कवि दृष्टि, शब्द और कवि के भाव (दूसरे का डर) के स्वरूप को समझाने के लिए इस यथार्थ की पहचान की गई है कि सम्प्रति कवि और परिवेश के द्वन्द्व का एक बड़ा कारण हमारी सामाजिक संरचना का वैषम्य है।

उक्त रचना रसात्मक नहीं है क्योंकि किसी भाव में निमग्न करने का प्रयत्न यहाँ नहीं है। एक जीवन स्थिति का साक्षात्कार ही यहाँ कराया गया है और फिर उसे सामान्यीकृत करके मानव जीवन की विशिष्टता के रूप में परिणत कर दिया गया है। अतः रचना की शक्ति, मात्र इस डर के कारण नहीं है अपितु रचना की शक्ति का मुख्य कारण जीवन की वास्तविकता का बोध है। भय इस ज्ञान का प्रतिफल है। इस स्थिति का विवरण या समाचार न देकर कवि, उसकी व्यंजना करता है, तभी वह ध्वनन शक्ति के कारण रचना बन सकी है।

अनेक प्रगतिवादी रचनाओं में, द्वन्द्वात्मक भौतिकवादी या यथार्थ मूलक दृष्टि होने पर भी, इस ध्वनन-प्रक्रिया की अवहेलना मिलती है अतः रचनाएँ मात्र प्रचारात्मक हो गई हैं। भगवतीचरण वर्मा की 'भैंसागाड़ी' तथा पन्त जी के 'युगान्त' की रचनाएँ प्रमाण है लेकिन निराला का 'कुकुरमुत्ता' ध्वनि-प्रक्रिया या व्यंग्य के कारण महत्वपूर्ण रचना बन गई है। इसी प्रकार 'ग्राम्या' रूपशक्ति और सहानुभूति के कारण उल्लेखनीय हो गई है।

ध्वनि की दुरूहता या शब्दों में आवश्यकता से अधिक अर्थ भरने से भी रचना

अस्पष्ट हो जाती है तथा शमशेर की रचनाओं में अस्फुटता खटकती है :–

म्यान सूनी है आज...क्यों
मृत्यु बन आई आसक्ति, आज?
शुष्क है पल, अग्नि है घन
...फूल थे, हो गए, तुम हे मौन : धारा में।[312]

अमूर्त्त चित्रणों में, हिन्दी कविता को अभी बहुत कम सफलता मिली है किन्तु इन रचनाओं का भी मूल्यांकन भाव के प्रतिमान पर नहीं हो सकता, जिसका रसवादी आग्रह करते हैं, कारण यह है कि इस प्रकार की रचनाओं में वस्तु-व्यंजना ही प्रधान होती है अथवा बिम्ब-व्यंजना :

जंगले जालियाँ
स्तम्भ, धूप के संगमरमर के,
ठोस तम के।
दूर से आती हुई, एक चौपड़ सी सड़क
अंतस में खोती जा रही।[313]

धूप संगमरमर और तम के स्तम्भ रूप तो वस्तुतः ध्वनि का स्थूल रूप ही व्यक्त करता है अर्थात् अलंकार की स्थूलता को यह प्रयोग छोड़ नहीं पाया किन्तु 'सड़क अंतस् में खोती जा रही' में अनुभव गंभीर है और रूप यहाँ सूक्ष्मध्वनिप्रवाह का स्पन्दक बन सका है। कभी कभी सड़क को देखकर ऐसा अनुभव अवश्य होता है। 'खोना' शब्द से स्थूल वस्तुओं का रूपान्तरण ध्वनित है। फिर भी शमशेर को इस कविता में स्थूल के सूक्ष्मीकरण में सीमित सफलता ही मिल सकी है अतः न मात्र यथार्थ बोध पर्याप्त है और न केवल ध्वनन प्रक्रिया ही पर्याप्त है, दोनों की संगति से ही, वस्तु और रूप की संगति बनती है और यही कविता का नूतन प्रतिमान कहला सकता है।

नयी कविता में ध्वनन प्रक्रिया तो है लेकिन मुक्तिबोध, शमशेर जैसे कवियों को छोड़कर नए कवियों ने जहाँ यथार्थ भावनाओं और बोधों की उपेक्षा की है, वहाँ उस पर छायावादी पलायन का आरोप लगा है। इसी प्रकार अकविता में नयी कविता के विरुद्ध प्रतिक्रिया के आवेश में 'अकवि' प्रचारात्मक होने लगते है।

नगर मरते हैं और संस्कृतियाँ दफ़न होती है :–

कस्बों में उग जाते है खलिहान
और रेतों में खो जाते हैं, नख़लिस्तान

रोज़ उदासी का एक पृष्ठ और खुल जाता है।[314]

रघुवीर सहाय के 'आत्महत्या के विरुद्ध'[315] संग्रह में भी ध्वनन-प्रक्रिया कमजोर है। ध्वनन प्रक्रिया वस्तुतः सृजनात्मक कल्पना का ही दूसरा नाम है जो विभिन्न घटकों में संयोजन करती है। रघुवीर सहाय से कहीं अधिक संयोजन शक्ति, संतुलन और सूक्ष्ममता साही के 'मछली घर' में पायी जाती है। कारण यह है कि प्रलाप से अधिक कला आत्मालाप में होती है :–

इसी तरह मैं तुमसे हल्के हल्के बातें करते हुए
उस नीरोध समुद्र में चला गया
और मुझे लगा कि हमारी निष्कपट आवाज में
एक मोती जन्म ले रहा है।[316]

इस प्रकार की रचनाओं में रूपहीन अनुभव को पकड़ने का प्रयत्न होता है। ऊपर से देखने पर यहाँ केवल मन का सत्य प्रतीत होता है किन्तु इस रचना में भी कवि का मन, उपस्थित व्यक्ति के साथ उलझता है और इस द्वन्द्व में कवि आपबीती का तटस्थ निरीखण करता है। प्रियता की स्थिति में कुछ उपलब्धि सी होती है यों स्पष्टतः कुछ कहना कठिन हो जाता है अतः मोती के बिम्ब द्वारा उसे व्यंजित किया गया है।

इसी प्रकार 'इसी तरह उम्र भर' में साही ने ललित कल्पना (फैंसी) द्वारा युगबोध को व्यक्त किया है लेकिन यह अनेक अर्थविच्छित्तियों को समेंटते हुए ही सम्भव हो सका है। इस रचना में एक मेज़ के आसपास बैठे कुछ लोगों की कल्पना की गई है, एक प्याले से सर्प सिर निकालता है। कोई एक व्यक्ति उसे मंत्र फूं कर पराजित कर देता है, साधक अट्टाहस करते है, ऐसा बार बार होता है, उम्र भर यही होता रहता है।

एक प्याले से गेहुँअन सर निकालता है
निडर होकर इधर उधर देखता है
साधकों की भीड़ में कोई मंत्र फूँक कर तिल मारता है
गेहुँअन लड़खड़ाता है, मूर्च्छित होता है
प्याले में वापस चला जाता है
साधक अट्टहास करते हैं
एक दौर हुआ।[317]

एक दृष्टि से यह मात्र ललित कल्पना प्रतीत होती है किन्तु जो पाठक समकालीन प्रबुद्धों के सम्मेलनों में, एक दूसरे को पछाड़ने की प्रवृत्ति से परिचित है, वे किसी एक

के वाग्प्रहार और किसी अन्य द्वारा उसकी पराजय के दृश्यों और उनसे उत्पन्न कटुता और कुत्सा को पहचान सकते है। प्रतिभा की प्रतियोगिता में प्रायः सद्भाव समाप्त हो जाता है, यह स्थिति ही यहाँ व्यंग्य है किन्तु कवि यहाँ विश्लेषण न कर, एक रूप खड़ा करता है। इससे कविता सहज ही मित्रों के भीतरी तनावों को ध्वनित कर देती है।

यहाँ भी आवेगहीन रह कर वर्ण्य स्थिति का अंकन किया गया है अतः इस रचना का मूल्य यथार्थ की अभिज्ञा और उसे व्यंजित करने के लिए कुशल कल्पना में है। कवि के चित्त का ठंडापन और 'एक दौर हुआ' में छिपा व्यंग्य प्रभावित करता है। इस कविता के अन्य अर्थ भी हो सकते हैं।

किन्तु मुक्तिबोध की रचनाओं में समकालीन जीवन की असंगतियों को बोध सर्वाधिक प्रमाणिक है और उसे अधिक से अधिक ध्वन्यात्मक बनाया गया है। इस प्रक्रिया में सामूहिक मानस में निहित प्रतीकों (आर्कीटायप) का प्रयोग भी किया गया है। पूँजीवादी समाज में व्यक्तित्व का विभाजन हो जाता है। मन वचन और कर्म की एकसूत्रता लुप्त हो जाती है, इस स्थिति को ओरांग उटांग के प्रतीक द्वारा व्यक्त किया गया है :

स्वयं की ग्रीवा पर फेरता हूँ हाथ कि करता हूँ महसूस
एकाएक् गरदन पर उगी हुई सघन अयाल
और शब्दों पर उगे हुए बाल तथा वाक्यों में ओरांग
उटांग के बढ़े हुए नाखून।

सत्य के बहाने स्वयं को प्रस्थापित करना, एक समकालीन तथ्य है अतः आत्मनिरीक्षण के क्षण में वक्ता अपने में पार्शविकता का स्पर्श पाता हैं यह रूपान्तरण या काया-कल्प काफ्का तथा अडनेस्को ने भी प्रस्तुत किया है। ललित कल्पना द्वारा मानव की इस विसंगति को मुक्तिबोध 'ब्रह्मराक्षस' में भी व्यक्त करते है। अभिव्यक्ति के खतरों की चिंता न कर मुक्तिबोध ने नयी कविता का जो रूप प्रस्तुत किया है, उसें अंतर्द्वन्द्व और बहिर्द्वन्द्व की संश्लिष्ट व्यंजना हुई है। इस द्वन्द्व बोध को पूर्व प्रगतिवादियों की तरह घोषणापरक न बनाकर, छायाभासात्मक (फैंटेसी) विधि पर व्यक्त करने से पाठक का मन आज की दुरावस्था को पहचानता है और साथ ही वह एक व्याकुलता का भी अनुभव करता है। परिस्थिति का संत्रास मन पर छा जाता है और साथ ही वास्तविकता नाटकीकरण से पाठक की चेतना एक आवर्त्त में घूमती है जो मुक्ति की छटपटाहट जगाती है।

अधिकाधिक काव्य घटकों के संश्लेषण में मुक्तिबोध सर्वत्र सफल नहीं हो सकें उदाहरणतः 'अंधेरे में' एक अन्तहीन फैलाव है जो कहीं भी समाप्त किया जा सकता है, उससे अंत का अनुमान नहीं लग पाता। किन्तु मुक्तिबोध के मन का महाभारत तथा कवि की गम्भीर संवेदना और अंतर्द्वन्द्व, बाह्य वास्तविकता के प्रतिबिम्ब रूप में व्यक्त होता है :

अकेले ही दरों में लुटेरे इलाक़ों में ज़ोरदार
आज जो गिरोह है,
पीड़ित जनों को उनकी ही टोह है
इसीलिए...कट जाओ, टूट जाओ
टूटने से विस्फोट शब्द जो होगा, गूँजेगा जगभर
किन्तु अकेले ही, तुम्हारी ही वह सिर्फ़ नहीं होगी कहानी।[318]

इस प्रकार मुक्तिबोध की कविता एक व्यक्ति की कथा नहीं है, उसमें व्यष्टि और समष्टि का, बोधवृति और भाव का, कल्पना और वास्तविकता का एक अटपटा सा प्रतीत होने वाला रसायन है, जो पाठकों को आनन्द देने के लिए नहीं, मानव का वैयक्तिक और ऐतिहासिक नियति के परिज्ञान के लिए प्रस्तुत किया गया है। मुक्ति बोध में अस्फुअता और अनगढ़पन, भारतीय मानवीय स्थितियों के दर्शन में सहायक ही हुई है क्योंकि उनसे काव्य और अधिक ध्वन्यात्मक हो गया है। अतिकल्पनात्मक या छायाभासात्मक शैली (फैंटेसी) के कारण व्यंजना गूढ़तर हो गई है। यही कारण है कि उसमें शिलाओं जैसा आकर्षण है, पुष्पों जैसा नहीं। रसवाद भावना की सच्चाई और तीव्रता पर बल देता है। मुक्तिबोध की रचनाओं में भाव की सच्चाई प्रभावित किए बिना नहीं रहती किन्तु वह भावुक पद्धति न अपना कर आत्म-संघर्ष के माध्यम से बाह्य संघर्ष और संकट को ध्वनित करना चाहते है अतः यथार्थ बोध भावसम्पदा के साथ ध्वनन प्रक्रिया की कुशलता ही मुक्तिबोध को नयी कविता का प्रतिनिधि कवि प्रमाणित करती है।

वास्तविकता की अभिज्ञा, संवेदना या भावना की सत्यता तथा ध्वननकुशलता के प्रतिमान के आधार पर कथा साहित्य, नाट्य साहित्य आदि का भी मूल्यांकन किया जा सकता है। उपन्यास जीवन यथार्थ को ही व्यंजित करने के लिए घटना पात्र आदि का विधान करते है। देखना यह चाहिए कि लेखक के प्रयोजन को उसके रचना-घटक कहाँ तक भली भाँति व्यंजित कर सके है और यह भी कि लेखक का प्रयोजन, उसके बोध, अनुभव और भावादि का मूल्य क्या है, वे कहाँ तक सत्य या असत्य है और किस प्रकार अन्य तत्वों के साथ उनकी संगति स्थापित की जा सकती है। संक्षेप में वस्तु और रूप के सामंजस्य से रचना स्फटिक अथवा आनन्दवर्धन के शब्दों में मोती के समान बन सकी है या नहीं। यह आवश्यक नहीं है कि अवयवों में संगति का रूप एक ही प्रकार का हो क्योंकि अनेक कथा प्रयोग पाए जाते है लेकिन 'गोदान' या 'यूलिसिस' या 'नदी के द्वीप' या 'युद्ध और शांति' में कथा, पात्र, जीवन-दर्शन आदि की विशिष्टि संगति अवश्य दिखाई पड़ती है। कोई कथा या उपन्यास या नाटक अपने किसी एक घटक से हमें प्रभावित कर सकता है। किसी में कथा का, किसी में नूतन दृष्टि का, किसी में वर्णन का किसी में संवादों का, किसी में शब्दावली का और किसी में बिम्बों का आकर्षण सम्मोहक हो सकता है किन्तु तोलस्तोय के 'युद्ध और शांति' में इन सब तत्वों का समन्वय मिलता है। रस सूत्र की

द्वन्द्वात्मक व्याख्या के अनुसार उसमें विभावनुभावसंचारी आदि घटकों के संयोग से रस या कलात्मक तोष अधिकाधिक भाषा में प्राप्त होता है। सैंकड़ों पात्रों की विशिष्टता की रक्षा करके, मानव जीवन के विविध रूपों को ध्वनित करने की शक्ति तोलस्तोय का सर्वोतम उपन्यासकार बना देती है।

कहानी और एकांकी जैसी लघु विधाओं में भी तत्व, किसी तथ्य (वस्तु व्यंजना) या बिम्ब या भाव की व्यंजना होती है। वहाँ जीवन की विराट चित्रशाला से किसी एक रूपांश या अनुभूति या प्रभाव या सत्यांश को तीव्रता के साथ प्रस्तुत किया जाता है किन्तु यहाँ भी जीवन के प्रति रचनाकार की दृष्टि की नवीनता और यथार्थता तथा उसका ध्वनन ही मूल्यांकन का आधार बन सकता है। उदाहरणतः 'कफ़न' में प्रेमचन्द, दरिद्रता में पतन की चरम सीमा को जिस व्यंग्य और हास का स्पर्श देकर व्यक्त करते है, उससे पात्रों के प्रति पाठक की सहानुभूति अधिक उमड़ती है। 'पूस की रात' में यही सूक्ष्मता है किन्तु अन्य कहानियों में प्रेमचन्द ध्वनन-कुशलता का उतना परिचय नहीं देते। अज्ञेय के उपन्यासों में चिंतनात्मकता का आकर्षण है लेकिन वह चिंतन, यथार्थ के विरुद्ध चला जाता है अतः भाषा की कुशलता के बावजूद पाठक पूर्ण तृप्ति नहीं प्राप्त कर पाता। इसलिए मात्र नवोन्मेष किसी कलाकृति को सफल नहीं बना सकता यों नवीनता रचना की प्रथम शर्त है।

महाभारत, युद्ध और शांति, ताजमहल, अजंता ऐलारा के चित्र, अमिताभ की प्रतिमा, पिकासो के चित्र, सूरदास के पद, कामायनी का पूर्वार्ध, मुक्तिबोध के 'अंधेरे में' तथा तानसेन के संगीत में वस्तु और रूप, अथवा बोध और भाव एवम् वस्तु और ध्वनि की आदर्श संगतियाँ देखी जा सकती है अतएव सृजन-मात्र का मापदण्ड वस्तु और रूप का सामंजस्य ही माना जा सकता है। भारतीय काव्यशास्त्र के शब्दों में उसे ध्वनि कह सकते हैं, जिसमें वस्तु, अलंकार और भावादि सभी वर्ण्य घटकों का समावेश हो जाता है। स्वभावतः सतत परिवर्तनशील, द्वन्द्वात्मक मानव-परिस्थियों के सन्दर्भ में ही उक्त सामंजस्य का परीक्षण होगा और द्वन्द्वात्मक यथार्थबोध के वृत के अन्तर्गत वस्तु और रूप की समन्विति के परीक्षण में अन्य आधुनिक विधियों और पद्धतियों का भी प्रयोग सम्भव हो सकेगा। मेरा मत यह है कि साहित्य तथा अन्य कलाओं के इन नूतन प्रतिमान के सृजनात्मक प्रयोग से रचना की उत्कृष्टता का निर्णय हो सकता है।

सन्दर्भ

1. मार्डन वर्नाक्यूलर लिटरेचर आफ़ हिन्दुस्तानी, ग्रियर्सन, भूमिका।
2. हिन्दी की सैद्धान्तिक समीक्षा, डॉ. रामाधार शर्मा, अनुसंधान, प्रकाशन, कानपुर, 1992 पृष्ठ 7।
3. वही, पृष्ठ 13।
4. हिन्दी की सैद्धान्तिक समीक्षा, पृष्ठ 17।

5. वही।
6. रसज्ञ रंजन, म.प्र. द्विवेदी, पृष्ठ 62 वही, पृष्ठ 29।
7. वही 29।
8. वही, 31।
9. अंग्रेजी के प्रसिद्ध कवि मिल्टन ने कविता के तीन गुण वर्णन किए है। उनकी राय है कि कविता सादी हो, जोश से भरी हुई हो और असलियत से गिरी हुई न हो—रसज्ञ रंजन, पृष्ठ 57।
10. कालिदास की निरंकुशता, शीर्षक निबन्ध।
11. सरस्वती, 1904 मार्च में, काव्य रसायन, की आलोचना।
12. रजज्ञरंजन, पृष्ठ 28।
13. "देव के एक एक छन्द में अनेकानेक अलंकारों, भाषा का माधुर्य और प्रेम वर्णन है...सूर, तुलसी भी इन गुणों को अपनी-अपनी कविताओं में सन्निविष्ट नहीं कर सके। वे देव के सामने नितान्त असमर्थ रहे है"—उद्धृत, रामाधार शर्मा, पृष्ठ 61।
14. बिहारी सतसई, पृष्ठ 115-220।
15. रामाधार शर्मा, पृष्ठ 70।
16. वही।
17. देव और बिहारी।
18. हिन्दी आलोचना, उद्भव और विकास, डॉ. भगवत स्वरूप मिश्र, देहरादून 1954, पृष्ठ 331।
19. (अ) पूर्ण रसयोजना के लिए विभाव, अनुभाव, संचारी आदि को ज़बरदस्ती ठूँसना अनावश्यक है। —जायसी ग्रंथावली, पृष्ठ 94।
(ब) पूर्ण रस की कवायद कवि का काम नहीं है—रसमीमांसा।
20. रसमीमांसा, तृतीय संस्करण, काशी संवत् 2017 पृष्ठ 150।
21. वही, पृष्ठ 160।
22. रसमीमांसा, तृतीय संस्करण, काशी, संवत् 2017 पृष्ठ 6।
23. हृदय का मधुर भार—रसमीमांसा, पृष्ड 13
24. तृतीय सप्तक, मदन वात्स्यायन, पृष्ठ 147, काशी, 1959, सम्पादक, अज्ञेय।
25. वही, पृष्ठ 178।
26. ललित कला संग्रहालय में—डबल्यू. एच. आडेन, देशान्तर, काशी, द्वितीय संस्करण, 1965, पृष्ठ 68।
27. रस मीमांसा, पृष्ठ 25।
28. रस मीमांसा, पृष्ठ 24।
29. वही, पृष्ठ 25।
30. वही।
31. वही, पृष्ठ 26।
32. वही, पृष्ठ 26।
33. अपने समय में उठी हुई किसी खास हवा की झौंक में प्राचीन आर्ष काव्यों के पूर्णतया निर्दिष्ट स्वरूप वाले आदर्श पात्रों को एकदम कोई नया मनमाना रूप देना भारती के पवित्र मन्दिर में व्यर्थ गड़बड़ मचाना है—रस मीमांसा, पृष्ठ 51।
34. संवेदनावाद को लेकर सबसे विलक्षण तमाशा कमिंग्ज़ साहब ने खड़ा किया है...

इन नाना वादों से अब पश्चात्य कवि मण्डली अपना पीछा छुड़ाना चाहती है...रस मीमांसा, पृष्ठ 269-71।

35. इन बहुत सी ही व्याधियों का प्रवर्तक है, व्यक्तिवाद, जो बहुत पुराना रोग है... पुराने रोग जल्दी पीछा नहीं छोड़ते, एक न एक रूप में बहुत दिनों तक बने रहते हैं। यही दशा व्यक्तिवाद की है, जिसकी नींव भेदभाव पर आधारित है—रस मीमांसा, पृष्ठ 271।

36. वही, 271-272।

37. वही, पृष्ठ 272।

38. वही, पृष्ठ 272।

39. रस मीमांसा, पृष्ठ 290।

40. वही, भाव शीर्षक अध्याय।

41. वही, पृष्ठ 135।

42. रस मीमांसा, पृष्ठ 257।

43. भ्रमरगीतसार की भूमिका।

44. रामाधार शर्मा, पृष्ठ 125।

45. वही, पृष्ठ 125।

46. पिया बिन सांपिन कारी रात
कबहुंक उदयत होति जुन्हैया, डसि उलिटी हवै जात।

47. शुक्ल जी का मत था कि अल्प शक्ति वालों की अहंकार वृति को तुष्ट करने वाला साम्य शब्द ही उत्कर्ष विरोधी है—गोस्वामी तुलसीदास।

48. हिन्दी साहित्य : बीसवीं सदी, लखनऊ, 1946, पृष्ठ 59।

49. वही, पृष्ठ 59।

50. वही, श्री रामचन्द्र शुक्ल शीर्षक निबन्ध, पृष्ठ 54-77।

51. वही, पृष्ठ 83।

52. वही, पृष्ठ 83।

53. वही।

54. वही।

55. हिन्दी की सैद्धान्तिक समीक्षा, पृष्ठ 179।

56. वही, पृष्ठ 180।

57. वही, पृष्ठ 181।

58. वही, पृष्ठ 182।

59. हिन्दी की सैद्धान्तिक समीक्षा, पृष्ठ 132।

60. वही, पृष्ठ 162।

61. वही, पृष्ठ 162।

62. वही, पृष्ठ 162।

63. वही, पृष्ठ 167।

64. वही।

65. वाजपेयी जी अनुभूति की एक स्थान पर इस प्रकार व्याख्या करते है : वह वस्तु जो कल्पना के विविध अंगों और मानस छवियों का नियमन और एकान्वय करतीं है, अनुभूति कहलाती है। अतएव अनुभूति काव्य का निर्णायक और केन्द्रीय तत्व है,

जिसका क्षण और विन्यास काव्यकल्पना और काव्यात्मक अभिव्यक्ति के रूप में होता है। इस भावात्मक अनुभूति में मानव व्यक्तित्व और मानवता के श्रेष्ठ उपादान होते है, जिनसे काव्य में मूल्य और महत्व की प्रतिष्ठा होती है। (नया साहित्य : नए प्रश्न, पृष्ठ 147) अनुभूति का स्वरूप यहाँ स्पष्ट है। यहाँ अनुभूति को भावात्मक भी कहा गया है और साथ ही उसमें कवि के व्यक्तित्व को भी शामिल कर लिया गया है। कल्पना से उसे भिन्न कहा गया है। इस अस्पष्टता से ही वाजपेयी जी की आलोचना में रहस्यात्मकता आई है।

66. वही, पृष्ठ 164।
67. आधुनिक साहित्य, पृष्ठ 305, 307, वही, पृष्ठ 164।
68. वही, पृष्ठ 164।
69. रामाधार शर्मा, पृष्ठ 167।
70. रामाधार शर्मा, पृष्ठ 163।
71. वही, पृष्ठ 174।
72. रामाधार शर्मा, पृष्ठ 177।
73. वही, पृष्ठ 177
74. वही।
75. वही, पृष्ठ 181।
76. वही, पृष्ठ 233।
77. वही, पृष्ठ 233।
78. वही, पृष्ठ 235।
79. वही, पृष्ठ 200।
80. कल्पलता, पृष्ठ 194।
81. वह शास्त्र, वह रसग्रन्थ, वह कला, वह नृत्य, वह राजनीति, वह समाज सुधार, वह पूजा-पार्वण जंजालमात्र है, जिससे मनुष्य का भला न होता हो, न मनुाषात्परतरं किंचिदस्तीह भूतले-साहित्य का मर्म।
82. ग्रामगीतों की एक एक बहू के चित्रण पर रीतिकाल की सौ सौ मुग्धाएँ, खंडिताएँ, धीराएँ निछावर की जा सकती हैं। वे अपने जीवन के लिए किसी शास्त्र विशेष की मुखापेक्षी नहीं है–हिन्दी साहित्य की भूमिका 130।
83. साहित्य का मर्म।
84. द्विवेदी जी ने एक ओर तो आत्मानन्दी सूर पर ग्रंथ लिख कर उनकी प्रशंसा की है, और दूसरी ओर कबीर पर भी एक प्रशंसात्मक ग्रंथ लिखा है...सूर में आनन्द प्रमुख है, कबीर में नीति और उपदेश। कबीर में तो आनन्द तत्व है भी परन्तु नाथ सम्प्रदाय में तो इसकी और भी कमी है–रामाधार शर्मा, पृष्ठ 263।
85. साहित्य का मर्म।
86. सूर साहित्य।
87. वही।
88. वही।
89. साहित्य का मर्म।
90. वही।
91. रस सिद्धान्त, पृष्ठ 363।

92. षष्ठ अध्याय।
93. रस सिद्धान्त, पृष्ठ 319।
94. रस सिद्धान्त, पृष्ठ 319।
95. वही, पृष्ठ 319।
96. वही।
97. वही।
98. यह मत आचार्य हजारी प्रसाद द्विवेदी का भी है।
99. रस सिद्धान्त, पृष्ठ 328।
100. वही, पृष्ठ 329।
101. रस सिद्धान्त, पृष्ठ 320।
102. वही, 320।
103. रस सिद्धान्त, पृष्ठ 322।
104. (अ) रिचर्ड्स भावात्मक अनुभूति में, ऐन्द्रिक संवेदनों और चेतनागत परिर्वतनों के योग की चर्चा करते हैं और भाव-क्षणों की संकुलता के कारण, भावात्मक अनुभव का स्वाद और बढ़ जाता है। –प्रिंसिपल्स आफ़ लिटरेरी क्रिटिंसिज़्म, पृष्ठ 102।
(ब) भाव में विचार के योग को मनोवैज्ञानिक भी स्वीकार करते हैं। भाव में विषय के प्रति विचार, भाव को जाग्रत करता है यथा भय में सर्प, शेर या भूत भय के कारण नहीं होते, इन विषयों के साथ प्राणहीन के विचार समबद्ध रहने के कारण ही भय उत्पन्न होता हैं–साइक्लौजीकल स्टडीज इनरस–डॉ. राकेश गुप्त, बनारस, पृष्ठ 112।
105. रस सिद्धान्त, पृष्ठ 331-332।
106. वही।
107. रस सिद्धान्त, पृष्ठ 334-335।
108. वही, पृष्ठ 336।
109. रस सिद्धान्त, पृष्ठ 340।
110. वही।
111. वही, पृष्ठ 342-343।
112. वही।
113. वही।
114. वही, पृष्ठ 338।
115. रस सिद्धान्त, पृष्ठ 368।
116. वही, पृष्ठ 345।
117. हम आरम्भ में ही स्पष्ट कर चुके हैं कि रस अपने व्यापक रूप में मानसिक अनुभूति ही है–वही, पृष्ठ 346।
118. वही, पृष्ठ 349।
119. रस सिद्धान्त, पृष्ठ 347।
120. वही, पृष्ठ 352।
121. वही, पृष्ठ 355।
122. साइकलौजीकल स्टडीज़ इन रस-पृष्ठ 36।
123. वही।

124. तंत्रीनाद, कवित्त रस, सरस राग, रतिरंग
अनबड़े, बूड़े तिरे, जे बूडे सब अंग। बिहारी सतसई

125. निजी वार्तालाप के आधार पर।

126. आधुनिक हिन्दी-मराठी में काव्यशास्त्रीय अध्ययन, डॉ. मनोहर काले, पृष्ठ 144।

127. आधुनिक हिन्दी-मराठी में काव्यशास्त्रीय अध्ययन, डॉ. मनोहर काले, पृष्ठ 115।

128. वही, पृष्ठ 115।

129. वही, पृष्ठ 115।

130. वही, पृष्ठ 116।

131. वही।

132. वही।

133. वही।

134. वही, पृष्ठ 284।

135. वही।

136. वही।

137. सौन्दर्य तत्व और काव्य सिद्धान्त, पृष्ठ 55।

138. वही, पृष्ठ 59।

139. वही, पृष्ठ 81।

140. नवभारत, मराठी मासिक, नवम्बर 1950, उद्धृत, सौन्दर्य तत्व और सिद्धान्त, पृष्ठ 82-83।

141. व्यक्तिगत पत्र के आधार पर।

142. रस सिद्धान्त और सौंदर्य शास्त्र—दिल्ली, 1967, पृष्ठ 442-443।

143. समीक्षा और आदर्श, आगरा, 1955।

144. वही।

145. वही, पृष्ठ 30।

146. वही, पृष्ठ 29।

147. वही, पृष्ठ 28।

148. वही, पृष्ठ 32।

149. समीक्षा और आदर्श, पृष्ठ 33।

150. वही, पृष्ठ 33।

151. समीक्षा और आदर्श, पृष्ठ।

152. वही।

153. वही, पृष्ठ 47।

154. वही, पृष्ठ 49।

155. निजी वार्ता के आधार पर।

156. साहित्य की परख-साहित्यानुशीलन, दिल्ली, 1955, पृष्ठ 11।

157. साहित्य की परख।

158. वही, पृष्ठ 5।

159. साहित्य की परख।

160. वही।
161. वही, पृष्ठ 6।
162. साहित्य की परख, पृष्ठ 15।
163. प्रगतिवादी आलोचक, एंगिल्स की चेतावना के बावजूद अक्सर उन रचनाओं को पसन्द नहीं कर पाते, जो श्रेष्ठ कलाकृतियाँ तो है, किन्तु जिनमें कोई स्पष्ट प्रगतिशील उद्देश्य निहित नहीं है। जिन लेखकों से उनका खुला सैद्धान्तिक विरोध है, उनकी उत्कृष्ट रचनाओं को भी वे सराह नहीं पाते—साहित्य की परख, पृष्ठ 9।
164. आलोचना के मान—दिल्ली, 1958 ई. पृष्ठ 11।
165. वही, पृष्ठ 21।
166. आलोचना के मान, पृष्ठ 22।
167. वही, पृष्ठ 23।
168. वही, पृष्ठ 27।
169. वही, पृष्ठ 28।
170. वही, पृष्ठ 38।
171. वही, पृष्ठ 40।
172. आलोचना के मान, पृष्ठ 43।
द्रष्टव्य, 'आलोचना के मान' में संकेलित, विश्वम्भरनाथ उपाध्याय की पुस्तक 'पंतजी का नूतन काव्य और दर्शन' की भूमिका से सम्बन्धित निबन्ध तथा श्री अमृतराय द्वारा सम्पादित, 'आस्था' शीर्षक संकलन में चौहान जी का निर्बध तथा 'आधुनिक हिन्दी कविता'(वि. ना. उपाध्याय) प्रभात प्रकाशन, दिल्ली, में चौहान जी की वैचारिक असंगतियों का उद्घाटन।
173. प्रगतिशील साहित्य की समस्याएँ, पृष्ठ 8।
174. प्रगति और परम्परा, इलाहाबाद, 1948, पृष्ठ 56।
175. वही, पृष्ठ 56।
176. प्रगति और परम्परा, पृष्ठ 56।
177. प्रगति और परम्परा, पृष्ठ 124।
178. वही, पृष्ठ 125।
179. वही।
180. वही, पृष्ठ 132।
181. निजी वार्ता के आधार पर।
182. लोक जीवन और साहित्य, आगरा, 1955, पृष्ठ 11।
183. स्वाधीनता और राष्ट्रीय साहित्य—पृष्ठ 25।
184. वही, पृष्ठ 27।
185. स्वाधीनता और राष्ट्रीय साहित्य, पृष्ठ 73।
186. आस्था और सौन्दर्य, पृष्ठ 20, द्रष्टव्य, प्रगतिवादी समीक्षा, राम प्रसाद द्विवेदी, सागर, 1934, पृष्ठ 150।
187. वही, 20।
188. वही, पृष्ठ 23।
189. आस्था और सौन्दर्य, पृष्ठ 23।
190. लोकजीवन और साहित्य, पृष्ठ 7।

191. लोकजीवन और साहित्य, पृष्ठ 12।
192. आचार्य रामचन्द्र शुक्ल और हिन्दी आलोचना, पृष्ठ 7।
193. द्रष्टव्य—तुलसीदास पर उक्त लेखकों के विवाद। रांगेय राघव का शोध ग्रंथ 'गोरखनाथ और उनका युग' (आत्माराम एंड संस, दिल्ली) तथा 'संत वैष्णव काव्य पर तांत्रिक प्रभाव' (वि. ना. उपाध्याय, आगरा) 'दर्शन-दिग्दर्शन' तथा 'काव्यधारा' (राहुल सांकृत्यायन)
194. संस्कृति और साहित्य, पृष्ठ 2।
195. द्रष्टव्य—पंत जी का नूतन काव्य और दर्शन—वि. ना. उपाध्याय साहित्य रत्न भंडार, आगरा।
196. प्रगति और परम्परा में बाबू गुलाबराय की पुस्तक, 'सिद्धान्त और अध्ययन' की समीक्षा में यह सरलीकरण और यांत्रिकता दृष्टव्य है। रामचन्द्र शुक्ल से कहीं अधिक उदारता बाबू गुलाबराय में है किन्तु उधर डॉ. शर्मा का ध्यान नहीं गया—प्रगति और परम्परा, पृष्ठ 122-132।
197. रस की व्याख्या में वह द्वन्द्वात्मक दृष्टि अपनाते है : 'साहित्य में साधारण, असाधारण सौन्दर्य, उपयोगिता आदि का द्वन्द्व और उसकी संगति रहती है'—द्रष्टव्य—लोक जीवन और साहित्य—सौन्दर्य और उपयोगिता पृष्ठ 1-13।
198. डॉ. शर्मा के विचारों में निरन्तर विकास मिलता है और पूर्व धारणाओं का संशोधन भी। 'शेक्सपियरिन ट्रैजडी' नामक पुस्तक में वह भाव की स्थिति को विशेष महत्व देते है। ट्रैजडी की व्याख्या में वह उच्च कोटि के कार्य और भावतीव्रता को रेखांकित करते है, भरत और वाल्मीकि तथा भवभूति द्वारा करुणरस की स्थापना में मानववाद के दर्शन करते हैं तथा भावों के आधार पर रसों के विभाजन की प्रशंसा करते है—शेक्सपियरिन ट्रैजड़ी—आगरा, 1965, पृष्ठ 1-28।
199. यदि किसी कारण हम अपनी परिवृत्ति से सामाजिक सम्बन्ध महसूस नहीं करते तो वह हमारा समाज नहीं—त्रिशंकु, पृष्ठ 26-27।
200. त्रिशंकु—कला का स्वभाव और उद्‌देश्यं
201. इल्यूज़न एण्ड रियलिटी काडवेल।
202. त्रिशंकु—रूढ़ि और मौलिकता।
203. रामाधार शर्मा, पृष्ठ 390।
204. वही।
205. राग-सम्बन्ध अनिवार्यतः साहित्य का क्षेत्र है किन्तु राग सम्बन्ध उतने ही अनिवार्य रूप से साहित्यकार की दार्शनिक पीठिका पर निर्भर करते हैं। यदि हम मानते है कि प्रकृति सतृ है... तब उसके साथ हमारा राग सम्बन्ध एक प्रकार का होगा...यदि हम मानते हैं कि प्रकृति मूलतः असत् है तो स्पष्ट ही हमारी रागवृत्ति की दिशा दूसरी होगी—रूपाम्बरा, काशी, 1960, भूमिका, पृष्ठ 2।
206. रूपाम्बरा, पृष्ठ 392।
207. आत्मनेपद—अहं का विलयन।
208. आ तू आ, ओ गतानुगामी, द्रष्टव्य—नयी कविता 1960-31 सम्पादक जगदीश गुप्त।
209. कल्पना, अक्टूबर, 1957, मैं और शेखर, शीर्षक लेख।
210. वही।

211. त्रिशंकु-पृष्ठ 65।
212. तारसप्तक की भूमिका।
213. हिन्दी साहितय का आधुनिक परिदृश्य—दिल्ली, 1967, पृष्ठ 222।
214. वन हंड्रेड माडर्न पोयट्स-मैंटर बुक, 1964 न्यूयार्क, पृष्ठ 8।
215. कमलेश्वर-नयी कहानी के सम्पादकीय।
216. हिन्दी साहित्य का आधुनिक परिदृश्य, पृष्ठ 10-11।
217. मूल्यमूढ़ता के आधार पर मुद्राराक्षस समीक्षा मात्र को अनावश्यक मानते है

थूक दिया जिस दिन रसज्ञता ने
खांस कर,
अनजाने अजंता के चित्र पर
उस दिन लिखी गई कविता
दोबारा-मुद्राराक्षस, नयी कविता 1966-67, पृष्ठ 218।

218. हिन्दी साहित्य का आधुनिक परिदृश्य, पृष्ठ 24।
219. नयी कविता भी ऐसी ही विधा में विश्वास रखती है जो प्रज्ञा को विचलित किए बिना, विवेक की जाग्रत अवस्था में, भावक को, यथार्थ अनुभूति के तल तक पहुंचा देने की क्षमता रखती हो—नयी कविता, 1959, पृष्ठ 17।
220. आत्म विलयन, आनन्द और भावावेग के परिपाक की दृष्टि से रसानुभूति अवश्य ही उत्कृष्ट कोटि की कही जाएगी परन्तु मानवीयता के विचार से सह-अनुभूति को उससे उत्कृष्टतर मानना ही विवेकसंगत दिखाई देता है—नयी कविता, पृष्ठ 20।
221. वही, पृष्ठ 21।
222. माध्यम, 1966, अंक 11, वर्ष 2, इलाहाबाद पृष्ठ 83।
223. वही, पृष्ठ 83।
224. वही, पृष्ठ 88।
225. माध्यम 1966, अंक 11, वर्ष 2, पृष्ठ 89।
226. वही।
227. नयी कविता का आत्म संघर्ष तथा अन्य निबन्ध, ग. मा. मुक्तिबोध, नागपुर, 1964, पृष्ठ 1
228. नयी कविता का आत्म संघर्ष तथा अन्य निबन्ध, नागपुर, 1964, पृष्ठ 1।
229. वही, पृष्ठ 2।
230. वही।
231. वही।
232. वही, पृष्ठ 3।
233. नयी कविता का आत्म संघर्ष तथा अन्य निबन्ध, नागपुर, पृष्ठ 3।
234. यह रस शास्त्रीय नहीं है, वस्तु के आकर्षण से ही यहाँ तात्पर्य है।
235. वही, पृष्ठ 3।
236. वही, पृष्ठ 5।
237. वही, पृष्ठ 5।
238. यह प्रचण्डता, अज्ञेय, जगदीश गुप्त आदि में नहीं मिलती अतः वे बूर्ज्वा वर्ग के लिए अधिक ग्रहणीय हो सकते हैं।
239. नयी कविता का आत्म संघर्ष तथा अन्य निबन्ध, नागपुर, पृष्ठ 3।

240. वही।
241. नयी कविता का आत्म संघर्ष तथा अन्य निबन्ध, नागपुर, पृष्ठ 9।
242. वही, पृष्ठ 12।
243. नयी कविता का आत्म संघर्ष तथा अन्य निबन्ध, नागपुर, पृष्ठ 10।
244. वही, पृष्ठ 13।
245. वही पृष्ठ तथा पृष्ठ 100।
246. वही।
247. वही, पृष्ठ 21।
248. वही, पृष्ठ 31 तथा पृष्ठ 37।
249. वही, पृष्ठ 101।
250. रस, ध्वनि, अलंकार आदि में काव्य दृष्टि भिन्न रही है और आज की काव्य दृष्टि भिनन है। यह भिन्नता आकार की नहीं, और न रूप विधान की है। यह भिन्नता मनः स्थितियों की है—नए प्रतिमान, पुराने निकष—1966 काशी, पृष्ठ 4।
251. वही, पृष्ठ 5।
252. वही, पृष्ठ 7।
253. नए प्रतिमान, पुराने निकष—पृष्ठ 12।
254. वही, पृष्ठ 13।
255. नए प्रतिमान, पुराने निकष, पृष्ठ 17।
256. वही, पृष्ठ 18।
257. नए प्रतिमान, पुराने निकष, पृष्ठ 19।
258. वही, पृष्ठ 233।
259. नए प्रतिमान, पुराने निकष, पृष्ठ 102।
260. मानव विशिष्अता के नाम पर लघु मानव के प्रति यथास्थितिशील दृष्टिकोण की स्थापना, वर्मा जी की विशेषता है—नयी कविता के प्रतिमान—इलाहाबाद, संवत् 2004।
261. नयी कविता, 1954, प्रयाग, पृष्ठ 8।
262. यह नहीं कि हिन्दी में बुद्धि और हृदय, मर्यादा और आवेग और संयम...का द्वन्द्व सारे संसार की तरह नहीं हुआ या नहीं होता, देखने की बात यह है कि यह द्वन्द्व चेतना के किस स्तर पर, और किन चौहद्दियों में हुआ है—नयी कविता (प्रयाग) 1960-61, पृष्ठ 76।
263. वही, पृष्ठ 112।
264. आज की कविता की समस्या लगभग उसी शक्ल में सामने आती है, जिस तरह वह ध्वनिकार के सामने आयी थी। उसमें पहले की सभी दृष्टियों का समाहार हो गया...नयी कविता के प्रतिमान की जरूरत नहीं है बल्कि कविता के नए प्रतिमान की जरूरत है—विवेक के रंग-डॉ. देवीशंकर अवस्थी काशी, 1965, पृष्ठ 91।
265. विवेक के रंग, काशी, 1965, भूमिका पृष्ठ 4-5।
266. वही, पृष्ठ 7।
267. वही, पृष्ठ 11।
268. न्यू क्रिटीसिज्म—अमेरिका में विशेष विकसित।
269. क्रिटिक्स एण्ड क्रिटीसिज़्म-आर. एस. क्रेन, शिकागो, 1960, पृष्ठ 27, 34,

35।

270. विवेक के रंग, पृष्ठ 183।

271. नयी कविता-कविता के नए प्रतिमान, 1966-67, पृष्ठ 265।

272. मेरे विचार से कविता का कोई एक नया प्रतिमान हो तो वह यथार्थ अनुभव का ही हो सकता है—वही, पृष्ठ 226।

273. वही, पृष्ठ 227।

274. कविता के नए प्रतिमान, पृष्ठ 228।

275. वही, पृष्ठ 229 तथा वातायन-बीकानेर, 1968 में प्रकाशित रस पर परिर्संवाद।

276. हम निहारते रूप, काँच के पीछे, हाँफ रही है मछली। रूप तृषा भी घोर काँच के पीछे है जिजीविषा। अज्ञेय की टिप्पणी का शीर्षक है, प्रतीक और सत्यान्वेषण जब कि आलोचक (डॉ. नगेन्द्र) की दृष्टि में पहले बिम्ब उभरता है, फिर आती है उसे रस सिद्ध करने वाली संवेदना। इस प्रकार यह रूपाकर्षण जीवनाकर्षण का प्रतिबिम्ब नहीं, बल्कि ऐसा बिम्ब है, जिसे आगे चलकर रस सिक्त करता है—कविता के नए प्रतिमान, पृष्ठ 24।

277. वही, पृष्ठ 25।

278. कविता के नए प्रतिमान, पृष्ठ 26।

279. वही, पृष्ठ 27।

280. इनका कोई उल्लेख नहीं है।

281. द्रष्टव्य, कविता के नए प्रतिमान, पृष्ठ 27।

282. कविता के नए प्रतिमान, पृष्ठ 37।

283. कविता के नए प्रतिमान, पृष्ठ 42।

284. वही, पृष्ठ 37।

285. कविता के नए प्रतिमान, पृष्ठ 47।

286. वही।

287. सैविन टायप्स आफ़ एम्बीग्युटी।

288. क्रिटिक्स एण्ड क्रिटीसिज्म, पृष्ठ 25-27।

289. कविता के नये प्रतिमान, पृष्ठ 55।

290. वही, पृष्ठ 56।

291. आधुनिक साहितय की प्रवृत्तियाँ—पृष्ठ 98।

292. वही।

293. वही, पृष्ठ 92।

294. नयी समीक्षा, बनारस, 1950, पृष्ठ 3।

295. वही, पृष्ठ 5।

296. वही, पृष्ठ 15।

297. नयी समीक्षा, पृष्ठ 29।

298. वही, पृष्ठ 23-24।

299. कविता और कविता—दिल्ली, 1967, पृष्ठ 6।

300. कविता और कविता, पृष्ठ 6।

301. इसकी (प्रयोगवाद) हर रचना को कविता की संज्ञा देना भी अनुचित होगा। यदि वह संश्लिष्ट रचना नहीं है तो उसे कविता कैसे कहा जा सकता है? वही, पृष्ठ 28।

302. वही, पृष्ठ 28।
303. साहित्य चिन्ता-लखनऊ, 1950, पृष्ठ 22-23।
304. वही, पृष्ठ 25।
305. वही, पृष्ठ 25।
306. वही, पृष्ठ 31।
307. वही, पृष्ठ 32।
308. द ऑरगनाइज़्ड यूज़ आफ नॉन लिटरेरी टेकनीक्स एण्ड बॉडीज़ ऑफ़ नॉलिज टू आब्टेन इन्साइट्स इन टू लिटरेचर–द आर्म्ड विज़न, स्टेनले एडगर हेमन, न्यूयार्क, 1948, पृष्ठ 3।
309. द आर्म्ड विजन–पृष्ठ 6।
310. द आर्म्ड विज़न–पृष्ठ 4।
311. माया दर्पण–श्रीकान्त वर्मा, 1937 ई. भारतीय ज्ञानपीठ, काशी, पृष्ठ 94।
312. कुछ और कविताएँ–दिल्ली, 1961, पृष्ठ 12।
313. वही, पृष्ठ 32।
314. जगदीश चतुर्वेदी, विजय, दिल्ली, 1967।
315. आत्महत्या के विरुद्ध दिल्ली, 1967, पृष्ठ 50।
316. मछली घर–विजयदेव साही, इलाहाबाद, 1966।
317. मछली घर, पृष्ठ 48।
318. चम्बल की घाटी में–चांद का मुंह टेढ़ा है, काशी, 1965।

उपसंहार

द्वन्द्वात्मक भौतिकवादी दृष्टि से, भारतीय काव्यशास्त्र के इस अध्ययन का सामान्य निष्कर्ष यह है कि द्वन्द्वात्मक भौतिकवाद किसी वस्तु या कृति के सम्यक् बोध के लिए, उसके घटकों या शक्तियों की द्वन्द्वात्मकता और संगति का स्वरूप उद्‌घाटक दर्शन है। यह स्वरूप-विश्लेषण सर्वदा भौतिक आधार पर ही होता है, अन्यथा अध्ययन वस्तुनिष्ठ और वैज्ञानिक नहीं हो सक़ता।

द्वन्द्वात्मक दृष्टि से, प्रत्येक सृष्टि की प्रक्रिया (क्रियेटिव प्रोसिस) सर्वत्र द्वन्द्वात्मक ही होती है जो तत्व और रूप की संगति द्वारा विशिष्ट कलाकृति या साहित्य रचना को उत्पन्न करती है।

भारतीय चिंतन—परम्परा में सृष्टि मात्र की द्वन्द्वात्मकता की धारणा स्वीकृत है वैशेषिक दर्शन में, इसे दार्शनिक रूप भी दिया गया है। साधना-साहित्य में द्वन्द्वातीत या निर्द्वन्द्व होने की कल्पना की पृष्ठभूमि में यह विचार छिपा हुआ है कि भौतिक जीवन और जगत् का स्वरूप द्वन्द्वात्मक है। एक प्रकार से भारतवर्ष में वास्तविकता की द्वन्द्वात्मकता का सिद्धान्त इतना प्रचलित और स्पष्ट सिद्धान्त रहा है कि उसे प्रायः युग्मों के रूप में सहज जीवन-सत्य माना जाता रहा है यथा लाभ-हानि, शीत-ताप, आलोक-छाया, जन्म-मरण, जय-पराजय आदि युग्मों की चर्चा गीता में है। इन द्वन्द्वों का अतिक्रमण होना ही मोक्ष (फ्रीडम) है। अतएव द्वन्द्वबोध, हमारा जातीय सिद्धान्त है, जिसकी उपस्थिति अचेत या सचेत रूप में, भारतीय काव्यशास्त्रीय धारणाओं में मिलती है। यह द्वन्द्वबोध अधिदर्शनात्मक दृष्टिकोण अपना कर चलने वाले अभिनवगुप्त, पंडितराज जगन्नाथ जैसे चिंतकों में भी विद्यमान है। अतएव भारतीय काव्यशास्त्र के सृजनात्मक प्रयोग द्वारा अथवा उसके यथार्थवादी तत्वों के आकलन द्वारा द्वन्द्वात्मक भौतिकवादी या सामाजिक काव्यशास्त्र या कला-सौन्दर्यशास्त्र की रचना सर्वथा सम्भव है। इस कार्य में, अन्य समकालीन ज्ञानानुशासनों का भी यथास्थान प्रयोग किया जा सकता है और एक संग्रथित काव्य-सिद्धान्त तथा समन्वित साहित्यालोचन पद्धति (इंटीग्रल मैथड ऑफ़ एनालिसिज़) का विकास किया जा सकता है।

इस अनुसंधान के विशिष्ट निष्कर्ष इस प्रकार है :

भारतीय काव्यशास्त्र साम्राज्य-सामंती युग से प्रतिवर्तित (कंडीशंड) शास्त्र है। वह मुख्यतः तात्कालिक साहित्य और कला रूपों से सम्बन्धित है किन्तु सामान्य और व्यापक निष्कर्षों और सिद्धान्तों की उपलब्धि भी की गई है। साहित्य और कला के सामान्य स्वरूप

और उसके विवेचन से सम्बन्धित ये धारणाएँ, समकालीन साहित्य को भी आलोकित कर सकती हैं।

भरत के नाट्यशास्त्र में काव्य और कला सम्बन्धी अनेक प्रश्नों और समाधानों के बीज सुरक्षित हैं।

भरत के कतिपय स्मृतियों के कलानिन्दक दृष्टिकोण के विरुद्ध संघर्ष किया और कला और साहित्य को सार्ववणिक, सार्वजनिक और सार्वभौम रूप में देखकर, कलात्मक सृजन की गौरववृद्धि की।

नाटयशास्त्र के विवेचन में यथार्थवादिता, जनपदों के प्रतिप्रेम, कला द्वारा मानव मन के उदात्तीकरण, अध्यात्मवाद के अभाव तथा मानवभावजगत् के प्रति उदारता के तत्व मिलते हैं।

भरत के रसवाद में, रचना-प्रक्रिया की द्वन्द्वात्मकता का सत्य विद्यमान है। भरत मानव-सृजन में भावनाओं को केन्द्रीय महत्व प्रदान करते हैं।

यूनानी कला और साहित्य सिद्धान्तों-अनुकरणवाद, विरेचनवाद आदि की तुलना में भरत का चिंतन अधिक युक्तिसंगत है।

साहित्य को अन्याय, अनीति और अन्य असंगतियों-विकृतियों के विरुद्ध संघर्ष करना चाहिए—यह भारतवर्ष का जातीय सिद्धान्त है, जिसका प्रवर्त्तन, भरत द्वारा, देवदानवयुद्ध की व्याख्या में हुआ है। भरत और उनके अनुयायियों के प्रयत्न से, कला कला के लिए है, जैसे मत इस देश में प्रचलित नहीं हो सके।

भारतीय अलंकार सिद्धान्त अपने व्यापक रूप में सौन्दर्य का पर्यायवाची है। आकर्षक उक्तियों को अनाकर्षक कथनों से पृथक करके अलंकारमत प्रकृति और लोक-जीवन में उनके सौन्दर्य के कारणों की खोज करता है।

अलंकार मत में बिम्बवादी सिद्धान्त के लिए महत्वपूर्ण संकेत उपलब्ध होते हैं।

सादृश्यमूलक अलंकारों को सर्वाधिक महत्व दिया गया है और इन अलंकारों के आकर्षण का सूत्र प्रकृति और जीवन में छिपा हुआ है। सादृश्यविधान द्वारा, वास्तविकता का ही प्रतिबिम्ब प्रस्तुत किया जाता है, इसीलिए उपमा-रूपकादि चमत्कारिक प्रतीत होते हैं।

शब्दालंकारों में जादू और प्रकृति-संगीत के तत्व रहते हैं।

अलंकार-विधान की प्रकृति भी द्वन्द्वात्मक ही होती है।

समासोकित, विरोधाभास, वक्रोक्ति, भाविक, अन्योक्ति, स्वभावोक्ति, रूपक इत्यादि को स्वतंत्र काव्यकलाधारणाओं के रूप में पल्लवित किया जा सकता है।

साहित्य के निकटतम अध्ययन (क्लोज़ स्टडी ऑफ़ द टैक्स्ट्स) के लिए अलंकार की धारणाएँ बहुत उपयोगी हैं।

भारतीय रीतिवाद में तत्व (गुण) और रीति (पद रचना या शैली) की संगति का सिद्धान्त स्वीकार किया गया है जो द्वन्द्वात्मक भौतिकवादी मत के सर्वथा अनुकूल है।

गुण और अलंकार-भेद द्वारा तत्व का महत्व स्थापित किया गया है। गुणों तथा जीवन सन्दर्भों के द्वन्द्व और संगति का मत भी, प्रकारान्तर से प्राप्त होता है।

वामन और कुंतक के रीति विभाजन को, सामान्यीकृत रूप में आज भी स्वीकार किया जा सकता है। सुकुमार (वैदर्भी रीति) तथा विचित्र (गौड़ी) मार्गों का द्वन्द्व समकालीन साहित्य में स्पष्टतः दिखाई पड़ता है।

वामन अलंकारों की सदृश्यमूलककता को रेखांकित करके, कोरे वाग्वैग्ध्यवाद का विरोध करते हैं।

दोष और गुणों की भारतीय धारणाओं में परिस्थिति की सापेक्षता का विचार निहित है। सन्दर्भ ही गुण-दोष का निर्णायक है, यह धारणा आज भी अपनाने योग्य है।

रीतिवाद में शैली विज्ञान या कृति के निकटतम और वस्तुनिष्ठ अध्ययन के सूत्र और प्रारूप मिलते हैं। अलंकार और रीति सिद्धान्तों में कृति को कर्ता से स्वतंत्र मान कर ही विचार किया गया है।

व्यापकतम काव्य सिद्धान्त ध्वनि-सिद्धान्त हैं इस मत के अंतर्गत शब्द-शक्तियों पर मौलिक चिंतन हुआ है, जो आधुनिक अर्थ मीमांसा के लिए भी शिक्षाप्रद है।

ध्वनि सृजन मात्र की अनिवार्य प्रक्रिया है। कला और साहित्य सूचना नहीं, ध्वनि (सजैशन) है अतएव श्रेष्ठ रचनाओं में, संदर्भ के अनुरूप, अनेक अर्थों की ध्वनियाँ उत्पन्न हो जाती हैं। कला और साहित्य में संकुलता या विविधार्थकता का यही कारण है अतएव ध्वनि की धारणा से प्राचीन और नवीन सभी प्रकार की रचनाओं की संकुलता (एम्बीग्विटी) की व्याख्या हो सकती है।

काव्य और कलाओं के अभिप्राय—ग्रहण में, द्वन्द्वात्मक भौतिकवादी उत्प्लवन की धारणा की उपस्थिति देखकर सुखद आश्चर्य होता है। इससे प्रमाणित होता है कि अचेत या सचेत रूप में भारतीय आचार्य रचना-प्रक्रिया की द्वन्द्वात्मकता से परिचित थे।

ध्वनिमत अलंकार, रीति, रस, औचित्य आदि मतों का समीकरण करके एक पूर्ण काव्यसिद्धान्त प्रस्तुत कर सका है ध्वनित तत्वों के आधार पर वह वस्तु, बिम्ब और भाव-सभी प्रकार की अभिव्यक्तियों को महत्व देता है। उसमें रसध्वनि के प्रति प्रियता का प्रदर्शन है किन्तु 'विशृंखल गिरा' अथवा मुक्त सृजन का तिरस्कार नहीं है अतः ध्वनिमत की समकालीन सार्थकता प्रमाणित होती है।

भारतीय रससूत्र की वस्तुनिष्ठ व्याख्याओं (भट्ट लोल्लट : शंकुक) में सौन्दर्य के वस्तुगत अध्ययन की प्रणाली की ओर संकेत है और यह प्रणाली प्राचीन और नवीन कृति-सौन्दर्य की व्याख्या में समर्थ है।

कलानुभव तथा उसके आस्वादन की प्रकृति और प्रक्रिया सर्वत्र द्वन्द्वात्मक होती है—यह धारणा भट्टनायक और अभिनवगुप्त की व्याख्याओं से उपलब्ध होती है।

रस की सामान्य और विशिष्ट दो व्याख्याएँ मिलती हैं। सामान्य रूप में रस मानव संवेदना (सैंसीबिलिटी) अथवा राग के रूप में प्रत्येक रचना के मूल में रहता है किन्तु

विशिष्ट रूप में रस भावपरिपाक की एक विशेष तल्लीनकारी स्थिति है। यह कलात्मक स्थिति, केवल भावप्रधान साहित्य और कला में ही प्राप्त हो सकती है। इसके लिए विघ्नरहित परिस्थितियों की आवश्यकता होती है किन्तु विघ्नबहुल वर्तमान युग में, रस के विशिष्ट रूप और सार्वजनिक साधारणीकरण की धारणाएँ यथावत् स्वीकृत नहीं हो सकती। वर्गवर्णजाति तथा मूल्य संघर्ष के कारण सीमित साधारणीकरण और वस्तु प्रधान : बिम्बात्मक एवम् बौद्धिकतायुक्त रचनाओं में भावपरिपाक पर आधारित विशिष्ट रस का रूप प्राप्त नहीं हो सकता, न उसका आग्रह ही उचित है। अतएव रस और साधारणीकरण की धारणाएँ संशोधित रूप में स्वीकार्य हैं।

आधुनिक साहित्य के मूल्यांकन के लिए अनेक आलोचकों ने भारतीय काव्य शास्त्र का मंथन किया है किन्तु परम्परावादी विचारक आधुनिक साहित्य की चुनौती को पूर्णतः स्वीकार नहीं कर सके। द्वन्द्वात्मक भौतिकवादी आलोचकों ने यथार्थ-बोध एवम् तत्व और रूप की संशिलष्टता को साहित्य मात्र का निकष कहा है किन्तु भारतीय काव्यशास्त्र की अंतर्दृष्टियों के सृजनात्मक प्रयोग द्वारा वे किसी निश्चित विवेचन-प्रारूप को प्रस्तुत नहीं कर सके। आठवें अध्याय में, एक संग्रथित विश्लेषण पद्धति का एक प्रारूप (माडल) प्रस्तुत किया गया है। इससे भारतीय काव्यशास्त्र की शक्ति और सीमा भी प्रमाणित होती है।

अंतिम निष्कर्ष यह है कि द्वन्द्वात्मक भौतिकवाद के आधार पर सामाजिक काव्यशास्त्र (सोशल पोयटिक्स) की रचना के लिए, भारतीय काव्यशास्त्र का अध्ययन, उपयोगी धारणाओं का आकलन एवम् उनके सृजनात्मक मौलिक प्रयोग का कार्य अत्यन्त आवश्यक है। सामाजिक काव्यशास्त्र की धारणा वस्तुतः विश्व काव्यशास्त्र की धारणा है और इस वैश्विक काव्यशास्त्र की रचना एक दीर्घ कालव्यापी प्रयत्न है। इसके लिए, विश्व में समृद्धतम काव्यशास्त्र की परम्परा भारतवर्ष में ही मिलती है अतएव भारतीय काव्यशास्त्र का योगदान वैश्विक काव्यशास्त्र के लिए निर्णायक योगदान होगा किन्तु इस महान कार्य के लिए अपनी धरोहर का सहानुभूतिपूर्ण किन्तु पुनरुत्थानवादी पक्षपातों में मुक्त होकर अध्ययन-अनुसंधान आवश्यक है। अब तक परम्परागत अथवा अधिदर्शनात्मक दृष्टियों से ही अध्ययन अधिक हुए हैं, परन्तु द्वन्द्वात्मक भौतिकवादी दृष्टि से भी भारतीय काव्यशास्त्र का आधुनिकीकरण महत्वपूर्ण कार्य है क्योंकि साहित्य और कलाओं के वस्तुनिष्ठ चिंतन और विश्लेषण का कार्य, भौतिकवादी विश्वबोध के बिना असम्भव है।

इस प्रकार यह स्पष्ट है कि समकालीन कतिपय नव रचनाकारों का भारतीय काव्यशास्त्र की परम्परा के प्रति, निषेधमूलक रुख़ आत्मग्रस्त है, परम्परा के 'निषेध के निषेध' का द्वन्द्वात्मक भौतिकवादी सिद्धान्त ही परम्परा और प्रगति के प्रति वास्तविक न्याय करता है। भारतीय काव्यशास्त्रीय परम्परा के तिरस्कार द्वारा, हम एक ऐसे काव्यशास्त्र की रचना नहीं कर सकते, जिसमें तत्व तो प्रगतिशील हो लेकिन जिसका रूप राष्ट्रीय हो।

इस प्रकार भौतिकवादी दृष्टि से भारतीय काव्यशास्त्र के अध्ययन, मनन और उसकी

धारणाओं के सृजनात्मक उपयोग का भविष्य उज्जवल है।

किन्तु बीजं विकल्पनां पूर्वाचार्यैः प्रदर्शितम्
तदेव परिसंस्कर्तु मस्मत्परिश्रमः (काव्यादर्श)

प्राचीन आचार्यों द्वारा विशिष्ट कल्पनाओं के मूल तत्वों का ही उद्घाटन हुआ है। उसी मूल बीज का परिष्कार करने के लिए हमारा यह ग्रन्थ रूप में प्रयास है।

दण्डी के ये शब्द काव्यादर्श के ही सन्दर्भ में सत्य नहीं है अपितु ये शब्द प्रस्तुत ग्रन्थ के विषय में भी सत्य प्रतीत होते हैं क्योंकि दृष्टि विशेष से, आचार्यों की बीज कल्पनाओं का परिसंस्कार या गुणात्मक परिवर्तन ही प्रस्तुत ग्रंथ में किया गया है।

सन्दर्भ-ग्रन्थ सूची

संस्कृत-हिन्दी

अग्नि पुराण का काव्य शास्त्रीय भाग	सम्पादक तथा अनुवादक, रामलाल वर्मा शास्त्री, नेशनल पब्लिशिंग हाउस, दिल्ली, 1959।
आधुनिक हिन्दी-मराठी में काव्यशास्त्रीय अध्ययन	डॉ. मनोहर काले, प्रकाशक-हिन्दी ग्रन्थ रत्नाकार प्रा. लि., बम्बई, 1963।
अभिनव भारती	अभिनव गुप्त, भाष्यकार– आचार्य विश्वेश्वर, हिन्दी विभाग, दिल्ली विश्वविद्यालय, दिल्ली, 1960।
अलंकार सर्वस्व-संजीवनी	रुय्यक अनुवादक– डॉ. रामचन्द्र द्विवेदी, मोती लाल बनारसीदास, दिल्ली, 1965।
आलोचना के मान	शिवदान सिंह चौहान, दिल्ली, 1958।
आत्महत्या के विरुद्ध	रघुवीर सहाय, दिल्ली, 1967।
औचित्य सम्प्रदाय का हिन्दी-काव्य शास्त्र पर प्रभाव	डॉ. चन्द्रहंस पाठक, चौखम्भा विद्याभवन, वाराणसी, 1967।
उपन्यास और लोकजीवन	रैल्फ फॉक्स अनुवादक–नरोत्तम नागर, पीपुल्स पब्लिशिंग हाउस प्रा. लि. नई दिल्ली, 1957।
कार्ल मार्क्स (जीवनी)	राहुल
काव्य मीमांसा	राजशेखर अनुवादक–पं. केदारनाथ शर्मा सारस्वत, पटना
काव्यालंकार संग्रह	उद्भट सम्पादित–वनहट्टी, 1925 ई.
काव्यालंकार	बटुकनाथ शर्मा, बलदेव उपाध्याय, काशी।
काव्यालंकार	भामह टीका–आचार्य देवेन्द्रनाथ शर्मा, बिहार राष्ट्रभाषा

परिषद् सं. 2019 वि.

काव्यालंकार सूत्रवृति — वामन
टीका—आचार्य विश्वेश्वर, दिल्ली, 1954।

काव्यालंकार — रुद्रट
अनुवादक—
डॉ. सत्यदेव चौधरी, दिल्ली, 1965 ई.

कविप्रिया — केशवदास

काव्यप्रकाश — मम्मट, विश्वेश्वर, ज्ञानमण्डल लिमिटेड वाराणसी, 1960।

कविता के नये प्रतिमान — नामवर सिंह, राजकमल प्रकाशन, दिल्ली, 1968

काव्य-कला — होरेस
रूपान्तरकार—डॉ. रांगेय राघव, हिन्दी विभाग, दिल्ली, विश्वविद्यालय, दिल्ली।

कार्ल मार्क्स पूँजी (खण्ड 1) — अनुवादक—
ओमप्रकाश सिंगल, प्रगतिशील प्रकाशन, मास्को।

काव्यानुशासनम् — आचार्य हेमचन्द्र, महावीर जैन विद्यालय, बम्बई, 1938।

कविता और कविता — डॉ. इन्द्रनाथ मदान, दिल्ली, 1967।

कुछ और कविताएँ — शमशेर बहादुर सिंह, दिल्ली, 1961।

कुवलयानन्द — अप्पय दीक्षित, डॉ. भोलाशंकर व्यास चौखम्भा, वाराणसी।

खाली कुर्सी की आत्मा — लक्ष्मीकांत वर्मा, किताब महल, इलाहाबाद, 1958।

गोरखनाथ और उनका युग — डॉ. रांगेय राघव, आत्माराम एण्ड संस, दिल्ली।

चन्द्रालोक — जयदेव
टीका—नन्दकिशोर शर्मा, चौखम्भा, वाराणसी, चतुर्थ संस्करण, संवत् 2016 वि.।

चिन्तामणि — रामचन्द्र शुक्ल

चित्रमीमांसा — अप्पय दीक्षित, काव्यमाला सीरीज़ चतुर्थ संस्करण, निर्णयसागर प्रेस, बम्बई।

चाँद का मुँह टेढ़ा है — गजानन माधव मुक्तिबोध, भारतीय ज्ञानपीठ प्रकाशन, वाराणसी, द्वितीय संस्करण 1965।

चित्रमीमांसा — अप्पय दीक्षित, वाणी बिहार, बनारस, 1954।

चिन्तामणि-प्रथम भाग — इण्डियन प्रेस, प्रयाग 1967।

तंत्रालोक	अभिनव गुप्त, कश्मीर संस्कृत सीरीज़, श्रीनगर
दर्शन के सौ वर्ष	जान पैसमोर अनुवादक–चान्दमल शर्मा, कलानाथ शास्त्री, हिन्दी प्रकाशन विभाग, राजस्थान विश्वविद्यालय, जयपुर, 1966।
दशरूपक	धनंजय, चौखम्भा, बनारस टीकाकार–भोलाशंकर व्यास
ध्वन्यालोक	आनन्दवर्धन टीकाकार–रामसागर त्रिपाठी, मोतीलाल बनारसीदस, दिल्ली 1963।
ध्वनि सम्प्रदाय और उसके सिद्धान्त भाग 1	डॉ. भोलाशंकर व्यास, नागरी प्रचारिणी सभा, काशी, सं. 2013।
ध्वन्यालोक	आनन्दवर्धन व्याख्याकार–आचार्य विश्वेश्वर सिद्धान्त शिरोमणि, ज्ञानमण्डल, लिमिटेड, वाराणसी, सं. 2019 वि.।
ध्वन्यालोक लोचन-भाग 2	रामसागर त्रिपाठी, दिल्ली, 1963।
धर्मशास्त्र का इतिहास	पी. वी. काणे अनुवाद–अर्जुक चौबे कश्यप, 5 सूचना विभाग, लखनऊ, उत्तर प्रदेश।
नाट्यशास्त्र	भरत मुनि गायगवाड़ सी. बड़ौदा संस्करण।
नाट्यशास्त्र	काव्यमाला सीरीज़
नये प्रतिमान पुराने निकष	लक्ष्मीकांत वर्मा, भारतीय ज्ञानपीठ प्रकाश, कलकत्ता 1966।
नई कविता का आत्म संघर्ष तथा अन्य निबन्ध	गजानन माधव मुक्तिबोध, नागपुर, 1964।
नये प्रतिमान पुराने निकष	लक्ष्मीकांत वर्मा, काशी, 1966।
नई कविता के प्रतिमान	लक्ष्मीकांत वर्मा, इलाहाबाद, सम्वत् 2004।
नई समीक्षा	अमृतराय, बनारस, 1950।
नाट्यशास्त्र	रामकृष्ण कवि, गायकवाड़ ओरियन्टिल सीरीज़, बड़ौदा।
नाट्यशास्त्र काव्यमाला सीरीज़ (42)	सम्पादक–केदारनाथ, निर्णयसागर प्रेस, बम्बई 1943।

नाट्यशास्त्र एक से सात तक	अनुवादक—डॉ. रघुवंश, मोतीलाल बनारसीदास, दिल्ली, 1964।
नैषधीय महाकाव्य	श्री हर्ष, चौखम्भा, बनारस, 1954।
प्राचीन भारतीय परम्परा और इतिहास	रांगेय राघव, दिल्ली, 1953 ई.।
प्रगति और परम्परा	डॉ. रामविलास शर्मा, इलाहाबाद 1948।
प्रगतिवादी समीक्षा	रामप्रसाद द्विवेदी, सागर, 1964।
प्रगतिशील साहित्य के मानदण्ड	डॉ. रांगेय राघव, सरस्वती सदन, मोती कटरा, आगरा।
प्रगतिशील साहित्य की समस्याएँ (पंचम संस्करण)	डॉ. रामविलास शर्मा, विनोद पुस्तक मन्दिर, आगरा, 1954 ई.।
प्रगतिवाद	शिवकुमार मिश्र, राजकमल प्रकाशन, 1966।
प्रताप रुद्रीयम (तृतीय संस्करण)	विद्यानाथ सम्पादक—शंकरराय शास्त्री, मद्रास 1950।
भाषा और समाज	डॉ. रामविलास शर्मा, पीपुल्स पब्लिशिंग हाउस, दिल्ली 1961।
भारतीय साहित्य शास्त्र	बलदेव उपाध्याय, संवत् 2007 वि. काशी।
भक्तिरसामृत सिंधु	श्री रूप गोस्वामी अनुवादक—आचार्य विश्वेश्वर, हिन्दी विभाग, दिल्ली विश्वविद्यालय, दिल्ली, 1963।
भारतीय काव्यशास्त्र की भूमिका	डॉ. नगेन्द्र, दिल्ली, 1936 ई.
भाषा और संवेदना	रामस्वरूप चतुर्वेदी, भारतीय ज्ञानपीठ प्रकाशन, वाराणसी, 1964।
माओत्से तुंग ग्रन्थावली (द्वितीय पुस्तक)	दिल्ली, 1958।
मार्क्सवाद और साहित्य	महेशचन्द्र राय, काशी, 1957।
महिम भट्ट	डॉ. ब्रजमोहन चतुर्वेदी, दिल्ली, 1968।
माया दर्पण	श्रीकान्त वर्मा, भारतीय ज्ञानपीठ, काशी 1937 ई.।
मछली घर	विजयदेव नारायण साही, इलाहाबाद, 1966 ई.
महाकवि शूद्रक	डॉ. रमाशंकर तिवारी, चौखम्भा, बनारस।
रस गंगाधर का शास्त्रीय अध्ययन	डॉ. प्रेमस्वरूप गुप्त, अलीगढ़, 1962 ई.।
रीतिकालीन अलंकार साहित्य का शास्त्रीय विवेचन	डॉ. ओमप्रकाश शर्मा, दिल्ली, 1965।
रस गंगाधर	पंडितराज जगन्नाथ, बदरीनाथ मदन मोहन झा, चौखम्भा, वाराणसी 1955 ई.

रस सिद्धान्त और सौन्दर्य शास्त्र	डॉ. निर्मला जैन, नेशनल पब्लिशिंग हाउस, दिल्ली, 1967।
रस सिद्धान्त	डॉ. नगेन्द्र, नेशनल पब्लिशिंग हाउस, दिल्ली, 1964
रूसी साहित्य का इतिहास	डॉ. केसरी नारायण शुक्ल, हिन्दी समिति सूचना विभाग, उत्तर प्रदेश, लखनऊ 1963।
रस मीमांसा (तृतीय संस्करण)	आचार्य शुक्ल, काशी, संवत् 2017 विक्रमी।
रूपाम्बरा	सम्पादक—अज्ञेय, काशी, 1960।
रसमंजरी	डॉ. भानुदत्त, दशरथ ओझा, चौखम्भा, बनारस, 1904।
रस सिद्धान्त की दार्शनिक और नैतिक व्याख्या	डॉ. तारकनाथ बाली, विनोद पुस्तक मन्दिर, आगरा, 1964।
लोकायत	देवीसहाय चट्टोपाध्याय, पी. पी. एच., दिल्ली
लेनिन	डेविड शूब अनुवादक—रमेश गौड़, नेशनल एकादमी, दिल्ली, 1963।
लोकजीवन और साहित्य	रामविलास शर्मा, आगरा, 1955।
व्यक्ति विवेक	महिम भट्ट, त्रिवेन्द्रम सीरीज़, 1909।
वक्रोक्ति जीवितमू	कुंतक टीका—विश्वेशर, दिल्ली, 1955।
वाग्भट्टालंकार	खेमराज, बम्बई।
विवेक के रंग	डॉ. देवीशंकर अवस्थी, काशी 1965।
व्यक्ति विवेक	महिम भट्ट टीका—रेवाप्रसाद द्विवेदी, चौखम्भा, काशी, 1964।
साहित्य दर्पण	विश्वनाथ, डॉ. सत्यवत सिंह, चौखम्भा, वाराणसी, 1957।
संस्कृत साहित्य में सादृशमूलक अलंकारों का विकास	डॉ. ब्रह्मानन्द शर्मा, अजमेर, 1964।
सौन्दर्य तत्व	डॉ. सुरेन्द्रनाथदास गुप्त अनुवादक—डॉ. आनन्दप्रकाश दीक्षित, भारती भण्डार, इलाहाबाद, सं. 2017 वि.
साहित्यानुशीलन	शिवदान सिंह चौहान, आत्माराम एण्ड संस, दिल्ली, 1955।
सौन्दर्य शास्त्र के तत्व	डॉ. कुमार विमल, राजकमल प्रकाशन प्रा. लि.

दिल्ली, 1967।

समीक्षा और आदर्श — डॉ. रांगेय राघव, विनोद पुस्तक मन्दिर, आगरा, 1955।

साहित्य की परख — शिवदान सिंह चौहान, दिल्ली, 1955।

सौन्दर्य तत्व और काव्य सिद्धान्त — डॉ. सुरेन्द्र वारलिंगे अनुवादक—मनोहर काले, दिल्ली, 1963।

साहित्य — डॉ. शंकरदेव अवतरे, वाराणसी, 1957।

शान्तरस — परशुराम चतुर्वेदी, वाराणसी, 1968।

साहित्यालोचन — श्यामसुन्दर दास, इंडियन प्रेस, प्रयाग संवत् 2011।

साहित्य और कला — हरद्वारीलाल शर्मा, हिन्दी साहित्य सम्मेलन, प्रयाग, 1880 शक।

साहित्य और संयुक्त मोर्चा — अमृतराय, हिन्दुस्तानी पब्लिशिंग हाउस, इलाहाबाद।

संस्कृत नाटक — ए. बी. कीथ अनुवादक—उदयभानुसिंह, मोतीलाल बनारस प्रेस, 1898।

सरस्वती कंठाभरण — सम्पादक—भोजदेव, निर्णयसागर प्रेस, बम्बई, 1934।

हिन्दी रस गंगाधर (तीसरा भाग) — पुरुषोत्तम शर्मा चतुर्वेदी, नागरी प्रचारिणी सभा वाराणसी, सं. 2015।

हिन्दी काव्यादर्श — रणवीर सिंह, ओरिएण्टल बुक डिपो, दिल्ली, 1958।

हिन्दी काव्यशास्त्र का इतिहास — डॉ. भागीरथ मिश्र, लखनऊ विश्वविद्यालय, लखनऊ, संवत् 2005।

हिन्दी की सैद्धान्तिक समीक्षा — रामाधार शर्मा, अनुसंधान प्रकाशन, कानपुर, 1962।

हिन्दी आलोचना, उद्‌भव और विकास — डॉ. भगवतस्वरूप मिश्र, देहरादून, 1954।

हिन्दी साहित्य, बीसवीं सदी — नन्ददुलारे वाजपेयी, लखनऊ, 1949।

हिन्दी साहित्य का आधुनिक दृश्य — अज्ञेय, दिल्ली, 1967।

हिन्दी नाट्य दर्पण — रामचन्द्र, गुणचन्द्र, दिल्ली।

श्रृंगार प्रकाश — भोज सम्पादित—विद्यासागर, श्रीरंगम, 1939।

भोज का श्रृंगार प्रकाश — स. वी. राघवन, मद्रास, 1963।

क्षेमेन्द्र लघुकाव्य संग्रह	सम्पादक—आर्येन्द्र शर्मा, हैदराबाद, 1931।
तृतीय सप्तक	अज्ञेय, काशी, 1955।
समकालीन मार्क्सवाद	पंचशील प्रकाशन, जयपुर।
अंग्रेजी अनएड्रैस्ड लैटर्स	जी. प्लेखानोव, फ़ौरिन लैंग्वेजिज़ पब्लिशिंग हाउस, मास्को, 1957।
आर्म्ड विज़न	स्टैनले एडगर हेमन, न्यूयार्क, 1948।
अक्टोबर रिवौल्यूशन	यूरी डाव्यडोव, मास्को, 1967।
ऑन लिटरेचर	एम. गोर्की, फौ. प. हा., मास्को।
अरिस्टोटल्स थियौरी ऑफ़ पोयट्री	एस. एच. बुचर, अमरीकी संस्करण, 1951।
आइडौलौजी एण्ड युटोपिया	कार्ल मैंनहायम, लंदन, 1948।
आन द नेचर ऑफ़ वैल्यू	मिल्टन आर. कोनविट्ज़, न्यूयार्क, 1946।
इल्यूज़न एण्ड रियलिटी	क्रिस्टोफ़र काडवेल, दिल्ली, 1956।
इन्ट्रोडक्शन टू ए मोनोग्राफ़ ऑन ईस्थैटिक्स	जार्ज लुकाच, अकादमी पब्लिशिंग हाउस, बुडापेस्ट, 1965।
इंडिया फ्रॉम द प्रिमिटिव कम्यूनिज्म टू स्लेवरी (तृतीय संस्करण)	अ. डाँगे, पी. पी. एच, दिल्ली।
ईस्थैटिक रिलेशन ऑफ़ आर्ट टू रियल्टी (सिलैक्टिड वर्क्स)	एन. जी. चर्निशेविस्की, फ़ारेन पब्लिशिंग हाउस, मास्को।
ईस्थैटिक्स	पाल वैलेरी अनुवादक—हर्बर्ट रीड, लंदन, 1964।
इलीट्स एण्ड सोसाइटी	टी. वी. ब्रोटोमोर, पैंग्विन बुक्स, 1964।
ईस्थैटिक्स एण्ड क्रिटीसिज्म	हैरोल्ड ओसबोर्न, लंदन, 1955।
ईस्थैटिक क्वालिटी	स्टीफिन सी. पीपर, न्यूयार्क, 1938।
ईस्थैटिक्स एण्ड लैंग्वेज	सम्पादित—विलियम इल्टन, आक्सफोर्ड, 1954
ए डिक्शनरी ऑफ़ फ़िलोसफ़ी	राजे नथल एण्ड पी यूदिन प्रोगैस पब्लिशर्स, मास्को, 1967।
ए मैटाफिज़ीक ऑफ़ मिस्टीसिज्म	गोविन्दाचार्य स्वामी, मैसूर, 1923 ई.
एन इंट्रोडक्शन ऑफ़ इंडियन हिस्ट्री	डी. डी. कोशाम्बी, बम्बई, 1956 ई.
एन इंड्रोडक्शन टू युंग्स साईकलौजी	फ्रीदा फोरधम, पैंगुइन बुक्स, ग्रेट ब्रिटेन, 1962।
एप्रीशियेन्स	बाल्टर पेटर, मैकमिलन एण्ड को. लंदन, 1944।
ए लिंग्विस्टिक गायड टू इंग्लिश पोयट्री	जी. एन. लीच, लंदन, 1968।
एस्से आन शेक्सपियरिन ट्रैजैडी	रामविलास शर्मा, शिवलाल अग्रवाल एण्ड

कम्पनी, आगरा, 1955।

एन एक्सपैरीमेण्ट इन क्रिटीसिज्म — सी. एस. लीविस, कैम्ब्रिज, यूनिवर्सिटी, प्रेस, 1965।

ए क्विश्चन ऑफ मॉडर्निटी — ए. क्रोनिन, लंदन, 1966।

एसेज फ्रॉम द एन. आर. एफ. — सम्पादित–जस्टिन ओ ब्रियन, न्यूयार्क, 1959।

एसेज़ ऑन द सोश्यौलाजी ऑफ नॉलेज — कार्ल मैनहायम, लंदन, 1952।

ए हिस्ट्री ऑफ मौर्डन फिलौसफीकाल — विलियम के. राइट।

कार्ल मार्क्स एण्ड फ्रैडरिक एंगिल्स (सिलैक्टिड) — फौ. प. हा. मास्को, 1949।

कार्ल मार्क्स एण्ड मौर्डन फ़िलौसफ़ी — लारेंस डुरैंल, प्रौग्रैस पब्लिशर्स, मास्को रूपा

की टू मौर्डन पोयट्री — एण्ड को. बम्बई, 1951।

क्राइसिज़ इन इंगलिश पोयट्री — वी. डे. एस. पिन्टो, लन्दन, 1963।

क्रिटिक्ल एप्रोच टू लिट्रेचर — डैविड डैचेस, लंदन, 1963।

क्रिटिक्स एण्ड क्रिटिसिज़्म — आर. एस. वारेन, शिकागो 1960।

कन्टैम्पोरेरी स्कूल्स ऑफ़ साइकलौजी — आर. एस. बुडवर्थ, एशिया पब्लिक हाउस, दिल्ली, 1961।

गैस्टाल्ट साइकलोजी — डब्ल्यू. कोहलर, मेंटर बुक, यू.एस.ए.।

टुवर्ड्स द थियौरी ऑफ़ इमैजीनेशन — एस. सी. सेन गुप्त, कलकत्ता, 1959।

टुवैन्टी फ़ायब इयर्स ऑफ़ सोवियत लिटरेचर — ग्लेब स्ट्रब, लंदन, 1946।

टुवर्ड ए साइंटीफ़िक साइकलौजी एण्ड साइकिस्ट्री — हैरी के. वैल्स, इंटरनेशनल पब्लिशर्स, न्यूयार्क, 1956।

टुवर्ड्स ए सौश्यौलोजी ऑफ़ कल्चर — सम्पादित–टी. यूनीथान, नई दिल्ली, 1965।

डायलैक्टीकल मैटीरियलिज्म — मारिस कार्नफ़ोर्थ, नेशनल बुक एजेन्सी लि., कलकत्ता, 1955।

थियौरी ऑफ़ लिटरेचर — रैनी वैलिक एण्ड आस्टिन वारेन, पैंग्विन बुक्स।

थियौरीज़ ऑफ़ हिस्ट्री — सम्पादित–पैट्रिक गार्डीनर, अमरीका, 1960।

द डायलैक्टिक्स ऑफ़ नेचर — एंगिल्स, मास्को, 1954।

द पावर्टी ऑफ़ हिस्टोरीसिज्म — कार्ल आर, पॉपर, लंदन, 1957 ई.

द नैसैसिटी ऑफ़ आर्ट — अर्न्सट फ़िशर, पैंग्विन बुक्स।

द मीनिग ऑफ़ कन्टेम्पोरेरी आर्ट — जार्ज लुकाच, लंदन, 1962।

द फ़िलौसफ़ी ऑफ़ आर्ट ऑफ़ कार्ल मार्क्स — मिखाइल लिफशिट्ज़, अनुवादक–टी. विन., न्यूयार्क, 1938।

द नाट्यशास्त्र	मनमोहन घोष, कलकत्ता, 1951।
द वैल रौट उर्न	क्लीन्थ बुक्स, लंदन, 1949।
द इज ऑफ़ इम्पीरियल कन्नौज	भारतीय विद्या भवन, बम्बई।
द डिटरमिनिंग पीरियड ऑफ़ इंडियन हिस्ट्री	के. एम. पणिक्कर, भारतीय विद्या भवन, बम्बई, 1962।
द ह्यू मैनिस्ट फ्रेम	जूलियन हक्सले, लंदन, 1961।
द हिस्ट्री ऑफ़ माडर्न कल्चर	मारिस पारमेली, लंदन, 1961।
द क्रिटीकल एण्ड कम्पैरेटिव स्टडी ऑफ़ इंडियन ईस्थैटिक्स	डॉ. एच. एल. शर्मा, प्रयाग।
द पोयटिक इमेज	सी. डे. लीविस, लंदन, 1946।
द पाथ ऑफ़ द सोशलिस्ट लिटरेचर एण्ड आर्ट इन चाइना	चू यंग, फोरिन लैंग्वैजिज प्रेस, पीकिंग, 1960।
द जर्मन आइडियौलोजी	कार्ल मार्क्स एण्ड फैड्ररिक एंगिल्स प्रौग्रैस पब्लिशर्स, मास्को, 1964।
द डायनामिक्स ऑफ़ वर्ल्ड हिस्ट्री	क्रिस्टोफ़र डाउसन, ए मैंटर ओमेगा बुक्स, द न्यू अमेरिकन लायब्रेरी, अमेरिका, 1932।
द ओरीजिन ऑफ़ स्पैशीज़ एण्ड डीसैन्ट ऑफ़ मैन	चार्ल्स डारविन, द मार्डन लायब्रेरी, न्यूयार्क।
द लाज़ ऑफ़ सोशल डैवलपमैन्ट	ग्लैज़रमैन, मास्को, 1960।
द सौश्यौलौजी ऑफ़ टेस्ट (तृतीय संस्करण)	एल. एल. शूकिंग, लंदन, 1950।
द पोयटिक पैटर्न	रोबिन स्कैल्टन, लंदन, 1956।
द ओपिन सोसाइटी एण्ड इट्स इनीमीज़	कार्ल पॉपर, लंदन, 1962।
द नम्बर ऑफ़ रसाज़	वी. राघवन, आड्यार, 1940।
द सोशल स्ट्रक्चर ऑफ़ वैल्यूज़ (द्वितीय संस्करण)	डॉ. राधाकमल मुकर्जी, एस. चांद, दिल्ली, 1965।
द मैजिक माउन्टेन (उपन्यास)	टामस मान, लंदन, 1954।
द कैप्टिव माइण्ड	सी मिलोज़ लंदन, 1953।
द टू वाइज़ ऑफ़ फ़ीलिंग	हर्बर्टरीड, लंदन।
द थ्यौरी ऑफ़ नॉलेज	मारिस कार्नफोर्थ, नेशनल बुक एजेन्सी लि. कलकत्ता, 1955।
द सैक्रिड वड	टी. एस. एलियट, यूनीवर्सिटी पेपर बुक्स, न्यूयार्क, 1964।
द फ्यूचर पोयट्री	श्री अरविन्द, अरविन्द आश्रम प्रेस, पाण्डचेरी,

	1953।
द डिवायन कामेडी (काव्य) (अनूदित)	पैंग्विन क्लासिक्स, 1960।
द फ़ॉल (उपन्यास)	अलबर्ट काम, पैंग्विन बुक्स, 1957।
नोट्स आन क्रिटीसिज्म एण्ड क्रिटिक्स	ए. जी. जर्ज, रणजीत प्रिण्टर्स एण्ड पब्लिशर्स, दिल्ली।
न्यू बियरिंग इन इंगलिश पोयट्री	एफ. आर. लीविस, पैंगुइन बुक्स, यू.एस.ए.।
प्रिन्सिपल्स ऑफ़ लिटरेरी क्रिटिसिज़्म	आई. ए. रिचर्ड्स, लंदन, 1960।
पोयट्री एण्ड एक्सपीरियन्स	पैंगुइन बुक्स, 1960।
परमानैन्स एण्ड चेन्ज	लास एटलोस कैलिफ़, 1959।
प्रौब्लम्स इन ईस्थैटिक्स	मौरिस विट्स, न्यूयार्क, 1959।
पोयट्री ऑफ़ टी. एस. एलियट	डी. इ. एस. मैकसवैल, लंदन, 1960।
पोयट्री एण्ड पालिटिक्स	सी. एम. बावरा, कैम्ब्रिज, 1966।
पोयट्री फ्राम स्टेटमैण्ट टू मीनिंग	जे बीटे, न्यूयार्क, 1965।
पोयम्स	यू. युव्तिशेंको, अनूदित पीटर लेवी, कालिस एण्ड हारवेल, प्रेस, लंदन, 1966।
पैंग्विन मार्डन पोयट्स सीरीज (1-9)	पैंग्विन सीरीज़
फन्डामैन्टल्स ऑफ़ डायलैक्टिकल मैटरियलिज़्म	सम्पादित, मास्को, 1967।
फ़र्दर स्टडीज़ इन डायिंग कल्चर	क्रिस्टोफ़र काडवेल।
फ़िलासफ़ी ऑफ़ ब्यूटी	ई. एफ. कैरिट, आक्सफोर्ड, 1931 ई.
फ़न्डामैन्टल्स ऑफ़ इण्डियन आर्ट	एस. एन. दास गुप्ता, भारतीय विद्याभवन, बम्बई, 1960।
ब्रेव न्यू वर्ल्ड	आल्डुअस हक्सले, पैंग्विन बुक्स।
बियौण्ड द आउट सायडर	कालिन विल्सन, पैन बुक्स लिमिटिड, लंदन 1965।
मार्किसज़्म एण्ड द इररैशनलिस्ट्स	जान लीविस, लंदन, 1955 ई.
मैटरियलिज़्म एण्ड इम्पायरो-क्रिटीसिज्म	लेनिन, मास्को, 1952।
मैटर एण्ड मैन	स्टैनवुकोबिच, पीस पब्लिशर्स मास्को।
माओत्सेतुंग ऑन एण्ड लिटरेचर	फौरिन लैग्वेजिज़, प्रेस, पीकिंग, 1960।
मैनर्स वर्ल्डली गुड्स	लिओ हुबरमैन, पीपुल्स पब्लिशिंग हाउस, लि, बम्बई, 1953।
मार्किसज़्म एण्ड पोयट्री	जार्ज थामसन, पीपुल्स पब्लिशिंग हाउस, लि. नई दिल्ली, 1954।
मॉडन रशन लिटरेचर	एम. स्लोनिम, आक्सफोर्ड यूनिवर्सिटी प्रेस,

	न्यूयार्क, 1953।
माइकोवस्की एण्ड हिज़ पोइम्स	एच. मार्शल
मार्क्स एण्ड मार्किस्टि	सिडनी हुक, यूरेशियन पब्लिशिंग हाउस, नई दिल्ली, 1966।
मिथ एण्ड रियलिटी	दामोदर धर्मानन्द कोशाम्बी, पापुलर प्रकाशन, बम्बई, 1962।
यूजीन आइनैस्को प्लेज़	अनूदित डी. प्राउस, जान कालडर, लंदन, 1962।
रियलिज़्म इन आर्ट	सिडनी फ़िंकलिस्टीन, इन्टरनेशनल पब्लिशर्स, न्यूयार्क, 1954।
लिटरेचर एण्ड आर्ट	मार्क्स : एंगिल्स, बम्बई, 1956।
लेनिन ऑन लिटरेचर एण्ड आर्ट	मास्को, 1965।
लूनाचार्श्की आन लिटरेचर एण्ड आर्ट	मास्को, 1965।
लिटरेचर एण्ड रिवौल्यूशन	त्रात्स्की, न्यूयार्क, 1957।
लिटरेरी क्रिटीसिज्म	विलियम के. विमसैट तथा बुक्स न्यूयार्क, 1957 ई.
लिग्विस्टिक्स एण्ड स्टाइल	मिकायल ग्रीगौरी एण्ड जान स्पैन्सर, लंदन, 1964।
लैंग्वेज एण्ड जैस्चर	आर. पी. ब्लैकमर, लंदन, 1954।
लिटरेरी क्रिटिसिज़्म इन अमेरिका	ए. डी. वी, नोसटार्नड, द लिबरल आर्टस प्रेस, न्यूयार्क।
वी. आई. लेनिन	फ़ौरिन लैंग्वेजिज़ पब्लिशिंग हाउस, मास्को।
वन हंड्रेड मौर्डन पोयट्स	मैन्टल बुक, न्यूयार्क, 1964।
वेटिंग फ़ार द एण्ड	एल. ए. फ़िडलर, पैंग्विन बुक्स, 1964।
हन्वाट इज़ हिस्ट्री	ई. एच. कार, पैंग्विन बुक्स, 1961।
सिलैक्टिड वर्क्स, मार्क्स एण्ड एंगिल्स	मास्को, प्रथम पुस्तक (1955) तथा द्वितीय पुस्तक, 1962।
स्टडीज़ इन डायिंग कल्चर	क्रिस्टोफर काडवेल।
स्टडीज़ ऑन सम कंसैप्ट्स ऑफ़ द अलंकार शास्त्र	वी. राघवन, द आड्यार लायब्रेरी, मद्रास, 1942 ई.।
साइन्स वर्सिस आइडियलिज़्म	मॉरिस कार्नफोर्थ, लारेन्स एण्ड विशर्ट, लंदन, 1955।
संस्कृत पोयटिक्स	कृष्ण चैतन्य ए. प. हा., दिल्ली।
सैविन टायप्स ऑफ़ एम्बीग्विटीज़	पैंगुइन सीरीज, 1961।

सोवियत लिटरेचर डयूरिट द थॉ (1954-1957)	जार्ज गिबन—द यूनीवर्सिटी ऑफ़ मिनेसोटा प्रेस, यू. एस. ए.।
सिलैक्टिड वर्क्स—जे. वी. स्टालिन (1901-1907)	फ़ौरिन लैंग्वेजिज़ पब्लिशिंग हाउस, मास्को, 1952।
सिलैक्टिड फ़िलौसिफ़िकल ऐसे	एन. ए. डोब्रोलोव, फ़ौरिन लैंग्वेजिज़ पब्लिशिंग हाउस, मास्को, 1948।
सिलैक्टिड वर्क्स	आई. पी. पावलोव, फ़ौरिन लैंग्वेजिज़ पब्लिशिंग हाउस, मास्को, 1955।
सिलैकिटड फ़िलौसीफ़िकल, सोशल एण्ड पौलिटिकल एसे	डि. पिसारोव, फ़ौरिन लैंग्वैजिज़, पब्लिशिंग हाउस, मास्को, 1958।
साइकलौजीकल स्टडीज़ ऑफ़ रस	डॉ. राकेश गुप्त, बनारस।
स्टडीज़ इन अमेरिकन लिटरेचर	ई. एस. कार्ल ओजीवर, नई दिल्ली, 1965।
स्टाइल	एफ़. एल. ल्यूकस, लंदन, 1955।
स्टाइल इन द फ्रैन्च नावेल्स	उल्मन, कैम्ब्रिज, 1957।
सोसाइटी इन द माइण्ड	चार्ल्स मैज, फ़ेवर एण्ड फ़ेवर लिमिटिड, लंदन, 1964।
ह्यूमन नेचर	वी. वैनूबिल, डेनिसडाव्सन लिमिटेड, लंदन, 1946।
हिस्ट्री ऑफ़ संस्कृत पोयटिक्स	पी. वी. काणे, बम्बई, 1951।
हिस्ट्री एण्ड कल्चर ऑफ़ द इण्डियन पीपुल (द्वितीय पुस्तक)	भारतीय विद्या भवन, बम्बई
हिस्ट्री ऑफ़ धर्मशास्त्र	पी. वी. काणे
हाईवेज़ एण्ड वाईवेज़ ऑफ़ लिटरेरी क्रिटिसिज़्म इन संस्कृत	महामहोपाध्याय एस. कुप्पुस्वामी शास्त्री रिसर्च इन्स्टीट्यूट, मद्रास।
हिस्टोरिकल मैटरियलिज़्म	मारिस कार्नफोर्थ, नेशनल बुक एजेन्सी लि. कलकत्ता, 1954।
क्षेमेन्द्र स्टडीज़	डॉ. सूर्यकान्त, ओरियन्टल बुक एजेन्सी, पूना, 1954।

पत्र-पत्रिकाएँ

हिन्दी

आलोचना	राजकमल प्रकाशन, दिल्ली।
कल्पना (मासिक)	हैदराबाद।
धर्मयुग (साप्ताहिक)	बम्बई।
नई कविता	डॉ. जगदीशगुप्त, इलाहाबाद।

माध्यम	बालकृष्ण राव, इलाहाबाद।
युयुत्सा (त्रैमासिक)	कलकत्ता।
वातायन (मासिक)	हरीश भादानी, बीकानेर।
समालोचक (मासिक)	डॉ. रामविलास शर्मा, वि. ना. उपाध्याय, आगरा।
पश्यन्ती	प्रणवकुमार वंद्योपाध्याय, नई दिल्ली।
पहल	ज्ञानरंजन, जबलपुर।
हम	मंजुल उपाध्याय, जयपुर।
संवेद	मनोरमा पाण्डेय, नई दिल्ली।

अंग्रेजी

सोवियत लिटरेचर (मासिक)	17 किरोव स्ट्रीट, मास्को।
चायनीज़ लिटरेचर	फ़ौरिन लैंग्वेजिज़ प्रेस, पीकिंग।
मार्क्सिज़्म टुडे (मासिक)	लंदन।